COLLINS
GEM
DICTIONARY

FRANÇAIS · ALLEMAND
ALLEMAND · FRANÇAIS

FRANZÖSISCH · DEUTSCH
DEUTSCH · FRANZÖSISCH

Veronika Schnorr

édition entièrement refondue
völlig neue Ausgabe

Collins
London and Glasgow
Hachette
Paris

première édition 1984
erste Ausgabe 1984

ISBN 0 00 458580-1

---

avec la collaboration de/Mitarbeiter

Sabine Citron

Connie Enz, Bernard Gillman
Bernadette Poltorak, Beate Wengel, Renate Winter

ouvrage réalisé par/herausgegeben von

LEXUS

Printed in Great Britain
Collins Clear-Type Press

INTRODUCTION

L'usager qui désire comprendre et lire l'allemand trouvera dans ce dictionnaire un vocabulaire moderne et très complet, comprenant de nombreux composés et locutions appartenant à la langue contemporaine. Il trouvera aussi dans l'ordre alphabétique les principales formes irrégulières, avec un renvoi à la forme de base où figure la traduction, ainsi qu'abréviations, sigles et noms géographiques choisis parmi les plus courants.

L'usager qui veut s'exprimer – communiquer - dans la langue étrangère trouvera un traitement détaillé du vocabulaire fondamental, avec de nombreuses indications le guidant vers la traduction juste et lui montrant comment l'utiliser correctement.

VORWORT

Der Wörterbuchbenutzer, dem es darum geht, Französisch zu lesen und zu verstehen, findet in diesem Wörterbuch eine ausführliche Erfassung der französischen Gegenwartssprache mit zahlreichen gebräuchlichen Wendungen und Anwendungsbeispielen. Er findet in der alphabetischen Wortliste auch die wichtigsten unregelmäßigen Formen und die häufigsten geläufigen Abkürzungen, Kurzwörter und Ortsnamen.

Der Benutzer, der sich verständigen, also auf Französisch ausdrücken will, findet eine klare und ausführliche Behandlung aller Grundwörter mit zahlreichen Hinweisen für eine angebrachte Übersetzung und den korrekten Gebrauch.

ABBRÉVIATIONS		ABKÜRZUNGEN
adjectif, locution adjective	**a**	Adjektiv
abréviation	**abr, abk**	Abkürzung
adverbe, locution adverbiale	**ad**	Adverb
administration	**ADMIN**	Verwaltung
agriculture	**AGR**	Landwirtschaft
accusatif	**akk**	Akkusativ
anatomie	**ANAT**	Anatomie
architecture	**ARCHIT**	Architektur
article	**art**	Artikel
astronomie, astrologie	**ASTR**	Astronomie, Astrologie
automobile	**AUT**	Kraftfahrzeuge & Straßenverkehr
aviation, voyages aériens	**AVIAT**	Luftfahrt
biologie	**BIO**	Biologie
botanique	**BOT**	Botanik
chimie	**CHIM, CHEM**	Chemie
commerce	**COMM**	Handel
conjonction	**conj**	Konjunktion
cuisine, art culinaire	**CULIN**	Kochen & Backen
datif	**dat**	Dativ
déterminant	**dét**	attributives Pronomen
économie	**ECON**	Wirtschaft
électricité	**ELEC**	Elektrizität
et cetera	**etc**	und so weiter
	etw	etwas
exclamation	**excl**	Ausruf
féminin	**f**	Femininum, feminin
langue familière	**fam**	umgangssprachlich
emploi vulgaire	**fam!**	derb
emploi figuré	**fig**	übertragen
cinéma	**FILM**	Film
finance	**FIN**	Finanzen
génitif	**gen**	Genitiv
généralement	**gén**	meistens
géographie, géologie	**GEO**	Geographie, Geologie
histoire	**HIST**	Geschichte
impersonnel	**impers**	unpersönlich
invariable	**inv**	unveränderlich
irrégulier	**irr**	unregelmäßig
	jd	jemand
	jdm	jemandem
	jdn	jemanden
	jds	jemandes
domaine juridique	**JUR**	Rechtswesen
linguistique, grammaire	**LING**	Sprachwissenschaft, Grammatik

masculin	**m**	Maskulinum, maskulin
mathématiques	**MATH**	Mathematik
médecine	**MED**	Medizin
météorologie	**METEO**	Meteorologie
masculin ou féminin	**mf**	Maskulinum oder Femininum
masculin ou féminin, suivant le sexe	**m/f**	Maskulinum oder Femininum
domaine militaire	**MIL**	militärisch
musique	**MUS**	Musik
nom	**n**	Substantiv
nautisme, navigation	**NAVIG**	Nautik, Seefahrt
nominatif	**nom**	Nominativ
neutre	**nt**	Neutrum, neutral
adjectif ou nom numérique	**num**	Zahlwort
ou	**o, ou**	oder
péjoratif	**pej**	pejorativ, abwertend
photographie	**PHOT**	Fotographie
physique	**PHYS**	Physik
pluriel	**pl**	Plural
politique	**POL**	Politik
participe passé	**pp**	Partizip Perfekt
préfixe	**pref**	Präfix
prëposition	**prep**	Präposition
pronom	**pron**	Pronomen
psychologie	**PSYCH**	Psychologie
quelque chose	**qch**	
quelqu'un	**qn**	
marque déposée	**®**	Warenzeichen
religion	**REL**	Religion & Kirche
domaine scolaire et universitaire	**SCOL**	Schulwesen & Universität
singulier	**sg**	Singular
subjonctif	**subj**	Konjunktiv
domaine technique	**TECH**	Technik
télécommunications	**TEL**	Telefon & Nachrichtenwesen
télévision	**TV**	Fernsehen
théâtre	**THEAT**	Theater
typographie	**TYP**	Typographie, Buchdruck
verbe	**vb**	Verb
verbe intransitif	**vi**	intransitives Verb
verbe réfléchi	**vr**	reflexives Verb
verbe transitif	**vt**	transitives Verb
zoologie	**ZOOL**	Zoologie
verbe composé séparable	**zvb**	trennbares Verb
le participe passé est formé sans ge-	**ohne ge-**	Partizip Perfekt ohne ge-
indique une équivalence culturelle	≈	ungefähre Entsprechung

Terminaisons régulières des noms allemands
Regelmäßige Endungen

nom		*gen*	*pl*	*nom*		*gen*	*pl*
-ade	*f*	-ade	-aden	-ion	*f*	-ion	-ionen
-ant	*m*	-anten	-anten	-ist	*m*	-isten	-isten
-anz	*f*	-anz	-anzen	-ium	*nt*	-iums	-ien
-ar	*m*	-ars	-are	-ius	*m*	-ius	-iusse
-är	*m*	-ärs	-äre	-ive	*f*	-ive	-iven
-at	*nt*	-at(e)s	-ate	-keit	*f*	-keit	-keiten
-atte	*f*	-atte	-atten	-lein	*nt*	-leins	-lein
-chen	*nt*	-chens	-chen	-ling	*m*	-lings	-linge
-ei	*f*	-ei	-eien	-ment	*nt*	-ments	-mente
-elle	*f*	-elle	-ellen	-mus	*m*	-mus	-men
-ent	*m*	-enten	-enten	-nis	*f*	-nis	-nisse
-enz	*f*	-enz	-enzen	-nis	*nt*	-nisses	-nisse
-ette	*f*	-ette	-etten	-nom	*m*	-nomen	-nomen
-eur	*m*	-eurs	-eure	-rich	*m*	-richs	-riche
-eurin	*f*	-eurin	-eurinnen	-schaft	*f*	-schaft	-schaften
-euse	*f*	-euse	-eusen	-sel	*nt*	-sels	-sel
-heit	*f*	-heit	-heiten	-tät	*f*	-tät	-täten
-ie	*f*	-ie	-ien	-tiv	*nt, m*	-tivs	-tive
-ik	*f*	-ik	-iken	-tor	*m*	-tors	-toren
-in	*f*	-in	-innen	-ung	*f*	-ung	-ungen
-ine	*f*	-ine	-inen	-ur	*f*	-ur	-uren

Les noms suivis d'un 'r' ou d'un 's' entre parenthèses (par exemple **Angestellte(r)** *mf*, **Beamte(r)** *m*, **Gute(s)** *nt*) se déclinent comme des adjectifs:

der Angestellte *m*
ein Angestellter *m*
der Beamte *m*
ein Beamter *m*
das Gute *nt*
ein Gutes *nt*

die Angestellte *f*
eine Angestellte *f*
die Beamten *pl*
Beamte *pl*

die Angestellten *pl*
Angestellte *pl*

PRONONCIATION DE L'ALLEMAND

Accent tonique

La plupart des mots allemands sont accentués sur la première syllabe; pour tous les autres mots, une apostrophe ['] placée avant la syllabe accentuée indique l'accentuation correcte.

Voyelles

Dans les syllabes non-accentuées, les voyelles sont en règle générale brèves. **ie** se prononce [iː] dans une syllabe accentuée, mais [i] dans une syllabe non-accentuée.

Lorsqu'un mot féminin se terminant en **ie** prend un **-n** au pluriel, la terminaison se prononce [iːən] si elle est accentuée, [iən] dans les autres cas.

Consonnes

v se prononce généralement [f]; sinon la prononciation est indiquée.

iv: un mot se terminant en **iv** se prononce [iːf], mais **iv** suivi d'une désinence se prononce [iːv].

tion se prononce [tsion] sauf en fin de mot où il se prononce [tsioːn].

st, sp (i) en début de mot ou au début du second élément d'un mot composé, **st** et **sp** se prononcent [ʃt] et [ʃp].
(ii) ailleurs, **st** et **sp** se prononcent [st] et [sp].

ch se prononce [ç] sauf après **a, o, u, au** où il devient [x].

ig en fin de mot se prononce [iç]; devant une voyelle, la prononciation devient [ig].

qu se prononce [kv].

z se prononce [ts].

TRANSCRIPTION PHONETIQUE

LAUTSCHRIFT

CONSONNES / KONSONANTEN

poupée	p	Paar
bombe	b	Ball
tente thermal	t	Tafel
dinde	d	denn
coq qui képi	k	Kind
gag bague	g	gern
sale ce nation	s	Bus
zéro rose	z	singen
tache chat	ʃ	Stein Schlag
gilet juge	ʒ	Etage
fer phare	f	fern
valve	v	wer
lent salle	l	links
rare rentrer	R	
	r	rennen
maman femme	m	Mann
non nonne	n	Nest
agneau vigne	ɲ	
	ŋ	lang
hop!	h	Hand
yeux paille pied	j	ja
nouer oui	w	
huile lui	ɥ	
	ç	mich
	x	Loch

DIPHTONGUES / DIPHTONGE

ai	weit
au	Haus
ɔy	heute Häuser

VOYELLES / VOKALE

NB. La mise en équivalence de certains sons n'indique qu'une ressemblance approximative.

Alle Vokallaute sind nur ungefähre Entsprechungen.

ici vie lyre	i/iː	Vitamin/Ziel
	ɪ	Kiste
jouer été	e/eː	Etage/Seele
lait merci	ɛ/ɛː	Wäsche/zählen
plat amour	a/aː	matt/Fahne
bas pâte	ɑ	
	ɐ	Vater
le premier	ə	mache
beurre peur	œ	Götter
peu deux	ø/øː	Ökonomie/blöd
or homme	ɔ	Most
mot gauche	o/oː	Oase/oben
genou roue	u/uː	zuletzt/Mut
	ʊ	Mutter
rue urne	y/yː	Typ/Kübel
	ʏ	Sünde

NASALES / NASALE

matin plein	ɛ̃/ɛ̃ː	timbrieren/Teint
brun	œ̃/œ̃ː	Parfum
sang dans	ɑ̃/ɑ̃ː	Gourmand
non pont	ɔ̃	
	õ/õː	Fondue/Chanson

DIVERS / VERSCHIEDENES

* im Französischen: 'h aspiré' (wird mit dem vorhergehenden Wort nicht zusammengezogen)

' pour l'allemand: précède la syllabe accentuée
im Französischen: 'h aspiré' (siehe oben)

FRANÇAIS - ALLEMAND
FRANZÖSISCH - DEUTSCH

A

à *(à + le =* **au,** *à +* les = **aux)** [a, ɔ] *prep (lieu)* in *(+dat); (direction)* in *(+akk); (: avec villes)* nach; *(attribution):* **donner qch à qn** jdm etw geben; *(provenance):* **prendre de l'eau à la fontaine** Wasser am Brunnen holen; **aller à la campagne** aufs Land fahren; **un ami à moi** ein Freund von mir; **cinq à six heures** fünf bis sechs Stunden; **payer au mois** monatlich bezahlen; **100 km/unités à l'heure** 100 Stundenkilometer/Einheiten pro Stunde; **à 3 heures** um 3 Uhr; **se chauffer au gaz** mit Gas heizen; **l'homme aux yeux verts** der Mann mit den grünen Augen; **à la semaine prochaine** bis nächste Woche; **à la russe** auf russische Art.

abaisser [abese] *vt (vitre)* herunterlassen; *(manette)* nach unten drücken; *(prix, limite, niveau)* senken; *(humilier)* demütigen; **s'~** *vi* sich senken; **s'~ à faire/à qch** sich herablassen, etw zu tun/sich zu etw herablassen.

abandon [abɑ̃dɔ̃] *nm* Verlassen *nt;* Aufgeben *nt;* Abtreten *nt; (détente)* Ungezwungenheit *f;* **être à l'~** *(sans entretien)* verwahrlost sein.

abandonner [abɑ̃dɔne] *vt* verlassen; *(projet, activité)* aufgeben; *(céder):* **~ qch à qn** jdm etw abtreten // *vi (SPORT)* aufgeben; **s'~ à** sich hingeben *(+dat).*

abasourdir [abazuʀdiʀ] *vt* betäuben, benommen machen.

abat-jour [abaʒuʀ] *nm inv* Lampenschirm *m.*

abats [aba] *nmpl (CULIN)* Innereien *pl.*

abattement [abatmɑ̃] *nm (déduction)* Abzug *m; (COMM)* Rabatt *m.*

abattis [abati] *nmpl (CULIN)* Geflügelinnereien *pl.*

abattoir [abatwaʀ] *nm* Schlachthaus *nt.*

abattre [abatʀ(ə)] *vt (arbre)* fällen; *(mur, maison)* niederreißen; *(avion)* abschießen; *(animal)* schlachten; *(personne)* niederschießen; **s'~** *vi (pluie)* niederprasseln; *(mât, malheur)* niederstürzen *(sur* auf *+akk).*

abattu, e [abaty] *a (déprimé)* entmutigt; *(fatigué)* erschöpft.

abbaye [abei] *nf* Abtei *f.*

abbé [abe] *nm (d'une abbaye)* Abt *m; (de paroisse)* Pfarrer *m.*

abcès [apsɛ] *nm (MED)* Abszeß *m.*

abdiquer [abdike] *vi* abdanken // *vt* verzichten auf *(+akk).*

abdomen [abdɔmɛn] *nm* Bauch *m,* Unterleib *m.*

abeille [abɛj] *nf* Biene *f.*

aberrant, e [abɛʀɑ̃, ɑ̃t] *a (absurde)* absurd.

abhorrer [abɔʀe] *vt* verabscheuen.

abîme [abim] *nm* Abgrund *m.*

abîmer [abime] *vt* beschädigen; **s'~** *vi (se détériorer)* kaputtgehen.

abject, e [abʒɛkt] *a* verabscheuungswürdig.

ablation [ablɑsjɔ̃] *nf (MED)* Entfernung *f.*

abnégation [abnegɑsjɔ̃] *nf* Entsagung *f.*

aboiement [abwamɑ̃] *nm* Bellen *nt.*

abois [abwa] *nmpl:* **être aux ~** in die Enge getrieben sein.

abolir [abɔliʀ] *vt* abschaffen.

abominable [abɔminabl(ə)] *a* abscheulich.

abondance [abɔ̃dɑ̃s] *nf* Reichtum *m,* Fülle *f;* **en ~** in Hülle und Fülle.

abondant, e [abɔ̃dɑ̃, t] *a* reichlich.

abonder [abɔ̃de] *vi* im Überfluß vorhanden sein; ~ **en** wimmeln von.
abonnement [abɔnmɑ̃] *nm* Abonnement *nt; (de transports en commun)* Monats(fahr)karte *f.*
abonner [abɔne] *vt:* **s'~ à qch** etw abonnieren.
abord [abɔʀ] *nm:* **être d'un ~ facile/difficile** zugänglich/schwer zugänglich sein; **~s** *nmpl (d'un lieu)* Umgebung *f;* **au premier ~** auf den ersten Blick; **d'~** *ad* zuerst.
aborder [abɔʀde] *vi (NAVIG)* einlaufen // *vt (prendre d'assaut)* entern; *(heurter)* kollidieren mit; *(fig: sujet)* angehen; *(:personne)* ansprechen.
aboutir [abutiʀ] *vi (projet, discussions)* erfolgreich sein; ~ **à/dans/sur** enden in *(+dat).*
aboyer [abwaje] *vi* bellen.
abrasif [abʀazif, iv] *nm* Schleifmittel *nt.*
abrégé [abʀeʒe] *nm* Abriß *m.*
abréger [abʀeʒe] *vt* ver- *ou* abkürzen; *(texte, mot)* abkürzen, kürzen.
abreuver [abʀœve]: **s'~** *vi (animal)* saufen; **abreuvoir** *nm* Tränke *f.*
abréviation [abʀevjɑsjɔ̃] *nf* Abkürzung *f.*
abri [abʀi] *nm* Schutz *m; (lieu couvert)* Unterstand *m; (cabane)* Hütte *f;* **être/se mettre à l'~ (de)** geschützt sein (vor)/sich in Sicherheit bringen (vor *+dat).*
abricot [abʀiko] *nm* Aprikose *f.*
abriter [abʀite] *vt (protéger)* schützen; *(recevoir, loger)* unterbringen; **s'~** *vi* Schutz suchen.
abroger [abʀɔʒe] *vt* außer Kraft setzen.
abrupt, e [abʀypt, pt(ə)] *a* steil; *(personne, ton)* schroff, brüsk.
abrutir [abʀytiʀ] *vt* benommen machen.
absence [apsɑ̃s] *nf* Abwesenheit *f;* Fehlen *nt.*
absent, e [apsɑ̃, ɑ̃t] *a* abwesend; *(inexistant)* fehlend; *(air, attitude)* zerstreut // *nm/f* Abwesende(r) *mf.*
absenter [apsɑ̃te]: **s'~** *vi* sich frei nehmen; *(momentanément)* weggehen.
absolu, e [apsɔly] *a* absolut // *nm:* **dans l'~** absolut (gesehen); **~ment** *ad* absolut; *(à tout prix)* unbedingt.
absorber [apsɔʀbe] *vt (manger, boire)* zu sich nehmen; *(liquide, gaz)* absorbieren, aufnehmen; *(temps, attention, personne)* in Anspruch nehmen.
absoudre [apsudʀ(ə)] *vt* lossprechen.
abstenir [apstəniʀ]: **s'~** *vi (POL)* sich der Stimme enthalten; **s'~ de qch/de faire qch** etw unterlassen/es unterlassen, etw zu tun.
abstention [apstɑ̃sjɔ̃] *nf* Enthaltung *f.*
abstraction [apstʀaksjɔ̃] *nf* Abstraktion *f; (idée)* Abstraktum *nt;* **faire ~ de qch** etw beiseite lassen.
abstrait, e [apstʀɛ, ɛt] *a* abstrakt.
absurde [apsyʀd(ə)] *a* absurd.
abus [aby] *nm (excès)* Mißbrauch *m; (injustice)* Mißstand *m;* ~ **de confiance** Vertrauensmißbrauch *m.*
abuser [abyze] *vi* das Maß überschreiten; ~ **de** *vt* mißbrauchen; **s'~** *vi* sich irren.
abusif, ive [abyzif, iv] *a (prix)* unverschämt, maßlos; **usage ~** Mißbrauch *m.*
acabit [akabi] *nm:* **de cet ~** vom gleichen Schlag.
académie [akademi] *nf (société)* Akademie *f;* **académique** *a* akademisch; *(pej: style)* konventionell.
acajou [akaʒu] *nm* Mahagoni *nt.*
acariâtre [akaʀjɑtʀ(ə)] *a* griesgrämig.
accablant, e [akɑblɑ̃, ɑ̃t] *a (témoignage, preuve)* niederschmetternd; *(chaleur, poids)* unerträglich.
accabler [akɑble] *vt* belasten.
accalmie [akalmi] *nf* Flaute *f.*
accaparer [akapaʀe] *vt* sich bemächtigen *(+gen).*
accéder [aksede]: ~ **à** *vt* kommen zu, gelangen zu; *(requête, désirs)* nachkommen *(+dat).*
accélérateur [akseleʀatœʀ] *nm (AUT)* Gaspedal *nt; (atomique)* Be-

schleuniger *m*.
accélérer [akseleʀe] *vt* beschleunigen // *vi (voiture)* beschleunigen; *(conducteur)* Gas geben.
accent [aksɑ̃] *nm* Akzent *m; (inflexions expressives)* Tonfall *m; (LING: intonation)* Betonung *f; (signe)* Akzentzeichen *nt;* **mettre l'~ sur qch** *(fig)* etw betonen.
accentuer [aksɑ̃tɥe] *vt* betonen; *(augmenter)* steigern; **s'~** *vi* zunehmen.
acceptable [aksɛptabl(ə)] *a* annehmbar.
accepter [aksɛpte] *vt* annehmen; *(risque, responsabilité)* auf sich *(akk)* nehmen; *(fait, hypothèse)* anerkennen; *(personne)* akzeptieren; **~ de faire qch** einwilligen, etw zu tun; **~ que** *(tolérer)* dulden, daß.
acception [aksɛpsjɔ̃] *nf* Bedeutung *f*.
accès [aksɛ] *nm* Zugang *m; (MED: de fièvre)* Anfall *m; (: de boutons)* Ausbruch *m // nmpl (routes etc)* Zufahrtsstraße *f;* **~ de colère/joie** Wutanfall *m*/Freudenausbruch *m*.
accessible [aksesibl(ə)] *a* leicht zu erreichen; *(livre, sujet)* zugänglich.
accessoire [akseswaʀ] *a* zweitrangig // *nm (mécanique)* Zubehörteil *nt*.
accident [aksidɑ̃] *nm* Unglück *nt; (de voiture)* Unfall *m; (événement fortuit)* Zufall *m;* **par ~** zufälligerweise, durch Zufall.
accidenté, e [aksidɑ̃te] *a (terrain)* uneben, bergig; *(voiture, personne)* an einem Unfall beteiligt.
acclamer [aklame] *vt* zujubeln *(+dat)*.
acclimater [aklimate]: **s'~** *vi* sich akklimatisieren.
accointances [akwɛ̃tɑ̃s] *nfpl:* **avoir des ~s avec** Verbindungen haben zu.
accolade [akɔlad] *nf (amicale)* Umarmung *f; (signe)* geschweifte Klammer.
accoler [akɔle] *vt* anfügen.
accommodant, e [akɔmɔdɑ̃, t] *a* zuvorkommend.
accommoder [akɔmɔde] *vt (CULIN)* zubereiten; *(points de vue)* miteinander vereinbaren; **s'~ de** sich abfinden mit.
accompagnement [akɔ̃paɲmɑ̃] *nm* Begleitung *f*.
accompagner [akɔ̃paɲe] *vt* begleiten.
accompli, e [akɔ̃pli] *a:* **musicien ~** vollendeter Musiker.
accomplir [akɔ̃pliʀ] *vt (tâche, projet)* ausführen; *(souhait, vœu)* erfüllen; **s'~** *vi* in Erfüllung gehen.
accord [akɔʀ] *nm* Übereinstimmung *f; (convention)* Abkommen *nt; (consentement)* Zustimmung *f; (MUS)* Akkord *m;* **être d'~ (de faire/que)** einverstanden sein (, etw zu tun/daß); **être d'~ (avec qn)** (mit jdm) übereinstimmen.
accordéon [akɔʀdeɔ̃] *nm* Akkordeon *nt*.
accorder [akɔʀde] *vt (faveur, délai)* bewilligen; *(harmoniser)* abstimmen *(avec qch* mit etw); *(MUS)* stimmen; **je vous accorde que ...** ich gebe zu, daß ...; **on accorde le verbe avec le sujet** das Verb richtet sich nach dem Subjekt.
accoster [akɔste] *vt (NAVIG)* anlegen; *(personne)* ansprechen.
accotement [akɔtmɑ̃] *nm (de route)* Rand *m*.
accouchement [akuʃmɑ̃] *nm* Entbindung *f*.
accoucher [akuʃe] *vi* entbinden; **~ d'un enfant** ein Kind gebären.
accouder [akude]: **s'~** *vi:* **s'~ à/contre** sich mit den Ellbogen stützen auf *(+akk)*.
accoudoir [akudwaʀ] *nm* Armlehne *f*.
accoupler [akuple] *vt (moteurs, bœufs)* koppeln; *(idées)* verbinden; **s'~** *vi* sich paaren.
accourir [akuʀiʀ] *vi* herbeilaufen.
accoutrement [akutʀəmɑ̃] *nm (pej)* Aufzug *m*.
accoutumance [akutymɑ̃s] *nf* Süchtigkeit *f*.
accoutumé, e [akutyme] *a* gewohnt *(à qch* an etw *(akk))*.
accroc [akʀo] *nm (déchirure)* Riß *m;*

(*fig*) Schwierigkeit *f*, Problem *nt*.
accrochage [akʀɔʃaʒ] *nm* Aufhängen *nt*; (*AUT*) Zusammenstoß *m*.
accrocher [akʀɔʃe] *vt* (*suspendre*) aufhängen; (*attacher*) anhängen; (*heurter*) anstoßen; (*déchirer*) hängenbleiben mit; (*MIL*) angreifen; (*attention, regard, client*) anziehen; **s'~** einen Zusammenstoß haben; **s'~ à** hängenbleiben an (+*dat*); (*agripper; fig*) sich klammern an (+*akk*).
accroissement [akʀwasmɑ̃] *nm* Zunahme *f*.
accroître [akʀwatʀ(ə)] *vt* zunehmen; **s'~** *vi* anwachsen, stärker werden.
accroupir [akʀupiʀ]: **s'~** *vi* hocken, kauern.
accru, e [akʀy] *a* verstärkt.
accueil [akœj] *nm* Empfang *m*; **accueillant, e** *a* gastfreundlich.
accueillir [akœjiʀ] *vt* begrüßen; (*loger*) unterbringen.
acculer [akyle] *vt*: **~ qn à/dans/contre** jdn treiben in/gegen (+*akk*).
accumuler [akymyle] *vt* anhäufen; (*retard*) vergrößern; **s'~** *vi* sich ansammeln; sich vergrößern.
accusation [akyzɑsjɔ̃] *nf* Beschuldigung *f*; (*JUR*) Anklage *f*; (*:partie*) Anklagevertretung *f*.
accusé, e [akyze] *nm/f* (*JUR*) Angeklagte(r) *mf*; **~ de réception** Empfangsbestätigung *f*.
accuser [akyze] *vt* beschuldigen; (*JUR*) anklagen; (*faire ressortir*) betonen; **~ qn de qch** jdn einer Sache (*gen*) beschuldigen *ou* anklagen.
acerbe [asɛʀb(ə)] *a* bissig.
acéré, e [aseʀe] *a* scharf.
achalandé, e [aʃalɑ̃de] *a*: **bien/mal ~** gut/schlecht ausgestattet.
acharné, e [aʃaʀne] *a* (*lutte, adversaire*) unerbittlich, erbarmungslos; (*travailleur*) unermüdlich.
acharner [aʃaʀne]: **s'~** *vi*: **s'~ contre** *ou* **sur qn** jdn erbarmungslos angreifen; (*sujet: malchance*) jdn verfolgen; **s'~ à faire qch** etw unbedingt tun wollen.
achat [aʃa] *nm* Kauf *m*; **faire des ~s** einkaufen.
acheminer [aʃmine] *vt* senden; **s'~ vers** zusteuern auf (+*akk*).
acheter [aʃte] *vt* kaufen; **~ qch à qn** (*provenance*) etw von jdm kaufen; (*destination*) etw für jdn kaufen.
acheteur, euse [aʃtœʀ, øz] *nm/f* (*client*) Käufer(in *f*) *m*.
achever [aʃve] *vt* beenden; (*blessé*) den Gnadenschuß geben (+*dat*); **s'~** *vi* zu Ende gehen.
acide [asid] *a* sauer // *nm* (*CHIM*) Säure *f*.
acier [asje] *nm* Stahl *m*; **~ inoxidable** nichtrostender Stahl.
aciérie [asjeʀi] *nf* Stahlwerk *nt*.
acné [akne] *nm* Akne *f*.
acolyte [akɔlit] *nm* (*pej*) Komplize *m*.
acompte [akɔ̃t] *nm* Anzahlung *f*.
à-coup [aku] *nm* Ruck *m*; **sans/par ~s** glatt/ruckartig *ou* stoßweise.
acoustique [akustik] *a* akustisch.
acquéreur [akeʀœʀ] *nm* Käufer(in *f*) *m*.
acquérir [akeʀiʀ] *vt* (*biens*) erwerben, kaufen; (*habitude*) annehmen; (*valeur*) bekommen; (*droit*) erlangen; (*certitude*) gelangen zu.
acquiescer [akjese] *vi* zustimmen.
acquis, e [aki, iz] *a* (*habitude, caractères*) angenommen; (*résultats, vitesse*) erreicht.
acquisition [akizisjɔ̃] *nf* (*achat*) Kauf *m*; (*de célébrité, droit*) Erlangen *nt*; (*objet acquis*) Erwerb *m*.
acquit [aki] *nm* (*quittance*) Quittung *f*; **par ~ de conscience** zu jds Gewissensberuhigung.
acquitter [akite] *vt* (*JUR*) freisprechen; (*payer*) begleichen; **s'~ de** (*devoir, engagement*) nachkommen (+*dat*); (*travail*) erledigen.
âcre [ɑkʀ(ə)] *a* bitter, herb.
acrobatie [akʀɔbasi] *nf* (*art*) Akrobatik *f*; (*exercice*) akrobatisches Kunststück *nt*.
acte [akt(ə)] *nm* (*action, geste*) Tat *f*; (*papier, document*) Akte *f*; (*THEAT*) Akt *m*; **~s** *nmpl* (*compte-rendu*) Protokoll *nt*; **prendre ~ de qch** etw zur Kenntnis nehmen; **faire ~ de**

présence/ candidature sich sehen lassen/sich als Kandidat vorstellen; ~ **de naissance** Geburtsurkunde *f*.
acteur, trice [aktœʀ, tʀis] *nm/f* Schauspieler(in *f*) *m*.
actif, ive [aktif, iv] *a* aktiv // *nm* (*COMM*) Aktiva *pl*; (*fig*): **mettre/ avoir qch à son** ~ etw auf seine Erfolgsliste setzen/etw als Erfolg verbuchen können.
action [aksjɔ̃] *nf (acte)* Tat *f*; *(activité, déploiement d'énergie)* Tätigkeit *f*; *(influence, effet)* Wirkung *f*; (*THEAT, FILM*) Handlung *f*; (*COMM*) Aktie *f*; **mettre en** ~ in die Tat umsetzen; **passer à l'**~ zur Tat schreiten, aktiv werden; **un homme d'**~ ein Mann der Tat; **un film d'**~ ein Actionfilm; ~ **en diffamation** Verleumdungsklage *f*.
actionner [aksjɔne] *vt* betätigen.
activité [aktivite] *nf* Aktivität *f*; *(occupation, loisir)* Betätigung *f*.
actrice *nf voir* **acteur.**
actualiser [aktɥalize] *vt* verwirklichen.
actualité [aktɥalite] *nf* Aktualität *f*; ~**s** *nfpl* (*TV*) Nachrichten *pl*.
actuel, le [aktɥɛl] *a (présent)* augenblicklich; *(d'actualité)* aktuell; ~**lement** *ad* derzeit.
acuité [akɥite] *nf (des sens)* Schärfe *f*; *(d'une crise, douleur)* Intensität *f*.
adage [adaʒ] *nm* Sprichwort *nt*.
adaptateur [adaptatœʀ] *nm* (*ELEC*) Adapter *m*.
adaptation [adaptɑsjɔ̃] *nf* Bearbeitung *f*.
adapter [adapte] *vt (œuvre)* bearbeiten; *(approprier)*: ~ **qch à** etw anpassen an *(+akk)*; ~ **qch sur/ dans/à** etw anbringen auf/in/an *(+akk)*; **s'**~ **(à)** *(sujet: personne)* sich anpassen (an *+akk*).
additif [aditif] *nm* Zusatz *m*.
addition [adisjɔ̃] *nf* Hinzufügen *nt*; (*MATH*) Addition *f*; *(au café)* Rechnung *f*.
additionner [adisjɔne] *vt* (*MATH*) addieren; ~ **un produit/vin d'eau** einem Produkt Wasser hinzufügen/ Wein mit Wasser strecken.
adepte [adɛpt(ə)] *nm/f* Anhänger(in *f*) *m*.
adéquat, e [adekwa, at] *a* passend, angebracht.
adhérent, e [adeʀɑ̃, ɑ̃t] *nm/f* Mitglied *nt*.
adhérer [adeʀe] *vi*: ~**à** *(coller à)* haften an *(+dat)*; *(se rallier à: parti, club)* beitreten *(+dat)*; *(:opinion)* unterstützen, eintreten für *(+akk)*.
adhésif, ive [adezif, iv] *a* haftend // *nm* Klebstoff *m*.
adhésion [adezjɔ̃] *nf (voir* **adhérer***)* Beitritt *m*; Unterstützung *f*.
adieu, x [adjø] *excl* lebewohl // *nm* Abschied *m*; **dire** ~ **à qn** sich von jdm verabschieden.
adjacent, e [adʒasɑ̃, ɑ̃t] *a* angrenzend.
adjectif [adʒɛktif] *nm* Adjektiv *nt*.
adjoindre [adʒwɛ̃dʀ(ə)] *vt*: ~ **qch à qch** etw einer Sache *(dat)* beifügen; **s'**~ **un collaborateur** sich *(dat)* einen Mitarbeiter ernennen.
adjoint, e [adʒwɛ̃, wɛ̃t] *nm/f*: **(directeur)** ~ stellvertretender Direktor *m*; ~ **au maire** zweiter Bürgermeister *m*.
adjudant [adʒydɑ̃] *nm* Feldwebel *m*.
adjudication [adʒydikɑsjɔ̃] *nf* *(vente aux enchères)* Versteigerung *f*; *(marché administratif)* Ausschreibung *f*; *(attribution)* Vergabe *f*.
adjuger [adʒyʒe] *vt* verleihen *(+dat)*; **adjugé!** *(vendu)* verkauft!
admettre [admɛtʀ(ə)] *vt (visiteur, nouveau venu)* hereinlassen; *(patient, membre)* aufnehmen *(dans* in *+akk)*; *(comportement)* durchgehen lassen; *(fait, point de vue)* anerkennen; *(explication)* gelten lassen; ~ **que** zugeben, daß.
administrateur, trice [administʀatœʀ, tʀis] *nm/f* Verwalter(in *f*) *m*.
administratif, ive [administʀatif, iv] *a* administrativ, Verwaltungs-; *(style, paperasserie)* bürokratisch.
administration [administʀɑsjɔ̃] *nf* Verwaltung *f*; **l'A**~ ≈ der Staatsdienst.
administrer [administʀe] *vt* *(diriger)* führen, leiten; *(remède, cor-*

rection) verabreichen; *(sacrement)* spenden.
admirable [admiʀabl(ə)] *a* bewundernswert.
admirateur, trice [admiʀatœʀ, tʀis] *nm/f* Bewunderer(in *f*) *m.*
admirer [admiʀe] *vt* bewundern.
admissible [admisibl(ə)] *a (comportement)* zulässig; *(candidat: SCOL)* (zur mündlichen Prüfung) zugelassen.
admission [admisjɔ̃] *nf* Einlaß *m;* Aufnahme *f (à* in *+akk); *Bestehen *nt;* Anerkennung *f; (de candidat reçu)* Zulassung *f; (patient)* Neuaufnahme *f.*
admonester [admɔnɛste] *vt* ermahnen.
adolescence [adɔlesɑ̃s] *nf* Jugend *f.*
adolescent, e [adɔlesɑ̃, ɑ̃t] *nm/f* Jugendliche(r) *mf.*
adonner [adɔne]: **s'~ à** *vt* sich hingebungsvoll widmen *(+dat).*
adopter [adɔpte] *vt (projet de loi)* verabschieden; *(politique, attitude, mode)* annehmen; *(enfant)* adoptieren; *(nouveau venu)* aufnehmen.
adoptif, ive [adɔptif, iv] *a* Adoptiv-; *(patrie, ville)* Wahl-.
adorable [adɔʀabl(ə)] *a* bezaubernd.
adorer [adɔʀe] *vt* über alles lieben; *(REL)* anbeten.
adosser [adose] *vt:* ~ **qch à/contre** etw lehnen an/gegen *(+akk).*
adoucir [adusiʀ] *vt (goût)* verfeinern; *(peau)* weich machen; *(caractère)* abschwächen; *(peine)* mildern; **s'~** *vi* sich verfeinern; *(caractère)* sich abschwächen; *(température)* abnehmen.
adresse [adʀɛs] *nf (habileté)* Geschick *nt; (domicile)* Adresse *f.*
adresser [adʀese] *vt (lettre)* schicken *(à* an *+akk); (écrire l'adresse sur)* adressieren; *(injure, compliments)* richten *(à* an *+akk);* **s'~ à** *(parler à)* sprechen zu; *(destinataire)* sich richten an *(+akk).*
Adriatique [adʀiatik] *nf* Adria *f.*
adroit, e [adʀwa, wat] *a* geschickt.
aduler [adyle] *vt* verherrlichen.
adulte [adylt(ə)] *nm/f* Erwachsene(r) *mf // a (chien, arbre)* ausgewachsen; *(attitude)* reif.
adultère [adyltɛʀ] *nm* Ehebruch *m.*
advenir [advəniʀ] *vi* geschehen, sich ereignen; **qu'est-il advenu de ...** was ist aus ... geworden?
adverbe [advɛʀb(ə)] *nm* Adverb *nt.*
adversaire [advɛʀsɛʀ] *nm/f* Gegner(in *f*) *m.*
adversité [advɛʀsite] *nf* Not *f.*
aération [aeʀɑsjɔ̃] *nf* Lüftung *f.*
aérer [aeʀe] *vt* lüften; *(style)* auflockern.
aérien, ne [aeʀjɛ̃, jɛn] *a (AVIAT)* Luft-; *(câble)* oberirdisch; **métro ~** Hochbahn *f.*
aérodrome [aeʀɔdʀom] *nm* Flugplatz *m.*
aérogare [aeʀɔgaʀ] *nf (à l'aéroport)* Flughafen *m; (en ville)* Airterminal *m.*
aéroglisseur [aeʀɔglisœʀ] *nm* Luftkissenboot *nt.*
aéronautique [aeʀɔnotik] *a* aeronautisch.
aéronaval, e [aeʀɔnaval] *a* Luft- und See-.
aéroport [aeʀɔpɔʀ] *nm* Flughafen *m.*
aérosol [aeʀɔsɔl] *nm (bombe)* Spraydose *f.*
affable [afabl(ə)] *vt* umgänglich.
affadir [afadiʀ] *vt* fade machen.
affaiblir [afebliʀ] *vt* schwächen; **s'~** *vi* schwächer werden.
affaire [afɛʀ] *nf (problème, question)* Angelegenheit *f; (criminelle, judiciaire)* Fall *m; (scandale)* Affäre *f; (COMM)* Geschäft *nt; (occasion intéressante)* günstige Gelegenheit *f;* **~s** *nfpl (intérêts privés ou publics)* Geschäfte *pl; (effets personnels)* Sachen *pl;* **ce sont mes/tes ~s** *(cela me/te concerne)* das ist meine/deine Sache; **avoir ~ à qn/qch** es mit jdm/etw zu tun haben.
affairer [afeʀe]: **s'~** *vi* geschäftig hin und her eilen.
affaisser [afese]: **s'~** *vi (terrain, immeuble)* einstürzen; *(personne)* zusammenbrechen.

affaler [afale]: **s'~** *vi*: **s'~ dans/sur** sich erschöpft fallen lassen in *(+akk)*/auf *(+akk)*.
affamer [afame] *vt* aushungern.
affecter [afɛkte] *vt (émouvoir)* berühren, treffen; *(feindre)* vortäuschen; *(allouer)* zuteilen *(à dat)*; *(marquer)*: ~ **qch d'un coefficient/indice** etw mit einem Koeffizienten/einem Zeichen versehen.
affection [afɛksjɔ̃] *nf* Zuneigung *f*; *(MED)* Leiden *nt*.
affectionner [afɛksjɔne] *vt* mögen.
affectueux, euse [afɛktɥø, øz] *a* liebevoll.
affermir [afɛʀmiʀ] *vt* fest werden lassen.
affichage [afiʃaʒ] *nm* Anschlag *m*.
affiche [afiʃ] *nf* Plakat *nt*; **être à l'~** *(THEAT, FILM)* gespielt werden; **tenir l'~** lang auf dem Programm stehen.
afficher [afiʃe] *vt* anschlagen; *(attitude)* zur Schau stellen.
affilée [afile]: **d'~** *ad* ununterbrochen.
affiler [afile] *vt* schärfen.
affilier [afilje]: **s'~ à** *vt* Mitglied werden bei.
affinité [afinite] *nf* Verwandtschaft *f*, Affinität *f*.
affirmatif, ive [afiʀmatif, iv] *a* *(réponse)* bejahend; *(personne)* positiv // *nf*: **répondre par l'affirmative** ja sagen, mit Ja antworten; **dans l'affirmative** bejahendenfalls.
affirmation [afiʀmasjɔ̃] *nf (assertion)* Behauptung *f*.
affirmer [afiʀme] *vt (prétendre, assurer)* behaupten; *(désir, autorité)* geltend machen.
affleurer [aflœʀe] *vi* sich an der Oberfläche zeigen.
affligé, e [afliʒe] *a* erschüttert; ~ **d'une maladie/tare** an einer Krankheit/einem Gebrechen leidend.
affliger [afliʒe] *vt (peiner)* zutiefst bekümmern.
affluence [aflyɑ̃s] *nf*: **heure/jour d'~** Stoßzeit *f*/geschäftigster Tag *m*.
affluent [aflyɑ̃] *nm (GEO)* Nebenfluß *m*.
affluer [aflye] *vi (secours, biens)* eintreffen; *(sang, gens)* strömen.
affoler [afɔle] *vt* verrückt machen; **s'~** *vi* durchdrehen.
affranchir [afʀɑ̃ʃiʀ] *vt* freimachen; *(esclave)* freilassen; *(d'une contrainte, menace)* befreien.
affréter [afʀete] *vt* mieten.
affreux, euse [afʀø, øz] *a* schrecklich.
affronter [afʀɔ̃te] *vt (adversaire)* entgegentreten *(+dat)*.
affût [afy] *nm*: **être à l'~ de qch** auf etw *(akk)* lauern.
affûter [afyte] *vt* schärfen.
afin [afɛ̃]: ~ **que** *conj* so daß, damit; ~ **de faire** um zu tun.
a fortiori [afɔʀsjɔʀi] *ad* um so mehr.
africain, e [afʀikɛ̃, ɛn] *a* afrikanisch; **A~, e** *nm/f* Afrikaner(in *f*) *m*.
Afrique [afʀik] *nf*: **l'~** Afrika *nt*.
agacer [agase] *vt (volontairement)* quälen; *(involontairement)* aufregen.
âge [ɑʒ] *nm* Alter *nt*; *(ère)* Zeitalter *nt*; **quel ~ as-tu?** wie alt bist du? ~ **de raison** verständiges Alter; **l'~ ingrat** die Pubertät, die Flegeljahre; **l'~ mûr** das reife Alter.
âgé, e [ɑʒe] *a* alt; ~ **de 10 ans** 10 Jahre alt.
agence [aʒɑ̃s] *nf* Agentur *f*; *(succursale)* Filiale *f*; ~ **immobilière/matrimoniale/de voyages** Immobilienbüro *nt*/Eheinstitut *nt*/Reisebüro *nt*.
agencer [aʒɑ̃se] *vt (éléments, texte)* zusammenfügen, arrangieren; *(appartement)* einrichten.
agenda [aʒɛ̃da] *nm* Kalender *m*.
agenouiller [aʒnuje]: **s'~** *vi* niederknien.
agent [aʒɑ̃] *nm (élément, facteur)* Faktor *m*; ~ **(de police)** Polizist(in *f*) *m*; ~ **(secret)** (Geheim)agent(in *f*) *m*; ~ **de change/d'assurances** Börsenmakler(in *f*) *m*/Versicherungsmakler(in *f*) *m*.
agglomération [aglɔmeʀasjɔ̃] *nf* Ortschaft *f*; **l'~ parisienne** das Stadtgebiet von Paris.

agglomérer [aglɔmeʀe] *vt* anhäufen; *(TECH)* verbinden.
agglutiner [aglytine] *vt* zusammenkleben.
aggraver [agʀave] *vt* verschlimmern; *(peine)* erhöhen.
agile [aʒil] *a* beweglich.
agir [aʒiʀ] *vi* handeln; *(se comporter)* sich verhalten; *(avoir de l'effet)* wirken; **de quoi s'agit-il?** um was handelt es sich?
agitation [aʒitɑsjɔ̃] *nf* Bewegung *f; (état d'excitation, d'inquiétude)* Erregung *f; (politique)* Aufruhr *m.*
agité, e [aʒite] *a* unruhig; *(troublé, excité)* aufgeregt, erregt; *(mer)* aufgewühlt.
agiter [aʒite] *vt* schütteln; *(préoccuper)* beunruhigen.
agneau, x [aɲo] *nm* Lamm *nt; (CULIN)* Lammfleisch *nt.*
agonie [agɔni] *nf* Todeskampf *m.*
agrafe [agʀaf] *nf (de vêtement)* Haken *m;* Spange *f; (de bureau)* Heftklammer *f.*
agrafer [agʀafe] *vt* zusammenhalten; heften; **agrafeuse** *nf (de bureau)* Heftmaschine *f.*
agraire [agʀɛʀ] *a* agrarisch.
agrandir [agʀɑ̃diʀ] *vt* erweitern; *(PHOT)* vergrößern; **s'**~ *vi* größer werden; **agrandissement** *nm (PHOT)* Vergrößerung *f.*
agréable [agʀeabl(ə)] *a* angenehm.
agréé [agʀee] *a:* **magasin/concessionnaire** ~ eingetragener Laden/Händler.
agrégation [agʀegɑsjɔ̃] *nf höchste Lehramtsbefähigung.*
agrément [agʀemɑ̃] *nm (accord)* Zustimmung *f; (plaisir)* Vergnügen *nt.*
agrémenter [agʀemɑ̃te] *vt* ausschmücken; angenehm machen.
agresser [agʀese] *vt* angreifen.
agresseur [agʀɛsœʀ] *nm* Angreifer(in *f*) *m; (POL, MIL)* Aggressor(in *f*) *m.*
agressif, ive [agʀɛsif, iv] *a* aggressiv.
agression [agʀɛsjɔ̃] *nf* Aggression *f; (POL, MIL)* Angriff *m.*
agricole [agʀikɔl] *a* landwirtschaftlich.
agriculteur [agʀikyltœʀ] *nm* Landwirt(in *f*) *m.*
agriculture [agʀikyltyʀ] *nf* Landwirtschaft *f.*
agripper [agʀipe] *vt* schnappen, packen; **s'**~ **à** greifen nach *(+dat).*
agrumes [agʀym] *nmpl* Zitrusfrüchte *pl.*
aguerrir [ageʀiʀ] *vt* abhärten, stählen.
aguets [agɛ]: **être aux** ~ auf der Lauer sein.
aguicher [agiʃe] *vt* reizen.
ah! [ɑ] *excl* aha!
ahurir [ayʀiʀ] *vt* verblüffen.
aide [ɛd] *nf* Hilfe *f // nm/f* Assistent(in *f*) *m;* **à l'**~ **de** mit Hilfe von; **appeler à l'**~ zu Hilfe rufen; ~ **comptable/électricien** *nm* Buchhaltungsgehilfe *m*(-gehilfin *f*)/Elektrikergehilfe *m* (-gehilfin *f*); ~ **soignant, 'e** *nm/f* Schwesternhelfer(in *f*) *m.*
aide-mémoire [ɛdmemwaʀ] *nm inv* Gedächtnishilfe *f.*
aider [ede] *vt* helfen *(+dat);* ~ **à** *(faciliter)* beitragen zu.
aïeul, e [ajœl] *nm/f* Großvater *m,* Großmutter *f;* **aïeux** *nmpl* Großeltern *pl.*
aigle [ɛgl(ə)] *nm* Adler *m.*
aigre [ɛgʀ(ə)] *a* sauer, säuerlich; *(fig)* schneidend.
aigreur [ɛgʀœʀ] *nf* saurer Geschmack *m;* ~**s d'estomac** Sodbrennen *nt.*
aigrir [egʀiʀ] *vt (personne)* verbittern.
aigu, ë [egy] *a (objet, arête)* spitz; *(son, voix)* hoch; *(douleur, conflit, intelligence)* scharf.
aigue-marine [ɛgmaʀin] *nf* Aquamarin *m.*
aiguillage [egɥijaʒ] *nm* Weiche *f.*
aiguille [egɥij] *nf (de réveil, compteur)* Zeiger *m; (à coudre)* Nadel *f;* ~ **à tricoter** Stricknadel *f.*
aiguillon [egɥijɔ̃] *nm (d'abeille)* Stachel *m.*
aiguillonner [egɥijɔne] *vt*

anspornen.
aiguiser [egize] *vt (outil)* schleifen, schärfen; *(fig)* stimulieren.
ail [aj] *nm* Knoblauch *m.*
aile [ɛl] *nf* Flügel *m.*
aileron [ɛlʀɔ̃] *nm (de requin)* Flosse *f; (d'avion)* Querruder *nt; (de voiture)* Spoiler *m.*
ailier [elje] *nm* Flügelspieler(in *f*) *m.*
ailleurs [ajœʀ] *ad* woanders; **nulle part** ~ nirgendwo anders; **d'~** übrigens; **par** ~ überdies.
aimable [ɛmabl(ə)] *a* freundlich.
aimant [ɛmɑ̃] *nm* Magnet *m.*
aimer [eme] *vt* lieben; *(d'amitié, d'affection)* mögen; *(chose, activité)* gern haben; **bien** ~ **qn/qch** jdn/etw sehr gern haben; ~ **mieux qch/faire** etw lieber mögen/tun; ~ **autant faire qch** *(préférer)* etw lieber tun.
ainsi [ɛ̃si] *ad* so // ~ **que** *conj* wie; *(et aussi)* und; **pour** ~ **dire** sozusagen.
aine [ɛn] *nf (ANAT)* Leiste *f.*
aîné, e [ene] *a* älter // *nm/f* ältestes Kind *nt,* Älteste(r) *mf.*
air [ɛʀ] *nm (mélodie)* Melodie *f; (expression)* Gesichtsausdruck *m; (attitude)* Benehmen *nt,* Auftreten *nt; (atmosphérique)* Luft *f;* **prendre de grands ~s avec qn** jdn herablassend behandeln; **parole/menace en l'~** leere Reden/Drohung; **prendre l'~** Luft schnappen; **avoir l'~** scheinen; **avoir l'~ triste/d'un clown** traurig aussehen/aussehen wie ein Clown.
aire [ɛʀ] *nf* Fläche *f; (domaine, zone)* Gebiet *nt.*
aisance [ɛzɑ̃s] *nf* Leichtigkeit *f; (grâce, adresse)* Geschicklichkeit *f; (richesse)* Wohlstand *m.*
aise [ɛz] *nf (confort)* Komfort *m // a:* **être bien** ~ **de/que** erfreut sein von/daß; **être à l'~** *ou* **à son** ~ sich wohl fühlen; *(financièrement)* sich gut stehen; **se mettre à l'~** es sich *(dat)* bequem machen; **être mal à l'~** *ou* **à son** ~ sich nicht wohl fühlen; **en faire à son** ~ tun, wie man beliebt.
aisé, e [eze] *a (facile)* leicht; *(assez riche)* gutsituiert.
aisselle [ɛsɛl] *nf* Achselhöhle *f.*
Aix-la-Chapelle [ɛkslaʃapɛl] *n* Aachen *nt.*
ajoncs [aʒɔ̃] *nmpl* Stechginster *m.*
ajouré, e [aʒuʀe] *a* durchbrochen.
ajourner [aʒuʀne] *vt* vertagen.
ajouter [aʒute] *vt* hinzufügen; ~ **foi à** Glauben schenken *(+dat).*
ajuster [aʒyste] *vt (régler)* einstellen; *(adapter)* einpassen *(à qch* in *+akk).*
ajusteur [aʒystœʀ] *nm* Metallarbeiter(in *f*) *m.*
alambic [alɑ̃bik] *nm* Destillierapparat *m.*
alarme [alaʀm(ə)] *nf (signal)* Alarm *m; (inquiétude)* Sorge *f,* Beunruhigung *f.*
alarmer [alaʀme] *vt* warnen; **s'~** *vi* sich *(dat)* Sorgen machen.
Albanie [albani] *nf:* **l'~** Albanien *nt.*
albâtre [albɑtʀ(ə)] *nm* Alabaster *m.*
album [albɔm] *nm* Album *nt.*
albumen [albymɛn] *nm* Eiweiß *nt.*
albumine [albymin] *nf* Albuminurie *f;* **avoir** *ou* **faire de l'~** Eiweiß im Urin haben.
alcool [alkɔl] *nm:* **l'~** der Alkohol; **un** ~ ein Weinbrand *m;* ~ **à brûler** Brennspiritus *m;* ~ **à 90°** Wundbenzin *nt;* **~ique** *a* alkoholisch // *nm/f* Alkoholiker(in *f*) *m;* **~isé, e** *a (boisson)* alkoholisch; **~isme** *nm* Alkoholismus *m;* **alcotest** ® *nm* Alkoholtest *m.*
aléas [aleas] *nmpl* Risiken *pl.*
alentour [alɑ̃tuʀ] *ad* darum herum // **~s** *nmpl* Umgebung *f.*
alerte [alɛʀt(ə)] *a* aufgeweckt, lebendig // *nf (menace)* Warnung *f; (signal)* Alarm *m;* **donner l'~** den Alarm auslösen.
alevin [alvɛ̃] *nm* Zuchtfisch *m.*
algèbre [alʒɛbʀ(ə)] *nf* Algebra *f;* **algébrique** *a* algebraisch.
Algérie [alʒeʀi] *nf:* **l'~** Algerien *nt;* **algérien, ne** *a* algerisch; **A~n, ne** *nm/f* Algerier(in *f*) *m.*
algue [alg(ə)] *nf* Alge *f.*
alibi [alibi] *nm* Alibi *nt.*
aliéné, e [aljene] *nm/f* Geistesgestörte(r) *mf.*
aliéner [aljene] *vt (bien, liberté)* ver-

äußern; *(partisans, support)* befremden.
aligner [aliɲe] *vt* in eine Reihe stellen; *(adapter)* angleichen *(sur* an *+akk); (présenter)* in einer Reihenfolge darlegen; **s'~** *(concurrents)* sich aufstellen; (*POL*) sich ausrichten *(sur* nach).
aliment [alimɑ̃] *nm* Nahrungsmittel *nt*.
alimentation [alimɑ̃tɑsjɔ̃] *nf* Ernährung *f;* Versorgung *f; (commerce)* Lebensmittelhandel *m*.
alimenter [alimɑ̃te] *vt* ernähren; *(en eau, électricité)* versorgen; *(conversation)* in Gang halten; *(haine etc)* nähren.
alinéa [alinea] *nm* Absatz *m*.
aliter: [alite] **s'~** *vi* sich ins Bett legen.
allaiter [alete] *vt* stillen.
allant, e [alɑ̃, ɑ̃t] *nm* Elan *m*.
allécher [aleʃe] *vt* anlocken.
allée [ale] *nf* Allee *f;* **~s et venues** *nfpl* das Kommen und Gehen.
allégation [alegɑsjɔ̃] *nf* Behauptung *f*.
alléger [aleʒe] *vt* leichter machen; *(dette, impôt)* senken; *(souffrance)* lindern.
alléguer [alege] *vt (fait, texte)* anführen; *(prétexte)* vorbringen.
Allemagne [almaɲ] *nf:* **l'~** Deutschland *nt;* **~ de l'Est/l'Ouest** Ost-/Westdeutschland *nt*.
allemand, e [almɑ̃, d] *a* deutsch // *nm (langue)* Deutsch *nt;* **A~, e** *nm/f* Deutsche(r) *mf*.
aller [ale] *nm (trajet)* Hinweg *m; (billet)* Einfachfahrkarte *f* // *vi* gehen; **je vais y aller/me fâcher/le faire** ich werde hingehen/ärgerlich/es machen; **~ voir/chercher qch** sich *(dat)* etw ansehen/etw holen; **comment allez-vous/va-t-il?** wie geht es Ihnen/ihm?; **ça va?** wie geht's?; **cela me va** *(couleur, vêtement)* das steht mir; *(projet, dispositions)* das paßt mir; **cela va bien avec le tapis/les rideaux** das paßt gut zum Teppich/zu den Vorhängen; **il y va de leur vie/notre salut** es geht um ihr Leben/unser Wohl; **s'en ~** *vi* weggehen; **~ et retour** *nm (billet)* Rückfahrkarte *f*.
allergie [alɛʀʒi] *nf* Allergie *f;* **allergique** *a:* **~ (à)** allergisch (gegen).
alliage [aljaʒ] *nm* Legierung *f*.
alliance [aljɑ̃s] *nf* Allianz *f; (bague)* Ehering *m;* **neveu par ~** angeheirateter Neffe.
allier [alje] *vt* legieren; *(unir)* verbünden; **s'~** *(pays, personnes)* sich verbünden; *(éléments, caractéristiques)* sich verbinden; **s'~ à** sich verbünden mit.
allô [alo] *excl* hallo!
allocation [alɔkɑsjɔ̃] *nf* Zuteilung *f*, Zuweisung *f;* **~ (de) logement/chômage** Mietzuschuß *m*/Arbeitslosenunterstützung *f;* **~s familiales** Familienbeihilfe *f*.
allocution [alɔkysjɔ̃] *nf* kurze Ansprache *f*.
allonger [alɔ̃ʒe] *vt* verlängern; *(bras, jambe)* ausstrecken; **s'~** *vi (se coucher)* sich hinlegen; **~ le pas** den Schritt beschleunigen.
allouer [alwe] *vt* zuteilen.
allumage [alymaʒ] *nm* (*AUT*) Zündung *f*.
allumer [alyme] *vt (lampe, phare)* einschalten; *(feu)* machen; **~ (la lumière** *ou* **l'électricité)** das Licht anmachen.
allumette [alymɛt] *nf* Streichholz *nt*.
allure [alyʀ] *nf (vitesse)* Geschwindigkeit *f; (démarche, maintien)* Gang *m; (aspect, air)* Aussehen *nt;* **avoir de l'~** Eleganz haben; **à toute ~** mit voller Geschwindigkeit.
allusion [alyzjɔ̃] *nf* Anspielung *f;* **faire ~ à** anspielen auf *(+akk)*.
alors [alɔʀ] *ad (à ce moment là)* da; *(par conséquent)* infolgedessen, also; **~ que** *conj (tandis que)* während.
alouette [alwɛt] *nf* Lerche *f*.
alourdir [aluʀdiʀ] *vt* belasten.
alpage [alpaʒ] *nm* Alm *f*.
Alpes [alp] *nfpl:* **les ~** die Alpen *pl*.
alphabet [alfabɛ] *nm* Alphabet *nt;* **alphabétiser** *vt* das Schreiben und Lesen beibringen *(+dat)*.
alpinisme [alpinism(ə)] *nm*

Bergsteigen *nt*.
alpiniste [alpinist(ə)] *nm/f* Bergsteiger(in *f*) *m*.
Alsace [alzas] *nf*: **l'~** das Elsaß; **alsacien, ne** *a* elsässisch.
altérer [alteʀe] *vt (texte, document)* (ab)ändern; *(matériau)* beschädigen, angreifen; *(sentiment)* beeinträchtigen.
alternateur [altɛʀnatœʀ] *nm* Wechselstromgenerator *m*.
alternatif, ive [altɛʀnatif, iv] *a (mouvement)* wechselnd; *(courant)* Wechsel- // *nf (choix)* Alternative *f*; **alternativement** *ad* abwechselnd.
altesse [altɛs] *nf*: **son ~ le ...** Seine Hoheit, der ...
altimètre [altimɛtʀ(ə)] *nm* Höhenmesser *m*.
altitude [altityd] *nf* Höhe *f*.
alto [alto] *nm (instrument)* Viola *f*.
aluminium [alyminjɔm] *nm* Aluminium *nt*.
alunir [alyniʀ] *vi* auf dem Mond landen.
alvéole [alveɔl] *nf (de ruche)* (Bienen)wabe *f*.
amabilité [amabilite] *nf* Liebenswürdigkeit *f*; **il a eu l'~ de le faire** er war so nett und hat es gemacht.
amadouer [amadwe] *vt* umgarnen.
amaigrir [amegʀiʀ] *vt* abmagern lassen.
amalgame [amalgam] *nm* Mischung *f*.
amande [amɑ̃d] *nf* Mandel *f*; **en ~** mandelförmig.
amandier [amɑ̃dje] *nm* Mandelbaum *m*.
amant [amɑ̃] *nm* Geliebter *m*.
amarrer [amaʀe] *vt* (*NAVIG*) vertäuen, festmachen.
amas [amɑ] *nm* Haufen *m*.
amasser [amɑse] *vt* anhäufen.
amateur [amatœʀ] *nm (non professionnel)* Amateur *m*; *(qui aime)*: **~ de musique** Musikliebhaber(in *f*) *m*.
amazone [amazon] *nf*: **en ~** im Damensitz.
ambassade [ɑ̃basad] *nf* Botschaft *f*; **ambassadeur, drice** *nm/f* (*POL*) Botschafter(in *f*) *m*.
ambiance [ɑ̃bjɑ̃s] *nf* Atmosphäre *f*.
ambiant, e [ɑ̃bjɑ̃, ɑ̃t] *a* der Umgebung.
ambidextre [ɑ̃bidɛkstʀ(ə)] *a* mit beiden Händen gleich geschickt.
ambigu, ë [ɑ̃bigy] *a* zweideutig.
ambition [ɑ̃bisjɔ̃] *nf* Ehrgeiz *m*.
ambre [ɑ̃bʀ(ə)] *nm*: **~ jaune** Bernstein *m*; **~ gris** Amber *m*.
ambulance [ɑ̃bylɑ̃s] *nf* Krankenwagen *m*; **ambulancier, ière** *nm/f* Sanitäter(in *f*) *m*.
ambulant, e [ɑ̃bylɑ̃, ɑ̃t] *a* umherziehend, Wander-.
âme [ɑm] *nf* Seele *f*; **rendre l'~** den Geist aufgeben; **~ sœur** Gleichgesinnte(r) *mf*.
améliorer [ameljɔʀe] *vt* verbessern; **s'~** *vi* besser werden.
aménagement [amenaʒmɑ̃] *nm* Ausstattung *f*, Einrichtung *f*.
aménager [amenaʒe] *vt (local, appartement)* einrichten; *(espace, terrain, parc)* anlegen; *(mansarde, vieille ferme)* umbauen; *(coin-cuisine, placards)* einbauen.
amende [amɑ̃d] *nf* Geldstrafe *f*; **mettre à l'~** bestrafen; **faire ~ honorable** sich öffentlich schuldig bekennen.
amender [amɑ̃de] *vt* (*JUR*) ändern; **s'~** *vi* sich bessern.
amener [amne] *vt* mitnehmen, mitbringen; *(causer)* mit sich führen; *(baisser: drapeau, voiles)* abnehmen; **s'~** *vi (fam: venir)* aufkreuzen.
amer, ère [amɛʀ] *a* bitter.
américain, e [ameʀikɛ̃, ɛn] *a* amerikanisch; **A~, e** *nm/f* Amerikaner(in *f*) *m*.
Amérique [ameʀik] *nf*: **l'~** Amerika *nt*: **l'~ centrale** Zentralamerika *nt*; **l'~ latine** Lateinamerika *nt*; **l'~ du Nord** Nordamerika *nt*; **l'~ du Sud** Südamerika *nt*.
amerrir [ameʀiʀ] *vi* wassern.
amertume [amɛʀtym] *nf* Bitterkeit *f*.
ameublement [amœbləmɑ̃] *nm* Mobiliar *nt*; **tissu d'~** Möbelstoff *m*.
ameuter [amøte] *vt (badauds)*

zusammenlaufen lassen.
ami, e [ami] *nm/f* Freund(in *f*) *m*; **être (très) ~ avec qn** mit jdm (sehr) gut befreundet sein.
amiable [amjabl(ə)] *a* gütlich; **à l'~** *ad* mit gegenseitigem Einverständnis.
amiante [amjɑ̃t] *nf* Asbest *m*.
amical, e, aux [amikal, o] *a* freundschaftlich // *nf (club)* Vereinigung *f*.
amidonner [amidɔne] *vt* stärken.
amincir [amɛ̃siʀ] *vt (objet)* dünn machen; *(personne: sujet: robe)* schlank machen; **s'~** *vi (personne)* schlanker werden.
amiral, aux [amiʀal, o] *nm* Admiral *m*.
amitié [amitje] *nf* Freundschaft *f*; **faire** *ou* **présenter ses ~s à qn** jdm viele Grüße ausrichten lassen.
ammoniac [amɔnjak] *nm*: **(gaz) ~** Ammoniak *nt*.
ammoniaque [amɔnjak] *nf* Salmiakgeist *m*.
amnésie [amnezi] *nf* Gedächtnisverlust *m*.
amnistie [amnisti] *nf* Amnestie *f*.
amoindrir [amwɛ̃dʀiʀ] *vt* vermindern.
amollir [amɔliʀ] *vt* weich machen.
amonceler [amɔ̃sle] *vt* anhäufen.
amont [amɔ̃]: **en ~** *ad* stromaufwärts.
amorce [amɔʀs(ə)] *nf (sur un hameçon)* Köder *m*; *(explosif)* Zünder *m*; *(fig: début)* Ansatz *m*.
amorcer [amɔʀse] *vt (hameçon)* beködern; *(munition)* schußfertig machen; *(négociations)* in die Wege leiten; *(virage)* angehen; *(geste)* ansetzen zu.
amorphe [amɔʀf(ə)] *a* passiv, träge.
amortir [amɔʀtiʀ] *vt (choc, bruit)* dämpfen; *(douleur)* mildern; *(mise de fonds)* abschreiben.
amortisseur [amɔʀtisœʀ] *nm (AUT)* Stoßdämpfer *m*.
amour [amuʀ] *nm (sentiment)* Liebe *f*; **faire l'~** sich lieben.
amouracher [amuʀaʃe]: **s'~ de** *vt (pej)* sich verschießen in *(+akk)*.
amoureux, euse [amuʀø, øz] *a* verliebt; *(vie, passions)* Liebes-; *(personne)*: **être ~ (de qn)** (in jdn) verliebt sein // *nmpl* Liebespaar *nt*.
amour-propre [amuʀpʀɔpʀ] *nm* Eigenliebe *f*.
amovible [amɔvibl(ə)] *a* abnehmbar.
amphithéâtre [ɑ̃fiteɑtʀ(ə)] *nm* Amphitheater *nt*; *(SCOL)* Hörsaal *m*.
ample [ɑ̃pl(ə)] *a (vêtement)* weit; *(gestes, mouvement)* ausladend; *(ressources)* üppig, reichlich.
ampleur [ɑ̃plœʀ] *nf* Größe *f*, Weite *f*; *(d'un désastre)* Ausmaß *nt*.
amplificateur [ɑ̃plifikatœʀ] *nm* Verstärker *m*.
amplifier [ɑ̃plifje] *vt (son, oscillation)* verstärken; *(fig)* vergrößern.
amplitude [ɑ̃plityd] *nf (d'une onde, vibration, oscillation)* Schwingung *f*; *(des températures)* Schwankung *f*.
ampoule [ɑ̃pul] *nf (électrique)* Birne *f*; *(de médicament)* Ampulle *f*; *(aux mains, pieds)* Blase *f*.
ampoulé, e [ɑ̃pule] *a (pej)* geschwollen, schwülstig.
amputer [ɑ̃pyte] *vt (MED)* amputieren; *(texte, budget)* drastisch reduzieren; **~ qn d'un bras/pied** jdm einen Arm/Fuß abnehmen.
amusant, e [amyzɑ̃, ɑ̃t] *a* unterhaltsam; *(comique)* komisch.
amuse-gueule [amyzgœl] *nm inv* Appetithappen *m*.
amusement [amyzmɑ̃] *nm (fait d'être égayé)* Belustigung *f*; *(divertissement)* Unterhaltung *f*.
amuser [amyze] *vt (divertir)* belustigen; *(détourner l'attention de)* unterhalten; **s'~** *vi (jouer)* spielen; *(se divertir)* sich amüsieren.
amygdale [amidal] *nf*: **opérer qn des ~s** jdm die Mandeln herausnehmen.
an [ɑ̃] *nm* Jahr *nt*; **être âgé de** *ou* **avoir 3 ~s** 3 Jahre alt sein; **le jour de l'~, le premier de l'~, le nouvel ~** der Neujahrstag.
analgésique [analʒezik] *nm* Schmerzmittel *nt*.
analogue [analɔg] *a* analog.
analyse [analiz] *nf* Analyse *f*.

analyser [analize] *vt* analysieren.
analyste [analist(ə)] *nm/f* Analytiker(in *f*) *m*; (*PSYCH*) Psychoanalytiker(in *f*) *m*.
analytique [analitik] *a* analytisch.
ananas [anana(s)] *nm* Ananas *f*.
anarchie [anaʀʃi] *nf* Anarchie *f*.
anarchiste [anaʀʃist(ə)] *nm/f* Anarchist(in *f*) *m*.
anathème [anatɛm] *nm*: **jeter l'~ sur qn, lancer l'~ contre qn** jdn mit dem Bann belegen.
anatomie [anatɔmi] *nf* Anatomie *f*.
ancestral, e, aux [ɑ̃sɛstʀal, o] *a* Ahnen-.
ancêtre [ɑ̃sɛtʀ(ə)] *nm/f* Vorfahr *m*; **~s** *nmpl (aïeux)* Vorfahren *pl*.
anchois [ɑ̃ʃwa] *nm* Sardelle *f*.
ancien, ne [ɑ̃sjɛ̃, jɛn] *a (vieux, de jadis)* alt; *(précédent, ex-)* ehemalig // *nm/f (d'une tribu)* Älteste(r) *mf*.
anciennement [ɑ̃sjɛnmɑ̃] *ad* früher.
ancienneté [ɑ̃sjɛnte] *nf* Alter *nt*; (*ADMIN*) höherer Dienstgrad *m*.
ancre [ɑ̃kʀ(ə)] *nf* Anker *m*; **jeter/lever l'~** Anker werfen/den Anker lichten; **à l'~** vor Anker.
ancrer [ɑ̃kʀe] *vt* verankern; **s'ancrer** *vi* (*NAVIG*) Anker werfen.
andouille [ɑ̃duj] *nf (pej)* Trottel *m*.
âne [ɑn] *nm* Esel *m*.
anéantir [aneɑ̃tiʀ] *vt* vernichten; *(personne)* fertigmachen.
anecdote [anɛkdɔt] *nf* Anekdote *f*.
anémie [anemi] *nf* Anämie *f*.
anémique [anemik] *a* anämisch.
anémone [anemɔn] *nf* Anemone *f*; **~ de mer** Seeanemone *f*.
ânerie [ɑnʀi] *nf* Dummheit *f*.
anesthésie [anɛstezi] *nf* Betäubung *f*; **~ générale/locale** Vollnarkose *f*/örtliche Betäubung *f*.
anfractuosité [ɑ̃fʀaktɥozite] *nf* Spalte *f*.
ange [ɑ̃ʒ] *nm* Engel *m*.
angine [ɑ̃ʒin] *nf* Angina *f*; **~ de poitrine** Angina pectoris *f*.
anglais, e [ɑ̃glɛ, ɛz] *a* englisch // *nm* (*LING*): **l'~** Englisch *nt*; **A~, e** *nm/f* Engländer(in *f*) *m*; **filer à l'~e** sich auf französisch verabschieden.
angle [ɑ̃gl(ə)] *nm* Winkel *m*; **~ droit/obtus/aigu** rechter/stumpfer/spitzer Winkel.
Angleterre [ɑ̃glətɛʀ] *nf*: **l'~** England *nt*.
angoisse [ɑ̃gwas] *nf* Angstgefühl *nt*.
angoisser [ɑ̃gwase] *vt* beängstigen, beklemmen.
anguille [ɑ̃gij] *nf* Aal *m*.
anguleux, euse [ɑ̃gylø, øz] *a* eckig, kantig.
animal, e, aux [animal, o] *a* tierisch; *(règne)* Tier- // *nm* Tier *nt*.
animateur, trice [animatœʀ, tʀis] *nm/f (de TV, music-hall)* Unterhalter(in *f*) *m*; *(de maison de jeunes)* Leiter(in *f*) *m*.
animer [anime] *vt (conversation, soirée)* beleben; *(mettre en mouvement)* anfeuern; *(stimuler)* animieren; **s'~** *vi (rue, ville)* sich beleben; *(conversation, personne)* lebhaft werden.
animosité [animozite] *nf* Feindseligkeit *f*.
ankyloser [ɑ̃kiloze] **s'~** *vi* steif werden.
annales [anal] *nfpl* Annalen *pl*.
anneau, x [ano] *nm (de chaîne)* Glied *nt*; *(bague; de rideau)* Ring *m*.
année [ane] *nf* Jahr *nt*; **l'~ scolaire/fiscale** das Schul-/Steuerjahr.
annexe [anɛks(ə)] *nf (bâtiment)* Anbau *m*; *(document)* Anhang *m*.
annexer [anɛkse] *vt (pays, biens)* annektieren; *(texte, document)* anfügen.
annihiler [aniile] *vt* vernichten.
anniversaire [anivɛʀsɛʀ] *nm* Geburtstag *m*; *(d'un événement, bâtiment)* Jahrestag *m*.
annonce [anɔ̃s] *nf* Ankündigung *f*; *(publicitaire)* Anzeige *f*; (*CARTES*) Angabe *f*; **les petites ~s** vermischte Kleinanzeigen *pl*.
annoncer [anɔ̃se] *vt* ankündigen; **s'~** *vi*: **s'~ bien/difficile** vielversprechend/schwierig aussehen.
annonceur, euse [anɔ̃sœʀ, øz] *nm/f* (*TV, RADIO*) Ansager(in *f*) *m*; *(publicitaire)* Inserent(in *f*) *m*.
annoter [anɔte] *vt* mit Anmer-

kungen versehen.
annuaire [anɥɛʀ] *nm* Jahrbuch *nt*; ~ **téléphonique** Telefonbuch *nt*.
annuel, elle [anɥɛl] *a* jährlich.
août [u] *nm* August *m*.
appréciable [apʀesjabl] *a (important)* beträchtlich.
apprécier [apʀesje] *vt (gentillesse)* zu schätzen wissen; *(personne)* schätzen; *(distance)* abschätzen; *(importance)* einschätzen.
appréhender [apʀeɑ̃de] *vt (craindre)* fürchten; *(arrêter)* festnehmen.
appréhension [apʀeɑ̃sjɔ̃] *f (crainte)* Furcht *f*, Besorgnis *f*.
apprendre [apʀɑ̃dʀ(ə)] *vt (nouvelle, résultat)* erfahren; *(leçon, texte)* lernen; ~ **qch à qn** *(informer)* jdm etw mitteilen; *(enseigner)* jdn etw lehren; ~ **à faire qch** lernen, etw zu tun; ~ **à qn à faire qch** jdn lehren, etw zu tun.
apprenti, e [apʀɑ̃ti] *nm/f* Lehrling *m*, Auszubildende(r) *mf*.
apprentissage [apʀɑ̃tisaʒ] *nm* Lehre *f*.
apprêté, e [apʀete] *(personne)* affektiert; *(style)* gekünstelt.
apprivoiser [apʀivwaze] *vt* zähmen, bändigen.
approbation [apʀɔbɑsjɔ̃] *nf* Zustimmung *f*.
approche [apʀɔʃ] *nf* Herannahen *nt*; *(d'un problème)* Methode *f*.
approcher [apʀɔʃe] *vi* sich nähern; *(vacances, date)* nahen, näherrücken // *vt* näher (heran)rücken, näher stellen; ~ **de** *vt* näher (her)rücken an (+*akk*) *ou* zu; *(but, moment)* sich nähern (+*dat*); **s'**~ **de** *vt* sich nähern (+*dat*).
approfondir [apʀɔfɔ̃diʀ] *vt* vertiefen.
approprié, e [apʀɔpʀije] *a*: ~ **à** angemessen (+*dat*).
approprier [apʀɔpʀije]: **s'**~ *vt* sich *(dat)* aneignen.
approuver [apʀuve] *vt (projet)* genehmigen; *(loi)* annehmen; *(personne)* zustimmen (+*dat*).
approvisionner [apʀɔvizjɔne] *vt* beliefern, versorgen; *(compte bancaire)* auffüllen; **s'**~ **dans un magasin/au marché** in einem Geschäft/auf dem Markt Besorgungen machen.
approximatif, ive [apʀɔksimatif,iv] *a* ungefähr.
appui [apɥi] *nm* Stütze *f*; *(de fenêtre)* Fensterbrett *nt*; *(d'escalier)* breites Treppengeländer; *(fig)* Unterstützung *f*, Hilfe *f*; **prendre** ~ **sur** sich stützen auf (+*akk*); **à l'**~ **de** zum Nachweis (+*gen*).
appuyer [apɥije] *vt (soutenir: personne, demande)* unterstützen; *(poser)*: ~ **qch sur/contre/à** etw stützen auf (+*akk*)/stützen *ou* lehnen gegen/an (+*akk*); ~ **sur** *vt* drücken auf (+*akk*); *(frein)* betätigen; *(mot, détail)* unterstreichen; ~ **à droite** sich rechts halten; **s'**~ **sur** *vt* sich stützen auf (+*akk*).
âpre [ɑpʀ(ə)] *a* herb; *(voix)* rauh; *(lutte)* heftig, erbittert; ~ **au gain** gewinnsüchtig, habgierig.
après [apʀɛ] *prep* nach (+*dat*) // *ad* danach; ~ **qu'il est** *ou* **soit parti/avoir fait qch** nachdem er weggegangen ist/nachdem er/sie etw getan hatte; **être toujours** ~ **qn** *(critiquer etc)* an jdm ständig etwas auszusetzen haben; **d'**~ **lui** ihm nach; ~ **coup** *ad* hinterher, nachträglich; ~**-demain** *ad* übermorgen; ~**-guerre** *nm* Nachkriegszeit *f*; ~**-midi** *nm ou nf inv* Nachmittag *m*.
à-propos [apʀɔpo] *nm (présence d'esprit)* Geistesgegenwart *f*; *(repartie)* Schlagfertigkeit *f*.
apte [apt(ə)] *a* fähig; *(MIL)* tauglich.
aptitude [aptityd] *nf* Fähigkeit *f*; *(prédisposition)* Begabung *f*.
aquarelle [akwaʀɛl] *nf* Aquarellmalerei *f*; *(tableau)* Aquarell *nt*.
aquarium [akwaʀjɔm] *nm* Aquarium *nt*.
aquatique [akwatik] *a* Wasser-.
aqueux, euse [akø, øz] *a* wässerig.
arabe [aʀab] *a* arabisch; **A**~ *nm/f* Araber(in *f*) *m*.
arable [aʀabl(ə)] *a* bebaubar.
arachide [aʀaʃid] *nf* Erdnuß *f*.
araignée [aʀeɲe] *nf* Spinne *f*.

arbitraire [arbitrɛr] *a* willkürlich.
arbitre [arbitr(ə)] *nm (SPORT)* Schiedsrichter *m; (JUR)* Schlichter *m.*
arborer [arbɔre] *vt (drapeau)* hissen; *(fig)* zur Schau tragen.
arbre [arbr(ə)] *nm* Baum *m;* ~ **de transmission** *(AUT)* Kardanwelle *f;* ~ **généalogique** Stammbaum *m.*
arbuste [arbyst(ə)] *nm* Busch *m,* Strauch *m.*
arc [ark] *nm* Bogen *m.*
arcade [arkad] *nf* Arkade *f;* ~ **sourcilière** Augenbrauenbogen *m.*
arc-boutant [arkbutɑ̃] *nm* Strebebogen *m.*
arc-bouter [arkbute]: **s'**~ *vi* sich aufstemmen.
arc-en-ciel [arkɑ̃sjɛl] *nm* Regenbogen *m.*
arche [arʃ(ə)] *nf* Brückenbogen *m;* **l'**~ **de Noé** die Arche Noah.
archéologue [arkeɔlɔg] *nm/f* Archäologe *m,* Archäologin *f.*
archer [arʃe] *nm* Bogenschütze *m.*
archet [arʃɛ] *nm* Bogen *m.*
archevêque [arʃəvɛk] *nm* Erzbischof *m.*
architecte [arʃitɛkt(ə)] *nm* Architekt(in *f*) *m.*
architecture [arʃitɛktyr] *nf* Architektur *f; (ART)* Baustil *m.*
archives [arʃiv] *nfpl* Archiv *nt;* **archiviste** *nm/f* Archivar(in *f*) *m.*
arctique [arktik] *a* arktisch.
ardemment [ardamɑ̃] *ad (aimer)* heiß, leidenschaftlich; *(souhaiter)* brennend, sehnlich.
ardent, e [ardɑ̃, ɑ̃t] *a (feu, soleil)* glühend, heiß; *(soif)* brennend; *(prière)* inbrünstig; *(amour)* leidenschaftlich; *(lutte)* erbittert.
ardeur [ardœr] *nf (du soleil, feu)* Glut *f,* Hitze *f; (fig: ferveur)* Leidenschaft *f,* Heftigkeit *f,* Eifer *m.*
ardoise [ardwaz] *nf* Schiefer *m.*
ardu, e [ardy] *a* schwierig.
arête [arɛt] *nf (de poisson)* Gräte *f; (d'une montagne)* Grat *m,* Kamm *m; (MATH, ARCHIT)* Kante *f.*
argent [arʒɑ̃] *nm (métal)* Silber *nt; (monnaie)* Geld *nt;* ~ **liquide** Bargeld *nt.*
argenterie [arʒɑ̃tri] *nf* Silber *nt,* Silberzeug *nt.*
argentin, e [arʒɑ̃tɛ̃, in] *(son)* silberhell; *(GEO)* argentinisch.
Argentine [arʒɑ̃tin] *nf:* **l'**~ Argentinien *nt.*
argile [arʒil] *nf* Ton *m,* Lehm *m.*
argot [argo] *nm* Argot *nt,* Slang *m.*
arguer [argɥe]: ~ **de** *vt* vorbringen, anführen.
argument [argymɑ̃] *nm (raison)* Argument *nt.*
arguties [argysi] *nfpl (pej)* Spitzfindigkeiten *pl.*
aride [arid] *a* ausgetrocknet; *(cœur)* gefühllos; *(texte)* undankbar.
arithmétique [aritmetik] *a* arithmetisch // *nf* Arithmetik *f.*
armateur [armatœr] *nm* Reeder(in *f*) *m.*
armature [armatyr] *nf (de bâtiment)* Gerüst *nt; (de tente)* Gestänge *nt; (d'un parti)* Basis *f.*
arme [arm(ə)] *nf* Waffe *f;* ~**s** *nfpl (blason)* Wappen *nt;* ~ **à feu** Feuerwaffe *f.*
armé, e [arme] *a* bewaffnet; *(garni, équipé):* ~ **de** versehen mit, ausgerüstet mit.
armée [arme] *nf* Armee *f;* ~ **de l'air/de terre** Luftwaffe *f*/Heer *nt.*
armement [arməmɑ̃] *nm* Bewaffnung *f; (matériel)* Rüstung *f.*
armer [arme] *vt* bewaffnen; *(arme à feu)* spannen; *(appareil-photo)* weiterspulen; **s'**~ **de** sich bewaffnen mit; *(courage, patience)* sich wappnen mit.
armistice [armistis] *nm* Waffenstillstand *m.*
armoire [armwar] *nf* Schrank *m.*
armoiries [armwari] *nfpl* Wappen *nt.*
armure [armyr] *nf* Rüstung *f.*
armurier [armyrje] *nm* Waffenschmied *m.*
aromate [arɔmat] *nm* Duftstoff *m; (épice)* Gewürz *nt.*
arôme [arom] *nm* Aroma *nt; (odeur)* Duft *m.*
arpenter [arpɑ̃te] *vt* auf und ab gehen in (+*dat*).

arpenteur [aʀpɑ̃tœʀ] *nm* Landvermesser *m.*
arqué, e [aʀke] *a* gekrümmt.
arrache-pied [aʀaʃpje]: **d'~** *ad* unermüdlich.
arracher [aʀaʃe] *vt* herausziehen; *(dent)* ziehen; *(page)* herausreißen; *(bras)* wegreißen; *(fig: obtenir)* abringen; ~ **qn à** *(solitude, rêverie)* jdn reißen aus; *(famille etc)* jdn entreißen *(+dat)*; **s'~ de/à** sich losreißen von; **s'~** *vt (personne, article très recherché)* sich reißen um.
arraisonner [aʀɛzɔne] *vt (bateau)* überprüfen, kontrollieren.
arrangeant, e [aʀɑ̃ʒɑ̃, ɑ̃t] *a (personne)* verträglich.
arranger [aʀɑ̃ʒe] *vt (appartement)* einrichten; *(rendez-vous)* vereinbaren; *(voyage)* organisieren; *(problème)* regeln, in Ordnung bringen; *(convenir à)*: **cela m'arrange** das paßt mir; *(MUS)* arrangieren; **s'~** *(se mettre d'accord)* sich einigen; **s'~ à ce que** sich so einrichten, daß.
arrestation [aʀɛstasjɔ̃] *nf* Verhaftung *f*, Festnahme *f.*
arrêt [aʀɛ] *nm* Anhalten *nt*, Stillstehen *nt*, Halt *m*, Stillstand *m*; *(JUR)* Urteil *nt*, Entscheidung *f*; **rester** *ou* **tomber en ~ devant** plötzlich stehenbleiben vor; **sans ~** ununterbrochen, unaufhörlich; ~ *(d'autobus)* Haltestelle *f*; ~ **de travail** Arbeitseinstellung *f.*
arrêté, e [aʀete] *nm (JUR)* Erlaß *m.*
arrêter [aʀete] *vt (projet, construction)* einstellen; *(maladie)* zum Stillstand bringen; *(voiture, personne)* anhalten; *(date)* festlegen; *(suspect)* festnehmen, verhaften; **son choix s'est arrêté sur** seine Wahl fiel auf *(+akk)*; ~ **de faire qch** aufhören, etw zu tun; **s'~** *vi* stehenbleiben; *(pluie, bruit)* aufhören.
arrhes [aʀ] *nfpl* Anzahlung *f.*
arrière [aʀjɛʀ] *a inv*: **feu/siège/roue ~** Rücklicht *nt*/Rücksitz *m*/Hinterrad *nt* // *nm (d'une voiture)* Heck *nt*; *(d'une maison)* Rückseite *f*; *(SPORT)* Verteidiger *m*; **à l'~** hinten; **en ~** *ad* rückwärts.
arriéré, e [aʀjeʀe] *a (personne)* zurückgeblieben; *(pays)* rückständig // *nm (d'argent)* (Zahlungs)rückstand *m.*
arrière-garde [aʀjɛʀgaʀd(ə)] *nf* Nachhut *f.*
arrière-goût [aʀjɛʀgu] *nm* Nachgeschmack *m.*
arrière-grand-mère [aʀjɛʀgʀɑ̃mɛʀ] *nf* Urgroßmutter *f.*
arrière-grand-père [aʀjɛʀgʀɑ̃pɛʀ] *nm* Urgroßvater *m.*
arrière-pays [aʀjɛʀpei] *nm* Hinterland *nt.*
arrière-pensée [aʀjɛʀpɑ̃se] *nf* Hintergedanke *m.*
arrière-plan [aʀjɛʀplɑ̃] *nm* Hintergrund *m.*
arrière-train [aʀjɛʀtʀɛ̃] *nm* Hinterteil *nt.*
arrimer [aʀime] *vt (chargement)* verstauen; *(bateau)* festmachen.
arrivage [aʀivaʒ] *nm* Eingang *m.*
arrivée [aʀive] *nf* Ankunft *f*; *(SPORT)* Ziel *nt*; *(TECH)*: ~ **d'air/de gaz** Luft-/Gaszufuhr *f.*
arriver [aʀive] *vi (événement, fait)* geschehen, sich ereignen; *(dans un lieu)* ankommen; ~ **à** *vt*: **j'arrive à faire qch** es gelingt mir, etw zu tun; **il arrive que** es kommt vor, daß; **il lui arrive de rire** es kommt vor, daß er lacht.
arriviste [aʀivist(ə)] *nm/f* Streber(in *f*) *m.*
arroger [aʀɔʒe]: **s'~** *vt (droit)* sich *(dat)* anmaßen.
arrondir [aʀɔ̃diʀ] *vt (forme)* runden; *(somme)* aufrunden; abrunden; **s'~** *vi (ventre)* rund werden; *(dos)* sich krümmen.
arrondissement [aʀɔ̃dismɑ̃] *nm* Verwaltungsbezirk *m.*
arroser [aʀoze] *vt* gießen; *(rôti, victoire)* begießen.
arrosoir [aʀozwaʀ] *nm* Gießkanne *f.*
arsenal, aux [aʀsənal, o] *nm (NAVIG)* Werft *f*; *(MIL)* Arsenal *nt*; *(dépôt d'armes)* Waffenlager *nt*; *(panoplie)* Sammlung *f.*
arsenic [aʀsənik] *nm* Arsen *nt.*
art [aʀ] *nm* Kunst *f*; ~ **dramatique**

Schauspielkunst *f* **~s ménagers** Hauswirtschaft *f*.
artère [aRtɛR] *f* Arterie *f*; *(rue)* Verkehrsader *f*.
arthrite [aRtRit] *nf* Arthritis *f*.
artichaut [aRtiʃo] *nm* Artischocke *f*.
article [aRtikl(ə)] *nm* Artikel *m*; **faire l'~** seine Ware anpreisen; **~ de fond** Leitartikel *m*.
articulation [aRtikylɑsjɔ̃] *nf* *(LING)* Artikulation *f*; *(ANAT)* Gelenk *nt*.
articuler [aRtikyle] *vt* *(prononcer)* artikulieren, aussprechen; **s'~** *(ANAT, TECH)*: **s'~ (sur)** durch ein Gelenk verbunden sein (mit).
artifice [aRtifis] *nm* Trick *m*; Kunstgriff *m*.
artificiel, le [aRtifisjɛl] *a* künstlich; *(pej: factice)* gekünstelt.
artisan [aRtizɑ̃] *nm* Handwerker *m*; **l'~ de la victoire/du malheur** der Urheber des Sieges/des Unglücks.
artisanat [aRtizana] *nm* Handwerk *nt*.
artiste [aRtist(ə)] *nm/f* Künstler(in *f*) *m*.
artistique [aRtistik] *a* künstlerisch.
aryen, ne [aRjɛ̃, jɛn] *a* arisch.
as [ɑs] *nm* As *nt*.
ascendance [asɑ̃dɑ̃s] *nf* Abstammung *f*, Herkunft *f*.
ascendant, e [asɑ̃dɑ̃, ɑ̃t] *a* aufsteigend // *nm (influence)* Einfluß *m*.
ascenseur [asɑ̃sœR] *nm* Aufzug *m*.
ascension [asɑ̃sjɔ̃] *nf* Besteigung *f*; *(d'un ballon etc)* Aufstieg *m*; **l'A~** (Christi) Himmelfahrt *f*.
ascète [asɛt] *nm/f* Asket *m*.
aseptique [asɛptik] *a* keimfrei.
aseptiser [asɛptize] *vt* keimfrei machen.
asiatique [azjatik] *a* asiatisch; **A~** *nm/f* Asiat(in *f*) *m*.
Asie [azi] *nf*: **l'~** Asien *nt*.
asile [azil] *nm* *(refuge)* Zuflucht *f*; *(POL)* Asyl *nt*; *(pour malades mentaux)* Anstalt *f*, Heim *nt*; *(pour vieillards)* Altersheim *nt*.
aspect [aspɛ] *nm* *(apparence)* Aussehen *nt*; *(point de vue)* Aspekt *m*, Gesichtspunkt *m*; **à l'~ de ...** beim Anblick (+*gen*).
asperge [aspɛRʒ(ə)] *nf* Spargel *m*.
asperger [aspɛRʒe] *vt* bespritzen.
aspérité [aspeRite] *nf* Unebenheit *f*.
asphalte [asfalt(ə)] *nm* Asphalt *m*.
asphyxie [asfiksi] *nf* Ersticken *nt*.
aspic [aspik] *nm* *(ZOOL)* Natter *f*; *(CULIN)* Aspik *m*, Sülze *f*.
aspirateur [aspiRatœR] *nm* Staubsauger *m*.
aspiration [aspiRɑsjɔ̃] *nf* Atemholen *nt*, Einatmen *nt*; Aufsaugen *nt*; *(gén pl: ambition)* Streben *nt* *(à* nach); **les ~s** die Ambitionen.
aspirer [aspiRe] *vt* aufsaugen; *(air)* einatmen; **~ à** *vt* streben nach.
assagir [asaʒiR]: **s'~** *vi* ruhiger werden.
assaillant, e [asajɑ̃, ɑ̃t] *nm/f* Angreifer(in *f*) *m*.
assaillir [asajiR] *vt* *(gén)* angreifen; *(fig)* überschütten *(de* mit).
assainir [aseniR] *vt* sanieren; *(pièce)* desinfizieren; saubermachen.
assaisonnement [asɛzɔnmɑ̃] *nm* Gewürz *nt*; Würzen *nt*.
assaisonner [asɛzɔne] *vt* *(plat)* würzen; *(salade)* anmachen.
assassin [asasɛ̃] *nm* Mörder(in *f*) *m*.
assassiner [asasine] *vt* ermorden.
assaut [aso] *nm* *(MIL)* (Sturm)angriff *m*; **prendre d'~** stürmen; **donner l'~ à** anstürmen gegen.
assécher [aseʃe] *vt* trockenlegen.
assemblage [asɑ̃blaʒ] *nm* Zusammensetzen *nt*.
assemblée [asɑ̃ble] *nf* Versammlung *f*.
assembler [asɑ̃ble] *vt* *(TECH)* zusammensetzen; *(mots, idées)* verbinden; **s'~** *vi* *(personnes)* sich versammeln.
assentiment [asɑ̃timɑ̃] *nm* Zustimmung *f*, Einwilligung *f*.
asseoir [aswaR] *vt* hinsetzen; *(autorité, réputation)* festigen; **s'~** *vi* sich setzen.
assermenté, e [asɛRmɑ̃te] *a* beeidigt, vereidigt.
assertion [asɛRsjɔ̃] *nf* Behauptung *f*.
asservir [asɛRviR] *vt* unterjochen,

knechten.

assez [ase] *ad (suffisamment)* genug; *(avec a, ad)* ziemlich; ~ **de pain/livres** genug *ou* genügend Brot/Bücher; **en avoir ~ de qch** von etw genug haben, etw *(akk)* satt haben.

assidu, e [asidy] *a* eifrig; gewissenhaft.

assiduité [asidɥite] *nf* Eifer *m;* Gewissenhaftigkeit *f;* **~s** *nfpl* (lästige) Aufmerksamkeiten *pl.*

assiéger [asjeʒe] *vt* belagern.

assiette [asjet] *nf* Teller *m;* ~ **plate/creuse/à dessert** flacher Teller/Suppen-/Dessertteller *m;* ~ **anglaise** kalter Aufschnitt *m.*

assigner [asiɲe] *vt (part, travail)* zuweisen, zuteilen; *(limite, crédit)* festsetzen *(à* für); *(cause, effet)* zuschreiben *(à dat); (personne à un poste)* zuweisen *(à dat).*

assimiler [asimile] *vt (digérer)* verdauen; *(connaissances, idée)* verarbeiten; *(immigrants)* integrieren; *(comparer):* ~ **qch/qn à** etw/jdn gleichstellen mit.

assis, e [asi, iz] *a* sitzend // *nf (d'une maison, d'un objet)* Unterbau *m; (GEO)* Schicht *f; (d'un régime)* Grundlage *f;* **~es** *nfpl (JUR)* Schwurgericht *nt.*

assistance [asistɑ̃s] *nf (public)* Publikum *nt; (aide)* Hilfe *f;* **l'A~ publique** die Fürsorge.

assistant, e [asistɑ̃, ɑ̃t] *nm/f* Assistent(in *f) m;* **~s** *nmpl (public)* Anwesende *pl;* **~, e social(e)** Sozialarbeiter(in *f) m.*

assisté, e [asiste] *a (AUT)* Servo-.

assister [asiste] *vt:* ~ **qn** jdm helfen; ~ **à** *vt* beiwohnen (*+dat).*

association [asɔsjɑsjɔ̃] *nf* Vereinigung *f; (d'idées)* Assoziation *f; (participation)* Beteiligung *f; (groupe)* Verein *m.*

associé, e [asɔsje] *nm/f (COMM)* Gesellschafter(in *f) m.*

associer [asɔsje] *vt* vereinigen; *(mots, idées)* verbinden; *(faire participer):* ~ **qn à** jdn beteiligen an (*+dat); (joindre):* ~ **qch à** etw vereinigen *ou* verbinden mit; **s'~** sich zusammenschließen, sich verbinden; **s'~ à** sich anschließen an (*+akk).*

assoiffé, e [aswafe] *a* durstig.

assombrir [asɔ̃bʀiʀ] *vt* verdunkeln; **s'~** *vi (ciel)* dunkel werden; *(visage)* sich verfinstern.

assommer [asɔme] *vt* niederschlagen, totschlagen; *(sujet: médicament)* betäuben.

Assomption [asɔ̃psjɔ̃] *nf:* **l'~** Mariä Himmelfahrt *f.*

assorti, e [asɔʀti] *a* (zusammen)passend; *(varié):* **fromages/légumes ~s** Käse-/Gemüseplatte *f;* ~ **à** passend zu.

assortiment [asɔʀtimɑ̃] *nm* Auswahl *f.*

assoupir [asupiʀ]: **s'~** *vi* einschlummern, einnicken; *(fig)* sich beruhigen.

assouplir [asupliʀ] *vt* geschmeidig machen; *(règlement, discipline)* lockern.

assourdir [asuʀdiʀ] *vt (étouffer)* abschwächen; *(rendre comme sourd)* betäuben.

assouvir [asuviʀ] *vt* stillen, befriedigen.

assujettir [asyʒetiʀ] *vt* unterwerfen; ~ **qn à qch** *(impôt)* jdm etw auferlegen.

assumer [asyme] *vt (fonction, emploi)* übernehmen.

assurance [asyʀɑ̃s] *f (confiance en soi)* Selbstbewußtsein *nt; (contrat)* Versicherung *f;* **~-vol** Diebstahlversicherung *f;* **~s sociales** Sozialversicherung *f;* ~ **tous risques** *(AUT)* Vollkaskoversicherung *f.*

assuré, e [asyʀe] *a:* ~ **de qch** einer Sache *(gen)* sicher // *nm/f (couvert par une assurance)* Versicherte(r) *mf.*

assurément [asyʀemɑ̃] *ad* sicherlich, ganz gewiß.

assurer [asyʀe] *vt (COMM)* versichern; *(démarche, construction)* absichern; *(succès, victoire)* sichern; *(fait)* bestätigen; *(service, garde)* sorgen für, stellen; *(affirmer):* ~ **(à qn) que** (jdm) versichern, daß; *(confirmer, garantir):* ~ **qn de qch** jdm

etw zusichern; **s'~ (contre)** (*COMM*) sich versichern (gegen); **s'~ de** *(vérifier)* sich überzeugen von; **s'~ de qch** *(obtenir)* sich *(dat)* etw sichern.
astérisque [asteʀisk(ə)] *nm* Sternchen *nt*.
asthme [asm(ə)] *nm* Asthma *nt*.
asticot [astiko] *nm* Made *f*.
astiquer [astike] *vt* polieren.
astre [astʀ(ə)] *nm* Stern *m*, Gestirn *nt*.
astreindre [astʀɛ̃dʀ(ə)] *vt*: ~ **qn à qch/faire qch** jdn zu etw zwingen/ zwingen, etw zu tun.
astrologie [astʀɔlɔʒi] *nf* Astrologie *f*.
astronaute [astʀɔnot] *nm/f* Astronaut(in *f*) *m*.
astronomie [astʀɔnɔmi] *nf* Astronomie *f*.
astronomique [astʀɔnɔmik] *a* astronomisch.
astuce [astys] *nf (ingéniosité)* Findigkeit *f*; *(plaisanterie)* Witz *m*; *(truc)* Trick *m*, Kniff *m*.
atelier [atəlje] *nm* Werkstatt *f*; *(de peintre)* Atelier *nt*.
athée [ate] *a* atheistisch.
athlète [atlɛt] *nm/f* (*SPORT*) Athlet(in *f*) *m*; **athlétique** *a* athletisch; *(fort, puissant)* kräftig.
athlétisme [atletism(ə)] *nm* Leichtathletik *f*.
atlantique [atlɑ̃tik] *a (côte)* atlantisch; *(pacte)* Atlantik- // *nm*: **l'(océan) A~** der Atlantik, der Atlantische Ozean.
atlas [atlɑs] *nm* Atlas *m*.
atmosphère [atmɔsfɛʀ] *nf* Atmosphäre *f*; *(air)* Luft *f*.
atome [atom] *nm* Atom *nt*.
atomique [atɔmik] *a* Atom-.
atomiseur [atɔmizœʀ] *nm* Zerstäuber *m*.
atout [atu] *nm* Trumpf *m*; ~ **pique/ trèfle** Pik/Kreuz ist Trumpf.
âtre [ɑtʀ(ə)] *nm* Feuerstelle *f*, Kamin *m*.
atroce [atʀɔs] *a* furchtbar, entsetzlich.
atrophier [atʀɔfje]: **s'~** *vi* verkümmern.
attabler [atable]: **s'~** *vi* sich an den Tisch setzen.
attachant, e [ataʃɑ̃, ɑ̃t] *a* liebenswert.
attache [ataʃ] *nf* (Heft)klammer *f*; *(fig)* Bindung *f*, Band *nt*.
attaché-case [ataʃekɛz] *nm* Aktenkoffer *m*.
attacher [ataʃe] *vt (chien)* anbinden, festbinden; *(bateau)* festmachen; *(étiquette)* befestigen; *(mains, pieds, prisonnier)* fesseln; *(ceinture, tablier)* umbinden; *(souliers)* binden, schnüren // *vi* (*CULIN*: *poêle, riz)* anhängen; ~ **qch à** etw festmachen *ou* befestigen an (+*dat)*; **s'~ à** *(par affection)* liebgewinnen (+*akk)*; **s'~ à faire qch** sich bemühen, etw zu tun.
attaque [atak] *nf* Angriff *m*; (*MED*: *cardiaque)* Anfall *m*; *(:cérébrale)* Schlag *m*.
attaquer [atake] *vt* angreifen; *(travail)* in Angriff nehmen.
attardé, e [ataʀde] *a* verspätet; *(enfant, classe)* zurückgeblieben; *(conceptions etc)* rückständig, veraltet.
attarder [ataʀde]: **s'~** *vi* sich verspäten.
atteindre [atɛ̃dʀ(ə)] *vt* erreichen; *(sujet: projectile)* treffen.
atteint, e [atɛ̃, ɛ̃t] *a* (*MED*): **être ~ de** leiden an (+*dat)* // *nf* Angriff *m*, Verletzung *f*; **hors d'~e** außer Reichweite; **porter ~e à** angreifen.
atteler [atle] *vt (cheval)* anschirren, anspannen; *(wagon)* ankoppeln; **s'~ à** *(fig: travail)* sich machen an (+*akk)*.
attelle [atɛl] *f* (*MED*) Schiene *f*.
attenant, e [atnɑ̃, ɑ̃t] *a* ~ **à** (an)grenzend an (+*akk)*.
attendant: en ~ [ɑ̃natɑ̃dɑ̃] *ad* inzwischen; *(quoi qu'il en soit)* trotzdem.
attendre [atɑ̃dʀ(ə)] *vt* warten auf (+*akk)*; *(être destiné à)* erwarten; ~ **qch de qn/qch** etw von jdm/einer Sache erwarten // *vi* warten; ~ **que** warten bis; ~ **un enfant** ein Kind erwarten; **s'~ à** *vt (prévoir)* rechnen mit, gefaßt sein auf (+*akk)*.
attendrir [atɑ̃dʀiʀ] *vt (personne)*

rühren; **s'~** *vi:* **s'~ (sur)** gerührt sein (von).
attendu [atɑ̃dy]: ~ **que** *conj* da.
attentat [atɑ̃ta] *nm* Attentat *nt*, Anschlag *m;* ~ **à la bombe** Bombenanschlag *m;* ~ **à la pudeur** Sittlichkeitsvergehen *nt.*
attente [atɑ̃t] *nf* Warten *nt;* Wartezeit *f; (espérance)* Erwartung *f.*
attenter [atɑ̃te]: ~ **à** *vt (vie)* einen Anschlag verüben auf (+*akk); (liberté)* verletzen (+*akk).*
attentif, ive [atɑ̃tif, iv] *a* aufmerksam; *(soins, travail)* sorgfältig, sorgsam.
attention [atɑ̃sjɔ̃] *nf* Aufmerksamkeit *f;* **à l'~ de** zu Händen von; **faire ~ à** *(danger)* achtgeben auf (+*akk);* **faire ~ que/à ce que** aufpassen, daß; ~**!** Achtung!, Vorsicht!
attentionné, e [atɑ̃sjɔne] *a* aufmerksam, zuvorkommend.
atténuant, e [atenyɑ̃, t] *a:* **circonstances ~es** mildernde Umstände *pl.*
atténuer [atenɥe] *vt* abschwächen.
atterrer [ateʀe] *vt* bestürzen.
atterrir [ateʀiʀ] *vi* landen; **atterrissage** *nm* Landung *f.*
attestation [atɛstɑsjɔ̃] *nf* Bescheinigung *f.*
attester [atɛste] *vt* bestätigen; *(témoigner de)* zeugen von.
attifer [atife] *vt* (lächerlich) herausputzen.
attirail [atiʀaj] *nm* Ausrüstung *f.*
attirance [atiʀɑ̃s] *nf (pouvoir de séduction)* Reiz *m; (attraction)* Anziehungskraft *f.*
attirer [atiʀe] *vt* anlocken; *(sujet: chose)* anziehen; *(entraîner):* ~ **qn dans un coin/vers soi** jdn in eine Ecke/zu sich ziehen; **s'~ des ennuis** sich *(dat)* Ärger einhandeln.
attiser [atize] *vt (feu)* schüren.
attitude [atityd] *nf* Haltung *f; (comportement)* Verhalten *nt.*
attouchements [atuʃmɑ̃] *nmpl* Berührung *f.*
attraction [atʀaksjɔ̃] *nf (attirance)* Reiz *m; (magnétique, terrestre)* Anziehungskraft *f; (de foire)* Attraktion *f.*
attrait [atʀɛ] *nm* Reiz *m*, Zauber *m.*
attraper [atʀape] *vt* fangen; *(habitude)* annehmen; *(maladie)* bekommen; *(fam: amende)* aufgebrummt bekommen; *(duper)* hereinlegen.
attrayant, e [atʀɛjɑ̃, ɑ̃t] *a* attraktiv, reizvoll.
attribuer [atʀibɥe] *vt (prix)* verleihen; *(rôle, tâche)* zuweisen, zuteilen; *(conséquence)* zuschreiben; **s'~** *vt* für sich in Anspruch nehmen.
attribut [atʀiby] *nm (symbole)* Merkmal *nt*, Kennzeichen *nt;* (*LING*) Attribut *nt;* ~**s** *nmpl* (*ADMIN*) Zuständigkeit *f.*
attrister [atʀiste] *vt* betrüben, traurig machen.
attroupement [atʀupmɑ̃] *nm* Auflauf *m.*
attrouper [atʀupe]: **s'~** *vi* sich versammeln.
au *prep + dét voir* **à.**
aubaine [obɛn] *nf* Glücksfall *m.*
aube [ob] *nf (du jour)* Morgengrauen *nt; (fig):* **l'~ de** der Anbruch *(+gen);* **à l'~** bei Tagesanbruch.
auberge [obɛʀʒ(ə)] *nf* Gasthaus *nt;* ~ **de jeunesse** Jugendherberge *f.*
aubergine [obɛʀʒin] *nf* Aubergine *f.*
aubergiste [obɛʀʒist(ə)] *nm/f* (Gast)wirt(in *f*) *m.*
aucun, e [okœ̃, yn] *dét* kein(e) // *pron* keine(r, s); **sans ~ doute** zweifellos; **plus qu'~ autre** mehr als jeder andere; ~ **des deux/participants** keiner von beiden/keiner der Teilnehmer; **d'~s** einige.
audace [odas] *nf (hardiesse)* Wagemut *m*, Kühnheit *f; (pej: culot)* Dreistigkeit *f*, Frechheit *f;* **audacieux, euse** *a* kühn.
au-delà [odla] *ad* weiter, darüber hinaus // *nm:* **l'~** das Jenseits; ~ **de** *prep* jenseits von; *(limite)* über (+*dat).*
au-dessous [od(ə)su] *ad* unten; ~ **de** *prep* unter (+*dat); (mouvement)* unter (+*akk).*
au-dessus [od(ə)sy] *ad* oben, über; ~ **de** *prep* über (+*dat); (mouvement)* über (+*akk).*

au-devant [od(ə)vɑ̃] *prep:* **aller ~ de** entgegengehen (+*dat*); *(désirs de qn)* zuvorkommen (+*dat*).
audience [odjɑ̃s] *nf (auditeurs)* Publikum *nt; (entrevue)* Audienz *f; (JUR: séance)* Sitzung *f.*
audio-visuel, le [odjɔvizɥɛl] *a* audiovisuell.
auditeur, trice [oditœʀ, tʀis] *nm/f (à la radio)* Hörer(in *f*) *m.*
audition [odisjɔ̃] *nf (ouïe)* Hören *nt; (de témoins)* Anhörung *f; (THEAT)* Vorsprechprobe *f.*
auditionner [odisjɔne] *vt (artiste)* vorsprechen *ou* vorspielen lassen.
auditoire [oditwaʀ] *nm* Publikum *nt.*
auge [oʒ] *nf* Trog *m.*
augmentation [ɔgmɑ̃tɑsjɔ̃] *nf:* **~ (de salaire)** Gehalts-/Lohnerhöhung *f.*
augmenter [ɔgmɑ̃te] *vt* erhöhen; *(grandeur)* erweitern; *(employé, salarié)* eine Gehaltserhöhung/Lohnerhöhung geben (+*dat*) // *vi* zunehmen, sich vergrößern; steigen; *(vie, produit)* teurer werden.
augure [ɔgyʀ] *nm* Wahrsager(in *f*) *m,* Seher(in *f*) *m; (présage):* **être de bon/mauvais ~** ein gutes/schlechtes Zeichen sein.
augurer [ɔgyʀe] *vt:* **~ bien de qch** etwas Gutes für etw verheißen.
aujourd'hui [oʒuʀdɥi] *ad* heute; *(de nos jours)* heutzutage.
aumône [ɔmon] *nf* Almosen *nt;* **faire l'~ (à qn)** (jdm) ein Almosen geben.
aumônier [ɔmonje] *nm (d'une prison)* Anstaltsgeistliche(r) *m; (MIL)* Feldgeistliche(r) *m.*
auparavant [opaʀavɑ̃] *ad* vorher, zuvor.
auprès [opʀɛ]: **~ de** *prep* bei; *(recourir, s'adresser)* an (+*akk*); *(en comparaison de)* im Vergleich zu.
auquel *prep + pron: voir* **lequel.**
auréole [ɔʀeɔl] *nf* Heiligenschein *m; (tache)* Ring *m.*
auriculaire [ɔʀikylɛʀ] *nm* kleiner Finger *m.*
aurore [ɔʀɔʀ] *nf* Morgengrauen *nt;* **~ boréale** Nordlicht *nt.*
ausculter [ɔskylte] *vt* abhorchen.
aussi [osi] *ad (également)* auch, ebenfalls; *(avec a, ad)* (eben)so // *conj (par conséquent)* daher, deshalb; **~ fort/rapidement que** ebenso stark/schnell wie; **moi ~** ich auch.
aussitôt [osito] *ad* sofort, (so)gleich; **~ que** *conj* sobald.
austère [ɔstɛʀ] *a (personne)* streng; *(paysage)* karg; *(monument)* schmucklos; *(sujet)* nüchtern.
austral, e [ɔstʀal] *a* südlich, Süd-.
Australie [ɔstʀali] *nf:* **l'~** Australien *nt;* **australien, ne** *a* australisch.
autant [otɑ̃] *ad (tant, tellement)* soviel; *(comparatif):* **~ (que)** (eben)soviel (wie); **~ de** soviel; **~ partir/ne rien dire** es ist besser abzufahren/nichts zu sagen; **il y a ~ de garçons que de filles** es gibt (eben)soviele Jungen wie Mädchen; **il n'est pas découragé pour ~** trotzdem ist er nicht entmutigt; **pour ~ que** *conj* soviel, soweit; **d'~ plus/moins/mieux (que)** um so mehr/weniger/besser (als).
autel [ɔtɛl] *nm* Altar *m.*
auteur [otœʀ] *nm (d'un crime)* Täter(in *f*) *m; (d'un livre)* Autor(in *f*) *m,* Verfasser(in *f*) *m; (d'une chanson)* Komponist(in *f*) *m.*
authentique [ɔtɑ̃tik] *a* echt; *(véridique)* wahr.
auto [ɔto] *nf* Auto *nt* // *pref:* **auto-** Auto-, Selbst-.
autobiographie [ɔtɔbjɔgʀafi] *nf* Autobiographie *f.*
autobus [ɔtɔbys] *nm* Bus *m,* Omnibus *m.*
autocar [ɔtɔkaʀ] *nm* (Reise)bus *m.*
autocritique [ɔtɔkʀitik] *nf* Selbstkritik *f.*
autodéfense [ɔtɔdefɑ̃s] *nf* Selbstverteidigung *f.*
autodidacte [ɔtɔdidakt(ə)] *nm/f* Autodidakt *m.*
auto-école [ɔtɔekɔl] *nf* Fahrschule *f.*
autographe [ɔtɔgʀaf] *nm* Autogramm *nt.*
automate [ɔtɔmat] *nm* Automat *m.*
automatique [ɔtɔmatik] *a* automatisch.
automobile [ɔtɔmɔbil] *nf*

Auto(mobil) *nt;* **l'~** (*COMM*): die Automobilindustrie; (*conduite*) das Autofahren; (*SPORT*) der Autosport; **automobiliste** *nm/f* Autofahrer(in *f*) *m.*

autonome [ɔtɔnɔm] *a* autonom; (*appareil, système*) unabhängig.

autopsie [ɔtɔpsi] *nf* Autopsie *f.*

autorisation [ɔtɔʀizɑsjɔ̃] *nf* Genehmigung *f*, Erlaubnis *f.*

autorisé, e [ɔtɔʀize] *a* (*sources*) zuverlässig; (*opinion*) maßgeblich.

autoriser [ɔtɔʀize] *vt* genehmigen, bewilligen; (*justifier, permettre*) berechtigen (*à* zu).

autoritaire [ɔtɔʀitɛʀ] *a* autoritär.

autorité [ɔtɔʀite] *nf* Machtbefugnis *f;* (*ascendant, influence*) Autorität *f;* **faire ~** maßgeblich sein.

autoroute [ɔtɔʀut] *nf* Autobahn *f.*

auto-stop [ɔtɔstɔp] *nm:* **faire de l'~** per Anhalter fahren, trampen; **~peur, euse** *nm/f* Anhalter(in *f*) *m*, Tramper(in *f*) *m.*

autour [otuʀ] *ad* herum, umher; (*tout ~*) ringsherum; **~ de** *prep* um (+*akk*) (... herum); (*près de*) in der Nähe (+*gen*); (*environ*) etwa.

autre [otʀ(ə)] *a* (*différent*) andere(r,s); (*supplémentaire*): **un ~ verre/d'~s verres** noch ein *ou* ein weiteres Glas/noch mehr Gläser; (*de deux, deux ensembles*): **l'~ livre/les ~s livres** das andere Buch/die anderen Bücher // *pron* andere(r, s); **l'~, les ~s** der andere, die anderen; **l'un et l'~** beide; **se détester l'un l'~/les uns les ~s** einander verabscheuen; **d'une minute/année à l'~** von einer Minute auf die andere/ von einem Jahr aufs andere; **~ part** *ad* anderswo; **d'~ part** andererseits; (*en outre*) überdies; **entre ~s** unter anderem; **nous/vous ~s** wir/ihr.

autrefois [otʀəfwa] ad früher, einst.

Autriche [otʀiʃ] *nf:* **l'~** Österreich *nt;* **autrichien, ne** *a* österreichisch; **A~, ne** *nm/f* Österreicher(in *f*) *m.*

autruche [otʀyʃ] *nf* Strauß *m.*

autrui [otʀɥi] *pron* der Nächste, die anderen.

auvent [ovɑ̃] *nm* Vordach *nt.*

aux *prep + dét voir* **à.**

auxiliaire [ɔksiljɛʀ] *a* Hilfs- // *nm/f* (*ADMIN*) Hilfskraft *f* // *nm* (*LING*) Hilfsverb *nt.*

auxquels *prep + pron voir* **lequel.**

aval [aval] *nm:* **en ~** flußabwärts.

avalanche [avalɑ̃ʃ] *nf* Lawine *f.*

avaler [avale] *vt* (hinunter)schlukken, verschlingen.

avance [avɑ̃s] *nf* (*de l'armée*) Vormarsch *m*, Vorrücken *nt;* (*de coureur, dans le travail*) Vorsprung *m;* (*de train*) Verfrühung *f;* (*d'argent*) Vorschuß *m;* **~s** *nfpl* (*amoureuses*) Annäherungsversuche *pl;* **(être) en ~** zu früh dran (sein); **payer/ réserver d'~** vorausbezahlen/ vorbestellen; **par ~, d'~** im voraus; **à l'~** im voraus.

avancé, e [avɑ̃se] *a* (*heure*) vorgerückt; (*saison, travail*) fortgeschritten; (*de pointe*) fortschrittlich.

avancement [avɑ̃smɑ̃] *nm* (*professionnel*) Beförderung *f.*

avancer [avɑ̃se] *vi* sich (vorwärts-) bewegen; (*progresser*) vorangehen; (*:personne*) vorankommen; (*montre, réveil*) vorgehen // *vt* vorrücken, vorschieben; (*main*) ausstrecken; (*date, rencontre*) vorverlegen; (*montre*) vorstellen; (*hypothèse*) aufstellen; (*argent*) vorstrecken; **s'~** *vi* (*s'approcher*) näherkommen; (*être en saillie*) herausragen.

avanies [avani] *nfpl* Demütigung *f.*

avant [avɑ̃] *prep* vor (+*dat*)/(*mouvement*) vor (+*akk*) // *a inv* Vorder- // *nm* (*d'un véhicule*) Vorderteil *nt;* **~ qu'il parte/de faire qch** bevor er abfährt/man etw tut; **~ tout** vor allem; **en ~** *ad* vorwärts; **en ~ de** *prep* vor (+*dat*).

avantage [avɑ̃taʒ] *nm* Vorteil *m;* (*supériorité*) Überlegenheit *f.*

avantager [avɑ̃taʒe] *vt* bevorzugen, begünstigen.

avantageux, euse [avɑ̃taʒø, øz] *a* vorteilhaft, günstig.

avant-bras [avɑ̃bʀa] *nm* Unterarm *m.*

avant-dernier, ère [avɑ̃dɛʀnje,

ɛʀ] *nm/f* Vorletzte(r) *mf*.
avant-garde [avɑ̃gaʀd] *nf* (*MIL*) Vorhut *f*; (*fig*) Avantgarde *f*.
avant-goût [avɑ̃gu] *nm* Vorgeschmack *m*.
avant-hier [avɑ̃tjɛʀ] *ad* vorgestern.
avant-première [avɑ̃pʀəmjɛʀ] *nf* (*de film*) Voraufführung *f*.
avant-projet [avɑ̃pʀɔʒɛ] *nm* Vorentwurf *m*.
avant-propos [avɑ̃pʀɔpo] *nm* Vorwort *nt*.
avant-veille [avɑ̃vɛj] *nf*: **l'~** zwei Tage davor.
avare [avaʀ] *a* geizig.
avarice [avaʀis] *nf* Geiz *m*.
avarié, e [avaʀje] e *a* verdorben.
avaries [avaʀi] *nfpl* Schaden *m*.
avatar [avataʀ] *nm* Mißgeschick *nt*.
avec [avɛk] *prep* mit (*+dat*); (*en plus de, en sus de*) zu (*+dat*); (*envers*) zu, gegenüber (*+dat*); **~ habileté/lenteur** geschickt/langsam.
avenant, e [avnɑ̃, ɑ̃t] *a* freundlich; **le reste à l'~** der Rest ist entsprechend.
avènement [avɛnmɑ̃] *nm* (*d'un roi*) Thronbesteigung *f*; (*d'un changement*) Beginn *m*, Anbruch *m*.
avenir [avniʀ] *nm* Zukunft *f*; **à l'~** in Zukunft; **politicien d'~** Politiker mit Zukunft.
avent [avɑ̃] *nm*: **l'~** der Advent.
aventure [avɑ̃tyʀ] *nf* Abenteuer *nt*.
aventurer [avɑ̃tyʀe]: **s'~** *vi* sich wagen.
aventurier, ère [avɑ̃tyʀje, ɛʀ] *nm/f* Abenteurer(in *f*) *m*.
avenue [avny] *nf* Allee *f*; breite Zufahrtsstraße *f*.
avérer [aveʀe]: **s'~** *vb avec attribut*: **s'~ faux/ coûteux** sich als falsch/kostspielig erweisen.
averse [avɛʀs(ə)] *nf* Regenschauer *m*.
aversion [avɛʀsjɔ̃] *nf* Abneigung *f*.
avertir [avɛʀtiʀ] *vt* warnen (*de* vor *+dat*); (*renseigner*) benachrichtigen (*de* von); **avertissement** *nm* Warnung *f*; Benachrichtigung *f*; (*blâme*) Mahnung *f*.
avertisseur [avɛʀtisœʀ] *nm* (*AUT*) Hupe *f*.
aveu, x [avø] *nm* Geständnis *nt*.
aveugle [avœgl(ə)] *a* blind; **aveuglément** *ad* blindlings.
aveugler [avœgle] *vt* (*sujet: lumière, soleil*) blenden; (*:amour, colère*) blind machen.
aviateur, trice [avjatœʀ, tʀis] *nm/f* Flieger(in *f*) *m*.
aviation [avjɑsjɔ̃] *nf* Luftfahrt *f*; (*MIL*) Luftwaffe *f*.
avide [avid] *a* gierig, begierig; **avidité** *nf* Gier *f*, Habgier *f*, Begierde *f*.
avilir [aviliʀ] *vt* erniedrigen.
aviné, e [avine] *a* betrunken.
avion [avjɔ̃] *nm* Flugzeug *nt*; **aller (quelque part) en ~** (irgendwohin) fliegen.
aviron [aviʀɔ̃] *nm* Ruder *nt*; (*SPORT*) Rudern *nt*.
avis [avi] *nm* (*point de vue*) Meinung *f*, Ansicht *f*; (*notification*) Mitteilung *f*; **être d'~ que** der Meinung *ou* Ansicht sein, daß; **changer d'~** seine Meinung ändern.
avisé, e [avize] *a* (*sensé*) vernünftig.
aviser [avize] *vt* (*voir*) bemerken; (*informer*): **~ qn de qch/que** jdn von etw in Kenntnis setzen/jdn davon in Kenntnis setzen, daß // *vi* (*réfléchir*) nachdenken; **s'~ de qch/que** etw bemerken/bemerken daß.
avocat, e [avɔka, at] *nm/f* (*JUR*) Rechtsanwalt *m*/-anwältin *f* // *nm* (*CULIN*) Avocado *f*; **~ général** Staatsanwalt *m*/-anwältin *f*.
avoine [avwan] *nf* Hafer *m*.
avoir [avwaʀ] *nm* Vermögen *nt*; (*FIN*) Guthaben *nt* // *vt* haben; (*fam: duper*) hereinlegen // *vb auxiliaire* haben; **~ à faire qch** etw tun müssen; **~ faim/peur** Hunger/Angst haben; **il y a un homme sur le toit** auf dem Dach ist ein Mann; **il y a des gens qui exagèrent** manche Leute übertreiben wirklich; **il n'y a qu'à faire ...** man braucht nur ... zu tun; **qu'est-ce qu'il y a?** was ist los?; **en ~ à *ou* contre qn** auf jdn böse sein.
avoisiner [avwazine] *vt* (an)grenzen an (*+akk*).

avorter [avɔʀte] *vi* abtreiben; *(fig)* mißlingen, scheitern.
avortement [avɔʀtəmɑ̃] *nm (MED)* Abtreibung *f*.
avoué [avwe] *nm* Rechtsanwalt *m*/-anwältin *f (der/die nicht plädiert)*.
avouer [avwe] *vt* gestehen; **s'~ vaincu/incompétent** sich geschlagen geben/zugeben, daß man inkompetent ist.
avril [avʀil] *nm* April *m*.
axe [aks(ə)] *nm* Achse *f*.
azote [azɔt] *nm* Stickstoff *m*.
azur [azyʀ] *nm (couleur)* Azur *m*, Himmelsblau *nt*; *(ciel)* Himmel *m*.

B

B.A. *sigle f (= bonne action)* gute Tat *f*.
baba [baba] *a inv*: **en être ~** platt sein // *nm*: ~ au rhum *leichter mit Rum getränkter Rosinenkuchen*.
babil [babi(l)] *nm* Babbeln *nt*.
babillage [babijaʒ] *nm* Plappern *nt*.
babiller [babije] *vi* plappern.
babines [babin] *nfpl* Lefzen *pl*.
babiole [babjɔl] *nf* Kleinigkeit *f*.
bâbord [babɔʀ] *nm*: **à ~** an Backbord.
babouin [babwɛ̃] *nm* Pavian *m*.
bac [bak] *nm (abr de* **baccalauréat**) Abi *nt*; *(bateau)* Fähre *f*; *(pour laver)* Becken *nt*.
baccalauréat [bakalɔʀea] *nm* Abitur *nt*.
bâche [bɑʃ] *nf* Plane *f*; **bâcher** *vt* mit einer Plane zudecken.
bachot [baʃo] *nm (abr de* **baccalauréat**) Abi *nt*.
bacille [basil] *nm* Bazillus *m*.
bâcler [bɑkle] *vt* pfuschen.
bactérie [bakteʀi] *nf* Bakterie *f*.
badaud, e [bado, od] *nm/f* Schaulustige(r) *mf*.
badigeonner [badiʒɔne] *vt (peindre)* tünchen; *(pej)* beschmieren; *(MED)* bepinseln.
badin, e [badɛ̃, in] *a* scherzhaft.
badinage [badinaʒ] *nm* Scherze *pl*, Geplänkel *nt*.
badine [badin] *nf* Gerte *f*.
badiner [badine] *vi* plänkeln, scherzen; **ne pas ~ avec qch** etw ernst nehmen, mit etw nicht scherzen.
baffe [baf] *nf (fam)* Ohrfeige *f*.
bafouiller [bafuje] *vt, vi* stammeln.
bâfrer [bɑfʀe] *vt, vi (fam)* schlingen.
bagage [bagaʒ] *nm*: **~s** *pl* Gepäck *nt*.
bagarre [bagaʀ] *nf*: **une ~** eine Rauferei; **il aime la ~** er rauft sich gern; **se bagarrer** *vi* sich raufen.
bagatelle [bagatɛl] *nf* Kleinigkeit *f*.
bagnard [baɲaʀ] *nm* Sträfling *m*.
bagne [baɲ] *nm* Strafkolonie *f*.
bagnole [baɲɔl] *nf (fam)* Karre *f*.
bagout, bagou [bagu] *nm*: **avoir du ~** ein geschmiertes Mundwerk haben.
bague [bag] *nf* Ring *m*; **~ de fiançailles** Verlobungsring *m*; **~ de serrage** Klammer *f*.
baguette [bagɛt] *nf* Stab *m*; Stäbchen *nt*; *(de chef d'orchestre)* Taktstock *m*; *(pain)* Stangenweißbrot *nt*; **mener qn à la ~** jdn an der Kandare haben; **~ de tambour** Trommelschlegel *m*.
bahut [bay] *nm* Truhe *f*.
baie [bɛ] *nf (GEO)* Bucht *f*; *(fruit)* Beere *f*; **~ (vitrée)** Fenster *nt*.
baignade [bɛɲad] *nf* Baden *nt*.
baigner [beɲe] *vt* baden // *vi*: **~ dans son sang** im eigenen Blut baden; **~ dans la brume** in Nebel gehüllt sein; **se ~** *vi* schwimmen, baden.
baigneur, euse [bɛɲœʀ, øz] *nm/f* Badende(r) *mf*.
baignoire [bɛɲwaʀ] *nf* Badewanne *f*; *(THEAT)* Parterreloge *f*.
bail [baj] *nm* Mietvertrag *m*.
bâiller [bɑje] *vi* gähnen; *(être ouvert)* offen stehen.
bailleur [bajœʀ] *nm*: **~ de fonds** Geldgeber *m*.
bâillon [bɑjɔ̃] *nm* Knebel *m*; **bâillonner** *vt* knebeln.
bain [bɛ̃] *nm* Bad *nt*; **costume** *ou* **maillot de ~** Badeanzug *m*; **prendre un ~** ein Bad nehmen; **~-marie** Wasserbad *nt*; **~s de mer** Bad *nt* im Meer; **~ de pieds** Fußbad *nt*; **~ de soleil** Sonnenbad *nt*;

prendre un ~ de soleil sonnenbaden.
baisemain [bɛzmɛ̃] *nm* Handkuß *m*.
baiser [bese] *nm* Kuß *m* // *vt* küssen; *(fam!: une femme)* bumsen, ficken (!).
baisse [bes] *nf* Sinken *nt*; *(de niveau, d'influence)* Abnahme *f*; **~ sur la viande** Preisnachlaß *m* beim Fleisch.
baisser [bese] *vt (store, vitre)* herunterlassen; *(tête, yeux, voix)* senken; *(radio)* leiser machen; *(chauffage)* niedriger stellen; *(prix)* herabsetzen // *vi (niveau, température, cours, prix)* fallen, sinken; *(facultés, lumière)* schwächer werden, abnehmen; **le jour baisse** es wird dunkel; **se ~** *vi* sich bücken.
bal [bal] *nm* Ball *m*.
balade [balad] *nf (à pied)* Spaziergang *m*; *(en voiture)* Spazierfahrt *f*; **faire une ~** einen Spaziergang machen.
balader [balade] *vt (promener)* spazierenführen; *(traîner)* mit sich herumschleppen; **se ~** *vi* spazierengehen.
balafre [balafʀ(ə)] *nf (coupure)* Schnitt *m*; *(cicatrice)* Narbe *f*.
balai [balɛ] *nm* Besen *m*; **donner un coup de ~** ausfegen; **~-brosse** Schrubber *m*.
balance [balɑ̃s] *nf (aussi ASTR)* Waage *f*; **~ des comptes** Zahlungsbilanz *f*.
balancer [balɑ̃se] *vt (bras, jambes)* baumeln lassen; *(encensoir etc)* schwenken; *(jeter: fam)* wegwerfen // *vi (lustre etc)* schwanken; **se ~** *vi* sich hin- und herbewegen; *(sur une balançoire)* schaukeln; **se ~ de** *(fam)* sich nicht kümmern um.
balancier [balɑ̃sje] *nm (de pendule)* Pendel *nt*; *(perche)* Balancierstange *f*.
balançoire [balɑ̃swaʀ] *f (suspendue)* Schaukel *f*; *(sur pivot)* Wippe *f*.
balayer [baleje] *vt (feuilles etc)* zusammenfegen; *(pièce, cour)* (aus)fegen; *(fig: chasser)* vertreiben; *(sujet: phares, radar)* absuchen.
balayeur, euse [balɛjœʀ, øz] *nm/f* Straßenkehrer(in *f*) *m* // *nf (engin)* Straßenkehrmaschine *f*.
balayures [balejyʀ] *nfpl* Kehricht *m*.
balbutier [balbysje] *vt, vi* stammeln.
balcon [balkɔ̃] *nm* Balkon *m*; *(THEAT)* erster Rang *m*.
baleine [balɛn] *nf* Wal *m*; *(de parapluie)* Speiche *f*.
balise [baliz] *nf (NAVIG)* Bake *f*, Seezeichen *nt*; *(AVIAT)* Befeuerungslicht *nt*; *(AUT, SKI)* Markierung *f*.
balivernes [balivɛʀn(ə)] *nfpl* Geschwätz *nt*.
Balkans [balkɑ̃] *nmpl*: **les ~** die Balkanländer *pl*.
ballade [balad] *nf* Ballade *f*.
ballant, e [balɑ̃, ɑ̃t] *a*: **les bras ~s** mit hängenden Armen; **les jambes ~es** mit baumelnden Beinen.
ballast [balast] *nm (sur voie ferrée)* Schotter *m*.
balle [bal] *nf (de fusil)* Kugel *f*; *(de tennis etc)* Ball *m*; *(du blé)* Spreu *f*; *(paquet)* Ballen *m*; **~ perdue** verirrte Kugel.
ballerine [balʀin] *nf* Ballerina *f*.
ballet [balɛ] *nm* Ballett *nt*.
ballon [balɔ̃] *nm* Ball *m*; *(AVIAT)* Ballon *m*; *(de vin)* Glas *nt*; **~ de football** Fußball *m*.
ballonner [balɔne] *vt*: **j'ai le ventre ballonné** ich habe einen Blähbauch.
ballot [balo] *nm* Ballen *m*; *(pej)* Blödmann *m*.
ballottage [balɔtaʒ] *nm (POL)* Stichwahl *f*.
ballotter [balɔte] *vi* hin- und herrollen // *vt* durcheinanderwerfen; **être ballotté entre** hin- und hergerissen sein zwischen.
balluchon [balyʃɔ̃] *nm* Bündel *nt*.
balnéaire [balneɛʀ] *a* See-.
balourd, e [baluʀ, uʀd(ə)] *a* unbeholfen, linkisch; **~ise** *nf* Unbeholfenheit *f*, Schwerfälligkeit *f*.
Baltique [baltik] *nf*: **la ~** die Ostsee.
balustrade [balystʀad] *nf* Geländer *nt*.
bambin [bɑ̃bɛ̃] *nm* kleines Kind *nt*.
bambou [bɑ̃bu] *nm* Bambus *m*.

ban [bɑ̃] *nm:* **ouvrir/fermer le ~** den Trommelwirbel eröffnen/schließen; **être/mettre au ~ de** ausgestoßen sein/ausstoßen aus; **~s** *nmpl (mariage)* Aufgebot *nt*.
banal, e [banal] *a* banal; **four/moulin ~** Dorfbackhaus *nt*/-mühle *f*; **~ité** *nf* Banalität *f*.
banane [banan] *nf* Banane *f*.
banc [bɑ̃] *nm (siège)* Bank *f*; *(de poissons)* Schwarm *m*; **~ d'essai** Prüfstand *m*; **~ de sable** Sandbank *f*; **le ~ des témoins/accusés** die Zeugen-/Anklagebank.
bancaire [bɑ̃kɛʀ] *a* Bank-.
bancal, e [bɑ̃kal] *a* wackelig.
bandage [bɑ̃daʒ] *nm* Verband *m*; **~ herniaire** Bruchband *nt*.
bande [bɑ̃d] *nf (de tissu etc)* Streifen *m*, Band *nt*; (*MED*) Binde *f*; *(magnétique)* Band *nt*; *(motif, dessin)* Streifen *m*; *(pej)*: **une ~ de** eine Horde von; **par la ~** auf Umwegen; (*NAVIG*): **donner de la ~** krängen; **faire ~ à part** sich absondern; **~ dessinée** Cartoon *m*; **~ sonore** Tonspur *f*.
bandeau, x [bɑ̃do] *nm (autour du front)* Stirnband *nt*; *(sur les yeux)* Augenbinde *f*.
bander [bɑ̃de] *vt (blessure)* verbinden; *(muscle)* anspannen; **~ les yeux à qn** jdm die Augen verbinden.
banderole [bɑ̃dʀɔl] *nf* Spruchband *nt*.
bandit [bɑ̃di] *nm* Bandit *m*; *(fig: escroc)* Gauner *m*.
bandoulière [bɑ̃duljɛʀ]: **en ~** *a, ad* umgehängt.
banlieue [bɑ̃ljø] *nf* Vorort *m*; **quartier de ~** Vorstadtviertel *nt*; **banlieusard, e** *nm/f* Vorortbewohner(in *f*) *m*; Pendler(in *f*) *m*.
bannière [banjɛʀ] *nf* Banner *nt*.
bannir [baniʀ] *vt* verbannen.
banque [bɑ̃k] *nf* Bank *f*; **~ d'affaires** Handelsbank *f*.
banqueroute [bɑ̃kʀut] *nf* Bankrott *m*.
banquet [bɑ̃kɛ] *nm* Festmahl, Bankett *nt*.
banquette [bɑ̃kɛt] *nf* Sitzbank *f*; *(d'auto)* Autositz *m*.
banquier [bɑ̃kje] *nm* Bankier *m*.
banquise [bɑ̃kiz] *nf* Packeis *nt*.
baptême [batɛm] *nm* Taufe *f*; **~ de l'air** Jungfernflug *m*.
baptiser [batize] *vt* taufen
baptismal, e, aux [batismal, o] *a*: **eau ~e** Taufwasser *nt*.
baquet [bakɛ] *nm* Zuber *m*, Kübel *m*.
bar [baʀ] *nm (établissement)* Bar *f*; *(comptoir)* Tresen *m*, Theke *f*; *(meuble)* Bar *f*.
baragouiner [baʀagwine] *vt, vi* radebrechen *vt*.
baraque [baʀak] *nf* Baracke *f*; *(fam: maison)* Bude *f*; **~ foraine** Jahrmarktsbude *f*.
baraqué, e [baʀake] *a (fam)* gut beieinander, drall.
baraquements [baʀakmɑ̃] *nmpl* Barackensiedlung *f*.
baratin [baʀatɛ̃] *nm (fam)* Geschwätz *nt*; **baratiner** *vt (fam)* einreden auf (+*akk*).
barbare [baʀbaʀ] *a (cruel)* barbarisch; *(inculte)* unzivilisiert // *nm/f* Barbar(in *f*) *m*; **barbarie** *nf* Barbarei *f*.
barbe [baʀb(ə)] *nf* Bart *m*; **à la ~ de** unbemerkt von; *(fam)*: **quelle ~!** so ein Mist!; **~ à papa** Zuckerwatte *f*.
barbelé, e [baʀbəle] *nm* Stacheldraht *m*.
barber [baʀbe] *vt (fam)* langweilen.
barbiche [baʀbiʃ] *nf* Spitzbart *m*.
barbiturique [baʀbityʀik] *nm* Schlafmittel *nt*.
barboter [baʀbɔte] *vi* waten // *vt (fam)* klauen.
barboteuse [baʀbɔtøz] *nf* Strampelanzug *m*.
barbouiller [baʀbuje] *vt* beschmieren; **avoir l'estomac barbouillé** einen verdorbenen Magen haben.
barbu, e [baʀby] *a* bärtig.
barda [baʀda] *nm (fam)* Zeug *nt*, Sachen *pl*.
barde [baʀd(ə)] *nf* (*CULIN*) Speckstreifen *m* // *nm (poète)* Barde *m*.
bardeaux, x [baʀdo] *nmpl* Schindeln *pl*.
barder [baʀde] *vi (fam)*: **ça va ~** das

gibt Ärger.
barème [baʀɛm] *nm (des prix, des tarifs)* Skala *f;* ~ **des salaires** Lohnstaffel *f.*
baril [baʀi(l)] *nm* Faß *nt.*
barillet [baʀijɛ] *nm (de revolver)* Trommel *f.*
bariolé, e [baʀjɔle] *a* bunt.
barman [baʀman] *nm* Barkeeper *m.*
baron, ne [baʀɔ̃, ɔn] *nm/f* Baron(in *f*) *m.*
baroque [baʀɔk] *a* barock; *(fig)* seltsam.
barque [baʀk(ə)] *nf* Barke *f.*
barrage [baʀaʒ] *nm* Damm *m; (sur route, rue)* Straßensperre *f;* ~ **de police** Polizeisperre *f.*
barre [baʀ] *nf (de fer etc)* Stange *f; (NAVIG: pour gouverner)* Ruderpinne *f; (:de la houle)* Springflut *f; (écrite)* Strich *m; (JUR)*: **la** ~ das Gericht; *(NAVIG)*: **être à** *ou* **tenir la** ~ steuern; ~ **fixe** Reck *nt;* ~**s parallèles** Barren *m.*
barreau, x [baʀo] *nm* Stab *m; (JUR)*: **le** ~ die Anwaltschaft *f.*
barrer [baʀe] *vt (route etc)* (ab)sperren; *(mot)* (durch)streichen; *(chèque)* zur Verrechnung ausstellen; *(NAVIG)* steuern; **se** ~ *vi (fam)* abhauen.
barrette [baʀɛt] *nf (pour cheveux)* Spange *f.*
barreur[baʀœʀ] *nm* Steuermann *m.*
barricade [baʀikad] *nf* Barrikade *f;* **barricader** *vt* verbarrikadieren; *(fig)* **se** ~ **chez soi** sich einschließen.
barrière [baʀjɛʀ] *nf* Zaun *m; (de passage à niveau)* Schranke *f; (obstacle)* Barriere *f;* ~**s douanières** Zollschranken *pl.*
barrique [baʀik] *nf* Faß *nt.*
bas, basse [bɑ, bɑs] *a* niedrig; *(ton)* tief; *(vil)* gemein // *nm (chaussette)* Strumpf *m; (partie inférieure)*: **le** ~ **de** der untere Teil von // *nf (MUS)* Bass *m* // *ad* niedrig, tief; *(parler)* leise; **plus** ~ tiefer, leiser; *(dans un texte)* weiter unten; **la tête basse** mit gesenktem Kopf; **avoir la vue** ~**se** schlecht sehen; **au** ~ **mot** mindestens; **enfant en** ~ **âge** Kleinkind *nt;* **en** ~ unten; **en** ~ **de** unterhalb von; **de haut en** ~ von oben bis unten; **mettre** ~ *vi* Junge werfen // *vt (chargement)* abladen; **à** ~ **la dictature/l'école!** nieder mit der Diktatur/Schule!; ~ **morceaux** *nmpl (viande)* billige Fleischstücke *pl.*
basané, e [bazane] e *a* gebräunt.
bas-côté *nm (route)* Rand *m; (église)* Seitenschiff *nt.*
bascule [baskyl] *nf:* **(jeu de)** ~ Wippe *f;* **(balance à)** ~ Waage *f;* **fauteuil à** ~ Schaukelstuhl *m.*
basculer [baskyle] *vi (tomber)* umfallen; *(sur un pivot)* (um)kippen // *vt (gén faire* ~*)* (um)kippen.
base [bɑz] *nf (d'édifice)* Fundament *nt; (de triangle)* Basis *f; (de montagne)* Fuß *m; (militaire)* Basis *f,* Stützpunkt *m; (POL)*: **la** ~ die Basis; *(fondement, principe)* Grundlage *f,* Basis *f;* **jeter les** ~**s de qch** die Grundlage für etw legen; **à la** ~ **de** *(fig)* am Anfang *ou* zu Beginn von; **sur la** ~ **de** *(fig)* ausgehend von; **principe/produit de** ~ Grundprinzip/-produkt *nt;* **à** ~ **de café** auf Kaffeebasis.
baser [bɑze] *vt:* ~ **qch sur** etw auf etw *(dat)* basieren lassen; **se baser sur** sich stützen auf (*+akk).*
bas-fond [bafɔ̃] *nm (NAVIG)* Untiefe *f; (fig)*: ~**s** Abschaum *m.*
basilic [bazilik] *nm (CULIN)* Basilikum *nt.*
basilique [bazilik] *nf* Basilika *f.*
basque [bask(ə)] *a* baskisch.
basque [bask(ə)] *nfpl* Rockschoß *m;* **être pendu aux** ~ **de qn** jdm auf Schritt und Tritt folgen.
basse [bɑs] *a, nf voir* **bas;** ~ **-cour** *nf* Hühnerhof *m;* Kleintierzucht *f.*
bassin [basɛ̃] *nm (cuvette)* Becken *nt,* Schüssel *f; (pièce d'eau)* Bassin *nt;* ~ **houiller** Steinkohlebecken *nt.*
bastingage [bastɛ̃gaʒ] *nm* Reling *f.*
bastion [bastjɔ̃] *nm* Bastion *f; (fig)* Bollwerk *nt*
bas-ventre [bavɑ̃tʀ(ə)] *nm* Unterleib *m.*
bât [bɑ] *nm* Packsattel *m.*
bataille [bataj] *nf* Schlacht *f,* Kampf

m; ~ **rangée** offener Kampf.
bâtard, e [bɑtaʀ, aʀd(ə)] *a (solution)* Misch- // *nm/f* Bastard *m.*
bateau, x [bato] x *nm* Schiff *nt.*
batelier, ière [batəlje] *nm/f* Flußschiffer(in *f*) *m.*
bâti, e [bati] *a:* **bien** ~ gut gebaut // *nm (armature)* Rahmen *m.*
batifoler [batifɔle] *vi* herumalbern.
bâtiment [bɑtimɑ̃] *nm (édifice)* Gebäude *nt; (NAVIG)* Schiff *nt; (industrie):* **le** ~ das Baugewerbe.
bâtir [bɑtiʀ] *vt* bauen, gründen.
bâton [bɑtɔ̃] *nm* Stock *m; (d'agent de police)* Knüppel *m;* **mettre des ~s dans les roues à qn** jdm Knüppel zwischen die Beine werfen; **à ~s rompus** ohne Zusammenhang; ~ **de rouge (à lèvres)** Lippenstift *m.*
batracien [batʀasjɛ̃] *nm* Amphibie *f.*
battage [bataʒ] *nm (publicité)* Werbekampagne *f.*
battant, e [batɑ̃, ɑ̃t] *nm (de cloche)* Klöppel *m; (de volet, de porte)* Flügel *m;* **porte à double** ~ Doppeltür *f.*
battement [batmɑ̃] *nm (de cœur)* Schlagen *nt; (intervalle)* Pause *f; (entre trains)* Aufenthalt *m;* **un ~ de 10 minutes, 10 minutes de ~ (entre)** 10 Minuten Zeit (zwischen); ~ **de paupières** Blinzeln *nt.*
batterie [batʀi] *nf (MIL, ELEC)* Batterie *f; (MUS)* Schlagzeug *nt;* ~ **de cuisine** Küchengeräte *pl.*
batteur [batœʀ] *nm (MUS)* Schlagzeuger *m; (appareil)* Rührbesen *m.*
batteuse [batøz] *nf* Dreschmaschine *f.*
battre [batʀ(ə)] *vt* schlagen; *(tapis)* klopfen; *(blé)* dreschen; *(fer)* hämmern; *(passer au peigne fin)* abkämmen // *vi* schlagen; **se** ~ *vi* sich schlagen; ~ **de:** ~ **des mains** in die Hände klatschen; ~ **en brèche** einreißen; ~ **son plein** in vollem Schwung sein; ~ **pavillon britannique** unter der britischen Fahne segeln; ~ **en retraite** den Rückzug antreten.
battue [baty] *nf* Treibjagd *f.*
baume [bom] *nm* Balsam *m.*
bavard, e [bavaʀ, aʀd(ə)] *a* schwatzhaft; **~age** *nm* Geschwätz *nt;* **~er** *vi* schwatzen; *(indiscrètement)* klatschen.
bavarois, e [bavaʀwa, waz] *a* bayrisch.
bave [bav] *nf* Speichel *m; (de chien etc)* Geifer *m; (d'escargot etc)* Schleim *m;* **baver** *vi* sabbern; *(chien)* geifern; **en** ~ *(fam)* schuften.
bavette [bavɛt] *nf* Lätzchen *nt.*
baveux, euse [bavø, øz] *a* sabbernd; *(omelette)* flüssig.
Bavière [bavjɛʀ] *nf:* **la** ~ Bayern *nt.*
bavure [bavyʀ] *nf (fig: erreur)* Schnitzer *m.*
bazar [bazaʀ] *nm* Kaufhaus *nt; (fam)* Durcheinander *nt.*
B.D. *sigle f* = **bande dessinée.**
béant, e [beɑ̃, ɑ̃t] *a* weit offen, klaffend.
béat, e [bea, at] *a* treudoof; *(content de soi)* selbstgefällig; **béatitude** *nf* Glückseligkeit *f.*
beau(bel), belle, beaux [bo, bɛl] *a* schön; *(homme)* gutaussehend; *(moralement)* gut; **un ~ geste** *(fig)* eine nette Geste; **un ~ salaire** ein annehmbares Gehalt; *(ironique):* **un ~ gâchis/rhume** ein schöner Schlamassel/Schnupfen // *nf (SPORT):* **la belle** der Entscheidungskampf; **en faire/dire de belles** schöne Geschichten machen/erzählen // *nm:* **le temps est au** ~ es wird schönes Wetter // *ad:* **il fait** ~ es ist schön; **un ~ jour** eines schönen Tages; **de plus belle** um so mehr; **bel et bien** gut und schön; **le plus ~ c'est que** das Schönste daran ist, daß; **c'est du ~!** das ist ein starkes Stück!; **on a ~ essayer** egal, wie sehr man versucht; **faire le** ~ *(chien)* Männchen machen; ~ **parleur** Schönredner *m.*
beaucoup [boku] *ad* viel; *(très)* sehr; **pas** ~ wenig, nicht viel, nicht sehr; ~ **de** *(nombre)* viele; *(quantité)* viel; **pas ~ de** nicht viele/nicht viel; ~ **plus/trop** viel mehr/viel zu viel; **de** ~ bei weitem.
beau-fils [bofis] *nm* Schwiegersohn *m; (d'un remariage)* Stiefsohn *m.*

beau-frère [bofʀɛʀ] *nm* Schwager *m; (d'un remariage)* Stiefbruder *m.*
beau-père [bopɛʀ] *nm* Schwiegervater *m; (d'un remariage)* Stiefvater *m.*
beauté [bote] *nf* Schönheit *f;* **de toute** ~ wunderbar; **en** ~ gekonnt.
beaux-arts [bozaʀ] *nmpl:* **les** ~ die schönen Künste *pl.*
beaux-parents [bopaʀɑ̃] *nmpl* Schwiegereltern *pl; (d'un remariage)* Stiefeltern *pl.*
bébé [bebe] *nm* Baby *nt.*
bec [bɛk] *nm (d'oiseau)* Schnabel *m; (de récipient):* ~ **verseur** Schnabel *m,* Tülle *f; (fam: bouche)* Mund *m;* ~ **de gaz** Gaslaterne *f.*
bécane [bekan] *nf (fam)* Fahrrad *nt.*
bécasse [bekas] *nf* (*ZOOL*) Waldschnepfe *f; (fam)* dumme Gans *f.*
bec-de-lièvre [bɛkdəljɛvʀ(ə)] *nm* Hasenscharte *f.*
bêche [bɛʃ] *nf* Spaten *m;* **bêcher** *vt* umgraben.
bécoter [bekɔte] *vt* abküssen; **se** ~ schnäbeln.
becquée [beke] *nf:* **donner la** ~ **à** füttern.
bedaine [bədɛn] *nf* Wanst *m.*
bedeau, x [bədo] *nm* Kirchendiener *m.*
bedonnant, e [bədɔnɑ̃, ɑ̃t] *a* dick.
bée [be] *a:* **bouche** ~ mit offenem Mund.
beffroi [befʀwa] *nm* Glockenstube *f.*
bégayer [begeje] *vt, vi* stottern.
bègue [bɛg] *a:* **être** ~ stottern // *nm/f* Stotterer(in *f*) *m.*
béguin [begɛ̃] *nm:* **avoir le** ~ **pour qn** für jdn schwärmen.
beige [bɛʒ] *a* beige *inv.*
beignet [bɛɲɛ] *nm* Beignet *m,* Krapfen *m.*
bel *a voir* **beau.**
bêler [bele] *vi* blöken.
belette [bəlɛt] *nf* Wiesel *nt.*
belge [bɛlʒ(ə)] *a* belgisch; **B**~ *nm/f* Belgier(in *f*) *m.*
Belgique [bɛlʒik] *nf:* **la** ~ Belgien *nt.*
bélier [belje] *nm* Widder *m; (engin)* Rammbock *m;* (*ASTR*) Widder.
belle [bɛl] *a, nf voir* **beau;** ~**-fille** *nf* Schwiegertochter *f; (d'un remariage)* Stieftochter *f;* ~**-mère** *nf* Schwiegermutter *f; (d'un remariage)* Stiefmutter *f;* ~**-sœur** *nf* Schwägerin *f; (d'un remariage)* Stiefschwester *f.*
belligérant, e [beliʒeʀɑ̃, ɑ̃t] *a* kriegführend.
belliqueux, euse [belikø, øz] *a* kriegerisch.
belvédère [bɛlvedɛʀ] *nm* Aussichtspunkt *m.*
bémol [bemɔl] *nm* Erniedrigungszeichen *nt,* b *nt.*
bénédictin [benediktɛ̃] *nm* Benediktiner *m;* **travail de** ~ Plackerei *f.*
bénédiction [benediksjɔ̃] *nf* Segen *m.*
bénéfice [benefis] *nm* (*COMM*) Gewinn *m; (avantage)* Nutzen *m;* **au** ~ **de** zugunsten von.
bénéficiaire [benefisjɛʀ] *nm/f* Nutznießer(in *f*) *m.*
bénéficier [benefisje] *vi:* ~ **de** *(jouir de, avoir)* genießen; *(tirer profit de)* profitieren von; *(obtenir)* erhalten.
bénéfique [benefik] *a* gut, vorteilhaft.
benêt [bənɛ] *nm* Dummkopf *m.*
bénévole [benevɔl] *a* freiwillig; ~**ment** *ad* freiwillig.
bénigne [beniɲ] *af voir* **bénin; bénignité** *nf (bonté)* Güte *f; (d'un mal)* Gutartigkeit *f.*
bénin, igne [benɛ̃, iɲ] *a (humeur, caractère)* gütig; *(tumeur, mal)* gutartig; *(rhume, punition)* leicht.
bénir [beniʀ] *vt* segnen.
bénit, e [beni, it] *a* gesegnet; **eau** ~**e** Weihwasser *nt.*
bénitier [benitje] *nm* Weihwasserbecken *nt.*
benjamin, e [bɛ̃ʒamɛ̃] *nm/f* Benjamin *m.*
benne [bɛn] *nf (de camion)* Container *m; (de téléphérique)* Gondel *f; (dans mine)* Förderkorb *m;* ~ **basculante** Kipper *m.*
benzine [bɛ̃zin] *nf* Leichtbenzin *nt.*
B.E.P.C. *sigle m voir* **brevet.**
béquille [bekij] *nf* Krücke *f; (de vélo)* Ständer *m.*
bercail [bɛʀkaj] *nm* Schoß *m* der

Familie.
berceau, x *nm* Wiege *f*.
bercer [bɛʀse] *vt* wiegen; *(suj: musique etc)* einlullen; ~ **qn de promesses** jdn mit Versprechungen täuschen.
berceuse [bɛʀsøz] *nf* Wiegenlied *nt*.
béret (basque) *nm* [beʀɛ(bask(ə))] Baskenmütze *f*.
berge [bɛʀʒ(ə)] *nf* Ufer *nt*.
berger, ère [bɛʀʒe, ɛʀ] *nm/f* Schäfer(in *f*) *m* // *nf (fauteuil)* bequemer Sessel; **bergerie** *nf* Schafstall *m*.
berlingot [bɛʀlɛ̃go] *nm (emballage)* Tetraeder *m*.
berne [bɛʀn(ə)]: **en** ~ *a, ad* auf Halbmast.
berner [bɛʀne] *vt* zum Narren halten.
besogne [bəzɔɲ] *nf* Arbeit *f*.
besogneux, euse [b(ə)zɔɲø, øz] *a* fleißig.
besoin [bəzwɛ̃] *nm* Bedürfnis *nt*; *(pauvreté)*: **le** ~ die Bedürftigkeit; **le** ~ **d'argent** der Bedarf an Geld; **le** ~ **de gloire** das Bedürfnis nach Ruhm; **faire ses** ~**s** seine Notdurft verrichten; **avoir** ~ **de qch** etw brauchen; **avoir besoin de faire qch** etw tun müssen; **au** ~ notfalls.
bestiaux [bɛstjo] *nmpl* Vieh *nt*.
bestiole [bɛstjɔl] *nf* Tierchen *nt*.
bétail [betaj] *nm* Vieh *nt*.
bête [bɛt] *nf* Tier *nt* // *a (stupide)* dumm; **chercher la petite** ~ übergenau sein; ~**s sauvages** wilde Tiere; ~ **de somme** Lasttier *nt*; **c'est ma** ~ **noire** das ist für mich ein rotes Tuch.
bêtise [betiz] *nf* Dummheit *f*; *(parole)* Unsinn *m*; *(bagatelle)* Lappalie *f*; **dire des** ~**s** Unsinn reden; **dire une** ~ etwas Dummes sagen.
béton [betɔ̃] *nm* Beton *m*; ~ **armé** Stahlbeton *m*; **bétonner** *vt* betonieren; **bétonnière** *nf* Betonmischmaschine *f*.
betterave [bɛtʀav] *nf* Rübe; *(rouge)* rote Bete *f*; ~ **fourragère** Futterrübe *f*; ~ **sucrière** Zuckerrübe *f*.
beugler [bøgle] *vi (bovin)* brüllen; *(pej: personne, radio)* plärren // *vt (pej)* schmettern.
beurre [bœʀ] *nm* Butter *f*.
beurrer [bœʀe] *vt* buttern.
beurrier [bœʀje] *nm* Butterdose *f*.
bévue [bevy] *nf* Schnitzer *m*.
biais [bjɛ] *nm (fig: moyen)*: **par le** ~ **de** mittels (+*gen*); **en** ~, **de** ~ *(obliquement)* schräg; *(fig)* indirekt; **biaiser** *vi (fig)* ausweichen.
bibelot [biblo] *nm* Schmuckstück *nt*.
biberon [bibʀɔ̃] *nm* Fläschen *nt*; **nourrir au** ~ mit der Flasche aufziehen.
bible [bibl(ə)] *nf* Bibel *f*.
bibliobus [biblijɔbys] *nm* Fahrbücherei *f*.
bibliographie [biblijɔgʀafi] *nf* Bibliographie *f*.
bibliophile [biblijɔfil] *nm/f* Bücherfreund *m*.
bibliothécaire [biblijɔtekɛʀ] *nm/f* Bibliothekar(in *f*) *m*.
bibliothèque [biblijɔtɛk] *nf* Bibliothek *f*; *(meuble)* Bücherschrank *m*; ~ **municipale** Stadtbücherei *f*.
biblique [biblik] *a* biblisch.
bicarbonate [bikaʀbɔnat] *nm*: ~ **(de soude)** Natron *nt*.
biceps [bisɛps] *nm* Bizeps *m*.
biche [biʃ] *nf* Hirschkuh *f*.
bichonner [biʃɔne] *vt* verhätscheln.
bicolore [bikɔlɔʀ] *a* zweifarbig.
bicoque [bikɔk] *nf (pej)* Schuppen *m*.
bicyclette [bisiklɛt] *nf* Fahrrad *nt*.
bidasse [bidas] *nm (fam)* Soldat *m*.
bide [bid] *nm (fam: ventre)* Bauch *m*; *(THEAT)* Reinfall *m*.
bidet [bidɛ] *nm (cuvette)* Bidet *nt*.
bidon [bidɔ̃] *nm (récipient)* Kanne *f*, Kanister *m*; **c'est (du)** ~ *(fam)* das ist Quatsch // *a inv (fam: simulé)* Schein-, vorgetäuscht.
bielle [bjɛl] *nf* Pleuelstange *f*.
bien [bjɛ̃] *nm (avantage, profit)* Beste(s) *nt*, Nutzen *m*; *(d'une personne, du public)* Wohl *nt*; *(patrimoine, possession)* Besitz *m*; *(moral)*: **le** ~ das Gute; **le** ~ **public** das Gemeinwohl; **faire du** ~ **à qn** jdm guttun; **faire le** ~ Gutes tun; **dire du** ~ **de** gut sprechen von; **changer en** ~ sich zum

Guten wenden; **je te veux du ~** ich meine es gut mit dir; **c'est pour son ~ que** es ist nur zu seinem Besten, daß; **les ~s de ce monde** die weltlichen Güter *pl;* **mener à ~** zum guten Ende führen; **~s de consommation** Verbrauchsgüter *pl // ad (travailler, manger)* gut; *(comprendre)* richtig; *(très):* **~ jeune/souvent** sehr jung/oft; **~ assez** wirklich genug; **~ mieux** sehr viel besser; *(beaucoup):* **~ du temps/des gens** viel Zeit/viele Leute; **j'espère ~ y aller** ich hoffe doch, dorthin zu gehen; *(concession):* **je veux ~ y aller** ich will ja gern dorthin gehen; **il faut ~ le faire** es muß getan werden; **~ sûr** natürlich, gewiß; **c'est ~ fait** *(mérité)* er/sie verdient es // *a inv (à l'aise):* **se sentir/être ~** sich wohl fühlen; *(juste, moral):* **ce n'est pas ~ de** es ist nicht richtig; *(adéquat):* **cette maison/secrétaire est ~** dieses Haus/diese Sekretärin ist genau richtig; *(sérieux, convenable: parfois pej):* **des gens ~** feine Leute; **être ~ avec qn** *(bien vu de lui)* sich mit jdm gut verstehen; **~ que** *conj* obwohl; **~ aimé, e** *a* geliebt // *nm/f* Geliebte(r) *mf;* **~-être** *nm (sensation)* Wohlbefinden *nt; (situation)* Wohlstand *m;* **~faisance** *nf* Wohltätigkeit *f;* **~faisant** *a (chose)* gut, zuträglich; **~fait** *(acte) nm* gute Tat *f; (avantage)* Nutzen, Vorteil *m;* **~faiteur, -trice** *nm/f* Wohltäter(in *f*) *m;* **~ -fondé** *nm* Berechtigung *f;* **~heureux, euse** *a* glücklich; (*REL*) selig.

biennal, e, aux [bjenal, o] *a* zweijährig; *(tous les deux ans)* zweijährlich, alle zwei Jahre stattfindend; **plan ~** Zweijahresplan *m.*

bienséance [bjɛ̃seɑ̃s] *nf* Anstand *m.*

bientôt [bjɛ̃to] *ad* bald; **à ~** bis bald.

bienveillance [bjɛ̃vɛjɑ̃s] *nf* Wohlwollen *nt.*

bienveillant [bjɛ̃vɛjɑ̃] *a* wohlwollend.

bienvenu, e [bjɛ̃vny] *a* willkommen // *nm/f* **être le ~/la ~e** willkommen sein // *nf:* **souhaiter la ~e à qn** jdn willkommen heißen; **~e à Paris** willkommen in Paris.

bière [bjɛʀ] *nf (boisson)* Bier *nt; (cercueil)* Sarg *m.*

biffer [bife] *vt* durchstreichen.

bifteck [biftɛk] *nm* Beefsteak *nt.*

bifurcation [bifyʀkɑsjɔ̃] *nf* Abzweigung *f.*

bifurquer [bifyʀke] *vi (route)* abzweigen, sich gabeln; *(véhicule, personne)* abbiegen.

bigarré [bigaʀe] *a* bunt, kunterbunt.

bigorneau, x [bigɔʀno] *nm* Strandschnecke *f.*

bigot, e [bigo, ɔt] *(pej) a* bigott // *nm/f* Frömmler(in *f*) *m.*

bigoudi [bigudi] *nm* Lockenwickler *m.*

bijou, x [biʒu] *nm* Schmuckstück *nt;* **~x** Schmuck *m; (fig)* Juwel *nt;* **~terie** *nf* Juweliergeschäft *nt;* **~tier, -ière** *nm/f* Juwelier(in *f*) *m.*

bikini [bikini] *nm* Bikini *m.*

bilan [bilɑ̃] *nm* Bilanz *f;* **faire le ~ de** die Bilanz ziehen aus; **déposer son ~** den Konkurs anmelden.

bile [bil] *nf* Galle *f;* **se faire de la ~** *(fam)* sich *(dat)* Sorgen machen.

biliaire [biljɛʀ] *a* Gallen-.

bilieux, euse [biljø, jøz] *a (visage, teint)* gelblich; *(fig: colérique)* aufbrausend.

bilingue [bilɛ̃g] *a* zweisprachig.

bille [bij] *nf (gén)* Kugel *f; (du jeu de billes)* Murmel *f;* **jouer aux ~s** Murmel spielen.

billet [bijɛ] *nm (aussi:* **~ de banque**) (Geld)schein *m; (de cinéma)* (Eintritts)karte *f; (de bus etc)* (Fahr)schein *m,* Fahrkarte *f; (d'avion)* Flugschein *m; (courte lettre)* Briefchen *nt;* **~ doux** Liebesbrief *m;* **~ circulaire** Rundreiseticket *nt;* **~ de commerce** Schuldschein *m;* **~ de faveur** Freikarte *f;* **~ de loterie** Los *nt;* **~ de quai** Bahnsteigkarte *f.*

billot [bijo] *nm* Klotz *m.*

bimensuel, le [bimɑ̃sɥɛl] *a* vierzehntägig.

bimoteur [bimɔtœʀ] *a* zweimotorig.

binette [binɛt] *nf (outil)* Hacke *f.*

binocle [binɔkl(ə)] *nm* Lorgnon *nt,*

Kneifer *m*.
bio- [bjɔ] *pref* Bio-, bio-; **~dégradable** *a* biologisch abbaubar; **~graphie** *nf* Biographie *f*; **~graphique** *a* biographisch; **~logie** *nf* Biologie *f*; **~logique** *a* biologisch.
bipède [bipɛd] *nm* Zweifüßer *m*.
biplan [biplɑ̃] *nm* Doppeldecker *m*.
biréacteur [biʀeaktœʀ] *nm* zweimotoriges Flugzeug *nt*.
bis, e [bi, biz] *a (couleur)* graubraun // *ad (après un chiffre)* a // *excl, nm* Zugabe *f*.
bisannuel, le [bizanɥɛl] *a* zweijährlich; *(plante)* zweijährig.
biscornu, e [biskɔʀny] *a* unförmig, ungestalt; *(pej: idée, esprit)* bizarr, ausgefallen.
biscotte [biskɔt] *nf* Zwieback *m*.
biscuit [biskɥi] *nm* Keks *m*; *(porcelaine)* Biskuitporzellan *nt*.
bise [biz] *af voir* **bis** // *nf (baiser)* Kuß *m*; *(vent)* (Nord)wind *m*.
bison [bizɔ̃] *nm* Bison *m*.
bisque [bisk(ə)] *nf*: **~d'écrevisses** Garnelensuppe *f*.
bissectrice [bisɛktʀis] *nf* Halbierende *f*.
bisser [bise] *vt* um Zugabe bitten.
bissextile [bisɛkstil] *a*: **année ~** Schaltjahr *nt*.
bissexué, e [bisɛksɥe] *a* bisexuell.
bistouri [bistuʀi] *nm* Lanzette *f*.
bistro(t) [bistʀo] *nm* Kneipe *f*.
bitte [bit] *nf*: **~ d'amarrage** Poller *m*.
bitume [bitym] *nm* Asphalt *m*.
bizarre [bizaʀ] *a* bizarr.
blafard [blafaʀ] *a* bleich.
blague [blag] *nf (propos)* Witz *m*; *(farce)* Streich *m*; **~ à tabac** Tabaksbeutel *m*; **sans ~!** im Ernst!
blaguer [blage] *vi* Witze machen // *vt* necken; **blagueur, euse** *a* neckend; *(sourire)* schelmisch // *nm/f* Witzbold *m*.
blaireau, x [blɛʀo] *nm (animal)* Dachs *m*; *(brosse)* Rasierpinsel *m*.
blâme [blɑm] *nm* Tadel *m*.
blâmer [blɑme] *vt* tadeln.
blanc, blanche [blɑ̃, blɑ̃ʃ] *a* weiß; *(non imprimé)* leer; *(innocent)* rein; **d'une voix blanche** mit tonloser Stimme; **aux cheveux ~s** mit weißem Haar // *nm/f* Weiße(r) *mf*; **les B~s** die Weißen *pl* // *nm (couleur)* Weiß *nt*; *(linge)*: **le ~** die Weißwaren *pl*; *(espace non écrit)* freier Raum; **~ (d'œuf)** Eiweiß *nt*; **~ (de poulet)** Hähnchenbrust *f*; **le ~ de l'œil** das Weiße im Auge; **du (vin) ~** Weißwein *m* // *nf (MUS)* halbe Note; **laisser en ~** *(ne pas écrire)* offen lassen; **chèque en ~** Blankoscheck *m*; **à ~** *ad (chauffer)* weißglühend; *(tirer, charger)* mit Platzpatronen; **~-bec** *nm* Grünschnabel *m*.
blancheur [blɑ̃ʃœʀ] *nf* Weiße *f*.
blanchir [blɑ̃ʃiʀ] *vt (gén)* weiß machen; *(mur)* weißeln; *(cheveux)* grau werden lassen; *(linge)* waschen; *(CULIN)* blanchieren; *(fig: disculper)* reinwaschen // *vi* weiß werden; *(cheveux)* grau werden; **blanchi à la chaux** geweißelt; **blanchissage** *nm (du linge)* Waschen *nt*.
blanchisserie [blɑ̃ʃisʀi] *nf* Wäscherei *f*.
blanchisseur, euse [blɑ̃ʃisœʀ, øz] *nm/f* Wäscher(in *f*) *m*.
blanc-seing [blɑ̃sɛ̃] *nm* Blankovollmacht *f*.
blanquette [blɑ̃kɛt] *nf*: **~ de veau** Kalbsragout *nt*.
blasé, e [blɑze] *a (esprit, personne)* blasiert.
blason [blɑzɔ̃] *nm* Wappen *nt*.
blasphème [blasfɛm] *nm* Blasphemie *f*.
blasphémer [blasfeme] *vi* Gott lästern // *vt* lästern.
blatte [blat] *nf* Schabe *f*.
blazer [blazɛʀ] *nm* Blazer *m*.
blé [ble] *nm* Weizen *m*.
bled [blɛd] *nm (pej: lieu isolé)* Kaff *nt*.
blême [blɛm] *a* blaß.
blessé, e [blese] *a* verletzt // *nm/f* Verletzte(r) *mf*; **un ~ grave, un grand ~** ein Schwerverletzter.
blesser [blese] *vt* verletzen; *(offenser)* verletzen, kränken; **se ~** sich verletzen; **se ~ au pied** *etc* sich den Fuß *etc* verletzen.

blessure [blesyʀ] *nf* Wunde *f*, Verletzung *f*.
blet, te [blɛ, blɛt] *a* überreif.
bleu [blø] *a* blau; *(bifteck)* blutig, roh; **une peur ~e** Todesangst; **une colère ~e** ein unmäßiger Zorn // *nm (couleur)* Blau *nt*; *(novice)* Neuling *m*; *(contusion)* blauer Fleck; *(vêtement: aussi* **~s)** blauer Anton *m*; (*CULIN*): **au ~** blau.
bleuet [bløɛ] *nm* Kornblume *f*.
bleuté, e [bløte] *a* bläulich.
blindage [blɛ̃daʒ] *nm* Panzerung *f*.
blindé, e [blɛ̃de] *a* gepanzert; *(fig)* abgehärtet // *nm* Panzer *m*.
blinder [blɛ̃de] *vt* panzern; *(fig)* abhärten.
blizzard [blizaʀ] *nm* Schneesturm *m*.
bloc [blɔk] *nm* Block *m*; **à ~** ganz, fest; **en ~** im ganzen; **faire ~** zusammenhalten; **~ -moteur** Motorblock *m*; **~ opératoire** Operationszimmerkomplex *m*.
blocage [blɔkaʒ] *nm* Blockieren *nt*; (*PSYCH*) Komplex *m*.
bloc-notes [blɔknɔt] *nm* Notizblock *m*.
blocus [blɔkys] *nm* Blockade *f*.
blond, e [blɔ̃, blɔ̃d] *a (cheveux, personne)* blond; *(sable, blés)* gelb // *nm/f* blonder Mann *m*, Blondine *f*; **~ cendré** aschblond.
bloquer [blɔke] *vt (regrouper)* zusammenfassen; *(passage, pièce mobile)* blockieren; *(crédits, compte)* sperren; **~ les freins** eine Vollbremsung machen.
blottir [blɔtiʀ]: **se ~** *vi* sich zusammenkauern.
blouse [bluz] *nf* Kittel *m*.
blouson [bluzɔ̃] *nm* Blouson *nt*; **~ -noir** Halbstarke(r) *m*.
bluff [blœf] *nm* Bluff *m*; **~er** *vt, vi* bluffen.
bobard [bɔbaʀ] *nm (fam)* Märchen *nt*.
bobine [bɔbin] *nf* Spule *f*.
bocage [bɔkaʒ] *nm* Hain *m*.
bocal [bɔkal] *nm* Glasbehälter *m*.
bœuf [bœf] *nm (animal)* Ochse *m*; (*CULIN*) Rindfleisch *nt*.
bohémien, ienne [bɔemjɛ̃, jɛn] *a* Zigeuner- // *nm/f* Zigeuner(in *f*) *m*.
boire [bwaʀ] *vt* trinken; *(absorber)* aufsaugen; **~ un verre** ein Gläschen trinken // *vi (alcoolique)* trinken.
bois [bwa] *nm (substance)* Holz *nt*; *(forêt)* Wald *m*; **~ vert/mort** grünes/totes Holz; **de ~, en ~** aus Holz.
boiser [bwaze] *vt (chambre)* täfeln; *(galerie de mine)* abstützen; *(terrain)* aufforsten.
boiseries [bwazʀi] *nfpl* Täfelung *f*.
boisson [bwasɔ̃] *nf* Getränk *nt*; **pris de ~** betrunken; **s'adonner à la ~** sich dem Trunk ergeben; **~s alcoolisées** alkoholische Getränke; **~s gazeuses** Brause *f*.
boîte [bwat] *nf* Schachtel *f*; **aliments en ~** Büchsenkost *f*; **une ~ d'allumettes** eine Streichholzschachtel *f*; **une ~ de sardines** eine Sardinenbüchse *f*; **~ de conserves** Konservenbüchse *ou* -dose *f*; **~ crânienne** Schädel *m*; **~ aux lettres** Briefkasten *m*; **~ de vitesses** Getriebe *nt*; **~ de nuit** Nachtclub *m*.
boiter [bwate] *vi* hinken.
boiteux, euse [bwatø, øz] *a* hinkend // *nm/f* Hinkende(r) *mf*.
boîtier [bwatje] *nm* Gehäuse *nt*.
bol [bɔl] *nm* Schale *f*; **un ~ d'air** ein bißchen frische Luft.
bolet [bɔlɛ] *nm* Röhrling *m*; **~ comestible** Steinpilz *m*.
bolide [bɔlid] *nm* Rennwagen *m*; **comme un ~** rasend schnell.
bombance [bɔ̃bɑ̃s] *nf*: **faire ~** schlemmen.
bombardement [bɔ̃baʀdəmɑ̃] *nm* Bombardierung *f*.
bombarder [bɔ̃baʀde] *vt* bombardieren; **~ qn de cailloux** jdn mit Steinen bewerfen; **~ qn de lettres** jdn mit Briefen überhäufen; **~ qn directeur** jdn auf den Posten des Direktors katapultieren.
bombe [bɔ̃b] *nf* Bombe *f*; *(atomiseur)* Spray *nt*; **faire la ~** *(fam)* auf Sauftour gehen; **~ atomique** Atombombe *f*; **~ à retardement** Zeitzünderbombe *f*.
bomber [bɔ̃be] *vt*: **~ le torse** die

Brust schwellen // *vi* sich wölben.
bon, bonne [bɔ̃, bɔn] *a* gut; *(juste):* **c'est le ~ numéro/moment** das ist die richtige Nummer/der richtige Moment; *(bienveillant, charitable)* gut; *(marque la quantité):* **un ~ nombre** eine beträchtliche Zahl; **une bonne distance** ein gutes Stück; *(adopté, approprié):* **~ à** gut zu; **~ pour** gut für // *ad:* **il fait ~** es ist schönes Wetter; **sentir ~** gut riechen; **tenir ~** aushalten; **pour de ~** wirklich // *excl:* **~!** gut! **ah ~?** ach wirklich? // *nm (billet)* Bon *m; (de rationnement)* Marke *f;* **~ (cadeau)** Geschenkgutschein *m;* **il y a du ~ dans cela/ce qu'il dit** das hat etwas Gutes für sich/es ist gar nicht so schlecht, was er sagt // *nf (domestique)* Hausgehilfin *f;* **~ anniversaire!** herzlichen Glückwunsch zum Geburtstag!; **~ voyage!** gute Reise!; **bonne chance!** viel Glück!; **bonne année!** ein gutes Neues Jahr!; **bonne nuit!** gute Nacht!; **avoir ~ dos** einen breiten Rücken haben; **~ d'essence** *nm* Benzingutschein *m;* **~ marché** *a inv, ad* billig, preiswert; **~ sens** *nm* gesunder Menschenverstand; **~ à tirer** *nm* Druckgenehmigung *f;* **~ vivant** *nm* Lebenskünstler *m;* **bonne d'enfant** *nf* Kindermädchen *nt;* **bonne femme** *nf (pej)* Tante *f;* **bonne à tout faire** *nf* Mädchen *nt* für alles; **bonnes œuvres** *nfpl* wohltätige Werke *pl.*
bonbon [bɔ̃bɔ̃] *nm* Bonbon *nt.*
bonbonne [bɔ̃bɔn] *nf* Korbflasche *f.*
bond [bɔ̃] *nm* Sprung *m;* **faire un ~** einen Sprung machen; **d'un seul ~** mit einem Satz.
bonde [bɔ̃d] *nf (d'évier etc)* Stöpsel *m; (de tonneau)* Spund *m.*
bondé, e [bɔ̃de] *a* überfüllt.
bondir [bɔ̃diʀ] *vi* springen.
bonheur [bɔnœʀ] *nm* Glück *nt;* **avoir le ~ de** das Glück haben, zu; **porter ~ (à qn)** (jdm) Glück bringen; **au petit ~** aufs Geratewohl; **par ~** glücklicherweise.
bonhomie [bɔnɔmi] *nf* Gutmütigkeit *f.*
bonhomme [bɔnɔm] *nm, pl* **bonshommes** [bɔ̃zɔm] Mensch *m,* Typ *m* // *a* gutmütig; **un vieux ~** ein altes Männchen; **aller son ~ de chemin** gemächlich seinen Weg gehen; **~ de neige** Schneemann *m.*
boni [bɔni] *nm* Profit *m.*
bonification [bɔnifikasjɔ̃] *nf (somme)* Bonus *m.*
bonifier [bɔnifje] *vt* verbessern.
bonjour [bɔ̃ʒuʀ] *nm, excl* guten Tag; **donner** *ou* **souhaiter le ~ à qn** jdm guten Tag sagen; **~ Monsieur!** guten Tag!; **dire ~ à qn** jdn grüßen.
bonne *a, nf voir* **bon.**
bonnement [bɔnmɑ̃] *ad:* **tout ~** ganz einfach.
bonnet [bɔnɛ] *nm* Mütze *f; (de soutien-gorge)* Körbchen *nt;* **~ d'âne** *Papierhut für den schlechtesten Schüler;* **~ de nuit** Nachtmütze *f;* **~ de bain** Badekappe *ou* -mütze *f.*
bon-papa [bɔ̃papa] *nm (fam)* Opa *m.*
bonsoir [bɔ̃swaʀ] *nm, excl* guten Abend.
bonté [bɔ̃te] *nf* Güte *f; (gén pl: attention, gentillesse)* Freundlichkeit *f;* **avoir la ~ de** so gut sein und.
bord [bɔʀ] *nm* Rand *m; (de rivière, lac)* Ufer *nt;* **à ~** an Bord; **monter à ~** an Bord gehen; **jeter par- dessus ~** über Bord werfen; **du même ~** der gleichen Meinung; **au ~ de la mer** am Meer; **au ~ de la route** am Rand der Straße; **être au ~ des larmes** den Tränen nahe sein.
bordeaux [bɔʀdo] *nm (vin)* Bordeaux(wein) *m* // *a inv (couleur)* weinrot.
bordel [bɔʀdɛl] *nm (fam)* Puff *m; (fig)* heilloses Durcheinander *nt.*
border [bɔʀde] *vt (être le long de)* säumen; *(garnir)* einfassen *(de* mit); *(qn dans son lit, le lit de qn)* zudecken; **bordé de** gesäumt von.
bordereau, x [bɔʀdəʀo] *nm* Zettel *m;* Rechnung *f.*
bordure [bɔʀdyʀ] *nf* Umrandung *f; (sur un vêtement)* Bordüre *f;* **en ~ de** entlang (+*dat*).
borgne [bɔʀɲ(ə)] *a* einäugig;

(fenêtre) blind; **hôtel** ~ schäbiges Hotel.
borne [bɔʀn(ə)] *nf (pour délimiter)* Grenz- *ou* Markstein *m; (gén* ~ **kilométrique)** Kilometerstein *m;* ~**s** *(limites)* Grenzen *pl;* **cela dépasse les** ~**s** das geht zu weit; **sans** ~**(s)** grenzenlos.
borné, e [bɔʀne] *a* engstirnig.
borner [bɔʀne] *vt (terrain, horizon)* be- *ou* eingrenzen; *(désirs, ambition)* zurückschrauben; **se** ~ **à qch/faire qch** sich begnügen mit etw/damit, etw zu tun.
bosquet [bɔskɛ] *nm* Wäldchen *nt.*
bosse [bɔs] *nf (de terrain, sur un objet)* Unebenheit *f; (enflure)* Beule *f; (du bossu)* Buckel *m; (du chameau etc)* Höcker *m;* **avoir la** ~ **des maths** ein Talent für Mathe haben; **rouler sa** ~ herumkommen.
bosser [bɔse] *vt (fam) (travailler)* arbeiten; *(travailler dur)* schuften.
bossu, e [bɔsy] *a* bucklig // *nm/f* Bucklige(r) *mf.*
bot [bo] *am:* **pied** ~ Klumpfuß *m.*
botanique [bɔtanik] *nf* Botanik *f // a* botanisch.
botte [bɔt] *nf (soulier)* Stiefel *m; (escrime: coup)* Stoß *m; (gerbe):* ~ **de paille** Strohbündel *nt;* ~ **de radis** Rettichbund *m;* ~ **d'asperges** Bündel *nt* Spargel.
botter [bɔte] *vt* Stiefel anziehen *(+dat); (donner un coup de pied dans)* einen Tritt versetzen *(+dat); (fam):* **ça me botte** das reizt mich.
bottier [bɔtje] *nm* Schuhmacher(in *f*) *m.*
bottin [bɔtɛ̃] *nm* Telefonbuch *nt.*
bottine [bɔtin] *nf* (geknöpfter) Halbstiefel *m.*
bouc [buk] *nm (animal)* Ziegenbock *m; (barbe)* Spitzbart *m;* ~ **émissaire** Sündenbock *m.*
boucan [bukɑ̃] *nm (bruit)* Lärm *m,* Getöse *nt.*
bouche [buʃ] *nf* Mund *m; (de volcan)* Schlund *m; (de four)* Öffnung *f; (fig):* **une** ~ **inutile** ein unnützer Esser *m;* **ouvrir la** ~ *(fig)* den Mund aufmachen; ~ **cousue!** halt den Mund!; ~ **à** ~ *nm* Mund-zu-Mund-Beatmung *f;* ~ **de chaleur** Heißluftöffnung *f;* ~ **d'égout** Kanalschacht *m;* ~ **d'incendie** Hydrant *m;* ~ **de métro** Metroeingang *m.*
bouché, e [buʃe] *a* verstopft; *(vin, cidre)* verkorkt; *(temps, ciel)* bewölkt; *(pej: personne)* blöd(e); **avoir le nez** ~ eine verstopfte Nase haben.
bouchée [buʃe] *nf* Bissen *m;* **ne faire qu'une** ~ **de** schnell fertig werden mit; **pour une** ~ **de pain** für ein Butterbrot; ~**s à la reine** Königinpastetchen *nt.*
boucher [buʃe] *vt* verstopfen; *(passage, vue)* versperren // *nm* Metzger *m;* **se** ~ **le nez/les oreilles** sich die Nase/Ohren zuhalten; **se** ~ *vi* sich verstopfen.
boucherie [buʃʀi] *nf* Metzgerei *f; (fig)* Gemetzel *nt.*
bouche-trou [buʃtʀu] *nm (fig)* Notbehelf *m.*
bouchon [buʃɔ̃] *nm (en liège)* Korken *m; (autre matière)* Stöpsel *m; (fig: AUT)* Stau *m; (de ligne de pêche)* Schwimmer *m.*
boucle [bukl(ə)] *nf (forme, figure)* Schleife *f; (objet)* Schnalle, Spange *f;* ~ **(de cheveux)** Locke *f;* ~ **d'oreilles** Ohrring *m.*
bouclé, e [bukle] *a* lockig.
boucler [bukle] *vt (fermer)* zumachen, abriegeln; *(enfermer)* einschließen; *(terminer)* abschließen // *vi:* **faire** ~ *(cheveux)* Locken machen in *(+akk);* ~ **son budget** sein Budget ausgleichen.
bouclier [buklije] *nm* Schild *nt.*
bouder [bude] *vi* schmollen.
boudeur, euse [budœʀ, øz] *a* schmollend.
boudin [budɛ̃] *nm (charcuterie)* Blutwurst *f; (TECH)* Spirale *f.*
boue [bu] *nf* Schlamm *m.*
bouée [bwe] *nf (balise)* Boje *f;* ~ **(de sauvetage)** Rettungsring *m.*
boueux, euse [bwø, øz] *a* schlammig // *nm* Müllmann *m; nmpl* Müllabfuhr *f.*
bouffant, e [bufɑ̃, ɑ̃t] *a* bauschig.
bouffe [buf] *nf (fam)* Essen *nt.*

bouffée [bufe] *nf (de fumée)* Stoß *m; (d'air)* Hauch *m; (de pipe)* Wolke, Schwade *f;* ~ **de fièvre** Fieberanfall *m;* ~ **d'orgueil/de honte** Anfall *m* von Stolz/Scham.
bouffer [bufe] *vt (fam)* fressen.
bouffi, e [bufi] *a* geschwollen.
bougeoir [buʒwaʀ] *nm* Kerzenhalter *m.*
bougeotte [buʒɔt] *nf:* **avoir la** ~ kein Sitzfleisch haben.
bouger [buʒe] *vi (remuer)* sich bewegen; *(voyager)* (herum)reisen; *(changer)* sich ändern; *(agir)* sich regen // *vt* bewegen; **se** ~ *(fam)* Platz machen.
bougie [buʒi] *nf* Kerze *f; (AUT)* Zündkerze *f.*
bougon, ne [bugɔ̃, ɔn] *a* mürrisch, grantig; **bougonner** *vi* murren.
bougre [bugʀ(ə)] *nm* Kerl *m;* **ce** ~ **de** dieser verfluchte Kerl von.
bouillant, e [bujɑ̃, ɑ̃t] *a (qui bout)* kochend; *(très chaud)* siedend heiß.
bouille [buj] *nf (fam)* Birne *f,* Rübe *f.*
bouilli, e [buji] *a* gekocht // *nm* gekochtes Fleisch *nt* // *nf* Brei *m; (fig):* **en** ~**e** zerquetscht.
bouillir [bujiʀ] *vi* kochen; *vt (CULIN: gén* **faire** ~) kochen; *(pour stériliser)* auskochen.
bouilloire [bujwaʀ] *nf* Kessel *m.*
bouillon [bujɔ̃] *nm (CULIN)* Bouillon *f; (bulle)* Blase *f; (écume)* Schaum *m;* ~ **de culture** Nährlösung *f.*
bouillonnement [bujɔnmɑ̃] *nm (d'un liquide)* Aufwallen *nt.*
bouillonner [bujɔne] *vi* sprudeln.
bouillotte [bujɔt] *nf* Wärmflasche *f.*
boulanger, ère [bulɑ̃ʒe, ɛʀ] *nm/f* Bäcker(in *f*) *m.*
boulangerie [bulɑ̃ʒʀi] *nf (boutique)* Bäckerei *f; (commerce, branche)* Bäckerhandwerk *nt;* ~ **-pâtisserie** Bäckerei und Konditorei *f.*
boule [bul] *nf (gén)* Ball *m; (pour jouer)* Kugel *f;* **roulé en** ~ zusammengerollt; *(fig):* **se mettre en** ~ wütend werden; *(fam):* **perdre la** ~ verrückt werden; ~ **de neige** Schneeball *m;* **faire** ~ **de neige** lawinenartig anwachsen.
bouleau, x [bulo] *nm* Birke *f.*
boulet [bulɛ] *nm (aussi* ~ **de canon)** (Kanonen)kugel *f; (charbon)* Eierbrikett *nt.*
boulette [bulɛt] *nf* Bällchen *nt; (de viande)* Kloß *m.*
boulevard [bulvaʀ] *nm* Boulevard *m.*
bouleversement [bulvɛʀsəmɑ̃] *nm (politique, social)* Aufruhr *m.*
bouleverser [bulvɛʀse] *vt* erschüttern; *(pays, vie, objets)* durcheinanderbringen.
boulier [bulje] *nm* Abakus *m; (SPORT)* Anzeigetafel *f.*
boulimie [bulimi] *nf* Heißhunger *m.*
boulon [bulɔ̃] *nm* Bolzen *m;* **boulonner** *vt* zuschrauben.
boulot [bulo] *nm (fam: travail)* Arbeit *f.*
boulot, te [bulo, ɔt] *a* stämmig.
bouquet [bukɛ] *nm (de fleurs)* (Blumen)strauß *m; (de persil etc)* Bund *nt; (parfum)* Bukett *nt;* **c'est le** ~! das ist der Abschuß!
bouquetin [buktɛ̃] *nm* Steinbock *m.*
bouquin [bukɛ̃] *nm* Buch *nt;* **bouquiner** *vi* lesen; **bouquiniste** *nm/f* Buchhändler(in *f*) *m.*
bourbeux, euse [buʀbø, øz] *a* schlammig.
bourbier [buʀbje] *nm* Morast *m; (fig)* üble Geschichte *f.*
bourdon [buʀdɔ̃] *nm* Hummel *f.*
bourdonnement [buʀdɔnmɑ̃] *nm* Summen *nt.*
bourdonner [buʀdɔne] *vi (abeilles etc)* summen; *(oreilles)* dröhnen.
bourg [buʀ] *nm* Stadt *f.*
bourgade [buʀgad] *nf* (großes) Dorf *nt.*
bourgeois, e [buʀʒwa, waz] *a* bürgerlich; *(pej)* spießig // *nm/f* Bürger(in *f*) *m; (pej)* Spießer *m;* **bourgeoisie** *nf* Bürgertum *nt;* **haute/petite bourgeoisie** *f* Groß-/Kleinbürgertum *nt.*
bourgeon [buʀʒɔ̃] *nm* Knospe *f;* **bourgeonner** *vi* knospen.
Bourgogne [buʀgɔɲ] *nf:* **la** ~ Burgund *nt* // **b**~ *nm (vin)* Burgunder(wein) *m.*

bourguignon, onne [burgiɲɔ̃, ɔn] *a* burgundisch; **bœuf ~** *Rindfleisch in Rotwein.*
bourlinguer [burlɛ̃ge] *vi* herumziehen.
bourrade [burad] *nf* Schubs *m.*
bourrage [buraʒ] *nm:* **~ de crâne** Gehirnwäsche *f; (SCOL)* Pauken *nt.*
bourrasque [burask(ə)] *nf* Bö *f.*
bourratif, ive [buratif, iv] *a* stopfend.
bourré, e [bure] *a:* **~ de** vollgestopft mit.
bourreau, x [buro] *nm (exécuteur)* Henker *m; (qui maltraite, torture)* Folterknecht *m;* **~ de travail** Arbeitstier *nt.*
bourrelet [burlɛ] *nm* Filzstreifen *m; (isolant)* Dichtungsmaterial *nt; (renflement)* Wulst *m.*
bourrer [bure] *vt* vollstopfen; *(pipe)* stopfen; **~ qn de coups** auf jdn einschlagen; **~ le crâne à qn** jdm einen Bären aufbinden.
bourrique [burik] *nf (âne)* Esel *m.*
bourru, e [bury] *a* mürrisch, mißmutig.
bourse [burs(ə)] *nf (pension)* Stipendium *nt; (petit sac)* Geldbeutel *m;* **la B~** die Börse; **sans ~ délier** ohne Geld auszugeben.
boursier, ière [bursje, jɛr] *nm/f* Stipendiat(in *f*) *m.*
boursouflé, e [bursufle] *a* geschwollen.
boursoufler [bursufle] *vt* anschwellen lassen; **se ~** *vi (visage)* anschwellen; *(peinture etc)* Blasen werfen.
bousculade [buskylad] *nf (remous)* Gedränge *nt; (hâte)* Hast *f.*
bousculer [buskyle] *vt* überrennen; *(heurter)* anrempeln; *(objet)* umwerfen; *(fig)* einen Stoß geben *(+dat);* **être bousculé** *(pressé)* viel zu tun haben.
bouse [buz] *nf:* **~ (de vache)** Kuhmist *m.*
boussole [busɔl] *nf* Kompaß *m.*
bout [bu] *nm (morceau)* Stück *nt; (extrémité)* Ende *nt; (de pied, bâton)* Spitze *f;* **au ~ de** *(après)* nach; **être à ~** am Ende sein; **pousser qn à ~** jdn zur Weißglut bringen; **venir à ~ de qch** zum Ende von etw kommen; **venir à bout de qn** mit jdm fertigwerden; **~ à ~** aneinander; **d'un ~ à l'autre, de ~ en ~** von Anfang bis Ende.
boutade [butad] *nf* witzige Bemerkung *f.*
bouteille [butɛj] *nf* Flasche *f.*
boutique [butik] *nf* Laden *m.*
boutiquier, ière [butikje, jɛr] *nm/f (pej)* Krämer(in *f*) *m.*
bouton [butɔ̃] *nm* Knopf *m; (BOT)* Knospe *f; (MED)* Pickel *m;* **~ d'or** *nm* Butterblume *f;* **boutonner** [butɔne] *vt* zuknöpfen; **boutonnière** *nf* Knopfloch *nt;* **~-pression** *nm* Druckknopf *m.*
bouture [butyr] *nf* Ableger *m.*
bouvreuil [buvrœj] *nm* Dompfaff *m.*
bovin, e [bɔvɛ̃, in] *a (élevage, race)* Rinder-; *(fig: air)* blöd.
box [bɔks] *nm (JUR)* Anklagebank *f; (pour cheval)* Box *f.*
boxe [bɔks(ə)] *nf* Boxen *nt.*
boxer [bɔkse] *vi* boxen.
boxeur [bɔksœr] *nm* Boxer *m.*
boyau, x [bwajo] *nm (viscère)* Eingeweide *pl; (galerie)* Gang *m; (tuyau)* Schlauch *m.*
boycotter [bɔjkɔte] *vt* boykottieren.
bracelet [braslɛ] *nm* Armband *nt;* **~-montre** *nm* Armbanduhr *f.*
braconnage [brakɔnaʒ] *nm* Wilderei *f.*
braconner [brakɔne] *vt* wildern.
braconnier [brakɔnje] *nm* Wilderer *m.*
brader [brade] *vt* verschleudern.
braguette [bragɛt] *nf* Hosenschlitz *m.*
braillard, e [brajar, ard(ə)] *a* brüllend.
brailler [braje] *vi* grölen, schreien // *vt* brüllen.
braire [brɛr] *vi* schreien; *(âne)* iahen.
braise [brɛz] *nf* Glut *f.*
braiser [breze] *vt* schmoren; **bœuf braisé** geschmortes Rindfleisch *nt.*

bramer [bʀɑme] *vi* röhren.
brancard [bʀɑ̃kaʀ] *nm (pour blessé)* Bahre *f; (pour cheval)* Deichsel *f;* **brancardier** *nm* Krankenträger *m.*
branchages [bʀɑ̃ʃaʒ] *nmpl* Astwerk *nt.*
branche [bʀɑ̃ʃ] *nf* Ast *m; (de lunettes)* Bügel *m; (enseignement, science)* Zweig *m.*
branchement [bʀɑ̃ʃmɑ̃] *nm* Anschluß *m.*
brancher [bʀɑ̃ʃe] *vt* anschließen.
branchies [bʀɑ̃ʃi] *nfpl* Kiemen *pl.*
brandir [bʀɑ̃diʀ] *vt* schwingen, fuchteln mit.
brandon [bʀɑ̃dɔ̃] *nm* Feuerbrand *m.*
branlant, e [bʀɑ̃lɑ̃, ɑ̃t] *a* wacklig.
branle [bʀɑ̃l] *nm:* **mettre en ~** in Gang bringen; **donner le ~ à qch** etw in Bewegung setzen; **~-bas** *nm inv* Aufregung *f,* Durcheinander *nt.*
branler [bʀɑ̃le] *vi* wackeln // *vt:* **~ la tête** mit dem Kopf wackeln.
braquer [bʀake] *vi* steuern // *vt* **~ qch sur qn** etw auf jdn richten; *(mettre en colère)* aufbringen; **se ~** *vi:* **se ~ (contre)** sich widersetzen *(+dat).*
bras [bʀa] *nm* Arm *m* // *nmpl (fig: travailleurs)* Arbeitskräfte *pl;* **avoir le ~ long** viel Einfluß haben; **à ~-le-corps** aus der Hüfte heraus; **à ~ raccourcis** mit aller Gewalt; **le ~ droit** *(fig)* die rechte Hand; **~ de mer** Meeresarm *m.*
brasier [bʀɑzje] *nm* Feuerbrunst *f.*
brassage [bʀasaʒ] *nm (fig: des races, des populations)* Gemisch *nt.*
brassard [bʀasaʀ] *nm* Armbinde *f;* **~ noir** *ou* **de deuil** schwarze Armbinde *f,* Trauerflor *m.*
brasse [bʀas] *nf (nage)* Brustschwimmen *nt; (mesure)* Faden *m;* **~ papillon** Schmetterlingstil *m.*
brassée [bʀase] *nf* Armvoll *m.*
brasser [bʀase] *vt* durcheinanderkneten; **~ de l'argent** viel Geld in Umlauf bringen; **~ des affaires** viele Geschäfte tätigen.
brasserie [bʀasʀi] *nf (restaurant)* Bierlokal *nt; (usine)* Brauerei *f.*
brasseur [bʀasœʀ] *nm (de bière)* Brauer *m;* **~ d'affaires** großer Geschäftsmann *m.*
brassière [bʀasjɛʀ] *nf (de bébé)* Babyjäckchen *nt.*
bravache [bʀavaʃ] *a* prahlerisch.
bravade [bʀavad] *nf:* **par ~** aus Übermut.
brave [bʀav] *a (courageux)* mutig; *(bon, gentil)* lieb; *(pej)* bieder.
braver [bʀave] *vt* trotzen *(+dat).*
bravo [bʀavo] *excl* bravo.
bravoure [bʀavuʀ] *nf* Mut *m.*
brebis [bʀəbi] *nf* Mutterschaf *nt;* **~ galeuse** schwarzes Schaf *nt.*
brèche [bʀɛʃ] *nf* Öffnung *f; (fig):* **être sur la ~** immer auf Trab sein; *(fig):* **battre en ~** Punkt für Punkt widerlegen.
bredouille [bʀəduj] *a* ohne Beute.
bredouiller [bʀəduje] *vt, vi* murmeln, stammeln.
bref, brève [bʀɛf, ɛv] *a* kurz // *ad* kurz gesagt; **d'un ton ~** kurz angebunden; **(voyelle) brève** kurzer Vokal; **en ~** kurz (gesagt).
breloque [bʀəlɔk] *nf* Anhänger *m.*
Brésil [bʀezil] *nm:* **le ~** Brasilien *nt;* **~ien, ne** *nm/f* Brasilianer(in *f*) *m.*
bretelle [bʀətɛl] *nf (de fusil etc)* Tragriemen *m; (de combinaison, soutien-gorge)* Träger *m; (d'autoroute)* Zubringer *m;* **~s** *(pour pantalons)* Hosenträger *pl.*
breton, ne [bʀətɔ̃, ɔn] *a* bretonisch; **B~, ne** *nm/f* Bretone *m,* Bretonin *f.*
breuvage [bʀœvaʒ] *nm* Getränk *nt.*
brève [bʀɛv] *a, nf voir* bref.
brevet [bʀəvɛ] *nm* Diplom *nt;* **~ (d'invention)** Patent *nt;* **~ d'apprentissage** Gesellenbrief *m;* **~ d'études du premier cycle (BEPC)** ≈ mittlere Reife *f.*
breveté, e [bʀəvte] *a (invention)* patentiert; *(diplômé)* qualifiziert.
breveter [bʀəvte] *vt* patentieren.
bréviaire [bʀevjɛʀ] *nm* Brevier *nt.*
bribes [bʀib] *nfpl (de conversation)* Bruchstücke *pl,* Fetzen *pl;* **par ~** stückweise.
bric-à-brac [bʀikabʀak] *nm inv* Trödel *m.*
bricolage [bʀikɔlaʒ] *nm* Basteln *nt.*

bricole [bʀikɔl] *nf* Bagatelle *f*.
bricoler [bʀikɔle] *vi* herùmwerkeln; basteln // *vt* herumbasteln an (+*dat*); *(faire)* basteln.
bricoleur, euse [bʀikɔlœʀ, øz] *nm/f* Bastler(in *f*) *m*, Heimwerker(in *f*) *m* // *a* Bastler-.
bride [bʀid] *nf* Zaum *m*; *(d'un bonnet)* Band *nt*; **à ~ abattue** mit einem Affentempo; **tenir en ~** im Zaume halten.
bridé, e [bʀide] *a*: **yeux ~s** Schlitzaugen *pl*.
brider [bʀide] *vt (réprimer)* zügeln; *(cheval)* aufzäumen; *(CULIN)* dressieren.
bridge [bʀidʒ(ə)] *nm (jeu)* Bridge *nt*; *(dentaire)* Brücke *f*.
brièvement [bʀijɛvmɑ̃] *ad* kurz.
brièveté [bʀijɛvte] *nf* Kürze *f*.
brigade [bʀigad] *nf (MIL: petit détachement)* Trupp *m*; *(:d'infanterie etc)* Brigade *f*; *(de police)* Dezernat *nt*.
brigadier [bʀigadje] *nm* Gefreite(r) *m*.
brigand [bʀigɑ̃] *nm* Räuber *m*.
briguer [bʀige] *vt* streben nach.
brillamment [bʀijamɑ̃] *ad* strahlend; *(passer)* großartig, glänzend.
brillant, e [bʀijɑ̃, ɑ̃t] *a* strahlend; *(fig)* großartig // *nm (diamant)* Brillant *m*.
briller [bʀije] *vi* leuchten, glänzen.
brimade [bʀimad] *nf (vexation)* Schikane *f*.
brimer [bʀime] *vt* schikanieren.
brin [bʀɛ̃] *nm (de laine, ficelle etc)* Faden *m*; *(fig: un peu)*: **un ~ de** ein bißchen; **~ d'herbe** Grashalm *m*; **~ de muguet** Maiglöckchenstrauß *m*; **~ de paille** Strohhalm *m*.
brindille [bʀɛ̃dij] *nf* Zweig *m*.
brio [bʀijo] *nm*: **avec ~** großartig.
brioche [bʀijɔʃ] *nf* Brioche *f*; *(fam: ventre)* Bauch *m*.
brique [bʀik] *nf* Ziegelstein *m* // *a inv (couleur)* ziegelrot.
briquer [bʀike] *vt (nettoyer)* polieren.
briquet [bʀikɛ] *nm* Feuerzeug *nt*.
brisé, e [bʀize] *a (ligne, arc)* gebrochen.
brisées [bʀize] *nfpl*: **aller** *ou* **marcher sur les ~ de qn** jdm ins Gehege kommen; **suivre les ~ de qn** in die Fußstapfen von jdm treten.
briser [bʀize] *vt (casser: objet)* zerbrechen; *(fig: carrière, vie, amitié)* zerstören; *(volonté, résistance, personne)* brechen; *(fatiguer)* erschöpfen; **se ~** *vi* brechen; *(fig)* sich zerschlagen; **brisé de fatigue** erschöpft vor Müdigkeit; **d'une voix brisée** mit gebrochener Stimme.
briseur, euse [bʀizœʀ, øz] *nm/f*: **~ de grève** Streikbrecher(in *f*) *m*.
britannique [bʀitanik] *a* britisch // *nm/f* Brite *m*, Britin *f*.
broc [bʀo] *nm* Kanne *f*.
brocante [bʀɔkɑ̃t] *nf* Trödelladen *m*; **brocanteur, euse** *nm/f* Trödler(in *f*) *m*.
broche [bʀɔʃ] *nf* Brosche *f*; *(CULIN)* Spieß *m*; **à la ~** am Spieß.
broché, e [bʀɔʃe] *a (livre)* broschiert.
brochet [bʀɔʃɛ] *nm* Hecht *m*.
brochette [bʀɔʃɛt] *nf (CULIN)* Spieß *m*; **~ de décorations** Ordensreihe *f*.
brochure [bʀɔʃyʀ] *nf* Broschüre *f*.
broder [bʀɔde] *vt* sticken // *vi*: **~ sur des faits/une histoire** die Tatsachen/eine Geschichte ausschmücken.
broderie [bʀɔdʀi] *nf* Stickerei *f*.
bromure [bʀɔmyʀ] *nm* Brom *nt*.
broncher [bʀɔ̃ʃe] *vi* stolpern; **sans ~** ohne zu protestieren.
bronchite [bʀɔ̃ʃit] *nf* Bronchitis *f*.
bronze [bʀɔ̃z] *nm (métal)* Bronze *f*; *(objet d'art)* Bronzefigur *f*.
bronzé, e [bʀɔ̃ze] *a* gebräunt, braun.
bronzer [bʀɔ̃ze] *vt* bräunen // *vi* braun werden; **se ~** sonnenbaden.
brosse [bʀɔs] *nf (ustensile)* Bürste *f*; **donner un coup de ~ à qch** etw abbürsten; **en ~** mit Bürstenschnitt; **~ à cheveux** Haarbürste *f*; **~ à dents** Zahnbürste *f*.
brosser [bʀɔse] *vt (nettoyer)* bürsten; *(fig: tableau, bilan etc)* in groben Zügen darlegen; **se ~** *vt* sich bürsten.
brouette [bʀuɛt] *nf* Schubkarren *m*.

brouhaha [bRuaa] *nm* Tumult *m*.
brouillard [bRujaR] *nm* Nebel *m*.
brouille [bRuj] *nf* Streit *m*.
brouillé, e [bRuje] *a (fâché)* (mit jdm) verkracht; *(teint)* unrein.
brouiller [bRuje] *vt* durcheinanderbringen; *(embrouiller)* vermischen; (*RADIO: émission)* stören; *(rendre trouble, confus)* trüben; *(désunir: amis)* entzweien; **se** ~ *(ciel, temps)* sich bewölken; *(vitres, vue)* sich beschlagen; *(détails)* durcheinandergeraten; *(amis)* sich überwerfen.
brouillon [bRujɔ̃] *nm (écrit)* Konzept *nt;* **cahier de** ~**(s)** Konzeptheft *nt* // **brouillon, -onne** *a* unordentlich.
broussailles [bRusaj] *nfpl* Gestrüpp *nt,* Gebüsch *nt;* **broussailleux, euse** *a* buschig.
brousse [bRus] *nf:* **la** ~ der Busch.
brouter [bRute] *vt* abgrasen // *vi* grasen.
broutille [bRutij] *nf* Lappalie *f*.
broyer [bRwaje] zerkleinern; ~ **du noir** Schwarz sehen.
bru [bRy] *nf* Schwiegertochter *f*.
brucelles [bRysɛl] *nfpl:* **(pinces)** ~ Pinzette *f*.
bruine [bRɥin] *nf* Nieselregen *m;* **bruiner** *vi:* **il bruine** es nieselt.
bruissement [bRɥismɑ̃] *nm* Rascheln *nt*.
bruit [bRɥi] *nm:* **un** ~ ein Geräusch *nt; (fig: rumeur)* ein Gerücht *nt;* **le** ~ der Lärm *m;* **pas/trop de** ~ kein/zuviel Lärm; **sans** ~ geräuschlos; ~ **de fond** Hintergrundgeräusch *nt;* **faire grand** ~ *(fig)* Aufsehen erregen.
bruitage [bRɥitaʒ] *nm* Toneffekte *pl*.
brûlant, e [bRylɑ̃, ɑ̃t] *a* siedend heiß; *(regard)* feurig; *(sujet)* heiß.
brûlé, e [bRyle] *a (fig: démasqué)* entlarvt // *nm:* **odeur de** ~ Brandgeruch *m*.
brûle-pourpoint [brylpurpwɛ]: **à** ~ *ad* unvermittelt.
brûler [bRyle] *vt* verbrennen; *(sujet: eau bouillante)* verbrühen; *(consommer: charbon, électricité)* verbrauchen; *(fig: enfiévrer)* verzehren // *vi* brennen; *(être brûlant, ardent)* glühen; **se** ~ *vt (accidentellement: feu)* sich *(akk)* verbrennen; *(:eau bouillante)* sich *(akk)* verbrühen; **se** ~ **la cervelle** sich *(dat)* eine Kugel durch den Kopf jagen; ~ **le feu rouge** bei Rot über die Ampel fahren; ~ **les étapes** eine Stufe überspringen; ~ **de fièvre** vor Fieber glühen.
brûleur [bRylœR] *nm (TECH)* Brenner *m*.
brûlure [bRylyR] *nf (lésion)* Verbrennung *f; (sensation)* Brennen *nt;* ~**s d'estomac** Sodbrennen *nt*.
brume [bRym] *nf* Nebel *m*.
brun, e [bRœ̃, yn] *a* braun // *nm (couleur)* Braun *nt;* **brunir** *vi* braun werden // *vt* bräunen.
brusque [bRysk(ə)] *a (soudain)* plötzlich; *(rude)* schroff; ~**ment** *ad (soudainement)* plötzlich, unvermittelt.
brusquer [bRyske] *vt (personne)* hetzen, drängen; **ne rien** ~ nichts überstürzen.
brusquerie [bRyskəRi] *nf (rudesse)* Barschheit *f*.
brut, e [bRyt] *a (sauvage)* roh; *(bénéfice, salaire, poids)* brutto; **(champagne)** ~ trockener Champagner // *nf* Rohling *m*.
brutal, e, aux [bRytal, o] *a* brutal; ~**iser** *vt* grob behandeln; ~**ité** *nf* Brutalität *f*.
Bruxelles [bRysɛl] *n* Brüssel *nt*.
bruyamment [bRɥijamɑ̃] *ad* laut.
bruyant, e [bRɥijɑ̃, ɑ̃t] *a* laut.
bruyère [bRyjɛR] *nf* Heidekraut *nt*.
bu, e [by] *pp de* **boire.**
buanderie [bɥɑ̃dRi] *nf* Wäscherei *f*.
buccal, e, aux [bykal, o] *a:* **par voie** ~**e** oral.
bûche [byʃ] *nf* Holzscheit *m; (fig):* **prendre une** ~ hinfallen; ~ **de Noël** *Weihnachtskuchen in Form eines Holzscheits.*
bûcher [byʃe] *nm* Scheiterhaufen *m* // *vt, vi (fam)* büffeln.
bûcheron [byʃRɔ̃] *nm* Holzfäller *m*.
budget [bydʒɛ] *nm (FIN, de ménage)* Budget *nt;* **budgétaire** *a* Budget-.
buée [bɥe] *nf (sur une vitre)* Beschlag

m; (de l'haleine) Dampf *m.*
buffet [byfɛ] *nm (meuble)* Anrichte *f; (de réception)* Büfett *nt;* ~ **(de gare)** Bahnhofsgaststätte *f.*
buffle [byfl(ə)] *nm* Büffel *m.*
buis [bɥi] *nm (BOT)* Buchsbaum *m; (bois)* Buchsbaumholz *nt.*
buisson [bɥisɔ̃] *nm* Busch *m.*
buissonnière [bɥisɔnjɛʀ] *af:* **faire l'école** ~ die Schule schwänzen.
bulbe [bylb(ə)] *nm (BOT)* Zwiebel *f; (ANAT)* Knoten *m; (coupole)* Zwiebelturm *m.*
bulldozer [buldozœʀ] *nm* Bulldozer *m.*
bulgare [bylgaʀ] *a* bulgarisch // *nm/f* Bulgare *m,* Bulgarin *f.*
Bulgarie [bylgaʀi] *nf:* **la** ~ Bulgarien *nt.*
bulle [byl] *nf* Blase *f; (papale)* Bulle *f;* ~ **de savon** Seifenblase *f.*
bulletin [byltɛ̃] *nm (RADIO, TV)* Sendung *f; (SCOL)* Zeugnis *nt;* ~ **(de vote)** Stimmzettel *m;* ~ **de santé** Krankheitsbericht *m;* ~ **météorologique** Wetterbericht *m.*
buraliste [byʀalist(ə)] *nm/f* Tabakwarenhändler (in *f*) *m.*
bureau, x [byʀo] *nm* Büro *nt; (meuble)* Schreibtisch *m;* ~ **de location** Maklerbüro *nt;* ~ **de poste** Postamt *nt;* ~ **de tabac** Tabakladen *m;* ~ **de vote** Wahllokal *nt;* **bureaucrate** *nm* Bürokrat *m;* **bureaucratie** *nf* Bürokratie *f;* **bureaucratique** *a* bürokratisch.
burette [byʀɛt] *nf (de mécanicien)* Ölkanne *f; (de chimiste)* Bürette *f.*
burin [byʀɛ̃] *nm* Stichel *m.*
buriné, e [byʀine] *a (fig: visage)* zerfurcht.
burlesque [byʀlɛsk(ə)] *a* lächerlich; *(littérature)* burlesk.
bus [bys] *nm* Bus *m.*
buse [byz] *nf* Bussard *m.*
busqué, e [byske] *a:* **nez** ~ Hakennase *f.*
buste [byst(ə)] *nm (ANAT)* Brustkorb *m; (sculpture)* Büste *f.*
but [by] *nm (cible)* Zielscheibe *f; (fig)* Ziel *nt; (SPORT: limites, point)* Tor *nt;* **de** ~ **en blanc** geradeheraus; **il a pour** ~ **de faire qch** es ist sein Ziel, etw zu tun; **dans le** ~ **de** in der Absicht zu; *(SPORT)*: **gagner par 3** ~**s à 2** 3 : 2 gewinnen.
butane [bytan] *nm* Butan *nt.*
buté, e [byte] *a* stur.
buter [byte] *vi:* ~ **contre/sur qch** gegen/auf etw *(akk)* stoßen // *vt (contrecarrer)* aufbringen; **se** ~ *vi* sich versteifen.
butin [bytɛ̃] *nm* Beute *f.*
butiner [bytine] *vi* Honig sammeln.
butte [byt] *nf (éminence)* Hügel *m;* **être en** ~ **à** ausgesetzt sein (+*dat*).
buvable [byvabl(ə)] *a* trinkbar.
buvard [byvaʀ] *nm* Löschpapier *nt.*
buvette [byvɛt] *nf* Erfrischungsraum *m.*
buveur, euse [byvœʀ, øz] *nm/f (pej)* Säufer(in *f*) *m;* ~ **de bière/vin** Bier-/Weintrinker(in *f*) *m.*

C

ça [sa] *pron* das; ~ **va?** wie geht's?; *(d'accord)* in Ordnung?; ~ **alors!** na so was!; **c'est** ~ richtig!
çà [sa] *ad:* ~ **et là** hier und da.
cabane [kaban] *nf* Hütte *f.*
cabaret [kabaʀɛ] *nm* Nachtclub *m.*
cabas [kabɑ] *nm* Einkaufstasche *f.*
cabillaud [kabijo] *nm* Kabeljau *m.*
cabine [kabin] *nf (de bateau, de plage)* Kabine *f; (de camion)* Führerhaus *nt; (d'avion)* Cockpit *nt;* ~ **(téléphonique)** Telefonzelle *f.*
cabinet [kabinɛ] *nm (petite pièce)* Kammer *f; (de médecin)* Sprechzimmer *nt; (d'avocat)* Büro *nt; (clientèle)* Praxis *f; (POL)* Kabinett *nt;* ~**s** *nmpl (w.c.)* Toiletten *pl.*
câble [kɑbl(ə)] *nm* Kabel *nt.*
câbler [kɑble] *vt* telegraphisch übermitteln.
cabrer [kɑbʀe] *vt (cheval)* steigen lassen; *(avion)* hochziehen; **se** ~ *vi (cheval)* sich aufbäumen; *(personne)* sich auflehnen.
cabri [kabʀi] *nm* Zicklein *nt.*
cacahuète [kakawɛt] *nf* Erdnuß *f.*
cacao [kakao] *nm* Kakao *m.*

cache [kaʃ] *nm (PHOT)* Maske *f // nf* Versteck *nt.*
cache-cache [kaʃkaʃ] *nm:* **jouer à ~** Verstecken spielen.
cacher [kaʃe] *vt* verstecken; *(intentions, sentiments)* verbergen; *(empêcher de voir)* verdecken; *(vérité, nouvelle)* verheimlichen; **je ne vous cache pas que ...** ich verhehle nicht, daß ...; **se ~** sich verstecken.
cachet [kaʃɛ] *nm (comprimé)* Tablette *f; (sceau)* Siegel *nt; (rétribution)* Gage *f; (fig)* Stil *m;* **cacheter** *vt* versiegeln.
cachette [kaʃɛt] *nf* Versteck *nt;* **en ~** heimlich.
cachot [kaʃo] *nm* Verlies *nt.*
cactus [kaktys] *nm* Kaktus *m.*
cadavre [kadɑvʀ(ə)] *nm* Leiche *f.*
cadeau, x [kado] *nm* Geschenk *nt;* **faire ~ de qch à qn** jdm etw schenken; **faire un ~ à qn** jdm etwas schenken.
cadenas [kadnɑ] *nm* Vorhängeschloß *nt;* **cadenasser** *vt* verschließen.
cadence [kadɑ̃s] *nf (MUS)* Kadenz *f; (de travail)* Tempo *nt;* **en ~** im Rhythmus; **cadencé, e** *a (MUS)* rhythmisch.
cadet, te [kadɛ, ɛt] *a* jünger *// nm/f* Jüngste(r) *mf.*
cadran [kadʀɑ̃] *nm* Zifferblatt *nt; (du téléphone)* Wählscheibe *f;* **~ solaire** Sonnenuhr *f.*
cadre [kɑdʀ(ə)] *nm* Rahmen *m; (paysage)* Umgebung *f; (ADMIN)* Führungskraft *f;* **~ moyen/supérieur** mittlere(r)/höhere(r) Angestellte(r) *mf;* **rayer qn des ~s** jdn entlassen; **dans le ~ de** im Rahmen von.
cadrer [kɑdʀe] *vi:* **~ avec qch** einer Sache *(dat)* entsprechen *// vt (FILM)* zentrieren.
caduc, uque [kadyk] *a* veraltet; **arbre à feuilles ~s** Laubbaum *m.*
cafard [kafaʀ] *nm* Schabe *f;* **avoir le ~** deprimiert sein.
café [kafe] *nm* Kaffee *m; (bistro)* Kneipe *f // a inv* kaffeebraun; **~ au lait** Milchkaffee *m;* **~ noir** schwarzer Kaffee; **~ tabac** *Kneipe mit Tabakwarenverkauf;* **cafetier, ière** *nm/f* Kneipeninhaber(in *f*) *m // nf (pot)* Kaffeekanne *f.*
cage [kaʒ] *nf* Käfig *m;* **~ (des buts)** Tor *nt;* **~ (d'escalier)** Treppenhaus *nt;* **~ thoracique** Brustkorb *m.*
cageot [kaʒo] *nm* Lattenkiste *f.*
cagneux, euse [kaɲø, øz] *a* X-beinig.
cagnotte [kaɲɔt] *nf* gemeinsame Kasse *f.*
cagoule [kagul] *nf* Kapuze *f; (SKI)* Kapuzenmütze *f.*
cahier [kaje] *nm* (Schul)heft *nt;* **~ de brouillon** Schmierheft *nt.*
cahot [kao] *nm* Ruck *m;* **cahoter** *vi* holpern.
cahute [kayt] *nf* Hütte *f.*
caille [kɑj] *nf* Wachtel *f.*
caillé [kɑje] *a:* **lait ~** geronnene Milch.
cailler [kɑje] *vi* gerinnen; *(fam)* frieren.
caillot [kajo] *nm* Klumpen *m.*
caillou, x [kaju] *nm* Kieselstein *m;* **~teux, euse** *a* steinig.
caisse [kɛs] *nf* Kasse *f; (boîte)* Kiste *f;* **grosse ~** *(MUS)* Pauke *f;* **~ d'épargne/de retraite** Spar-/Pensionskasse *f;* **~ enregistreuse** Registrierkasse *f;* **caissier, ière** *nm/f* Kassierer(in *f*) *m.*
cajoler [kaʒɔle] *vt* ganz lieb sein zu.
cake [kɛk] *nm* Früchtekuchen *m.*
calaminé, e [kalamine] *a (AUT)* verrußt.
calandre [kalɑ̃dʀ(ə)] *nf (AUT)* Kühlergitter *nt.*
calanque [kalɑ̃k] *nf kleine Bucht am Mittelmeer.*
calcaire [kalkɛʀ] *nm* Kalkstein *m // a (eau)* kalkhaltig; *(terrain)* kalkig.
calciné, e [kalsine] *a* verkohlt.
calcium [kalsjɔm] *nm* Kalzium *nt.*
calcul [kalkyl] *nm* Rechnung *f;* **le ~** *(SCOL)* das Rechnen *//* **~ (biliaire)/(rénal)** (Gallen-)/(Nieren)stein *m;* **~ mental** Kopfrechnen *nt;* **calculatrice** *nf* Rechenmaschine *f;* **~atrice de poche** Taschenrechner *m.*
calculer [kalkyle] *vt* berechnen;

(combiner) kalkulieren // *vi* rechnen.
cale [kal] *nf (de bateau)* Laderaum *m; (en bois)* Keil *m;* ~ **sèche** Trockendock *nt.*
calé, e [kale] *a (fixé)* verkeilt; *(fam)* bewandert.
caleçon [kalsɔ̃] *nm* Unterhose *f;* ~ **de bain** Badeanzug *m.*
calembour [kalɑ̃buʀ] *nm* Wortspiel *nt.*
calendes [kalɑ̃d] *nfpl:* **renvoyer aux** ~ **(grecques)** auf den St. Nimmerleinstag verschieben.
calendrier [kalɑ̃dʀije] *nm* Kalender *m; (programme)* Zeitplan *m.*
calepin [kalpɛ̃] *nm* Notizbuch *nt.*
caler [kale] *vt (fixer)* festmachen; ~ **(son moteur/véhicule)** (den Motor/das Fahrzeug) abwürgen.
calfeutrer [kalføtʀe] *vt* abdichten.
calibre [kalibʀ(ə)] *nm (d'un fruit)* Größe *f; (d'une arme)* Kaliber *nt; (fig)* Format *nt.*
califourchon [kalifuʀʃɔ̃]: **à** ~ *ad* rittlings.
câlin, e [kɑlɛ̃, in] *a* anschmiegsam.
câliner [kɑline] *vt* schmusen mit.
calleux, euse [kalø, øz] *a* schwielig.
calmant [kalmɑ̃] *nm* Beruhigungsmittel *nt.*
calme [kalm(ə)] *a* ruhig, friedlich // *nm (d'un lieu)* Stille *f.*
calmer [kalme] *vt (personne)* beruhigen; *(douleur, colère)* mildern, lindern; **se** ~ *(personne, mer)* sich beruhigen; *(vent)* sich legen.
calomnie [kalɔmni] *nf* Verleumdung *f;* **calomnier** *vt* verleumden.
calorie [kalɔʀi] *nf* Kalorie *f.*
calorifère [kalɔʀifɛʀ] *nm* (Warmluft)heizung *f.*
calorifuge [kalɔʀifyʒ] *a* wärmespeichernd.
calotte [kalɔt] *nf (coiffure)* Scheitelkäppchen *nt; (fam: gifle)* Ohrfeige *f.*
calque [kalk(ə)] *nm* Pause *f; (fig)* Nachahmung *f;* **papier-**~ *nm* Pauspapier *nt.*
calquer [kalke] *vt* durchpausen; *(fig)* nachahmen.
calvaire [kalvɛʀ] *nm (croix)* Wegkreuz *nt; (souffrances)* Martyrium *nt,* Leidensweg *m.*
camaïeu [kamajø] *nm:* **(peinture en)** ~ monochrome Malerei *f.*
camarade [kamaʀad] *nm/f* Kumpel *m; (POL)* Genosse *m,* Genossin *f;* ~**rie** *nf* Freundschaft *f.*
cambouis [kɑ̃bwi] *nm* Motorenöl *nt.*
cambrer [kɑ̃bʀe] *vt* krümmen.
cambriolage [kɑ̃bʀijɔlaʒ] *nm* Einbruch *m.*
cambrioler [kɑ̃bʀijɔle] *vt* einbrechen; **cambrioleur, euse** *nm/f* Einbrecher(in *f*) *m.*
came [kam] *nf:* **arbre à** ~**s** Nockenwelle *f.*
camelot [kamlo] *nm* Hausierer(in *f*) *m.*
camelote [kamlɔt] *nf* Ramsch *m.*
caméra [kameʀa] *nf* Kamera *f.*
camion [kamjɔ̃] *nm* Lastwagen *m;* ~**-citerne** *nm* Tankwagen *m;* **camionnette** *nf* Lieferwagen *m.*
camisole [kamizɔl] *nf:* ~ **(de force)** Zwangsjacke *f.*
camomille [kamɔmij] *nf* Kamille *f.*
camoufler [kamufle] *vt* tarnen.
camp [kɑ̃] *nm* Lager *nt; (groupe)* Seite *f;* ~ **de concentration** Konzentrationslager *nt;* Kolonie *f;* ~ **de vacances** Ferienlager *nt.*
campagnard, e [kɑ̃paɲaʀ, aʀd(ə)] *a* Land-; *(mœurs)* ländlich.
campagne [kɑ̃paɲ] *nf* Land *nt; (MIL, POL, COMM)* Kampagne *f;* **à la** ~ auf dem Land.
campement [kɑ̃pmɑ̃] *nm* Lager *nt.*
camper [kɑ̃pe] *vi* kampieren; *(en vacances)* zelten // *vt* kess aufsetzen; **se** ~ **devant** sich aufstellen vor.
campeur, euse [kɑ̃pœʀ, øz] *nm/f* Camper(in *f*) *m.*
camphre [kɑ̃fʀ(ə)] *nm* Kampfer *m.*
camping [kɑ̃piŋ] *nm* Zelten *nt,* Camping *nt;* **(terrain de)** ~ Campingplatz *m;* **faire du** ~ zelten.
camus, e [kamy, yz] *a:* **nez** ~ Boxernase *f.*
Canada [kanada] *nm:* **le** ~ Kanada *nt;* **Canadien, ne** *nm/f* Kanadier(in *f*) *m;* **canadienne** *nf (veste)* gefütterte Schafslederjacke *f.*

canaille [kanɑj] *nf* Schurke *m*.
canal, aux [kanal, o] *nm* Kanal *m*.
canalisation [kanalizɑsjɔ̃] *nf* *(tuyauterie)* Leitungsnetz *nt*; *(: pour vidanges)* Kanalisation *f*; *(d'eau, de gaz)* Leitung *f*.
canaliser [kanalize] *vt* kanalisieren.
canapé [kanape] *nm* Sofa *nt*; *(CULIN)* Kanapee *nt*.
canard [kanaʀ] *nm* Enterich *m*, Ente *f*.
canari [kanaʀi] *nm* Kanarienvogel *m*.
cancans [kɑ̃kɑ̃] *nmpl* Klatsch *m*.
cancer [kɑ̃sɛʀ] *nm* Krebs *m*. **cancéreux, euse** *a* krebsartig.
cancre [kɑ̃kʀ(ə)] *nm* Dummkopf *m*.
candeur [kɑ̃dœʀ] *nf* Naivität *f*.
candi [kɑ̃di] *a inv*: **sucre** ~ Kandiszucker *m*.
candidat, e [kɑ̃dida, at] *nm/f* Kandidat(in *f*) *m*.
candide [kɑ̃did] *a* naiv, unbefangen.
cane [kan] *nf* Ente *f*.
canette [kanɛt] *nf (de bière)* Bierflasche *f*.
canevas [kanva] *nm (COUTURE)* Leinwand *f*.
caniche [kaniʃ] *nm* Pudel *m*.
canicule [kanikyl] *nf* Hundstage *pl*.
canif [kanif] *nm* Taschenmesser *nt*.
canin, e [kanɛ̃, in] *a* Hunde- // *nf* Eckzahn *m*.
caniveau, x [kanivo] *nm* Rinnstein *m*.
canne [kan] *nf* Stock *m*; ~ **à pêche** Angelrute *f*; ~ **à sucre** Zuckerrohr *nt*.
cannelle [kanɛl] *nf* Zimt *m*.
canoë [kanɔe] *nm* Kanu *nt*.
canon [kanɔ̃] *nm* Kanone *f*; *(d'une arme: tube)* Lauf *m*; *(norme)* Regel *f*; *(MUS)* Kanon *m*.
canoniser [kanɔnize] *vt* heiligsprechen.
canot [kano] *nm* Boot *nt*; ~ **pneumatique** Schlauchboot *nt*; ~ **de sauvetage** Rettungsboot *nt*.
canotier [kanɔtje] *nm (chapeau)* Kreissäge *f*.
cantatrice [kɑ̃tatʀis] *nf* Sängerin *f*.
cantine [kɑ̃tin] *nf (réfectoire)* Kantine *f*.
cantique [kɑ̃tik] *nm* Kirchenlied *nt*, Hymne *f*.
canton [kɑ̃tɔ̃] *nm (en France)* *Verwaltungseinheit mehrerer Gemeinden*; *(en Suisse)* Kanton *m*.
cantonade [kɑ̃tɔnad]: **à la** ~ *ad* lauthals.
cantonner [kɑ̃tɔne] *vt* einquartieren; **se** ~ **dans** sich beschränken auf *(+akk)*; *(maison)* sich zurückziehen in *(+akk)*.
cantonnier [kɑ̃tɔnje] *nm* Straßenwärter *m*.
canular [kanylaʀ] *nm* Streich *m*.
caoutchouc [kautʃu] *nm* Kautschuk *m*; *(bande élastique)* Gummiband *nt*; **en** ~ aus Gummi; ~ **mousse** Schaumgummi *m*.
cap [kap] *nm* Kap *nt*; **mettre le** ~ **sur** Kurs nehmen auf *(+akk)*.
C.A.P. *sigle m* = *Certificat d'aptitude professionnelle*.
capable [kapabl(ə)] *a* fähig; ~ **de faire** fähig zu tun; **un livre** ~ **d'intéresser** ein möglicherweise interessantes Buch.
capacité [kapasite] *nf (compétence)* Fähigkeit *f*; *(contenance)* Kapazität *f*.
cape [kap] *nf* Cape *nt*; **rire sous** ~ sich *(dat)* ins Fäustchen lachen.
capillaire [kapilɛʀ] *a (soins, lotion)* Haar-; *(vaisseau etc)* kapillar.
capitaine [kapitɛn] *nm* Kapitän *m*; *(MIL)* Feldherr *m*; *(de gendarmerie, pompiers)* Hauptmann *m*.
capital, e, aux [kapital, o] *a* bedeutend // *nm* Kapital *nt* // *nf (ville)* Hauptstadt *f*; *(lettre)* Großbuchstabe *m* // *nmpl (fonds)* Vermögen *nt*; **peine** ~**e** Todesstrafe *f*; ~**iser** *vt (amasser)* anhäufen; ~**isme** *nm* Kapitalismus *m*; ~**iste** *a* kapitalistisch.
capiteux, euse [kapitø, øz] *a* berauschend.
capitonner [kapitɔne] *vt* polstern.
capituler [kapityle] *vi* kapitulieren.
caporal, aux [kapɔʀal, o] *nm* Obergefreite(r) *m*.
capot [kapo] *nm (AUT)* Kühlerhaube *f*.
capote [kapɔt] *nf (de voiture)* Verdeck *nt*; *(de soldat)* Überziehmantel *m*.

capoter [kapɔte] *vi* sich überschlagen.
câpre [kɑpʀ(ə)] *nf* Kaper *f*.
caprice [kapʀis] *nm* Laune *f*; **capricieux, ieuse** *a* launisch.
Capricorne [kapʀikɔʀn(ə)] *nm* Steinbock *m*.
capsule [kapsyl] *nf (de bouteille)* Verschluß *m*; *(spatiale)* Kapsel *f*.
capter [kapte] *vt* auffangen; *(intérêt)* erregen.
captif, ive [kaptif, iv] *a* gefangen.
captiver [kaptive] *vt* fesseln, faszinieren.
captivité [kaptivite] *nf* Gefangenschaft *f*.
capturer [kaptyʀe] *vt* einfangen.
capuchon [kapyʃɔ̃] *nm* Kapuze *f*; *(de stylo)* Kappe *f*.
capucine [kapysin] *nf* Kapuzinerkresse *f*.
caquet [kakɛ] *nm*: **rabattre le ~ à qn** jdm einen Dämpfer geben.
caqueter [kakte] *vi (poule)* gackern; *(fig)* plappern.
car [kaʀ] *nm* (Reise)bus *m* // *conj* weil, da.
carabine [kaʀabin] *nf* Karabiner *m*.
caractère [kaʀaktɛʀ] *nm* Charakter *m*; *(lettre, signe)* Schriftzeichen *nt*; **en ~s gras** fett gedruckt; **avoir bon ~** gutmütig sein; **avoir mauvais ~** ein übles Wesen haben; **~ (d'imprimerie)** Druckbuchstabe *m*.
caractérisé, e [kaʀakteʀize] *a* ausgeprägt.
caractériser [kaʀakteʀize] *vt* charakterisieren.
caractéristique [kaʀakteʀistik] *a* charakteristisch // *nf* typisches Merkmal *nt*.
carafe [kaʀaf] *nf* Karaffe *f*.
caramel [kaʀamɛl] *nm (bonbon)* Karamellbonbon *nt*; *(substance)* Karamel *m*.
carapace [kaʀapas] *nf* Panzer *m*.
carat [kaʀa] *nm* Karat *nt*.
caravane [kaʀavan] *nf (de chameaux)* Karawane *f*; *(de camping)* Wohnwagen *m*.
carbone [kaʀbɔn] *nm* Kohlenstoff *m*; *(feuille)* Kohlepapier *nt*; *(double)* Durchschlag *m*.
carbonique [kaʀbɔnik] *a*: **gaz ~** Kohlensäure *f*; **neige ~** Trockeneis *nt*.
carboniser [kaʀbɔnize] *vt* karbonisieren.
carburant [kaʀbyʀɑ̃] *nm* Brennstoff *m*.
carburateur [kaʀbyʀatœʀ] *nm* Vergaser *m*.
carcan [kaʀkɑ̃] *nm (fig)* Joch *nt*.
carcasse [kaʀkas] *nf (d'animal)* Kadaver *m*; *(chez le boucher)* Rumpf *m*; *(de voiture)* Karosserie *f*.
carder [kaʀde] *vt* kämmen.
cardiaque [kaʀdjak] *a* Herz-.
carême [kaʀɛm] *nm*: **le C~** die Fastenzeit.
carence [kaʀɑ̃s] *nf (incompétence)* Unfähigkeit *f*; *(manque)* Mangel *m*.
carène [kaʀɛn] *nf* Schiffskörper *m*.
caresse [kaʀɛs] *nf* Zärtlichkeit *f*.
caresser [kaʀese] *vt* streicheln; *(fig: projet, espoir)* spielen mit.
cargaison [kaʀgɛzɔ̃] *nf* Schiffsfracht *f*.
cargo [kaʀgo] *nm* Frachter *m*.
caricature [kaʀikatyʀ] *nf* Karikatur *f*.
carie [kaʀi] *nf*: **la ~ (dentaire)** Karies *f*; **une ~** ein Loch *nt* im Zahn.
carillon [kaʀijɔ̃] *nm (d'église)* Läuten *nt*; *(pendule)* Schlagen *nt*; *(de porte)*: **~ (électrique)** Türklingel *f*.
carlingue [kaʀlɛ̃g] *nf* Cockpit *nt* und Kabine *f*.
carnage [kaʀnaʒ] *nm* Blutbad *nt*.
carnassier, ière [kaʀnasje, jɛʀ] *a* fleischfressend.
carnaval, s [kaʀnaval] *nm* Karneval *m*.
carnet [kaʀnɛ] *nm* Heft *nt*; **~ de chèques** Scheckheft *nt*.
carnivore [kaʀnivɔʀ] *a* fleischfressend.
carotte [kaʀɔt] *nf* Möhre *f*.
carpe [kaʀp(ə)] *nf* Karpfen *m*.
carré, e [kaʀe] *a* quadratisch; *(visage, épaules)* eckig; *(franc)* aufrichtig, geradeaus // *nm (MATH, gén)* Quadrat *nt*; *(de terrain, jardin)* Stück *nt*; **élever un nombre au ~**

eine Zahl ins Quadrat erheben; **mètre/kilomètre** ~ Quadratmeter *m* /-kilometer *m*.
carreau, x [kaʀo] *nm (en faïence etc)* Fliese *f*; *(de fenêtre)* Glasscheibe *f*; *(motif)* Karomuster *nt*; (*CARTES*) Karo *nt*; **à ~x** kariert.
carrefour [kaʀfuʀ] *nm* Kreuzung *f*.
carrelage [kaʀlaʒ] *nm* Fliesen *pl*.
carreler [kaʀle] *vt* mit Fliesen belegen.
carrelet [kaʀlɛ] *nm (poisson)* Scholle *f*.
carrément [kaʀemɑ̃] *ad* direkt.
carrer [kaʀe]: **se** ~ *vi*: **se ~ dans un fauteuil** sich in einen Sessel kuscheln.
carrière [kaʀjɛʀ] *nf (de craie, sable)* Steinbruch *m*; *(métier)* Karriere *f*; **militaire de** ~ Berufssoldat *m*.
carriole [kaʀjɔl] *nf (pej)* Karren *m*.
carrossable [kaʀɔsabl(ə)] *a* befahrbar.
carrosse [kaʀɔs] *nm* Kutsche *f*.
carrosserie [kaʀɔsʀi] *nf* Karosserie *f*.
carrossier [kaʀɔsje] *nm* Karosseriebauer *m*.
carrousel [kaʀusɛl] *nm* Karussell *nt*.
carrure [kaʀyʀ] *nf* Statur *f*.
cartable [kaʀtabl(ə)] *nm* Schultasche *f*.
carte [kaʀt(ə)] *nf* Karte *f*; *(d'électeur, de parti, d'abonnement etc)* Ausweis *m*; *(au restaurant)* Speisekarte *f*; ~ **(postale)** Postkarte *f*; ~ **(de visite)** Visitenkarte *f*; **avoir/donner ~ blanche** freie Hand haben/lassen; **la ~ grise** (*AUT*) der Kraftfahrzeugschein.
carter [kaʀtɛʀ] *nm (d'huile)* Ölwanne *f*.
cartilage [kaʀtilaʒ] *nm* Knorpel *m*.
cartomancien, ienne [kaʀtɔmɑ̃sjɛ̃, jɛn] *nm/f* Wahrsager(in *f*) *m*.
carton [kaʀtɔ̃] *nm (matériau)* Pappe *f*; *(boîte)* Karton *m*; **faire un ~** *(au tir)* einen Treffer landen; ~ **(à dessin)** Mappe *f*; **cartonné, e** *a (livre)* kartoniert.
cartouche [kaʀtuʃ] *nf* Patrone *f*; *(de film, de ruban encreur)* Kassette *f*.
cas [kɑ] *nm* Fall *m*; **faire peu de/grand ~ de** viel/wenig Aufhebens machen um; **en aucun ~** unter keinen Umständen; **au ~ où** falls; **en ~ de** wenn; **en ~ de besoin** notfalls; **en tout ~** auf jeden Fall, in jedem Fall.
casanier, ière [kazanje, jɛʀ] *a* häuslich.
cascade [kaskad] *nf* Wasserfall *m*; *(fig)* Flut *f*.
cascadeur [kaskadœʀ] *nm* Stuntman *m*.
case [kɑz] *nf (hutte)* Hütte *f*; *(compartiment)* Fach *nt*; *(sur un formulaire, de mots-croisés, d'échiquier)* Kästchen *nt*.
caser [kaze] *vt* einordnen; einquartieren; **se ~** sich niederlassen.
caserne [kazɛʀn(ə)] *nf* Kaserne *f*.
cash [kaʃ] *ad*: **payer ~** bar bezahlen.
casier [kɑzje] *nm (à bouteilles, journaux)* Ständer *m*; *(pour le courrier)* Fach *nt*; ~ **judiciaire** Vorstrafen *pl*.
casque [kask(ə)] *nm* Helm *m*; *(chez le coiffeur)* Trockenhaube *f*; *(pour audition)* Kopfhörer *m*.
casquette [kaskɛt] *nf* Kappe *f*.
cassant, e [kɑsɑ̃, ɑ̃t] *a* zerbrechlich; *(fig)* schroff.
cassation [kɑsɑsjɔ̃] *nf*: **recours en ~** Berufung *f*; **cour de ~** Berufungsgericht *nt*.
casse [kɑs] *nf* (*AUT*): **mettre à la ~** verschrotten lassen; *(dégâts)*: **il y a eu de la ~** es gab viel Bruch.
casse [kɑs] *pref*: **~-cou** *a inv* waghalsig; **~-croûte** *nm inv* Imbiß *m*; **~-noisette(s), ~-noix** *nm inv* Nußknacker *m*; **~ - pieds** *a (fam)* unerträglich.
casser [kɑse] *vt* brechen; *(œuf)* aufschlagen; *(gradé)* degradieren; (*JUR*) aufheben // *vi* reißen; **se ~** *vi* brechen.
casserole [kasʀɔl] *nf* Kochtopf *m*.
casse-tête [] *nm inv* Kopfzerbrechen *nt*.
cassette [kasɛt] *nf (bande magnétique)* Kassette *f*; *(coffret)* Schatulle *f*.
cassis [kasis] *nm* (*BOT*) schwarze Johannisbeere *f*; *(de la route)*

Unebenheit *f.*
cassoulet [kasulɛ] *nm Ragout mit weißen Bohnen und Gänse-, Hammel- oder Schweinefleisch.*
cassure [kɑsyʀ] *nf* Riß *m.*
castor [kastɔʀ] *nm* Biber *m.*
castrer [kastʀe] *vt* kastrieren.
cataclysme [kataklism(ə)] *nm* Verheerung *f.*
catalogue [katalɔg] *nm* Katalog *m.*
cataloguer [katalɔge] *vt* katalogisieren; *(pej)* einordnen.
catalyseur [katalizœʀ] *nm* Katalysator *m.*
cataphote [katafɔt] *nm* Katzenauge *nt.*
cataplasme [kataplasm(ə)] *nm* Umschlag *m.*
cataracte [kataʀakt(ə)] *nf* grauer Star *m.*
catastrophe [katastʀɔf] *nf* Katastrophe *f.*
catéchisme [kateʃism(ə)] *nm* Religionsunterricht *m.*
catégorie [kategɔʀi] *nf* Kategorie *f; (SPORT)* Klasse *f.*
catégorique [kategɔʀik] *a* kategorisch.
cathédrale [katedʀal] *nf* Kathedrale *f.*
catholicisme [katɔlisism(ə)] *nm* Katholizismus *m.*
catholique [katɔlik] *a* katholisch; **pas très** ~ zweifelhaft.
catimini [katimini]: **en** ~ *ad* still und leise.
cauchemar [kɔʃmaʀ] *nm* Alptraum *m.*
cause [koz] *nf* Grund *m; (d'un événement, phénomène, accident)* Ursache *f; (JUR)* Fall *m;* **faire** ~ **commune avec qn** mit jdm gemeinsame Sache machen; **à** ~ **de, pour** ~ **de** wegen; **(et) pour** ~ zu Recht; **qch est en** ~ es geht um etw; **mettre en** ~ verwickeln; **remettre en** ~ in Frage stellen.
causer [koze] *vt* verursachen // *vi* plaudern.
causerie [kozʀi] *nf* Gespräch *nt.*
caustique [kostik] *a* bissig.
cauteleux, euse [kotlø, øz] *a* hinterlistig.
cautériser [kɔteʀize] *vt* kauterisieren.
caution [kosjɔ̃] *nf* Kaution *f; (fig)* Unterstützung *f;* **libéré sous** ~ gegen Kaution freigelassen.
cautionner [kosjɔne] *vt (soutenir)* unterstützen.
cavalerie [kavalʀi] *nf* Kavallerie *f.*
cavalier, ière [kavalje, jɛʀ] *a (désinvolte)* unbekümmert // *nm/f* Reiter(in *f*) *m; (au bal)* Partner(in *f*) *m* // *nm (ECHECS)* Springer *m.*
cave [kav] *nf* Keller *m* // *a:* **yeux** ~**s** tiefliegende Augen *pl.*
caveau, x [kavo] *nm* Gruft *f.*
caverne [kavɛʀn(ə)] *nf* Höhle *f.*
caverneux, euse [kavɛʀnø, øz] *a:* **voix** ~**euse** hohle Stimme.
caviar [kavjaʀ] *nm* Kaviar *m.*
cavité [kavite] *nf* Hohlraum *m.*
C.C.P. *sigle m voir* **compte.**
ce (cet), cette, *(pl)* **ces** [sə, sɛt, se] *dét (gén)* diese(r,s), *pl* diese // *pron:* **ce qui/que** (das,) was; **il est bête, ce qui me chagrine** er ist dumm und das macht mir Kummer; **ce dont j'ai parlé** (das,) wovon ich gesprochen habe; **ce que c'est grand!** *(fam)* das ist aber groß!; **c'est petit/grand** es ist klein/groß; **c'est un brave homme** er ist ein guter Mensch; **c'est une girafe** das ist eine Giraffe; **qui est-ce? c'est le médecin** wer ist das? der Arzt; *(à la porte)* wer ist da? der Arzt; *voir aussi* **-ci, est-ce que, n'est-ce pas, c'est-à-dire.**
ceci [səsi] *pron* dies(es), das.
cécité [sesite] *nf* Blindheit *f.*
céder [sede] *vt* abtreten // *vi* nachgeben; ~ **à** erliegen *(+dat).*
cédille [sedij] *nf* Cedille *f.*
cèdre [sɛdʀ(ə)] *nm* Zeder *f.*
CEE *sigle f (= Communauté économique européenne)* EWG *f.*
ceindre [sɛ̃dʀ(ə)] *vt:* ~ **sa tête/ses épaules de qch** etw um den Kopf/die Schultern schlingen.
ceinture [sɛ̃tyʀ] *nf* Gürtel *m;* ~ **de sécurité** Sicherheitsgurt *m;* **ceinturer** *vt (saisir)* (an der Taille)

packen.
cela [s(ə)la] *pron* das, jene(r,s).
célèbre [selɛbʀ(ə)] *a* berühmt.
célébrer [selebʀe] *vt* feiern.
céleri [sɛlʀi] *nm*: ~ **(-rave)** (Knollen)sellerie *m ou f*; ~ **en branche** Stangensellerie *m ou f*.
céleste [selɛst(ə)] *a* himmlisch.
célibat [seliba] *nm* Ehelosigkeit *f*; *(de prêtre)* Zölibat *nt*.
célibataire [selibatɛʀ] *a* unverheiratet.
celle, celles [sɛl] *pron voir* **celui.**
cellophane [selɔfan] *nf* Cellophan *nt*.
cellulaire [selylɛʀ] *a*: **voiture** *f ou* **fourgon** *m* ~ grüne Minna *f*.
cellule [selyl] *nf* Zelle *f*; ~ **(photo-électrique)** Photozelle *f*.
cellulite [selylit] *nf* Zellulitis *f*.
celte [sɛlt(ə)] *a* keltisch.
celui, celle, *pl* **ceux, celles** [səlɥi, sɛl, sø] *pron* der/die/das; **celui qui bouge** der(jenige), der/die(jenige), die/das(jenige), das sich bewegt; **celui dont je parle** der/die/das von dem/der/dem ich spreche; **celui qui veut** *(valeur indéfinie)* wer will; **celui du salon** der/die/das aus dem Wohnzimmer; **celui-ci/là, celle-ci/là** diese(r,s) (hier/da); **ceux-ci/-là, celles-ci/-là** diese (hier/da).
cendre [sɑ̃dʀ(ə)] *nf* Asche *f*; **sous la** ~ *(CULIN)* in der Glut; **cendré, e** *a (couleur)* aschfarben; **cendrier** *nm* Aschenbecher *m*.
cène [sɛn] *nf* Abendmahl *nt*.
censé, e [sɑ̃se] *a*: **être** ~ **faire qch** etw eigentlich tun sollen.
censeur [sɑ̃sœʀ] *nm (SCOL)* Aufseher *m*.
censure [sɑ̃syʀ] *nf* Zensur *f*.
censurer [sɑ̃syʀe] *vt (FILM, PRESSE)* zensieren.
cent [sɑ̃] *num* (ein)hundert; **centaine** *nf*: **une** ~ **aine (de)** etwa hundert; **centenaire** *a* hundertjährig // *nm/f* Hundertjährige(r) *mf* // *nm (anniversaire)* hunderster Geburtstag *m*; **centième** *num* hunderste(r,s); **centigrade** *nm* Celsius *nt*; **centime** *nm* Centime *nt*;
centimètre *nm* Zentimeter *m ou nt*; *(ruban)* Maßband *nt*.
central, e, aux [sɑ̃tʀal, o] *a* zentral // *nm*: ~ **(téléphonique)** (Telefon)zentrale *f* // *nf* ~**e électrique/nucléaire** Elektrizitätswerk *nt*/Kernkraftwerk *nt*.
centraliser [sɑ̃tʀalize] *vt* zentralisieren.
centre [sɑ̃tʀ(ə)] *nm* Zentrum *nt*; *(milieu)* Mitte *f*; ~ **commercial/sportif/culturel** Geschäfts-/Sport-/Kulturzentrum *nt*; ~ **de gravité** Schwerpunkt *m*; **le** ~ **ville** das Stadtzentrum.
centriste [sɑ̃tʀist(ə)] *a* Zentrums-.
centuple [sɑ̃typl(ə)] *nm* Hundertfache(s) *nt*.
cep [sɛp] *nm* (Wein)stock *m*.
cèpe [sɛp] *nm* Steinpilz *m*.
cependant [s(ə)pɑ̃dɑ̃] *ad* jedoch.
céramique [seʀamik] *nf* Keramik *f*.
cercle [sɛʀkl(ə)] *nm* Kreis *m*; *(objet)* Reifen *m*.
cercueil [sɛʀkœj] *nm* Sarg *m*.
céréale [seʀeal] *nf* Getreide *nt*.
cérébral, e, aux [seʀebʀal, o] *a* zerebral, Hirn-.
cérémonie [seʀemɔni] *nf* Feierlichkeit(en *pl*) *f*; ~**s** *(pej)* Theater *nt*, Umstände *pl*.
cerf [sɛʀ] *nm* Hirsch *m*.
cerfeuil [sɛʀfœj] *nm* Kerbel *m*.
cerf-volant [sɛʀvɔlɑ̃] *nm* Drachen *m*.
cerise [s(ə)ʀiz] *nf* Kirsche *f*.
cerisier [s(ə)ʀizje] *nm* Kirschbaum *m*.
cerné, e [sɛʀne] *a (assiégé)* umzingelt; *(yeux)* mit dunklen Ringen.
cerner [sɛʀne] *vt* umzingeln; *(problème)* einkreisen.
certain, e [sɛʀtɛ̃, ɛn] *a* bestimmt, gewiß; *(sûr)*: ~ **(de/que)** sicher *(gen*/daß) // *dét*: **un** ~ **Georges/dimanche** ein gewisser Georges/bestimmter Sonntag; **un** ~ **courage/talent** eine ordentliche Portion Mut/ein gewisses Talent; ~**s cas** gewisse Fälle; **certainement** *ad (probablement)* höchstwahrscheinlich; *(bien sûr)* sicherlich.

certes [sɛʀt(ə)] *ad* sicherlich.
certificat [sɛʀtifika] *nm* Zeugnis *nt*, Bescheinigung *f*; **le ~ d'études** das Schulabschlußzeugnis.
certifier [sɛʀtifje] *vt* bescheinigen; **~ que** bestätigen, daß.
certitude [sɛʀtityd] *nf* Gewißheit *f*.
cerveau, x [sɛʀvo] *nm* Gehirn *nt*.
cervelle [sɛʀvɛl] *nf* Hirn *nt*.
Cervin [sɛʀvɛ̃] *nm*: **le ~** das Matterhorn.
ces [se] *dét voir* **ce.**
césarienne [sezaʀjɛn] *nf* Kaiserschnitt *m*.
cessantes [sɛsɑ̃t] *afpl*: **toutes affaires ~** umgehend.
cesse [sɛs]: **sans ~** *ad* unaufhörlich; **n'avoir de ~ que** nicht ruhen bis.
cesser [sese] *vt* aufhören mit.
cessez-le-feu [seselfø] *nm inv* Feuereinstellung *f*; *(plus long)* Waffenruhe *f*.
c'est-à-dire [setadiʀ] *ad* das heißt.
cette [sɛt] *dét voir* **ce.**
ceux [sø] *pron voir* **celui.**
chacun, e [ʃakœ̃, yn] *pron* jede(r,s).
chagrin, e [ʃagʀɛ̃, in] *a* mißmutig // *nm* Kummer *m*, *Leid nt*.
chahut [ʃay] *nm* Lärm *m*; **chahuter** *vt* auspfeifen // *vi* lärmen.
chai [ʃɛ] *nm* Wein- und Spirituosenlager *nt*.
chaîne [ʃɛn] *nf* Kette *f*; *(RADIO, TV)* **sur la 2e ~** im 2. Programm; **travail à la ~** Fließbandarbeit *f*; **faire la ~** eine Kette bilden; **~ (stéréo)** Stereoanlage *f*; **~ (de montage** *ou* **de fabrication)** Fließband *nt*; **~ (de montagnes)** (Berg)kette *f*.
chair [ʃɛʀ] *nf* Fleisch *nt*; **(couleur) ~** fleischfarben; **avoir la ~ de poule** eine Gänsehaut haben; **être bien en ~** gut beieinander sein; **en ~ et en os** leibhaftig.
chaire [ʃɛʀ] *nf (d'église)* Kanzel *f*; *(d'université)* Lehrstuhl *m*.
chaise [ʃɛz] *nf* Stuhl *m*; **~ longue** Liegestuhl *m*.
chaland [ʃalɑ̃] *nm (bateau)* Lastkahn *m*.
châle [ʃɑl] *nm* Umhängetuch *nt*.
chaleur [ʃalœʀ] *nf* Hitze *f*; *(modérée, aussi fig)* Wärme *f*; **les grandes ~s** die heißen Tage.
chaleureux, euse [ʃalœʀø, øz] *a* warm(herzig), herzlich.
chaloupe [ʃalup] *nf (de sauvetage)* Rettungsboot *nt*.
chalumeau, x [ʃalymo] *nm* Lötlampe *f*.
chalutier [ʃalytje] *nm (bateau)* Fischdampfer *m*.
chamailler [ʃamɑje]: **se ~** *vi (fam)* sich streiten.
chambranle [ʃɑ̃bʀɑ̃l] *nm* Rahmen *m*.
chambre [ʃɑ̃bʀ(ə)] *nf* Zimmer *nt*; *(JUR, POL)* Kammer *f*; **~ de commerce/de l'industrie** Handels-/Industriekammer *f*; **~ à un lit/deux lits** *(à l'hôtel)* Einzel-/Doppelzimmer *nt*; **~ à air** Schlauch *m*; **~ à coucher** Schlafzimmer *nt*; **~ noire** *(PHOT)* Dunkelkammer *f*.
chambrer [ʃɑ̃bʀe] *vt (vin)* auf Zimmerwärme bringen.
chameau, x [ʃamo] *nm* Kamel *nt*.
chamois [ʃamwa] *nm* Gemse *f*.
champ [ʃɑ̃] *nm* Feld *nt*; *(fig: domaine)* Gebiet *nt*; **~ de bataille** Schlachtfeld *nt*.
champagne [ʃɑ̃paɲ] *nm* Champagner *m*.
champêtre [ʃɑ̃pɛtʀ(ə)] *a* ländlich.
champignon [ʃɑ̃piɲɔ̃] *nm* Pilz *m*; **~ de Paris** Champignon *m*.
champion, ne [ʃɑ̃pjɔ̃, ɔn] *nm/f (SPORT)* Champion *m*, Meister(in *f*) *m*; *(d'une cause)* Verfechter *m*.
chance [ʃɑ̃s] *nf*: **la ~** der Zufall; **une ~** ein Glück; **bonne ~!** viel Glück!; **par ~** zufälligerweise; glücklicherweise; **tu as de la ~** du hast Glück; **~s** *nfpl* Chancen *pl*, Aussichten *pl*.
chanceler [ʃɑ̃sle] *vi (personne)* taumeln; *(meuble, mur)* wackeln.
chancelier [ʃɑ̃səlje] *nm (allemand)* Kanzler *m*; *(d'ambassade)* Sekretär *m*.
chanceux, euse [ʃɑ̃sø, øz] *a* glücklich; **être ~** Glück haben.
chandail [ʃɑ̃daj] *nm* Pullover *m*.
Chandeleur [ʃɑ̃dlœʀ] *nf* Mariä

Lichtmeß.
chandelier [ʃɑ̃dəlje] *nm* Kerzenhalter *m.*
chandelle [ʃɑ̃dɛl] *nf* Kerze *f.*
change [ʃɑ̃ʒ] *nm (COMM)* Wechseln *nt;* **contrôle des ~s** Devisenkontrolle *f;* **le taux du ~** der Wechselkurs.
changement [ʃɑ̃ʒmɑ̃] *nm* Wechsel *m,* Änderung *f.*
changer [ʃɑ̃ʒe] *vt* wechseln; *(modifier)* abändern; *(rhabiller)* umziehen // *vi* sich ändern; **se ~** sich umziehen; **~ de** wechseln; *(modifier)* ändern; **~ de domicile** umziehen; **~ d'idée** es sich *(dat)* anders überlegen; **~ de place avec qn** mit jdm (den Platz) tauschen; **~ (de train)** umsteigen; **~ de vitesse** *(AUT)* schalten.
chanson [ʃɑ̃sɔ̃] *nf* Lied *nt.*
chant [ʃɑ̃] *nm* Gesang *m; (d'église, folklorique)* Lied *nt.*
chantage [ʃɑ̃taʒ] *nm* Erpressung *f.*
chanter [ʃɑ̃te] *vt* singen; *(vanter)* besingen // *vi* singen; **si cela lui chante** *(fam)* wenn es ihm gefällt.
chanterelle [ʃɑ̃tʀɛl] *nf* Pfifferling *m.*
chanteur, euse [ʃɑ̃tœʀ, øz] *nm/f* Sänger(in *f*) *m.*
chantier [ʃɑ̃tje] *nm* Baustelle *f;* **être/mettre en ~** im Enstehen sein/in die Wege leiten; **~ naval** Werft *f.*
chanvre [ʃɑ̃vʀ(ə)] *nm* Hanf *m.*
chaparder [ʃapaʀde] *vt* klauen.
chapeau, x [ʃapo] *nm* Hut *m;* **~ mou/de soleil** Filz-/Sonnenhut *m.*
chapelet [ʃaplɛ] *nm* Rosenkranz *m.*
chapelle [ʃapɛl] *nf* Kapelle *f;* **~ ardente** Leichenhalle *f.*
chapelure [ʃaplyʀ] *nf* Paniermehl *nt.*
chapiteau, x [ʃapito] *nm (de cirque)* Festzelt *nt.*
chapitre [ʃapitʀ(ə)] *nm (d'un livre)* Kapitel *nt; (fig)* Thema *nt;* **avoir voix au ~** ein Wörtchen mitzureden haben.
chaque [ʃak] *dét* jede(r,s).
char [ʃaʀ] *nm (à foin etc)* Wagen *m,* Karren *m; (MIL: aussi* **~ d'assaut***)* Panzer *m.*
charabia [ʃaʀabja] *nm* Quatsch *m.*
charbon [ʃaʀbɔ̃] *nm* Kohle *f.*
charcuterie [ʃaʀkytʀi] *nf (magasin)* Schweinemetzgerei *f; (CULIN)* Schweinefleisch *nt* und Wurst(waren *pl*) *f.*
chardon [ʃaʀdɔ̃] *nm* Distel *f.*
charge [ʃaʀʒ(ə)] *nf (fardeau)* Last *f; (ELEC, explosif)* Ladung *f; (rôle, mission)* Aufgabe *f; (MIL)* Angriff *m; (JUR)* Anklagepunkt *m;* **~s** *nfpl (du loyer)* Nebenkosten *pl;* **à la ~ de** *(dépendant de)* abhängig von; *(aux frais de)* zu Lasten von; **prendre qch en ~** etw übernehmen; **~s sociales** Sozialabgaben *pl.*
chargement [ʃaʀʒəmɑ̃] *nm (objets)* Last *f,* Ladung *f.*
charger [ʃaʀʒe] *vt* beladen; *(fusil, batterie, caméra)* laden; *(portrait, description)* übertreiben, überziehen // *vi (éléphant, soldat)* stürmen; **se ~ de** *(tâche)* sich kümmern um; **~ qn de qch/faire qch** jdn mit etw beauftragen/beauftragen, etw zu tun.
chariot [ʃaʀjo] *nm (table roulante)* Teewagen *m; (à bagages)* Kofferkuli *m; (à provisions)* Einkaufswagen *m; (charrette)* Karren *m; (de machine à écrire)* Wagen *m.*
charitable [ʃaʀitabl(ə)] *a* karitativ, wohltätig.
charité [ʃaʀite] *nf (vertu)* Nächstenliebe *f;* **faire la ~ à qn** jdm ein Almosen geben; **fête de ~** Wohltätigkeitsfest *nt*
charmant, e [ʃaʀmɑ̃, ɑ̃t] *a* charmant.
charme [ʃaʀm(ə)] *nm (d'une personne)* Charme *m; (d'un endroit, d'une activité)* Reiz *m; (envoûtement)* Anziehungskraft *f;* **faire du ~** charmant sein; **charmer** *vt (séduire, plaire)* bezaubern.
charnel, le [ʃaʀnɛl] *a* fleischlich.
charnière [ʃaʀnjɛʀ] *nf (de porte)* Türangel *f.*
charnu, e [ʃaʀny] *a* fleischig.
charogne [ʃaʀɔɲ] *nf* Aas *nt.*
charpente [ʃaʀpɑ̃t] *nf* Gerüst *nt.*

charpentier [ʃarpɑ̃tje] *nm* Zimmermann *m.*
charrette [ʃarɛt] *nf* Karren *m.*
charrier [ʃarje] *vt* mit sich führen.
charrue [ʃary] *nf* Pflug *m.*
chasse [ʃas] *nf (sport)* Jagd *f; (poursuite)* Verfolgung *f;* ~ **(d'eau)** Spülung *f;* **prendre en** ~ verfolgen; **tirer la** ~ **(d'eau)** die Spülung betätigen.
châsse [ʃɑs] *nf* Reliquienschrein *m.*
chasse-neige [ʃasnɛʒ] *nm inv* Schneepflug *m.*
chasser [ʃase] *vt (gibier, voleur)* jagen; *(expulser)* vertreiben; *(: employé)* hinauswerfen; *(dissiper)* zerstreuen; **chasseur, euse** *nm/f* Jäger(in *f*) *m* // *nm (avion)* Jagdflugzeug *nt; (domestique)* Page *m.*
châssis [ʃɑsi] *nm (AUT)* Chassis *nt; (cadre)* Rahmen *m; (de jardin)* Frühbeet *nt.*
chaste [ʃast(ə)] *a* keusch.
chasuble [ʃazybl(ə)] *nf* Meßgewand *nt.*
chat, te [ʃa, at] *nm/f* Katze *f.*
châtaigne [ʃɑtɛɲ] *nf* Kastanie *f.*
châtain [ʃɑtɛ̃] *a inv* kastanienbraun.
château, x [ʃɑto] *nm (forteresse)* Burg *f; (palais)* Schloß *nt;* ~ **(fort)** Festung *f.*
châtier [ʃɑtje] *vt* bestrafen; *(style)* den letzten Schliff geben *(+dat);* **châtiment** *nm* Bestrafung *f.*
chaton [ʃatɔ̃] *nm (ZOOL)* Kätzchen *nt; (de bague)* Fassung *f.*
chatouiller [ʃatuje] *vt* kitzeln; *(l'odorat, le palais)* anregen; **chatouilleux, euse** *a* kitzelig; *(fig)* empfindlich.
chatoyer [ʃatwaje] *vi* schimmern.
châtrer [ʃɑtre] *vt* kastrieren.
chatte [ʃat] *nf voir* **chat.**
chaud, e [ʃo, od] *a* warm; *(très* ~*)* heiß; **il fait** ~ es ist warm/heiß; **j'ai** ~ mir ist warm/heiß; **tenir** ~ warm sein *ou* halten.
chaudière [ʃodjɛr] *nf (de chauffage central)* Boiler *m; (de bateau)* Dampfkessel *m.*
chaudron [ʃodrɔ̃] *nm* großer Kessel *m.*
chauffage [ʃofaʒ] *nm* Heizung *f;* ~ **au gaz/à l'électricité** Gasheizung *f*/elektrische Heizung; ~ **central** Zentralheizung *f.*
chauffant, e [ʃofɑ̃, ɑ̃t] *a:* **couverture/plaque** ~**e** Heizdecke/-platte.
chauffard [ʃofar] *nm (pej)* Verkehrsrowdy *m.*
chauffe-eau [ʃofo] *nm inv* Warmwasserbereiter *m.*
chauffer [ʃofe] *vt (eau)* erhitzen; *(appartement)* heizen // *vi (eau, four)* sich erwärmen; *(moteur)* heißlaufen; **se** ~ *(se mettre en train)* warm werden; *(au soleil)* heiß werden.
chauffeur [ʃofœr] *nm* Fahrer(in *f*) *m; (professionnel)* Chauffeur *m.*
chaumière [ʃomjɛr] *nf* strohgedecktes Haus *nt.*
chaussée [ʃose] *nf* Fahrbahn *f.*
chausse-pied [ʃospje] *nm* Schuhanzieher *m.*
chausser [ʃose] *vt (bottes, skis)* anziehen; *(enfant)* Schuhe anziehen *(+dat);* ~ **du 38/42** Schuhgröße 38/42 haben.
chaussette [ʃosɛt] *nf* Söckchen *nt.*
chausson [ʃosɔ̃] *nm (pantoufle)* Pantoffel *m;* ~ **(de bébé)** Babyschuh *m;* ~ **(aux pommes)** Apfeltasche *f.*
chaussure [ʃosyr] *nf* Schuh *m;* ~**s basses** Halbschuhe *pl.*
chauve [ʃov] *a* kahl (köpfig).
chauve-souris [ʃovsuri] *nf* Fledermaus *f.*
chauvin, e [ʃovɛ̃, in] *a* chauvinistisch.
chaux [ʃo] *nf* Kalk *m.*
chavirer [ʃavire] *vi* kentern.
chef [ʃɛf] *nm* Führer(in *f*) *m; (patron)* Chef *m; (de tribu)* Häuptling *m; (de cuisine)* Koch *m;* ~ **d'accusation** Anklage *f;* ~ **de l'État** Staatschef(in *f*) *m;* ~ **d'orchestre** Dirigent(in *f*) *m.*
chef-d'œuvre [ʃɛdœvr(ə)] *nm* Meisterwerk *nt.*
chef-lieu [ʃɛfljø] *nm Hauptstadt eines französischen Departements.*
chemin [ʃ(ə)mɛ̃] *nm* Weg *m;* **en** ~ unterwegs; ~ **de fer** Eisenbahn *f.*
cheminée [ʃ(ə)mine] *nf* Kamin *m; (sur le toit)* Schornstein *m.*

cheminer [ʃ(ə)mine] *vi* gehen.
cheminot [ʃ(ə)mino] *nm* Eisenbahner *m*.
chemise [ʃ(ə)miz] *nf* Hemd *nt; (dossier)* Aktendeckel *m*.
chemisier [ʃ(ə)mizje] *nm* Bluse *f*.
chenal, aux [ʃənal, o] *nm* Kanal *m*.
chêne [ʃɛn] *nm* Eiche *f*.
chenil [ʃ(ə)ni(l)] *nm (élevage)* Hundezucht *f*.
chenille [ʃ(ə)nij] *nf (ZOOL)* Raupe *f; (AUT)* Raupenkette *f*.
chèque [ʃɛk] *nm* Scheck *m*; ~ **barré/sans provision/au porteur** Verrechnungsscheck *m*/ungedeckter Scheck/Inhaberscheck *m*; **chéquier** *nm* Scheckheft *nt*.
cher, ère [ʃɛʀ] *a (aimé)* lieb; *(coûteux)* teuer // *ad:* **coûter/payer** ~ teuer sein/bezahlen.
chercher [ʃɛʀʃe] *vt* suchen; **aller** ~ holen.
chercheur, euse [ʃɛʀʃœʀ, øz] *nm/f (scientifique)* Forscher(in *f*) *m*.
chéri, e [ʃeʀi] *a* geliebt; **(mon)** ~ Liebling *m*.
chérir [ʃeʀiʀ] *vt* lieben.
chétif, ive [ʃetif, iv] *a* schwächlich.
cheval, aux [ʃ(ə)val, o] *nm* Pferd *nt; (AUT):* ~ **(-vapeur)** (C.V.) Pferdestärke *f*; **faire du** ~ reiten; **à** ~ **sur** rittlings auf *(+dat)*.
chevalerie [ʃ(ə)valʀi] *nf* Rittertum *nt*.
chevalet [ʃ(ə)valɛ] *nm* Staffelei *f*.
chevalier [ʃ(ə)valje] *nm* Ritter *m*.
chevalière [ʃ(ə)valjɛʀ] *nf* Siegelring *m*.
chevalin, e [ʃ(ə)valɛ̃, in] *a:* **boucherie** ~**e** Pferdemetzgerei *f*.
chevaucher [ʃ(ə)voʃe] *vi (aussi:* **se** ~*)* sich überlappen // *vt* sitzen auf *(+dat)*.
chevelu, e [ʃəvly] *a* haarig; **cuir** ~ Kopfhaut *f*.
chevelure [ʃəvlyʀ] *nf* Haar *nt*.
chevet [ʃ(ə)vɛ] *nm:* **au** ~ **de qn** an jds Bettkante; **table de** ~ Nachttisch *m*.
cheveu, x [ʃ(ə)vø] *(gén pl)* Haar *nt*; **avoir les** ~**x courts** kurze Haare haben.
cheville [ʃ(ə)vij] *nf (ANAT)* Knöchel *m; (de bois)* Stift *m*.
chèvre [ʃɛvʀ(ə)] *nf* Ziege *f*.
chèvrefeuille [ʃɛvʀəfœj] *nm* Geißblatt *nt*.
chevreuil [ʃəvʀœj] *nm* Reh *nt; (viande)* Rehfleisch *nt*.
chevron [ʃəvʀɔ̃] *nm (poutre)* Sparren *m*; **à** ~**s** im Fischgrät(en)muster.
chevronné, e [ʃəvʀɔne] *a* erfahren.
chevrotant, e [ʃəvʀɔtɑ̃, ɑ̃t] *a* bebend, zitternd.
chewing-gum [ʃwiŋgɔm] *nm* Kaugummi *m*.
chez [ʃe] *prép* bei *(+dat)*; ~ **moi/nous** bei mir/uns; ~**-soi** *nm inv* Zuhause *nt*.
chic [ʃik] *a inv* schick; *(fam: généreux)* anständig // *nm* Chic *m*; **avoir le** ~ **de** das Talent haben zu; ~**!** klasse!
chicane [ʃikan] *nf (obstacle)* Hindernis *nt; (querelle)* Streiterei *f*.
chiche [ʃiʃ] *a* knauserig // ~**!** wetten, daß!; *(en réponse)* die Wette gilt.
chicorée [ʃikɔʀe] *nf (à café)* Zichorie *f*.
chicot [ʃiko] *nm (dent)* Stumpen *m*.
chien [ʃjɛ̃] *nm* Hund *m; (de pistolet)* Hahn *m*; **couché en** ~ **de fusil** eingeigelt.
chiendent [ʃjɛ̃dɑ̃] *nm* Quecke *f*.
chienne [ʃjɛn] *nf* Hündin *f*.
chiffon [ʃifɔ̃] *nm* Lappen *m*, Lumpen *m*.
chiffonner [ʃifɔne] *vt* zerknittern.
chiffonnier [ʃifɔnje] *nm* Lumpensammler *m*.
chiffre [ʃifʀ(ə)] *nm* Ziffer *f; (montant, total)* Summe *f*; **en** ~**s ronds** abgerundet; ~ **d'affaires** Umsatz *m*; **chiffrer** *vt (dépense)* beziffern.
chignon [ʃiɲɔ̃] *nm* (Haar)knoten *m*.
Chili [ʃili] *nm:* **le** ~ Chile *nt*; **c**~**en(ne)** *a* chilenisch.
chimie [ʃimi] *nf* Chemie *f*; **chimique** *a* chemisch; **chimiste** *nm/f* Chemiker(in *f*) *m*.
Chine [ʃin] *nf:* **la** ~ China *nt*.
chinois, e [ʃinwa, waz] *a* chinesisch // *nm (langue)* Chinesisch *nt*; **C**~**, e**

nm/f Chinese *m*, Chinesin *f*.
chiot [ʃjo] *nm* Hündchen *nt*.
chips [ʃip(s)] *nfpl (aussi:* **pommes** ~) Chips *pl*.
chiquenaude [ʃiknod] *nf* Schnipser *m*.
chiquer [ʃike] *vi* Tabak kauen // *vt* kauen.
chiromancien, ne [kiʀɔmɑ̃sjɛ̃, jɛn] *nm/f* Handliniendeuter(in *f*) *m*.
chirurgical, e, aux [ʃiʀyʀʒikal, o] *a* chirurgisch.
chirurgie [ʃiʀyʀʒi] *nf* Chirurgie *f*; ~ **esthétique** plastische Chirurgie; **chirurgien, ne** *nm/f* Chirurg(in *f*) *m*.
choc [ʃɔk] *nm* Schock *m*; **troupes de** ~ Kampftruppen *pl*.
chocolat [ʃɔkɔla] *nm* Schokolade *f*; ~ **à croquer** Bitterschokolade *f*; ~ **au lait** Milchschokolade *f*.
chœur [kœʀ] *nm (chorale)* Chor *m*; *(ARCHIT)* Chor(raum) *m*; **en** ~ im Chor.
choisir [ʃwaziʀ] *vt* auswählen; *(nommer)* wählen; *(décider de)* sich entscheiden für.
choix [ʃwa] *nm* Auswahl *f*; Wahl *f*; Entscheidung *f*; *(assortiment)* Auswahl *f (de* an *+dat)*; *(liberté)*: **avoir le** ~ die Wahl haben; **premier** ~ erste Wahl; **au** ~ nach Wahl.
chômage [ʃomaʒ] *nm* Arbeitslosigkeit *f*; **être au** ~ arbeitslos sein.
chômeur, euse [ʃomœʀ, øz] *nm/f* Arbeitslose(r) *mf*.
chope [ʃɔp] *nf* Seidel *nt*.
choquant, e [ʃɔkɑ̃, ɑ̃t] *a* schockierend; *(injustice, contraste)* schreiend.
choquer [ʃɔke] *vt* schockieren; *(commotionner)* erschüttern.
choriste [kɔʀist(ə)] *nm/f* Chorsänger(in *f*) *m*.
chose [ʃoz] *nf* Ding *nt*; *(événement, histoire)* Ereignis *nt*; *(sujet, matière)* Sache *f*; **les** ~**s** *(la situation)* die Lage, die Dinge; **c'est peu de** ~ das ist nicht der Rede wert.
chou, x [ʃu] *nm* Kohl *m*; **mon petit** ~ mein Süßer, meine Süße; ~ **(à la crème)** Windbeutel *m*.
chouchou, te [ʃuʃu, ut] *nm/f (SCOL)* Liebling *m*.
choucroute [ʃukʀut] *nf* Sauerkraut *nt*.
chouette [ʃwɛt] *nf* Eule *f* // *a (fam)* **c'est** ~! das ist toll!.
chou-fleur [ʃuflœʀ] *nm* Blumenkohl *m*.
choyer [ʃwaje] *vt* liebevoll sorgen für.
chrétien, ne [kʀetjɛ̃, jɛn] *a* christlich.
Christ [kʀist] *nm*: **le** ~ Christus *m*; **christianisme** *nm* Christentum *nt*.
chrome [kʀom] *nm* Chrom *nt*; **chromé, e** *a* verchromt.
chronique [kʀɔnik] *a (MED)* chronisch; *(problème, difficultés)* andauernd // *nf (de journal)* Kolumne *f*; *(historique)* Chronik *f*; *(RADIO, TV)*: ~ **sportive/théâtrale** Sportbericht *m*/Theaterübersicht *f*; **la** ~ **locale** die Lokalnachrichten *pl*.
chronologique [kʀɔnɔlɔʒik] *a* chronologisch.
chrono(mètre) [kʀɔnɔmɛtʀ(ə)] *nm* Stoppuhr *f*; **chronométrer** *vt* stoppen.
chrysalide [kʀizalid] *nf* Puppe *f*.
chuchoter [ʃyʃɔte] *vt, vi* flüstern.
chuinter [ʃɥɛ̃te] *vi* zischen.
chut [ʃyt] *excl* pst!.
chute [ʃyt] *nf* Sturz *m*; *(des feuilles)* Fallen *nt*; *(de bois, papier: déchet)* Stückchen *nt*; **la** ~ **des cheveux** der Haarausfall; ~**s de pluie/neige** Regen-/Schneefall *m*; ~ **(d'eau)** Wasserfall *m*; ~ **libre** freier Fall.
-ci, ci- [si] *ad voir* **par, comme, ci-contre, ci-joint** *etc* // *dét*: **ce garçon-ci/-là** dieser/jener Junge; **ces femmes-ci/-là** diese/jene Frauen.
ci-après [siapʀɛ] *ad* im folgenden.
cible [sibl(ə)] *nf* Zielscheibe *f*.
ciboulette [sibulɛt] *nf* Schnittlauch *m*.
cicatrice [sikatʀis] *nf* Narbe *f*.
cicatriser [sikatʀize] *vt*: **se** ~ (ver)heilen.
ci-contre [sikɔ̃tʀ] *ad* gegenüber.
ci-dessous [sid(ə)su] *ad* unten.

ci-dessus [sid(ə)sy] *ad* oben.

cidre [sidʀ(ə)] *nm* Apfelwein *m*.

ciel, cieux [sjɛl] *nm* Himmel *m*.

cierge [sjɛʀʒ(ə)] *nm* Kerze *f*.

cigale [sigal] *nf* Zikade *f*.

cigare [sigaʀ] *nm* Zigarre *f*.

cigarette [sigaʀɛt] *nf* Zigarette *f*.

ci-gît [siʒi] *ad + vb* hier ruht.

cigogne [sigɔɲ] *nf* Storch *m*.

ci-joint, e [siʒwɛ̃, ʒwɛ̃t] *a, ad* beiliegend.

cil [sil] *nm* (Augen)wimper *f*.

cime [sim] *nf (d'arbre)* Krone *f*; *(de montagne)* Gipfel *m*.

ciment [simɑ̃] *nm* Zement *m*; ~ **armé** Stahlbeton *m*.

cimetière [simtjɛʀ] *nm* Friedhof *m*.

cinéaste [sineast(ə)] *nm/f* Filmemacher(in *f*) *m*.

cinéma [sinema] *nm (art)* Film *m*; *(local)* Kino *nt*.

cingler [sɛ̃gle] *vt* peitschen; *(vent, pluie)* peitschen gegen // *vi (NAVIG)*: ~ **vers** Kurs halten auf *(+akk)*.

cinq [sɛ̃k] *num* fünf.

cinquantaine [sɛ̃kɑ̃tɛn] *nf*: **une ~ de** etwa fünfzig.

cinquante [sɛ̃kɑ̃t] *num* fünfzig; **~naire** *nm/f* Fünfzigjährige(r) *mf* // *nm (anniversaire)* fünfzigster Geburtstag *m*.

cintre [sɛ̃tʀ(ə)] *nm* Kleiderbügel *m*; *(ARCHIT)* Bogen *m*.

cintré, e [sɛ̃tʀe] *a (bois)* gewölbt; *(chemise)* tailliert.

cirage [siʀaʒ] *nm (pour parquet)* Bohnerwachs *nt*; *(pour chaussures)* Schuhcreme *f*.

circoncision [siʀkɔ̃sizjɔ̃] *nf* Beschneidung *f*.

circonférence [siʀkɔ̃feʀɑ̃s] *nf* Umfang *m*.

circonflexe [siʀkɔ̃flɛks(ə)] *a*: **accent ~** Zirkumflex *m*.

circonscription [siʀkɔ̃skʀipsjɔ̃] *nf*: ~ **électorale/militaire** Wahlkreis *m*/Wehrerfassungsbereich *m*.

circonscrire [siʀkɔ̃skʀiʀ] *vt* abstecken; *(incendie)* eindämmen.

circonspect, e [siʀkɔ̃spɛ(kt), ɛkt(ə)] *a* umsichtig.

circonstance [siʀkɔ̃stɑ̃s] *nf* Umstand *m*; **~s** *nfpl (contexte)* Umstände *pl*, Verhältnisse *pl*; **~s atténuantes** mildernde Umstände *pl*.

circonstancié, e [siʀkɔ̃stɑ̃sje] *a* ausführlich.

circonvenir [siʀkɔ̃vniʀ] *vt* umstimmen.

circuit [siʀkɥi] *nm (trajet)* Rundgang *m*; *(ELEC)* Stromkreis *m*.

circulaire [siʀkylɛʀ] *a* kreisförmig; *(mouvement)* Kreis-; *(regard)* umherschweifend // *nf* Rundschreiben *nt*.

circulation [siʀkylɑsjɔ̃] *nf (MED)* Kreislauf *m*; *(AUT)* Verkehr *m*; **mettre en ~** in Umlauf bringen.

circuler [siʀkyle] *vi (personne)* gehen; *(voiture)* fahren; *(sang, électricité etc)* fließen, zirkulieren; *(devises, capitaux)* in Umlauf sein; **faire ~** *(nouvelle)* verbreiten; *(badauds)* zum Weitergehen auffordern.

cire [siʀ] *nf* Wachs *nt*.

ciré [siʀe] *nm* Ölzeug *nt*.

cirer [siʀe] *vt (parquet)* (ein)wachsen; *(souliers)* putzen.

cirque [siʀk(ə)] *nm* Zirkus *m*; *(GEO)* Kar *nt*.

cirrhose [siʀoz] *nf*: ~ **du foie** Leberzirrhose *f*.

cisaille(s) *nf(pl)* [sizɑj] *nf(pl)* (Garten)schere *f*.

ciseau, x [sizo] *nm*: ~ **(à bois)** Meißel *m* // *nmpl* Schere *f*.

citadelle [sitadɛl] *nf* Zitadelle *f*.

citadin, e [sitadɛ̃, in] *nm/f* Städter(in *f*) *m*.

citation [sitɑsjɔ̃] *nf (d'auteur)* Zitat *nt*; *(JUR)* Vorladung *f*.

cité [site] *nf* Stadt *f*; ~ **universitaire** Studentensiedlung *f*.

citer [site] *vt (un auteur)* zitieren; *(JUR)* vorladen.

citerne [sitɛʀn(ə)] *nf* Zisterne *f*.

citoyen, ne [sitwajɛ̃, ɛn] *nm/f* Bürger(in *f*) *m*.

citron [sitʀɔ̃] *nm* Zitrone *f*.

citrouille [sitʀuj] *nf* Kürbis *m*.

civet [sivɛ] *nm in Wein geschmortes Wild*.

civière [sivjɛʀ] *nf* Bahre *f*.
civil, e [sivil] *a* (staats)bürgerlich; *(institution)* staatlich; *(non militaire, JUR)* Zivil-, zivil; *(guerre)* Bürger-; *(poli)* höflich // *nm* Zivilist *m*; **habillé en ~** in Zivil; **mariage/enterrement ~** standesamtliche Trauung/nichtkirchliche Bestattung.
civilisation [sivilizɑsjɔ̃] *nf* Zivilisation *f*.
civilisé, e [sivilize] *a* zivilisiert.
civisme [sivism(ə)] *nm* vorbildliches staatsbürgerliches Verhalten *nt*.
claie [klɛ] *nf* Gitter *nt*.
clair, e [klɛʀ] *a* klar; *(couleur, teint, local)* hell // *ad* **voir ~** deutlich sehen // *nm*: **~ de lune** Mondschein *m*; **tirer qch au ~** etw klären; **mettre au ~** in Ordnung bringen; **le plus ~ de son temps** die meiste Zeit; **bleu/rouge ~** hellblau/-rot.
clairière [klɛʀjɛʀ] *nf* Lichtung *f*.
clairon [klɛʀɔ̃] *nm* Bügelhorn *nt*.
clairsemé, e [klɛʀsəme] *a* dünngesät.
clairvoyant, e [klɛʀvwajɑ̃, ɑ̃t] *a* klarsichtig.
clameur [klamœʀ] *nf* Lärm *m*.
clandestin, e [klɑ̃dɛstɛ̃, in] *a* geheim; *(passager)* blind; *(commerce)* Schleich-.
clapoter [klapɔte] *vi* schlagen, plätschern.
claque [klak] *nf (gifle)* Klaps *m*, Schlag *m*.
claquer [klake] *vi (drapeau)* flattern; *(coup de feu)* krachen // *vt (porte)* zuschlagen; *(doigts)* schnalzen mit.
clarifier [klaʀifje] *vt (fig)* klären.
clarinette [klaʀinɛt] *nf* Klarinette *f*.
clarté [klaʀte] *nf* Helligkeit *f*; Klarheit *f*.
classe [klɑs] *nf* Klasse *f*; *(local)* Klassenzimmer *nt*; **un (soldat de) deuxième ~** ein gemeiner Soldat; **faire la ~** unterrichten; **~ sociale** soziale Klasse *ou* Schicht *f*.
classement [klɑsmɑ̃] *nm (liste)* Einteilung *f*; *(rang)* Einstufung *f*.
classer [klɑse] *vt (papiers, idées)* einteilen; *(candidat, concurrent)* einstufen; *(JUR: affaire)* abschließen; **se ~ premier/dernier** als erste(r)/letze(r) kommen.
classeur [klɑsœʀ] *nm (cahier)* Aktenordner *m*; *(meuble)* Aktenschrank *m*.
classifier [klasifje] *vt* klassifizieren.
classique [klasik] *a* klassisch; *(traditionnel)* herkömmlich; *(habituel)* üblich.
clause [kloz] *nf* Klausel *f*.
clavecin [klavsɛ̃] *nm* Cembalo *nt*.
clavicule [klavikyl] *nf* Schlüsselbein *nt*.
clavier [klavje] *nm (de piano)* Klaviatur *f*; *(de machine)* Tastatur *f*.
clé [kle] *ou* **clef** *nf* Schlüssel *m*; *(MUS)*: **~ de sol/de fa/d'ut** Violin-/Baß-/C-Schlüssel *m*; *(de boîte de conserves)* (Dosen)öffner *m*; *(de mécanicien)* Schraubenschlüssel *m*; *(fig: solution)* Lösung *f* // *a inv*: **problème/position ~** Hauptproblem *nt*/Schlüsselstellung *f*; **~ anglaise** Engländer *m*; **~ de contact** Zündschlüssel *m*; **~ de voûte** Schlußstein *m*.
clément, e [klemɑ̃, ɑ̃t] *a* mild.
clerc [klɛʀ] *nm*: **~ de notaire/d'avoué** Notariats-/Anwaltsangestellte(r) *mf*.
clergé [klɛʀʒe] *nm* Klerus *m*.
clérical, e, aux [kleʀikal, o] *a* geistlich.
cliché [kliʃe] *nm (PHOT)* Negativ *nt*; *(LING, gén)* Klischee *nt*.
client, e [klijɑ̃, ɑ̃t] *nm/f (acheteur)* Kunde *m*, Kundin *f*; *(du docteur)* Patient(in *f*) *m*; *(de l'avocat)* Klient(in *f*) *m*; **clientèle** *nf (du magasin)* Kundschaft *f*; *(du docteur, de l'avocat)* Klientel *f*.
cligner [kliɲe] *vi*: **~ des yeux** mit den Augen zwinkern; **~ de l'œil** zwinkern.
clignotant [kliɲɔtɑ̃] *nm (AUT)* Richtungsanzeiger *m*, Blinker *m*.
clignoter [kliɲɔte] *vi (yeux)* zwinkern; *(lumière)* blinken; *(: vaciller)* flackern; *(étoile)* funkeln.
climat [klima] *nm* Klima *nt*.

climatisé, e [klimatize] *a* klimatisiert.
clin d'œil [klɛ̃dœj] *nm* Augenzwinkern *nt;* **en un** ~ im Nu.
clinique [klinik] *nf* Klinik *f.*
cliqueter [klikte] *vi* aneinanderschlagen; rasseln; klirren.
clitoris [klitɔʀis] *nm* Klitoris *f.*
clivage [klivaʒ] *nm* Kluft *f.*
clochard, e [klɔʃaʀ, aʀd(ə)] *nm/f* Stadtstreicher(in *f*) *m,* Penner *m.*
cloche [klɔʃ] *nf* Glocke *f;* *(fam)* Trottel *m;* ~ **à fromage** Käseglocke *f.*
cloche-pied [klɔʃpje]: **à** ~ *ad* auf einem Bein hüpfend.
clocher [klɔʃe] *nm* Kirchturm *m // vi* *(fam)* nicht hinhauen.
cloison [klwazɔ̃] *nf* Trennwand *f.*
cloître [klwatʀ(ə)] *nm* Kreuzgang *m.*
cloîtrer [klwatʀe] *vt:* **se** ~ sich einschließen.
cloque [klɔk] *nf* Blase *f.*
clore [klɔʀ] *vt* (ab)schließen.
clos, e [klo, oz] *a* *(fermé)* geschlossen; *(achevé)* beendet.
clôture [klotyʀ] *nf* Abschluß *m;* Schließen *nt;* *(barrière)* Einfriedung *f,* Zaun *m;*
clou [klu] *nm* Nagel *m;* **~s** *nmpl* = **passage clouté; pneus à ~s** Spikes *pl;* **le** ~ **du spectacle/de la soirée** der Höhepunkt der Veranstaltung/des Abends; ~ **de girofle** Gewürznelke *f;* **~er** *vt* fest- *ou* zunageln.
clown [klun] *nm* Clown *m.*
club [klœb] *nm* Club *m.*
coaguler [kɔagyle] *vi:* **se** ~ gerinnen.
coasser [kɔase] *vi* quaken.
cobaye [kɔbaj] *nm* Meerschweinchen *nt;* *(fig)* Versuchskaninchen *nt.*
cocagne [kɔkaɲ] *nf:* **pays de** ~ Schlaraffenland *nt.*
cocasse [kɔkas] *a* komisch, spaßig.
coccinelle [kɔksinɛl] *nf* Marienkäfer *m.*
cocher [kɔʃe] *nm* Kutscher *m // vt* abhaken.
cochère [kɔʃɛʀ] *a:* **porte** ~ Hoftor *nt.*
cochon, ne [kɔʃɔ̃, ɔn] *nm* Schwein *nt // nm/f (pej)* Schwein *// a (fam)* schmutzig, schweinisch; **cochonnerie** *nf (fam)* Schweinerei *f.*
cochonnet [kɔʃɔnɛ] *nm (BOULES)* Zielkugel *f.*
cocktail [kɔktɛl] *nm* Cocktail *m;* *(réception)* Cocktailparty *f.*
coco [koko] *nm voir* **noix;** *(fam)* Typ *m.*
cocon [kɔkɔ̃] *nm* Kokon *m.*
cocorico [kɔkɔʀiko] *excl* Kikeriki.
cocotier [kɔkɔtje] *nm* Kokospalme *f.*
cocotte [kɔkɔt] *nf (en fonte)* Kasserolle *f;* **ma** ~ *(fam)* meine Süße; ~ **(minute)** Dampfkochtopf *m.*
cocu [kɔky] *nm* betrogener Ehemann *m.*
code [kɔd] *nm (JUR)* Gesetzbuch *nt;* *(gén)* Kodex *m // a:* **(éclairage, phares)** ~**(s)** Abblendlicht *nt;* ~ **civil/pénal** Zivil-/Strafgesetzbuch *nt;* ~ **postal** Postleitzahl *f;* ~ **de la route** Straßenverkehrsordnung *f.*
coefficient [kɔefisjɑ̃] *nm* Koeffizient *m.*
cœur [kœʀ] *nm* Herz *nt;* **avoir bon/du** ~ gutherzig sein; **j'ai mal au** ~ mir ist schlecht; **apprendre/savoir par** ~ auswendig lernen/wissen; **de bon** *ou* **grand** ~ bereitwillig, gern; **avoir à** ~ **de faire qch** Wert darauf legen, etw zu tun; **cela lui tient à** ~ das liegt ihm am Herzen.
coffre [kɔfʀ(ə)] *nm (meuble)* Truhe *f;* *(d'auto)* Kofferraum *m;* *(fam)* Puste *f;* **~(-fort)** *nm* Tresor *m.*
coffret [kɔfʀɛ] *nm* Schatulle *f.*
cogner [kɔɲe] *vi* stoßen, schlagen; ~ **à la porte/fenêtre** an die Tür/ans Fenster klopfen; ~ **sur/contre** schlagen auf/gegen (+*akk*).
cohérent, e [kɔeʀɑ̃, ɑ̃t] *a* zusammenhängend; *(politique, équipe)* einheitlich.
cohue [kɔy] *nf* Menge *f.*
coi, coite [kwa, kwat] *a:* **rester** *ou* **se tenir** ~ ruhig bleiben, sich ruhig verhalten.
coiffe [kwaf] *nf (bonnet)* Haube *f.*
coiffé, e [kwafe] *a:* **bien/mal** ~

frisiert/nicht frisiert; **être ~ en arrière/en brosse** zurückgekämmtes Haar/einen Bürstenschnitt haben; **être ~ d'un béret** eine Baskenmütze tragen.
coiffer [kwafe] *vt* frisieren; *(surmonter)* bedecken; **se** ~ *(se peigner)* sich frisieren; ~ **qn de qch** jdm etw aufsetzen.
coiffeur, euse [kwafœʀ, øz] *nm/f* Friseur *m*, Friseuse *f* // *nf (table)* Frisiertisch *m*.
coiffure [kwafyʀ] *nf (cheveux)* Frisur *f*; *(chapeau)* Kopfbedeckung *f*; *(art)*: **la** ~ das Friseurhandwerk.
coin [kwɛ̃] *nm* Ecke *f*; *(outil)* Keil *m*; *(endroit)* Winkel *m*; **au ~ du feu** am Kamin; **dans le** ~ *(les alentours)* in der Umgebung; **l'épicerie du** ~ der Lebensmittelladen in der Nähe.
coincer [kwɛ̃se] *vt* klemmen; *(fam)* in die Enge treiben.
coïncidence [kɔɛ̃sidɑ̃s] *nf* Zufall *m*.
coïncider [kɔɛ̃side] *vi*: ~ **(avec)** zusammenfallen (mit).
col [kɔl] *nm* Kragen *m*; *(encolure, cou)* Hals *m*; *(de montagne)* Paß.
colère [kɔlɛʀ] *nf* Wut *f*; **en** ~ wütend; **se mettre en** ~ wütend werden; **coléreux, euse** *a*, **colérique** *a* jähzornig.
colimaçon [kɔlimasɔ̃] *nm*: **escalier en** ~ Wendeltreppe *f*.
colin [kɔlɛ̃] *nm* Seehecht *m*.
colique [kɔlik] *nf* Kolik *f*.
colis [kɔli] *nm* Paket *nt*.
collaborateur, trice [kɔlabɔʀatœʀ, tʀis] *nm/f* Mitarbeiter(in *f*) *m*; *(POL)* Kollaborateur(in *f*) *m*.
collaborer [kɔlabɔʀe] *vi* zusammenarbeiten; *(POL)* kollaborieren; ~ **à** mitarbeiten an (+*dat*).
collant, e [kɔlɑ̃, ɑ̃t] *a* klebrig; *(robe)* enganliegend; *(pej)* aufdringlich // *nm (bas)* Strumpfhose *f*; *(de danseur)* Gymnastikanzug *m*, Trikot *nt*.
collation [kɔlɑsjɔ̃] *nf* Imbiß *m*.
colle [kɔl] *nf* Klebstoff *m*; *(devinette)* harte Nuß *f*; *(SCOL: punition)* Nachsitzen *nt*.
collecte [kɔlɛkt(ə)] *nf* Sammlung *f*.
collecteur [kɔlɛktœʀ] *nm (égout)* Abwasserkanal *m*.
collectif, ive [kɔlɛktif, iv] *a* kollektiv; *(LING)* Sammel-.
collection [kɔlɛksjɔ̃] *nf* Sammlung *f*; ~ **(de mode)** Kollektion *f*; **collectionner** *vt* sammeln; **collectionneur, euse** *nm/f* Sammler(in *f*) *m*.
collectivité [kɔlɛktivite] *nf* Gemeinschaft *f*.
collège [kɔlɛʒ] *nm (école)* höhere Schule *f*; *(assemblée)* Kollegium *nt*.
collègue [kɔlɛg] *nm/f* Kollege *m*, Kollegin *f*.
coller [kɔle] *vt* kleben; *(morceaux)* zusammenkleben; *(fam: mettre)* schmeißen; *(SCOL: fam)* nachsitzen lassen // *vi (être collant)* kleben; *(fam)* hinhauen; ~ **à** kleben an (+*dat*).
collet [kɔlɛ] *nm (piège)* Falle *f*; *(cou)*: **prendre qn au** ~ jdn am Kragen packen.
collier [kɔlje] *nm (bijou)* Halskette *f*; *(de chien)* Halsband *nt*.
colline [kɔlin] *nf* Hügel *m*.
collision [kɔlizjɔ̃] *nf* Zusammenstoß *m*; **entrer en ~ (avec)** zusammenstoßen (mit).
colmater [kɔlmate] *vt* ver- *ou* zustopfen.
Cologne [kɔlɔɲ] *n* Köln *nt*.
colombe [kɔlɔ̃b] *nf* (weiße) Taube *f*.
colon [kɔlɔ̃] *nm* Siedler(in *f*) *m*.
colonel [kɔlɔnɛl] *nm* Oberst *m*.
colonie [kɔlɔni] *nf* Kolonie *f*; ~ **(de vacances)** Ferienlager *nt*.
colonne [kɔlɔn] *nf* Säule *f*; *(dans un registre; de chiffres, de journal)* Spalte *f*; *(de soldats, camions)* Kolonne *f*; ~ **de secours** Suchtrupp *m*; ~ **(vertébrale)** Wirbelsäule *f*.
colorant [kɔlɔʀɑ̃] *nm* Farbstoff *m*.
coloration [kɔlɔʀɑsjɔ̃] *nf* Färbung *f*.
colorer [kɔlɔʀe] *vt* färben.
coloris [kɔlɔʀi] *nm* Farbe *f*.
colporter [kɔlpɔʀte] *vt* hausieren mit; *(nouvelle)* verbreiten; **colporteur, euse** *nm/f* Hausierer(in *f*) *m*.
colza [kɔlza] *nm* Raps *m*.
coma [kɔma] *nm* Koma *nt*.
combat [kɔ̃ba] *nm* Kampf *m*.

combattant, e [kɔ̃batɑ̃, ɑ̃t] *nm/f* Kampfteilnehmer(in *f*) *m;* **ancien ~** Kriegsveteran *m.*
combattre [kɔ̃batʀ(ə)] *vt* bekämpfen.
combien [kɔ̃bjɛ̃] *ad (quantité)* wieviel; *(avec pl)* wieviele; *(exclamatif)* wie; **~ coûte/mesure ceci?** wieviel kostet/mißt das?; **~ de personnes** wieviele Menschen.
combinaison [kɔ̃binɛzɔ̃] *nf* Zusammenstellung *f,* Kombination *f; (de femme)* Unterrock *m; (spatiale, de scaphandrier)* Anzug *m; (de cadenas, de coffre-fort)* Kombination *f.*
combiné [kɔ̃bine] *nm (aussi:* **~ téléphonique***)* Hörer *m.*
combiner [kɔ̃bine] *vt* kombinieren, zusammenstellen; *(plan, horaire, rencontre)* planen.
comble [kɔ̃bl(ə)] *a* brechend voll // *nm (du bonheur, plaisir)* Höhepunkt *m;* **~s** *nmpl* Dachboden *m;* **de fond en ~** von oben bis unten; **c'est le ~!** das ist die Höhe!.
combler [kɔ̃ble] *vt (trou)* zumachen; *(fig: lacune, déficit)* ausgleichen; *(satisfaire)* zufriedenstellen, vollkommen glücklich machen.
combustible [kɔ̃bystibl(ə)] *nm* Brennstoff *m.*
comédie [kɔmedi] *nf* Komödie *f; (fig)* Theater *nt;* **comédien, ne** *nm/f* Schauspieler(in *f*) *m.*
comestible [kɔmɛstibl(ə)] *a* eßbar.
comique [kɔmik] *a* komisch // *nm (artiste)* Komiker(in *f*) *m.*
comité [kɔmite] *nm* Komitee *nt;* **~ d'entreprise** Betriebsrat *m.*
commandant [kɔmɑ̃dɑ̃] *nm* Kommandant *m; (NAVIG)* Fregattenkapitän *m; (AVIAT)*: **~ (de bord)** Kapitän *m.*
commande [kɔmɑ̃d] *nf (COMM)* Bestellung *f;* **~s** *nfpl (AVIAT etc)* Steuerung *f;* **sur ~** auf Befehl.
commandement [kɔmɑ̃dmɑ̃] *nm (ordre)* Befehl *m; (REL)* Gebot *nt.*
commander [kɔmɑ̃de] *vt (COMM)* bestellen; *(armée, bateau, avion)* befehligen; **~ à qn de faire qch** jdm befehlen, etw zu tun.
commando [kɔmɑ̃do] *nm* Kommandotrupp *m.*
comme [kɔm] *prep* wie; *(en tant que)* als // *ad:* **~ il est fort/c'est bon** wie stark er ist/gut das ist; **donner ~ prix** als Preis angeben // *conj (ainsi que)* wie; *(parce que, puisque)* da; *(au moment où, alors que)* als; **~ cela** *ou* **ça** so; **~ ci ~ ça** so lala; **joli/bête ~ tout** unheimlich hübsch/dumm.
commémorer *vt* gedenken *(+gen).*
commencement [kɔmɑ̃smɑ̃] *nm* Anfang *m,* Beginn *m.*
commencer [kɔmɑ̃se] *vt* anfangen; *(être placé au début de)* beginnen // *vi* anfangen, beginnen; **~ à** *ou* **de faire qch** anfangen *ou* beginnen, etw zu tun; **~ par faire qch** mit etw anfangen, etw zuerst tun.
comment [kɔmɑ̃] *ad* wie; *(que dites-vous):* **~?** wie bitte?
commentaire [kɔmɑ̃tɛʀ] *nm* Kommentar *m.*
commenter [kɔmɑ̃te] *vt* kommentieren.
commérages [kɔmeʀaʒ] *nmpl* Klatsch *m.*
commerçant, e [kɔmɛʀsɑ̃, ɑ̃t] *a (ville)* Handels-; *(rue)* Geschäfts- // *nm/f* Kaufmann *m,* Händler(in *f*) *m.*
commerce [kɔmɛʀs(ə)] *nm (activité)* Handel *m; (boutique)* Geschäft *nt,* Laden *m; (fig: rapports)* Umgang *m;* **commercial, e, aux** *a* Handels-; **commercialiser** *vt* auf den Markt bringen.
commère [kɔmɛʀ] *nf* Klatschbase *f.*
commettre [kɔmɛtʀ(ə)] *vt* begehen.
commis [kɔmi] *nm (de magasin)* Verkäufer(in *f*) *m; (de banque)* Angestellte(r) *mf;* **~ voyageur** Handelsreisende(r) *mf.*
commisération [kɔmizeʀɑsjɔ̃] *nf* Mitleid *nt.*
commissaire [kɔmisɛʀ] *nm (de police)* Kommissar(in *f*) *m;* **~-priseur** *nm* Versteigerer *m.*
commissariat [kɔmisaʀja] *nm (de police)* Polizeiwache *f.*
commission [kɔmisjɔ̃] *nf* Kommission *f; (message)* Auftrag *m;* Botschaft *f;* **~s** *nfpl (achats)* Einkäufe *pl.*

commissure [kɔmisyʀ] *nf:* ~ **des lèvres** Mundwinkel *m.*
commode [kɔmɔd] *a (pratique)* praktisch; *(facile)* leicht, bequem; *(personne)* umgänglich // *nf* Kommode *f.*
commotion [kɔmosjɔ̃] *nf:* ~ **(cérébrale)** Gehirnerschütterung *f.*
commuer [kɔmɥe] *vt* umwandeln.
commun, e [kɔmœ̃, yn] *a* gemeinsam; gewöhnlich // *nf (ADMIN)* Gemeinde *f;* ~**s** *nmpl (bâtiments)* Nebengebäude *pl;* **le ~ des mortels** der Durchschnittsmensch, die Allgemeinheit; **en ~** *(faire)* gemeinsam; *(mettre)* zusammen; **communal, e, aux** *a (ADMIN)* Gemeinde-.
communauté [kɔmynote] *nf* Gemeinde *f; (monastère)* (Ordens)gemeinschaft *f; (JUR)*: **régime de la ~** gemeinsamer Güterstand *m.*
commune [kɔmyn] *a, nf voir* **commun.**
communication [kɔmynikɑsjɔ̃] *nf* Kommunikation *f,* Verständigung *f; (message)* Mitteilung *f; (: téléphonique)* Verbindung *f;* (Telefon)gespräch *nt;* ~**s** *nfpl (routes, téléphone etc)* Verbindungen *pl,* Verkehr *m.*
communier [kɔmynje] *vi (REL)* die Kommunion empfangen; das Abendmahl empfangen.
communion [kɔmynjɔ̃] *nf (REL) (catholique)* Kommunion *f; (protestant)* Abendmahl *nt; (fig)* Verbundenheit *f.*
communiqué [kɔmynike] *nm* Kommuniqué *nt,* (amtliche) Verlautbarung *f.*
communiquer [kɔmynike] *vt (nouvelle)* mitteilen; *(demande)* übermitteln; *(dossier)* übergeben; *(chaleur)* übertragen; *(maladie, peur etc):* ~ **qch à qn** etw auf jdn übertragen, jdn mit etw anstecken // *vi (salles)* verbunden sein; ~ **avec** *(sujet: salle)* verbunden sein mit; **se ~ à** übergreifen auf *(+akk).*
communisme [kɔmynism(ə)] *nm* Kommunismus *m;* **communiste** [kɔmynist(ə)] *nm/f* Kommunist(in *f*) *m.*
commutateur [kɔmytatœʀ] *nm (ELEC)* Schalter *m.*
compact, e [kɔ̃pakt, akt(ə)] *a* kompakt, dicht, fest.
compagne [kɔ̃paɲ] *nf voir* **compagnon.**
compagnie [kɔ̃paɲi] *nf* Gesellschaft *f; (MIL)* Kompanie *f;* **en ~ de** in Gesellschaft *ou* Begleitung von; **fausser ~ à qn** jdm entwischen; **tenir ~ à qn** jdm Gesellschaft leisten.
compagnon [kɔ̃paɲɔ̃], **compagne** [kɔ̃paɲ] *nm/f (de voyage)* Gefährte *m,* Gefährtin *f,* Begleiter(in *f*) *m; (de classe)* Kamerad(in *f*)*m; (partenaire)* Partner(in *f*)*m.*
comparable [kɔ̃paʀabl(ə)] *a:* ~ **(à)** vergleichbar (mit).
comparaison [kɔ̃paʀɛzɔ̃] *nf* Vergleich *m.*
comparaître [kɔ̃paʀɛtʀ(ə)] *vi:* ~ **(devant)** erscheinen (vor).
comparer [kɔ̃paʀe] *vt:* ~ **(à** *ou* **et)** vergleichen (mit).
compartiment [kɔ̃paʀtimɑ̃] *nm (de train)* Abteil *nt; (case)* Fach *nt.*
comparution [kɔ̃paʀysjɔ̃] *nf* Erscheinen *nt* (vor Gericht).
compas [kɔ̃pa] *nm (MATH)* Zirkel *m; (NAVIG)* Kompaß *m.*
compassé, e [kɔ̃pɑse] *a* steif, förmlich.
compassion [kɔ̃pɑsjɔ̃] *nf* Mitgefühl *nt.*
compatible [kɔ̃patibl(ə)] *a:* ~ **(avec)** vereinbar (mit).
compatir [kɔ̃patiʀ] *vi:* ~ **à** Anteil nehmen an *(+dat).*
compatriote [kɔ̃patʀijɔt] *nm/f* Landsmann *m*/-männin *f.*
compenser [kɔ̃pɑ̃se] *vt* ausgleichen.
compétent, e [kɔ̃petɑ̃, ɑ̃t] *a (apte)* fähig; *(expert)* kompetent, sachverständig; *(JUR)* zuständig.
compétition [kɔ̃petisjɔ̃] *nf* Konkurrenz *f,* Wettbewerb *m; (SPORT)* Wettkampf *m.*
compiler [kɔ̃pile] *vt* zusammenstellen.
complainte [kɔ̃plɛ̃t] *nf* Klage *f.*
complaire [kɔ̃plɛʀ]: **se ~** *vi:* **se ~**

dans Gefallen finden an *(+dat)*; **se ~ parmi** sich wohl fühlen bei.

complaisance [kɔ̃plɛzɑ̃s] *nf* Zuvorkommenheit *f*, Gefälligkeit *f*; *(pej)* Nachsichtigkeit *f*; **certificat de ~** aus Gefälligkeit ausgestellte Bescheinigung.

complaisant, e [kɔ̃plɛzɑ̃, ɑ̃t] *a* gefällig, zuvorkommend; *(pej)* nachsichtig.

complément [kɔ̃plemɑ̃] *nm* Ergänzung *f*.

complet, ète [kɔ̃plɛ, ɛt] *a (plein)* voll; *(total)* völlig, total; *(entier)* vollständig, komplett // *nm (costume)* Anzug *m*; **compléter** *vt (série, collection)* vervollständigen; *(études)* abschließen; *(former le pendant de)* ergänzen.

complexe [kɔ̃plɛks(ə)] *a* kompliziert, komplex // *nm* Komplex *m*.

complice [kɔ̃plis] *nm* Komplize *m*, Komplizin *f*, Mittäter(in *f*) *m*.

compliment [kɔ̃plimɑ̃] *nm* Kompliment *nt*; **~s** *nmpl* Glückwünsche *pl*.

compliquer [kɔ̃plike] *vt* komplizieren.

complot [kɔ̃plo] *nm* Komplott *nt*, Verschwörung *f*.

comportement [kɔ̃pɔʀtəmɑ̃] *nm* Verhalten *nt*.

comporter [kɔ̃pɔʀte] *vt* sich zusammensetzen aus, haben; **se ~** *vi* sich verhalten.

composante [kɔ̃pozɑ̃t] *nf* Komponente *f*.

composé, e [kɔ̃poze] *a* zusammengesetzt; *(visage, air)* einstudiert, affektiert // *nm* Mischung *f*, Verbindung *f*; **~ de** zusammengesetzt *ou* bestehend aus.

composer [kɔ̃poze] *vt (musique)* komponieren; *(mélange, équipe)* zusammenstellen, bilden; *(texte)* abfassen; *(faire partie de)* bilden, ausmachen // *vi (transiger)* sich abfinden; **se ~ de** sich zusammensetzen aus, bestehen aus; **~ un numéro** *(TEL)* eine Nummer wählen.

composite [kɔ̃pozit] *a* verschiedenartig.

compositeur, trice [kɔ̃pozitœʀ, tʀis] *nm/f (MUS)* Komponist(in *f*) *m*; *(TYP)* Setzer(in *f*) *m*.

composition [kɔ̃pozisjɔ̃] *nf* Zusammensetzung *f*, Aufbau *m*; *(style, arrangement)* Stil *m*, Komposition *f*; *(SCOL)* Schulaufgabe *f*; *(MUS)* Komposition *f*; *(TYP)* Setzen *nt*; **de bonne ~** *(accommodant)* verträglich.

composteur [kɔ̃pɔstœʀ] *nm* Entwerter *m*.

compote [kɔ̃pɔt] *nf* Kompott *nt*; **compotier** *nm* Kompottschale *f*.

compréhensible [kɔ̃pʀeɑ̃sibl(ə)] *a* verständlich.

compréhensif, ive [kɔ̃pʀeɑ̃sif, iv] *a* verständnisvoll.

compréhension [kɔ̃pʀeɑ̃sjɔ̃] *nf* Verständnis *nt*.

comprendre [kɔ̃pʀɑ̃dʀ(ə)] *vt* verstehen; *(se composer de)* umfassen, enthalten.

compresse [kɔ̃pʀɛs] *nf* Kompresse *f*, Umschlag *m*.

compression [kɔ̃pʀesjɔ̃] *nf (voir* **comprimer**) Kompression *f*, Verdichtung *f*; Zusammenpressen *nt*; Kürzung *f*; Verringerung *f*.

comprimé, e [kɔ̃pʀime] *a*: **air ~** Preßluft *f* // *nm* Tablette *f*.

comprimer [kɔ̃pʀime] *vt (air)* komprimieren, verdichten; *(substance)* zusammenpressen; *(crédit)* kürzen, einschränken; *(effectifs)* verringern.

compris, e [kɔ̃pʀi, iz] *a (inclus)* enthalten, einbezogen; *(COMM: service, frais)* inbegriffen *ad*, inklusive *ad*; **~ entre** *(situé)* gelegen zwischen; **la maison ~e, y ~ la maison** einschließlich des Hauses *ou* mit(samt) dem Haus; **la maison non ~e, non ~ la maison** das Haus nicht mitgerechnet *ou* ohne das Haus; **100 F tout ~** alles in allem 100 F.

compromettre [kɔ̃pʀɔmɛtʀ(ə)] *vt (personne)* kompromittieren; *(plan, chances)* gefährden.

compromis [kɔ̃pʀɔmi] *nm* Kompromiß *m*.

comptabilité [kɔ̃tabilite] *nf (activité, technique)* Buchführung *f*, Buchhal-

tung *f; (comptes)* Geschäftsbücher *pl; (service)* Buchhaltung *f.*
comptable [kɔ̃tabl(ə)] *nm/f* Buchhalter(in *f*) *m.*
comptant [kɔ̃tɑ̃] *ad:* **payer ~** gegen bar kaufen; **acheter ~** bar (be)zahlen.
compte [kɔ̃t] *nm* Zählung *f; (total, montant)* Betrag *m,* Summe *f; (bancaire)* Konto *nt; (facture)* Rechnung *f;* **~s** *nmpl* Geschäftsbücher *pl;* **à bon ~** günstig; **avoir son ~** genug haben; **en fin de ~** letztlich; **pour le ~ de qn** für jdn; **travailler à son ~** selbständig sein; **rendre ~ (à qn) de qch** (jdm) über etw *(akk)* Rechenschaft ablegen; **~ chèques postaux (C.C.P.)** Postscheckkonto *nt;* **~ courant** Girokonto *nt;* **~ de dépôt** Sparkonto *nt;* **~ à rebours** Countdown *nt ou m.*
compte-gouttes [kɔ̃tgut] *nm inv* Tropfenzähler *m.*
compter [kɔ̃te] *vt* zählen; *(facturer)* berechnen; *(avoir à son actif)* (für sich) verbuchen; *(comporter)* haben; *(espérer):* **~ réussir/revenir** hoffen *ou* damit rechnen, Erfolg zu haben/wiederzukehren // *vi (calculer)* zählen, rechnen; *(être économe)* rechnen, haushalten; *(être non négligeable)* zählen, wichtig sein; *(valoir):* **~ pour rien** nichts gelten; *(figurer):* **~ parmi** zählen zu; **~ sur** *vt* rechnen mit, sich verlassen auf *(+akk);* **~ avec/sans qch/qn** mit etw/jdm rechnen/nicht rechnen; **sans ~ que** abgesehen davon, daß.
compte-rendu [kɔ̃tʀɑ̃dy] *nm* (Rechenschafts)bericht *m.*
compte-tours [kɔ̃ttuʀ] *nm inv* Drehzahlmesser *m,* Tourenzähler *m.*
compteur [kɔ̃tœʀ] *nm* Zähler *m.*
comptine [kɔ̃tin] *nf* Abzählreim *m.*
comptoir [kɔ̃twaʀ] *nm (de magasin)* Ladentisch *m; (de café)* Theke *f.*
compulser [kɔ̃pylse] *vt* konsultieren.
comte, comtesse [kɔ̃t, kɔ̃tɛs] *nm/f* Graf *m,* Gräfin *f.*
concéder [kɔ̃sede] *vt:* **~ qch à qn** jdm etw zugestehen; **~ que** zugeben, daß; **~ la défaite** sich geschlagen geben.
concentration [kɔ̃sɑ̃tʀasjɔ̃] *nf* Konzentration *f.*
concentrer [kɔ̃sɑ̃tʀe] *vt* konzentrieren; *(pouvoirs)* vereinigen, vereinen; *(population)* versammeln; **se ~** *vi* sich konzentrieren.
concept [kɔ̃sɛpt] *nm* Begriff *m.*
conception [kɔ̃sɛpsjɔ̃] *nf (voir* **concevoir**) Konzeption *f;* Empfängnis *f.*
concerner [kɔ̃sɛʀne] *vt* angehen, betreffen; **en ce qui concerne...** bezüglich *ou* hinsichtlich *(+gen).*
concert [kɔ̃sɛʀ] *nm* Konzert *nt;* **de ~** *ad* in Übereinstimmung, gemeinsam.
concerter [kɔ̃sɛʀte] *vt:* **se ~** sich absprechen.
concession [kɔ̃sesjɔ̃] *nf* Zugeständnis *nt; (terrain, exploitation)* Konzession *f.*
concevoir [kɔ̃s(ə)vwaʀ] *vt* sich *(dat)* ausdenken, konzipieren; *(enfant)* empfangen.
concierge [kɔ̃sjɛʀʒ(ə)] *nm/f* Hausmeister(in *f*) *m,* Pförtner(in *f*) *m.*
concile [kɔ̃sil] *nm* Konzil *nt.*
conciliabules [kɔ̃siljabyl] *nmpl* vertrauliche Unterredung *f.*
concilier [kɔ̃silje] *vt* in Einklang bringen, miteinander vereinbaren; **se ~ qn/l'appui de qn** jdn für sich/jds Unterstützung gewinnen.
concis, e [kɔ̃si, iz] *a* kurz, knapp, präzis(e).
concitoyen, ne [kɔ̃sitwajɛ̃, jɛn] *nm/f* Mitbürger(in *f*) *m.*
concluant, e [kɔ̃klyɑ̃, ɑ̃t] *a* schlüssig, überzeugend.
conclure [kɔ̃klyʀ] *vt* schließen; *(déduire):* **~ qch de qch** etw aus etw *(dat)* schließen *ou* folgern; **~ à** *vt* sich aussprechen für.
conclusion [kɔ̃klyzjɔ̃] *nf* Schluß *m.*
concombre [kɔ̃kɔ̃bʀ(ə)] *nm* (Salat)gurke *f.*
concordance [kɔ̃kɔʀdɑ̃s] *nf* Übereinstimmung *f;* **la ~ des temps** die Zeitenfolge.
concorde [kɔ̃kɔʀd(ə)] *nf* Eintracht *f.*

concorder [kɔ̃kɔʀde] *vi* übereinstimmen.
concourir [kɔ̃kuʀiʀ] *vi:* ~ **à** *vt* beitragen zu.
concours [kɔ̃kuʀ] *nm (SPORT)* Wettkampf *m; (gén)* Wettbewerb *m; (SCOL)* (Auswahl)prüfung *f; (assistance)* Hilfe *f,* Unterstützung *f;* **apporter son ~ à** beitragen zu; ~ **de circonstances** Zusammentreffen *nt* von Umständen.
concret, ète [kɔ̃kʀɛ, ɛt] *a* konkret.
conçu, e [kɔ̃sy] *pp de* **concevoir.**
concubinage [kɔ̃kybinaʒ] *nm* eheähnliche Gemeinschaft *f.*
concurremment [kɔ̃kyʀamɑ̃] *ad* gleichzeitig.
concurrence [kɔ̃kyʀɑ̃s] *nf* Konkurrenz *f;* **jusqu'à ~ de** bis zur Höhe von; ~ **déloyale** unlauterer Wettbewerb *m.*
concurrent, e [kɔ̃kyʀɑ̃, ɑ̃t] *nm/f (SPORT)* Teilnehmer(in *f*) *m; (ECON etc)* Konkurrent(in *f*) *m.*
condamnation [kɔ̃dɑnɑsjɔ̃] *nf* Verurteilung *f.*
condamner [kɔ̃dɑne] *vt* verurteilen; *(porte, ouverture)* zumauern; *(malade)* aufgeben; *(obliger):* ~ **qn à qch** jdn zu etw verurteilen; ~ **qn à faire qch** jdn dazu verurteilen *ou* verdammen, etw zu tun; ~ **qn à 2 ans de prison** jdn zu 2 Jahren Freiheitsentzug verurteilen.
condensateur [kɔ̃dɑ̃satœʀ] *nm* Kondensator *m.*
condenser [kɔ̃dɑ̃se] *vt (discours, texte)* zusammenfassen; *(gaz etc)* kondensieren; **se ~** *vi* kondensieren.
condescendre [kɔ̃desɑ̃dʀ(ə)] *vi:* ~ **à qch** sich zu etw herbei- *ou* herablassen.
condiment [kɔ̃dimɑ̃] *nm* Gewürz *nt.*
condisciple [kɔ̃disipl(ə)] *nm/f* Schulkamerad(in *f*) *m.*
condition [kɔ̃disjɔ̃] *nf* Bedingung *f; (rang social)* Stand *m,* Rang *m;* ~**s** *nfpl* Bedingungen *pl;* **sans ~** bedingungslos; **sous ~ de/que** unter dem Vorbehalt, daß; **à ~ de/que** vorausgesetzt, daß.
conditionné, e [kɔ̃disjɔne] *a:* **air ~** Klimaanlage *f.*
conditionnel, le [kɔ̃disjɔnɛl] *a* bedingt // *nm* Konditional *nt.*
conditionnement [kɔ̃disjɔnmɑ̃] *nm (emballage)* Verpackung *f.*
conditionner [kɔ̃disjɔne] *vt (déterminer)* bestimmen; *(COMM: produit)* verpacken, präsentieren.
condoléances [kɔ̃dɔleɑ̃s] *nfpl* Kondolenz *f,* Beileid *nt.*
conducteur, trice [kɔ̃dyktœʀ, tʀis] *a (ELEC)* leitend // *nm/f (de véhicule)* Fahrer(in *f*) *m.*
conduire [kɔ̃dɥiʀ] *vt* führen; *(véhicule)* fahren; ~ **à** *(fig)* führen zu *(+dat);* **se ~** *vi* sich benehmen, sich betragen.
conduit [kɔ̃dɥi] *nm (TECH)* Leitung *f,* Rohr *nt; (ANAT)* Gang *m,* Kanal *m.*
conduite [kɔ̃dɥit] *nf (comportement)* Verhalten *nt,* Benehmen *nt; (d'eau, gaz)* Rohr *nt;* ~ **à gauche** *(AUT)* Linkssteuerung *f;* ~ **intérieure** Limousine *f.*
cône [kon] *nm* Kegel *m.*
confection [kɔ̃fɛksjɔ̃] *nf (fabrication)* Herstellung *f; (en couture):* **la ~** die Konfektion, die Bekleidungsindustrie.
confectionner [kɔ̃fɛksjɔne] *vt* herstellen.
confédération [kɔ̃fedeʀɑsjɔ̃] *nf (POL)* Bündnis *nt,* Bund *m,* Konföderation *f.*
conférence [kɔ̃feʀɑ̃s] *nf (exposé)* Vortrag *m; (pourparlers)* Konferenz *f;* ~ **de presse** Pressekonferenz *f.*
conférer [kɔ̃feʀe] *vt:* ~ **qch à qn/qch** jdm/einer Sache etw verleihen.
confesser [kɔ̃fese] *vt* gestehen, zugeben; *(REL)* beichten; **se ~** *(REL)* beichten; **confesseur** *nm* Beichtvater *m.*
confession [kɔ̃fɛsjɔ̃] *nf (REL)* Beichte *f; (culte)* Konfession *f,* (Glaubens)bekenntnis *nt;* **confessionnal, aux** *nm* Beichtstuhl *m.*
confiance [kɔ̃fjɑ̃s] *nf* Vertrauen *nt;* **avoir ~ en** Vertrauen haben zu, vertrauen *(+dat);* **question/vote de**

~ Vertrauensfrage *f*/-votum *nt*.
confiant, e [kɔ̃fjɑ̃, ɑ̃t] *a* vertrauensvoll.
confidence [kɔ̃fidɑ̃s] *nf*: **une** ~ eine vertrauliche Mitteilung.
confidentiel, le [kɔ̃fidɑ̃sjɛl] *a* vertraulich.
confier [kɔ̃fje] *vt*: ~ **qch à qn** *(en dépôt, garde)* jdm etw anvertrauen; *(travail, responsabilité)* jdn mit etw betrauen; **se** ~ **à qn** sich jdm anvertrauen.
configuration [kɔ̃figyʀɑsjɔ̃] *nf* Beschaffenheit *f*.
confiné, e [kɔ̃fine] *a* *(air)* verbraucht.
confiner [kɔ̃fine]: ~ **à** *vt* grenzen an *(+akk)*; **se** ~ **dans/à** sich zurückziehen in *(+akk)*/sich beschränken auf *(+akk)*.
confins [kɔ̃fɛ̃] *nmpl*: **aux** ~ **de** *(deux régions)* an der Grenze zwischen *(+dat)*.
confirmer [kɔ̃fiʀme] *vt* bestätigen.
confiserie [kɔ̃fizʀi] *nf* *(magasin)* Süßwarenladen *m*; *(bonbon)* Süßigkeit *f*.
confiseur, euse [kɔ̃fizœʀ, øz] *nm/f* Konditor *m*.
confisquer [kɔ̃fiske] *vt* beschlagnahmen, konfiszieren.
confit, e [kɔ̃fi, it] *a*: **fruits** *mpl* **~s** kandierte Früchte *pl* // *nm*: ~ **d'oie** eingemachte *ou* eingelegte Gans *f*.
confiture [kɔ̃fityʀ] *nf* Marmelade *f*.
conflit [kɔ̃fli] *nm* Konflikt *m*.
confluent [kɔ̃flyɑ̃] *nm* Zusammenfluß *m*.
confondre [kɔ̃fɔ̃dʀ(ə)] *vt* *(jumeaux)* verwechseln; *(dates, faits)* durcheinanderbringen; *(témoin)* verwirren, aus der Fassung bringen; *(menteur)* der Lüge überführen; **se** ~ **en excuses** sich vielmals entschuldigen.
conforme [kɔ̃fɔʀm(ə)] *a*: ~ **à** entsprechend *(+dat)*; übereinstimmend mit; **copie certifiée** ~ beglaubigte Abschrift *f*.
conformément [kɔ̃fɔʀmemɑ̃] *ad*: ~ **à** entsprechend *(+dat)*, gemäß *(+dat)*.
conformer [kɔ̃fɔʀme] *vt*: ~ **qch à** etw anpassen an *(+akk)*; **se** ~ **à** sich anpassen an *(+akk)*, sich richten nach.
conformisme [kɔ̃fɔʀmism(ə)] *nm* Konformismus *m*.
conformité [kɔ̃fɔʀmite] *nf* Übereinstimmung *f*.
confort [kɔ̃fɔʀ] *nm* Komfort *m*; **tout** ~ *(COMM)* mit allem Komfort.
confortable [kɔ̃fɔʀtabl(ə)] *a* *(fauteuil etc)* bequem; *(hôtel)* komfortabel; *(somme)* ausreichend.
confrère [kɔ̃fʀɛʀ] *nm* (Berufs)kollege *m*.
confronter [kɔ̃fʀɔ̃te] *vt* gegenüberstellen.
confus, e [kɔ̃fy, yz] *a* *(vague)* wirr, verworren; *(embarrassé)* verwirrt, verlegen.
congé [kɔ̃ʒe] *nm* *(vacances)* Urlaub *m*; *(avis de départ)* Kündigung *f*; **en** ~ im Urlaub; **j'ai deux semaines/un jour de** ~ ich habe zwei Wochen Urlaub/einen Tag frei; **donner son** ~ **à qn** jdm kündigen; **être en** ~ **de maladie** krankgeschrieben sein; **prendre** ~ **de qn** sich von jdm verabschieden; **~s payés** bezahlter Urlaub.
congédier [kɔ̃ʒedje] *vt* entlassen.
congélateur [kɔ̃ʒelatœʀ] *nm* *(armoire)* Gefriertruhe *f*; *(compartiment)* Tiefkühlfach *nt*.
congeler [kɔ̃ʒle] *vt* einfrieren.
congénère [kɔ̃ʒenɛʀ] *nm/f* Artgenosse *m*, -genossin *f*.
congénital, e, aux [kɔ̃ʒenital, o] *a* angeboren.
congère [kɔ̃ʒɛʀ] *nf* Schneewehe *f*.
congestion [kɔ̃ʒɛstjɔ̃] *nf* Stau *m*; ~ **pulmonaire/cérébrale** Lungenentzündung *f*/Schlaganfall *m*.
congestionner [kɔ̃ʒɛstjɔne] *vt* *(rue)* verstopfen; **être congestionné(e)** *(personne)* ein rotes Gesicht haben; *(visage)* rot (angelaufen) sein.
congrégation [kɔ̃gʀegɑsjɔ̃] *nf* Bruderschaft *f*.
congrès [kɔ̃gʀɛ] *nm* Kongreß *m*, Tagung *f*.
congru, e [kɔ̃gʀy] *a*: **portion ~e**

sehr geringer Lohn *m*.
conifère [kɔnifɛʀ] *nm* Nadelbaum *m*.
conique [kɔnik] *a* konisch, kegelförmig.
conjecture [kɔ̃ʒɛktyʀ] *nf* Vermutung *f*.
conjoint, e [kɔ̃ʒwɛ̃, wɛ̃t] *a* gemeinsam // *nm/f (époux)* Ehegatte *m*, -gattin *f*.
conjonction [kɔ̃ʒɔ̃ksjɔ̃] *nf (LING)* Konjunktion *f*, Bindewort *nt*.
conjonctivite [kɔ̃ʒɔ̃ktivit] *nf* Bindehautentzündung *f*.
conjoncture [kɔ̃ʒɔ̃ktyʀ] *nf* Umstände *pl*, Lage *f*; *(ECON)* Konjunktur *f*.
conjugaison [kɔ̃ʒygɛzɔ̃] *nf (LING)* Konjugation *f*.
conjugal, e, aux [kɔ̃ʒygal, o] *a* ehelich.
conjuguer [kɔ̃ʒyge] *vt (LING)* konjugieren, beugen; *(efforts etc)* vereinigen.
conjuré, e [kɔ̃ʒyʀe] *nm/f* Verschwörer(in *f*) *m*.
conjurer [kɔ̃ʒyʀe] *vt (sort, maladie)* abwenden; ~ **qn de faire qch** jdn beschwören, etw zu tun.
connaissance [kɔnɛsɑ̃s] *nf (personne connue)* Bekanntschaft *f*, Bekannte(r) *mf*; ~**s** *nfpl* Wissen *nt*, Kenntnisse *pl*; **être sans/perdre** ~ bewußtlos sein/werden; **à ma/sa** ~ meines Wissens, soviel ich/er weiß; **en** ~ **de cause** in Kenntnis der Sachlage; **avoir** ~ **de** *(fait, document)* Kenntnis haben von; **prendre** ~ **de** *(fait)* zur Kenntnis nehmen *(+akk)*; *(document)* durchlesen *(+akk)*.
connaisseur, euse [kɔnɛsœʀ, øz] *nm/f* Kenner(in *f*) *m*.
connaître [kɔnɛtʀ(ə)] *vt* kennen; ~ **le succès/une fin tragique** Erfolg haben/ein tragisches Ende erleben; ~ **qn de nom/vue** jdn dem Namen nach/vom Sehen kennen; **ils se sont connus à Stuttgart** sie haben sich in Stuttgart kennengelernt.
connecter [kɔnɛkte] *vt* anschließen.
connu, e [kɔny] *a* bekannt.
conquérant, e [kɔ̃keʀɑ̃, ɑ̃t] *nm/f* Eroberer *m*, Eroberin *f*.
conquérir [kɔ̃keʀiʀ] *vt* erobern; *(droit)* erwerben, erkämpfen.
conquête [kɔ̃kɛt] *nf* Eroberung *f*.
consacré, e [kɔ̃sakʀe] *a*: ~ **à** gewidmet *(+dat)*.
consacrer [kɔ̃sakʀe] *vt (REL)* weihen; *(sujet: usage etc)* sanktionieren; *(employer)*: ~ **qch à qch** etw einer Sache *(dat)* widmen; ~ **son temps/argent à faire qch** seine Zeit darauf/sein Geld dazu verwenden, etw zu tun; **se** ~ **à qch** sich einer Sache *(dat)* widmen.
consanguin, e [kɔ̃sɑ̃gɛ̃, in] *a* blutsverwandt.
conscience [kɔ̃sjɑ̃s] *nf (sentiment, perception)* Bewußtsein *nt*; *(siège du jugement moral)* Gewissen *nt*; **avoir/prendre** ~ **de qch** sich *(dat)* einer Sache *(gen)* bewußt sein/werden; **perdre** ~ das Bewußtsein verlieren, ohnmächtig werden; **avoir bonne/mauvaise** ~ ein gutes/schlechtes Gewissen haben; ~ **professionnelle** Berufsethos *nt*.
consciencieux, ieuse [kɔ̃sjɑ̃sjø, jøz] *a* gewissenhaft.
conscient, e [kɔ̃sjɑ̃, ɑ̃t] *a (MED)* bei Bewußtsein; ~ **de qch** einer Sache *(gen)* bewußt.
conscrit [kɔ̃skʀi] *nm (MIL)* Rekrut *m*.
consécration [kɔ̃sekʀɑsjɔ̃] *nf (REL)* Weihe *f*; *(confirmation)* Sanktionierung *f*.
consécutif, ive [kɔ̃sekytif, iv] *a* aufeinanderfolgend; ~ **à qch** nach etw.
conseil [kɔ̃sɛj] *nm (avis)* Rat *m*, Ratschlag *m*; *(assemblée)* Rat *m*, Versammlung *f*; **tenir** ~ sich beraten; *(se réunir)* eine Sitzung abhalten; **prendre** ~ **(auprès de qn)** sich *(dat)* (bei jdm) Rat holen; ~ **d'administration** Aufsichtsrat *m*; ~ **municipal** Stadt- *ou* Gemeinderat *m*; ~ **de discipline** Disziplinargericht *nt*; ~ **des ministres** Ministerrat *m*.
conseiller [kɔ̃seje] *vt*: ~ **qn** jdn beraten, jdm einen Rat geben; ~

qch à qn jdm etw *(akk)* raten *ou* empfehlen, jdm zu etw *(dat)* raten.
conseiller, ère [kɔ̃seje, ɛʀ] *nm/f* Ratgeber(in *f*) *m*, Berater(in *f*) *m*; ~ **municipal(e)** *nm/f* Stadtrat *m*, -rätin *f*.
consentement [kɔ̃sɑ̃tmɑ̃] *nm* Zustimmung *f*, Einwilligung *f*.
consentir [kɔ̃sɑ̃tiʀ] *vt*: ~ **à qch** einer Sache zustimmen, in etw *(akk)* einwilligen; ~ **à faire qch** sich einverstanden erklären, etw zu tun.
conséquence [kɔ̃sekɑ̃s] *nf* Folge *f*, Konsequenz *f*; **en** ~ *(donc)* folglich; *(de façon appropriée)* entsprechend; **tirer/ne pas tirer à** ~ Folgen/keine Folgen haben.
conséquent, e [kɔ̃sekɑ̃, ɑ̃t] *a* konsequent; **par** ~ folglich.
conservateur, trice [kɔ̃sɛʀvatœʀ, tʀis] *a (traditionaliste)* konservativ // *nm (de musée)* Kustos *m*.
conservation [kɔ̃sɛʀvɑsjɔ̃] *nf (préservation)* Erhaltung *f*; *(d'aliments)* Konservierung *f*; Einmachen *nt*.
conservatoire [kɔ̃sɛʀvatwaʀ] *nm (de musique)* Konservatorium *nt*.
conserve [kɔ̃sɛʀv(ə)] *nf (gén pl: aliments)* Konserve *f*; **en** ~ Dosen-, Büchsen-; **de** ~ *(ensemble)* gemeinsam.
conserver [kɔ̃sɛʀve] *vt (aliments)* konservieren, einmachen; *(amis, espoir)* behalten; *(habitude)* beibehalten; **bien conservé(e)** gut erhalten.
considérable [kɔ̃sideʀabl(ə)] *a* beträchtlich.
considération [kɔ̃sideʀɑsjɔ̃] *nf* Überlegung *f*; *(idée)* Gedanke *m*; *(estime)* Achtung *f*; **prendre en** ~ in Erwägung ziehen, bedenken.
considérer [kɔ̃sideʀe] *vt (étudier, regarder)* betrachten; *(tenir compte de)* bedenken, berücksichtigen; *(estimer)*: ~ **que** meinen, daß; *(juger)*: ~ **qch comme** etw halten für.
consigne [kɔ̃siɲ] *nf (de bouteilles, d'emballages)* Pfand *nt*; *(de gare)* Gepäckaufbewahrung *f*; *(SCOL, MIL)* Arrest *m*.
consigner [kɔ̃siɲe] *vt (noter)* notieren; *(soldat, élève)* Arrest geben *(+dat)*; *(emballage)* ein Pfand berechnen für.
consistance [kɔ̃sistɑ̃s] *nf (d'une substance)* Konsistenz *f*.
consistant, e [kɔ̃sistɑ̃, ɑ̃t] *a* fest.
consister [kɔ̃siste] *vi*: ~ **en** bestehen aus; ~ **à faire qch** darin bestehen, etw zu tun.
consœur [kɔ̃sœʀ] *nf* (Berufs)kollegin *f*.
consolation [kɔ̃sɔlɑsjɔ̃] *nf* Trost *m*.
console [kɔ̃sɔl] *nf (d'ordinateur)* Kontrollpult *nt*.
consoler [kɔ̃sɔle] *vt (personne)* trösten; **se** ~ **(de qch)** (über etw *akk)* hinwegkommen.
consolider [kɔ̃sɔlide] *vt (maison)* befestigen; *(meuble)* verstärken.
consommateur, trice [kɔ̃sɔmatœʀ, tʀis] *nm/f (ECON)* Verbraucher(in *f*) *m*, Konsument(in *f*) *m*; *(dans un café)* Gast *m*.
consommation [kɔ̃sɔmɑsjɔ̃] *nf (boisson)* Verzehr *m*, Getränk *nt*; ~ **de 10 litres aux 100 km** (Treibstoff)verbrauch *m* von 10 l auf 100 km.
consommé, e [kɔ̃sɔme] *a* vollendet, vollkommen // *nm (potage)* Kraftbrühe *f*.
consommer [kɔ̃sɔme] *vt* verbrauchen // *vi (dans un café)* etwas verzehren *ou* zu sich nehmen.
consonne [kɔ̃sɔn] *nf* Konsonant *m*, Mitlaut *m*.
conspirer [kɔ̃spiʀe] *vi* sich verschwören.
conspuer [kɔ̃spɥe] *vt* ausbuhen, auspfeifen.
constamment [kɔ̃stamɑ̃] *ad* andauernd.
constant, e [kɔ̃stɑ̃, ɑ̃t] *a (personne)* standhaft; *(efforts)* beständig; *(température)* gleichbleibend; *(augmentation)* konstant.
constat [kɔ̃sta] *nm* Protokoll *nt*; Bericht *m*.
constater [kɔ̃state] *vt* feststellen.
constellation [kɔ̃stelɑsjɔ̃] *nf* Konstellation *f*.
consterner [kɔ̃stɛʀne] *vt* bestürzen.
constipation [kɔ̃stipɑsjɔ̃] *nf* Ver-

stopfung *f*.
constipé, e [kɔ̃stipe] *a* verstopft; *(fig)* steif.
constitué, e [kɔ̃stitɥe] *a:* **être ~ de** bestehen aus.
constituer [kɔ̃stitɥe] *vt (comité, équipe)* bilden, aufstellen; *(dossier, collection)* zusammenstellen; *(sujet: éléments, parties)* bilden, ausmachen; *(représenter, être):* **~ une menace/un début** eine Bedrohung/ein Anfang sein; **se ~ prisonnier** sich stellen.
constitution [kɔ̃stitysjɔ̃] *nf (composition)* Zusammensetzung *f; (santé)* Konstitution *f*, Gesundheit *f; (POL)* Verfassung *f*.
constructeur [kɔ̃stʀyktœʀ] *nm (de voitures)* Hersteller *m; (de bateaux)* Schiffsbauer *m*.
construction [kɔ̃stʀyksjɔ̃] *nf* Bau *m*.
construire [kɔ̃stʀɥiʀ] *vt (bâtiment, pont, navire)* bauen; *(phrase)* konstruieren; *(théorie)* entwickeln; *(histoire)* sich *(dat)* ausdenken.
consulat [kɔ̃syla] *nm* Konsulat *nt*.
consultation [kɔ̃syltɑsjɔ̃] *nf* Konsultation *f; (juridique, astrologique)* Beratung *f; (MED)* Untersuchung *f;* **~s** *nfpl (POL)* Gespräche *pl;* **heures de ~** *(MED)* Sprechstunde *f*.
consulter [kɔ̃sylte] *vt (médecin, avocat, conseiller)* konsultieren, zu Rate ziehen; *(dictionnaire, annuaire)* nachschlagen in *(+dat); (plan)* nachsehen auf *(+dat); (baromètre, montre)* sehen auf *(+akk) // vi (médecin)* Sprechstunde haben; **se ~** *vt* miteinander beraten.
consumer [kɔ̃syme] *vt (brûler)* verbrennen; *(fig: personne)* verzehren; **se ~** *vi:* **se ~ de chagrin/douleur** sich vor Kummer/Schmerz verzehren.
contact [kɔ̃takt] *nm (physique)* Kontakt *m*, Berührung *f; (gén pl: rencontres, rapports)* Kontakte *pl*, Beziehungen *pl;* **au ~ de l'air/la peau** wenn es mit Luft/der Haut in Berührung kommt; *(AUT):* **mettre/couper le ~** den Motor anlassen/ausschalten; **entrer en ~ (avec)** sich in Verbindung setzen (mit); **prendre ~** *ou* **se mettre en ~ avec qn** sich mit jdm in Verbindung setzen.
contacter [kɔ̃takte] *vt* sich in Verbindung setzen mit.
contagieux, euse [kɔ̃taʒjø, øz] *a* ansteckend.
contaminer [kɔ̃tamine] *vt (MED)* anstecken.
conte [kɔ̃t] *nm:* **~ de fées** Märchen *nt*.
contempler [kɔ̃tɑ̃ple] *vt* betrachten.
contemporain, e [kɔ̃tɑ̃pɔʀɛ̃, ɛn] *a (de la même époque)* zeitgenössisch; *(actuel)* heutig // *nm/f* Zeitgenosse *m*, -genossin *f*.
contenance [kɔ̃tnɑ̃s] *nf (d'un récipient)* Fassungsvermögen *nt; (attitude)* Haltung *f;* **perdre ~** die Fassung verlieren; **se donner une ~** die Haltung bewahren.
contenir [kɔ̃tniʀ] *vt* enthalten; *(capacité)* fassen; **se ~** *vt* sich beherrschen.
content, e [kɔ̃tɑ̃, ɑ̃t] *a* zufrieden; *(heureux)* froh; **~ de qn/qch** mit jdm/etw zufrieden; **contenter** *vt (personne)* zufriedenstellen; **se ~ de** sich begnügen mit.
contentieux [kɔ̃tɑ̃sjø] *nm (litiges)* Streitsache *f*.
contenu [kɔ̃tny] *nm* Inhalt *m*.
conter [kɔ̃te] *vt* erzählen.
contestation [kɔ̃tɛstɑsjɔ̃] *nf (POL):* **la ~** der Protest.
conteste [kɔ̃tɛst(ə)]: **sans ~** *ad* unbestreitbar.
contester [kɔ̃tɛste] *vt* in Frage stellen; *(droit)* abstreiten *(à qn* jdm) // *vi* protestieren; **~ que** bestreiten, daß.
contexte [kɔ̃tɛkst(ə)] *nm* Zusammenhang *m*.
contigu, uë [kɔ̃tigy] *a* aneinandergrenzend, benachbart.
continent [kɔ̃tinɑ̃] *nm (GEO)* Kontinent *m*.
contingences [kɔ̃tɛ̃ʒɑ̃s] *nfpl* Eventualitäten *pl*.
contingenter [kɔ̃tɛ̃ʒɑ̃te] *vt:* **~ qch**

etw kontingentieren, etw einteilen.
continu, e [kɔ̃tiny] *a* ständig, dauernd; *(ligne)* ununterbrochen // *nm:* **(courant)** ~ Gleichstrom *m.*
continuel, le [kɔ̃tinɥɛl] *a* ständig, dauernd.
continuer [kɔ̃tinɥe] *vt (gén: travail)* weitermachen mit; *(voyage)* fortsetzen; *(prolonger)* verlängern // *vi* nicht aufhören; *(personne)* weitermachen; *(pluie etc)* andauern; *(vie)* weitergehen; ~ **à** *ou* **de faire qch** etw weitertun.
contorsion [kɔ̃tɔʀsjɔ̃] *nf (gén pl)* Verrenkung *f.*
contour [kɔ̃tuʀ] *nm (limite)* Kontur *f,* Umriß *m.*
contourner [kɔ̃tuʀne] *vt* umgehen.
contraceptif [kɔ̃tʀasɛptif] *nm* Verhütungsmittel *nt.*
contraception [kɔ̃tʀasɛpsjɔ̃] *nf* Empfängnisverhütung *f.*
contracter [kɔ̃tʀakte] *vt (muscle)* zusammenziehen; *(visage)* verzerren; *(maladie)* sich *(dat)* zuziehen; *(habitude)* annehmen; *(dette)* machen; *(obligation)* eingehen; *(assurance)* abschließen // **se** ~ *vi* sich zusammenziehen.
contraction [kɔ̃tʀaksjɔ̃] *nf (spasme)* Krampf *m;* ~**s** *nfpl (de l'accouchement)* Wehen *pl.*
contractuel, le [kɔ̃tʀaktɥɛl] *a* vertraglich // *nm (agent)* Verkehrspolizist *m,* Politesse *f.*
contradiction [kɔ̃tʀadiksjɔ̃] *nf* Widerspruch *m.*
contradictoire [kɔ̃tʀadiktwaʀ] *a* widersprüchlich; **débat** ~ Debatte *f.*
contraindre [kɔ̃tʀɛ̃dʀ(ə)] *vt:* ~ **qn à qch** jdn zu etw *(dat)* zwingen; ~ **qn à faire qch** jdn dazu zwingen, etw zu tun.
contrainte [kɔ̃tʀɛ̃t] *nf* Zwang *m;* **sans** ~ zwanglos.
contraire [kɔ̃tʀɛʀ] *a (opposé)* entgegengesetzt; ~ **à** *(loi, raison)* gegen *(+akk),* wider *(+akk); (santé)* schädlich für // *nm* Gegenteil *nt;* **au** ~ *ad* im Gegenteil.
contrarier [kɔ̃tʀaʀje] *vt (personne)* ärgern; *(mouvement, action)* stören, behindern; *(projets)* durchkreuzen.
contrariété [kɔ̃tʀaʀjete] *nf* Unannehmlichkeit *f.*
contraste [kɔ̃tʀast(ə)] *nm* Kontrast *m;* Gegensatz *m.*
contraster [kɔ̃tʀaste] *vi:* ~ **(avec)** kontrastieren (mit), im Gegensatz stehen zu.
contrat [kɔ̃tʀa] *nm* Vertrag *m.*
contravention [kɔ̃tʀavɑ̃sjɔ̃] *nf (infraction):* ~ **de** Verstoß *m* gegen; Übertretung *f (+gen); (amende)* Bußgeld *nt; (procès-verbal)* (gebührenpflichtige) Verwarnung *f,* Strafzettel *m.*
contre [kɔ̃tʀ(ə)] *prep* gegen *(+akk);* ~**-attaquer** *vi* zurückschlagen.
contrebalancer [kɔ̃tʀəbalɑ̃se] *vt (compenser)* ausgleichen.
contrebande [kɔ̃tʀəbɑ̃d] *nf (trafic)* Schmuggel *m; (marchandise)* Schmuggelware *f;* **faire la** ~ **de qch** etw schmuggeln.
contrebas [kɔ̃tʀəba]: **en** ~ *ad* (weiter) unten.
contrebasse [kɔ̃tʀəbas] *nf* Kontrabaß *m.*
contrecarrer [kɔ̃tʀəkaʀe] *vt (personne)* einen Strich durch die Rechnung machen *(+dat); (action)* vereiteln.
contrecœur [kɔ̃tʀəkœʀ]: **à** ~ *ad* widerwillig.
contre-coup [kɔ̃tʀəku] *nm (répercussion)* Nachwirkung *f.*
contre-courant [kɔ̃tʀəkuʀɑ̃]: **à** ~ *ad* gegen den Strom.
contredire [kɔ̃tʀədiʀ] *vt* widersprechen *(+dat); (faits, réalité)* im Widerspruch stehen zu; **se** ~ sich widersprechen.
contrée [kɔ̃tʀe] *nf* Gegend *f.*
contre-espionnage [kɔ̃tʀɛspjɔnaʒ] *nm* Spionageabwehr *f.*
contre-expertise [kɔ̃tʀɛkspɛʀtiz] *nf* zweites Sachverständigengutachten *nt.*
contrefaçon [kɔ̃tʀəfasɔ̃] *nf* Fälschung *f.*
contrefaire [kɔ̃tʀəfɛʀ] *vt* fälschen;

(personne, démarche) nachahmen *ou* -machen; *(dénaturer)* verstellen.
contrefait, e [kɔ̃tʀəfɛ, ɛt] *a* mißgestaltet.
contreforts [kɔ̃tʀəfɔʀ] *nmpl (GEO)* (Gebirgs)ausläufer *pl.*
contre-jour [kɔ̃tʀəʒuʀ]: **à ~** *ad* im Gegenlicht.
contremaître [kɔ̃tʀəmɛtʀ(ə)] *nm* Vorarbeiter(in *f*) *m.*
contremarque [kɔ̃tʀəmaʀk(ə)] *nf (ticket)* Kontrollkarte *f.*
contre-offensive [kɔ̃tʀɔfɑ̃siv] *nf (MIL)* Gegenoffensive *f; (gén)* Gegenangriff *m.*
contre-ordre [kɔ̃tʀɔʀdʀ(ə)] *nm* Gegenbefehl *m.*
contrepartie [kɔ̃tʀəpaʀti] *nf:* **en ~** dafür.
contrepèterie [kɔ̃tʀəpetʀi] *nf* Schüttelreim *m.*
contre-pied [kɔ̃tʀəpje] *nm:* **prendre le ~ de** das Gegenteil tun/sagen von; **prendre qn à ~** jdn auf dem falschen Fuß erwischen.
contre-plaqué [kɔ̃tʀəplake] *nm* Sperrholz *nt.*
contrepoids [kɔ̃tʀəpwa] *nm* Gegengewicht *nt;* **faire ~** (ein Gewicht) ausgleichen.
contrer [kɔ̃tʀe] *vt (adversaire)* außer Gefecht setzen; *(CARTES)* kontra bieten *(+dat).*
contre-sens [kɔ̃tʀəsɑ̃s] *nm* Fehldeutung *f;* Unsinn *m;* **à ~** *ad* verkehrt.
contresigner [kɔ̃tʀəsiɲe] *vt* gegenzeichnen.
contretemps [kɔ̃tʀətɑ̃] *nm (complication, ennui)* Zwischenfall *m;* **à ~** *ad (MUS)* in falschem Takt; *(fig)* zur Unzeit.
contrevenir [kɔ̃tʀəvniʀ]: **~ à** *vt* verstoßen gegen.
contribuable [kɔ̃tʀibɥabl(ə)] *nm/f* Steuerzahler(in *f*) *m.*
contribuer [kɔ̃tʀibɥe]: **~ à** *vt* beitragen zu; *(dépense, frais)* beisteuern zu.
contribution [kɔ̃tʀibysjɔ̃] *nf* Beitrag *m;* **~s directes/indirectes** direkte/indirekte Steuern *pl;* **mettre qn à ~** jds Dienste in Anspruch nehmen.
contrit, e [kɔ̃tʀi, it] *a (air)* reuig, zerknirscht.
contrôle [kɔ̃tʀol] *nm (vérification)* Kontrolle *f,* Überprüfung *f; (surveillance)* Überwachung *f;* **perdre/garder le ~ de son véhicule** die Kontrolle *ou* Gewalt *ou* Herrschaft über sein Fahrzeug verlieren/bewahren; **~ des naissances** Geburtenkontrolle *f;* **~ d'identité** Ausweiskontrolle *f.*
contrôler [kɔ̃tʀole] *vt* kontrollieren, überprüfen; *(surveiller)* beaufsichtigen; *(COMM)* kontrollieren; **se ~** *vt* sich beherrschen.
contrôleur, euse [kɔ̃tʀolœʀ, øz] *nm/f (de train, bus)* Schaffner(in *f*) *m.*
controrde [kɔ̃tʀɔʀdʀ(ə)] *nm* Gegenbefehl *m;* **sauf ~** bis auf gegenteilige Anweisung.
controversé, e [kɔ̃tʀɔvɛʀse] *a* umstritten.
contumace [kɔ̃tymas] *nf:* **par ~** *ad* in Abwesenheit.
contusion [kɔ̃tyzjɔ̃] *nf* Quetschung *f,* Prellung *f.*
convaincre [kɔ̃vɛ̃kʀ(ə)] *vt (personne):* **~ qn de qch** jdn von etw überzeugen; *(JUR):* **~ qn de** jdn einer Sache *(gen)* überführen.
convalescence [kɔ̃valesɑ̃s] *nf* Genesung *f,* Rekonvaleszenz *f;* **maison de ~** Erholungsheim *nt.*
convenable [kɔ̃vnabl(ə)] *a* anständig.
convenance [kɔ̃vnɑ̃s] *nf:* **à ma/votre ~** nach meinem/Ihrem Belieben; **~s** *nfpl* Schicklichkeit *f,* Anstand *m.*
convenir [kɔ̃vniʀ] *vi:* **~ à** *(être approprié à)* passen *(+dat);* geeignet sein für; **il convient de faire qch/que ...** es empfiehlt sich, etw zu tun/, daß; **~ de** *(admettre)* zugeben *(+akk); (fixer)* vereinbaren; **~ de faire qch** übereinkommen, etw zu tun; **il a été convenu que/de faire qch** es wurde vereinbart, daß/etw zu tun; **comme convenu** wie vereinbart.
convention [kɔ̃vɑ̃sjɔ̃] *nf* Abkommen

nt, Vereinbarung *f*; *(assemblée)* Konvent *m*; **de ~** konventionell; **~s** (gesellschaftliche) Konventionen *pl*; **~ collective** Tarifvertrag *m*.
conventionné, e [kɔ̃vɑ̃sjɔne] *a (médecin)* im Staatsdienst; *(clinique, pharmacie)* öffentlich.
convenu, e [kɔ̃vny] *a* vereinbart, festgesetzt.
converger [kɔ̃vɛʀʒe] *vi (MATH, OPTIQUE)* konvergieren; *(efforts, idées)* übereinstimmen; **~ vers** zustreben *(+dat)*.
conversation [kɔ̃vɛʀsɑsjɔ̃] *nf* Unterhaltung *f*; **il a de la ~** er ist ein guter Gesprächspartner.
converser [kɔ̃vɛʀse] *vi* sich unterhalten.
convertir [kɔ̃vɛʀtiʀ] *vt*: **~ qn (à)** jdn bekehren (zu); **~ qch en** etw unwandeln in *(+akk)*; **se ~ (à)** konvertieren (zu).
conviction [kɔ̃viksjɔ̃] *nf* Überzeugung *f*.
convier [kɔ̃vje] *vt*: **~ qn à** *(sujet: personne)* jdn einladen zu; **~ qn à faire qch** jdn auffordern, etw zu tun.
convive [kɔ̃viv] *nm/f* Gast *m (bei Tisch)*.
convocation [kɔ̃vɔkɑsjɔ̃] *nf (document)* Benachrichtigung *f*; *(JUR)* Vorladung *f*.
convoi [kɔ̃vwa] *nm* Konvoi *m*, Kolonne *f*; *(train)* Zug *m*; **~ (funèbre)** Leichenzug *m*.
convoiter [kɔ̃vwate] *vt* begehren.
convoquer [kɔ̃vɔke] *vt (assemblée)* einberufen; *(candidat)* kommen lassen.
convoyeur [kɔ̃vwajœʀ] *nm (NAVIG)* Begleitschiff *nt*; **~ de fonds** Sicherheitsbeamte(r) *m*.
convulsions [kɔ̃vylsjɔ̃] *nfpl (MED)* Zuckungen *pl*, Krämpfe *pl*.
coopération [kɔɔpeʀɑsjɔ̃] *nf (aide)* Kooperation *f*, Unterstützung *f*; *(POL)*: **la C~ militaire/technique** die Entwicklungshilfe *f* auf militärischem/technischem Gebiet.
coopérer [kɔɔpeʀe] *vi* zusammenarbeiten; **~ à** mitarbeiten an *(+dat)*; beitragen zu.
coordonnées [kɔɔʀdɔne] *nfpl* Koordinaten *pl*.
copain, copine [kɔpɛ̃, kɔpin] *nm/f* Freund(in *f*) *m*, Kamerad(in *f*) *m* // *a*: **être ~ avec qn** mit jdm gut befreundet sein.
copeau, x [kɔpo] *nm* Hobelspan *m*.
copie [kɔpi] *nf (double)* Kopie *f*; *(feuille d'examen)* Blatt *nt*, Bogen *m*; *(devoir)* (Schul)arbeit *f*; *(PRESSE)* Artikel *m*.
copier [kɔpje] *vt* kopieren // *vi (SCOL)* abschreiben.
copieux, euse [kɔpjø, øz] *a (repas)* reichlich.
copine [kɔpin] *nf voir* **copain.**
copropriété [kɔpʀɔpʀijete] *nf* Miteigentum *nt*, Mitbesitz *m*; **acheter un appartement en ~** eine Eigentumswohnung erweben.
coq [kɔk] *nm* Hahn *m*.
coq-à-l'âne [kɔkalɑn] *nm inv* abrupter Themawechsel *m*.
coque [kɔk] *nf (de noix)* Schale *f*; *(de bateau)* Rumpf *m*; *(mollusque)* Muschel *f*; **à la ~** weich(gekocht).
coquelicot [kɔkliko] *nm* Mohn *m*.
coqueluche [kɔklyʃ] *nf (MED)* Keuchhusten *m*.
coquet, te [kɔkɛ, ɛt] *a (personne)* kokett; *(joli)* hübsch, nett.
coquetier [kɔktje] *nm (à œufs)* Eierbecher *m*.
coquillage [kɔkijaʒ] *nm* Muschel *f*.
coquille [kɔkij] *nf (de noix, d'œuf)* Schale *f*; *(TYP)* Druckfehler *m*; **~ St Jacques** Jakobsmuschel *f*.
coquin, e [kɔkɛ̃, in] *a* schelmisch, spitzbübisch.
cor [kɔʀ] *nm (MUS)* Horn *nt*; *(MED)*: **~ (au pied)** Hühnerauge *nt*; **à ~ et à cri** *(fig)* lautstark; **~ de chasse** Waldhorn *nt*, Jagdhorn *nt*.
corail, aux [kɔʀaj, o] *nm* Koralle *f*.
Coran [kɔʀɑ̃] *nm*: **le ~** der Koran.
corbeau, x [kɔʀbo] *nm* Rabe *m*.
corbeille [kɔʀbɛj] *nf* Korb *m*; *(à la Bourse)* Maklerraum *m*; **~ à papier** Papierkorb *m*; **~ à pain** Brotkorb *m*; **~ de mariage** Hochzeitsgeschenke *pl*.
corbillard [kɔʀbijaʀ] *nm* Lei-

chenwagen *m*.

corde [kɔʀd(ə)] *nf* Seil *nt*, Strick *m*; *(de violon, raquette)* Saite *f*; *(d'arc)* Sehne *f*; **la** ~ *(trame)* der Faden; (*SPORT, AUT*) Innenseite *f*; **les instruments à** ~**s** die Saiteninstrumente *pl*; **les** ~**s** (*MUS*) die Streicher *pl*; **semelles de** ~ geflochtene Sohlen; ~**s vocales** Stimmbänder *pl*.

cordeau, x [kɔʀdo] *nm* Richtschnur *f*.

cordée [kɔʀde] *nf (alpinistes)* Seilschaft *f*.

cordial, e, aux [kɔʀdjal, jo] *a* herzlich.

cordon [kɔʀdɔ̃] *nm* Schnur *f*; ~ **de police** Postenkette *f*, Polizeikordon *m*; ~ **bleu** Meisterkoch *m*/-köchin *f*; ~ **ombilical** Nabelschnur *f*; ~ **sanitaire** Sperrgürtel *m (um ein Seuchengebiet)*.

cordonnier, ière [kɔʀdɔnje, jɛʀ] *nm/f* Schuster *m*, Schuhmacher(in *f*) *m*.

coriace [kɔʀjas] *a* zäh; *(problème)* hartnäckig.

corne [kɔʀn(ə)] *nf* Horn *nt*.

cornée [kɔʀne] *nf* Hornhaut *f*.

cornélien, ne [kɔʀneljɛ̃, jɛn] *a*: **un débat** ~ ein innerer Zwiespalt *m*.

cornemuse [kɔʀnəmyz] *nf* Dudelsack *m*.

corner [kɔʀnɛʀ] *nm (FOOTBALL)* Eckball *m* // [kɔʀne] *vt (pages)* Eselsohren machen in *(+akk)* // *vi (klaxonner)* hupen.

cornet [kɔʀnɛ] *nm* Tüte *f*; *(de glace)* Eistüte *f*; ~ **à piston** Kornett *nt*.

cornette [kɔʀnɛt] *nf (coiffure)* Schwesternhaube *f*.

corniaud [kɔʀnjo] *nm* Promenadenmischung *f*; *(pej)* Trottel *m*.

corniche [kɔʀniʃ] *nf (route)* Küstenstraße *f*.

cornichon [kɔʀniʃɔ̃] *nm* saure Gurke *f*.

cornue [kɔʀny] *nf (CHIM)* Retorte *f*.

coron [kɔʀɔ̃] *nm* Bergarbeitersiedlung *f*.

corporation [kɔʀpɔʀasjɔ̃] *nf* Innung *f*, Zunft *f*.

corporel, le [kɔʀpɔʀɛl] *a* Körper-; *(douleurs)* körperlich.

corps [kɔʀ] *nm* Körper *m*; *(cadavre)* Leiche *f*; *(fig: d'un texte, discours)* Hauptteil *m*; **le** ~ **du Christ** der Leib des Herrn; **à son** ~ **défendant** widerwillig, ungern; **perdu** ~ **et biens** mit Mann und Maus gesunken; **prendre** ~ Gestalt annehmen; **faire** ~ **avec** eine Einheit bilden mit; ~ **à** ~ *nm* Nahkampf *m*; Handgemenge *nt*; **à** ~ **perdu** blindlings, Hals über Kopf; **le** ~ **du délit** die Tatwaffe; **le** ~ **diplomatique** das diplomatische Korps; **le** ~ **enseignant** der Lehrkörper; **le** ~ **électoral** die Wähler *pl*, die Wählerschaft *f*; ~ **étranger** Fremdkörper *m*; ~ **d'armée** Armeekorps *nt*; ~ **de ballet** Balletttruppe *f*.

corpulent, e [kɔʀpylɑ̃, ɑ̃t] *a* korpulent, (wohl)beleibt.

correct, e [kɔʀɛkt, ɛkt(ə)] *a* korrekt; *(exact)* richtig; *(passable)* ausreichend; ~**ement** *ad* richtig.

correction [kɔʀɛksjɔ̃] *nf (voir* **corriger**) Korrektur *f*, Verbesserung *f*; Richtigstellung *f*; *(qualité)* Richtigkeit *f*; Korrektheit *f*; *(rature, surcharge)* Korrektur *f*; *(coups)* Züchtigung *f*, Hiebe *pl*.

correctionnelle [kɔʀɛksjɔnɛl] *nf*: **la** ~ das Strafgericht.

corrélation [kɔʀelasjɔ̃] *nf* Wechselbeziehung *f*, direkter Zusammenhang *m*.

correspondance [kɔʀɛspɔ̃dɑ̃s] *nf (analogie, rapport)* Entsprechung *f*; *(lettres)* Korrespondenz *f*; *(de train, d'avion)* Anschluß *m*, Verbindung *f*; **ce train assure la** ~ **avec l'avion de 10h** mit diesem Zug hat man Anschluß an die 10 Uhr-Maschine.

correspondant, e [kɔʀɛspɔ̃dɑ̃, ɑ̃t] *nm/f (épistolaire)* Brieffreund(in *f*) *m*; *(journaliste)* Korrespondent(in *f*) *m*.

correspondre [kɔʀɛspɔ̃dʀ(ə)] *vi (données)* übereinstimmen; *(chambres)* miteinander verbunden sein; ~ **à** *vt (être en conformité avec)* entsprechen *(+dat)*; ~ **avec qn** mit jdm in Briefwechsel stehen.

corridor [kɔridɔr] *nm* Korridor *m*, Gang *m*.
corriger [kɔriʒe] *vt* korrigieren; *(erreur, défaut)* berichtigen, verbessern; *(idée)* richtigstellen; *(punir)* züchtigen.
corroborer [kɔrɔbɔre] *vt* bestätigen.
corroder [kɔrɔde] *vt* zerfressen.
corrompre [kɔrɔ̃pr(ə)] *vt* *(soudoyer)* bestechen; *(dépraver)* verderben, korrumpieren.
corruption [kɔrypsjɔ̃] *nf* Korruption *f*.
corsage [kɔrsaʒ] *nm* Bluse *f*.
Corse [kɔrs(ə)] *nf*: **la ~** Korsika *nt*.
corsé, e [kɔrse] *a (vin, café)* würzig; *(affaire, problème)* pikant, heikel.
corset [kɔrsɛ] *nm* Korsett *nt*.
cortège [kɔrtɛʒ] *nm* Zug *m*.
corvée [kɔrve] *nf* lästige *ou* undankbare Aufgabe *f*; *(MIL)* Arbeitsdienst *m*.
cosmique [kɔsmik] *a* kosmisch.
cosmonaute [kɔsmɔnot] *nm/f* Kosmonaut(in *f*) *m*.
cosmopolite [kɔsmɔpɔlit] *a* kosmopolitisch.
cosmos [kɔsmɔs] *nm* Kosmos *m*, Weltall *nt*.
cosse [kɔs] *nf (BOT)* Hülse *f*, Schote *f*.
cossu, e [kɔsy] *a (maison)* prunkvoll, stattlich; *(personne)* wohlhabend.
costaud, e [kɔsto, od] *a* stämmig, kräftig.
costume [kɔstym] *nm (d'homme)* Anzug *m*; *(de théâtre)* Kostüm *nt*.
cote [kɔt] *nf (en Bourse)* (Börsen- *ou* Kurs)notierung *f*; *(d'un cheval)* Gewinnchance *f*; *(d'un candidat)* Chance *f*; *(altitude)* Höhe *f*; **~ d'alerte** Hochwassermarke *f*.
côte [kot] *nf (pente)* Abhang *m*; *(rivage)* Küste *f*; *(ANAT, d'un tricot)* Rippe *f*; **~ à ~** *ad* Seite an Seite.
côté [kote] *nm* Seite *f*; **de tous les ~s** von allen Seiten; **de quel ~ est-il parti?** in welche Richtung *ou* wohin ist er gefahren/gegangen?; **de ce/de l'autre ~** auf dieser/auf der anderen Seite; *(mouvement)* in diese/in die andere Richtung; **du ~ de** (nahe) bei; in Richtung, auf (*+akk*) ... zu; von ... her; **du ~ paternel** väterlicherseits; **de ~** *ad* *(marcher, se tourner)* zur Seite; seitwärts; *(regarder)* von der Seite; **laisser de ~** beiseite lassen; **mettre de ~** auf die Seite legen, zurücklegen; **à ~** *ad* daneben, nebenan; **à ~ de** neben *(+dat)*; **être aux ~s de qn** bei jdm sein.
coteau, x [kɔto] *nm* Hügel *m*, Anhöhe *f*.
côtelé, e [kotle] *a* gerippt; **velours ~** Kordsamt *m*.
côtelette [kotlɛt] *nf* Kotelett *nt*.
coter [kɔte] *vt (en Bourse)* notieren.
côtier, ière [kotje, jɛr] *a* Küsten-.
cotisation [kɔtizasjɔ̃] *nf (argent)* Beitrag *m*.
cotiser [kɔtize] *vi (à une assurance etc)* seinen Beitrag bezahlen; **se ~** zusammenlegen.
coton [kɔtɔ̃] *nm* Baumwolle *f*; **~ hydrophile** Verbandwatte *f*.
côtoyer [kotwaje] *vt (personne)* zusammenkommen mit; *(précipice, rivière)* entlangfahren/-gehen; *(indécence)* grenzen an *(+akk)*; *(misère)* nahe sein *(+dat)*.
cou [ku] *nm* Hals *m*.
couard, e [kwar, ard(ə)] *a* feige.
couche [kuʃ] *nf* Schicht *f*; *(de bébé)* Windel *f*; **~s** (*MED*) Entbindung *f*, Niederkunft *f*; **être en ~s** im Wochenbett liegen; **~-culotte** *nf* Windelhöschen *nt*; **~s sociales** Gesellschaftsschichten *pl*.
coucher [kuʃe] *nm (du soleil)* Untergang *m*; **à prendre avant le ~** (*MED*) vor dem Schlafengehen einzunehmen // *vt (personne)* zu Bett bringen; *(écrire: idées)* niederschreiben // *vi (dormir)* schlafen; *(fam)*: **~ avec qn** mit jdm schlafen; **se ~** *vi (pour dormir)* schlafen gehen; *(s'étendre)* sich hinlegen.
couchette [kuʃɛt] *nf (de bateau)* Koje *f*; *(de train)* Liegewagenplatz *m*.
coucou [kuku] *nm* Kuckuck *m*.
coude [kud] *nm (ANAT)* Ellbogen *m*; *(de tuyau)* Knie *nt*; *(de la route)* Kurve *f*; **~ à ~** *ad* Schulter an Schulter,

Seite an Seite.

cou-de-pied [kudpje] *nm* Spann *m*, Rist *m*.

coudre [kudʀ(ə)] *vt (robe)* nähen; *(bouton)* annähen // *vi* nähen.

couenne [kwan] *nf* Schwarte *f*.

coulant, e [kulɑ̃, ɑ̃t] *a (fam: indulgent)* großzügig, kulant.

couler [kule] *vi* fließen; *(fuir: stylo)* auslaufen; *(: récipient)* lecken; *(sombrer)* sinken, untergehen // *vt (cloche, sculpture)* gießen; *(bateau)* versenken; *(magasin, entreprise)* zugrunde richten, ruinieren; *(candidat)* durchfallen lassen; **se ~ dans** schlüpfen durch.

couleur [kulœʀ] *nf* Farbe *f*; **~s** *(du teint)* (Gesichts)farbe *f*; **les ~s** (*MIL*) die Nationalfarben *pl*; **film/télévision en ~s** Farbfilm *m*/-fernsehen *nt*.

couleuvre [kulœvʀ(ə)] *nf* Natter *f*.

coulisse [kulis] *nf* (*TECH*) Laufschiene *f*, Führungsleiste *f*, Falz *m*; **~s** (*THEAT*) Kulisse *f*; *(fig)* Hintergründe *pl*; **dans la ~** hinter den Kulissen; **fenêtre/porte à ~** Schiebefenster *nt*/-tür *f*.

couloir [kulwaʀ] *nm (de maison)* Gang *m*, Flur *m*; *(de train, bus)* Gang *m*; **~ aérien** Luftkorridor *m*.

coup [ku] *nm* Schlag *m*; *(de fusil)* Schuß *m*; *(fois)* Mal *nt*; **~ de coude/genou** Stoß *m ou* Stups *m* mit dem Ellbogen/Knie; **à ~s de hache/marteau** mit der Axt/dem Hammer; **~ de tonnerre** Donnerschlag *m*; **~ de sonnette** Läuten *nt*; **~ de crayon/pinceau** Bleistift-/Pinselstrich *m*; **donner un ~ de balai/chiffon** zusammenkehren *ou* -fegen/staubwischen; **avoir le ~** den Dreh heraushaben; **boire un ~** einen trinken; **d'un seul ~** auf einmal; **du même ~** gleichzeitig; **à ~ sûr** bestimmt, ganz sicher; **après ~** hinterher; **~ sur ~** Schlag auf Schlag; **sur le ~** auf der Stelle; **sous le ~ de** unter dem Eindruck *(+gen)*; *(JUR: mesure, condamnation)* bedroht von; **~ de chance** Glücksfall *m*; **~ de couteau** Messerstich *m*; **~ dur** harter *ou* schwerer Schlag; **~ d'essai** erster Versuch *m*; **~ d'état** Staatsstreich *m*; **~ de feu** Schuß *m*; **~ de filet** Fang *m*; **donner un ~ de frein** scharf bremsen; **~ de grâce** Gnadenstoß *m*; **~ d'œil** Blick *m*; **~ de main** *(aide)* Hilfe *f*; *(raid)* Handstreich *m*; **donner un ~ de main à qn** jdm behilflich sein; **~ de pied** Fußtritt *m*; **~ de poing** Faustschlag *m*; **~ de soleil** Sonnenbrand *m*; **~ de téléphone** Anruf *m*; **donner un ~ de téléphone à qn** jdn anrufen; **~ de tête** *(fig)* impulsive, unüberlegte Entscheidung *f*; **~ de théâtre** Knalleffekt *m*; **~ de vent** Windstoß *m*, Bö *f*; **en ~ de vent** mit Windeseile.

coupable [kupabl(ə)] *a* schuldig *(de gen ou* an *+dat)* // *nm/f* Schuldige(r) *mf*; *(JUR)* Täter(in *f*) *m*.

coupe [kup] *nf (verre)* Becher *m*, Kelch *m*; *(à fruits)* Schale *f*; *(SPORT)* Pokal *m*; *(de cheveux, vêtement)* Schnitt *m*; **vu en ~** im Querschnitt; **être sous la ~ de qn** unter jds Fuchtel stehen; **faire des ~s sombres dans qch** etw beschneiden.

coupe-papier [kuppapje] *nm* Papiermesser *nt*.

couper [kupe] *vt* schneiden; *(tissu)* zuschneiden; *(tranche, morceau)* abschneiden; *(passage)* abschneiden; *(communication)* unterbrechen; *(eau, courant)* sperren, abstellen; *(appétit)* nehmen; *(fièvre)* senken; *(vin, cidre)* verdünnen // *vi (verre, couteau)* schneiden; *(prendre un raccourci)* den Weg abkürzen; (*CARTES*) abheben; *(: avec l'atout)* stechen; **se ~** *vt (se blesser)* sich schneiden // *vi (en témoignant etc)* sich verraten, sich versprechen; **~ la parole à qn** jdm ins Wort fallen; **~ les vivres à qn** nicht mehr für jds Unterhalt aufkommen; **~ le contact** *ou* **l'allumage** (*AUT*) die Zündung ausschalten.

couple [kupl(ə)] *nm (époux)* Ehepaar *nt*.

coupler [kuple] *vt* koppeln.

couplet [kuplɛ] *nm* Strophe *f*.

coupole [kupɔl] *nf* Kuppel *f*.
coupon [kupɔ̃] *nm (ticket)* Abschnitt *m*; **~-réponse international** Internationaler Antwortschein *m*.
coupure [kupyʀ] *nf (blessure)* Schnitt *m*, Schnittwunde *f*; *(billet de banque)* Banknote *f*; *(de journal)* Zeitungsausschnitt *m*; **~ de courant** Stromsperre *f*; **~ d'eau** Abstellen *nt* des Wassers.
cour [kuʀ] *nf* Hof *m*; *(JUR)* Gericht *nt*; **faire la ~ à qn** jdm den Hof machen; **~ d'assises** Schwurgericht *nt*; **~ martiale** Kriegsgericht *nt*.
courage [kuʀaʒ] *nm* Mut *m*; **courageux, euse** *a* mutig, tapfer.
couramment [kuʀamɑ̃] *ad (souvent)* oft, häufig; *(parler)* fließend.
courant, e [kuʀɑ̃, ɑ̃t] *a (usuel)* gebräuchlich, üblich // *nm* Strömung *f*; **~ (électrique)** Strom *m*; **~ (d'air)** (Luft)zug *m*; **il y a un ~ d'air** es zieht; **être au ~ (de)** Bescheid wissen (über *+akk*); **mettre au ~ (de)** auf dem laufenden halten (über *+akk*); **se tenir au ~ (de)** sich auf dem laufenden halten (über *+akk*).
courbature [kuʀbatyʀ] *nf* Muskelkater *m*, Gliederschmerzen *pl*.
courbe [kuʀb(ə)] *a* gebogen, gekrümmt // *nf* Kurve *f*.
courber [kuʀbe] *vt (plier, arrondir)* biegen; **~ la tête** den Kopf senken.
coureur, euse [kuʀœʀ, øz] *nm/f (cycliste)* Radfahrer(in *f*) *m*; *(automobile)* Rennfahrer(in *f*) *m*; *(à pied)* Läufer(in *f*) *m* // *nm (pej)* Schürzenjäger *m* // *nf (pej)*: **c'est une ~euse** sie ist dauernd auf Männerfang.
courge [kuʀʒ(ə)] *nf* Kürbis *m*.
courgette [kuʀʒɛt] *nf* Zucchino *m*.
courir [kuʀiʀ] *vi* laufen, rennen // *vt (SPORT)* laufen; **~ un risque** ein Risiko eingehen; **~ un danger** sich einer Gefahr aussetzen; **~ les cafés/bals** sich (ständig) in Kneipen/auf Bällen herumtreiben; **le bruit court que ...** es geht das Gerücht, daß... .
couronne [kuʀɔn] *nf* Krone *f*; *(de fleurs)* Kranz *m*.
couronner [kuʀɔne] *vt* krönen; *(carrière)* der Höhepunkt *ou* die Krönung sein von; *(ouvrage, auteur)* auszeichnen.
courrier [kuʀje] *nm (lettres)* Post *f*, Briefe *pl*.
courroie [kuʀwa] *nf* Riemen *m*, Gurt *m*.
courroucé, e [kuʀuse] *a* zornig.
cours [kuʀ] *nm* (Unterrichts)stunde *f*; *(à l'université)* Vorlesung *f*; *(classes pour adultes; ECON)* Kurs *m*; (d'une rivière) Lauf *m*; **donner libre ~ à** freien Lauf lassen *(+dat)*; **avoir ~** *(argent)* gesetzliches Zahlungsmittel sein; *(être usuel)* gebräuchlich sein; *(à l'école)* Unterricht haben; **en ~** laufend; **en ~ de route** unterwegs; **au ~ de** im Verlauf *(+gen)*, während *(+gen)*; **~ du soir** Abendkurs *m*.
course [kuʀs(ə)] *nf (à pied)* (Wett)lauf *m*; *(automobile, de chevaux, cycliste)* Rennen *nt*; *(du soleil)* Lauf *m*; *(d'un projectile)* Flugbahn *f*; *(d'un piston)* Hub *m*; *(excursion en montagne)* Bergtour *f*; *(d'un taxi, autocar)* Fahrt *f*; *(petite mission)* Besorgung *f*; **~s** *nfpl (achats)* Einkäufe *pl*, Besorgungen *pl*; **faire les/ses ~s** einkaufen (gehen).
court, e [kuʀ, kuʀt(ə)] *a* kurz // *ad*: **tourner ~** plötzlich aufhören; **couper ~ à** abbrechen *(+akk)* // *nm (de tennis)* (Tennis)platz *m*; **être à ~ d'argent/de papier** kein Geld/Papier mehr haben; **prendre qn de ~** jdn überraschen.
court-bouillon [kuʀbujɔ̃] *nm würzige Fischbrühe*.
court-circuit [kuʀsiʀkɥi] *nm* Kurzschluß *m*.
courtier, ière [kuʀtje, jɛʀ] *nm/f (COMM)* Makler(in *f*) *m*.
courtiser [kuʀtize] *vt (femme)* den Hof machen *(+dat)*.
courtois, e [kuʀtwa, waz] *a* höflich.
cousin, e [kuzɛ̃, in] *nm/f* Cousin *m*, Vetter *m*; Kusine *f*, Base *f*; **~ germain** Vetter ersten Grades.
coussin [kusɛ̃] *nm* Kissen *nt*; **~ d'air** Luftkissen *nt*.
cousu, e [kuzy] *pp de* **coudre**.

coût [ku] *nm* Kosten *pl;* **le ~ de la vie** die Lebenshaltungskosten *pl.*
coûtant [kutɑ̃] *a:* **au prix ~** zum Selbstkostenpreis.
couteau, x [kuto] *nm* Messer *nt;* **~ à cran d'arrêt** Klappmesser *nt.*
coûter [kute] *vt* kosten // *vi:* **~ à qn** *(décision etc)* jdm schwerfallen; **~ cher** teuer sein; **combien ça coûte?** was *ou* wieviel kostet das?; **coûte que coûte** koste es, was es wolle; **coûteux, euse** *a* teuer.
coutume [kutym] *nf* Sitte *f,* Brauch *m,* Gewohnheit *f; (JUR):* **la ~** das Gewohnheitsrecht.
couture [kutyʀ] *nf (activité)* Nähen *nt,* Schneidern *nt; (ouvrage)* Näharbeit *f; (art)* Schneiderhandwerk *nt; (points)* Naht *f.*
couturier [kutyʀje] *nm* Couturier *m,* Modeschöpfer *m.*
couturière [kutyʀjɛʀ] *nf* Schneiderin *f,* Näherin *f.*
couvée [kuve] *nf* Brut *f.*
couvent [kuvɑ̃] *nm* Kloster *nt.*
couver [kuve] *vt* ausbrüten // *vi (feu)* schwelen; *(révolte)* sich zusammenbrauen.
couvercle [kuvɛʀkl(ə)] *nm* Deckel *m.*
couvert, e [kuvɛʀ, ɛʀt(ə)] *pp de* **couvrir** // *nm (cuiller ou fourchette)* Besteck *nt; (place à table)* Gedeck *nt* // *a (ciel, temps)* bedeckt, bewölkt; **être ~** *(d'un chapeau)* einen Hut aufhaben; **~ de** bedeckt mit; **mettre le ~** den Tisch decken; **~ compris/10%** Kosten für das Gedeck einbegriffen/zuzüglich 10% pro Gedeck; **à ~** geschützt; **sous le ~ de** im Schutze *(+gen),* unter dem Deckmantel *(+gen).*
couverture [kuvɛʀtyʀ] *nf (de lit)* (Bett)decke *f; (de bâtiment)* Dachhaut *f; (de livre)* Einband *m; (de cahier)* Umschlag *m; (d'un espion, d'une entreprise)* Tarnung *f.*
couveuse [kuvøz] *nf (de maternité)* Brutkasten *m.*
couvre-chef [kuvʀəʃɛf] *nm* Kopfbedeckung *f,* Hut *m.*
couvre-feu [kuvʀəfø] *nm (interdiction)* Ausgangssperre *f.*
couvre-lit [kuvʀəli] *nm* Tagesdecke *f.*
couvreur [kuvʀœʀ] *nm* Dachdecker *m.*
couvrir [kuvʀiʀ] *vt (recouvrir)* bedecken; *(d'ornements, d'éloges)* überhäufen; *(protéger)* decken; *(parcourir)* zurücklegen; **se ~** *vi (temps, ciel)* sich bewölken, sich bedecken // *vt (s'habiller)* sich anziehen; *(se coiffer)* seinen Hut aufsetzen; *(par une assurance)* sich absichern.
crabe [kʀɑb] *nm* Krabbe *f.*
crachat [kʀaʃa] *nm* Spucke *f.*
cracher [kʀaʃe] *vi* spucken // *vt* ausspucken; *(lave)* speien; *(injures)* ausstoßen.
crachin [kʀaʃɛ̃] *nm* Sprühregen *m.*
craie [kʀɛ] *nf* Kreide *f.*
craindre [kʀɛ̃dʀ(ə)] *vt (avoir peur de)* fürchten, sich fürchten vor *(+dat); (chaleur, froid)* nicht vertragen; **~ que** (be)fürchten, daß.
craintif, ive [kʀɛ̃tif, iv] *a* furchtsam, ängstlich.
cramoisi, e [kʀamwazi] *a* puterrot.
crampe [kʀɑ̃p] *nf* Krampf *m.*
crampon [kʀɑ̃pɔ̃] *nm (ALPINISME)* Steigeisen *nt.*
cramponner [kʀɑ̃pɔne]: **se ~** *vi:* **se ~ à** sich klammern an *(+akk).*
cran [kʀɑ̃] *nm* Einschnitt *m; (courage)* Schneid *m,* Mumm *m;* **à ~ d'arrêt** mit Sicherung.
crâne [kʀɑn] *nm* Schädel *m.*
crâner [kʀɑne] *vi (fam)* angeben.
crapaud [kʀapo] *nm (ZOOL)* Kröte *f.*
crapule [kʀapyl] *nf* Schuft *m.*
craquelure [kʀaklyʀ] *nf* Riß *m,* Sprung *m.*
craquement [kʀakmɑ̃] *nm* Krachen *nt;* Knacks *m.*
craquer [kʀake] *vi (bruit)* knacken, knarren; *(fil, couture)* (zer)reißen; *(planche)* (entzwei- *ou* zer)brechen; *(s'effondrer)* zusammenbrechen // *vt:* **~ une allumette** ein Streichholz anzünden.
crasse [kʀas] *nf (saleté)* Schmutz *m,* Dreck *m.*
crassier [kʀasje] *nm* Schlacken-

halde *f*.
cravache [kRavaʃ] *nf* Reitgerte *f*.
cravate [kRavat] *nf* Krawatte *f*.
crawl [kRol] *nm* Kraul *m*.
crayeux, euse [kRɛjø, øz] *a* kreidig, kreidehaltig.
crayon [kRɛjɔ̃] *nm* Bleistift *m*; *(de rouge à lèvres etc)* Stift *m*; ~ **à bille** Kugelschreiber *m*; ~ **de couleur** Farbstift *m*.
créancier, ière [kReɑ̃sje, jɛR] *nm/f* Gläubiger(in *f*) *m*.
créateur, trice [kReatœR, tRis] *nm/f* Schöpfer(in *f*) *m*.
création [kReɑsjɔ̃] *nf* Schaffung *f*; Erschaffung *f*; *(THEAT)* Uraufführung *f*; *(univers)* Schöpfung *f*; *(de nouvelle robe, voiture etc)* Kreation *f*.
créature [kReatyR] *nf* Geschöpf *nt*, Lebewesen *nt*.
crécelle [kResɛl] *nf* Rassel *f*.
crèche [kRɛʃ] *nf* Krippe *f*.
crédibilité [kRedibilite] *nf* Glaubwürdigkeit *f*.
crédit [kRedi] *nm (confiance)* Glaube *f*; *(autorité)* Ansehen *nt*; *(prêt)* Kredit *m*; *(d'un compte bancaire)* Guthaben *nt*; ~**s** *nmpl (fonds)* Mittel *pl*, Gelder *pl*; **payer à** ~ in Raten zahlen; **acheter à** ~ auf Kredit kaufen; **faire** ~ **à qn** jdm Kredit geben *ou* einen Kredit gewähren.
créditer [kRedite] *vt*: ~ **un compte d'une somme** einen Betrag einem Konto gutschreiben.
crédule [kRedyl] *a* leichtgläubig.
créer [kRee] *vt (inventer, concevoir)* schaffen; *(REL)* erschaffen; *(COMM)* herausbringen; *(embouteillage)* verursachen; *(problème)* schaffen; *(besoins)* entstehen lassen; *(THEAT: spectacle)* (ur)aufführen.
crémaillère [kRemajɛR] *nf (tige crantée)* Zahnstange *f*; **chemin de fer à** ~ Zahnradbahn *f*; **pendre la** ~ Einzug feiern.
crématoire [kRematwaR] *a*: **four** ~ Krematorium *nt*.
crème [kRɛm] *nf (du lait)* Sahne *f*, Rahm *m*; *(de beauté; entremets)* Creme *f* // *a inv* creme(farben); **un (café)** ~ ein Kaffee *m* mit Milch *ou* Sahne; ~ **fouettée** Schlagsahne *f*; ~**rie** *nf* Milchgeschäft *nt*.
créneau, x [kReno] *nm (de fortification)* Zinne *f*; **faire un** ~ sein Auto in eine Parklücke stellen.
crêpe [kRɛp] *nf (galette)* Pfannkuchen *m*, Crêpe *f* // *nm (tissu)* Krepp *m*; *(de deuil)* Trauerflor *m*; **semelle (de)** ~ Kreppsohle *f*.
crêpé, e [kRepe] *a (cheveux)* toupiert.
crépi [kRepi] *nm* Verputz *m*.
crépiter [kRepite] *vi (huile)* zischen, brutzeln; *(mitrailleuse)* knattern.
crépon [kRepɔ̃] *nm* Kräuselkrepp *m*.
crépu, e [kRepy] *a* gekräuselt.
crépuscule [kRepyskyl] *nm* (Abend)dämmerung *f*.
cresson [kResɔ̃] *nm* Kresse *f*.
crête [kRɛt] *nf (de coq)* Kamm *m*; *(d'oiseau)* Haube *f*.
crétin, e [kRetɛ̃, in] *nm/f* Schwachkopf *m*.
creuser [kRøze] *vt (trou, tunnel)* graben; *(sol)* graben in (+*dat*); *(bois)* aushöhlen; *(fig: approfondir)* vertiefen; **se** ~ **(la cervelle** *ou* **la tête)** sich *(dat)* den Kopf zerbrechen.
creux, creuse [kRø, øz] *a* hohl; *(assiette)* tief; *(yeux)* tiefliegend // *nm* Loch *nt*; *(dépression)* Vertiefung *f*, Senke *f*; **le** ~ **des reins** das Kreuz; **le** ~ **de la main** die hohle Hand; **heures creuses** stille *ou* ruhige Zeit *f*, Flaute *f*.
crevaison [kRəvɛzɔ̃] *nf* Reifenpanne *f*.
crevasse [kRəvas] *nf (GEO)* Spalte *f*; *(MED)* Schrunde *f*, Riß *m*.
crever [kRəve] *vt (papier, tambour)* zerreißen; *(ballon)* platzen lassen // *vi (pneu)* platzen; *(automobiliste)* eine Reifenpanne haben; *(abcès)* aufplatzen; *(outre)* platzen; *(fam: mourir)* krepieren.
crevette [kRəvɛt] *nf*: ~ **rose** Garnele *f*, Krabbe *f*; ~ **grise** Garnele *f*, Krevette *f*.
cri [kRi] *nm* Schrei *m*; *(appel)* Ruf *m*; ~**s de protestation** Protestgeschrei *nt*; ~**s d'enthousiasme** Begeisterungsrufe *pl*; **c'est le dernier** ~ das ist der letzte Schrei.

criard, e [kʀijaʀ, aʀd(ə)] *a (couleur)* grell; *(voix)* kreischend.
crible [kʀibl(ə)] *nm* Sieb *nt;* **passer qch au** ~ etw durchsieben.
criblé, e [kʀible] *a* durchlöchert *(de* von); **être** ~ **de dettes** bis über die Ohren in Schulden stecken.
cric [kʀik] *nm (AUT)* Wagenheber *m.*
crier [kʀije] *vi* schreien // *vt (ordre)* brüllen; ~ **famine** über Hungersnot klagen; ~ **grâce** um Gnade bitten.
crime [kʀim] *nm* Verbrechen *nt; (meurtre)* Mord *m.*
criminel, le [kʀiminɛl] *nm/f* Verbrecher(in *f*) *m;* ~ **de guerre** Kriegsverbrecher *m.*
crin [kʀɛ̃] *nm* Mähnenhaar *nt;* Schwanzhaar *nt; (comme fibre)* Roßhaar *nt;* **à tous** *ou* **tout** ~ durch und durch.
crinière [kʀinjɛʀ] *nf* Mähne *f.*
crique [kʀik] *nf* kleine Bucht *f.*
criquet [kʀikɛ] *nm* Heuschrecke *f.*
crise [kʀiz] *nf* Krise *f;* ~ **cardiaque** Herzanfall *m;* ~ **de foie** Leberbeschwerden *pl;* **avoir une** ~ **de nerfs** mit den Nerven am Ende sein.
crisper [kʀispe] *vt (muscle)* anspannen; *(visage)* verzerren; **se** ~ *vi* sich verkrampfen.
crisser [kʀise] *vi (neige)* knirschen; *(pneu)* quietschen.
cristal, aux [kʀistal, o] *nm* Kristall *m; (verre)* Kristall(glas) *nt;* ~ **de roche** Bergkristall *m.*
cristallin, e [kʀistalɛ̃, in] *a (voix, eau)* kristallklar // *nm* (Augen)linse *f.*
cristalliser [kʀistalize] *vi (aussi* **se** ~) (sich) kristallisieren.
critère [kʀitɛʀ] *nm* Kriterium *nt.*
critique [kʀitik] *a* kritisch // *nf* Kritik *f* // *nm* Kritiker(in *f*) *m.*
critiquer [kʀitike] *vt (dénigrer)* kritisieren.
croasser [kʀɔase] *vi* krächzen.
croc [kʀo] *nm (dent)* Zahn *m; (de boucher)* Haken *m.*
croc-en-jambe [kʀɔkɑ̃ʒɑ̃b] *nm* Beinstellen *nt.*
croche [kʀɔʃ] *nf* Achtelnote *f.*
crochet [kʀɔʃɛ] *nm* Haken *m; (tige, clef)* Dietrich *m; (détour)* Abstecher *m; (aiguille)* Häkelnadel *f; (tricot)* Häkelarbeit *f;* ~**s** *nmpl (TYP)* eckige Klammern *pl;* **faire du** ~ häkeln; **vivre aux** ~**s de qn** auf jds Kosten leben.
crochu, e [kʀɔʃy] *a* krumm.
crocodile [kʀɔkɔdil] *nm* Krokodil *nt.*
crocus [kʀɔkys] *nm* Krokus *m.*
croire [kʀwaʀ] *vt* glauben; *(personne)* glauben *(+dat); (penser):* ~ **qn honnête** jdn für ehrlich halten; ~ **que** glauben, daß; ~ **à** *ou* **en** *vt* glauben an *(+akk).*
croisade [kʀwazad] *nf* Kreuzzug *m.*
croisé, e [kʀwaze] *a (pull, veste)* zweireihig // *nm (guerrier)* Kreuzritter *m* // *nf:* ~**e d'ogives** Spitzbogen *m;* **être à la** ~**e des chemins** am Scheideweg stehen.
croisement [kʀwazmɑ̃] *nm* Kreuzung *f.*
croiser [kʀwaze] *vt (personne, voiture)* begegnen *(+dat); (route)* kreuzen; *(jambes)* übereinanderschlagen; *(bras)* verschränken; *(BIO)* kreuzen // *vi (NAVIG)* kreuzen; **se** ~ *(personnes, véhicules)* einander begegnen; *(routes, lettres)* sich kreuzen; *(regards)* sich begegnen; **se** ~ **les bras** *(fig)* die Hände in den Schoß legen.
croiseur [kʀwazœʀ] *nm* Kreuzer *m.*
croisière [kʀwazjɛʀ] *nf* Kreuzfahrt *f;* **vitesse de** ~ Reisegeschwindigkeit *f.*
croissance [kʀwasɑ̃s] *nf* Wachsen *nt,* Wachstum *nt;* ~ **économique** Wirtschaftswachstum *nt.*
croissant [kʀwasɑ̃] *nm (à manger)* Hörnchen *nt;* ~ **de lune** Mondsichel *f.*
croître [kʀwatʀ(ə)] *vi* wachsen; *(fig)* zunehmen.
croix [kʀwa] *nf* Kreuz *nt;* **en** ~ *a, ad* über Kreuz, kreuzweise; **la C~-Rouge** das Rote Kreuz.
croquant, e [kʀɔkɑ̃, ɑ̃t] *a (croûte)* knusprig; *(pomme)* knackig.
croque-monsieur [kʀɔkməsjø] *nm geröstetes Sandwich mit Käse und Schinken.*

croque-mort [kʀɔkmɔʀ] *nm (fam)* Leichenträger *m.*
croquer [kʀɔke] *vt (manger)* knabbern; *(dessiner)* skizzieren // *vi* knirschen, krachen.
croquis [kʀɔki] *nm* Skizze *f.*
cross(-country) [kʀɔs(kuntʀi)] *nm* Geländelauf *m;* Querfeldeinrennen *nt.*
crosse [kʀɔs] *nf (de fusil)* Gewehrkolben *m; (d'évêque)* Bischofsstab *m.*
crotte [kʀɔt] *nf* Kot *m; (de chèvre, brebis, lapin)* Bohne *f* // *excl (fam)* Mist!.
crotté, e [kʀɔte] *a (sale)* dreckig.
crottin [kʀɔtɛ̃] *nm:* ~ **(de cheval)** (Pferde)apfel *m.*
crouler [kʀule] *vi (s'effondrer)* einstürzen; *(être délabré)* zerfallen, verfallen; ~ **sous (le poids de) qch** unter dem Gewicht von etw *(dat)* zusammenbrechen.
croupe [kʀup] *nf* Kruppe *f;* **monter en** ~ hinten aufsitzen.
croupir [kʀupiʀ] *vi (eau)* faulen; *(personne)* vegetieren *(dans* in *+dat).*
croustillant, e [kʀustijɑ̃, ɑ̃t] *a* knusprig; *(histoire)* pikant.
croûte [kʀut] *nf (du pain)* Kruste *f; (du fromage)* Rinde *f; (MED)* Schorf *m; (de tartre, peinture etc)* Schicht *f;* **en** ~ *(CULIN)* in einer Teighülle; ~ **au fromage/aux champignons** Käse-/Champignontoast *m.*
croûton [kʀutɔ̃] *nm (CULIN)* gerösteter Brotwürfel *m; (extrémité du pain)* Brotkanten *m.*
croyant, e [kʀwajɑ̃, ɑ̃t] *nm/f* Gläubige(r) *mf.*
C.R.S. *sigle m (= membre des Compagnies républicaines de Sécurité)* Polizist *m.*
cru, e [kʀy] *pp de* **croire** // *a (non cuit)* roh; *(lumière, couleur)* grell; *(paroles, langage)* derb // *nm (vignoble)* Weingegend *f,* Weinbaugebiet *nt;* Weinlage *f; (vin)* Wein *m,* Sorte *f* // *nf (d'un cours d'eau)* Hochwasser *nt;* **être en** ~**e** Hochwasser führen.
crû, e [kʀy] *pp de* **croître.**
cruauté [kʀyote] *nf* Grausamkeit *f.*
cruche [kʀyʃ] *nf* Krug *m.*
crucial, e, aux [kʀysjal, o] *a* entscheidend, sehr wichtig.
crucifier [kʀysifje] *vt* kreuzigen.
crucifix [kʀysifi] *nm* Kruzifix *nt.*
crudités [kʀydite] *nfpl (CULIN)* Salat(e *pl) m;* Rohkost *f.*
cruel, le [kʀyɛl] *a* grausam.
crustacés [kʀystase] *nmpl (CULIN)* Meeresfrüchte *pl.*
cube [kyb] *nm* Würfel *m; (jouet)* Bauklotz *m;* **mètre** ~ Kubikmeter *m ou nt; (d'un nombre)* Kubikzahl *f;* **élever au** ~ in die dritte Potenz erheben.
cubique [kybik] *a* kubisch, würfelförmig.
cueillette [kœjɛt] *nf* (Obst)ernte *f.*
cueillir [kœjiʀ] *vt* pflücken.
cuiller *ou* **cuillère** [kɥijɛʀ] *nf* Löffel *m;* ~ **à soupe/café** Suppen-/ Kaffeelöffel *m.*
cuillerée [kɥijʀe] *nf:* **une** ~ **de** ein Löffel (voll) *(+ attribut).*
cuir [kɥiʀ] *nm* Leder *nt.*
cuirasse [kɥiʀas] *nf* Brustharnisch *m.*
cuire [kɥiʀ] *vt, vi (aliments)* kochen; *(au four)* backen.
cuisant, e [kɥizɑ̃, ɑ̃t] *a (défaite)* schmerzlich; *(sensation)* brennend.
cuisine [kɥizin] *nf* Küche *f; (nourriture)* Kost *f,* Essen *nt;* **faire la** ~ kochen; **cuisiner** *vt* zubereiten; *(fam: interroger)* ins Verhör nehmen // *vi* kochen.
cuisinier, ière [kɥizinje, jɛʀ] *nm/f* Koch *m,* Köchin *f* // *nf (poêle)* (Küchen)herd *m.*
cuisse [kɥis] *nf (ANAT)* Schenkel *m; (CULIN: de mouton)* Keule *f; (: de poulet)* Schlegel *m.*
cuit, e [kɥi, kɥit] *a (légumes)* gekocht; *(pain)* gebacken; *(viande):* **bien** ~**(e)** gut durchgebraten.
cuivre [kɥivʀ(ə)] *nm* Kupfer *nt;* **les** ~**s** die Blechblasinstrumente *pl.*
cul [ky] *nm (fam!)* Arsch *m;* ~ **de bouteille** Flaschenboden *m.*
culasse [kylas] *nf (AUT)* Zylinderkopf *m; (de fusil)* Verschluß *m.*
culbute [kylbyt] *nf (en jouant)* Purzelbaum *m; (accidentelle)* Sturz *m.*

culbuteur [kylbytœʀ] *nm (AUT)* Kipphebel *m.*
cul-de-jatte [kydʒat] *nm/f* beinloser Krüppel *m.*
cul-de-sac [kydsak] *nm* Sackgasse *f.*
culinaire [kylinɛʀ] *a* kulinarisch, Koch-.
culminant, e [kylminɑ̃, ɑ̃t] *a:* **point** ~ höchster Punkt; *(fig)* Höhepunkt *m.*
culminer [kylmine] *vi* den höchsten Punkt erreichen.
culot [kylo] *nm (d'ampoule)* Sockel *m; (effronterie)* Frechheit *f.*
culotte [kylɔt] *nf (pantalon)* Kniehose *f; (de femme):* **(petite)** ~ Schlüpfer *m;* ~ **de cheval** Reithose *f.*
culotté, e [kylɔte] *a (cuir)* abgegriffen; *(pipe)* geschwärzt; *(effronté)* frech.
culpabilité [kylpabilite] *nf* Schuld *f.*
culte [kylt(ə)] *nm (religion)* Religion *f; (hommage, vénération)* Verehrung *f,* Kult *m; (service)* Gottesdienst *m.*
cultivateur, trice [kyltivatœʀ, tʀis] *nm/f* Landwirt(in *f*) *m.*
cultivé, e [kyltive] *a (terre)* bebaut; *(personne)* kultiviert, gebildet.
cultiver [kyltive] *vt (terre)* bebauen, bestellen; *(légumes)* anbauen, anpflanzen; *(esprit, mémoire)* entwickeln.
culture [kyltyʀ] *nf (agriculture)* Ackerbau *m; (de plantes)* Anbau *m;* Kultur *f;* ~ **physique** Leibesübungen *pl.*
culturisme [kyltyʀism(ə)] *nm* Bodybuilding *nt.*
cumin [kymɛ̃] *nm* Kümmel *m.*
cumuler [kymyle] *vt* gleichzeitig innehaben; *(salaires)* gleichzeitig beziehen.
cupide [kypid] *a* gierig, habgierig.
cure [kyʀ] *nf (MED)* Kur *f; (REL)* Pfarrei *f;* **faire une** ~ **de fruits/légumes** eine Obst-/Gemüsekur machen; **n'avoir** ~ **de** sich nicht kümmern um; ~ **thermale** Badekur *f.*
curé [kyʀe] *nm* Pfarrer *m.*
cure-dents [kyʀdɑ̃] *nm* Zahnstocher *m.*
curer [kyʀe] *vt* säubern.
curieux, euse [kyʀjø, øz] *a (étrange)* eigenartig, seltsam; *(indiscret, intéressé)* neugierig // *nmpl (badauds)* Schaulustige *pl.*
curiosité [kyʀjozite] *nf* Neugier(de) *f; (objet)* Kuriosität *f; (lieu)* Sehenswürdigkeit *f.*
curriculum vitae [kyʀikylɔmvite] *nm* Lebenslauf *m.*
cuti-réaction [kytiʀeaksjɔ̃] *nf (MED)* Hauttest *m.*
cuve [kyv] *nf* Bottich *m.*
cuvée [kyve] *nf (de cuve)* Inhalt *m* eines Bottichs; *(de vignoble)* Ertrag *m* eines Weinbergs.
cuvette [kyvɛt] *nf (récipient)* (Wasch)schüssel *f; (GEO)* Becken *nt.*
C.V. *sigle m (AUT) voir* **cheval;** *(COMM)* = **curriculum vitae.**
cyanure [sjanyʀ] *nm* Zyanid *nt.*
cyclable [siklabl(ə)] *a:* **piste** ~ Radweg *m.*
cyclamen [siklamɛn] *nm* Alpenveilchen *nt.*
cycle [sikl(ə)] *nm (vélo)* (Fahr)rad *nt; (naturel, biologique)* Zyklus *m,* Kreislauf *m.*
cycliste [siklist(ə)] *nm/f* Radfahrer(in *f*) *m.*
cyclomoteur [siklɔmɔtœʀ] *nm* Moped *nt;* Mofa *nt;* **cyclomotoriste** *nm/f* Mopedfahrer(in *f*) *m;* Mofafahrer(in *f*) *m.*
cyclone [siklon] *nm* Wirbelsturm *m.*
cygne [siɲ] *nm* Schwan *m.*
cylindre [silɛ̃dʀ(ə)] *nm* Zylinder *m.*
cylindrée [silɛ̃dʀe] *nf* Hubraum *m.*
cymbale [sɛ̃bal] *nf (MUS)* Becken *nt.*
cynique [sinik] *a* zynisch.
cyprès [sipʀɛ] *nm* Zypresse *f.*
cystite [sistit] *nf* Blasenentzündung *f.*
cytise [sitiz] *nm* Goldregen *m.*

D

d' *prep, dét voir* **de.**
dactylo [daktilo] *nf* Stenotypist(in *f*) *m;* ~**graphier** *vt* mit der Maschine schreiben.
dada [dada] *nm* Steckenpferd *nt.*

daigner [dɛɲe] *vt* sich herablassen zu.
daim [dɛ̃] *nm* Damhirsch *m; (peau)* Wildleder *nt.*
dalle [dal] *nf* (Stein)platte *f*, Fliese *f.*
daltonien, ne [daltɔnjɛ̃, jɛn] *a* farbenblind.
dam [dɑ̃] *nm:* **au grand ~ de** sehr zum Ärgernis von; zum großen Nachteil von.
dame [dam] *nf* Dame *f;* **~s** *nfpl (jeu)* Damespiel *nt.*
damier [damje] *nm* Damebrett *nt; (dessin)* Karomuster *nt.*
damner [dɑne] *vt* verdammen.
dancing [dɑ̃siŋ] *nm* Tanzlokal *nt.*
Danemark [danmaʀk] *nm:* **le ~** Dänemark *nt.*
danger [dɑ̃ʒe] *nm* Gefahr *f;* **dangereux, euse** *a* gefährlich.
danois, e [danwa, waz] *a* dänisch; **D~e** *nm/f* Däne *m*, Dänin *f.*
dans [dɑ̃] *prep* in *(+dat); (direction)* in *(+akk);* **je l'ai pris ~ le tiroir** ich habe es aus der Schublade genommen; **boire ~ un verre** aus einem Glas trinken; **~ deux mois** in zwei Monaten.
danse [dɑ̃s] *nf* Tanz *m; (action)* Tanzen *nt;* **la ~ (classique)** das Ballett; **danser** *vt, vi* tanzen.
Danube [danyb] *nm:* **le ~** die Donau.
d'après *voir* **après.**
dard [daʀ] *nm (ZOOL)* Stachel *m.*
date [dat] *nf* Datum *nt;* **de longue ~** langjährig; **~ de naissance** Geburtsdatum *nt;* **dater** *vt* datieren // *vi* veraltet sein; **dater du XVIe** aus dem 16. Jhdt stammen; **à dater de** von ... an.
datte [dat] *nf* Dattel *f.*
dauphin [dofɛ̃] *nm* Delphin *m; (HIST)* Dauphin *m.*
davantage [davɑ̃taʒ] *ad* mehr; *(plus longtemps)* länger; **~ de** mehr.
de [*de + le* = **du,** *de + les* = **des**] [də, dy, de] *prep* von *(+dat); (d'un pays, d'une ville)* aus *(+ dat); (moyen)* mit *(+dat);* **la voiture ~ Claire/mes parents** Claires Auto/das Auto meiner Eltern; **un bureau d'acajou** ein Schreibtisch aus Mahagoni, ein Mahagonischreibtisch; **une pièce ~ 2 m ~ large** ein 2 m breites Zimmer; **un bébé ~ dix mois** ein zehn Monate altes Baby; **un séjour ~ deux ans** ein zweijähriger Aufenthalt; **douze mois ~ crédit** zwölf Monate Kredit // *dét:* **du vin/de l'eau/des pommes** Wein/Wasser/Äpfel; **des enfants sont venus** es sind Kinder gekommen; **il ne veut pas de pommes** er will keine Äpfel; **pendant des mois** monatelang.
dé [de] *nm (aussi:* **~ à coudre)** Fingerhut *m; (à jouer)* Würfel *m.*
débâcle [debɑkl(ə)] *nf* Eisschmelze *f; (d'une armée)* Flucht *f*, Debakel *nt.*
déballer [debale] *vt* auspacken.
débandade [debɑ̃dad] *nf* Flucht *f.*
débarbouiller [debaʀbuje] *vt:* **se ~** sich waschen.
débarcadère [debaʀkadɛʀ] *nm* Landungsbrücke *f.*
débardeur [debaʀdœʀ] *nm* Docker *m; (maillot)* Pullunder *m.*
débarquer [debaʀke] *vt* ausladen // *vi* von Bord gehen; *(fam)* plötzlich ankommen.
débarras [debaʀa] *nm* Rumpelkammer *f;* **bon ~!** den/die/das sind wir zum Glück los.
débarrasser [debaʀase] *vt (local)* räumen; *(la table)* abräumen; **~ qn de qch** *(dégager)* jdm etw abnehmen; **se ~ de qn/qch** jdn/etw loswerden.
débat [deba] *nm* Debatte *f.*
débattre [debatʀ(ə)] *vt* diskutieren; **se ~** *vi* sich wehren.
débauche [deboʃ] *nf* Ausschweifung *f.*
débaucher [deboʃe] *vt (licencier)* entlassen; *(entraîner)* verderben.
débile [debil] *a* schwach; *(fam: idiot)* hirnrissig; **~ mental, e** *nm/f* Geistesgestörte(r) *mf.*
débit [debi] *nm (d'eau)* Wassermenge *f; (élocution)* Redefluß *m; (d'un magasin)* Umsatz *m; (à la banque)* Soll *nt;* **~ de boisson** Ausschank *m;* **~ de tabac** Tabakladen *m;* **débiter** *vt (compte)* belasten; *(liquide, gaz)* ausstoßen; *(bois)* zerkleinern; *(viande)*

aufschneiden; *(pej)* fortlaufend produzieren; **débiteur, trice** *nm/f* Schuldner(in *f*) *m*.
déblayer [debleje] *vt* räumen.
débloquer [deblɔke] *vt* losmachen; *(prix, salaires)* freigeben; *(crédit)* bewilligen.
déboires [debwaʀ] *nmpl* Rückschläge *pl*.
déboiser [debwaze] *vt* abholzen.
déboîter [debwate] *vi* (*AUT*) ausscheren // *vt*: **se ~ le genou** sich *(dat)* das Knie verrenken.
débonnaire [debɔnɛʀ] *a* gutmütig.
débordé, e *a*: **être ~** überlastet sein (*de* mit).
déborder [debɔʀde] *vi (rivière)* über die Ufer treten; *(eau, lait)* überlaufen; **~ (de) qch** über etw *(akk)* hinausgehen; **~ de joie/zèle** sich überschlagen vor Freude/Eifer.
débouché [debuʃe] *nm (gén pl: COMM)* Absatzmarkt *m*; *(: perspectives d'emploi)* Berufsaussichten *pl*.
déboucher [debuʃe] *vt* frei machen; *(bouteille)* entkorken // *vi* herauskommen *(de* aus); **~ sur** treffen *ou* stoßen auf (+*akk*).
débourser [debuʀse] *vt* ausgeben.
debout [dəbu] *ad*: **être ~** stehen; *(éveillé)* auf sein; **être encore ~** *)fig)* noch intakt sein; **se mettre ~** aufstehen; **~!** aufgestanden!; **ça ne tient pas ~** das ist doch nicht stichhaltig.
déboutonner [debutɔne] *vt* aufknöpfen.
débraillé, e [debʀɑje] *a* schlampig.
débrayage [debʀɛjaʒ] *nm (AUT)* Kupplung *f*; **faire un double ~** Zwischengas geben.
débrayer [debʀeje] *vi (AUT)* (aus)kuppeln; *(cesser le travail)* die Arbeit niederlegen.
débridé, e [debʀide] *a* ungezügelt.
débris [debʀi] *nm (fragment)* Scherbe *f*; *(déchet)* Überrest *m*; *(d'un bâtiment, fig)* Trümmer *pl*.
débrouillard, e [debʀujaʀ, aʀd(ə)] *a* einfallsreich, findig.
débrouiller [debʀuje] *vt* klären; **se ~** *vi* zurechtkommen.
débusquer [debyske] *vt* aufscheuchen.
début [deby] *nm* Anfang *m*, Beginn *m*; **~s** *nmpl (FILM, SPORT)* Debüt *nt*.
débutant, e [debytɑ̃, ɑ̃t] *nm/f* Anfänger(in *f*) *m*.
débuter [debyte] *vi* anfangen.
deçà [dəsa]: **en ~ de** *prep* auf dieser Seite von; **en ~** *ad* diesseits.
décacheter [dekaʃte] *vt* entsiegeln, öffnen.
décadence [dekadɑ̃s] *nf* Dekadenz *f*.
décaféiné, e [dekafeine] *a* koffeinfrei.
décalage [dekalaʒ] *nm* Abstand *m*; *(écart)* Unterschied *m*; **~ horaire** Zeitunterschied *m*.
décaler [dekale] *vt* verrücken; *(dans le temps)* verschieben; **~ de 10 cm** um 10 cm verschieben.
décalquer [dekalke] *vt* abpausen.
décamper [dekɑ̃pe] *vi* abziehen.
décanter [dekɑ̃te] *vt* absetzen lassen.
décaper [dekape] *vt* abkratzen; *(avec une solution)* abbeizen.
décapiter [dekapite] *vt* enthaupten; *(par accident)* köpfen.
décapotable [dekapɔtabl(ə)] *a*: **voiture ~** Kabriolett *nt*.
décapsuler [dekapsyle] *vt* den Deckel abnehmen von; **décapsuleur** *nm* Flaschenöffner *m*.
décédé, e [desede] *a* verstorben.
décéder [desede] *vi* sterben.
déceler [desle] *vt* entdecken; *(sujet: indice etc)* erkennen lassen.
décembre [desɑ̃bʀ(ə)] *nm* Dezember *m*.
décemment [desamɑ̃] *ad* anständig; *(raisonnablement)* vernünftig.
décence [desɑ̃s] *nf* Anstand *m*.
décent, e [desɑ̃, ɑ̃t] *a* anständig.
déception [desɛpsjɔ̃] *nf* Enttäuschung *f*.
décerner [desɛʀne] *vt (prix)* verleihen; *(compliment)* aussprechen.
décès [desɛ] *nm* Ableben *nt*.
décevoir [desvwaʀ] *vt* enttäuschen.
déchaîner [deʃene] *vt* auslösen; **se ~** *vi (tempête)* losbrechen; *(mer)* toben; *(passions, colère etc)* aus-

brechen; *(se mettre en colère)* wütend werden.
déchanter [deʃɑ̃te] *vi* desillusioniert werden.
décharge [deʃaʀʒ(ə)] *nf (dépôt d'ordures)* Müllabladeplatz *m; (aussi:* ~ **électrique)** Schlag *m;* **à la** ~ **de** zur Entlastung von.
décharger [deʃaʀʒe] *vt* abladen; *(ELEC, arme)* entladen; *(faire feu)* abfeuern; ~ **qn de** *(fig)* jdn befreien von.
décharné, e [deʃaʀne] *a* hager.
déchausser [deʃose] *vt* die Schuhe ausziehen (*+dat*); *(ski)* ausziehen; **se** ~ die Schuhe ausziehen; *(dent)* wackeln.
déchéance [deʃeɑ̃s] *nf* Verfall *m.*
déchet [deʃɛ] *nm* Abfall *m.*
déchiffrer [deʃifʀe] *vt* entziffern; *(musique, partition)* lesen.
déchiqueter [deʃikte] *vt* zerreißen, zerfetzen.
déchirant, e [deʃiʀɑ̃, ɑ̃t] *a* herzzerreißend.
déchirement [deʃiʀmɑ̃] *nm* tiefer Schmerz *m; (gén pl: conflit)* Kluft *f.*
déchirer [deʃiʀe] *vt* zerreißen; **se** ~ *vi* reißen; **se** ~ **un muscle/tendon** sich *(dat)* einen Muskel/eine Sehne zerren.
déchoir [deʃwaʀ] *vi* herunterkommen.
déchu, e [deʃy] *a* gefallen; *(roi)* abgesetzt.
déci- [desi] *pref* Dezi-.
décidé, e [deside] *a* entschlossen; **c'est** ~ es ist beschlossen.
décider [deside] *vt* beschließen // *vi* entscheiden *(de qch* etw); ~ **qn (à faire qch)** jdn überreden (etw zu tun); **se** ~ **pour**/**à** sich entscheiden für/entschließen zu.
décimal, e, aux [desimal, o] *a* dezimal // *nf* Dezimalzahl *f.*
décimètre [desimɛtʀ(ə)] *nm* Dezimeter *m;* **double** ~ Lineal *nt (von 20 cm).*
décisif, ive [desizif, iv] *a* entscheidend.
décision [desizjɔ̃] *nf* Entscheidung *f; (fermeté)* Entschlossenheit *f.*
déclaration [deklaʀɑsjɔ̃] *nf* Erklärung *f;* ~ **(de sinistre)** Meldung *f;* ~ **(d'amour)** Liebeserklärung *f;* ~ **de décès/naissance** Anmeldung *f* eines Todesfalles/einer Geburt.
déclarer [deklaʀe] *vt* erklären; *(revenus)* angeben; *(employés, décès)* anmelden; *(marchandises)* verzollen; **se** ~ *vi (feu, maladie)* ausbrechen; *(amoureux)* eine Liebeserklärung machen; **se** ~ **prêt à** sich bereit erklären zu.
déclasser [deklɑse] *vt* niedriger einstufen.
déclencher [deklɑ̃ʃe] *vt* auslösen; **se** ~ *vi* losgehen.
déclic [deklik] *nm* Auslösevorrichtung *f; (bruit)* Klicken *nt.*
déclin [deklɛ̃] *nm* Verfall *m;* Verschlechterung *f.*
déclinaison [deklinɛzɔ̃] *nf* Deklination *f.*
décliner [dekline] *vi (empire)* verfallen; *(acteur)* nachlassen; *(santé)* sich verschlechtern; *(jour, soleil)* abnehmen // *vt (refuser)* ablehnen; *(nom, adresse)* angeben; *(LING)* deklinieren.
décocher [dekɔʃe] *vt (flèche)* abschießen; *(regard)* werfen.
décoder [dekɔde] *vt* dekodieren.
décoiffer [dekwafe] *vt* zerzausen; *(enlever le chapeau)* den Hut vom Kopf wehen (*+dat*); **se** ~ *vi* den Hut abnehmen.
décollage [dekɔlaʒ] *nm (AVIAT)* Abflug *m.*
décoller [dekɔle] *vt* lösen // *vi (avion)* abheben; **se** ~ *vi* sich lösen.
décolleté, e [dekɔlte] *a* ausgeschnitten // *nm* Halsausschnitt *m.*
décoloniser [dekɔlɔnize] *vt* entkolonialisieren.
décolorer [dekɔlɔʀe] *vt* bleichen; *(cheveux)* entfärben; **se** ~ *vi* verblassen.
décombres [dekɔ̃bʀ(ə)] *nmpl* Ruinen *pl,* Trümmer *pl.*
décommander [dekɔmɑ̃de] *vt* abbestellen; *(réception)* absagen; **se** ~ *vi* absagen.

décomposer [dekɔ̃poze] *vt* zerlegen; **se ~** *vi* sich zersetzen, verwesen; *(fig: visage, traits)* zerfallen.
décompte [dekɔ̃t] *nm* Abzug *m; (facture détaillée)* (aufgeschlüsselte) Rechnung *f.*
décompter [dekɔ̃te] *vt* abziehen.
déconcerter [dekɔ̃sɛʀte] *vt* aus der Fassung bringen.
déconfit, e [dekɔ̃fi, it] *a* geknickt.
décongeler [dekɔ̃ʒle] *vt* auftauen.
décongestionner [dekɔ̃ʒɛstjɔne] *vt* (*MED*) abschwellen lassen; *(rue)* entlasten.
déconseiller [dekɔ̃seje] *vt:* **~ qch (à qn)** (jdm) von etw abraten.
déconsidérer [dekɔ̃sideʀe] *vt* in Mißkredit bringen.
décontenancer [dekɔ̃tnɑ̃se] *vt* aus der Fassung bringen.
décontracté, e [dekɔ̃tʀakte] *a* locker, entspannt.
décontracter [dekɔ̃tʀakte] *vt* entspannen; **se ~** *vi* sich entspannen.
déconvenue [dekɔ̃vny] *nf* Enttäuschung *f.*
décor [dekɔʀ] *nm* Dekor *m*, Ausstattung *f; (gén pl: THEAT)* Bühnenbild *nt;* (*: FILM*) Szenenaufbau *m.*
décorateur [dekɔʀatœʀ] *nm* Dekorateur(in *f*) *m;* (*FILM*) Bühnenbildner(in *f*) *m.*
décoratif, ive [dekɔʀatif, iv] *a* dekorativ.
décoration [dekɔʀɑsjɔ̃] *nf (ornement)* Schmuck *m; (médaille)* Dekoration *f.*
décorer [dekɔʀe] *vt* schmücken; *(médailler)* dekorieren.
décortiquer [dekɔʀtike] *vt* enthülsen; *(noix)* schälen.
décorum [dekɔʀɔm] *nm* Etikette *f.*
découcher [dekuʃe] *vi* auswärts schlafen.
découdre [dekudʀ(ə)] *vt* auftrennen; **se ~** *vi* aufgehen.
découler [dekule] *vi:* **~ de** folgen aus.
découper [dekupe] *vt (volaille, viande)* zerteilen; *(manche, article)* ausschneiden; **se ~ sur le ciel/l'horizon** sich gegen den Himmel/Horizont abheben.
découplé, e [dekuple] *a:* **bien ~** wohlproportioniert.
décourager [dekuʀaʒe] *vt* entmutigen; *(dissuader)* abhalten; **se ~** *vi* entmutigt werden.
décousu, e [dekuzy] *a* abgetrennt; *(fig)* zusammenhangslos.
découvert, e [dekuvɛʀ, ɛʀt(ə)] *a* bloß; *(lieu)* kahl, nackt // *m (bancaire)* Kontoüberziehung *f* // *nf* Entdeckung *f;* **à ~** (*MIL*) ungeschützt; *(compte)* überzogen.
découvrir [dekuvʀiʀ] *vt* aufdecken; *(trouver)* entdecken; **~ que** herausfinden, daß; **se ~** *vi (ôter son: chapeau)* den Hut lüften; (ses *vêtements)* sich ausziehen; *(au lit)* sich aufdecken; *(ciel)* sich aufklären.
décret [dekʀɛ] *nm* Verordnung *f;* **décréter** *vt* ver- *ou* anordnen.
décrire [dekʀiʀ] *vt* beschreiben.
décrocher [dekʀɔʃe] *vt* herunternehmen; (*TEL*) abnehmen; *(fig)* bekommen // *vi* ausscheiden.
décroître [dekʀwatʀ(ə)] *vi* abnehmen, zurückgehen.
décrypter [dekʀipte] *vt* entziffern.
déçu, e [desy] *pp de* **décevoir.**
déculotter [dekylɔte] *vt* die Hosen ausziehen (*+dat*).
décupler [dekyple] *vt* verzehnfachen // *vi* sich verzehnfachen.
dédaigner [dedeɲe] *vt* verachten; **~ de faire** sich nicht herablassen zu tun.
dédale [dedal] *nm* Labyrinth *nt.*
dedans [d(ə)dɑ̃] *ad* innen // *nm* Innere(s) *nt;* **là-~** dort drinnen; **au ~** innen.
dédicacer [dedikase] *vt* mit einer Widmung versehen.
dédier [dedje] *vt* widmen.
dédire [dediʀ]: **se ~** *vi* sein Wort zurücknehmen.
dédommagement [dedɔmaʒmɑ̃] *nm* Entschädigung *f.*
dédommager [dedɔmaʒe] *vt* entschädigen.
dédouaner [dedwane] *vt* zollamtlich abfertigen.
dédoubler [deduble] *vt (classe, effec-*

tifs) halbieren.
déduction [dedyksjɔ̃] *nf (d'argent)* Abzug *m*, Nachlaß *m; (raisonnement)* Folgerung *f*.
déduire [dedɥiʀ] *vt* abziehen; *(conclure)* folgern, schließen.
déesse [deɛs] *nf* Göttin *f*.
défaillance [defajɑ̃s] *nf* Ohnmachtsanfall *m; (technique, intellectuelle)* Versagen *nt*, Ausfall *m*.
défaillir [defajiʀ] *vi* ohnmächtig werden.
défaire [defɛʀ] *vt (installation, échafaudage)* abmontieren; *(paquet etc)* auspacken; *(nœud, vêtement)* aufmachen; **se** ~ *vi* aufgehen; *(fig)* zerbrechen; **se** ~ **de** *vt* loswerden.
défait, e [defɛ, ɛt] *a (visage)* abgespannt // *nf* Niederlage *f*.
défalquer [defalke] *vt* abziehen.
défaut [defo] *nm* Fehler *m; (moral)* Schwäche *f; (de métal)* Defekt *m; (carence)* Mangel *m*; **en** ~ im Unrecht; **faire** ~ fehlen; **à** ~ **(de)** mangels *(+gen)*; **par** ~ in Abwesenheit.
défaveur [defavœʀ] *nf* Ungnade *f*.
défavorable [defavɔʀabl(ə)] *a* ungünstig.
défavoriser [defavɔʀize] *vt* benachteiligen.
défection [defɛksjɔ̃] *nf* Abtrünnigkeit *f*, Abfall *m; (absence)* Nichterscheinen *nt*; **faire** ~ abtrünnig werden.
défectueux, euse [defɛktɥø, øz] *a* fehlerhaft, defekt.
défendable [defɑ̃dabl(ə)] *a* vertretbar, verfechtbar.
défendre [defɑ̃dʀ(ə)] *vt* verteidigen; *(opinion etc)* vertreten; *(interdire)* untersagen; ~ **à qn de faire** jdm untersagen zu tun; **se** ~ *vi* sich verteidigen; **se** ~ **de/contre** *(se protéger)* sich schützen vor/gegen; **se** ~ **de** *(se garder de)* sich enthalten *(+gen)*.
défense [defɑ̃s] *nf* Verteidigung *f; (fig, PSYCH)* Schutz *m; (corne)* Stoßzahn *m*; ~**de fumer/cracher** Rauchen/Spucken verboten.
défensive [defɑ̃siv] *nf*: **être sur la** ~ in der Defensive sein.
déférent, e [defeʀɑ̃, ɑ̃t] *a* ehrerbietig, respektvoll.
déférer [defeʀe] *vt*: ~ **à** sich beugen *(+dat)*; ~ **qn à la justice** jdn vor Gericht bringen.
déferler [defɛʀle] *vi (vagues)* sich brechen; *(enfants)* strömen.
défi [defi] *nm* Herausforderung *f; (refus)* Trotz *m*.
défiance [defjɑ̃s] *nf* Mißtrauen *nt*.
déficience [defisjɑ̃s] *nf* Schwäche *f*.
déficit [defisit] *nm* Defizit *nt*.
défier [defje] *vt* herausfordern; *(fig)* trotzen *(+dat)*; **se** ~ **de** *(se méfier)* mißtrauen *(+dat)*.
défigurer [defigyʀe] *vt* entstellen.
défilé [defile] *nm (GEO)* (Meeres)enge *f*; Engpaß *m; (soldats, manifestants)* Vorbeimarsch *m*.
défiler [defile] *vi* vorbeimarschieren, vorbeiziehen; **se** ~ *vi (fam)* sich verdrücken.
définir [definiʀ] *vt* definieren.
définitif, ive [definitif, iv] *a* definitiv, entschieden // *nf*: **en définitive** eigentlich, letztendlich.
déflagration [deflagʀasjɔ̃] *nf* Explosion *f*.
déflorer [deflɔʀe] *vt* entjungfern.
défoncer [defɔ̃se] *vt (porte)* einbrechen; *(boîte)* den Boden *(+gen)* ausschlagen; *(lit, fauteuil)* die Federn *(+gen)* eindrücken; *(terrain)* umpflügen.
déformation [defɔʀmasjɔ̃] *nf*: ~ **professionnelle** Konditionierung *f* durch den Beruf.
déformer [defɔʀme] *vt* aus der Form bringen; *(pensée, fait)* verdrehen; **se** ~ *vi* sich verformen.
défouler [defule]: se ~ *vi* sich abreagieren.
défraîchir [defʀeʃiʀ] : **se** ~ *vi* verbleichen, verschießen.
défricher [defʀiʃe] *vt* roden.
défunt, e [defœ̃, œ̃t] *a* verstorben.
dégagé, e [degaʒe] *a* klar; *(ton, air)* lässig, ungezwungen.
dégager [degaʒe] *vt (exhaler)* aussenden, ausströmen; *(délivrer)* befreien; *(désencombrer)* räumen;

(isoler) hervorheben; **se ~** sich befreien *(odeur)* ausströmen; *(passage bloqué)* frei werden; *(ciel)* sich aufklären.
dégainer [degene] *vt* ziehen.
dégarnir [degaʀniʀ] *vt (vider)* leeren; **se ~** *vi (salle, rayons)* sich leeren; *(tempe, crâne)* sich lichten.
dégâts [dega] *nmpl* Schaden *m*.
dégel [deʒɛl] *nm* Tauwetter *nt*.
dégeler [deʒle] *vt* auftauen lassen; *(fig: prix)* freigeben; *(: atmosphère)* entspannen // *vi* auftauen.
dégénéré, e [deʒeneʀe] *a* degeneriert.
dégénérer [deʒeneʀe] *vi* degenerieren; *(empirer)* ausarten.
dégivrer [deʒivʀe] *vt* entfrosten, abtauen.
dégivreur [deʒivʀœʀ] *nm* Entfroster *m*.
déglutir [deglytiʀ] *vi* hinunterschlucken.
dégonflé, e [degɔ̃fle] *a (pneu)* platt.
dégonfler [degɔ̃fle] *vt* die Luft ablassen aus; **se ~** *vi (fam)* kneifen.
dégorger [degɔʀʒe] *vi (CULIN)*: **faire ~** entwässern.
dégouliner [deguline] *vi* tropfen.
dégourdi, e [deguʀdi] *a* schlau.
dégourdir [deguʀdiʀ] *vt*: **se ~ (les jambes)** sich *(dat)* die Beine vertreten.
dégoût [degu] *nm* Abneigung *f*.
dégoûtant, e [degutɑ̃, ɑ̃t] *a* widerlich; *(injuste)* empörend, gemein.
dégoûter [degute] *vt* anekeln, anwidern; *(fig)* empören; **~ qn de qch** jdm etw verleiden; **se ~ de** überdrüssig werden (*+gen*).
dégradé [degʀade] *nm (en peinture)* Abstufung *f*.
dégrader [degʀade] *vt (MIL)* degradieren; *(abîmer)* verunstalten; *(fig)* erniedrigen; **se ~** *vi (roche)* erodieren; *(relations)* sich verschlechtern; *(s'avilir)* sich erniedrigen.
dégrafer [degʀafe] *vt* aufhaken.
dégraisser [degʀese] *vt (soupe)* entfetten; *(vêtement)* die Fettflecken entfernen von.
degré [dəgʀe] *nm* Grad *m*; *(échelon)* Stufe *f*; *(de méchanceté, de courage)* Ausmaß *nt*; **équation du 1er/2ème ~** lineare/ quadratische Gleichung f; **alcool à 90 ~s** 90-prozentiger Alkohol; **par ~(s)** *ad* nach und nach.
dégrever [degʀəve] *vt* steuerlich entlasten.
dégringoler [degʀɛ̃gɔle] *vi* herunterpurzeln.
dégriser [degʀize] *vt* nüchtern machen.
déguenillé, e [dɛgnije] *a* zerlumpt.
déguerpir [degɛʀpiʀ] *vi* sich aus dem Staub machen.
déguisement [degizmɑ̃] *nm* Verkleidung *f*; *(fig)* Verschleierung *f*.
déguiser [degize] *vt* verkleiden; *(fig)* verschleiern; **se ~** sich verkleiden.
déguster [degyste] *vt* probieren; *(fig)* kosten, genießen.
déhancher [deɑ̃ʃe] : **se ~** *vi* in den Hüften wiegen.
dehors [dəɔʀ] *ad* (dr)außen // *nmpl* Äußere(s) *nt*; **mettre** *ou* **jeter ~** hinauswerfen; **au ~** draußen; **en ~** nach außen; **en ~ de** *(hormis)* mit Ausnahme von.
déjà [deʒa] *ad* schon; *(auparavant)* bereits.
déjeuner [deʒœne] *vi (le matin)* frühstücken; *(à midi)* zu Mittag essen // *nm* Frühstück *nt*; Mittagessen *nt*.
déjouer [deʒwe] *vt* ausweichen (*+dat*), sich entziehen (*+dat*).
delà [dəla] *ad*: **par ~, en ~ (de), au ~ (de)** über (*+dat*), jenseits (*+gen*).
délabrer [delabʀe]: **se ~** *vi* verfallen, herunterkommen.
délacer [delase] *vt (chaussures)* aufschnüren.
délai [delɛ] *nm (attente)* Wartezeit *f*; *(sursis)* Frist *f*; **sans ~** unverzüglich; **à bref ~** kurzfristig; **dans les ~s** innerhalb der Frist.
délaisser [delese] *vt* im Stich lassen.
délasser [delɑse] *vt* entspannen.
délateur, trice [delatœʀ, tʀis] *nm/f* Denunziant(in *f*) *m*.
délavé, e [delave] *a* verwaschen.
délayer [deleje] *vt (CULIN)* mit Wasser verrühren; *(peinture)* ver-

dünnen; *(fig)* ausdehnen, strecken.
delco [dɛlko] *nm* Verteiler *m.*
délégué, e [delege] *nm/f* Abgeordnete(r) *mf,* Vertreter(in *f*) *m.*
déléguer [delege] *vt* delegieren.
délester [delɛste] *vt* entlasten.
délibération [delibeʀasjɔ̃] *nf* Beratung *f; (réflexion)* Überlegung *f // nfpl* Beschluß *m.*
délibéré, e [delibeʀe] *a (conscient)* absichtlich.
délibérément [delibeʀemɑ̃] *ad* mit Absicht, bewußt.
délibérer [delibeʀe] *vi* sich beraten.
délicat, e [delika, at] *a (fin)* fein; *(fragile)* empfindlich; *(: enfant, santé)* zart; *(manipulation, problème)* delikat, heikel; *(embarrassant)* peinlich; *(plein de tact, d'attention)* taktvoll; **délicatesse** *nf (tact)* Fingerspitzengefühl *nt.*
délice [delis] *nm* Freude *f // nfpl:* **~s** Genüsse *pl.*
délicieux, euse [delisjø, jøz] *a* köstlich; *(sensation)* wunderbar.
délimiter [delimite] *vt* abgrenzen.
délinquance [delɛ̃kɑ̃s] *nf* Kriminalität *f.*
délinquant, e [delɛ̃kɑ̃, ɑ̃t] *a* straffällig // *nm/f* Delinquent *m.*
délire [deliʀ] *nm (fièvre)* Delirium *nt.*
délirer [deliʀe] *vi (fig)* spinnen.
délit [deli] *nm* Delikt *nt.*
délivrer [delivʀe] *vt* entlassen; *(passeport, certificat)* ausstellen; **~ qn de** jdn befreien von.
déloger [delɔʒe] *vt (ennemi)* vertreiben; *(locataire)* ausquartieren.
déluge [delyʒ] *nm (biblique)* Sintflut *f;* **un ~ de** einen Flut von.
déluré, e [delyʀe] *a* gewitzt, clever; *(pej)* dreist.
démaillée, e [demaje] *a (bas)* mit Laufmaschen.
demain [d(ə)mɛ̃] *ad* morgen; **~ matin/soir** morgen früh/abend; **à ~** bis morgen.
demande [d(ə)mɑ̃d] *nf* Forderung *f* *(ADMIN, formulaire)* Antrag *m,* Gesuch *nt; (ECON)*: **la ~** die Nachfrage; **~ d'emploi, de poste** Stellengesuch *nt.*
demandé, e [d(ə)mɑ̃de] *a* gefragt.
demander [d(ə)mɑ̃de] *vt (vouloir savoir)* fragen nach; *(question)* stellen; *(désirer)* bitten um; *(vouloir avoir)* verlangen; *(vouloir engager)* suchen; *(requérir, nécessiter)* erfordern *(à qn* von jdm); **~ la main de qn** um jds Hand anhalten; **~ qch à qn** jdn (nach) etw fragen; jdn um etw bitten; **~ à qn de faire** jdn bitten zu tun; **~ que** verlangen, daß; **~ pourquoi/si** fragen, warum/ob; **se ~ si/pourquoi** sich fragen ob/warum; **on vous demande au téléphone** Sie werden am Telefon verlangt.
démangeaison [demɑ̃ʒɛzɔ̃] *nf* Jucken *nt.*
démanger [demɑ̃ʒe] *vi* jucken.
démanteler [demɑ̃tle] *vt* zerstören.
démaquillant, e [demakijɑ̃, ɑ̃t] *a* Abschmink-.
démaquiller [demakije] *vt:* **se ~** *vt* sich abschminken.
démarche [demaʀʃ(ə)] *nf (allure)* Gang *m; (fig)* Denkweise *f;* **faire des ~s auprès de** vorsprechen bei.
démarquer [demaʀk(ə)] *vt (COMM)* heruntersetzen; *(SPORT)* freispielen.
démarrage [demaʀaʒ] *nm* Starten *nt,* Anfahren *nt; (SPORT)* Start *m.*
démarrer [demaʀe] *vi (AUT, SPORT)* starten; *(travaux)* losgehen // *vt* *(voiture)* anlassen; *(travail)* in die Wege leiten; **démarreur** *nm* Anlasser *m.*
démasquer [demaske] *vt* entlarven.
démêler [demele] *vt* entwirren.
démêlés [demele] *nmpl* Auseinandersetzung *f.*
déménagement [demenaʒmɑ̃] *nm* Umzug *m;* **camion de ~** Möbelwagen *m.*
déménager [demenaʒe] *vt, vi* umziehen.
démence [demɑ̃s] *nf* Wahnsinn *m.*
démener [dɛmne]: **se ~** *vi* um sich schlagen.
démentiel, le [demɑ̃sjɛl] *a* wahnsinnig.

démentir [demɑ̃tiʀ] *vt (nier)* dementieren; *(contredire)* widerlegen.
démesure [deməzyʀ] *nf* Maßlosigkeit *f*.
démettre [demɛtʀ(ə)] *vt:* ~ **qn de** jdn entheben *(+gen);* **se** ~ *vt (membre)* sich *(dat)* ausrenken; **se** ~ **de ses fonctions** das Amt niederlegen.
demeurant [dəmœʀɑ̃]: **au** ~ *ad* im übrigen.
demeure [dəmœʀ] *nf* Wohnung *f*, Wohnsitz *m;* **mettre qn en** ~ **de faire...** jdn auffordern ... zu tun.
demeurer [dəmœʀe] *vi (habiter)* wohnen; *(rester)* bleiben.
demi, e [d(ə)mi] *a* halb; **et** ~: **trois heures/bouteilles et** ~**e** dreieinhalb Stunden/Flaschen; **il est 2 heures/midi et** ~**e** es ist halb drei/halb eins // *nm (bière)* Halbe *f;* **à** ~ *ad* halb; **à la** ~**e** *(heure)* um halb.
demi [d(ə)mi] *pref* Halb-; ~**-cercle** *nm* Halbkreis *m;* ~**-douzaine** *nf* halbes Dutzend *nt;* ~**-finale** *nf* Semifinalspiel *nt;* ~**-frère** *nm* Halbbruder *m;* ~**-heure** *nf* halbe Stunde *f;* ~**-jour** *nm* Zwielicht *nt;* ~**-journée** *nf* Halbtag *m*.
demi-litre [d(ə)militʀ] *nm* halber Liter *m*.
demi-mot [d(ə)mimo]: **à** ~ *ad* andeutungsweise.
demi-pension [d(ə)mipɑ̃sjɔ̃] *nf (à l'hôtel)* Halbpension *f*.
demi-place [d(ə)miplas] *nf* Fahrkarte *f* zum halben Preis.
démis, e [demi, iz] *a* ausgerenkt.
demi-saison [d(ə)misɛzɔ̃] *nf:* **vêtements de** ~ Übergangskleidung *f*.
demi-sel [d(ə)misɛl] *a* leicht gesalzen.
démission [demisjɔ̃] *nf* Demission *f;* **donner sa** ~ seinen Rücktritt erklären.
demi-tarif [d(ə)mitaʀif] *nm* halber Preis *m*.
demi-tour [d(ə)mituʀ] *nm* Kehrtwendung *f;* **faire** ~ kehrtmachen.

démocratie [demɔkʀasi] *nf* Demokratie *f*.
démocratique [demɔkʀatik] *a* demokratisch.
démocratiser [demɔkʀatize] *vt* demokratisieren.
démodé, e [demɔde] *a* altmodisch.
démographique [demɔgʀafik] *a* demographisch; **poussée** ~ Bevölkerungszuwachs *m*.
demoiselle [d(ə)mwazɛl] *nf* Fräulein *nt;* ~ **d'honneur** Ehrenjungfer *f*.
démolir [demɔliʀ] *vt* ab- *ou* einreißen; *(fig)* vernichten.
démon [demɔ̃] *nm* Dämon *m; (enfant)* Teufel *m*.
démoniaque [demɔnjak] *a* teuflisch.
démonstration [demɔ̃stʀɑsjɔ̃] *nf* Demonstration *f*, Vorführung *f*.
démonté, e [demɔ̃te] *a (mer)* tobend; *(personne)* rasend.
démonter [demɔ̃te] *vt* auseinandernehmen; **se** ~ *vi (personne)* die Fassung verlieren.
démontrer [demɔ̃tʀe] *vt (MATH)* beweisen.
démoraliser [demɔʀalize] *vt* entmutigen.
démordre [demɔʀdʀ(ə)] *vi:* **ne pas** ~ **de** beharren auf *(+dat)*.
démouler [demule] *vt (gâteau)* aus der Form nehmen.
démuni, e [demyni] *a* mittellos.
démunir [demyniʀ] *vt:* ~ **de qch** einer Sache *(gen)* berauben.
dénaturer [denatyʀe] *vt* vollkommen verändern; *(fig)* verdrehen.
dénégations [denegɑsjɔ̃] *nfpl* Leugnen *nt*.
dénicher [deniʃe] *vt (trouver)* ausgraben, aufstöbern.
denier [dənje] *nm:* ~**s publics** öffentliche Mittel *pl;* **de ses (propres)** ~**s** mit seinem eigenen Geld.
dénier [denje] *vt* leugnen.
dénigrer [denigʀe] *vt* verunglimpfen.
dénivellation [denivɛlɑsjɔ̃] *nf* Höhenunterschied *m;* Unebenheit *f*.

dénombrer [denɔ̃ʀbe] *vt* zählen; *(énumérer)* aufzählen.
dénominateur [denɔminatœʀ] *nm* Nenner *m*.
dénommer [denɔme] *vt* benennen.
dénoncer [denɔ̃se] *vt (personne)* anzeigen; *(abus, erreur)* brandmarken; **se ~** sich stellen; **dénonciation** *nf* Denunziation *f*.
dénoter [denɔte] *vt* verraten.
dénouement [denumɑ̃] *nm* Ausgang *m*.
dénouer [denwe] *vt* aufknoten.
dénoyauter [denwajote] *vt* entsteinen.
denrée [dɑ̃ʀe] *nf*: **~s alimentaires** Nahrungsmittel *pl*.
dense [dɑ̃s] *a* dicht.
densité [dɑ̃site] *nf* Dichte *f*.
dent [dɑ̃] *nf* Zahn *m*; **à belles ~s** mit Genuß; **~ de lait** Milchzahn *m*; **~ de sagesse** Weisheitszahn *m*; **dentaire** *a* Zahn-; **denté, e** *a*: **roue dentée** Zahnrad *nt*.
dentelé, e [dɑ̃tle] *a* gezackt.
dentelle [dɑ̃tɛl] *nf* Spitze *f*.
dentier [dɑ̃tje] *nm* Gebiß *nt*.
dentifrice [dɑ̃tifʀis] *nm* Zahnpasta *f*.
dentiste [dɑ̃tist(ə)] *nm/f* Zahnarzt *m*, Zahnärztin *f*.
dentition [dɑ̃tisjɔ̃] *nf* Zähne *pl*.
dénudé, e [denyde] *a* bloß.
dénuder [denyde] *vt (corps)* entblößen.
dénué, e [denɥe] *a*: **~ de** ohne (+*akk*).
dénuement [denymɑ̃] *nm* bittere Not *f*, Elend *nt*.
déodorant [deɔdɔʀɑ̃] *nm* Deodorant *nt*.
dépannage [depanaʒ] *nm* Reparatur *f*; **service de ~** Pannendienst *m*.
dépanner [depane] *vt* reparieren; *(fig)* aus der Patsche helfen (+*dat*); **dépanneuse** *nf* Abschleppwagen *m*.
dépareillé, e [depaʀeje] *a (collection, service)* unvollständig.
déparer [depaʀe] *vt* verderben.
départ [depaʀ] *nm* Abreise *f*; (SPORT) Start *m*; *(sur un horaire)* Abfahrt *f*; **au ~** zu Beginn.
départager [depaʀtaʒe] *vt* entscheiden zwischen.
département [depaʀtəmɑ̃] *nm* Abteilung; *(en France)* Departement *nt*.
départir [depaʀtiʀ]: **se ~ de** *vt* aufgeben (+*akk*).
dépassé, e [depɑse] *a* veraltet, überholt; *(affolé)* überfordert.
dépasser [depɑse] *vt* überholen; *(endroit)* vorübergehen an (+*dat*); *(limite fixée, prévisions)* überschreiten; *(en intelligence)* übertreffen // *vi (ourlet, jupon)* vorsehen.
dépaysé, e [depeize] *a* verloren.
dépayser [depeize] *vt* verwirren.
dépecer [depəse] *vt* zerlegen.
dépêcher [depeʃe] *vt* senden, schicken; **se ~** *vi* sich beeilen.
dépeindre [depɛ̃dʀ(ə)] *vt* beschreiben.
dépendre [depɑ̃dʀ(ə)] *vt* abnehmen; **~ de** *vt (sujet: personne, pays)* abhängig sein von; *(: résultat, situation)* abhängen von.
dépens [depɑ̃] *nmpl*: **aux ~ de** auf Kosten von.
dépense [depɑ̃s] *nf* Ausgabe *f*.
dépenser [depɑ̃se] *vt* ausgeben; **se ~** sich anstrengen.
dépensier, ière [depɑ̃sje, jɛʀ] *a* verschwenderisch.
dépérir [depeʀiʀ] *vi* verkümmern.
dépêtrer [depetʀe] *vt*: **se ~ de** sich befreien von.
dépeupler [depœple] *vt* entvölkern; **se ~** *vi* entvölkert sein.
déphasé, e [defɑze] *a* phasenverschoben; *(fig)* nicht auf dem laufenden.
dépilatoire [depilatwaʀ] *a*: **crème ~** Enthaarungscreme *f*.
dépister [depiste] *vt* entdecken; *(voleur)* finden.
dépit [depi] *nm* Trotz *m*; **en ~ de** *prep* trotz (+*gen*); **en ~ du bon sens** gegen alle Vernunft; **depité, e** *a* verärgert.
déplacé, e [deplase] *a (propos)* unangebracht, deplaziert.
déplacement [deplasmɑ̃] *nm (voyage)* Reise *f*.

déplacer [deplase] *vt* umstellen, verschieben; *(employé)* versetzen; **se** ~ *vi (voyager)* verreisen.
déplaire [deplɛʀ] *vi:* ~ **à qn** jdm nicht gefallen.
dépliant [deplijɑ̃] *nm* Prospekt *m.*
déplier [deplije] *vt* auseinanderfalten; **se** ~ *vi (parachute)* sich entfalten.
déploiement [deplwamɑ̃] *nm* Einsatz *m;* Ausbreiten *nt.*
déplorer [deplɔʀe] *vt* bedauern.
déployer [deplwaje] *vt* einsetzen; *(aile, voile, carte)* ausbreiten.
dépoli, e [depɔli] *a:* **verre** ~ Milchglas *nt.*
déporter [depɔʀte] *vt* (*POL*) deportieren; *(dévier)* vom Weg abbringen.
déposer [depoze] *vt (mettre, poser)* legen, stellen; *(à la consigne)* abgeben; *(à la banque)* einzahlen; *(passager, roi)* absetzen; *(réclamation, dossier)* einreichen // *vi (vin etc)* sich absetzen; (*JUR*): ~ **contre** aussagen (gegen); **se** ~ *vi (calcaire, poussière)* sich ablagern.
déposition *nf* Aussage *f.*
déposséder [depɔsede] *vt* enteignen.
dépôt [depo] *nm (de sable, poussière)* Ablagerung *f; (entrepôt, réserve)* (Waren)lager *nt.*
dépotoir [depɔtwaʀ] *nm* Müllabladeplatz *m.*
dépouille [depuj] *nf* abgezogene Haut *f;* **la** ~ **(mortelle)** die sterblichen Überreste *pl.*
dépouillé, e [depuje] *a* nüchtern.
dépouiller [depuje] *vt* die Haut abziehen (+*dat*); *(fig: personne)* berauben; *(résultats, documents)* sorgfältig durchlesen.
dépourvu, e [depuʀvy] *a:* ~ **de** ohne; **au** ~ *ad* unvorbereitet.
dépraver [depʀave] *vt* verderben.
déprécier [depʀesje] *vt (personne)* herabsetzen; *(chose)* entwerten; **se** ~ *vi* an Wert verlieren.
dépression [depʀesjɔ̃] *nf (creux)* Vertiefung *f,* Mulde *f;* (*ECON*) Flaute *f;* (*METEO*) Tief *nt;* **faire une** ~ **(nerveuse)** eine Depression haben.
déprimer [depʀime] *vt* deprimieren.
depuis [dəpɥi] *prep* seit; *(espace)* von ... an; *(quantité, rang)* von, ab // *ad* seitdem; ~ **que** seit.
député [depyte] *nm* Abgeordnete(r) *mf.*
députer [depyte] *vt* delegieren.
déraciner [deʀasine] *vt* entwurzeln; *(idée, tabou)* ausrotten.
dérailler [deʀɑje] *vi* entgleisen.
dérailleur [deʀɑjœʀ] *nm* Kettenschaltung *f.*
déraisonner [deʀɛzɔne] *vi* Unsinn reden.
dérangement [deʀɑ̃ʒmɑ̃] *nm* Störung *f;* **en** ~ gestört.
déranger [deʀɑ̃ʒe] *vt* durcheinanderbringen; *(personne)* stören.
déraper [deʀape] *vi (voiture)* schleudern; *(personne)* ausrutschen.
dératiser [deʀatize] *vt* von Ratten befreien.
déréglé, e [deʀegle] *a (mœurs, vie)* ausschweifend, zügellos.
dérégler [deʀegle] *vt (mécanisme)* außer Betrieb setzen.
dérider [deʀide]: **se** ~ *vi* fröhlicher werden.
dérision [deʀizjɔ̃] *nf* Spott *m;* **tourner en** ~ verspotten.
dérisoire [deʀizwaʀ] *a* lächerlich.
dérivatif [deʀivatif] *nm* Ablenkung *f.*
dérive [deʀiv] *nf* (*NAVIG*) Abtrift *f;* **aller à la** ~ sich treiben lassen.
dérivé, e [deʀive] *a* (*LING*) derivativ // *nm* Derivat *nt* // *nf* (*MATH*) Ableitung *f.*
dériver [deʀive] *vt* (*MATH*) ableiten; *(cours d'eau etc)* umleiten // *vi (bateau, avion)* abgetrieben werden; ~ **de** stammen von; (*LING*) sich ableiten von.
dermatologue [dɛʀmatɔlɔg] *nm/f* Dermatologe *m,* Dermatologin *f.*
dernier, ière [dɛʀnje, jɛʀ] *a* letzte(r, s); **lundi/le mois** ~ letzten Montag/Monat; **du** ~ **chic** äußerst schick; **en** ~ zuletzt; **ce** ~ der, die, das letztere; **dernièrement** *ad* kürzlich.

dérobé, e [deRɔbe] *a (porte, escalier)* geheim, versteckt // *nf:* **à la ~e** verstohlen, heimlich.
dérober [deRɔbe] *vt* stehlen; ~ **qch à (la vue de) qn** etw (vor jdm) verbergen; **se ~** *vi* sich wegstehlen; **se ~à** *(regards, obligation)* ausweichen (+*dat*); *(justice)* sich entziehen (+*dat*).
dérogation [deRɔgɑsjɔ̃] *nf* Abweichung *f*.
déroger [deRɔʒe] : ~ **à** *vt* abweichen von.
dérouler [deRule] *vt* aufrollen; **se ~** *vi (avoir lieu)* stattfinden.
déroute [deRut] *nf* Debakel *nt*.
dérouter [deRute] *vt* umleiten; *(étonner)* aus der Fassung bringen.
derrière [dɛRjɛR] *prep* hinter (+*dat*); *(direction)* hinter (+*akk*) // *ad* hinten; dahinter // *nm* Rückseite *f*; (*ANAT*) Hinterteil *nt*; **les pattes/roues de ~** die Hinterbeine/-reifen *pl*; **par ~** von hinten.
dès [dɛ] *prep* von ... an; ~ **que** *conj* sobald; ~ **son retour** sobald er zurückkehrt/zurückgekehrt war; ~ **lors** *ad* von da an.
désabusé, e [dezabyze] *a* desillusioniert.
désaccord [dezakɔR] *nm* Meinungsverschiedenheit *f*; *(contraste)* Diskrepanz *f*.
désaccordé, e [dezakɔRde] *a* verstimmt.
désaffecté, e [dezafɛkte] *a* leerstehend, nicht mehr benutzt.
désagréable [dezagReabl(ə)] *a* unangenehm.
désagréger [dezagReʒe] : **se ~** *vi* auseinanderbröckeln.
désagrément [dezagRemɑ̃] *nm* Ärger *m*.
désaltérer [dezalteRe] *vt:* ~ **qn** jds Durst löschen // *vi* den Durst stillen.
désamorcer [dezamɔRse] *vt* entschärfen.
désappointé, e [dezapwɛ̃te] *a* enttäuscht.
désapprouver [dezapRuve] *vt* mißbilligen.
désarçonner [dezaRsɔne] *vt* abwerfen; *(fig)* aus dem Konzept bringen.
désarmement [dezaRməmɑ̃] *nm* (*MIL*) Abrüstung *f*.
désarmer [dezaRme] *vt (personne)* entwaffnen; *(pays)* abrüsten.
désarroi [dezaRwa] *nm* Ratlosigkeit *f*.
désarticuler [dezaRtikyle] *vt:* **se ~** sich verrenken.
désastre [dezastR(ə)] *nm* Katastrophe *f*.
désavantage [dezavɑ̃taʒ] *nm* Nachteil *m*.
désaxé, e [dezakse] *a (fig)* verrückt.
descendant, e [desɑ̃dɑ̃, ɑ̃t] *nm/f* Nachkomme *m*.
descendre [desɑ̃dR(ə)] *vt (escalier, rue)* hinuntergehen; *(montagne)* hinuntersteigen von; *(rivière)* hinunterfahren; *(valise, paquet)* hinuntertragen *ou* -bringen; *(fam: abattre)* abschießen // *vi* hinuntergehen; *(ascenseur etc)* nach unten fahren; *(passager: s'arrêter)* aussteigen; *(avion)* absteigen; *(voiture)* herunterfahren; *(route, chemin)* herunterführen; *(niveau, température)* fallen, sinken; ~ **de** *(famille)* abstammen von; ~ **du train** aus dem Zug steigen; ~ **de cheval** vom Pferd steigen; ~ **à l'hôtel** im Hotel absteigen.
descente [desɑ̃t] *nf (route)* Abstieg *m*; (*SKI*) Abfahrt *f*; ~ **de lit** Bettvorleger *m*; ~ **(de police)** Razzia *f*.
description [dɛskRipsjɔ̃] *nf* Beschreibung *f*.
désemparé, e [dezɑ̃paRe] *a* ratlos.
désemparer [dezɑ̃paRe] *vi:* **sans ~** ununterbrochen.
désemplir [dezɑ̃pliR] *vi:* **ne pas ~** immer voll sein.
déséquilibre [dezekilibR(ə)] *nm* Ungleichgewicht *nt*; *(fig, PSYCH)* Unausgeglichenheit *f*.
déséquilibrer [dezekilibRe] *vt* aus dem Gleichgewicht bringen.
désert [dezɛR] *nm* Wüste *f*.
déserter [dezɛRte] *vi* (*MIL*) desertieren // *vt* verlassen.
désespéré, e [dezɛspeRe] *a* verzweifelt; **~ment** *ad* verzweifelt.

désespérer [dezɛspeʀe] *vt* entmutigen // *vi:* ~ **de** verzweifeln an (+*dat*).
désespoir [dezɛspwaʀ] *nm* Verzweiflung *f.*
déshabillé, e [dezabije] *a* unbekleidet // *nm* Negligé *nt.*
déshabiller [dezabije] *vt* ausziehen; **se** ~ sich ausziehen.
déshabituer [dezabitɥe] *vt:* **se** ~ **de qch** sich *(dat)* etw abgewöhnen.
désherbant [dezɛʀbɑ̃] *nm* Unkrautvernichtungsmittel *nt.*
déshériter [dezeʀite] *vt* enterben.
déshonorer [dezɔnɔʀe] *vt* Schande machen (+*dat*).
déshydraté, e [dezidʀate] *a* sehr durstig; (*MED*) dehydriert; *(aliment)* Trocken-.
désigner [deziɲe] *vt (montrer)* zeigen *ou* deuten auf (+*akk*); *(sujet: symbole, signe)* bezeichnen; *(nommer)* ernennen.
désinence [dezinɑ̃s] *nf* Endung *f.*
désinfecter [dezɛ̃fɛkte] *vt* desinfizieren.
désintégrer [dezɛ̃tegʀe] *vt* spalten; **se** ~ *vi* zerfallen.
désintéressé, e [dezɛ̃teʀese] *a* selbstlos, uneigennützig.
désintéresser [dezɛ̃teʀese] *vt:* **se** ~ **(de qn/qch)** das Interesse (an jdm/etw) verlieren.
désintoxication [dezɛ̃tɔksikɑsjɔ̃] *nf* Entgiftung *f;* **cure de** ~ Entziehungskur *f.*
désinvolte [dezɛ̃vɔlt(ə)] *a* zwanglos.
désir [deziʀ] *nm* Verlangen *nt,* Sehnsucht *f;* **exprimer le** ~ **de** den Wunsch äußern zu.
désirer [deziʀe] *vt* wünschen; *(sexuellement)* begehren; **je désire ...** ich möchte gerne ...; ~ **que** wünschen, daß; ~ **faire qch** etw gerne tun wollen.
désister [deziste]: **se** ~ *vi* zurücktreten.
désobéir [dezɔbeiʀ] *vi:* ~ **(à qn/qch)** (jdm/etw) nicht gehorchen.
désobéissant, e [dezɔbeisɑ̃, ɑ̃t] *a* ungehorsam.
désodorisant [dezɔdɔʀizɑ̃, ɑ̃t] *nm* Deodorant *nt; (d'appartement)* Raumspray *nt.*
désœuvré, e [dezœvʀe] *a* müßig.
désolé, e [dezɔle] *a:* **je suis** ~ es tut mir leid.
désoler [dezɔle] *vt* Kummer machen (+*dat*).
désopilant, e [dezɔpilɑ̃, ɑ̃t] *a* urkomisch.
désordre [dezɔʀdʀ(ə)] *nm* Unordnung *f;* ~**s** *nmpl* (*POL*) Unruhen *pl;* **en** ~ unordentlich.
désorganiser [dezɔʀganize] *vt* durcheinanderbringen.
désorienter [dezɔʀjɑ̃te] *vt* die Orientierung verlieren lassen.
désormais [dezɔʀmɛ] *ad* von jetzt an, in Zukunft.
désosser [dezɔse] *vt* entbeinen.
dessaisir [deseziʀ]: **se** ~ **de** *vt* verzichten auf (+*akk*).
dessaler [desale] *vt* entsalzen.
dessécher [deseʃe] *vt* austrocknen.
dessein [desɛ̃] *nm* Absicht *f;* **dans le** ~ **de faire** mit der Absicht zu tun; **à** ~ absichtlich.
desserrer [deseʀe] *vt* lösen.
dessert [desɛʀ] *nm* Nachtisch *m.*
desservir [desɛʀviʀ] *vt* abräumen; *(ville etc)* versorgen; *(nuire)* einen schlechten Dienst erweisen (+*dat*).
dessin [desɛ̃] *nm* Zeichnung *f; (motif)* Muster *nt;* (*ART*): **le** ~ das Zeichnen; ~ **animé** Zeichentrickfilm *m.*
dessinateur, trice [desinatœʀ, tʀis] *nm/f* Zeichner(in *f*) *m.*
dessiner [desine] *vt* zeichnen.
dessoûler [desule] *vi* nüchtern werden.
dessous [d(ə)su] *ad:* **en** ~, **au** ~ darunter; **en** ~ *(fig)* heimlich // *nm* Unterseite *f* // *nmpl (fig)* Hintergründe *pl; (sous-vêtements)* Unterwäsche *f;* **avoir le** ~ unterlegen sein; **par** ~ unter (+*dat*); **au** ~ **de** *prep* unter (+*dat*); **au** ~ **de tout** unter aller Kritik; ~**-de-plat** *nm inv* Untersetzer *m.*
dessus [d(ə)sy] *ad:* **en** ~, **par** ~, **au** ~ darüber // *nm* Oberseite *f;* **avoir le** ~ die Oberhand haben; **au** ~ **de**

über (*+dat*); **~-de-lit** *nm inv* Bettüberwurf *m*.
destin [dɛstɛ̃] *nm* Schicksal *nt*.
destinataire [dɛstinatɛʀ] *nm/f* Empfänger(in *f*) *m*.
destination *nf* Bestimmung *f*; (*fig*) Zweck *m*.
destinée [dɛstine] *nf* Schicksal *nt*.
destiner [dɛstine] *vt*: ~ **qn/qch à qch** jdn/etw für etw ausersehen; ~ **qch à qn** etw für jdn bestimmen.
destituer [dɛstitɥe] *vt* absetzen.
destruction [dɛstʀyksjɔ̃] *nf* Zerstörung *f*.
désuet, ète [desɥɛ, ɛt] *a* altmodisch; **désuétude** *nf*: **tomber en désuétude** außer Gebrauch kommen.
désunir [dezyniʀ] *vt* entzweien.
détaché, e [detaʃe] *a* (*fig*) gleichgültig.
détacher [detaʃe] *vt* (*délier*) lösen; (*représentant, envoyé*) abordnen; (*nettoyer*) die Flecken entfernen aus; **se** ~ *vi* (*tomber*) abgehen; (*se défaire*) aufgehen; **se** ~ **(de qn/qch)** sich innerlich (von jdm/etw) entfernen.
détail [detaj] *nm* Einzelheit *f*; (*COMM*): **le** ~ der Einzelhandel; **en** ~ im einzelnen.
détaillant [detajɑ̃] *nm* Einzelhändler(in *f*) *m*.
détartrer [detaʀtʀe] *vt* entkalken.
détecter [detɛkte] *vt* entdecken; **détecteur** *nm* Detektor *m*.
détective [detɛktiv] *nm*: ~ **(privé)** Detektiv *m*.
déteindre [detɛ̃dʀ(ə)] *vi* verblassen; ~ **sur** abfärben auf (*+akk*).
dételer [detle] *vt* (*cheval*) abschirren.
détendre [detɑ̃dʀ(ə)] *vt*: **se** ~ *vi* sich lockern; (*se reposer, se décontracter*) sich entspannen.
détenir [dɛtniʀ] *vt* im Besitz (*+gen*) sein; (*prisonnier*) in Haft halten.
détente [detɑ̃t] *nf* (*relaxation*) Entspannung *f*; (*d'une arme*) Abzug *m*.
détenteur, trice [detɑ̃tœʀ, tʀis] *nm/f* Inhaber(in *f*) *m*.
détention [detɑ̃sjɔ̃] *nf*: ~ **préventive** Untersuchungshaft *f*.
détenu, e [dɛtny] *nm/f* Häftling *m*.
détergent [detɛʀʒɑ̃] *nm* Reinigungsmittel *nt*.
détériorer [deteʀjɔʀe] *vt* beschädigen; **se** ~ *vi* (*fig, santé*) sich verschlechtern.
déterminant, e [detɛʀminɑ̃, ɑ̃t] *a* ausschlaggebend.
détermination [detɛʀminɑsjɔ̃] *nf* (*résolution*) Entschlossenheit *f*.
déterminé, e [detɛʀmine] *a* entschlossen; (*fixé*) fest, bestimmt.
déterminer [detɛʀmine] *vt* bestimmen; (*décider*) veranlassen.
déterrer [deteʀe] *vt* ausgraben.
détester [detɛste] *vt* hassen.
détonateur [detɔnatœʀ] *nm* Sprengkapsel *f*.
détonner [detɔne] *vi* (*MUS*) falsch singen/spielen; (*fig*) nicht dazu passen.
détour [detuʀ] *nm* Umweg *m*; (*tournant*) Kurve *f*; **sans** ~ ohne Umschweife.
détourné, e [detuʀne] *a*: **par des moyens** ~**s** auf Umwegen.
détournement [detuʀnəmɑ̃] *nm*: ~ **d'avion** Flugzeugentführung *f*; ~ **(de fonds)** Unterschlagung *f* von Geldern; ~ **de mineur** Verführung *f* von Minderjährigen.
détourner [detuʀne] *vt* (*rivière, trafic*) umleiten; (*yeux, tête*) abwenden; (*argent*) unterschlagen; (*avion*) entführen; **se** ~ *vi* sich abwenden.
détracteur, trice [detʀaktœʀ, tʀis] *nm/f* Verleumder(in *f*) *m*.
détraquer [detʀake] *vt* verderben; **se** ~ *vi* falsch gehen.
détresse [detʀɛs] *nf* Verzweiflung *f*; (*misère*) Kummer *m*; **en** ~ in Not.
détriment [detʀimɑ̃] *nm*: **au** ~ **de** zum Schaden von.
détritus [detʀitys] *nmpl* Abfall *m*.
détroit [detʀwa] *nm* Meerenge *f*.
détromper [detʀɔ̃pe] *vt* eines Besseren belehren.
détrôner [detʀone] *vt* entthronen.
détrousser [detʀuse] *vt* berauben.
détruire [detʀɥiʀ] *vt* zerstören.
dette [dɛt] *nf* Schuld *f*.
deuil [dœj] *nm* Trauerfall *m*;

(période) Trauern *nt;* **porter le ~** Trauer tragen; **être en ~** trauern.
deux [dø] *num* zwei; **deuxième** *num* zweite(r,s); **~-temps** *a* Zweitakt-.
devais *etc vb voir* **devoir.**
dévaler [devale] *vt* hinunterrennen.
dévaliser [devalize] *vt* berauben.
dévaloriser [devalɔʀize] *vt (fig)* mindern, herabsetzen; **se ~** *vi (monnaie)* an Kaufkraft verlieren.
dévaluation [devalɥasjɔ̃] *nf* Geldentwertung *f; (ECON)* Abwertung *f.*
dévaluer [devalɥe] *vt* abwerten.
devancer [dəvɑ̃se] *vt* vorangehen *(+dat);* kommen vor *(+dat); (prévenir)* zuvorkommen *(+dat).*
devant [d(ə)vɑ̃] *ad* vorn; *(dans un véhicule)* vorne *// prep* vor *(+dat); (direction)* vor *(+akk) // nm* Vorderseite *f;* **pattes de ~** Vorderbeine *pl;* **par ~** vorne; **aller au ~ de qn/qch** jdm/etw entgegenkommen.
devanture [d(ə)vɑ̃tyʀ] *nf (étalage)* Auslage *f.*
dévaster [devaste] *vt* verwüsten.
déveine [devɛn] *nf* Pech *nt.*
développement [devlɔpmɑ̃] *nm* Entwicklung *f.*
développer [devlɔpe] *vt* entwickeln; **se ~** *vi* sich entwickeln.
devenir [dəvniʀ] *vb avec attribut* werden.
dévergonder [devɛʀgɔ̃de]: **se ~** *vi* alle Scham verlieren.
devers [dəvɛʀ] *ad:* **par-~ soi** zu sich selbst.
déverser [devɛʀse] *vt* ausgießen; *(ordures)* ausschütten.
dévêtir [devetiʀ] *vt* ausziehen; **se ~** sich ausziehen.
déviation [devjasjɔ̃] *nf (AUT)* Umleitung *f.*
dévider [devide] *vt* abwickeln.
dévier [devje] *vt* umleiten *// vi (balle)* vom Kurs abkommen; *(conversation)* vom Thema abkommen.
devin [dəvɛ̃] *nm* Hellseher *m.*
deviner [d(ə)vine] *vt* raten, erraten; *(prédire)* vorhersagen; *(prévoir)* vorhersehen.
devinette [d(ə)vinɛt] *nf* Rätsel *nt.*
devins *etc vb voir* **devenir.**
devis [d(ə)vi] *nm* Voranschlag *m.*
dévisager [devizaʒe] *vt* mustern.
devise [d(ə)viz] *nf (formule)* Motto *nt,* Devise *f; (monnaie)* Währung *f;* **~s** *nfpl* Devisen *pl.*
deviser [dəvize] *vi* sich unterhalten.
dévisser [devise] *vt* aufschrauben.
dévoiler [devwale] *vt (statue)* enthüllen; *(secret)* aufdecken.
devoir [d(ə)vwaʀ] *nm: (gén pl: obligation):* **le ~/un ~** die Pflicht/eine Verpflichtung; *(SCOL)* Aufgabe *f // vt (argent)* schulden; *(suivi de l'infinitif)* müssen.
dévolu, e [devɔly] *a:* **~ à qn** für jdn vorgesehen *// nm:* **jeter son ~ sur** sein Augenmerk richten auf *(+akk).*
dévorer [devɔʀe] *vt* verschlingen; *(sujet: feu, soucis)* verzehren.
dévot, e [devo, ɔt] *a* fromm.
dévoué, e [devwe] *a* ergeben.
dévouement [devumɑ̃] *nm* Hingabe *f.*
dévouer [devwe]: **se ~** *vi:* **se ~ (pour)** sich opfern (für); *(se consacrer):* **se ~ à** sich widmen *(+dat).*
dévoyé, e [devwaje] *a* vom rechten Weg abgekommen.
dextérité [dɛksteʀite] *nf* Geschick *nt.*
diabète [djabɛt] *nm* Zuckerkrankheit *f,* Diabetes *f;* **diabétique** *nm/f* Diabetiker(in *f) m.*
diable [djɑbl(ə)] *nm* Teufel m; **diabolique** *a* teuflisch.
diacre [djakʀ(ə)] *nm* Diakon *m.*
diagnostic [djagnɔstik] *nm* Diagnose *f;* **diagnostiquer** *vt* diagnostizieren.
diagonal, e, aux [djagɔnal, o] *a* diagonal *// nf* Diagonale *f;* **en ~e** diagonal; **lire en ~e** überfliegen.
diagramme [djagʀam] *nm* Diagramm *nt.*
dialecte [djalɛkt(ə)] *nm* Dialekt *m.*
dialogue [djalɔg] *nm* Dialog *m;* **dialoguer** *vi (POL)* im Dialog stehen.
diamant [djamɑ̃] *nm* Diamant *m.*
diamètre [djamɛtʀ(ə)] *nm* Durchmesser *m.*
diapason [djapazɔ̃] *nm* Stimmgabel

f; **être au ~ de qn** nach jdm ausgerichtet sein.
diaphragme [djafʀagm(ə)] *nm* (*ANAT*) Zwerchfell *nt;* (*PHOT*) Blende *f;* (*contraceptif*) Pessar *nt.*
diapositive [djapozitiv] *nf* Dia *nt,* Lichtbild *nt.*
diarrhée [djaʀe] *nf* Durchfall *m.*
dictateur [diktatœʀ] *nm* Diktator *m.*
dictature [diktatyʀ] *nf* Diktatur *f.*
dictée [dikte] *nf* Diktat *nt.*
dicter [dikte] *vt* diktieren; (*fig*) aufzwingen (+*dat*).
diction [diksjɔ̃] *nf* Diktion *f;* **cours de ~** Sprecherziehung *f.*
dictionnaire [diksjɔnɛʀ] *nm* Wörterbuch *nt.*
dièse [djɛz] *nm* Kreuz *nt.*
diesel [djezɛl] *nm* Dieselöl *nt;* **un (véhicule/moteur) ~** ein Diesel *m.*
diète [djɛt] *nf* Diät *f.*
diététicien, ne [djetetisjɛ̃, jɛn] *nm/f* Diätist(in *f*) *m;* **diététique** *a* diätetisch.
dieu, x [djø] *nm* Gott *m.*
diffamation [difamɑsjɔ̃] *nf* Verleumdung *f.*
diffamer [difame] *vt* verleumden.
différé [difeʀe] *nm* (*TV*): **en ~** aufgezeichnet.
différence [difeʀɑ̃s] *nf* Unterschied *m;* (*MATH*) Differenz *f;* **à la ~ de** im Unterschied zu.
différencier [difeʀɑ̃sje] *vt* unterscheiden.
différend [difeʀɑ̃] *nm* Meinungsverschiedenheit *f.*
différent, e [difeʀɑ̃, ɑ̃t] *a* verschieden; **~s objets** mehrere Gegenstände.
différentiel, le [difeʀɑ̃sjɛl] *a* (*tarif, droit*) unterschiedlich // *nm* (*AUT*) Differential *nt.*
différer [difeʀe] *vt* auf- *ou* verschieben // *vi:* **~ (de)** sich unterscheiden (von).
difficile [difisil] *a* schwierig; **~ment** *ad* mit Schwierigkeiten; **~ment lisible** schwer leserlich.
difficulté [difikylte] *nf* Schwierigkeit *f;* **en ~** (*bateau*) in Seenot; (*alpiniste*) in Schwierigkeiten.
difforme [difɔʀm(ə)] *a* deformiert.
diffus, e [dify, yz] *a* diffus.
diffuser [difyze] *vt* verbreiten; (*émission, musique*) ausstrahlen; **diffusion** *nf* Verbreitung *f;* Ausstrahlung *f.*
digérer [diʒeʀe] *vt* verdauen; **digestif, ive** *a* Verdauungs- // *nm* Verdauungsschnaps *m;* **digestion** *nf* Verdauung *f.*
digne [diɲ] *a* (*respectable*) würdig; **~ de qch** einer Sache (*gen*) wert; **~ d'intérêt** beachtenswert; **~ de foi** vertrauenswürdig; **~ de qn** jds würdig.
dignitaire [diɲitɛʀ] *nm* Würdenträger(in *f*) *m.*
dignité [diɲite] *nf* Würde *f;* (*fierté, honneur*) Ehre *f.*
digue [dig] *nf* Deich *m,* Damm *m.*
dilapider [dilapide] *vt* durchbringen.
dilater [dilate] *vt* (*joues, ballon*) aufblasen; (*narines*) aufblähen; **se ~** *vi* sich dehnen.
dilemme [dilɛm] *nm* Dilemma *nt.*
diligence [diliʒɑ̃s] *nf* Postkutsche *f;* (*empressement*) Eifer *m.*
diligent, e [diliʒɑ̃, ɑ̃t] *a* eifrig.
diluer [dilɥe] *vt* verdünnen.
diluvien, ne [dilyvjɛ̃, jɛn] *a:* **pluie ~ne** Wolkenbruch *m.*
dimanche [dimɑ̃ʃ] *nm* Sonntag *m;* **le ~** sonntags.
dimension [dimɑ̃sjɔ̃] *nf* Dimension *f;* (*taille, grandeur*) Größe *f.*
diminuer [diminɥe] *vt* (*hauteur, quantité, nombre*) verringern, reduzieren; (*enthousiasme, ardeur*) abschwächen; (*personne: physiquement*) angreifen; (*: moralement*) unterminieren // *vi* (*quantité*) abnehmen, sich verringern; (*intensité*) sich vermindern; (*fréquence*) abnehmen; **diminutif** *nm* (*LING*) Verkleinerungsform *f;* (*surnom*) Kosename *m;* **diminution** *nf* Abnahme *f,* Rückgang *m.*
dinde [dɛ̃d] *nf* Truthahn *m.*
dindon [dɛ̃dɔ̃] *nm* Puter *m.*
dîner [dine] *nm* Abendessen *nt;* **~ d'affaires** Arbeitsessen *nt.*

dingue [dɛ̃g] *a (fam)* verrückt.
diphtérie [difteʀi] *nf* Diphterie *f*.
diphtongue [diftɔ̃g] *nf* Diphthong *m*.
diplomate [diplɔmat] *a* diplomatisch // *nm* Diplomat *m*.
diplomatie [diplɔmasi] *nf* Diplomatie *f*.
diplôme [diplom] *nm* Diplom *nt*; **diplômé, e** *a* Diplom-.
dire [diʀ] *nm:* **au ~ des témoins** den Aussagen der Zeugen zufolge // *vt* sagen; *(secret, mensonge)* erzählen; *(poème etc)* aufsagen; **vouloir ~ (que)** bedeuten (daß); **cela me dit (de faire)** *(fam)* ich hätte Lust (zu tun); **on dirait que** man könnte meinen, daß; **on dirait un chat** es sieht nach einer Katze aus; **à vrai ~** offengestanden; **dites donc!** *(agressif)* nun hören Sie mal!; **et ~ que ...** wenn man bedenkt, daß ... .
direct, e [diʀɛkt, ɛkt(ə)] *a* direkt; **~ement** *ad* direkt.
directeur, trice [diʀɛktœʀ, tʀis] *a* Haupt- // *nm/f* Direktor(in *f*) *m*; *(d'école primaire)* Rektor(in *f*) *m*; **~ de thèse** Doktorvater *m*.
direction [diʀɛksjɔ̃] *nf* Leitung *f*; Führung *f*; *(AUT)* Lenkung *f*; *(sens)* Richtung *f*; *(directeurs, bureaux)* Geschäftsleitung *f*; **sous la ~ de** unter Leitung von.
directive [diʀɛktiv] *nf* Direktive *f*.
dirigeable [diʀiʒabl(ə)] *nm* Luftschiff *nt*, Zeppelin *m*.
diriger [diʀiʒe] *vt* leiten; *(personnes)* führen; *(véhicule)* lenken; *(orchestre)* dirigieren; *(regard, arme):* **~ sur** richten auf (*+akk*); **se ~** *(s'orienter)* sich orientieren; **se ~ vers/sur** zugehen *ou* zufahren auf (*+akk*).
dis *etc vb voir* **dire.**
discernement [disɛʀnəmɑ̃] *nm* feines Gespür *nt*.
discerner [disɛʀne] *vt* wahrnehmen.
disciple [disipl(ə)] *nm/f* Jünger *m*.
discipline [disiplin] *nf* Disziplin *f*.
discontinu, e [diskɔ̃tiny] *a* periodisch, mit Unterbrechungen.
discontinuer [diskɔ̃tinɥe] *vi:* **sans ~** ununterbrochen.
discordant, e [diskɔʀdɑ̃, ɑ̃t] *a* nicht miteinander harmonierend.
discorde [diskɔʀd(ə)] *nf* Zwist *m*.
discothèque [diskɔtɛk] *nf (disques)* Plattensammlung *f*; *(dans une bibliothèque)* Schallplattenarchiv *nt*; *(boîte de nuit)* Diskothek *f*.
discours [diskuʀ] *nm* Rede *f*.
discréditer [diskʀedite] *vt* in Mißkredit bringen.
discret, ète [diskʀɛ, ɛt] *a (réservé, modéré)* zurückhaltend; *(pas indiscret)* diskret; **un endroit ~** ein stilles Plätzchen; **discrètement** *ad* diskret; dezent, zurückhaltend.
discrétion [diskʀesjɔ̃] *nf* Diskretion *f*; Zurückhaltung *f*; **à la ~ de qn** nach jds Gutdünken; **à ~** nach Belieben.
discrimination [diskʀiminɑsjɔ̃] *nf* Diskriminierung *f*; *(discernement)* Unterscheidung *f*.
disculper [diskylpe] *vt* entlasten.
discussion [diskysjɔ̃] *nf* Diskussion *f*; **~s** *nfpl (négociations)* Verhandlungen *pl*.
discutable [diskytabl(ə)] *a (contestable)* anfechtbar.
discuté, e [diskyte] *a* umstritten.
discuter [diskyte] *vt (contester)* in Frage stellen; **~ (de)** *(négocier)* verhandeln über (*+akk*); **~ de** *(parler)* diskutieren (*+akk*).
disette [dizɛt] *nf* Hungersnot *f*.
diseuse [dizøz] *nf:* **~ de bonne aventure** Wahrsagerin *f*.
disgrâce [disgʀɑs] *nf:* **être en ~** in Ungnade sein.
disgracieux, ieuse [disgʀasjø, jøz] *a* linkisch.
disjoindre [disʒwɛ̃dʀ(ə)] *vt* auseinandernehmen; **se ~** *vi* sich trennen.
disjoncteur [disʒɔ̃ktœʀ] *nm (ELEC)* Unterbrecher *m*.
disloquer [dislɔke] *vt (membre)* ausrenken; *(chaise)* auseinandernehmen; **se ~** *vi (parti, empire)* auseinanderfallen; **se ~ l'épaule** sich *(dat)* den Arm auskugeln.
disparaître [dispaʀɛtʀ(ə)] *vi* verschwinden; *(mourir)* sterben.
disparité [dispaʀite] *nf* Ungleich-

heit *f*.
disparition [disparisjɔ̃] *nf* Verschwinden *nt;* Sterben *nt*.
disparu, e [dispary] *nm/f (défunt)* Verstorbene(r) *mf*.
dispensaire [dispɑ̃sɛr] *nm* Poliklinik *f*.
dispenser [dispɑ̃se] *vt (donner)* schenken, gewähren; ~ **qn de faire qch** jdn davon befreien, etw zu tun; **se ~ de qch** sich einer Sache *(dat)* entziehen.
disperser [dispɛrse] *vt* verstreuen; *(chasser)* auseinandertreiben; *(son attention, ses efforts)* verschwenden; **se** ~ *vi (foule)* sich zerstreuen.
disponibilité [dispɔnibilite] *nf* Verfügbarkeit *f*.
disponible [dispɔnibl(ə)] *a* verfügbar.
dispos [dispo] *am:* **(frais et)** ~ frisch und munter, taufrisch.
disposé, e [dispoze] *a (arrangé)* vereinbart; ~ **à** bereit zu.
disposer [dispoze] *vt (arranger, placer)* anordnen // *vi:* **vous pouvez** ~ Sie können gehen; ~ **de** *vt (avoir)* verfügen über *(+akk);* ~ **qn à qch** jdn für etw gewinnen; ~ **qn à faire qch** jdn dafür gewinnen, etw zu tun; **se ~ à faire qch** sich darauf vorbereiten, etw zu tun.
dispositif [dispozitif] *nm* Vorrichtung *f,* Anlage *f; (fig)* Einsatzplan *m*.
disposition [dispozisjɔ̃] *nf (arrangement)* Anordnung *f; (humeur)* Veranlagung *f;* Neigung *f; (gén pl: mesure, décision)* Maßnahme *f;* **être à la ~ de qn** jdm zur Verfügung stehen.
disproportion [disprɔpɔrsjɔ̃] *nf* Mißverhältnis *nt;* **disproportionné, e** *a* unverhältnismäßig.
dispute [dispyt] *nf* Streit *m*.
disputer [dispyte] *vt (match)* austragen; **se** ~ *vi* sich streiten; ~ **qch à qn** mit jdm um etw kämpfen.
disquaire [diskɛr] *nm/f* Schallplattenverkäufer(in *f*) *m*.
disqualifier [diskalifje] *vt* disqualifizieren.
disque [disk(ə)] *nm* Scheibe *f; (MUS)* Schallplatte *f; (SPORT)* Diskus *m*.
disséminer [disemine] *vt* aus- *ou* verstreuen.
dissension [disɑ̃sjɔ̃] *nf (gén pl)* Meinungsverschiedenheit *f*.
disséquer [diseke] *vt* sezieren.
dissertation [disɛrtɑsjɔ̃] *nf (SCOL)* Aufsatz *m*.
dissimuler [disimyle] *vt (cacher)* verheimlichen; *(masquer à la vue)* verbergen; **se** ~ sich verbergen.
dissiper [disipe] *vt* auflösen; *(doutes)* zerstreuen; *(fortune)* vergeuden, verschwenden; **se** ~ *vi (brouillard)* sich auflösen; *(doutes)* sich zerstreuen; *(perdre sa concentration)* sich zerstreuen lassen; *(se dévergonder)* sich Ausschweifungen hingeben.
dissolu, e [disɔly] *a* zügellos.
dissolution [disɔlysjɔ̃] *nf* Auflösung *f*.
dissolvant [disɔlvɑ̃, ɑ̃t] *nm (CHIM)* Lösungsmittel *nt;* ~ **(gras)** Nagellackentferner *m*.
dissonant, e [disɔnɑ̃, ɑ̃t] *a* disharmonisch.
dissoudre [disudr(ə)] *vt* auflösen; **se** ~ *vi* sich auflösen.
dissuader [disɥade] *vt:* ~ **qn de faire qch** jdn davon abbringen, etw zu tun; ~ **qn de qch** jdn von etw abbringen.
dissuasion [disɥazjɔ̃] *nf:* **force de** ~ Abschreckungskraft *f*.
distance [distɑ̃s] *nf* Entfernung *f,* Distanz *f; (fig)* Abstand *m;* **à** ~ aus der Entfernung; **tenir qn à** ~ jdn auf Distanz halten; **tenir la** ~ *(SPORT)* durchhalten; **distancer** *vt* hinter sich *(dat)* lassen, abhängen.
distant, e [distɑ̃, ɑ̃t] *a (réservé)* distanziert, reserviert; *(éloigné):* ~ **d'un lieu** von einem Ort entfernt; ~ **de 5 km** 5 km entfernt.
distiller [distile] *vt* destillieren; *(venin, suc)* tropfenweise aussondern; **distillerie** *nf* Brennerei *f*.
distinct, e [distɛ̃(kt), distɛ̃kt(ə)] *a (différent)* verschieden; *(clair, net)* deutlich, klar; **distinctement** *ad* deutlich.
distinction [distɛ̃ksjɔ̃] *nf (bonnes

manières) Vornehmheit *f; (médaille)* Auszeichnung *f; (différence)* Unterschied *m.*
distingué, e [distɛ̃ge] *a (éminent)* von hohem Rang; *(raffiné, élégant)* distinguiert, vornehm.
distinguer [distɛ̃ge] *vt (apercevoir)* erkennen; *(différencier)* unterscheiden; **se ~** sich auszeichnen; **se ~ (de)** *(différer)* sich unterscheiden (von).
distraction [distʀaksjɔ̃] *nf* Zerstreutheit *f; (détente, passe-temps)* Zerstreuung *f.*
distraire [distʀɛʀ] *vt (déranger)* ablenken; *(divertir)* unterhalten; **se ~** sich zerstreuen.
distrait, e [distʀɛ, ɛt] *a* zerstreut.
distribuer [distʀibɥe] *vt* verteilen; *(gifles, coups)* austeilen; (*COMM*) vertreiben; **distributeur** *nm:* **~ (automatique)** Münzautomat *m;* **distribution** *nf* Verteilung *f;* Vertrieb *m; (choix d'acteurs)* Rollenverteilung *f.*
district [distʀik(t)] *nm* Bezirk *m.*
dit, e [di] *pp de* **dire** // *a (fixé)* vereinbart; *(surnommé):* **X, ~ Pierrot** X, genannt Pierrot.
diurétique [djyʀetik] *a* harntreibend.
diurne [djyʀn(ə)] *a* Tages-, Tag-.
divaguer [divage] *vi* unzusammenhängendes Zeug faseln.
divan [divɑ̃] *nm* Diwan *m.*
divergence [divɛʀʒɑ̃s] *nf* Meinungsverschiedenheit *f.*
diverger [divɛʀʒe] *vi (personnes, idées)* voneinander abweichen; *(rayons, lignes)* divergieren.
divers, e [divɛʀ, ɛʀs(ə)] *a (varié, différent)* unterschiedlich // *dét* mehrere; **diversifier** *vt* abwechslungsreicher gestalten.
diversion [divɛʀsjɔ̃] *nf* Ablenkung *f;* **faire ~ (à)** ablenken (von).
diversité [divɛʀsite] *nf* Vielfalt *f.*
divertir [divɛʀtiʀ] *vt* unterhalten; **se ~** sich amüsieren.
divin, e [divɛ̃, in] *a* göttlich; **divinité** *nf* Gottheit *f.*
diviser [divize] *vt* (*MATH*) dividieren, teilen; *(somme, terrain)* aufteilen; *(ouvrage, ensemble)* unterteilen; **se ~ en** sich teilen in (+*akk);*
division *nf* Teilung *f,* Division *f;* Aufteilung *f; (secteur)* Abteilung *f;* (*MIL*) Division *f;* (*SPORT*) Liga *f.*
divorce [divɔʀs(ə)] *nm* Scheidung *f;*
divorcé, e *nm/f* Geschiedene(r) *mf;*
divorcer *vi* sich scheiden lassen *(de* von).
divulguer [divylge] *vt* veröffentlichen.
dix [dis] *num* zehn; **dixième** *num* zehnte(r, s) // *nm (fraction)* Zehntel *nt.*
dizaine [dizɛn] *nf (10)* zehn; *(environ 10):* **une ~ de** etwa zehn.
do [do] *nm* C *nt.*
docile [dɔsil] *a* gefügig.
docte [dɔkt(ə)] *a* gelehrt.
docteur [dɔktœʀ] *nm* Arzt *m; (d'université)* Doktor *m.*
doctorat [dɔktɔʀa] *nm* Doktorwürde *f;* **faire son ~** promovieren.
doctoresse [dɔktɔʀɛs] *nf* Ärztin *f.*
doctrine [dɔktʀin] *nf* Doktrin *f.*
document [dɔkymɑ̃] *nm* Dokument *nt.*
documentaire [dɔkymɑ̃tɛʀ] *nm:* **(film) ~** Dokumentarfilm *m.*
documentaliste [dɔkymɑ̃talist(ə)] *nm/f* Archivar(in *f*) *m.*
documentation [dɔkymɑ̃tasjɔ̃] *nf (documents)* Dokumentation *f.*
documenter [dɔkymɑ̃te] *vt:* **se ~ (sur)** sich Informationsmaterial beschaffen (über +*akk).*
dodo [dodo] *nm:* **faire ~** schlafen.
dodu, e [dɔdy] *a* gut genährt.
dogmatique [dɔgmatik] *a* dogmatisch.
dogme [dɔgm(ə)] *nm* Dogma *nt.*
dogue [dɔg] *nm* Dogge *f.*
doigt [dwa] *nm* Finger *m;* **il a été à deux ~s de réussir** es wäre ihm fast gelungen; **~ de pied** Zeh *m.*
doigté [dwate] *nm* (*MUS*) Fingersatz *m; (fig)* Fingerspitzengefühl *nt.*
doit [dwa] *etc vb voir* **devoir.**
doléances [dɔleɑ̃s] *nfpl* Beschwerde *f.*
D.O.M. *sigle m(pl)* = *département(s) d'outre-mer.*

domaine [dɔmɛn] *nm* Grundbesitz *m; (fig)* Gebiet *nt.*
domanial, e, aux [dɔmanjal, jo] *a* zu den Staatsgütern gehörend.
dôme [dom] *nm* Kuppel *f.*
domestique [dɔmɛstik] *a (animal)* Haus-; *(de la maison, du ménage)* häuslich, Haus- // *nm/f* Hausangestellte(r) *mf.*
domestiquer [dɔmɛstike] *vt (animal)* domestizieren.
domicile [dɔmisil] *nm* Wohnsitz *m;* **à** ~ zu Hause; *(livrer)* ins Haus; **domicilié, e** *a:* **être domicilié à** den Wohnsitz haben in *(+dat).*
dominant, e [dɔminɑ̃, ɑ̃t] *a* dominierend; *(principal)* Haupt-.
dominateur, trice [dɔminatœʀ, tʀis] *a* beherrrschend, dominierend.
dominer [dɔmine] *vt* beherrschen; *(surpasser)* übertreffen // *vi (SPORT)* dominieren; **se** ~ sich beherrschen.
dominical, e, aux [dɔminikal, o] *a* Sonntags-.
domino [dɔmino] *nm* Dominostein *m;* ~**s** *nmpl (jeu)* Domino(spiel) *nt.*
dommage [dɔmaʒ] *nm (dégâts, pertes)* Schaden *m;* **c'est** ~ **que ...** es ist schade daß ...; ~**s-intérêts** *nmpl* Schadensersatz *m.*
dompter [dɔ̃te] *vt* bändigen.
don [dɔ̃] *nm (cadeau)* Geschenk *nt; (charité)* Spende *f; (aptitude)* Gabe *f,* Talent *nt.*
donation [dɔnɑsjɔ̃] *nf* Schenkung *f.*
donc [dɔ̃k] *conj* deshalb, daher; *(après une digression)* also.
donjon [dɔ̃ʒɔ̃] *nm* Bergfried *m.*
donné, e [dɔne] *a:* **prix/jour** ~ vereinbarter Preis/Tag; **c'est** ~ das ist geschenkt; **étant** ~ **que ...** aufgrund der Tatsache, daß // *nf (MATH)* bekannte Größe *f; (gén: d'un problème)* Gegebenheit *f; (INFORMATIQUE)* Daten *pl.*
donner [dɔne] *vt* geben; *(en cadeau)* schenken; *(dire: nom)* angeben; *(film, spectacle)* zeigen; ~ **sur** blicken auf *(+akk);* **se** ~ **à fond (à son travail)** sich (seiner Arbeit) vollständig widmen; **se** ~ **de la peine** sich *(dat)* Mühe geben; **s'en** ~ **(à cœur joie)** *(fam)* sich toll amüsieren.
dont [dɔ̃] *pron relatif* wovon; **la maison** ~ **je vois le toit** das Haus dessen Dach ich sehe; **l'homme** ~ **je connais la sœur** der Mann dessen Schwester ich kenne; **dix blessés** ~ **deux grièvement** zehn Verletzte, zwei davon schwerverletzt; **deux livres** ~ **l'un est gros** zwei Bücher wovon eins dick ist; **il y avait plusieurs personnes,** ~ **Simon** es waren mehrere da, (unter anderem) auch Simon; **le fils/livre** ~ **il est si fier** der Sohn, auf den/das Buch, worauf er so stolz ist.
doré, e [dɔʀe] *a* golden; *(montre, bijou)* vergoldet.
dorénavant [dɔʀenavɑ̃] *ad* von nun an.
dorer [dɔʀe] *vt (cadre)* vergolden; **(faire)**~ *(CULIN)* (goldbraun) braten.
dorloter [dɔʀlɔte] *vt* verhätscheln.
dormir [dɔʀmiʀ] *vi* schlafen.
dortoir [dɔʀtwaʀ] *nm* Schlafsaal *m.*
dorure [dɔʀyʀ] *nf* Vergoldung *f.*
doryphore [dɔʀifɔʀ] *nm* Kartoffelkäfer *m.*
dos [do] *nm* Rücken *m;* **voir au** ~ siehe Rückseite; **de** ~ von hinten; **à** ~ **de mulet** auf einem Maulesel (reitend).
dosage [dozaʒ] *nm* Dosierung *f.*
dose [doz] *nf (MED)* Dosis *f; (fig)* Ration *f.*
dossier [dosje] *nm* Akte *f; (de chaise)* Rückenlehne *f.*
dot [dɔt] *nf* Mitgift *f.*
doter [dɔte] *vt:* ~ **qn/qch de** jdn/etw ausstatten mit.
douane [dwan] *nf* Zoll *m;* **douanier, ière** *a* Zoll- // *nm/f* Zollbeamte(r) *m/*-beamtin *f.*
double [dubl(ə)] *a, ad* doppelt // *nm (2 fois plus):* **le** ~ doppelt so viel; *(autre exemplaire)* Duplikat *nt; (sosie)* Doppelgänger(in *f) m; (TENNIS)* Doppel *nt.*
doubler [duble] *vt (multiplier par 2)* verdoppeln; *(vêtement)* füttern; *(dépasser)* überholen; *(film)* synchronisieren; *(acteur)* doubeln //

vi sich verdoppeln; ~ **(la classe)** (*SCOL*) sitzenbleiben.
doublure [dublyʀ] *nf* Futter *nt;* (*FILM*) Double *nt.*
douce [dus] *a voir* **doux; douceâtre** *a* süßlich; ~**ment** *ad* behutsam; *(lentement)* langsam; ~**reux, euse** *a* süßlich; **douceur** *nf* Süßigkeit *f;* Sanftheit *f;* Zartheit *f;* Milde *f;* **douceurs** *nfpl (friandises)* Süßigkeiten *pl.*
douche [duʃ] *nf* Dusche *f;* ~**s** *nfpl (salle)* Duschraum *m;* **se doucher** sich duschen.
doué, e [dwe] *a* begabt; **être ~ de qch** etw besitzen.
douille [duj] *nf* (*ELEC*) Fassung *f; (de projectile)* Hülse *f.*
douillet, te [dujɛ, ɛt] *a (personne)* empfindlich; *(lit, maison)* gemütlich, behaglich.
douleur [dulœʀ] *nf* Schmerz *m; (chagrin)* Leid *nt,* Kummer *m;* **douloureux, euse** *a* schmerzhaft; *(membre)* schmerzend; *(séparation, perte)* schmerzlich.
doute [dut] *nm:* **le** ~ der Zweifel; **un** ~ ein Verdacht *m;* **sans nul** *ou* **aucun** ~ zweifellos.
douter [dute] *vt:* ~ **de** *vt (allié)* Zweifel haben an (*+dat*); *(résultat)* anzweifeln (*+akk*); **se ~ de qch/que** etw ahnen/ahnen, daß.
douteux, euse [dutø, øz] *a* zweifelhaft; *(pej)* fragwürdig.
doux, douce [du, dus] *a* süß; *(personne)* sanft, *(couleur)* zart; *(climat, région)* mild.
douzaine [duzɛn] *nf* Dutzend *nt.*
douze [duz] *num* zwölf; **douzième** *num* zwölfte(r,s) // *nm (fraction)* Zwölftel *nt.*
doyen, ne [dwajɛ̃, ɛn] *nm/f (en âge)* Älteste(r) *mf; (de faculté)* Dekan *m.*
dragée [dʀaʒe] *nf* Mandelbonbon *nt;* (*MED*) Dragée *nt.*
dragon [dʀagɔ̃] *nm* Drache *m.*
draguer [dʀage] *vt (rivière)* ausbaggern; *(fam)* aufreißen.
drainer [dʀene] *vt* entwässern.
dramatique [dʀamatik] *a* dramatisch; *(tragique)* tragisch // *nf* (*TV*) Fernsehdrama *nt.*
dramaturge [dʀamatyʀʒ(ə)] *nm* Dramatiker(in *f*) *m.*
drame [dʀam] *nm* Drama *nt.*
drap [dʀa] *nm (de lit)* Laken *nt; (tissu)* (Woll)stoff *m.*
drapeau, x [dʀapo] *nm* Fahne *f;* **être sous les ~s** Soldat sein.
drapier [dʀapje] *nm* Textilhändler *m.*
dresser [dʀese] *vt* aufstellen; *(animal)* dressieren; ~ **l'oreille** die Ohren spitzen; ~ **la table** den Tisch decken; **se** ~ *vi (église, falaise, obstacle)* emporragen; ~ **qn contre qn** jdn gegen jdn aufbringen.
dressoir [dʀɛswaʀ] *nm* Anrichte *f.*
drogue [dʀɔg] *nf* Droge *f.*
drogué, e [dʀɔge] *nm/f* Drogensüchtige(r) *mf.*
droguer [dʀɔge] *vt* betäuben; *(malade)* Betäubungsmittel geben (*+dat*); **se** ~ Drogen nehmen.
droguerie [dʀɔgʀi] *nf* Drogerie *f.*
droguiste [dʀɔgist(ə)] *nm* Drogist(in *f*) *m.*
droit, e [dʀwa, dʀwat] *a (non courbe)* gerade; *(vertical)* senkrecht; *(loyal, franc)* aufrecht; *(opposé à gauche)* rechte(r,s) // *ad* gerade; *(fig):* **aller ~ au fait/cœur** gleich zu den Tatsachen kommen/zutiefst bewegen // *nm* Recht *nt* // *nf (direction)* rechte Seite *f;* (*POL*): **la ~e** die Rechte; ~**s** *nmpl (taxes)* Steuern *pl;* **être en ~ de** berechtigt sein zu; **à qui de** ~ an die betreffende Person; **à ~e** rechts.
droitier, ière [dʀwatje, jɛʀ] *nm/f* Rechtshänder(in *f*) *m.*
droiture [dʀwatyʀ] *nf* Aufrichtigkeit *f.*
drôle [dʀol] *a* komisch.
dromadaire [dʀɔmadɛʀ] *nm* Dromedar *nt.*
dru, e [dʀy] *a (cheveux)* dicht; *(pluie)* stark.
du [dy] *voir* **de.**
dû, e [dy] *pp de* **devoir** // *a (somme)* schuldig; *(venant à échéance)* fällig // *nm (somme)* Schuld *f.*
dubitatif, ive [dybitatif, iv] *a* zweifelnd.
duc [dyk] *nm* Herzog *m;* **duchesse** *nf*

Herzogin *f.*
dûment [dymɑ̃] *ad* ordnungsgemäß; *(fam)* ordentlich.
dune [dyn] *nf* Düne *f.*
dupe [dyp] *a:* **(ne pas) être ~ de** (nicht) hereinfallen auf *(+akk).*
duper [dype] *vt* betrügen.
duplex [dyplɛks] *nm (appartement)* zweistöckige Wohnung *f.*
duplicata [dyplikata] *nm* Duplikat *nt.*
duplicité [dyplisite] *nf* Doppelspiel *nt.*
dur, e [dyʀ] *a* hart; *(difficile)* schwierig; *(climat)* rauh; *(viande)* zäh; *(col)* steif; *(sévère)* streng // *ad (travailler)* schwer; *(taper)* hart; **mener la vie ~e à qn** jdm das Leben schwer machen; **~ d'oreille** schwerhörig.
durable [dyʀabl(ə)] *a* dauerhaft.
durant [dyʀɑ̃] *prep* während *(+gen);* **~ des mois** *ou* **des mois ~** monatelang.
durcir [dyʀsiʀ] *vt* härten; *(fig)* verhärten // *vi (colle)* hart werden; **se ~** *vi* hart werden, sich verhärten.
durcissement [dyʀsismɑ̃] *nm* (Er)härten *nt;* Verhärtung *f.*
durée [dyʀe] *nf* Dauer *f.*
durement [dyʀmɑ̃] *ad* hart; *(sévèrement)* streng.
durer [dyʀe] *vi (se prolonger)* dauern; *(résister à l'usure)* halten.
dureté [dyʀte] *nf* Härte *f;* Schwierigkeit *f;* Strenge *f; (résistance)* Zähigkeit *f.*
duvet [dyvɛ] *nm* Daune *f; (poils)* Flaum *m.*
dynamique [dinamik] *a* dynamisch.
dynamite [dinamit] *nf* Dynamit *nt.*
dynamiter [dinamite] *vt* sprengen.
dynamo [dinamo] *nf* Dynamo *m.*
dynastie [dinasti] *nf* Dynastie *f.*
dysenterie [disɑ̃tʀi] *nf* Ruhr *f.*
dyslexie [dislɛksi] *nf* Legasthenie *f.*

E

eau, x [o] *nf* Wasser *nt* // *nfpl* Gewässer *pl;* **prendre l'~** undicht sein; **~ de Cologne** Kölnisch Wasser; **~ courante** fließendes Wasser; **~ gazeuse** kohlensäurehaltiges Wasser; **~ de Javel** Bleichmittel *nt;* **~ minérale** Mineralwasser *nt;* **~ plate** Tafelwasser *nt;* **~-de-vie** Schnaps *m.*
ébahi, e [ebai] *a* verblüfft.
ébattre: s'~ *vi* sich tummeln.
ébauche [eboʃ] *nf* Entwurf *m;* **ébaucher** *vt* entwerfen; **~ un sourire** ein Lächeln andeuten; **s'~** *vi* sich andeuten.
ébène [ebɛn] *nm* Ebenholz *nt.*
ébéniste [ebenist(ə)] *nm* Möbeltischler.
éberlué, e [ebɛʀlɥe] *a* verblüfft.
éblouir [ebluiʀ] *vt* blenden.
éborgner [ebɔʀɲe] *vt* ein Auge ausstechen *(+dat).*
éboueur [ebwœʀ] *nm* Müllmann *m.*
ébouillanter [ebujɑ̃te] *vt (CULIN)* ab- *ou* überbrühen.
éboulis [ebuli] *nmpl* Geröll *nt.*
ébouriffé, e [ebuʀife] *a* zerzaust.
ébranler [ebʀɑ̃le] *vt* erschüttern; *(fig)* ins Wanken bringen; **s'~** *vi (partir)* sich in Bewegung setzen.
ébrécher [ebʀeʃe] *vt* anschlagen.
ébriété [ebʀijete] *nf:* **en état d'~** in betrunkenem Zustand.
ébrouer [ebʀue]: **s'~** *vi* sich schütteln; schnauben.
ébruiter [ebʀɥite] *vt* verbreiten.
ébullition [ebylisjɔ̃] *nf:* **être en ~** sieden.
écaille [ekaj] *nf (de poisson)* Schuppe *f; (de coquillage)* Muschelschale *f; (matière)* Schildpatt *nt.*
écailler [ekaje] *vt (poisson)* abschuppen; *(huître)* aufmachen; **s'~** *vi* abblättern.
écarlate [ekaʀlat] *a* knallrot.
écarquiller [ekaʀkije] *vt:* **~ les yeux** die Augen aufreißen.
écart [ekaʀ] *nm* Abstand *m; (de prix etc)* Differenz *f; (embardée)* Schlenker *m (fam); (fig)* Verstoß *m (de* gegen); **à l'~** *ad* abseits; **à l'~ de** *prep* abseits von; **faire un ~ à droite** nach rechts ausweichen.
écarteler [ekaʀtəle] *vt* vierteilen;

(fig) hin- und herreißen.
écartement [ekartəmɑ̃] *nm* Abstand *m; (RAIL)* Spurweite *f.*
écarter [ekarte] *vt (éloigner)* fernhalten; *(séparer)* trennen; *(jambes)* spreizen; *(bras)* aufhalten; *(possibilité)* verwerfen; *(rideau)* öffnen; **s'~** *vi* sich öffnen; **s'~ de** sich entfernen von.
ecclésiastique [eklezjastik] *a* kirchlich.
écervelé, e [esɛrvəle] *a* leichtsinnig.
échafaudage [eʃafodaʒ] *nm* Gerüst *nt.*
échafauder [eʃafode] *vt (plan)* entwerfen.
échalas [eʃala] *nm* Pfahl *m.*
échalote [eʃalɔt] *nf* Schalotte *f.*
échancrure [eʃɑ̃kryr] *nf (de robe)* Ausschnitt *m; (de côte, arête rocheuse)* Einbuchtung *f.*
échange [eʃɑ̃ʒ] *nm* Austausch *m;* **en ~** dafür; **en ~ de** für *(+akk);* **~ de lettres** Briefwechsel *m.*
échanger [eʃɑ̃ʒe] *vt* austauschen; **~ qch (contre qch)** etw (gegen etw) tauschen; **~ qch avec qn** *(clin d'œil, lettres etc)* etw mit jdm wechseln; **échangeur** *nm (AUT)* Autobahnkreuz *nt.*
échantillon [eʃɑ̃tijɔ̃] *nm* Muster *nt; (fig)* Probe *f.*
échappée [eʃape] *nf (vue)* Ausblick *m; (CYCLISME)* Ausbruch *m.*
échappement [eʃapmɑ̃] *nm (AUT)* Auspuff *m.*
échapper [eʃape]: **~ à** *vt (gardien)* entkommen *(+dat); (punition, péril)* entgehen *(+dat);* **~ à qn** *(détail, sens)* jdm entgehen; *(objet qu'on tient)* jdm entgleiten; *(mot)* jdm entfallen; **s'~** *vi* fliehen; **l'~ belle** mit knapper Not davonkommen.
écharde [eʃard(ə)] *nf* Splitter *m.*
écharpe [eʃarp(ə)] *nf* Schal *m; (de maire)* Schärpe *f.*
échassier [eʃɑsje] *nm* Stelzvogel *m.*
échauffer [eʃofe] *vt* erwärmen; *(plus chaud)* erhitzen; *(moteur)* überhitzen; **s'~** *(SPORT)* sich warm laufen; *(s'animer)* sich erhitzen.
échauffourée [eʃofure] *nf* Krawall *m.*
échéance [eʃeɑ̃s] *nf (d'un paiement: date)* Frist *f,* Fälligkeit *f; (somme due)* fällige Zahlung *f;* **à brève/longue ~** auf kurze/lange Sicht.
échéant [eʃeɑ̃, ɑ̃t]: **le cas ~** *ad* gegebenenfalls.
échec [eʃɛk] *nm* Mißerfolg *m;* **~s** *nmpl (jeu)* Schach *nt;* **~ et mat/au roi** schachmatt/Schach dem König; **tenir en ~** in Schach halten.
échelle [eʃɛl] *nf* Leiter *f; (de valeurs, sociale)* Ordnung *f; (d'une carte)* Maßstab *m.*
échelon [eʃlɔ̃] *nm (d'échelle)* Sprosse *f; (ADMIN, SPORT)* Rang *m.*
échelonner [eʃlɔne] *vt* staffeln.
échevelé, e [eʃəvle] *a* zerzaust.
échine [eʃin] *nf* Rückgrat *nt.*
échiquier [eʃikje] *nm* Schachbrett *nt.*
écho [eko] *nm* Echo *nt.*
échoir [eʃwar] *vi* fällig werden; *(délais)* ablaufen; **~ à** *vt* zuteil werden *(+dat).*
échouer [eʃwe] *vi* scheitern; **s'~** *vi* auf Grund laufen.
échu, e [eʃy] *pp voir* **échoir.**
éclabousser [eklabuse] *vt* bespritzen.
éclair [eklɛr] *nm (d'orage)* Blitz *m; (gâteau)* Eclair *nt.*
éclairage [eklɛraʒ] *nm* Beleuchtung *f.*
éclaircie [eklɛrsi] *nf* Aufheiterung *f.*
éclaircir [eklɛrsir] *vt (fig)* erhellen, aufklären; *(CULIN)* verdünnen; **s'~** *vi (ciel)* aufklären; **s'~ la voix** sich räuspern; **éclaircissement** *nm* Erklärung *f.*
éclairer [eklere] *vt* beleuchten; *(fig)* aufklären // *vi* leuchten; **~ bien/mal** gutes/schlechtes Licht geben; **s'~ à l'électricité** elektrische Beleuchtung haben.
éclaireur, euse [eklɛrœr, øz] *nm/f (scout)* Pfadfinder(in *f*) *m* // *nm (MIL)* Kundschafter *m;* **partir en ~** auskundschaften gehen.
éclat [ekla] *nm (de bombe, verre)* Splitter *m; (du soleil, d'une couleur)* Hellig-

keit *f; (d'une cérémonie)* Pracht *f; (scandale):* **faire un ~** Aufsehen erregen; **~ de rire** schallendes Gelächter *nt;* **~s de voix** schallende Stimmen *pl.*

éclatant, e [eklatɑ̃, ɑ̃t] *a* hell; *(fig)* offensichtlich.

éclater [eklate] *vi* (zer)platzen; *(se déclarer)* ausbrechen; **~ de rire/en sanglots** laut auflachen/schluchzen.

éclipse [eklips(ə)] *nf (ASTR)* Finsternis *f.*

éclipser [eklipse] *vt (fig)* in den Schatten stellen; **s'~** *vi* verschwinden.

éclore [eklɔʀ] *vi (fleur)* aufgehen.

écluse [eklyz] *nf* Schleuse *f.*

écœurer [ekœʀe] *vt* anwidern.

école [ekɔl] *nf* Schule *f;* **aller à l'~** *(être scolarisé)* zur Schule gehen; **~ maternelle** Kindergarten *m;* **~ normale** Pädagogische Hochschule *f;* **~ primaire** Grundschule *f;* **~ secondaire** höhere Schule; **écolier, ière** *nm/f* Schüler(in *f*) *m.*

éconduire [ekɔ̃dɥiʀ] *vt* abweisen.

économe [ekɔnɔm] *a* sparsam // *nm/f* Schatzmeister *m.*

économie [ekɔnɔmi] *nf (vertu)* Sparsamkeit *f; (gain)* Ersparnis *f; (science)* Wirtschaftswissenschaft *f; (situation économique)* Wirtschaft *f;* **~s** *nfpl (pécule)* Ersparnisse *pl;* **économique** *a* wirtschaftlich.

économiser [ekɔnɔmize] *vt, vi* sparen.

écoper [ekɔpe] *vt (bateau)* ausschöpfen // *vi (fig)* bestraft werden; **~ de** bekommen.

écorce [ekɔʀs(ə)] *nf* Rinde *f.*

écorcher [ekɔʀʃe] *vt (animal)* häuten; *(égratigner)* aufschürfen.

écossais, e [ekɔsɛ, ɛz] *a* schottisch.

Écosse [ekɔs] *nf:* **l'~** Schottland *nt.*

écosser [ekɔse] *vt* enthülsen.

écouler [ekule] *vt* absetzen; **s'~** *vi (eau)* (heraus)fließen; *(jours, temps)* vergehen.

écourter [ekuʀte] *vt* abkürzen.

écouter [ekute] *vt* hören; *(personne, conversation)* zuhören (+*dat*); *(suivre les conseils de)* hören auf (+*akk*);

écouteur *nm* Hörer *m.*

écoutille [ekutij] *nf* Luke *f.*

écran [ekʀɑ̃] *nm* Bildschirm *m; (de cinéma)* Leinwand *f;* **~ d'eau** Wasserwand *f;* **le petit ~** das Fernsehen.

écrasant, e [ekʀɑzɑ̃, ɑ̃t] *a* überwältigend.

écraser [ekʀɑze] *vt* zerquetschen, zerdrücken; *(sujet: voiture, train etc)* überfahren; *(ennemi, armée, équipe adverse)* vernichten; **~ qn d'impôts/de responsabilités** jdn mit Steuern/Verantwortung über Gebühr belasten; **s'~ (au sol)** (am Boden) zerschellen; **s'~ contre/sur** knallen gegen/auf (+*akk*).

écrémer [ekʀeme] *vt* entrahmen.

écrevisse [ekʀəvis] *nf* Krebs *m.*

écrier [ekʀije]: **s'~** *vi* ausrufen.

écrin [ekʀɛ̃] *nm* Schatulle *f.*

écrire [ekʀiʀ] *vt* schreiben; **s'~** *vt* sich schreiben // *vi (s'orthographier)* geschrieben werden; **écrit** *nm* Schriftstück *nt; (examen)* schriftliche Prüfung *f;* **par écrit** schriftlich.

écriteau, x [ekʀito] *nm* Schild *nt.*

écriture [ekʀityʀ] *nf* Schrift *f; (COMM)* Eintrag *m;* **~s** *nfpl (COMM)* Konten *pl;* **l'É~** die Heilige Schrift.

écrivain [ekʀivɛ̃] *nm* Schriftsteller(in *f*) *m.*

écrou [ekʀu] *nm (TECH)* Mutter *f.*

écrouer [ekʀue] *vt* inhaftieren.

écrouler [ekʀule]: **s'~** *vi (mur)* einstürzen; *(personne, animal)* zusammenbrechen.

écru, e [ekʀy] *a* ungebleicht.

écueil [ekœj] *nm* Riff *nt; (fig)* Falle *f,* Fallstrick *m.*

écuelle [ekɥɛl] *nf* Schüssel *f.*

éculé, e [ekyle] *a (chaussure)* abgelaufen; *(fig: pej)* abgedroschen.

écume [ekym] *nf* Schaum *m.*

écumer [ekyme] *vt (CULIN)* abschöpfen; *(fig)* ausplündern // *vi (mer, fig: personne)* schäumen.

écureuil [ekyʀœj] *nm* Eichhörnchen *nt.*

écurie [ekyʀi] *nf* Pferdestall *m.*

écusson [ekysɔ̃] *nm* Wappen *nt.*

écuyer, ère [ekɥije] *nm/f* (Kunst)-

reiter(in *f*) *m*.
eczéma [ɛgzema] *nm* Ekzem *nt*.
édenté, e [edɑ̃te] *a* zahnlos.
édifice [edifis] *nm* Gebäude *nt*.
édifier [edifje] *vt* erbauen; *(fig)* aufstellen.
édiles [edil] *nmpl* Stadtväter *pl*.
édit [edi] *nm* Erlaß *m*.
éditer [edite] *vt (publier)* herausbringen; **éditeur, trice** *nm/f* Herausgeber(in *f*) *m*; Redakteur(in *f*) *m*; **édition** *nf (tirage)* Auflage *f*; *(version d'un texte)* Ausgabe *f*; *(industrie)* Verlagswesen *nt*.
éditorial, aux [editɔʀjal, jo] *nm* Leitartikel *m*.
édredon [edʀədɔ̃] *nm* Federbett *nt*.
éducation [edykɑsjɔ̃] *nf* Erziehung *f*; Bildung *f*; *(formation)* Ausbildung *f*; *(manières)* Manieren *pl*; ~ **physique** Sport *m*, Leibesübungen *pl*.
édulcorer [edylkɔʀe] *vt* versüßen.
éduquer [edyke] *vt* erziehen; *(instruire)* bilden; *(faculté)* schulen.
effacer [efase] *vt (gommer)* ausradieren; *(fig)* auslöschen; **s'**~ *vi (inscription etc)* sich verlieren; *(pour laisser passer)* zurücktreten.
effarer [efaʀe] *vt* erschrecken.
effaroucher [efaʀuʃe] *vt* in Schrecken versetzen.
effectif, ive [efɛktif, iv] *a* effektiv // *nm* Bestand *m*; **devenir** ~ in Kraft treten; **effectivement** *ad* tatsächlich.
effectuer [efɛktɥe] *vt* ausführen.
efféminé, e [efemine] *a* weibisch.
effervescent, e [efɛʀvesɑ̃, ɑ̃t] *a (cachet, boisson)* sprudelnd.
effet [efɛ] *nm* Wirkung *f*; ~**s** *nmpl (vêtements)* Kleider *pl*; **faire de l'**~ wirken; **sous l'**~ **de** unter dem Einfluß von; **en** ~ *ad* tatsächlich.
efficace [efikas] *a* wirksam; *(personne)* fähig; **efficacité** *nf* Wirksamkeit *f*.
effigie [efiʒi] *nf* Bildnis *nt*.
effilé, e [efile] *a* dünn, zugespitzt.
effiler [efile] *vt (tissu)* ausfransen.
efflanqué, e [eflɑ̃ke] *a* ausgezehrt.
effleurer [eflœʀe] *vt* streifen.
effluves [eflyv] *nmpl* Gerüche *pl*.
effondrer [efɔ̃dʀe] : **s'**~ *vi* einstürzen; *(prix)* stürzen; *(personne)* zusammenbrechen.
efforcer [efɔʀse]: **s'**~ **de** *vt*: **s'**~ **de faire** sich bemühen zu tun.
effort [efɔʀ] *nm* Anstrengung *f*; **faire un** ~ sich anstrengen.
effraction [efʀaksjɔ̃]: **s'introduire par** ~ einbrechen.
effrayant, e [efʀɛjɑ̃, ɑ̃t] *a* schrecklich.
effrayer [efʀeje] *vt* erschrecken; **s'**~ (sich) erschrecken.
effréné, e [efʀene] *a* wild.
effriter [efʀite]: **s'**~ *vi* bröckeln.
effroi [efʀwɑ] *nm* panische Angst *f*.
effronté, e [efʀɔ̃te] *a* unverschämt.
effroyable [efʀwajabl(ə)] *a* grauenvoll.
effusion [efyzjɔ̃] *nf* Gefühlsausbruch *m*; **sans** ~ **de sang** ohne Blutvergießen.
égal, e, aux [egal, o] *a* gleich; *(surface)* eben; *(vitesse)* gleichmäßig // *nm/f* Gleichgestellte(r) *mf*; **être** ~ **à** gleich sein wie; **ça lui est** ~ das ist ihm egal; **sans** ~ unvergleichlich; ~**ement** *ad* gleichermaßen; *(aussi)* auch, ebenfalls; ~**er** *vt (personne)* gleichkommen (+*dat*); *(record)* einstellen; ~**iser** *vt* ausgleichen; *(sol)* ebnen // *vi (SPORT)* ausgleichen; ~**itaire** *a* Gleichheits-; ~**ité** *nf* Gleichheit *f*; **être à** ~**ité (de points)** (punkte)gleich sein; ~**ité de droits** Gleichberechtigung *f*; ~**ité d'humeur** Gleichmütigkeit *f*.
égard [egaʀ] *nm*: ~**s** *nmpl* Rücksicht *f*; **à cet** ~ in dieser Beziehung; **à certains/tous** ~**s** in mancher/jeder Hinsicht; **eu** ~ **à** mit Rücksicht auf (+*akk*); **par** ~ **pour** aus Rücksicht für; **sans** ~ **pour** ohne Berücksichtigung (+*gen*); **à l'**~ **de** *prep* gegenüber (+*dat*).
égarement [egaʀmɑ̃] *nm* Verwirrung *f*.
égarer [egaʀe] *vt (objet)* verlegen; *(personne)* irreleiten; **s'**~ *vi* sich verirren; *(dans une discussion)* (vom Thema) abkommen.
égayer [egeje] *vt* erheitern, belu-

stigen; *(récit, endroit)* aufheitern.
églantine [eglɑ̃tin] *nf* wilde Rose *f*, Heckenrose *f*.
églefin [egləfɛ̃] *nm* Schellfisch *m*.
église [egliz] *nf* Kirche *f*.
égocentrique [egɔsɑ̃tʀik] *a* egozentrisch.
égoïsme [egɔism(ə)] *nm* Egoismus *m*; **égoïste** [egɔist(ə)] *a* egoistisch.
égorger [egɔʀʒe] *vt* die Kehle durchschneiden (*+dat*).
égosiller [egozije]: **s'**~ *vi* sich heiser schreien.
égout [egu] *nm* Abwasserkanal *m*.
égoutter [egute] *vt* *(vaisselle)* abtropfen lassen.
égratigner [egʀatiɲe] *vt* (zer)kratzen; **s'**~ *vi* sich aufkratzen; **égratignure** *nf* Kratzer *m*.
égrener [egʀəne] *vt* entkörnen; *(raisin)* abzupfen; *(chapelet)* beten.
égrillard, e [egʀijaʀ, aʀd(ə)] *a* deftig, zotig.
Égypte [eʒipt] *nf*: **l'**~ Ägypten *nt*; **égyptien, ne** *a* ägyptisch.
eh [e] *excl* he; ~ **bien!** na so was!; ~ **bien?** nun?, also?
éhonté, e [eɔ̃te] *a* unverschämt.
éjaculer [eʒakyle] *vi* ejakulieren.
éjecter [eʒɛkte] *vt* (*TECH*) ausstoßen; *(fam)* rausschmeißen.
élaborer [elabɔʀe] *vt* ausarbeiten.
élaguer [elage] *vt* (zurecht)stutzen.
élan [elɑ̃] *nm* (*ZOOL*) Elch *m*; (*SPORT*) Anlauf *m*; *(mouvement, ardeur)* Schwung *m*; *(de tendresse etc)* Anwandlung *f*; **prendre son** ~ Anlauf nehmen.
élancé, e [elɑ̃se] *a* schlank.
élancement [elɑ̃smɑ̃] *nm* stechender Schmerz *m*.
élancer [elɑ̃se]: **s'**~ *vi* sich stürzen; *(arbre, clocher)* hochragen.
élargir [elaʀʒiʀ] *vt* verbreitern; *(vêtement)* weiter machen; *(groupe)* vergrößern; *(débat)* ausdehnen; (*JUR*) freilassen; **s'**~ *vi* sich verbreitern; *(vêtement)* sich dehnen.
élastique [elastik] *a* elastisch // *nm* Gummiband *nt*.
électeur, trice [elɛktœʀ, tʀis] *nm/f* Wähler(in *f*) *m*.
élection [elɛksjɔ̃] *nf* Wahl.
électorat [elɛktɔʀa] *nm* Wähler *pl*.
électricien, ne [elɛktʀisjɛ̃] *nm/f* Elektriker(in *f*) *m*.
électricité [elɛktʀisite] *nf* Elektrizität *f*; **fonctionner à l'**~ elektrisch sein; **allumer/éteindre l'**~ das Licht an-/ausmachen.
électrifier [elɛktʀifje] *vt* elektrifizieren.
électrique [elɛktʀik] *a* elektrisch.
électro- [elɛktʀɔ] *pref*: ~**-aimant** *nm* Elektromagnet *m*; ~**cardiogramme** *nm* Elektrokardiogramm *nt*; ~**choc** *nm* Elektroschockbehandlung *f*; ~**cuter** *vt* durch einen Stromschlag töten; ~**magnétique** *a* elektromagnetisch; ~**ménager** *a*: **appareils** ~**ménagers** elektrische Haushaltsgeräte *pl*.
électron [elɛktʀɔ̃] *nm* Elektron *nt*.
électronicien, ne [elɛktʀɔnisjɛ̃, jɛn] *nm/f* Elektroniker(in *f*) *m*.
électronique [elɛktʀɔnik] *a* elektronisch.
électrophone [elɛktʀɔfɔn] *nm* Plattenspieler *m*.
élégance [elegɑ̃s] *nf* Eleganz *f*.
élégant, e [elegɑ̃, ɑ̃t] *a* elegant.
élément [elemɑ̃] *nm* Element *nt*; *(abstrait: composante)* Bestandteil *m*; ~**s** *nmpl (eau, air etc)* Elemente *pl*; *(rudiments)* Grundbegriffe *pl*; **élémentaire** *a* einfach, simpel.
éléphant [elefɑ̃] *nm* Elefant *m*.
élevage [ɛlvaʒ] *nm* Zucht *f*; *(activité)*: **l'**~ die Aufzucht.
élévation [elevasjɔ̃] *nf* Erhöhung *f*; Anstieg *m*; (*ARCHIT*) Aufriß *m*.
élève [elɛv] *nm/f* Schüler(in *f*) *m*.
élevé, e [ɛlve] *a (prix, sommet)* hoch; *(fig)* erhaben; **bien/mal** ~ gut/schlecht erzogen.
élever [ɛlve] *vt (enfant)* aufziehen; *(animal)* züchten; *(immeuble, niveau)* erhöhen; *(âme, esprit)* erbauen; **s'**~ *vi (avion, alpiniste)* hochsteigen; *(clocher, cri)* sich erheben; *(niveau, température)* ansteigen; *(difficultés)* auftreten; **s'**~ **à** *(sujet: frais, dégâts)* sich belaufen auf (*+akk*); **s'**~ **contre**

qch sich gegen etw erheben; ~ **une protestation** Protest erheben; ~ **la voix** die Stimme heben; **éleveur, euse** *nm/f* Viehzüchter(in *f*) *m*.
éligible [eliʒibl(ə)] *a* wählbar.
élimé, e [elime] *a* abgetragen.
éliminatoire [eliminatwaʀ] *nf* (*SPORT*) Ausscheidungskampf *m*.
éliminer [elimine] *vt* (*ANAT*) ausscheiden; (*SPORT*) ausscheiden lassen.
élire [eliʀ] *vt* wählen.
élite [elit] *nf* Elite *f*; **tireur/chercheur d'**~ Scharfschütze *m*/Spitzenforscher *m*.
elle [ɛl] *pron (sujet)* sie, *pl* sie; *(autrement: selon le genre du mot allemand)* er, es, *pl* sie; *(complément indirect)* ihr, *pl* ihnen; ihm, *pl* ihnen; **Marie est**~ **grande?** ist Marie groß?; **c'est** ~ **qui me l'a dit** sie war es, die es mir gesagt hat.
ellipse [elips(ə)] *nf* Ellipse *f*.
élocution [elɔkysjɔ̃] *nf* Vortragsweise *f*.
éloge [elɔʒ] *nm* Lob *nt*; **faire l'**~ **de qn/qch** jdn loben/etw preisen.
éloigné, e [elwaɲe] *a* entfernt.
éloignement [elwaɲmɑ̃] *nm* Entfernung *f*.
éloigner [elwaɲe] *vt* entfernen; *(échéance, but)* verschieben; *(soupçons, danger)* abwenden; **s'**~ *vi (personne)* sich entfernen; *(: affectivement)* sich entfremden; *(véhicule etc)* wegfahren; **s'**~ **de** sich entfernen von.
élongation [elɔ̃gɑsjɔ̃] *nf* Dehnung *f*.
éloquence [elɔkɑ̃s] *nf* Wortgewandtheit *f*.
éloquent, e [elɔkɑ̃, ɑ̃t] *a* wortgewandt; *(significatif)* vielsagend.
élu, e [ely] *pp de* **élire** // *nm/f* (*POL*) Abgeordnete(r) *mf*.
élucider [elyside] *vt* aufklären.
élucubrations [elykybʀɑsjɔ̃] *nfpl* Hirngespinste *pl*.
éluder [elyde] *vt* ausweichen (+*dat*).
émacié, e [emasje] *a* ausgezehrt.
email, aux *nm* Email *nt*; *(des dents)* Zahnschmelz *m*.
émaillé, e [emaje] *a* emailliert.
émanciper [emɑ̃sipe] befreien; (*JUR*) mündig sprechen; **s'**~ sich freimachen; *(femmes)* sich emanzipieren.
émaner [emane] : ~ **de** *vt* herrühren von; (*ADMIN*) stammen von.
émasculer [emaskyle] *vt* kastrieren; *(fig)* entkräften.
emballage [ɑ̃balaʒ] *nm* Verpackung *f*.
emballer [ɑ̃bale] *vt* ein- *ou* verpacken; *(fig: fam)* begeistern; **s'**~ *vi (cheval)* durchgehen; *(moteur)* hochdrehen.
embarcadère [ɑ̃baʀkadɛʀ] *nm* Anlegestelle *f*.
embarcation [ɑ̃baʀkɑsjɔ̃] *nf* Boot *nt*.
embardée [ɑ̃baʀde] *nf* Schlenker *m*.
embargo [ɑ̃baʀgo] *nm* Embargo *nt*.
embarquer [ɑ̃baʀke] *vt* einschiffen; *(fam)* mitgehen lassen // *vi (passager)* an Bord gehen; **s'**~ *vi* an Bord gehen; **s'**~ **dans** *(affaire, aventure)* sich einlassen in (+*akk*).
embarras [ɑ̃baʀa] *nm* Hindernis *nt*; *(confusion)* Verlegenheit *f*.
embarrasser [ɑ̃baʀase] *vt (lieu)* vollstopfen; *(personne)* behindern; *(gêner)* in Verlegenheit bringen.
embaucher [ɑ̃boʃe] *vt* einstellen.
embauchoir [ɑ̃boʃwaʀ] *nm* Schuhspanner *m*.
embaumer [ɑ̃bome] *vt (lieu)* mit Duft erfüllen // *vi:* ~ **la lavande** nach Lavendel duften.
embellir [ɑ̃beliʀ] *vt* verschönern // *vi* schöner werden.
embêtement [ɑ̃bɛtmɑ̃] *nm* Unannehmlichkeit *f*.
embêter [ɑ̃bete] *vt (importuner)* ärgern; **s'**~ *vi* sich langweilen.
emblée [ɑ̃ble]: **d'**~ *ad* sofort.
emboîter [ɑ̃bwate] *vt* zusammenfügen; **s'**~ **dans** passen in (+*akk*); **s'**~ **(l'un dans l'autre)** zusammenpassen; ~ **le pas à qn** jdm auf den Fersen folgen.
embonpoint [ɑ̃bɔ̃pwɛ̃] *nm* Korpulenz *f*, Fülligkeit *f*.
embouchure [ɑ̃buʃyʀ] *nf* (*GEO*)

Mündung *f;* (*MUS*) Mundstück *nt.*
embourber [ɑ̃buʀbe]: **s'~** *vi* im Morast steckenbleiben.
embourgeoiser [ɑ̃buʀʒwaze]: **s'~** *vi* spießig werden.
embouteillage [ɑ̃butɛjaʒ] *nm* Verkehrsstau *m.*
emboutir [ɑ̃butiʀ] *vt (heurter)* krachen gegen.
embranchement [ɑ̃bʀɑ̃ʃmɑ̃] *nm (routier)* Kreuzung *f.*
embraser [ɑ̃bʀɑze]: **s'~** *vi* Feuer fangen.
embrasser [ɑ̃bʀase] *vt* küssen; *(étreindre)* umarmen; *(sujet, période)* umfassen; *(carrière, métier)* einschlagen, ergreifen; **s'~** sich küssen.
embrasure [ɑ̃bʀɑzyʀ] *nf* Öffnung *f.*
embrayage [ɑ̃bʀɛjaʒ] *nm (mécanisme)* Kupplung *f.*
embrigader [ɑ̃bʀigade] *vt* anwerben.
embrocher [ɑ̃bʀɔʃe] *vt* aufspießen.
embrouiller [ɑ̃bʀuje] *vt* durcheinanderbringen; *(personne)* verwirren; **s'~** *vi (personne)* konfus werden.
embruns [ɑ̃bʀœ̃] *nmpl* Gischt *f.*
embryon [ɑ̃bʀijɔ̃] *nm* Embryo *m.*
embûches [ɑ̃byʃ] *nfpl* Falle *f.*
embué, e [ɑ̃bɥe] *a* beschlagen.
embuscade [ɑ̃byskad] *nf* Hinterhalt *m.*
éméché, e [emeʃe] *a* beschwipst.
émeraude [ɛmʀod] *nf* Smaragd *m.*
émerger [emɛʀʒe] *vi* auftauchen.
émeri [ɛmʀi] *nm:* **toile** *ou* **papier ~** Schmirgelpapier *nt.*
émerveiller [emɛʀveje] *vt* in Bewunderung versetzen; **s'~ de qch** über etw *(akk)* staunen.
émetteur [emetœʀ] *nm:* **(poste) ~** Sender *m.*
émettre [emɛtʀ(ə)] *vt (son, lumière)* ausstrahlen; (*RADIO*) senden; *(billet, emprunt)* ausgeben; *(hypothèse, avis)* zum Ausdruck bringen // *vi:* **~ sur ondes courtes** auf Kurzwelle senden.
émeute [emøt] *nf* Aufruhr *m.*
émietter [emjete] *vt* zerkrümeln.
émigré, e [emigʀe] *nm/f* Emigrant(in *f*) *m.*
émigrer [emigʀe] *vi* auswandern.
éminence [eminɑ̃s] *nf* hohes Ansehen *nt; (colline)* Anhöhe *f;* **Son/Votre E~** Seine/Eure Eminenz.
éminent, e [eminɑ̃, ɑ̃t] *a* ausgezeichnet.
émission [emisjɔ̃] *nf* Ausstrahlen *nt;* Senden *nt;* Abgabe *f;* (*RADIO, TV*) Sendung *f.*
emmagasiner [ɑ̃magazine] *vt (marchandises)* einlagern.
emmailloter [ɑ̃majɔte] *vt (doigt etc)* verbinden; *(bébé)* wickeln.
emmanchure [ɑ̃mɑ̃ʃyʀ] *nf* Armloch *nt.*
emmêler [ɑ̃mele] *vt* verwirren; **s'~** sich verheddern.
emménager [ɑ̃menaʒe] *vi:* **~ dans** einziehen in (+*akk*).
emmener [ɑ̃mne] *vt* mitnehmen.
emmerder [ɑ̃mɛʀde] *vt (fam!)* nerven, auf den Geist gehen (+*dat*).
emmitoufler [ɑ̃mitufle] *vt* warm einpacken.
émoi [emwa] *nm* Aufregung *f.*
émoluments [emɔlymɑ̃] *nmpl* Vergütung *f.*
émonder [emɔ̃de] *vt* beschneiden.
émotif, ive [emɔtif, iv] *a* emotional; *(personne)* gefühlsbetont.
émotion [emosjɔ̃] *nf* Gefühlsregung *f,* Emotion *f; (attendrissement)* Bewegtheit *f.*
émousser [emuse] *vt* stumpf machen; *(fig)* abstumpfen.
émouvoir [emuvwaʀ] *vt (troubler)* aufwühlen, bewegen; *(attendrir)* rühren; *(indigner)* erregen; **s'~** *vi* aufgewühlt/gerührt/erregt sein.
empailler [ɑ̃pɑje] *vt* ausstopfen.
empaler [ɑ̃pale] *vt:* **s'~ sur** sich aufspießen auf (+*dat*).
emparer [ɑ̃paʀe]: **s'~ de** *vt (objet)* ergreifen; (*MIL*) einnehmen; *(sujet: peur, doute)* überkommen.
empâter [ɑ̃pɑte]: **s'~** *vi* dicker werden.
empattement [ɑ̃patmɑ̃] *nm* (*AUT*) Radabstand *m.*
empêchement [ɑ̃pɛʃmɑ̃] *nm* Verhinderung *f.*

empêcher [ɑ̃peʃe] *vt* verhindern; ~ **qn de faire qch** jdn abhalten, etw zu tun; **il n'empêche que** trotzdem; **ne pas pouvoir s'~ de** nicht anders können als.
empereur [ɑ̃pʀœʀ] *nm* Kaiser *m.*
empeser [ɑ̃pəze] *vt* stärken.
empester [ɑ̃pɛste] *vt (lieu)* verstänkern // *vi* stinken; ~ **le tabac/le vin** nach Tabak/Wein stinken.
empêtrer [ɑ̃petʀe] *vt:* **s'~ dans** sich verheddern in (+*dat*).
emphase [ɑ̃fɑz] *nf* Pathos *m.*
empiéter [ɑ̃pjete]: ~ **sur** *vt* vordringen in (+*akk*).
empiffrer [ɑ̃pifʀe]: **s'~** *vi* sich vollstopfen.
empiler [ɑ̃pile] *vt* aufstapeln.
empire [ɑ̃piʀ] *nm* Kaiserreich *nt;* Imperium *nt; (fig)* Einfluß *m.*
empirer [ɑ̃piʀe] *vi* sich verschlechtern.
empirique [ɑ̃piʀik] *a* empirisch.
emplacement [ɑ̃plasmɑ̃] *nm* Platz *m,* Stelle *f.*
emplette [ɑ̃plɛt] *nf:* **faire des ~s** einkaufen.
emplir [ɑ̃pliʀ] *vt* füllen; *(fig)* erfüllen; **s'~ (de)** sich füllen (mit +*dat*).
emploi [ɑ̃plwa] *nm (utilisation)* Gebrauch *m; (poste)* Stelle *f;* **d'~ facile** leicht zu benutzen; ~ **du temps** Zeitplan *m;* (*SCOL*) Stundenplan *m.*
employé, e [ɑ̃plwaje] *nm/f* Angestellte(r) *mf.*
employer [ɑ̃plwaje] *vt* verwenden, gebrauchen; *(ouvrier, main d'œuvre)* beschäftigen; **s'~ à faire qch** sich bemühen, etw zu tun; **employeur, euse** *nm/f* Arbeitgeber (in *f*) *m.*
empocher [ɑ̃pɔʃe] *vt* einstecken.
empoignade [ɑ̃pwaɲad] *nf* Rauferei *f.*
empoigner [ɑ̃pwaɲe] *vt* packen.
empoisonner [ɑ̃pwazɔne] *vt* vergiften; *(empester)* verpesten; *(fam)* verrückt machen.
emporter [ɑ̃pɔʀte] *vt* mitnehmen; *(blessés, voyageurs)* wegbringen; *(entraîner)* mitreißen; *(arracher)* fortreißen; (*MIL: position)* einnehmen; *(avantage)* erzielen; *(décision, approbation)* gewinnen; **s'~** *vi (de colère)* aufbrausen; **l'~ (sur)** die Oberhand gewinnen (über +*akk*); *(méthode etc)* sich durchsetzen (gegenüber); **boissons/plats chauds à (l')~** Getränke/Speisen zum Mitnehmen.
empreint, e [ɑ̃pʀɛ̃, ɛ̃t] *a:* ~ **de** voll von // *nf* Abdruck *m; (fig)* Einfluß *m;* **~e (digitale)** Fingerabdruck *m.*
empressé, e [ɑ̃pʀese] *a* aufmerksam, beflissen.
empressement [ɑ̃pʀɛsmɑ̃] *nm* Eifer *m.*
empresser [ɑ̃pʀese]: **s'~** *vi* geschäftig hin und her eilen; **s'~ auprès de qn** sich um jdn bemühen; **s'~ de faire** sich beeilen zu tun.
emprise [ɑ̃pʀiz] *nf* Einfluß *m.*
emprisonner [ɑ̃pʀizɔne] *vt* einsperren.
emprunt [ɑ̃pʀœ̃] *nm* Anleihe *f;* (*FIN*) Darlehen *nt;* (*LING*) Entlehnung *f.*
emprunté, e [ɑ̃pʀœ̃te] *a (fig)* unbeholfen.
emprunter [ɑ̃pʀœ̃te] *vt* sich *(dat)* leihen; *(itinéraire)* einschlagen.
ému, e [emy] *pp de* **émouvoir.**
émulation [emylɑsjɔ̃] *nf* Nacheiferung *f.*
en [ɑ̃] *prep* in (+*dat*); *(avec direction)* in (+*akk*); *(pays)* nach; *(moyen):* ~ **avion/taxi** im Flugzeug/Taxi; *(composition):* ~ **bois/verre** aus Holz/Glas; ~ **travaillant** bei der Arbeit; ~ **dormant** beim Schlafen; ~ **sortant, il a ...** als er hinausging, hat er ...; **le même ~ plus grand** das gleiche, aber größer // *pron (provenance):* **j'~ viens** ich komme von dort; *(cause):* **il ~ est mort/perd le sommeil** er ist daran gestorben/kann deswegen nicht schlafen; *(complément de nom):* **j'~ connais les dangers** ich kenne die Gefahren (dieser Sache); *(indéfini):* **j'~ ai/veux** ich habe/möchte davon; **j'~ ai assez** ich habe genug; **où ~ étais-je?** wo war ich stehengeblieben?; **ne pas s'~ faire** sich *(dat)* nichts daraus machen.
E.N.A. [ena] *sigle f* = Ecole Nationale

d'administration.
enchanter [ɑ̃ʃɑ̃te] *vt* erfreuen.
enchâsser [ɑ̃ʃɑse] *vt:* ~ **qch dans** etw einfügen/einsetzen in (+*akk*).
enchère [ɑ̃ʃɛʀ] *nf:* **vendre aux ~s** versteigern.
enchevêtrer [ɑ̃ʃ(ə)vɛtʀe] *vt* durcheinanderbringen.
enclencher [ɑ̃klɑ̃ʃe] *vt (mécanisme)* auslösen.
enclin, e [ɑ̃klɛ̃, in] *a:* **être ~ à qch/faire qch** zu etw neigen/dazu neigen, etw zu tun.
enclos [ɑ̃klo] *nm* eingezäuntes Grundstück *nt*.
enclume [ɑ̃klym] *nf* Amboß *m*.
encoche [ɑ̃kɔʃ] *nf* Kerbe *f*.
encoignure [ɑ̃kɔɲyʀ] *nf* Ecke *f*.
encolure [ɑ̃kɔlyʀ] *nf* Hals *m; (tour de cou)* Kragenweite *f*.
encombrant, e [ɑ̃kɔ̃bʀɑ̃, ɑ̃t] *a* behindernd, sperrig.
encombre [ɑ̃kɔ̃bʀ(ə)]: **sans ~** *ad* ohne Zwischenfälle.
encombrer [ɑ̃kɔ̃bʀe] *vt* behindern; **s'~ de** *(bagages etc)* sich beladen mit.
encontre [ɑ̃kɔ̃tʀ(ə)]: **à l'~ de** *prep* im Gegensatz zu.
encorbellement [ɑ̃kɔʀbɛlmɑ̃] *nm* Mauervorsprung *m;* **en ~** Erker-.
encorder [ɑ̃kɔʀde] *vt:* **s'~** (*ALPINISME*) sich anseilen.
encore [ɑ̃kɔʀ] *ad (continuation)* noch; *(de nouveau)* wieder, aufs neue; *(restriction)* freilich, allerdings; *(intensif):* ~ **plus fort/mieux** noch lauter/besser; **pas ~** noch nicht; ~ **que** obwohl; ~ **une fois/deux jours** noch einmal/zwei Tage.
encourager [ɑ̃kuʀaʒe] *vt* ermutigen; *(activité, tendance)* fördern.
encourir [ɑ̃kuʀiʀ] *vt* sich *(dat)* zuziehen.
encre [ɑ̃kʀ(ə)] *nf* Tinte *f;* ~ **de Chine** Tusche *f;* **encrier** *nm* Tintenfaß *nt*.
encroûter [ɑ̃kʀute]: **s'~** *vi (fig)* in einen Trott geraten.
encyclopédie [ɑ̃siklɔpedi] *nf* Enzyklopädie *f*.
endetter [ɑ̃dete] *vt:* **s'~** Schulden machen.
endiablé, e [ɑ̃djɑble] *a* leidenschaftlich.
endimancher [ɑ̃dimɑ̃ʃe] *vt:* **s'~** den Sonntagsstaat anziehen.
endive [ɑ̃div] *nf* Chicorée *m*.
endoctriner [ɑ̃dɔktʀine] *vt* indoktrinieren.
endommager [ɑ̃dɔmaʒe] *vt* beschädigen.
endormir [ɑ̃dɔʀmiʀ] *vt (enfant)* zum Schlafen bringen; *(sujet: chaleur)* schläfrig machen; *(soupçons)* einlullen; *(ennuyer)* langweilen; (*MED*) betäuben; **s'~** *vi* einschlafen.
endosser [ɑ̃dose] *vt (responsabilité)* übernehmen; *(chèque)* indossieren; *(uniforme)* anlegen.
endroit [ɑ̃dʀwa] *nm* Platz *m*, Ort *m; (emplacement)* Stelle *f; (opposé à l'envers)* rechte Seite *f;* **à l'~ de** *prep* gegenüber (+*dat*).
enduire [ɑ̃dɥiʀ] *vt* überziehen; ~ **qch de** etw einreiben mit.
enduit [ɑ̃dɥi] *nm* Überzug *m*.
endurance [ɑ̃dyʀɑ̃s] *nf* Durchhaltevermögen *nt*.
endurcir [ɑ̃dyʀsiʀ] *vt* abhärten; **s'~** *vi* hart/zäh werden.
endurer [ɑ̃dyʀe] *vt* ertragen.
énergie [enɛʀʒi] *nf* Energie *f;* **énergique** *a* energisch.
énergumène [enɛʀgymɛn] *nm* Spinner *m*.
énerver [enɛʀve] *vt* aufregen; **s'~** *vi* sich aufregen.
enfance [ɑ̃fɑ̃s] *nf* Kindheit *f; (enfants)* Kinder *pl*.
enfant [ɑ̃fɑ̃] *nm/f* Kind *nt;* ~ **de chœur** *nm* (*REL*) Ministrant *m; (fig)* Musterknabe *m;* **enfanter** *vt, vi* gebären; **enfantillage** *nm (péj)* Kinderei *f;* **enfantin, e** *a* kindlich; *(simple)* kinderleicht.
enfer [ɑ̃fɛʀ] *nm* Hölle *f*.
enfermer [ɑ̃fɛʀme] *vt* einschließen; *(interner)* einsperren; **s'~** sich einschließen.
enfiévré, e [ɑ̃fjevʀe] *a (fig)* fiebrig.
enfiler [ɑ̃file] *vt (perles etc)* aufreihen; *(aiguille)* einfädeln; *(vêtement)* (hinein)schlüpfen in (+*akk*); *(rue, couloir)* einbiegen in

(+*akk*); (*insérer*): ~ **qch dans** etw einfügen in (+*akk*).
enfin [ɑ̃fɛ̃] *ad* endlich; (*pour conclure*) schließlich; (*de restriction, concession*) doch.
enflammer [ɑ̃flame] *vt* in Brand setzen; (*MED*) entzünden; **s'**~ Feuer fangen; sich entzünden.
enflé, e [ɑ̃fle] *a* geschwollen.
enfler [ɑ̃fle] *vi* anschwellen.
enfoncer [ɑ̃fɔ̃se] *vt* einschlagen; (*forcer*) einbrechen // *vi* (*dans la vase etc*) einsinken; (*sol, surface porteuse*) nachgeben; **s'**~ *vi*: **s'**~ **dans** einsinken in (+*akk*); (*forêt, ville*) verschwinden in (+*dat*); (*mensonge, erreur*) sich verstricken in (+*dat*).
enfouir [ɑ̃fwiʀ] *vt* (*dans le sol*) vergraben; (*dans un tiroir etc*) wegstekken; **s'**~ **dans/sous** sich vergraben in (+*dat*)/unter (+*dat*).
enfourcher [ɑ̃fuʀʃe] *vt* besteigen.
enfourner [ɑ̃fuʀne] *vt*: ~ **qch dans** etw schieben in (+*akk*).
enfreindre [ɑ̃fʀɛ̃dʀ(ə)] *vt* übertreten, verletzen.
enfuir [ɑ̃fɥiʀ] : **s'**~ *vi* fliehen.
enfumer [ɑ̃fyme] *vt* einräuchern.
engagé, e [ɑ̃gaʒe] *a* (*littérature etc*) engagiert.
engagement [ɑ̃gaʒmɑ̃] *nm* (*promesse*) Versprechen *nt*; (*professionnel*) Verabredung *f*; (*MIL*: *combat*) Gefecht *nt*.
engager [ɑ̃gaʒe] *vt* (*embaucher*) an- *ou* einstellen; (*commencer*) beginnen; (*impliquer, troupes*) verwickeln; (*investir*) investieren; (*inciter*): ~ **qn à faire** jdn drängen zu tun; (*faire pénétrer*): ~ **qch dans** etw hineinstecken in (+*akk*); **s'**~ *vi* (*s'embaucher*) eingestellt werden; (*MIL*) sich melden; (*promettre*): **s'**~ **(à faire)** sich verpflichten zu tun; **s'**~ **dans** (*rue, passage*) einbiegen in (+*akk*).
engelures [ɑ̃ʒlyʀ] *nfpl* Frostbeulen *pl*.
engendrer [ɑ̃ʒɑ̃dʀe] *vt* zeugen.
engin [ɑ̃ʒɛ̃] *nm* Gerät *nt*; (*MIL*) Rakete *f*; (*pej*) Ding *nt*.
englober [ɑ̃glɔbe] *vt* umfassen.
engloutir [ɑ̃glutiʀ] *vt* verschlingen; **s'**~ verschlungen werden.
engoncé, e [ɑ̃gɔ̃se] *a*: ~ **dans** eingezwängt in (+*dat*).
engorger [ɑ̃gɔʀʒe] *vt* verstopfen.
engouement [ɑ̃gumɑ̃] *nm* Begeisterung *f*, Schwärmerei *f*.
engouffrer [ɑ̃gufʀe] *vt* verschlingen; **s'**~ **dans** (*sujet: vent, eau*) hineinströmen in (+*akk*); (*sujet: personne*) sich stürzen in (+*akk*).
engourdir [ɑ̃guʀdiʀ] *vt* gefühllos werden lassen; **s'**~ *vi* gefühllos werden.
engrais [ɑ̃gʀɛ] *nm* Dünger *m*.
engraisser [ɑ̃gʀese] *vt* (*animal*) mästen.
engrenage [ɑ̃gʀənaʒ] *nm* Getriebe *nt*.
engueuler [ɑ̃gœle] *vt* (*fam*) ausschimpfen.
énigme [enigm(ə)] *nf* Rätsel *nt*.
enivrer [ɑ̃nivʀe] *vt* betrunken machen; (*fig*) berauschen; **s'**~ sich betrinken.
enjambée [ɑ̃ʒɑ̃be] *nf* Schritt *m*.
enjamber [ɑ̃ʒɑ̃be] *vt* überschreiten; (*sujet: pont etc*) überspannen.
enjeu, x [ɑ̃ʒø] *nm* (*fig*) Einsatz *m*.
enjoindre [ɑ̃ʒwɛ̃dʀ(ə)] *vt*: ~ **à qn de faire qch** jdn eindringlich mahnen, etw zu tun.
enjoliver [ɑ̃ʒɔlive] *vt* ausschmücken; **enjoliveur** *nm* (*AUT*) Radkappe *f*.
enjoué, e [ɑ̃ʒwe] *a* fröhlich.
enlacer [ɑ̃lase] *vt* (*étreindre*) umarmen.
enlaidir [ɑ̃lediʀ] *vt* verunstalten // *vi* häßlich werden.
enlèvement [ɑ̃lɛvmɑ̃] *nm* (*rapt*) Entführung *f*.
enlever [ɑ̃lve] *vt* (*vêtement*) ausziehen; (*lunettes*) abnehmen; (*faire disparaître*) entfernen; (*prendre*): ~ **qch à qn** jdm etw nehmen; (*ordures*) mitnehmen; (*kidnapper*) entführen; (*prix, contrat*) erhalten.
enliser [ɑ̃lize]: **s'**~ *vi* versinken.
enluminure [ɑ̃lyminyʀ] *nf* Buchmalerei *f*.
enneigé, e [ɑ̃neʒe] *a* verschneit.

ennemi, e [ɛnmi] *a* feindlich // *nm/f* Feind(in *f*) *m*.
ennoblir [ɑ̃nɔbliʀ] *vt* adeln.
ennui [ɑ̃nɥi] *nm (lassitude)* Langeweile *f*; *(difficulté)* Schwierigkeit *f*;
ennuyer *vt* ärgern; *(lasser)* langweilen; **s'ennuyer** *vi* sich langweilen; **si cela ne vous ennuie pas** wenn es Ihnen keine Umstände macht; **ennuyeux, euse** *a* langweilig; ärgerlich.
énoncé [enɔ̃se] *nm* Wortlaut *m*; (*LING*) Aussage *f*.
énoncer [enɔ̃se] *vt* ausdrücken.
enorgueillir [ɑ̃nɔʀgœjiʀ]: **s'~ de** *vt* sich rühmen (*+gen*).
énorme [enɔʀm(ə)] *a* gewaltig, enorm; **énormément** *ad*: **énormément de neige/gens** ungeheuer viel Schnee/viele Menschen.
enquérir [ɑ̃keʀiʀ]: **s'~ de** *vt* sich erkundigen nach.
enquête [ɑ̃kɛt] *nf (de police, judiciaire)* Untersuchung *f*, Ermittlung *f*; *(de journaliste)* Nachforschung *f*; *(sondage d'opinion)* Umfrage *f*; **enquêter** *vi* untersuchen; ermitteln.
enraciné, e [ɑ̃ʀasine] *a* tief verwurzelt.
enragé, e [ɑ̃ʀaʒe] *a* (*MED*) tollwütig; *(fig)* fanatisch.
enrager [ɑ̃ʀaʒe] *vi* rasend sein.
enrayer [ɑ̃ʀeje] *vt* aufhalten, stoppen; **s'~** *vi* klemmen.
enregistrement [ɑ̃ʀʒistʀəmɑ̃] *nm* Aufnahme *f*; Eintragung *f*; Registrierung *f*; Aufgabe *f*.
enregistrer [ɑ̃ʀʒistʀe] *vt* (*MUS*) aufnehmen; *(remarquer)* bemerken; (*ADMIN*) eintragen, registrieren; *(mémoriser)* sich *(dat)* merken; *(bagages)* aufgeben.
enrhumer [ɑ̃ʀyme]: **s'~** *vi* sich erkälten.
enrichir [ɑ̃ʀiʃiʀ] *vt* reich machen; *(moralement)* bereichern; **s'~** *vi* reich werden.
enrober [ɑ̃ʀɔbe] *vt*: **~ qch de** etw umgeben mit.
enrôler [ɑ̃ʀole] *vt* aufnehmen; **s'~ (dans)** sich melden (zu).
enrouer [ɑ̃ʀwe]: **s'~** *vi* heiser werden.
enrouler [ɑ̃ʀule] *vt (fil, corde)* aufwickeln; **~ qch autour de** etw wickeln um.
ensanglanté, e [ɑ̃sɑ̃glɑ̃te] *a* blutbefleckt.
enseignant, e [ɑ̃sɛɲɑ̃, ɑ̃t] *nm/f* Lehrer(in *f*) *m*.
enseigne [ɑ̃sɛɲ] *nf* Geschäftsschild *nt*; **à telle ~ que ...** dergestalt, daß ...; **~ lumineuse** Lichtreklame *f*.
enseignement [ɑ̃sɛɲmɑ̃] *nm* Unterrichten *nt*; Unterricht *m*; *(leçon, conclusion)* Lehre *f*; *(profession)* Lehrberuf *m*.
enseigner [ɑ̃seɲe] *vt* lehren, unterrichten; *(sujet: choses)* lehren, beibringen *(+dat)* // *vi* unterrichten; **~ qch à qn/à qn que** jdm etw beibringen/beibringen, daß.
ensemble [ɑ̃sɑ̃bl(ə)] *ad* zusammen // *nm (groupe, assemblage)* Komplex *m*; *(recueil)* Sammlung *f*; (*MATH*) Menge *f*; *(totalité)*: **l'~ de** der/die/das ganze; *(unité, harmonie)* Einheit *f*; **aller ~** zusammenpassen; **impression d'~** Gesamteindruck *m*; **dans l'~** im ganzen.
ensemencer [ɑ̃smɑ̃se] *vt* besäen.
ensevelir [ɑ̃səvliʀ] *vt* begraben.
ensoleillé, e [ɑ̃sɔleje] *a* sonnig.
ensommeillé, e [ɑ̃sɔmeje] *a* verschlafen, schläfrig.
ensorceler [ɑ̃sɔʀsəle] *vt* bezaubern.
ensuite [ɑ̃sɥit] *ad* dann; *(plus tard)* später.
ensuivre [ɑ̃sɥivʀ(ə)]: **s'~** *vi* folgen; **il s'ensuit que** deshalb.
entailler [ɑ̃taje] *vt* einkerben.
entamer [ɑ̃tame] *vt (pain)* anschneiden; *(bouteille)* anbrechen; *(hostilités, pourparlers)* eröffnen; *(altérer)* beeinträchtigen.
entasser [ɑ̃tase] *vt (empiler)* an- *ou* aufhäufen; *(tenir à l'étroit)* zusammenpferchen; **s'~** *vi* sich anhäufen.
entendre [ɑ̃tɑ̃dʀ(ə)] *vt* hören; (*JUR*: *accusé, témoin)* vernehmen; *(comprendre)* verstehen; *(vouloir dire)* meinen; *(vouloir)*: **~ que** wollen, daß; **s'~** *vi (sympathiser)* sich verstehen;

(se mettre d'accord) übereinkommen.
entendu, e [ɑ̃tɑ̃dy] *a (réglé)* abgemacht; *(air)* wissend; **bien ~** selbstverständlich.
entente [ɑ̃tɑ̃t] *nf* Einvernehmen *nt; (traité)* Vertrag *m;* **à double ~** doppeldeutig.
entériner [ɑ̃teʀine] *vt* bestätigen.
enterrement [ɑ̃tɛʀmɑ̃] *nm (cérémonie)* Begräbnis *nt.*
enterrer [ɑ̃teʀe] *vt (défunt)* begraben; *(trésor etc)* verstecken.
en-tête [ɑ̃tɛt] *nm:* **papier à ~** Papier *nt* mit Kopfdruck.
entêter [ɑ̃tete] : **s'~** *vi:* **s'~ (à faire)** sich versteifen (zu tun).
enthousiasme [ɑ̃tuzjasm(ə)] *nm* Enthusiasmus *m;* **enthousiasmer** *vt* begeistern; **s'enthousiasmer (pour qch)** sich (für etw) begeistern.
enticher [ɑ̃tiʃe]: **s'~ de** *vt* sich vernarren in (+*akk*).
entier, ère [ɑ̃tje, jɛʀ] *a* vollständig, ganz; *(caractère)* geradlinig // *nm* (*MATH*) Ganze(s) *nt;* **en ~** vollständig; **lait ~** Vollmilch *f;* **entièrement** *ad* ganz.
entité [ɑ̃tite] *nf* Wesen *nt.*
entonner [ɑ̃tɔne] *vt (chanson)* anstimmen.
entonnoir [ɑ̃tɔnwaʀ] *nm* Trichter *m.*
entorse [ɑ̃tɔʀs(ə)] *nf* (*MED*) Verstauchung *f;* **~ au règlement** Regelverstoß *m.*
entortiller [ɑ̃tɔʀtije] *vt (envelopper)* einwickeln; *(enrouler):* **~ qch autour de** etw schlingen um.
entourage [ɑ̃tuʀaʒ] *nm* Umgebung *f; (ce qui enclôt)* Umrandung *f.*
entourer [ɑ̃tuʀe] *vt* umgeben; *(cerner)* umzingeln; **~ qn** jdn umhegen.
entourloupette [ɑ̃tuʀlupɛt] *nf* üble Tricks *pl.*
entracte [ɑ̃tʀakt(ə)] *nm* Pause *f.*
entraide [ɑ̃tʀɛd] *nf* gegenseitige Hilfe *f.*
entrailles [ɑ̃tʀɑj] *nfpl* Eingeweide *pl; (fig)* Innere(s) *nt.*
entrain [ɑ̃tʀɛ̃] *nm* Elan *m.*
entraînement [ɑ̃tʀɛnmɑ̃] *nm* Training *nt;* (*TECH*) Antrieb *m.*
entraîner [ɑ̃tʀene] *vt (tirer)* ziehen; *(emmener; charrier)* mitschleppen; (*TECH*) antreiben; (*SPORT*) trainieren; *(impliquer)* mit sich bringen; **~ qn à qch/à faire qch** jdn zu etw bringen/dazu bringen, etw zu tun; **s'~** trainieren; **s'~ à qch** sich in etw *(dat)* üben; **entraîneur, euse** *nm/f* (*SPORT*) Trainer *m* // *nf (de bar)* Hosteß *f.*
entraver [ɑ̃tʀave] *vt* behindern.
entre [ɑ̃tʀ(ə)] *prep* zwischen (+*dat); (mouvement)* zwischen (+*akk); (parmi)* unter (+*dat);* **l'un d'~ eux/nous** einer von ihnen/uns; **~ autres (choses)** unter anderem; **~ nous** unter uns gesagt.
entrebâillé, e [ɑ̃tʀəbɑje] *a* angelehnt.
entrechoquer [ɑ̃tʀəʃɔke]: **s'~** *vi* aneinanderstoßen.
entrée [ɑ̃tʀe] *nf* Ankunft *f; (accès: au cinéma etc)* Eintritt *m; (billet)* Eintrittskarte *f; (lieu d'accès)* Eingang *m;* (*CULIN*) Vorspeise *f;* **d'~** *ad* von Anfang an; **~ en matière** Einführung *f.*
entrefaites [ɑ̃tʀəfɛt]: **sur ces ~** *ad* zu diesem Zeitpunkt, da.
entrefilet [ɑ̃tʀəfilɛ] *nm* Notiz *f.*
entrejambes [ɑ̃tʀəʒɑ̃b] *nm* Schritt *m.*
entrelacer [ɑ̃tʀəlase] *vt* (ineinander) verschlingen.
entrelarder [ɑ̃tʀəlaʀde] *vt (viande)* spicken.
entremêler [ɑ̃tʀəmele] *vt:* **~ qch de** etw vermischen mit.
entremets [ɑ̃tʀəmɛ] *nm* Nachspeise *f.*
entremetteur, euse [ɑ̃tʀəmɛtœʀ, øz] *nm/f* Vermittler(in *f*) *m.*
entremettre [ɑ̃tʀəmɛtʀ(ə)]: **s'~** *vi* intervenieren.
entremise [ɑ̃tʀəmiz] *nf:* **par l'~ de** mittels (+*gen*).
entreposer [ɑ̃tʀəpoze] *vt* lagern.
entrepôt [ɑ̃tʀəpo] *nm* Lagerhaus *nt.*
entreprenant, e [ɑ̃tʀəpʀənɑ̃, ɑ̃t] *a (actif)* unternehmungslustig; *(trop galant)* dreist.

entreprendre [ɑ̃tʀəpʀɑ̃dʀ(ə)] machen; *(commencer)* anfangen; *(personne)* angehen.
entrepreneur [ɑ̃tʀəpʀənœʀ] *nm*: ~ **(en bâtiment)** Bauunternehmer *m*.
entreprise [ɑ̃tʀəpʀiz] *nf* Unternehmen *nt*.
entrer [ɑ̃tʀe] *vi* hereinkommen; *(véhicule)* hereinfahren; *(objet)* eindringen // *vt*: **(faire)** ~ **qch dans** etw hineintun in (+*akk*); ~ **dans** eintreten in (+*akk*); *(sujet: véhicule)* hineinfahren in (+*akk*); *(trou, espace etc)* eindringen in (+*akk*); *(phase, période)* eintreten in (+*akk*); *(être une composante de)* ein Teil sein von; **faire** ~ *(visiteur)* hereinbitten.
entresol [ɑ̃tʀəsɔl] *nm* Zwischenstock *m*.
entre-temps [ɑ̃tʀətɑ̃] *ad* in der Zwischenzeit.
entretenir [ɑ̃tʀətniʀ] *vt* unterhalten; *(feu, humidité etc)* erhalten; *(amitié, relations)* aufrechterhalten; **s'**~ **(de)** sich unterhalten (über +*akk*).
entretien [ɑ̃tʀətjɛ̃] *nm* Unterhalt *m*; *(discussion)* Unterhaltung *f*; *(audience)* Unterredung *f*.
entrevoir [ɑ̃tʀəvwaʀ] *vt (à peine)* ausmachen; *(brièvement)* kurz sehen.
entrevue [ɑ̃tʀəvy] *nf* Gespräch *nt*.
entrouvert, e [ɑ̃tʀuvɛʀ, ɛʀt(ə)] *a* halb geöffnet.
énumérer [enymeʀe] *vt* aufzählen.
envahir [ɑ̃vaiʀ] *vt* überfallen; *(foule)* besetzen; *(eaux, marchandises)* überschwemmen; *(inquiétude, peur)* überkommen; **envahissant, e** *a (personne)* sich ständig einmischend.
enveloppe [ɑ̃vlɔp] *nf (de lettre)* Umschlag *m*; *(gén, TECH)* Gehäuse *nt*, Hülle *f*.
envelopper [ɑ̃vlɔpe] *vt* einpacken; *(fig)* einhüllen; **s'**~ **dans qch** sich in etw *(akk)* hüllen.
envenimer [ɑ̃vnime] *vt* verschlechtern.
envergure [ɑ̃vɛʀgyʀ] *nf* Spannweite *f*; *(fig)* Ausmaß *nt*, Umfang *m*.
envers [ɑ̃vɛʀ] *prep* gegenüber (+*dat*) // *nm (d'une feuille)* Rückseite *f*; *(d'une étoffe, d'un vêtement)* linke Seite *f*; **à l'**~ verkehrt herum.
envie [ɑ̃vi] *nf (sentiment)* Neid *m*; *(souhait)* Verlangen *nt*; **avoir** ~ **de qch** Lust auf etw *(akk)* haben; **avoir** ~ **de faire qch** Lust haben, etw zu tun; **envier** *vt* beneiden; **envieux, euse** *a* neidisch.
environ [ɑ̃viʀɔ̃] *ad*: ~ **3 h/2 km** ungefähr 3 Stunden/2 km; ~**s** *nmpl* Umgebung *f*.
environnement [ɑ̃viʀɔnmɑ̃] *nm* Umwelt *f*.
environner [ɑ̃viʀɔne] *vt* umgeben; **s'**~ **de** um sich *(akk)* scharen.
envisager [ɑ̃vizaʒe] *vt (considérer)* betrachten; *(avoir en vue)* beabsichtigen.
envoi [ɑ̃vwa] *nm (paquet)* Sendung *f*.
envoler [ɑ̃vɔle]: **s'**~ *vi* wegfliegen; *(avion)* abfliegen.
envoûter [ɑ̃vute] *vt* verzaubern.
envoyé, e [ɑ̃vwaje] *nm/f (POL)* Gesandte(r) *mf*; ~ **spécial** Sonderberichterstatter(in *f*) *m*.
envoyer [ɑ̃vwaje] *vt* schicken; *(projectile, ballon)* werfen; *(fusée)* schießen.
éolien, ne [eɔljɛ̃, jɛn] *a* Wind-.
épagneul, e [epaɲœl] *nm/f* Spaniel *m*.
épais, se [epɛ, ɛs] *a* dick; *(sauce, liquide)* dickflüssig; *(fumée forêt, foule)* dicht; **épaisseur** *nf* Dicke *f*; Dickflüssigkeit *f*.
épancher [epɑ̃ʃe] *vt*: **s'**~ *vi* sich aussprechen; *(liquide)* herausströmen.
épanouir [epanwiʀ] *vt*: **s'**~ *vi (fleur)* sich öffnen; *(fig)* aufblühen.
épargne [epaʀɲ(ə)] *nf* Sparen *nt*; **l'**~**-logement** das Bausparen.
épargner [epaʀɲe] *vt* sparen; *(ne pas tuer ou endommager)* verschonen // *vi* sparen; ~ **qch à qn** jdm etw ersparen.
éparpiller [epaʀpije] *vt* verstreuen; *(pour répartir)* zerstreuen; **s'**~ *vi* sich zerstreuen.
épars, e [epaʀ, aʀs(ə)] *a* verstreut.
épatant, e [epatɑ̃, ɑ̃t] *a* super.
épaté, e [epate] *a*: **nez** ~ platte Nase *f*.

épater [epate] *vt* beeindrucken.
épaule [epol] *nf* Schulter *f*.
épauler [epole] *vt (aider)* unterstützen; *(arme)* anlegen // *vi* zielen.
épave [epav] *nf* Wrack *nt*.
épée [epe] *nf* Schwert *nt*.
épeler [eple] *vt* buchstabieren.
éperdu, e [epɛʀdy] *a* verzweifelt; *(amour, gratitude)* überschwenglich.
éperon [epʀɔ̃] *nm (de botte)* Sporn *m*; *(de navire)* Wellenbrecher *m*.
épervier [epɛʀvje] *nm* (*ZOOL*) Sperber *m*; (*PÊCHE*) Auswurfnetz *nt*.
éphémère [efemɛʀ] *a* kurz(lebig).
épi [epi] *nm* Ähre *f*; ~ **de cheveux** Haarbüschel *nt*.
épice [epis] *nf* Gewürz *nt*.
épicéa [episea] *nm* Fichte *f*.
épicer [epise] *vt* würzen.
épicerie [episʀi] *nf (magasin)* Lebensmittelgeschäft *nt*; ~ **fine** Feinkostgeschäft *nt*; **épicier, ière** *nm/f* Lebensmittelhändler(in *f*) *m*.
épidémie [epidemi] *nf* Epidemie *f*.
épiderme [epidɛʀm(ə)] *nm* Haut *f*; **épidermique** *a (fig)* oberflächlich.
épier [epje] *vt* erspähen; *(occasion)* Ausschau halten nach.
épieu, x [epjø] *nm* Speer *m*.
épilepsie [epilɛpsi] *nf* Epilepsie *f*.
épiler [epile] *vt* enthaaren; **s'~ les jambes/sourcils** die Beine enthaaren/Augenbrauen zupfen.
épilogue [epilɔg] *nm (fig)* Ausgang *m*.
épiloguer [epilɔge] *vi*: ~ **(sur)** sich auslassen über (+*akk*).
épinards [epinaʀ] *nmpl* Spinat *m*.
épine [epin] *nf (de rose)* Dorne *f*; *(d'oursin)* Stachel *m*; ~ **dorsale** Rückgrat *nt*.
épingle [epɛ̃gl(ə)] *nf* Nadel *f*; **tiré à quatre ~s** wie aus dem Ei gepellt; ~ **de nourrice** *ou* **de sûreté** *ou* **double** Sicherheitsnadel *f*.
épingler [epɛ̃gle] *vt*: ~ **qch sur** etw feststecken auf (+*dat*).
Épiphanie *nf* Dreikönigsfest *nt*.
épique [epik] *a* episch.
épiscopal, e, aux [episkɔpal, o] *a* bischöflich.
épisode [epizɔd] *nm* Episode *f*; *(de récit, film)* Fortsetzung *f*.
épistolaire [epistɔlɛʀ] Brief-.
épithète [epitɛt] *a*: **adjectif** ~ attributives Adjektiv *nt*.
épître [epitʀ] *nf* Brief *m*.
éploré, e [eplɔʀe] *a* verweint.
épluche-légumes [eplyʃlegym] *nm inv* Kartoffelschäler *m*.
éplucher [eplyʃe] *vt* schälen; *(fig)* genau unter die Lupe nehmen; **épluchures** *nfpl* Schalen *pl*.
épointer [epwɛ̃te] *vt* stumpf machen.
éponge [epɔ̃ʒ] *nf* Schwamm *m*; **éponger** *vt (liquide)* aufsaugen; *(surface)* abwischen; *(déficit)* absorbieren; **s'éponger le front** sich *(dat)* die Stirn abwischen.
épopée [epɔpe] *nf* Epos *nt*.
époque [epɔk] *nf (de l'histoire)* Epoche *f*, Ära *f*; *(de l'année, la vie)* Zeit *f*; **d'~** *a (meuble)* Stil-; **à l'~ où/de** zur Zeit als/von.
époumoner [epumɔne]: **s'~** *vi* sich heiser schreien.
épouse [epuz] *nf* Ehefrau *f*.
épouser [epuze] *vt* heiraten; *(fig: idées)* eintreten für; *(forme)* annehmen.
épousseter [epuste] *vt* abstauben.
époustouflant, e [epustuflɑ̃, ɑ̃t] *a* umwerfend, atemberaubend.
épouvantable [epuvɑ̃tabl(ə)] *a* entsetzlich, schrecklich.
épouvantail [epuvɑ̃taj] *nm* Vogelscheuche *f*.
épouvante [epuvɑ̃t] *nf*: **film/livre d'~** Horrorfilm *m*/-buch *nt*; **épouvanter** *vt* entsetzen.
époux [epu] *nm* Ehemann *m* // *nmpl* Ehepaar *nt*.
éprendre [epʀɑ̃dʀ(ə)] : **s'~ de** *vt* sich verlieben in (+*akk*).
épreuve [epʀœv] *nf* Prüfung *f*; (*SPORT*) Wettkampf *m*; (*PHOT*) Abzug *m*; *(d'imprimerie)* Fahne *f*; **à l'~ de** resistent gegenüber (+*dat*); **à toute ~** unfehlbar; **mettre qn/qch à l'~** jdn/etw einer Prüfung unterziehen.
épris, e [epʀi, iz] *vb voir* **éprendre.**
éprouver [epʀuve] *vt (tester)* testen; *(mettre à l'épreuve)*: ~ **qn** jdn einer

Prüfung unterziehen; *(faire souffrir)* Kummer machen (+*dat*); *(ressentir)* spüren, fühlen; *(difficultés etc)* begegnen (+*dat*).
éprouvette [epʀuvɛt] *nf* Reagenzglas *nt*.
épuisé, e [epɥize] *a* erschöpft; *(livre)* vergriffen.
épuisement [epɥizmɑ̃] *nm*: **jusqu'à ~ du stock** solange der Vorrat reicht.
épuiser [epɥize] *vt* erschöpfen; **s'~** *vi* müde werden; *(stock)* ausgehen, zu Ende gehen.
épuisette [epɥizɛt] *nf* Reuse *f*.
épurer [epyʀe] *vt* reinigen.
équateur [ekwatœʀ] *nm* Äquator *m*; *l'É~* Ekuador *nt*.
équation [ekwɑsjɔ̃] *nf* Gleichung *f*.
équerre [ekɛʀ] *nf (à dessin)* Zeichendreieck *nt*; *(de maçon)* Winkel *m*; *(pour fixer)* Winkeleisen *nt*.
équestre [ekɛstʀ(ə)] *a*: **statue ~** Reiterstandbild *nt*.
équidistant, e [ekɥidistɑ̃, ɑ̃t] *a*: **~ (de)** gleich weit entfernt (von).
équilatéral, e, aux [ekɥilateʀal, o] *a* gleichseitig.
équilibre [ekilibʀ(ə)] *nm* Gleichgewicht *nt*; **équilibré, e** *a (fig)* ausgeglichen; **équilibrer** *vt* ausgleichen; **s'~** *vi (poids)* sich ausbalancieren; *(fig)* sich ausgleichen.
équinoxe [ekinɔks(ə)] *nm* Tagundnachtgleiche *f*.
équipage [ekipaʒ] *nm* Mannschaft *f*; *(SPORT)* Crew *f*.
équipe [ekip] *nf (de joueurs)* Mannschaft *f*; *(de travailleurs)* Team *nt*.
équipement [ekipmɑ̃] *nm* Ausstattung *f*; **~s** *nmpl* Anlagen *pl*.
équiper [ekipe] *vt* ausrüsten; *(voiture, cuisine)* ausstatten (*de* mit).
équitable [ekitabl(ə)] *a* gerecht.
équitation [ekitɑsjɔ̃] *nf* Reiten *nt*.
équité [ekite] *nf* Fairneß *f*.
équivalence [ekivalɑ̃s] *nf* Äquivalenz *f*.
équivalent, e [ekivalɑ̃, ɑ̃t] *a* gleichwertig // *nm* Gegenstück *nt*.
équivaloir [ekivalwaʀ] : **~ à** *vt* entsprechen (+*dat*); *(représenter)* gleichkommen (+*dat*).
équivoque [ekivɔk] *a* doppeldeutig; *(louche)* zweideutig.
érable [eʀabl(ə)] *nm* Ahornbaum *m*.
érafler [eʀɑfle] *vt*: **s'~ la main/les jambes** sich *(dat)* die Hand/Beine zerkratzen.
éraillé, e [eʀɑje] *a* heiser.
ère [ɛʀ] *nf* Ära *f*, Epoche *f*; **en l'an 1050 de notre ~** im Jahre 1050 unserer Zeitrechnung.
érection [eʀɛksjɔ̃] *nf* Errichten *nt*; *(ANAT)* Erektion *f*.
éreinter [eʀɛ̃te] *vt* erschöpfen.
ergot [ɛʀgo] *nm (de coq)* Sporn *m*; *(TECH)* Klappe *f*.
ériger [eʀiʒe] *vt (monument)* errichten; **s'~ en juge** sich als Richter aufspielen.
ermite [ɛʀmit] *nm* Einsiedler *m*.
éroder [eʀɔde] *vt* erodieren.
érotique [eʀɔtik] *a* erotisch; **érotisme** *nm* Erotik *f*.
errer [ɛʀe] *vi* umherirren; *(pensées)* schweifen.
erreur [ɛʀœʀ] *nf (de calcul)* Fehler *m*; *(de jugement)* Irrtum *m*; **induire qn en ~** jdn irreführen; **par ~** fälschlicherweise.
erroné, e [ɛʀɔne] *a* falsch, irrig.
éructer [eʀykte] *vi* aufstoßen.
érudit, e [eʀydi, it] *a* gelehrt, gebildet // *nm/f* Gelehrte(r) *mf*; **érudition** *nf* Gelehrsamkeit *f*.
éruption [eʀypsjɔ̃] *nf* Ausbruch *m*.
ès [ɛs] *prep*: **docteur ~ lettres** Dr. Phil.
escabeau, x [ɛskabo] *nm* Hocker *m*.
escadre [ɛskadʀ(ə)] *nf (NAVIG)* Geschwader *nt*; *(AVIAT)* Staffel *f*.
escadrille [ɛskadʀij] *nf (AVIAT)* Formation *f*.
escadron [ɛskadʀɔ̃] *nm* Schwadron *f*.
escalade [ɛskalad] *nf* Bergsteigen *nt*; *(fig; POL)* Eskalation *f*.
escalader [ɛskalade] *vt* klettern auf (+*akk*).
escale [ɛskal] *nf* Zwischenstation *f*; **faire ~ (à)** anlaufen (+*akk*); *(AVIAT)* zwischenlanden (in +*dat*).
escalier [ɛskalje] *nm* Treppe *f*; **dans**

l'~ *ou* **les ~s** auf der Treppe; ~ **roulant** Rolltreppe *f.*
escalope [ɛskalɔp] *nf* Schnitzel *nt.*
escamoter [ɛskamɔte] *vt (esquiver)* umgehen, ausweichen *(+dat); (faire disparaître)* wegzaubern.
escapade [ɛskapad] *nf:* **faire une ~** eine Spritztour machen.
escargot [ɛskaʀgo] *nm* Schnecke *f.*
escarmouche [ɛskaʀmuʃ] *nf* Gefecht *nt,* Plänkelei *f.*
escarpé, e [ɛskaʀpe] *a* steil.
escient [esjɑ̃] *nm:* **à bon ~** überlegt.
esclaffer [ɛsklafe] : **s'~** *vi* schallend loslachen.
esclandre [ɛsklɑ̃dʀ(ə)] *nm* Aufruhr *m,* Tumult *m.*
esclavage [ɛsklavaʒ] *nm* Sklaverei *f.*
esclave [ɛsklav] *nm/f* Sklave *m,* Sklavin *f.*
escompte [ɛskɔ̃t] *nm (FIN)* Skonto *nt; (COMM)* Rabatt *m.*
escompter [ɛskɔ̃te] *vt (FIN)* nachlassen; *(espérer)* erwarten.
escorte [ɛskɔʀt(ə)] *nf* Eskorte *f;* **escorter** *vt* eskortieren.
escrime [ɛskʀim] *nf* Fechten *nt.*
escrimer [ɛskʀime] : **s'~** *vi* sich anstrengen.
escroc [ɛskʀo] *nm* Schwindler *m.*
escroquer [ɛskʀɔke] *vt:* **~ qn de qch** jdm etw abschwindeln; **escroquerie** *nf* Schwindel *m,* Betrug *m.*
espace [ɛspas] *nm* Raum *m; (écartement)* Abstand *m.*
espacer [ɛspase] *vt* in Abständen verteilen; **s'~** *vi* weniger häufig auftreten.
espadon [ɛspadɔ̃] *nm* Schwertfisch *m.*
Espagne [ɛspaɲ] *nf:* **l'~** Spanien *nt;* **espagnol, e** *a* spanisch; **Espagnol, e** *nm/f* Spanier(in *f*) *m.*
espagnolette [ɛspaɲɔlɛt] *nf* Fensterriegel *m.*
espèce [ɛspɛs] *nf* Art *f;* **une ~ de maison** eine Art Haus; *(pej):* **~ de maladroit!** du altes Trampel!; **~s** *nfpl (COMM)* Bargeld *nt;* **en l'~** *ad* im vorliegenden Fall.
espérance [ɛspeʀɑ̃s] *nf* Hoffnung *f;* **~ de vie** Lebenserwartung *f.*
espérer [ɛspeʀe] *vt* hoffen auf *(+akk);* **~ que/faire qch** hoffen, daß/etw zu tun; **~ en qn/qch** in jdn/etw vertrauen.
espiègle [ɛspjɛgl(ə)] *a* schelmisch.
espion, ne [ɛspjɔ̃, ɔn] *nm/f* Spion(in *f*) *m.*
esplanade [ɛsplanad] *nf* Promenade *f.*
espoir [ɛspwaʀ] *nm* Hoffnung *f (de* auf *+akk).*
esprit [ɛspʀi] *nm* Geist *m; (pensée, intellect)* Geist *m,* Verstand *m;* **faire de l'~** witzig sein; **perdre l'~** den Verstand verlieren; **reprendre ses ~s** zu sich kommen.
esquimau, aude, aux [ɛskimo, od] *nm/f* Eskimo *m,* Eskimofrau *f.*
esquinter [ɛskɛ̃te] *vt (fam)* kaputtmachen, ruinieren.
esquisse [ɛskis] *nf* Skizze *f;* Andeutung *f.*
esquisser [ɛskise] *vt* entwerfen; andeuten; **s'~** *vi* sich abzeichnen.
esquiver [ɛskive] *vt* ausweichen *(+dat);* **s'~** *vi* sich wegstehlen.
essai [esɛ] *nm* Probe *f; (tentative; SPORT)* Versuch *m; (écrit)* Essay *m ou nt;* **à l'~** versuchsweise.
essaim [esɛ̃] *nm* Schwarm *m.*
essayer [eseje] *vt* (aus)probieren; *(vêtement, chaussures)* anprobieren; **~ de faire qch** versuchen, etw zu tun.
essence [esɑ̃s] *nf (carburant)* Benzin *nt; (extrait de plante)* Essenz *f; (fig, PHILOSOPHIE)* Wesen *nt; (d'arbre)* Art *f,* Spezies *f.*
essentiel, le [esɑ̃sjɛl] *a (indispensable)* erforderlich, notwendig; *(de base, fondamental)* wesentlich, essentiell; **c'est l'~** das ist die Hauptsache; **l'~ de** der Hauptteil von.
essieu, x [esjø] *nm* Achse *f.*
essor [esɔʀ] *nm (de l'économie etc)* Aufschwung *m.*
essorer [esɔʀe] *vt* auswringen; *(à la machine)* schleudern.
essoreuse [esɔʀøz] *nf* Schleuder *f.*
essouffler [esufle] *vt* außer Atem bringen; **s'~** *vi* außer Atem geraten.
essuie-glace [esɥiglas] *nm inv*

Scheibenwischer *m.*
essuie-mains [esɥimɛ̃] *nm inv* Handtuch *nt.*
essuyer [esɥije] *vt* abtrocknen; *(épousseter)* abwischen; *(fig: subir)* erleiden; **s'~** sich abtrocknen.
est [ɛ] *vb voir* **être** // [ɛst] *nm:* **l'~** der Osten // *a inv* Ost-, östlich; **à l'~ de** östlich von.
estafette [ɛstafɛt] *nf* Kurier *m.*
estaminet [ɛstaminɛ] *nm* Kneipe *f.*
estampe [ɛstɑ̃p] *nf* Stich *m.*
estampille [ɛstɑ̃pij] *nf* Stempel *m.*
est-ce que *ad:* ~ **c'est cher?** ist es teuer?; ~ **c'était bon?** war es gut?; **quand est-ce qu'il part?** wann reist er ab?; **où est-ce qu'il va?**wohin geht er?; **qui est-ce qui a fait ça?** wer hat das gemacht?
esthéticienne [ɛstetisjɛn] *nf* Kosmetikerin *f.*
esthétique [ɛstetik] *a* ästhetisch.
estimation [ɛstimɑsjɔ̃] *nf* Schätzung *f.*
estime [ɛstim] *nf* Wertschätzung *f.*
estimer [ɛstime] *vt* schätzen; *(penser):* ~ **que** meinen, daß; **s'~ heureux** sich glücklich schätzen.
estival, e, aux [ɛstival, o] *a* sommerlich.
estivant, e [ɛstivɑ̃, ɑ̃t] *nm/f* Sommerfrischler(in *f*) *m.*
estomac [ɛstɔma] *nm* Magen *m;* **avoir mal à l'~** Magenschmerzen haben.
estomaqué, e [ɛstɔmake] *a* platt.
estomper [ɛstɔ̃pe] *vt (fig)* trüben, verwischen; **s'~** *vi* undeutlich werden.
estrade [ɛstʀad] *nf* Podium *nt.*
estragon [ɛstʀagɔ̃] *nm* Estragon *nt.*
estropier [ɛstʀɔpje] *vt* zum Krüppel machen; *(fig)* entstellen.
estuaire [ɛstɥɛʀ] *nm* Mündung *f.*
et [e] *conj* und; ~ **puis** und dann; ~ **alors** *ou* **(puis) après?** na und?
étable [etabl(ə)] *nf* Kuhstall *m.*
établi [etabli] *nm* Werkbank *f.*
établir [etabliʀ] *vt (papiers d'identité, facture)* ausstellen; *(liste, programme; gouvernement)* aufstellen; *(entreprise)* gründen; *(atelier)* einrichten; *(camp)* errichten; *(fait, culpabilité)* beweisen; **s'~** *vi* sich einstellen; **s'~ (à son compte)** sich selbständig machen; **s'~ quelque part** sich irgendwo niederlassen.
établissement [etablismɑ̃] *nm* Ausstellung *f;* Aufstellung *f; (entreprise)* Unternehmen *nt;* ~ **de crédit** Kreditinstitut *nt;* ~ **scolaire** Schule *f.*
étage [etaʒ] *nm (d'immeuble)* Stockwerk *nt; (de fusée; de culture)* Stufe *f;* **de bas** ~ *a* niedrig; **étager** *vt (prix)* staffeln; *(cultures)* stufenförmig anlegen.
étagère [etaʒɛʀ] *nf (rayon)* Brett *nt; (meuble)* Regal *nt.*
étai [etɛ] *nm* Stütze *f.*
étain [etɛ̃] *nm* Zinn *nt.*
étal [etal] *nm* Stand *m.*
étalage [etalaʒ] *nm* Auslage *f;* **faire ~ de** zur Schau stellen.
étaler [etale] *vt* ausbreiten; *(peinture)* (ver)streichen; *(paiements, vacances)* verteilen; *(marchandises)* ausstellen; **s'~** *vi (liquide)* sich ausbreiten; *(travaux, paiements)* sich verteilen; *(fam)* auf die Nase fliegen.
étalon [etalɔ̃] *nm (mesure)* Standard *m; (cheval)* Zuchthengst *m.*
étamer [etame] *vt* verzinnen.
étamine [etamin] *nf (BOT)* Staubgefäß *nt.*
étanche [etɑ̃ʃ] *a* wasserdicht.
étancher [etɑ̃ʃe] *vt* aufsaugen; ~ **sa soif** den Durst löschen.
étang [etɑ̃] *nm* Teich *m.*
étant [etɑ̃] *vb voir* **être, donné.**
étape [etap] *nf* Etappe *f; (lieu d'arrivée)* Rastplatz *m;* **faire ~ à** anhalten in (+*dat*).
état [eta] *nm* Staat *m; (liste)* Bestandsaufnahme *f; (condition)* Zustand *m;* **hors d'~** *(machine, ascenseur etc)* außer Betrieb; **être en ~/hors d'~ de faire qch** in der Lage/außerstande sein, etw zu tun; **en tout ~ de cause** auf alle Fälle; **être dans tous ses ~s** aufgeregt sein; **faire ~ de** vorbringen; ~ **civil** Personenstand *m;* ~ **des lieux**

umbewegliches Inventar *nt;* ~ **d'urgence** Notstand *m;* ~**s d'âme** Verfassung *f,* Stimmung *f;* **étatiser** *vt* verstaatlichen.
état-major [etamaʒɔʀ] *nm* (*MIL*) Stab *m.*
États-Unis [etazyni] *nmpl:* **les** ~ die Vereinigten Staaten.
étau, x [eto] *nm* Schraubstock *m.*
étayer [eteje] *vt* abstützen; *(fig)* unterstützen.
et c(a)etera [ɛtsetera] *ad* etc.
été [ete] *pp de* **être** // *nm* Sommer *m.*
éteignoir [etɛɲwaʀ] *nm* Kerzenlöscher *m; (pej)* Spielverderber *m.*
éteindre [etɛ̃dʀ(ə)] *vt* ausmachen; *(incendie, aussi fig)* löschen; **s'**~ *vi* ausgehen; *(mourir)* verscheiden; **éteint, e** *a (fig)* matt, stumpf; *(volcan)* erloschen.
étendre [etɑ̃dʀ(ə)] *vt (pâte, liquide)* streichen; *(carte etc)* ausbreiten; *(lessive, linge)* aufhängen; *(bras, jambes)* ausstrecken; *(blessé, malade)* hinlegen; *(diluer)* strecken; **s'**~ *vi* sich ausdehnen; *(terrain, forêt)* sich erstrecken; *(s'allonger)* sich hinlegen; *(expliquer)* sich ausdehnen (*sur* auf +*akk*).
étendue [etɑ̃dy] *nf* Ausmaß *nt; (surface)* Fläche *f.*
éternel, le [etɛʀnɛl] *a* ewig.
éterniser [etɛʀnize]: **s'**~ *vi* ewig dauern; ewig bleiben.
éternité [etɛʀnite] *nf* Ewigkeit *f.*
éternuer [etɛʀnɥe] *vi* niesen.
éther [etɛʀ] *nm* Äther *m.*
éthique [etik] *nf* Ethik *f.*
ethnie [ɛtni] *nf* ethnische Gruppe *f.*
ethnologie [ɛtnɔlɔʒi] *nf* Ethnologie *f.*
éthylisme [etilism(ə)] *nm* Alkoholismus *m.*
étinceler [etɛ̃sle] *vi* funkeln.
étincelle [etɛ̃sɛl] *nf* Funke *m.*
étioler [etjɔle] : **s'**~ *vi* ermüden; welken.
étiqueter [etikte] *vt* beschriften; *(pej)* abstempeln.
étiquette [etikɛt] *nf (de paquet)* Aufschrift *f; (à coller)* Aufkleber *m; (dans un vêtement, fig)* Etikett *nt; (protocole):* **l'**~ die Etikette.
étirer [etiʀe] *vt* ausdehnen; *(bras, jambes)* ausstrecken; **s'**~ *vi (personne)* sich strecken; *(convoi, route):* **s'**~ **sur** sich auf (+*akk*) ausdehnen.
étoffe [etɔf] *nf* Stoff *m.*
étoffer [etɔfe] *vt* ausfüllen, anreichern; **s'**~ *vi* füllig werden.
étoile [etwal] *nf* Stern *m; (vedette)* Star *m* // *a:* **danseuse** ~ Startänzerin *f;* **à la belle** ~ im Freien; ~ **filante** Sternschnuppe *f;* ~ **de mer** Seestern *m.*
étonnant, e [etɔnɑ̃, ɑ̃t] *a* erstaunlich.
étonner [etɔne] *vt* erstaunen; **s'**~ **de** erstaunt sein über (+*akk*)*;* **cela m'étonnerait (que)** es würde mich wundern (wenn).
étouffant, e [etufɑ̃, ɑ̃t] *a* erstickend, bedrückend.
étouffée [etufe]: **à l'**~ *ad* gedämpft, gedünstet.
étouffer [etufe] *vt* ersticken; *(bruit)* dämpfen; *(scandale)* vertuschen // *vi* ersticken; **s'**~ *vi (en mangeant etc)* sich verschlucken.
étourderie [etuʀdəʀi] *nf* Schußlichkeit *f.*
étourdi, e [etuʀdi] *a* schußlig.
étourdir [etuʀdiʀ] *vt* betäuben; *(griser)* schwindlig machen; **étourdissement** *nm* Schwindelanfall *m.*
étrange [etʀɑ̃ʒ] *a* seltsam, sonderbar; *(surprenant)* eigenartig.
étranger, ère [etʀɑ̃ʒe, ɛʀ] *a* fremd; *(d'un autre pays)* ausländisch // *nm/f* Fremde(r) *mf;* Ausländer(in *f*) *m* // *nm:* **à l'**~ im Ausland.
étranglé, e [etʀɑ̃gle] *a:* **d'une voix** ~**e** mit erstickter Stimme.
étranglement [etʀɑ̃gləmɑ̃] *nm (d'une vallée etc)* Verengung *f.*
étrangler [etʀɑ̃gle] *vt* erwürgen; *(accidentellement)* ersticken; **s'**~ sich verschlucken.
étrave [etʀav] *nf* Vordersteven *m.*
être [ɛtʀ(ə)] *nm* Wesen *nt* // *vb avec attribut* sein // *vb auxiliaire* sein; *(avec verbes pronominaux)* haben; ~ **à qn** jdm gehören; **c'est à lui de le faire** es liegt bei ihm, das zu tun; **nous**

sommes le 10 janvier es ist der 10. Januar; **il est 10 heures** es ist 10 Uhr; **c'est à faire** das muß getan werden; ~ **humain** Mensch *m; voir aussi* **est-ce que, n'est-ce pas, c'est-à-dire, ce.**

étreindre [etʀɛ̃dʀ(ə)] *vt* festhalten, umklammern; *(amoureusement, amicalement)* umarmen; *(sujet: douleur, peur)* ergreifen; **s'~** sich umarmen; **étreinte** *nf* Griff *m; (amicale, amoureuse)* Umarmung *f.*

étrenner [etʀene] *vt* zum ersten Mal tragen.

étrennes [etʀɛn] *nfpl* Neujahrsgeschenke *pl.*

étrier [etʀije] *nm* Steigbügel *m.*

étriller [etʀije] *vt (cheval)* striegeln; *(fam: battre)* verprügeln.

étriper [etʀipe] *vt (fam)* abmurksen.

étriqué, e [etʀike] *a* knapp.

étroit, e [etʀwa, wat] *a* eng; **à l'~** *ad* eng; **étroitesse** *nf:* **étroitesse d'esprit** Engstirnigkeit *f.*

étude [etyd] *nf* Studium *nt; (ouvrage)* Studie *f; (de notaire)* Büro *nt*, Kanzlei *f; (salle de travail)* Studierzimmer *nt;* **~s** *nfpl* Studium *nt;* **être à l'~** geprüft werden; **faire des ~s de droit/médecine** Jura/Medizin studieren.

étudiant, e [etydjɑ̃, ɑ̃t] *nm/f* Student(in *f*) *m.*

étudié, e [etydje] *a (air)* gespielt; *(démarche, système)* wohldurchdacht; *(prix)* niedrig.

étudier [etydje] *vt* studieren; *(élève)* lernen; *(analyser)* untersuchen // *vi* studieren.

étui [etɥi] *nm* Etui *nt.*

étuvée [etyve]: **à l'~** *ad* gedämpft.

étymologie [etimɔlɔʒi] *nf* Etymologie *f.*

eu, eue [y] *pp voir* **avoir.**

euphorie [øfɔʀi] *nf* Euphorie *f.*

Europe [øʀɔp] *nf:* **l'~** Europa *nt;* **européen, ne** *a* europäisch; **Européen, ne** *nm/f* Europäer(in *f*) *m.*

euthanasie [øtanazi] *nf* Euthanasie *f.*

eux [ø] *pronom (sujet)* sie; *(objet)* ihnen.

évacuation [evakɥasjɔ̃] *nf* Evakuierung *f.*

évacuer [evakɥe] *vt* räumen; *(population, occupants)* evakuieren; *(déchets)* leeren.

évadé, e [evade] *nm/f* entwichener Häftling *m.*

évader [evade]: **s'~** *vi* flüchten.

évaluer [evalɥe] *vt* schätzen.

Évangile [evɑ̃ʒil] *nm* Evangelium *nt.*

évanouir [evanwiʀ]: **s'~** *vi* ohnmächtig werden; *(fig)* schwinden; **évanouissement** *nm* Ohnmacht(sanfall) *m) f.*

évaporer [evapɔʀe]: **s'~** *vi* sich verflüchtigen.

évaser [evɑze]: **s'~** *vi* sich weiten.

évasif, ive [evazif, iv] *a* ausweichend.

évasion [evazjɔ̃] *nf* Flucht *f.*

évêché [eveʃe] *nm* Bistum *nt; (édifice)* Bischofssitz *m.*

éveil [evɛj] *nm* Erwachen *nt;* **rester en ~** wachsam bleiben.

éveillé, e [eveje] *a* wach.

éveiller [eveje] *vt* wecken; **s'~** *vi (se réveiller)* aufwachen.

événement [evɛnmɑ̃] *nm* Ereignis *nt.*

éventail [evɑ̃taj] *nm* Fächer *m; (choix)* Spektrum *nt.*

éventer [evɑ̃te] *vt* fächeln *(+dat); (secret)* aufdecken.

éventrer [evɑ̃tʀe] *vt* den Bauch aufschlitzen *(+dat); (fig)* aufreißen.

éventualité [evɑ̃tɥalite] *nf* Eventualität *f;* **dans l'~ de** im Falle *(+gen).*

éventuel, le [evɑ̃tɥɛl] *a* möglich.

évêque [evɛk] *nm* Bischof *m.*

évertuer [evɛʀtɥe]: **s'~** *vi:* **s'~ à faire** sich abmühen zu tun.

éviction [eviksjɔ̃] *nf* Ausschaltung *f.*

évidemment [evidamɑ̃] *ad (bien sûr)* natürlich; *(de toute évidence)* offensichtlich.

évidence [evidɑ̃s] *nf* Offensichtlichkeit *f; (fait)* eindeutige Tatsache *f;* **mettre en ~** aufzeigen.

évident, e [evidɑ̃, ɑ̃t] *a* offensichtlich.

évider [evide] *vt* aushöhlen.

évier [evje] *nm* Spülbecken *nt*.
évincer [evɛ̃se] *vt* ausschalten.
éviter [evite] *vt* meiden; *(problème, uestion)* vermeiden; *(coup, projectile)* ausweichen (+*dat*); *(catastrophe)* verhüten; ~ **de faire/que** vermeiden zu tun/, daß; ~ **qch à qn** jdm etw ersparen.
évocation [evɔkɑsjɔ̃] *nf* Heraufbeschwörung *f*.
évolué, e [evɔlɥe] *a* hochentwickelt.
évoluer [evɔlɥe] *vi* sich entwickeln; *(danseur, avion etc)* kreisen; **évolution** *nf* Entwicklung *f*.
évoquer [evɔke] *vt* heraufbeschwören.
ex- [ɛks] *pref* Ex-.
exacerber [ɛgzasɛʀbe] *vt (personne)* reizen.
exact, e [ɛgza, akt(ə)] *a* exakt; *(précis)* genau; **l'heure ~e** die genaue Uhrzeit; **~ement** *ad* genau.
exactitude [ɛgzaktityd] *nf* Genauigkeit *f*, Exaktheit *f*.
ex aequo [ɛgzeko] *a* gleichgestellt.
exagérer [ɛgzaʒeʀe] *vt, vi* übertreiben.
exalter [ɛgzalte] *vt (enthousiasmer)* begeistern; *(glorifier)* preisen.
examen [ɛgzamɛ̃] *nm* Prüfung *f*; *(investigation, MED)* Untersuchung *f*; **à l'~** *(COMM)* auf Probe.
examiner [ɛgzamine] *vt* prüfen; *(étudier, MED)* untersuchen.
exaspérer [ɛgzaspeʀe] *vt* zur Verzweiflung bringen.
exaucer [ɛgzose] *vt (vœu)* erfüllen; *(personne, prière)* erhören.
excédent [ɛksedɑ̃] *nm* Überschuß *m*; **~ de bagages** Übergepäck *nt*.
excéder [ɛksede] *vt (dépasser)* überschreiten; *(agacer)* zur Verzweiflung bringen.
excellence [ɛksɛlɑ̃s] *nf* hervorragende Qualität *f*; *(titre)* Exzellenz *f*.
excellent, e [ɛksɛlɑ̃, ɑ̃t] *a* ausgezeichnet, hervorragend.
exceller [ɛksele] *vi*: ~ **(en)** sich auszeichnen (in +*dat*).
excentrique [ɛksɑ̃tʀik] *a* exzentrisch; *(quartier)* Außen-, umliegend.
excepté, e [ɛksɛpte] *a*: **les élèves ~s** die Schüler ausgenommen // *prep* außer (+*dat*); ~ **si/quand** es sei denn, daß/außer, wenn.
exception [ɛksɛpsjɔ̃] *nf* Ausnahme *f*; **d'~** Ausnahme-; **sans ~** ausnahmslos; **à l'~ de** mit Ausnahme von; **exceptionnel, le** *a* außergewöhnlich.
excès [ɛksɛ] *nm* Überschuß // *nmpl* Ausschweifungen *pl*; **à l'~** übertrieben; ~ **de vitesse** Geschwindigkeitsüberschreitung *f*; ~ **de zèle** Übereifer *m*; **excessif, ive** *a* übertrieben.
excitation [ɛksitɑsjɔ̃] *nf (état)* Aufregung *f*.
exciter [ɛksite] *vt* erregen; *(personne: agiter)* aufregen; *(sujet: café etc)* anregen; **s'~** *vi* sich erregen; sich aufregen; ~ **qn à** jdn anstacheln *ou* aufhetzen zu.
exclamation [ɛksklamɑsjɔ̃] *nf* Ausruf *m*.
exclamer [ɛksklame]: **s'~** *vi* rufen.
exclure [ɛksklyʀ] *vt* ausschließen; *(faire sortir)* hinausweisen.
exclusif, ive *a* exklusiv; *(intérêt, mission)* ausschließlich; **exclusion** *nf*: **à l'exclusion de** mit Ausnahme von; **exclusivement** *ad* ausschließlich; **exclusivité** *nf (COMM)* Alleinvertrieb *m*; **en exclusivité** Exklusiv-.
excommunier [ɛkskɔmynje] *vt* exkommunizieren.
excréments [ɛkskʀemɑ̃] *nmpl* Exkremente *pl*.
excroissance [ɛkskʀwasɑ̃s] *nf* Wucherung *f*.
excursion [ɛkskyʀsjɔ̃] *nf* Ausflug *m*.
excuse [ɛkskyz] *nf* Entschuldigung *f*; *(prétexte)* Ausrede *f*.
excuser [ɛkskyze] *vt* entschuldigen; **s'~** *vi* sich entschuldigen; **excusez-moi** Entschuldigung!
exécrable [ɛgzekʀabl(ə)] *a* scheußlich.
exécrer [ɛgzekʀe] *vt* verabscheuen.
exécuter [ɛgzekyte] *vt (prisonnier)* hinrichten; *(ordre, mission)* ausführen; *(opération, mouvement)* durch-

führen; (*MUS:* *jouer)* vortragen; **s'~** *vi* einwilligen; **exécutif, ive** *a* exekutiv // *nm* Exekutive *f;* **exécution** *nf* Hinrichtung *f;* Ausführung *f;* Durchführung *f;* **mettre à exécution** ausführen.
exemplaire [ɛgzɑ̃plɛʀ] *a* vorbildlich, beispielhaft; *(châtiment)* exemplarisch // *nm* Exemplar *nt.*
exemple [ɛgzɑ̃pl(ə)] *nm* Beispiel *nt;* **par ~** zum Beispiel; **prendre ~ sur** sich *(dat)* ein Beispiel nehmen an *(+dat);* **à l'~ de** genau wie.
exempt, e [ɛgzɑ̃, ɑ̃t] *a:* **~ de** befreit von; *(sans)* frei von.
exempter [ɛgzɑ̃te] *vt:* **~ de** befreien von.
exercer [ɛgzɛʀse] *vt* ausüben; *(faculté, partie du corps)* üben, trainieren; **s'~** *(sportif, musicien)* üben; *(pression etc)* sich auswirken.
exercice [ɛgzɛʀsis] *nm* Übung *f;* *(COMM)* Geschäftsjahr *nt;* *(activité sportive, physique)* Bewegung *f;* **en ~** im Amt.
exhaler [ɛgzale] *vt* ausströmen.
exhaustif, ive [ɛgzostif, iv] *a* erschöpfend.
exhiber [ɛgzibe] *vt* vorzeigen; **s'~** sich zur Schau stellen.
exhorter [ɛgzɔʀte] *vt* eindringlich bitten.
exhumer [ɛgzyme] *vt* ausgraben.
exigeant, e [ɛgziʒɑ̃, ɑ̃t] *a* anspruchsvoll.
exigence [ɛgziʒɑ̃s] *nf* Forderung *f.*
exiger [ɛgziʒe] *vt* fordern; *(sujet: chose)* erfordern, verlangen.
exigu, uë [ɛgzigy] *a (lieu)* eng.
exil [ɛgzil] *nm* Exil *nt;* **~er** *vt* verbannen; **s'~er** ins Exil gehen.
existence [ɛgzistɑ̃s] *nf* Existenz *f;* *(vie)* Leben *nt,* Dasein *nt.*
exister [ɛgziste] *vi (vivre)* existieren, bestehen; **il existe** es gibt.
exode [ɛgzɔd] *nm* Exodus *m.*
exonérer [ɛgzɔneʀe] *vt:* **~ de** befreien von.
exorbitant, e [ɛgzɔʀbitɑ̃, ɑ̃t] *a* astronomisch.
exorbité, e [ɛgzɔʀbite] *a:* **yeux ~s** Glotzaugen *pl.*
exorciser [ɛgzɔʀsize] *vt* exorzieren.
exotique [ɛgzɔtik] *a* exotisch.
expansif, ive [ɛkspɑ̃sif, iv] *a* mitteilsam.
expatrier [ɛkspatʀije] *vt (argent)* ins Ausland überführen; **s'~** ins Ausland gehen.
expectative [ɛkspɛktativ] *nf:* **être dans l'~** abwarten.
expectorer [ɛkspɛktɔʀe] *vi* ausspeien.
expédient [ɛkspedjɑ̃] *nm:* **vivre d'~s** sich schlau durchs Leben schlagen.
expédier [ɛkspedje] *vt* abschicken; *(troupes)* entsenden; *(pej: travail etc)* hinhauen; **expéditeur, trice** *nm/f* Absender(in *f*) *m.*
expéditif, ive [ɛkspeditif, iv] *a* schnell, prompt.
expédition [ɛkspedisjɔ̃] *nf* Abschicken *nt;* *(voyage)* Expedition *f.*
expérience [ɛkspeʀjɑ̃s] *nf* Erfahrung *f;* *(scientifique)* Experiment *nt.*
expérimenter [ɛkspeʀimɑ̃te] *vt* erproben.
expert, e [ɛkspɛʀ, ɛʀt(ə)] *a:* **être ~ en** gut Bescheid wissen über *(+akk)* // *nm* Experte *m,* Expertin *f;* **~-comptable** *nm* Wirtschaftsprüfer (in *f*) *m;* **expertise** *nf* Gutachten *nt;* **expertiser** *vt* *(objet de valeur)* schätzen; *(voiture accidentée etc)* die Schadenshöhe *(+gen)* festsetzen.
expier [ɛkspje] *vt* sühnen.
expirer [ɛkspiʀe] *vi* *(venir à échéance)* ablaufen; *(respirer)* ausatmen; *(mourir)* verscheiden.
explication [ɛksplikasjɔ̃] *nf* Erklärung *f,* Rechtfertigung *f;* *(discussion)* Aussprache *f;* **~ de texte** *(SCOL)* Textanalyse *f.*
explicite [ɛksplisit] *a* ausdrücklich.
expliquer [ɛksplike] *vt* erklären; *(justifier)* rechtfertigen; **s'~** *(se comprendre)* verständlich sein; *(discuter)* sich aussprechen; *(fam: se disputer)* seine Streitigkeiten regeln.
exploit [ɛksplwa] *nm* große Tat *f;* Leistung *f.*
exploitation [ɛksplwatasjɔ̃] *nf* Ausbeutung *f;* Bewirtschaftung *f;* ~

agricole landwirtschaftlicher Betrieb *m.*
exploiter [ɛksplwate] *vt (mine; pej)* ausbeuten; *(entreprise, ferme)* betreiben; *(dons, faiblesse)* ausnützen.
explorer [ɛksplɔʀe] *vt* erforschen.
exploser [ɛksploze] *vi* explodieren; *(joie, colère)* ausbrechen; **explosif, ive** *a* explosiv // *nm* Sprengstoff *m.*
exportateur, trice [ɛkspɔʀtatœʀ, tʀis] *a* Export-.
exportation [ɛkspɔʀtɑsjɔ̃] *nf* Export *m.*
exporter [ɛkspɔʀte] *vt* exportieren.
exposant [ɛkspozɑ̃] *nm* Aussteller *m; (MATH)* Exponent *m.*
exposé, e [ɛkspoze] *a:* **être ~ au sud** nach Süden gehen // *nm* Exposé *nt.*
exposer [ɛkspoze] *vt* ausstellen; *(décrire)* darlegen; **~ qn/qch à** jdn/etw aussetzen *(+dat)*; **exposition** *nf* Ausstellung *f; (PHOT)* Belichtung *f.*
exprès [ɛkspʀɛ] *ad* absichtlich.
exprès, esse [ɛkspʀɛs] *a* ausdrücklich // *a inv* **lettre/colis ~** Expreßbrief *m*/-päckchen *nt* // *ad* per Eilboten.
express [ɛkspʀɛs] *a, nm:* **(café) ~** Espresso *m;* **(train) ~** Expreßzug *m.*
expressément [ɛkspʀesemɑ̃] *ad* ausdrücklich.
expressif, ive [ɛkspʀesif, iv] *a* ausdrucksvoll.
expression [ɛkspʀɛsjɔ̃] *nf* Ausdruck *m.*
exprimer [ɛkspʀime] *vt* ausdrücken; *(jus, liquide)* herausdrücken; **s'~** *vi* sich ausdrücken.
exproprier [ɛkspʀɔpʀije] *vt* enteignen.
expulser [ɛkspylse] *vt* verweisen; *(locataire)* ausweisen; **expulsion** *nf* Ausweisung *f.*
expurger [ɛkspyʀʒe] *vt* zensieren.
exquis, e [ɛkski, iz] *a* exquisit.
exsangue [ɛksɑ̃g] *a* blutleer.
extase [ɛkstɑz] *nf* Ekstase *f;* **s'extasier sur** in Ekstase geraten über *(+akk).*
extenseur [ɛkstɑ̃sœʀ] *nm (SPORT)* Expander *m.*
extensible [ɛkstɑ̃sibl(ə)] *a* ausziehbar.
extensif, ive [ɛkstɑ̃sif, iv] *a* extensiv.
extension [ɛkstɑ̃sjɔ̃] *nf* Strecken *nt; (fig)* Expansion *f.*
exténuer [ɛkstenɥe] *vt* erschöpfen.
extérieur, e [ɛksteʀjœʀ] *a* äußere(r, s); *(commerce, escalier)* Außen-; *(calme, gaieté etc)* äußerlich // *nm (d'une maison, d'un récipient etc)* Außenseite *f; (d'un pays):* **l'~** die Außenwelt; **à l'~** *(dehors)* außen;
extérioriser *vt* nach außen zeigen.
exterminer [ɛkstɛʀmine] *vt* ausrotten.
externat [ɛkstɛʀna] *nm* Tagesschule *f.*
externe [ɛkstɛʀn(ə)] *a* extern.
extincteur [ɛkstɛ̃ktœʀ] *nm* Feuerlöscher *m.*
extinction [ɛkstɛ̃ksjɔ̃] *nf (d'une race)* Aussterben *nt;* **~ de voix** Stimmverlust *m.*
extirper [ɛkstiʀpe] *vt (tumeur)* entfernen; *(plante)* ausreißen.
extorquer [ɛkstɔʀke] *vt:* **~ qch à qn** etw von jdm erpressen.
extra [ɛkstʀa] *a inv* erstklassig // *nm inv* Aushilfe *f.*
extraction [ɛkstʀaksjɔ̃] *nf (voir* **extraire***)* Gewinnung *f;* Ziehen *nt.*
extradition [ɛkstʀadisjɔ̃] *nf* Auslieferung *f.*
extraire [ɛkstʀɛʀ] *vt (minerai)* gewinnen; *(dent, MATH: racine)* ziehen; *(corps étranger, citation):* **~ qch de** etw herausziehen aus.
extrait [ɛkstʀɛ] *nm (de plante)* Extrakt *m; (de film, livre)* Auszug *m.*
extraordinaire [ɛkstʀ(a)ɔʀdinɛʀ] *a* außergewöhnlich; *(mission, assemblée)* Sonder-.
extravagant, e [ɛkstʀavagɑ̃, ɑ̃t] *a* extravagant.
extraverti, e [ɛkstʀavɛʀti] *a* extrovertiert.
extrême [ɛkstʀɛm] *a (chaleur)* extrem; *(limite)* äußerste(r, s); *(solution, opinions)* maßlos // *nm:* Extrem *nt;* **~-onction** *nf* letzte Ölung *f;*

extrémiste *nm/f* Extremist(in *f*) *m*.
extrémité [ɛkstʀemite] *nf* äußerstes Ende *nt*; *(situation, geste désespéré)* äußerste Not *f*; **~s** *nfpl (pieds et mains)* Extremitäten *pl*.
exubérant, e [ɛgzybeʀɑ̃, ɑ̃t] *a* überschwenglich.
exulter [ɛgzylte] *vi* frohlocken.
ex-voto [ɛksvɔto] *nm* Votivbild *nt*.

F

fa [fɑ] *nm inv* F *nt*.
fable [fɑbl(ə)] *nf* Fabel *f*.
fabricant(e) [fabʀikɑ̃] *nm/f* Hersteller(in *f*) *m*.
fabrication [fabʀikɑsjɔ̃] *nf* Herstellung *f*, Bau *m*; Erfindung *f*.
fabrique [fabʀik] *nf* Fabrik *f*.
fabriquer [fabʀike] *vt (produire)* herstellen; *(inventer)* erfinden.
fabuleux, euse [fabylø, øz] *a* legendär; *(incroyable)* märchenhaft.
façade [fasad] *nf* Fassade *f*.
face [fas] *nf (visage)* Gesicht *nt*; *(d'un objet)* Seite *f*; **en ~ de** *prep* gegenüber (+ *dat*); *(fig)* vor (+*dat*); **de ~** *ad* von vorn; **~ à** *prep* gegenüber (+ *dat*); *(fig)* angesichts (+ *gen*); **faire ~ à** gegenüberstehen (+ *dat*); *(une obligation)* nachkommen (+ *dat*); **~ à ~** *ad* einander gegenüber.
facette [fasɛt] *nf* Facette *f*; *(fig)* Seite *f*.
fâché, e [fɑʃe] *a* böse, verärgert.
fâcher [fɑʃe] *vt* ärgern; **se ~** *vi* sich ärgern; **se ~ avec qn** *(se brouiller)* sich mit jdm überwerfen.
fâcheux, euse [fɑʃø, øz] *a* ärgerlich; *(regrettable)* bedauerlich.
facial, e, aux [fasjal, o] *a* Gesichts-.
facile [fasil] *a* leicht; *(littérature)* oberflächlich; *(effets)* billig; **~ à faire** leicht zu machen; **~ment** *ad* leicht; **facilité** *nf* Leichtigkeit *f*; *(dons)* Talent *nt*; **facilités de crédit/paiement** günstige Kredit/Zahlungsbedingungen; **faciliter** *vt* erleichtern.
façon [fasɔ̃] *nf (manière)* Art *f*, Weise *f*; *(d'un vêtement: exécution)* Verarbeitung *f*; *(: coupe)* Schnitt *m*; **~s** *nfpl (pej)* Umstände *pl*; **de quelle ~ l'a-t-il fait?** auf welche Art und Weise hat er es getan?; **d'une autre ~** anders; **de ~ agréable/aggressive** angenehm/aggressiv; **de ~ à faire qch/à ce que** um etw zu tun/so daß; **de telle ~ que** so, daß; **à la ~ de** nach Art (+ *gen*); **de toute ~** auf jeden Fall.
façonner [fasɔne] *vt (fabriquer)* herstellen; *(travailler)* bearbeiten; *(fig)* formen.
facteur, trice [faktœʀ, tʀis] *nm/f (postier)* Briefträger(in *f*) *m* // *nm (MATH, fig)* Faktor *m*; **~ de pianos/d'orgues** Klavier-/Orgelbauer *m*.
factice [faktis] *a* künstlich, nachgemacht; *(situation, sourire)* gekünstelt, unnatürlich.
faction [faksjɔ̃] *nf (groupe)* Splittergruppe *f*; *(garde)* Wache *f*.
facture [faktyʀ] *nf* Rechnung *f*; *(d'un artisan, artiste)* Stil *m*.
facturer [faktyʀe] *vt* berechnen.
facultatif, ive [fakyltatif, iv] *a* freiwillig.
faculté [fakylte] *nf (possibilité)* Vermögen *nt*; *(intellectuelle)* Fähigkeit *f*; *(SCOL)* Fakultät *f*.
fade [fad] *a* fad.
fading [fadiŋ] *nm (RADIO)* Ausblenden *nt*.
fagot [fago] *nm (de bois)* Reisigbündel *nt*.
faible [fɛbl(ə)] *a* schwach; *(sans volonté)* willensschwach // *nm*: **le ~ de qn/qch** die schwache Stelle von jdm/etw; **avoir un ~ pour qn/qch** eine Schwäche für jdn/etw haben; **faiblesse** *nf* Schwäche *f*; **faiblir** *vi (diminuer)* schwächer werden.
faïence [fajɑ̃s] *nf* Keramik *f*.
faille [faj] *nf* Bruch *m*; Spalte *f*; *(fig)* schwache Stelle *f*.
faillible [fajibl(ə)] *a* fehlbar.
faim [fɛ̃] *nf* Hunger *m*; **la ~** die Hungersnot; **avoir ~** Hunger haben; **rester sur sa ~** *(fig)* unbefriedigt bleiben.
fainéant, e [feneɑ̃, ɑ̃t] *nm/f* Faulenzer(in *f*) *m*.

faire [fɛʀ] *vt* machen; *(fabriquer)* herstellen; *(AGR: produire)* erzeugen; *(discours)* halten; *(former, constituer)* darstellen, sein // *vb substitut:* **ne le casse pas comme je l'ai fait** zerbrich es nicht so wie ich; **je viens de le** ~ ich habe es soeben getan // *vb impers voir* **jour, froid** *etc;* **ça fait 2 ans/heures que ...** es ist 2 Jahre/Stunden her, daß ...; ~ **des dégâts** Schaden anrichten; ~ **la cuisine** kochen; ~ **du ski/rugby** Ski laufen/Rugby spielen; ~ **du violon/piano** Geige/Klavier spielen; ~ **le malade/l'ignorant** den Kranken/Unwissenden spielen; ~ **du diabète** zuckerkrank sein, Diabetes haben; ~ **les magasins** einen Einkaufsbummel machen; ~ **l'Europe centrale** Mitteleuropa bereisen; **fait à la main** Handarbeit; **cela ne me fait rien** das ist mir egal; **cela ne fait rien** das macht nichts; **je vous le fais 10 F** ich gebe es Ihnen für 10F; **qu'allons-nous ~, dans ce cas?** was sollen wir in diesem Fall tun?; **que ~?** was tun?; **2 et 2 font 4** 2 und 2 sind 4; **9 divisé par 3 fait 3;** 9 geteilt durch 3 ist 3; **n'avoir que ~ de qch** sich nicht um etw sorgen; **vraiment? fit-il** wirklich? sagte er; **faites!** bitte!; **il ne fait que critiquer** er kritisiert immer nur; ~ **vieux/démodé** alt/altmodisch aussehen; ~ **réparer/vérifier qch** etw richten/überprüfen lassen; **cela fait tomber la fièvre/dormir** das bringt das Fieber zum Sinken/fördert den Schlaf; **cela a fait tomber le tableau/trembler les murs** das hat das Bild herunterfallen/die Mauern erzittern lassen; **il m'a fait ouvrir la porte** er hat mich gezwungen, die Tür zu öffnen; **il m'a fait traverser la rue** er war mir beim Überqueren der Straße behilflich; ~ **chauffer de l'eau** Wasser aufsetzen; ~ **démarrer un moteur** einen Motor anlassen; **je vais me ~ punir/gronder** ich werde bestraft/ausgeschimpft werden; **il va se ~ tuer/renverser** er wird noch umkommen/überfahren werden; **se ~ faire un vêtement** sich etwas zum Anziehen machen lassen; **se ~** *vi (fromage, vin)* reifen; **se ~ à qch** *(s'habituer)* sich an etw *(akk)* gewöhnen; **cela se fait beaucoup/ne se fait pas** das kommt häufig vor/macht man nicht; **comment se fait-il que ...** wie kommt es, daß ...; **se ~ vieux** alt werden; **se ~ des amis** Freunde gewinnen; **il ne s'en fait pas** er macht sich keine Sorgen.

faisable [fəzabl(ə)] *a* machbar.

faisan, e [fəzɑ̃, ən] *nm/f* Fasan *m.*

faisandé, e [fəzɑ̃de] *a* abgehangen; *(fig)* verdorben.

faisceau [fɛso] *nm* Bündel *nt; (de lumière)* Strahl *m.*

fait [fɛ] *nm* Tatsache *f; (événement)* Ereignis *nt;* **le fait de lire/boire** das Lesen/Trinken; **être le ~ de** *(typique de)* typisch sein für *(+ akk); (causé par)* verursacht sein von *(+ dat);* **être au ~ de** Beischeid wissen über *(+ akk);* **au ~** *(à propos)* im übrigen; **aller droit au ~** sofort zur Sache kommen; **de ~** *a, ad* tatsächlich; **du ~ que/de** weil/wegen *(+ gen);* **de ce ~** somit; **en ~** tatsächlich; **en ~ de repas, il ne reçut qu'une tranche de pain** als Mahlzeit bekam er nur ein Stück Brot; **prendre ~ et cause pour qn** fur jdn Partei ergreifen; ~ **accompli** vollendete Tatsache; **~s divers** *pl (dans un journal)* Verschiedenes *nt.*

fait, e [fɛ, fɛt] *a (mûr)* reif; **être ~ pour** (wie) geschaffen sein für; **c'en est fait de lui/notre tranquillité** um ihn/unsere Ruhe ist es geschehen; **c'est bien fait pour lui** das geschieht ihm recht.

faîte [fɛt] *nm (d'arbre)* Wipfel *m; (du toit)* Giebel *m.*

fait-tout *nm inv,* **faitout** *nm* [fɛtu] grosser Kochtopf *m.*

falaise [falɛz] *nf* Klippe *f,* Kliff *nt.*

fallacieux, euse [falasjø, øz] *a* trügerisch.

falloir [falwaʀ] *vb impers (besoin):* **il va ~ 100 F** es werden 100 F nötig sein; **il doit ~ du temps pour faire cela** es muß Zeit kosten, das zu tun; **il me faut/faudrait 100 F/de l'aide** ich brauche/bräuchte 100 F/Hilfe; **il vous faut tourner à gauche après l'église** nach der Kirche müssen Sie links abbiegen; **nous avons ce qu'il (nous) faut** wir haben, was wir brauchen; *(obligation)*: **il faut absolument le faire/qu'il y aille** es muß unbedingt gemacht werden/ er muß unbedingt hingehen; **il a fallu que je parte** ich mußte weggehen; *(hypothèse)*: **il faut qu'il ait oublié/qu'il soit malade** er muß vergessen haben/krank sein; *(fatalité)*: **il a fallu qu'il l'apprenne** er hat es erfahren müssen; **il faut toujours qu'il s'en mêle** er muß sich immer einmischen; **s'en ~: il s'en faut/s'en est fallu de 5 minutes/100 F (pour que ...)** es fehlen/fehlten 5 Minuten/100 F (damit ...); **il s'en faut de beaucoup qu'elle soit riche** sie ist wahrhaftig nicht reich; **il s'en est fallu de peu que je devienne riche** beinahe wäre ich reich geworden; **... ou peut s'en faut** ... oder beinahe.

falot, e [falo, ɔt] *a (insignifiant)* unbedeutend // *nm (lanterne)* Laterne *f.*

falsifier [falsifje] *vt* (ver)fälschen.

famé, e [fame] *a*: **être mal ~** einen schlechten Ruf haben.

famélique [famelik] *a* ausgehungert, halbverhungert.

fameux, euse [famø, øz] *a* berühmt; *(bon)* ausgezeichnet; *(valeur intensive)* außergewöhnlich; *(pej)* berüchtigt.

familial, e, aux [familjal, o] *a* Familien- // *nf (AUT)* Kombiwagen *m.*

familiariser [familjaʀize] *vt*: **~ qn avec** jdn vertraut machen mit; **se ~ avec** vertraut werden mit.

familiarité [familjaʀite] *nf* Vertraulichkeit *f;* Ungezwungenheit *f;* plumpe Vertraulichkeit *f; (connaissance)*: **~ avec** Vertrautheit mit.

familier, ière [familje, jɛʀ] *a (connu)* vertraut; *(dénotant l'intimité)* vertraulich, ungezwungen; *(LING)* umgangssprachlich; *(impertinent)* plumpvertraulich // *nm* Freund(in *f*) *m,* Vertraute(r) *mf.*

famille [famij] *nf* Familie *f;* **avoir de la ~** Verwandte haben.

famine [famin] *nf* Hungersnot *f.*

fanal, aux [fanal, o] *nm (de bateau)* Schiffslaterne *f.*

fanatique [fanatik] *a* fanatisch // *nm/f* Fanatiker(in *f*) *m;* **~ du rugby/de la voile** Rugby-/Segelfan *m.*

faner [fane]: **se ~** *vi (fleur)* verwelken, verblühen; *(couleur, tissu)* verblassen.

faneur, euse [fanœʀ, øz] *nm/f* Heumacher(in *f*) *m.*

fanfare [fɑ̃faʀ] *nf (orchestre)* Blaskapelle *f; (morceau)* Fanfare *f.*

fanfaron, ne [fɑ̃faʀɔ̃, ɔn] *nm/f* Angeber(in *f*) *m.*

fange [fɑ̃ʒ] *nf* Schlamm *m,* Morast *m.*

fanion [fanjɔ̃] *nm* Wimpel *m.*

fantaisie [fɑ̃tezi] *nf (spontanéité)* Einfallsreichtum *m,* Spontaneität *f; (caprice)* Laune *f; (œuvre)* Phantasiestück *nt* // *a*: **bijou ~** Modeschmuck *m;* **agir selon sa ~** nach Lust und Laune handeln.

fantaisiste [fɑ̃tezist(ə)] *a (personne)* nicht ernst zu nehmen; *(solution)* unrealistisch // *nm (de music-hall)* Kabarettist(in *f*) *m.*

fantasme [fɑ̃tasm(ə)] *nm* Hirngespinst *nt.*

fantasque [fɑ̃task(ə)] *a* seltsam.

fantassin [fɑ̃tasɛ̃] *nm* Infanterist *m.*

fantastique [fɑ̃tastik] *a* phantastisch.

fantôme [fɑ̃tom] *nm* Gespenst *nt.*

faon [fɑ̃] *nm* Hirschkalb *nt,* Rehkitz *nt.*

farce [faʀs(ə)] *nf (hachis)* Füllung *f; (THEAT)* Possenspiel *nt; (blague)* Streich *m.*

farceur, euse [faʀsœʀ, øz] *nm/f* Spaßvogel *m.*

farcir [faʀsiʀ] *vt (CULIN)* füllen; *(fig)*: **~ qch de** etw spicken mit; **se ~** *vt*

(fam): **je me suis farci la vaisselle** man hat mir das Geschirr aufgehalst.
fard [faʀ] *nm* Schminke *f*.
fardeau [faʀdo] *nm* Last *f*.
farder [faʀde] *vt* schminken.
farfelu, e [faʀfəly] versponnen.
farfouiller [faʀfuje] *vi* (herum-) wühlen.
farine [faʀin] *nm* Mehl *nt*.
farineux, euse [faʀinø, øz] *a (sauce, pomme)* mehlig // *nmpl (catégorie d'aliments)* mehlhaltige Nahrungsmittel *pl*.
farouche [faʀuʃ] *a (timide)* scheu; *(brutal, indompté)* wild; *(volonté, haine, résistance)* stark, heftig.
fart [faʀ(t)] *nm* Skiwachs *nt*.
farter [faʀte] *vt* wachsen.
fascicule [fasikyl] *nm* Band *m*, Heft *nt*.
fasciner [fasine] *vt* faszinieren.
fascisme [fasism(ə)] *nm* Faschismus *m*.
fasciste [fasist(ə)] *a* faschistisch // *nm/f* Faschist(in *f*) *m*.
faste [fast(ə)] *nm* Pracht *f*; *a*: **jour faste** Glückstag *m*.
fastidieux, euse [fastidjø, øz] *a* langweilig.
fastueux, euse [fastɥø, øz] *a* prunkvoll, prachtvoll.
fat [fa(t)] *am* selbstgefällig.
fatal, e [fatal] *a* tödlich; *(erreur)* fatal; *(inévitable)* unvermeidbar.
fatalité [fatalite] *nf* Unglück, Verhängnis *nt*, Schicksal *nt*.
fatidique [fatidik] *a* schicksalhaft.
fatigue [fatig] *nf* Müdigkeit *f*.
fatiguer [fatige] *vt* müde machen, ermüden; *(moteur, pièce etc)* überbeanspruchen; *(importuner)* belästigen // *vi (moteur)* überbelastet sein; **se** ~ *vi (personne)* ermüden, müde werden.
fatras [fatʀa] *nm* Durcheinander *nt*.
fatuité [fatɥite] *nf* Selbstgefälligkeit *f*; Einbildung *f*.
faubourg [fobuʀ] *nm* Vorstadt *f*.
fauché, e [foʃe] *a (fam)* abgebrannt, blank.
faucher [foʃe] *vt (AGR)* mähen; *(sujet: véhicule etc)* niedermähen.
faucheur, euse [foʃœʀ, øz] *nm/f* Mäher(in *f*) *m*, Schnitter(in *f*) *m* // *nf (TECH)* Mähmaschine *f*.
faucille [fosij] *nf* Sichel *f*.
faucon [fokɔ̃] *nm (ZOOL)* Falke *m*.
faufiler [fofile] *vt* heften; **se** ~ *vi*: **se** ~ **dans/parmi/entre** sich einschleichen in (+ *akk*), hindurchschlüpfen durch (+ *akk*).
faune [fon] *nf* Fauna *f*, Tierwelt *f*; *(fig)* Leute *pl* // *nm* Faun *m*.
faussaire [fosɛʀ] *nm* Fälscher(in *f*) *m*.
faussement [fosmɑ̃] *ad* fälschlich.
fausser [fose] *vt (serrure, objet)* verbiegen; *(résultat, données)* (ver)fälschen.
fausseté [foste] *nf* Falschheit *f*.
faut [fo] *voir* **falloir.**
faute [fot] *nf (erreur)* Fehler *m*; *(manquement)* Verstoß *m (contre* gegen); **par sa** ~**, nous ...** er ist schuld daran, daß wir ...; **c'est (de) sa/ma** ~ das ist seine/meine Schuld; **prendre qn en** ~ jdn ertappen; ~ **de temps/d'argent** mangels *ou* aus Mangel an Zeit/Geld; **sans** ~ *ad* ganz bestimmt; ~ **d'orthographe/ de frappe** Rechtschreib-/ Tippfehler *m*; ~ **de goût** Geschmacksverirrung *f*; ~ **professionnelle** berufliches Fehlverhalten *nt*.
fauteuil [fotœj] *nm (de salon)* Sessel *m*; ~ **d'orchestre** Sperrsitz *m*.
fauteur [fotœʀ] *nm*: ~ **de troubles** Unruhestifter(in *f*) *m*.
fautif, ive [fotif, iv] *a (incorrect)* fehlerhaft; *(responsable)* schuldig.
fauve [fov] *nm* Raubkatze *f* // *a (couleur)* rehbraun.
fauvette [fovɛt] *nf* Grasmücke *f*.
faux [fo] *nf (AGR)* Sense *f*.
faux, fausse [fo, fos] *a* falsch; *(falsifié)* gefälscht; *(piano)* verstimmt; *(voix)* unrein // *ad (MUS)*: **jouer/chanter** ~ falsch spielen/ singen // *nm (copie)* Fälschung *f*; *(opposé au vrai)*: **le** ~ die Unwahrheit; **faire** ~ **bond à qn** jdn versetzen; ~ **col** abnehmbarer

Kragen; ~ **frais** Nebenausgaben *pl;* ~ **pas** Stolpern *nt; (fig)* Fauxpas *m;* **fausse clé** Dietrich *m;* **fausse couche** Fehlgeburt *f.*
faux-filet [fofilɛ] *nm (CULIN)* Lendenstück *nt.*
faux-fuyant [fofyijɑ̃] *nm (fig)* Ausflucht *f.*
faux-monnayeur [fomɔnɛjœʀ] *nm* Falschmünzer(in *f*) *m.*
faveur [favœʀ] *nf* Gunst; *(service)* Gefallen *m; (ruban)* schmales Band *nt;* **avoir la ~ de qn** sich jds Gunst erfreuen; **régime/traitement de ~** Bevorzugung *f;* **demander une ~ (à qn)** (jdn) um einen Gefallen bitten; **en ~ de qn/qch** zugunsten jds/einer Sache.
favorable [favɔʀabl(ə)] *a (propice)* günstig; *(bien disposé)* wohlwollend; **être ~ à qch/qn** einer Sache/jdm geneigt sein.
favori, te [favɔʀi, it] *a* Lieblings- // *nm (SPORT)* Favorit(in *f*) *m;* **~s** *nmpl (barbe)* Koteletten *pl.*
favoriser [favɔʀize] *vt (personne)* bevorzugen; *(activité)* fördern; *(chance, événements)* begünstigen.
favoritisme [favɔʀitism(ə)] *nm* Günstlingswirtschaft *f.*
fébrile [febʀil] *a (activité)* fieberhaft; *(personne)* aufgeregt.
fécond, e [fekɔ̃, ɔ̃d] *a* fruchtbar; *(imagination)* überschäumend; *(auteur)* produktiv; **féconder** *vt* befruchten; **fécondité** *nf* Fruchtbarkeit *f;* Produktivität *f.*
fécule [fekyl] *nf (CULIN)* Stärke *f.*
fédéral, e, aux [fedeʀal, o] *a* Bundes-.
fédération [fedeʀɑsjɔ̃] *nf* Verband *m; (POL)* Staatenbund *m.*
fée [fe] *nf* Fee *f.*
féerique [fe(e)ʀik] *a* zauberhaft.
feindre [fɛ̃dʀ(ə)] *vt (simuler)* vortäuschen // *vi:* ~ **de faire qch** vorgeben/vortäuschen, etw zu machen.
feint, e [fɛ̃, fɛ̃t] *pp de* **feindre** // *nf* Finte *f.*
fêler [fele] *vt (verre, assiette)* einen Sprung machen in (+ *akk).*
félicitations [felisitɑsjɔ̃] *nfpl* Glückwünsche *pl.*
féliciter [felisite] *vt* beglückwünschen, gratulieren (+ *dat);* ~ **qn de qch** jdm gratulieren *ou* jdn beglückwünschen zu etw; **se ~ de qch/d'avoir fait qch** froh sein über etw *(akk)*/,etw getan zu haben.
félin, e [felɛ̃, in] *a* Katzen-, katzenhaft // *nm (ZOOL)* Katze *f,* Raubkatze *f.*
fêlure [felyʀ] *nf (de vase, verre)* Sprung *m; (d'un os)* Knacks *m.*
femelle [fəmɛl] *nf (d'animal)* Weibchen *nt* // *a* weiblich; *(ELEC)*: **prise** ~ Steckdose *f.*
féminin, e [feminɛ̃, in] *a (équipe, vêtements etc)* Frauen-; weiblich // *nm (LING)* Femininum *nt.*
féministe [feminist(ə)] *a* feministisch // *nf* Feministin *f.*
féminité [feminite] *nf* Weiblichkeit *f.*
femme [fam] *nf* Frau *f;* ~ **de chambre** Zimmermädchen *nt;* ~ **de ménage** Putzfrau *f.*
fémur [femyʀ] *nm (ANAT)* Oberschenkelknochen *m.*
fendre [fɑ̃dʀ(ə)] *vt* spalten; *(foule)* sich einen Weg bahnen durch; *(flots)* durchpflügen; **se** ~ *vi (objet)* bersten, zerspringen.
fendu, e [fɑ̃dy] *pp de* **fendre** // *a (sol, mur)* rissig.
fenêtre [f(ə)nɛtʀ(ə)] *nf* Fenster *nt.*
fenouil [fənuj] *nm* Fenchel *m.*
fente [fɑ̃t] *nf (fissure)* Riß *m,* Sprung *m,* Spalt *m; (ménagée intentionnellement)* Schlitz *m.*
féodal, e, aux [feɔdal, o] *a* Lehens-.
fer [fɛʀ] *nm* Eisen *nt;* **~s** *nmpl:* **mettre aux ~s** in Ketten legen; **de** *ou* **en** ~ eisern; ~ **forgé** Schmiedeeisen *nt;* ~ *(à repasser)* Bügeleisen *nt;* ~ **à cheval** Hufeisen *nt;* **en ~ à cheval** hufeisenförmig; ~ **à souder** Lötkolben *m.*
fer-blanc [fɛʀblɑ̃] *nm* Blech *nt;* **ferblanterie** *nf* Klempnerei *f;* **ferblantier** *nm* Klempner *m,* Spengler *m.*
férié, e [feʀje] *a:* **jour** ~ Feiertag *m.*
férir [feʀiʀ]: **sans coup ~** *ad* ohne

Widerstand, widerstandslos.

ferme [fɛʀm(ə)] *a* fest; *(personne)* entschieden; standhaft // *ad:* **travailler/discuter** ~ hart arbeiten/heftig diskutieren; **acheter/vendre** ~ fest kaufen/verkaufen // *nf* Bauernhof *m; (maison)* Bauernhaus *nt.*

fermé, e [fɛʀme] *a* geschlossen; *(personne, visage)* verschlossen.

fermement [fɛʀməmɑ̃] *ad* fest; bestimmt, entschieden.

fermentation [fɛʀmɑ̃tɑsjɔ̃] *nf* Gärung *f.*

fermenter [fɛʀmɑ̃te] *vi* gären.

fermer [fɛʀme] *vt* schließen, zumachen; *(cesser l'exploitation)* stillegen; *(eau, robinet)* zudrehen; *(électricité, radio)* abschalten; *(aéroport, route)* sperren // *vi (porte, valise)* zugehen; *(entreprise)* schließen; ~ **les yeux sur qch** die Augen vor etw *(dat)* verschließen; **se** ~ *vi* sich schließen.

fermeté [fɛʀməte] *nf* Festigkeit *f;* Entschiedenheit *f.*

fermeture [fɛʀmətyʀ] *nf* Schließen *nt;* Stillegung *f; (d'une entreprise)* Schließung *f; (serrure, bouton)* Verschluß *m;* **jour de** ~ Ruhetag *m;* **heure de** ~ Geschäftsschluß *m;* ~ **éclair** *ou* **à glissière** Reißverschluß *m.*

fermier, ière [fɛʀmje, jɛʀ] *nm/f (locataire)* Pächter(in *f*) *m; (propriétaire)* Bauer *m*, Bäuerin *f*, Landwirt(in *f*) *m.*

fermoir [fɛʀmwaʀ] *nm* Verschluß *m*, Schließe *f.*

féroce [feʀɔs] *a (animal)* wild; *(guerrier)* unbarmherzig, grausam; *(appétit, désir)* unbändig.

férocité [feʀɔsite] *nf* Wildheit *f;* Grausamkeit *f.*

ferraille [fɛʀɑj] *nf* Schrott *m*, Alteisen *nt;* **mettre à la** ~ verschrotten.

ferré, e [fɛʀe] *a (souliers)* genagelt; *(bout)* mit Eisen beschlagen; *(savant):* ~ **en** beschlagen *ou* bewandert in (+ *dat*).

ferrer [fɛʀe] *vt (cheval)* beschlagen; *(chaussure)* nageln.

ferreux, euse [fɛʀø] *a* eisenhaltig.

ferronnerie [fɛʀɔnʀi] *nf (objets)* Schmiedeeisen *nt;* ~ **d'art** Kunstschmiedearbeit *f.*

ferroviaire [fɛʀɔvjɛʀ] *a* Eisenbahn.

ferrugineux, euse [fɛʀyʒinø, øz] *a* eisenhaltig.

ferrure [fɛʀyʀ] *nf (objet)* Eisenbeschlag *m.*

ferry-boat [fɛʀebot] *nm* Eisenbahnfähre *f.*

fertile [fɛʀtil] *a (terre)* fruchtbar; ~ **en incidents** ereignisreich; **fertiliser** *vt (terre)* düngen; **fertilité** *nf* Fruchtbarkeit *f.*

féru, e [feʀy] *a:* ~ **de** begeistert von.

férule [feʀyl] *nf:* **être sous la** ~ **de qn** unter jds Fuchtel stehen.

fervent, e [fɛʀvɑ̃, ɑ̃t] *a (prière)* inbrünstig; *(admirateur)* glühend.

ferveur [fɛʀvœʀ] *nf* Inbrunst *f;* Glut *f*, Eifer *m.*

fesse [fɛs] *nf* Hinterbacke *f;* **les** ~**s** das Hinterteil.

fessée [fese] *nf* Schläge *pl* (auf den Hintern).

festin [fɛstɛ̃] *nm* Festmahl *nt.*

festival [fɛstival] *nm* Festival *nt; (classique)* Festspiele *pl.*

festivités [fɛstivite] *nfpl* Festlichkeiten *pl.*

festoyer [fɛstwaje] *vi* schmausen.

fêtard [fɛtaʀ] *nm* Lebemann *m.*

fête [fɛt] *nf (publique)* Feiertag *m*, Festtag *m; (en famille)* Feier *f*, Fest *nt; (d'une personne)* Namenstag *m;* **faire la** ~ in Saus und Braus leben; **faire** ~ **à qn** jdn herzlich empfangen; **jour de** ~ Festtag *m*, Feiertag *m;* **les** ~**s** *(Noël et Nouvel An)* die Feiertage *pl;* **salle/comité des** ~**s** Festsaal *m*/komitee *nt;* ~ **foraine** Jahrmarkt *m*, Volksfest *nt;* ~ **mobile** beweglicher Feiertag; **la F**~ **Nationale** der Nationalfeiertag.

Fête-Dieu [fɛtdjø] *nf* Fronleichnam *m.*

fêter [fete] *vt* feiern.

fétide [fetid] *a (odeur, haleine)* übelriechend.

fétu [fety] *nm:* ~ **de paille** Strohhalm *m*.

feu [fø] *a inv* verstorben.

feu, feux [fø] *nm* Feuer *nt; (NAVIG)* Leuchtfeuer *nt; (de voiture)* Scheinwerfer *m; (de circulation)* Ampel *f; (ardeur)* Begeisterung *f; (sensation de brûlure)* Brennen *nt;* ~**x** *nmpl (éclat)* Licht *nt;* ~ **rouge/vert** rotes/grünes Licht; **tous ~x éteints** (*NAVIG, AUT*) ohne Licht; **s'arrêter aux ~x** *ou* **au ~ rouge** an der Ampel anhalten; **à ~ doux/vif** (*CULIN*) bei schwacher/starker Hitze; **à petit ~** (*CULIN*) auf kleiner Flamme; *(fig)* langsam; **faire ~** *(avec arme)* feuern; **prendre ~** Feuer fangen; **mettre le ~ à qch** etw in Brand stecken; **faire du ~** Feuer machen; **avez-vous du ~?** *(pour cigarette)* haben Sie Feuer?; ~ **arrière** (*AUT*) Rücklicht *nt;* ~**x de croisement** (*AUT*) Abblendlicht *nt;* ~ **de position** (*AUT*) Standlicht *nt;* ~ **de route** (*AUT*) Scheinwerfer *m;* ~**d'artifice** Feuerwerk *nt*.

feuillage [fœjaʒ] *nm (feuilles)* Blätter *pl*.

feuille [fœj] *nf (d'arbre)* Blatt *nt;* ~ **(de papier)** Blatt *nt* (Papier); ~ **d'or/de métal** Gold-/Metallblättchen *nt;* ~ **d'impôts** Steuerbescheid *m;* ~ **morte** welkes Blatt; ~ **de vigne** Weinblatt *nt; (sur statue)* Feigenblatt *nt;* ~ **volante** loses Blatt.

feuillet [fœjɛ] *nm* Blatt *nt*, Seite *f*.

feuilleté, e [fœjte] *a (CULIN)*: **pâte ~e** Blätterteig *m*.

feuilleter [fœjte] *vt* durchblättern.

feuilleton [fœjtɔ̃] *nm (dans un journal)* Fortsetzungsroman *m; (RADIO, TV)* Sendefolge *f; (partie)* Fortsetzung *f*.

feuillu, e [fœjy] *a* belaubt; **arbres ~s** Laubbäume *pl*.

feutre [føtʀ(ə)] *nm (matière)* Filz *m; (chapeau)* Filzhut *m;* **stylo-** ~ Filzstift *m*.

feutré, e [føtʀe] *a (tissu)* filzartig; *(après usure)* verfilzt; *(pas, voix, sons)* gedämpft.

feutrer [føtʀe] *vt (revêtir de feutre)* mit Filz auslegen; *(bruits)* dämpfen // *vi:* **se** ~ *(tissu)* verfilzen.

fève [fɛv] *nf* Bohne *f*.

février [fevʀije] *nm* Februar *m*.

fi [fi] *excl:* **faire ~ de** sich nicht scheren um (+ *akk*).

fiacre [fjakʀ(e)] *nm* Droschke *f*.

fiançailles [fjɑ̃saj] *nfpl (promesse)* Verlobung *f; (période)* Verlobungzeit *f*.

fiancé, e [fjɑ̃se] *nm/f* Verlobte(r) *mf* // *a:* **être ~ à** verlobt sein mit.

fiancer [fjɑ̃se]: **se** ~ *vi* sich verloben.

fibre [fibʀ(ə)] *nf* Faser *f;* ~ **de bois** Holzwolle *f; (fig)* Ader *f;* **avoir la ~ patriotique** eine militärische Ader haben; **avoir la ~ paternelle** der geborene Vater sein; ~ **de verre** Fiberglas *nt*.

fibreux, euse [fibʀø, øz] *a* faserig.

ficeler [fisle] *vt (paquet)* verschnüren; *(prisonnier)* fesseln.

ficelle [fisɛl] *nf* Schnur *f*, Bindfaden *m;* **de la ~** Kordel *f*.

fiche [fiʃ] *nf (pour fichier)* Karteikarte *f; (ELEC)* Stecker *m*.

ficher [fiʃe] *vt (planter)* einschlagen; *(fam: faire):* **il ne fiche rien** er macht *ou* tut nichts; *(: donner):* **cela me fiche la trouille** das macht mir Angst; *(: mettre):* **fiche-le dans un coin** schmeiß es in eine Ecke; **fiche(-moi) le camp!** *(fam)* hau ab!; **fiche-moi la paix!** *(fam)* laß mich in Ruhe *ou* Frieden!; **je m'en fiche** *(fam)* das ist mir egal; **tu te fiches de moi** *(fam)* du machst dich über mich lustig.

fichier [fiʃje] *nm* Kartei *f*.

fichu, e [fiʃy] *pp de* **ficher** // *a (fam: fini, inutilisable)* kaputt; *(: intensif):* ~ **temps/caractère** scheußliches Wetter/schwieriger Charakter // *nm (foulard)* Halstuch *nt;* **n'être pas ~ de faire qch** *(fam)* nicht imstande sein, etw zu tun; **être mal ~** *(fam: santé)* sich miserabel fühlen; *(: objet)* schlecht gemacht sein.

fictif, ive [fiktif, iv] *a* fiktiv, erfunden.

fiction [fiksjɔ̃] *nf* Fiktion *f*.

fidèle [fidɛl] *a* treu; *(précis)* zuver-

lässig, genau // *nm/f (REL)* Gläubige(r) *mf; (fig)* Getreue(r) *mf;* **être ~ à** treu sein (+ *dat*); *(parole donnée, habitudes)* festhalten an (+ *dat*).
fidélité [fidelite] *nf* Treue *f;* Zuverlässigkeit *f,* Genauigkeit *f.*
fiduciaire [fidysjɛʀ] *a* treuhänderisch.
fief [fjɛf] *nm (HIST)* Lehen *nt; (fig)* Spezialgebiet *nt; (POL)* Hochburg *f.*
fiel [fjɛl] *nm* Galle *f; (fig)* Bitterkeit *f.*
fiente [fjɑ̃t] *nf* Mist *m.*
fier, fière [fjɛʀ] *a* stolz *(de* auf + *akk);* **avoir fière allure** eine gute Figur machen.
fier [fje]: **se ~ à** *vt* vertrauen *ou* sich verlassen auf (+ *akk*).
fierté [fjɛʀte] *nf* Stolz *m.*
fièvre [fjɛvʀ(ə)] *nf* Fieber *nt.*
fiévreux, euse [fjevʀø, øz] *a* fiebrig; *(fig)* fieberhaft.
fifre [fifʀ(ə)] *nm (flûte)* Querpfeife *f.*
figer [fiʒe] *vt (sang)* gerinnen lassen; *(sauce)* dick werden lassen; *(personne)* erstarren lassen, lähmen; **se ~** *vi* gerinnen; dick werden; erstarren.
figue [fig] *nf (BOT)* Feige *f.*
figuier [figje] *nm* Feigenbaum *m.*
figurant, e [figyʀɑ̃, ɑ̃t] *nm/f* Statist(in *f*) *m.*
figuratif, ive [figyʀatif, iv] *a (ART)* gegenständlich.
figure [figyʀ] *nf (visage)* Gesicht *nt; (MATH, forme)* Figur *f; (illustration, dessin)* Abbildung *f; (aspect)* Aussehen *nt; (personnage)* Gestalt *f;* **se casser la ~** *(fam)* hinfallen.
figuré, e [figyʀe] *a (LING)* übertragen.
figurer [figyʀe] *vi (apparaître)* erscheinen // *vt (représenter)* darstellen; **se ~ qch/que** sich *(dat)* etw vorstellen/sich *(dat)* vorstellen daß.
fil [fil] *nm* Faden *m; (ELEC)* Leitung *f; (tranchant)* Schneide *f;* **aux ~ des heures/années** im Laufe der Stunden/Jahre; **au ~ de l'eau** mit dem Strom; **donner/recevoir un coup de ~** anrufen/angerufen werden; **~ de fer** (Eisen)draht *m;* **~ de fer barbelé** Stacheldraht *m;* **~ à plomb** Lot *nt;* Senkblei *nt;* **~ à pêche** Angelschnur *f;* **~ à coudre** Garn *nt,* Nähfaden *m.*
filament [filamɑ̃] *nm (ELEC)* Glühfaden *m; (de liquide)* Faden *m.*
filandreux, euse [filɑ̃dʀø, øz] *a (viande)* faserig.
filant, e [filɑ̃, ɑ̃t] *a:* **étoile ~e** Sternschnuppe *f.*
filasse [filas] *a inv* flachs- *ou* strohblond.
filature [filatyʀ] *nf (fabrique)* Spinnerei *f; (d'un suspect)* Beschattung *f.*
file [fil] *nf* Reihe *f,* Schlange *f;* **à la** *ou* **en ~ indienne** im Gänsemarsch *m;* **à la ~** *ad (d'affilée)* hintereinander.
filer [file] *vt (tissu, toile)* spinnen; *(NAVIG)* abwickeln, abrollen; *(prendre en filature)* beschatten; *(fam: donner)*: **~ qch à qn** jdm etw geben // *vi (aller vite)* flitzen; *(fam: partir)* sich aus dem Staub machen; **~ doux** spuren, sich fügen; **une maille qui file** eine Laufmasche; **il file un mauvais coton** es geht bergab mit ihm.
filet [filɛ] *nm* Netz *nt; (CULIN)* Filet *nt;* **~** *(à provisions)* Einkaufsnetz *nt; (de liquide)* Rinnsal *nt.*
filial, e, aux [filjal, o] *a* kindlich, Kindes- // *nf* Filiale *f.*
filiation [filjasjɔ̃] Abstammung *f; (fig)* Zusammenhänge *pl.*
filière [filjɛʀ] *nf:* **passer par la ~** den Dienstweg gehen; **suivre la ~** von der Pike auf dienen.
filiforme [filifɔʀm(ə)] *a* fadenförmig, dünn.
filigrane [filigʀan] *nm (dessin imprimé)* Wasserzeichen *nt;* **en ~** *(fig)* zwischen den Zeilen.
fille [fij] *nf (opposé à garçon)* Mädchen *nt; (opposé à fils)* Tochter *f;* **vieille ~** (alte)Jungfer *f;* **petite ~** Enkelin *f;* **jouer la ~ de l'air** sich verdrücken; **~ mère** unverheiratete *ou* ledige Mutter.
fillette [fijɛt] *nf* kleines Mädchen *nt.*
filleul, e [fijœl] *nm/f* Patenkind *nt.*
film [film] *nm* Film *m;* **~ muet/parlant** Stumm/Tonfilm; **~ d'animation** Zeichentrickfilm.

filmer [filme] *vt* filmen.
filon [filɔ̃] *nm (de mine)* Ader *f; (fig)* Goldgrube *f.*
fils [fis] *nm* Sohn *m;* ~ **à papa** *verzogenes Kind reicher Eltern;* ~ **de famille** *junger Mann aus gutem Hause.*
filtre [filtʀ(ə)] *nm* Filter *m.*
filtrer [filtʀe] *vt (café, air, eau)* filtern; *(candidats, visiteurs)* sieben // *vi (lumière)* durchschimmern, durchscheinen; *(odeur)* durchdringen; *(bruit, liquide)* durchsickern.
fin [fɛ̃] *nf* Ende *nt;* ~**s** *nfpl (objectif, but)* Zweck *m;* **à (la)** ~ **mai/juin** Ende Mai/Juni; **en** ~ **de journée/semaine** am Ende des Tages/der Woche; **toucher à sa** ~ sich seinem Ende nähern; **mettre** ~ **à qch** etw beenden; **mettre** ~ **à ses jours** Hand an sich legen; **à la** ~ *ad* schließlich; am Ende; **sans** ~ *a, ad* endlos; **à cette** ~ zu diesem Zweck; ~ **de non-recevoir** *(JUR)* Abweisung *f; (ADMIN)* abschlägiger Bescheid *m.*
fin, e [fɛ̃, fin] *a* fein; *(taille)* schmal, zierlich; *(visage)* feingeschnitten; *(pointe)* dünn, spitz; *(subtil)* feinsinnig // *ad* fein // *nm:* **vouloir jouer au plus** ~ **avec qn** jdn zu überlisten suchen // *nf (alcool)* erlesener Branntwein *m;* ~ **soûl** wollkommen betrunken; **un** ~ **gourmet/tireur** ein großer Feinschmecker/ein Meisterschütze; **vin** ~ erlesener Wein; **le** ~ **fond de ...** das tiefste Innere + *gen;* **le** ~ **mot de ...** die Erklärung für; **la** ~**e fleur de ...** die Creme (+ *gen),* der feinste Teil (+ *gen);* **une** ~**e mouche** eine raffinierte Person; ~**es herbes** (feingehackte) Kräuter *pl.*
final, e [final] *a* letzte(r, s); Schluß-; End-; **cause** ~ Urgrund *m* // *nm (MUS)* Finale *nt* // *nf (SPORT)* Finale *nt,* Endspiel *nt;* **quart/huitième de** ~**e** Viertel-/Achtelfinale *nt.*
finalement [finalmɑ̃] *ad* schließlich.
finance [finɑ̃s] *nf:* **la** ~ die Finanzwelt; ~**s** *nfpl* Finanzen *pl;* **moyennant** ~ gegen Zahlung *ou* Entgelt.
financer [finɑ̃se] *vt* finanzieren.
financier, ière [finɑ̃sje, jɛʀ] *a* Finanz-; finanziell // *nm* Finanzier *m.*
finaud, e [fino, od] *a* listig, schlau.
finement [finmɑ̃] *ad* fein; dünn.
finesse [finɛs] *nf* Feinheit *f;* Zierlichkeit *f;* Feinsinnigkeit *f.*
fini, e [fini] *a (terminé)* fertig; *(disparu)* vorbei; *(personne)* erledigt; *(machine)* kaputt; *(limité, MATH)* endlich; *(fait):* **bien/mal** ~ gut/schlecht gemacht; *(valeur intensive):* **un égoïste/artiste** ~ ein ausgemachter Egoist/ein vollendeter Künstler // *nm* Vollendung *f,* (letzter) Schliff *m.*
finir [finiʀ] *vt* beenden; *(travail)* fertigmachen; *(repas, paquet de bonbons)* aufessen // *vi* zu Ende gehen, enden, aufhören; ~ **de faire qch** *(terminer)* etw zu Ende machen, etw fertigmachen; *(cesser)* aufhören, etw zu tun; ~ **par faire qch** schließlich etw tun; **il finit par m'agacer** er geht mir allmählich auf die Nerven; ~ **par qch** mit etw enden; ~ **en pointe/tragédie** spitz auslaufen/in einer Tragödie enden; **en** ~ **(avec qn/qch)** mit jdm/etw fertig werden; **il finit de manger** er ist noch am Essen; **il/cela va mal** ~ mit ihm wird es/das wird ein schlimmes Ende nehmen.
finissage [finisaʒ] *nm* Fertigstellung *f,* letzter Schliff *m.*
finition [finisjɔ̃] *nf* Fertigstellung *f.*
Finlande [fɛ̃lɑ̃d] *nf:* **la** ~ Finnland *nt.*
fiole [fjɔl] *nf* Fläschchen *nt.*
fioriture [fjɔʀityʀ] *nf* Schnörkel *m; (MUS)* Verzierung *f.*
firme [fiʀm(ə)] *nf* Firma *f.*
fisc [fisk] *nm:* **le** ~ der Fiskus, die Steuerbehörde.
fiscal, e, aux [fiskal, o] *a* Steuer-.
fiscalité [fiskalite] *nf (système)* Steuerwesen *nt; (charges)* Steuerlast *f.*
fission [fisjɔ̃] *nf* Spaltung *f.*
fissure [fisyʀ] *nf (craquelure)* Sprung *m; (crevasse)* Riß *m.*
fissurer [fisyʀe]: **se** ~ *vi* Risse bekommen, rissig werden.

fiston [fistɔ̃] *nm (fam)* Söhnchen *nt*.
fixateur [fiksatœʀ] *nm (PHOT)* Fixiermittel *nt*; *(pour cheveux)* Festiger *m*.
fixation [fiksɑsjɔ̃] *nf* Befestigung *f*; *(de ski)* (Schi)bindung *f*; *(PSYCH)* Fixierung *f*.
fixe [fiks(ə)] *a* fest; *(regard)* starr; **à date/heure ~** zu einem bestimmten Datum/zur bestimmten Stunde; **menu à prix ~** Menü *nt* zu festem Preis // *nm (salaire de base)* Fest- *ou* Grundgehalt *nt*.
fixé, e [fikse] *a*: **être ~ (sur)** *(savoir à quoi s'en tenir)* genau Bescheid wissen (über + *akk*).
fixer [fikse] *vt* befestigen, festmachen, anbringen *(à* an + *dat)*; *(déterminer)* festsetzen, bestimmen; *(CHIM, PHOT)* fixieren; *(regarder)* fixieren, anstarren; **~ son regard sur** seinen Blick heften auf (+ *akk;)* **~ son attention sur** seine Aufmerksamkeit richten auf(+ *akk)*; **se ~ quelque part** *(s'établir)* sich irgendwo niederlassen; **se ~ sur** *(regard, attention)* verweilen bei.
flacon [flakɔ̃] *nm* Fläschchen *nt*.
flageller [flaʒele] *vt* geißeln; peitschen.
flageoler [flaʒɔle] *vi* schlottern.
flageolet [flaʒɔlɛ] *nm (MUS)* Flageolett *nt*; *(CULIN)* Zwergbohne *f*.
flagorneur, euse [flagɔʀnœʀ, øz] *nm/f* Schmeichler (in *f*) *m*.
flagrant, e [flagʀɑ̃, ɑ̃t] *a* offenkundig; **prendre qn en ~ délit** jdn auf frischer Tat ertappen.
flair [flɛʀ] *nm (du chien)* Geruchsinn *m*; *(fig)* Spürsinn *m*.
flairer [fleʀe] *vt (chien etc)* beschnuppern; *(fig)* wittern.
flamand, e [flamɑ̃, ɑ̃d] *a* flämisch // *nm (LING)* Flämisch // *nm/f* Flame *m*, Flamin *f*.
flamant [flamɑ̃] *nm* Flamingo *m*.
flambant [flɑ̃bɑ̃] *ad*: **~ neuf** brandneu, funkelnagelneu.
flambé, e [flɑ̃be] *a (CULIN)* flambiert // *nf (feu)* (hell auflodenrdes) Feuer *nt*; *(fig)*: **~ de violence/des prix** Aufflackern *nt* von Gewalt/Emporschießen *nt* der Preise.
flambeau [flɑ̃bo] *nm* Fackel *f*.
flamber [flɑ̃be] *vi* aufflammen, auflodern // *vt (poulet)* absengen; *(aiguille)* keimfrei machen.
flamboyer [flɑ̃bwaje] *vi (feu)* (auf)lodern.
flamingant, e [flamɛ̃gɑ̃, ɑ̃t] *a* flämischsprechend.
flamme [flam] *nf* Flamme *f*; *(fig)* Glut *f*, Leidenschaft *f*.
flan [flɑ̃] *nm (CULIN)* Pudding *m*.
flanc [flɑ̃] *nm (ANAT)* Seite *f*; *(d'une armée)* Flanke *f*; **à ~ de montagne/colline** am Abhang; **tirer au ~** *(fam)* sich drücken; **prêter le ~ à** sich aussetzen (+ *dat*).
flancher [flɑ̃ʃe] *vi (armée)* zurückweichen; *(cœur)* aussetzen; *(moral)* schwächer werden.
Flandre(s) [flɑ̃dʀ] *nf(pl)*: **la(les) ~(s)** Flandern *nt*.
flâner [flɑne] *vi* bummeln, umherschlendern.
flanquer [flɑ̃ke] *vt* flankieren; *(fam)*: **~ qch sur/dans** etw schmeißen auf(+ *akk)*/in (+ *akk*); **~ à la porte** *(fam)* (zur Tür) hinauswerfen.
flaque [flak] *nf* Lache *f*, Pfütze *f*.
flash, flashes [flaʃ] *nm (PHOT)* Blitz(licht *nt*) *m*; **~ d'information** Kurznachrichten *pl*.
flasque [flask(ə)] *a* schlaff.
flatter [flate] *vt (personne)* schmeicheln (+ *dat*); **se ~ de qch/de pouvoir faire qch** sich einer Sache *(gen)* rühmen/sich rühmen, etw tun zu können; **flatterie** *nf* Schmeichelei *f*; **flatteur, euse** *a* schmeichelhaft // *nm* Schmeichler(in *f*) *m*.
flatulence, flatuosité [flatylɑ̃s, flatyozite] *nf* Blähung *f*.
fléau [fleo] *nm (calamité)* Geißel *f*, Plage *f*; *(de balance)* Waagebalken *m*; *(AGR)* Dreschflegel *m*.
flèche [flɛʃ] *nf* Pfeil *m*; *(de clocher)* Turmspitze *f*; *(de grue)* Arm *m*; **monter en ~** blitzschnell ansteigen; **partir comme une ~** wie der Blitz aufbrechen; **fléchette** *nf* kleiner Pfeil, Wurfpfeil *m*.
fléchir [fleʃiʀ] *vt* beugen; *(détermi-*

nation de qn) schwächen; // *vi (poutre)* sich durchbiegen; *(courage, enthousiasme)* nachlassen; *(personne)* schwach werden.

flemme [flɛm] *nf (fam)*: **avoir la ~** faulenzen, faul sein; **avoir la ~ de faire qch** zu faul sein, etw zu tun.

flétrir [fletʀiʀ] *vt (fleur)* verwelken lassen; *(peau, visage)* runzlig werden lassen; *(stigmatiser)* brandmarken; **se ~** verwelken.

fleur [flœʀ] *nf* Blume *f; (d'un arbre)* Blüte *f*; **être en ~(s)** in Blüte stehen; **tissu à ~s** geblümter Stoff; **être ~ bleue** sehr sentimental sein; **~ de lis** bourbonische Lilie *f*.

fleurer [flœʀe] *vt* duften nach.

fleurette [flœʀɛt] *nf*: **conter ~ à qn** jdm den Hof machen.

fleuri, e [flœʀi] *a (jardin)* blühend, in voller Blüte; *(maison)* blumengeschmückt, *(style)* blumig; *(teint)* gerötet.

fleurir [flœʀiʀ] *vi* blühen; *(fig)* seine Blütezeit haben // *vt (tombe, chambre)* mit Blumen schmücken.

fleuriste [flœʀist(ə)] *nm/f (vendeur)* Florist(in *f*) *m*.

fleuron [flœʀɔ̃] *nm (fig)* Schmuckstück *nt*.

fleuve [flœv] *nm* Fluß *m*; **~ de boue** Strom *m* von Schlamm.

flexible [flɛksibl(ə)] *a (objet)* biegsam; *(matériau)* elastisch; *(personne, caractère)* flexibel.

flexion [flɛksjɔ̃] *nf (mouvement)* Biegung *f*, Beugung *f; (LING)* Flexion *f*, Beugung *f*.

flic [flik] *nm (fam)* Polizist *m*, Polyp *m*.

flirter [flœʀte] *vi* flirten.

flocon [flɔkɔ̃] *nm* Flocke *f*.

floraison [flɔʀɛzɔ̃] *nf* Blüte *f; (fig)* Blütezeit *f*.

floral, e, aux [flɔʀal, o] *a* Blumen-.

flore [flɔʀ] *nf* Flora *f*.

florissant, e [flɔʀisɑ̃, ɑ̃t] *a (entreprise, commerce)* blühend.

flot [flo] *nm (fig)* Flut *f*; **~s** *nmpl (de la mer)* Wellen *pl*; **(re)mettre/être à ~** *(NAVIG)* flott machen/sein; *(fig)* (finanziell) unter die Arme greifen (+ *dat*)/(wieder) bei Kasse sein; **à ~s** in Strömen.

flotte [flɔt] *nf (NAVIG)* Flotte *f; (fam: eau)* Wasser *nt*.

flottement [flɔtmɑ̃] *nm (hésitation)* Schwanken *nt*, Zögern *nt*.

flotter [flɔte] *vi (bateau, bois)* schwimmen; *(odeur)* schweben; *(drapeau, cheveux)* wehen, flattern; *(vêtements)* lose hängen, wallen; *(monnaie)* floaten // *vb impers (fam: pleuvoir)* regnen // *vt* flößen.

flotteur [flɔtœʀ] *nm (d'hydravion etc)* Schwimmkörper *m; (de canne à pêche)* Schwimmer *m*.

flou, e [flu] *a* verschwommen; *(photo)* unscharf.

flouer [flue] *vt* betrügen.

fluctuation [flyktɥasjɔ̃] *nf (du marché)* Schwankung *f; (de l'opinion publique)* Schwanken *nt*.

fluet, te [flyɛ, ɛt] *a* zart, zerbrechlich.

fluide [flɥid] *a* flüssig // *nm (PHYS)* Flüssigkeit *f; (force invisible)* Fluidum *nt*.

fluorescent, e [flyɔʀesɑ̃, ɑ̃t] *a* fluoreszierend; **tube ~** Neonröhre *f*.

flûte [flyt] *nf (MUS)* Flöte *f; (verre)* Kelchglas *nt; (pain)* Stangenbrot *nt*; **~!** *excl* verflixt! **~ à bec** Blockflöte *f*; **~ traversière** Querflöte *f*.

fluvial, e, aux [flyvjal, o] *a* Fluß-.

flux [fly] *nm (marée)* Flut *f*; **le ~ et le reflux** Ebbe *f* und Flut; *(fig)* das Auf und Ab.

fluxion [flyksjɔ̃] *nf*: **~ de poitrine** Lungenentzündung *f*.

foc [fɔk] *nm* Klüver *m*.

fœtus [fetys] *nm* Fötus *m*.

foi [fwa] *nf (REL)* Glaube *m*; **sous la ~ du serment** unter Eid; **avoir ~ en** glauben an (+ *akk*), vertrauen auf (+ *akk*); **ajouter ~ à** Glauben schenken (+ *dat*); **digne de ~** glaubwürdig; **sur la ~ de** auf Grund (+ *gen*); **être de bonne/mauvaise ~** aufrichtig/unaufrichtig sein; **ma ~!** wahrhaftig.

foie [fwa] *nm* Leber *f*.

foin [fwɛ̃] *nm* Heu *nt*; **faire du ~** *(fam)* Krach schlagen.

foire [fwaʀ] *nm (marché)* Markt *m*;

(fête foraine) Jahrmarkt *m; (exposition)* Messe *f;* **faire la ~** *(fam)* auf die Pauke hauen.

fois [fwa] *nf:* **une ~** einmal; **vingt ~** zwanzigmal; **2 ~ 2** zwei mal zwei; **trois ~ plus grand (que)** dreimal so groß (wie); **encore une ~** noch einmal; **cette ~** dieses Mal; **la ~ suivante** das nächste Mal, nächstes Mal; **une ~ pour toutes** ein für allemal; **une ~ que** nachdem; **à la ~** zugleich; **des ~** manchmal; **si des ~ ...** *(fam)* wenn (zufällig)...; **non mais des ~!** *(fam)* was glauben Sie denn eigentlich!; **il était une ~ ...** es war einmal ....

foison [fwazɔ̃] *nf:* **une ~ de** eine Fülle von; **à ~** *ad* in Hülle und Fülle.

foisonner [fwazɔne] *vi:* **~ en** *ou* **de** reich sein an (+ *dat).*

folâtrer [fɔlɑtʀe] *vi* umhertollen.

folie [fɔli] *nf* Verrücktheit *f; (état)* Wahnsinn *m;* **la ~ des grandeurs** der Größenwahn(sinn); **faire des ~s** das Geld mit vollen Händen ausgeben.

folklore [fɔlklɔʀ] *nm* Folklore *f;* Volkskunde *f.*

folklorique [fɔlklɔʀik] *a* Volks-, volkstümlich; *(fig: fam)* seltsam.

folle [fɔl] *a, nf voir* **fou.**

follement [fɔlmɑ̃] *ad (très)* wahnsinnig.

fomenter [fɔmɑ̃te] *vt* schüren.

foncé, e [fɔ̃se] *a* dunkel; **bleu/rouge ~** dunkelblau/-rot.

foncer [fɔ̃se] *vi (tissu, teinte)* dunkler werden; *(fam: aller vite)* rasen; **~ sur** *(fam)* sich stürzen auf (+ *akk).*

foncier, ière [fɔ̃sje, jɛʀ] *a* grundlegend, fundamental; *(COMM)* Grund-.

fonction [fɔ̃ksjɔ̃] *nf* Funktion *f; (profession)* Beruf *m,* Tätigkeit *f; (poste)* Posten *m;* **~s** *(activité, pouvoirs)* Aufgaben *pl; (corporelles, biologiques)* Funktionen *pl;* **entrer en/reprendre ses ~s** sein Amt antreten/seine Tätigkeit wieder aufnehmen; **voiture/maison de ~** Dienstwagen *m*/-wohnung *f;* **être ~ de** abhängen von; **en ~ de** entsprechend *(+ dat);* **faire ~ de** *(personne)* fungieren als; *(objet)* dienen als; **la ~ publique** der öffentliche Dienst.

fonctionnaire [fɔ̃ksjɔnɛʀ] *nm/f* Beamte(r) *m,* Beamtin *f.*

fonctionnel, le [fɔ̃ksjɔnɛl] *a* Funktions-; *(pratique)* funktionell.

fonctionner [fɔ̃ksjɔne] *vi* funktionieren.

fond [fɔ̃] *nm (d'un récipient, trou)* Boden *m; (d'une salle, d'un tableau)* Hintergrund *m; (opposé à la forme)* Inhalt *m; (petite quantité):* **un ~ de bouteille** der letzte Rest in der Flasche; *(SPORT):* **le ~** der Langstreckenlauf; **au ~ de** *(salle)* im hinteren Teil (+ *gen);* **aller au ~ des choses/du problème** den Dingen/dem Problem auf den Grund gehen; **sans ~** *a* bodenlos; **à ~** *ad (connaître)* gründlich; *(appuyer etc)* kräftig, fest; **à ~ (de train)** *ad (fam)* mit Höchstgeschwindigkeit; **dans le ~, au ~** *ad* im Grunde; **de ~ en comble** ad ganz und gar; **~ sonore** Geräuschkulisse *f;* **~ de teint** Grundiercreme *f.*

fondamental, e, aux [fɔ̃damɑ̃tal, o] *a* grundlegend, fundamental.

fondant, e [fɔ̃dɑ̃, ɑ̃t] *a* schmelzend; *(au goût)* auf der Zunge zergehend.

fondateur, trice [fɔ̃datœʀ, tʀis] *nm/f* Gründer(in *f) m.*

fondation [fɔ̃dɑsjɔ̃] *nf* Gründung *f; (établissement)* Stiftung *f,* **~s** *nmpl (d'une maison)* Fundament *nt.*

fondé, e [fɔ̃de] *a (accusation)* begründet; *(récit)* fundiert; **être ~ à croire** Grund zur Annahme haben; **~ de pouvoir** *nm* Prokurist *m.*

fondement [fɔ̃dmɑ̃] *nm (derrière)* Hintern *m;* **~s** *nmpl (d'un édifice)* Fundament *nt; (fig)* Grundlagen *pl;* **sans ~** *a* unbegründet.

fonder [fɔ̃de] *vt* gründen; *(baser):* **~ qch sur** etw stützen auf (+ *akk);* **se ~ sur qch** sich stützen auf (+ *akk).*

fonderie [fɔ̃dʀi] *nf (usine)* Gießerei *f.*

fondre [fɔ̃dʀ(ə)] *vt (métal)* schmelzen; *(neige etc)* schmelzen lassen; *(dans l'eau)* auflösen; *(mélanger:*

couleurs) vermischen; *(fig)* verschmelzen // *vi* schmelzen; *(dans l'eau)* sich auflösen; *(fig: argent)* zerrinnen; *(: courage)* verfliegen; *(se précipiter)*: ~ **sur** herfallen über (+ *akk)*; **faire** ~ schmelzen, schmelzen lassen; auflösen; ~ **en larmes** in Tränen ausbrechen.

fonds [fɔ̃] *nm (de bibliothèque, collectionneur)* Schatz *m; (COMM)*: ~ **(de commerce)** Geschäft *nt* // *nmpl (argent)* Kapital *nt*, Gelder *pl*; **prêter à** ~ **perdus** auf Nimmerwiedersehen verleihen; ~ **publics** öffentliche Gelder.

fondu, e [fɔ̃dy] *a* geschmolzen; *(couleurs)* verschwommen, verfließend // *nm (FILM: ouverture)* Einblendung *f*; *(: fermeture)* Ausblendung *f* // *nf (CULIN)*: ~**e (au fromage)** (Käse)fondue *nt*; ~**e bourguignonne** Fleischfondue *nt*.

fongicide [fɔ̃ʒisid] *nm* Pilzbekämpfungsmittel *nt*.

font [fɔ̃] *vb voir* **faire.**

fontaine [fɔ̃tɛn] *nf (source)* Quelle *f*; *(construction)* Brunnen *m*.

fonte [fɔ̃t] *nf* Schmelze *f*, Schmelzen *nt*; *(métal)* Gußeisen *nt*; **en** ~ **émaillée** gußeisern; **la** ~ **des neiges** die Schneeschmelze.

fonts baptismaux [fɔ̃batismo] *nmpl* Taufbecken *nt*.

football [futbol] *nm* Fußball *m*; **footballeur** *nm* Fußballspieler(in *f*) *m*.

footing [futiŋ] *nm*: **faire du** ~ Dauerlauf machen, joggen.

for [fɔʀ] *nm*: **dans mon/son** ~ **intérieur** in meinem/seinem Innersten.

forain, e [fɔʀɛ̃, ɛn] *a* Jahrmarkt- // *nm/f* Schausteller(in *f*) *m*.

forçat [fɔʀsa] *nm* Sträfling *m*.

force [fɔʀs(ə)] *nf* Kraft *f*; *(d'une armée, du vent, d'un coup, intellectuelle)* Stärke *f*; ~**s** *nfpl (MIL)* Streitkräfte *pl*; **ménager ses/reprendre des** ~**s** mit seinen Kräften haushalten/wieder zu Kräften kommen; **de toutes mes/ses** ~**s** aus Leibeskräften; **à** ~ **de critiques/de le critiquer** durch wiederholte Kritik/wenn man ihn fortwährend kritisiert; **arriver en** ~ *(nombreux)* in großer Zahl kommen; **de** ~ *ad* mit Gewalt; **faire** ~ **de rames/voiles** kräftig rudern/mit vollen Segeln fahren; **être de** ~ **à** imstande sein, zu; **de première** ~ erstklassig; ~ **de caractère** Charakterstärke *f*; **par la** ~ **des choses** zwangsläufig; **la** ~ **de l'habitude** die Macht der Gewohnheit; ~ **d'inertie** Beharrungsvermögen *nt*; **les** ~**s de l'ordre** die Polizei; ~ **de frappe** Schlagkraft *f*.

forcé, e [fɔʀse] *a (rire, attitude)* gezwungen, steif; **un bain** ~ ein unfreiwilliges Bad; **atterrissage** ~ Notlandung *f*; **c'est** ~! das mußte ja so kommen!; **forcément** *ad (obligatoirement)* gezwungenermaßen, notgedrungen; *(bien sûr)* natürlich; **pas forcément** nicht unbedingt.

forcené, e [fɔʀsəne] *nm/f* Wahnsinnige(r) *mf*.

forceps [fɔʀsɛps] *nm* Geburtszange *f*.

forcer [fɔʀse] *vt (porte, serrure)* aufbrechen; *(moteur)* überfordern; *(plante)* verfrühen; *(contraindre)* zwingen; ~ **la main à qn** jdn zum Handeln zwingen; ~ **l'allure** schneller gehen/fahren; ~ **la dose** *(fig)* übertreiben // *vi (se donner à fond)* sich verausgaben; **se** ~ **à qch/faire qch** sich zu etw zwingen/sich dazu zwingen, etw zu tun.

forcir [fɔʀsiʀ] *vi (grossir)* dicker werden; *(vent)* auffrischen.

forer [fɔʀe] *vt (objet, rocher)* durchboren; *(trou, puits)* bohren.

forestier, ière [fɔʀɛstje, jɛʀ] *a* Forst-, Wald-; forstwirtschaftlich.

foret [fɔʀɛ] *nm* Bohrer *m*.

forêt [fɔʀɛ] *nf* Wald *m*; **la F~ Noire** der Schwarzwald.

foreuse [fɔʀøz] *nf* Bohrmaschine *f*.

forfait [fɔʀfɛ] *nm (COMM)* Pauschale *f*; *(crime)* Verbrechen *nt*, Schandtat *f*; **déclarer** ~ zurücktreten, nicht antreten; **travailler à** ~ für eine Pauschale arbeiten.

forfaitaire [fɔʀfetɛʀ] *a* Pauschal-.

forfanterie [fɔʀfɑ̃tʀi] *nf* Prahlerei *f*.

forge [fɔʀʒ(ə)] *nf* Schmiede *f*.
forgé, e [fɔʀʒe] *a:* ~ **de toutes pièces** von A bis Z erfunden.
forger [fɔʀʒe] *vt (métal, grille)* schmieden; *(personnalité, moral)* formen; *(prétexte, alibi)* erfinden.
forgeron [fɔʀʒəʀɔ̃] *nm* Schmied *m*.
formaliser [fɔʀmalize]: **se** ~ *vi* gekränkt sein; **se** ~ **de qch** an etw *(dat)* Anstoß nehmen.
formalité [fɔʀmalite] *nf* Formalität *f*.
format [fɔʀma] *nm* Format *nt*.
formation [fɔʀmɑsjɔ̃] *nf* Bildung *f*; Ausbildung *f*; Formung *f*; Entwicklung *f*; *(groupe)* Gruppe *f*; *(éducation, apprentissage)* Ausbildung; (*GEO*) Formation *f*; **la** ~ **professionnelle** die berufliche Ausbildung.
forme [fɔʀm(ə)] *nf* Form *f*; *(condition physique, intellectuelle)* Form, Verfassung *f*; **les** ~**s** *nfpl (bonnes manières)* die Umgangsformen *pl*; *(d'une femme)* die Kurven *pl*; **avoir la** ~ in (guter) Form sein; **en bonne et due** ~ in gebührender Form; **prendre** ~ Gestalt annehmen.
formel, le [fɔʀmɛl] *a (catégorique)* eindeutig, klar; *(logique)* formal; **formellement** *ad (absolument)* ausdrücklich.
former [fɔʀme] *vt* bilden; *(projet, idée)* entwickeln; *(travailler; sportif)* ausbilden; *(caractère)* formen; *(intelligence, goût)* ausbilden, entwickeln; *(donner une certaine forme)* gestalten; **se** ~ *vi (apparaître)* sich bilden, entstehen; *(se développer)* sich entwickeln.
formidable [fɔʀmidabl(ə)] *a* gewaltig, ungeheuer; *(fam: excellent)* klasse, prima, toll.
formulaire [fɔʀmylɛʀ] *nm* Formular *nt*, Vordruck *m*.
formule [fɔʀmyl] *nf (scientifique)* Formel *f*; *(système)* System *nt*; ~ **de politesse** Höflichkeitsformel *f*.
formuler [fɔʀmyle] *vt* ausdrücken, formulieren.
forniquer [fɔʀnike] *vi* Unzucht treiben.
fort, e [fɔʀ, fɔʀt(ə)] *a* stark; *(doué)* begabt, fähig; *(important)* bedeutend, beträchtlich; *(sauce)* scharf; **au** ~ **de** mitten in (+ *dat*); ~**e tête** Dickkopf *m* // *ad (très)* sehr, recht; **sonner/frapper/serrer** ~ kräftig *ou* fest klingeln/klopfen/drücken // *nm (construction)* Fort *nt*, Festung *f*.
forteresse [fɔʀtəʀɛs] *nf* Festung *f*.
fortifiant [fɔʀtifjɑ̃] *nm* Stärkungsmittel *nt*.
fortifications [fɔʀtifikɑsjɔ̃] *nfpl* Befestigungsanlagen *pl*.
fortifier [fɔʀtifje] *vt* stärken; *(ville, château)* befestigen.
fortiori [fɔʀsjɔʀi]: **à** ~ *ad* um so mehr.
fortuit, e [fɔʀtɥi, ɥit] *a* zufällig, unvorhergesehen.
fortune [fɔʀtyn] *nf (richesse)* Vermögen *nt*; *(destin)*: **la** ~ das Schicksal; *(sort)*: **des** ~**s diverses** verschiedene Geschicke *ou* Lose; **faire** ~ reich werden; **de** ~ *a* improvisiert; **bonne/mauvaise** ~ Glück *nt*/Unglück *nt*.
fortuné, e [fɔʀtyne] *a (riche)* wohlhabend.
fosse [fos] *nf (grand trou)* Grube *f*; (*GEO*) Graben *m*; *(tombe)* Gruft *f*, Grab *nt*; ~ **(d'orchestre)** Orchestergraben *m*; ~ **septique** Klärgrube *f*; ~**s nasales** Nasenhöhlen *pl*; ~ **commmune** Gemeinschaftsgrab *nt*.
fossé [fose] *nm* Graben *m*; Kluft *f*.
fossette [fosɛt] *nf* Grübchen *nt*.
fossile [fosil] *nm* Fossil *nt* // *a* versteinert.
fossoyeur [foswajœʀ] *nm* Totengräber *m*.
fou (fol), folle [fu, fɔl] *a* verrückt; *(regard)* irr; *(extrême)* wahnsinnig // *nm/f* Irre(r) *mf*, Verrückte(r) *mf*; *(d'un roi)* (Hof)narr *m*; (*ECHECS*) Läufer *m*; **être** ~ **de** *(chose)* verrückt sein auf (+ *akk*); *(personne)* verrückt sein nach (+ *dat*).
foudre [fudʀ(ə)] *nf*: **la** ~ der Blitz; **s'attirer les** ~**s de qn** jds zorn auf sich *(akk)* ziehen.
foudroyant, e [fudʀwajɑ̃, ɑ̃t] *a (rapidité, succès)* überwältigend;

(maladie, poison) tödlich.
foudroyer [fudʀwaje] *vt* erschlagen; ~ **qn du regard** jdm einen vernichtenden Blick zuwerfen.
fouet [fwɛ] *nm* Peitsche *f; (CULIN)* Schneebesen *m;* **de plein** ~ *ad (se heurter)* frontal.
fouetter [fwete] *vt* peitschen; *(personne)* auspeitschen; *(CULIN)* schlagen.
fougère [fuʒɛʀ] *nf* Farn *m.*
fougue [fug] *nf* Schwung *m.*
fouille [fuj] *nf (de police, douane)* Durchsuchung *f;* ~**s** *nfpl (archéologiques)* Ausgrabungen *pl.*
fouiller [fuje] *vt (police)* durchsuchen; *(animal)* wühlen in (+ *dat); (archéologue)* graben in (+ *dat) // vi* graben, wühlen; *(archéologue)* Ausgrabungen machen; ~ **dans/parmi** herumwühlen in/zwischen (+ *dat).*
fouillis [fuji] *nm* Durcheinander *nt.*
fouine [fwin] *nf* Steinmarder *m.*
fouiner [fwine] *vi* herumschnüffeln.
foulard [fulaʀ] *nm* Tuch *nt;* Schal *m.*
foule [ful] *nf:* **la** ~ die Masse; das Volk; **une** ~ **énorme/émue** eine große/aufgebrachte (Menschen) menge *f;* **une** ~ **de** eine Masse *ou* Menge von; **venir en** ~ in Scharen kommen.
fouler [fule] *vt (sol)* stampfen; *(raisin)* keltern; ~ **aux pieds** mit Füßen treten; ~ **le sol de son pays** Fuß auf heimatlichen Boden setzen; **se** ~ *(la cheville, le bras)* sich *(dat)* verstauchen; **ne pas se** ~ *(fam)* sich *(dat)* kein Bein ausreißen.
foulure [fulyʀ] *nf* Verstauchung *f.*
four [fuʀ] *nm* (Back)ofen *m; (échec)* Mißerfolg *m,* Reinfall *m.*
fourbe [fuʀb(ə)] *a (personne)* betrügerisch; *(regard)* verschlagen.
fourbi [fuʀbi] *nm (fam)* Krempel *m.*
fourbir [fuʀbiʀ] *vt (polir)* blankputzen, polieren.
fourbu, e [fuʀby] *a* erschöpft.
fourche [fuʀʃ(ə)] *nf (à foin)* Heugabel *f; (à fumier)* Mistgabel *f; (de bicyclette)* Gabel *f.*
fourchette [fuʀʃɛt] *nf* Gabel *f; (ECON)* Spanne *f;* ~ **à dessert** Kuchengabel *f.*
fourgon [fuʀgɔ̃] *nm (AUT)* Lieferwagen *m;* Lastwagen *m;* ~ **mortuaire** Leichenwagen *m.*
fourmi [fuʀmi] *nf* Ameise *f;* **j'ai des** ~**s dans les jambes** mir sind die Beine eingeschlafen.
fourmilière [fuʀmiljɛʀ] *nf* Ameisenhaufen *m.*
fourmillement [fuʀmijmɑ̃] *nm (démangeaison)* Kribbeln *nt; (grouillement)* Wimmeln *nt.*
fournaise [fuʀnɛz] *nf* Feuersbrunst *f; (fig)* Treibhaus *nt.*
fourneau [fuʀno] *nm (de cuisine)* Ofen *m,* Herd *m.*
fournée [fuʀne] *nf (de pain)* Schub *m; (de gens)* Schwung *m.*
fourni, e [fuʀni] *a (barbe, cheveux)* dicht; *(magasin):* **bien/mal** ~ **en** gut/schlecht ausgestattet mit.
fournir [fuʀniʀ] *vt* liefern; *(COMM):* ~ **en** beliefern mit; **se** ~ **chez** einkaufen bei; ~ **un exemple** ein Beispiel anführen; ~ **un renseignement** eine Auskunft erteilen; ~ **un effort** sich anstrengen.
fournisseur, euse [fuʀnisœʀ, øz] *nm/f* Lieferant(in *f*) *m.*
fourniture [fuʀnityʀ] *nf* Lieferung *f;* ~**s** *nfpl (matériel, équipement)* Ausstattung *f;* ~**s de bureau** Bürobedarf *m,* Büromaterial *nt.*
fourrage [fuʀaʒ] *nm* (Vieh)futter *nt.*
fourrager [fuʀaʒe] *vi:* ~ **dans/parmi** herumwühlen in (+ *dat)*/zwischen (+ *dat).*
fourrager, ère [fuʀaʒe, ɛʀ] *a* Futter-.
fourré, e [fuʀe] *a (bonbon, chocolat)* gefüllt; *(manteau, botte)* gefüttert // *nm* Dickicht *nt.*
fourreau [fuʀo] *nm (d'épée)* Scheide *f.*
fourrer [fuʀe] *vt (fam: mettre):* ~ **qch dans** etw hineinstecken in (+ *akk):* **se** ~ **dans/sous** sich verkriechen in (+ *akk)*/unter (+ *dat); (une mauvaise situation)* hineingeraten in (+ *akk).*
fourre-tout [fuʀtu] *nm (sac)* Reisetasche *f; (local, meuble)* Rum-

pelkammer *f.*

fourreur [furœr] *nm* Kürschner(in *f*).

fourrière [furjɛr] *nf (pour chiens)* städtischer Hundezwinger *m; (pour voitures)* Abstellplatz *m* für abgeschleppte Fahrzeuge.

fourrure [furyr] *nf (poil)* Fell *nt; (vêtement etc)* Pelz *m;* **manteau/col de ~** Pelzmantel *m*/-kragen *m.*

fourvoyer [furvwaje]: **se ~** *vi* sich verirren.

foutre [futr(ə)] *vt (fam!)* = **ficher.**

foutu, e [futy] *a (fam!)* = **fichu, e.**

foyer [fwaje] *nm (d'une cheminée, d'un four)* Feuerstelle *f; (point d'origine)* Herd *m; (famille, domicile, local)* Heim *nt; (THEAT)* Foyer *nt; (OPTIQUE, PHOT)* Brennpunkt *m;* **lunettes à double ~** Bifokalbrille *f.*

fracas [fraka] *nm (bruit)* Krach *m,* Getöse *nt.*

fracasser [frakase] *vt* zertrümmern; *(verre)*zerschlagen; **se ~ sur** an (+*akk*) zerschellen; **se ~ la tête** sich *(dat)* den Kopf aufschlagen.

fraction [fraksjɔ̃] *nf (MATH)* Bruch *m; (partie)* (Bruch)teil *m;* **une ~ de seconde** der Bruchteil einer Sekunde.

fractionner [fraksjɔne] *vt* aufteilen; **se ~** *vi* sich spalten.

fracture [fraktyr] *nf (MED)* Bruch *m;* **~ du crâne** Schädelbruch *m.*

fracturer [fraktyre] *vt (coffre, serrure)* aufbrechen; *(os, membre)* brechen; **se ~ la jambe/le crâne** sich *(dat)* ein Bein brechen/einen Schädelbruch erleiden.

fragile [fraʒil] *a (objet)* zerbrechlich; *(estomac)* empfindlich; *(santé)* schwach, zart; *(personne)* zart, gebrechlich; *(équilibre, situation)* unsicher; **fragilité** *nf* Zerbrechlichkeit *f;* Zartheit *f;* Gebrechlichkeit *f;* Unsicherheit *f.*

fragment [fragmɑ̃] *nm (d'un objet)* (Bruch)stück *nt,* Teil *m; (extrait)* Auszug *m;* **fragmentaire** *a* bruchstückhaft, unvollständig; **fragmenter** *vt* aufteilen; *(roches)* spalten; **se fragmenter** *vi* zerbrechen.

fraîchement [frɛʃmɑ̃] *ad (sans enthousiasme)* kühl, zurückhaltend; *(récemment)* neulich, vor kurzem.

fraîcheur [frɛʃœr] *nf* Frische *f;* Kühle *f.*

fraîchir [freʃir] *vi (temps)* abkühlen; *(vent)* auffrischen.

frais, fraîche [frɛ, frɛʃ] *a* frisch; *(froid)* kühl; **le voilà ~!** *(fam: dans le pétrin)* jetzt sitzt er schön in der Patsche! // *ad:* **il fait ~** es ist kühl; **boire/servir ~** kalt trinken/servieren // *nm:* **mettre au ~** kühl lagern; **prendre le ~** frische Luft schöpfen // *nmpl (dépenses)* Ausgaben *pl,* Kosten *pl;* **faire des ~** Ausgaben haben, Geld ausgeben; **faire les ~ de** das Opfer sein von; **~ de déplacement** *nmpl* Fahrtkosten *pl;* **~ généraux** *nmpl* allgemeine Unkosten *pl.*

fraise [frɛz] *nf (BOT)* Erdbeere *f; (TECH)* Senker *m;* **~ des bois** Walderdbeere.

fraiser [freze] *vt* fräsen; *(trou)* senken; **fraiseuse** *nf* Fräsmaschine *f.*

fraisier [frezje] *nm* Erdbeerpflanze *f.*

framboise [frɑ̃bwaz] *nf (BOT)* Himbeere *f.*

franc, franche [frɑ̃, frɑ̃ʃ] *a (personne)* offen, aufrichtig; *(visage)* offen; *(refus, couleur)* klar; *(coupure)* sauber; *(exempt):* **~ de port** portofrei, gebührenfrei; **port ~/zone franche** Freihafen *m*/Freizone *f* // *ad:* **parler ~** freimütig *ou* offen sprechen // *nm (monnaie)* Franc *m;* **ancien ~, ~ léger** alter Franc; **nouveau ~, ~ lourd** neuer Franc; **~ français/belge** französischer/belgischer Franc; **~ suisse** Schweizer Franken *m.*

français, e [frɑ̃sɛ, ɛz] *a* französisch // *nm (LING)* Französisch *nt;* **F~, e** *nm/f* Franzose *m,* Französin *f.*

France [frɑ̃s] *nf:* **la ~** Frankreich *nt.*

franchement [frɑ̃ʃmɑ̃] *ad* offen; *(tout à fait)* ausgesprochen.

franchir [frɑ̃ʃir] *vt* überschreiten;

(obstacle) überwinden.
franchise [fʀɑ̃ʃiz] *nf* Offenheit *f*, Aufrichtigkeit *f*; *(exemption)* (Gebühren)freiheit *f*.
franciser [fʀɑ̃size] *vt* französisieren.
franc-maçon [fʀɑ̃masɔ̃] *nm* Freimaurer *m*.
franco [fʀɑ̃ko] *ad (COMM)* franko, gebührenfrei.
franco- [fʀɑ̃ko] *pref* französisch-.
francophone [fʀɑ̃kɔfɔn] *a* französischsprechend; **francophonie** *nf Gesamtheit der französischsprechenden Bevölkerungsgruppen.*
franc-parler [fʀɑ̃paʀle] *nm* Freimütigkeit *f*, Unverblümtheit *f*.
franc-tireur [fʀɑ̃tiʀœʀ] *nm* Partisan(in *f*) *m*; *(fig)* Einzelgänger(in *f*) *m*.
frange [fʀɑ̃ʒ] *nf (de tissu)* Franse *f*; *(de cheveux)* Pony *m*; *(zone)* Rand *m*.
franquette [fʀɑ̃kɛt]: **à la bonne** ~ *ad* ohne Umstände, ganz zwanglos.
frappe [fʀap] *nf (d'une dactylo)* Anschlag *m*; *(BOXE)* Schlag *m*.
frapper [fʀape] *vt* schlagen; *(monnaie)* prägen; *(étonner)*: ~ **qn** jdn beeindrucken; jdm auffallen; *(malheur)* treffen; *(impôt)* betreffen; **se** ~ *(s'inquiéter)* sich aufregen; ~ **à la porte** an die Tür klopfen.
frasques [fʀask(ə)] *nfpl* Eskapaden *pl*.
fraternel, le [fʀatɛʀnɛl] *a* brüderlich; **amour** ~ Bruderliebe.
fraterniser [fʀatɛʀnize] *vi* freundschaftlichen Umgang haben.
fraternité [fʀatɛʀnite] *nf (solidarité)* Brüderlichkeit *f*, Verbundenheit *f*.
fraude [fʀod] *nf* Betrug *m*; *(SCOL)* Schwindel *m*, Schummeln *nt*; ~ **fiscale** Steuerhinterziehung *f*; **frauder** *vi* betrügen; schummeln; **frauduleux, euse** *a* betrügerisch; *(concurrence)* unlauter.
frayer [fʀeje] *vt (passage)* bahnen, schaffen; *(voie)* erschließen, auftun // *vi (poisson)* laichen; ~ **avec** *vt* verkehren mit; **se** ~ **un passage/chemin dans** sich *(dat)* einen Weg bahnen durch.
frayeur [fʀɛjœʀ] *nf* Schrecken *m*.
fredonner [fʀədɔne] *vt* summen.
freezer [fʀizœʀ] *nm* Gefrierfach *nt*.
frein [fʀɛ̃] *nm* Bremse *f*; **mettre un** ~ **à** *(fig)* bremsen; ~ **à main** *(AUT)* Handbremse *f*; ~**s à tambour/disques** Trommel/Scheibenbremsen *pl*.
freinage [fʀɛnaʒ] *nm* Bremsen *nt*; **distance de** ~ Bremsweg *m*.
freiner [fʀene] *vi, vt* bremsen.
frelaté, e [fʀəlate] *a (vin)* gepanscht; *(produit)* verfälscht.
frêle [fʀɛl] *a* zart, zerbrechlich.
frelon [fʀəlɔ̃] *nm* Hornisse *f*.
frémir [fʀemiʀ] *vi (personne)* zittern; *(eau)* kochen, sieden.
frêne [fʀɛn] *nm* Esche *f*.
frénétique [fʀenetik] *a (passion)* rasend; *(musique, applaudissements)* frenetisch, rasend.
fréquemment [fʀekamɑ̃] *ad* oft.
fréquence [fʀekɑ̃s] *nf* Häufigkeit *f*; *(PHYS)* Frequenz *f*; *(RADIO)*: **haute/basse** ~ Hoch-/Niederfrequenz *f*.
fréquent, e [fʀekɑ̃, ɑ̃t] *a* häufig.
fréquentation [fʀekɑ̃tasjɔ̃] *nf (d'un lieu)* häufiger Besuch *m*; **de bonnes** ~**s** gute Beziehungen *pl*; **une mauvaise** ~ ein schlechter Umgang *m*.
fréquenté, e [fʀekɑ̃te] *a (rue, plage)* belebt; *(établissement)* vielbesucht.
fréquenter [fʀekɑ̃te] *vt* oft *ou* häufig besuchen; *(courtiser: fille, garçon)* gehen mit.
frère [fʀɛʀ] *nm* Bruder *m*.
fret [fʀɛ] *nm (cargaison)* Fracht *f*.
fréter [fʀete] *vt* chartern.
frétiller [fʀetije] *vi (poisson etc)* zappeln; *(de joie)* springen, hüpfen; ~ **de la queue** (mit dem Schwanz) wedeln.
fretin [fʀətɛ̃] *nm*: **le menu** ~ kleine Fische *pl*.
friable [fʀijabl(ə)] *a* bröckelig, brüchig.
friand, e [fʀijɑ̃, ɑ̃d] *a*: **être** ~ **de qch** etw sehr gern mögen // *nm (CULIN)* Pastetchen *nt*.
friandise [fʀijɑ̃diz] *nf* Leckerei *f*.
fric [fʀik] *nm (fam)* Mäuse *pl*, Geld *nt*.

fric-frac [fʀikfʀak] *nm* Einbruch *m*.
friche [fʀiʃ]: **en** ~ *a, ad* brach(liegend).
friction [fʀiksjɔ̃] *nf* Reiben *nt; (chez le coiffeur)* Massage *f; (TECH)* Reibung *f; (fig)* Reiberei *f*.
frictionner [fʀiksjɔne] *vt* (ab)reiben; *(avec serviette)* frottieren, massieren.
frigidaire [fʀiʒidɛʀ] ®*nm* Kühlschrank *m*.
frigide [fʀiʒid] *a* frigide.
frigo [fʀigo] *nm (abr de* **frigidaire**) Kühlschrank *m*.
frigorifier [fʀigɔʀifje] *vt (produit)* tiefkühlen; einfrieren; **frigorifié, e** *(personne)* durchgefroren.
frigorifique [fʀigɔʀifik] *a* Kühl-.
frileux, euse [fʀilø, øz] *a* verfroren.
frimas [fʀimɑ] *nmpl* Rauhreif *m*.
frimousse [fʀimus] *nf* Gesichtchen *nt*.
fringale [fʀɛ̃gal] *nf*: **avoir la** ~ einen Heißhunger haben.
fringant, e [fʀɛ̃gɑ̃, ɑ̃t] *a (personne)* munter, flott.
fripé, e [fʀipe] *vi* zerknittert.
fripier, ère [fʀipje, jɛʀ] *nm/f* Trödler(in *f*) *m*.
fripon, ne [fʀipɔ̃, ɔn] *a* spitzbübisch, schelmisch // *nm/f* Schlingel *m*.
fripouille [fʀipuj] *nf* Schurke *m*.
frire [fʀiʀ] *vt, vi* braten.
frise [fʀiz] *nf (ARCHIT)* Fries *m*.
frisé, e [fʀize] *a* lockig.
friser [fʀize] *vt (cheveux)* eindrehen // *vi (cheveux)* sich locken, sich kräuseln.
frisson [fʀisɔ̃] *nm (de peur)* Schauder *m; (de froid)* Schauer *m; (de douleur)* Erbeben *nt;* **frissonner** *vi (personne)* schaudern, schauern; beben, zittern; *(eau, feuillage)* rauschen.
frit, e [fʀi, fʀit] *pp de* **frire** // *nf*: **(pommes)** ~**s** Pommes frites *pl*.
friture [fʀityʀ] *nf (huile)* Bratfett *nt; (RADIO)* Nebengeräusch *nt*, Knacken *nt; (plat)*: ~ **(de poissons)** gebratenes Fischgericht *nt*.
frivole [fʀivɔl] *a* oberflächlich.
froid, e [fʀwa, fʀwad] *a* kalt; *(personne, accueil)* kühl // *nm*: **le** ~ die Kälte; **les grands** ~**s** die kalte Jahreszeit; **jeter un** ~ *(fig)* wie eine kalte Dusche wirken; **être en** ~ **avec** ein unterkühltes Verhältnis haben zu; **il fait** ~ es ist kalt; **j'ai froid** mir ist kalt, ich friere; **à** ~ *ad (TECH)* kalt; *(fig)* ohne Vorbereitung; **froidement** *ad* kühl; *(lucidement)* mit kühlem Kopf.
froisser [fʀwase] *vt* zerknittern; *(personne)* kränken; **se** ~ *vi* knittern; gekränkt *ou* beleidigt sein; **se** ~ **un muscle** sich *(dat)* einen Muskel quetschen.
frôler [fʀole] *vt* streifen, leicht berühren; *(catastrophe, échec)* nahe sein an (+ *dat*).
fromage [fʀɔmaʒ] *nm* Käse *m;* ~ **blanc** ≈ Quark *m*, Frischkäse *m*.
fromager, ère [fʀɔmaʒe, ɛʀ] *nm/f (marchand)* Käsehändler(in *f*) *m*.
froment [fʀɔmɑ̃] *nm* Weizen *m*.
fronce [fʀɔ̃s] *nf* (kleine, geraffte) Falte *f*.
frondaisons [fʀɔ̃dɛzɔ̃] *nfpl (feuillage)* Laubwerk *nt*, Blätterwerk *nt*.
fronde [fʀɔ̃d] *nf (lance-pierres)* Schleuder *f*.
frondeur, euse [fʀɔ̃dœʀ, øz] *a* aufrührerisch.
front [fʀɔ̃] *nm (ANAT)* Stirn *f; (MIL, fig)* Front *f;* **F**~ **de libération** Befreiungsfront *f;* **avoir le** ~ **de faire qch** die Stirn haben, etw zu tun; **de** ~ *ad (par devant)* frontal; *(rouler)* nebeneinander; *(simultanément)* gleichzeitig, zugleich; ~ **de mer** Küstenstrich *m*, Küstenlinie *f*.
frontal, e, aux [fʀɔ̃tal, o] *a (ANAT)* Stirn-; *(choc, attaque)* frontal.
frontalier, ière [fʀɔ̃talje, jɛʀ] *a* Grenz- // *nm/f (travailleur)* Grenzgänger (in *f*) *m*.
frontière [fʀɔ̃tjɛʀ] *nf* Grenze *f;* **poste/ville** ~ Grenzposten *m*/-stadt *f;* **à la** ~ an der Grenze.
frontispice [fʀɔ̃tispis] *nm* Titelbild *nt*.
fronton [fʀɔ̃tɔ̃] *nm* Giebel *m*.
frottement [fʀɔtmɑ̃] *nm (friction)* Reiben *nt*.

frotter [fʀɔte] *vi* reiben // *vt* abreiben; einreiben; *(pour nettoyer: sol)* scheuern; *(: meuble)* polieren; **se ~ à qn/qch** *(fig)* sich einlassen mit jdm/auf etw *(akk)*; ~ **une allumette** ein Streichholz anzünden.

fructifier [fʀyktifje] *vi* *(arbre)* Früchte tragen; *(argent)* Zinsen abwerfen; *(propriété)* Wertzuwachs haben; **faire ~** gut *ou* gewinnbringend anlegen.

fructueux, euse [fʀyktɥø, øz] *a* einträglich, gewinnbringend.

frugal, e, aux [fʀygal, o] *a* *(repas)* frugal, einfach; *(vie, personne)* genügsam, schlicht.

fruit [fʀɥi] *nm* *(BOT)* Frucht *f*; *(fig)* Früchte *pl*; **~s** *mpl* Obst *nt*; **~s secs** Dörrobst *nt*; **~s de mer** Meeresfrüchte *pl*.

fruité, e [fʀɥite] *(vin)* fruchtig.

fruitier, ière [fʀɥitje, jɛʀ] *a*: **arbre ~** Obstbaum *m* // *nm/f* *(marchand)* Obsthändler(in *f*) *m*.

fruste [fʀyst(ə)] *a* ungeschliffen, roh.

frustré, e [fʀystʀe] *a* frustriert.

frustrer [fʀystʀe] *vt* *(PSYCH)* frustrieren; *(espoirs etc)* zunichte machen; *(priver)*: **~ qn de qch** jdn um etw bringen.

fuel [fjul] *nm* Heizöl *nt*.

fugace [fygas] *a* flüchtig.

fugitif, ive [fyʒitif, iv] *a* flüchtig // *nm/f* Ausbrecher(in *f*) *m*.

fugue [fyg] *nf* *(d'un enfant)* Ausreißen *nt*; *(MUS)* Fuge *f*; **faire une ~** ausreißen.

fuir [fɥiʀ] *vt*: *(qch)* fliehen *ou* flüchten vor etw *(dat)*; *(responsabilités)* sich einer Sache *(dat)*entziehen // *vi* *(personne)* fliehen; *(eau)* auslaufen; *(robinet)* tropfen; *(tuyau)* lecken, undicht sein.

fuite [fɥit] *nf* Flucht *f*; *(écoulement)* Auslaufen *nt*; *(divulgation)* Durchsickern *nt*; **~ de gaz** undichte Stelle *f* in der Gasleitung; **être en ~** auf der Flucht sein; **mettre en ~** in die Flucht schlagen; **prendre la ~** die Flucht ergreifen.

fulgurant, e [fylgyʀɑ̃, ɑ̃t] *a* blitzschnell, atemberaubend.

fulminer [fylmine] *vi*: **~ (contre)** wettern (gegen).

fumé, e [fyme] *a* *(CULIN)* geräuchert; *(verres)* getönt // *nf* Rauch *m*.

fume-cigarette [fymsigaʀɛt] *nm inv* Zigarettenspitze *f*.

fumer [fyme] *vi* *(personne)* rauchen; *(liquide)* dampfen // *vt* *(cigarette, pipe)* rauchen; *(CULIN)* räuchern; *(terre, champ)* düngen.

fumet [fymɛ] *nm* *(CULIN)* Aroma *nt*, Duft *m*.

fumeur, euse [fymœʀ, øz] *nm/f* Raucher(in *f*) *m*; **compartiment ~s/non ~s** Raucher-/Nichtraucherabteil *nt*.

fumeux, euse [fymø, øz] *a* *(pej)* verschwommen, verworren.

fumier [fymje] *nm* *(engrais)* Dung *m*, Dünger *m*.

fumigation [fymigɑsjɔ̃] *nf* *(MED)* Dampfbad *nt*.

fumiste [fymist(ə)] *nm/f* *(pej)* Taugenichts *m*.

fumisterie [fymistəʀi] *nf* *(pej)* Schwindel *m*.

fumoir [fymwaʀ] *nm* Rauchzimmer *nt*.

funambule [fynɑ̃byl] *nm* Seiltänzer (in *f*) *m*.

funèbre [fynɛbʀ(ə)] *a* *(relatif aux funérailles)* Trauer-; *(lugubre)* düster, finster.

funérailles [fyneʀɑj] *nfpl* Begräbnis *nt*, Beerdigung *f*.

funéraire [fyneʀɛʀ] *a* Bestattungs-.

funeste [fynɛst(ə)] *a* unheilvoll; tödlich.

funiculaire [fynikylɛʀ] *nm* Seilbahn *f*.

fur [fyʀ]: **au ~ et à mesure** *ad* sobald, nach und nach; **au ~ et à mesure que/de** sobald, während.

furet [fyʀɛ] *m* *(ZOOL)* Frettchen *nt*.

fureter [fyʀte] *vi* *(pej)* herumschnüffeln.

fureur [fyʀœʀ] *nf* *(colère)* Wut *f*; **faire ~** *(être à la mode)* in sein, Furore machen.

furibond, e [fyʀibɔ̃, ɔ̃d] *a* wütend.

furie [fyʀi] *nf* *(colère)* Wut *f*; *(femme)*

Furie *f*; **en ~** tobend.
furieux, euse [fyʀjø, øz] *a (en colère)* wütend; *(combat)* wild, erbittert; *(vent)* heftig.
furoncle [fyʀɔ̃kl(ə)] *nm* Furunkel *m*.
furtif, ive [fyʀtif, iv] *a* verstohlen.
fusain [fyzɛ̃] *nm* Zeichenkohle *f*; *(dessin)* Kohlezeichnung *f*.
fuseau [fyzo] *nm (pantalon)* Keilhose *f*; *(pour filer)* Spindel *f*; **en ~** spindelförmig; **~ horaire** Zeitzone *f*.
fusée [fyze] *nf* Rakete *f*; **~ éclairante** Leuchtrakete *f*, Leuchtkugel *f*.
fuselage [fyzlaʒ] *nm* (Flugzeug)rumpf *m*.
fuselé, e [fyzle] *a* schlank, spindelförmig.
fusible [fyzibl(ə)] *nm* Schmelzdraht *m*; *(fiche)* Sicherung *f*.
fusil [fyzi] *m (arme)* Gewehr *nt*; **~ de chasse** Jagdflinte *f*, Büchse *f*.
fusillade [fyzijad] *nf* Gewehrfeuer *nt*.
fusiller [fyzije] *vt (exécuter)* erschießen.
fusil-mitrailleur [fyzimitʀajœʀ] (leichtes) Machinengewehr *nt*.
fusion [fyzjɔ̃] *nf (d'un métal)* Schmelzen *nt* (*COMM*: *de compagnies)* Fusion *f*; **entrer en ~** schmelzen, flüssig werden.
fusionner [fyzjɔne] *vi* sich zusammenschließen.
fustiger [fystiʒe] *vt (critiquer)* tadeln, schelten.
fût [fy] *nm (tonneau)* Faß *nt*; *(de canon, de colonne)* Schaft *m*; *(d'arbre)* Schaft, Stamm *m*.
futaie [fytɛ] *nf* Hochwald *m*.
futile [fytil] *a (idée, activité)* unbedeutend, unnütz.
futur, e [fytyʀ] *a* zukünftig; **les temps ~s** die Zukunft // *nm*: **le ~** (*LING*) das Futur(um); *(avenir)* die Zukunft; **au ~** (*LING*) im Futur; **~ antérieur** vollendete Zukunft.
fuyant, e [fɥijɑ̃, ɑ̃t] *a (regard)* ausweichend, *(personne)* schwer faßbar; **perspective ~e** Fluchtlinie *f*.
fuyard, e [fɥijaʀ, aʀd(ə)] *nm/f* Ausreißer(in *f*) *m*.

G

gabarit [gabaʀi] *nm (dimension)* Größe *f*; *(fig)* Schalg *m*.
gabegie [gabʒi] *nf* Chaos *nt*.
gâcher [gɑʃe] *vt (plâtre)* anrühren; *(saboter)* verderben; *(gaspiller)* verschwenden.
gâchette [gɑʃɛt] *nf (d'arme)* Abzug *m*.
gâchis [gɑʃi] *nm (gaspillage)* Verschwendung *f*.
gadget [gadʒɛt] *nm* Spielerei *f*.
gadoue [gadu] *nf (ordures)* Müll *m*.
gaffe [gaf] *nf (instrument)* Bootshaken *m*; *(fam: bévue)* Schnitzer *m*; **faire ~** *(fam)* aufpassen.
gaffer [gafe] *vi* einen Schnitzer machen.
gage [gaʒ] *nm* Pfand *nt*; *(assurance)* Zeichen *nt*; **~s** *nmpl (salaire)* Lohn *m*; **mettre en ~** verpfänden.
gager [gaʒe] *vt*: **~ que** wetten, daß.
gageure [gaʒyʀ] *nf*: **c'est une ~** das ist ein Ding der Unmöglichkeit.
gagnant, e [gaɲɑ̃, ɑ̃t] *nm/f* Gewinner(in *f*) *m*.
gagne-pain [gaɲpɛ̃] *nm inv* Broterwerb *m*.
gagner [gaɲe] *vt* gewinnen; *(salaire)* verdienen; *(aller vers)* erreichen; *(s'emparer de)* angreifen, ergreifen; *(feu)* übergreifen auf (+*akk*) // *vi* gewinnen, siegen; **~ de la place** Platz sparen; **~ sa vie** seinen Lebensunterhalt verdienen; **~ du terrain** an Boden gewinnen.
gai, e [ge] *a* fröhlich, lustig; *(un peu ivre)* angeheitert.
gaieté [gete] *nf* Fröhlichkeit *f*; **de ~ de cœur** gerne.
gaillard, e [gajaʀ, aʀd(ə)] *a (robuste)* kräftig; *(grivois)* derb // *nm (fam: gars)* Kerl *m*.
gain [gɛ̃] *nm (bénéfice: gén pl)* Gewinn *m*; *(revenu: gén pl)* Einkünfte *pl*; *(au jeu)* Gewinn *m*; *(avantage)* Vorteil *m*; **~ de temps/place** Zeit-/Raumersparnis *nt*; **obtenir ~ de cause** etwas erreichen.
gaine [gɛn] *nf (sous-vêtement)* Hüft-

halter *m; (fourreau)* Scheide *f;* **~-culotte** Miederhöschen *nt.*
galant, e [galɑ̃, ɑ̃t] *a* galant; **en ~e compagnie** in Damenbegleitung.
galanterie [galɑ̃tʀi] *nf* Höflichkeit *f,* Galanterie *f.*
galantine [galɑ̃tin] *nf* Sülze *f.*
galbe [galb(ə)] *nm* Rundung *f.*
galbé, e [galbe] *a (jambes)* wohlproportioniert.
gale [gal] *nf* Krätze *f; (du chien)* Räude *f.*
galerie [galʀi] *nf* Galerie *f; (THEAT)* oberster Rang *m; (souterrain)* Stollen *m; (AUT)* Gepäckträger *m; (public)* Publikum *nt.*
galet [galɛ] *nm* Kieselstein *m; (TECH)* Rad *nt.*
galette [galɛt] *nf flaches, rundes Gebäckstück.*
galeux, euse [galø, øz] *a:* **un chien ~** ein räudiger Hund.
galipette [galipɛt] *nf:* **faire des ~s** *(fam)* Luftsprünge machen.
galon [galɔ̃] *nm (MIL)* Dienstgradabzeichen *nt; (décoratif)* Borte *f.*
galop [galo] *nm* Galopp *m;* **au ~** im Galopp.
galoper [galɔpe] *vi* galoppieren.
galopin [galɔpɛ̃] *nm* Gassenjunge *m.*
gambader [gɑ̃bade] *vi* herumspringen.
gamelle [gamɛl] *nf* Kochgeschirr *nt;* **ramasser une ~** *(fam)* auf die Nase fallen.
gamin, e [gamɛ̃, in] *nm/f* Kind *nt // a* schelmisch; kindisch.
gaminerie [gaminʀi] *nf* Kinderei *f.*
gamme [gam] *nf* Skala *f.*
gammé, e [game] *a:* **croix ~e** Hakenkreuz *nt.*
gangrène [gɑ̃gʀɛn] *nf* Brand *m.*
gant [gɑ̃] *nm* Handschuh *m;* **prendre des ~s avec qn** jdn mit Samthandschuhen anfassen; **~ de toilette** Waschlappen *m;* **~s de caoutchouc** Gummihandschuhe *pl.*
ganté, e [gɑ̃te] *a:* **~ de blanc** weiße Handschuhe tragend.
garage [gaʀaʒ] *nm (abri)* Garage *f; (entreprise)* Werkstatt *f;* **~ à vélos** Fahrradunterstand *m.*
garagiste [gaʀaʒist(ə)] *nm/f (propriétaire)* Werkstattbesitzer *m; (mécanicien)* (Auto)mechaniker *m.*
garant, e [gaʀɑ̃, ɑ̃t] *nm/f* Bürge *m,* Bürgin *f;* **se porter ~ de qch** für etw bürgen.
garantie [gaʀɑ̃ti] *nf* Garantie *f.*
garantir [gaʀɑ̃tiʀ] *vt* garantieren; *(COMM)* eine Garantie geben für; *(attester)* versichern; *(protéger):* **~ de qch** vor etw *(dat)* schützen.
garçon [gaʀsɔ̃] *nm* Junge *m; (célibataire)* Junggeselle *m; (jeune homme)* junger Mann *m; (serveur)* Kellner *m;* **~ de courses** Laufbursche *m,* Bote *m.*
garçonnière [gaʀsɔnjɛʀ] *nf* Junggesellenbude *f.*
garde [gaʀd(ə)] *nm* Aufseher *m; (d'un prisonnier)* Wache *f; (MIL)* Wachtposten *m // nf* Bewachung *f; (MIL)* Wache *f; (position de défense)* Deckung *f;* **~ champêtre** *nm* Feldschütz *m;* **~ du corps** *nm* Leibwächter *m;* **~ forestier** *nm* Förster *m;* **~ des Sceaux** *nm* Justizminister *m;* **~-à-vous** *nm:* **~-à-vous!** stillgestanden!; **être/se mettre au ~-à-vous** stehen; **~ des enfants** *nf (JUR)* Sorgerecht *nt;* **~ d'honneur** *nf* Ehrengarde *f;* **~ à vue** *nf* Polizeigewahrsam *m;* **mettre en ~** warnen; **prendre ~** vorsichtig sein; **être sur ses ~s** auf der Hut sein; **monter la ~** Wache stehen; **de ~** *(médecin, pharmacie)* im Dienst; **page** *ou* **feuille de ~** Vorsatzblatt *nt.*
garde- [gaʀd(ə)] *pref:* **~barrière** *nm/f* Bahnwärter(in *f*) *m;* **~boue** *nm inv* Schutzblech *nt;* **~chasse** *nm* Jagdaufseher *m;* **~-fou** *nm* Geländer *nt;* **~malade** *nm/f* Krankenwache *f;* **~manger** *nm* Speisekammer *f;* **~meuble** *nm* Möbellager *nt;* **~pêche** *nm* Fischereiaufseher *m.*
garder [gaʀde] *vt* behalten; *(surveiller)* bewachen; *(: enfant, animal)* hüten; *(séquestrer)* einsperren; *(réserver)* reservieren; **se ~** *vi (se conserver)* sich halten; **~ le lit** das Bett hüten; **se ~ de faire qch** sich

hüten, etw zu tun; **chasse gardée** privates Jagdgebiet.
garderie [gaʀdəʀi] *nf (pour enfants)* (Kinder)krippe *f.*
gardien, ne [gaʀdjɛ̃, jɛn] *nm/f (garde)* Wächter(in *f*) *m; (de prison)* Wärter (in *f*) *m; (de musée)* Aufseher (in *f*) *m; (fig)* Hüter(in *f*) *m;* ~ **de but** Torwart *m;* ~ **de nuit** Nachtwächter *m;* ~ **de la paix** Polizist(in *f*) *m;* ~ **d'immeuble** Hausmeister(in *f*) *m.*
gare [gaʀ] *nf* Bahnhof *m // excl* Achtung!; ~ **routière** Busstation *f;* ~ **de triage** Rangierbahnhof *m.*
garer [gaʀe] *vt (véhicule)* parken; **se** ~ *vi* parken; *(pour laisser passer)* ausweichen.
gargariser [gaʀgaʀize]: **se** ~ *vi* gurgeln; **se gargariser de** *(fig)* seine helle Freude haben an (+*dat*).
gargote [gaʀgɔt] *nf* billige Kneipe *f.*
gargouille [gaʀguj] *nf (ARCHIT)* Wasserspeier *m.*
gargouiller [gaʀguje] *vi (estomac)* knurren; *(eau)* plätschern.
garnement [gaʀnəmɑ̃] *nm* Schlingel *m.*
garni, e [gaʀni] *a (plat)* mit Beilage // *nm (chambre)* möbliertes Zimmer *nt.*
garnir [gaʀniʀ] *vt (orner)* schmükken; *(pourvoir)* ausstatten; *(renforcer)* versehen; **se** ~ *(salle)* sich füllen.
garniture [gaʀnityʀ] *nf* Verzierung *f;* (*CULIN*) Beilage *f; (: farce)* Füllung *f; (protection)* Beschlag *m;* ~ **de frein** Bremsbelag *m.*
garrot [gaʀo] *nm* (*MED*) Aderpresse *f;* **faire un** ~ **à qn** jdm den Arm abbinden; ~**ter** *vt* fesseln.
gars [gɑ] *nm* Bursche *m.*
gas-oil [gɑzɔjl] *nm* Dieselkraftstoff *m.*
gaspiller [gaspije] *vt* verschwenden.
gastrique [gastʀik] *a* Magen-.
gastronomie [gastʀɔnɔmi] *nf* Gastronomie *f.*
gastronomique [gastʀɔnɔmik] *a* gastronomisch.
gâteau, x [gɑto] *nm* Kuchen *m;* ~ **sec** Keks *m.*
gâter [gɑte] *vt* verderben; *(personne)* verwöhnen; **se** ~ *vi (s'abîmer)* schlecht werden; *(temps, situation)* schlechter werden.
gâterie [gɑtʀi] *nf (objet)* Aufmerksamkeit *f.*
gâteux, euse [gɑtø, øz] *a* senil.
gauche [goʃ] *a* linke(r,s); *(maladroit)* unbeholfen // *nf* (*POL*): **la** ~ die Linke; **à** ~ links; *(mouvement)* nach links; **à** ~ **de** links von.
gaucher, ère [goʃe, ɛʀ] *a* linkshändig // *nm/f* Linkshänder(in *f*) *m.*
gauchir [goʃiʀ] *vt* verbiegen; *(fig)* verdrehen.
gauchiste [goʃist(ə)] *nm/f* Linke(r) *mf.*
gaufre [gofʀ(ə)] *nf* Waffel *f.*
gaufrette [gofʀɛt] *nf* Waffel *f.*
gaulois, e [golwa, waz] *a* gallisch; *(grivois)* derb; **G**~**, e** *nm/f* Gallier(in *f*) *m.*
gaver [gave] *vt (animal)* mästen; *(fig)* vollstopfen *(de* mit); **se** ~ **de** sich vollstopfen mit.
gaz [gɑz] *nm inv* Gas *nt;* **chambre/masque à** ~ Gaskammer *f*/-maske *f;* ~ **lacrymogène** Tränengas *nt;* ~ **naturel** Erdgas *nt.*
gaze [gɑz] *nf (étoffe)* Gaze *f; (pansement)* Verbandsmull *m.*
gazéifié, e [gazeifje] *a:* **eau** ~**e** Mineralwasser *nt* mit Kohlensäure.
gazette [gazɛt] *nf (journal)* Zeitung *f.*
gazeux, euse [gɑzø, øz] *a* gasförmig; **eau/boisson gazeuse** kohlensäurehaltiges Wasser/Getränk.
gazoduc [gɑzɔdyk] *nm* Gasleitung *f.*
gazomètre [gɑzɔmɛtʀ(ə)] *nm* Gaszähler *m.*
gazon [gɑzɔ̃] *nm (pelouse)* Rasen *m.*
gazouiller [gazuje] *vi (oiseau)* zwitschern; *(enfant)* plappern.
geai [ʒɛ] *nm* Eichelhäher *m.*
géant, e [ʒeɑ̃, ɑ̃t] *a* riesig // *nm/f* Riese *m,* Riesin *f.*
geindre [ʒɛ̃dʀ(ə)] *vi* stöhnen.
gel [ʒɛl] *nm* Frost *m; (de l'eau)* Gefrieren *nt; (des salaires, prix)* Einfrieren *nt.*
gélatine [ʒelatin] *nf* (*CULIN*) Gelatine *f.*
gelé, e [ʒ(ə)le] *a (personne, doigt)*

erfroren.
gelée [ʒ(ə)le] *nf* (*CULIN*) Gelée *nt;* (*METEO*) Frost *m;* ~ **blanche** Reif *m;* **viande en** ~ Fleisch in Aspik.
geler [ʒ(ə)le] *vt* gefrieren lassen; *(prix, salaires)* einfrieren // *vi (sol, eau)* gefrieren; *(lac)* zufrieren; *(personne)* frieren; **il gèle** es herrscht Frost, es friert.
Gémeaux [ʒemo] *nmpl* (*ASTR*) Zwillinge *pl.*
gémir [ʒemiʀ] *vi* stöhnen.
gemme [ʒɛm] *nf (pierre)* Edelstein *m.*
gênant, e [ʒɛnɑ̃, ɑ̃t] *a (meuble, objet)* hinderlich; *(histoire)* peinlich.
gencive [ʒɑ̃siv] *nf* Zahnfleisch *nt.*
gendarme [ʒɑ̃daʀm(ə)] *nm* Polizist *m;* ~**rie** *nf Polizei in ländlichen Bezirken.*
gendre [ʒɑ̃dʀ(ə)] *nm* Schwiegersohn *m.*
gêne [ʒɛn] *nf (physique)* Schwierigkeit *f; (dérangement)* Störung *f; (manque d'argent)* Geldverlegenheit *f,* Armut *f; (embarras)* Verlegenheit *f.*
gêné, e [ʒene] *a (embarrassé)* verlegen.
gêner [ʒene] *vt* stören; *(encombrer)* behindern; *(embarrasser):* ~ **qn** jdn in Verlegenheit bringen; **se** ~ *vi* sich *(dat)* Zwang antun.
général, e, aux [ʒeneʀal, o] *a* allgemein // *nf: (répétition)* ~**e** Generalprobe *f* // *nm* General *m;* **en** ~ im allgemeinen; **assemblée/grève** ~**e** Generalversammlung *f*/-streik *m;* **médecine** ~**e** Allgemeinmedizin *f;* ~**ement** *ad* im allgemeinen.
généralisation [ʒeneʀalizɑsjɔ̃] *nf* Verallgemeinerung *f.*
généraliser [ʒeneʀalize] *vt, vi* verallgemeinern; **se** ~ sich verbreiten.
généraliste [ʒeneʀalist(ə)] *nm/f* Arzt *m*/Ärztin *f* für Allgemeinmedizin.
générateur, trice [ʒeneʀatœʀ, tʀis] *a:* **être** ~ **de qch** etw zur Folge haben // *nf* Generator *m.*
génération [ʒeneʀɑsjɔ̃] *nf* Generation *f.*
généreux, euse [ʒeneʀø, øz] *a* großzügig.
générique [ʒeneʀik] *a* artmäßig // *nm* Vor-/Nachspann *m.*
générosité [ʒeneʀozite] *nf* Großzügigkeit *f.*
genèse [ʒənɛz] *nf* Entstehung *f.*
genêt [ʒ(ə)nɛ] *nm* Ginster *m.*
génétique [ʒenetik] *a* genetisch.
Genève [ʒ(ə)nɛv] *nf* Genf *nt.*
génie [ʒeni] *nm* Genie *nt;* (*MIL*): **le** ~ die Pioniere *pl;* ~ **civil** Hoch- und Tiefbau *m;* **de** ~ *a* genial.
genièvre [ʒənjɛvʀ(ə)] *nm* Wachholder *m; (boisson)* Wacholderschnaps *m.*
génisse [ʒenis] *nf* Färse *f.*
génital, e, aux [ʒenital, o] *a* genital.
génitif [ʒenitif] *nm* Genitiv *m.*
génocide [ʒenɔsid] *nm* Völkermord *m.*
genou, x [ʒ(ə)nu] *nm* Knie *nt;* **à** ~**x** auf den Knien; **se mettre à** ~**x** sich niederknien.
genre [ʒɑ̃ʀ] *nm* Art *f;* (*ZOOL*) Gattung *f;* (*LING*) Genus *nt;* (*ART*) Genre *nt.*
gens [ʒɑ̃] *nmpl* Menschen *pl,* Leute *pl.*
gentil, le [ʒɑ̃ti, ij] *a* lieb, nett.
gentillesse [ʒɑ̃tijɛs] *nf* Liebenswürdigkeit *f,* Nettigkeit *f.*
gentiment [ʒɑ̃timɑ̃] *ad* nett, lieb.
génuflexion [ʒenyflɛksjɔ̃] *nf* Kniebeuge *f.*
géographie [ʒeɔgʀafi] *nf* Geographie *f,* Erdkunde *f; (relief):* **la** ~ **de** die geographische Beschaffenheit von.
geôlier [ʒolje] *nm* Gefängniswärter(in *f*) *m.*
géologique [ʒeɔlɔʒik] *a* geologisch.
géomètre [ʒeɔmɛtʀ(ə)] *nm/f (arpenteur)* Landvermesser(in *f*) *m.*
géométrie [ʒeɔmetʀi] *nf* Geometrie *f.*
géométrique [ʒeɔmetʀik] *a* geometrisch.
gérance [ʒeʀɑ̃s] *nf* Verwaltung *f; (d'une entreprise)* Leitung *f;* **mettre en** ~ verwalten lassen; **prendre en** ~ verwalten.
géranium [ʒeʀanjɔm] *nm* Geranie *f.*
gérant, e [ʒeʀɑ̃, ɑ̃t] *nm/f* Verwalter(in *f*) *m; (de magasin)* Geschäftsführer(in *f*) *m.*
gerbe [ʒɛʀb(ə)] *nf (de fleurs)* Strauß

m; (de blé) Garbe *f.*
gercé, e [ʒɛʀse] *a* aufgesprungen.
gerçure [ʒɛʀsyʀ] *nf* Riß *m.*
gérer [ʒeʀe] *vt* verwalten.
gériatrie [ʒeʀjatʀi] *nf* Altersheilkunde *f.*
germanique [ʒɛʀmanik] *a* germanisch.
germe [ʒɛʀm(ə)] *nm* Keim *m.*
germer [ʒɛʀme] *vi* keimen.
gésir [ʒeziʀ] *vi* ruhen; *voir aussi* **ci-gît.**
gestation [ʒɛstɑsjɔ̃] *nf* (*ZOOL*) Trächtigkeit *f; (fig)* Reifungsprozeß *m.*
geste [ʒɛst(ə)] *nm* Geste *f;* ~ **de la main** Handbewegung *f;* **un** ~ **de refus** eine ablehnende Geste.
gesticuler [ʒɛstikyle] *vi* gestikulieren.
gestion [ʒɛstjɔ̃] *nf* Verwaltung *f.*
gibecière [ʒibsjɛʀ] *nf* Jagdtasche *f.*
gibet [ʒibɛ] *nm* Galgen *m.*
gibier [ʒibje] *nm (animaux)* Wild *nt; (fig)* Beute *f.*
giboulée [ʒibule] *nf* Regenschauer *m.*
gicler [ʒikle] *vi* herausspritzen.
gicleur [ʒiklœʀ] *nm* Düse *f.*
gifle [ʒifl(ə)] *nf* Ohrfeige *f.*
gifler [ʒifle] *vt* ohrfeigen.
gigantesque [ʒigɑ̃tɛsk(ə)] *a* riesig; *(fig)* gewaltig.
gigogne [ʒigɔɲ] *a:* **lits** ~**s** ausziehbare Betten *pl.*
gigot [ʒigo] *nm* (*CULIN*) Keule *f.*
gigoter [ʒigɔte] *vi* zappeln.
gilet [ʒilɛ] *nm (de costume)* Weste *f; (pull)* Strickjacke *f; (sous-vêtement)* Unterhemd *nt;* ~ **pare-balles** kugelsichere Weste; ~ **de sauvetage** Schwimmweste *f.*
gingembre [ʒɛ̃ʒɑ̃bʀ(ə)] *nm* Ingwer *m.*
girafe [ʒiʀaf] *nf* Giraffe *f.*
giratoire [ʒiʀatwaʀ] *a:* **sens** ~ Kreisverkehr *m.*
girofle [ʒiʀɔfl(ə)] *nf:* **clou de** ~ (Gewürz)nelke *f.*
giroflée [ʒiʀɔfle] *nf* Goldlack *m.*
girouette [ʒiʀwɛt] *nf* Wetterhahn *m.*
gisait [ʒizɛ] *etc voir* **gésir.**
gisement [ʒizmɑ̃] *nm* Ablagerung *f.*
gît [ʒi] *voir* **gésir.**
gitan, e [ʒitɑ̃, an] *nm/f* Zigeuner(in *f*) *m.*
gîte [ʒit] *nm (abri, logement)* Unterkunft *f; (du lièvre)* Bau *m;* ~ **rural** Ferienhaus *nt* auf dem Lande.
givre [ʒivʀ(ə)] *nm* Reif *m.*
glabre [glɑbʀ(ə)] *a (rasé)* glattrasiert.
glace [glas] *nf* Eis *nt; (miroir)* Spiegel *m; (de voiture)* Fenster *nt;* **rompre la** ~ das Eis brechen.
glacé, e [glase] *a (gelé)* vereist; *(boisson)* eisgekühlt; *(main)* gefroren; *(accueil)* eisig.
glacer [glase] *vt (main, visage)* eiskalt werden lassen; *(intimider)* erstarren lassen; *(gâteau)* glasieren; *(papier, tissu)* appretieren.
glaciaire [glasjɛʀ] *a* Gletscher-; **l'ère** ~ das Eiszeitalter.
glacial, e [glasjal] *a* eiskalt.
glacier [glasje] *nm* Gletscher *m.*
glaçon [glasɔ̃] *nm* Eiszapfen *m; (artificiel)* Eiswürfel *m.*
glaïeul [glajœl] *nm* Gladiole *f.*
glaire [glɛʀ] *nm* (*MED*) Schleim *m.*
glaise [glɛz] *nf* Lehm *m.*
gland [glɑ̃] *nm* Eichel *f; (décoration)* Quaste *f.*
glande [glɑ̃d] *nf* Drüse *f.*
glaner [glane] *vi* nachlesen // *vt (fig)* sammeln.
glapir [glapiʀ] *vi (chien)* kläffen.
glas [glɑ] *nm* Totenglocke *f.*
glauque [glok] *a* meergrün.
glissant, e [glisɑ̃, ɑ̃t] *a* rutschig.
glissement [glismɑ̃] *nm:* ~ **de terrain** Erdrutsch *m.*
glisser [glise] *vi (avancer)* rutschen, gleiten; *(déraper)* ausrutschen; *(être glissant)* rutschig *ou* glatt sein // *vt* schieben *(sous, dans* unter, in +*akk); (chuchoter)* zuflüstern; **se** ~ **dans** sich einschleichen in (+*akk).*
global, e, aux [glɔbal, o] *a* global, Gesamt-.
globe [glɔb] *nm* (*GEO*) Globus *m;* ~ **oculaire** Augapfel *m.*
globule [glɔbyl] *nm (du sang)* Blutkörperchen *nt.*

globuleux, euse [glɔbylø, øz] *a*: **yeux** ~ hervorstehende Augen *pl*.
gloire [glwaʀ] *nf* Ruhm *m*; *(mérite)* Verdienst *nt*; *(personne)* Berühmtheit *f*.
glorieux, euse [glɔʀjø, øz] *a* glorreich, ruhmvoll.
glorifier [glɔʀifje] *vt* rühmen.
glotte [glɔt] *nf* Stimmritze *f*.
glousser [gluse] *vi* gackern; *(rire)* kichern.
glouton, ne [glutɔ̃, ɔn] *a* gefräßig.
gluant, e [glyɑ̃, ɑ̃t] *a* klebrig.
glucide [glysid] *nm* Kohle(n)hydrat *nt*.
glycine [glisin] *nf* Glyzinie *f*.
go [go]: **tout de** ~ *ad* direkt.
goal [gol] *nm* Tor *nt*.
gobelet [gɔblɛ] *nm* Becher *m*.
gober [gɔbe] *vt* roh essen.
godet [gɔdɛ] *nm (récipient)* Becher *m*.
godiller [gɔdije] *vi (SKI)* wedeln.
goéland [gɔelɑ̃] *nm* Seemöwe *f*.
goélette [gɔelɛt] *nf* Schoner *m*.
goémon [gɔemɔ̃] *nm* Tang *m*.
gogo [gɔgo] *nm*: **à** ~ *ad* in Hülle und Fülle.
goguenard, e [gɔgnaʀ, aʀd(ə)] *a* spöttisch.
goinfre [gwɛ̃fʀ(ə)] *nm* Vielfraß *m*.
goitre [gwatʀ(ə)] *nm* Kropf *m*.
golf [gɔlf] *nm* Golf *nt*; *(terrain)* Golfplatz *m*.
gomme [gɔm] *nf (à effacer)* Radiergummi *m*; **boule/pastille de** ~ Bonbon *nt*.
gommer [gɔme] *vt (effacer)* ausradieren.
gond [gɔ̃] *nm* Angel *f*.
gondoler [gɔ̃dɔle] *vi*, **se** ~ *vi* sich wellen, sich verziehen; **se** ~ *(fam)* sich kaputtlachen.
gonflé, e [gɔ̃fle] *a (yeux, visage)* geschwollen.
gonfler [gɔ̃fle] *vt (pneu, ballon)* aufpumpen; *(exagérer)* übertreiben // *vi (enfler)* anschwellen; *(pâte)* aufgehen.
goret [gɔʀɛ] *nm* Ferkel *nt*.
gorge [gɔʀʒ(ə)] *nf (ANAT)* Kehle *f*; *(poitrine)* Brust *f*; *(GEO)* Schlucht *f*; *(rainure)* Rille *f*.
gorgé, e [gɔʀʒe] *a*: ~ **de** gefüllt mit; *(d'eau)* durchtränkt mit // *nf* Schluck *m*.
gorille [gɔʀij] Gorilla *m*.
gosier [gozje] *nm* Kehle *f*.
gosse [gɔs] *nm/f* Kind *nt*.
gothique [gɔtik] *a* gotisch.
goudron [gudʀɔ̃] *nm* Teer *m*.
goudronner [gudʀɔne] *vt* asphaltieren.
gouffre [gufʀ(ə)] *nm* Abgrund *m*.
goujat [guʒa] *nm* Rüpel *m*.
goulot [gulo] *nm* Flaschenhals *m*; **boire au** ~ aus der Flasche trinken.
goulu, e [guly] *a* gierig.
goupillon [gupijɔ̃] *nm (REL)* Weihwedel *m*.
gourd, e [guʀ, guʀd(ə)] *a* taub.
gourde [guʀd(ə)] *nf (récipient)* Feldflasche *f*.
gourdin [guʀdɛ̃] *nm* Knüppel *m*.
gourmand, e [guʀmɑ̃, ɑ̃d] *a (de sucreries)* naschhaft; *(pej)* gefräßig.
gourmandise [guʀmɑ̃diz] *nf (mets)* Leckerbissen *m*.
gourmet [guʀmɛ] *nm* Feinschmecker(in *f*) *m*.
gourmette [guʀmɛt] *nf* Uhrkette *f*; Armband *nt*.
gousse [gus] *nf*: ~ **d'ail** Knoblauchzehe *f*.
goût [gu] *nm* Geschmack *m*; **de bon/mauvais** ~ geschmackvoll/-los; **avoir du/manquer de** ~ Geschmack/keinen Geschmack haben; **prendre** ~ **à qch** an etw *(dat)* Gefallen finden.
goûter [gute] *vt (essayer)* versuchen; *(savourer)* genießen // *vi (prendre une collation)* vespern, eine Nachmittagsmahlzeit einnehmen // *nm* Vesper *f*, *kleine Zwischenmahlzeit am Nachmittag*; ~ **à qch** etw versuchen *ou* kosten.
goutte [gut] *nf* Tropfen *m*; *(MED)* Gicht ; ~ **à** ~ tropfenweise; ~**-à-**~ *nm* Tropf *m*.
gouttière [gutjɛʀ] *nf* Dachrinne *f*.
gouvernail [guvɛʀnaj] *nm* Ruder *nt*, Steuer *nt*.
gouverne [guvɛʀn(ə)] *nf*: **pour votre** ~ zu Ihrer Orientierung.

gouvernement [guvɛʀnəmɑ̃] *nm* Regierung *f*.
gouvernemental, e, aux [guvɛʀnəmɑ̃tal, o] *a* Regierungs-.
gouverner [guvɛʀne] *vt (pays, peuple)* regieren; *(diriger)* lenken, steuern; *(conduite de qn)* beherrschen.
grâce [gʀɑs] *nf (bienveillance)* Gunst *f*; *(bienfait)* Gefallen *m*; (*REL*) Gnade *f*; *(charme)* Anmut *f*; (*JUR*) Begnadigung *f*; **~s** *nfpl* (*REL*) Dankgebet *nt*; **de bonne/mauvaise ~** (bereit)willig/ungern; **rendre ~ à qn** jdm danken; **faire ~ à qn de qch** jdn von etw befreien; **demander ~** um Gnade bitten; **recours en ~** Gnadengesuch *nt*; **~ à** *prep* dank (+*dat*).
gracier [gʀasje] *vt* begnadigen.
gracieux, euse [gʀasjø, jøz] *a* graziös, anmutig; **à titre ~** kostenlos.
gradation [gʀadɑsjɔ̃] *nf* Abstufung *f*.
grade [gʀad] *nm* Rang *m*.
gradé [gʀade] *nm* Unteroffizier *m*.
gradin [gʀadɛ̃] *nm* Rang *m*; *(d'un terrain)*: **en ~s** terrassenförmig.
graduel, le [gʀadɥɛl] *a* allmählich.
graduer [gʀadɥe] *vt (augmenter graduellement)* allmählich steigern; *(règle, verre)* gradieren, einteilen; **exercices gradués** nach Schwierigkeitsgrad gestaffelte Übungen.
graffiti [gʀafiti] *nmpl* Wandschmierereien *pl*.
grain [gʀɛ̃] *nm* Korn *nt*; *(du bois)* Maserung *f*; (*NAVIG*) Bö *f*; **~ de café** Kaffeebohne *f*; **~ de raisin** Traube *f*; **~ de beauté** Schönheitsfleck *m*.
graine [gʀɛn] *nf* Samen *m*.
graissage [gʀɛsaʒ] *nm* Ölen *nt*; (*AUT*) Abschmieren *nt*.
graisse [gʀɛs] *nf* Fett *nt*; *(lubrifiant)* Schmiermittel *nt*.
graisser [gʀese] *vt (machine)* schmieren, ölen; (*AUT*) abschmieren; *(tacher)* fettig machen.
grammaire [gʀamɛʀ] *nf* Grammatik *f*.
grammatical, e, aux [gʀamatikal, o] *a* grammatisch.
grand, e [gʀɑ̃, gʀɑ̃d] *a* groß; *(voyage)* lang // *ad*: **~ ouvert** weit offen; **un ~ artiste** ein bedeutender Künstler; **un ~ buveur** ein starker Trinker; **avoir ~ besoin de qch** etw dringend benötigen; **il est ~ temps** es ist höchste Zeit; **un ~ blessé** ein Schwerverletzter; **au ~ air** im Freien; **~ ensemble** Siedlung *f*; **~ magasin** Kaufhaus *nt*; **~e personne** Erwachsene(r) *mf*.
grand-chose [gʀɑ̃ʃoz] *nm inv*: **pas ~** nicht viel.
Grande-Bretagne [gʀɑ̃dbʀətaɲ] *nf*: **la ~** Großbritannien *nt*.
grandement [gʀɑ̃dmɑ̃] *ad (fortement)* sehr.
grandeur [gʀɑ̃dœʀ] *nf* Größe *f*; **~ nature** *a* in Lebensgröße.
grandiloquence [gʀɑ̃dilɔkɑ̃s] *nf* geschwollene Ausdrucksweise *f*.
grandir [gʀɑ̃diʀ] *vi* wachsen; *(augmenter)* zunehmen // *vt* **~ qn** jdn größer erscheinen lassen.
grand-mère [gʀɑ̃mɛʀ] *nf* Großmutter *f*.
grand-messe [gʀɑ̃mɛs] *nf* Hochamt *nt*.
grand-peine [gʀɑ̃pɛn]: **à ~** *ad* mühsam.
grand-père [gʀɑ̃pɛʀ] *nm* Großvater *m*.
grand-route [gʀɑ̃ʀut] *nf*, **grand-rue** [gʀɑ̃ʀy] *nf* Hauptstraße *f*.
grands-parents [gʀɑ̃paʀɑ̃] *nmpl* Großeltern *pl*.
grange [gʀɑ̃ʒ] *nf* Scheune *f*.
granule [gʀanyl] *nm* Körnchen *nt*.
graphie [gʀafi] *nf* Schreibung *f*.
graphique [gʀafik] *a* graphisch // *nm* Schaubild *nt*.
graphologie [gʀafɔlɔʒi] *nf* Graphologie *f*.
grappe [gʀap] *nf* Traube *f*; *(multitude)* Ansammlung *f*; **~ de raisin** Traube *f*.
grappiller [gʀapije] *vt* nachlesen.
grappin [gʀapɛ̃] *nm*: **mettre le ~ sur qn** jdn in die Finger bekommen.
gras, se [gʀɑ, gʀɑs] *a* fettig; *(personne)* fett; *(plaisanterie)* derb // *nm* (*CULIN*) Fett *nt*; **faire la ~se**

matinée (sich) ausschlafen.
grassement [grasmɑ̃] *ad:* **payer ~** sehr gut bezahlen.
grassouillet, te [grasujɛ, ɛt] *a* rundlich, dicklich.
gratifier [gratifje] *vt:* **~ qn de qch** jdm etw gewähren.
gratiné, e [gratine] *a (CULIN)* gratiniert; *(fam)* höllisch.
gratis [gratis] *ad* gratis.
gratitude [gratityd] *nf* Dankbarkeit *f.*
gratte-ciel [gratsjɛl] *nm inv* Wolkenkratzer *m.*
gratte-papier [gratpapje] *nm* Schreiberling *m.*
gratter [grate] *vt* kratzen; *(enlever)* abkratzen; **se ~** *vt* sich kratzen.
gratuit, e [gratɥi, ɥit] *a* kostenlos; *(hypothèse, idée)* ungerechtfertigt.
gravats [grava] *nmpl (décombres)* Trümmer *pl.*
grave [grav] *a (sérieux)* ernst; *(maladie, accident)* schwer; *(son, voix)* tief; **~ment** *ad* schwer.
graver [grave] *vt (plaque)* gravieren; *(nom)* eingravieren; **~ qch dans son esprit/sa mémoire** sich *(dat)* etw einprägen.
gravier [gravje] *nm* Kies *m.*
gravillons [gravijɔ̃] *nmpl* Schotter *m.*
gravir [gravir] *vt* hinaufklettern.
gravité [gravite] *nf* Ernst *m;* Schwere *f; (PHYS)* Schwerkraft *f.*
graviter [gravite] *vi:* **~ autour de** sich drehen um.
gravure [gravyr] *nf (action)* Gravieren *nt; (inscription)* Gravur *f; (art)* Gravierkunst *f; (estampe)* Stich *m.*
gré [gre] *nm:* **à son ~** nach seinem Geschmack; **au ~ de** mit; gemäß *(+gen);* **contre le ~ de qn** gegen jds Willen; **de son (plein) ~** aus freiem Willen; **de ~ ou de force** wohl oder übel; **bon ~ mal ~** notgedrungen; **savoir ~ à qn de qch** jdm wegen etw dankbar sein.
grec, grecque [grɛk] *a* griechisch.
Grèce [grɛs] *nf:* **la ~** Griechenland *nt.*
gréement [gremɑ̃] *nm (action)* Auftakeln *nt.*
greffer [grefe] *vt (AGR)* pfropfen; *(MED)* transplantieren.
greffier [grefje] *nm* Gerichtsschreiber *m.*
grégaire [gregɛr] *a:* **instinct ~** Herdentrieb *m.*
grêle [grɛl] *a (maigre)* mager // *nf* Hagel *m.*
grêlé, e [grele] *a* pockennarbig.
grêler [grele] *vb impers:* **il grêle** es hagelt.
grêlon [grɛlɔ̃] *nm* Hagelkorn *nt.*
grelot [grəlo] *nm* Glöckchen *nt.*
grelotter [grəlɔte] *vi* vor Kälte zittern.
grenade [grənad] *nf (explosif)* Granate *f; (BOT)* Granatapfel *m.*
grenat [grəna] *a inv (couleur)* granatfarben.
grenier [grənje] *nm* Speicher *m.*
grenouille [grənuj] *nf* Frosch *m.*
grès [grɛ] *nm (GEO)* Sandstein *m; (poterie)* Steingut *nt.*
grésiller [grezije] *vi (CULIN)* brutzeln; *(RADIO)* knacken.
grève [grɛv] *nf (plage)* Ufer *nt; (arrêt de travail)* Streik *m;* **se mettre en/faire ~** streiken; **~ de la faim** Hungerstreik *m;* **~ sur le tas** Sitzstreik *m;* **~ du zèle** Dienst *m* nach Vorschrift.
grever [grəve] *vt* belasten.
gréviste [grevist(ə)] *nm/f* Streikende(r) *mf.*
gribouiller [gribuje] *vt, vi* kritzeln.
grief [grijɛf] *nm:* **faire ~ à qn de qch** jdm etw vorwerfen.
grièvement [grijɛvmɑ̃] *ad:* **~ blessé** schwer verletzt.
griffe [grif] *nf (d'animal)* Kralle *f.*
griffer [grife] *vt* kratzen.
griffonner [grifɔne] *vt* hinkritzeln.
grignoter [griɲɔte] *vt* herumnagen an *(+dat).*
gril [gri(l)] *nm* Grill *m.*
grillade [grijad] *nf* Grillgericht *nt.*
grillage [grijaʒ] *nm* Gitter *nt.*
grille [grij] *nf* Gitter *nt,* Rost *m; (porte)* Tor *nt.*
grille-pain [grijpɛ̃] *nm inv* Toaster *m.*

griller [gʀije] *vt (pain)* toasten; *(viande)* grillen; *(ampoule, résistance)* durchbrennen lassen // *vi (brûler)* verbrennen; **faire** ~ toasten; grillen.
grillon [gʀijɔ̃] *nm* Grille *f.*
grimace [gʀimas] *nf* Grimasse *f;* **faire des** ~**s** Grimassen schneiden.
grimer [gʀime] *vt* schminken.
grimper [gʀɛ̃pe] *vt* hinaufsteigen // *vi:* ~ **à/sur** klettern *ou* steigen auf *(+akk).*
grincement [gʀɛ̃smɑ̃] *nm (de porte)* Quietschen *nt; (de plancher)* Knarren *nt; (de dents)* Knirschen *nt.*
grincer [gʀɛ̃se] *vi* quietschen; *(plancher)* knarren; ~ **des dents** mit den Zähnen knirschen.
grincheux, euse [gʀɛ̃ʃø, øz] *a* mürrisch.
grippe [gʀip] *nf* Grippe *f.*
grippé, e [gʀipe] *a:* **être** ~ die Grippe haben.
gris, e [gʀi, gʀiz] *a* grau; *(ivre)* beschwipst; ~**-vert** graugrün.
grisaille [gʀizɑj] *nf (monotonie)* Trübheit *f.*
griser [gʀize] *vt (fig)* berauschen.
grisonner [gʀizɔne] *vi* grau werden.
Grisons [gʀizɔ̃] *nmpl:* **les** ~ Graubünden *nt.*
grisou [gʀizu] *nm* Grubengas *nt.*
grive [gʀiv] *nf* Drossel *f.*
grivois, e [gʀivwa, waz] *a* derb.
grogner [gʀɔɲe] *vi (animal)* knurren; *(personne)* murren.
groin [gʀwɛ̃] *nm* Rüssel *m.*
grommeler [gʀɔmle] *vi* brummeln.
gronder [gʀɔ̃de] *vi (animal)* knurren; *(moteur, tonnerre)* donnern; *(révolte, mécontentement)* gären // *vt* schimpfen mit.
gros, grosse [gʀo, gʀos] *a* groß; *(personne, trait, fil)* dick; *(travaux)* umfangreich; *(orage, bruit)* gewaltig // *ad:* **risquer/gagner** ~ viel riskieren/verdienen // *nm* (*COMM*): **le** ~ der Großhandel; **en gros** (*COMM*) en gros; *(en substance)* grosso modo; **prix de** ~ Großhandelspreis *m;* **par** ~ **temps/**~**se mer** bei rauhem Wetter/stürmischem Meer; **le** ~ **de** der Großteil von; ~ **intestin** Dickdarm *m;* ~ **lot** Hauptgewinn *m;* ~ **mot** Schimpfwort *nt;* **le** ~ **œuvre** der Rohbau.
groseille [gʀozɛj] *nf:* ~ **rouge/blanche** rote/weiße Johannisbeere *f;* ~ **à maquereau** Stachelbeere *f.*
grossesse [gʀosɛs] *nf* Schwangerschaft *f.*
grosseur [gʀosœʀ] *nf (volume)* Größe *f; (corpulence)* Dicke *f.*
grossier, ière [gʀosje, jɛʀ] *a (vulgaire)* derb; *(brut)* grob; *(erreur, faute)* kraß.
grossièrement [gʀosjɛʀmɑ̃] *ad* derb; grob; *(à peu près)* ungefähr.
grossir [gʀosiʀ] *vi* zunehmen; *(rivière)* steigen // *vt (personne)* dicker erscheinen lassen; *(augmenter)* erhöhen; *(exagérer)* übertreiben; *(microscope, jumelles)* vergrößern.
grossiste [gʀosist(ə)] *nm/f* Großhändler(in *f*) *m.*
grotte [gʀɔt] *nf* Höhle *f.*
grouiller [gʀuje] *vi* wimmeln *(de* von).
groupe [gʀup] *nm* Gruppe *f;* ~ **sanguin** Blutgruppe *f.*
groupement [gʀupmɑ̃] *nm (association)* Vereinigung *f.*
grouper [gʀupe] *vt* gruppieren; **se** ~ *vi* sich versammeln.
grue [gʀy] *nf* (*TECH*) Kran *m;* (*ZOOL*) Kranich *m.*
grumeaux [gʀymo] *nmpl* (*CULIN*) Klumpen *pl.*
gruyère [gʀyjɛʀ] *nm* Gruyère *m,* Greyerzerkäse *m.*
gué [ge] *nm* Furt *f.*
guenilles [gənij] *nfpl* Lumpen *pl.*
guenon [gənɔ̃] *nf* Äffin *f.*
guêpe [gɛp] *nf* Wespe *f.*
guêpier [gepje] *nm (fig)* Falle *f.*
guère [gɛʀ] *ad:* **ne** ~ nicht sehr; **ne** ~ **mieux** nicht viel besser; **il n'a** ~ **de courage** er ist nicht sehr mutig; **il n'y a** ~ **que lui qui...** es gibt kaum jemand außer ihm, der... .
guéridon [geʀidɔ̃] *nm* Sockeltisch *m.*
guérir [geʀiʀ] *vt* heilen *(de* von) // *vi* heilen; *(personne)* gesund werden.
guérison [geʀizɔ̃] *nf* Genesung *f.*

guérite [gerit] *nf (MIL)* Wachhäuschen *nt.*
guerre [gɛʀ] *nf* Krieg *m;* ~ **atomique/civile** Atom-/Bürgerkrieg *m;* **en** ~ im Krieg(szustand); **faire la** ~ **à** Krieg führen mit; **de** ~ **lasse** schließlich.
guerrier, ière [gɛʀje, jɛʀ] *a* kriegerisch // *nm* Krieger *m.*
guerroyer [gɛʀwaje] *vi* Krieg führen.
guet [gɛ] *nm:* **faire le** ~ auf der Lauer liegen, lauern.
guet-apens [gɛtapɑ̃] *nm* Hinterhalt *m.*
guêtre [gɛtʀ(ə)] *nf* Gamasche *f.*
guetter [gete] *vt* lauern auf (+*akk*).
gueule [gœl] *nf (d'animal)* Maul *nt; (ouverture)* Öffnung *f; (fam: bouche)* Klappe *f.*
gueuler [gœle] *vi (fam)* schreien; plärren.
gui [gi] *nm* Mistel *f.*
guichet [giʃɛ] *nm* Schalter *m; (d'une porte)* Fenster *nt; (THEAT)* Kasse *f.*
guide [gid] *nm* Führer *m* // *nf* Führerin; *(scoute)* Pfadfinderin *f;* ~**s** *nmpl (rênes)* Zügel *pl.*
guider [gide] *vt (personne)* führen; *(fig)* beraten; **se** ~ **sur...** sich richten nach.
guidon [gidɔ̃] *nm (de vélo)* Lenkstange *f.*
guignol [giɲɔl] *nm* Kasper *m;* **théâtre** ~ Kasperletheater *nt.*
guillemets [gijmɛ] *nmpl:* **entre** ~ in Anführungszeichen.
guillotiner [gijɔtine] *vt* mit der Guillotine hinrichten.
guindé, e [gɛ̃de] *a* gekünstelt.
guirlande [giʀlɑ̃d] *nf* Girlande *f; (couronne)* Kranz *m.*
guise [giz] *nf:* **à sa** ~ wie er/sie will; **en** ~ **de** als.
guitare [gitar] *nf* Gitarre *f.*
gymnase [ʒimnɑz] *nm (SPORT)* Turnhalle *f.*
gymnaste [ʒimnast(ə)] *nm/f* Turner(in *f*) *m.*
gymnastique [ʒimnastik] *nf* Gymnastik *f;* Turnen *nt.*
gynécologie [ʒinekɔlɔʒi] *nf* Gynäkologie *f.*

H

habile [abil] *a* geschickt; *(rusé)* gerissen.
habileté [abilte] *f* Geschicklichkeit *f;* Gerissenheit *f.*
habilité, e [abilite] *a:* ~ **à faire qch** ermächtigt, etw zu tun.
habillé, e [abije] *a* gekleidet; *(vêtement)* chic, elegant.
habillement [abijmɑ̃] *nm* Kleidung *f.*
habiller [abije] *vt* anziehen, kleiden; *(fournir en vêtements)* einkleiden; *(objet)* verkleiden; *(vêtement: convenir)* chic aussehen an; **s'**~ sich anziehen; *(élégamment)* sich elegant kleiden.
habit [abi] *nm (costume)* Anzug *m;* ~**s** *nmpl (vêtements)* Kleidung *f,* Kleider *pl;* ~ **(de soirée)** Abendanzug *m.*
habitable [abitabl(ə)] *a* bewohnbar.
habitacle [abitakl(ə)] *nm (AVIAT)* Cockpit *nt.*
habitant, e [abitɑ̃, ɑ̃t] *nm/f (d'un lieu)* Einwohner(in *f*) *m; (d'une maison)* Bewohner(in *f*) *m.*
habitat [abita] *nm (BOT, ZOOL)* Lebensraum *m.*
habitation [abitɑsjɔ̃] *nf (domicile)* Wohnsitz *m; (bâtiment)* Wohngebäude *nt;* ~ **à loyer modéré (H.L.M.)**≈Sozialwohnung *f.*
habiter [abite] *vt* bewohnen; *(fig)* innewohnen (+*dat*) // *vi* wohnen; ~ **rue Montmartre** in der rue Montmartre wohnen.
habitude [abityd] *nf* Gewohnheit *f; (expérience)* Vertrautheit *f;* **avoir l'**~ **de faire qch** etw gewöhnlich tun; *(par expérience)* es gewohnt sein, etw zu tun; **d'**~ gewöhnlich, normalerweise; **comme d'**~ wie gewöhnlich.
habitué, e [abitɥe] *a:* **être** ~ **à** etw *(akk)* gewöhnt sein // *nm/f (d'un café etc)* Stammgast *m.*

habituel, le [abitɥɛl] *a* üblich.
habituer [abitɥe] *vt:* ~ **qn à qch** jdn an etw *(akk)* gewöhnen; **s'~ à** sich gewöhnen an (+*akk*).
***hâbleur, euse** ['ablœʀ, øz] *a* angeberisch.
***hache** ['aʃ] *nf* Axt *f*, Beil *nt*.
***haché, e** ['aʃe] *a (CULIN)* gehackt, kleingehackt; *(phrases, style)* abgehackt; **viande ~e** Hackfleisch *nt*.
***hacher** ['aʃe] *vt (CULIN)* zerhacken.
***hachette** ['aʃɛt] *nf* Hackbeil *nt*.
***hachis** ['aʃi] *nm:* ~ **de viande** feingehacktes Fleisch *nt*.
***hachisch** ['aʃiʃ] *nm* Haschisch *nt*.
***hachoir** ['aʃwaʀ] *nm (appareil)* Fleischwolf *m*; *(planche)* Hackbrett *nt*.
***hachurer** ['aʃyʀe] *vt* schraffieren.
***hagard, e** ['agaʀ, aʀd(ə)] *a* verstört.
***haie** ['ɛ] *nf* Hecke *f*; *(SPORT)* Hürde *f*; *(de personnes)* Reihe *f*, Spalier *nt*; **course de ~s** Hürdenrennen *nt*; ~ **d'honneur** Spalier *nt*.
***haillons** ['ajɔ̃] *nmpl* Lumpen *pl*.
***haine** ['ɛn] *nf* Haß *m*.
***haïr** ['aiʀ] *vt* hassen.
***hâlé, e** ['ale] *a* gebräunt.
haleine [alɛn] *nf* Atem *m*; **hors d'~** außer Atem; **de longue ~** langwierig.
***haler** ['ale] *vt* schleppen.
***haleter** ['alte] *vi* keuchen.
***hall** ['ol] *nm* Halle *f*, Vorhalle *f*.
***halle** ['al] *nf* Markthalle *f*; **~s** *nfpl* städtische Markthallen *pl*.
hallucinant, e [alysinɑ̃, ɑ̃t] *a* verblüffend.
hallucination [alysinɑsjɔ̃] *nf* Halluzination *f*, Sinnestäuschung *f*.
***halo** ['alo] *nm (de lumière)* Hof *m*.
***halte** ['alt] *nf* Rast *f*; *(RAIL)* Haltepunkt *m* // *excl* halt!; **faire ~** halten.
haltère [altɛʀ] *nm* Hantel *f*; **poids et ~s** Gewichtheben *nt*.
***hamac** ['amak] *nm* Hängematte *f*.
***hameau, x** ['amo] *nm* Weiler *m*.
hameçon [amsɔ̃] *nm* Angelhaken *m*.
***hampe** ['ɑ̃p] *nf (de lance)* Schaft *m*; *(de drapeau)* Stange *f*.
***hamster** ['amstɛʀ] *nm* Hamster *m*.
***hanche** ['ɑ̃ʃ] *nf* Hüfte *f*.
***handicapé, e** ['ɑ̃dikape] *a* behindert // *nm/f* Behinderte(r) *mf*; ~ **physique/mental** Körperbehinderte(r) *mf*/geistig Behinderte(r) *mf*; ~ **moteur** Spastiker(in *f*) *m*.
***handicaper** ['ɑ̃dikape] *vt* behindern.
***hangar** ['ɑ̃gaʀ] *nm* Schuppen *m*; *(AVIAT)* Hangar *m*, Flugzeughalle *f*.
***hanneton** ['antɔ̃] *nm* Maikäfer *m*.
***hanter** ['ɑ̃te] *vt (fantôme)* spuken *ou* umgehen in (+*dat*); *(poursuivre)* verfolgen, keine Ruhe lassen (+*dat*).
***hantise** ['ɑ̃tiz] *nf* (obsessive) Angst *f*.
***happer** ['ape] *vt* schnappen; **être happé par un train** von einem Zug erfaßt werden.
***haranguer** ['aʀɑ̃ge] *vt* eine Rede halten (+*dat*).
***haras** ['aʀɑ] *nm* Gestüt *nt*.
***harassant, e** ['aʀasɑ̃, ɑ̃t] *a (travail)* erschöpfend.
***harceler** ['aʀsəle] *vt (importuner)* belästigen; ~ **de questions** mit Fragen bestürmen.
***hardi, e** ['aʀdi] *a (courageux)* kühn, tapfer.
***hargne** ['aʀɲ(ə)] *nf* Gereiztheit *f*, Aggressivität *f*.
***hareng** ['aʀɑ̃] *nm* Herring *m*.
***haricot** ['aʀiko] *nm* Bohne *f*; ~ **vert/blanc** grüne/dicke Bohne.
harmonie [aʀmɔni] *nf* Harmonie *f*; *(théorie)* Harmonielehre *f*.
harmonieux, euse [aʀmɔnjø, øz] *a* harmonisch.
harmoniser [aʀmɔnize] *vt* aufeinander abstimmen; *(MUS)* harmonisieren.
***harnacher** ['aʀnaʃe] *vt* anschirren.
***harnais** ['aʀnɛ] *nm* Geschirr *nt*.
***harpe** ['aʀp(ə)] *nf* Harfe *f*.
***harponner** ['aʀpɔne] *vt* harpunieren; *(fam)* anhalten.
***hasard** ['azaʀ] *nm* Zufall *m*; **au ~** auf gut Glück, aufs Geratewohl; **par**

~ zufällig; **à tout** ~ auf gut Glück.
***hasarder** ['azaʀde] *vt* riskieren; **se** ~ **à faire qch** es riskieren, etw zu tun.
***hâte** ['ɑt] *nf* Eile *f*; **à la** ~ hastig; **en** ~ in aller Eile; **avoir** ~ **de faire qch** es eilig haben, etw zu tun.
***hâter** ['ɑte] *vt* beschleunigen; **se** ~ sich beeilen.
***hâtif, ive** ['ɑtif, iv] *a (travail)* gepfuscht; *(décision)* übereilt, überstürzt; (*AGR*) frühreif.
***hausse** ['os] *nf (de prix, température)* Anstieg *m; (de salaires)* Erhöhung *f; (de fusil)* Visier *nt*; **en** ~ *(prix)* steigend; *(température)* ansteigend.
***hausser** ['ose] *vt* erhöhen; *(voix)* erheben; ~ **les épaules** mit den Achseln zucken; **se** ~ *vt*: **se** ~ **sur la pointe des pieds** sich auf die Zehenspitzen stellen.
***haut, e** ['o, 'ot] *a* hoch; *(voix)* laut // *ad* hoch // *nm (partie supérieure)* oberer Teil *m; (sommet)* Gipfel *m*; ~ **de 2m/2m de haut** 2m hoch; **en** ~**e montagne** im Hochgebirge; **en** ~ **lieu** an höchster Stelle; **à** ~**e voix, tout** ~ laut; **du** ~ **de...** von...herab; **de** ~ **en bas** von oben nach unten; *(regarder)* von oben bis unten; **plus** ~ höher; *(position)* weiter oben; *(plus fort)* lauter; **en** ~ oben; *(avec mouvement)* nach oben; **en** ~ **de** auf *(+akk)*; ~ **les mains!** Hände hoch!; **des** ~**s et des bas** Höhen und Tiefen *pl*.
***hautain, e** ['otɛ̃, ɛn] *a* hochmütig.
***hautbois** ['obwɑ] *nm* Oboe *f*.
***haut-de-forme** ['odfɔʀm] *nm* Zylinder(hut) *m*.
***hauteur** ['otœʀ] *nf* Höhe *f; (arrogance)* Hochmut *m*, Überheblichkeit *f*; **être à la** ~ **de la situation** der Lage gewachsen sein.
***haut-fond** ['ofɔ̃] *nm* Untiefe *f*.
***haut-fourneau** ['ofuʀno] *nm* Hochofen *m*.
***haut-le-cœur** ['olkœʀ] *nm inv* Übelkeit *f*.
***haut-parleur** ['opaʀlœʀ] *nm* Lautsprecher *m*.
***havre** ['ɑvʀ(ə)] *nm (fig)* Oase *f*.
***hayon** ['ɛjɔ̃] *nm (AUT)* Hecktür *f*.
hebdomadaire [ɛbdɔmadɛʀ] *a* wöchentlich // *nm* (wöchentlich erscheinende) Zeitschrift *f*.
héberger [ebɛʀʒe] *vt* bei sich aufnehmen.
hébété, e [ebete] *a* benommen, wie betäubt.
hébreu, x [ebʀø] *am* hebräisch; **H**~ *nm* Hebräer *m*.
hécatombe [ekatɔ̃b] *nf* Blutbad *nt*.
hectare [ɛktaʀ] *nm* Hektar *nt*.
hégémonie [eʒemɔni] *nf* Vorherrschaft *f*.
***hein** ['ɛ̃, hɛ̃] *excl (interrogation)* was?; *(sollicitant approbation)* nicht wahr?
***hélas** ['elɑs] *ad* leider // *excl* ach!
***héler** ['ele] *vt* herbeirufen.
hélice [elis] *nf* Schraube *f*, Propeller *m*.
hélicoptère [elikɔptɛʀ] *nm* Hubschrauber *m*.
héliport [elipɔʀ] *nm* Hubschrauberlandeplatz *m*.
helvétique [ɛlvetik] *a* helvetisch, schweizerisch.
hématome [ematom] *nm* Bluterguß *m*.
hémicycle [emisikl(ə)] *nm* Halbkreis *m*; (*POL*): **l'**~ das Parlament.
hémiplégie [emipleʒi] *nf* halbseitige Lähmung *f*.
hémisphère [emisfɛʀ] *nm*: ~ **nord/sud** nördliche/südliche Hemisphäre *f*.
hémophilie [emɔfili] *nf* Bluterkrankheit *f*.
hémorragie [emɔʀaʒi] *nf* starke Blutung *f*; ~ **cérébrale** Gehirnblutung *f*.
hémorroïdes [emɔʀɔid] *nfpl* Hämorrhoiden *pl*.
***hennir** ['eniʀ] *vi* wiehern.
hépatique [epatik] *a* Leber-.
herbe [ɛʀb(ə)] *nf* Gras *nt*; (*MED*) (Heil)kraut *nt*; (*CULIN*) (Gewürz)kraut *nt*.
herbicide [ɛʀbisid] *nm* Unkrautvernichtungsmittel *nt*.
herbier [ɛʀbje] *nm* Herbarium *nt*.
herbivore [ɛʀbivɔʀ] *a* pflanzen-

fressend.

herboriste [ɛʀbɔʀist(ə)] *nm/f* Heilmittelhändler(in *f*) *m*.

***hère** ['ɛʀ] *nm*: **un pauvre ~** ein armer Teufel *m*.

héréditaire [eʀeditɛʀ] *a* erblich.

hérédité [eʀedite] *nf (BIO)* Vererbung *f*; *(: caractères)* Erbgut *nt*.

hérésie [eʀezi] *nf* Ketzerei *f*.

hérétique [eʀetik] *nm/f* Ketzer(in *f*) *m*.

***hérissé, e** ['eʀise] *a (hirsute)* borstig, struppig; **~ de** voll von, gespickt mit.

***hérisser** ['eʀise] *vt (personne)* aufbringen; **se ~** *vi (poils)* sich sträuben.

***hérisson** ['eʀisɔ̃] *nm* Igel *m*.

héritage [eʀitaʒ] *nm* Erbe *nt*, Erbschaft *f*.

hériter [eʀite] *vt, vi* erben; **~ de qch** etw erben.

héritier, ière [eʀitje, jɛʀ] *nm/f* Erbe *m*, Erbin *f*.

hermétique [ɛʀmetik] *a* hermetisch; *(visage)* verschlossen, starr.

hermine [ɛʀmin] *nf* Hermelin *nt*.

***hernie** ['ɛʀni] *nf* (Eingeweide)bruch *m*.

héroïne [eʀɔin] *nf* Heldin *f*; *(drogue)* Heroin *nt*.

héroïque [eʀɔik] *a* heroisch, heldenhaft.

***héron** ['eʀɔ̃] *nm* Reiher *m*.

***héros** ['eʀo] *nm* Held *m*.

***herse** ['ɛʀs(ə)] *nf (AGR)* Egge *f*; *(grille)* Fallgitter *nt*.

hésitation [ezitasjɔ̃] *nf* Zögern *nt*.

hésiter [ezite] *vi* zögern.

hétéroclite [eteʀɔklit] *a (ensemble)* eigenartig, heterogen; *(objets)* zusammengestückelt.

***hêtre** ['ɛtʀ(ə)] *nm* Buche *f*.

heure [œʀ] *nf* Stunde *f*; *(point précis du jour)* Uhr *f*; **quelle ~ est-il?** wieviel Uhr ist es?; **il est deux ~s et demie/moins le quart** es ist halb drei/viertel vor zwei; **à toute ~** jederzeit; **être à l'~** pünktlich ankommen; *(montre)* richtig gehen; **mettre à l'~** stellen; **24 ~s sur 24** rund um die Uhr; **sur l'~** sofort; **une ~ d'arrêt** eine Stunde Aufenthalt; **à l'~ actuelle** gegenwärtig; **~ locale/d'été** Orts-/Sommerzeit *f*; **~ de pointe** Hauptverkehrszeit *f*; **~s supplémentaires** Überstunden *pl*.

heureusement [œʀøzmɑ̃] *ad (par bonheur)* glücklicherweise.

heureux, euse [œʀø, øz] *a* glücklich.

***heurt** ['œʀ] *nm (choc)* Zusammenstoß *m*; **~s** *nmpl (fig)* Reibereien *pl*.

***heurté, e** ['œʀte] *a* sprunghaft.

***heurter** ['œʀte] *vt* stoßen gegen; *(fig)* verletzen; **se ~ à** *vt* zusammenstoßen mit; *(fig: obstacle)* treffen auf *(+akk)*; **se ~** *vt* zusammenstoßen.

***heurtoir** ['œʀtwaʀ] *nm (de porte)* Türklopfer *m*.

hexagone [ɛgzagɔn] *nm* Sechseck *nt*.

hiberner [ibɛʀne] *vi* den Winterschlaf halten.

***hibou, x** ['ibu] *nm* Eule *f*.

***hideux, euse** ['idø, øz] *a* abscheulich.

hier [jɛʀ] *ad* gestern.

***hiérarchie** ['jeʀaʀʃi] *nf* Hierarchie *f*.

hilarité [ilaʀite] *nf* Heiterkeit *f*.

hippique [ipik] Pferde-.

hippisme [ipism(ə)] *nm* Pferdesport *m*.

hippopotame [ipɔpɔtam] *nm* Nilpferd *nt*.

hirondelle [iʀɔ̃dɛl] *nf* Schwalbe *f*.

hirsute [iʀsyt] *a* strubbelig, struppig.

***hisser** ['ise] *vt* hissen; **se ~ sur qch** sich auf etw *(akk)* hochziehen.

histoire [istwaʀ] *nf* Geschichte *f*; **~s** *nfpl (ennuis)* Ärger *m*, Scherereien *pl (fam)*; **l'~ sainte** die biblische Geschichte.

historien, ne [istɔʀjɛ̃, jɛn] *nm/f* Historiker(in *f*) *m*.

historique [istɔʀik] *a* historisch.

hiver [ivɛʀ] *nm*: **l'~** der Winter; **en ~** im Winter; **~nal, e, aux** *a* winterlich; **~ner** *vi* überwintern.

H.L.M. *sigle m ou f voir* **habitation**.

***hocher** ['ɔʃe] *vt*: **~ la tête** den Kopf

schütteln; *(accord)* mit dem Kopf nicken.
***hochet** ['ɔʃɛ] *nm* Rassel *f*.
***hockey** ['ɔkɛ] *nm:* ~ **(sur glace/gazon)** (Eis-/Feld)hockey *nt*.
***hold-up** ['ɔldœp] *nm inv* Raubüberfall *m*.
***hollandais, e** ['ɔlɑ̃dɛ, ɛz] *a* holländisch; **H~, e** *nm/f* Holländer(in *f*).
***Hollande** ['ɔlɑ̃d] *nf:* **la** ~ Holland *nt*.
***homard** ['ɔmaʀ] *nm* Hummer *m*.
homélie [ɔmeli] *nf* Predigt *f*.
homéopathique [ɔmeɔpatik] *a* homöopathisch.
homicide [ɔmisid] *nm (acte)* Totschlag *m;* ~ **involontaire** fahrlässige Tötung *f*.
hommage [ɔmaʒ] *nm* Huldigung *f;* **~s** *nmpl:* **présenter ses ~s à qn** jdn grüßen; **rendre ~ à qn** jdm huldigen.
homme [ɔm] *nm (humain)* Mensch *m; (mâle)* Mann *m;* ~ **d'État** Staatsmann *m;* ~ **d'affaires** Geschäftsmann *m;* ~ **des cavernes** Höhlenmensch *m;* ~ **de main** Handlanger *m;* ~ **de paille** Strohmann *m;* **l'~ de la rue** der Mann auf der Straße; **~-grenouille** Froschmann *m;* **~-sandwich** Plakatträger *m*.
homogène [ɔmɔʒɛn] *a* homogen.
homologue [ɔmɔlɔg] *nm/f* Gegenstück *nt*, Pendant *nt*.
homologué, e [ɔmɔlɔge] *a (SPORT)* offiziell anerkannt; *(tarif)* genehmigt.
homonyme [ɔmɔnim] *nm (LING)* Homonym *nt; (personne)* Namensbruder *m*.
homosexuel, le [ɔmɔsɛksɥɛl] *a* homosexuell // *nm/f* Homosexuelle(r) *m*, Lesbierin *f*.
***Hongrie** ['ɔ̃gʀi] *nf:* **la** ~ Ungarn *nt*.
honnête [ɔnɛt] *a* ehrlich; *(suffisant)* zufriedenstellend, anständig *(fam);* **~ment** *ad* ehrlich.
honnêteté [ɔnɛtte] *nf* Ehrlichkeit *f*.
honneur [ɔnœʀ] *nm* Ehre *f;* **en l'~ de** zu Ehren von; **faire ~ à qch** *(engagements)* etw ehren; *(famille)* etw *(dat)* Ehre machen; *(repas)* etw zu würdigen wissen.
honorable [ɔnɔʀabl(ə)] *a* ehrenhaft; *(suffisant)* zufriedenstellend, anständig *(fam)*.
honoraire [ɔnɔʀɛʀ] *a* ehrenamtlich; **~s** *nmpl* Honorar *nt;* **professeur ~** emeritierter Professor.
honorer [ɔnɔʀe] *vt* ehren; *(COMM)* bezahlen; ~ **qn de** jdn beehren mit; **s'~ de** sich einer Sache *(gen)* rühmen.
honorifique [ɔnɔʀifik] *a* Ehren-.
***honte** ['ɔ̃t] *nf* Schande *f;* **avoir ~ de** sich schämen *(+gen);* **faire ~ à qn** jdm Schande machen.
***honteux, euse** ['ɔ̃tø, øz] *a* schändlich; *(personne)* beschämt; **être ~** *(personne)* sich schämen.
hôpital, aux [ɔpital, o] *nm* Krankenhaus *nt*.
***hoquet** ['ɔkɛ] *nm* Schluckauf *m*.
***hoqueter** ['ɔkte] *vi* hicksen, einen Schluckauf haben.
horaire [ɔʀɛʀ] *a* stündlich // *nm* Programm *nt*, Zeitplan *m; (SCOL)* Stundenplan *m; (transports)* Fahrplan *m; (AVIAT)* Flugplan *m*.
horizon [ɔʀizɔ̃] *nm* Horizont *m*.
horizontal, e, aux [ɔʀizɔ̃tal, o] *a* horizontal; **~ement** *ad* horizontal.
horloge [ɔʀlɔʒ] *nf* Uhr *f;* **l'~ parlante** die Zeitansage.
horloger, ère [ɔʀlɔʒe, ɛʀ] *nm/f* Uhrmacher(in *f*) *m*.
horlogerie [ɔʀlɔʒʀi] *nf* Uhrenindustrie *f;* **pièces d'~** Uhrteile *pl*.
***hormis** ['ɔʀmi] *prep* außer *(+dat)*.
hormone [ɔʀmɔn] *nf* Hormon *nt*.
horoscope [ɔʀɔskɔp] *nm* Horoskop *nt*.
horreur [ɔʀœʀ] *nf* Abscheulichkeit *f*, Entsetzlichkeit *f; (épouvante)* Entsetzen *nt;* **quelle ~!** wie gräßlich!; **avoir ~ de qch** etw verabscheuen; **faire ~ à qn** jdn anwidern.
horrible [ɔʀibl(ə)] *a* fürchterlich, grauenhaft, schrecklich.
horrifier [ɔʀifje] *vt* entsetzen.
horripiler [ɔʀipile] *vt (fam)* zur Verzweiflung bringen.
***hors** ['ɔʀ] *prep* außer *(+dat);* ~ **de**

außer (*+dat*), außerhalb (*+gen*); ~ **pair** außergewöhnlich; ~ **de propos** unpassend; **être ~ de soi** außer sich sein; ~ **d'usage** defekt; **~-bord** *nm* Außenbordmotor *m*; **~-concours** *a* außer Konkurrenz; **~-d'œuvre** *nm* Hors d'œuvre *nt*; **~-jeu** *nm* Abseits *nt*; **~-la-loi** *nm* Geächtete(r) *m*, Verbrecher *m*; **~-taxe** *a* zollfrei; **~-texte** *nm* Tafel *f*.

horticulteur, trice [ɔʀtikyltœʀ, tʀis] *nm/f* Gärtner(in *f*) *m*.

horticulture [ɔʀtikyltyʀ] *nf* Gartenbau *m*.

hospice [ɔspis] *nm (asile)* Heim *nt*; ~ **de vieillards** Altersheim *nt*.

hospitalier, ière [ɔspitalje, jɛʀ] *(accueillant)* gastfreundlich; *(MED)* Krankenhaus-.

hospitaliser [ɔspitalize] *vt* ins Krankenhaus einweisen.

hospitalité [ɔspitalite] *nf* Gastfreundlichkeit *f*.

hostile [ɔstil] *a* feindlich; **être ~ à qch** gegen etw (*+akk*) sein.

hostilité [ɔstilite] *nf* Feindseligkeit *f*; **~s** *nfpl* Feindseligkeiten *pl*.

hôte [ot] *nm (maître de maison)* Gastgeber *m*; *(invité)* Gast *m*.

hôtel [otɛl] *nm* Hotel *nt*; ~ **(particulier)** Villa *f*; ~ **de ville** Rathaus *nt*.

hôtelier, ière [otəlje, jɛʀ] *a* Hotel- // *nm/f* Hotelbesitzer(in *f*) *m*.

hôtellerie [otɛlʀi] *nf (profession)* Hotelgewerbe *nt*; *(auberge)* Gasthaus *nt*.

hôtesse [otɛs] *nf (maîtresse de maison)* Gastgeberin *f*; *(d'accueil)* Hosteß *f*; ~ **de l'air** Stewardeß *f*.

***hotte** ['ɔt] *nf (panier)* Rückentragekorb *m*; *(de cheminée, d'aération)* Abzugshaube *f*.

***houblon** ['ublɔ̃] *nm* Hopfen *m*.

***houille** ['uj] *nf* Kohle *f*; ~ **blanche** Wasserkraft *f*.

***houle** ['ul] *nf* Dünung *f*.

***houlette** ['ulɛt] *nf*: **sous la ~ de** unter der Führung von.

***houleux, euse** ['ulø, øz] *a (mer)* wogend, unruhig; *(fig)* erregt.

***houspiller** ['uspije] *vt* (aus)schimpfen.

***housse** ['us] *nf (de protection)* Bezug *m*.

***houx** ['u] *nm* Stechpalme *f*.

***hublot** ['yblo] *nm* Bullauge *nt*.

***huche** ['yʃ] *nf*: ~ **à pain** Brotkasten *m*.

***huées** ['ɥe] *nfpl* Buhrufe *pl*.

***huer** ['ɥe] *vt* ausbuhen.

huile [ɥil] *nf* Öl *nt*; ~ **d'arachide** Erdnußöl *nt*; ~ **de foie de morue** Lebertran *m*.

huiler [ɥile] *vt* ölen.

huis [ɥi] *nm*: **à ~ clos** unter Ausschluß der Öffentlichkeit.

huissier [ɥisje] *nm* Amtsdiener *m*; *(JUR)* Gerichtsvollzieher *m*.

***huit** ['ɥi(t)] *num* acht; **samedi en ~** Samstag in acht Tagen.

***huitaine** ['ɥitɛn] *nf*: **une ~ de jours** ungefähr eine Woche.

***huitième** ['ɥitjɛm] *num* achte(r, s).

huître [ɥitʀ(ə)] *nf* Auster *f*.

humain, e [ymɛ̃, ɛn] *a* menschlich; **l'être ~** der Mensch.

humanitaire [ymanitɛʀ] *a* humanitär.

humanité [ymanite] *nf (genre humain)*: **l'~** die Menschheit; *(sensibilité)* Menschlichkeit *f*.

humble [œbl(ə)] *a* bescheiden.

humecter [ymɛkte] *vt* befeuchten.

***humer** ['yme] *vt* einatmen.

humérus [ymeʀys] *nf* Oberarmknochen *m*.

humeur [ymœʀ] *nf (momentanée)* Stimmung *f*, Laune *f*; *(tempérament)* Wesen *nt*; *(irritation)* Wut *f*; **être de bonne/mauvaise ~** gut/schlecht gelaunt sein.

humide [ymid] *a* feucht; *(route)* naß; *(saison)* regnerisch.

humidificateur [ymidifikatœʀ] *nm* Verdunster *m*.

humidifier [ymidifje] *vt* befeuchten.

humidité [ymidite] *nf* Feuchtigkeit *f*.

humiliation [ymiljɑsjɔ̃] *nf* Demütigung *f*.

humilier [ymilje] *vt* demütigen.

humilité [ymilite] *nf* Bescheidenheit

f, Demut *f*.
humoristique [ymɔʀistik] *a* humoristisch.
humour [ymuʀ] *nm* Humor *m*.
***hurlement** ['yʀləmɑ̃] *nm* Heulen *nt*; *(humain)* Geschrei *nt*, Schrei *m*.
***hurler** ['yʀle] *vi* heulen; *(personne)* schreien; *(: brailler)* brüllen.
hurluberlu [yʀlybɛʀly] *nm* Spinner(in *f*) *m*.
***hutte** ['yt] *nf* Hütte *f*.
hydratant, e [idʀatɑ̃, ɑ̃t] *a* Feuchtigkeits-.
hydrate [idʀat] *nm*: **~s de carbone** Kohle(n)hydrate *pl*.
hydraulique [idʀolik] *a* hydraulisch.
hydravion [idʀavjɔ̃] *nm* Wasserflugzeug *nt*.
hydrocarbure [idʀɔkaʀbyʀ] *nm* Kohlenwasserstoff *m*.
hydrogène [idʀɔʒɛn] *nm* Wasserstoff *m*.
hydroglisseur [idʀɔglisœʀ] *nm* Gleitboot *nt*.
hygiène [iʒjɛn] *nf* Hygiene *f*; **~ corporelle/intime** Körper-/Intimpflege *f*.
hygiénique [iʒjenik] *a* hygienisch.
hymne [imn(ə)] *nm* Hymne *f*; **~ national** Nationalhymne *f*.
hypermétrope [ipɛʀmetʀɔp] *a* weitsichtig.
hypertension [ipɛʀtɑ̃sjɔ̃] *nf* hoher Blutdruck *m*.
hypnotique [ipnɔtik] *a* hypnotisch.
hypnotiser [ipnɔtize] *vt* hypnotisieren.
hypocrisie [ipɔkʀizi] *nf* Heuchelei *f*.
hypocrite [ipɔkʀit] *a* heuchlerisch // *nm/f* Heuchler(in *f*) *m*.
hypotension [ipɔtɑ̃sjɔ̃] *nf* niedriger Blutdruck *m*.
hypothèque [ipɔtɛk] *nf* Hypothek *f*.
hypothéquer [ipɔteke] *vt* mit einer Hypothek belasten.
hypothèse [ipɔtɛz] *nf* Hypothese *f*; **dans l'~ où...** gesetzt den Fall, daß... .
hypothétique [ipɔtetik] *a* hypothetisch.
hystérique [isteʀik] *a* hysterisch.

I

iceberg [isbɛʀg] *nm* Eisberg *m*.
ici [isi] hier.
icône [ikon] *nf* Ikone *f*.
iconographie [ikɔnɔgʀafi] *nf* *(ensemble d'images)* Illustrationen *pl*.
idéal, e, aux [ideal, o] *a* ideal // *nm* *(modèle)* Ideal *nt*.
idée [ide] *nf* Idee *f*; *(esprit)*: **avoir dans l'~ que** das Gefühl haben, daß; **cela ne me viendrait même pas à l'~** das käme mir überhaupt nicht in den Sinn; **~s** *nfpl (opinions)* Denkweise *f*, Vorstellungen *pl*; **à l'~ que...** wenn ich daran denke, daß...; **~s noires** schwarze Gedanken *pl*.
identifier [idɑ̃tifje] *vt (assimiler)*: **~ qch avec** *ou* **à qch** etw gleichsetzen mit etw; *(reconnaître)* identifizieren; **s'~ avec** *ou* **à qch/qn** sich mit etw/jdm identifizieren.
identique [idɑ̃tik] *a (semblable)*: **~ (à)** identisch (mit).
identité [idɑ̃tite] *nf (de vues, goûts)* Übereinstimmung *f*; *(d'une personne)* Identität *f*.
idéologie [ideɔlɔʒi] *nf* Ideologie *f*.
idiot, e [idjo, idjɔt] *a* idiotisch // *nm/f* Idiot *m*.
idiotie [idjɔsi] *nf (remarque)* Dummheit *f*.
idolâtrer [idɔlɑtʀe] *vt* vergöttern.
idole [idɔl] *nf (REL)* Götzenbild *nt*; *(fig)* Idol *nt*.
idylle [idil] *nf (amourette)* Idyll *nt*, Romanze *f*.
igloo [iglu] *nm* Iglu *m ou nt*.
ignare [iɲaʀ] *a* ungebildet, unwissend.
ignifuge [ignifyʒ] *a* feuerfest.
ignoble [iɲɔbl(ə)] *a* niederträchtig.
ignominie [iɲɔmini] *nf (déshonneur)* Schmach *f*, Schande *f*; *(action)*: **une ~** eine entwürdigende Tat.
ignorance [iɲɔʀɑ̃s] *nf* Unwissenheit *f*, Unkenntnis *f*; **tenir qn dans l'~ de qch** jdn in Unkenntnis über etw lassen.
ignorant, e [iɲɔʀɑ̃, ɑ̃t] *a* unwissend // *nm/f* Ignorant *m*.

ignorer [iɲɔʀe] *vt* nicht kennen; *(bouder: personne)* ignorieren; **j'ignore comment/si...** ich weiß nicht wie/,ob... .
il [il] *pron* er, sie, es; *pl* sie *(selon le genre du mot allemand)*; *(tournure impers)* es; ~ **pleut** es regnet; *(interrogation: non traduit)* **Pierre est-il arrivé?** ist Pierre angekommen?; *voir aussi* **avoir.**
île [il] *nf* Insel *f.*
illégal, e, aux [ilegal, o] *a* illegal.
illégalité [ilegalite] *nf* Illegalität *f.*
illégitime [ileʒitim] *a (enfant)* unehelich; *(pouvoir)* unrechtmäßig.
illettré, e [iletʀe] *nm/f (analphabète)* Analphabet(in *f*) *m.*
illicite [ilisit] *a* verboten, illegal.
illimité, e [ilimite] *a* unbegrenzt.
illisible [ilizibl(ə)] *a (indéchiffrable)* unleserlich; *(roman)* nicht lesbar.
illumination [ilyminɑsjɔ̃] *nf* Beleuchtung *f; (inspiration)* Erleuchtung *f.*
illuminer [ilymine] *vt* beleuchten; *(ciel)* erhellen; **s'~** *vi (visage, ciel)* sich erhellen.
illusion [ilyzjɔ̃] *nf (erreur de perception)* Illusion *f; (d'un prestidigitateur)* Täuschung *f;* **se faire des ~s** sich *(dat)* Illusionen machen; **faire ~** täuschen, irreführen; **~ d'optique** optische Täuschung.
illusionniste [ilyzjɔnist(ə)] *nm/f* Zauberkünstler(in *f*) *m.*
illustration [ilystʀɑsjɔ̃] *nf (voir* **illustrer)** Illustration *f;* Erläuterung *f,* Erklärung *f; (figure)* Illustration *f.*
illustre [ilystʀ(ə)] *a* berühmt.
illustré, e [ilystʀe] *a* illustriert // *nm* Illustrierte *f.*
illustrer [ilystʀe] *vt* illustrieren; **s'~** *(se distinguer)* sich hervortun.
îlot [ilo] *nm (petite île)* kleine Insel *f; (bloc de maisons)* Block *m.*
image [imaʒ] *nf* Bild *nt; (dans un miroir, l'eau)* Spiegelbild *nt; (personne ressemblante)* Ebenbild *nt; (représentation)* Darstellung *f;* **~ de marque** *(fig)* Image *nt.*
imaginaire [imaʒinɛʀ] *a* imaginär.
imaginatif, ive [imaʒinatif, iv] *a* phantasievoll.
imagination [imaʒinɑsjɔ̃] *nf* Phantasie *f; (idée)* Einbildung *f.*
imaginer [imaʒine] *vt* sich *(dat)* vorstellen; *(inventer)* sich *(dat)* ausdenken; **s'~** *vt (se représenter)* sich *(dat)* vorstellen; *(croire):* **s'~ que** meinen, daß; *(supposer):* **j'imagine qu'il plaisantait** ich nehme an, er hat Spaß gemacht.
imbattable [ɛ̃batabl(ə)] *a* unschlagbar.
imbécile [ɛ̃besil] *a* blödsinnig, dumm.
imberbe [ɛ̃bɛʀb(ə)] *a* bartlos.
imbiber [ɛ̃bibe] *vt* ~ **qch de** etw tränken mit; **s'~ de** sich vollsaugen mit; **imbibé d'eau** durchnäßt.
imbu, e [ɛ̃by] *a:* ~ **de** voll von.
imitateur, trice [imitatœʀ, tʀis] *nm/f* Nachahmer(in *f*) *m; (professionnel)* Imitator *m.*
imitation [imitɑsjɔ̃] *nf* Imitation *f,* Nachahmung *f;* **un sac ~ cuir** eine Tasche aus Lederimitation.
imiter [imite] *vt* imitieren, nachmachen; *(faire comme qn):* **il se leva et je l'imitai** er erhob sich, und ich folgte seinem Beispiel; *(contrefaire)* fälschen.
immaculé, e [imakyle] *a (nappe)* tadellos; *(linge)* blütenweiß; *(neige)* jungfräulich.
immatriculation [imatʀikylɑsjɔ̃] *nf* Einschreibung *f.*
immatriculer [imatʀikyle] *vt (étudiant)* einschreiben; *(voiture)* anmelden; **se faire ~** sich einschreiben; **voiture immatriculée dans la Seine** ein Auto mit dem Kennzeichen von dem Departement der Seine.
immédiat, e [imedja, at] *a* unmittelbar // *nm:* **dans l'~** momentan.
immédiatement [imedjatmɑ̃] *ad (aussitôt)* sofort; *(précéder, suivre)* direkt, unmittelbar.
immense [imɑ̃s] *a* riesig; *(fig)* ungeheuer.
immergé, e [imɛʀʒe] *a* unter Wasser.

immerger [imɛʀʒe] *vt* eintauchen; *(déchets)* versenken; **s'~** *vi (sous-marin)* tauchen.
immeuble [imœbl(ə)] *nm (bâtiment)* Gebäude *nt // a (JUR)* unbeweglich; ~ **locatif** Wohnblock *m*.
immigrant, e [imigʀɑ̃, ɑ̃t] *nm/f* Einwanderer *m*, Einwanderin *f*.
immigration [imigʀɑsjɔ̃] *nf* Einwanderung *f*.
immigré, e [imigʀe] *nm/f* Immigrant(in *f*) *m*.
imminent, e [iminɑ̃, ɑ̃t] *a* unmittelbar, nahe bevorstehend.
immiscer [imise]: **s'~ dans** *vt* sich einmischen in *+akk*.
immobile [imɔbil] *a* bewegungslos; **rester/se tenir ~** sich nicht bewegen.
immobilier, ière [imɔbilje, jɛʀ] *a (JUR)* unbeweglich; *(COMM)* Immobilien- // *nm:* **l'~** der Immobilienhandel.
immobiliser [imɔbilize] *vt* bewegungsunfähig machen, lahmlegen; *(stopper)* anhalten; *(membre blessé)* stillegen; **s'~** stehenbleiben.
immodéré, e [imɔdeʀe] *a* übermäßig, übertrieben.
immoler [imɔle] *vt* opfern.
immonde [imɔ̃d] *a* ekelhaft.
immondices [imɔ̃dis] *nmpl (ordures)* Müll *m*, Abfall *m*.
immoral, e, aux [imɔʀal, o] *a* unmoralisch.
immortaliser [imɔʀtalize] *vt* verewigen.
immortel, le [imɔʀtɛl] *a* unsterblich.
immuable [imɥabl(ə)] *a* unveränderlich.
immuniser [imynize] *vt* immunisieren.
immunité [imynite] *nf* Immunität *f*.
impact [ɛ̃pakt] *nm (effet)* (Aus)wirkung *f*; *(choc):* **point d'~** Aufprallstelle *f*.
impair, e [ɛ̃pɛʀ] *a (MATH)* ungerade // *nm (gaffe)* Schnitzer *m*, Fehler *m*.
impardonnable [ɛ̃paʀdɔnabl(ə)] *a* unverzeihlich; **vous êtes ~ d'avoir fait cela** es ist unverzeihlich, daß Sie das getan haben.
imparfait, e [ɛ̃paʀfɛ, ɛt] *a (inachevé)* unvollkommen; *(défectueux)* mangelhaft // *nm (LING)* Imperfekt *nt*.
impartial, e, aux [ɛ̃paʀsjal, o] unparteiisch, unvoreingenommen.
impartir [ɛ̃paʀtiʀ] *vt* gewähren *(à qn* jdm).
impasse [ɛ̃pas] *nf* Sackgasse *f*; **être dans une ~** *(négociations)* festgefahren sein.
impassible [ɛ̃pasibl(ə)] *a* gelassen.
impatience [ɛ̃pasjɑ̃s] *nf* Ungeduld *f*.
impatient, e [ɛ̃pasjɑ̃, ɑ̃t] *a* ungeduldig.
impatienter [ɛ̃pasjɑ̃te] *vt:* **s'~** ungeduldig werden.
impayable [ɛ̃pɛjabl(ə)] *a (fam)* köstlich, unbezahlbar.
impeccable [ɛ̃pekabl(ə)] *a* tadellos.
impénétrable [ɛ̃penetʀabl(ə)] *a (forêt)* undurchdringlich; *(secret)* unergründlich.
impénitent, e [ɛ̃penitɑ̃, ɑ̃t] *a* unverbesserlich.
impensable [ɛ̃pɑ̃sabl(ə)] *a (inconcevable)* undenkbar; *(incroyable)* unglaublich.
impératif, ive [ɛ̃peʀatif, iv] *a* dringend // *nm (LING):* **l'~** der Imperativ; *(prescription)* Voraussetzung *f*, Erfordernis *nt*.
impératrice [ɛ̃peʀatʀis] *nf* Kaiserin *f*.
imperceptible [ɛ̃pɛʀsɛptibl(ə)] *a* nicht wahrnehmbar; kaum wahrnehmbar.
imperfection [ɛ̃pɛʀfɛksjɔ̃] *nf* Unvollkommenheit *f*.
impérial, e, aux [ɛ̃peʀjal, o] *a* kaiserlich // *nf:* **autobus à ~e** Doppeldeckerbus *m*.
impérialisme [ɛ̃peʀjalism] *nm* Imperialismus *m*.
impérieux, euse [ɛ̃peʀjø, øz] *a (autoritaire)* herrisch, gebieterisch; *(pressant)* dringend.
impérissable [ɛ̃peʀisabl(ə)] *a* unvergänglich.
imperméable [ɛ̃pɛʀmabl(ə)] *a (GEO)* undurchlässig; *(toile, tissu)*

wasserdicht // *nm* Regenmantel *m*.
impersonnel, le [ɛ̃pɛʀsɔnɛl] *a* unpersönlich.
impertinence [ɛ̃pɛʀtinɑ̃s] *nf* Unverschämtheit *f*.
impertinent, e [ɛ̃pɛʀtinɑ̃, ɑ̃t] *a* *(insolent)* unverschämt.
imperturbable [ɛ̃pɛʀtyʀbabl(ə)] *a* unerschütterlich.
impétueux, euse [ɛ̃petɥø, øz] *a* *(fougueux)* feurig, ungestüm.
impie [ɛ̃pi] *a* gottlos.
impitoyable [ɛ̃pitwajabl(ə)] *a* erbarmungslos.
implacable [ɛ̃plakabl] *a (ennemi, juge)* unerbittlich; *(haine)* unversöhnlich.
implanter [ɛ̃plɑ̃te] *vt (usage, mode)* einführen; *(idée, préjugé)* einpflanzen; **s'~** *vi* sich niederlassen.
implicite [ɛ̃plisit] *a* implizit.
impliquer [ɛ̃plike] *vt:* ~ **qn dans** jdn verwickeln in +*akk*; *(supposer)* erfordern.
implorer [ɛ̃plɔʀe] *vt (personne, dieu)* anflehen; *(qch)* bitten um.
impoli, e [ɛ̃pɔli] *a* unhöflich.
impolitesse [ɛ̃pɔlitɛs] *nf* Unhöflichkeit *f*.
impopulaire [ɛ̃pɔpylɛʀ] *a* unbeliebt; (*POL*) unpopulär.
importance [ɛ̃pɔʀtɑ̃s] *nf* Wichtigkeit *f*, Bedeutung *f*; *(quantitative)* Beträchtlichkeit *f*; **sans** ~ unbedeutend, unwichtig.
important, e [ɛ̃pɔʀtɑ̃, ɑ̃t] *a* wichtig, bedeutend; *(quantativement)* bedeutend, beträchtlich; *(pej)* dünkelhaft, wichtigtuerisch // *nm:* **l'~ est que** das Wichtigste ist, daß.
importateur, trice [ɛ̃pɔʀtatœʀ, tʀis] *a* einführend, Import- // *nm/f* Importeur(in *f*) *m*; **pays ~ de blé** weizenimportierendes Land.
importation [ɛ̃pɔʀtɑsjɔ̃] *nf* Einfuhr *f*, Import *m*.
importer [ɛ̃pɔʀte] *vi (être important)* von Bedeutung sein; ~ **à qn** für jdn wichtig sein // *vt* importieren; **il importe de** es ist wichtig, zu; **peu m'importe** es ist mir gleichgültig *ou* egal; **n'importe qui/quoi** irgendwer, irgendwas; jede(r), der/die/das erstbeste(r,s); **n'importe lequel/laquelle d'entre nous** irgendeine(r) von uns; **n'importe quel/quelle** irgendein(e); **n'importe où/quand** irgendwo(hin)/irgendwann.
importun, e [ɛ̃pɔʀtœ̃, yn] *a (curiosité, présence)* aufdringlich; *(arrivée, visite)* ungelegen // *nm* Eindringling *m*.
importuner [ɛ̃pɔʀtyne] *vt* belästigen.
imposable [ɛ̃pozabl(ə)] *a* steuerpflichtig.
imposant, e [ɛ̃pozɑ̃, ɑ̃t] *a* beeindruckend.
imposer [ɛ̃poze] *vt (taxer)* besteuern; ~ **qch à qn** jdm etw aufzwingen; **s'~** *(ne pouvoir être rejeté)* erforderlich sein; *(se faire reconnaître)* sich hervorheben; *(imposer sa présence)* sich aufdrängen; **en ~ à qn** auf jdn Eindruck machen.
imposition [ɛ̃pozisjɔ̃] *nf (taxation)* Besteuerung *f*.
impossibilité [ɛ̃pɔsibilite] *nf:* **être dans l'~ de faire qch** nicht in der Lage sein, etw zu tun.
impossible [ɛ̃pɔsibl(ə)] *a* unmöglich // *nm:* **faire l'~** sein möglichstes tun; **il m'est ~ de...** es ist mir nicht möglich, zu... .
imposteur [ɛ̃pɔstœʀ] *nm* Betrüger(in *f*) *m*.
impôt [ɛ̃po] *nm* Steuer *f*, Abgabe *f*; **payer 1.000 F d'~s** 1.000 F Steuern zahlen; ~ **sur le revenu** Einkommensteuer *f*; ~ **foncier** Grundsteuer *f*.
impotent, e [ɛ̃pɔtɑ̃, ɑ̃t] *a* behindert.
impraticable [ɛ̃pʀatikabl(ə)] *a* *(irréalisable)* nicht machbar; *(piste)* unpassierbar; nicht befahrbar.
imprécation [ɛ̃pʀekɑsjɔ̃] *nf* Verwünschung *f*.
imprécis, e [ɛ̃pʀesi, iz] *a* ungenau.
imprégner [ɛ̃pʀeɲe] *vt (de liquide):* ~ **(de)** tränken (mit *ou* in +*dat*); *(lieu)* erfüllen (mit); *(paroles, écrit)* durchziehen; **s'~ de qch** *(de liquide)*

sich vollsaugen mit etw.
imprenable [ɛ̃pʀənabl(ə)] *a (inexpugnable)* uneinnehmbar; **vue** ~ freier Blick.
imprésario [ɛ̃pʀesaʀjo] *nm* Impresario *m*.
impression [ɛ̃pʀesjɔ̃] *nf (sensation)* Eindruck *m; (action d'imprimer)* Druck *m;* **faire bonne/mauvaise** ~ einen guten/schlechten Eindruck machen; **avoir l'**~ **que** das Gefühl *ou* den Eindruck haben, daß.
impressionnant, e [ɛ̃pʀesjɔnɑ̃, ɑ̃t] *a* beeindruckend, eindrucksvoll.
impressionner [ɛ̃pʀesjɔne] *vt (émouvoir)* beeindrucken; *(PHOT)* belichten.
imprévisible [ɛ̃pʀevizibl(ə)] *a* unvorhersehbar.
imprévoyant, e [ɛ̃pʀevwajɑ̃, ɑ̃t] *a* sorglos.
imprévu, e [ɛ̃pʀevy] *a* unvorhergesehen, unerwartet // *nm:* **un** ~ ein unvorhergesehenes Ereignis; **en cas d'**~ falls etwas dazwischenkommt.
imprimé [ɛ̃pʀime] *nm (formulaire)* Formular *nt; (poste)* Drucksache *f*.
imprimer [ɛ̃pʀime] *vt* drucken; *(papier, tissu)* bedrucken; *(empreinte)* hinterlassen; *(publier)* veröffentlichen; *(mouvement, impulsion)* übermitteln.
imprimerie [ɛ̃pʀimʀi] *nf (technique)* Drucken *nt*, Druck *m; (établissement)* Druckerei *f*.
imprimeur [ɛ̃pʀimœʀ] *nm* Drucker *m*.
improductif, ive [ɛ̃pʀɔdyktif, iv] *a (capital)* nicht gewinnbringend; *(travail, personne)* unproduktiv; *(terre)* unfruchtbar.
impromptu, e [ɛ̃pʀɔ̃pty] *a* improvisiert.
impropre [ɛ̃pʀɔpʀ(ə)] *a (incorrect)* falsch; ~ **à** ungeeignet für.
improviser [ɛ̃pʀɔvize] *vt, vi* improvisieren; **on l'avait improvisé cuisinier** er fungierte als Koch.
improviste [ɛ̃pʀɔvist(ə)]: **à l'**~ *ad* unerwartet.
imprudence [ɛ̃pʀydɑ̃s] *nf* Leichtsinnigkeit *f; (d'une personne)* Leichtsinn *m*.
imprudent, e [ɛ̃pʀydɑ̃, ɑ̃t] *a* leichtsinnig; *(remarque)* unklug; *(projet)* tollkühn.
impudent, e [ɛ̃pydɑ̃, ɑ̃t] *a* unverschämt.
impudique [ɛ̃pydik] *a* schamlos.
impuissant, e [ɛ̃pɥisɑ̃, ɑ̃t] *a (désarmé)* hilflos, schwach; *(sans effet)* ineffektiv; *(sexuellement)* impotent; ~ **à faire qch** außerstande, etw zu tun.
impulsif, ive [ɛ̃pylsif, iv] *a* impulsiv.
impulsion [ɛ̃pylsjɔ̃] *nf (PHYS)* Antrieb *m; (animation):* ~ **donnée aux affaires/au commerce** wirtschaftlicher Auftrieb *m*.
impunément [ɛ̃pynemɑ̃] *ad* ungestraft.
impur, e [ɛ̃pyʀ] *a* unrein, verunreinigt; *(impudique)* unzüchtig.
impureté [ɛ̃pyʀte] *nf (saleté)* Unreinheit *f*.
imputer [ɛ̃pyte] *vt (attribuer):* ~ **qch à qn/qch** etw jdm/etw zuschreiben; *(COMM):* ~ **à** verrechnen mit.
inaccessible [inaksesibl(ə)] *a (endroit):* ~ **(à)** unerreichbar (für); ~ **à** *(insensible)* unberührt von.
inaccoutumé, e [inakutyme] *a* ungewohnt.
inachevé, e [inaʃve] *a* unvollendet.
inactif, ive [inaktif, iv] *a (sans activité)* untätig; *(inefficace)* wirkungslos.
inaction [inaksjɔ̃] *nf* Untätigkeit *f; (pej)* Trägheit *f*.
inadapté, e [inadapte] *a (enfant)* verhaltensgestört; ~ **à** nicht geeignet für.
inadmissible [inadmisibl(ə)] *a* unzulässig; nicht tragbar.
inadvertance [inadvɛʀtɑ̃s] *nf:* **par** ~ *ad* versehentlich.
inaliénable [inaljenabl(ə)] *a* unveräußerlich.
inaltérable [inalteʀabl(ə)] *a* beständig; *(fig)* unveränderlich; ~ **à** nicht beeinträchtigt von; **couleur** ~ **(au lavage/à la lumière)** waschechte/

lichtechte Farbe *f*.
inamovible [inamɔvibl(ə)] *a* auf Lebenszeit.
inanimé, e [inanime] *a* leblos.
inanition [inanisjɔ̃] *nf* Erschöpfungszustand *m*.
inaperçu, e [inapɛʀsy] *a*: **passer ~** unbemerkt bleiben.
inappréciable [inapʀesjabl(ə)] *a* *(précieux)* unschätzbar; *(difficilement décelable)* kaum merklich.
inapte [inapt(ə)] *a*: **~ à qch/faire qch** unfähig zu etw/etw zu tun; (*MIL*) untauglich.
inattaquable [inatakabl(ə)] *a* (*MIL*: *poste, position)* uneinnehmbar; *(argument, preuve)* unwiderlegbar, unbestreitbar.
inattendu, e [inatɑ̃dy] *a* *(imprévu)* unerwartet; *(surprenant)* unvorhergesehen; *(inespéré)* unverhofft.
inattentif, ive [inatɑ̃tif, iv] *a* unaufmerksam; **~ à qch** ohne auf etw zu achten.
inattention [inatɑ̃sjɔ̃] *nf*: **une minute d'~** eine Minute der Unaufmerksamkeit; **faute/erreur d'~** Flüchtigkeitsfehler *m*.
inaugural, e, aux [inɔgyʀal, o] *a* Eröffnungs-; **discours ~** Antrittsrede *f*.
inauguration [inɔgyʀɑsjɔ̃] *nf* Einweihung *f*, Einführung *f*.
inaugurer [inɔgyʀe] *vt* einweihen; *(nouvelle politique)* einführen.
inavouable [inavwabl(ə)] *a* unerhört.
inavoué, e [inavwe] *a* uneingestanden.
incalculable [ɛ̃kalkylabl(ə)] *a* unberechenbar; *(conséquences)* unabsehbar.
incandescence [ɛ̃kɑ̃desɑ̃s] *nf* Weißglut *f*; **porter qch à ~** etw weißglühend brennen.
incantation [ɛ̃kɑ̃tɑsjɔ̃] *nf* Zauberspruch *m*.
incapable [ɛ̃kapabl(ə)] *a* unfähig; **être ~ de faire qch** unfähig *ou* nicht imstande sein, etw zu tun.
incapacité [ɛ̃kapasite] *nf* *(incompétence)* Unfähigkeit *f*; *(impossibilité)*: **être dans l'~ de faire qch** unfähig sein, etw zu tun; **~ de travail** Arbeitsunfähigkeit *f*.
incarcérer [ɛ̃kaʀseʀe] *vt* einkerkern.
incarné, e [ɛ̃kaʀne] *a*: **ongle ~** eingewachsener Nagel.
incarner [ɛ̃kaʀne] *vt* *(représenter en soi)* verkörpern; (*THEAT*) darstellen; **s'~ dans** (*REL*) sich inkarnieren in (+*dat*).
incartade [ɛ̃kaʀtad] *nf* *(écart de conduite)* Eskapade *f*.
incassable [ɛ̃kɑsabl(ə)] *a* *(verre, fil)* unzerbrechlich.
incendiaire [ɛ̃sɑ̃djɛʀ] *a* Brand-; *(propos)* aufwiegelnd // *nm/f* Brandstifter(in *f*) *m*.
incendie [ɛ̃sɑ̃di] *nm* Feuer *nt*, Brand *m*; **~ criminel** Brandstiftung *f*.
incendier [ɛ̃sɑ̃dje] *vt* *(mettre le feu à)* in Brand setzen; *(détruire)* abbrennen.
incertain, e [ɛ̃sɛʀtɛ̃, ɛn] *a* *(indéterminé)* unbestimmt; *(temps)* unbeständig; *(origine, date)* ungewiß; *(personne)* unsicher, unschlüssig.
incertitude [ɛ̃sɛʀtityd] *nf* Ungewißheit *f*.
incessamment [ɛ̃sesamɑ̃] *ad* *(bientôt)* in Kürze.
incessant, e [ɛ̃sɛsɑ̃, ɑ̃t] *a* unaufhörlich.
inceste [ɛ̃sɛst(ə)] *nm* Inzest *m*.
inchangé, e [ɛ̃ʃɑ̃ʒe] *a* unverändert.
incident [ɛ̃sidɑ̃] *nm* *(petit événement)* Ereignis *nt*, Begebenheit *f*; *(petite difficulté*; *POL)* Zwischenfall *m*.
incinérateur [ɛ̃sineʀatœʀ] *nm* Müllverbrennungsanlage *f*.
incinérer [ɛ̃sineʀe] *vt* verbrennen.
incisif, ive [ɛ̃sizif, iv] *a* scharf, beißend // *nf* Schneidezahn *m*.
incision [ɛ̃sizjɔ̃] *nf* *(d'un arbre)* Schnitt *m*; (*MED*) Einschnitt *m*.
inciter [ɛ̃site] *vt*: **~ qn à qch/faire qch** jdn zu etw veranlassen/veranlassen, etw zu tun.
inclinaison [ɛ̃klinɛzɔ̃] *nf* Neigung *f*.
inclination [ɛ̃klinɑsjɔ̃] *nf* Neigung *f*; **montrer de l'~ pour les sciences** wissenschaftliche Nei-

gungen haben; ~ **de (la) tête** Kopfnicken *nt*.
incliner [ɛ̃kline] *vt* neigen; **s'~** *(se courber)* sich beugen; **s'~ devant qn/qch** *(rendre hommage)* sich vor jdm/etw verbeugen; **s'~ (devant qch)** *(céder)* sich (einer Sache) beugen; ~ **à** neigen zu.
inclure [ɛ̃klyʀ] *vt* einschließen; *(dans un envoi)* beilegen.
inclus, e [ɛ̃kly, yz] *a (dans un envoi)* beiliegend; *(frais, dépense)* inklusiv; **jusqu'au 10 mars ~** bis einschließlich 10. März.
incoercible [ɛ̃kɔɛʀsibl(ə)] *a* nicht zu unterdrücken.
incognito [ɛ̃kɔɲito] *ad* inkognito.
incohérent, e [ɛ̃kɔeʀɑ̃, ɑ̃t] *a (discours, ouvrage)* unzusammenhängend; *(comportement)* inkonsequent.
incollable [ɛ̃kɔlabl(ə)] *a (fam)* nicht zu schlagen.
incolore [ɛ̃kɔlɔʀ] *a* farblos.
incomber [ɛ̃kɔ̃be] *vi:* ~ **à qn** jdm obliegen.
incombustible [ɛ̃kɔ̃bystibl(ə)] *a* unbrennbar.
incommensurable [ɛ̃kɔmɑ̃syʀabl(ə)] *a* unermeßlich.
incommode [ɛ̃kɔmɔd] *a* unpraktisch; *(inconfortable)* unbequem.
incommoder [ɛ̃kɔmɔde] *vt* stören.
incomparable [ɛ̃kɔ̃paʀabl(ə)] *a (inégalable)* unvergleichlich.
incompatibilité [ɛ̃kɔ̃patibilite] *nf:* ~ **d'humeur** Unvereinbarkeit *f* der Charaktere.
incompatible [ɛ̃kɔ̃patibl(ə)] *a (inconciliable)* unvereinbar.
incompétent, e [ɛ̃kɔ̃petɑ̃, ɑ̃t] *a* inkompetent.
incomplet, ète [ɛ̃kɔ̃plɛ, ɛt] *a* unvollkommen, unvollständig.
incompréhensible [ɛ̃kɔ̃pʀeɑ̃sibl(ə)] *a (inintelligible)* unverständlich; *(mystérieux)* unbegreiflich.
incompréhensif, ive [ɛ̃kpʀeɑ̃sif, iv] *a* stur.
incompris, e [ɛ̃kpʀi, iz] *a* unverstanden; *(personne)* verkannt.
inconcevable [ɛ̃kɔ̃svabl(ə)] *a (incroyable)* unvorstellbar; *(comportement)* unfaßbar.
inconciliable [ɛ̃kɔ̃siljabl(ə)] *a* unvereinbar.
inconditionnel, le [ɛ̃kɔ̃disjɔnɛl] *a* bedingungslos.
inconduite [ɛ̃kɔ̃dɥit] *nf* liederlicher Lebenswandel *m*.
inconfortable [ɛ̃kɔ̃fɔʀtabl(ə)] *a* unbequem.
incongru, e [ɛ̃kɔ̃gʀy] *a* unschicklich.
inconnu, e [ɛ̃kɔny] *a* unbekannt // *nm/f (étranger)* Fremde(r) *mf* // *nm:* **l'~** das Unbekannte // *nf* (*MATH*) Unbekannte *f*.
inconscience [ɛ̃kɔ̃sjɑ̃s] *nf (physique)* Bewußtlosigkeit *f; (morale)* Gedankenlosigkeit *f*.
inconscient, e [ɛ̃kɔ̃sjɑ̃, ɑ̃t] *a (évanoui)* bewußtlos; *(irréfléchi)* gedankenlos; *(qui échappe à la conscience)* unbewußt // *nm:* **l'~** das Unbewußte; ~ **de qch** sich *(dat)* einer Sache *(gen)* nicht bewußt.
inconsidéré, e [ɛ̃kɔ̃sideʀe] *a* unüberlegt, unbedacht.
inconsistant, e [ɛ̃kɔ̃sistɑ̃, ɑ̃t] *a (raisonnement)* nicht stichhaltig; *(crème, bouillie)* flüssig.
inconstant, e [ɛ̃kɔ̃stɑ̃, ɑ̃t] *a* unbeständig, wankelmütig.
incontestable [ɛ̃kɔ̃tɛstabl(ə)] *a* unbestreitbar.
incontinent, e [ɛ̃kɔ̃tinɑ̃, ɑ̃t] *a (enfant, vessie)* unfähig, Harn zurückzuhalten.
inconvenant, e [ɛ̃kɔ̃vnɑ̃, ɑ̃t] *a* unschicklich, unpassend.
inconvénient [ɛ̃kɔ̃venjɑ̃] *nm* Nachteil *m;* **si vous n'y voyez pas d'~** wenn Sie dagegen nichts einzuwenden haben.
incorporer [ɛ̃kɔʀpɔʀe] *vt:* ~ **(à)** (*CULIN*) verrühren (mit); *(insérer, joindre)* eingliedern (in *+akk*); (*MIL*) einziehen (zu).
incorrect, e [ɛ̃kɔʀɛkt] *a* falsch; *(inconvenant)* unangebracht, unpassend.
incorrigible [ɛ̃kɔʀiʒibl(ə)] *a* unverbesserlich.

incorruptible [ɛ̃kɔʀyptibl(ə)] *a* unbestechlich.
incrédule [ɛ̃kʀedyl] *a* skeptisch; *(REL)* ungläubig.
increvable [ɛ̃kʀəvabl(ə)] *a (fam: infatigable)* unermüdlich.
incriminer [ɛ̃kʀimine] *vt (personne)* belasten.
incroyable [ɛ̃kʀwajabl(ə)] *a* unglaublich.
incrustation [ɛ̃kʀystasjɔ̃] *nf (ART)* Einlegearbeit *f; (dépôt)* Belag *m; (tartre)* Kesselstein *m.*
incruster [ɛ̃kʀyste] *vt (ART)* einlegen; **s'~** *(invité)* sich einnisten.
incubation [ɛ̃kybasjɔ̃] *nf (MED)* Inkubation *f; (d'un œuf)* Ausbrüten *nt.*
inculpation [ɛ̃kylpasjɔ̃] *nf* Anschuldigung *f,* Anklage *f.*
inculpé, e [ɛ̃kylpe] *nm/f* Angeklagte(r) *mf.*
inculper [ɛ̃kylpe] *vt:* ~ **qn (de)** gegen jdn Anklage erheben (wegen).
inculquer [ɛ̃kylke] *vt:* ~ **qch à qn** etw jdm einprägen.
inculte [ɛ̃kylt(ə)] *a (en friche)* unbebaut; *(ignorant)* ungebildet; *(cheveux, barbe)* zerzaust.
incurable [ɛ̃kyʀabl(ə)] *a* unheilbar.
incursion [ɛ̃kyʀsjɔ̃] *nf (MIL)* Einfall *m.*
Inde [ɛ̃d] *nf:* **l'~** Indien *nt.*
indécent, e [ɛ̃desɑ̃, ɑ̃t] *a* unanständig, anstößig.
indécis, e [ɛ̃desi, iz] *a (qui n'est pas décidé)* nicht entschieden; *(imprécis)* angedeutet, vage; *(personne)* unentschlossen.
indécision [ɛ̃desizjɔ̃] *nf* Unentschlossenheit *f.*
indéfini, e [ɛ̃defini] *a (imprécis)* undefiniert; *(illimité; LING)* unbestimmt.
indéfiniment [ɛ̃definimɑ̃] *ad* unbegrenzt lange.
indélébile [ɛ̃delebil] *a (marque, tache)* nicht zu entfernen; *(impression)* unauslöschlich.
indélicat, e [ɛ̃delika, at] *a (grossier)* taktlos; *(malhonnête)* unredlich.
indemne [ɛ̃dɛmn(ə)] *a* unverletzt, unversehrt.
indemniser [ɛ̃dɛmnize] *vt:* ~ **qn de qch** jdn für etw entschädigen.
indemnité [ɛ̃dɛmnite] *nf (dédommagement)* Entschädigung *f;* ~ **de logement** Wohnungsgeld *nt;* ~ **de licenciement** Abfindung *f.*
indéniable [ɛ̃denjabl(ə)] *a* unbestreitbar.
indépendamment [ɛ̃depɑ̃damɑ̃] *ad* unabhängig; ~ **de qch** *(en plus)* über etw hinaus.
indépendance [ɛ̃depɑ̃dɑ̃s] *nf* Unabhängigkeit *f,* Selbständigkeit *f.*
indépendant, e [ɛ̃depɑ̃dɑ̃, ɑ̃t] *a* unabhängig; *(position, emploi, vie)* selbständig; *(entrée)* separat.
indescriptible [ɛ̃dɛskʀiptibl(ə)] *a* unbeschreiblich.
indésirable [ɛ̃deziʀabl(ə)] *a* unerwünscht.
indéterminé, e [ɛ̃detɛʀmine] *a (incertain)* ungewiß; *(imprécis)* unbestimmt.
index [ɛ̃dɛks] *nm (ANAT)* Zeigefinger *m; (d'un livre)* Index *m.*
indexer [ɛ̃dɛkse] *vt (ECON):* ~ **(sur)** angleichen *(+dat).*
indicateur, trice [ɛ̃dikatœʀ, tʀis] *nm/f (de la police)* Informant *m,* Spitzel *m; (livre):* ~ **des chemins de fer** Kursbuch *nt; (instrument):* ~ **de pression/de niveau** Druckmesser *m*/Höhenmesser *m.*
indicatif [ɛ̃dikatif] *nm (LING)* Indikativ *m; (RADIO)* Erkennungsmelodie *f; (TEL)* Vorwählnummer *f // a:* **à titre** ~ zur Information.
indication [ɛ̃dikasjɔ̃] *nf* Angabe *f; (indice)* Zeichen *nt; (directive, mode d'emploi)* Anweisung *f; (renseignement)* Auskunft *f.*
indice [ɛ̃dis] *nm (marque, signe)* Zeichen *nt,* Anzeichen *nt; (JUR)* Indiz *nt;* ~ **d'octane** Oktanzahl *f;* ~ **des prix** Preisindex *m.*
indicible [ɛ̃disibl(ə)] *a* unsagbar.
indien, ne [ɛ̃djɛ̃, jɛn] *a (d'Amérique)* indianisch; *(de l'Inde)* indisch; **I~, ne** *nm/f* Indianer(in *f*) *m;* Inder(in *f*) *m.*
indifféremment [ɛ̃difeʀamɑ̃] *ad* wahllos.

indifférence [ɛ̃difeʀɑ̃s] *nf* Gleichgültigkeit *f*.
indifférent, e [ɛ̃difeʀɑ̃, ɑ̃t] *a* gleichgültig; *(insensible)* ungerührt; **il est ~ à mes soucis/à l'argent** meine Sorgen sind/Geld ist ihm gleichgültig.
indigence [ɛ̃diʒɑ̃s] *nf*: **être/vivre dans l'~** in Armut leben.
indigène [ɛ̃diʒɛn] *a* einheimisch // *nm/f* Einheimische(r) *mf*.
indigeste [ɛ̃diʒɛst(ə)] *a* unverdaulich.
indigestion [ɛ̃diʒɛstjɔ̃] *nf* Magenverstimmung *f*.
indignation [ɛ̃diɲɑsjɔ̃] *nf* Entrüstung *f*.
indigne [ɛ̃diɲ] *a* unwürdig; **~ de qch** einer Sache *(gen)* nicht würdig.
indigner [ɛ̃diɲe] *vt* aufbringen, entrüsten; **s'~ (de qch/contre qn)** (über etw/jdn) aufregen.
indiqué, e [ɛ̃dike] *a (adéquat)* angemessen; **ce n'est pas très ~** das ist nicht sehr ratsam.
indiquer [ɛ̃dike] *vt* zeigen; *(pendule)* anzeigen; *(recommander)* empfehlen; *(signaler)* mitteilen; **~ qch du doigt** mit dem Finger auf etw zeigen.
indirect, e [ɛ̃diʀɛkt] *a* indirekt.
indiscipline [ɛ̃disiplin] *nf* Disziplinlosigkeit *f*.
indiscret, ète [ɛ̃diskʀɛ, ɛt] *a* indiskret.
indiscrétion [ɛ̃diskʀesjɔ̃] *nf* Indiskretion *f*.
indiscutable [ɛ̃diskytabl(ə)] *a* unbestreitbar.
indispensable [ɛ̃dispɑ̃sabl(ə)] *a (essentiel)* unerläßlich; *(de première nécessité)* unbedingt erforderlich.
indisposé, e [ɛ̃dispoze] *a* unpäßlich.
indisposer [ɛ̃dispoze] *vt*: **~ qn** *(rendre malade)* jdm nicht bekommen; *(désobliger)* jdn verärgern.
indistinct, e [ɛ̃distɛ̃(kt), ɛ̃kt(ə)] *a* verschwommen; *(bruit)* schwach.
indistinctement [ɛ̃distɛ̃ktəmɑ̃] *ad* undeutlich; *(sans distinction)*: **tous les Français ~** alle Franzosen unterschiedslos.
individu [ɛ̃dividy] *nm* Individuum *nt*.
individuel, le [ɛ̃dividɥɛl] *a (distinct, propre)* individuell; *(particulier, personnel)* persönlich; *(isolé)* einzeln; **chambre ~le** Einzelzimmer *nt*.
indocile [ɛ̃dɔsil] *a* widerspenstig.
indolent, e [ɛ̃dɔlɑ̃, ɑ̃t] *a (apathique)* träge; *(nonchalant)* lässig.
indolore [ɛ̃dɔlɔʀ] *a* schmerzlos.
indomptable [ɛ̃dɔ̃tabl(ə)] *a* unzähmbar; *(fig)* unbezähmbar.
indu, e [ɛ̃dy]: **à des heures ~es** zu einer unchristlichen Zeit.
indubitable [ɛ̃dybitabl(ə)] *a* unzweifelhaft.
induire [ɛ̃dɥiʀ] *vt*: **~ qn en erreur** jdn irreführen.
indulgent, e [ɛ̃dylʒɑ̃, ɑ̃t] *a* nachsichtig; *(juge, jury)* milde.
indûment [ɛ̃dymɑ̃] *ad (à tort)* ungebührlich; ungerechtfertigterweise.
industrialiser [ɛ̃dystʀijalize] *vt* industrialisieren.
industrie [ɛ̃dystʀi] *nf (ECON)* Industrie *f*; **~ automobile/textile** Auto-/Textilindustrie *f*.
industriel, le [ɛ̃dystʀijɛl] *a* industriell, Industrie- // *nm* Industrielle(r) *m*.
inébranlable [inebʀɑ̃labl(ə)] *a* solid, fest; *(stoïque)* unerschütterlich.
inédit, e [inedi, it] *a* unveröffentlicht; *(nouveau)* neuartig.
ineffaçable [inefasabl(ə)] *a* unauslöschlich.
inefficace [inefikas] *a* wirkungslos; *(personne)* wenig effizient.
inégal, e, aux [inegal, o] *a* ungleich, unterschiedlich; *(surface)* uneben; *(rythme)* unregelmäßig.
inégalable [inegalabl(ə)] *a* einzigartig.
inégalé, e [inegale] *a* unerreicht, unübertroffen.
inégalité [inegalite] *nf* Ungleichheit *f*, Unterschiedlichkeit *f*; Unebenheit *f*; Unregelmäßigkeit *f*.
inéluctable [inelyktabl(ə)] *a* unausweichlich.

inénarrable [inenaʀabl(ə)] *a* sehr komisch.
inepte [inɛpt(ə)] *a (stupide)* unsinnig; *(personne)* dumm.
ineptie [inɛpsi] *nf* Dummheit *f*.
inépuisable [inepɥizabl(ə)] *a* unerschöpflich.
inerte [inɛʀt(ə)] *a* unbeweglich; *(apathique)* apathisch; (*PHYS*) träge.
inestimable [inɛstimabl(ə)] *a* unschätzbar; *(service, bienfait)* unbezahlbar.
inévitable [inevitabl(ə)] *a* unvermeidbar, zwangsläufig.
inexact, e [inɛgza(kt), akt(ə)] *a (peu exact)* ungenau; *(faux)* falsch; *(non ponctuel)* unpünktlich.
inexcusable [inɛkskyzabl(ə)] *a* unverzeihlich.
inexorable [inɛgzɔʀabl(ə)] *a* unerbittlich.
inexpérimenté, e [inɛkspeʀimɑ̃te] *a* ungeübt.
inexplicable [inɛksplikabl(ə)] *a* unerklärlich.
inexpressif, ive [inɛkspʀesif, iv] *a (mot, style)* nichtssagend; *(regard, visage)* ausdruckslos.
inexprimable [inɛkspʀimabl(ə)] *a* unbeschreiblich.
in extenso [inɛkstɛ̃so] *ad* ganz, vollständig.
in extremis [inɛkstʀemis] *a, ad (à l'article de la mort)* auf dem Sterbebett; *(fig)* in letzter Minute.
inextricable [inɛkstʀikabl(ə)] *a* unentwirrbar; *(fig)* verwickelt.
infaillible [ɛ̃fajibl(ə)] *a* unfehlbar.
infâme [ɛ̃fɑm] *a* niederträchtig, gemein; *(odeur, logis)* übel.
infanterie [ɛ̃fɑ̃tʀi] *nf* Infanterie *f*.
infanticide [ɛ̃fɑ̃tisid] *nm/f* Kindesmörder(in *f*) *m* // *nm (meurtre)* Kindesmord *m*.
infantile [ɛ̃fɑ̃til] *a* kindisch, infantil; **maladie** ~ Kinderkrankheit *f*.
infarctus [ɛ̃faʀktys] *nm*: ~ **(du myocarde)** Herzinfarkt *m*.
infatigable [ɛ̃fatigabl(ə)] *a* unermüdlich.
infect, e [ɛ̃fɛkt, ɛkt(ə)] *a* übel, ekelhaft.
infecter [ɛ̃fɛkte] *vt (atmosphère, eau)* verunreinigen; (*MED*) infizieren; **s'**~ sich entzünden.
infectieux, euse [ɛ̃fɛksjø, øz] *a* ansteckend, infektiös.
infection [ɛ̃fɛksjɔ̃] *nf* Infektion *f*.
inférer [ɛ̃feʀe] *vt* schließen.
inférieur, e [ɛ̃feʀjœʀ] *a* Unter-, untere(r, s); *(qualité)* minderwertig; *(nombre)* niedriger; *(intelligence, esprit)* geringer; ~ **à** kleiner als; *(moins bien que)* schlechter als.
infériorité [ɛ̃feʀjɔʀite] *nf* Minderwertigkeit; ~ **en nombre** zahlenmäßige Unterlegenheit.
infernal, e, aux [ɛ̃fɛʀnal, o] *a* höllisch; *(méchanceté, machination)* teuflisch.
infester [ɛ̃fɛste] *vt (ravager)* heimsuchen; *(envahir)* herfallen über *+akk*.
infidèle [ɛ̃fidɛl] *a* untreu.
infidélité [ɛ̃fidelite] *nf* Untreue *f*.
infiltrer [ɛ̃filtʀe]: **s'**~ *vi (liquide)* (hin)einsickern; *(personne, idées)* sich einschleichen.
infime [ɛ̃fim] *a* niedrigste(r, s); *(minuscule)* winzig.
infini, e [ɛ̃fini] *a* unendlich; *(extrême)* grenzenlos // *nm* Unendlichkeit *f*; **à l'**~ (*MATH*) bis ins Unendliche; *(discourir)* endlos; *(agrandir, varier)* unendlich.
infiniment [ɛ̃finimɑ̃] *ad (sans bornes)* grenzenlos; *(beaucoup)* ungeheuer; (*MATH*): ~ **grand/petit** unendlich groß/klein.
infinité [ɛ̃finite] *nf (quantité infinie)*: **une** ~ **de** eine unendliche Anzahl von.
infinitif [ɛ̃finitif] *nm* Infinitiv *m*.
infirme [ɛ̃fiʀm(ə)] *a* behindert // *nm* Behinderte(r) *mf*; ~ **de guerre** Kriegsversehrte(r) *m*.
infirmer [ɛ̃fiʀme] *vt* entkräften.
infirmerie [ɛ̃fiʀməʀi] *nf* Krankenrevier *nt*.
infirmier, ière [ɛ̃fiʀmje, jɛʀ] *nm/f* Krankenpfleger *m*, Krankenschwester *f*.
infirmité [ɛ̃fiʀmite] *nf* Behinderung *f*.

inflammable [ɛ̃flamabl(ə)] *a* entzündbar.
inflammation [ɛ̃flamasjɔ̃] *nf* Entzündung *f*.
inflation [ɛ̃flasjɔ̃] *nf* Inflation *f*.
inflexible [ɛ̃flɛksibl(ə)] *a* unbeugsam, unerbittlich.
inflexion [ɛ̃flɛksjɔ̃] *nf (de la voix)* Tonfall *m*; *(mouvement)*: ~ **de la tête** Kopfbeugen *nt*, Kopfnicken *nt*.
infliger [ɛ̃fliʒe] *vt* verhängen, auferlegen.
influençable [ɛ̃flyɑ̃sabl(ə)] *a* beeinflußbar.
influence [ɛ̃flyɑ̃s] *nf* Einfluß *m*.
influencer [ɛ̃flyɑ̃se] *vt* beeinflussen.
influent, e [ɛ̃flyɑ̃, ɑ̃t] *a* einflußreich.
informaticien, ne [ɛ̃fɔʀmatisjɛ̃, jɛn] *nm/f* Informatiker(in *f*) *m*.
information [ɛ̃fɔʀmasjɔ̃] *nf (renseignement)* Auskunft *f*; *(nouvelle)*: ~**s politiques/sportives** politische Nachrichten/Sportnachrichten *pl*; **agence d'**~ Nachrichtenagentur *f*.
informatique [ɛ̃fɔʀmatik] *nf (techniques)* Datenverarbeitung *f*; *(science)* Informatik *f*.
informe [ɛ̃fɔʀm(ə)] *a* formlos; *(ébauché)* grob.
informer [ɛ̃fɔʀme] *vt* informieren *(de* über *+akk)* // *vi (JUR)*: ~ **contre qn/sur qch** Ermittlungen einleiten gegen jdn/über etw; **s'**~ sich informieren, sich erkundigen.
infortune [ɛ̃fɔʀtyn] *nf* Pech *nt*, Mißgeschick *nt*.
infraction [ɛ̃fʀaksjɔ̃] *nf*: ~ **(à)** Verstoß *m* (gegen); **être en** ~ *(AUT)* gegen die Straßenverkehrsordnung verstoßen.
infranchissable [ɛ̃fʀɑ̃ʃisabl(ə)] *a* unüberwindlich.
infrarouge [ɛ̃fʀaʀuʒ] *a* infrarot.
infrastructure [ɛ̃fʀastʀyktyʀ] *nf (fondation)* Unterbau *m*; *(AVIAT)* Bodenanlagen *pl*; *(ECON, MIL)* Infrastruktur *f*.
infructueux, euse [ɛ̃fʀyktɥø, øz] *a* unfruchtbar.
infuser [ɛ̃fyze] *vt (gén:* **faire** ~*)* ziehen lassen.
infusion [ɛ̃fyzjɔ̃] *nf (tisane)* Kräutertee *m*.
ingénier [ɛ̃ʒenje]: **s'**~ *vi*: **s'**~ **à faire qch** bemüht sein, etw zu tun.
ingénieur [ɛ̃ʒenjœʀ] *nm* Ingenieur *m*; ~ **agronome/chimiste** Agronom *m*/chemischer Ingenieur, ~ **du son** Toningenieur *m*.
ingénieux, euse [ɛ̃ʒenjø, øz] *a* genial; *(personne)* erfinderisch.
ingénu, e [ɛ̃ʒeny] *a* naiv.
ingérer [ɛ̃ʒeʀe]: **s'**~ **dans** *vt* sich einmischen in *+akk*.
ingrat, e [ɛ̃gʀa, at] *a* undankbar; *(terre)* unfruchtbar.
ingrédient [ɛ̃gʀedjɑ̃] *nm (CULIN)* Zutat *f*; *(d'un médicament)* Bestandteil *m*.
inguérissable [ɛ̃geʀisabl(ə)] *a* unheilbar.
ingurgiter [ɛ̃gyʀʒite] *vt* herunterschlingen.
inhabile [inabil] *a* ungeschickt.
inhabitable [inabitabl(ə)] *a* unbewohnbar.
inhalation [inalasjɔ̃] *nf* Inhalation *f*; **faire une/des** ~**(s) de qch** etw inhalieren.
inhérent, e [ineʀɑ̃, ɑ̃t] *a*: ~ **à** innewohnend *(+dat)*, inhärent *(+dat)*.
inhibition [inibisjɔ̃] *nf* Hemmung *f*.
inhumain, e [inymɛ̃, ɛn] *a* unmenschlich.
inhumer [inyme] *vt* bestatten.
inimitié [inimitje] *nf* Feindschaft *f*.
iniquité [inikite] *nf* Ungerechtigkeit *f*.
initial, e, aux [inisjal, o] *a* anfänglich; *(qui commence un mot)* Anfangs-.
initiateur, trice [inisjatœʀ, tʀis] *nm/f* Initiator(in *f*) *m*; **l'**~ **d'une mode/technique** jd, der eine Mode/Technik einführt.
initiative [inisjativ] *nf* Initiative *f*; **prendre l'**~ **de faire qch** die Initiative ergreifen, etw zu tun.
initier [inisje] *vt (REL)* feierlich aufnehmen; *(instruire)* einführen, einweihen *(à* in *+akk)*; **s'**~ **à qch** etw *(akk)* erlernen.
injecté, e [ɛ̃ʒɛkte] *a*: **yeux** ~**s de sang** blutunterlaufene Augen.

injecter [ɛ̃ʒɛkte] *vt* einspritzen.
injection [ɛ̃ʒɛksjɔ̃] *nf* (*MED*): ~ **intraveineuse/sous-cutanée** intravenöse/subkutane Injektion *f*; (*ECON*): ~ **de capitaux** Finanzspritze *f*; **à** ~ *a* (*TECH*) Einspritz-.
injonction [ɛ̃ʒɔ̃ksjɔ̃] *nf* Anordnung *f*.
injure [ɛ̃ʒyʀ] *nf* *(insulte)* Schimpfwort *nt*; (*JUR*) Beleidigung *f*.
injurier [ɛ̃ʒyʀje] *vt* beschimpfen.
injurieux, euse [ɛ̃ʒyʀjø, øz] *a* beleidigend.
injuste [ɛ̃ʒyst(ə)] *a* ungerecht.
injustice [ɛ̃ʒystis] *nf* Ungerechtigkeit *f*; *(acte injuste)* Unrecht *nt*.
inlassable [ɛ̃lɑsabl(ə)] *a* unermüdlich.
inné, e [ine] *a* angeboren.
innocent, e [inɔsɑ̃, ɑ̃t] *a* unschuldig; ~ **de qch** einer Sache nicht schuldig // *nm/f* Unschuldige(r) *mf*.
innocenter [inɔsɑ̃te] *vt*: ~ **qn** jds Unschuld beweisen.
innombrable [inɔ̃bʀabl(ə)] *a* unzählig.
innommable [inɔmabl(ə)] *a* unbeschreiblich.
innover [inɔve] *vi* Neuerungen einführen.
inoccupé, e [inɔkype] *a (logement)* unbewohnt, leerstehend; *(siège)* nicht besetzt; *(désœuvré)* untätig.
inoculer [inɔkyle] *vt* einimpfen.
inodore [inɔdɔʀ] *a* geruchlos.
inoffensif, ive [inɔfɑ̃sif, iv] *a* harmlos.
inondation [inɔ̃dasjɔ̃] *nf* Überschwemmung *f*; *(fig)* Flut *f*.
inonder [inɔ̃de] *vt* überschwemmen; *(envahir)* strömen in (+*akk*).
inopérant, e [inɔpeʀɑ̃, ɑ̃t] *a* wirkungslos.
inopiné, e [inɔpine] *a* unerwartet.
inopportun, e [inɔpɔʀtœ̃, yn] *a* ungelegen.
inoubliable [inublijabl(ə)] *a* unvergeßlich.
inouï, e [inwi] *a* einmalig; unglaublich.
inoxydable [inɔksidabl(ə)] *a* rostfrei.
inqualifiable [ɛ̃kalifjabl(ə)] *a* unbeschreiblich, abscheulich.
inquiet, ète [ɛ̃kjɛ, ɛt] *a* unruhig, besorgt.
inquiétant, e [ɛ̃kjetɑ̃, ɑ̃t] *a* beunruhigend; *(sinistre)* finster.
inquiéter [ɛ̃kjete] *vt* beunruhigen, Sorgen machen (+*dat*); *(sujet: police)* schikanieren; **s'**~ **(de)** sich (um etw) Sorgen *ou* Gedanken machen.
inquiétude [ɛ̃kjetyd] *nf* Besorgnis *f*; **avoir des ~s au sujet de** besorgt sein wegen.
insaisissable [ɛ̃sezisabl(ə)] *a* *(fugitif)* flüchtig; *(nuance)* schwer faßbar.
insalubre [ɛ̃salybʀ(ə)] *a* ungesund.
insanité [ɛ̃sanite] *nf* Wahnsinn *m*.
insatiable [ɛ̃sasjabl(ə)] *a (fig)* unersättlich.
insatisfait, e [ɛ̃satisfɛ, ɛt] *a* unzufrieden; *(désir)* unbefriedigt.
inscription [ɛ̃skʀipsjɔ̃] *nf (sur mur, écriteau)* Aufschrift *f*; Inschrift *f*; *(immatriculation)* Immatrikulation *f*, Anmeldung *f*.
inscrire [ɛ̃skʀiʀ] *vt* *(noter)* aufschreiben; *(graver)* einmeißeln; *(dépenses)* aufnehmen *(à* in +*akk)*; *(personne)* eintragen; *(immatriculer)* einschreiben; *(à un examen, concours)* anmelden für; **s'**~ *(à un club, parti)* beitreten; *(à l'université)* sich immatrikulieren; *(à un examen, concours)* sich anmelden *(à* für); **s'**~ **en faux contre qch** etw anfechten *ou* in Frage stellen.
insecte [ɛ̃sɛkt(ə)] *nm* Insekt *nt*.
insecticide [ɛ̃sɛktisid] *nm* Insektengift *nt*.
insémination [ɛ̃seminɑsjɔ̃] *nf* Befruchtung *f*; Besamung *f*.
insensé, e [ɛ̃sɑ̃se] *a* wahnsinnig, unsinnig.
insensibiliser [ɛ̃sɑ̃sibilize] *vt* betäuben.
insensible [ɛ̃sɑ̃sibl(ə)] *a (nerf, membre)* taub, empfindungslos; *(personne: dur)* gefühllos; *(: indifférent)*: ~ **aux compliments/à la poésie** unempfänglich für Komplimente/ohne Sinn für Dichtung; *(impercep-*

tible) nicht *ou* kaum wahrnehmbar; ~ **au froid/à la chaleur** gegen Kälte/Hitze unempfindlich.
inséparable [ɛ̃sepaʀabl(ə)] *a (personnes)* unzertrennlich; *(inhérent à):* ~ **de** fest verbunden mit.
insérer [ɛ̃seʀe] *vt (intercaler)* einlegen; *(dans un journal: texte, article)* bringen; *(: annonce)* aufgeben; **s'~ dans qch** *(fig)* im Rahmen von etw geschehen.
insidieux, euse [ɛ̃sidjø, øz] *a* heimtückisch.
insigne [ɛ̃siɲ] *nm (d'une dignité)* Merkmal *nt; (badge)* Abzeichen *nt // a* hervorragend.
insignifiant, e [ɛ̃siɲifjɑ̃, ɑ̃t] *a* unbedeutend; *(roman)* nichtssagend.
insinuation [ɛ̃sinɥasjɔ̃] *nf* Anspielung *f.*
insinuer [ɛ̃sinɥe] *vt (suggérer):* **que voulez-vous ~?** was wollen Sie damit andeuten?; **s'~ dans** sich einschleichen in *+akk.*
insipide [ɛ̃sipid] *a* fade; *(fig)* nichtssagend, geistlos.
insistance [ɛ̃sistɑ̃s] *nf* Bestehen *nt,* Beharren *nt.*
insister [ɛ̃siste] *vi* bestehen, beharren *(sur qch* auf etw); ~ **sur qch** *(s'appensantir sur)* etw betonen.
insolation [ɛ̃sɔlasjɔ̃] *nf (MED)* Sonnenstich *m.*
insolence [ɛ̃sɔlɑ̃s] *nf* Unverschämtheit *f.*
insolent, e [ɛ̃sɔlɑ̃, ɑ̃t] *a* unverschämt, frech.
insolite [ɛ̃sɔlit] *a* ungewöhnlich; *(bizarre)* ausgefallen.
insoluble [ɛ̃sɔlybl(ə)] *a (problème)* unlösbar; *(substance)* unlöslich.
insolvable [ɛ̃sɔlvabl(ə)] *a* zahlungsunfähig.
insomnie [ɛ̃sɔmni] *nf* Schlaflosigkeit *f.*
insondable [ɛ̃sɔ̃dabl(ə)] *a* unergründlich.
insonoriser [ɛ̃sɔnɔʀize] *vt* schalldicht machen.
insouciant, e [ɛ̃susjɑ̃, ɑ̃t] *a* sorglos, unbekümmert.
insoumis, e [ɛ̃sumi, iz] *a (caractère, enfant)* widerspenstig, rebellisch; *(contrée, tribu)* unbezwungen.
insoupçonnable [ɛ̃supsɔnabl(ə)] *a* über jeden Verdacht erhaben.
insoupçonné, e [ɛ̃supsɔne] *a* ungeahnt, unvermutet.
insoutenable [ɛ̃sutnabl(ə)] *a (inadmissible)* unhaltbar; *(insupportable)* unerträglich.
inspecter [ɛ̃spɛkte] *vt* kontrollieren.
inspecteur, trice [ɛ̃spɛktœʀ, tʀis] *nm/f* Aufsichtsbeamte(r) *m,* -beamtin *f; (des assurances)* Inspektor(in *f) m;* ~ **(de police)** (Polizei)inspektor *m;* ~ **des finances** Steuerprüfer *m;* ~ **(de l'enseignement) primaire** Schulrat *m,* Schulrätin *f.*
inspection [ɛ̃spɛksjɔ̃] *nf (examen)* Kontrolle *f,* Prüfung *f.*
inspiration [ɛ̃spiʀasjɔ̃] *nf* Inspiration *f,* Eingebung *f; (divine)* Erleuchtung *f.*
inspirer [ɛ̃spiʀe] *vt (prophète)* erleuchten; *(poète)* inspirieren; *(propos, acte)* beeinflussen // *vi (aspirer)* einatmen.
instable [ɛ̃stabl(ə)] *a* unbeständig; *(meuble)* wackelig.
installation [ɛ̃stalasjɔ̃] *nf (de l'électricité, du téléphone)* Installation *f,* Anschluß *m; (établissement)* Niederlassung *f; (logement)* Unterkunft *f;* **~s** *nfpl (appareils):* **~s électriques** elektrische Anlagen *pl; (équipement):* **~s portuaires/industrielles** Hafenanlagen *pl*/Industrieanlage *f.*
installer [ɛ̃stale] *vt (loger)* unterbringen; *(asseoir)* setzen; *(coucher)* legen; *(chose)* stellen; *(rideaux etc)* anbringen; *(gaz, électricité, téléphone)* installieren, anschließen; *(appartement)* einrichten; *(fonctionnaire)* einsetzen; **s'~** *vi (s'établir)* sich niederlassen; *(se loger):* **s'~ chez qn** bei jdm wohnen; *(fig)* sich einnisten.
instamment [ɛ̃stamɑ̃] *ad* eindringlich.
instance [ɛ̃stɑ̃s] *nf (JUR) (procédure, procès)* Verfahren *nt; (autorité)*

Instanz *f;* **~s** *nfpl (sollicitations)* inständige Bitte *f;* **être en ~ de divorce** in Scheidung leben.

instant [ɛ̃stɑ̃] *nm* Moment *m,* Augenblick *m;* **dans un ~** gleich; **à l'~ où** in dem Moment, als; **à chaque ~, à tout ~** jederzeit; **pour l'~** im Augenblick; **de tous les ~s** *a* ständig, fortwährend.

instantané, e [ɛ̃stɑ̃tane] *a (explosion, mort)* unmittelbar, sofortig // *nm (PHOT)* Schnappschuß *m,* Momentaufnahme *f.*

instar [ɛ̃staʀ]: **à l'~ de** *prep* nach dem Beispiel von.

instaurer [ɛ̃stɔʀe] *vt* einführen.

instigateur, trice [ɛ̃stigatœʀ, tʀis] *nm/f* Initiator(in *f*) *m,* Anstifter(in *f*) *m.*

instigation [ɛ̃stigɑsjɔ̃] *nf:* **à l'~ de qn** auf jds Betreiben.

instinct [ɛ̃stɛ̃] *nm* Instinkt *m;* **d'~** instinktiv; **~ de conservation** Selbsterhaltungstrieb *m.*

instinctif, ive [ɛ̃stɛ̃ktif, iv] *a* instinktiv.

instituer [ɛ̃stitɥe] *vt* einführen.

institut [ɛ̃stity] *nm* Institut *nt;* **~ de beauté** Schönheitssalon *m;* **I~ universitaire de technologie (IUT)** Technische Hochschule *f.*

instituteur, trice [ɛ̃stitytœʀ, tʀis] *nm/f* Volksschullehrer(in *f*) *m.*

institution [ɛ̃stitysjɔ̃] *nf (personne, morale, groupement)* Institution *f,* Einrichtung *f; (école privée)* Privatschule *f;* **~s** *nfpl (formes, structures sociales)* Institutionen *pl.*

instructif, ive [ɛ̃stʀyktif, iv] *a* instruktiv, aufschlußreich.

instruction [ɛ̃stʀyksjɔ̃] *nf (enseignement)* Unterricht *m;* Ausbildung *f; (connaissances)* Bildung *f; (JUR)* Ermittlungen *pl;* **~s** *nfpl (directives)* Anweisungen *pl; (mode d'emploi)* Gebrauchsanleitung *f;* **~ civique/religieuse** Staatsbürgerkunde *f/* Religionsunterricht *m.*

instruire [ɛ̃stʀɥiʀ] *vt (enseigner)* unterrichten, lehren; *(JUR)* ermitteln in *(+dat);* **s'~** sich bilden; **~ qn de qch** *(informer)* jdn über etw *(akk)* informieren.

instruit, e [ɛ̃stʀɥi, it] *a* gebildet.

instrument [ɛ̃stʀymɑ̃] *nm* Instrument *nt;* **~ de mesure** Meßinstrument *nt;* **~ de travail** Arbeitsmaterial *nt;* **~ de musique** Musikinstrument *nt;* **~ à vent/à percussion** Blas-/Schlaginstrument *nt.*

insu [ɛ̃sy] *nm:* **à l'~ de qn** ohne jds Wissen.

insubmersible [ɛ̃sybmɛʀsibl(ə)] *a* unsinkbar.

insubordination [ɛ̃sybɔʀdinɑsjɔ̃] *nf (d'un élève)* Aufsässigkeit *f; (MIL)* Gehorsamsverweigerung *f.*

insuccès [ɛ̃syksɛ] *nm* Mißerfolg *m.*

insuffisance [ɛ̃syfizɑ̃s] *nf* unzureichende Menge; Unzulänglichkeit *f;* **~s** *nfpl (déficiencies)* Unzulänglichkeiten *pl,* Mängel *pl;* **~ cardiaque** Herzinsuffizienz *f,* Herzschwäche *f.*

insuffisant, e [ɛ̃syfizɑ̃, ɑ̃t] *a (en nombre)* ungenügend, nicht genügend; *(en qualité)* unzulänglich, mangelhaft.

insuffler [ɛ̃syfle] *vt* einblasen.

insulaire [ɛ̃sylɛʀ] *a* Insel-.

insulte [ɛ̃sylt(ə)] *nf (injure)* Beleidigung *f.*

insulter [ɛ̃sylte] *vt (injurier)* beschimpfen.

insupportable [ɛ̃sypɔʀtabl(ə)] *a* unerträglich.

insurgé, e [ɛ̃syʀʒe] *nm/f* Aufständische(r) *mf.*

insurger [ɛ̃syʀʒe]: **s'~** *vi:* **s'~ contre** sich auflehnen gegen.

insurmontable [ɛ̃syʀmɔ̃tabl(ə)] *a* unüberwindlich.

insurrection [ɛ̃syʀɛksjɔ̃] *nf* Aufstand *m.*

intact, e [ɛ̃takt, akt(ə)] *a* unversehrt, intakt.

intangible [ɛ̃tɑ̃ʒibl(ə)] *a (impalpable)* nicht greifbar; *(inviolable)* unantastbar.

intarissable [ɛ̃taʀisabl(ə)] *a* unerschöpflich.

intégral, e, aux [ɛ̃tegʀal, o] *a* vollständig.

intégrant, e [ɛ̃tegʀɑ̃, ɑ̃t]: **faire partie ~e de qch** ein fester Bestandteil von etw sein.
intègre [ɛ̃tɛgʀ(ə)] *a* aufrecht, rechtschaffen.
intégrer [ɛ̃tegʀe] *vt* integrieren; **s'~ dans qch** sich in etw *(akk)* eingliedern.
intégrité [ɛ̃tegʀite] *nf* Integrität *f.*
intellectuel, le [ɛ̃telɛktɥɛl] *a* intellektuell // *nm/f* Intellektuelle(r) *mf.*
intelligence [ɛ̃teliʒɑ̃s] *nf* Intelligenz *f; (jugement)* Verstand *m; (accord):* **vivre en bonne ~ avec qn** gut mit jdm auskommen.
intelligent, e [ɛ̃teliʒɑ̃, ɑ̃t] *a* intelligent, gescheit.
intelligible [ɛ̃teliʒibl(ə)] *a* verständlich.
intempérant, e [ɛ̃tɑ̃peʀɑ̃, ɑ̃t] *a (excessif)* maßlos, unmäßig.
intempéries [ɛ̃tɑ̃peʀi] *nfpl* schlechtes Wetter *nt.*
intempestif, ive [ɛ̃tɑ̃pɛstif, iv] *a* unpassend, ungelegen.
intenable [ɛ̃tnabl(ə)] *a (intolérable)* unerträglich.
intendant, e [ɛ̃tɑ̃dɑ̃, ɑ̃t] *nm/f (MIL)* Intendant *m; (SCOL)* Finanzverwalter(in *f*) *m; (d'une propriété)* Verwalter(in *f*) *m.*
intense [ɛ̃tɑ̃s] *a* stark, intensiv; *(lumière)* hell; *(froid, chaleur)* groß.
intensif, ive [ɛ̃tɑ̃sif, iv] *a* intensiv.
intensité [ɛ̃tɑ̃site] *nf (du son, de la lumière)* Intensität *f; (ELEC)* Stärke *f; (véhémence)* Heftigkeit *f.*
intenter [ɛ̃tɑ̃te] *vt:* **~ un procès contre** *ou* **à qn** einen Prozeß gegen jdn anstrengen.
intention [ɛ̃tɑ̃sjɔ̃] *nf* Absicht *f;* **avoir l'~ de faire qch** beabsichtigen, etw zu tun; **à l'~ de** *prep* für; **à cette ~** zu diesem Zweck.
intentionné, e [ɛ̃tɑ̃sjɔne] *a:* **bien/mal ~** wohlgesinnt/nicht wohlgesinnt.
intentionnel, le [ɛ̃tɑ̃sjɔnɛl] *a* absichtlich; *(JUR)* vorsätzlich.
inter [ɛ̃tɛʀ] *nm (TEL) abr de* **interurbain;** *(SPORT):* **~ gauche/droit** Halblinke(r)/-rechte(r) *m.*
intercaler [ɛ̃tɛʀkale] *vt* einfügen.
intercéder [ɛ̃tɛʀsede] *vi:* **~ (pour qn)** sich (für jdn) verwenden.
intercepter [ɛ̃tɛʀsɛpte] *vt* abfangen.
interchangeable [ɛ̃tɛʀʃɑ̃ʒabl(ə)] *a* austauschbar.
interclasse [ɛ̃tɛʀklɑs] *nm* kurze Pause *f.*
interdiction [ɛ̃tɛʀdiksjɔ̃] *nf* Verbot *nt;* **~ de séjour** Aufenthaltsverbot *nt.*
interdire [ɛ̃tɛʀdiʀ] *vt* verbieten; **~ à qn de faire qch** jdm verbieten, etw zu tun; *(empêcher)* jdn daran hindern, etw zu tun; **s'~ qch** auf etw *(akk)* verzichten.
interdit, e [ɛ̃tɛʀdi, it] *a (illicite)* verboten; *(étonné)* erstaunt, verblüfft; **stationnement ~** Parken verboten.
intéressant, e [ɛ̃teʀɛsɑ̃, ɑ̃t] *a* interessant.
intéressé, e [ɛ̃teʀese] *a* interessiert; *(concerné)* beteiligt; *(cupide)* eigennützig.
intéresser [ɛ̃teʀese] *vt* interessieren; *(concerner)* betreffen; *(aux bénéfices)* beteiligen; **s'~ à qn/qch** sich für jdn/etw interessieren.
intérêt [ɛ̃teʀɛ] *nm* Interesse *nt; (FIN)* Zins *m; (importance)* Bedeutung *f; (égoïsme)* Eigennutz *m;* **il a ~ à se taire** er würde besser daran tun, zu schweigen.
intérieur, e [ɛ̃teʀjœʀ] *a* innere(r, s); *(POL)* Innen- // *nm:* **l'~** das Innere; **ministère de l'I~** Innenministerium *nt; (décor, mobilier)* Innenausstattung *f;* **à l'~** innen; *(avec mouvement)* nach innen; **à l'~ de** in *(+dat);* **en ~** *(FILM)* im Studio.
intérim [ɛ̃teʀim] *nm* Zwischenzeit *f; (remplacement):* **assurer l'~ (de qn)** die Vertretung (für jdn) übernehmen; **par ~** *(provisoirement)* vorläufig.
intérioriser [ɛ̃teʀjɔʀize] *vt (PSYCH)* verinnerlichen.
interligne [ɛ̃tɛʀliɲ] *nm* Zwischenraum *m.*
interlocuteur, trice [ɛ̃tɛʀlɔkytœʀ, tʀis] *nm/f* Gesprächspartner(in *f*) *m.*

interloquer [ɛ̃tɛʀlɔke] *vt* sprachlos machen.
interlude [ɛ̃tɛʀlyd] *nm* Pause *f.*
intermédiaire [ɛ̃tɛʀmedjɛʀ] *a* Zwischen- // *nm/f (médiateur)* Vermittler(in *f*) *m*; (*COMM*) Mittelsmann *m* // *nm*: **sans** ~ direkt; **par l'~ de** durch Vermittlung von, durch.
interminable [ɛ̃tɛʀminabl(ə)] *a* endlos.
intermittence [ɛ̃tɛʀmitɑ̃s] *nf*: **par** ~ periodisch.
intermittent, e [ɛ̃tɛʀmitɑ̃, ɑ̃t] *a* periodisch auftretend, unregelmäßig.
internat [ɛ̃tɛʀna] *nm (établissement)* Internat *nt.*
international, e, aux [ɛ̃tɛʀnasjɔnal, o] *a* international // *nm/f* (*SPORT*) Nationalspieler(in *f*) *m.*
interne [ɛ̃tɛʀn(ə)] *a* innere(r, s) // *nm/f (élève)* Internatsschüler(in *f*) *m*; (*MED*) Medizinalassistent(in *f*) *m.*
interner [ɛ̃tɛʀne] *vt* (*POL*) internieren; (*MED*) in eine Anstalt einweisen.
interpeller [ɛ̃tɛʀpele] *vt (appeler)* zurufen (+*dat*), ansprechen; *(apostropher)* beschimpfen; *(arrêter)* festnehmen; (*POL*) befragen.
interphone [ɛ̃tɛʀfɔn] *nm* Sprechanlage *f.*
interposer [ɛ̃tɛʀpoze] *vt* dazwischentun; **s'~** *(obstacle)* dazwischenkommen; **par personnes interposées** durch Mittelsmänner.
interprétation [ɛ̃tɛʀpʀetɑsjɔ̃] *nf* Interpretation *f.*
interprète [ɛ̃tɛʀpʀɛt] *nm/f (traducteur)* Dolmetscher(in *f*) *m*; *(porte-parole)* (Für)sprecher *m.*
interpréter [ɛ̃tɛʀpʀete] *vt* interpretieren; *(rêves)* deuten.
interrogateur, trice [ɛ̃teʀɔgatœʀ, tʀis] *a* fragend.
interrogatif, ive [ɛ̃teʀɔgatif, iv] *a* fragend; (*LING*) Frage-, Interrogativ-.
interrogation [ɛ̃teʀɔgɑsjɔ̃] *nf (action)* Befragen *nt*; *(question)* Frage *f*; (*SCOL*): ~ **écrite/orale** schriftliche/mündliche Prüfung *f.*
interrogatoire [ɛ̃teʀɔgatwaʀ] *nm (de police)* Verhör *nt*; (*JUR*) Vernehmung *f.*
interroger [ɛ̃teʀɔʒe] *vt* befragen; *(inculpé)* verhören, vernehmen.
interrompre [ɛ̃teʀɔ̃pʀ(ə)] *vt* unterbrechen; **s'~** *(personne)* aufhören.
interrupteur [ɛ̃teʀyptœʀ] *nm* Schalter *m.*
interruption [ɛ̃teʀypsjɔ̃] *nf* Unterbrechung *f.*
intersection [ɛ̃tɛʀsɛksjɔ̃] *nf* Schnittpunkt *m*; *(croisement)* Kreuzung *f.*
interstice [ɛ̃tɛʀstis] *nm* Zwischenraum *m*, Spalt *m.*
interurbain, e [ɛ̃tɛʀyʀbɛ̃, ɛn] *a*: **communication ~e** Ferngespräch *nt* // *nm*: **l'~** der Fernmeldedienst.
intervalle [ɛ̃tɛʀval] *nm* Zwischenraum *m*; **dans l'~** inzwischen; **à deux mois d'~** im Abstand von zwei Monaten; **par ~s** *(dans le temps)* von Zeit zu Zeit.
intervenir [ɛ̃tɛʀvəniʀ] *vi* eingreifen *(dans* in +*akk)*; (*POL*) intervenieren; *(intercéder)*: ~ **auprès de qn/en faveur de qn** sich bei jdm/für jdn verwenden; *(se produire)* sich ereignen.
intervention [ɛ̃tɛʀvɑ̃sjɔ̃] *nf (voir* **intervenir**) Eingreifen *nt*; Intervention *f*; Verwendung *f*; (*MED*) Eingriff *m.*
intervertir [ɛ̃tɛʀvɛʀtiʀ] *vt* umkehren.
interview [ɛ̃tɛʀvju] *nf* Interview *nt.*
interviewer [ɛ̃tɛʀvjuve] *vt* interviewen.
intestin, e [ɛ̃tɛstɛ̃, in] *a*: **querelles/luttes ~es** innere Kämpfe // *nm* Darm *m.*
intestinal, e, aux [ɛ̃tɛstinal, o] *a* Darm-.
intime [ɛ̃tim] *a* intim // *nm/f* enger Freund, Vertraute(r) *mf.*
intimer [ɛ̃time] *vt (citer)* vorladen; ~ **un ordre à qn** jdm einen Befehl zukommen lassen.
intimider [ɛ̃timide] *vt* einschüchtern.
intimité [ɛ̃timite]: **dans la plus**

stricte ~ im privaten Kreis, im engsten Familienkreis.
intituler [ɛ̃tityle] *vt* betiteln; **s'~** *(ouvrage)* den Titel tragen.
intolérable [ɛ̃tɔleʀabl(ə)] *a* unerträglich.
intolérance [ɛ̃tɔleʀɑ̃s] *nf* Intoleranz *f.*
intolérant, e [ɛ̃tɔleʀɑ̃, ɑ̃t] *a* unduldsam, intolerant.
intoxication [ɛ̃tɔksikɑsjɔ̃] *nf* Vergiftung *f.*
intoxiquer [ɛ̃tɔksike] *vt* vergiften; (*POL*) indoktrinieren.
intraduisible [ɛ̃tʀadɥizibl(ə)] *a* unübersetzbar.
intraitable [ɛ̃tʀɛtabl(ə)] *a* unnachgiebig *(sur* in bezug auf *+akk)*; **demeurer** ~ nicht nachgeben.
intransigeant, e [ɛ̃tʀɑ̃ziʒɑ̃, ɑ̃t] *a* unnachgiebig, stur; *(morale, passion)* kompromißlos.
intransitif, ive [ɛ̃tʀɑ̃zitif, iv] *a* intransitiv.
intraveineux, euse [ɛ̃tʀavɛnø, øz] *a* intravenös.
intrépide [ɛ̃tʀepid] *a (courageux)* mutig, beherzt.
intrigue [ɛ̃tʀig] *nf (manœuvre)* Intrige *f; (scénario)* Handlung *f.*
intriguer [ɛ̃tʀige] *vi* intrigieren // *vt* neugierig machen.
intrinsèque [ɛ̃tʀɛ̃sɛk] *a* immanent.
introduction [ɛ̃tʀɔdyksjɔ̃] *nf (voir* **introduire)** Einführen *nt;* Hereinführen *nt;* Zutritt *m; (de marchandises)* Einfuhr *f; (d'un ouvrage)* Einleitung *f.*
introduire [ɛ̃tʀɔdɥiʀ] *vt* einführen; *(objet):* ~ **dans** stecken in *(+akk); (visiteur)* hereinführen; *(faire admettre dans une société)* einführen; **s'~ dans** *(se glisser)* eindringen in *(+akk); (se faire admettre)* sich *(dat)* Zutritt verschaffen zu.
introspection [ɛ̃tʀɔspɛksjɔ̃] *nf* Selbstbeobachtung *f.*
introuvable [ɛ̃tʀuvabl(ə)] *a* unauffindbar; *(très rare)* nicht erhältlich.
introverti, e [ɛ̃tʀɔvɛʀti] *nm/f* Introvertierte(r) *mf.*
intrus, e [ɛ̃tʀy, yz] *nm/f* Eindringling *m.*
intrusion [ɛ̃tʀyzjɔ̃] *nf* Eindringen *nt; (ingérence)* Einmischung *f.*
intuitif, ive [ɛ̃tɥitif, iv] *a* intuitiv.
intuition [ɛ̃tɥisjɔ̃] *nf (pressentiment)* Vorgefühl *nt,* Intuition *f;* **avoir une** ~ eine Ahnung haben.
inusable [inyzabl(ə)] *a* unverwüstlich.
inusité, e [inyzite] *a* (*LING*) ungebräuchlich.
inutile [inytil] *a (qui ne sert pas)* nutzlos; *(superflu)* unnötig.
inutilisable [inytilizabl(ə)] *a* unbrauchbar.
invalide [ɛ̃valid] *a* körperbehindert // *nm* (*MIL*) Invalide *m* // *nm/f:* ~ **du travail** Arbeitsunfähige(r) *mf.*
invalider [ɛ̃valide] *vt (annuler)* ungültig machen.
invariable [ɛ̃vaʀjabl(ə)] *a* unveränderlich.
invasion [ɛ̃vɑzjɔ̃] *nf* Invasion *f.*
invectiver [ɛ̃vɛktive] *vt* beschimpfen.
invendable [ɛ̃vɑ̃dabl(ə)] *a* unverkäuflich.
invendu, e [ɛ̃vɑ̃dy] *a* unverkauft.
inventaire [ɛ̃vɑ̃tɛʀ] *nm* Inventar *nt;* (*COMM*: *liste)* Warenliste *f; (: opération)* Inventur *f; (fig)* Bestandsaufnahme *f.*
inventer [ɛ̃vɑ̃te] *vt* erfinden.
inventeur [ɛ̃vɑ̃tœʀ] *nm* Erfinder(in *f*) *m.*
inventif, ive [ɛ̃vɑ̃tif, iv] *a* schöpferisch; *(ingénieux)* einfallsreich.
invention [ɛ̃vɑ̃sjɔ̃] *nf* Erfindung *f; (découverte)* Entdeckung *f.*
inventorier [ɛ̃vɑ̃tɔʀje] *vt* eine Aufstellung machen von.
inverse [ɛ̃vɛʀs(ə)] *a* umgekehrt; *(mouvement)* entgegengesetzt // *nm:* **l'~** das Gegenteil.
inverser [ɛ̃vɛʀse] *vt* umkehren.
investigation [ɛ̃vɛstigɑsjɔ̃] *nf* Untersuchung *f.*
investir [ɛ̃vɛstiʀ] *vt (personne)* ~ **qn de** jdn ausstatten mit *(+dat); (d'une fonction)* jdn einsetzen in *(+akk);* (*MIL*) belagern; (*FIN*) investieren //

vi investieren.
investissement [ɛ̃vɛstismɑ̃] *nm* Investition *f.*
investiture [ɛ̃vɛstityʀ] *nf* Einsetzung *f; (d'un candidat)* Nominierung *f.*
invétéré, e [ɛ̃veteʀe] *a* eingefleischt; *(personne)* unverbesserlich.
invincible [ɛ̃vɛ̃sibl(ə)] *a* unbesiegbar, unschlagbar; *(charme)* unwiderstehlich.
inviolable [ɛ̃vjɔlabl(ə)] *a* unverletzbar, unantastbar.
invisible [ɛ̃vizibl(ə)] *a* unsichtbar.
invitation [ɛ̃vitɑsjɔ̃] *nf* Einladung *f; (exhortation):* **à/sur l'~ de qn** auf jds Aufforderung hin.
invité, e [ɛ̃vite] *nm/f* Gast *m.*
inviter [ɛ̃vite] *vt (convier)* einladen; *(exhorter):* ~ **qn à faire qch** jdn auffordern, etw zu tun; *(sujet: chose)* einladen zu.
involontaire [ɛ̃vɔlɔ̃tɛʀ] *a (réaction)* unwillkürlich; *(insulte)* unbeabsichtigt; *(témoin, complice)* unfreiwillig.
invoquer [ɛ̃vɔke] *vt (prier)* anrufen; *(excuse, argument)* anbringen; *(loi, texte)* sich berufen auf (+*akk*); ~ **la clémence de qn** jdn um Nachsicht bitten.
invraisemblable [ɛ̃vʀɛsɑ̃blabl(ə)] *a* unwahrscheinlich; *(étonnant)* unglaublich.
invulnérable [ɛ̃vylneʀabl(ə)] *a* unverletzbar; *(position)* unangreifbar.
iode [jɔd] *nm* Jod *nt.*
ionique [jɔnik] *a (ARCHIT)* ionisch; *(PHYS)* Ionen-.
Iran [iʀɑ̃] *nm:* **l'~** (der) Iran.
Iraq [iʀak] *nm:* **l'~** (der) Irak.
irascible [iʀasibl(ə)] *a* jähzornig.
iris [iʀis] *nm* Iris *f.*
irisé, e [iʀize] *a* regenbogenfarben.
irlandais, e [iʀlɑ̃dɛ, ɛz] *a* irisch; **I~** *nm/f* Ire *m,* Irin *f.*
Irlande [iʀlɑ̃d] *nf:* **l'~** Irland *nt.*
ironie [iʀɔni] *nf* Ironie *f.*
ironique [iʀɔnik] *a* ironisch, spöttisch.
ironiser [iʀɔnize] *vi* spotten.
irradier [iʀadje] *vi (lumière)* ausstrahlen.
irraisonné, e [iʀɛzɔne] *a (geste, acte)* unüberlegt; *(crainte)* unsinnig.
irrationnel, le [iʀasjɔnɛl] *a* irrational.
irréalisable [iʀealizabl(ə)] *a* unerfüllbar; *(projet)* nicht machbar.
irrecevable [iʀəsvabl(ə)] *a* unannehmbar.
irréconciliable [iʀekɔ̃siljabl(ə)] *a* unversöhnlich.
irrécupérable [iʀekypeʀabl(ə)] *a* nicht zu reparieren; *(personne)* nicht mehr zu retten.
irrécusable [iʀekyzabl(ə)] *a (témoin)* glaubwürdig; *(témoignage, preuve)* unanfechtbar.
irréductible [iʀedyktibl(ə)] *a (obstacle)* unbezwingbar; *(ennemi)* unversöhnlich.
irréel, elle [iʀeɛl] *a* unwirklich.
irréfléchi, e [iʀefleʃi] *a* unüberlegt, gedankenlos.
irréfutable [iʀefytabl(ə)] *a* unwiderlegbar.
irrégularité [iʀegylaʀite] *nf (voir* **irrégulier***)* Unregelmäßigkeit *f;* Unebenheit *f;* Unbeständigkeit *f;* Ungesetzlichkeit *f.*
irrégulier, ière [iʀegylje, jɛʀ] *a* unregelmäßig; *(surface, terrain)* uneben; *(travailleur, travail)* unbeständig, wechselhaft; *(illégal)* rechtswidrig, ungesetzlich; *(peu honnête)* zwielichtig.
irrémédiable [iʀemedjabl(ə)] *a* nicht wiedergutzumachend.
irremplaçable [iʀɑ̃plasabl(ə)] *a* unersetzlich.
irrépressible [iʀepʀesibl(ə)] *a* unbezähmbar.
irréprochable [iʀepʀɔʃabl(ə)] *a* einwandfrei, tadellos, untadelig.
irrésistible [iʀezistibl(ə)] *a* unwiderstehlich; *(preuve, logique)* zwingend.
irrésolu, e [iʀezɔly] *a* unentschlossen.
irrespectueux, euse [iʀɛspɛktɥø, øz] *a* respektlos.
irresponsable [iʀɛspɔ̃sabl(ə)] *a*

unverantwortlich; (*JUR*) unmündig; *(politique, morale)* verantwortungslos.
irrévérencieux, euse [iʀeveʀɑ̃sjø, øz] *a* respektlos.
irréversible [iʀevɛʀsibl(ə)] *a* nicht rückgängig zu machen.
irrévocable [iʀevɔkabl(ə)] *a* unwiderruflich.
irriguer [iʀige] *vt* bewässern.
irritable [iʀitabl(ə)] *a* reizbar.
irriter [iʀite] *vt* reizen.
irruption [iʀypsjɔ̃] *nf* Eindringen *nt*, Hereinstürzen *nt*; **faire ~ chez qn** plötzlich bei jdm erscheinen.
islamique [islamik] *a* islamisch.
Islande [islɑ̃d] *nf*: **l'~** Island *nt*.
isolant, e [izɔlɑ̃, ɑ̃t] *a* isolierend.
isolation [izɔlɑsjɔ̃] *nf*: **~ acoustique/thermique** Schall-/Wärmeisolierung *f ou* -dämmung *f*.
isolé, e [izɔle] *a* isoliert; *(maison)* einzeln; *(cas, fait)* vereinzelt.
isoler [izɔle] *vt* isolieren.
isoloir [izɔlwaʀ] *nm* Wahlzelle *f*.
Israël [isʀaɛl] *nm* Israel *nt*.
israélien, ne [isʀaeljɛ̃, jɛn] *a* israelisch; **I~** *nm/f* Israeli *m/f*.
israélite [isʀaelit] *a* jüdisch; **I~** *nm/f* Israelit(in *f*) *m*.
issu, e [isy] *a*: **être ~ de** abstammen von; *(fig)* herrühren von // *nf* Ausgang *m*; *(résultat)* Ergebnis *nt*; **à l'~e de** am Ende von; **rue sans ~e** Sackgasse *f*.
Italie [itali] *nf*: **l'~** Italien *nt*.
italien, ne [italjɛ̃, jɛn] *a* italienisch; **I~** *nm/f* Italiener(in *f*) *m*.
italique [italik] *nm*: **en ~** kursiv.
itinéraire [itineʀɛʀ] *nm* Route *f*.
itinérant, e [itineʀɑ̃, ɑ̃t] *a* Wander-, wandernd.
I.U.T. *sigle m* = **Institut universitaire de technologie.**
ivoire [ivwaʀ] *nm* Elfenbein *nt*.
ivre [ivʀ(ə)] *a* betrunken; **~ de colère/de bonheur** außer sich vor Wut/Glück.
ivresse [ivʀɛs] *nf* Trunkenheit *f*.
ivrogne [ivʀɔɲ] *nm/f* Trinker(in *f*) *m*.

J

jacasser [ʒakase] *vi (bavarder)* schwatzen.
jachère [ʒaʃɛʀ] *nf*: **(être) en ~** brach(liegen).
jacinthe [ʒasɛ̃t] *nf* Hyazinthe *f*.
jadis [ʒadis] *ad* einst(mals).
jaillir [ʒajiʀ] *vi* herausspritzen, hervorsprudeln; *(cri)* erschallen, ertönen.
jalon [ʒalɔ̃] *nm* Markierungspfosten *m*.
jalousie [ʒaluzi] *nf* Eifersucht *f*; *(store)* Jalousie *f*.
jaloux, se [ʒalu, uz] *a* eifersüchtig.
jamais [ʒamɛ] *ad* nie, niemals; *(non négatif)* je(mals); **ne ... jamais** nie, niemals.
jambe [ʒɑ̃b] *nf* Bein *nt*.
jambon [ʒɑ̃bɔ̃] *nm* Schinken *m*.
janvier [ʒɑ̃vje] *nm* Januar *m*.
Japon [ʒapɔ̃] *nm*: **le ~** Japan *nt*.
japonais, e [ʒapɔnɛ, ɛz] *a* japanisch; **J~, e** *nm/f* Japaner(in *f*) *m*.
jaquette [ʒakɛt] *nf (de cérémonie)* Cut(away) *m*; *(de dame)* Jacke *f*.
jardin [ʒaʀdɛ̃] *nm* Garten *m*; **~ d'enfants** Kindergarten *m*.
jardinage [ʒaʀdinaʒ] *nm* Gartenarbeit *f*; Gartenbau *m*.
jardinier, ière [ʒaʀdinje, jɛʀ] *nm/f* Gärtner(in *f*) *m* // *nf (caisse)* Blumenkasten *m*; **~ière (de légumes)** gemischtes Gemüse; **~ière d'enfants** Kindergärtnerin *f*.
jarret [ʒaʀɛ] *nm (ANAT)* Kniekehle *f*; *(CULIN)* Hachse *f*, Haxe *f*.
jaser [ʒaze] *vi* schwatzen; *(indiscrètement)* klatschen, tratschen.
jatte [ʒat] *nf* Napf *m*, Schale *f*.
jauger [ʒoʒe] *vt (mesurer)* messen; *(juger)* abschätzen, beurteilen.
jaune [ʒon] *a* gelb // *nm* Gelb *nt*; **~ d'œuf** Eigelb *nt*, Dotter *m* // *ad (fam)*: **rire ~** gezwungen lachen.
jaunir [ʒoniʀ] *vi* gelb werden, vergilben.
javel [ʒavɛl]: **eau de ~** *nf* Bleichlauge *f*, Bleichmittel *nt*.
javelot [ʒavlo] *nm* Speer *m*.

J.-C. *abr voir* **Jésus-Christ.**

je [ʒ(ə)] *pron* ich.

jersey [ʒɛʀzɛ] *nm* Pullover *m; (tissu)* Jersey *m.*

Jésus-Christ [ʒezykʀi(st)] *nm* Jesus Christus *m;* **800 avant/après ~ (*ou* J.-C.)** 800 vor/nach Christus (*ou* v. Chr. *ou* A.D./nach Chr.).

jet [ʒɛ] *nm (lancer)* Wurf *m;* Werfen *nt; (jaillissement)* Strahl *m; (tuyau)* Düse *f; (avion)* Jet *m;* **du premier ~** auf Anhieb; **~ d'eau** Wasserstrahl *m.*

jetée [ʒ(ə)te] *nf* Mole *f.*

jeter [ʒ(ə)te] *vt* werfen; *(agressivement)* schleudern; *(se défaire de)* wegwerfen; *(cri, insultes)* ausstoßen.

jeton [ʒ(ə)tɔ̃] *nm (au jeu)* Spielmarke *f; (de téléphone)* Telefonmarke *f.*

jeu, x [ʒø] *nm* Spiel *nt; (fonctionnement)* Funktionieren *nt; (fig)* Zusammenspiel *nt;* **un ~ de clés/d'aiguilles** ein Satz *m* Schlüssel/ein Spiel Nadeln; **remettre en ~** (*FOOTBALL*) einwerfen; **être en ~** *(fig)* auf dem Spiel stehen; **entrer dans le ~** *(fig)* mitspielen; **mettre en ~** aufs Spiel setzen; **les ~x de hasard** die Glücksspiele *pl;* **~ de mots** Wortspiel *nt;* **~ d'orgue(s)** Orgelzug *m.*

jeudi [ʒødi] *nm* Donnerstag *m.*

jeûn [ʒœ̃]: **à ~** *ad* nüchtern; mit nüchternem Magen.

jeune [ʒœn] *a* jung; *(animal, plante)* jung, klein // *ad:* **faire ~** jugendlich *ou* jung aussehen; **les ~s** die jungen Leute *pl,* die Jugend *f;* **~ fille** *nf* (junges) Mädchen *nt;* **~ homme** *nm* junger Mann *m;* **~s mariés** *nmpl* Jungverheiratete *pl,* Jungvermählte *pl.*

jeûne [ʒøn] *nm* Fasten *nt.*

jeunesse [ʒœnɛs] *nf* Jugend *f; (apparence)* Jugendlichkeit *f.*

joaillerie [ʒɔajʀi] *nf (COMM)* Juweliergeschäft *nt; (articles)* Schmuck *m.*

joaillier, ière [ʒɔaje, jɛʀ] *nm/f* Juwelier *m; (artisan)* Goldschmied(in *f*) *m.*

joie [ʒwa] *nf* Freude *f.*

joindre [ʒwɛ̃dʀ(ə)] *vt (relier)* verbinden (*à* mit); *(ajouter)* beifügen, hinzufügen (*à* zu); *(contacter)* erreichen; **~ les mains** die Hände falten; **~ les deux bouts** gerade (mit seinem Geld) auskommen; **se ~ à qn** sich jdm anschließen.

joint [ʒwɛ̃] *nm (de suture, soudage)* Naht *f; (articulation)* Gelenk *nt; (de robinet)* Dichtung *f;* **~ de culasse** Zylinderkopfdichtung *f.*

joli [ʒɔli] *a* hübsch; **un ~ gâchis** ein schöner Schlamassel; **c'est du ~!** das ist ja reizend!

joncher [ʒɔ̃ʃe] *vt* verstreut liegen auf *ou* in *(+dat),* bedecken; **jonché(e) de** übersät mit.

jonction [ʒɔ̃ksjɔ̃] *nf (action)* Verbindung *f; (de routes)* Kreuzung *f; (de fleuves)* Zusammenfluß *m.*

jongleur, euse [ʒɔ̃glœʀ, øz] *nm/f* Jongleur *m.*

jonquille [ʒɔ̃kij] *nf* Osterglocke *f.*

Jordanie [ʒɔʀdani] *nf:* **la ~** Jordanien *nt.*

joue [ʒu] *nf* Backe *f,* Wange *f;* **mettre qch en ~** auf etw zielen.

jouer [ʒwe] *vt* spielen; *(argent)* setzen, spielen um; *(réputation)* aufs Spiel setzen; *(simuler)* vorspielen, vortäuschen // *vi* spielen; *(se voiler)* sich verziehen; **~ à qch** etw spielen; **~ des coudes** die Ellbogen gebrauchen; **~ avec sa santé** seine Gesundheit aufs Spiel setzen; **se ~ des obstacles** spielend fertigwerden mit Hindernissen; **se ~ de qn** jdn zum Narren haben; **~ un tour à qn** jdm einen Streich spielen; **~ de malchance** vom Pech verfolgt sein.

jouet [ʒwɛ] *nm* Spielzeug *nt;* **être le ~ de** das Opfer *(+gen)* sein.

joueur, euse [ʒwœʀ, øz] *nm/f* Spieler(in *f*) *m.*

joufflu, e [ʒufly] *a* pausbäckig.

joug [ʒu] *nm:* **sous le ~ de** unter dem Joch *(+gen).*

jouir [ʒwiʀ] *vi:* **~ de qch** *(savourer)* etw genießen, sich einer Sache *(gen)* erfreuen; *(avoir)* etw haben.

jouissance [ʒwisɑ̃s] *nf (plaisir)* Freude *f,* Vergnügen *nt; (usage):* **la ~**

de qch die Nutznießung einer Sache *(gen)*.
joujou [ʒuʒu] *nm (fam)* Spielzeug *nt*.
jour [ʒuʀ] *nm* Tag *m*; *(aspect)* Licht *nt*; *(ouverture)* Öffnung *f*, Durchbruch *m*; **au ~ le ~** von einem Tag auf den anderen; **il fait ~** es ist Tag, es ist hell; **au grand ~** offen, in aller Öffentlichkeit; **sous un ~ favorable/nouveau** in einem günstigen/neuen Licht; **mettre à ~** auf den neuesten Stand bringen; **~ férié** Feiertag *m*.
journal, aux [ʒuʀnal, o] *nm* Zeitung *f*; *(intime)* Tagebuch *nt*; **~ parlé** (Radio)nachrichten *pl*; **~ télévisé** (Fernseh)nachrichten *pl*.
journalisme [ʒuʀnalism(ə)] *nm* Journalismus *m*.
journaliste [ʒuʀnalist(ə)] *nm/f* Journalist(in *f*) *m*.
journée [ʒuʀne] *nf* Tag *m*; **la ~ continue** durchgehende Arbeitszeit *f (ohne Mittagspause)*.
jovial, e, aux [ʒɔvjal, o] *a* jovial.
joyau, x [ʒwajo] *nm* Juwel *nt*.
joyeux, euse [ʒwajø, øz] *a* fröhlich, vergnügt; *(qui apporte la joie)* freudig.
jubilé [ʒybile] *nm* Jubiläum *nt*.
jubiler [ʒybile] *vi* jubeln, jauchzen.
jucher [ʒyʃe] *vt*: **~ qch sur** etw (hoch) (hinauf)legen/stellen/setzen auf *(+akk)* // *vi (oiseaux)* hocken, sitzen.
judaïque [ʒydaik] *a* jüdisch.
judiciaire [ʒydisjɛʀ] *a* gerichtlich; Justiz-; richterlich.
judicieux, euse [ʒydisjø, øz] *a* klug, gescheit.
judo [ʒydo] *nm* Judo *nt*.
juge [ʒyʒ] *nm (magistrat)* Richter(in *f*) *m*; *(de concours)* Preisrichter(in *f*) *m*; *(de combat)* Kampfrichter(in *f*) *m*; **~ d'instruction** Untersuchungsrichter(in *f*) *m*; **~ de paix** Friedensrichter *m*.
jugé [ʒyʒe]: **au ~** *ad* aufs Geratewohl.
jugement [ʒyʒmɑ̃] *nm* Urteil *nt*; *(perspicacité)* Urteilsvermögen *nt*; **~ de valeur** Werturteil *nt*.
juger [ʒyʒe] *vt* entscheiden über *(+akk)*; *(évaluer)* beurteilen; **~ qn/qch satisfaisant** jdn/etw für zufriedenstellend halten; **~ bon de faire qch** es für gut halten, etw zu tun; **~ que...** meinen *ou* der Ansicht sein, daß... .
juif, ive [ʒɥif, ʒɥiv] *a* jüdisch // *nm/f* Jude *m*, Jüdin *f*.
juillet [ʒɥijɛ] *nm* Juli *m*.
juin [ʒɥɛ̃] *nm* Juni *m*.
jumeau, elle, eaux [ʒymo, ɛl] *a* Doppel- // *nm/f* Zwilling *m*; *(frère)* Zwillingsbruder *m*; *(sœur)* Zwillingsschwester *f* // *nfpl (OPTIQUE)* Fernglas *nt*, Feldstecher *m*.
jumeler [ʒymle] *vt (TECH)* koppeln, miteinander verbinden; *(villes)* zu Partnerstädten machen.
jumelle [ʒymɛl] *a*, *nf voir* **jumeau**.
jument [ʒymɑ̃] *nf* Stute *f*.
jungle [ʒɔ̃gl(ə)] *nf* Dschungel *m*.
jupe [ʒyp] *nf* Rock *m*.
jupon [ʒypɔ̃] *nm* Unterrock *m*.
juré, e [ʒyʀe] *nm/f* Geschworene(r) *mf*.
jurer [ʒyʀe] *vt* schwören, geloben // *vi (dire des jurons)* fluchen; *(dissoner)*: **~ (avec)** sich nicht vertragen (mit); *(s'engager)*: **il jura de faire qch** er schwor, etw zu tun; *(affirmer)*: **~ que** schwören *ou* versichern, daß.
juridique [ʒyʀidik] *a* juristisch; rechtlich; Rechts-.
juron [ʒyʀɔ̃] *nm* Fluch *m*.
jury [ʒyʀi] *nm* Geschworene *pl*; *(SCOL)* Prüfungsausschuß *m*.
jus [ʒy] *nm* Saft *m*; *(de viande)* Bratensaft *m*; **~ de fruits** Fruchtsaft *m*; **~ de pommes** Apfelsaft *m*.
jusque [ʒysk(ə)]: **jusqu'à** *prep (endroit)* bis; bis an *(+akk)*; bis nach *(+dat)*; *(moment)* bis; bis zu *(+dat)*; *(quantité, limite)* bis zu *(+dat)*; **~ sur/dans/vers** bis (hinauf) zu/bis in/bis (hin)zu; **jusqu'à ce que** *conj* bis; **~-là** *(temps)* bis dahin; **jusqu'à présent** bis jetzt.
juste [ʒyst(ə)] *a (équitable)* gerecht; *(légitime)* gerechtfertigt, berechtigt; *(précis)* genau; *(correct)* richtig; *(étroit, insuffisant)* knapp // *ad*

(exactement) genau, richtig; *(seulement)* nur, bloß; ~ **assez/au-dessus** gerade genug/gerade *ou* genau darüber; **au** ~ genau; **à** ~ **titre** mit vollem *ou* gutem Recht.
justement [ʒystəmɑ̃] *ad (avec raison)* zu Recht, mit Recht; *(précisément)*: **c'est** ~ **ce qu'il fallait éviter** genau *ou* gerade das hätte vermieden werden sollen.
justesse [ʒystɛs] *nf (exactitude)* Richtigkeit *f; (précision)* Genauigkeit *f;* **de** ~ mit knapper Not, gerade noch.
justice [ʒystis] *nf (équité)* Gerechtigkeit *f; (ADMIN)* Justiz *f;* **rendre la** ~ Recht sprechen; **obtenir** ~ sein Recht bekommen; **rendre** ~ **à qn** jdm Recht *ou* Gerechtigkeit widerfahren lassen.
justicier, ière [ʒystisje, jɛʀ] *nm/f (vengeur)* Rächer *m.*
justifiable [ʒystifjabl(ə)] *a* zu rechtfertigen, vertretbar.
justification [ʒystifikɑsjɔ̃] *nf* Rechtfertigung *f.*
justifier [ʒystifje] *vt (expliquer)* rechtfertigen.
jute [ʒyt] *nm* Jute *f.*
juteux, euse [ʒytø, øz] *a* saftig.
juvénile [ʒyvenil] *a* jugendlich.

K

kaki [kaki] *a inv* kakifarben.
kangourou [kɑ̃guʀu] *nm* Känguruh *nt.*
karaté [kaʀate] *nm* Karate *nt.*
kayac *ou* **kayak** [kajak] *nm* Kajak *m ou nt.*
képi [kepi] *nm* Käppi *nt.*
kermesse [kɛʀmɛs] *nf (de bienfaisance)* Wohltätigkeitsveranstaltung *f; (villageoise)* Kirmes *f.*
kidnapper [kidnape] *vt* kidnappen.
kilo [kilo] *nm abr de* **kilogramme.**
kilogramme [kilɔgʀam] *nm* Kilo(gramm) *nt.*
kilométrage [kilɔmetʀaʒ] *nm (au compteur)* Kilometerstand *m.*
kilomètre [kilɔmɛtʀ(ə)] *nm* Kilometer *m.*
kilométrique [kilɔmetʀik] *a (borne, compteur)* Kilometer-; *(distance)* in Kilometern.
kilowatt [kilɔwat] *nm* Kilowatt *nt.*
kiosque [kjɔsk(ə)] *nm* Kiosk *m,* Stand *m; (dans un jardin public)* Musikpavillon *m.*
kirsch [kiʀʃ] *nm* Kirsch(wasser *nt) m.*
klaxon [klaksɔn] *nm* Hupe *f.*
klaxonner [klaksɔne] *vi* hupen // *vt* anhupen.
knock-out [nɔkawt] *nm* Knockout *m.*
K.O. [kao] *a inv* k.o.
kyste [kist(ə)] *nm* Zyste *f.*

L

l' [l] *dét voir* **le.**
la [la] *dét voir* **le.**
là [la] *(voir aussi* **-ci, celui)** *ad* dort; *(ici)* da, hier; *(dans le temps)* dann; **elle n'est pas** ~ sie ist nicht da; **c'est** ~ **que** das ist wo ...; **de** ~ *(fig)* daher; **par** ~ *(fig)* dadurch; ~**-bas** *ad* dort.
label [labɛl] *nm* Stempel *m,* Marke *f.*
labeur [labœʀ] *nm* Mühe *f,* Arbeit *f.*
laboratoire [labɔʀatwaʀ] *nm* Labor(atorium) *nt;* ~ **de langues/d'analyses** Sprach-/Untersuchungslabor *nt.*
laborieux, euse [labɔʀjø, øz] *a (difficile: tâche)* mühsam, mühselig; *(personne)* fleißig; **les masses laborieuses** die Arbeiterklasse.
labour [labuʀ] *nm* Pflügen *nt;* ~**s** *nmpl (champs)* umgepflügte Felder *pl;* **cheval/bœuf de** ~ Arbeitspferd *nt*/-ochse *m.*
labourer [labuʀe] *vt* pflügen; *(fig: visage)* zerfurchen.
laboureur [labuʀœʀ] *nm* Bauer *m.*
labyrinthe [labiʀɛ̃t] *nm* Labyrinth *nt.*
lac [lak] *nm* See *m.*
lacer [lɑse] *vt (chaussures, corsage)* zubinden, zuschnüren.
lacérer [laseʀe] *vt* zerreißen, zerfetzen.
lacet [lɑsɛ] *nm (de chaussure)* Schnür-

senkel *m*; *(de route)* scharfe Kurve *f*; *(piège)* Falle *f*.
lâche [lɑʃ] *a* locker; *(personne)* feige // *nm* Feigling *m*.
lâcher [lɑʃe] *nm (de ballons, d'oiseaux)* Fliegenlassen *nt* // *vt (volant, poignée)* loslassen; *(ce qui tombe)* fallenlassen; *(libérer)* freilassen; *(chien)* loslassen; *(mot, remarque)* fallenlassen; *(SPORT: distancer)* hinter sich *(dat)* lassen; *(abandonner)* im Stich lassen // *vi (fil, amarres)* reißen; *(freins)* versagen; ~ **les amarres** *(NAVIG)* losmachen; ~ **prise** loslassen.
lâcheté [lɑʃte] *nf (faiblesse)* Feigheit *f*.
lacrymogène [lakʀimɔʒɛn] *a (bombe)* Tränengas-.
lacté, e [lakte] *a (produit, régime)* Milch-.
lacune [lakyn] *nf (de texte, mémoire)* Lücke *f*.
là-dedans [lad(ə)dɑ̃] *ad* drinnen.
là-dessous [lad(ə)su] *ad (sous un objet)* drunter; *(fig)* dahinter.
là-dessus [lad(ə)sy] *ad (sur un objet)* darüber; *(fig)* darüber, darauf.
ladite [ladit] *dét voir* **ledit.**
là-haut [la'o] *ad* da oben.
laïc [laik] *nm/f* = **laïque.**
laid, e [lɛ, lɛd] *a* häßlich.
laideur [lɛdœʀ] *nf* Häßlichkeit *f*; *(fig: bassesse)* Gemeinheit *f*.
lainage [lɛnaʒ] *nm (vêtement)* Wollsachen *pl*.
laine [lɛn] *nf* Wolle *f*; ~ **de verre** Glaswolle *f*.
laineux, euse [lɛnø, øz] *a (étoffe)* Woll-.
laïque [laik] *a* Laien-; *(école, enseignement)* staatlich // *nm/f* Laie *m*.
laisse [lɛs] *nf* Leine *f*; **tenir en** ~ an der Leine führen.
laisser [lese] *vt* lassen // *vb auxiliaire:* ~ **qn faire** jdn tun lassen; **se** ~ **aller** sich gehenlassen; ~**-aller** *nm* Nachlässigkeit *f*, Unbekümmertheit *f*.
laissez-passer [lesepase] *nm* Passierschein *m*.
lait [lɛ] *nm* Milch *f*; ~ **écrémé/concentré** Mager-/Kondensmilch *f*; ~ **démaquillant/de beauté** Reinigungs-/Schönheitsmilch *f*.
laitage [lɛtaʒ] *nm* Milchprodukt *nt*.
laiterie [lɛtʀi] *nf (usine)* Molkerei *f*.
laitier, ière [letje, lɛtjɛʀ] *a (produit, vache)* Milch- // *nm/f* Milchmann *m*, Milchhändler(in *f*) *m*.
laiton [lɛtɔ̃] *nm* Messing *nt*.
laitue [lety] *nf* Lattich *m*; Salat *m*.
laïus [lajys] *nm (pej)* Sermon *m*.
lambeau, x [lɑ̃bo] *nm (de tissu, chair)* Fetzen *m*; **en** ~**x** in Fetzen.
lambris [lɑ̃bʀi] *nm* Täfelung *f*.
lame [lam] *nf* Klinge *f*; *(vague)* Welle *f*; ~ **de fond** Dünung *f*; ~ **de rasoir** Rasierklinge *f*.
lamé [lame] *nm* Lamé *nt*.
lamelle [lamɛl] *nf* Lamelle *f*; *(métal, plastic)* kleiner Streifen *m*, Blättchen *nt*.
lamentable [lamɑ̃tabl(ə)] *a* traurig, erbärmlich.
lamentation [lamɑ̃tɑsjɔ̃] *nf (gémissement)* Klagen *nt*, Jammern *nt*.
lamenter [lamɑ̃te] *vt*: **se** ~ **(sur)** klagen (über +*akk*).
laminoir [laminwaʀ] *nm* Walzmaschine *f*.
lampadaire [lɑ̃padɛʀ] *nm (de salon)* Stehlampe *f*; *(dans la rue)* Straßenlaterne *f*.
lampe [lɑ̃p(ə)] *nf* Lampe *f*; ~ **à pétrole** Paraffinlampe *f*; ~ **de poche** Taschenlampe *f*; ~ **à souder** Lötlampe *f*.
lampée [lɑ̃pe] *nf* Schluck *m*.
lampion [lɑ̃pjɔ̃] *nm* Lampion *m*.
lance [lɑ̃s] *nf (arme)* Speer *m*, Lanze *f*; ~ **d'incendie** Feuerwehrschlauch *m*.
lancement [lɑ̃smɑ̃] *nm (COMM)* Einführung *f*; *(d'un bateau)* Stapellauf *m*; *(d'une fusée)* Abschuß *m*.
lancer [lɑ̃se] *nm (SPORT)* Wurf *m*; *(PÊCHE)* Angeln *nt* // *vt (ballon, pierre)* werfen; *(flamme, éclair)* aussenden; *(bateau)* vom Stapel lassen; *(fusée)* abschießen; *(produit, voiture)* auf den Markt bringen; *(artiste)* herausbringen, lancieren; *(mot, injure)*

schleudern; ~ **qch à qn** jdm etw zuwerfen; *(avec aggression)* jdm etw entgegenschleudern; **se** ~ *vi (prendre de l'élan)* losstürmen; *(se précipiter)*: **se** ~ **sur/contre** losstürzen auf (*+akk*).
lancinant, e [lɑ̃sinɑ̃, t] *a (regrets)* quälend; *(douleur)* stechend.
landau, x [lɑ̃do] *nm (pour bébé)* Kinderwagen *m*.
lande [lɑ̃d] *nf* Heide *f*.
langage [lɑ̃gaʒ] *nm* Sprache *f*.
lange [lɑ̃ʒ] *nm* Windel *f*.
langer [lɑ̃ʒe] *vt* die Windeln wechseln (*+dat*).
langoureux, euse [lɑ̃guʀø, øz] *a* schläfrig, träge.
langouste [lɑ̃gust(ə)] *nf* Languste *f*.
langue [lɑ̃g] *nf (ANAT, CULIN)* Zunge *f*; *(LING)* Sprache *f*; **tirer la** ~ **(à)** die Zunge herausstrecken (*+dat*); ~ **de terre** Landzunge *f*; **de** ~ **française** Französisch sprechend; ~ **vivante** lebende Sprache *f*; ~ **maternelle** Muttersprache *f*; ~ **verte** Slang *m*; ~ **-de-chat** Löffelbiskuit *m*.
languette [lɑ̃gɛt] *nf (de chaussure)* Zunge *f*, Lasche *f*.
langueur [lɑ̃gœʀ] *nf (mélancolie)* Wehmut *f*.
languir [lɑ̃giʀ] *vi (être oisif)* apathisch sein, verkümmern; *(d'amour)* schmachten; *(émission, conversation)* erlahmen.
lanière [lanjɛʀ] *nf* Riemen *m*.
lanterne [lɑ̃tɛʀn(ə)] *nf* Laterne *f*.
laper [lape] *vt* (auf)lecken.
lapidaire [lapidɛʀ] *a (fig)* knapp.
lapider [lapide] *vt (attaquer)* mit Steinen bewerfen; *(tuer)* steinigen.
lapin [lapɛ̃] *nm* Kaninchen *nt*.
laps [laps] *nm*: ~ **de temps** Zeitraum *m*.
laque [lak] *nf (peinture)* Lack *m*; *(pour cheveux)* Haarspray *m ou nt*.
laquelle [lakɛl] *pron, voir* **lequel.**
larcin [laʀsɛ̃] *nm* Diebstahl *m*.
lard [laʀ] *nm* Speck *m*.
lardon [laʀdɔ̃] *nm (CULIN)* Speckstreifen *m*.
large [laʀʒ(ə)] *a* breit; *(fig: généreux)* großzügig // *ad*: **voir** ~ großzügig sehen // *nm (largeur)*: **5 m de** ~ 5 m breit; *(mer)*: **le** ~ das offene Meer; **au** ~ **de** in Höhe von, im Umkreis von; ~ **d'esprit** weitherzig, liberal.
largement [laʀʒ(ə)mɑ̃] *ad* weit; *(généreusement)* großzügig; *(amplement)*: **il a** ~ **le temps** er hat reichlich Zeit; **il a** ~ **de quoi vivre** er hat sein gutes Auskommen.
largesse [laʀʒɛs] *nf (générosité)* Großzügigkeit *f*.
largeur [laʀʒœʀ] *nf* Breite *f*, Weite *f*; *(fig)* Liberalität *f*.
larguer [laʀge] *vt* abwerfen.
larme [laʀm(ə)] *nf* Träne *f*; *(fig)*: **une** ~ **de** ein Tropfen ...; **en** ~**s** in Tränen aufgelöst.
larmoyer [laʀmwaje] *vi (yeux)* tränen; *(se plaindre)* klagen.
larvé, e [laʀve] *a (fig)* latent, versteckt.
laryngite [laʀɛ̃ʒit] *nf* Kehlkopfentzündung *f*.
larynx [laʀɛ̃ks] *nm* Kehlkopf *m*.
las, lasse [lɑ, lɑs] *a* müde, matt.
laser [lazɛʀ] *nm, a*: **(rayon)** ~ Laser(strahl) *m*.
lasser [lɑse] *vt* erschöpfen; **se** ~ **de** leid werden (*+akk*).
lassitude [lɑsityd] *nf* Müdigkeit *f*.
latent, e [latɑ̃, ɑ̃t] *a* latent.
latéral, e, aux [lateʀal, o] *a* seitlich.
latin, e [latɛ̃, in] *a* lateinisch.
latitude [latityd] *nf (GEO)* Breite *f*; *(fig)*: **avoir la** ~ **de faire qch** völlig freie Hand haben, etw zu tun; **à 48° de** ~ **nord** 48° nördlicher Breite.
latte [lat] *nf* Latte *f*; *(de plancher)* Leiste *f*.
lattis [lati] *nm* Lattenwerk *nt*.
lauréat, e [lɔʀea, at] *nm/f* Gewinner(in *f*) *m*.
laurier [lɔʀje] *nm* Lorbeer *m*; *(CULIN)* Lorbeerblatt *nt*.
lavabo [lavabo] *nm (de salle de bains)* Waschbecken *nt*; ~**s** *pl (toilettes)* Toilette *fsg*.
lavage [lavaʒ] *nm* Waschen *nt*; ~ **d'estomac/d'intestin** Magen-/Darmspülung *f*; ~ **de cerveau** Gehirnwäsche *f*.
lavande [lavɑ̃d] *nf* Lavendel *m*.

lave [lav] *nf* Lava *f*.
lave-glace [lavglas] *nm* (*AUT*) Scheibenwischanlage *f*.
laver [lave] *vt* waschen; *(dents)* putzen; *(tache)* abwaschen; *(baigner: enfant)* baden; **se ~** sich waschen; **se ~ les mains** sich *(dat)* die Hände waschen; **se ~ les dents** sich *(dat)* die Zähne putzen.
laverie [lavʀi] *nf*: **~ (automatique)** Waschsalon *m*.
laveur, euse [lavœʀ, øz] *nm/f (de carreaux)* Fensterputzer(in *f*) *m*; *(de voiture)* Wagenwäscher(in *f*) *m*.
lave-vaisselle [lavvɛsɛl] *nm inv* Geschirrspülmaschine *f*.
lavoir [lavwaʀ] *nm (bac)* Spülbecken *nt*; *(édifice)* Waschhaus *nt*.
laxatif, ive [laksatif, iv] *a* abführend // *nm* Abführmittel *nt*.
layette [lɛjɛt] *nf* Babyausstattung *f*.
le (l'), la, les [l(ə), la, le] *dét* der *(m)*, die *(f)*, das *(nt)*, die *(pl)* // *pron (personne: mâle)* ihn *(: femelle)* sie; *(chose)* ihn *(m)*, sie *(f)*, es *(nt)* *(remplaçant une phrase)* es, das; *(indique la possession)*: **se casser la jambe** sich *(dat)* das Bein brechen; **levez la main** hebt die Hand; **avoir les yeux gris/le nez rouge** graue Augen/eine rote Nase haben; **le jeudi** *etc ad (d'habitude)* donnerstags etc; *(ce jeudi-là)* am Donnerstag; **le matin/soir** *ad* am Morgen/Abend; **10 F le mètre/kilo** 10 F pro Meter/Kilo; **le tiers/quart** ein Drittel/Viertel.
lécher [leʃe] *vt* lecken; **~ les vitrines** einen Schaufensterbummel machen.
leçon [l(ə)sɔ̃] *f (SCOL: heure de classe)* Stunde *f*; *(: devoir)* Lektion *f*; *(fig: avertissement)* Lehre *f*; **faire la ~** unterrichten; **faire la ~ à qn** *(fig)* jdm einen langen Vortrag halten; **~s de conduite** Fahrstunden *fpl*; **~s particulières** Privatstunden *pl*, Nachhilfestunden *pl*.
lecteur, trice [lɛktœʀ, tʀis] *nm/f (de journal, livre)* Leser(in *f*) *m*; *(d'université)* Lektor(in *f*) *m*.
lecture [lɛktyʀ] *nf* Lesen *nt*, Lektüre *f*.
ledit, ladite, *mpl* **lesdits,** *fpl* **lesdites** *a* besagte(r,s).
légal, e, aux [legal, o] *a (JUR: âge, formalité)* gesetzlich.
légaliser [legalize] *vt (situation, fait, papier)* legalisieren.
légalité [legalite] *nf* Legalität *f*.
légataire [legatɛʀ] *nm*: **~ universel** Alleinerbe *m*.
légendaire [leʒɑ̃dɛʀ] *a (héros, histoire)* legendär; *(fig)* berühmt.
légende [leʒɑ̃d] *nf* Legende *f*.
léger, ère [leʒe, ɛʀ] *a (poids, vent)* leicht; *(erreur, retard)* klein, geringfügig; *(superficiel)* leichtfertig; *(volage)* locker, lose; **à la légère** *ad (parler, agir)* unbesonnen, gedankenlos.
légèrement [leʒɛʀmɑ̃] *ad* leicht, locker; *(parler, agir)* unbesonnen; **~ plus grand/en retard** leicht größer/im Verzug.
légion [leʒjɔ̃] *nf* Legion *f*; **~ étrangère** Fremdenlegion *f*.
légionnaire [leʒjɔnɛʀ] *nm* Legionär *m*.
législatif, -ive [leʒislatif, iv] *a* gesetzgebend.
législation [leʒislasjɔ̃] *nf* Gesetzgebung *f*.
législature [leʒislatyʀ] *nf* Legislative *f*.
légiste [leʒist(ə)] *a*: **médecin ~** Gerichtsarzt *m*.
légitime [leʒitim] *a (JUR: droit)* legitim; *(parent)* gesetzmäßig; *(enfant)* ehelich; *(fig)* berechtigt; **en état de ~ défense** in Notwehr.
legs [lɛg] *nm* Erbschaft *f*.
léguer [lege] *vt*: **~ qch à qn** *(JUR)* jdm etw vermachen; *(fig)* jdm etw vererben.
légume [legym] *nm* Gemüse *nt*.
lendemain [lɑ̃dmɛ̃] *nm*: **le ~** der nächste Tag; **le ~ matin/soir** am nächsten Morgen/Abend; **le ~ de** am Tag nach; **au ~ de** in den Tagen nach; **sans ~** kurzlebig.
lent, e [lɑ̃, lɑ̃t] *a* langsam.
lentement [lɑ̃tmɑ̃] *ad* langsam.
lentille [lɑ̃tij] *nf* Linse *f*.
lèpre [lɛpʀ(ə)] *nf* Lepra *f*.

lequel, laquelle, *mpl* **lesquels,** *fpl* **lesquelles** [ləkɛl] *(avec à, de:* **auquel, auxquels(quelles); duquel, desquels(quelles))** *pron (interrogatif)* welche(r, s), *pl* welche; *(relatif)* welche(r,s), *pl* welche; der, die, das, *pl* die // *a:* **auquel cas** in diesem Fall.
les [le] *dét voir* le.
lesbienne [lɛsbjɛn] *nf* Lesbierin *f.*
léser [leze] *vt* Unrecht tun (+*dat*).
lésiner [lezine] *vi:* ~ **(sur)** sparen an (+*dat*).
lésion [lezjɔ̃] *nf* Verletzung *f;* ~**s cérébrales** Gehirnschädigung *fsg.*
lesquels, lesquelles *pron voir* **lequel.**
lessive [lesiv] *nf (poudre)* Waschpulver *nt; (linge)* Wäsche *f;* **faire la** ~ waschen.
lessiver [lesive] *vt (sol)* aufwischen; *(mur)* abwaschen.
lessiveuse [lesivøz] *nf* Waschkessel *m.*
lest [lɛst] *nm* Ballast *m.*
leste [lɛst(ə)] *a* flink, behende.
lettre [lɛtʀ(ə)] *nf* Brief *m;* (*TYP*) Letter *f;* ~**s** *fpl (littérature)* Literatur *f;* **à la** ~ *(fig: prendre)* wörtlich; *(: obéir)* aufs Wort; **en toutes** ~**s** ausgeschrieben; ~ **de change** Wechsel *m.*
lettré, e [letʀe] *a* gebildet, belesen.
leucémie [løsemi] *nf* Leukämie *f.*
leur [lœʀ] *dét* ihr, ihre, ihr // *pron* ihnen; **le(la)** ~, **les** ~**s** ihre(r,s), *pl* ihre; **à leur approche** als sie näherkamen; **à leur vue** bei ihrem Anblick.
leurre [lœʀ] *nm (appât)* Köder *m; (fig)* Blendwerk *nt.*
leurrer [lœʀe] *vt* irreführen.
levain [ləvɛ̃] *nm (de boulanger)* Sauerteig *m.*
levant [ləvɑ̃] *am:* **soleil** ~ aufgehende Sonne // *nm* **le L**~ der Orient.
levé, e [l(ə)ve] *a:* **être** ~ auf sein.
levée [l(ə)ve] *nf (P&T)* Leerung *f;* (*CARTES*) Stich *m;* ~ **de boucliers** *(fig)* Welle *f* des Protestes; ~ **de troupes** Truppenaushebung *f.*
lever [l(ə)ve] *vt* aufheben; *(bras, poids)* hochheben; *(tête, yeux)* erheben; *(difficulté)* beseitigen; *(impôts)* erheben; *(armée)* ausheben; (*CHASSE*) aufjagen // *vi* (*CULIN*) aufgehen // *nm:* **au** ~ beim Aufstehen; **se** ~ *vi* aufstehen; *(soleil)* aufgehen; *(jour)* anbrechen; *(brouillard)* sich aufklären; **ça va se** ~ das Wetter klärt auf; ~ **du jour** Tagesanbruch *m;* ~ **du rideau** Beginn *m* der Vorstellung; ~ **de soleil** Sonnenaufgang *m.*
levier [ləvje] *nm* Hebel *m;* ~ **de changement de vitesse** Schalthebel *m.*
lèvre [lɛvʀ(ə)] *nf* Lippe *f.*
lévrier [levʀije] *nm* Windhund *m.*
levure [l(ə)vyʀ] *nf* Hefe *f.*
lexique [lɛksik] *nm (index)* Glossar *nt.*
lézard [lezaʀ] *nm* Eidechse *f.*
lézarde [lezaʀd(ə)] *nf* Riß *m,* Spalte *f.*
liaison [ljɛzɔ̃] *nf* (*RAIL, AVIAT etc*) Verbindung *f; (amoureuse)* Liaison *f;* (*PHONETIQUE*) Bindung *f;* **entrer/être en** ~ **avec** in Kontakt treten/sein mit.
liasse [ljas] *nf (de billets, lettres)* Stoß *m,* Bündel *nt.*
Liban [libɑ̃] *nm:* **le** ~ der Libanon.
libanais, e [libanɛ, ɛz] *a* libanesisch; **L**~**, e** *nm/f* Libanese *m,* Libanesin *f.*
libeller [libele] *vt (chèque, mandat):* ~ **(au nom de qn)** (auf jdn) ausstellen; *(lettre, rapport)* formulieren.
libellule [libelyl] *nf* Libelle *f.*
libéral, e, aux [libeʀal, o] *a (généreux)* großzügig; *(économie, politique)* liberal.
libéralité [libeʀalite] *nf* Großzügigkeit *f.*
libération [libeʀɑsjɔ̃] *nf* Befreiung *f;* **la L**~ *(1945)* die Befreiung.
libérer [libeʀe] *vt* befreien; *(relâcher)* freilassen; *(dégager: gaz)* freisetzen; **se** ~ *(de rendez-vous)* sich frei machen.
liberté [libɛʀte] *nf* Freiheit *f;* ~**s** *(privautés)* Freiheiten *fpl;* **mettre/être en** ~ freilassen/frei sein; **en** ~ **provisoire/surveillée/**

conditionelle auf Kaution/mit Meldeverpflichtung/auf Bewährung freigelassen; ~ **de la presse/d'opinion** Presse-/Meinungsfreiheit *f*.

libertin, e [libɛʀtɛ̃, in] *a* liederlich, ausschweifend.

libraire [libʀɛʀ] *nm/f* Buchhändler(in *f*) *m*.

librairie [libʀeʀi] *nf* Buchhandlung *f*.

libre [libʀ(ə)] *a* frei; (*SCOL*) Privat-; ~ **de faire qch** frei, etw zun tun; ~ **de** *(contrainte, obligation)* frei von; ~ **arbitre** freier Wille *m;* **libre-échange** *nm* Freihandel *m;* **libre-service** *nm (magasin)* Selbstbedienungsladen *m*.

licence [lisɑ̃s] *nf (permis)* Befugnis *f*, Erlaubnis *f; (diplôme)* Lizenz *f*, Diplom *nt; (liberté: des mœurs)* Zügellosigkeit *f*.

licencié, e [lisɑ̃sje] *nm/f (SPORT)* Teilnahmeberechtige(r) *mf;* (*SCOL*): ~ **ès lettres** Lizentiat(in *f*) *m* der philosophischen Fakultät.

licencier [lisɑ̃sje] *vt (renvoyer)* entlassen; *(débaucher)* entlassen, kündigen (+*dat*)

licencieux, euse [lisɑ̃sjø, øz] *a* unzüchtig.

lichen [likɛn] *nm* Flechte *f*.

lie [li] *nf (du vin, cidre)* Bodensatz *m*.

lié, e [lje] *a:* **être très ~ avec qn** *(fig)* mit jdm sehr eng befreundet sein; **être ~ par** *(serment, promesse)* verpflichtet sein durch.

liège [ljɛʒ] *nm* Kork *m*.

lien [ljɛ̃] *nm (corde, fig: analogie)* Band *nt; (: rapport affectif, culturel)* Bande *pl*, Verbindung *f;* ~ **de parenté/famille** Familienbande *pl*.

lier [lje] *vt (cheveux, fleurs etc)* zusammenbinden; *(paquet)* zubinden; *(prisonnier, mains)* binden, fesseln; *(fig: unir)* verbinden; *(conversation, connaissance)* anknüpfen; (*CULIN*) binden; ~ **qch à** etw verbinden mit; etw binden an/auf (+*akk*); **se ~ avec qn** mit jdm Freundschaft schließen.

lierre [ljɛʀ] *nm* Efeu *m*.

liesse [ljɛs] *nf:* **être en ~** im Jubeltaumel sein.

lieu, x [ljø] *nm* Ort *m*, Platz *m;* ~**x** *mpl (habitation, salle):* **vider/quitter les ~x** eine Wohnung räumen/verlassen; *(endroit: d'un accident, de manifestation):* **arriver/être sur les ~x** am Schauplatz ankommen/sein; **en haut ~** an maßgeblicher Stelle; **en premier/dernier ~** erstens/letztens; **avoir ~** stattfinden; **avoir ~ de** *(se demander, s'inquiéter)* Grund haben zu; **tenir ~ de qch** als etw funktionieren *ou* dienen; **donner ~ à** Veranlassung geben zu *(dat);* **au ~ de** an Stelle von, statt (+*gen*).

lieu-dit [ljødi], *pl* **lieux-dits** *nm* Ort *m*, Örtlichkeit *f*.

lieutenant [ljøtnɑ̃] *nm* Oberleutnant *m*.

lièvre [ljɛvʀ(ə)] *nm* Feldhase *m*.

liftier [liftje] *nm* Liftboy *m*.

ligament [ligamɑ̃] *nm* Band *nt*.

ligne [liɲ] *nf (gén)* Linie *f;* (*TRANSPORTS: liaison)* Verbindung *f; (: trajet)* Strecke *f*, Linie *f; (silhouette féminine):* **garder la ~** die Figur halten; **"à la ~"** "neue Zeile"; **entrer en ~ de compte** in Betracht gezogen werden; ~ **de but/médiane** Tor-/Mittellinie *f*.

lignée [liɲe] *nf* Linie *f*.

ligneux, euse [liɲø, øz] *a* hölzern.

ligoter [ligɔte] *vt* binden, fesseln.

ligue [lig] *nf (association)* Bund *m*, Liga *f*.

liguer [lige] *vt:* **se ~ contre** sich verbünden gegen.

lilas [lilɑ] *nm* Flieder *m*.

limace [limas] *nf* Nacktschnecke *f*.

limaille [limɑj] *nf:* ~ **de fer** Eisenspäne *mpl*.

limande [limɑ̃d] *nf* Scharbe *f*.

lime [lim] *nf* (*TECH*) Feile *f;* ~ **à ongles** Nagelfeile *f*.

limer [lime] *vt* feilen.

limier [limje] *nm* Spürhund *m*.

limite [limit] *nf* Grenze *f;* **sans ~s** grenzenlos; **vitesse/charge ~** Höchstgeschwindigkeit *f*/-ladung *f ou* -last *f;* **cas ~** Grenzfall *m;* **date ~** letzter Termin *m*.

limiter [limite] *vt (délimiter)* begren-

zen; *(restreindre):* ~ **qch (à)** etw beschränken (auf +*akk*).
limoger [limɔʒe] *vt* (*POL*) kaltstellen.
limon [limɔ̃] *nm* Schlick *m*.
limonade [limɔnad] *nf* Limonade *f*.
limpide [lɛ̃pid] *a* klar.
lin [lɛ̃] *nm* Lein *m*, Flachs *m*.
linceul [lɛ̃sœl] *nm* Leichentuch *nt*.
linge [lɛ̃ʒ] *nm* Wäsche *f*; *(pièce de tissu)* Tuch *nt*; *(aussi:* ~ **de corps**) Unterwäsche *f*; *(aussi:* ~ **de toilette**) Handtücher *pl*; ~ **sale** schmutzige Wäsche *f*.
lingerie [lɛ̃ʒʀi] *nf (vêtements)* Unterwäsche *f*.
lingot [lɛ̃go] *nm* Barren *m*.
linguiste [lɛ̃gɥist(ə)] *nm/f* Linguist(in *f*) *m*.
linguistique [lɛ̃gɥistik] *nf* Linguistik *f*.
linoléum [linɔleɔm] *nm* Linoleum *nt*.
lion, ne [ljɔ̃, ljɔn] *nm/f* Löwe *m*, Löwin *f*; **L**~ (*ASTR*) Löwe.
liqueur [likœʀ] *nf (digestif)* Likör *m*.
liquidation [likidɑsjɔ̃] *nf (vente)* Verkauf *m*; *(règlement)* Regelung *f*, Erledigung *f*; (*COMM*) Ausverkauf *m*; *(fam: meurtre)* Beseitigung *f*.
liquide [likid] *a* flüssig // *nm* Flüssigkeit *f*; (*COMM*): **en** ~ in bar.
liquider [likide] *vt (société, biens)* verkaufen; *(compte, dettes)* regeln, bezahlen; *(affaire, travail, problème)* erledigen; (*COMM*: *stock, articles)* ausverkaufen; *(témoin gênant)* beseitigen, liquidieren.
lire [liʀ] *vi, vt* lesen // *nf (monnaie italienne)* Lira *f*.
lis [lis] *nm* = **lys.**
lisible [lizibl(ə)] *a* lesbar.
lisière [lizjɛʀ] *nf (de forêt)* Rand *m*; *(de tissu)* Kante *f*, Saum *m*.
lisse [lis] *a* glatt.
lisser [lise] *vt* glätten.
liste [list(ə)] *nf* Liste *f*; **faire la** ~ **de** eine Liste machen von; ~ **électorale** Wählerliste *f*.
lit [li] *nm* Bett *nt*; **faire son** ~ das Bett machen; **aller** *ou* **se mettre au** ~ ins Bett gehen; ~ **de camp** Feldbett *nt*.
literie [litʀi] *nf* Bettzeug *nt*.
litière [litjɛʀ] *nf (d'animal)* Wurf *m*.
litige [litiʒ] *nm* Rechtsstreit *m*.
litigieux, euse [litiʒjø, jøz] *a (sujet)* umstritten, strittig.
litre [litʀ(ə)] *nm* Liter *m ou nt*; **un** ~ **de vin/bière** ein Liter Wein/Bier.
littéraire [liteʀɛʀ] *a* literarisch.
littérature [liteʀatyʀ] *nf* Literatur *f*.
littoral, aux [litɔʀal, o] *nm* Küste *f*.
liturgie [lityʀʒi] *nf* Liturgie *f*.
livide [livid] *a* blaß, bleich.
livraison [livʀɛzɔ̃] *nf* Lieferung *f*.
livre [livʀ(ə)] *nm* Buch *nt* // *nf (poids, monnaie)* Pfund *nt*; ~ **de bord** Logbuch *nt*; ~ **de poche** Taschenbuch *nt*.
livré, e [livʀe] *a*: ~ **à soi-même** sich *(dat)* selbst überlassen // *nf* Livree *f*.
livrer [livʀe] *vt* (*COMM*) liefern; *(fig: otage, coupable)* ausliefern; *(: secret, information)* verraten, preisgeben; **se** ~ **à** *(se confier à: ami, personne)* sich anvertrauen (+*dat*); *(se rendre: police, justice)* sich stellen (+*dat*); *(faire)* sich widmen (+*dat*).
livret [livʀɛ] *nm (petit livre)* Broschüre *f*; *(d'opéra)* Libretto *nt*; ~ **de caisse d'épargne** Sparbuch *nt*; ~ **de famille** Stammbuch *nt*; ~ **scolaire** Zeugnisheft *nt*.
livreur, euse [livʀœʀ, øz] *nm/f* Lieferant(in *f*) *m*.
lobe [lɔb] *nm*: ~ **de l'oreille** Ohrläppchen *nt*.
lober [lɔbe] *vt* (*FOOTBALL*) steil anspielen; (*TENNIS*) im Lob spielen.
local, e, aux [lɔkal, o] *a* lokal, örtlich // *nm (salle)* Lokal *nt* // *nmpl* Räumlichkeiten *pl*.
localiser [lɔkalize] *vt (repérer: dans l'espace)* lokalisieren; *(: dans le temps)* datieren; *(limiter)* einschränken.
localité [lɔkalite] *nf* (*ADMIN*) Örtlichkeit *f*, Ortschaft *f*.
locataire [lɔkatɛʀ] *nm/f* Pächter(in *f*) *m*, Mieter(in *f*) *m*.
location [lɔkɑsjɔ̃] *nf (par le locataire)* Miete *f*, Mieten *nt*; *(par l'usager)* Mieten *nt*; *(par le propriétaire)* Vermieten *nt*; '~ **de voitures**' 'Wagen-

verleih' *m.*
locomotive [lɔkɔmɔtiv] *nf* Lokomotive *f; (fig)* Schrittmacher *m.*
locution [lɔkysjɔ̃] *nf* Ausdruck *m.*
loge [lɔʒ] *nf (THEATRE: d'artiste)* Ankleideraum *m; (: de spectateurs)* Loge *f; (de concierge)* Pförtnerloge *f; (de franc-maçon)* Loge *f.*
logement [lɔʒmɑ̃] *nm* Unterkunft *f; (appartement)* Wohnung *f.*
loger [lɔʒe] *vt* unterbringen // *vi (habiter)* wohnen; **trouver à se ~** Unterkunft finden; **se ~ dans** *(sujet: balle, flèche)* steckenbleiben in (+*dat*).
logeur, euse [lɔʒœʀ] *nm/f* Vermieter(in *f*) *m.*
logique [lɔʒik] *a* logisch // *nf* Logik *f.*
logis [lɔʒi] *nm* Wohnung *f*, Haus *nt.*
loi [lwa] *nf* Gesetz *nt;* **faire la ~** bestimmen, das Sagen haben.
loin [lwɛ̃] *ad (dans l'espace)* weit; *(dans le temps: passé)* weit zurück; *(: futur)* fern; **plus ~** weiter; **moins ~ (que)** nicht so weit (wie); **~ de** weit von; **au ~** in der Ferne; **de ~** von weitem; *(fig: de beaucoup)* bei weitem.
lointain, e [lwɛ̃tɛ̃, ɛn] *a* entfernt; *(dans le passé)* weit zurückliegend; *(dans le futur)* entfernt; *(fig: cause, parent)* entfernt // *nm:* **dans le ~** in der Ferne.
loisir [lwaziʀ] *nm:* **heures de ~** Mußestunden *fpl;* **~s** *nmpl (temps libre)* Freizeit *f; (activités)* Freizeitgestaltung *f;* **prendre/avoir le ~ de faire qch** sich *(dat)* die Zeit nehmen/Zeit haben, etw zu tun.
Londres [lɔ̃dʀ(ə)] *nm* London *nt.*
long, longue [lɔ̃, lɔ̃g] *a* lang // *nm:* **de 3 m de ~** 3 m lang // *nf:* **à la longue** auf die Dauer; **de longue date** alt; **être ~ à faire qch** lange zu etw brauchen; **en ~** längs; **(tout) le ~ de** entlang (+*dat*); **de ~ en large** *(marcher)* hin und her.
long-courrier [lɔ̃kuʀje] *nm (AVIAT)* Fernstreckenflugzeug *nt.*
longe [lɔ̃ʒ] *nf (corde)* Strick *m; (CULIN)* Lende *f.*
longer [lɔ̃ʒe] *vt* entlanggehen; *(en voiture)* entlangfahren; *(sujet: mur, route)* entlangführen.
longévité [lɔ̃ʒevite] *nf* Langlebigkeit *f.*
longiligne [lɔ̃ʒiliɲ] *a* langgliedrig.
longitude [lɔ̃ʒityd] *nf (GEO)* Länge *f;* **45° de ~ nord/ouest** 45° nördlicher/westlicher Länge.
longitudinal, e, aux [lɔ̃ʒitydinal, o] *a* Längen-.
longtemps [lɔ̃tɑ̃] *ad* lange; **avant ~** bald; **pour/pendant ~** lange; **il y a ~ que je travaille/l'ai connu** ich arbeite/kenne ihn schon lange; **il y a ~ que je n'ai pas travaillé** ich habe schon lange nicht mehr gearbeitet.
longuement [lɔ̃gmɑ̃] *ad* lange.
longueur [lɔ̃gœʀ] *nf* Länge *f;* **~s** *nfpl (fig: d'un film, livre)* Längen *pl;* **sur une longueur de 10 km** auf einer Länge von 10 km; **en ~** *ad (être)* in der Länge; *(mettre)* der Länge nach.
longue-vue [lɔ̃gvy] *nf* Fernrohr *nt.*
lopin [lɔpɛ̃] *nm:* **~ de terre** Stück *nt* Land.
loquace [lɔkas] *a* redselig.
loque [lɔk] *nf (fig: personne)* Wrack *nt;* **~s** *nfpl (habits)* Fetzen *mpl.*
loquet [lɔkɛ] *nm (de porte)* Riegel *m.*
lorgner [lɔʀɲe] *vt (regarder)* anstarren; *(convoiter)* liebäugeln mit.
Lorraine [lɔʀɛn] *nf:* **la ~** Lothringen *nt.*
lors [lɔʀ]: **~ de** *prép* während (+*gen*), anläßlich (+*gen*).
lorsque [lɔʀsk(ə)] *conj* als, wenn.
losange [lɔzɑ̃ʒ] *nm* Raute *f.*
lot [lo] *nm (part, portion)* Anteil *m; (de loterie)* Los *nt; (fig: destin)* Los *nt*, Schicksal *nt.*
loterie [lɔtʀi] *nf* Lotterie *f.*
loti, e [lɔti] *a:* **être bien/mal ~** es gut/schlecht getroffen haben.
lotion [losjɔ̃] *nf* Lotion *f.*
lotir [lɔtiʀ] *vt (diviser)* parzellieren; *(vendre)* parzellenweise verkaufen.
lotissement [lɔtismɑ̃] *nm* Siedlung *f; (parcelle)* Parzelle *f.*
loto [lɔto] *nm* Lotto *nt.*
louage [lwaʒ] *nm:* **voiture de ~** Mietwagen *m.*
louange [lwɑ̃ʒ] *nf:* **~s** *nfpl* Lob *nt.*

louche [luʃ] *a* zwielichtig, dubios // *nf* Schöpflöffel *m*.
loucher [luʃe] *vi* schielen.
louer [lwe] *vt (sujet: propriétaire)* vermieten; *(: locataire)* mieten; *(réserver)* buchen; *(faire l'éloge de)* loben; **à** ~ zu vermieten.
loufoque [lufɔk] *a* verrückt.
loup [lu] *nm (ZOOL)* Wolf *m*.
loupe [lup] *nf (OPTIQUE)* Lupe *f*.
louper [lupe] *vt (manquer)* verfehlen.
lourd, e [luʀ, luʀd(ə)] *a* schwer; *(démarche, gestes)* schwerfällig; *(METEO)* drückend; ~ **de conséquences** folgenschwer.
lourdaud, e [luʀdo, od] *a (pej: au physique)* schwerfällig; *(: au moral)* flegelhaft.
lourdeur [luʀdœʀ] *nf* Schwere *f*; Schwerfälligkeit *f*; ~ **d'estomac** Magendrücken *nt*.
louve [luv] *nf (ZOOL)* Wölfin *f*.
louvoyer [luvwaje] *vi (NAVIG)* kreuzen; *(fig)* geschickt taktieren.
lover [lɔve]: **se** ~ *vi* sich einrollen.
loyal, e, aux [lwajal, o] *a (fidèle)* loyal, treu; *(fair-play)* fair.
loyauté [lwajote] *nf* Loyalität *f*, Treue *f*, Fairneß *f*.
loyer [lwaje] *nm* Miete *f*.
lu, e [ly] *pp de* **lire**.
lubie [lybi] *nf* Marotte *f*.
lubrifiant [lybʀifjɑ̃] *nm* Schmiermittel *nt*.
lubrifier [lybʀifje] *vt (TECH)* schmieren.
lucarne [lykaʀn(ə)] *nf (de toit)* Dachluke *f*.
lucide [lysid] *a (esprit)* klar; *(personne)* bei klarem Verstand; scharfsichtig.
lucratif, ive [lykʀatif, iv] *a* lukrativ; **à but non** ~ nicht auf Gewinn ausgerichtet.
lueur [lɥœʀ] *nf* Schein *m*.
luge [lyʒ] *nf* Schlitten *m*; **faire de la** ~ Schlitten fahren.
lugubre [lygybʀ(ə)] *a (voix, musique)* düster; *(air, personne)* gedrückt, trübsinnig; *(maison, endroit)* finster.
lui [lɥi] *pron (objet indirect: femelle)* ihr; *(: mâle)* ihm; *(: chose)* ihm *(m)*, ihr *(f)*, ihm *(nt)*; *(avec préposition: +acc)* ihn, sie, es; *(+dat)*; ihm, ihr, ihm; *(sujet: humain)* er; *(: non humain ou animé, y compris pays)* es.
luire [lɥiʀ] *vi* scheinen, glänzen; *(étoiles, lune, yeux)* leuchten.
lumbago [lɔ̃bago] *nm* Hexenschuß *m*.
lumière [lymjɛʀ] *nf* Licht *nt*; ~**s** *nfpl (d'une personne)* Wissen *ntsg*; **à la** ~ **du jour** bei Tageslicht; **à la** ~ **de** *(fig)* angesichts *(+gen)*; **faire de la** ~ Licht geben; **faire (toute) la** ~ **sur** *(fig)* gänzlich aufklären *(+akk)*.
luminaire [lyminɛʀ] *nm (appareil)* Licht *nt*.
lumineux, euse [lyminø, øz] *a (émettant de la lumière)* leuchtend; *(éclairé)* erhellt; *(ciel, journée, couleur)* hell; *(relatif à la lumière: rayon etc)* Licht-.
lunaire [lynɛʀ] *a* Mond-.
lunatique [lynatik] *a* launisch, wunderlich, schrullig.
lundi [lœ̃di] *nm* Montag *m*; **le** ~ **20 août** *(lettre)* Montag, den 20. August; ~ **de Pâques** Ostermontag *m*.
lune [lyn] *nf* Mond *m*; ~ **de miel** Flitterwochen *pl*.
lunette [lynɛt] *nf*: ~**s** *nfpl* Brille *f*; ~ **d'approche** Teleskop *nt*; ~ **arrière** *(AUT)* Heckscheibe *f*; ~**s noires** Verdunklungsbrille *f*; ~**s de soleil** Sonnenbrille *f*; ~**s protectrices** Schutzbrille *f*.
lustre [lystʀ(ə)] *nm (lampe)* Kronleuchter *m*; *(fig: éclat)* Glanz *m*.
lustrer [lystʀe] *vt (faire briller)* polieren; *(poil d'un animal)* striegeln.
luth [lyt] *nm* Laute *f*.
lutin [lytɛ̃] *nm* Kobold *m*.
lutte [lyt] *nf* Kampf *m*.
lutter [lyte] *vi* kämpfen; *(SPORT)* ringen.
luxe [lyks(ə)] *nm* Luxus *m*; **de** ~ *a* Luxus-.
Luxembourg [lyksɑ̃buʀ] *nm*: **le** ~ Luxemburg *nt*.
luxer [lykse] *vt*: **se** ~ **l'épaule/le genou** sich *(dat)* die Schulter/das Knie ausrenken.
luxueux, euse [lyksɥø, øz] *a*

luxuriös.
luxure [lyksyʀ] *nf* Wollust *f*.
luxuriant, e [lyksyʀjɑ̃, ɑ̃t] *a* üppig.
lycée [lise] *nm* Gymnasium *nt*.
lycéen, ne [liseɛ̃, ɛn] *nm/f* Gymnasiast(in *f*) *m*.
lynx [lɛ̃ks] *nm* Luchs *m*.
lyre [liʀ] *nf* Leier *f*.
lyrique [liʀik] *a* lyrisch; **comédie** ~ komische Oper *f*; **théâtre** ~ Opernhaus *nt*.
lys [lis] *nm* Lilie *f*.

M

M. *abr de* **Monsieur.**
m' [m(ə)] *pron voir* **me.**
ma [ma] *dét voir* **mon.**
macaron [makaʀɔ̃] *nm (gâteau)* Makrone *f*; *(natte)* Schnecke *f*; *(insigne)* Plakette *f*.
macaroni [makaʀɔni] *nm* Makkaroni *pl*; ~ **au fromage** Käsemakkaroni *pl*; ~ **au gratin** Makkaroniauflauf *m*.
macédoine [masedwan] *nf*: ~ **de légumes** gemischtes Gemüse *nt*; ~ **de fruits** Obstsalat *m*.
macérer [maseʀe] *vi*: **faire** ~ einlegen.
mâché, e [mɑʃe] *a*: **papier** ~ Pappmaché *nt*, Papiermaché *nt*.
mâcher [mɑʃe] *vt* kauen; ~ **le travail à qn** jdm die Arbeit vorkauen; **ne pas** ~ **ses mots** kein Blatt vor den Mund nehmen.
machin [maʃɛ̃] *nm (fam)* Ding(s) *nt*.
machinal, e, aux [maʃinal, o] *a* mechanisch.
machine [maʃin] *nf* Maschine *f*; *(d'un navire etc)* Motor *m*; *(ensemble complexe)*: **la** ~ **administrative/économique** der Verwaltungs-/Wirtschaftsapparat; ~ **à laver/coudre** Wasch-/Nähmaschine *f*; ~ **à écrire** Schreibmaschine *f*; ~ **à vapeur** Dampfmaschine *f*.
machine-outil [maʃinuti] *nf* Werkzeugmaschine *f*.
machiner [maʃine] *vt* aushecken.
machinerie [maʃinʀi] *nf (d'une usine)* Maschinen *pl*; *(d'un navire)* Maschinenraum *m*.
machinisme [maʃinism(ə)] *nm*: **le** ~ die Mechanisierung.
machiniste [maʃinist(ə)] *nm (THEAT)* Bühnenarbeiter(in *f*) *m*; *(conducteur, mécanicien)* Maschinist *m*.
mâchoire [mɑʃwaʀ] *nf (ANAT)* Kiefer *m*; *(TECH: d'un étau, d'une clef)* Backen *pl*; ~ **de frein** Bremsbacken *pl*.
mâchonner [mɑʃɔne] *vt* herumkauen auf (+*dat*).
maçon [masɔ̃] *nm* Maurer *m*.
maçonnerie [masɔnʀi] *nf (partie des travaux de construction)* Maurerarbeit *f*; *(construction)*: ~ **de briques/de béton** Backstein-/Betonmauerwerk *nt*.
maculer [makyle] *vt* beschmutzen; *(TYP)* verschmieren.
Madame, *pl* **Mesdames** [madam, medam] *nf*: ~ **X** Frau X; **occupez-vous de ~/Mademoiselle/Monsieur** würden Sie bitte die Dame/den Herrn bedienen; **bonjour ~/Mademoiselle/Monsieur** guten Tag; *(si le nom est connu)* guten Tag Frau/Fräulein/Herr X; **~/Mademoiselle/Monsieur!** *(pour appeler)* hallo!, Entschuldigung!; **~/Mademoiselle/Monsieur** *(sur lettre)* sehr geehrte Dame/sehr geehrter Herr; **chère ~/Mademoiselle/cher Monsieur** sehr geehrte Frau/sehr geehrter Herr X; *(plus familier)* liebe Frau/liebes Fräulein/lieber Herr X; **Mesdames** meine Damen; ~ **la Directrice** Frau Direktor(in) *f*.
madeleine [madlɛn] *nf (gâteau)* *kleiner, runder Kuchen.*
mademoiselle, *pl* **mesdemoiselles** [madmwazɛl, medmwazɛl] *nf* Fräulein *nt*; *voir aussi* **Madame.**
madère [madɛʀ] *nm* Madeira *m*.
magasin [magazɛ̃] *nm (boutique)* Geschäft *nt*, Laden *m*; *(entrepôt)* Lager *nt*; *(d'une arme)* Magazin *nt*; **grand** ~ Kaufhaus *nt*.

magasinage [magazinaʒ] *nm* Lagern *nt.*
magazine [magazin] *nm* Zeitschrift *f.*
mage [maʒ] *nm:* **les Rois M~s** die Heiligen Drei Könige.
magicien, ne [maʒisjɛ̃, jɛn] *nm/f* Zauberer *m,* Zauberin *f.*
magie [maʒi] *nf (sorcellerie)* Magie *f; (charme, séduction)* Zauber *m.*
magique [maʒik] *a (occulte)* magisch; *(étonnant)* erstaunlich; **baguette ~** Zauberstab *m.*
magistral, e, aux [maʒistʀal, o] *a (œuvre, adresse)* meisterhaft; *(ton)* herrisch; **réussir un coup ~** eine Meisterleistung vollbringen; **enseignement/cours ~** Vorlesung *f*/Kursus *m.*
magistrat [maʒistʀa] *nm (JUR)* Magistrat *m.*
magistrature [maʒistʀatyʀ] *nf (charge)* Richteramt *nt; (corps)* Gerichtswesen *nt.*
magnanime [maɲanim] *a* großmütig.
magnétique [maɲetik] *a* magnetisch; *(champ, ruban)* Magnet-.
magnétiser [maɲetize] *vt* magnetisieren; *(fig)* faszinieren, fesseln.
magnétisme [maɲetism(ə)] *nm (PHYS)* Magnetismus *m.*
magnéto [maɲeto] *nm* Tonband *nt.*
magnificence [maɲifisɑ̃s] *nf (faste)* Pracht *f.*
magnifier [magnifje] *vt* verherrlichen.
magnifique [maɲifik] *a* großartig; *(paysage, temps)* herrlich.
magnolia [maɲɔlja] *nm* Magnolie *f.*
magnum [magnɔm] *nm* große Flasche *f.*
mahométan, e [maɔmetɑ̃, an] *nm/f* Mohamedaner(in *f*) *m // a* mohamedanisch.
mai [mɛ] *nm* Mai *m.*
maigre [mɛgʀ(ə)] *a (après nom: personne, animal)* mager, dürr; *(: viande, fromage)* mager; *(avant nom)* dürftig, spärlich // *ad:* **faire ~** fasten; **jours ~s** Fasttage *mpl.*
maigreur [mɛgʀœʀ] *f* Magerkeit *f,* Magerheit *f;* Spärlichkeit *f,* Dürftigkeit *f.*
maigrir [megʀiʀ] *vi* abnehmen // *vt* schlank machen.
maille [maj] *nf* Masche *f;* **monter des ~s** (Maschen) aufnehmen; **~ à l'endroit/à l'envers** rechte/linke Masche.
maillet [majɛ] *nm* Holzhammer *m.*
maillon [mɑjɔ̃] *nm (d'une chaîne)* Glied *nt.*
maillot [majo] *nm* Trikot *nt; (lange de bébé)* Windel *f;* **~ de corps** Unterhemd *nt;* **~ de bain** Badeanzug *m.*
main [mɛ̃] *nf* Hand *f;* **la ~ dans la ~** Hand in Hand; **à deux/d'une ~(s)** zwei-/einhändig; **battre des ~s** klatschen; **tenir qch à la ~** etw in der Hand halten; **fait à la main** von Hand gemacht; **avoir qch sous la ~** etw zur Hand haben; **haut les ~s!** Hände hoch!; **attaque à ~ armée** bewaffneter Überfall; **voiture de première/seconde ~** Auto aus erster/zweiter Hand; **en ~ propre** persönlich; **forcer la ~ à qn** jdn zwingen; **prendre qch en ~** *(fig)* etw in die Hand nehmen; **avoir/céder/passer la ~** *(CARTES)* Karten haben/ziehen/geben; **donner un coup de ~ à qn** jdm helfen; **coup de ~** *(fig: attaque)* Schlag *m;* **à ~ droite/gauche** rechts/links.
main-d'œuvre [mɛ̃dœvʀ] *nf* Arbeit *f; (ouvriers)* Arbeitskräfte *pl.*
main-forte [mɛ̃fɔʀt(ə)] *nf:* **donner/prêter ~ à qn** jdm beistehen.
maint, e [mɛ̃, ɛ̃t] *a:* **à ~es reprises** wiederholte Male; **~es fois** oft; **~es et ~es fois** immer wieder.
maintenant [mɛ̃tnɑ̃] *ad* jetzt; **~ que** jetzt, da *ou* wo.
maintenir [mɛ̃tniʀ] *vt (soutenir)* halten; *(personne)* unterhalten; *(animal)* halten; *(conserver)* aufrechterhalten; *(affirmer)* behaupten; **se ~** *vi (paix)* anhalten, andauern; *(santé)* gleich bleiben; *(malade)* sich halten.
maintien [mɛ̃tjɛ̃] *nm* Aufrechterhaltung *f; (allure)* Haltung *f.*

maire [mɛʀ] *nm* Bürgermeister *m.*
mairie [meʀi] *nf* Rathaus *nt; (administration)* Stadtverwaltung *f.*
mais [mɛ] *conj* aber.
maïs [mais] *nm* Mais *m.*
maison [mɛzɔ̃] *nf* Haus *nt; (chez-soi)* Zuhause *nt; (COMM)* Firma *f // a inv:* **pâté/tarte** ~ Pastete *f*/Torte *f* nach Art des Hauses; **à la** ~ zu/nach Hause; ~ **de campagne** Landhaus *nt;* ~ **de correction** Besserungsanstalt *f;* ~ **de santé** Heilanstalt *f;* ~ **de repos** Erholungsheim *nt;* ~ **de retraite** Altersheim *nt;* ~ **des jeunes et de la culture** Jugendzentrum *nt;* ~ **close** *ou* **de passe** Bordell *nt;* ~ **de détail/de gros** Einzel-/Großhandelfirma *f;* ~ **mère** Stammhaus *nt.*
maître, esse [mɛtʀ(ə), mɛtʀɛs] *nm/f* Herr(in *f*) *m; (chef)* Chef(in *f*) *m; (propriétaire)* Eigentümer(in *f*) *m; (instituteur, professeur)* Lehrer(in *f*) *m // nm (peintre, sculpteur, écrivain)* Meister *m; (titre):* **M**~ Meister *// nf (d'un amant)* Mätresse *f,* Geliebte *f // a* wesentlich; **maison de** ~ Herrenhaus *nt;* **rester** ~ **de la situation** Herr der Lage bleiben; **tableau de** ~ Meisterwerk *nt;* **passer** ~ **dans l'art de qch** etw meisterhaft beherrschen; **une maîtresse femme** eine energische Frau; ~, **esse de maison** Hausherr(in *f*) *m;* ~, **esse d'école** Lehrer(in *f*) *m;* ~ **d'armes** Fechtmeister *m;* ~**d'hôtel** Oberkellner *m.*
maître-chanteur [mɛtʀəʃɑ̃tœʀ] *nm* Erpresser *m.*
maîtrise [metʀiz] *nf (calme)* Selbstbeherrschung *f; (habileté)* Können *nt; (domination)* Herrschaft *f (de* über *+akk); (diplôme)* Magisterwürde *f.*
maîtriser [metʀize] *vt (cheval)* zähmen, bändigen; *(incendie)* unter Kontrolle bringen; *(sujet)* meistern; *(émotion)* beherrschen; **se** ~ sich beherrschen.
majesté [maʒɛste] *nf* Majestät *f;* **Sa/Votre M**~ Seine/Eure Majestät.
majestueux, euse [maʒɛstɥø, øz] *a* majestätisch.
majeur, e [maʒœʀ] *a (important)* wichtig; *(JUR)* volljährig; **en** ~**e partie** größtenteils; **la** ~**e partie** der größte Teil.
major [maʒɔʀ] *nm* Major *m,* Oberstabsarzt *m.*
majorer [maʒɔʀe] *vt* erhöhen.
majoritaire [maʒɔʀitɛʀ] *a* Mehrheits-; **système/scrutin** ~ Mehrheitssystem *nt*/-beschluß *m.*
majorité [maʒɔʀite] *nf* Mehrheit *f; (JUR)* Volljährigkeit *f;* ~ **absolue/relative** absolute/relative Mehrheit *f;* ~ **civile** *ou* **électorale** Wahlrecht *nt;* **la** ~ **silencieuse** die schweigende Mehrheit.
majuscule [maʒyskyl] *nf* Großbuchstabe *m // a* Groß-, groß.
mal, maux [mal, mo] *nm* Böse(s) *nt; (malheur)* Übel *nt; (douleur physique)* Schmerz *m; (maladie)* Krankheit *f; (difficulté)* Schwierigkeit *f,* Mühe *f; (souffrance morale)* Leiden *nt;* **le** ~ *(péché)* das Böse *// ad* schlecht *// am* schlecht, übel, schlimm; **faire du** ~ **à qn** jdm weh tun, jdm schaden; **faire** ~ weh tun; **avoir du** ~ **à faire qch** Mühe haben, etw zu tun; **dire du** ~ **des autres** schlecht von anderen reden; **penser du** ~ **de qn** über jdn schlecht denken; **ne voir aucun** ~ **à** nichts Schlechtes sehen in *(+dat);* **ne vouloir de** ~ **à personne** niemandem übelwollen; **j'ai** ~ **au cœur** mir ist (es) schlecht; **être** ~ sich nicht wohl fühlen; **avoir** ~ **à la tête/aux dents** Kopf-/Zahnschmerzen *pl* haben; **avoir le** ~ **du pays** Heimweh *nt* haben; **se faire** ~ sich verletzen; **tourner** ~ sich zum Schlechten wenden; **se sentir** *ou* **se trouver** ~ sich elend fühlen; **être au plus** ~ *(brouillé)* sich schlecht verstehen; *(malade):* **il est au plus** ~ es geht ihm sehr schlecht; **pas** ~ nicht schlecht; **pas** ~ **de** *(beaucoup de)* viel(e); **bon gré** ~ **gré** mehr oder weniger gern.
malade [malad] *a* krank; *(poitrine, gorge)* entzündet *// nm/f* Kranke(r) *mf;* **tomber** ~ krank werden; **être** ~

du cœur herzleidend sein; ~ **mental** geisteskrank; **grand** ~ Schwerkranke(r) *mf.*
maladie [maladi] *nf* Krankheit *f.*
maladif, ive [maladif, iv] *a (personne)* kränkelnd; *(pâleur)* kränklich; *(curiosité etc)* krankhaft.
maladresse [maladʀɛs] *nf* Ungeschicklichkeit *f.*
maladroit, e [maladʀwa, wat] *a* ungeschickt.
malaise [malɛz] *nm* Unbehagen *nt; (MED)* Unwohlsein *nt.*
malappris [malapʀi] *nm* Flegel *m.*
malaria [malaʀja] *nf* Malaria *f.*
malavisé, e [malavize] *a* unbedacht.
malchance [malʃɑ̃s] *nf:* **la** ~ das Pech; *(mésaventure)* Ungeschick *nt;* **par** ~ unglücklicherweise.
mâle [mɑl] *nm* Mann *m; (animal)* Männchen *nt // a* männlich; **prise** ~ *(ELEC)* Stecker *m.*
malédiction malediksjɔ̃] *nf* Fluch .
malentendu [malɑ̃tɑ̃dy] *nm* Mißverständnis *nt.*
malfaisant, e [malfəzɑ̃, ɑ̃t] *a* böse; *(idées)* schädlich.
malfaiteur [malfɛtœʀ] *nm* Verbrecher *m.*
malformation [malfɔʀmɑsjɔ̃] *nf* Deformation *f.*
malgache [malgaʃ] *a* madagassisch // *nm/f* Madagasse *m,* Madagassin *f // nm (LING)* Madagassisch *nt.*
malgré [malgʀe] *prep* trotz *(+gen);* ~ **soi/lui** gegen seinen Willen; ~ **tout** trotz allem.
malheur [malœʀ] *nm* Unglück *nt; (inconvénient)* Mißgeschick *nt.*
malheureux, euse [malœʀø, øz] *a* unglücklich; *(triste)* traurig; **la** ~**e femme** die arme Frau // *nm/f* Arme(r) *mf; (insignifiant):* **une** ~**euse petite erreur** ein bedauerlicher kleiner Irrtum.
malhonnête [malɔnɛt] *a* unehrenhaft.
malhonnêteté [malɔnɛtte] *nf* Unehrenhaftigkeit *f.*
malice [malis] *nf* Bosheit *f;* **par** ~ aus Bosheit; **sans** ~ ohne Arg.
malicieux, ieuse [malisjø, øz] *a* schelmisch.
malin, igne *ou* **ine** [malɛ̃, iɲ] *a (personne)* clever, schlau; *(influence)* böse; *(tumeur)* bösartig.
malingre [malɛ̃gʀ(ə)] *a* schwächlich.
malle [mal] *nf* Truhe *f; (AUT):* ~ **arrière** Kofferraum *m.*
malléable maleall(ə)] *a* formbar.
mallette [malɛt] *nf (valise)* Köfferchen *nt.*
malmener [malməne] *vt* grob behandeln; *(fig)* hart angreifen.
malodorant, e [malɔdɔʀɑ̃, ɑ̃t] *a* übelriechend.
malotru, e [malɔtʀy] *nm/f* Lümmel *m,* Flegel *m.*
malpropre [malpʀɔpʀ(ə)] *a* schmutzig.
malsain, e [malsɛ̃, ɛn] *a* ungesund; *(esprit)* krankhaft.
malt [malt] *nm* Malz *nt.*
maltraiter [maltʀete] *vt* mißhandeln; *(fig)* hart angreifen.
malveillance [malvɛjɑ̃s] *nf (hostilité)* Feindseligkeit *f; (intention de nuire)* Böswilligkeit *f.*
malvenu, e [malvəny] *a:* **être** ~ **de/à faire qch** nicht das Recht haben, etw zu tun.
maman [mamɑ̃] *nf (fam)* Mama *f.*
mamelle [mamɛl] *nf* Euter *nt.*
mamelon [mamlɔ̃] *nm (ANAT)* Brustwarze *f; (petite colline)* Hügel *m.*
mammifère [mamifɛʀ] *nm* Säugetier *nt.*
manche [mɑ̃ʃ] *nf* Ärmel *m; (d'un jeu)* Runde *f;* **la M**~ der Ärmelkanal // *nm* Griff *m; (de violon etc)* Hals *m;* ~ **à air** Windsack *m.*
manchette [mɑ̃ʃɛt] *nf* Manschette *f; (titre large)* Schlagzeile *f;* **boutons de** ~ Manschettenknöpfe *pl.*
manchon [mɑ̃ʃɔ̃] *nm (de fourrure)* Muff *m;* ~ *(à incandescence)* Glühstrumpf *m.*
manchot [mɑ̃ʃo] *nm* Einarmige(r), Eindhändige(r), Armlose(r) *mf; (ZOOL)* Pinguin *m.*
mandarine [mɑ̃daʀin] *nf* Mandarine *f.*
mandat [mɑ̃da] *nm (procuration)*

Vollmacht *f; (d'un député etc)* Mandat *nt; (POSTE)* Postanweisung *f;* **toucher un ~** eine Postanweisung erhalten; **~ télégraphique** telegrafische Anweisung *f;* **~ d'arrêt** *ou* **de dépôt** Haftbefehl *m;* **~ d'amener** Vorladung *f.*
mandataire [mɑ̃datɛʀ] *nm* Bevollmächtigte(r) *mf.*
mandat-carte [mɑ̃dakart] *nm* Anweisung *f* als Postkarte.
mandat-lettre [mɑ̃dalɛtr] *nm* Anweisung *f* als Brief.
mander [mɑ̃de] *vt* kommen lassen; *(faire savoir)* benachrichtigen.
manège [manɛʒ] *nm* Manege *f; (auf Jahrmarkt)* Karussell *nt; (fig)* Schliche *pl;* **faire un tour de ~** Karussell fahren; **~ de chevaux de bois** (Pferde)karussell *nt.*
manette [manɛt] *nf* Hebel *m,* Druckknopf *m.*
mangeable [mɑ̃ʒabl(ə)] *a* eßbar.
mangeoire [mɑ̃ʒwaʀ] *nf* Futtertrog *m.*
manger [mɑ̃ʒe] *vt* essen; *(ronger, attaquer)* zerfressen; *(utiliser, consommer)* verschlingen // *vi* essen.
maniable [manjabl(ə)] *a* handlich; *(voiture, voilier)* wendig; *(personne)* lenksam, gefügig.
maniaque [manjak] *a* pingelig; *(fou)* wahnsinnig // *nm/f (fam)* Verrückte(r) *mf.*
manie [mani] *nf* Manie *f; (MED)* Wahn *m.*
maniement [manimɑ̃] *nm* Umgang *m,* Umgehen *nt (de* mit); *(d'un appareil)* Gebrauch *m; (d'affaires)* Verwaltung *f;* **~ d'armes** Waffenübung *f.*
manier [manje] *vt* umgehen mit; *(fig)* manipulieren.
manière [manjɛʀ] *nf* Art *f,* Weise *f; (style)* Stil *m;* **~s** *nfpl (attitude)* Benehmen *nt; (chichis)* Theater *nt;* **de ~ à** so daß, damit; **de telle ~ que** so daß; **de cette ~** auf diese Art und Weise; **d'une ~ générale** ganz allgemein; **de toute ~** auf alle Fälle; **d'une certaine ~** in gewisser Hinsicht; **manquer de ~s** kein Benehmen haben; **faire des ~s** sich affektiert benehmen, Theater machen; **sans ~s** zwanglos; **employer la ~ forte** hart durchgreifen; **complément/adverbe de ~** Umstandsbestimmung *f.*
maniéré, e [manjeʀe] *a* geziert, affektiert.
manifestant, e [manifɛstɑ̃, ɑ̃t] *nm/f* Demonstrant(in *f*) *m.*
manifestation [manifɛstasjɔ̃] *nf* Manifestation *f; (de joie etc)* Ausdruck *m,* Äußerung *f; (rassemblement)* Demonstration *f.*
manifeste [manifɛst(ə)] *a* offenbar // *nm (déclaration)* Manifest *nt.*
manifester [manifɛste] *vt (volonté, intentions)* manifestieren, kundtun; *(inquiétude, étonnement)* zeigen // *vi* demonstrieren; **se ~** *vi* sich zeigen; *(difficultés)* auftauchen; *(témoin etc)* sich melden.
manigance [manigɑ̃s] *nf* Trick *m,* Intrige *f.*
manipulateur, trice [manipylatœʀ, tʀis] *nm/f (technicien)* Techniker(in *f*) *m; (prestidigitateur)* Zauberkünstler(in *f*) *m; (pej)* Manipulator(in *f*) *m.*
manipuler [manipyle] *vt (TECH)* handhaben; *(colis)* transportieren; *(transformer)* manipulieren; *(fig)* manipulieren.
manivelle [manivɛl] *nf* Kurbel *f.*
mannequin [mankɛ̃] *nm (COUTURE)* Schneiderpuppe *f; (vitrine)* Schaufensterpuppe *f; (femme)* Modell *nt,* Mannequin *nt.*
manœuvre [manœvʀ(ə)] *nf* Steuerung *f,* Führen *nt,* Bedienung *f; (MIL, fig)* Manöver *nt* // *nm (ouvrier)* Hilfsarbeiter(in *f*) *m.*
manœuvrer [manœvʀe] *vt (bateau, voiture)* steuern; *(cordage)* führen; *(levier, machine)* bedienen; *(personne)* manipulieren // *vi* manövrieren.
manoir [manwaʀ] *nm* Landsitz *m.*
manomètre [manɔmɛtr] *nm* Manometer *nt.*
manque [mɑ̃k] *nm (insuffisance)* Mangel *m;* **~s** *nmpl* Mängel *pl;* **par ~ de** aus Mangel an (+*dat*).
manqué, e [mɑ̃ke] *a:* **garçon ~** Wild-

fang *m*.
manquement [mɑ̃kmɑ̃] *nm*: ~ **à** Verstoß *m* gegen.
manquer [mɑ̃ke] *vi* fehlen // *vt* verfehlen, verpassen; *(ne pas réussir)* verderben // *vb impers*: **il manque des pages** es fehlen Seiten; ~ **à qn** jdm fehlen; ~ **à qch** *(être en moins)* zu *ou* bei etw fehlen; *(ne pas se conformer à)* verstoßen gegen; **il manque d'argent/de patience** es fehlt ihm das Geld/die Geduld; **elle a manqué (de) se faire écraser** sie wäre fast überfahren worden.
mansarde [mɑ̃saʀd(ə)] *nf* Mansarde *f*.
mansuétude [mɑ̃syetyd] *nf* Milde *f*.
manteau, x [mɑ̃to] *nm* Mantel *m*; *(de cheminée)* Kaminsims *m*.
manucure [manykyʀ] *nf* Maniküre *f*.
manuel, le [manɥɛl] *a* manuell; *(commande)* Hand- // *nm* Handbuch *nt*; **travailleur** ~ Arbeiter *m*.
manufacture [manyfaktyʀ] *nf* *(établissement)* Fabrik *f*.
manufacturé, e [manyfaktyʀe] *a*: **produit/article** ~ Fertigerzeugnis *nt*.
manuscrit, e [manyskʀi, it] *a* handschriftlich // *nm* Manuskript *nt*.
manutention [manytɑ̃sjɔ̃] *nf (manipulation)* Verladen *nt*; *(local)* Lager *nt*.
mappemonde [mapmɔ̃d] *nf (carte plane)* Erdkarte *f*; *(sphère)* Globus *m*.
maquereau, x [makʀo] *nm* *(proxénète)* Kuppler *m*; *(souteneur)* Zuhälter *m*; (*ZOOL*) Makrele *f*.
maquette [makɛt] *nf* Skizze *f*; *(à trois dimensions)* Modell *nt*.
maquillage [makijaʒ] *nm* Schminke *f*, Make-up *nt*; *(fig)* Fälschung *f*.
maquiller [makije] *vt (visage)* schminken; *(falsifier)* fälschen; *(dénaturer, fausser)* frisieren, verfälschen; **se** ~ sich schminken.
maquis [maki] *nm* Dickicht *nt*; *(résistance)* Widerstandsbewegung *f*.
maquisard [makizaʀ] *nm französischer Widerstandskämpfer*.
maraîcher, ère [maʀeʃe, maʀɛʃɛʀ] *a (culture)* Gemüse- // *nm/f* Gemüsegärtner(in *f*) *m*.
marais [maʀɛ] *nm (marécage)* Sumpf *m*, Moor *nt*.
marasme [maʀasm(ə)] *nm (apathie)* Lustlosigkeit *f*; (*ECON*) Stagnation *f*.
marathon [maʀatɔ̃] *nm* Marathon(lauf) *m*.
maraudeur [maʀodœʀ] *nm* Dieb *m*.
marbre [maʀbʀ(ə)] *nm* Marmor *m*.
marbrer [maʀbʀe] *vt (surface)* marmorieren; *(peau)* sprenkeln.
marc [maʀ] *nm (de raisin, pommes)* Treber *pl*; ~ **de café** Kaffeesatz *m*.
marchand, e [maʀʃɑ̃, ɑ̃d] *nm/f* Händler(in *f*) *m* // *a*: **prix/valeur** ~**(e)** Handelspreis *m*/-wert *m*; ~ **en gros/au détail** Groß-/Einzelhändler(in *f*) *m*; ~ **de couleurs** Drogist(in *f*) *m*; ~ **des quatre saisons** Obst- und Gemüsehändler(in *f*) *m*.
marchandage [maʀʃɑ̃daʒ] *nm* Handeln *nt*, Feilschen *nt (pej)*.
marchander [maʀʃɑ̃de] *vt (article)* handeln *ou* feilschen *(pej)* um // *vi* handeln, feilschen *(pej)*.
marchandise [maʀʃɑ̃diz] *nf* (*COMM*) Ware *f*.
marche [maʀʃ(ə)] *nf (promenade)* Spaziergang *m*; *(activité)* Gehen *nt*; *(démarche)* Gang *m*; *(d'un train, navire)* Fahrt *f*; *(d'une horloge)* Gang *m*; *(du temps, progrès, affaire)* Lauf *m*; *(d'un service)* Verlauf *m*; (*MUS, MIL*) Marsch *m*; *(d'un escalier)* Stufe *f*; **à une heure de** ~ zu Fuß eine Stunde entfernt; **faire** ~ **arrière** rückwärts fahren/gehen; **mettre en** ~ in Gang setzen; **monter/prendre en** ~ aufspringen; ~ **à suivre** Vorgehen *nt*.
marché [maʀʃe] *nm* Markt *m*; *(affaire)* Geschäft *nt*; **(à) bon** ~ billig; **par dessus le** ~ obendrein, noch dazu; **M**~ **Commun** Europäische (Wirtschafts)gemeinschaft *f*; ~ **noir** schwarzer Markt *m*; ~ **du travail** Arbeitsmarkt *m*; ~ **aux puces** Flohmarkt *m*.
marchepied [maʀʃəpje] *nm* Trittbrett *nt*.
marcher [maʀʃe] *vi (personne)*

gehen, laufen; (*MIL*) marschieren; (*rouler*) fahren; (*fonctionnner, réussir*) laufen, gehen; (*fam: consentir*) mitmachen; (*: croire naïvement*) darauf hereinfallen; ~ **sur** gehen auf (+*dat*); (*mettre le pied sur*) treten auf (+*akk*); (*MIL*) zumarschieren auf (+*akk*); ~ **dans** (*herbe etc*) gehen auf (+*dat*); (*flaque*) treten in (+*akk*); **faire ~ qn** jdn auf den Arm nehmen.

marcheur, euse [maʀʃœʀ, øz] *nm/f* Wanderer *m*, Wanderin *f*.

mardi [maʀdi] *nm* Dienstag *m*; **M~ gras** Fastnachtsdienstag *m*.

mare [maʀ] *nf* Tümpel *m*; ~ **de sang** Blutlache *f*.

marécage [maʀekaʒ] *nm* Sumpf *m*, Moor *nt*.

maréchal, aux [maʀeʃal, o] *nm* Marschall *m*.

maréchal-ferrant *nm* Schmied *m*.

marée [maʀe] *nf* Gezeiten *pl*; (*poissons*) frische Seefische *pl*; ~ **haute/basse** Hoch-/Niedrigwasser *nt*; ~ **montante** Ebbe *f*; ~ **descendante** Flut *f*.

marémotrice [maʀemɔtʀis] *a*: **usine/énergie ~** Gezeitenkraftwerk *nt*/-energie *f*.

margarine [maʀgaʀin] *nf* Margarine *f*.

marge [maʀʒ(ə)] *nf* Rand *m*; (*fig*) Spielraum *m*; **en ~ (de)** am Rande (von); ~ **bénéficiaire** Gewinnspanne *f*.

marginal, e, aux [maʀʒinal, o] *a* am Rande befindlich, Rand-; (*secondaire*) nebensächlich.

marguerite [maʀgəʀit] *nf* Margerite *f*.

mari [maʀi] *nm* (Ehe)mann *m*.

mariage [maʀjaʒ] *nm* (*union*) Heirat *f*; (*noce*) Hochzeit *f*; (*état*) Ehe *f*; (*fig*) Verbindung *f*; ~ **civil/religieux** standesamtliche/kirchliche Trauung *f*.

marié, e [maʀje] *a* verheiratet // *nm/f* Bräutigam *m*, Braut *f*; **jeunes ~s** Frischvermählte *pl*.

marier [maʀje] *vt* (*sujet: prêtre, maire*) trauen; (*: parents*) verheiraten; (*fig*) paaren; **se ~** *vi* heiraten; **se ~ avec qn** jdn heiraten.

marin, e [maʀɛ̃, in] *a* See-, Meeres- // *nm* (*navigateur*) Seemann *m*; (*matelot*) Matrose *m* // *nf* Marine *f* // *a* (*couleur*) marineblau; **avoir le pied ~** seefest sein; **~e de guerre/marchande** Kriegs-/Handelsmarine *f*.

mariner [maʀine] *vt* (*gén: faire ~: poisson, viande*) marinieren.

marionnette [maʀjɔnɛt] *nf* Marionette *f*.

maritime [maʀitim] *a* See-.

marjolaine [maʀʒɔlɛn] *nf* Majoran *m*.

marmelade [maʀməlad] *nf* (*confiture*) Marmelade *f*; (*compote*) Kompott *nt*.

marmite [maʀmit] *nf* (Koch)topf *m*.

marmonner [maʀmɔne] *vt* murmeln.

marmotter [maʀmɔte] *vt* vor sich (*akk*) hin murmeln.

Maroc [maʀɔk] *nm*: **le ~** Marokko *nt*.

marocain, e [maʀɔkɛ̃, ɛn] *a* marokkanisch // *nm/f* Marokkaner(in *f*) *m*.

maroquinerie [maʀɔkinʀi] *nf* (*industrie*) Lederverarbeitung *f*; (*commerce*) Lederwarenhandel *m*; (*articles*) Lederwaren *pl*.

marquant, e [maʀkɑ̃, ɑ̃t] *a* markant.

marque [maʀk(ə)] *nf* Zeichen *nt*; (*trace*) Abdruck *m*; (*LING*): ~ **du pluriel** Pluralzeichen *nt*; (*SPORT, JEU: décompte des points*) (Spiel)stand *m*; (*COMM: cachet, contrôle*) Warenzeichen *nt*; (*produit*) Marke *f*; **à vos ~s!** auf die Plätze!; **de ~** *a* (*COMM*) Marken-; (*fig*) bedeutend; ~ **de fabrique** Marken- *ou* Firmenzeichen *nt*; ~ **déposée** eingetragenes Warenzeichen.

marqué, e [maʀke] *a* (*linge, drap*) ausgezeichnet, markiert; (*visage*) gezeichnet; (*taille*) betont; (*fig: différence etc*) deutlich.

marquer [maʀke] *vt* (*inscrire, noter*) aufschreiben; (*frontières*) einzeichnen; (*fautes, place*) anzeichnen, anstreichen; *(linge, drap)* zeichnen; *(bétail)* brandmarken; *(indiquer)* anzeigen; *(célébrer)* feiern; *(laisser une trace sur)* zeichnen; *(endommager)* beschädigen; *(JEU: points)* machen; *(SPORT: buts etc)* schießen; *(: joueur)* decken; *(accentuer: taille etc)* hervorheben, betonen; *(: temps d'arrêt)* angeben; *(différences)* aufzeigen; *(manifester: refus etc)* ausdrücken, zeigen // *vi (sujet: coup)* sitzen; *(tampon)* stempeln; *(événement, personnalité)* von Bedeutung sein; *(SPORT)* ein Tor schießen; ~ **la mesure** den Takt schlagen.

marqueterie [markətri] *nf* Intarsienarbeit *f*.

marqueur [markœr] *nm (stylo)* Filzstift *m*.

marquis, e [marki, iz] *nm/f* Marquis *m*, Marquise *f* // *nf (auvent)* Markise *f*.

marraine [marɛn] *nf* Patentante *f*.

marrant, e [marɑ̃, ɑ̃t] *a* lustig.

marre [mar] *ad (fam)*: **en avoir** ~ die Nase voll haben.

marrer [mare]: **se** ~ *vi (fam)* sich amüsieren, sich kugeln.

marron [marɔ̃] *nm* Eßkastanie *f* // *a inv* (kastanien)braun.

marronnier [marɔnje] *nm* Eßkastanienbaum *m*.

mars [mars] *nm* März *m*.

marsouin [marswɛ̃] *nm* Tümmler *m*.

marteau, x [marto] *nm* Hammer *m*; *(de porte)* Klopfer *m*; **~-piqueur** Preßlufthammer *m*.

marteler [martəle] *vt* hämmern.

martial, e, aux [marsjal, o] *a* kriegerisch; **loi ~e** Kriegsgesetz *nt*; **cour ~e** Kriegsgericht *nt*.

martien, ne [marsjɛ̃, jɛn] *a* Mars-.

martinet [martinɛ] *nm (fouet)* Peitsche *f*; *(ZOOL)* Mauersegler *m*.

martyr, e [martir] *nm/f* Märtyrer(in *f*) *m*.

martyriser [martirize] *vt* martern; *(fig)* peinigen.

marxisme [marksism(ə)] *nm* Marxismus *m*.

mascarade [maskarad] *nf* Maskerade *f*; *(hypocrisie)* Heuchelei *f*, Theater *nt*.

mascotte [maskɔt] *nf* Maskottchen *nt*.

masculin, e [maskylɛ̃, in] *a* männlich; *(métier, vêtements, équipe)* Männer- // *nm* Maskulinum *nt*.

masochisme [mazɔʃism(ə)] *nm* Masochismus *m*.

masque [mask(ə)] *nm* Maske *f*; ~ **à gas** Gasmaske *f*.

masquer [maske] *vt (paysage, porte)* maskieren; *(vérité, projet)* verschleiern; *(goût, odeur)* verhüllen; **bal masqué** Maskenball *m*.

massacre [masakr(ə)] *nm* Massaker *nt*; **jeu de** ~ Ballwurfspiel *nt*.

massacrer [masakre] *vt* massakrieren; *(fig)* verschandeln.

massage [masaʒ] *nm* Massage *f*.

masse [mas] *nf* Masse *f*; *(quantité)* Menge *f*; **la** ~ die Masse *f*; **~s** *nfpl*: **la grande ~ des** die Masse +*gen*; **en** ~ *(en bloc, en foule)* en masse; **une ~ de** jede Menge.

massepain [maspɛ̃] *nm* Marzipan *nt*.

masser [mase] *vt (assembler)* versammeln; *(personne, jambe)* massieren; **se** ~ sich versammeln.

masseur, euse [masœr, øz] *nm/f* Masseur *m*, Masseurin *f*.

massif, ive [masif, iv] *a* massiv; *(porte, silhouette)* massig // *nm (GEO)* Massiv *nt*; *(de fleurs)* Blumenbeet *nt*.

massue [masy] *nf* Keule *f*.

mastic [mastik] *nm (pâte)* Kitt *m*.

mastiquer [mastike] *vt (aliment)* kauen; *(vitre)* verkitten.

mat, e [mat] *a* matt; *(son)* dumpf // *a inv (ÉCHECS)* schachmatt.

mât [mɑ] *nm* Mast *m*.

match [matʃ] *nm* Spiel *nt*; **~aller/retour** Hin-/Rückspiel *nt*; **faire ~ nul** 0 : 0 *ou* unentschieden spielen.

matelas [matla] *nm* Matratze *f*; ~ **d'air** Luftkissen *nt*; ~ **pneumatique** Luftmatraze *f*.

matelasser [matlase] *vt (fauteuil)* polstern; *(manteau)* füttern.

matelot [matlo] *nm (marin)* Matrose *m*.

mater [mate] *vt (personne)* bändigen; *(révolte etc)* unter Kontrolle bringen.

matérialiste [materjalist(ə)] *a*

materialistisch // *nm/f* Materialist(in *f*) *m*.
matériaux [mateʀjo] *nmpl (de construction)* Baumaterial *nt*.
matériel, le [mateʀjɛl] *a* materiell; *(impossibilité)* praktisch; *(preuve)* greifbar // *nm (équipement)* Material *nt*; *(de camping, pêche)* Ausrüstung *f*.
maternel, le [matɛʀnɛl] *a* mütterlich; *(grand-père, oncle)* mütterlicherseits *ad*; *(qualité, protection)* Mutter-; **école ~le** Kindergarten *m*; **langue ~le** Muttersprache *f*.
maternité [matɛʀnite] *f (état)*: **la ~** die Mutterschaft; *(grossesse)* Schwangerschaft *f*; *(établissement)* Entbindungsheim *nt*.
mathématicien, ienne [matematisjɛ̃, jɛn] *nm/f* Mathematiker(in *f*) *m*.
mathématique [matematik] *a* mathematisch; **~s** *nfpl* Mathematik *f*.
matière [matjɛʀ] *nf* Stoff *m*, Materie *f*.
matin [matɛ̃] *nm* Morgen *m*, Vormittag *m*; **le ~** *(chaque ~)* morgens; **par un ~ de décembre** an einem Dezembermorgen; **dimanche ~** Sonntagvormittag *m*; **jusqu'au ~** bis frühmorgens; **le lendemain ~** am nächsten Morgen; **hier ~** gestern morgen; **du ~ au soir** von morgens bis abends; **tous les ~s** jeden Morgen; **~ et soir** morgens und abends; **une heure du ~** ein Uhr nachts; **un beau ~** ein schöner Morgen; eines schönen Morgens; **de grand/bon ~** am frühen Morgen.
matinal, e, aux [matinal, o] *a* morgendlich; *(personne)*: **être ~** ein Morgenmensch sein.
matinée [matine] *nf* Morgen *m*, Vormittag *m*; *(spectacle)* Matinee *f*, Frühvorstellung *f*; **faire la grasse ~** bis in den Tag hinein schlafen.
matou [matu] *nm* Kater *m*.
matraque [matʀak] *nf* Knüppel *m*.
matricule [matʀikyl] *nf (registre, liste)* Matrikel *f* // *a*: **registre/numéro/livret ~** Stammregister *m*/-nummer *f*/-buch *nt*.
matrimonial, e, aux [matʀimɔnjal, o] *a*: **agence ~e** Heiratsvermittlung *f*; **régime ~** Ehevertrag *m*.
maturité [matyʀite] *nf* Reife *f*.
maudire [modiʀ] *vt* verfluchen, verwünschen.
maudit, e [modi, it] *a* verflucht.
mausolée [mozɔle] *nm* Mausoleum *nt*.
maussade [mosad] *a* mürrisch; *(ciel, temps)* unfreundlich.
mauvais, e [mɔvɛ, ɛz] *a* schlecht; *(faux)* falsch; *(malveillant)* böse // *ad*: **il fait ~** es ist schlechtes Wetter; **la mer est ~e** das Meer ist stürmisch.
mauve [mov] *nm (BOT)* Malve *f* // *a* malvenfarbig, mauve.
maximal, e, aux [maksimal, o] *a* maximal.
maxime [maksim] *nf* Maxime *f*.
maximum [maksimɔm] *a* Höchst- // *nm (de vitesse, force)* Maximum *nt*; **le ~ de chances** das Höchstmaß an Möglichkeiten; **atteindre un/son ~** ein/sein Höchstmaß erreichen; **au ~** *(pousser, utiliser)* bis zum äußersten; *(tout au plus)* höchstens, maximal.
mazout [mazut] *nm* Heizöl *nt*.
me [m(ə)] *pron* mich; *(dat)* mir.
mécanicien, ienne [mekanisjɛ̃, jɛn] *nm/f* Mechaniker(in *f*) *m*.
mécanique [mekanik] *a* mechanisch // *nf* Mechanik *f*; **ennui ~** Motorschaden *m*.
mécanisation [mekanizɑsjɔ̃] *nf* Mechanisierung *f*.
mécaniser [mekanize] *vt* mechanisieren.
mécanisme [mekanism(ə)] *nm* Mechanismus *m*.
méchanceté [meʃɑ̃ste] *nf (d'une personne, parole)* Boshaftigkeit *f*; *(parole, action)* Gemeinheit *f*.
méchant, e [meʃɑ̃, ɑ̃t] *a* boshaft, gemein; *(enfant: turbulent)* böse, unartig; *(animal)* bissig; *(avant le nom: désagréable)* übel.
mèche [mɛʃ] *nf (d'une lampe, bougie)* Docht *m*; *(d'un explosif)* Zündschnur *f*; *(d'une perceuse, de dentiste)* Bohrer *m*; *(de cheveux: coupés)* Locke *f*; (: *d'une*

autre couleur) Strähne *f*.
mécompte [mekɔ̃t] *nm (erreur de calcul)* Rechenfehler *m; (déception)* Enttäuschung *f*.
méconnaissable [mekɔnɛsabl(ə)] *a* unkenntlich.
méconnaître [mekɔnɛtʀ(ə)] *vt* verkennen.
mécontent, e [mekɔ̃tɑ̃, ɑ̃t] *a* unzufrieden.
mécontenter [mekɔ̃tɑ̃te] *vt* verärgern.
médaille [medaj] *nf* Medaille *f*.
médaillon [medajɔ̃] *nm* Medaillon *nt*.
médecin [mɛdsɛ̃] *nm* Arzt *m*; ~ **généraliste** praktischer Arzt *m*; ~ **de famille** Hausarzt *m*; ~ **traitant** behandelnder Arzt *m*.
médecine [mɛdsin] *nf* Medizin *f*.
médiation [medjasjɔ̃] *nf* Schlichtung *f*.
médical, e, aux [medikal, o] *a* ärztlich.
médicament [medikamɑ̃] *nm* Medikament *nt*.
médicinal, e, aux [medisinal, o] *a* Heil-.
médiéval, e, aux [medjeval, o] *a* mittelalterlich.
médiocre [medjɔkʀ(ə)] *a* mittelmäßig.
médiocrité [medjɔkʀite] *nf* Mittelmäßigkeit *f*.
médire [mediʀ] *vi*: ~ **de** schlecht reden von.
médisance [medizɑ̃s] *nf*: **la** ~ üble Nachrede *f*, Klatsch *m*.
méditatif, ive [meditatif, iv] *a* nachdenklich, sinnend.
méditation [meditasjɔ̃] *nf*: **la** ~ die Meditation; *(pensée profonde)* Gedanke *m*.
méditer [medite] *vt* nachdenken über *(+akk); (combiner)* vorhaben // *vi* nachdenken; *(REL)* meditieren.
Méditerranée [mediteʀane] *nf*: **la** ~ das Mittelmeer.
méditerranéen, enne [mediteʀaneɛ̃, ɛn] *a* Mittelmeer- // *nm/f* Bewohner(in *f*) *m* der Mittelmeerländer.
médium [medjɔm] *nm (spirite)* Medium *nt*.
méduse [medyz] *nf* Qualle *f*.
meeting [mitiŋ] *nm* Treffen *nt*, Veranstaltung *f*.
méfait [mefɛ] *nm (faute)* Missetat *f; (résultat désastreux: gén pl)* Schaden *m*, Auswirkung *f*.
méfiance [mefjɑ̃s] *nf* Mißtrauen *nt*.
méfiant, e [mefjɑ̃, ɑ̃t] *a* mißtrauisch.
méfier [mefje]: **se** ~ *vi* sich in acht nehmen; **se** ~ **de** *vt* mißtrauen *(+dat)*.
mégalomanie [megalɔmani] *nf* Größenwahn *m*.
mégaphone [megafɔn] *nm* Megaphon *nt*.
mégarde [megaʀd(ə)] *nf*: **par** ~ aus Versehen.
mégère [meʒɛʀ] *nf* Megäre *f*.
mégot [mego] *nm* Kippe *f*.
meilleur, e [mɛjœʀ] *a* besser; *(superlatif)*: **le** ~ **(de)** der/die/das beste // *ad* besser // *nm*: **le** ~ *(personne)* der Beste; *(chose)* das Beste; ~ **marché** billiger; **de** ~**e heure** früher.
mélancolie [melɑ̃kɔli] *nf* Melancholie *f*.
mélancolique [melɑ̃kɔlik] *a* melancholisch.
mélange [melɑ̃ʒ] *nm* Mischung *f*.
mélanger [melɑ̃ʒe] *vt (substances)* mischen; *(mettre en désordre)* durcheinanderbringen; *(confondre)*: **vous mélangez tout!** Sie bringen alles durcheinander!
mélasse [melas] *nf* Melasse *f*.
mêlée [mele] *nf (bataille)* Kampf *m; (RUGBY)* offenes Gedränge *nt*.
mêler [mele] *vt* (ver)mischen; *(embrouiller)* verwirren; ~ **à** mischen zu; ~ **avec/de** vermischen mit; **se** ~ sich vermischen; *(sujet: chose)*: **se** ~ **à/avec/de** sich vermischen mit; *(: personne)*: **se** ~ **à** sich mischen unter *(+akk); (: personne)*: **se** ~ **de** sich mischen in *(+akk)*; ~ **qn à une affaire** jdn in eine Sache verwickeln.
mélodie [melɔdi] *nf* Melodie *f; (composition vocale)* Lied *nt*.

mélodieux, euse [melɔdjø, øz] *a* melodisch.
melon [m(ə)lɔ̃] *nm* Melone *f*; **chapeau** ~ Melone *f*.
membre [mɑ̃bʀ(ə)] *nm* (*ANAT*) Glied *nt*; *(personne, pays)* Mitglied *nt*; (*LING*): ~ **de phrase** Satzteil *m* // *a* Mitglieds-.
même [mɛm] *a* gleich; **ils ont les mêmes goûts** sie haben den gleichen *ou* denselben Geschmack; **en** ~ **temps** zur gleichen Zeit, gleichzeitig; **il est la loyauté** ~ er ist die Treue selbst; **nous-mêmes/moi-même** *etc* wir selbst/ich selbst *etc*; **de lui-même** von selbst; **cela revient au** ~ das kommt auf dasselbe *ou* das gleiche heraus // *ad* selbst, selber; **réservé,** ~ **timide** reserviert, ja sogar schüchtern; ~ **pas** nicht einmal; **je ne me rappelle** ~ **plus** ich erinnere mich nicht einmal mehr; ~ **lui a ...** selbst er hat ...; **ici** ~ genau hier; **de** ~ ebenso; **de** ~ **que** *conj* wie.
mémoire [memwaʀ] *nf* Gedächtnis *nt*; *(d'ordinateur)* Speicher *m*; *(souvenir)* Erinnerung *f* // *nm (exposé)* Memorandum *nt*; *(dissertation)* wissenschaftliche Abhandlung *f*; ~**s** *nmpl (écrit)* Memoiren *pl*; **avoir la** ~ **des visages/chiffres** ein gutes Personen-/Zahlengedächtnis haben; **avoir de la** ~ ein gutes Gedächtnis haben; **à la** ~ **de** im Gedenken an (+*akk*); **pour** ~ zur Erinnerung; **de** ~ auswendig.
mémorable [memɔʀabl(ə)] *a* denkwürdig.
mémorandum [memɔʀɑ̃dɔm] *nm* Memorandum *nt*.
mémorial [memɔʀjal] *nm* Denkmal *nt*.
menace [mənas] *nf* Drohung *f*; *(danger)* Bedrohung *f*.
menacer [mənase] *vt* drohen (+*dat*).
ménage [menaʒ] *nm (entretien)* Haushalt *m*; *(couple)* Paar *nt*; *(famille, ADMIN)* Haushalt *m*; **faire le** ~ den Haushalt machen; **femme de** ~ Putzfrau *f*.
ménagement [menaʒmɑ̃] *nm* *(respect)* Rücksicht *f*; ~**s** *nmpl (égards)* Umsicht *f*.
ménager [menaʒe] *vt (personne)* schonend behandeln; *(traiter avec mesure)* schonen; *(économiser: vêtements, santé)* schonen; *(temps, argent)* sparen; *(arranger)* sorgen für; *(installer)* anbringen.
ménager, ère [menaʒe, ɛʀ] *a* Haushalts- // *nf* Hausfrau *f*.
mendiant, e [mɑ̃djɑ̃, ɑ̃t] *nm/f* Bettler(in *f*) *m*.
mendier [mɑ̃dje] *vi* betteln // *vt* betteln um.
menées [məne] *nfpl* Schliche *pl*.
mener [məne] *vt* führen; *(enquête)* durchführen; *(affaires)* leiten // *vi*: *(gagner)* führen; ~ **qn à/dans** *(sujet: personne, métier)* jdn führen nach *ou* zu/in (+*akk*); *(: train etc)* jdn bringen nach/in (+*akk*); ~ **promener** spazierenführen; ~ **à rien/à tout** zu nichts/allem führen.
meneur, euse [mənœʀ, øz] *nm/f* Führer(in *f*) *m*; *(pej: agitateur)* Drahtzieher *m*; ~ **de jeu** Quizmaster *m*.
méningite [menɛ̃ʒit] *nf* Hirnhautentzündung *f*.
ménopause [menɔpoz] *nf* Wechseljahre *pl*.
menottes [mənɔt] *nfpl (entraves)* Handschellen *pl*.
mensonge [mɑ̃sɔ̃ʒ] *nm* Lüge *f*.
mensonger, ère [mɑ̃sɔ̃ʒe, ɛʀ] *a* verlogen.
mensuel, elle [mɑ̃sɥɛl] *a* monatlich.
mental, e, aux [mɑ̃tal, o] *a (maladie)* Geistes-; *(âge)* geistig; *(restriction)* innerlich; **calcul** ~ Kopfrechnen *nt*.
mentalité [mɑ̃talite] *nf (manière de penser)* Denkweise *f*; *(état d'esprit)* Mentalität *f*; *(comportement moral)* Moral *f*.
menteur, euse [mɑ̃tœʀ, øz] *nm/f* Lügner(in *f*) *m*.
menthe [mɑ̃t] *nf (BOT)* Minze *f*.
mention [mɑ̃sjɔ̃] *nf (note)* Vermerk *m*; *(SCOL)* Note *f*; ~ **passable/bien/très bien** ausreichend/gut/sehr gut.
mentionner [mɑ̃sjɔne] *vt* erwäh-

nen; *(adresse)* angeben.
mentir [mɑ̃tiʀ] *vi* lügen; ~ **à qn** jdn belügen.
menton [mɑ̃tɔ̃] *nm* Kinn *nt;* **double** ~ Doppelkinn *nt.*
menu, e [məny] *a* dünn, winzig; *(peu important)* gering // *ad:* **couper/hacher** ~ fein schneiden/fein hacken // *nm (mets)* Menü *nt; (liste)* Speisekarte *f;* **la ~e monnaie** das Kleingeld.
menuiserie [mənɥizʀi] *nf (travail)* Schreinerei *f; (ouvrage):* **plafond en** ~ Holzdecke *f.*
méprendre [mepʀɑ̃dʀ(ə)]: **se** ~ **sur** *vt* sich täuschen in (+*dat*).
mépris [mepʀi] *nm* Verachtung *f;* **au** ~ **de** ohne Rücksicht auf (+*akk*).
méprisable [mepʀizabl(ə)] *a (honteux)* schändlich, verachtenswert.
méprise [mepʀiz] *nf* Irrtum *m,* Verwechslung *f.*
mépriser [mepʀize] *vt* mißachten; *(personne)* verachten.
mer [mɛʀ] *nf* Meer *nt;* **la M~ du Nord** die Nordsee; ~ **intercontinentale** Ozean *m;* ~ **fermée** Binnenmeer *nt; (fig):* ~ **de sable/feu** Sand-/Flammenmeer *nt;* **en haute/pleine** ~ auf hoher See/mitten auf See; **la** ~ **est haute/basse** es ist Flut/Ebbe; **mal de** ~ Seekrankheit *f.*
mercenaire [mɛʀsənɛʀ] *a* Söldner- // *nm (soldat)* Söldner *m.*
mercerie [mɛʀsəʀi] *nf (COUTURE):* **articles de** ~ Kurzwaren *pl; (boutique)* Kurzwarengeschäft *nt.*
merci [mɛʀsi] *excl* danke // *nf:* **à la** ~ **de qn/qch** jdm/einer Sache ausgeliefert; ~ **de/pour** vielen Dank für.
mercredi [mɛʀkʀədi] *nm* Mittwoch *m.*
mercure [mɛʀkyʀ] *nm* Quecksilber *nt.*
merde [mɛʀd(ə)] *nf (fam!)* Scheiße *f* // *excl (fam)* Scheiße!
mère [mɛʀ] *nf* Mutter *f;* ~ **célibataire** ledige Mutter *f;* ~ **adoptive** Adoptivmutter *f;* **maison** ~ *(COMM)* Muttergesellschaft *f.*
méridional, e, aux [meʀidjɔnal, o] *a* südlich, südfranzösisch // *nm/f* Südfranzose *m,* Südfranzösin *f.*
meringue [məʀɛ̃g] *nf* Baiser *nt.*
mérite [meʀit] *nm* Verdienst *nt.*
mériter [meʀite] *vt* verdienen; ~ **de/que** es verdienen zu/,daß.
merlan [mɛʀlɑ̃] *nm* Merlan *m.*
merle [mɛʀl(ə)] *nm* Amsel *f.*
merveille [mɛʀvɛj] *nf* Wunder *nt;* **faire** ~**/des** ~**s** Wunder vollbringen; **les sept** ~**s du monde** die sieben Weltwunder.
merveilleux, euse [mɛʀvɛjø, øz] *a* herrlich, wunderbar.
mes [me] *dét voir* **mon.**
mésange [mezɑ̃ʒ] *nf* Meise *f.*
mésaventure [mezavɑ̃tyʀ] *nf* Mißgeschick *nt.*
mesdames *voir* **madame.**
mesdemoiselles *voir* **mademoiselle.**
mésentente [mezɑ̃tɑ̃t] *nf* Unstimmigkeit *f.*
mesquin, e [mɛskɛ̃, in] *a* kleinlich; **esprit** ~**/personne** ~**e** Kleingeist *m.*
mesquinerie [mɛskinʀi] *nf* Knauserei *f.*
mess [mɛs] *nm* Kasino *nt.*
message [mesaʒ] *nm (communication)* Nachricht *f; (d'un écrivain, livre)* Botschaft *f.*
messager, ère [mesaʒe, ɛʀ] *nm/f* Bote *m,* Botin *f.*
messe [mɛs] *nf* Messe *f;* ~ **de minuit** Mitternachtsmesse *f;* ~ **noire** schwarze Messe *f.*
messie [mesi] *nm:* **le M~** der Messias.
mesure [m(ə)zyʀ] *nf* Maß *nt; (évaluation)* Messen *nt; (MUS)* Takt *m; (étalon):* ~ **de longueur/capacité** Längen-/Hohlmaß *nt; (disposition, acte)* Maßnahme *f;* **sur** ~ nach Maß; **à la** ~ **de qn** jdm entsprechend; **dans la** ~ **de/où** soweit; **à** ~ **qu'ils avançaient, ...** je weiter sie kamen ...; **au fur et à** ~ nach und nach; **être en** ~ **de** imstande sein zu (+*inf*); **il n'y a pas de commune** ~ **entre eux** man kann sie nicht ver-

gleichen; **unité/système de ~** Maßeinheit *f*/-system *nt*.
mesuré, e [məzyʀe] *a (ton)* gleichmäßig; *(effort)* mäßig; *(personne)* gemäßigt.
mesurer [məzyʀe] *vt* messen; *(risque, portée d'un acte)* ermessen, einschätzen; *(limiter)* bemessen; **se ~ avec/à qn** sich mit jdm messen.
métal, aux [metal, o] *nm* Metall *nt*.
métallique [metalik] *a* Metall-, metallen; *(éclat, son)* metallisch.
métallurgiste [metalyʀʒist(ə)] *nm (ouvrier)* Metallarbeiter *m; (industriel)* Hütteningenieur *m*.
métamorphose [metamɔʀfoz] *nf* Metamorphose *f; (fig)* Verwandlung *f*.
métaphysique [metafizik] *a* metaphysisch.
météo [meteo] *nf (abr de* **météorologie***)* Wetterbericht *m*.
météore [meteɔʀ] *nm* Meteor *m*.
météorologie [meteɔʀɔlɔʒi] *nf (étude)* Wetterkunde *f*, Meteorologie *f; (service)* Wetterdienst *m*.
météorologique [meteɔʀɔlɔʒik] *a* meteorologisch, Wetter-.
méthode [metɔd] *nf* Methode *f; (livre)* Lehrbuch *nt*.
méthodique [metɔdik] *a* methodisch.
méticuleux, euse [metikylø, øz] *a* gewissenhaft.
métier [metje] *nm (profession)* Beruf *m; (expérience)* Erfahrung *f; (machine)* Webstuhl *m*.
métis, isse [metis] *a (enfant)* Mischlings- // *nm/f* Mischling *m*.
métisser [metise] *vt* kreuzen.
métrage [metʀaʒ] *nm (mesurer)* Vermessen *nt; (longueur de tissu, film)* Länge *f*; *(FILM)*: **long ~** Spielfilm *m*; **moyen ~** Film *m* mittlerer Länge; **court ~** Kurzfilm *m*.
mètre [mɛtʀ(ə)] *nm (unité)* Meter *m ou nt; (règle)* Metermaß *nt*; **un cent/huit cents ~s** *(SPORT)* ein Hundert-/Achthundertmeterlauf *m*.
métrique [metʀik] *a*: **système ~** metrisches System *nt*.
métro [metʀo] *nm* U-Bahn *f; (à Paris)* Metro *f*.
métropole [metʀɔpɔl] *nf (capitale)* Hauptstadt *f; (pays)* Mutterland *nt*.
mets [mɛ] *nm* Gericht *nt*.
metteur [mɛtœʀ] *nm*: **~ en scène/ondes** Regisseur *m*.
mettre [mɛtʀ(ə)] *vt (placer)* legen, stellen, setzen; *(ajouter: sucre etc)* tun; *(vêtement)* anziehen, tragen; *(consacrer)* brauchen *(à* für); *(: énergie)* aufwenden; *(: espoirs)* setzen *(dans* in *+akk); (enclencher: chauffage, radio etc)* anmachen; *(: réveil)* stellen *(à* auf *+akk); (installer: gaz, électricité)* anschließen; *(écrire)* schreiben; *(dépenser)* zahlen; *(pari)* setzen; *(: dans affaire)* stecken *(dans* in *+akk)*; **se ~** *vi (se placer)* sich setzen; *(debout)* hinstehen; *(dans une situation)* sich bringen; **~ qn dans une situation** jdn in eine Lage bringen; **se ~ à genoux** sich hinknien; **se ~ au travail** sich an die Arbeit machen; **se ~ à faire qch** anfangen, etw zu tun; **se ~ avec qn** sich mit jdm zusammentun; **se ~ bien avec qn** sich gut mit jdm stellen; **~ en bouteille/en sac** in Flaschen/Säcke füllen; **~ à la poste** zur Post bringen; **~ du sien** das Seine tun; **~ du temps à faire qch** lange brauchen, um etw zu tun; **~ le désordre** Unordnung machen; **~ fin à qch** etw beenden; **~ le feu à qch** etw anzünden; **mettons que** angenommen, daß; **~ sur pied** *(affaire)* auf die Beine stellen; **~ qn debout/assis** jdn hinstellen/ hinsetzen; **~ au point** klarstellen.
meuble [mœbl(ə)] *nm* Möbelstück *nt* // *a (terre)* locker; *(JUR)* beweglich; **~s** Möbel *pl*.
meublé, e [mœble] *a*: **chambre ~e** möbliertes Zimmer *nt*.
meubler [mœble] *vt* möblieren; *(fig)* gestalten.
meugler [møgle] *vi* muhen.
meule [møl] *nf* Mahlstein *m; (à aiguiser, polir)* Schleifstein *m*.
meunier, ière [mønje, jɛʀ] *nm/f* Müller(in *f*) *m; (CULIN)*: **poisson (à la) ~** Fisch nach Müllerinart.

meurtre [mœʀtʀ(ə)] *nm* Mord *m.*
meurtrier, ière [mœʀtʀije, ijɛʀ] *nm/f* Mörder(in *f*) *m* // *nf (ouverture)* Schießscharte *f* // *a* mörderisch; *(arme)* Mord-.
meurtrir [mœʀtʀiʀ] *vt* quetschen; *(fig)* verletzen.
meurtrissure [mœʀtʀisyʀ] *nf* blauer Fleck *m; (tache: d'un fruit, légume)* Macke *f; (fig)* Narbe *f.*
meute [møt] *nf* Meute *f.*
mexicain, e [mɛksikɛ̃, ɛn] *a* mexikanisch // *nm/f:* **M~** Mexikaner(in *f*) *m.*
Mexique [mɛksik] *nm:* **le ~** Mexiko *nt.*
mi [mi] *nm (MUS)* E *nt.*
mi- [mi] *préf* halb-; **à ~-hauteur/pente** auf halber Höhe; **à ~-janvier** Mitte Januar.
miauler [mjole] *vi* miauen.
mi-carême [mikaʀɛm] *nf:* **la ~** Gründonnerstag *m.*
miche [miʃ] *nf* Laib *m.*
mi-chemin [miʃəmɛ̃]: **à ~** *ad* auf halbem Wege.
mi-clos, e [miklo, kloz] *a* halbgeschlossen.
micro [mikʀo] *nm* Mikrophon *nt.*
microbe [mikʀɔb] *nm* Mikrobe *f.*
microfiche [mikʀɔfiʃ] *nf* Mikrofiche *m ou nt.*
microfilm [mikʀɔfilm] *nm* Mikrofilm *m.*
microscope [mikʀɔskɔp] *nm* Mikroskop *nt;* **examiner au ~** mikroskopisch untersuchen.
midi [midi] *nm (milieu du jour)* Mittag *m; (heure)* 12 Uhr; *(sud)* Süden *m; (: de la France):* **le M~** Südfrankreich *nt;* **tous les ~s** jeden Mittag; **le repas de ~** das Mittagessen; **en plein ~** mitten am Tag.
mie [mi] *nf* Krume *f.*
miel [mjɛl] *nm* Honig *m.*
mien, mienne [mjɛ̃, mjɛn] *a* mein, meine, mein // *pron:* **le/la ~** meine(r,s).
miette [mjɛt] *nf* Krümel *m.*
mieux [mjø] *a* besser; *(superlatif)* **le/la ~** der, die, das beste // *ad* besser; am besten // *nm (amélioration, progrès)* Verbesserung *f;* **valoir ~** besser sein; **faire de son ~** sein Bestes tun; **aimer ~** lieber mögen; **faire ~ de** besser (daran) tun zu; **de ~ en ~** immer besser; **pour le ~** zum Besten; **aller ~** bessergehen; **du ~ qu'il peut** so gut er (nur) kann; **au ~** bestenfalls; **faute de ~** in Ermangelung eines Besseren.
mièvre [mjɛvʀ(ə)] *a* schmalzig.
mignon, onne [miɲɔ̃, ɔn] *a (joli)* niedlich, süß; *(gentil)* nett.
migraine [migʀɛn] *nf* Migräne *f.*
migration [migʀɑsjɔ̃] *nf (peuple)* (Völker)wanderung *f; (d'oiseaux etc)* Zug *m.*
mi-jambe [miʒɑ̃b]: **à ~** *ad* bis an die Waden.
mijoter [miʒɔte] *vt (plat)* schmoren; *(: préparer avec soin)* liebevoll zubereiten; *(fig)* aushecken // *vi* schmoren.
milieu, x [miljø] *nm (centre)* Mitte *f; (fig):* **il y a un ~ entre ...** es gibt ein Mittelding *nt* zwischen *(+dat); (environnement: biologique)* Lebensbereich *m; (: social)* Milieu *nt;* **le M~** die Unterwelt; **au ~ de** mitten in *(+dat); (table etc)* mitten auf *(+dat);* **au beau** *ou* **en plein ~ (de)** mitten unter *(+dat);* **le juste ~** der goldene Mittelweg.
militaire [militɛʀ] *a* Militär- // *nm* Soldat *m;* **marine ~** Marine *f;* **aviation ~** Luftwaffe *f;* **service ~** Militärdienst *m.*
militer [milite] *vi* kämpfen; **~ pour/contre** sprechen für/gegen.
mille [mil] *num* (ein)tausend // *nm (nombre)* Tausend *f; (mesure de longueur):* **~ marin** Seemeile *f;* **mettre dans le ~** ins Schwarze treffen.
mille-feuille [milfœj] *nm (CULIN)* *Cremeschnitte aus Blätterteig.*
millénaire [milenɛʀ] *nm* Jahrtausend *nt* // *a* tausendjährig.
mille-pattes [milpat] *nm inv* Tausendfüß(l)er *m.*
millésime [milezim] *nm (médaille)* Jahreszahl *f; (vin)* Jahrgang *m.*
millet [mijɛ] *nm* Hirse *f.*

milliard [miljaʀ] *nm* Milliarde *f*.
milliardaire [miljaʀdɛʀ] *nm/f* Milliardär(in *f*) *m*.
millier [milje] *nm* Tausend *nt*; **par ~s** zu Tausenden.
milligramme [miligʀam] *nm* Milligramm *nt*.
millimètre [milimɛtʀ(ə)] *nm* Millimeter *m ou nt*.
millimétré, e [milimetʀe] *a*: **papier ~** Millimeterpapier *nt*.
million [miljɔ̃] *nm* Million *f*.
millionnaire [miljɔnɛʀ] *nm/f* Millionär(in *f*) *m*.
mime [mim] *nm (acteur)* Pantomime *m*, Patomimin *f*; *(art)* Pantomime *f*.
mimer [mime] *vt* pantomimisch darstellen; *(imiter)* nachmachen.
mimique [mimik] *nf* Mimik *f*.
mimosa [mimoza] *nm* Mimose *f*.
minable [minabl(ə)] *a* miserabel.
mince [mɛ̃s] *a* dünn; *(personne, taille)* schlank; *(fig: profit, connaissances)* gering; *(: prétexte)* fadenscheinig.
minceur [mɛ̃sœʀ] *nf* Dünne *f*; Schlankheit *f*.
mine [min] *nf (physionomie)* Miene *f*; *(extérieur)* Aussehen *nt*; *(d'un crayon, explosif, gisement)* Mine *f*; *(cavité)* Bergwerk *nt*; Stollen *m*; *(fig)*: **une ~ de** eine Fundgrube an *(+dat)*; **les M~s** *(ADMIN)* die Bergwerke *pl ou* Zechen *pl*; **avoir bonne/mauvaise ~** gut/schlecht aussehen; **faire ~ de** so tun, als ob; **~ de rien** *ad* mit einer Unschuldsmiene.
miner [mine] *vt (saper, ronger)* aushöhlen; *(MIL)* verminen; *(fig)* unterminieren.
minerai [minʀɛ] *nm* Erz *nt*.
minéral, e, aux [mineʀal, o] *a* Mineral- // *nm* Mineral *nt*; **eau ~e** Mineralwasser *nt*.
minéralogique [mineʀalɔʒik] *a*: **plaque/numéro ~** Nummernschild *nt*/Kennzeichen *nt*.
minet, ette [minɛ, ɛt] *nm/f (chat)* Kätzchen *nt*; *(pej)* Püppchen *nt*.
mineur, e [minœʀ] *a* zweitrangig // *nm/f (JUR)* Minderjährige(r) *mf* // *nm (ouvrier)* Bergmann *m*.
miniature [minjatyʀ] *nf (tableau)* Miniatur *f*; **en ~** *(fig)* in Kleinformat.
minibus [minibys] *nm* Kleinbus *m*.
minier, ière [minje, jɛʀ] *a* Bergwerks-, Bergbau-; *(bassin, pays)* Gruben-.
mini-jupe [miniʒyp] *nf* Minirock *m*.
minimal, e, aux [minimal, o] *a* minimal.
minime [minim] *a* sehr klein // *nm/f (SPORT)* Junior(in *f*) *m*.
minimiser [minimize] *vt* bagatellisieren.
minimum [minimɔm] *a* Mindest- // *nm* Minimum *nt*; **un ~ de** ein Minimum an *(+dat)*; **au ~** *(au moins)* mindestens.
ministère [ministɛʀ] *nm* Ministerium *nt*; *(gouvernement)* Regierung *f*; *(portefeuille)* Ministeramt *nt*; *(REL)* Priesteramt *nt*; **~ public** Staatsanwaltschaft *f*.
ministériel, elle [ministeʀjɛl] *a* Regierungs-, Minister-.
ministre [ministʀ(ə)] *nm/f* Minister(in *f*) *m*; *(REL)* Pfarrer(in *f*) *m*; **~ d'État** Staatsminister(in *f*) *m*.
minorité [minɔʀite] *nf* Minderheit *f*; *(âge)* Minderjährigkeit *f*; **dans la ~ des cas** in den seltensten Fällen; **être en ~** in der Minderheit sein.
minoterie [minɔtʀi] *nf* (Getreide)mühle *f*.
minuit [minɥi] *nm* Mitternacht *f*.
minuscule [minyskyl] *a* winzig, sehr klein // *nf*: **(lettre) ~** kleiner Buchstabe *m*.
minute [minyt] *nf* Minute *f*; *(original)* Urschrift *f*; **d'une ~ à l'autre** jede Minute; **à la ~** auf die Minute; **entrecôte/steak ~** Minutensteak *nt*.
minuter [minyte] *vt* zeitlich begrenzen.
minuterie [minytʀi] *nf* Schaltuhr *f*.
minutie [minysi] *nf* Akribie *f*, Gewissenhaftigkeit *f*.
minutieux, euse [minysjø, øz] *a* gewissenhaft, äußerst genau.
mirabelle [miʀabɛl] *nf (fruit)* Mirabelle *f*.
miracle [miʀɑkl(ə)] *nm* Wunder *nt*.
miraculeux, euse [miʀakylø, øz] *a*

wunderbar.
mirage [miʀaʒ] *nm* Fata Morgana *f.*
mire [miʀ] *nf:* **être le point de** ~ *(fig)* der Mittelpunkt sein.
mirifique [miʀifik] *a* großartig, fabelhaft.
miroir [miʀwaʀ] *nm* Spiegel *m.*
miroiter [miʀwate] *vi* spielgeln; **faire** ~ **qch à qn** jdm etw in glänzenden Farben schildern.
miroiterie [miʀwatʀi] *nf* Glaserei *f.*
mis, e [mi, miz] *a (table)* gedeckt; *(personne):* **bien/mal** ~ gut/schlecht angezogen.
misaine [mizɛn] *nf:* **mât de** ~ Focksegel *nt*/-mast *m.*
mise [miz] *nf (argent)* Einsatz *m; (habillement)* Kleidung *f;* ~ **en bouteilles** Flaschenabfüllung *f;* ~ **en ondes** Spielleitung *f;* ~ **en scène** Inszenierung *f;* ~ **sur pied** Gründung *f;* ~ **en plis** Wasser *ou* Dauerwelle *f;* ~ **à feu** Zündung *f;* ~ **de fonds** Investition *f.*
miser [mize] *vt* setzen; ~ **sur** *vt* setzen auf (+*akk*); *(fig)* rechnen mit.
misérable [mizeʀabl(ə)] *a* kläglich, elend; *(personne)* bedauernswert; *(mesquin: acte, argumentation)* miserabel; *(avant le nom: insignifiant: salaire)* kümmerlich; *(: querelle)* nichtig // *nm/f* Elende(r) *mf.*
misère [mizɛʀ] *nf (pauvreté):* **la** ~ die Armut; ~**s** *nfpl (malheurs)* Kummer *m;* **salaire de** ~ Hungerlohn *m;* **faire des** ~**s à qn** jdn quälen *ou* schikanieren.
miséricorde [mizeʀikɔʀd(ə)] *n* Barmherzigkeit *f.*
missel [misɛl] *nm* Meßbuch *nt.*
missile [misil] *nm* Rakete *f.*
mission [misjɔ̃] *nf* Mission *f;* ~ **de reconnaissance** Aufklärungsmission *f.*
missionnaire [misjɔnɛʀ] *nm* Missionar *m.*
missive [misiv] *nf* Schreiben *nt.*
mite [mit] *nf* Motte *f.*
mité, e [mite] *a* mottenzerfressen.
mi-temps [mitɑ̃] *nf (SPORT)* Halbzeit *f;* **travailler à** ~ halbtags arbeiten.
mitigation [mitigɑsjɔ̃] *nf:* ~ **des peines** Strafmilderung *f.*
mitraille [mitʀɑj] *nf (décharge d'obus etc)* Geschützfeuer *nt.*
mitrailler [mitʀɑje] *vt* mit MG-Feuer beschießen; *(fig)* bombardieren; *(fam: photographier)* knipsen.
mitraillette [mitʀɑjɛt] *nf* Maschinenpistole *f.*
mitrailleur [mitʀɑjœʀ] *nm* MG-Schütze *m* // *am:* **fusil** ~ Maschinengewehr *nt.*
mitrailleuse [mitʀɑjøz] *nf* (größeres) Maschinengewehr *nt.*
mitre [mitʀ(ə)] *nf (REL)* Mitra *f.*
mi-voix [mivwa]: **à** ~ *ad* halblaut.
mixage [miksaʒ] *nm* Tonmischung *f.*
mixer [miksœʀ] *nm* Mixer *m.*
mixte [mikst(ə)] *a* gemischt; **mariage** ~ Mischehe *f;* **double** ~ gemischtes Doppel *nt.*
mixture [mikstyʀ] *nf (CHIM)* Mixtur *f; (boisson)* Gesöff *nt.*
M.L.F. *sigle m = mouvement de libération de la femme* ≃ Frauenbewegung *f.*
Mlle, *pl* **Mlles** *abr de* **Mademoiselle.**
MM. *abr de* **Messieurs.**
Mme, *pl* **Mmes** *abr de* **Madame.**
mobile [mɔbil] *a* beweglich; *(nomade)* wandernd, Wander-, mobil // *nm (motif)* Beweggrund *m.*
mobilier, ière [mɔbilje, jɛʀ] *a (propriété)* beweglich // *nm (meubles)* Mobiliar *nt;* **effets/valeurs** ~**(ière)s** übertragbare Effekten/Werte *pl;* **vente/saisie** ~**ière** Eigentumsverkauf *m*/-pfändung *f.*
mobilisation [mɔbilizɑsjɔ̃] *nf* Mobilisieren *nt;* Wecken *nt;* ~ **générale** allgemeine Mobilmachung *f.*
mobiliser [mɔbilize] *vt* mobilisieren; *(fig: enthousiasme, courage)* wecken.
mobilité [mɔbilite] *nf* Beweglichkeit *f,* Mobilität *f.*
mocassin [mɔkasɛ̃] *nm* Mokassin *m.*
moche [mɔʃ] *a (fam)* häßlich.
modalité [mɔdalite] *nf* Modalität *f;* **adverbe de** ~ Modaladverb *nt.*
mode [mɔd] *nf* Mode *f* // *nm* Art *f,*

Weise *f;* (*LING*) Modus *m;* **à la ~** modisch; **~ d'emploi** Gebrauchsanweisung *f;* **~ de paiement** Zahlungsweise *f.*

modèle [mɔdɛl] *nm* Modell *nt;* *(exemple)* Beispiel *nt;* **les divers ~s d'entreprises** die verschiedenen Unternehmensformen *pl* // *a* mustergültig; *(cuisine, femme)* Muster-; **~ réduit** verkleinertes Modell *nt;* **~ déposé** (*COMM*) Gebrauchsmuster *nt.*

modeler [mɔdle] *vt* modellieren; **~ sa conduite sur celle de son père** sich *(dat)* ein Beispiel am Verhalten des Vaters nehmen.

modération [mɔdeʀɑsjɔ̃] *nf (qualité)* Mäßigung *f,* Einschränkung *f;* *(action)* Drosselung *f.*

modéré, e [mɔdeʀe] *a (mesuré)* maßvoll, gemäßigt; *(faible)* mäßig // *nm/f* Gemäßigte(r) *mf.*

modérer [mɔdeʀe] *vt* mäßigen; *(dépenses)* einschränken; *(vitesse)* drosseln // **se ~** *vi* sich mäßigen.

moderne [mɔdɛʀn(ə)] *a* modern; *(vie)* heutig; *(langues, histoire)* neuere(r,s).

moderniser [mɔdɛʀnize] *vt* modernisieren.

modeste [mɔdɛst(ə)] *a* bescheiden; *(petit: employé, commerçant)* klein.

modestie [mɔdɛsti] *nf* Bescheidenheit *f.*

modification [mɔdifikɑsjɔ̃] *nf* Änderung *f,* Modifikation *f.*

modifier [mɔdifje] *vt* ändern, modifizieren // **se ~** *vi* sich ändern, sich wandeln.

modique [mɔdik] *a* gering.

modiste [mɔdist(ə)] *nf* Modistin *f.*

modulation [mɔdylɑsjɔ̃] *nf:* **~ de fréquence** Ultrakurzwelle *f.*

module [mɔdyl] *nm:* **~ lunaire** Mondfähre *f.*

moduler [mɔdyle] *vt* modulieren.

moelle [mwal] *nf* Mark *nt.*

moelleux, euse [mwalø, øz] *a* weich; *(chocolat)* kremig.

moellon [mwalɔ̃] *nm* Baustein *m.*

mœurs [mœʀ(s)] *nfpl (morale)* Sitten *pl;* *(coutumes)* Bräuche *pl;* *(mode de vie):* **des ~ simples** ein einfaches Leben *nt;* **contraire aux bonnes ~** wider die guten Sitten (verstoßend); **police des ~** Sittenpolizei *f.*

mohair [mɔɛʀ] *nm* Mohair *nt.*

moi [mwa] *pron* ich; *(objet)* mich; mir; **c'est ~** ich bin's.

moignon [mwaɲɔ̃] *nm* Stumpf *m.*

moindre [mwɛ̃dʀ(ə)] *a* geringere(r,s); **le/la ~ ...** der/die/das kleinste ... .

moine [mwan] *nm* Mönch *m.*

moineau, x [mwano] *nm* Spatz *m.*

moins [mwɛ̃] *ad* weniger // *nm* das wenigste, das geringste // *prép (calcul)* weniger, minus; *(heure)* vor; **~ grand/riche que** kleiner/weniger reich als; **le/la ~ doué(e)** der/die Unbegabteste; **le/la ~ riche** der/die am wenigsten Reiche; **~ d'eau/de fautes** weniger Wasser/Fehler; **trois jours de ~** drei Tage weniger; **2 livres en ~** 2 Pfund weniger/zuwenig; **~ je travaille, mieux je me porte** je weniger ich arbeite, desto besser geht es mir; **à ~ que** es sei denn, daß/wenn; **à ~ de** außer daß *ou* wenn; **pour le ~** wenigstens; **du ~** wenigstens; **il est ~ cinq** es ist fünf vor; **il fait ~ cinq** es ist minus fünf (Grad).

mois [mwa] *nm* Monat *m;* *(salaire)* Monatsgehalt *nt.*

moisi, e [mwazi] *a* schimm(e)lig // *nm* Schimmel *m.*

moisir [mwaziʀ] *vi* schimmeln; *(fig)* gammeln // *vt* verschimmeln lassen.

moisissure [mwazisyʀ] *nf* Schimmel *m.*

moisson [mwasɔ̃] *nf* Ernte *f.*

moissonner [mwasɔne] *vt (céréales)* ernten; *(champ)* abernten.

moissonneur, euse [mwasɔnœʀ, øz] *nm/f* Schnitter(in *f*) *m* // *nf (machine)* Mähmaschine *f;* **moissonneuse-batteuse** *nf* Mähdrescher *m.*

moite [mwat] *a* feucht.

moitié [mwatje] *nf* Hälfte *f.*

molester [mɔlɛste] *vt* mißhandeln.

molette [mɔlɛt] *nf* Spornrad *nt.*

mollement [mɔlmɑ̃] *ad (faiblement)*

schwach; *(nonchalamment)* lässig.
mollet [mɔlɛ] *nm* Wade *f* // *a:* **œuf ~** weichgekochtes Ei *nt.*
molleton [mɔltɔ̃] *nm* Molton *m.*
molletonné, e [mɔltɔne] *a:* **gants ~s** gefütterte Handschuhe *pl.*
mollir [mɔliʀ] *vi* weich werden; *(vent)* abflauen; *(fig) (résolution)* nachlassen; *(: personne)* weich werden.
mollusque [mɔlysk(ə)] *nm* Weichtier *nt.*
môme [mom] *nm/f (fam: enfant)* Gör *nt* // *nf (fam: fille)* Biene *f.*
moment [mɔmɑ̃] *nm (instant)* Moment *m*, Augenblick *m; (date):* **les grands ~s de l'histoire** die großen Momente in der Geschichte; *(temps):* **~ de gêne/bonheur** peinlicher/glücklicher Moment *ou* Augenblick; *(occasion):* **profiter du ~** die Gelegenheit beim Schopf ergreifen; **à un ~ donné** zu einem bestimmten Zeitpunkt; **pour un bon ~** eine ganze Zeitlang; **au ~ de** zu der Zeit, als; **au ~ où** in dem Moment, als; **à tout ~** jederzeit; **ce n'est pas le ~** das ist nicht der richtige Zeitpunkt; **pour le ~** im Moment; **en ce ~** in diesem Moment, gerade jetzt; **sur le ~** im ersten Augenblick; **par ~s** manchmal; **d'un ~ à l'autre** jeden Augenblick; **du ~ où** *ou* **que** da.
momentané, e [mɔmɑ̃tane] *a* momentan, augenblicklich.
momie [mɔmi] *nf* Mumie *f.*
mon, ma, mes [mɔ̃, ma, me] *dét* mein, meine, mein, *pl* meine.
monarchie [mɔnaʀʃi] *nf* Monarchie *f.*
monarque [mɔnaʀk(ə)] *nm* Monarch *m.*
monastère [mɔnastɛʀ] *nm* Kloster *nt.*
monastique [mɔnastik] *a* klösterlich, Kloster-.
monceau, x [mɔ̃so] *nm* Haufen *m.*
mondain, e [mɔ̃dɛ̃, ɛn] *a (vie, obligations)* gesellschaftlich; *(peintre, soirée)* Gesellschafts-; *(personne)* mondän, der besseren Gesellschaft; **carnet ~** Klatschblatt *nt;* **police ~e** die Sittenpolizei.
monde [mɔ̃d] *nm* Welt *f; (cosmos)* Weltall *nt; (groupement):* **le ~ capitaliste/végétal/du spectacle** die kapitalistische Welt/die Pflanzenwelt/die Welt des Theaters; *(milieu):* **ne pas être du même ~** nicht in derselben Welt leben; *(foule):* **y a-t-il du ~ dans le parc?** sind viele Leute im Park?; *(personnes mondaines)* Gesellschaft *f*, High Society *f;* **l'autre ~** das Jenseits; **tout le ~** alle, jedermann; **pas le moins du ~** nicht im geringsten; **le meilleur homme du ~** der beste Mensch der Welt; **tour du ~** Reise *f* um die Welt; **homme/femme du ~** Mann/Frau von Welt.
mondial, e, aux [mɔ̃djal, o] *a* Welt-.
mondialement [mɔ̃djalmɑ̃] *ad* weltweit.
monégasque [mɔnegask(ə)] *a* monegassisch.
monétaire [mɔnetɛʀ] *a (unité)* Währungs-; *(circulation)* Geld-.
mongolien, ne [mɔ̃gɔljɛ̃, jɛn] *a* mongoloid // *nm/f* Mongoloide *m*, Mongoloidin *f.*
moniteur, trice [mɔnitœʀ, tʀis] *nm/f (SPORT: de ski)* Skilehrer(in *f*) *m; (d'éducation physique)* Sportlehrer(in *f*) *m; (de colonie de vacances)* Animateur(in *f*) *m* // *nm:* **~ cardiaque** Herzschrittmacher *m.*
monnaie [mɔnɛ] *nf (pièce)* Münze *f; (ECON, gén: moyen d'échange)* Geld *nt*, Währung *f; (petites pièces):* **avoir de la ~** Kleingeld *nt* haben; **faire de la ~** Wechselgeld *nt* bekommen; **avoir la ~ de 20F** für 20F Wechselgeld *nt* haben; **faire** *ou* **donner à qn la ~ de 20F** jdm 20F wechseln; **rendre à qn la monnaie (sur 20F)** jdm (auf 20F) herausgeben.
monnayer [mɔneje] *vt* zu Geld machen; *(fig)* Kapital schlagen aus.
monocle [mɔnɔkl(ə)] *nm* Monokel *nt.*
monocorde [mɔnɔkɔʀd(ə)] *a* monoton.
monoculture [mɔnɔkyltyʀ] *nf*

Monokultur *f.*
monogramme [mɔnɔgʀam] *nm* Monogramm *nt.*
monolingue [mɔnɔlɛ̃g] *a* einsprachig.
monologue [mɔnɔlɔg] *nm* Monolog *m,* Selbstgespräch *nt.*
monologuer [mɔnɔlɔge] *vi* Selbstgespräche führen.
monoplace [mɔnɔplas] *a* einsitzig // *nm* Einsitzer *m.*
monopole [mɔnɔpɔl] *nm* Monopol *nt.*
monopoliser [mɔnɔpɔlize] *vt* monopolisieren; *(fig)* für sich allein beanspruchen.
monosyllabe [mɔnɔsilab] *a* einsilbig // *nm* einsilbiges Wort *nt.*
monotone [mɔnɔtɔn] *a* monoton.
monotonie [mɔnɔtɔni] *nf* Monotonie *f.*
monseigneur [mɔ̃sɛɲœʀ] *nm* Seine Exzellenz.
monsieur, *pl* **messieurs** [məsjø, mesjø] *nm* Herr *m; voir aussi* **Madame.**
monstre [mɔ̃stʀ(ə)] *nm* Monstrum *nt;* (*MYTHOLOGIE*) Ungeheuer *nt* // *a* kolossal; ~**s sacrés** (*THEAT*) Stars *pl.*
monstrueux, -euse [mɔ̃stʀyø, øz] *a (difforme)* mißgebildet; *(colossal)* Riesen-; *(abominable)* ungeheuerlich, grauenhaft.
monstruosité [mɔ̃stʀyozite] *nf* Ungeheuerlichkeit *f,* Grausamkeit *f;* (*MED*) Mißbildung *f; (atrocité)* Greuel *m.*
mont [mɔ̃] *nm* Berg *m;* **par ~s et par vaux** durchs ganze Land.
montage [mɔ̃taʒ] *nm* Aufbau *m,* Errichtung *f; (d'un bijou)* Fassen *nt; (d'une tente)* Aufbauen *nt; (assemblage)* Montage *f; (photo-montage)* Photomontage *f;* (*FILM*) Montage *f;* ~ **sonore** Tonausgabe *f.*
montagnard, e [mɔ̃taɲaʀ, aʀd(ə)] *a* Berg-, Gebirgs- // *nm/f* Gebirgsbewohner(in *f*) *m.*
montagne [mɔ̃taɲ] *nf* Berg *m; (région):* **la** ~ das Gebirge, die Berge *pl;* **route/station de** ~ Bergstraße *f*/-station *f;* **la haute/moyenne** ~ das Hoch-/Mittelgebirge; ~**s russes** Berg- und Talbahn *f.*
montagneux, euse [mɔ̃taɲø, øz] *a* bergig, gebirgig.
montant, e [mɔ̃tɑ̃, ɑ̃t] *a (mouvement)* aufwärts; *(marée)* auflaufend, steigend; *(chemin)* ansteigend; *(robe, col)* hochgeschlossen // *nm (d'une fenêtre, d'un lit)* Pfosten *m; (d'une échelle)* Sprosse *f; (fig: somme)* Betrag *m.*
mont-de-piété [mɔ̃dpjete] *nm* Pfandleihanstalt *f.*
monte-charge [mɔ̃tʃaʀʒ(ə)] *nm inv* Lastenaufzug *m.*
montée [mɔ̃te] *nf (action de monter)* Aufstieg *m; (: en voiture)* Auffahrt *f; (pente)* Ansteigen *nt.*
monter [mɔ̃te] *vi* steigen; *(passager):* ~ **dans** einsteigen in (+*akk*); *(avion)* aufsteigen; *(voiture)* hochfahren; *(route)* ansteigen; *(température, voix, prix)* ansteigen; *(bruit)* anschwellen; *(à cheval):* ~ **bien/mal** gut/schlecht reiten // *vt (escalier, côte)* hinaufgehen, hinauffahren; *(cheval)* aufsitzen auf (+*akk*); *(femelle)* decken; *(valise, courrier)* hinauftragen; *(tente)* aufschlagen; *(bijou)* fassen; *(échafaudage, étagère)* aufstellen; (*COUTURE*: *manches, col)* annähen; *(film)* schneiden; *(fig: pièce de théâtre)* aufführen; *(: affaire)* veranstalten; **se ~ à** *(frais)* sich belaufen auf (+*akk*); ~ **sur** *ou* **à un arbre/une échelle** auf einen Baum/eine Leiter steigen; ~ **à cheval** reiten; ~ **à bicyclette** Fahrrad fahren; ~ **à bord** an Bord gehen.
monteur, euse [mɔ̃tœʀ, øz] *nm/f* (*TECH*) Monteur *m;* (*FILM*) Cutter(in *f*) *m.*
monticule [mɔ̃tikyl] *nm* Hügel *m; (tas)* Haufen *m.*
montre [mɔ̃tʀ(ə)] *nf* Uhr *f;* **faire ~ de qch** *(exhiber)* etw zur Schau tragen; *(faire preuve de)* etw unter Beweis stellen.
montrer [mɔ̃tʀe] *vt* zeigen; ~ **qch à qn** jdm etw zeigen; **se ~** *vi (paraître)* erscheinen; **se ~ habile/à la hauteur de** sich geschickt/

gewachsen (+*dat)* zeigen.
montreur, euse [mɔ̃tʀœʀ, øz] *nm/f:* ~ **de marionnettes** Marionettenspieler(in *f*) *m.*
monture [mɔ̃tyʀ] *nf (animal)* Reittier *nt; (d'une bague)* Fassung *f; (de lunettes)* Gestell *nt.*
monument [mɔnymɑ̃] *nm* Monument *nt; (pour commémorer)* Denkmal *nt;* ~ **aux morts** Kriegerdenkmal.
moquer [mɔke] **se** ~ **de** *vt (railler)* sich lustig machen über (+*akk*); *(se désintéresser de)* sich nicht kümmern um; *(tromper)* auf den Arm nehmen (+*akk*).
moquette [mɔkɛt] *nf* Teppichboden *m.*
moqueur, euse [mɔkœʀ, øz] *a* spöttisch.
moral, e, aux [mɔʀal, o] *a* moralisch; *(force, douleur)* seelisch // *nm (état d'esprit)* Stimmung *f* // *nf* Moral *f;* **au** ~ seelisch; **avoir le** ~ **à zéro** überhaupt nicht in Stimmung sein; **faire la** ~**e à qn** jdm eine Strafpredigt halten.
moraliste [mɔʀalist(ə)] *nm/f (auteur)* Moralist(in *f*) *m; (moralisateur)* Moralprediger(in *f*) *m.*
moralité [mɔʀalite] *nf* Moral *f.*
morceau, x [mɔʀso] *nm* Stück *nt;* **couper/déchirer/mettre en** ~**x** in Stücke schneiden/reißen/teilen.
morceler [mɔʀsəle] *vt* aufteilen.
mordant, e [mɔʀdɑ̃, ɑ̃t] *a (article, écrivain, ironie)* ätzend; *(froid)* beißend.
mordiller [mɔʀdije] *vt* knabbern an (+*dat*).
mordre [mɔʀdʀ(ə)] *vt* beißen; *(sujet: insecte)* stechen; *(: lime, ancre, vis)* fassen; *(: soleil)* stechen; *(: froid)* beißen // *vi (poisson)* anbeißen; ~ **dans** *(gâteau)* beißen in (+*akk*); ~ **sur** *(marge)* übertreten; ~ **à** *(appât)* anbeißen an (+*dat*); *(fig)* Geschmack finden an (+*dat*).
mordu, e [mɔʀdy] *nm/f:* **un** ~ **de** ein Fan *m* von.
morfondre [mɔʀfɔ̃dʀ(ə)]: **se** ~ *vi* sich zu Tode langweilen.
morgue [mɔʀg(ə)] *nf (arrogance)* Dünkel *m; (lieu)* Leichenschauhaus *nt.*
morille [mɔʀij] *nf* Morchel *f.*
morne [mɔʀn(ə)] *a* trübsinnig.
morose [mɔʀoz] *a* mürrisch.
morphine [mɔʀfin] *nf* Morphium *nt.*
mors [mɔʀ] *nm* Gebiß *nt.*
morse [mɔʀs(ə)] *nm* (*ZOOL*) Walroß *nt;* (*TEL*) Morsealphabet *nt;* Morsen *nt.*
morsure [mɔʀsyʀ] *nf* Biß *m; (d'insecte)* Stich *m.*
mort, e [mɔʀ, mɔʀt(ə)] *a* tot // *nm/f (dépouille mortelle)* Leiche *f; (victime)* Tot(e)r *mf* // *nf* Tod *m; (fig: fin)* Untergang *m* // *nm* (*CARTES*) Strohmann *m;* **à la** ~ **de qn** bei jds Tod; **à la vie, à la** ~ für ewig; ~ **ou vif** tot oder lebendig; **être** ~ **de peur** sich zu Tode ängstigen; ~ **de fatigue** todmüde; **faire le** ~ sich tot stellen; ~**apparente** Scheintod *m;* ~ **clinique** klinischer Tod *m.*
mortalité [mɔʀtalite] *nf* Sterblichkeit *f,* Sterblichkeitsziffer *f.*
mortel, elle [mɔʀtɛl] *a* tödlich; *(personne)* sterblich.
morte-saison [mɔʀtəsɛzɔ̃] *nf* Sauregurkenzeit *f.*
mortier [mɔʀtje] *nm (mélange)* Mörtel *m; (récipient, canon)* Mörser *m.*
mortifier [mɔʀtifje] *vt* zutiefst treffen.
mort-né, e [mɔʀne] *a* totgeboren.
mortuaire [mɔʀtɥɛʀ] *a* Toten-; **cérémonie** ~ Totenfeier *f;* **drap** ~ Leichentuch *nt.*
morue [mɔʀy] *nf* (*ZOOL*) Kabeljau *m.*
mosaïque [mɔzaik] *nf* Mosaik *nt.*
mosquée [mɔske] *nf* Moschee *f.*
mot [mo] *nm* Wort *nt; (message):* **mettre** *ou* **écrire/recevoir un** ~ ein paar Zeilen schreiben/erhalten; **bon** ~ geistreiches Wort; ~ **de la fin** Schlußwort; **(au)** ~ **à** ~ *(traduire)* wortwörtlich; **au bas** ~ mindestens; **sur/à ces** ~**s** mit/bei diesen Worten; **en un** ~ mit einem Wort; ~ **pour** ~ wortgetreu; **avoir le dernier** ~ das letzte Wort haben; **prendre qn au** ~ jdn beim Wort

nehmen; ~**s croisés** Kreuzworträtsel *nt*.
motard [mɔtaʀ] *nm (fam)* Motorradpolizist *m*.
motel [mɔtɛl] *nm* Motel *nt*.
moteur, trice [mɔtœʀ] *a (force, roue)* treibend; *(nerf)* motorisch // *nm* Motor *m*; ~ **à explosion** Verbrennungsmotor *m*; ~ **à deux/quatre temps** Zweitakter-/Viertaktermotor *m*; **à** ~ Motor-.
motif [mɔtif] *nm* Motiv *nt*; ~**s** *mnpl (JUR)* Begründung *f*; **sans** ~ grundlos.
motion [mosjɔ̃] *nf* Antrag *m*; ~ **de censure** Mißtrauensantrag *m*.
motivé, e [mɔtive] *a (personne)* motiviert.
motiver [mɔtive] *vt (suj: personne)* motivieren; *(: chose)* begründen.
moto [mɔto] *nf* Motorrad *nt*.
moto-cross [mɔtɔkʀɔs] *nm* Moto-Cross *nt*.
motocycliste [mɔtɔsiklist(ə)] *nm/f* Motorradfahrer(in *f*) *m*.
motoneige [mɔtɔnɛʒ] *nf* Motorbob *m*.
motorisé, e [mɔtɔʀize] *a* motorisiert.
motte [mɔt] *nf* Klumpen *m*.
mou (mol), molle, moux [mu, mɔl] *a* weich; *(bruit)* schwach; *(fig: geste, personne)* lässig, schlaff *(pej)*; *(: résistance)* schwach // *nm (homme faible)* Schwächling *m*, Weichling *m*; *(abats)* Lunge *f*; **avoir/donner au** ~ erschlaffen/locker lassen; **avoir les jambes molles** weiche Knie haben; **chapeau** ~ Schlapphut *m*.
mouchard, e [muʃaʀ] *nm/f* Spitzel *m* // *nm (appareil)* Kontrollapparat *m*.
mouche [muʃ] *nf (ZOOL)* Fliege *f*.
moucher [muʃe] *vt (nez, personne)* schneuzen, putzen; *(chandelle)* ausmachen; **se** ~ *vi* sich *(dat)* die Nase putzen, sich schneuzen.
moucheron [muʃʀɔ̃] *nm* Mücke *f*.
moucheté, e [muʃte] *a* gesprenkelt, gescheckt.
mouchoir [muʃwaʀ] *nm* Taschentuch *nt*.
moudre [mudʀ(ə)] *vt* mahlen.
moue [mu] *nf*: **faire la** ~ einen Flunsch ziehen.
mouette [mwɛt] *nf* Möwe *f*.
moufle [mufl(ə)] *nf (gant)* Fausthandschuh *m*.
mouillage [mujaʒ] *nm (NAVIG)* Liegeplatz *m*.
mouiller [muje] *vt* naß machen, anfeuchten; *(CULIN: ragoût)* verdünnen, Wasser *o* Wein zugeben zu *(+dat)*; *(: couper)* verdünnen; *(NAVIG: mine)* legen; *(: ancre)* lassen // *vi* ankern.
moule [mul] *nf* Muschel *f* // *nm* Form *f*.
mouler [mule] *vt* formen; ~ **qch sur qch** *(fig)* etw nach dem Vorbild von etw machen.
moulin [mulɛ̃] *nm* Mühle *f*; ~ **à café/à poivre** Kaffee-/Pfeffermühle; ~ **à légumes** Gemüsezerkleinerer *m*; ~ **à vent** Windmühle *f*.
moulinet [mulinɛ] *nm* Rolle *f*; *(mouvement)*: **faire des** ~**s avec qch** etw herumwirbeln.
moulinette [mulinɛt] *nf* Gemüsezerkleinerer *m*.
moulu, e [muly] *pp de* **moudre.**
moulure [mulyʀ] *nf* Stuckverzierung *f*.
mourant, e [muʀɑ̃, ɑ̃t] *a* sterbend; *(son)* ersterbend.
mourir [muʀiʀ] *vi* sterben; *(civilisation)* untergehen; *(flamme)* erlöschen; ~ **de froid** erfrieren; ~ **de faim** verhungern; *(fig)* fast verhungern; ~ **d'ennui** sich zu Tode langweilen; ~ **d'envie de faire qch** darauf brennen, etw zu tun.
mousqueton [muskətɔ̃] *nm (fusil)* Karabiner *m*; *(anneau)* Karabinerhaken *m*.
mousse [mus] *nf* Schaum *m*; *(BOT)* Moos *nt*; *(dessert)* Creme *f*; *(pâté)*: ~ **de foie gras** Leberpastete *f* // *nm* Schiffsjunge *m*; ~ **carbonique** *nf* Feuerlöschschaum *m*.
mousseline [muslin] *nf* Musselin *m*.
mousser [muse] *vi* schäumen.
mousseux, euse [musø, øz] *a* schaumig // *nm* Schaumwein *m*.

mousson [musɔ̃] *nf* Monsun *m.*
moustache [mustaʃ] *nf* Schnurrbart *m.*
moustiquaire [mustikɛʀ] *nf (rideau)* Moskitonetz *nt; (châssis)* Fliegenfenster *nt ou* -gitter *nt.*
moustique [mustik] *nm* Stechmücke *f;* Moskito *m.*
moutarde [mutaʀd(ə)] *nf* Senf *m.*
mouton [mutɔ̃] *nm* Schaf *nt; (cuir)* Schafsleder *nt; (fourrure)* Schaffell *nt; (viande)* Schaf- *ou* Hammelfleisch *nt.*
mouvant, e [muvɑ̃, ɑ̃t] *a (terrain)* nachgiebig.
mouvement [muvmɑ̃] *nm (déplacement, activité)* Bewegung *f; (trafic) Betrieb m; (d'une phrase, d'un récit)* Lebendigkeit *f;* (*MUS: rythme)* Tempo *nt; (: partie)* Satz *m; (ligne courbe: d'un terrain, sol)* Unebenheit *f; (mécanisme)* Mechanismus *m; (de montre)* Uhrwerk *nt; (fig: impulsion):* ~ **de colère** Wutausbruch *m; (variation)* Schwankung *f,* Bewegung *f;* **en** ~ in Bewegung.
mouvementé, e [muvmɑ̃te] *a (terrain)* uneben; *(récit)* lebhaft; *(agité)* turbulent.
mouvoir [muvwaʀ] *vt* bewegen; *(fig: personne)* antreiben, animieren // **se** ~ *vi* sich bewegen.
moyen, enne [mwajɛ̃, ɛn] *a (taille, température, classe)* mittlere(r,s); *(lecteur, spectateur)* Durchschnitts-; *(passable)* durchschnittlich // *nm (procédé, façon)* Mittel *nt* // *nf* Durchschnitt *m;* ~**s** *nmpl (intellectuels, physiques)* Fähigkeiten *pl; (pécuniaires)* Mittel *pl;* **au** ~ **de** mit Hilfe von; **en** ~**ne** durchschnittlich; **faire la** ~**ne** den Durchschnitt errechnen; ~**ne d'âge** Durchschnittsalter *nt;* **par tous les** ~**s** auf Biegen und Brechen; **par ses propres** ~**s** allein, selbst; ~ **de transport** Transportmittel *nt;* ~**âge** Mittelalter *nt;* ~ **terme** Mittelweg *m,* Kompromiß *m.*
moyen-courrier [mwajɛ̃kuʀje] *nm* Mittelstreckenflugzeug *nt.*
moyennant [mwajɛnɑ̃] *prep (prix)* für; *(travail, effort)* durch.
moyeu, x [mwajø] *nm* Radnabe *f.*
mû, e [my] *pp de* **mouvoir.**
muer [mɥe] *vi (serpent)* sich häuten; *(oiseau)* sich mausern; *(voix, garçon)* im Stimmbruch sein; **se** ~ **en** sich verwandeln in (+*akk*).
muet, ette [mɥɛ, ɛt] *a* stumm; ~ **d'admiration/d'étonnement** sprachlos vor Bewunderung/Staunen; *(carte, médaille)* leer // *nm/f* Stumme(r) *mf* // *nm:* **le** ~ (*FILM*) der Stummfilm.
mufle [myfl(ə)] *nm* Maul *nt; (fam: goujat)* Flegel *m.*
mugir [myʒiʀ] *vi* brüllen; *(fig: vent, sirène)* heulen.
muguet [mygɛ] *nm* (*BOT*) Maiglöckchen *nt.*
mulâtre, tresse [mylɑtʀ(ə), ɛs] *nm/f* Mulatte *m,* Mulattin *f.*
mule [myl] *nf* (*ZOOL*) Mauleselin *f; (pantoufle)* Pantoffel *m.*
mulet [mylɛ] *nm* Maulesel *m; (poisson)* Meerbarbe *f.*
multicolore [myltikɔlɔʀ] *a* bunt.
multinational, e, aux [myltinasjɔnal, o] *a* multinational.
multiple [myltipl(ə)] *a* vielfältig; *(nombre)* vielfach, mehrfach // *nm* Vielfache(s) *nt.*
multiplication [myltiplikɑsjɔ̃] *nf (augmentation)* Zunahme *f,* Vermehrung *f;* (*MATH*) Multiplikation *f.*
multiplicité [myltiplisite] *nf* Vielfalt *f.*
multiplier [myltiplije] *vt* vermehren; *(exemplaires)* vervielfältigen; (*MATH*) multiplizieren // **se** ~ *vi (ouvrages, accidents)* zunehmen; *(êtres vivants, partis)* sich vermehren.
multitude [myltityd] *nf* Menge *f.*
Munich [munik] *n* München *nt.*
municipal, e, aux [mynisipal, o] *a* Stadt-, Gemeinde-.
municipalité [mynisipalite] *nf (corps municipal)* Gemeinderat *m; (commune)* Gemeinde *f.*
munir [myniʀ] *vt:* ~ **qn/qch de** jdn/etw ausstatten *ou* versehen mit.
munition [mynisjɔ̃]: ~**s** *nfpl* Munition *f.*

muqueuse [mykøz] *nf* Schleimhaut *f.*
mur [myʀ] *nm* Mauer *f; (à l'intérieur)* Wand *f;* ~ **du son** Schallmauer *f.*
mûr, e [myʀ] *a* reif // *nf (du mûrier)* Maulbeere *f; (de la ronce)* Brombeere *f.*
muraille [myʀɑj] *nf* Mauerwerk *nt; (fortification)* Stadt-/Festungsmauer *f.*
mural, e, aux [myʀal, o] *a* Mauer-, Wand-.
murène [myʀɛn] *nf* Muräne *f.*
murer [myʀe] *vt (enclos)* ummauern; *(issue)* zumauern; *(personne)* einmauern.
muret [myʀɛ] *nm* Mäuerchen *nt.*
mûrir [myʀiʀ] *vi* reifen // *vt* reifen lassen.
murmure [myʀmyʀ] *nm (d'un ruisseau)* Plätschern *nt;* ~ **d'approbation/d'admiration** beifälliges/bewunderndes Murmeln *nt;* ~ **de protestion** Protestgemurmel *nt;* ~**s** *nmpl* Murren *nt;* **sans** ~ ohne Murren.
murmurer [myʀmyʀe] *vi (chuchoter)* murmeln; *(se plaindre)* murren; *(ruisseau, arbre)* plätschern.
musaraigne [myzaʀɛɲ] *nf* Spitzmaus *f.*
musc [mysk] *nm* Moschus *m.*
muscade [myskad] *nf* Muskat *m;* **noix** ~ Muskatnuß *f.*
muscat [myska] *nm (raisin)* Muskatellertraube *f; (vin)* Muskateller(wein) *m.*
muscle [myskl(ə)] *nm* Muskel *m.*
musclé, e [myskle] *a* muskulös.
museau, x [myzo] *nm (d'un animal)* Schnauze *f.*
musée [myze] *nm* Museum *nt.*
museler [myzle] *vt (animal)* einen Maulkorb anlegen (+*dat*); *(fig: opposition, presse)* mundtot machen.
muselière [myzəljɛʀ] *nf* Maulkorb *m.*
musette [myzɛt] *nf (sac)* Proviantbeutel *m* // *a inv (orchestre etc)* Akkordeon-.
musical, e, aux [myzikal, o] *a* musikalisch, Musik-; *(voix)* klangvoll.
musicien, enne [myzisjɛ̃, jɛn] *nm/f* Musiker(in *f*) *m* // *a* musikalisch.
musique [myzik] *nf* Musik *f; (notation écrite)* Noten *pl; (d'une phrase)* Melodie *f;* ~ **de chambre** Kammermusik *f;* ~ **de film/militaire** Film-/Militärmusik *f.*
musulman, e [myzylmɑ̃, an] *a* mohamedanisch // *nm/f* Mohamedaner(in *f*) *m.*
mutation [mytɑsjɔ̃] *nf (d'un fonctionnaire)* Versetzung *f.*
mutilation [mytilɑsjɔ̃] *nf* Verstümmelung *f.*
mutilé, e [mytile] *a* verstümmelt // *nm/f* Krüppel *m;* ~ **de guerre/du travail** Kriegs-/Berufsbeschädigte(r) *mf;* **grand** ~ Schwerbeschädigte(r) *mf.*
mutiler [mytile] *vt* verstümmeln.
mutin, e [mytɛ̃, in] *a* verschmitzt // *nm/f* Meuterer *m.*
mutinerie [mytinʀi] *nf* Meuterei *f.*
mutisme [mytism(ə)] *nm* Stummheit *f.*
mutuel, elle [mytɥɛl] *a* gegenseitig // *nf* Versicherungsverein *m* auf Gegenseitigkeit.
myope [mjɔp] *a* kurzsichtig // *nm/f* Kurzsichtige(r) *mf.*
myopie [mjɔpi] *nf* Kurzsichtigkeit *f.*
myosotis [mjozɔtis] *nm* Vergißmeinnicht *nt.*
myrtille [miʀtij] *nf* Heidelbeere *f.*
mystère [mistɛʀ] *nm* Geheimnis *nt; (énigme)* Rätsel *nt.*
mystérieux, euse [misteʀjø, øz] *a* geheimnisvoll; *(inexplicable)* rätselhaft; *(secret)* geheim.
mysticisme [mistisism(ə)] *nm* Mystik *f.*
mystifier [mistifje] *vt* täuschen, narren, irreführen.
mystique [mistik] *a* mystisch // *nm/f* Mystiker(in *f*) *m.*
mythe [mit] *nm* Mythos *m; (légende)* Sage *f.*
mythique [mitik] *a* mythisch.
mythologie [mitɔlɔʒi] *nf* Mythologie *f.*
mythologique [mitɔlɔʒik] *a* mythologisch.

N

n' [n] *ad voir* **ne.**
nabot [nabo] *nm* Knirps *m.*
nacelle [nasɛl] *nf (de ballon)* Korb *m.*
nacre [nakʀ(ə)] *nf* Perlmutt *nt.*
nacré, e [nakʀe] *a* perlmutterfarben, schimmernd.
nage [naʒ] *nf (action)* Schwimmen *nt; (style)* Schwimmstil *m;* **traverser à la** ~ durchschwimmen; **s'éloigner à la** ~ wegschwimmen; ~ **libre/papillon** Frei-/Schmetterlingstil *m;* **en** ~ schweißgebadet.
nageoire [naʒwaʀ] *nf* Flosse *f.*
nager [naʒe] *vi* schwimmen.
nageur, euse [naʒœʀ, øz] *nm/f* Schwimmer(in *f*) *m.*
naguère [nagɛʀ] *ad* unlängst, vor kurzem.
naïf, -ïve [naif, naiv] *a* naiv.
nain, e [nɛ̃, nɛn] *nm/f* Zwerg(in *f*) *m.*
naissance [nɛsɑ̃s] *nf* Geburt *f; (fig)* Entstehung *f;* **donner** ~ **à** gebären; *(fig)* entstehen lassen.
naître [nɛtʀ(ə)] *vi* geboren werden; *(fig)* entstehen; ~ **de** geboren werden von, entstehen aus; **il est né en 1960** er ist 1960 geboren; **faire** ~ erwecken.
naïveté [naivte] *nf* Naivität *f.*
nantir [nɑ̃tiʀ] *vt:* ~ **qn de** jdn versehen *ou* ausstatten mit; **les nantis** die Wohlhabenden *pl.*
nappe [nap] *nf* Tischdecke *f;* ~ **d'eau** große Wasserfläche *f.*
napperon [napʀɔ̃] *nm* Untersetzer *m.*
naquîmes, naquit *etc voir* **naître.**
narcissisme [naʀsisism(ə)] *nm* Narzißmus *m.*
narcotique [naʀkɔtik] *nm* Betäubungsmittel *nt.*
narguer [naʀge] *vt* verspotten.
narine [naʀin] *nf* Nasenloch *nt.*
narquois, e [naʀkwa, waz] *a* spöttisch.
narrateur, trice [naʀatœʀ, tʀis] *nm/f* Erzähler(in *f*) *m.*
narration [naʀɑsjɔ̃] *nf* Erzählung *f.*
naseau, x [nazo] *nm* Nüster *f.*
natal, e [natal] *a:* **mon pays** ~ mein Heimatland *nt;* **ma ville** ~ meine Heimatstadt *f.*
natalité [natalite] *nf* Geburtsrate *f.*
natation [natɑsjɔ̃] *nf* Schwimmen *nt;* **faire de la** ~ Schwimmsport *m* betreiben.
natif, ive [natif, iv] *a (originaire):* ~ **de Paris** gebürtiger Pariser.
nation [nɑsjɔ̃] *nf* Nation *f,* Volk *nt.*
national, e, aux [nasjɔnal, o] *a* national // *nf:* **(route)** ~ Bundesstraße *f.*
nationalisation [nasjɔnalizɑsjɔ̃] *nf* Verstaatlichung *f.*
nationaliser [nasjɔnalize] *vt* verstaatlichen.
nationalisme [nasjɔnalism(ə)] *nm* Nationalismus *m.*
nationaliste [nasjɔnalist(ə)] *nm/f* Nationalist(in *f*) *m.*
nationalité [nasjɔnalite] *nf* Nationalität *f;* **il est de** ~ **française** er ist französischer Staatsbürger.
natte [nat] *nf (tapis)* Matte *f; (cheveux)* Zopf *m.*
naturaliser [natyʀalize] *vt* naturalisieren, einbürgern.
naturaliste [natyʀalist(ə)] *nm/f* Naturkundler(in *f*) *m.*
nature [natyʀ] *nf* Natur *f; (d'un terrain)* Beschaffenheit *f* // *a, ad (CULIN)* natur *inv (postposé);* **payer en** ~ in Naturalien zahlen; ~ **morte** *nf* Stilleben *nt.*
naturel, le [natyʀɛl] *a* natürlich; *(phénomène, sciences)* Natur-; *(inné)* angeboren // *nm (caractère)* Art *f; (aisance)* Natürlichkeit *f;*
naturellement *ad* natürlich.
naturiste [natyʀist(ə)] *nm/f* FKK-Anhänger(in *f*) *m.*
naufrage [nofʀaʒ] *nm* Schiffbruch *m;* **faire** ~ Schiffbruch erleiden.
naufragé, e [nofʀaʒe] *a* schiffbrüchig // *nm/f* Schiffbrüchige(r) *mf.*
nauséabond, e [nozeabɔ̃, ɔ̃d] *a* widerlich.
nausée [noze] *nf* Übelkeit *f; (fig)* Ekel *m;* **j'ai la** ~ es ist mir schlecht.
nautique [notik] *a* nautisch.
nautisme [notism(ə)] *nm* Wasser-

sport *m.*
navet [navɛ] *nm* (*BOT*) (Steck)rübe *f.*
navette [navɛt] *nf* (*objet*) (Weber)schiffchen *nt;* (*transport*) Pendelverkehr *m;* **faire la ~** pendeln.
navigable [navigabl(ə)] *a* schiffbar.
navigateur [navigatœʀ] *nm* (*AVIAT*) Navigator *m;* (*NAVIG*) Seefahrer *m.*
navigation [navigɑsjɔ̃] *nf* Schiffahrt *f.*
naviguer [navige] *vi* fahren.
navire [naviʀ] *nm* Schiff *nt.*
navrer [navʀe] *vt* betrüben; **je suis navré** es tut mir leid; **c'est navrant** es ist bedauerlich.
ne, n' [n(ə)] *ad* nicht; *(explétif) ne se traduit pas.*
né, e [ne] *a:* **~ en 1960** 1960 geboren; **~e Dupont** gebürtige Dupont; **un comédien ~** der geborene Komiker.
néanmoins [neɑ̃mwɛ̃] *ad* trotzdem, dennoch.
néant [neɑ̃] *nm* Nichts *nt;* **réduire à ~** zerstören.
nébuleux, euse [nebylø, øz] *a* nebelig.
nécessaire [nesesɛʀ] *a* notwendig; *(indispensable)* unersätzlich; *(effet)* unvermeidlich // *nm:* **~ de toilette** Kulturbeutel *m;* **~ de couture** Nähtäschchen *nt;* **faire le ~** das Notwendige tun; **n'emporter que le strict ~** nur das Notwendigste mitbringen.
nécessité [nesesite] *nf* Notwendigkeit *f;* *(besoin)* Bedürfnis *nt;* **se trouver dans la ~ de faire qch** sich gezwungen sehen, etw zu tun; **par ~** notgedrungen(erweise).
nécessiter [nesesite] *vt* erfordern.
nécessiteux, euse [nesesitø, øz] *a* bedürftig.
néerlandais, e [neɛʀlɑ̃dɛ, ɛz] *a* niederländisch.
nef [nɛf] *nf* Kirchenschiff *nt.*
néfaste [nefast(ə)] *a* unglückselig; *(influence)* schlecht.
négatif, ive [negatif, iv] *a* negativ // *nm* (*PHOT*) Negativ *nt;* **répondre par la négative** mit Nein antworten.
négligé, e [negliʒe] *a (en désordre)* schlampig // *nm (déshabillé)* Negligé *nt.*
négligeable [negliʒabl(ə)] *a* minimal.
négligent, e [negliʒɑ̃, ɑ̃t] *a* nachlässig.
négliger [negliʒe] *vt* vernachlässigen; *(ne pas tenir compte)* nicht beachten; **~ de faire qch** versäumen, etw zu tun.
négoce [negɔs] *nm* Handel *m.*
négociable [negɔsjabl(ə)] *a* übertragbar.
négociant, e [negɔsjɑ̃, ɑ̃t] *nm* Händler(in *f*) *m.*
négociateur, trice [negɔsjatœʀ, tʀis] *nm/f* Unterhändler(in *f*) *m.*
négociation [negɔsjɑsjɔ̃] *nf* Verhandlung *f.*
négocier [negɔsje] *vt* aushandeln; *(virage)* nehmen // *vi* (*POL*) verhandeln.
nègre [nɛgʀ(ə)] *nm (pej)* Neger *m;* *(écrivain)* Schreiberling *m.*
négresse [negʀɛs] *nf (pej)* Negerin *f.*
neige [nɛʒ] *nf* Schnee *m;* **~ carbonique** Trockenschnee *m;* **battre les œufs en ~** Eiweiß zu Schnee schlagen.
neiger [neʒe] *vb impersonnel:* **il neige** es schneit.
nénuphar [nenyfaʀ] *nm* Seerose *f.*
néon [neɔ̃] *nm* Neon *nt.*
néphrite [nefʀit] *nf* Nierenentzündung *f.*
nerf [nɛʀ] *nm* Nerv *m;* *(vigueur)* Elan *m,* Schwung *m.*
nerveux, euse [nɛʀvø, øz] *a* nervös; (*MED*) Nerven-; *(cheval, voiture)* sensibel; *(tendineux)* sehnig.
nervosité [nɛʀvozite] *nf* Nervosität *f.*
nervure [nɛʀvyʀ] *nf (de feuille)* Ader *f;* (*ARCHIT, TECH*) Rippe *f.*
n'est-ce pas [nɛspɑ] *ad* nicht wahr?
net, nette [nɛt] *a* deutlich; *(propre)* sauber, rein; *(sans équivoque)* eindeutig; (*COMM*) Netto- // *ad (refuser)* glatt; *(s'arrêter)* plötzlich, sofort // *nm:* **mettre au ~** ins reine

schreiben; **netteté** *nf* Klarheit *f.*
nettoyage [nɛtwajaʒ] *nm* Reinigung *f,* Säuberung *f;* ~ **à sec** chemische Reinigung.
nettoyer [nɛtwaje] *vt* reinigen, säubern.
neuf [nœf] *num* neun.
neuf, neuve [nœf, nœv] *a* neu; *(original)* neuartig // *nm:* **repeindre à~** neu streichen; **remettre à ~** renovieren; **quoi de ~?** was gibt's Neues?
neutre [nøtʀ(ə)] *a* neutral; (*LING*) sächlich // *nm (LING)* Neutrum *nt.*
neuvième [nœvjɛm] *a* neunte(r,s) // *nm* Neuntel *nt.*
neveu, x [n(ə)vø] *nm* Neffe *m.*
névralgie [nevʀalʒi] *nf* Neuralgie *f.*
névrite [nevʀit] *nf* Nervenentzündung *f.*
névrose [nevʀoz] *nf* Neurose *f.*
névrosé, e [nevʀoze] *a* neurotisch.
nez [ne] *nm* Nase *f;* **rire au ~ de qn** jdm ins Gesicht lachen; ~ **à** ~ **avec** gegenüber (+*dat).*
ni [ni] *conj:* ~ **l'un** ~ **l'autre ne sont...** weder der eine noch der andere ist...; **il n'a rien dit ~ fait** er hat weder etwas gesagt, noch etwas getan.
niais, e [njɛ, ɛz] *a* dümmlich.
niche [niʃ] *nf (de chien)* (Hunde)hütte *f; (dans mur)* Nische *f.*
nicher [niʃe] *vi (Vogel)* brüten.
nickel [nikɛl] *nm* Nickel *nt.*
nicotine [nikɔtin] *nf* Nikotin *nt.*
nid [ni] *nm* Nest *nt;* ~ **de poule** Schlagloch *nt.*
nièce [njɛs] *nf* Nichte *f.*
nier [nje] *vt* leugnen.
nigaud, e [nigo, od] *nm/f* Dummkopf *m.*
n'importe [nɛ̃pɔʀt(ə)] *a* irgend-; ~ **qui** irgendwer; ~ **quoi** irgend etwas.
niveau, x [nivo] *nm* Niveau *nt; (hauteur)* Höhe *f;* **au ~ de** auf gleicher Höhe mit; **de ~ (avec)** gleich hoch (wie); **le ~ de la mer** die Meereshöhe; ~ **de vie** Lebensstandard *m.*
niveler [nivle] *vt* einebnen; *(fig)* angleichen.
n° *abr de* **numéro.**
noble [nɔbl(ə)] *a* edel, nobel // *nm/f* Adlige(r) *mf.*
noblesse [nɔblɛs] *nf* Adel *m; (d'une action)* Großmütigkeit *f.*
noce [nɔs] *nf:* **les ~s** die Hochzeit *f;* **en secondes ~s** in zweiter Ehe; **~s d'or/d'argent** goldene Hochzeit/ Silberhochzeit *f; (fam):* **faire la ~** (wild) feiern.
nocif, ive [nɔsif, iv] *a* schädlich.
nocturne [nɔktyʀn(ə)] *a* nächtlich.
Noël [nɔɛl] *nm* Weihnachten *nt.*
nœud [nø] *nm* Knoten *m; (d'une question)* Kernpunkt *m.*
noir, e [nwaʀ] *a* schwarz; *(sombre)* dunkel // *nf (MUS)* Viertelnote *f* // *nm/f (race)* Schwarze(r) *mf;* **dans le ~** im dunkeln.
noirceur [nwaʀsœʀ] *nf* Dunkelheit *f;* Schwärze *f;* **noircir** *vt* schwärzen.
noisette [nwazɛt] *nf* Haselnuß *f* // *a (yeux)* nußbraun.
noix [nwa] *nf* Walnuß *f;* **une ~ de beurre** ein kleines Stück Butter; **à la ~** *(fam)* wertlos; ~ **de cajou** Cashewnuß *f;* ~ **de coco** Kokosnuß *f;* ~ **muscade** Muskatnuß *f;* ~ **de veau** Kalbsnuß *f.*
nom [nɔ̃] *nm* Name *m; (LING)* Substantiv *nt;* **au ~ de** im Namen von (+*dat);* ~ **de famille** Familienname *m;* ~ **de jeune fille** Mädchenname *m;* ~ **d'une pipe** *ou* **d'un chien** *(fam)* verflucht!, Mensch!
nomade [nɔmad] *a* nomadisch // *nm/f* Nomade *m,* Nomadin *f.*
nombre [nɔ̃bʀ(ə)] *nm* Zahl *f; (LING)* Numerus *m;* **le ~ considérable de gens qui...** die beträchtliche Anzahl von Menschen, die...; ~ **d'années/ de gens** viele Jahre/Leute; **ils sont au ~ de 3** sie sind zu dritt; **au ~ de mes amis** unter meinen Freunden; **sans ~** zahllos.
nombreux, euse [nɔ̃bʀø, øz] *a (avec pl)* viele; *(avec sg)* groß, riesig; **peu ~** wenig(e).
nombril [nɔ̃bʀi] *nm* Nabel *m.*
nominatif [nɔminatif] *nm* Nominativ *m.*

nomination [nɔminɑsjɔ̃] *nf* Ernennung *f*.
nommer [nɔme] *vt* nennen, benennen; *(qualifier)* bezeichnen; *(élire)* ernennen; **se** ~ *vi*: **il se nomme Jean** er heißt Jean.
non [nɔ̃] *ad* nicht; *(réponse)* nein // *pref* nicht // *nm* Nein *nt*; **moi** ~ **plus** ich auch nicht.
non-alcoolisé, e [nɔnalkɔlize] *a* alkoholfrei.
non-fumeur [nɔ̃fymœʀ] *nm* Nichtraucher *m*.
non-lieu [nɔ̃ljø] *nm* Einstellung *f*; **il y a eu** ~ das Verfahren ist eingestellt worden.
non-sens [nɔ̃sɑ̃s] *nm* Nonsens *m*.
nord [nɔʀ] *nm* Norden *m* // *a* nördlich, Nord-; **au** ~ **de** nördlich von *(+dat)*; ~ **-africain, e** *a* nordafrikanisch; **N**~**, e** *nm/f* Nordafrikaner(in *f*) *m*.
nord-est [nɔʀɛst] *nm* Nordosten *m*.
nordique [nɔʀdik] *a* nordisch.
nord-ouest [nɔʀwɛst] *nm* Nordwesten *m*.
normal, e, aux [nɔʀmal, o] *a* normal // *nf*: **la** ~**e** die Norm; ~**ement** *ad* normalerweise.
norme [nɔʀm(ə)] *nf* Norm *f*.
Norvège [nɔʀvɛʒ] *nf*: **la** ~ Norwegen *nt*.
norvégien, ne [nɔʀveʒjɛ̃, jɛn] *a* norwegisch; **N**~**, ne** *nm/f* Norweger(in *f*) *m*.
nos [no] *dét voir* **notre.**
nostalgie [nɔstalʒi] *nf* Nostalgie *f*.
notable [nɔtabl(ə)] *a* bedeutend; *(sensible)* beachtlich // *nm* Prominente(r) *m*.
notaire [nɔtɛʀ] *nm* Notar *m*.
notamment [nɔtamɑ̃] *ad* besonders.
notation [nɔtɑsjɔ̃] *nf* Zeichen *pl*; *(note)* Notiz *f*; *(SCOL)* Zensierung *f*.
note [nɔt] *nf* Note *f*; *(facture)* Rechnung *f*; *(billet)* Zettel *m*, Notiz *f*; *(annotation)* Erläuterung *f*; **prendre des** ~**s** *(SCOL)* mitschreiben, sich Notizen machen; **prendre** ~ **de qch** sich *(dat)* etw merken; **une** ~ **de gaieté** eine fröhliche Note; ~ **de service** Memorandum *nt*.
noté, e [nɔte] *a*: **être bien/mal** ~ gut/schlecht bewertet werden.
noter [nɔte] *vt* notieren; *(remarquer)* bemerken; *(évaluer)* bewerten; **notez (bien) que...** beachten Sie bitte, daß... .
notice [nɔtis] *nf* Notiz *f*; ~ **explicative** Erläuterung *f*.
notifier [nɔtifje] *vt*: ~ **qch à qn** jdn von etw benachrichtigen.
notion [nosjɔ̃] *nf* Vorstellung *f*, Idee *f*; *(rudiment)*: ~**s** Grundwissen *nt*.
notoire [nɔtwaʀ] *a* bekannt; *(en mal)* notorisch.
notre, nos [nɔtʀ(ə), no] *dét* unser(e), *pl* unsere.
nôtre [notʀ(ə)] *pron*: **le/la** ~ der/die/das unsere; **les** ~**s** *(famille)* die Unsrigen; **soyez des** ~**s** schließen Sie sich uns an!
nouer [nwe] *vt* binden, schnüren; *(alliance, amitié)* schließen.
noueux, euse [nwø, øz] *a* knorrig.
nouilles [nuj] *nfpl* Nudeln *pl*.
nourri, e [nuʀi] *a* *(continu)* anhaltend.
nourrice [nuʀis] *nf* Amme *f*.
nourrir [nuʀiʀ] *vt* *(alimenter)* füttern; *(entretenir)* ernähren; *(espoir, haine)* nähren; **logé, nourri** mit Übernachtung und Verpflegung; **bien/mal nourri** gut genährt/schlecht ernährt; ~ **au sein** stillen; **se** ~ **de légumes** nichts als Gemüse essen.
nourrissant, e [nuʀisɑ̃, ɑ̃t] *a* nahrhaft.
nourriture [nuʀityʀ] *nf* Nahrung *f*.
nous [nu] *pron (sujet)* wir; *(objet)* uns.
nouveau (nouvel), elle, aux [nuvo, ɛl, o] *a* neu // *nm/f (personne)* Neue(r) *mf* // *nm*: **il y a du** ~ es gibt Neues // *nf* Nachricht *f*; *(récit)* Novelle *f*; **de** ~**, à** ~ aufs neue, wieder; **je suis sans nouvelles de lui** ich habe nichts von ihm gehört; **Nouvel An** *nm* Neujahr *nt*; ~ **-né, e** *a* neugeboren // *nm* Neugeborene(s) *nt*; ~ **riche** neureich; ~ **venu, nouvelle venue** *nm/f* Neankömmling *m*; ~**té** *nf* Neuheit *f*.
nouvel *am voir* **nouveau.**
nouvelle *a, nf voir* **nouveau.**

novembre [nɔvɑ̃bʀ(ə)] *nm* November *m.*
novice [nɔvis] *a* unerfahren // *nm/f* Neuling *m.*
noyade [nwajad] *nf* Ertrinken *nt.*
noyau, x [nwajo] *nm* Kern *m.*
noyé, e [nwaje] *nm/f* Ertrunkene(r) *mf.*
noyer [nwaje] *nm* Walnußbaum *m* // *vt* ertränken, ersäufen; *(submerger)* überschwemmen; ~ **son moteur** den Motor absaufen lassen; **se** ~ *vi* ertrinken // *vt* sich ertränken.
nu, e [ny] *a* nackt; *(fig)* leer // *nm* Akt *m;* ~ **-pieds, (les) pieds** ~**s** barfuß; ~ **-tête, (la) tête** ~**e** barhäuptig; **à mains** ~**es** mit bloßen Händen; **à l'œil** ~ mit bloßem Auge; **se mettre** ~ sich ausziehen; **mettre à** ~ entblößen.
nuage [nɥaʒ] *nm* Wolke *f.*
nuageux, euse [nɥaʒø, øz] *a* wolkig.
nuance [nɥɑ̃s] *nf* Nuance *f;* **il y a une** ~ **(entre...)** es gibt einen feinen Unterschied (zwischen +*dat).*
nuancer [nɥɑ̃se] *vt* nuancieren.
nucléaire [nykleɛʀ] *a* nuklear, Kern-.
nudiste [nydist(ə)] *nm/f* Nudist(in *f) m.*
nudité [nydite] *nf* Nacktheit *f,* Blöße *f.*
nuée [nɥe] *nf:* **une** ~ **de** eine Wolke/ ein Schwarm von.
nues [ny] *nfpl:* **tomber des** ~ aus allen Wolken fallen; **porter qn aux** ~ jdn in den Himmel heben.
nuire [nɥiʀ] *vi* schädlich sein; ~ **à qn/qch** jdm/etw *(dat)* schaden.
nuisible [nɥizibl(ə)] *a* schädlich.
nuit [nɥi] *nf* Nacht *f;* **il fait** ~ es ist Nacht; **cette** ~ heute Nacht; **service/vol de** ~ Nachtdienst *m*/-flug *m;* ~ **blanche** schlaflose Nacht; ~ **de noces** Hochzeitsnacht.
nul, nulle [nyl] *a* kein; *(non valable)* ungültig; *(pej)* unnütz; **match** ~ unentschieden // *pron* niemand, keiner; ~**lement** *ad* keineswegs; ~**le part** *ad* nirgendwo.
numéraire [nymeʀɛʀ] *nm* Bargeld *nt.*
numérateur [nymeʀatœʀ] *nm* Zähler *m.*
numération [nymeʀɑsjɔ̃] *nf:* ~ **décimale/binaire** Dezimal-/ Binärsystem *nt.*
numérique [nymeʀik] *a* numerisch.
numéro [nymeʀo] *nm* Nummer *f.*
numéroter [nymeʀɔte] *vt* numerieren.
numismate [nymismat] *nm/f* Münzensammler(in *f) m.*
nuque [nyk] *nf* Nacken *m,* Genick *nt.*
nutritif, ive [nytʀitif, iv] *a* nahrhaft; *(fonction)* Nähr-.
nutrition [nytʀisjɔ̃] *nf* Ernährung *f.*
nylon [nilɔ̃] *nm* Nylon *nt.*
nymphomane [nɛ̃fɔman] *nf* Nymphomanin *f.*

O

oasis [ɔazis] *nf* Oase *f.*
obéir [ɔbeiʀ] *vi:* ~ **(à qn)** (jdm) gehorchen; ~ **à qch** *(: ordre, loi)* eine Sache befolgen; *(: impulsion, loi naturelle)* einer Sache *(dat)* folgen; *(: force)* einer Sache *(dat)* nachgeben.
obéissance [ɔbeisɑ̃s] *nf* Gehorsam *m.*
obéissant, e [ɔbeisɑ̃, ɑ̃t] *a* gehorsam.
obèse [ɔbɛz] *a* fett(leibig).
objecter [ɔbʒɛkte] *vt (prétexter: fatigue)* vorgeben; ~ **qch à** *(: argument)* etw einwenden gegen; *(: personne)* etw entgegenhalten (+*dat).*
objecteur [ɔbʒɛktœʀ] *nm:* ~ **de conscience** Wehrdienstverweigerer *m.*
objectif, ive [ɔbʒɛktif, iv] *a* objektiv // *nm (PHOT)* Objektiv *nt; (MIL, fig)* Ziel *nt;* ~ **grand angulaire/à focale variable** Weitwinkel-/ Zoomobjektiv *nt.*
objection [ɔbʒɛksjɔ̃] *nf* Einwand *m;* Widerspruch *m.*
objectivité [ɔbʒɛktivite] *nf* Objektivität *f.*
objet [ɔbʒɛ] *nm (chose)* Gegenstand *m; (sujet, but)* Objekt *nt;* **être** *ou* **faire l'**~ **de qch** *(discussion, enquête, soins)* Gegenstand einer Sache *(gen)* sein; **sans** ~ nichtig, gegenstandslos; ~**s**

personnels persönliche Dinge *pl;* ~**s de toilette** Toilettenartikel *pl;* ~ **d'art** Kunstgegenstand *m;* **(bureau des)** ~**s trouvés** Fundbüro *nt.*
obligation [ɔbligɑsjɔ̃] *nf* Pflicht *f;* (*COMM*) Obligation *f;* **sans** ~ **d'achat/de votre part** unverbindlich; **être dans l'**~ **de faire qch, avoir l'**~ **de faire qch** verpflichtet sein, etw zu tun.
obligatoire [ɔbligatwaʀ] *a* obligatorisch.
obligé, e [ɔbliʒe] *a* verpflichtet.
obligeant, e [ɔbliʒɑ̃, ɑ̃t] *a* freundlich.
obliger [ɔbliʒe] *vt (contraindre):* ~ **qn à qch** jdn zu etw zwingen; ~ **qn à faire qch** jdn zwingen, etw zu tun; (*JUR: engager*) jdn zu etw verpflichten, jdn verpflichten, etw zu tun; *(rendre service à):* ~ **qn** jdm einen Gefallen tun.
oblique [ɔblik] *a* schief, schräg; **en** ~ *ad* diagonal.
obliquer [ɔblike] *vi:* ~ **à gauche/à droite/vers qch** nach links/rechts/gegen etw abschwenken.
oblitération [ɔbliteʀɑsjɔ̃] *nf (timbre)* Entwerten *nt.*
oblong, gue [ɔblɔ̃, ɔblɔ̃g] *a* länglich.
obscène [ɔpsɛn] *a* obszön.
obscénité [ɔpsenite] *nf* Obszönität *f.*
obscur, e [ɔpskyʀ] *a (sombre)* finster, dunkel; *(raisons, exposé)* obskur; *(sentiment)* dunkel; *(médiocre)* unscheinbar; *(inconnu)* unbekannt, obskur.
obscurcir [ɔpskyʀsiʀ] *vt (assombrir)* verdunkeln; *(fig)* unklar machen; **s'**~ *vi (temps)* dunkel werden.
obscurité [ɔpskyʀite] *nf* Dunkelheit *f;* **dans l'**~ im Dunkeln.
obsédé, e [ɔpsede] *nm/f:* ~ **sexuel(le)** Sexbesessene(r) *mf.*
obséder [ɔpsede] *vt* verfolgen; **être obsédé par** besessen sein von.
obsèques [ɔpsɛk] *nfpl* Begräbnis *nt.*
observateur, trice [ɔpsɛʀvatœʀ, tʀis] *a* aufmerksam // *nm/f* Beobachter(in *f*) *m;* (*SCIENCES*) Forscher(in *f*) *m.*
observation [ɔpsɛʀvɑsjɔ̃] *nf* Beobachtung *f; (commentaire, reproche)* Bemerkung *f; (scientifique)* Forschung *f.*
observatoire [ɔpsɛʀvatwaʀ] *nm* Observatorium *nt; (lieu élevé)* Beobachtungsstand *m.*
observer [ɔpsɛʀve] *vt* beobachten; *(scientifiquement)* untersuchen; *(remarquer, noter)* bemerken; *(se conformer à)* befolgen; **faire** ~ **qch à qn** *(le lui dire)* jdn auf etw *(akk)* aufmerksam machen.
obsession [ɔpsesjɔ̃] *nf* Besessenheit *f;* fixe Idee *f.*
obstacle [ɔpstakl(ə)] *nm* Hindernis *nt;* (*SPORT*) Hindernis *nt;* Hürde *f;* **faire** ~ **à qch** sich einer Sache *(dat)* entgegenstellen.
obstétrique [ɔpstetʀik] *nf* Geburtshilfe *f.*
obstination [ɔpstinɑsjɔ̃] *nf* Eigensinn *m.*
obstiné, e [ɔpstine] *a* eigensinnig; *(effort, résistance)* stur.
obstiner [ɔpstine]: **s'**~ *vi* nicht nachgeben, stur bleiben; **s'**~ **à faire** (hartnäckig) darauf bestehen, etw zu tun; **s'**~ **sur qch** sich auf etw *(akk)* versteifen.
obstruction [ɔpstʀyksjɔ̃] *nf* Verstopfung *f;* (*SPORT*) Sperren *nt;* (*POL*) Obstruktion *f;* **faire de l'**~ *(fig)* sich querstellen.
obstruer [ɔpstʀye] *vt* verstopfen.
obtenir [ɔptəniʀ] *vt* bekommen, erhalten; *(total, résultat)* erreichen; ~ **de qn que** von jdm erreichen, daß; ~ **satisfaction** Genugtuung erhalten.
obturateur [ɔptyʀatœʀ] *nm* (*PHOT*) Verschluß *m.*
obturation [ɔptyʀɑsjɔ̃] *nf* Verschließung *f;* ~ **(dentaire)** Zahnfüllung *f.*
obturer [ɔptyʀe] *vt* zustopfen.
obus [ɔby] *nm* Granate *f.*
occasion [ɔkɑzjɔ̃] *nf* Gelegenheit *f; (acquisition avantageuse)* Gelegenheitskauf *m;* **à plusieurs** ~**s** bei/zu mehreren Gelegenheiten; **à cette/la première** ~ bei dieser/bei der ersten Gelegenheit; **être l'**~ **de** der

Anlaß für etw sein; **à l'~** *ad* gelegentlich; **à l'~ de son anniversaire** zu seinem Geburtstag; **d'~** gebraucht.
occasionnel, le [ɔkazjɔnɛl] *a* *(fortuit)* zufällig; *(non régulier)* gelegentlich.
occasionner [ɔkazjɔne] *vt* verursachen; **~ des frais/du dérangement à qn** jdm Kosten/ Unannehmlichkeiten verursachen.
occident [ɔksidɑ̃] *nm*: **l'~** der Westen; (*POL*): **l'O~** die Westmächte *pl*.
occidental, e, aux [ɔksidɑ̃tal, o] *a* westlich, West-.
occlusion [ɔklyzjɔ̃] *nf*: **~ intestinale** Darmverschluß *m*.
occulte [ɔkylt(ə)] *a* okkult.
occupant, e [ɔkypɑ̃, ɑ̃t] *a (armée, autorité)* Besatzungs- // *nm/f (d'un appartement)* Bewohner(in *f*) *m*.
occupation [ɔkypasjɔ̃] *nf* (*MIL*) Besetzung *f*; *(d'un logement)* Bewohnen *nt*; *(passe-temps, emploi)* Beschäftigung *f*; **l'O~** *('41-44) die Besatzung Frankreichs durch Deutschland.*
occupé, e [ɔkype] *a* besetzt; *(personne)* beschäftigt; *(esprit: absorbé)* total in Anspruch genommen.
occuper [ɔkype] *vt (appartement)* bewohnen; *(sujet: chose: place)* einnehmen, brauchen; (*personne: place; MIL, POL*) besetzen; *(remplir, couvrir: surface, période)* ausfüllen; *(heure, loisirs)* in Anspruch nehmen; *(fonction)* innehaben; *(main d'œuvre, personnel)* beschäftigen; **s'~** *vi* sich beschäftigen; **s'~ de** *vt* sich kümmern um; *(s'intéresser à, pratiquer)* sich beschäftigen mit.
océan [ɔseɑ̃] *nm* Ozean *m*.
ocre [ɔkʀ(ə)] *a inv* ockerfarben.
octane [ɔktan] *nm* Oktan *nt*.
octave [ɔktav] *nm* (*MUS*) Oktave *f*.
octobre [ɔktɔbʀ(ə)] *nm* Oktober *m*.
octogénaire [ɔktɔʒenɛʀ] *a* achtzigjährig // *nm/f* Achtzigjährige(r) *mf*.
oculaire [ɔkylɛʀ] *a* Augen- // *nm* Okular *nt*.
oculiste [ɔkylist(ə)] *nm/f* Augenarzt *m*, Augenärztin *f*.
odeur [ɔdœʀ] *nf* Geruch *m*; **mauvaise ~** Gestank *m*.
odieux, euse [ɔdjø, øz] *a (personne, crime)* widerlich, ekelhaft; *(enfant: insupportable)* unerträglich.
odorant, e [ɔdɔʀɑ̃, ɑ̃t] *a* duftend.
odorat [ɔdɔʀa] *nm* Geruchssinn *m*; **avoir l'~ fin** eine feine Nase haben.
œcuménique [ekymenik] *a* ökumenisch.
œil [œj] *nm* (*ANAT*) Auge *nt*; *(d'une aiguille)* Öse *f*; **avoir un ~ au beurre noir** ein blaues Auge haben; **à l'~** *(fam: gratuitement)* umsonst; **tenir qn à l'~** jdn im Auge behalten; **avoir l'~ (à)** *(être vigilant)* aufpassen (auf *+akk*); **voir qch d'un bon/mauvais ~** etw gutfinden/etw nicht gern sehen; **à mes/ses yeux** in meinen/seinen Augen; **de ses propres yeux** mit eigenen Augen; **fermer les yeux (sur qch)** (bei etw) ein Auge zudrücken.
œillade [œjad] *nf*: **lancer une ~ à qn** jdm zublinzeln; **faire des ~s à qn** jdm schöne Augen machen.
œillères [œjɛʀ] *nfpl* Scheuklappen *pl*.
œillet [œjɛ] *nm* Nelke *f*; *(trou)* Öse *f*.
œstrogène [østʀɔʒɛn] *a*: **hormone ~** Östrogen *nt*.
œuf, œufs [œf, ø] *nm* Ei *nt*; **~ à la coque/dur/mollet** weiches/ hartgekochtes/wachsweiches Ei; **~ au plat** Spiegelei *nt*; **~ poché** pochiertes Ei; **~s à la neige** Eischnee *m*; **~s brouillés** Rührei *nt*; **~ de Pâques** Osterei *nt*.
œuvre [œvʀ(ə)] *nf* Werk *nt*; *(organisation charitable)* Stiftung *f* // *nm (d'un artiste)* Werk *m*; (*ARCHIT*): **le gros ~** der Rohbau; **~s** *nfpl* (*REL: actions, actes)* Werke *pl*; **être/se mettre à l'~** arbeiten/sich an die Arbeit machen; **mettre en ~** *(moyens)* einsetzen, Gebrauch machen von; **bonnes ~s, ~s de bienfaisance** gute Werke *pl*; **~ d'art** Kunstwerk *nt*.
offense [ɔfɑ̃s] *nf (affront)* Beleidigung *f*; *(péché)* Sünde *f*.

offenser [ɔfɑ̃se] *vt (personne)* beleidigen; *(bon goût, principes)* verletzen; *(Dieu)* sündigen gegen; **s'~ de qch** an etw *(dat)* Anstoß nehmen.
offensif, ive [ɔfɑ̃sif, iv] *a* Offensiv- // *nf* Offensive *f*.
office [ɔfis] *nm (charge)* Amt *nt; (agence)* Büro *nt; (messe)* Gottesdienst *m // nm ou f (pièce)* Vorratskammer *f*; **faire ~ de** fungieren als; **d'~** automatisch; **bons ~s** Vermittlung *f*; **~ du tourisme** Fremdenverkehrsamt *nt*.
officiel, le [ɔfisjɛl] *a* offiziell // *nm/f* Beamte(r) *m*, Beamtin *f*; *(SPORT)* Funktionär(in *f*) *m*.
officier [ɔfisje] *nm* Offizier *m* // *vi* den Gottesdienst abhalten; **~ de police** Polizeibeamte(r) *m*.
officieux, euse [ɔfisjø, øz] *a* offiziös, halbamtlich.
officinal, e, aux [ɔfisinal, o] *a*: **plantes ~es** Heilpflanzen *pl*.
officine [ɔfisin] *nf (laboratoire de pharmacien)* Labor *nt* (einer Apotheke); *(pharmacie)* Apotheke *f*.
offrande [ɔfʀɑ̃d] *nf (don)* Gabe *f*; *(REL)* Opfergabe *f*.
offre [ɔfʀ(ə)] *nf* Angebot *nt; (aux enchères)* Gebot *nt*; **~ d'emploi** Stellenangebot *nt*; **~s d'emploi** Stellenmarkt *m*; **~ publique d'achat (O.P.A.)** Übernahmeangebot *nt*.
offrir [ɔfʀiʀ] *vt (donner)*: **~ (à qn)** (jdm) geben; *(proposer)*: **~ (à qn)** (jdm) anbieten; *(présenter: choix, avantage etc)* bieten; *(montrer: aspect, spectacle)* darbieten; **s'~** *vt (se payer)* sich *(dat)* leisten *ou* genehmigen // *vi (se présenter)* sich bieten; **~ (à qn) de faire qch** (jdm) anbieten, etw zu tun; **~ à boire à qn** jdm etw zu trinken anbieten; **s'~ à faire qch** sich anbieten, etw zu tun; **s'~ comme guide/en otage** sich als Führer/Geisel anbieten.
oie [wa] *nf* Gans *f*.
oignon [ɔɲɔ̃] *nm* Zwiebel *f*.
oiseau, x [wazo] *nm* Vogel *m*; **~ de paradis** Paradiesvogel *m*; **~ de proie** Raubvogel *m*; **~ de nuit** Nachtvogel *m*.
oisif, ive [wazif, iv] *a* müßig, untätig // *nm/f (pej)* Müßiggänger(in *f*) *m*.
oléoduc [ɔleɔdyk] *nm* Ölleitung *f*.
olive [ɔliv] *nf* Olive *f*; *(type d'interrupteur)* Schalter *m*, Druckknopf *m* // *a inv* olivgrün.
olivier [ɔlivje] *nm (arbre)* Olivenbaum *m; (bois)* Olivenholz *nt*.
olympique [ɔlɛ̃pik] *a* olympisch.
ombrage [ɔ̃bʀaʒ] *nm (feuillage)*: **~s** schattiges Laubwerk *nt; (ombre)* Schatten *m*.
ombragé, e [ɔ̃bʀaʒe] *a* schattig.
ombrageux, euse [ɔ̃bʀaʒø, øz] *a (cheval etc)* unruhig; *(caractère, personne)* empfindlich.
ombre [ɔ̃bʀ(ə)] *nf* Schatten *m*; **à l'~** im Schatten; **à l'~ de** im Schatten *(+gen); (fig)* beschützt von; **donner/faire de l'~** Schatten geben/werfen; **dans l'~** im Dunkeln; **~ à paupières** Lidschatten *m*.
ombrelle [ɔ̃bʀɛl] *nf* kleiner Sonnenschirm *m*.
omelette [ɔmlɛt] *nf* Omelett *nt*; **~ aux herbes/au fromage/au jambon** Kräuter-/Käse-/Schinkenomelett.
omettre [ɔmɛtʀ(ə)] *vt* unterlassen; *(oublier)* vergessen; *(de liste)* auslassen; **~ de faire qch** etw nicht tun.
omission [ɔmisjɔ̃] *nf (voir* **omettre)** Unterlassen *nt*; Vergessen *nt*; Auslassen *nt*; Unterlassung *f*.
omnibus [ɔmnibys] *nm*: **(train) ~** Personenzug *m*, Bummelzug *m*.
O.M.S. *sigle f voir* **organisation.**
on [ɔ̃] *pron (indéterminé)*: **~ peut le faire ainsi** man kann es so machen; *(quelqu'un)*: **~ frappe à la porte** es klopft an der Tür; *(nous)*: **~ va y aller demain** wir gehen morgen hin; *(les gens)*: **autrefois, ~ croyait aux fantômes** früher glaubte man an Geister; **~ vous demande au téléphone** Sie werden am Telefon verlangt; **~ ne peut plus stupide/heureux** so dumm/ glücklich wie sonst was.
oncle [ɔ̃kl(ə)] *nm* Onkel *m*.
onction [ɔ̃ksjɔ̃] *nf voir* **extrême-**

onction.
onctueux, euse [ɔ̃ktɥø, øz] *a* cremig; *(fig: manières)* salbungsvoll.
onde [ɔ̃d] *nf* Welle *f*; **sur les ~s** *(la radio)* über den Äther; **mettre en ~s** *(texte etc)* für den Rundfunk bearbeiten; **~s courtes/moyennes** Kurz-/Mittelwelle *f*; **longues ~s** Langwelle *f*.
ondée [ɔ̃de] *nf* Regenguß *m*.
on-dit [ɔ̃di] *nm inv* Gerücht *nt*.
ondoyer [ɔ̃dwaje] *vi (blé, herbe)* wogen; *(drapeau)* flattern // *vt* nottaufen.
ondulation [ɔ̃dylɑsjɔ̃] *nf (cheveux)* Welle *f*; **~ du sol/terrain** Boden-/Erdwelle *f*.
ondulé, e [ɔ̃dyle] *a* wellig.
onduler [ɔ̃dyle] *vi (vagues, blés)* wogen; *(route, cheveux)* sich wellen.
ongle [ɔ̃gl(ə)] *nm* Nagel *m*; **manger/ronger ses ~s** an den Nägeln kauen; **faire ses/se faire les ~s** seine Nägel maniküren.
onguent [ɔ̃gɑ̃] *nm* Salbe *f*.
O.N.U. [ony] *sigle f voir* **organisation.**
onyx [ɔniks] *nm* Onyx *m*.
onze [ɔ̃z] *a num* elf.
onzième [ɔ̃zjɛm] *a* elfte(r,s) // *nm/f* Elfte(r) *mf* // *nm (fraction)* Elftel *nt*.
opale [ɔpal] *nf* Opal *m*.
opaque [ɔpak] *a* undurchsichtig.
opéra [ɔpeʀa] *nm* Oper *f*.
opéra-comique [ɔpeʀakɔmik] *nm* komische Oper *f*.
opérateur, trice [ɔpeʀatœʀ, tʀis] *nm/f (manipulateur)* Operator(in *f*) *m*, Bediener(in *f*) *m*; **~ (de prise de vues)** Kameramann *m*/-frau *f*.
opération [ɔpeʀɑsjɔ̃] *nf* Operation *f*; *(processus)* Vorgang *m*; **~ de sauvetage** Rettungsaktion *f*; **~ de publicité** Werbekampagne *f*.
opératoire [ɔpeʀatwaʀ] *a* operativ; **bloc ~** Operationsstation *f*.
O.P.E.P. [ɔpɛp] *sigle f (= Organisation des pays exportateurs de pétrole)* OPEC *f*.
opérer [ɔpeʀe] *vt* (*MED*) operieren; *(faire, exécuter)* durchführen; *(: choix)* treffen // *vi (faire effet)* wirken; *(procéder)* vorgehen; (*MED*) operieren; **s'~** *(avoir lieu)* stattfinden, sich ereignen; **~ qn des amygdales/du cœur** jdn an den Mandeln/am Herz operieren; **se faire ~ (de qch)** sich (an etw *dat)* operieren lassen, (an etw) operiert werden.
opérette [ɔpeʀɛt] *nf* Operette *f*.
opiner [ɔpine] *vi*: **~ de la tête** zustimmend mit dem Kopf nicken.
opiniâtre [ɔpinjɑtʀ(ə)] *a* hartnäckig.
opinion [ɔpinjɔ̃] *nf* Meinung *f*; **l'~ du monde/du public** die öffentliche Meinung; **~s** *(philosophiques etc)* Anschauungen *pl*; **avoir bonne/mauvaise ~ de** eine gute/schlechte Meinung haben von.
opium [ɔpjɔm] *nm* Opium *nt*.
opportun, e [ɔpɔʀtœ̃, yn] *a* günstig.
opportuniste [ɔpɔʀtynist(ə)] *nm/f* Opportunist *m* // *a* opportunistisch.
opposant, e [ɔpozɑ̃, ɑ̃t] *a (parti, minorité)* oppositionell; **~s** *nmpl (à un régime, projet)* Gegner *pl*; *(membres de l'opposition)* Opposition *f*.
opposé, e [ɔpoze] *a (situation)* gegenüberliegend; *(couleurs)* kontrastierend; *(goûts, opinions)* entgegengesetzt; *(personne, faction)* gegnerisch // *nm (côté, sens opposé)* entgegengesetzte Richtung *f*; *(contraire)* Gegenteil *nt*; **il est tout l'~ de son frère** er ist genau das Gegenteil von seinem Bruder; **être ~ à qch** *(suj: personne)* gegen etw sein; **à l'~** dagegen, andererseits; **à l'~ de** *(du côté opposé à)* gegenüber von; *(en contradiction avec)* im Gegensatz zu.
opposer [ɔpoze] *vt* einander gegenüberstellen; **~ qch à qch** *(comparer)* etw einer Sache *(dat)* gegenüberstellen; **~ qch à qn** *(comme obstacle)* jdm etw entgegensetzen; *(arguments)* jdm etw entgegenhalten; *(objecter)* etw einwenden; **le match opposera X à Y** bei dem Spiel werden sich X und Y gegenüberstehen; **s'~** entgegengesetzt sein; *(couleurs)* kontrastieren; **s'~ à qch/qn** *vt (sujet: personne)* sich einer Sache/jdm

widersetzen; *(: préjugés etc)* gegen etw/jdn sein; *(tenir tête à)* sich gegen jdn stellen *ou* auflehnen; **s'~ à ce que** dagegen sein, daß.

opposition [ɔpozisjɔ̃] *nf* Opposition *f; (contraste)* Gegensatz *m; (d'intérêts)* Konflikt *m; (objection)* Widerspruch *m;* **par ~ à** im Gegensatz zu; **entrer en ~ avec qn** mit jdm in Konflikt kommen; **être en ~ avec** *(parents, directeur)* sich widersetzen (+*dat*); *(idées, conduite)* im Widerspruch stehen zu; **faire de l'~** dagegen sein; **faire ~ à un chèque** einen Scheck sperren.

oppresser [ɔpʀese] *vt (suj: vêtement)* beengen; *(chaleur, angoisse)* bedrücken; **se sentir oppressé(e)** sich beklommen fühlen.

oppressif, ive [ɔpʀesif, iv] *a* drückend.

oppression [ɔpʀesjɔ̃] *nf (malaise)* Beklemmung *f; (asservissement, sujétion):* **l'~** die Unterdrückung.

opprimer [ɔpʀime] *vt* unterdrücken.

opprobre [ɔpʀɔbʀ(ə)] *nm* Schande *f.*

opter [ɔpte] : **~ pour** *vt* sich entscheiden für.

opticien, ne [ɔptisjɛ̃, jɛn] *nm/f* Optiker(in *f*) *m.*

optimal, e, aux [ɔptimal, o] *a* optimal.

optimiste [ɔptimist(ə)] *nm/f* Optimist(in *f*) *m.*

optimum [ɔptimɔm] *nm* Optimum *nt // a* beste(r, s), optimal.

option [ɔpsjɔ̃] *nf* Wahl *f;* (*SCOL*) Wahlfach *nt;* (*JUR*) Option *f.*

optique [ɔptik] *a* optisch // *nf* Optik *f; (fig)* Blickwinkel *m.*

opulent, e [ɔpylɑ̃, ɑ̃t] *a* üppig; *(riche)* reich, wohlhabend.

or [ɔʀ] *nm* Gold *nt // conj* nun, aber; **en ~** aus Gold, golden; **affaire/marché en ~** Goldgrube *f;* **plaqué ~** vergoldet; **~ jaune/blanc** Gelb-/Weißgold *nt;* **~ noir** *(pétrole)* flüssiges Gold.

oracle [ɔʀɑkl(ə)] *nm* Orakel *nt.*

orage [ɔʀaʒ] *nm* Gewitter *nt,* Unwetter *nt; (fig)* Sturm *m.*

orageux, euse [ɔʀaʒø, øz] *a* gewittrig, Gewitter-; *(fig)* stürmisch.

oraison [ɔʀɛzɔ̃] *nf* Gebet *nt;* **~ funèbre** Grabrede *f.*

oral, e, aux [ɔʀal, o] *a* mündlich; (*LING*) oral; (*MED*): **par voie ~e** oral // *nm* (*SCOL*) mündliche Prüfung *f.*

orange [ɔʀɑ̃ʒ] *nf* Orange *f,* Apfelsine *f // a inv* orange // *nm* Orange *nt;* **~ sanguine** Blutorange *f;* **~ pressée** frischer Orangensaft *m.*

orangé, e [ɔʀɑ̃ʒe] *a* orangefarben.

orangeade [ɔʀɑ̃ʒad] *nf* Orangeade *f.*

oranger [ɔʀɑ̃ʒe] *nm* Orangenbaum *m.*

orateur [ɔʀatœʀ] *nm* Redner *m.*

orbital, e, aux [ɔʀbital, o] *a:* **station ~e** Raumfahrtstation *f.*

orbite [ɔʀbit] *nf* (*ANAT*) Augenhöhle *f;* (*ASTR*) Umlaufbahn *f;* **placer/mettre un satellite sur son/en ~** einen Satelliten in seine/die Umlaufbahn bringen.

orchestre [ɔʀkɛstʀ(ə)] *nm* (*MUS*) Orchester *nt;* (*THEAT*) Parkett *nt.*

orchestrer [ɔʀkɛstʀe] *vt* (*MUS*) instrumentieren; *(fig)* inszenieren.

orchidée [ɔʀkide] *nf* Orchidee *f.*

ordinaire [ɔʀdinɛʀ] *a (habituel)* gewöhnlich; *(banal)* einfach // *nm:* **intelligence au-dessus de l'~** überdurchschnittliche Intelligenz; **d'~, à l'~** gewöhnlich.

ordinal, e, aux [ɔʀdinal, o] *a:* **adjectif/nombre ~** Ordinalzahl *f.*

ordinateur [ɔʀdinatœʀ] *nm (machine)* Computer *m.*

ordonnance [ɔʀdɔnɑ̃s] *nf* (*ARCHIT*): **l'~ d'un appartment** die Gestaltung einer Wohnung; (*MIL*) Ordonnanz *f;* (*MED*) Anordnung *f,* Rezept *nt.*

ordonné, e [ɔʀdɔne] *a* geordnet; *(personne)* ordentlich.

ordonner [ɔʀdɔne] *vt (arranger, agencer)* anordnen; *(donner un ordre):* **~ qch à qn** jdm etw befehlen; (*REL*) weihen; (*MED*) verschreiben.

ordre [ɔʀdʀ(ə)] *nm* Ordnung *f; (disposition)* Anordnung *f,* Reihenfolge *f;*

(directive) Befehl *m;* *(association)* Verband *m;* *(REL)* Orden *m;* *(ARCHIT)* Ordnung *f;* **~s** *nmpl:* **être/entrer dans les ~s** ordiniert sein/werden; **en ~** in Ordnung; **mettre en ~** aufräumen; **payer à l'~ de** ausstellen auf *(+akk);* **procéder par ~** systematisch vorgehen; **par ~ d'entrée en scène** in der Reihenfolge des Auftritts; **jusqu'à nouvel ~** bis auf weiteres; **rentrer dans l'~** sich normalisieren; **rappeler qn à l'~** jdn zur Ordnung rufen; **donner l'~ de** Befehl geben zu; **de l'~ de** in der Größenordnung von; **être aux ~s de qn** jdm unterstellt sein; **de premier/second ~** erst-/zweitklassig; **~ du jour** Tagesordnung *f;* *(MIL)* Tagesbefehl *m;* **à l'~ du jour** *(fig)* auf der Tagesordnung; **~ de grandeur** Größenordnung *f.*

ordure [ɔʀdyʀ] *nf* Unrat *m;* *(excrément d'animal)* Kot *m;* *(propos)* Schmutz *m;* **~s** *(déchets)* Abfall *m;* **~s ménagères** Müll *m.*

ordurier, ière [ɔʀdyʀje, jɛʀ] *a* ordinär.

oreille [ɔʀɛj] *nf* *(ANAT)* Ohr *nt;* *(TECH)* Ohr *nt;* *(d'une marmite, tasse)* Henkel *m;* **avoir de l'~** ein gutes Gehör haben; **parler/dire qch à l'~ de qn** jdm etw ins Ohr sagen.

oreiller [ɔʀeje] *nm* Kopfkissen *nt.*

oreillons [ɔʀɛjɔ̃] *nmpl* Ziegenpeter *m (fam),* Mumps *m.*

ores [ɔʀ] : **d'~ et déjà** *ad* bereits, schon.

orfèvrerie [ɔʀfɛvʀəʀi] *nf* Goldschmiedekunst *f.*

organe [ɔʀgan] *nm* Organ *nt;* *(fig)* Sprachrohr *nt.*

organigramme [ɔʀganigʀam] *nm* Flußdiagramm *nt.*

organique [ɔʀganik] *a* organisch.

organisation [ɔʀganizɑsjɔ̃] *nf* Organisation *f;* **l'O~ des Nations Unies (ONU)** die Vereinten Nationen *pl* (UNO); **O~ mondiale de la santé (O.M.S.)** Weltgesundheitsorganisation (WGO) *f;* **Organisation du traité de l'Atlantique Nord (OTAN)** NATO *f.*

organiser [ɔʀganize] *vt* organisieren; *(mettre sur pied)* veranstalten.

organisme [ɔʀganism(ə)] *nm* Organismus *m;* *(ensemble organisé)* Organ *nt;* *(association)* Vereinigung *f.*

organiste [ɔʀganist(ə)] *nm/f* Organist(in *f*) *m.*

orgasme [ɔʀgasm(ə)] *nm* Orgasmus *m.*

orge [ɔʀʒ(ə)] *nm* Gerste *f.*

orgeat [ɔʀʒa] *nm:* **sirop d'~** Mandelmilch *f.*

orgelet [ɔʀʒəlɛ] *nm* Gerstenkorn *nt.*

orgie [ɔʀʒi] *nf* Orgie *f;* **une ~ de** ein Meer von.

orgue [ɔʀg(ə)] *nm* Orgel *f;* **~ électrique/électronique** elektrische/elektronische Orgel.

orgueil [ɔʀgœj] *nm* Stolz *m;* *(arrogance)* Hochmut *m.*

orgueilleux, euse [ɔʀgœjø, øz] *a* stolz, hochmütig, überheblich.

Orient [ɔʀjɑ̃] *nm:* **l'~** der Orient; **le Proche/le Moyen/l'Extrême-Orient** der Nahe/Mittlere/Ferne Osten.

oriental, e, aux [ɔʀjɑ̃tal, o] orientalisch // *nm/f* Orientale *m,* Orientalin *f.*

orientation [ɔʀjɑ̃tɑsjɔ̃] *nf* Orientierung *f;* *(tendance)* Kurs *m;* **avoir le sens de l'~** einen guten Orientierungssinn haben.

orienté, e [ɔʀjɑ̃te] *a* *(POL)* gefärbt, tendenziös; **appartement bien/mal ~** Wohnung in guter/schlechter Lage; **la chambre est ~e à l'est** das Zimmer liegt nach Osten.

orienter [ɔʀjɑ̃te] *vt (diriger)* stellen; *(maison)* legen; *(carte, plan)* ausrichten *(vers* nach); *(touriste)* die Richtung weisen *(+dat);* *(fig: élève)* beraten; *(recherches):* **~ vers** richten (auf *+akk);* **s'~** *(se repérer)* sich zurechtfinden; **s'~ vers** *vt (fig: recherches, études)* sich (aus)richten auf *(+akk),* sich orientieren nach.

origan [ɔʀigɑ̃] *nm* wilder Majoran, Oregano *m.*

originaire [ɔʀiʒinɛʀ] *a:* **être ~ d'un**

pays/lieu aus einem Land/von einem Ort stammen.
original, e, aux [ɔʀiʒinal, o] *a* *(pièce, document)* original, echt; *(idée)* ursprünglich; *(bizarre)* originell // *nm/f (fantaisiste)* Sonderling *m;* *(fam)* Original *nt* // *nm (d'une reproduction)* Original *nt.*
originalité [ɔʀiʒinalite] *nf* Originalität *f;* *(d'un nouveau modèle)* Besonderheit *f,* Neuheit *f.*
origine [ɔʀiʒin] *nf (d'une personne)* Herkunft *f;* *(d'un animal)* Abstammung *f;* *(du monde, des temps)* Entstehung *f,* Anfang *m;* *(d'un mot)* Ursprung *m;* *(d'un message, appel téléphonique, vin)* Herkunft *f;* *(commencements):* **les ~s de la vie** die Anfänge des Lebens; **dès l'~** von Anfang an; **à l'~** am Anfang, anfänglich; **avoir son ~ dans qch** seinen Ursprung in etw *(dat)* haben; **pays d'~** Ursprungsland *nt.*
originel, elle [ɔʀiʒinɛl] *a* ursprünglich; **péché ~** Erbsünde *f.*
oripeaux [ɔʀipo] *nmpl* Fetzen *pl.*
orme [ɔʀm(ə)] *nm* Ulme *f.*
ornement [ɔʀnəmɑ̃] *nm* Verzierung *f;* **~s** *nmpl:* **~s sacerdotaux** Priestergewänder *pl.*
ornementer [ɔʀnəmɑ̃te] *vt* verzieren.
orner [ɔʀne] *vt* schmücken.
ornière [ɔʀnjɛʀ] *nf* Spur *f.*
orphelin, e [ɔʀfəlɛ̃, in] *a* verwaist // *nm/f* Waisenkind *nt;* **~ de père/mère** Halbwaise *f.*
orphelinat [ɔʀfəlina] *nm* Waisenhaus *nt.*
orteil [ɔʀtɛj] *nm* Zehe *f;* **gros ~** große Zehe.
orthodoxe [ɔʀtɔdɔks(ə)] *a* orthodox.
orthographe [ɔʀtɔgʀaf] *nf* Rechtschreibung *f.*
orthographier [ɔʀtɔgʀafje] *vt* (richtig) schreiben.
orthopédique [ɔʀtɔpedik] *a* orthopädisch.
ortie [ɔʀti] *nf* Brennessel *f.*
os [ɔs] *nm* Knochen *m.*
osciller [ɔsile] *vi (mât)* schwingen; *(aiguille)* ausschlagen; *(fig):* **~ entre** schwanken zwischen (+*dat).*
osé, e [oze] *a* gewagt.
oseille [ozɛj] *nf (BOT)* Sauerampfer *m.*
oser [oze] *vt:* **~ faire qch** es wagen, etw zu tun // *vi* es wagen; **je n'ose pas** ich (ge)traue mich nicht.
osier [ozje] *nm* Korbweide *f;* **d'~, en ~** aus Korb.
ossature [ɔsatyʀ] *nf* Skelett *nt;* *(ARCHIT)* Gerippe *nt;* *(fig)* Struktur *f.*
osseux, euse [ɔsø, øz] *a* knochig; *(tissu, maladie, greffe)* Knochen-.
ostensible [ɔstɑ̃sibl(ə)] *a* ostentativ.
ostentation [ɔstɑ̃tɑsjɔ̃] *nf* Prahlerei *f.*
ostracisme [ɔstʀasism(ə)] *nm* Ausstoß *m.*
otage [ɔtaʒ] *nm* Geisel *f.*
OTAN [ɔtɑ̃] *sigle f voir* **organisation.**
otarie [ɔtaʀi] *nf* Seelöwe *m.*
ôter [ote] *vt (vêtement)* ausziehen; *(tache, noyau)* herausmachen; *(arête)* herausziehen; **~ qch de** etw wegnehmen von; **~ une somme/ un nombre de** eine Summe/Zahl abziehen von; **~ qch à qn** jdm etw nehmen; **6 ôté de 10 égale 4** 10 weniger 6 gleich 4.
ottomane [ɔtɔman] *nf Art Sofa.*
ou [u] *conj* oder; **~ ... ~** entweder ... oder; **~ bien** oder aber.
où [u] *ad* wo; wohin // *pron* wo; wohin; *(dans lequel)* worin; *(hors duquel, duquel)* woraus; *(sur lequel)* worauf; *(sens de 'que'):* **au train ~ ça va/prix ~ c'est** bei dem Tempo/Preis; **le jour ~ il est parti** am Tag, als er abgereist ist; **par ~ passer?** wo entlang?; **les villes par ~ il est passé** die Städte, durch die er gefahren ist; **le village d'~ je viens** das Dorf, aus dem ich komme; **la chambre ~ il était** das Zimmer, in dem er war; **d'~ vient qu'il est parti?** woher kommt es, daß er gegangen ist?, warum ist er gegangen?
ouate [wat] *nf (bourre)* Watte *f;* *(coton):* **tampon d'~** Wattebausch *m;* **~ de**

verre Glaswolle *f.*

oubli [ubli] *nm* Vergeßlichkeit *f; (absence de souvenirs):* **l'~** das Vergessen; **tomber dans l'~** der Vergessenheit anheimfallen.

oublier [ublije] *vt* vergessen; **s'~** *vt* sich vergessen; **~ l'heure** die Zeit vergessen.

oubliettes [ublijɛt] *nfpl* Verlies *nt.*

ouest [wɛst] *nm* Westen *m // a inv* westlich; **l'O~** *(région de France)* Westfrankreich *nt; (POL: l'Occident)* der Westen; **à l'~ de** im Westen von.

oui [wi] *ad* ja; **répondre (par) ~** mit ja antworten.

ouï-dire [widiʀ] *nm inv:* **par ~** vom Hörensagen.

ouïe [uj] *nf* Gehör(sinn *m) nt;* **~s** *nfpl (de poisson)* Kiemen *pl.*

ouragan [uʀagɑ̃] *nm* Orkan *m.*

ourler [uʀle] *vt* säumen.

ourlet [uʀlɛ] Saum *m.*

ours [uʀs] *nm (ZOOL)* Bär *m; (jouet):* **~ (en peluche)** Teddybär *m;* **~ brun/blanc** Braun-/Eisbär *m;* **~ marin** Seebär *m.*

ourse [uʀs(ə)] *nf* Bärin *f.*

oursin [uʀsɛ̃] *nm* Seeigel *m.*

ourson [uʀsɔ̃] *nm* Bärenjunge(s) *nt.*

ouste [ust(ə)] *excl* raus.

outil [uti] *nm* Werkzeug *nt;* **~ de travail** Arbeitsgerät *nt.*

outiller [utije] *vt* ausrüsten.

outrage [utʀaʒ] *nm* Beleidigung *f;* **~ par paroles/écrits** mündliche/schriftliche Beleidigung; **faire subir les derniers ~s à** vergewaltigen.

outrager [utʀaʒe] *vt (personne)* aufbringen; **~ les bonnes mœurs/le bon sens** gegen die guten Sitten/den gesunden Menschenverstand verstoßen.

outrance [utʀɑ̃s] *nf:* **à ~** *ad* bis zum Exzeß.

outre [utʀ(ə)] *nf* Schlauch *m // prep* außer *(+dat) // ad:* **passer ~** weitergehen; **passer ~ à** hinweggehen über *(+akk);* **en ~** außerdem; **en ~ de** über *(+akk)* hinaus; **~ que** außer, daß; **~ mesure** über die Maßen.

outre-mer [utʀəmɛʀ] *ad* überseeisch; **outremer** *a* ultramarin(blau).

outrepasser [utʀəpɑse] *vt* überschreiten.

outrer [utʀe] *vt* übertreiben; *(indigner)* empören.

outre-Rhin [utʀəʀɛ̃] *ad* auf der anderen Seite des Rheins.

ouvert, e [uvɛʀ, ɛʀt(ə)] *a* offen; *(robinet, gaz)* aufgedreht; **à cœur ~** *(MED)* bei geöffnetem Herz.

ouvertement [uvɛʀtəmɑ̃] *ad* frei heraus, offen.

ouverture [uvɛʀtyʀ] *nf (action)* Öffnen *nt; (fondation)* Eröffnung *f; (orifice)* Öffnung *f; (PHOT)* Blende *f; (MUS)* Ouvertüre *f;* **faire des ~s** ein Angebot machen.

ouvrable [uvʀabl(ə)] *a:* **jour ~** Werktag *m.*

ouvrage [uvʀaʒ] *nm* Arbeit *f; (livre)* Werk *nt;* **panier** *ou* **corbeille à ~** Handarbeitskorb *m.*

ouvragé, e [uvʀaʒe] *a* verziert.

ouvrant, e [uvʀɑ̃, ɑ̃t] *a:* **toit ~** *(AUT)* Schiebedach *nt.*

ouvre-boîte [uvʀəbwat] *nm inv* Büchsenöffner *m.*

ouvre-bouteilles [uvʀəbutɛj] *nm* Flaschenöffner *m.*

ouvreuse [uvʀøz] *nf* Platzanweiserin *f.*

ouvrier, ière [uvʀije, ijɛʀ] *nm/f* Arbeiter(in *f*) *m // a* Arbeiter-.

ouvrir [uvʀiʀ] *vt* öffnen, aufmachen; *(compte, crédit)* eröffnen; *(robinet)* aufdrehen; *(chauffage etc)* anmachen; *(mettre en train):* **~ le bal/la marche** den Ball eröffnen/den Marsch anführen; *(: exposition, débat)* eröffnen; *(rendre accessible à):* **~ à qn** jdm öffnen // *vi (magasin, théâtre)* aufmachen, öffnen; *(CARTES):* **~ à cœur/trèfle** mit Herz/Kreuz herauskommen; *(cours, scène)* anfangen; **s'~** *vi* aufgehen, sich öffnen; *(procès)* anfangen; **~/s'~ sur** sich öffnen nach; **s'~ à qn** sich jdm eröffnen; **~ l'œil** die Augen aufmachen; **~ des horizons/perspectives** Horizonte/Perspektiven (er)öffnen; **~ l'esprit** den Geist öffnen.

ovaire [ɔvɛʀ] *nm* Eierstock *m.*
ovale [ɔval] *a* oval.
ovation [ɔvɑsjɔ̃] *nf* Ovation *f.*
ovin, e [ɔvɛ̃, in] *a (race)* Schaf-; **~s** *nmpl* Schafe *pl.*
OVNI [ɔvni] *sigle m (= objet volant non identifié)* UFO *nt.*
ovule [ɔvyl] *nm* Ei *nt,* Eizelle *f; (PHARMACIE)* Zäpfchen *nt.*
oxyder [ɔkside] : **s'~** *vi* oxydieren.
oxygène [ɔksiʒɛn] *nm* Sauerstoff *m; (air pur):* **cure d'~** Frischluftkur *f.*
oxygéné, e [ɔksiʒene] *a:* **cheveux ~s** blondierte Haare *pl.*
ozone [ozɔn] *nm* Ozon *nt.*

P

pacage [pakaʒ] *nm (terrain)* Weide *f.*
pacifier [pasifje] *vt (pays)* Ruhe und Frieden herstellen in *(+dat); (fig)* beruhigen.
pacifique [pasifik] *a* friedlich; *(personne)* friedfertig // *nm:* **le P~** der Pazifische Ozean.
pacte [pakt(ə)] *nm* Pakt *m;* **~ d'alliance** Bündnis *nt;* **~ de non-agression** Nichtangriffspakt *m.*
pactiser [paktize] *vi:* **~ avec** *(accord)* sich einigen mit.
pagaie [pagɛ] *nf* Paddel *nt.*
pagaille [pagaj] *nf (désordre)* Durcheinander *nt,* Unordnung *f.*
pagayer [pageje] *vi* paddeln.
page [paʒ] *nf* Seite *f // nm* Page *m;* **être à la ~** auf dem laufenden sein.
pagode [pagɔd] *nf* Pagode *f.*
paie [pɛ] *nf* = **paye.**
paiement [pɛmɑ̃] *nm* = **payement.**
païen, enne [pajɛ̃, jɛn] *a* heidnisch // *nm/f* Heide *m,* Heidin *f.*
paillard, e [pajaʀ, aʀd(ə)] *a* derb.
paillasse [pajas] *nf (matelas)* Strohsack *m.*
paillasson [pɑjasɔ̃] *nm (tapis-brosse)* Fußmatte *f.*
paille [pɑj] *nf* Stroh *nt; (défaut)* Fehler *m;* **~ de fer** Stahlwolle *f.*
paillette [pajɛt] *nf (gén pl)* Paillette *f;* **lessive en ~s** Seifenflocken *pl.*
pain [pɛ̃] *nm* Brot *nt; (morceau):* **~ de sucre** Zuckerhut *m;* **~ de cire** Stück *nt* Wachs; **~ bis** Graubrot *nt;* **~ complet** Vollkornbrot *nt;* **~ d'épice** Lebkuchen *m;* **~ grillé** Toastbrot *nt;* **~ de mie** Brot ohne Kruste; **~ noir** Schwarzbrot *nt;* **~ de seigle** Roggenbrot *nt.*
pair, e [pɛʀ] *a* gerade // *nm (titre)* Peer *m;* **aller ou marcher de ~** Hand in Hand gehen; **jeune fille au ~** Au-pair-Mädchen *nt; (FIN):* **au ~** *(valeurs)* zum Nennwert.
paire [pɛʀ] *nf (deux objets assortis)* Paar *nt; (un objet):* **une ~ de lunettes/tenailles** eine Brille/ Beißzange.
paisible [pezibl(ə)] *a* ruhig; *(personne)* friedlich.
paître [pɛtʀ(ə)] *vi* weiden, grasen.
paix [pɛ] *nm* Frieden *m; (tranquillité)* Ruhe *f,* Frieden; **faire la ~ avec** sich versöhnen mit; **avoir la ~** Ruhe haben.
palace [palas] *nm (hôtel)* Luxushotel *nt.*
palais [palɛ] *nm* Palast *m; (ANAT)* Gaumen *m;* **le ~ de l'Elysée** der Elyseepalast; **le ~ de Justice** der Gerichtshof.
palan [palɑ̃] *nm* Flaschenzug *m.*
Palatinat [palatina] *nm:* **le ~** die Pfalz.
pale [pal] *nf* (Propeller-/Ruder)blatt *nt.*
pâle [pɑl] *a* blaß; *(personne, teint)* blaß, bleich; **bleu/vert ~** hellblau/ -grün.
Palestine [palɛstin] *nf:* **la ~** Palästina *nt.*
palet [palɛ] *nm* Scheibe *f.*
paletot [palto] *nm* (kurzer) Mantel *m.*
palette [palɛt] *nf (de peintre)* Palette *f.*
pâleur [pɑlœʀ] *nf* Blässe *f,* Bleichheit *f.*
palier [palje] *nm (plate-forme)* Treppenabsatz *m; (d'une machine)* Lager *nt;* **les prix ont atteint un nouveau ~** die Preise haben sich (auf einem Niveau) eingependelt; **par ~s** in Stufen, in Etappen.
pâlir [pɑliʀ] *vi (personne)* blaß

werden; *(couleur)* verblassen; ~ **de colère** vor Wut bleich werden.
palissade [palisad] *nf* Zaun *m.*
palissandre [palisɑ̃dʀ(ə)] *nm* Palisander *m.*
palliatif, ive [paljatif, iv] *a* lindernd // *nm* Überbrückungsmaßnahme *f.*
pallier [palje] *vt,* ~ **à** *(obvier à, atténuer)* ausgleichen.
palmarès [palmaʀɛs] *nm* Preisträgerliste *f.*
palme [palm(ə)] *nf (BOT)* Palmzweig *m; (symbole de la victoire)* Siegespalme *f; (nageoire en caoutchouc)* Schwimmflosse *f.*
palmé, e [palme] *a:* **pattes/pieds ~(e)s** Schwimmflossen *pl*/-füße *pl.*
palmier [palmje] *nm* Palme *f.*
palombe [palɔ̃b] *nf* Ringeltaube *f.*
pâlot, otte [pɑlo, ɔt] *a* blaß, bläßlich.
palper [palpe] *vt* befühlen, anfassen.
palpitant, e [palpitɑ̃, ɑ̃t] *a (saisissant)* spannend, aufregend.
palpitation [palpitɑsjɔ̃] *nf:* **avoir des ~s** Herzklopfen haben.
palpiter [palpite] *vi (cœur)* schlagen; *(paupières)* zucken; ~ **de peur/convoitise** vor Angst/Lust zittern.
paludisme [palydism(ə)] *nm* Malaria *f.*
pâmer [pɑme] : **se** ~ *vi:* **se** ~ **d'amour/d'admiration** vor Liebe/Bewunderung ganz hingerissen sein.
pâmoison [pɑmwazɔ̃] *nf:* **tomber en ~** ohnmächtig werden.
pamphlet [pɑ̃flɛ] *nm* Spott-/Schmähschrift *f.*
pamplemousse [pɑ̃pləmus] *nm* Grapefruit *f,* Pampelmuse *f.*
pan [pɑ̃] *nm (de vêtement)* Schoß *m* // *excl* peng!
panacée [panase] *nf* Allheilmittel *nt.*
panache [panaʃ] *nm (de plumes)* Federbusch *m;* **avoir du** ~ Schwung haben.
panaché, e [panaʃe] *a:* **œillet** ~ bunte Nelke *f;* **glace ~e** gemischtes Eis *nt.*
panaris [panaʀi] *nm* Nagelbettentzündung *f.*
pancarte [pɑ̃kaʀt(ə)] *nf (écriteau)* Schild *nt; (dans un défilé)* Transparent *nt.*
pancréas [pɑ̃kʀeɑs] *nm* Bauchspeicheldrüse *f.*
pané, e [pane] *a* paniert.
panier [panje] *nm* Korb *m;* **mettre au** ~ wegwerfen; ~ **à provisions** Einkaufskorb *m.*
panique [panik] *nf* Panik *f* // *a* panisch.
paniquer [panike] *vt* in Panik geraten.
panne [pan] *nf* Panne *f;* **être/tomber en** ~ eine Panne haben; **être en** ~ **d'essence** *ou* **sèche** kein Benzin mehr haben; ~ **d'électricité** *ou* **de courant** Stromausfall *m.*
panneau, x [pano] *nm (de boiserie, de tapisserie)* Tafel *f; (ARCHIT)* Platte *f; (écriteau)* Tafel, Schild *nt;* ~ **électoral** Wahlplakat *nt;* ~ **de signalisation** Straßenhinweisschild *nt.*
panneau-réclame [panoʀeklam] *nm* Plakatwand *f.*
panonceau, x [panɔ̃so] *nm (panneau)* Schild *nt.*
panoplie [panɔpli] *nf (d'armes)* Waffensammlung *f; (fig: d'arguments etc)* Reihe *f; (jouet):* ~ **de pompier/d'infirmière** Feuerwehrmann-/Krankenschwesterkostüm *nt.*
panorama [panɔʀama] *nm (vue)* Panorama *nt; (fig: étude complète)* Übersicht *f.*
panoramique [panɔʀamik] *a* Panorama-.
panse [pɑ̃s] *nf (ZOOL)* Pansen *m.*
pansement [pɑ̃smɑ̃] *nm (action)* Verbinden *nt; (bandage)* Verband *m.*
panser [pɑ̃se] *vt (cheval)* striegeln; *(plaie, blessé)* verbinden.
pantalon [pɑ̃talɔ̃] *nm* Hose *f;* ~ **de ski/de golf** Ski-/Golfhose; ~ **de pyjama** Schlafanzughose.
pantelant, e [pɑ̃tlɑ̃, ɑ̃t] *a (haletant)* keuchend.
panthère [pɑ̃tɛʀ] *nf* Panther *m.*
pantin [pɑ̃tɛ̃] *nm* Hampelmann *m.*
pantois [pɑ̃twa] *am:* **rester** *ou* **demeurer** ~ verblüfft sein.
pantomime [pɑ̃tɔmim] *nf* Pantomime *f.*

pantoufle [pɑ̃tufl(ə)] *nf* Pantoffel *m.*
paon [pɑ̃] *nm* Pfau *m.*
papa [papa] *nm* Papa *m.*
papauté [papote] *nf* Papsttum *nt.*
pape [pap] *nm:* **le** ~ der Papst.
paperasserie [papʀasʀi] *nf* Papierwust *m.*
paperasses [papʀas] *nfpl* Papierkram *m.*
papeterie [papetʀi] *nf (magasin)* Schreibwarenladen *m.*
papetier, ière [paptje, jɛʀ] *nm/f:* **papetier-libraire** *nm* Schreibwaren- und Buchhändler *m.*
papier [papje] *nm* Papier *nt; (feuille)* Blatt *nt; (article)* Artikel *m;* ~**s** *nmpl (documents, notes)* Dokumente *pl,* Papiere *pl;* **sur le** ~ auf dem Papier; ~ **buvard** Löschblatt *nt;* ~ **carbone** Kohlepapier; ~ **d'emballage** Packpapier *nt;* ~ **hygiénique** Toilettenpapier *nt;* ~ **journal** Zeitungspapier *nt;* ~ **à lettres** Briefpapier *nt;* ~ **peint** Tapete *f;* ~ **de verre** Sandpapier *nt;* ~**s (d'identité)** Ausweis *m.*
papillon [papijɔ̃] *nm (ZOOL)* Schmetterling *m; (contravention)* Strafzettel *m; (écrou)* Flügelmutter *f.*
papillote [papijɔt] *nf* Papierlockenwickel *m.*
papilloter [papijɔte] *vi (yeux)* blinzeln; *(lumière, soleil)* funkeln.
paprika [papʀika] *nm* Paprika *m.*
paquebot [pakbo] *nm* Passagierschiff *nt.*
pâquerette [pɑkʀɛt] *nf* Gänseblümchen *nt.*
Pâques [pɑk] *nfpl (fête)* Osterfest *nt // nm (période)* Ostern *nt.*
paquet [pakɛ] *nm* Paket *nt; (de sucre, cigarettes etc)* Päckchen *nt;* ~**s** *nmpl (bagages)* Gepäck *nt;* **paquet-cadeau** *nm* Geschenk *nt.*
par [paʀ] *prep* durch; **finir/commencer** ~ **dire** *etc* schließlich/anfangs sagen *etc;* ~ **amour** aus Liebe; **passer** ~ **Lyon/la côte** über Lyon/an der Küste entlang fahren; **3** ~ **jour/personne** 3 pro Tag/Person; **2** ~ **2** zu zweit; jeweils zwei; ~ **où?** wo?; ~ **ici** hier; hierher; ~**-ci,** ~ **-là** hier und da.
parabole [paʀabɔl] *nf (REL)* Gleichnis *nt; (MATH)* Parabel *f.*
parachever [paʀaʃve] *vt* vollenden, fertigstellen.
parachute [paʀaʃyt] *nm* Fallschirm *m.*
parade [paʀad] *nf* Parade *f; (BOXE)* Abwehr *f.*
paradis [paʀadi] *nm* Paradies *nt.*
paradoxe [paʀadɔks(ə)] *nm* Paradox *nt.*
parafer [paʀafe] *vt* unterzeichnen, signieren.
paraffine [paʀafin] *nf* Paraffin *nt.*
parages [paʀaʒ] *nmpl (NAVIG)* Gewässer *nt;* **dans les** ~ **(de)** in der Nähe (von).
paragraphe [paʀagʀaf] *nm* Absatz *m,* Abschnitt *m.*
paraître [paʀɛtʀ(ə)] *vb avec attribut* scheinen *// vi (apparaître, se montrer)* erscheinen; *(soleil)* herauskommen; *(publication)* erscheinen; **laisser** ~ zeigen; **aimer** *ou* **vouloir** ~ Aufmerksamkeit erregen wollen; **il (me) paraît/paraîtrait que** es scheint (mir), daß; **il paraît préférable/absurde de** es (er)scheint vorzuziehen/absurd, zu; ~ **en public/justice** in der Öffentlichkeit/vor Gericht erscheinen; **il ne paraît pas son âge** man sieht ihm sein Alter nicht an.
parallèle [paʀalɛl] *a (MATH)* parallel; *(fig: difficultés, expériences)* vergleichbar *// nm (comparaison):* **faire un** ~ **entre** eine Parallele ziehen zwischen *(+dat); (GEO):* ~ **(de latitude)** Breitengrad *m // nf* Parallele *f.*
parallélisme [paʀalelism(ə)] *nm (AUT: des roues)* Spur *f.*
paralyser [paʀalize] *vt* lähmen; *(grève)* lahmlegen.
paralysie [paʀalizi] *nf* Lähmung *f.*
paramédical, e, aux [paʀamedikal, o] *a:* **personnel** ~ nichtmedizinisches Personal *nt.*
paranoïaque [paʀanɔjak] *nm/f* Paranoiker(in *f*) *m.*
parapet [paʀapɛ] *nm (garde-fou)* Brü-

stung *f*.
parapher [paʀafe] *vt* = **parafer.**
paraphrase [paʀafʀɑz] *nf* Umschreibung *f*, Paraphrasierung *f*.
paraphraser [paʀafʀɑze] *vt* paraphrasieren, umschreiben.
parapluie [paʀaplɥi] *nm* Regenschirm *m*.
parasite [paʀazit] *nm* Parasit *m*, Schmarotzer *m*; *(RADIO)* Störung *f*.
parasol [paʀasɔl] *nm* Sonnenschirm *m*; ~ **de plage** Strandschirm *m*.
paratonnerre [paʀatɔnɛʀ] *nm* Blitzableiter *m*.
paravent [paʀavɑ̃] *nm* *(meuble)* spanische Wand *f*.
parc [paʀk] *nm* *(d'une demeure)* Park *m*; *(enclos pour le bétail)* Pferch *m*; *(d'enfant)* Laufstall *m*; *(MIL)*: ~ **d'artillerie/de munitions** Artillerie-/Munitionsdepot *nt*; *(ECON)*: **le** ~ **automobile français/d'une compagnie de taxis** der französische Wagenbestand/der Wagenpark eines Taxiunternehmens; ~ **zoologique** zoologischer Garten *m*; ~ **de stationnement** Parkplatz *m*; ~ **à huîtres** Austernbank *f*.
parcelle [paʀsɛl] *nf* Bruchstück *nt*, Stückchen *nt*; *(de terrain)* Parzelle *f*.
parce que [paʀsk(ə)] *conj* weil, da.
parchemin [paʀʃəmɛ̃] *nm* Pergament *nt*.
parcimonie [paʀsimɔni] *nf* Geiz *m*.
parc(o)mètre [paʀk(ɔ)mɛtʀ(ə)] *nm* Parkuhr *f*.
parcourir [paʀkuʀiʀ] *vt* gehen durch; *(trajet déterminé)* zurücklegen; *(journal, livre)* überfliegen; *(regarder)*: ~ **qch des yeux/du regard** seinen Blick über etw *(akk)* schweifen lassen.
parcours [paʀkuʀ] *nm* *(trajet)* Strecke *f*, Route *f*; *(SPORT)* Bahn *f*; *(tour)* Runde *f*.
par-dessous [paʀd(ə)su] *prep* unter *(+dat)* // *ad* darunter.
par-dessus [paʀd(ə)sy] *prep* über *(+dat)*; *(avec mouvement)* über *(+akk)* // *ad* darüber.
pardessus [paʀdəsy] *nm* Mantel *m*.
par-devant [paʀd(ə)vɑ̃] *prep* vor *(+dat)*; in Gegenwart von // *ad* vorne.
pardon [paʀdɔ̃] *nm* Verzeihung *f*, Vergebung *f* // *excl* *(politesse)* Verzeihung, Entschuldigung!; *(contradiction)* verzeihen Sie, aber ...; **demander** ~ **à qn (de qch/d'avoir fait qch)** jdn um Verzeihung bitten (wegen etw/etw getan zu haben); **je vous demande** ~ verzeihen Sie.
pardonner [paʀdɔne] *vt* verzeihen, vergeben.
pare-balles [paʀbal] *a inv* kugelsicher.
pare-boue [parbu] *nm* Schutzblech *nt*.
pare-brise [parbriz] *nm inv* Windschutzscheibe *f*.
pare-chocs [parʃɔk] *nm inv* Stoßstange *f*.
pareil, eille [paʀɛj] *a* *(similaire)* gleich; *(tel)*: **en** ~ **cas** in einem solchen Fall // *ad*: **habillés** ~ gleich angezogen // *nm/f* *(chose)*: **le/la** ~**(eille)** der/die/das Gleiche; *(personne)*: **vos** ~**s** euresgleichen; ~ **à** gleich, ähnlich *(+dat)*; **sans** ~ ohnegleichen; **c'est du** ~ **au même** das ist Jacke wie Hose.
pareillement [paʀɛjmɑ̃] *ad* ebenso.
parent, e [paʀɑ̃, ɑ̃t] *nm/f*: **un/une** ~**(e)** ein Verwandter/eine Verwandte // *a*: **être** ~**s**/~ **de qn** verwandt sein/mit jdm verwandt sein; ~**s** *nmpl* *(père et mère)* Eltern *pl*.
parenté [paʀɑ̃te] *nf* Verwandtschaft *f*.
parenthèse [paʀɑ̃tɛz] *nf* *(ponctuation)* Klammer *f*; *(fig)* Einschub *m*; **entre** ~**s** in Klammern.
parer [paʀe] *vt* schmücken, zieren; *(CULIN)* zubereiten; *(coup, manœuvre)* abwehren; ~ **à** abwenden *(+akk)*.
pare-soleil [parsɔlɛj] *nm* Sonnenblende *f*.
paresse [paʀɛs] *nf* Faulheit *f*.
paresseux, euse [paʀɛsø, øz] *a* *(personne)* faul, träge; *(attitude)* schwerfällig // *nm* *(ZOOL)* Faultier *nt*.
parfaire [paʀfɛʀ] *vt* ver-

vollkommnen.
parfait, e [parfɛ, ɛt] *a (exemplaire)* perfekt, vollkommen; *(accompli, achevé)* völlig, total // *nm (LING)* Perfekt *nt; (glace)* Parfait *nt* // *excl* fein, toll!
parfaitement [parfɛtmɑ̃] *ad (très bien)* perfekt, ausgezeichnet; *(complètement)* völlig, vollkommen // *excl* genau!
parfois [parfwa] *ad* manchmal.
parfum [parfɔ̃] *nm (de fleur, tabac, vin)* Duft *m*, Aroma *nt; (essence)* Parfüm *nt*.
parfumé, e [parfyme] *a (fleur, fruit)* duftend, wohlriechend; *(femme)* parfümiert; *(aromatisé)*: **glace ~e au café** Eis mit Kaffeegeschmack.
parfumer [parfyme] *vt* parfümieren; *(aromatiser)* Geschmack verleihen *(+dat)*; **se ~** sich parfümieren.
parfumerie [parfymri] *nf (produits)* Toilettenartikel *pl; (boutique)* Parfümerie *f*.
pari [pari] *nm* Wette *f*.
paria [parja] *nm* Ausgestoßene(r) *mf*.
parier [parje] *vt, vi* wetten.
parieur [parjœr] *nm* Wetter *m*.
parisien, ne [parizjɛ̃, jɛn] *a* Pariser; **P~,ne** *nm/f* Pariser(in *f*) *m*.
paritaire [paritɛr] *a*: **commission ~** gemeinsamer Ausschuß *m*.
parité [parite] *nf* Gleichheit *f*; **~ de change** Wechselkursparität *f*.
parjure [parʒyr] *nm* Meineid *m*.
parjurer [parʒyre]: **se ~** *vi* einen Meineid leisten.
parking [parkiŋ] *nm* Parkplatz *m*; Parkhaus *nt*.
parlant, e [parlɑ̃, ɑ̃t] *a (expressif)* ausdrucksvoll; *(fig: comparaison, preuve)* beredt, eindeutig; **cinéma/film ~** Tonfilm *m* // *ad*: **humainement/généralement ~** menschlich/allgemein gesprochen.
parlé, e [parle] *a*: **langue ~e** gesprochene Sprache *f*.
parlement [parləmɑ̃] *nm* Parlament *nt*.
parlementaire [parləmɑ̃tɛr] *a* parlamentarisch.
parler [parle] *vi* sprechen, reden; *(malfaiteur, complice)* aussagen, reden; *(s'exprimer)*: **~ par gestes** mit Gesten reden; *(être éloquent)*: **les faits parlent d'eux-mêmes** die Fakten sprechen für sich; **~ de qch/qn** von jdm/etw sprechen; **~ à qn (de qch/qn)** mit jdm (über etw/jdn) sprechen; **~ de faire qch** davon reden, etw zu tun; **~ le/en français** Französisch/französisch sprechen; **~ affaires/politique** über Geschäfte/Politik reden; **~ en dormant** im Schlaf sprechen; **sans ~ de** abgesehen von; **tu parles!** *(fam)* von wegen!
parloir [parlwar] *nm* Sprechzimmer *nt*.
parmesan [parməzɑ̃] *nm* Parmesan *m*.
parmi [parmi] *prep* (mitten) unter *(+dat)*, bei.
parodie [parɔdi] *nf* Parodie f.
parodier [parɔdje] *vt* parodieren.
paroi [parwa] *nf (cloison)* Trennwand *f; (d'un récipient)* Wand *f*; **~ (rocheuse)** Felswand *f*.
paroisse [parwas] *nf* Pfarrei *f*.
parole [parɔl] *nf (faculté de parler)*: **la ~** die Sprache; *(débit de voix)* Stimme *f*, Tonfall *m; (engagement formel)* Wort *nt; (droit de parler)*: **demander/obtenir la ~** ums Wort bitten/das Wort erhalten; *(mot, phrase)*: **une/des ~(s)** ein Wort/Worte *pl*; **~s** *nfpl (promesses)* Versprechungen *pl; (MUS: d'une chanson)* Text *m*; **croire qn sur ~** jdm aufs Wort glauben.
parquer [parke] *vt (animaux)* einsperren, einpferchen; *(MIL: soldats)* stationeren; *(voiture)* (ein)parken.
parquet [parkɛ] *nm (magistrats)*: **le ~** die Staatsanwaltschaft; *(plancher)* Parkett *nt*.
parrain [parɛ̃] *nm* Pate *m; (d'un nouvel adhérent)* Bürge *m*.
parricide [parisid] *nm (meurtre)* Vater-/Muttermord *m*.
parsemer [parsəme] *vt* verstreut sein über *(+dat)*; **~ qch de** etw be-

streuen mit.

part [paʀ] *nf* Teil *m; (d'efforts, de peines)* Anteil *m; (FIN)* Aktie *f;* **prendre ~ à qch** an etw *(dat)* teilnehmen; **faire ~ de qch à qn** jdm etw mitteilen; **pour ma ~** was mich betrifft; **de la ~ de qn** von jdm; **de toute(s) ~(s)** von allen Seiten; **de ~ et d'autre** auf beiden Seiten; **de ~ en ~** durch und durch; **d'une ~ ... d'autre ~** einerseits ... andererseits; **nulle/autre/quelque ~** nirgends/anderswo/irgendwo; **à ~** *ad* beiseite // *prep:* **à ~ cela** abgesehen davon // *a* außergewöhnlich, besonders, speziell; **mettre à ~** beiseite legen; **prendre qn à ~** jdn beiseite nehmen; **faire la ~ des choses** die Umstände berücksichtigen.

partage [paʀtaʒ] *nm* Aufteilung *f;* **en ~: recevoir en ~** anteilmäßig erhalten.

partager [paʀtaʒe] *vt* teilen; **se ~** *vt* sich aufteilen.

partance [paʀtɑ̃s]: **en ~** *ad* startbereit; **le train en ~ pour Poitiers** der Zug nach Poitiers.

partant [paʀtɑ̃] *nm* Teilnehmer(in *f*) *m.*

partenaire [paʀtənɛʀ] *nm/f* Partner(in *f*) *m.*

parterre [paʀtɛʀ] *nm (de fleurs)* Blumenbeet *nt; (THEAT)* Parkett *nt.*

parti [paʀti] *nm* Partei *f; (personne à marier):* **un beau/riche ~** eine schöne/reiche Partie; **tirer ~ de** Nutzen ziehen aus; **prendre le ~ (de faire qch/de qn)** sich entschließen (etw zu tun/für jdn); **prendre ~ (pour/contre qn)** Partei ergreifen (für/gegen jdn); **prendre son ~ (de qch)** sich (mit etw) abfinden; **~ pris** Voreingenommenheit *f.*

partial, e, aux [paʀsjal, o] *a* voreingenommen, parteiisch.

participant, e [paʀtisipɑ̃, ɑ̃t] *nm/f* Teilnehmer(in *f*) *m.*

participation [paʀtisipɑsjɔ̃] *nf* Teilnahme *f;* Beteiligung *f;* Mitarbeit *f;* **~ aux frais/bénéfices** Kosten-/Gewinnbeteiligung *f;* **~ ouvrière** Mitbestimmung *f.*

participe [paʀtisip] *nm* Partizip *nt.*

participer [paʀtisipe]: **~ à** *vt (jeu, réunion)* teilnehmen an *(+dat); (frais, bénéfices)* sich beteiligen an *(+dat); (suj: élève)* sich beteiligen, mitarbeiten; **~ au chagrin/succès de qn** an jds Kummer/Erfolg Anteil nehmen.

particularité [paʀtikylaʀite] *nf* Besonderheit *f,* Eigenheit *f.*

particule [paʀtikyl] *nf* Teilchen *nt; (LING)* Partikel *f.*

particulier, -ière [paʀtikylje, jɛʀ] *a* besondere(r,s); *(personnel, privé)* privat, Privat-; *(cas)* einzeln; *(intérêt, raison)* eigen // *nm/f (citoyen):* **un ~** ein Privatmann *m;* **être ~ à qn** jdm eigen sein; **être ~ à qch** eine Besonderheit von etw sein; **en ~** *ad (à part)* getrennt, gesondert; *(en privé)* vertraulich; *(parler)* unter vier Augen; *(surtout)* besonders, vor allem.

particulièrement [paʀtikyljɛʀmɑ̃] *ad* besonders.

partie [paʀti] *nf* Teil *m; (profession, spécialité)* Gebiet *nt; (MUS)* Partie *f; (JUR, fig: adversaire)* Partei *f; (de cartes, tennis)* Spiel *nt,* Partie *f; (lutte, combat)* Kampf *m; (divertissement):* **~ de campagne/de pêche** Landpartie *f*/Angeltour *f;* **en ~** *ad* teilweise; **faire ~ de qch** zu etw gehören; **prendre qn à ~** jdn ins Gebet nehmen; **en grande/majeure ~** zu einem großen Teil/hauptsächlich; **~ civile** Privatkläger *m;* **~ publique** Staatsanwalt *m.*

partiel, le [paʀsjɛl] *a* Teil-, teilweise, partiell // *nm (SCOL)* (Teil)klausur *f.*

partir [paʀtiʀ] *vi (personne:)* gehen, weggehen; *(: en voiture, train etc)* abfahren; *(avion)* abfliegen; *(train, bus, voiture)* abfahren; *(lettre)* abgehen; *(pétard, fusil)* losgehen; *(bouchon)* (heraus)fliegen; *(tache)* herausgehen; *(moteur)* anspringen; *(se détacher: bouton)* abgehen; **~ en voyage** abreisen; **~ d'un endroit/de chez soi** von einem Ort aus/von zu Hause losgehen *ou* losfahren; **~**

de *(commencer: suj: personne)* anfangen mit; *(suj: route)* anfangen in (+*dat*), ausgehen von; *(suj: abonnement)* anfangen in (+*dat*)/am; *(suj: proposition)* ausgehen von; ~ **de rien** mit nichts anfangen; **à** ~ **de** von ... an.

partisan, e [partizɑ̃, an] *nm/f* Anhänger(in *f*) *m* // *a:* **être** ~ **de qch/faire qch** für etw sein/dafür sein, etw zu tun.

partitif, ive [partitif, iv] *a:* **article** ~ Teilungsartikel *m.*

partition [partisjɔ̃] *nf (MUS)* Noten *pl*, Partitur *f.*

partout [partu] *ad* überall; **de** ~ von überallher; **trente** ~ *(TENNIS)* dreißig beide.

paru, e [pary] *pp de* **paraître.**

parure [paryr] *nf (vêtements, ornements, bijoux)* Staat *m*, Aufmachung *f; (bijoux assortis):* ~ **de diamants** Diamantschmuck *m; (de table, sous-vêtements)* Wäsche *f.*

parution [parysjɔ̃] *nf* Erscheinung *f*, Veröffentlichung *f.*

parvenir [parvənir]: ~ **à** *vt* erreichen (jdn, einen Ort); *(arriver):* ~ **à ses fins** zu seinem Ziel gelangen; ~ **à la fortune** zu Reichtum kommen; ~ **à un âge avancé** ein fortgeschrittenes Alter erreichen; ~ **à faire qch** es schaffen, etw zu tun.

parvenu, e [parvəny] *nm/f (pej)* Emporkömmling *m.*

parvis [parvi] *nm* Vorplatz *m.*

pas [pɑ] *ad (avec verbe):* **ne ... pas** nicht; *(avec nom):* **pas de ...** kein(e, er); **je ne vais** ~ **à l'école** ich gehe nicht zur Schule; **je ne mange** ~ **de pain** ich esse kein Brot; **je n'en sais** ~ **plus** ich weiß nicht mehr; **elle travaille, (mais) lui** ~ sie arbeitet, er aber nicht; ~ **du tout** überhaupt nicht; ~ **encore** noch nicht; ~ **de sitôt** so schnell nicht; ~ **plus tard qu'hier** erst gestern; **ils ont** ~ **mal d'argent/d'enfants** sie haben nicht (gerade) wenig Geld/wenige Kinder; **ce n'est** ~ **sans peine/hésitation que je ...** nicht ohne Mühe/Zögern ... ich.

pas [pɑ] *nm* Schritt *m; (trace de pas)* Tritt *m*, Spur *f; (fig: étape)* Etappe *f; (DANSE):* **un** ~ **de tango/de deux** ein Tangoschritt/Pas de deux *m; (d'un cheval)* Gang *m; (TECH: de vis, d'écrou, d'hélice)* Gewinde *nt;* ~ **à** ~ Schritt für Schritt; **au** ~ im Schritttempo; **à** ~ **de loup** verstohlen; ~ **de la porte** Türschwelle *f.*

passage [pɑsaʒ] *nm voir* **passer;** *(NAVIG: traversée)* Überfahrt *f; (lieu: trouée, col)* Übergang *m; (d'un livre, d'une symphonie)* Passage *f; (chemin):* **laissez/n'obstruez pas le** ~ lassen Sie Platz/behindern Sie nicht den Durchgang; *(itinéraire)* Weg *m;* ~ **clouté** Fußgängerüberweg *m;* ~ **interdit** Durchfahrt verboten; ~ **à niveau** höhengleicher Bahnübergang *m;* ~ **protégé** vorfahrtsberechtigte Straße *f.*

passager, ère [pɑsaʒe, ɛr] *a* vorübergehend // *nm/f* Passagier *m;* ~ **clandestin** blinder Passagier *m.*

passant, e [pɑsɑ̃, ɑ̃t] *a* geschäftig, lebhaft // *nm/f* Passant(in *f*) *m;* **remarquer qch en** ~ etw beiläufig *ou* er passant bemerken.

passe [pɑs] *nf (SPORT)* Paß *m* // *nm (passe-partout)* Hauptschlüssel *m; (de cambrioleur)* Dietrich *m.*

passé *prep:* ~ **10 heures** nach 10 Uhr.

passé, e [pɑse] *a* vergangen; *(fané)* verblaßt; **midi** ~ nach Mittag // *nm* Vergangenheit *f;* ~ **simple/composé** Passé simple *nt*/Passé composé *nt.*

passe-droit [pɑsdrwa] *nm* Vergünstigung *f.*

passementerie [pɑsmɑ̃tri] *nf (ouvrages)* Litzen, Bänder und Spitzen *pl.*

passe-montagne [pɑsmɔ̃taɲ] *nm* Kapuzenmütze *f.*

passe-partout [pɑspartu] *nm inv (clé)* Hauptschlüssel *m; (de cambrioleur)* Dietrich *m* // *a inv* Allzweck-.

passe-passe [pɑspɑs] *nm inv:* **tour de** ~ Taschenspielertrick *m.*

passeport [pɑspɔr] *nm* Reisepaß *m.*

passer [pɑse] *vi* vorbeigehen; *(véhicule)* vorbeifahren; *(faire une* *halte rapide: livreur)* vorbeikommen; *(: pour rendre visite):* ~ **(chez qn)** vorbeikommen *ou* hereinschauen (bei jdm); *(courant électrique, air, lumière)* durchkommen; *(se rendre):* ~ **d'une pièce/d'un pays dans un(e) autre** von einem Zimmer/ Land ins andere gehen; *(franchir un obstacle)* durchkommen; *(temps, jours)* vorbeigehen; *(liquide)* durchlaufen; *(projet de loi)* durchkommen; *(film)* laufen; *(émission)* kommen; *(pièce de théâtre)* gegeben werden, spielen; *(personne):* ~ **à la radio/ télévision** im Radio/Fernsehen kommen; *(couleur, papier)* verblassen; *(mode)* vorbeigehen; *(douleur, maladie)* vergehen; (*CARTES*) passen // *vt (franchir)* überqueren; (*SCOL*) bestehen; *(journée, temps)* verbringen; *(permettre):* ~ **qch (à qn)** (jdm) etw durchlassen; *(transmettre):* ~ **qch à qn** *(: objet)* jdm etw geben; *(: message)* jdm etw übermitteln; *(: maladie)* jdn (mit etw) anstecken; *(enfiler)* anziehen; *(dépasser: gare, maison)* vorbeigehen/-fahren an *(+dat); (café, thé, soupe)* durchseihen, filtern; *(film, pièce)* geben; *(disque)* spielen; *(effacer)* ausbleichen; ~ **par** *vt* gehen durch/über *(+akk); (voiture)* fahren durch/über *(+akk); (intermédiaire)* gehen über *(+akk); (organisme)* gehen durch; *(expérience)* durchmachen; ~ **sur** *vt* übergehen; ~ **dans les mœurs/l'usage** üblich *ou* gebräuchlich werden; ~ **au travers d'une corvée/punition** von einer lästigen Pflicht/einer Strafe befreit werden; ~ **devant/ derrière qn/qch** vor/hinter jdm/etw vorbeigehen; ~ **avant qch/qn** *(être plus important que)* vor etw/jdm kommen; **laisser** ~ *(lumière, personne)* durchlassen; *(affaire, erreur)* durchgehen lassen; ~ **dans la classe supérieure** in die nächste Klasse kommen; ~ **en seconde/troisième** (*AUT*) in den zweiten/dritten Gang schalten; ~ **à la radio** geröntgt werden; ~ **à la visite médicale** medizinisch untersucht werden; ~ **inaperçu** unerkannt bleiben; ~ **pour riche/un imbécile** für reich/einen Dummkopf gehalten werden; ~ **à table/au salon/à côté** zu Tisch/ins Wohnzimmer/nebenan gehen; ~ **à l'étranger/à l'opposition** ins Ausland/in die Opposition gehen; **se** ~ *vi (avoir lieu)* sich abspielen, stattfinden; *(arriver):* **que s'est-il passé?** was ist passiert?; *(temps)* vorbeigehen; ~ **l'oral** das Mündliche bestehen; ~ **la seconde/troisième** (*AUT*) in den zweiten/dritten Gang schalten; ~ **qch en fraude** etw schmuggeln; ~ **la tête/la main par la portière** den Kopf/die Hand durch die Tür strecken; ~ **le balai/l'aspirateur** fegen/staubsaugen; **je vous passe M. X** *(au téléphone)* ich gebe Ihnen Herrn X; ~ **un marché/accord** einen Vertrag/ein Abkommen schließen; **se** ~ **les mains sous l'eau/de l'eau sur le visage** sich *(dat)* die Hände waschen/sich *(dat)* Wasser ins Gesicht sprühen; **se** ~ **de qch** auf etw *(akk)* verzichten.

passerelle [pɑsʀɛl] *nf (pont étroit)* Fußgängerüberführung *f; (d'un navire, avion)* Gangway *f.*

passe-temps [pastɑ̃] *nm inv* Zeitvertreib *m.*

passeur, euse [pasœʀ, øz] *nm/f (fig)* Schmuggler(in *f*) *m.*

passif, -ive [pasif, iv] *a* passiv // *nm* (*LING*) Passiv *nt;* (*COMM*) Passiva *pl,* Schulden *pl.*

passion [pɑsjɔ̃] *nf (amour, émotion, flamme)* Leidenschaft *f,* Leidenschaftlichkeit *f; (frénésie, avidité):* **la** ~ **du jeu/de l'argent** die Spielleidenschaft/die Faszination des Geldes.

passionnant, e [pɑsjɔnɑ̃, ɑ̃t] *a* spannend.

passionné, e [pɑsjɔne] *a* leidenschaftlich.

passionner [pɑsjɔne] *vt* faszinieren, fesseln; *(débat, discussion)*

begeistern, erregen; **se ~ pour qch** sich leidenschaftlich für etw interessieren.
passoire [paswaR] *nf* Sieb *nt*.
pastèque [pastɛk] *nf* Wassermelone *f*.
pasteur [pastœR] *nm (protestant)* Pfarrer *m*.
pasteuriser [pastœRize] *vt* pasteurisieren.
pastiche [pastiʃ] *nm* Persiflage *f*.
pastille [pastij] *nf* Pastille *f*.
patate [patat] *nf*: **~ douce** Süßkartoffel *f*.
pâte [pɑt] *nf* Teig *m; (d'un fromage)* Masse *f; (substance molle)* Brei *m*, Paste *f;* **~s** *nfpl (macaroni etc)* Teigwaren *pl;* **~ brisée/feuilletée** Mürb-/Blätterteig *m;* **~ d'amandes** Mandelpaste *f;* **~ de fruits** Fruchtpaste *f;* **~ à papier** Papierbrei *m;* **~ à modeler** Plastilin *nt*.
pâté [pɑte] *nm (charcuterie)* Pastete *f; (tache d'encre)* Tintenfleck *m;* **~ en croûte** Fleischpastete *f;* **~ de foie/de lapin** Leber-/Hasenpastete *f*.
pâtée [pɑte] *nf* Futterbrei *m*.
patente [patɑ̃t] *nf (COMM)* Gewerbesteuer *f*.
patère [patɛR] *nf* Kleiderhaken *m*.
paternel, elle [patɛRnɛl] *a* väterlich.
pâteux, euse [pɑtø, øz] *a* zähflüssig.
pathétique [patetik] *a* ergreifend.
pathologie [patɔlɔʒi] *nf* Pathologie *f*.
patience [pasjɑ̃s] *nf* Geduld *f;* **perdre ~** die Geduld verlieren.
patient, e [pasjɑ̃, ɑ̃t] *a* geduldig // *nm/f* Patient(in *f*) *m*.
patienter [pasjɑ̃te] *vi* sich gedulden, warten.
patin [patɛ̃] *nm*: **~s (à glace)** Schlittschuhe *pl;* **~s à roulettes** Rollschuhe *pl*.
patinage [patinaʒ] *nm (technique)*: **le ~** das Schlittschuhlaufen; **~ artistique/de vitesse** Kunstlaufen *nt*/Eisschnellaufen *nt*.
patine [patin] *nf* Glanz *m*.
patiner [patine] *vi (personne)* Schlittschuh laufen; *(embrayage)* schleifen; *(roue, voiture)* nicht fassen; **se ~** *(meuble, cuir)* Glanz bekommen.
patineur, euse [patinœR, øz] *nm/f* Schlittschuhläufer(in *f*) *m*.
patinoire [patinwaR] *nf* Eisbahn *f*.
pâtir [pɑtiR]: **~ de** *vt* leiden unter *(+dat)*.
pâtisserie [pɑtisRi] *nf*: **la ~** das Gebäck, das Backwerk; *(boutique)* Konditorei *f;* **~s** *nfpl (gâteaux)* feine Kuchen *pl*, Backwaren *pl*.
pâtissier, ière [pɑtisje, jɛR] *nm/f* Konditor(in *f*) *m*.
patois [patwa] *nm* Mundart *f*.
patriarche [patRijaRʃ(ə)] *nm (REL)* Patriarch *m*.
patrie [patRi] *nf* Vaterland *nt*, Heimat *f*.
patrimoine [patRimwan] *nm* Erbe *nt*.
patriote [patRijɔt] *a* patriotisch // *nm/f* Patriot(in *f*) *m*.
patriotique [patRijɔtik] *a* patriotisch.
patron, ne [patRɔ̃, ɔn] *nm/f (saint)* Patron(in *f*) *m; (NAVIG)* Kapitän *m; (d'un café, hôtel, d'une usine)* Besitzer(in *f*) *m; (employeur)*: **~s et employés** Arbeitgeber *pl* und Arbeitnehmer *pl; (MED)* Klinikchef *m* // *nm (COUTURE)* (Schnitt)muster *nt*.
patronal, e, aux [patRɔnal, o] *a (syndicat, intérêts)* Arbeitgeber-.
patronner [patRɔne] *vt (protéger)* protegieren, sponsern.
patrouille [patRuj] *nf* Patrouille *f*, Streife *f*.
patrouiller [patRuje] *vi* patrouillieren.
patte [pat] *nf (ZOOL)* Fuß *m*, Pfote *f*, Klaue *f; (languette)* Streifen *m*.
pâturage [pɑtyRaʒ] *nm* Weide *f*.
paume [pom] *nf (ANAT)* Handfläche *f*, Handteller *m*.
paumer [pome] *vt (fam: perdre)* verlieren.
paupière [popjɛR] *nf* Lid *nt*.
paupiette [popjɛt] *nf*: **~s de veau** Kalbsroulade *f*.
pause [poz] *nf* Pause *f*.

pauvre [povʀ(ə)] *a* arm.
pauvreté [povʀəte] *nf* Armut *f*.
pavaner [pavane]: **se** ~ *vi* herumstolzieren.
pavé, e [pave] *a* gepflastert // *nm* *(bloc de pierre)* Pflasterstein *m*; *(pavage d'église)* Fußboden *m*.
pavillon [pavijɔ̃] *nm (kiosque)* Pavillon *m*; *(maisonnette, villa)* Häuschen *nt*; *(NAVIG)* Flagge *f*; ~ **de complaisance** Billigflagge *f*.
pavot [pavo] *nm* Mohn *m*.
payant, e [pɛjɑ̃, ɑ̃t] *a (hôte, spectateur)* zahlend; *(place, spectacle)* wo man Eintritt bezahlen muß; *(billet)* nicht kostenlos; *(entreprise, coup)* gewinnbringend, rentabel.
paye [pɛj] *nf (d'un employé)* Lohn *m*.
payement [pɛjmɑ̃] *nm* Bezahlung *f*; *(somme)* Zahlung *f*.
payer [peje] *vt* bezahlen, zahlen; *(fig: faute, crime)* bezahlen für // *vi* sich auszahlen, sich lohnen; ~ **qn de** *(ses efforts, peines)* jdn bezahlen für; ~ **qch à qn** jdm etw zahlen; ~ **comptant** *ou* **en espèces/par chèque** bar/mit Scheck bezahlen.
pays [pei] *nm* Land *nt*.
paysage [peizaʒ] *nm* Landschaft *f*.
paysagiste [peizaʒist(ə)] *nm/f (peintre)* Landschaftsmaler(in *f*) *m*; *(jardinier)* Landschaftsgärtner(in *f*) *m*.
paysan, anne [peizɑ̃, an] *nm/f* Bauer *m*, Bäuerin *f* // *a (moeurs, revendications)* Bauern-, bäuerlich; *(air)* Land-.
P.C.V. [peseve] *nm* R-Gespräch *nt*.
P.D.G. [pedeʒe] *sigle m voir* **président.**
péage [peaʒ] *nm (sur autoroute)* Autobahngebühr *f*; *(sur pont)* Brückengebühr *f*; *(endroit)* Maut *f*; **autoroute/pont à** ~ gebührenpflichtige Straße/Brücke.
peau, x [po] *nf* Haut *f*; *(morceau de peau)*: **une** ~ ein Hautstück *nt*; *(cuir fin)*: **gants de** ~ Handschuhe *pl* aus feinstem Leder; ~ **de chamois** *(chiffon)* Fensterleder *nt*.
peau-rouge [poʀuʒ] *nm/f* Rothaut *f*.
pêche [pɛʃ] *nf*: **la** ~ das Fischen; *(à la ligne)* das Angeln; *(poissons pêchés)* Fang *m*; *(fruit)* Pfirsich *m*.
péché [peʃe] *nm* Sünde *f*.
pécher [peʃe] *vi (REL)* sündigen.
pêcher [peʃe] *nm* Pfirsichbaum *m* // *vt* fischen; angeln; ~ **à la ligne** angeln; ~ **au filet** mit dem Netz fischen.
pécheur, eresse [peʃœʀ, peʃʀɛs] *nm/f* Sünder(in *f*) *m*.
pêcheur, euse [peʃœʀ, peʃøz] *nm/f* Fischer(in *f*) *m*, Angler(in *f*) *m*.
pécule [pekyl] *nm (économies)* Ersparnisse *pl*.
pécuniaire [pekynjɛʀ] *a* finanziell.
pédagogie [pedagɔʒi] *nf* Pädagogik *f*.
pédagogique [pedagɔʒik] *a* pädagogisch.
pédagogue [pedagɔg] *nm/f* Pädagoge *m*, Pädagogin *f*.
pédale [pedal] *nf* Pedal *nt*.
pédaler [pedale] *vi* (in die Pedale) treten.
pédalo [pedalo] *nm* Tretboot *nt*.
pédant, e [pedɑ̃, ɑ̃t] *a* besserwisserisch.
pédéraste [pedeʀast(ə)] *nm* Päderast *m*.
pédestre [pedɛstʀ(ə)] *a*: **randonnée** ~ Wanderung *f*.
pédiatre [pedjatʀ(ə)] *nm/f* Kinderarzt *m*, -ärztin *f*.
pédiatrie [pedjatʀi] *nf* Kinderheilkunde *f*.
pédicure [pedikyʀ] *nm/f* Fußpfleger(in *f*) *m*.
pedigree [pedigʀi] *nm* Stammbaum *m*.
pègre [pɛgʀ(ə)] *nf* Unterwelt *f*.
peigne [pɛɲ] *nm* Kamm *m*.
peigner [peɲe] *vt* kämmen; **se** ~ sich kämmen.
peignoir [pɛɲwaʀ] *nm (de sportif, sortie de bain)* Bademantel *m*; *(déshabillé)* Morgenmantel *m*.
peindre [pɛ̃dʀ(ə)] *vt* malen; *(mur, carrosserie)* streichen.
peine [pɛn] *nf (affliction, chagrin)* Kummer *m*; *(mal, effort, difficulté)* Mühe *f*; *(punition, JUR)* Strafe *f*; **faire de la** ~ **à qn** jdm weh tun; **prendre**

la ~ de ... sich *(dat)* die Mühe machen, zu ...; **se donner de la ~** sich bemühen; **ce n'est pas la ~** es ist nicht nötig; **ça ne vaut pas la ~** es lohnt sich nicht; **à ~** *ad (presque, très peu)* kaum; *(tout juste)*: **il y a à ~ huit jours** es ist kaum acht Tage her; **sous ~ d'amende** bei Strafe; **~ de mort/capitale** Todesstrafe *f*.
peiner [pene] *vi (se fatiguer)* sich quälen // *vt* betrüben.
peintre [pɛ̃tʀ(ə)] *nm* Maler(in *f*) *m*; **~ en bâtiment** Anstreicher(in *f*) *m*.
peinture [pɛ̃tyʀ] *nf* Malen *nt*; (An)streichen *nt*; *(tableau, peinture murale)* Bild *nt*; *(ART)*: **la ~** die Malerei; *(couleur)* Farbe *f*; **~ mate/brillante** Matt-/Glanzlack *m*; **~ fraîche!** frisch gestrichen!
péjoratif, ive [peʒɔʀatif, iv] *a* pejorativ, abwertend.
pelage [pəlaʒ] *nm* Fell *nt*.
pêle-mêle [pɛlmɛl] *ad* durcheinander.
peler [pəle] *vt* schälen // *vi* sich schälen.
pèlerin [pɛlʀɛ̃] *nm (REL)* Pilger(in *f*) *m*.
pélican [pelikɑ̃] *nm* Pelikan *m*.
pelle [pɛl] *nf* Schaufel *f*; **~ mécanique** (Löffel)bagger *m*; **~ à tarte** *ou* **gâteau** Tortenheber *m*.
pellicule [pelikyl] *nf (couche fine)* Häutchen *nt*; *(PHOT)* Film *m*; **~s** *nfpl* Schuppen *pl*.
pelote [p(ə)lɔt] *nf (de fil, laine)* Knäuel *m*; *(d'épingles, d'aiguilles)* Nadelkissen *nt*; *(jeu)*: **~ (basque)** Pelota *f (baskisches Ballspiel)*.
peloton [p(ə)lɔtɔ̃] *nm (MIL)*: **~ de punition** Straftrupp *m*; **~ d'exécution** Hinrichtungskommando *nt*; *(SPORT)* (Haupt)feld *nt*.
pelotonner [p(ə)lɔtɔne]: **se ~** *vi* sich zusammenkugeln.
pelouse [p(ə)luz] *nf* Rasen *m*.
peluche [p(ə)lyʃ] *nf*: **animal en ~** Stofftier *nt*.
pelure [p(ə)lyʀ] *nf* Schale *f*.
pénal, e, aux [penal, o] *a* Straf-.
pénalité [penalite] *nf (sanction)* Strafe *f*; *(SPORT)* Strafstoß *m*.
penalty [penalti] *nm* Elfmeter *m*.
pénard [penaʀ] = **peinard.**
penaud, e [pəno, od] *a* zerknirscht.
penchant [pɑ̃ʃɑ̃] *nm* Neigung *f*, Vorliebe *f*; **avoir un ~ pour qch** eine Vorliebe für etw haben.
pencher [pɑ̃ʃe] *vi* sich neigen; *(personne)*: **~ pour** neigen zu *(+dat)* // *vt* neigen; **se ~** *(personne)* sich vorbeugen; **se ~ sur** sich beugen über *(+akk)*; *(fig)* sich vertiefen in *(+akk)*.
pendaison [pɑ̃dɛzɔ̃] *nf* Hängen *nt*.
pendant [pɑ̃dɑ̃] *prep* während *(+gen)* // **pendant, e** *a (JUR, ADMIN)* schwebend // *nm*: **~s d'oreilles** Ohrringe *pl*.
pendentif [pɑ̃dɑ̃tif] *nm (bijou)* Anhänger *m*.
penderie [pɑ̃dʀi] *nf (placard)* Kleiderschrank *m*.
pendre [pɑ̃dʀ(ə)] *vt* aufhängen; *(personne)* hängen // *vi* hängen; **se ~** sich aufhängen; **se ~ à qch** hängen an *(+dat)*.
pendu, e [pɑ̃dy] *nm/f* Gehängte(r) *mf*.
pendule [pɑ̃dyl] *nf (horloge)* (Wand)uhr *f* // *nm* Pendel *nt*.
pêne [pɛn] *nm* Riegel *m*.
pénétrer [penetʀe] *vi*: **~ dans/à l'intérieur de** herein-/hineinkommen in *(+akk)*; *(de force)* eindringen in *(+akk)*; *(en voiture etc)* herein-/hineinfahren in *(+akk)* // *vt* eindringen in *(+akk)*; *(mystère, secret)* herausfinden.
pénible [penibl(ə)] *a (astreignant, difficile)* mühsam, schwierig; *(douloureux, affligeant)* schmerzhaft; *(personne, caractère)* lästig.
péniblement [penibləmɑ̃] *ad* mit Schwierigkeit; schmerzlich.
péniche [peniʃ] *nf* Last-/Frachtkahn *m*.
pénicilline [penisilin] *nf* Penizillin *nt*.
péninsule [penɛ̃syl] *nf* Halbinsel *f*.
pénis [penis] *nm* Penis *m*.
pénitence [penitɑ̃s] *nf (repentir)* Reue *f*; *(REL)* Buße *f*; *(punition)* Strafe *f*.
pénitencier [penitɑ̃sje] *nm (prison)* Zuchthaus *nt*.

pénombre [penɔ̃bʀ(ə)] *nf* Halbdunkel *nt*.

pensée [pɑ̃se] *nf (faculté, fait de penser)*: **la** ~ das Denken; *(ce que l'on pense)* Gedanke *m*; *(doctrine)* Lehre *f*; *(maxime, sentence)* Gedanke *m*, Reflexion *f*; *(BOT)* Stiefmütterchen *nt*; **en** ~ im Geist.

penser [pɑ̃se] *vi* denken // *vt* denken; *(imaginer, concevoir)* sich *(dat)* denken; ~ **à** *vt* denken an *(+akk)*; *(réfléchir à)* nachdenken über *(+akk)*; ~ **faire qch** vorhaben, etw zu tun; ~ **du bien/du mal de qn/qch** gut/schlecht über jdn/etw denken.

penseur [pɑ̃sœʀ] *nm* Denker(in *f*) *m*.

pensif, -ive [pɑ̃sif, iv] *a* nachdenklich.

pension [pɑ̃sj] *nf (allocation)* Rente *f*; *(somme, prix payé)* Pension *f*; *(hôtel, maison particulière)* Pension *f*; *(SCOL)* Internat *nt*; **prendre** ~ **chez qn/dans un hôtel** bei jdm/in einem Hotel in Pension sein; **prendre qn chez soi en** ~ an jdn ein Zimmer vermieten; **mettre un enfant en** ~ **dans un collège** ein Kind in ein Internat tun; **chambre sans/avec** ~ **complète** Zimmer mit/ohne Vollpension; ~ **alimentaire** Unterhaltsbeitrag *m*; ~ **de famille** Pension *f*.

pensionnaire [pɑ̃sjɔnɛʀ] *nm/f* Pensionsgast *m*; Internatsschüler(in *f*) *m*.

pensionnat [pɑ̃sjɔna] *nm* Internat *nt*.

pente [pɑ̃t] *nf (d'un terrain, d'une surface)* Gefälle *nt*; *(surface oblique)*: **une** ~ ein Abhang *m*; **en** ~ schräg, abfallend.

Pentecôte [pɑ̃tkot] *nf*: **la** ~ das Pfingstfest *nt*, Pfingsten *nt*.

pénurie [penyʀi] *nf* Mangel *m*.

pépier [pepje] *vi* zwitschern.

pépin [pepɛ̃] *nm (BOT)* Kern *m*; *(fig)* Haken *m*, Schwierigkeit *f*.

pépinière [pepinjɛʀ] *nf* Baumschule *f*.

pépite [pepit] *nf* (Gold)klumpen *m*.

perçant, e [pɛʀsɑ̃, ɑ̃t] *a (vue)* scharf; *(voix)* durchdringend.

percée [pɛʀse] *nf (chemin, trouée)* Öffnung *f*; *(SPORT)* Durchbruch *m*.

perce-neige [pɛʀsənɛʒ] *nf inv* Schneeglöckchen *nt*.

percepteur [pɛʀsɛptœʀ] *nm* Steuereinnehmer(in *f*) *m*.

perception [pɛʀsɛpsjɔ̃] *nf* Wahrnehmung *f*; *(bureau)* Finanzamt *nt*.

percer [pɛʀse] *vt* ein Loch machen in *(+akk)*; *(oreilles)* durchstechen; *(abcès)* aufschneiden; *(trou, tunnel)* bohren; *(fenêtre)* ausbrechen; *(avenue)* anlegen; *(suj: lumière, soleil, bruit)* durchdringen; *(mystère, énigme)* auflösen // *vi* durchkommen; *(aube)* erscheinen; *(réussir: artiste)* den Durchbruch schaffen; ~ **une dent** *(bébé)* zahnen.

perceuse [pɛʀsøz] *nf (outil)* Bohrer *m*.

percevoir [pɛʀsəvwaʀ] *vt (discerner)* wahrnehmen, erkennen; *(somme d'argent)* einnehmen.

perche [pɛʀʃ(ə)] *nf (ZOOL)* (Fluß)barsch *m*; *(pièce de bois, métal)* Stange *f*.

percher [pɛʀʃe] *vi*, **se** ~ *vi (oiseau)* hocken, sitzen.

perchoir [pɛʀʃwaʀ] *nm* Stange *f*.

percolateur [pɛʀkɔlatœʀ] *nm* Kaffeemaschine *f*.

percussion [pɛʀkysjɔ̃] *nf voir* **instrument.**

percuter [pɛʀkyte] *vt* stoßen, schlagen // *vi*: ~ **contre** knallen gegen *(+akk)*.

perdant, e [pɛʀdɑ̃, ɑ̃t] *nm/f (personne)* Verlierer(in *f*) *m*.

perdre [pɛʀdʀ(ə)] *vt* verlieren; *(gaspiller)* verschwenden, vergeuden; *(occasion)* verpassen; *(moralement)* ruinieren // *vi (personne)* verlieren; *(récipient)* undicht sein, lecken; **se** ~ *(personne)* sich verirren; *(rester inutilisé: chose)* verkümmern, brach liegen; *(disparaître)* sich verlieren; ~ **son chemin** sich verirren; ~ **qch/qn de vue** etw/jdn aus den Augen verlieren; ~ **connaissance/l'équilibre** das Bewußtsein/Gleichgewicht verlieren; ~ **la raison/la parole/la vue**

den Verstand/die Sprache/das Augenlicht verlieren.
perdreau, x [pɛʀdʀo] *nm* junges Rebhuhn *nt*.
perdrix [pɛʀdʀi] *nf* Rebhuhn *nt*.
perdu, e [pɛʀdy] *a (objet)* verloren; *(égaré)* verlaufen; *(isolé)* abgelegen, gottverlassen; *(emballage, verre)* Einweg-; *(occasion)* vertan; *(malade, blessé)* unheilbar; **à vos moments ~s** in Ihren Mußestunden.
père [pɛʀ] *nm* Vater *m*; **~s** *nmpl*: **nos/vos ~s** *(ancêtres)* unsere/Ihre Vorfahren; **de ~ en fils** vom Vater auf den Sohn; **~ de famille** Familienvater *m*; **le ~ Noël** der Weihnachtsmann.
perfection [pɛʀfɛksjɔ̃] *nf* Vollkommenheit *f*.
perfectionner [pɛʀfɛksjɔne] *vt* vervollkommnen; **se ~ en anglais/allemand** sein Englisch/Deutsch verbessern.
perfide [pɛʀfid] *a* heimtückisch.
perforateur, -trice [pɛʀfɔʀatœʀ, tʀis] *nm/f* Lochkartenstanzer(in *f*) *m*.
perforatrice [pɛʀfɔʀatʀis] *nf (outil: pour cartes)* Locher *m*; *(:pour tickets)* Lochzange *f*.
perforé, e [pɛʀfɔʀe] *a*: **carte/bande ~e** Lochkarte *f*/-streifen *m*.
perforer [pɛʀfɔʀe] *vt (ticket)* lochen; *(TECH)* perforieren.
perforeuse [pɛʀfɔʀøz] *nf* Bohrer *m*.
performance [pɛʀfɔʀmɑ̃s] *nf* Leistung *f*.
péril [peʀil] *nm* Gefahr *f*; **à ses risques et ~s** auf eigenes Risiko.
périlleux, euse [peʀijø, øz] *a* gefährlich.
périmé, e [peʀime] *a (conception)* überholt; *(passeport etc)* abgelaufen.
périmètre [peʀimɛtʀ(ə)] *nm (MATH)* Umfang *m*; *(ligne)* Grenze *f*; *(zone)* Umkreis *m*.
période [peʀjɔd] *nf (époque)* Zeit *f*; *(durée)* Zeitraum *m*, Zeit *f*.
périodique [peʀjɔdik] *a* periodisch, regelmäßig // *nm (magazine, revue)* Zeitschrift *f*.
péripétie [peʀipesi] *nf*: **~s** Ereignisse *pl*, Vorfälle *pl*.
périphérique [peʀifeʀik] *a* Außen-, umliegend; *(RADIO)* Rand-, peripher.
périphrase [peʀifʀɑz] *nf* Umschreibung *f*.
périple [peʀipl(ə)] *nm* (Rund)reise *f*.
périr [peʀiʀ] *vi (personne)* umkommen, sterben; *(navire)* untergehen.
périscope [peʀiskɔp] *nm* Periskop *nt*.
périssable [peʀisabl(ə)] *a (denrée)* verderblich.
perle [pɛʀl(ə)] *nf* Perle *f*; *(de liquide)* Tropfen *m*.
perler [pɛʀle] *vi (sueur)* abperlen, abtropfen.
permanence [pɛʀmanɑ̃s] *nf* Dauerhaftigkeit *f*; *(ADMIN, MED)* Bereitschaftsdienst *m*; *(lieu)* Bereitschaftszentrale *f*; **en ~** *ad* permanent, ständig.
permanent, e [pɛʀmanɑ̃, ɑ̃t] *a* ständig; *(constant, stable)* beständig, dauerhaft // *nf* Dauerwelle *f*.
perméable [pɛʀmeabl(ə)] *a (roche, terrain)* durchlässig; **~ à** *(fig)* offen für.
permettre [pɛʀmɛtʀ(ə)] *vt* erlauben; **~ qch à qn** jdm etw erlauben; **se ~ de faire qch** sich *(dat)* erlauben, etw zu tun.
permis [pɛʀmi] *nm* Genehmigung *f*; **~ de construire** Baugenehmigung *f*; **~ de chasse/pêche** Jagd-/Angelschein *m*; **~ d'inhumer** Totenschein *m*; **~ de conduire** Führerschein *m*; **~ de séjour** Aufenthaltserlaubnis *f*; **~ poids lourds** Führerschein *m* für LKWs.
permissif, ive [pɛʀmisif] *a* freizügig.
permission [pɛʀmisjɔ̃] *nf* Erlaubnis *f*; *(MIL)* Urlaub *m*; **avoir la ~ de faire qch** die Erlaubnis haben, etw zu tun.
permuter [pɛʀmyte] *vt* umstellen // *vi (personnes)* die Stelle tauschen.
péroné [peʀɔne] *nm* Wadenbein *nt*.
perpendiculaire [pɛʀpɑ̃dikylɛʀ] *a* senkrecht // *nf* Senkrechte *f*; **~ à** senkrecht zu *(+dat)*.
perpétrer [pɛʀpetʀe] *vt* begehen,

verüben.

perpétuel, elle [pɛʀpetɥɛl] *a (continuel)* ständig, fortwährend; *(fonction)* dauerhaft, lebenslang.

perpétuité [pɛʀpetɥite] *nf:* **à ~** *ad* fürs Leben; **être condamné à ~** zu lebenslänglicher Strafe verurteilt sein.

perplexe [pɛʀplɛks(ə)] *a* verblüfft, perplex.

perquisitionner [pɛʀkizisjɔne] *vi* eine Haussuchung vornehmen.

perron [pɛʀɔ̃] *nm* Freitreppe *f.*

perroquet [pɛʀɔkɛ] *nm (ZOOL)* Papagei *m.*

perruche [peʀyʃ] *nf* Wellensittich *m.*

perruque [peʀyk] *nf* Perücke *f.*

persan, e [pɛʀsɑ̃, an] *a* Perser-; persisch.

Perse [pɛʀs(ə)] *nf:* **la ~** Persien *nt.*

persécution [pɛʀsekysjɔ̃] *nf* Verfolgung *f.*

persévérant, e [pɛʀseveʀɑ̃, ɑ̃t] *a* ausdauernd, beharrlich.

persévérer [pɛʀseeʀe] *vi* nicht aufgeben; **~ dans qch** etw nicht aufgeben; *(dans une erreur)* in etw *(dat)* verharren.

persiennes [pɛʀsjɛn] *nfpl* Fensterläden *pl.*

persiflage [pɛʀsiflaʒ] *nm* Spott *m.*

persil [pɛʀsi] *nm* Petersilie *f.*

persistant, e [pɛʀsistɑ̃, ɑ̃t] *a* anhaltend; *(feuillage)* immergrün; **arbre à feuillage ~** immergrüner Busch *m.*

persister [pɛʀsiste] *vi* fortdauern; *(personne)* nicht aufhören; **~ dans qch** auf etw *(+akk)* beharren; **~ à faire qch** etw weiterhin tun.

personnage [pɛʀsɔnaʒ] *nm* Person *f; (notable)* Persönlichkeit *f.*

personnaliser [pɛʀsɔnalize] *vt (voiture, appartement)* eine persönliche Note geben *(+dat); (impôt, assurance)* auf den einzelnen abstimmen.

personnalité [pɛʀsɔnalite] *nf* Persönlichkeit *f.*

personne [pɛʀsɔn] *pron* niemand; *(quelqu'un)* (irgend) jemand // *nf (être humain, individu)* Mensch *m; (LING)*: **première/troisième ~** erste/dritte Person *f;* **dix francs par ~** 10 Francs pro Person; **en ~** persönlich; **~ âgée** älterer Mensch *m;* **grande ~** Erwachsene(r) *mf;* **~ à charge** *(JUR)* Unterhaltsberechtigte(r) *mf.*

personnel, elle [pɛʀsɔnɛl] *a* persönlich // *nm (employés)* Personal *nt.*

personnellement [pɛʀsɔnɛlmɑ̃] *ad* persönlich.

personnifier [pɛʀsɔnifje] *vt* personifizieren.

perspective [pɛʀspɛktif] *nf (ART, fig)* Perspektive *f; (vue, coup d'œil)* Ausblick *m; (angle, optique)* Blickwinkel *m;* **~s** *nfpl (horizons)* Aussichten *pl;* **en ~** in Aussicht.

perspicace [pɛʀspikas] *a* scharfsichtig.

persuader [pɛʀsɥade] *vt* überzeugen; **~ qn de qch** jdn von etw überzeugen; **~ qn de faire qch** jdn überreden, etw zu tun.

persuasion [pɛʀsɥazjɔ̃] *nf* Überzeugung *f.*

perte [pɛʀt(ə)] *nf* Verlust *m; (fig)* Ruin *m;* **à ~** mit Verlust; **à ~ de vue** soweit das Auge reicht; *(fig)* endlos; **~ sèche** Verlustgeschäft *nt;* **~s blanches** Ausfluß *m.*

pertinent, e [pɛʀtinɑ̃, ɑ̃t] *a (remarque, analyse)* treffend.

perturbation [pɛʀtyʀbasjɔ̃] *nf (agitation, trouble)* Unruhe *f;* **~ atmosphérique** atmosphärische Störungen *pl.*

perturber [pɛʀtyʀbe] *vt* stören; *(personne)* beunruhigen.

pervers, e [pɛʀvɛʀ, ɛʀs(ə)] *a (vicieux, dépravé)* pervers; *(machination, conseil)* verworfen // *nm/f* perverser Mensch *m.*

pervertir [pɛʀvɛʀtiʀ] *vt* verderben.

pesage [pəzaʒ] *nm* Wiegen *nt; (endroit)* Wiegeplatz *m.*

pesamment [pəzamɑ̃] *ad* schwerfällig.

pesant, e [pəzɑ̃, ɑ̃t] *a* schwer; *(présence)* lästig; *(sommeil)* tief; *(architecture, marche)* schwerfällig.

pesanteur [pəzɑ̃tœʀ] *nf (PHYS)*: **la ~** die Schwerkraft.

pèse-bébé [pɛzbebe] *nm* Säuglingswaage *f*.
pèse-lettre [pɛzlɛtʀ(ə)] *nm* Briefwaage *f*.
peser [pəze] *vt* wiegen; *(considérer, comparer)* abwägen // *vi (avoir un certain poids)* schwer wiegen; *(avoir tel ou tel poids)*: ~ **cent kilos/peu** 100 Kilo/wenig wiegen; ~ **sur** lasten auf *(+dat)*; *(influencer)* beeinflussen.
pessimiste [pesimist(ə)] *a* pessimistisch // *nm/f* Pessimist(in *f*) *m*.
peste [pɛst(ə)] *nf (MED)* Pest *f*.
pester [pɛste] *vi*: ~ **contre qn/qch** auf jdn/etw schimpfen.
pétale [petal] *nf (BOT)* Blütenblatt *nt*.
pétanque [petɑ̃k] *nf*: **la** ~ das Kugelspiel *(in Südfrankreich)*.
pétarader [petaʀade] *vi* fehlzünden.
pétard [petaʀ] *nm* Knallkörper *m*; Zündkapsel *f*.
péter [pete] *vi (fam)* furzen.
pétiller [petije] *vi* knistern; *(mousse, champagne)* perlen; *(yeux)* funkeln.
petit, e [p(ə)ti, it] *a* klein; *(pluie)* fein; *(promenade, voyage)* kurz; *(bruit, cri)* schwach // *ad*: ~ **à** ~ nach und nach; ~**s** *nmpl (dans une collectivité, école)* die Kleinen *pl*; *(d'un animal)* die Jungen *pl*; **les tout-petits** die ganz Kleinen; ~**(e) ami(e)** Freund(in *f*) *m*; ~ **pois** Erbsen *pl*.
petit-bourgeois, petite-bourgeoise [pətibuʀʒwa, pətitbuʀʒwaz] *a* kleinbürgerlich, spießig // *nm/f* Kleinbürger *m*, Spießer(in *f*).
petite-fille [pətitfij] *nf* Enkelin *f*.
petitesse [p(ə)titɛs] *nf* Kleinheit *f*; *(d'un salaire)* Geringfügigkeit *f*; *(d'une existence)* Bescheidenheit *f*; *(de procédés)* Kleinlichkeit *f*.
petit-fils [pətifis] *nm* Enkel *m*.
pétition [petisjɔ̃] *nf* Petition *f*.
petit-lait [pətilɛ] *nm* Molke *f*.
petits-enfants [pətizɑ̃fɑ̃] *nmpl* Enkel *pl*.
pétrifier [petʀifje] *vt* versteinern; *(personne)* lähmen.
pétrin [petʀɛ̃] *nm* Backtrog *m*; *(situation difficile)* Klemme *f*.
pétrir [petʀiʀ] *vt* kneten.
pétrole [petʀɔl] *nm* Öl *nt*; *(naturel)* Erdöl *nt*; **à** ~: **lampe/poêle à** ~ Paraffinlampe *f*/-ofen *m*.
pétrolier, ière [petʀɔlje, jɛʀ] *a* Öl- // *nm (navire)* Öltanker *m*.
peu [pø] *ad* wenig; *(avec adjectif, adverbe)* nicht sehr // *pron* wenige *pl* // *nm*: **le** ~ **de courage qui nous restait** das bißchen Mut, das wir noch hatten; ~ **de** wenig; **un (petit)** ~ **(de)** etwas, ein wenig, ein bißchen; **à** ~ **près** ungefähr; **de** ~ knapp; **depuis** ~ seit kurzem; ~ **à** ~ nach und nach; ~ **avant/après** kurz davor/bald danach; **sous** *ou* **avant** ~ bald; **c'est** ~ **de chose** das ist eine Kleinigkeit.
peuple [pœpl] *nm* Volk *nt*.
peupler [pœple] *vt (pourvoir d'une population)* bevölkern; *(habiter)* leben in*(+dat)*; *(hanter, remplir)* erfüllen.
peuplier [pøplije] *nm* Pappel *f*.
peur [pœʀ] *nf* Angst *f*; **avoir** ~ **(de qn/qch/faire qch)** Angst haben (vor jdm/etw/,etw zu tun); **avoir** ~ **que** befürchten, daß; **faire** ~ **à qn** jdm Angst machen; **de** ~ **de/que** aus Angst, daß.
peureux, euse [pœʀø, øz] *a* ängstlich.
peut-être [pøtɛtʀ(ə)] *ad* vielleicht; ~ **bien** es kann gut sein; ~ **que** vielleicht.
phalange [falɑ̃ʒ] *nf (des doigts)* Fingerglied *nt*; *(des orteils)* Zehenglied *nt*; *(POL)* Phalanx *f*.
phare [faʀ] *nm (tour)* Leuchtturm *m*; *(d'un aéroport)* Leuchtfeuer *nt*; *(AUT)* Scheinwerfer *m*; *(position)*: **se mettre en** ~**s** das Fernlicht einschalten.
pharmaceutique [faʀmasøtik] *a* pharmazeutisch.
pharmacie [faʀmasi] *nf (science)* Pharmazie *f*; *(local)* Apotheke *f*; *(produits)* Arzneimittel *ntpl*.
pharmacien, ienne [faʀmasjɛ̃, jɛn] *nm/f* Apotheker(in *f*) *m*.
pharynx [faʀɛ̃ks] *nm* Rachen *m*.
phase [fɑz] *nf* Phase *f*.
phénomène [fenɔmɛn] *nm* Phänomen *nt*; *(excentrique, original)* Kauz *m*.

philanthropie [filɑ̃tʀɔpi] *nf* Menschenfreundlichkeit *f*.
philatélie [filateli] *nf* Briefmarkensammeln *nt*, Philatelie *f*.
philharmonique [filaʀmɔnik] *a* philharmonisch.
philistin [filistɛ̃] *nm* Banause *m*.
philosophe [filɔzɔf] *nm/f* Philosoph(in *f*) *m* // *a* philosophisch.
philosophie [filɔzɔfi] *nf* Philosophie *f*; *(calme, résignation)* Gelassenheit *f*.
philosophique [filɔzɔfik] *a* philosophisch.
phobie [fɔbi] *nf* Phobie *f*.
phonétique [fɔnetik] *a* phonetisch // *nf*: **la** ~ die Phonetik.
phoque [fɔk] *nm* Seehund *m*; *(fourrure)* Seal *m*.
photo [fɔto] *nf* Foto *nt*; **en** ~: **être mieux en** ~ **qu'au naturel** auf Fotos besser aussehen als in Wirklichkeit; **prendre qn/qch en** ~ von jdm/etw ein Foto machen; **faire de la** ~ fotografieren, Fotos machen; ~ **en couleurs** Farbfoto *nt*; ~ **d'identité** Paßfoto *nt*.
photocopie [fɔtɔkɔpi] *nf* Fotokopie *f*.
photogénique [fɔtɔʒenik] *a* fotogen.
photographe [fɔtɔgʀaf] *nm/f* Fotograf(in *f*) *m*.
photographie [fɔtɔgʀafi] *nf* Fotografie *f*.
photographier [fɔtɔgʀafje] *vt* fotografieren.
photographique [fɔtɔgʀafik] *a* fotografisch.
photo-robot [fɔtɔʀɔbo] *nf* Phantombild *nt*.
phrase [fʀɑz] *nf* Satz *m*.
phtisie [ftizi] *nf* Schwindsucht *f*.
physicien, ienne [fizisjɛ̃, jɛn] *nm/f* Physiker(in *f*) *m*.
physiologique [fizjɔlɔʒik] *a* physiologisch.
physionomie [fizjɔnɔmi] *nf* Gesichtsausdruck *m*; *(fig)* Gepräge *nt*.
physique [fizik] *a (de la nature)* physisch; *(du corps)* physisch, körperlich; (*PHYS*) physikalisch // *nm (d'une personne)* Statur *f* // *nf*: **la** ~ die Physik; **au** ~ körperlich.
physiquement [fizikmɑ̃] *ad* körperlich, physisch.
piaffer [pjafe] *vi* stampfen.
piailler [pjɑje] *vi (oiseau)* piepsen.
pianiste [pjanist(ə)] *nm/f* Pianist(in *f*) *m*.
piano [pjano] *nm* Klavier *nt*.
pianoter [pjanɔte] *vi (jouer du piano)* auf dem Klavier klimpern; *(tapoter)* ~ **sur une table/vitre** mit den Fingern auf den Tisch/ans Fenster trommeln.
pic [pik] *nm (instrument)* Spitzhacke *f*; *(montagne, cîme)* Gipfel *m*; *(ZOOL)* Specht *m*; **à** ~ *ad (verticalement)* senkrecht; *(à point nommé)*: **arriver à** ~ wie gerufen kommen; **ça tombe à** ~ das trifft sich gut.
pichet [piʃɛ] *nm* Krug *m*.
pickpocket [pikpɔkɛt] *nm* Taschendieb(in *f*) *m*.
pick-up [pikœp] *nm (tourne-disque)* Plattenspieler *m*.
picorer [pikɔʀe] *vt* picken.
picoter [pikɔte] *vt (oiseau, poule)* picken; *(piquer, irriter)* stechen, prickeln.
pie [pi] *nf* Elster *f*.
pièce [pjɛs] *nf (d'un logement)* Zimmer *nt*; (*THEAT*; *morceau)* Stück *nt*; *(d'un mécanisme)* Teil *nt*; *(de monnaie)* Münze *f*; (*COUTURE*) Teil *nt*, Einsatz *m*; *(document)*: ~ **d'identité** Ausweis *m*; ~ **justificative** Nachweis *m*; *(de bétail, gibier, poisson)* Einzeltier *nt*; *(d'un jeu d'échecs)* Figur *f*; *(d'une collection)* Einzelteil *nt*; **vendre à la** ~ einzeln *ou* stückweise verkaufen; **dix francs** ~ je 10 Francs; **travailler à la** ~ Akkord arbeiten; **payer à la** ~ Stücklohn zahlen; **un deux** ~**s cuisine** eine Zweizimmerwohnung mit Küche; **un trois** ~ eine Dreizimmerwohnung; ~ **d'eau** Teich *m*; ~ **montée** Baumkuchen *m*; ~**s détachées** Einzelteile *pl*.
pied [pje] *nm* Fuß *m*; *(d'un meuble)* Bein *nt*; *(d'un verre)* Stiel *m*; (*POESIE*) Versfuß *m*; **à** ~ zu Fuß; **à** ~ **sec** trockenen Fußes; **de** ~ **en cap** von Kopf bis Fuß; **avoir** ~ Boden unter

den Füßen haben; **avoir le ~ marin** seefest sein; **être sur ~ dès cinq heures** ab 5 Uhr auf den Beinen sein; **au ~ de la lettre** buchstabengetreu; **être ~s nus/nu-~s** barfuß sein *ou* gehen; **se lever du ~ gauche** mit dem linken Fuß zuerst aufstehen; **mettre sur ~** auf die Beine stellen; **mettre qn au ~ du mur** jdn in die Enge treiben; **mettre à ~** *(employé)* entlassen; **~ de salade** Kopfsalat *m;* **~ de vigne** Weinrebe *f.*

pied-à-terre [pjetatɛʀ] *nm inv* Zweitwohnung *f.*

pied-de-biche [pjedbiʃ] *nm (COUTURE)* Steppfuß *m.*

piédestal, aux [pjedɛstal, o] *nm* Sockel *m.*

pied-noir [pjenwaʀ] *nm Franzose, der in Algerien geboren wurde.*

piège [pjɛʒ] *nm* Falle *f;* **prendre au ~** mit einer Falle fangen; **tomber dans le ~** in die Falle gehen.

piéger [pjeʒe] *vt (avec une mine)* verminen; **lettre piégée** Briefbombe *f;* **voiture piégée** Autobombe *f.*

pierraille [pjɛʀɑj] *f* Geröll *nt.*

pierre [pjɛʀ] *nf* Stein *m;* **première ~ (d'un édifice)** Grundstein *m;* **~ tombale** Grabplatte *f;* **~ de taille** Quaderstein *m;* **~ sèche** Bruchstein *m;* **~ ponce** Bimsstein *m;* **~ précieuse** Edelstein *m;* **~ à briquet** Feuerstein *m.*

pierreries [pjɛʀʀi] *nfpl* Edelsteine *pl.*

piété [pjete] *nf* Frömmigkeit *f.*

piétiner [pjetine] *vi (trépigner)* aufstampfen; *(marquer le pas)* auf der Stelle treten; *(fig)* stocken // *vt* herumtreten auf *(+dat).*

piéton, onne [pjetɔ̃, ɔn] *nm/f* Fußgänger(in *f*) *m.*

piétonnier, ière [pjetɔnje, jɛʀ] *a:* **rue/zone ~ière** Fußgängerstraße *f*/-zone *f.*

pieu, x [pjø] *nm (piquet)* Pfahl *m.*

pieuvre [pjœvʀ(ə)] *nf* Tintenfisch *m,* Krake *f.*

pieux, euse [pjø, øz] *a* fromm.

pigeon [piʒɔ̃] *nm* Taube *f.*

pigeonnier [piʒɔnje] *nm (colombier)* Taubenschlag *m.*

piger [piʒe] *vt (fam)* begreifen.

pigment [pigmɑ̃] *nm* Pigment *nt.*

pignon [piɲɔ̃] *nm (d'un mur)* Giebel *m; (d'un engrenage)* Zahnrad *nt.*

pile [pil] *nf (tas)* Stapel *m,* Stoß *m; (ELEC)* Batterie *f // ad (brusquement)* plötzlich, abrupt; *(à point nommé):* **9 heures ~** Punkt 9 Uhr; **jouer à ~ ou face** knobeln; **~ atomique** Kernreaktor *m.*

piler [pile] *vt* zerdrücken.

pileux, euse [pilø, øz] *a:* **système ~** Haare *pl.*

pilier [pilje] *nm* Pfeiler *m; (personne)* Stütze *f.*

pillard, e [pijaʀ, aʀd(ə)] *nm/f* Plünderer(in *f*) *m.*

piller [pije] *vt* plündern.

pilon [pilɔ̃] *nm (instrument)* Stößel *m.*

pilonner [pilɔne] *vt (MIL)* unter Beschuß haben.

pilotage [pilɔtaʒ] *nm* Flugzeugführung *f.*

pilote [pilɔt] *nm (NAVIG)* Lotse *m; (AVIAT)* Pilot(in *f*) *m; (d'une voiture de course)* Fahrer(in *f*) *m;* **~ automatique** Autopilot *m;* **~ de ligne/d'essai/de chasse** Linien-/Test-/Jagdpilot(in *f*) *m.*

piloter [pilɔte] *vt (avion)* fliegen; *(navire)* lotsen; *(automobile)* fahren.

pilule [pilyl] *nf* Pille *f;* **la ~ (anticonceptionnelle)** die (Antibaby)pille.

piment [pimɑ̃] *nm* Peperoni *pl; (fig)* Würze *f.*

pimpant, e [pɛ̃pɑ̃, ɑ̃t] *a* adrett und gepflegt.

pin [pɛ̃] *nm* Kiefer *f; (bois)* Kiefernholz *nt.*

pince [pɛ̃s] *nf (outil)* Zange *f; (d'un homard, crabe)* Schere *f; (pli)* Abnäher *m;* **~ à épiler** Pinzette *f;* **~ à sucre/glace** Zucker-/Eiszange *f;* **~s de cycliste** Fahrradklammern *pl;* **~ à linge** Wäscheklammer *f.*

pincé, e [pɛ̃se] *a (air, sourire)* steif // *nf:* **une ~e de sel/poivre** eine Prise Salz/Pfeffer.

pinceau, x [pɛ̃so] *nm (instrument)* Pinsel *m.*

pince-nez [pɛ̃sne] *nm inv* Kneifer *m*.
pincer [pɛ̃se] *vt* kneifen; (*MUS*) zupfen; *(coincer)* (ein)klemmen; *(vêtement)* abnähen; *(fam: malfaiteur)* schnappen; **se ~ le nez** sich *(dat)* die Nase zuhalten.
pincettes [pɛ̃sɛt] *nfpl* Pinzette *f; (pour le feu)* Feuerzange *f*.
pinède [pinɛd] *nf* Kiefernhain *m*.
pingouin [pɛ̃gwɛ̃] *nm* Pinguin *m*.
ping-pong [piŋpɔ̃g] *nm* Tischtennis *nt*.
pingre [pɛ̃gʀ(ə)] *a* knauserig.
pinson [pɛ̃sɔ̃] *nm* Buchfink *m*.
pintade [pɛ̃tad] *nf* Perlhuhn *nt*.
pin-up [pinœp] *nf inv* Pin-up-girl *nt*.
pioche [pjɔʃ] *nf (outil)* Spitzhacke *f*.
piocher [pjɔʃe] *vt (terre, sol)* aufhacken; **~ dans** *(fouiller)* wühlen in *(+dat)*.
piolet [pjɔlɛ] *nm* Eispickel *m*.
pion, pionne [pjɔ̃, pjɔn] *nm/f (SCOL)* Aufsicht *f // nm (de jeu)* Stein *m; (échecs)* Bauer *m*.
pionnier [pjɔnje] *nm (défricheur)* Pionier *m; (fig)* Wegbereiter *m*, Bahnbrecher *m*.
pipe [pip] *nf* Pfeife *f*; **fumer la/une ~** Pfeife/eine Pfeife rauchen.
pipeau, x [pipo] *nm (flûte)* Flöte *f*.
pipe-line [pajplajn, piplin] *nf* Pipeline *f*.
piquant, e [pikɑ̃, ɑ̃t] *a (barbe, rosier)* kratzig; *(saveur; fig)* scharf *// nm (épine)* Dorn *m; (fig)* Würze *f*.
pique [pik] *nf* Pike *f*, Spieß *m; (fig)*: **envoyer** *ou* **lancer des ~s à qn** Spitzen gegen jdn verteilen *// nm* Pik *nt*.
piqué, e [pike] *a (tissu)* gesteppt; *(livre, glace)* fleckig; *(vin)* sauer *// nm (tissu)* Pikee *m*.
pique-nique [piknik] *nm* Picknick *nt*.
piquer [pike] *vt (percer de trous)* stechen; (*MED*) spritzen; *(insecte)* stechen; *(fourmi, serpent, fumée, froid)* beißen; *(barbe)* kratzen; *(poivre, ortie)* brennen; (*COUTURE*) steppen; *(fam: voler)* klauen; *(: arrêter)* schnappen *// vi (oiseau, avion)* einen Sturzflug machen; **se ~** *vt (avec une aiguille)* sich stechen; *(se faire une piqûre)* sich spritzen; **se ~ de qch** sich *(dat)* etwas auf etw *(akk)* einbilden; **~ une aiguille/fourchette dans qch** eine Nadel/Gabel in etw *(akk)* stechen; **~ du nez** zum Sturzflug ansetzen; **~ un galop/un cent mètres** galoppieren/sprinten.
piquet [pikɛ] *nm (pieu)* Pflock *m*; **mettre un élève au ~** einen Schüler in die Ecke stellen; **~ de grève** Streikposten *m*; **~ d'incendie** Feuerbekämpfungstrupp *m*.
piqûre [pikyʀ] *nf (d'épingle, de moustique)* Stich *m; (d'ortie)* Brennen *nt*; (*MED*) Spritze *f*; (*COUTURE*) Stich *m*; Naht *f*; **faire une ~ à qn** jdm eine Spritze geben.
pirate [piʀat] *nm* Pirat *m // a (clandestin)*: **émetteur** *ou* **station ~** Piratensender *m*; **édition ~** Raubdruck *m*; **~ de l'air** Luftpirat *m*.
pire [piʀ] *a (comparatif)* schlimmer, schlechter; *(superlatif)* schlechteste(r,s), schlimmste(r,s) *// nm*: **le ~** das Schlimmste.
pis [pi] *ad*: **faire ~** schlimmer machen *// nm*: **le ~** das Euter; **de mal en ~** immer schlimmer; **~-aller** *nm inv* Notlösung *f*, Notbehelf *m*; **au ~ aller** *ad* schlimmstenfalls.
piscine [pisin] *nf* Schwimmbad *nt*; **~ en plein air/couverte** Frei-/Hallenbad *nt*.
pissenlit [pisɑ̃li] *nm* Löwenzahn *m*.
pisser [pise] *vi (fam!: uriner)* pinkeln, pissen *(!)*.
pistache [pistaʃ] *nf* Pistazie *f*.
piste [pist(ə)] *nf (d'un animal, fig)* Spur *f*, Fährte *f*; (*SPORT*) Bahn *f*; *(de cirque)* Ring *m; (de danse)* Tanzfläche *f*; (*AVIAT*) Start- und- Landebahn *f*; *(d'un magnétophone)* Spur *f*; **être sur la ~ de qn** auf jds Spur *(dat)* sein; **~ de ski** Skipiste *f*; **~ cyclable** Radweg *m*.
pistolet [pistɔlɛ] *nm* Pistole *f; (de peinture, vernis)* Spritzpistole *f*; **~ à bouchon** Spielzeugpistole *f*; **~ à air comprimé** Luftgewehr *nt*.
pistolet-mitrailleur [pis-

tɔlɛmitʀajœʀ] *nm* Maschinenpistole *f.*
piston [pistɔ̃] *nm (TECH)* Kolben *m.*
pistonner [pistɔne] *vt* Beziehungen spielen lassen für.
pitance [pitɑ̃s] *nf (nourriture)* Ration *f* (Essen).
piteux, euse [pitø, øz] *a* jämmerlich.
pitié [pitje] *nf* Mitleid *nt;* **faire** ~ Mitleid erregen; **avoir** ~ **de qn** mit jdm Mitleid haben.
piton [pitɔ̃] *nm* Haken *m.*
pitoyable [pitwajabl(ə)] *a* erbärmlich.
pitre [pitʀ(ə)] *nm (fig)*Kasper *m.*
pitrerie [pitʀəʀi] *nf* Unsinn *m.*
pittoresque [pitɔʀɛsk(ə)] *a (quartier)* malerisch, pittoresk; *(expression, détail)* anschaulich, bildhaft.
pivot [pivo] *nm (axe)* Lagerzapfen *m,* Drehzapfen *m; (fig)* Dreh- und Angelpunkt *m.*
pivoter [pivɔte] *vi* sich drehen.
placard [plakaʀ] *nm (armoire)* Schrank *m; (affiche)* Plakat *nt;* ~ **publicitaire** Großanzeige *f.*
placarder [plakaʀde] *vt* anschlagen, anbringen.
place [plas] *nf* Platz *m; (emplacement, lieu)* Ort *m,* Platz *m; (situation)* Lage *f; (emploi)* Stelle *f;* **en** ~ am vorgesehenen Platz; **sur** ~ an Ort und Stelle; **faire** ~ **à** etw *(dat)* weichen; **à la** ~ **de** anstelle von *(+dat);* ~ **d'honneur** Ehrenplatz *m;* **une quatre** ~**s** *(AUT)* ein Viersitzer; ~**s avant/arrière** vordere/hintere Plätze *pl;* ~ **assise/debout** Sitz-/Stehplatz *m.*
placé, e [plase] *a:* **personnage haut** ~ Persönlichkeit von hohem Rang.
placement [plasmɑ̃] *nm (investissement)* Anlage *f;* **agence/bureau de** ~ Stellenvermittlungsbüro *nt.*
placer [plase] *vt* setzen, stellen, legen; *(convive, spectateur)* unterbringen, setzen; *(procurer un emploi, un logement à)* unterbringen; *(COMM: marchandises, valeurs)* absetzen, verkaufen; *(: capital)* anlegen, investieren; *(mot, histoire)* anbringen; *(localiser, situer)* legen; **se** ~ **au premier rang** sich auf dem ersten Rang plazieren.
placide [plasid] *a* ruhig, gelassen.
plafond [plafɔ̃] *nm (d'une pièce)* Decke *f; (METEO):* ~ **de nuages** Wolkendecke *f; (AVIAT)* Steig-/Gipfelhöhe *f.*
plafonner [plafɔne] *vi (AVIAT)* die Gipfelhöhe erreichen; *(fig: industrie, salaire)* die obere Grenze erreichen.
plage [plaʒ] *nf* Strand *m; (d'un lac, fleuve)* Ufer *nt; (RADIO):* ~ **musicale** Zwischenmusik *f;* ~ **arrière** *(AUT)* Ablage *f.*
plagier [plaʒje] *vt* plagiieren.
plaid [plɛd] *nm (couverture)* Reisedecke *f.*
plaider [plede] *vi* das Plädoyer halten // *vt (cause)* verteidigen, vertreten; ~ **coupable/non coupable** schuldig/unschuldig plädieren; ~ **pour** *ou* **en faveur de qn** *(fig)* für jdn sprechen.
plaie [plɛ] *nf* Wunde *f.*
plaignant, e [plɛɲɑ̃, ɑ̃t] *a* klagend // *nm/f* Kläger(in *f*) *m.*
plaindre [plɛ̃dʀ(ə)] *vt (personne)* bedauern; **se** ~ **(de qn/qch)** sich (über jdn/etw) beklagen; **se** ~ **à qn** sich bei jdm beklagen; **se** ~ **que** sich beklagen, daß.
plaine [plɛn] *nf* Ebene *f.*
plain-pied [plɛ̃pje]: **de** ~ *ad (au même niveau)* auf gleicher Höhe.
plainte [plɛ̃t] *nf* Klage *f; (JUR):* **porter** ~ klagen.
plaire [plɛʀ] vi *(modèle, pièce, mode, personne)* gefallen, Anklang finden; ~ **à** gefallen *(+dat);* **il se plaît ici** ihm gefällt es hier; **tant qu'il vous plaira** soviel Sie wollen; **s'il vous plaît** bitte.
plaisance [plɛzɑ̃s] *nf:* **navigation de** ~ Bootfahren *nt.*
plaisant, e [plɛzɑ̃, ɑ̃t] *a (maison, décor, site)* schön; *(personne)* angenehm; *(histoire, anecdote)* amüsant, unterhaltsam.
plaisanter [plɛzɑ̃te] *vi* Spaß machen, scherzen.
plaisanterie [plɛzɑ̃tʀi] *nf* Scherz *m,*

Spaß *m.*

plaisir [plezir] *nm* Vergnügen *nt;* *(joie)* Freude *f;* ~**s** *nmpl* Freuden *pl;* **boire/manger avec** ~ mit Genuß trinken/essen; **faire** ~ **à qn** jdm (eine) Freude machen; **prendre** ~ **à qch/faire qch** an etw *(dat)* Gefallen finden/Gefallen daran finden, etw zu tun; **j'ai le** ~ **de ...** es ist mir eine Freude, zu ...; **M. et Mme X ont le** ~ **de vous faire part de ...** Herr und Frau X geben sich die Ehre, Ihnen ... mitzuteilen; **se faire un** ~ **de faire qch** etw sehr gern(e) *ou* mit Vergnügen tun; **à** ~ nach Lust und Laune; **pour le** *ou* **par** *ou* **pour son** ~ zum reinen Vergnügen.

plan, e [plɑ̃,plan] *a* eben // *nm* Plan *m;* *(MATH)* Ebene *f;* **au premier/à l'arrière** ~ im Vorder-/Hintergrund; **mettre qch au premier** ~ einer Sache *(dat)* den Vorrang geben; **de premier/second** ~ *a (personnage, personnalité)* erst-/zweitrangig; **sur le** ~ **sexuel** was das Sexuelle betrifft; **sur tous les** ~**s** in jeder Hinsicht; ~ **d'eau** Wasserfläche *f;* ~ **d'action** Aktionsplan *m;* ~ **de vol** Flugplan *m.*

planche [plɑ̃ʃ] *nf (pièce de bois)* Brett *nt; (d'illustrations)* Abbildung *f; (dans jardin)* Beet *nt;* ~ **à dessin** Reißbrett *nt;* ~ **à repasser** Bügelbrett *nt;* ~ **de salut** Rettungsanker *m.*

plancher [plɑ̃ʃe] *nm* (Fuß)boden *m.*

planer [plane] *vi (oiseau, avion)* gleiten; *(danger, mystère, deuil)* schweben.

planète [planɛt] *nf* Planet *m.*

planeur [planœr] *nm (AVIAT)* Segelflugzeug *nt.*

planification [planifikasjɔ̃] *nf* Planung *f.*

planifier [planifje] *vt* planen.

planning [planiŋ] *nm (plan de travail)* Planung *f;* ~ **familial** Familienplanung.

planque [plɑ̃k] *nf (combine)* ruhige Kugel *f; (fam: cachette)* Versteck *nt.*

plant [plɑ̃] *nm (jeune végétal)* Setzling *m.*

plantation [plɑ̃tasjɔ̃] *nf (champ, exploitation)* Pflanzung *f,* Plantage *f.*

plante [plɑ̃t] *nf* Pflanze *f; (ANAT):* ~ **des pieds** Fußsohle *f.*

planter [plɑ̃te] *vt* pflanzen; *(lieu):* ~ **de** *ou* **en vignes/arbres** mit Weinreben/Bäumen bepflanzen; *(enfoncer)* einschlagen; *(dresser)* aufstellen.

planteur [plɑ̃tœr] *nm* Pflanzer(in *f*) *m.*

plantureux, euse [plɑ̃tyrø øz] *a (repas)* reichlich; *(femme, poitrine)* üppig.

plaque [plak] *nf (d'ardoise, de verre, de revêtement)* Platte *f; (avec inscription)* Schild *nt; (tache):* **avoir des** ~**s rouges sur le visage** rote Flecken im Gesicht haben; ~ **de chocolat** Schokoladentafel *f;* ~ **d'identité/de police** Erkennungsmarke *f/* Nummernschild *nt;* ~ **d'immatriculation** *ou* **minéralogique** Kraftfahrzeugkennzeichen *nt.*

plaqué, e [plake] *a:* ~ **or/argent** vergoldet/-silbert.

plaquer [plake] *vt (bijou)* vergolden; versilbern; *(RUGBY: adversaire)* zu Fall bringen.

plastic [plastik] *nm* Plastiksprengstoff *m.*

plastifié, e [plastifje] *a* plastiküberzogen.

plastique [plastik] *a (arts, qualité, beauté)* plastisch // *nm* Plastik *nt;* **objet/bouteille en** ~ Plastikgegenstand *m*/-flasche *f.*

plastiquer [plastike] *vt* sprengen.

plat, e [pla, plat] *a* flach; *(cheveux)* glatt; *(livre)* langweilig // *nm (récipient)* Schale *f,* Schüssel *f;* *(contenu)* Gericht *nt; (mets d'un repas):* **le premier/deuxième** ~ der erste/zweite Gang; *(partie plate):* **le** ~ **de la main** die Handfläche; **à** ~ **ventre** *ad* bäuchlings; **à** ~ *ad (horizontalement)* horizontal // *a:* **pneu** ~ Plattfuß *m;* **batterie à** ~ leere Batterie *f;* ~ **du jour** Tagesgericht *nt;* ~ **de résistance** Hauptgericht *nt.*

platane [platan] *nm* Platane *f.*

plateau, x [plato] *nm (à fromages, de bois, d'une table)* Platte *f; (d'une*

balance) Waagschale *f; (GEO)* Plateau *nt; (RADIO, TV)* Studiobühne *f.*
plate-bande [platbɑ̃d] *nf (de terre)* Rabatte *f,* Beet *nt.*
plate-forme [platfɔʀm(ə)] *nf* Plattform *f;* ~ **de forage/pétrolière** Bohr-/Ölinsel *f.*
platine [platin] *nm (métal)* Platin *nt // nf (d'un tourne-disque)* Plattenteller *m.*
plâtras [plɑtʀa] *nm (débris)* Schutt *m.*
plâtre [plɑtʀ(ə)] *nm (matériau):* **le** ~ der Gips; *(statue)* Gipsstatue *f; (motif décoratif)* Stuck *m; (MED)* Gips(verband) *m;* **avoir un bras/une jambe dans le** ~ einen Arm/Fuß in Gips haben.
plein, e [plɛ̃, plɛn] *a* voll; *(porte, roue)* massiv; *(joues, visage, formes)* voll, rund; *(chienne, jument)* trächtig // *prep:* **avoir de l'argent** ~ **les poches** die Taschen voller Geld haben // *nm:* **faire le** ~ *(d'eau)* vollmachen; *(d'essence)* volltanken; **la** ~**e lune** der Vollmond; **à** ~ **temps, à temps** ~ ganztags; **à** ~ **régime** mit Vollgas; ~**s pouvoirs** Vollmacht *f;* **en** ~ **air** im Freien; **en** ~**e mer** auf hoher See; **en** ~**e rue** mitten auf der Straße; **en** ~ **milieu** genau in der Mitte; **en** ~ **jour** am hellichten Tag; **en** ~**e nuit** mitten in der Nacht; **en** ~ **sur** *(juste, exactement sur)* genau auf *(+dat);* **le** ~ **air** *(l'extérieur)* draußen; ~ **de** *a* voll von.
plein-emploi [plɛnɑ̃plwa] *nm* Vollbeschäftigung *f.*
plénitude [plenityd] *nf (d'un son, des formes)* Fülle *f.*
pléthore [pletɔʀ] *nf:* **il y a** ~ **de ...** es gibt mehr als genug ... .
pleurer [plœʀe] *vi* weinen; *(yeux)* tränen // *vt (regretter)* nachtrauern *(+dat);* ~ **sur qch** etw beklagen; ~ **de rire** vor Lachen weinen.
pleurésie [plœʀezi] *nf* Rippenfellentzündung *f.*
pleurnicher [plœʀniʃe] *vi* flennen.
pleurs [plœʀ] *nmpl:* **en** ~ in Tränen.
pleuvoir [pløvwaʀ] *vb impers:* **il pleut** es regnet // *vi:* **les coups/critiques pleuvaient** es hagelte Schläge/Kritik; **les lettres/invitations pleuvaient** es kam eine Flut von Briefen/Einladungen; **il pleut des cordes** *ou* **à verse** es regnet in Strömen, es gießt.
pli [pli] *nm* Falte *f; (dans un papier)* Kniff *m; (du cou, menton)* Runzel *f; (enveloppe)* Umschlag *m; (ADMIN: lettre)* Schreiben *nt; (CARTES)* Stich *m;* **faux** ~ Falte *f.*
pliable [plijabl(ə)] *a* faltbar.
pliage [plijaʒ] *nm* Falten *nt.*
pliant, e [plijɑ̃, ɑ̃t] *a (table, lit, vélo)* Klapp-; *(mètre)* zusammenklappbar // *nm* Klappstuhl *m.*
plier [plije] *vt* (zusammen)falten; *(genou, bras)* beugen, biegen; *(table pliante)* zusammenklappen; *(personne):* ~ **qn à une discipline/un exercice** jdn einer Disziplin/Übung unterwerfen // *vi (branche, arbre)* sich biegen; **se** ~ **à** *(se soumettre à)* sich beugen *(+dat).*
plinthe [plɛ̃t] *nf (MENUISERIE)* Scheuerleiste *f.*
plissé, e [plise] *a (GEO)* mit Bodenfalten // *nm: (d'une jupe, robe)* Plissee *nt.*
plisser [plise] *vt (papier, jupe)* fälteln; *(front)* runzeln; *(bouche)* verziehen; **se** ~ *(se froisser)* Falten bekommen.
plomb [plɔ̃] *nm (métal):* **le** ~ das Blei; *(d'une cartouche)* Schrot *m ou nt; (PÊCHE)* Senker *m; (sceau)* Plombe *f; (ELEC):* ~ **(fusible)** Sicherung *f;* **à** ~ senkrecht.
plomber [plɔ̃be] *vt (PÊCHE)* mit Blei beschweren; *(sceller)* verplomben; *(mur)* loten; *(dent)* plombieren.
plomberie [plɔ̃bʀi] *nf (canalisations)* Rohre und Leitungen *pl.*
plombier [plɔ̃bje] *nm* Installateur *m,* Klempner *m.*
plongeant, e [plɔ̃ʒɑ̃, ɑ̃t] *a (décolleté)* tief ausgeschnitten; *(vue, tir)* von oben.
plongée [plɔ̃ʒe] *nf (prise de vue)* Aufnahme *f* nach unten; *(navigation sous-marine):* **sous-marin en** ~ U-Boot auf Tauchstation; *(SPORT):* **la** ~ **(sous-marine)** das Tauchen.
plongeoir [plɔ̃ʒwaʀ] *nm* Sprungbrett *nt.*

plongeon [plɔ̃ʒɔ̃] *nm* Sprung *m.*
plonger [plɔ̃ʒe] *vi (personne)* springen; *(sous-marin)* tauchen; *(avion, oiseau)* einen Sturzflug machen; *(gardien de but)* hechten; *(s'enfoncer):* ~ **dans un sommeil profond** in einen tiefen Schlaf versinken // *vt (immerger)* hineintauchen; *(enfoncer: arme)* stoßen *(dans* in *+akk); (enfouir):* ~ **une ville dans l'obscurité** eine Stadt in Dunkelheit hüllen; *(précipiter):* ~ **qn dans l'embarras** jdn in Verlegenheit bringen.
ployer [plwaje] *vt:* ~ **les genoux** die Knie beugen // *vi* sich biegen, nachgeben.
plu [ply] *pp de* **plaire, pleuvoir.**
pluie [plɥi] *nf* Regen *m; (de pierres, coups)* Hagel *m; (de cadeaux, baisers)* Flut *f;* **tomber en** ~ niederprasseln; **une** ~ **de cendres/d'étincelles** ein Aschen-/Funkenregen.
plume [plym] *nf* Feder *f.*
plumer [plyme] *vt (oiseau)* rupfen.
plumet [plymɛ] *nm (d'un casque)* Federbusch *m.*
plumier [plymje] *nm* Federkasten *m.*
plupart [plypaʀ]: **la** ~ *pron* die Mehrheit, die meisten; **la** ~ **des hommes** die meisten Menschen; **la** ~ **d'entre-nous** die meisten von uns; **la plupart du temps** meistens; **dans la** ~ **des cas** in den meisten Fällen; **pour la** ~ *ad* meistens.
pluriel [plyʀjɛl] *nm* Plural *m.*
plus [ply] *ad (calcul):* **3** ~ **4** 3 und 4; *(comparaison):* ~ **intelligent/grand (que)** intelligenter/größer (als); *(superlatif):* **le** ~ **intelligent/grand** der Intelligenteste/Größte; ~ **de 3 heures/4 kilos** mehr als 3 Stunden/4 Kilo; **3 heures/4 kilos de** ~ **que** 3 Stunden/4 Kilo mehr als; **manger/en faire** ~ **que** mehr essen/tun als; **en** ~ dazu, zusätzlich; **de** ~ **en** ~ immer mehr; **d'autant** ~ **que** um so mehr als; **(tout) au** ~ höchstens; ~ **ou moins** mehr oder weniger.
plusieurs [plyzjœʀ] *a, pron* mehrere, einige.
plus-que-parfait [plyskəpaʀfɛ] *nm* Plusquamperfekt *nt.*
plus-value [plyvaly] *nf (ECON)* Mehrwert *m; (FIN)* Gewinn *m.*
plutôt [plyto] *ad* eher, vielmehr; **faire** ~ **qch** lieber etw tun; ~ **que (de) faire qch** statt etw zu tun; ~ **grand/rouge** eher groß/rot.
pluvieux, euse [plyvjø, øz] *a* regnerisch.
pneu, x [pnø] *nm* Reifen *m.*
pneumatique [pnømatik] *nm* Reifen *m.*
pneumonie [pnømɔni] *nf* Lungenentzündung *f.*
poche [pɔʃ] *nf (d'un vêtement, sac)* Tasche *f; (déformation, d'un vêtement):* **faire une/des** ~**(s)** sich ausbeulen; **couteau/lampe de** ~ Taschenmesser *nt*/-lampe *f.*
poché, e [pɔʃe] *a:* **œil** ~ blaues Auge *nt.*
pocher [pɔʃe] *vt (CULIN)* pochieren.
poche-revolver [pɔʃʀevɔlvɛʀ] *nf* Gesäßtasche *f.*
pochette [pɔʃɛt] *nf (enveloppe)* kleiner Umschlag *m; (mouchoir)* Ziertaschentuch *nt;* ~ **d'allumettes** Streichholzheftchen *nt;* ~ **de disque** Plattenhülle *f.*
pochoir [pɔʃwaʀ] *nm (PEINTURE)* Schablone *f.*
podium [pɔdjɔm] *nm (estrade)* Podest *nt.*
poêle [pwal] *nm (appareil de chauffage)* Ofen *m // nf (ustensile)* Pfanne *f;* ~ **à frire** Bratpfanne *f.*
poêlon [pwalɔ̃] *nm* Schmortopf *m.*
poème [pɔɛm] *nm* Gedicht *nt.*
poésie [pɔezi] *nf* Gedicht *nt; (art):* **la** ~ die Dichtung.
poète [pɔɛt] *nm* Dichter(in *f*) *m.*
poétique [pɔetik] *a* poetisch; *(œuvres, talent, licence)* dichterisch.
pognon [pɔɲɔ̃] *nm (fam: argent)* Kohle *f,* Kies *m.*
poids [pwa] *nm* Gewicht *nt; (fardeau, charge)* Last *f; (fig)* Belastung *f; (souci, remords):* **c'est un** ~ **sur ma conscience** das lastet mir auf der Seele; *(importance, valeur)* Bedeutung *f; (objet pour peser)* Gewicht

nt; ~ **et haltères** Gewichtheben *nt;* **lancer du** ~ Kugelstoßen *nt;* **vendre qch au** ~ etw nach Gewicht verkaufen; **prendre/perdre du** ~ zu-/abnehmen; ~ **lourd** *(camion)* Lastkraftwagen *m;* ~ **mort** Leergewicht *nt.*

poignant, e [pwaɲɑ̃, ɑ̃t] *a (émotion, souvenir)* schmerzlich; *(lecture)* ergreifend.

poignard [pwaɲaʀ] *nm* Dolch *m.*

poignarder [pwaɲaʀde] *vt* erdolchen.

poigne [pwaɲ] *nf* Griff *m.*

poignée [pwaɲe] *nf (quantité)* Handvoll *f; (pour tenir)* Griff *m;* ~ **de main** Händedruck *m.*

poignet [pwaɲɛ] *nm* Handgelenk *nt; (d'une chemise)* Manschette *f.*

poil [pwal] *nm* Haar *nt; (d'un tissu, tapis)* Flor *m; (pelage, fourrure)* Fell *nt; (ensemble des poils)* Haare *pl.*

poilu, e [pwaly] *a* behaart.

poinçon [pwɛ̃sɔ̃] *nm (outil)* Pfriem *m; (marque de contrôle)* Stempel *m.*

poinçonner [pwɛ̃sɔne] *vt (marchandise, bijou)* stempeln; *(billet, ticket)* knipsen.

poing [pwɛ̃] *nm* Faust *f.*

point [pwɛ̃] *nm* Punkt *m; (endroit, lieu)* Stelle *f,* Ort *m; (moment, stade)* Zeitpunkt *m;* (*COUTURE*) Stich *m;* (*TRICOT*) Masche *f; (négation):* **ne ...** ~ nicht; ~ **d'intersection/de tangence/contact** Schnitt-/Berührungs-/Kontaktpunkt *m;* **faire le** ~ (*NAVIG*) die Position bestimmen; *(fig)* die Lage klären; **en tous** ~**s** *ad* in jeder Hinsicht; **être sur le** ~ **de faire qch** im Begriff sein, etw zu tun; **au** *ou* **à tel** ~ **que** so sehr, daß; **mettre au** ~ *(mécanisme, procédé)* entwickeln; (*PHOT*) scharf einstellen; *(affaire)* klären; **à** ~ **nommé** zur rechten Zeit; ~ **noir** *(sur le visage)* Mitesser *m;* ~ **de repère** Orientierungspunkt *m;* ~ **faible** schwacher Punkt *m;* ~ **de vue** *(paysage)* Aussicht(spunkt *m) f; (conception)* Meinung *f,* Gesichtspunkt *m;* ~ **d'interrogation/d'exclamation** Frage-/Ausrufezeichen *nt;* ~ **de suspension/final** Auslassungs-/Schlußpunkt *m;* ~ **de croix/chaînette** Kreuz-/Kettenstich *m;* ~ **de départ/d'arrivée/d'arrêt** Abfahrts-/Ankunfts-/Haltepunkt *m;* **du** ~ **de vue de qch** was etw *(akk)* anbelangt; **au** ~ **de vue scientifique** wissenschaftlich gesehen; **au** ~ **mort** im Leerlauf; ~ **de côté** Seitenstechen *nt;* ~ **de chute** Absturzstelle *f;* ~ **culminant** Höhepunkt *m;* ~ **chaud** (*POL*) Krisenherd *m;* **les** ~**s cardinaux** die vier Himmelsrichtungen.

pointe [pwɛ̃t] *nf* Spitze *f; (petite quantité):* **une** ~ **d'ail/d'ironie/d'accent** eine Spur Knoblauch/Ironie/ein Anflug *m* von einem Akzent; ~**s** *nfpl* (*DANSE*) Spitzen *pl;* **être à la** ~ **de qch** *(personne)* an der Spitze von etw sein; **faire** *ou* **pousser une** ~ **jusqu'à...** einen Abstecher nach ... machen; **sur la** ~ **des pieds** auf Zehenspitzen; **en** ~ *ad* spitzig // *a* spitz; **de** ~ *a:* **industries de** ~ Spitzenindustrien *pl;* ~ **de vitesse** Spurt *m.*

pointer [pwɛ̃te] *vt (cocher)* abhaken; *(employés, ouvriers)* kontrollieren; *(diriger: canon, longue-vue)* richten *(vers* auf *+akk)* // *vi (ouvrier, employé)* stempeln; ~ **le doigt vers qch** mit dem Finger auf etw *(akk)* zeigen; ~ **les oreilles** die Ohren spitzen.

pointillé [pwɛ̃tije] *nm (trait discontinu)* punktierte Linie *f.*

pointilleux, euse [pwɛ̃tijø, øz] *a* pingelig.

pointu, e [pwɛ̃ty] *a* spitz; *(son)* schrill, hoch.

pointure [pwɛ̃tyʀ] *nf* Größe *f.*

point-virgule [pwɛ̃viʀgyl] *nm* Semikolon *nt.*

poire [pwaʀ] *nf (BOT)* Birne *f;* ~ **à injections** Klistierspritze *f.*

poireau, x [pwaʀo] *nm* Lauch *m.*

poirier [pwaʀje] *nm (BOT)* Birnbaum *m.*

pois [pwa] *nm (BOT)* Erbse *f; (sur une étoffe)* Punkt *m;* ~ **de senteur** Gartenwicke *f;* ~ **chiche** Kichererbse *f*

poison [pwazɔ̃] *nm* Gift *nt.*
poisse [pwas] *nf (malchance)* Pech *nt.*
poisson [pwasɔ̃] *nm* Fisch *m; (ASTR)*: **P~s** Fische *pl;* **pêcher** *ou* **prendre des ~s** Fische fangen; **~ d'avril!** April, April!; *(blague)* Aprilscherz *m.*
poissonnerie [pwasɔnʀi] *nf (magasin)* Fischladen *m.*
poitrine [pwatʀin] *nf (ANAT)* Brustkorb *m; (de boeuf, veau, mouton)* Brust *f; (d'une femme)* Busen *m.*
poivre [pwavʀ(ə)] *nm* Pfeffer *m;* **~ en grains** Pfefferkörner *pl;* **~ moulu** gemahlener Pfeffer; **~ gris/blanc/vert** grauer/weißer/grüner Pfeffer; **~ et sel** *a (cheveux)* graumeliert; **~ de cayenne** Cayennepfeffer *m.*
poivré, e [pwavʀe] *a* pfeffrig.
poivrier [pwavʀije] *nm (ustensile)* Pfefferstreuer *m.*
poivron [pwavʀɔ̃] *nm (BOT)* Paprika *m.*
pôle [pol] *(GEO)* Pol *m; (ELEC)*: **~ positif/négatif** Plus-/Minuspol *m; (chose en opposition)* entgegengesetzte Seite *f;* **le ~ Nord/Sud** der Nord-/ Südpol; **~ d'attraction** Anziehungspunkt *m.*
poli, e [pɔli] *a (civil)* höflich; *(caillou, surface)* glatt, poliert.
police [pɔlis] *nf (ADMIN)*: **la ~** die Polizei; *(discipline)* Ordnung *f; (ASSURANCES)*: **~ d'assurance** Versicherungspolice *f;* **être dans la ~** bei der Polizei sein; **~ judiciaire** Kriminalpolizei *f;* **~ secrète** Geheimpolizei *f;* **peines de simple ~** Polizeistrafe *f;* **~ secours** Notdienst *m.*
polichinelle [pɔliʃinɛl] *nm (jouet)* Kasper *m.*
policier, ière [pɔlisje, jɛʀ] *a* Polizei-; *(mesures)* polizeilich // *nm* Polizist(in *f*) *m; (roman, film)* Krimi *m.*
policlinique [pɔliklinik] *nf* Poliklinik *f.*
polio(myélite) [pɔljɔ(mjelit)] *nf* Kinderlähmung *f,* Polio *f.*
polir [pɔliʀ] *vt* polieren.
polisson, onne [pɔlisɔ̃, ɔn] *a* frech.
politesse [pɔlitɛs] *nf* Höflichkeit *f.*
politicien, ienne [pɔlitisjɛ̃, jɛn] *nm/f* Politiker(in *f*) *m.*
politique [pɔlitik] *a* politisch // *nf* Politik *f.*
politiser [pɔlitize] *vt* politisieren.
pollen [pɔlɛn] *nm* Blütenstaub *m.*
pollution [pɔlysjɔ̃] *nf* Umweltverschmutzung *f.*
Pologne [pɔlɔɲ] *nf:* **la ~** Polen *nt.*
polonais, e [pɔlɔnɛ, ɛz] *a* polnisch; **P~, e** *nm/f* Pole *m,* Polin *f.*
poltron, onne [pɔltʀɔ̃, ɔn] *a* feige.
polyamide [pɔliamid] *nf* Polyamid *nt.*
polyclinique [pɔliklinik] *nf* allgemeine Klinik *f.*
polycopié, e [pɔlikɔpje] *a* vervielfältigt.
polyester [pɔliɛstɛʀ] *nm* Polyester *m.*
polygamie [pɔligami] *nf* Polygamie *f.*
Polynésie [pɔlinezi] *nf:* **la ~** Polynesien *nt.*
polynésien, ienne [pɔlinezjɛ̃, jɛn] *a* polynesisch.
polype [pɔlip] *nm (ZOOL)* Polyp *m; (MED)* Polypen *pl.*
pommade [pɔmad] *nf* Salbe *f.*
pomme [pɔm] *nf (fruit)* Apfel *m; (pomme de terre)*: **un steak ~s frites** ein Steak mit Pommes frites; **~ d'Adam** Adamsapfel *m;* **~ de pin** Tannenzapfen *m;* **~ de terre** Kartoffel *f;* **~ d'arrosoir** Brausekopf *m.*
pommeau, x [pɔmo] *nm (boule)* Knauf *m; (d'une selle)* Knopf *m.*
pommette [pɔmɛt] *nf (ANAT)* Backenknochen *m.*
pommier [pɔmje] *nm* Apfelbaum *m.*
pompe [pɔ̃p] *nf (appareil)* Pumpe *f; (faste)* Pomp *m;* **~ à incendie** Feuerspritze *f;* **~ (à essence)** Zapfsäule *f;* **~ à huile/eau** Öl-/Wasserpumpe *f;* **~ de bicyclette** Fahrradpumpe *f;* **~s funèbres** Beerdigungsinstitut *nt.*
pomper [pɔ̃pe] *vt* pumpen.
pompeux, euse [pɔ̃pø, øz] *a* bombastisch, schwülstig.
pompier [pɔ̃pje] *nm (sapeur-pompier)* Feuerwehrmann *m.*

ponction [pɔ̃ksjɔ̃] *nf* Punktion *f.*
ponctualité [pɔ̃ktɥalite] *nf* Pünktlichkeit *f;* Gewissenhaftigkeit *f.*
ponctuation [pɔ̃ktɥasjɔ̃] *nf* Interpunktion *f.*
ponctuel, elle [pɔ̃ktɥɛl] *a* pünktlich; gewissenhaft; *(image, source lumineuse)* punktförmig.
ponctuer [pɔ̃ktɥe] *vt (texte, lettre)* mit Satzzeichen versehen.
pondéré, e [pɔ̃deʀe] *a (personne)* ausgeglichen.
pondre [pɔ̃dʀ(ə)] *vt (œufs)* legen.
poney [pɔnɛ] *nm* Pony *nt.*
pont [pɔ̃] *nm* Brücke *f;* (*AUT*): ~ **arrière/avant** Hinter-/Vorderachse *f;* (*NAVIG*) Deck *nt;* **faire le** ~ *(entre deux jours fériés)* dazwischen freinehmen; ~ **suspendu** Hängebrücke *f;* ~ **de graissage** Rampe *f;* **P~s et Chaussées** Verwaltung *f* für Brücken- und Wegebau; ~ **d'envol** Startdeck *nt.*
pont-levis [pɔ̃lvi] *nm* Zugbrücke *f.*
pop-corn [pɔpkɔʀn] *nm* Popcorn *nt.*
populace [pɔpylas] *nf* Pöbel *m.*
populaire [pɔpylɛʀ] *a* Volks-; *(croyances, traditions, bon sens)* volkstümlich; (*LING*) umgangssprachlich; *(milieux, classes)* Arbeiter-; *(mesure, écrivain)* populär.
popularité [pɔpylaʀite] *nf* Beliebtheit *f,* Popularität *f.*
population [pɔpylasjɔ̃] *nf (du globe, de la France)* Bevölkerung *f; (d'une ville)* Einwohner *pl;* ~ **civile** Zivilbevölkerung *f;* ~ **ouvrière** Arbeiterschaft *f.*
populeux, euse [pɔpylø, øz] *a* dicht bevölkert.
porc [pɔʀ] *nm* (*ZOOL*) Schwein *nt; (viande)* Schweinefleisch *nt; (peau)* Schweinsleder *nt.*
porcelaine [pɔʀsəlɛn] *nf* Porzellan *nt.*
porcelet [pɔʀsəlɛ] *nm* Ferkel *nt.*
porc-épic [pɔʀkepik] *nm* Stachelschwein *nt.*
porche [pɔʀʃ(ə)] *nm* Vorhalle *f.*
porcherie [pɔʀʃəʀi] *nf* Schweinestall *m.*
pore [pɔʀ] *nm* Pore *f.*
poreux, euse [pɔʀø, øz] *a* porös.
porno [pɔʀno] *a* Porno-.
pornographique [pɔʀnɔgʀafik] *a* pornographisch.
port [pɔʀ] *nm* Hafen *m; (ville)* Hafenstadt *f; (prix du transport)* Porto *nt;* ~ **de commerce/pétrolier/de pêche** Handels-/Öl-/Fischereihafen *m;* ~ **franc** Freihafen *m;* ~ **dû/payé** (*COMM*) unfrei/portofrei.
portail [pɔʀtaj] *nm* Portal *nt.*
portant, e [pɔʀtɑ̃, ɑ̃t] *a* tragend; **être bien/mal** ~ gesund/krank sein.
portatif, ive [pɔʀtatif, iv] *a* tragbar.
porte [pɔʀt(ə)] *nf* Tür *f; (d'une ville; SKI)* Tor *nt;* ~ **d'entrée** Eingangstür *f;* **faire du** ~ **à** ~ (*COMM*) hausieren; **mettre qn à la** ~ jdn hinauswerfen.
porte-avions [pɔʀtavjɔ̃] *nm inv* Flugzeugträger *m.*
porte-bagages [pɔʀtbagaʒ] *nm inv (d'une bicyclette, moto)* Gepäckträger *m;* (*AUT: galerie)* Dachgepäckträger *m; (filet)* Gepäcknetz *nt.*
porte-cigarettes [pɔʀtsigaʀɛt] *nm inv* Zigarettenetui *nt.*
porte-clefs [pɔʀtəkle] *nm inv* Schlüsselring *m.*
porte-documents [pɔʀtdɔkymɑ̃] *nm inv* Akten-/Kollegmappe *f.*
portée [pɔʀte] *nf (d'une arme, voix, main)* Reichweite *f; (fig: importance)* Tragweite *f; (fig: niveau)* Niveau *nt; (d'animal)* Wurf *m;* (*MUS*) Notenlinien *pl;* **à** ~ **de la main** in Griffnähe; **à la** ~ **(de qn)** in (jds) Reichweite; *(fig)* auf jds Niveau; **hors de** ~ **(de qn)** außer (jds) Reichweite; **à la** ~ **de toutes les bourses** für jeden erschwinglich.
porte-fenêtre [pɔʀtfənɛtʀ(ə)] *nf* Verandatür *f.*
portefeuille [pɔʀtəfœj] *nm (portemonnaie)* Brieftasche *f; (d'un ministre)* Ministerposten *m,* Portefeuille *nt.*
portemanteau, x [pɔʀtmɑ̃to] *nm* Kleiderhaken *m;* Garderobenständer *m.*
porte-mine [pɔʀtəmin] *nm*

Drehbleistift *m.*
porte-monnaie [pɔʀtmɔnɛ] *nm inv* Geldbeutel *m.*
porte-parole [pɔʀtpaʀɔl] *nm inv* Wortführer *m.*
porter [pɔʀte] *vt* tragen; *(apporter)* bringen; *(inscrire):* ~ **de l'argent au crédit d'un compte** Geld einem Konto gutschreiben // *vi* reichen; *(~ juste)* treffen; *(voix)* tragen; *(fig)* ihre Wirkung erzielen; ~ **sur qch** *(édifice)* getragen werden von; *(accent)* liegen auf *(+dat); (heurter: tête)* aufschlagen auf *(+dat); (: bras)* anschlagen an *(+dat); (fig: avoir pour objet)* sich drehen um; **se** ~ *vi (se sentir):* **se** ~ **bien/mal** sich gut/schlecht fühlen; ~ **secours à qn** jdm Hilfe leisten; ~ **bonheur à qn** jdm Glück bringen; ~ **la main à son front** mit der Hand an die Stirn fassen; ~ **un verre à ses lèvres** ein Glas ansetzen; ~ **un toast à** einen Toast ausbringen auf *(+akk);* ~ **plainte (contre qn)** Strafanzeige (gegen jdn) erstatten; ~ **un jugement sur qn/qch** über jdn/etw ein Urteil fällen; ~ **son attention/regard sur** die Aufmerksamkeit/den Blick richten auf *(+akk);* ~ **un fait à la connaissance de qn** jdn von etw in Kenntnis setzen.
porte-savon [pɔʀtsavɔ̃] *nm* Seifenschale *f.*
porte-serviettes [pɔʀtsɛʀvjɛt] *nm* Handtuchhalter *m.*
porteur, euse [pɔʀtœʀ, øz] *nm/f (de message)* Überbringer(in *f*) *m; (COMM)* Inhaber(in *f*) *m // nm (de bagages)* Gepäckträger *m.*
porte-voix [pɔʀtəvwa] *nm inv* Megaphon *nt.*
portier [pɔʀtje] *nm* Portier *m.*
portière [pɔʀtjɛʀ] *nf* Tür *f.*
portillon [pɔʀtijɔ̃] *nm* Sperre *f.*
portion [pɔʀsjɔ̃] *nf* Teil *m; (de nourriture)* Portion *f; (d'héritage)* Anteil *m.*
portique [pɔʀtik] *nm (SPORT)* Querstange *f; (ARCHIT)* Säulenhalle *f.*
porto [pɔʀto] *nm* Portwein *m.*
portrait [pɔʀtʀɛ] *nm* Porträt *nt.*
portrait-robot [pɔʀtʀɛʀɔbo] *nm* Phantombild *nt.*
portuaire [pɔʀtɥɛʀ] *a:* **installation** ~ Hafenanlage *f.*
portugais, e [pɔʀtygɛ, ɛz] *a* portugiesisch; **P~, e** *nm/f* Portugiese *m,* Portugiesin *f.*
Portugal [pɔʀtygal] *nm:* **le** ~ Portugal *nt.*
pose [poz] *nf* Legen *nt;* Anbringen *nt; (attitude)* Haltung *f,* Pose *f; (PHOT):* **(temps de)** ~ Belichtung(szeit) *f.*
posé, e [poze] *a (réfléchi)* gesetzt.
posemètre [pozmɛtʀ(ə)] *nm* Belichtungsmesser *m.*
poser [poze] *vt* legen; *(debout)* stellen; *(qn)* absetzen; *(rideaux, serrure)* anbringen; *(MATH: chiffre)* schreiben; *(principe, définition)* aufstellen; *(formuler)* formulieren // *vi (prendre une pose)* posieren; **se** ~ *(oiseau, avion)* landen; *(question, problème)* sich stellen; **se** ~ **en artiste** sich als Künstler aufspielen; ~ **son regard sur qn/qch** den Blick auf jdm/etw ruhen lassen; ~ **une question à qn** jdm eine Frage stellen; ~ **sa candidature** sich bewerben; *(POL)* kandidieren; **posons que ...** nehmen wir (einmal) an, daß ... .
poseur, euse [pozœʀ, øz] *nm/f (fat, pédant)* Angeber(in *f*) *m.*
positif, ive [pozitif, iv] *a* positiv; *(incontestable, réel)* sicher, bestimmt; *(pratique)* nüchtern; *(ELEC)* Plus-.
position [pozisjɔ̃] *nf* Stellung *f; (horizontale, couchée)* Lage *f; (attitude réglementaire)* Haltung *f; (emplacement, localisation)* Anordnung *f;* Stelle *f; (d'un navire, avion)* Position *f; (d'un concurrent, coureur)* Platz *m; (circonstances):* **être dans une** ~ **difficile/délicate** in einer schwierigen/delikaten Lage sein; *(point du vue, attitude)* Meinung *f,* Haltung *f; (d'un compte en banque)* Stand *m;* **prendre** ~ *(fig)* Stellung beziehen *ou* nehmen.
posséder [pɔsede] *vt* besitzen; *(connaître, dominer)* beherrschen.
possessif, ive [pɔsesif, iv] *a (LING)* possessiv; *(personne: abusif)* besitz-

ergreifend // nm (LING) Possessiv nt.
possession [pɔsesjɔ̃] nf Besitz m, Eigentum nt; **être en ~ de qch** im Besitz von etw sein.
possibilité [pɔsibilite] nf Möglichkeit f.
possible [pɔsibl(ə)] a möglich; *(projet, entreprise)* durchführbar; *(fam: supportable)* **(ne) ... pas possible** unmöglich // nm: **faire (tout) son ~** sein möglichstes tun; **autant que ~** soviel wie möglich; **le plus/moins (de) ... ~** soviel/sowenig ... wie möglich; **aussitôt/dès que ~** sobald wie möglich; **au ~** *(gentil, brave)* äußerst.
postal, e, aux [pɔstal, o] a Post-.
postdater [pɔstdate] vt nachdatieren.
poste [pɔst(ə)] nf Post f; *(bureau)* Post f, Postamt nt; **agent** m ou **employé(e)** mf **des ~s** Postbeamte(r) m, Postbeamtin f // nm *(MIL; charge)* Posten m; **~ (de radio/télévision)** (Radio-/Fernseh)apparat m; **P~s et Télécommunications, P. et T.** die französische Post; **~ restante** ad postlagernd; **~ (de police)** (Polizei)station f; **~ de secours** Erste-Hilfe-Station f; **~ d'essence** Tankstelle f; **~ d'incendie** Feuerlöschstelle f; **~ émetteur** Sender m; **~ de pilotage** Cockpit nt.
poster [pɔste] vt *(lettre, colis)* aufgeben; *(personne)* postieren.
poster [pɔstɛʀ] nm Plakat nt.
postérieur, e [pɔsteʀjœʀ] a *(date, document)* spätere(r,s); *(partie)* hintere(r,s) // nm *(fam)* Hintern m.
posteriori [pɔsteʀjɔʀi]: **a ~** ad hinterher.
postérité [pɔsteʀite] nf *(générations futures)* Nachkommenschaft f; *(avenir)* Nachwelt f.
posthume [pɔstym] a *(œuvre, gloire)* posthum.
postiche [pɔstiʃ] nm Haarteil nt.
post-scriptum [pɔstskʀiptɔm] nm inv Postskriptum nt.
postulant, e [pɔstylɑ̃, ɑ̃t] nm/f *(candidat)* Bewerber(in f) m.
postuler [pɔstyle] vt *(emploi)* sich bewerben um.
posture [pɔstyʀ] nf *(attitude)* Haltung f; **être en bonne/mauvaise ~** in einer guten/schlechten Lage sein.
pot [po] nm *(récipient)* Topf m; *(pour liquide)* Kanne f, Krug m; *(fam: chance)*: **avoir du/un coup de ~** Schwein ou Glück haben; **~ à tabac** Tabakdose f; **~ à confitures/de confiture** Marmeladenglas nt; **~ de fleurs** Blumentopf m; **~ (de chambre)** Nachttopf m; **boire** ou **prendre un ~** einen trinken; **~ d'échappement** Auspufftopf m.
potable [pɔtabl(ə)] a *(eau)* trinkbar.
potage [pɔtaʒ] nm Suppe f.
potager, ère [pɔtaʒe, ɛʀ] a Gemüse- // nm *(jardin)* Gemüsegarten m.
potasse [pɔtas] nf *(CHIM)* Pottasche f; *(engrais chimique)* Kali nt.
pot-au-feu [pɔtofø] nm inv *(mets)* *Eintopfgericht aus Fleisch und Gemüse*; *(viande)* Suppenfleisch nt.
pot-de-vin [podvɛ̃] nm Schmiergeld nt, Bestechungsgeld nt.
poteau, x [pɔto] nm Pfosten m, Pfahl m; **~ indicateur** Wegweiser m; **~ télégraphique** Telegrafenmast m.
potelé, e [pɔtle] a rundlich, mollig.
potentiel, elle [pɔtɑ̃sjɛl] a potentiell // nm Potential nt.
poterie [pɔtʀi] nf *(fabrication)* Töpferei f; *(objet)* Töpferware f.
potiche [pɔtiʃ] nf *(vase)* große Porzellanvase.
potier, ère [pɔtje, jɛʀ] nm/f Töpfer(in f) m.
potion [posjɔ̃] nf Saft m, Trank m.
potiron [pɔtiʀɔ̃] nm Kürbis m.
pot-pourri [popuʀi] nm *(MUS)* Potpourri nt.
pou, x [pu] nm Laus f.
poubelle [pubɛl] nf Mülleimer m.
pouce [pus] nm *(de la main)* Daumen m.
poudre [pudʀ(ə)] nf *(particules fines)* Pulver nt; *(fard)* Puder m; *(explosif)* Schießpulver nt; **café en ~** Pulverkaffee m; **savon/lait en ~** Seifen-/

Milchpulver *nt.*
poudrer [pudʀe] *vt* pudern.
poudreux, euse [pudʀø, øz] *a (couvert de poussière)* staubig; *(neige)* pulvrig.
poudrier [pudʀije] *nm* Puderdose *f.*
pouf [puf] *nm (siège)* Puff *m.*
pouffer [pufe] *vi:* ~ **(de rire)** kichern.
pouilleux, euse [pujø, øz] *a (personne)* verlaust; *(quartier, dancing)* verkommen, schmutzig.
poulailler [pulɑje] *nm* Hühnerstall *m; (fam: THEAT)* Galerie *f.*
poulain [pulɛ̃] *nm* Fohlen *nt.*
poularde [pulaʀd(ə)] *nf* Poularde *f.*
poule [pul] *nf (ZOOL)* Henne *f; (CULIN)* Huhn *nt;* ~ **d'eau** Teichhuhn *nt;* ~ **au riz** Huhn mit Reis.
poulet [pulɛ] *nm (jeune poule)* Küken *nt; (CULIN)* Hühnchen *nt.*
poulie [puli] *nf* Flaschenzug *m.*
pouls [pu] *nm* Puls *m;* **prendre le ~ de qn** jdm den Puls fühlen.
poumon [pumɔ̃] *nm* Lunge *f;* ~ **d'acier** eiserne Lunge *f.*
poupe [pup] *nf* Heck *nt.*
poupée [pupe] *nf* Puppe *f;* **maison de ~** Puppenhaus *nt.*
poupon [pupɔ̃] *nm* Baby *nt.*
pouponnière [pupɔnjɛʀ] *nf* Kinderkrippe *f.*
pour [puʀ] *prep* für *(+akk); (destination)* nach *(+dat); (en vue de):* ~ **le plaisir/ton anniversaire** zum Spaß/zu deinem Geburtstag; *(à cause de):* **fermé ~ (cause de) travaux** wegen Umbau geschlossen; *(à la place de):* **il a parlé ~ moi** er hat für mich gesprochen; *(comme)* als; *(quant à)* was ... betrifft; *(avec infinitif)* um zu // *nm:* **le ~ et le contre** das Für und Wider; ~ **que** *conj* damit, so daß; **mot ~ mot** Wort für Wort; **jour ~ jour** auf den Tag; **c'est ~ cela que** deshalb; ~ **de bon** wirklich; ~ **quoi faire?** wozu?; **je n'y suis ~ rien** es ist nicht meine Schuld; **être ~ beaucoup dans qch** wesentlich zu etw beitragen; **ce n'est pas ~ dire, mais ...** *(fam)* ich will ja nichts sagen, aber ....
pourboire [puʀbwaʀ] *nm* Trinkgeld *nt.*
pourcentage [puʀsɑ̃taʒ] *nm* Prozente *pl.*
pourchasser [puʀʃase] *vt* verfolgen.
pourlécher [puʀleʃe]: **se** ~ *vi* sich *(dat)* die Lippen lecken.
pourparlers [puʀpaʀle] *nmpl* Verhandlungen *pl.*
pourpre [puʀpʀ(ə)] *a* purpurrot.
pourquoi [puʀkwa] *ad* warum // *nm inv:* **le ~ (de)** *(motif)* der Grund (für); **c'est ~** darum.
pourri, e [puʀi] *a* faul; *(arbre, bois)* morsch; *(corrompu)* verdorben.
pourrir [puʀiʀ] *vi (fruit, cadavre)* verfaulen; *(arbre)* morsch werden // *vt* verfaulen lassen; *(enfant)* verwöhnen.
poursuite [puʀsɥit] *nf* Verfolgung *f;* **~s** *nfpl (JUR)* Strafverfahren *nt.*
poursuivant, e [puʀsɥivɑ̃, ɑ̃t] *nm/f* Verfolger(in *f*) *m.*
poursuivre [puʀsɥivʀə)] *vt* verfolgen; *(presser, relancer)* zusetzen *(+dat); (hanter, obséder)* quälen, verfolgen; *(JUR):* ~ **qn en justice** jdn gerichtlich verfolgen; *(briguer, rechercher)* nachjagen *(+dat); (but)* verfolgen; *(continuer)* fortsetzen; **se** ~ *(continuer)* weitergehen.
pourtant [puʀtɑ̃] *ad* trotzdem; **et ~** aber trotzdem.
pourtour [puʀtuʀ] *nm* Umfang *m.*
pourvoi [puʀvwa] *nm* Gesuch *nt,* Antrag *m.*
pourvoir [puʀvwaʀ] *vt:* ~ **qn/qch de** jdn/etw versehen mit; ~ **à qch** für etw sorgen; ~ **à un emploi** eine Stelle besetzen; **se ~ de qch** sich mit etw versorgen; **se ~ en cassation** Revision einlegen.
pourvu, e [puʀvy] *a:* ~ **de** versehen mit; ~ **que** *conj* vorausgesetzt, daß; *(espérons que)* hoffentlich.
pousse [pus] *nf* Wachsen *nt; (bourgeon)* Trieb *m,* Sproß *m.*
poussée [puse] *nf (pression)* Druck *m; (attaque)* Ansturm *m; (MED)* Ausbruch *m.*

pousser [puse] *vt (faire avancer)* stoßen; *(exhorter):* ~ **qn à qch/à faire qch** jdn zu etw drängen/jdn drängen, etw zu tun; *(produire)* ausstoßen; *(moteur, auto)* auf vollen Touren laufen lassen; *(recherches, études)* gründlich vorantreiben // *vi* wachsen; ~ **à qch** zu etw (an)treiben; ~ **jusqu'à un endroit/plus loin** bis zu einem Ort/weiter vorstoßen.

poussette [pusɛt] *nf (voiture d'enfant)* Kinderwagen *m.*

poussière [pusjɛʀ] *nf* Staub *m; (poudre):* ~ **de charbon** Kohlenstaub *m; (grain de poussière):* **une** ~ ein Staubkorn *nt.*

poussiéreux, euse [pusjeʀø, øz] *a* staubig.

poussif, ive [pusif, iv] *a* kurzatmig.

poussin [pusɛ̃] *nm* Küken *nt.*

poutre [putʀ(ə)] *nf (en bois)* Balken *m; (en fer, ciment armé)* Träger *m.*

pouvoir [puvwaʀ] *vt* können // *vb impers:* **il peut arriver que** es kann passieren, daß // *nm* Macht *f; (capacité)* Fähigkeit *f; (législatif, exécutif)* Gewalt *f; (JUR: d'un tuteur, mandataire)* Befugnis *f; (propriété):* ~ **calorifique/absorbant** Heizwert *m*/Absorptionsvermögen *nt; (POL: des dirigeants):* **le** ~ die Regierung; ~**s** *nmpl (attributions)* Befugnisse *pl; (surnaturel)* Kräfte *pl;* **pleins** ~**s** Vollmacht *f;* ~ **législatif/exécutif/judiciaire** Legislative *f*/Exekutive *f*/Judikative *f;* **les** ~**s publics** die öffentliche Hand; ~ **d'achat** Kaufkraft *f;* **on ne peut plus** *ad* unwahrscheinlich; **je n'en peux plus** ich kann nicht mehr; **il se peut que** es kann sein, daß.

prairie [pʀɛʀi] *nf* Wiese *f.*

praliné, e [pʀaline] *a (amande)* mit Zuckerguß; *(feuilleté)* mit Nußfüllung; *(chocolat, glace)* mit gebrannten Mandeln.

praticable [pʀatikabl(ə)] *a (route)* befahrbar.

praticien, enne [pʀatisjɛ̃, jɛn] *nm/f (médecin)* praktischer Arzt *m*, praktische Ärztin *f.*

pratiquant, e [pʀatikɑ̃, ɑ̃t] *a* praktizierend.

pratique [pʀatik] *nf* Ausübung *f;* Betreiben- *nt;* Spielen *nt;* Praktizieren *nt;* Anwendung *f; (coutume)* Brauch *m; (opposé à théorie)* Praxis *f;* **mettre en** ~ in die Praxis umsetzen // *a* praktisch.

pratiquement [pʀatikmɑ̃] *ad (dans la pratique)* in der Praxis; *(à peu près, pour ainsi dire)* praktisch.

pratiquer [pʀatike] *vt (métier, art)* ausüben; *(sport, métier)* betreiben; *(football, golf etc)* spielen; *(religion)* praktizieren; *(intervention, opération)* durchführen; *(méthode, système)* anwenden; *(charité)* üben; *(chantage, bluff)* anwenden; *(genre de vie)* leben, führen; *(ouverture, abri)* machen // *vi (REL)* praktizieren; ~ **le bien** Gutes tun; ~ **la photo/l'escrime** fotografieren/fechten.

pré [pʀe] *nm* Wiese *f.*

préalable [pʀealabl(ə)] *a* vorhergehend, Vor- // *nm (conditions)* Voraussetzung *f;* **sans avis** ~ ohne Vorankündigung; **au** ~ vorerst.

préambule [pʀeɑ̃byl] *nm* Einleitung *f; (d'un texte de loi)* Präambel *f.*

préavis [pʀeavi] *nm:* ~ **(de licenciement** *ou* **de congé)** Kündigungsfrist *f;* **communication téléphonique avec** ~ Gespräch *nt* mit Voranmeldung.

précaution [pʀekosjɔ̃] *nf* Vorsichtsmaßnahme *f;* **avec/sans** ~ vorsichtig/unvorsichtig; **prendre des/ses** ~**s** (Sicherheits)vorkehrungen treffen.

précédemment [pʀesedamɑ̃] *ad* vorher, früher.

précédent, e [pʀesedɑ̃, ɑ̃t] *a* vorhergehend // *nm* Präzedenzfall *m;* **sans** ~ *a* erstmalig, einmalig; **le jour** ~ der Vortag.

précéder [pʀesede] *vt* vorangehen (+*dat*); *(dans un véhicule)* vorausfahren (+*dat*); *(selon l'ordre logique)* kommen vor (+*dat*).

précepte [pʀesɛpt(ə)] *nm* Grundsatz *m.*

précepteur, trice [pʀesɛptœʀ,

tris] *nm/f* Hauslehrer(in *f*) *m*.
prêcher [pʀeʃe] *vt* predigen.
précieux, euse [pʀesjø, øz] *a* wertvoll, kostbar; *(style)* preziös.
précipice [pʀesipis] *nm* Abgrund *m*.
précipitamment [pʀesipitamɑ̃] *ad* überstürzt.
précipitation [pʀesipitɑsjɔ̃] *nf (hâte)* Hast *f*; *(CHIM)* Niederschlag *m*; *(METEO)*: **~s (atmosphériques)** Niederschläge *pl*.
précipité, e [pʀesipite] *a (respiration, pas)* hastig; *(départ, entreprise)* überstürzt.
précipiter [pʀesipite] *vt (faire tomber)*: **~ qn/qch du haut de qch** jdn/etw von etw hinabstürzen; *(hâter, accélérer)* beschleunigen; **se ~** *(battements du cœur, respiration)* schneller werden; *(événements)* sich überstürzen; **se ~ sur qn/qch** sich auf jdn/etw stürzen; **se ~ au devant de qn** jdm entgegenstürzen.
précis, e [pʀesi, iz] *a* genau; *(bruit, contours, point)* deutlich.
précisément [pʀesizemɑ̃] *ad* genau.
préciser [pʀesize] *vt* präzisieren; **se ~** *vi* konkreter werden.
précision [pʀesizjɔ̃] *nf* Genauigkeit *f*.
précoce [pʀekɔs] *a (végétal)* früh; *(mariage, calvitie)* verfrüht; *(enfant, jeune fille)* frühreif.
préconçu, e [pʀekɔ̃sy] *a* vorgefaßt.
préconiser [pʀekɔnize] *vt (recommander)* empfehlen, befürworten.
précurseur [pʀekyʀsœʀ] *nm* Vorläufer *m*.
prédécesseur [pʀedesesœʀ] *nm* Vorgänger(in *f*) *m*; **~s** *nmpl (ancêtres)* Vorfahren *pl*.
prédestiner [pʀedɛstine] *vt*: **~ qn à qch** jdn zu etw vorbestimmen; **~ qn à faire qch** jdn prädestinieren, etw zu tun.
prédiction [pʀediksjɔ̃] *nf* Prophezeiung *f*.
prédilection [pʀedilɛksjɔ̃] *nf*: **avoir une ~ pour qn/qch** eine Vorliebe für jdn/etw haben; **de ~** *a* Lieblings.
prédire [pʀediʀ] *vt* vorher- *ou* voraussagen.
prédisposition [pʀedispozisjɔ̃] *nf* Veranlagung *f*.
prédominer [pʀedɔmine] *vi* vorherrschen.
préfabriqué, e [pʀefabʀike] *a*: **élément ~** Fertigteil *nt*.
préface [pʀefas] *nf* Vorwort *nt*.
préfecture [pʀefɛktyʀ] *nf* Präfektur *f*; **~ de police** Polizeipräfektur *f*.
préférable [pʀefeʀabl(ə)] *a* vorzuziehend; **cette solution est ~ à l'autre** diese Lösung ist der anderen vorzuziehen.
préféré, e [pʀefeʀe] *a* Lieblings-.
préférence [pʀefeʀɑ̃s] *nf* Vorliebe *f*; **de ~** *ad* am liebsten; **de ~ à** *prep* lieber als; **donner la ~ à qn** jdm den Vorzug geben.
préférentiel, elle [pʀefeʀɑ̃sjɛl] *a* Vorzugs-.
préférer [pʀefeʀe] *vt* vorziehen, lieber mögen; **~ qn/qch à qn/qch** jdn/etw jdm/etw vorziehen, jdn/etw lieber mögen als jdn/etw; **~ faire qch** etw lieber tun.
préfet [pʀefɛ] *nm* Präfekt *m*.
préfixe [pʀefiks] *nm* Präfix *nt*.
préhistoire [pʀeistwaʀ] *nf*: **la ~** die Urgeschichte.
préjudice [pʀeʒydis] *nm* Nachteil *m*, Schaden *m*.
préjugé [pʀeʒyʒe] *nm* Vorurteil *nt*.
prélasser [pʀelɑse]: **se ~** *vi* es sich *(dat)* bequem machen.
prélèvement [pʀelɛvmɑ̃] *nm* Entnahme *f*; **~ de sang** Blutprobe *f*.
prélever [pʀelve] *vt* entnehmen.
préliminaire [pʀeliminɛʀ] *a* Vor-, vorbereitend; **~s** *nmpl* vorbereitende Maßnahmen *pl*.
prématuré, e [pʀematyʀe] *a* vorzeitig, verfrüht; *(enfant)* frühgeboren // *nm* Frühgeburt *f*.
préméditation [pʀemeditɑsjɔ̃] *nf*: **avec ~** mit Vorsatz, vorsätzlich.
préméditer [pʀemedite] *vt* vorsätzlich planen.
premier, ière [pʀəmje, jɛʀ] *a* erste(r,s); *(le plus bas)* unterste(r,s); *(après le nom: fondamental)* grundlegend // *nm (premier étage)*

erster Stock *m* // *nf* (*AUT*) erster Gang *m; (première classe)* erste Klasse *f; (THEAT)* Premiere *f,* Uraufführung *f;* **au ~ abord** auf den ersten Blick; **au** *ou* **du ~ coup** gleich, auf Anhieb; **de ~ ordre** erstklassig; **à la première occasion** bei der erstbesten Gelegenheit; **de première qualité** von bester Qualität; **de ~ choix** erstklassig; **de première importance** von höchster Wichtigkeit; **le ~ venu** der erstbeste; **première communion** Erstkommunion *f;* **en ~ lieu** in erster Linie.

premièrement [pʀəmjɛʀmɑ̃] *ad (d'abord)* zunächst; *(dans une énumération)* erstens; *(introduisant une objection)* zunächst einmal.

prémonition [pʀemɔnisjɔ̃] *nf* Vorahnung *f.*

prémonitoire [pʀemɔnitwaʀ] *a:* **signe ~** warnendes Zeichen *nt.*

prémunir [pʀemyniʀ] *vt:* **se ~ contre qch** sich gegen etw schützen.

prendre [pʀɑ̃dʀ(ə)] *vt* nehmen; *(aller chercher)* holen; *(emporter, emmener avec soi)* mitnehmen; *(attraper)* fangen; *(surprendre)* erwischen; *(aliment, boisson)* zu sich *(dat)* nehmen; *(médicament)* einnehmen; *(acheter)* kaufen; *(engagement, risques)* eingehen; *(mesures)* ergreifen; *(ton, attitude)* annehmen; *(dispositions, mesures, précautions)* treffen; *(s'accorder)* sich *(dat)* gönnen; *(considérer):* **~ qch au sérieux** etw ernst nehmen; *(nécessiter)* brauchen; *(accrocher, coincer)* einklemmen // *vi (liquide)* fest werden; *(peinture)* trocknen; *(bouture, greffe)* anwachsen; *(feu, allumette)* brennen; **~ à gauche** (nach) links abbiegen; **~ qn par la main/dans ses bras** jdn bei der Hand/in die Arme nehmen; **~ la défense de qn** jdn verteidigen; **~ qch à qn** jdm etw wegnehmen; **~ l'air** spazierengehen; **~ son temps** sich *(dat)* Zeit lassen; **~ feu** Feuer fangen; **~ sa retraite** in den Ruhestand gehen; **~ congé de qn** sich von jdm verabschieden; **~ des notes** sich *(dat)* Notizen machen; **cette place est prise** dieser Platz ist besetzt; **~ qn comme** *ou* **pour amant/associé** sich *(dat)* jdn zum Liebhaber/Partner nehmen; **~ du plaisir/de l'intérêt à qch** an etw *(dat)* Gefallen/Interesse finden; **~ qn pour qch/qn** jdn für etw/jdn halten; **à tout ~** insgesamt; **s'en ~ à** angreifen; *(passer sa colère sur)* sich abreagieren an (+*dat*); **s'y ~** *(procéder)* verfahren; **il faudra s'y ~ à l'avance** man muß früh damit anfangen.

preneur [pʀənœʀ] *nm (acheteur)* Käufer *m,* Abnehmer *m.*

prénom [pʀenɔ̃] *nm* Vorname *m.*

préoccupation [pʀeɔkypɑsjɔ̃] *nf* Sorge *f.*

préoccuper [pʀeɔkype] *vt (personne)* Sorgen machen (+*dat*); *(esprit, attention)* stark beschäftigen.

préparatifs [pʀepaʀatif] *nmpl* Vorbereitungen *pl.*

préparation [pʀepaʀɑsjɔ̃] *nf* Vorbereitung *f;* (*CULIN*) Zubereitung *f;* (*CHIM*) Präparat *nt; (devoir):* **~ latine/française** lateinische/französische Hausaufgabe *f.*

préparer [pʀepaʀe] *vt* vorbereiten; *(mets)* zubereiten; **se ~** *(orage, tragédie)* sich anbahnen; **se ~ à qch/faire qch** sich auf etw *(akk)* vorbereiten/sich darauf vorbereiten, etw zu tun.

prépondérant, e [pʀepɔ̃deʀɑ̃, ɑ̃t] *a* überwiegend.

préposé, e [pʀepoze] *nm/f (employé)* Angestellte(r) *mf.*

préposition [pʀepozisjɔ̃] *nf* Präposition *f.*

prérogative [pʀeʀɔgativ] *nf* Vorrecht *nt.*

près [pʀɛ] *ad* nahe, in der Nähe; **~ de** *prep* bei (+*dat*); *(environ)* ungefähr; **de ~** *ad* genau; **être ~ de faire qch** beinahe etw tun; **à 5 mm ~** auf 5 mm genau; **à cela ~ que** abgesehen davon, daß.

présage [pʀezaʒ] *nm* Vorzeichen *nt,*

Omen *nt*.
présager [pʀezaʒe] *vt (prévoir)* voraussehen.
presbyte [pʀɛsbit] *a* weitsichtig.
presbytère [pʀɛsbitɛʀ] *nm* Pfarrhaus *nt*.
prescription [pʀɛskʀipsjɔ̃] *nf* Vorschrift *f*; (*MED*) Rezept *nt*.
prescrire [pʀɛskʀiʀ] *vt* vorschreiben; (*MED*) verschreiben.
préséance [pʀeseɑ̃s] *nf* Vorrang *m*.
présence [pʀezɑ̃s] *nf* Gegenwart *f*, Anwesenheit *f*; *(d'un acteur, écrivain)* Ausstrahlung *f*; **en ~ de qn** in Gegenwart von jdm; **en ~** sich gegenüberstehend; **~ d'esprit** Geistesgegenwart *f*.
présent, e [pʀezɑ̃, ɑ̃t] *a* anwesend; *(à un contrôle)*: **~!** hier!; *(dans le temps)* gegenwärtig; (*ADMIN, COMM*): **la ~e lettre** der vorliegende Brief // *nm/f*: **les ~s** die Anwesenden // *nm (partie du temps)*: **le ~** die Gegenwart; (*LING*) das Präsens; *(cadeau)* Geschenk *nt* // *nf* (*COMM*): **la ~e** das vorliegende Schreiben; **à ~** jetzt; **dès à ~** von nun an; **jusqu'à ~** bis jetzt; **à ~ que** jetzt, wo.
présentateur, trice [pʀezɑ̃tatœʀ, tʀis] *nm/f* (*RADIO, TV*) Moderator(in *f*) *m*.
présentation [pʀezɑ̃tasjɔ̃] *nf* Vorstellung *f*; Anbieten *nt*; Darbietung *f*; Ankündigung *f*; Anstellung *f*; Anmeldung *f*; Vorlegung *f*; **faire les ~s** jdn jdm vorstellen.
présenter [pʀezɑ̃te] *vt (personne)* vorstellen; *(offrir)* anbieten; *(spectacle, vue)* (dar)bieten; *(introduire)* ansagen, ankündigen; *(disposer)* ausstellen; *(candidat)* anmelden; *(thèse, devis, projet)* vorlegen; *(exprimer)* aussprechen; *(défense, théorie)* darlegen; *(symptômes, avantages)* haben, aufweisen // *vi (personne)*: **~ mal/bien** einen schlechten/guten Eindruck machen; **se ~** *(se proposer)* sich bewerben; *(se faire connaître)* sich vorstellen; *(solution, occasion)* sich bieten; *(difficultés)* auftauchen; **se ~ bien/mal** gut/schlecht aussehen.
préservatif [pʀezɛʀvatif] *nm* Präservativ *nt*.
préserver [pʀezɛʀve] *vt*: **~ qn/qch de** jdn/etw schützen vor (+*dat*).
président [pʀezidɑ̃] *nm* Vorsitzende(r) *m*; (*JUR*): **premier ~ de la cour d'appel** erster Vorsitzender *m* des Berufungsgerichtes; (*POL*) Präsident *m*; **~ directeur général, P.D.G.** Generaldirektor *m*; **~ de la République** Präsident *m* der Republik, Staatspräsident *m*.
présidentiel, le [pʀezidɑ̃sjɛl] *a (élection, système)* Präsidentschafts-; **régime ~** Präsidentschaft *f*.
présider [pʀezide] *vt* leiten, den Vorsitz führen von; *(dîner)* Ehrengast sein bei.
présomption [pʀezɔ̃psjɔ̃] *nf (supposition)* Vermutung *f*, Annahme *f*.
présomptueux, euse [pʀezɔ̃ptɥø, øz] *a* anmaßend.
presque [pʀɛsk(ə)] *ad* fast, beinahe.
presqu'île [pʀɛskil] *nf* Halbinsel *f*.
pressant, e [pʀɛsɑ̃, ɑ̃t] *a* dringend.
presse [pʀɛs] *nf* Presse *f*; **sous ~** im Druck.
pressé, e [pʀese] *a* eilig // *nm*: **aller au plus ~** das Wichtigste zuerst erledigen; **orange ~e** frisch gepreßter Orangensaft.
presse-citron [pʀɛssitʀɔ̃] *nm inv* Zitronenpresse *f*.
pressentiment [pʀesɑ̃timɑ̃] *nm* Vorgefühl *nt*, Vorahnung *f*.
pressentir [pʀesɑ̃tiʀ] *vt* ahnen.
presse-papiers [pʀɛspapje] *nm inv* Briefbeschwerer *m*.
presser [pʀese] *vt (fruit, éponge)* auspressen; *(interrupteur, bouton)* drücken auf (+*akk*); *(harceler)*: **~ qn de questions/ses débiteurs** jdn mit Fragen bedrängen/seine Schuldner drängen // *vi*: **le temps/rien ne presse** es eilt/es eilt nicht; **se ~** *(se hâter)* sich beeilen; **se ~ contre qn** sich an jdn pressen; **~ le pas/l'allure** den Schritt/Gang beschleunigen; **~ qn entre** *ou* **dans ses bras** jdn in den Arm nehmen.
pressing [pʀesiŋ] *nm* Dampfbügeln

nt; (magasin) Schnellreinigung *f.*
pression [pʀɛsjɔ̃] *nf* Druck *m; (bouton)* Druckknopf *m;* **faire ~ sur qn/qch** Druck auf jdn/etw ausüben; **~ atmosphérique** Luftdruck *m;* **~ artérielle** Blutdruck *m.*
pressoir [pʀɛswaʀ] *nm (machine)* Presse *f.*
pressurer [pʀesyʀe] *vt (fig)* auspressen, aussaugen.
prestance [pʀɛstɑ̃s] *nf* sicheres Auftreten *nt.*
prestataire [pʀɛstatɛʀ] *nm/f* Leistungs- *ou* Unterstützungsempfänger(in *f*) *m.*
prestation [pʀɛstɑsjɔ̃] *nf* Leistung *f;* **~s de vieillesse** Altersversorgung *f;* **~s familiales** Familienbeihilfe *f.*
prestidigitateur, trice [pʀɛstidiʒitatœʀ, tʀis] *nm/f* Zauberkünstler(in *f*) *m.*
prestigieux, euse [pʀɛstiʒjø, øz] *a* wunderbar.
présumer [pʀezyme] *vt (supposer)* annehmen, vermuten; **~ de qn/qch** jdn/etw zu hoch einschätzen; **~ qn coupable/innocent** jdn für schuldig/unschuldig halten.
prêt, e [pʀɛ, ɛt] *a* fertig, bereit // *nm* (Ver)leihen *nt; (somme)* Anleihe *f;* **~ sur gages** Pfandleihe *f; (avance)* Vorschuß *m;* **~ à faire qch** bereit, etw zu tun; **~ à toute éventualité** auf alles vorbereitet; **~ à tout** zu allem bereit.
prêt-à-porter [pʀɛtapɔʀte] *nm* Konfektion *f.*
prétendant [pʀetɑ̃dɑ̃] *nm (à un trône)* Prätendent *m; (à la main d'une femme)* Freier *m.*
prétendre [pʀetɑ̃dʀ(ə)] *vt (vouloir):* **~ faire qch** beabsichtigen, etw zu tun; *(soutenir)* behaupten; **~ à** Anspruch erheben auf *(+akk).*
prétendu, e [pʀetɑ̃dy] *a (supposé: avant le nom)* angeblich.
prête-nom [pʀɛtnɔ̃] *nm* Strohmann *m.*
prétentieux, euse [pʀetɑ̃sjø, øz] *a* anmaßend; *(maison)* protzig.
prétention [pʀetɑ̃sjɔ̃] *nf (exigence)* Anspruch *m; (ambition, visée)* Ambition *f; (arrogance)* Überheblichkeit *f;* **sans ~** bescheiden.
prêter [pʀete] *vt (fournir):* **~ son assistance/appui à qn** jdm helfen/ jdn unterstützen; *(livres, argent)* (ver)leihen; *(attribuer):* **~ à qn un des propos/intentions** jdm Äußerungen/Absichten unterstellen // *vi (s'élargir)* nachgeben; **~ aux commentaires/à équivoque** Anlaß zu Kommentaren/zu Mißverständnissen geben; **se ~ à qch** *(personne)* bei etw mitmachen; *(chose)* sich für etw eignen; **~ attention** Aufmerksamkeit schenken; **~ serment** den Eid leisten; **~ l'oreille à** anhören.
prétexte [pʀetɛkst(ə)] *nm* Vorwand *m;* **donner qch pour ~** etw als Vorwand nehmen; **sous aucun ~** keinesfalls.
prêtre [pʀɛtʀ(ə)] *nm* Priester *m.*
preuve [pʀœv] *nf* Beweis *m;* **jusqu'à ~ du contraire** bis nicht das Gegenteil bewiesen ist; **faire ~ de** zeigen, beweisen; **faire ses ~s** seine Fähigkeiten zeigen.
prévaloir [pʀevalwaʀ] *vi* siegen, sich durchsetzen; **se ~ de qch** *(tirer vanité de)* sich *(dat)* etwas einbilden auf *(+akk).*
prévenant, e [pʀevnɑ̃, ɑ̃t] *a* aufmerksam, rücksichtsvoll.
prévenir [pʀevniʀ] *vt (informer):* **~ qn (de qch)** jdn (von etw) benachrichtigen; *(empêcher)* verhindern; **~ qn contre qch/qn** jdn gegen etw/jdn einnehmen; **~ les besoins/désirs de qn** jds Bedürfnissen/Wünschen *(dat)* zuvorkommen.
préventif, ive [pʀevɑ̃tif, iv] *a* vorbeugend; **détention ~ive** Untersuchungshaft *f.*
prévention [pʀevɑ̃sjɔ̃] *nf* Verhütung *f; (incarcération)* Untersuchungshaft *f.*
prévenu [pʀevny] *nm/f* Angeklagte(r) *mf.*
prévision [pʀevizjɔ̃] *nf:* **~s** *nfpl* Vorhersage(n *pl*) *f;* **~s météorologiques** Wettervorhersage *f;* **en ~ de**

qch in Erwartung einer Sache *(gen)*.
prévoir [pʀevwaʀ] *vt* vorhersehen.
prévoyance [pʀevwajɑ̃s] *nf*: **société/caisse de** ~ Rentenversicherung *f*/-fonds *m*.
prévoyant, e [pʀevwajɑ̃, ɑ̃t] *a* vorsorgend, vorausschauend.
prier [pʀije] *vi* beten // *vt (Dieu)* beten zu; *(personne)* (inständig) bitten; *(terme de politesse)* ersuchen, bitten; *(inviter)*: ~ **qn à dîner** jdn zum Essen einladen; **je vous en prie** bitte.
prière [pʀijɛʀ] *nf (REL)* Gebet *nt; (demande instante)* Bitte *f*; **dire une/sa** ~ beten; ~ **de ne pas fumer** bitte nicht rauchen.
primaire [pʀimɛʀ] *a (SCOL)* Grundschul-; *(ECON)*: **secteur** ~ Primärsektor *m; (simpliste)* simpel // *nm (enseignement)*: **le** ~ die Grundschulausbildung.
primauté [pʀimote] *nf* Vorrang *m*.
prime [pʀim] *nf* Prämie *f*; *(objet gratuit)* Werbegeschenk *nt*; ~ **de risque** Gefahrenzulage *f* // *a*: **de** ~ **abord** auf den ersten Blick.
primer [pʀime] *vt (l'emporter)*: ~ **sur qch** einer Sache *(dat)* überlegen sein; *(récompenser)* prämieren // *vi* überwiegen.
primeurs [pʀimœʀ] *nfpl* Frühobst *nt*/-gemüse *nt*.
primevère [pʀimvɛʀ] *nf* Schlüsselblume *f*.
primitif, ive [pʀimitif, iv] *a* Ur-, ursprünglich; *(société; rudimentaire)* primitiv; **couleurs** ~**ives** Grundfarben *pl*.
primordial, e, aux [pʀimɔʀdjal, o] *a* wesentlich, bedeutend.
prince [pʀɛ̃s] *nm* Prinz *m*.
princesse [pʀɛ̃sɛs] *nf* Prinzessin *f*.
princier, ière [pʀɛ̃sje, jɛʀ] *a* fürstlich.
principal, e, aux [pʀɛ̃sipal, o] *a* Haupt- // *nm (essentiel)*: **le** ~ das Wesentliche; *(d'un collège)* Rektor *m*.
principauté [pʀɛ̃sipote] *nf* Fürstentum *nt*.
principe [pʀɛ̃sip] *nm* Prinzip *nt*; *(d'une discipline, science)* Grundsatz *m*; **partir du** ~ **que** davon ausgehen, daß; **pour le/par** ~ aus Prinzip; **de** ~ prinzipiell; **en** ~ im Prinzip.
printemps [pʀɛ̃tɑ̃] *nm* Frühling *m*, Frühjahr *nt*.
priorité [pʀijɔʀite] *nf (AUT)*: **avoir la** ~ Vorfahrt haben; ~ **à droite** rechts vor links; **en** ~ vorrangig, zuerst.
pris, e [pʀi] *a (place)* besetzt; *(journée, mains)* voll; *(personne)* beschäftigt; *(MED)*: **avoir le nez/la gorge** ~**(e)** eine verstopfte Nase/einen entzündeten Hals haben.
prise [pʀiz] *nf (d'une ville)* Einnahme *f*; *(PÊCHE)* Fang *m*; *(ELEC)*: ~ **(de courant)** Stecker *m*; Steckdose *f*; *(SPORT; moyen de tenir)* Griff *m*; **être aux** ~**s avec qn** sich mit jdm in den Haaren liegen; **lâcher** ~ loslassen; ~ **de vue** Aufnahme *f*; ~ **de son** Tonaufnahme *f*; ~ **de sang** Blutabnahme *f*; ~ **d'eau** Wasserzapfstelle *f*; ~ **de terre** Erdung *f*; ~ **multiple** Mehrfachstecker *m*; ~ **en charge** *(par la sécurité sociale)* Kostenübernahme *f*.
priser [pʀize] *vt (tabac)* nehmen, schnupfen; *(apprécier)* schätzen.
prison [pʀizɔ̃] *nf* Gefängnis *nt*.
prisonnier, ière [pʀizɔnje, jɛʀ] *nm/f (détenu)* Häftling *m*; *(soldat)* Gefangene(r) *mf* // *a* gefangen; **faire** ~ gefangennehmen.
privation [pʀivɑsjɔ̃] *nf (gén pl: sacrifice)* Entbehrung *f*.
privé, e [pʀive] *a* privat, Privat-; *(personnel, intime)* persönlich; **en** ~ privat.
priver [pʀive] *vt*: ~ **qn de** jdm etw entziehen; **se** ~ **(de qch/faire qch) sich** *(dat)* versagen (etw/etw zu tun).
privilégié, e [pʀivileʒje] *a* privilegiert; *(favorisé)* begünstigt.
prix [pʀi] *nm* Preis *m*; **au** ~ **fort** zum Höchstpreis; **hors de** ~ sehr teuer; **à aucun** ~ um keinen Preis; **à tout** ~ um jeden Preis; ~ **de gros/détail** Groß-/Einzelhandelspreis *m*; ~ **de revient** Selbstkostenpreis *m*.
probabilité [pʀɔbabilite] *nf* Wahr-

scheinlichkeit *f*.
probable [pʀɔbabl(ə)] *a* wahrscheinlich.
probablement [pʀɔbabləmɑ̃] *ad* wahrscheinlich.
probant, e [pʀɔbɑ̃, ɑ̃t] *a* beweiskräftig, überzeugend.
probité [pʀɔbite] *nf* Redlichkeit *f*.
problème [pʀɔblɛm] *nm* Problem *nt*; *(SCOL)* Aufgabe *f*.
procédé [pʀɔsede] *nm (méthode)* Verfahren *nt*, Prozeß *m*; *(comportement)* Verhalten *nt*.
procéder [pʀɔsede] *vi (agir)* vorgehen; ~ **à qch** etw durchführen.
procédure [pʀɔsedyʀ] *nf* Verfahrensweise *f*; **le code de ~ civile/pénale** die Zivil-/Strafprozeßordnung.
procès [pʀɔsɛ] *nm* Prozeß *m*; **être en ~ avec qn** mit jdm prozessieren.
processus [pʀɔsesys] *nm* Prozeß *m*.
procès-verbal, verbaux [pʀɔsɛvɛʀbal, o] *nm* Protokoll *nt*; *(de contravention)* Strafmandat *nt*.
prochain, e [pʀɔʃɛ̃, ɛn] *a* nächste(r, s); *(près de se produire)*: **la fin ~e** das nahe Ende; *(date)*: **la semaine ~e** (die) nächste Woche; **à la ~e fois!** bis zum nächsten Mal!
prochainement [pʀɔʃɛnmɑ̃] *ad* demnächst.
proche [pʀɔʃ] *a* nahe *(de dat ou* bei) **~s** *nmpl (parents)* nächste Verwandte *pl*; **de ~ en ~** nach und nach.
proclamer [pʀɔklame] *vt (la république, un roi)* ausrufen, proklamieren; *(résultat d'un examen)* bekanntgeben; *(son innocence etc)* erklären, beteuern.
procréer [pʀɔkʀee] *vt* zeugen, hervorbringen.
procuration [pʀɔkyʀɑsjɔ̃] *nf* Vollmacht *f*.
procurer [pʀɔkyʀe] *vt (fournir)*: ~ **qch à qn** jdm etw verschaffen; *(plaisir, joie)* jdm etw machen *ou* bereiten; **se ~** sich *(dat)* verschaffen.
procureur [pʀɔkyʀœʀ] *nm*: **~ (de la République)** Staatsanwalt *m*; **~ général** Generalstaatsanwalt *m*.
prodige [pʀɔdiʒ] *nm* Wunder *nt*.
prodigieux, euse [pʀɔdiʒjø, øz] *a* erstaunlich, phantastisch.
prodigue [pʀɔdig] *a* verschwenderisch.
prodiguer [pʀɔdige] *vt (dilapider)* vergeuden; ~ **qch (à qn)** (jdn) mit etw überhäufen.
producteur, trice [pʀɔdyktœʀ, tʀis] *a*: **pays ~ de blé/pétrole** weizen-/erdölerzeugendes Land *nt* // *nm/f (de biens)* Hersteller(in *f*) *m*; *(FILM)* Produzent(in *f*) *m*.
productif, ive [pʀɔdyktif, iv] *a* fruchtbar, ertragreich; *(capital, personnel)* produktiv.
production [pʀɔdyksjɔ̃] *nf* Erzeugung *f*; Produktion *f*, Herstellung *f*.
productivité [pʀɔdyktivite] *nf* Produktivität *f*.
produire [pʀɔdɥiʀ] *vt* erzeugen; *(entreprise)* herstellen, produzieren; *(résultat, changement)* bewirken; *(FILM, TV)* produzieren; *(documents, témoins)* liefern, beibringen // *vi (rapporter)* produzieren; *(investissement, argent)* Gewinn abwerfen, arbeiten; **se ~** *(acteur)* sich produzieren; *(changement, événement)* sich ereignen.
produit [pʀɔdɥi] *nm* Produkt *nt*; *(d'un investissement)* Rendite *f*; **~ brut/fini** Roherzeugnis *nt*/ Fertigprodukt *nt*; **~ d'entretien** Putzmittel *nt*; **~ national brut** Bruttosozialprodukt *nt*.
proéminent, e [pʀɔeminɑ̃, ɑ̃t] *a* vorstehend.
profane [pʀɔfan] *a (REL)* weltlich; *(ignorant, non initié)* laienhaft.
proférer [pʀɔfeʀe] *vt* von sich *(dat)* geben.
professer [pʀɔfese] *vt (déclarer hautement avoir)* bekunden; *(enseigner)* unterrichten.
professeur [pʀɔfɛsœʀ] *nm* Lehrer(in *f*) *m*; **~ de l'Université** (Universitäts)professor(in *f*) *m*.
profession [pʀɔfɛsjɔ̃] *nf* Beruf *m*; **de ~** von Beruf.
professionnel, le [pʀɔfɛsjɔnɛl] *a* Berufs-, beruflich // *nm (sportif, cam-*

brioleur) Profi *m; (ouvrier)* Facharbeiter(in *f*) *m.*

professorat [pʀɔfɛsɔʀa] *nm:* **le ~** der Lehrberuf.

profil [pʀɔfil] *nm (du visage)* Profil *nt; (section, coupe)* Längsschnitt *m;* **de ~** im Profil.

profiler [pʀɔfile] *vt (TECH)* Stromlinienform geben *(+dat);* **se ~** sich abheben.

profit [pʀɔfi] *nm (avantage)* Nutzen *m,* Vorteil *m; (COMM, FIN)* Gewinn *m,* Profit *m;* **au ~ de qn** zugunsten von jdm; **tirer ~ de qch** Gewinn aus etw ziehen.

profitable [pʀɔfitabl(ə)] *a* gewinnbringend, nützlich.

profiter [pʀɔfite]: **~ de** *vt* ausnutzen; **~ à qn/qch** jdm/einer Sache nützlich sein.

profond, e [pʀɔfɔ̃, ɔ̃d] *a* tief; *(esprit, écrivain)* tiefsinnig; *(silence, indifférence)* vollkommen; *(erreur)* schwer.

profondeur [pʀɔfɔ̃dœʀ] *nf* Tiefe *f.*

profusion [pʀɔfyzjɔ̃] *nf* Fülle *f; (fig)* Überfülle *f;* **à ~** *ad* in Hülle und Fülle.

progéniture [pʀɔʒenityʀ] *nf* Nachwuchs *m.*

programme [pʀɔgʀam] *nm* Programm *nt; (SCOL)* Lehrplan *m.*

programmer [pʀɔgʀame] *vt (émission)* senden, zeigen; *(ordinateur)* programmieren.

programmeur, euse [pʀɔgʀamœʀ, øz] *nm/f* Programmierer(in *f*) *m.*

progrès [pʀɔgʀɛ] *nm* Fortschritt *m; (d'un incendie, d'une épidémie)* Fortschreiten *nt.*

progresser [pʀɔgʀese] *vi* vorrücken, vordringen; *(élève)* Fortschritte machen.

progressif, ive [pʀɔgʀesif, iv] *a (impôt, taux)* progressiv; *(développement)* fortschreitend; *(difficulté)* zunehmend.

progression [pʀɔgʀɛsjɔ̃] *nf* Entwicklung *f; (d'une armée)* Vorrücken *nt; (MATH)* Reihe *f.*

prohiber [pʀɔibe] *vt* verbieten.

prohibitif, ive [pʀɔibitif, iv] *a* Verbots-; *(prix)* unerschwinglich.

proie [pʀwa] *nf* Beute *f;* **être la ~ de** das Opfer *(+gen)* sein; **être en ~ à** *(désespoir, inquiétude)* leiden unter *(+dat).*

projecteur [pʀɔʒɛktœʀ] *nm* Projektor *m; (spot)* Scheinwerfer *m.*

projectile [pʀɔʒɛktil] *nm* Geschoß *nt.*

projection [pʀɔʒɛksjɔ̃] *nf* Werfen *nt;* Sprühen *nt;* Ausstoß *m;* Vorführen *nt,* Projektion *f;* **conférence avec ~s** Diavortrag *m.*

projet [pʀɔʒɛ] *nm* Plan *m; (ébauche)* Entwurf *m;* **~ de loi** Gesetzentwurf *m.*

projeter [pʀɔʒte] *vt* werfen; *(étincelles)* sprühen; *(fumée)* ausstoßen; *(envisager)* planen, beabsichtigen; *(film, diapositives)* vorführen, projizieren.

prolétariat [pʀɔletaʀja] *nm* Proletariat *nt.*

proliférer [pʀɔlifeʀe] *vi* sich stark vermehren.

prolifique [pʀɔlifik] *a* fruchtbar.

prolixe [pʀɔliks(ə)] *a* wortreich.

prolongation [pʀɔlɔ̃gɑsjɔ̃] *nf* Verlängerung *f;* Andauern *nt;* **jouer les ~s** in die Verlängerung gehen.

prolongement [pʀɔlɔ̃ʒmɑ̃] *nm* Verlängerung *f;* **~s** *nmpl (conséquences)* Auswirkungen *pl,* Folgen *pl;* **dans le ~ de** weiterführend von.

prolonger [pʀɔlɔ̃ʒe] *vt* verlängern; *(sujet: chose)* eine Verlängerung sein von; **se ~** *vi (leçon, repas)* andauern; *(route, chemin)* weitergehen.

promenade [pʀɔmnad] *nf* Spaziergang *m;* **~ en voiture** Spazierfahrt *f;* **~ à vélo** Fahrradtour *f.*

promener [pʀɔmne] *vt (personne, chien)* spazierenführen; *(doigts, main, regards)* schweifen *ou* gleiten lassen; **se ~** spazierengehen; *(en voiture)* spazierenfahren.

promeneur, euse [pʀɔmnœʀ, øz] *nm/f* Spaziergänger(in) *m.*

promesse [pʀɔmɛs] *nf* Versprechen *nt;* **tenir sa ~** sein Versprechen halten.

promettre [pʀɔmɛtʀ(ə)] *vt* versprechen; *(annoncer)* hindeuten auf *(+akk)* // *vi (récolte, arbre)* eine gute Ernte versprechen; *(enfant, musicien)* vielversprechend sein; **se ~ qch** sich *(dat)* etw versprechen.
promiscuité [pʀɔmiskɥite] *nf* Enge *f*.
promontoire [pʀɔmɔ̃twaʀ] *nm* Landspitze *f*.
promoteur, trice [pʀɔmɔtœʀ, tʀis] *nm/f (instigateur)* Initiator(in *f*) *m*; **~ (de construction)** Bauträger *m*.
promotion [pʀɔmosjɔ̃] *nf (professionnelle)* Beförderung *f*; **~ des ventes** (*COMM*) Absatzförderung *f*.
promouvoir [pʀɔmuvwaʀ] *vt (personne)* befördern; *(encourager)* fördern, sich einsetzen für.
prompt, e [pʀɔ̃, pʀɔ̃t] *a* schnell.
promulguer [pʀɔmylge] *vt* erlassen.
pronom [pʀɔnɔ̃] *nm* Pronomen *nt*.
pronominal, e, aux [pʀɔnɔminal, o] *a*: **verbe ~** reflexives Verb.
prononcé, e [pʀɔnɔ̃se] *a* ausgeprägt.
prononcer [pʀɔnɔ̃se] *vt* aussprechen; *(proférer)* hervorbringen; *(jugement, sentence)* verkünden // *vi*: **~ bien/mal** eine gute/schlechte Aussprache haben; **se ~** sich entscheiden; **se ~ sur qch** seine Meinung über etw *(akk)* äußern; **se ~ en faveur de/contre qch/qn** sich für/gegen etw/jdn aussprechen.
prononciation [pʀɔnɔ̃sjɑsjɔ̃] *nf* Aussprache *f*.
pronostic [pʀɔnɔstik] *nm* Prognose *f*.
propagande [pʀɔpagɑ̃d] *nf* Propaganda *f*.
propager [pʀɔpaʒe] *vt (répandre)* verbreiten; **se ~** *vi* sich ausbreiten.
prophète, prophétesse [pʀɔfɛt, pʀɔfetɛs] *nm/f* Prophet(in *f*) *m*.
prophétie [pʀɔfesi] *nf* Prophezeiung *f*.
propice [pʀɔpis] *a* günstig.
proportion [pʀɔpɔʀsjɔ̃] *nf (équilibre, harmonie)* Proportionen *pl*; *(relation)* Verhältnis *nt*; *(mesure)*: **il n'y a aucune ~ entre le prix demandé et le prix réel** der verlangte Preis steht in keinem Verhältnis zum eigentlichen Wert; *(pourcentage)* Prozentsatz *m*; **~s** *nfpl* Proportionen *pl*; *(taille, importance)* Ausmaß *nt*; **en ~ de** im Verhältnis zu; **toute(s) ~(s) gardée(s)** den Verhältnissen entsprechend.
proportionnel, le [pʀɔpɔʀsjɔnɛl] *a* proportional, anteilmäßig; **représentation ~e** Verhältniswahlrecht *nt*; **~ à** proportional zu.
propos [pʀɔpo] *nm (paroles)* Worte *pl*; *(intention)* Absicht *f*; *(sujet)*: **à quel ~?** aus welchem Anlaß?; **à ~ de** bezüglich *(+gen)*; **à tout ~** ständig, bei jeder Gelegenheit; **à ~!** übrigens!; **à ~** günstig.
proposer [pʀɔpoze] *vt* vorschlagen; (*SCOL*) stellen; *(offrir)* anbieten; *(loi, motion)* einbringen; **se ~** sich anbieten; **~ de faire qch** *(suggérer)* vorschlagen, etw zu tun; *(offrir)* anbieten, etw zu tun; **se ~ de faire qch** *(avoir pour but)* sich *(dat)* vornehmen, etw zu tun.
proposition [pʀɔpozisjɔ̃] *nf (suggestion)* Vorschlag *m*; (*POL*) Antrag *m*; *(offre)* Angebot *nt*; (*LING*) Satz *m*; **~ principale/subordonnée** Haupt-/Nebensatz *m*.
propre [pʀɔpʀ(ə)] *a* sauber; *(personne, vêtement)* ordentlich, gepflegt; *(honnête)* ordentlich, redlich; *(intensif possessif)* eigen; *(spécifique)*: **~ à** typisch für, eigen *(+dat)*; *(convenable)*: **~ (à)** angemessen *(+dat)*; *(de nature à)*: **~ à faire qch** geeignet, etw zu tun // *nm*: **mettre** *ou* **recopier au ~** ins reine schreiben; *(particularité)*: **le ~ de** eine Eigenschaft *(+gen)*; **au ~** *(au sens propre)* eigentlich; **~ à rien** *nm/f* Nichtsnutz *m*.
proprement [pʀɔpʀəmɑ̃] *ad* sauber, ordentlich; **à ~ parler** strenggenommen, eigentlich.
propreté [pʀɔpʀəte] *nf* Sauberkeit *f*; Gepflegtheit *f*.
propriétaire [pʀɔpʀijetɛʀ] *nm/f* Besitzer(in *f*) *m*, Eigentümer(in *f*) *m*; *(de terres, d'immeubles)* Besitzer(in *f*)

m; (qui loue) Hausbesitzer(in *f*) *m*, Vermieter(in *f*) *m*.

propriété [pʀɔpʀijete] *nf (JUR)* Besitz *m; (possession)* Eigentum *nt; (immeuble, maison)* Grund- *ou* Hausbesitz *m; (qualité)* Eigenschaft *f; (d'un mot)* Angemessenheit *f*.

propulser [pʀɔpylse] *vt (missile, engin)* antreiben; *(projeter)* schleudern.

prorata [pʀɔʀata] *nm inv:* **au ~ de** im Verhältnis zu.

proroger [pʀɔʀɔʒe] *vt (renvoyer)* aufschieben; *(prolonger)* verlängern; *(POL)* vertagen.

proscrire [pʀɔskʀiʀ] *vt (bannir)* verbannen; *(interdire)* verbieten.

prose [pʀoz] *nf* Prosa *f*.

prospecter [pʀɔspɛkte] *vt (terrain)* nach Bodenschätzen suchen in *(+dat); (COMM)* erforschen.

prospectus [pʀɔspɛktys] *nm* Prospekt *m*.

prospère [pʀɔspɛʀ] *a (période)* ertragreich; *(finances, entreprise)* florierend, gutgehend.

prospérer [pʀɔspeʀe] *vi* gut gedeihen; *(entreprise, ville, science)* blühen, florieren.

prospérité [pʀɔspeʀite] *nf* Wohlstand *m*.

prosterner [pʀɔstɛʀne] *vt:* **se ~** sich niederwerfen.

prostituée [pʀɔstitɥe] *nf* Prostituierte *f*.

prostitution [pʀɔstitysjɔ̃] *nf* Prostitution *f*.

protecteur, trice [pʀɔtɛktœʀ, tʀis] *a* beschützend; *(régime, système)* Schutz- // *nm/f (défenseur)* Beschützer(in *f*) *m*.

protection [pʀɔtɛksjɔ̃] *nf* Schutz *m; (patronage; ECON)* Protektion *f*; **écran/enveloppe de ~** Schutzschirm *m*/-umschlag *m*.

protégé, e [pʀɔteʒe] *nm/f* Protegé *m*, Schützling *m*.

protège-cahier [pʀɔtɛʒkaje] *nm* Heftumschlag *m*.

protéger [pʀɔteʒe] *vt* schützen; *(physiquement)* beschützen; *(intérêt, liberté, institution)* wahren; **se ~ de qch/contre qch** sich vor etw *(dat)*/gegen etw *(akk)* schützen.

protéine [pʀɔtein] *nf* Protein *nt*.

protestant, e [pʀɔtɛstɑ̃, ɑ̃t] *a* protestantisch // *nm/f* Protestant(in *f*) *m*.

protestation [pʀɔtɛstɑsjɔ̃] *nf (plainte)* Protest *m; (déclaration)* Beteuerung *f*.

protester [pʀɔtɛste] *vi:* **~ (contre qch)** (gegen etw *dat*) protestieren; **~ de son innocence** seine Unschuld beteuern.

prothèse [pʀɔtɛz] *nf (appareil)* Prothese *f*; **~ (dentaire)** Zahnprothese *f*, Gebiß *nt*.

protocole [pʀɔtɔkɔl] *nm (étiquette)* Protokoll *nt*; **~ d'accord** Vereinbarungsprotokoll *nt*.

prototype [pʀɔtɔtip] *nm (d'avion, de voiture de course)* Prototyp *m*.

protubérance [pʀɔtybeʀɑ̃s] *nf* Beule *f*.

protubérant, e [pʀɔtybeʀɑ̃, ɑ̃t] *a* vorstehend.

proue [pʀu] *nf* Bug *m*.

prouesse [pʀuɛs] *nf (acte de courage)* Heldentat *f; (exploit)* Kunststück *nt*, Meisterleistung *f*.

prouver [pʀuve] *vt* beweisen.

provenance [pʀɔvnɑ̃s] *nf* Herkunft *f*, Ursprung *m*; **avion/train en ~ de ...** Flugzeug/Zug aus ....

provençal, e, aux [pʀɔvɑ̃sal, o] *a* provenzalisch.

provenir [pʀɔvniʀ]: **~ de** *vt (venir de)* herkommen aus; *(tirer son origine de)* stammen von; *(résulter de)* kommen von.

proverbe [pʀɔvɛʀb(ə)] *nm* Sprichwort *nt*.

proverbial, e, aux [pʀɔvɛʀbjal, o] *a* sprichwörtlich.

providence [pʀɔvidɑ̃s] *nf* Vorsehung *f*.

providentiel, le [pʀɔvidɑ̃sjɛl] *a (opportun)* unerwartet, glücklich.

province [pʀɔvɛ̃s] *nf (région)* Provinz *f*.

provincial, e, aux [pʀɔvɛ̃sjal, o] *a* Provinz-; *(pej)* provinzlerisch.

proviseur [pʀɔvizœʀ] *nm* Direktor *m*.

provision [pRɔvizjɔ̃] *nf* Vorrat *m; (acompte, avance)* Anzahlung *f,* Vorschuß *m; (COMM: dans un compte)* Deckung *f;* **~s** *nfpl (ravitaillement)* Vorräte *pl;* **faire ~ de qch** einen Vorrat an *(+dat)* anlegen.

provisoire [pRɔvizwaR] *a* vorläufig; **mise en liberté ~** vorläufige Haftentlassung *f.*

provisoirement [pRɔvizwaRmɑ̃] *ad* einstweilig.

provocant, e [pRɔvɔkɑ̃, ɑ̃t] *a* herausfordernd, provozierend.

provocation [pRɔvɔkɑsjɔ̃] *nf (parole, écrit)* Provokation *f.*

provoquer [pRɔvɔke] *vt (inciter à):* **~ qn à** jdn provozieren zu; *(défier)* herausfordern; *(causer: choses)* hervorrufen; *(: colère, curiosité)* verursachen; *(: gaieté, rires)* hervorrufen; *(: aveux, explications)* hervorlocken.

proxénète [pRɔksenɛt] *nm (souteneur)* Zuhälter *m.*

proximité [pRɔksimite] *nf* Nähe *f;* **à ~** in der Nähe.

prude [pRyd] *a* prüde.

prudence [pRydɑ̃s] *nf* Umsicht *f;* Überlegtheit *f;* Vorsicht *f;* **avec ~** umsichtig; **par (mesure de) ~** als Vorsichtsmaßnahme.

prudent, e [pRydɑ̃, ɑ̃t] *a (circonspect)* umsichtig; *(sage)* klug, überlegt; *(réservé)* vorsichtig.

prune [pRyn] *nf (fruit)* Pflaume *f.*

pruneau, x [pRyno] *nm (fruit sec)* Backpflaume *f.*

prunelle [pRynɛl] *nf (ANAT)* Pupille *f;* **comme la ~ de ses yeux** wie seinen Augapfel.

prunier [pRynje] *nm* Pflaumenbaum *m.*

Prusse [pRys] *nf:* **la ~** Preußen *nt.*

psaume [psom] *nm* Psalm *m.*

pseudonyme [psødɔnim] *nm* Pseudonym *nt.*

psychanalyse [psikanaliz] *nf* Psychoanalyse *f.*

psychiatre [psikjatR(ə)] *nm/f* Psychiater(in *f*) *m.*

psychiatrie [psikjatRi] *nf* Psychiatrie *f.*

psychiatrique [psikjatRik] *a:* **hôpital ~** psychiatrisches Krankenhaus *nt.*

psychique [psiʃik] *a* psychisch.

psychologie [psikɔlɔʒi] *nf (science)* Psychologie *f; (intuition)* Menschenkenntnis *f.*

psychologique [psikɔlɔʒik] *a* psychologisch; *(psychique)* psychisch.

psychologue [psikɔlɔg] *nm/f* Psychologe *m,* Psychologin *f.*

puanteur [pɥɑ̃tœR] *nf* Gestank *m.*

puberté [pybɛRte] *nf* Pubertät *f.*

pubis [pybis] *nm (bas-ventre)* Schambein *nt.*

public, ique [pyblik] *a* öffentlich // *nm (population)* Öffentlichkeit *f; (audience, lecteurs)* Publikum *nt;* **en ~** öffentlich; **interdit au ~** der Öffentlichkeit nicht zugänglich.

publication [pyblikɑsjɔ̃] *nf* Veröffentlichung *f.*

publicitaire [pyblisitɛR] *a* Werbe-.

publicité [pyblisite] *nf (COMM)* Werbung *f; (annonce)* Anzeige *f.*

publier [pyblije] *vt (livre: auteur)* veröffentlichen; *(: éditeur)* herausbringen; *(bans, décret, loi)* verkünden; *(nouvelle)* verbreiten.

puce [pys] *nf (ZOOL)* Floh *m;* **~s** *nfpl:* **les ~s, le marché aux ~s** der Flohmarkt.

pucelle [pysɛl] *a* jungfräulich.

pudeur [pydœR] *nf* Schamhaftigkeit *f.*

pudique [pydik] *a (chaste)* schamhaft, sittsam; *(discret)* dezent, diskret.

puer [pɥe] *vi* stinken.

puéricultrice [pɥeRikyltRis] *nf* Säuglingsschwester *f.*

puéril, e [pɥeRil] *a* kindisch.

pugilat [pyʒila] *nm* Faustkampf *m.*

puis [pɥi] *ad* dann.

puiser [pɥize] *vt (eau)* schöpfen; *(fig: exemple, renseignement):* **~ qch dans qch** etw einer Sache *(dat)* entnehmen.

puisque [pɥisk(ə)] *conj* da; *(valeur intensive):* **~ je te le dis!** und wenn ich es dir sage!

puissance [pɥisɑ̃s] *nf* Stärke *f; (Etat)*

Macht *f; (MATH)*: **deux (à la) ~ cinq** 2 hoch 5; **les ~s occultes** die übernatürlichen Mächte.
puissant, e [pɥisɑ̃, ɑ̃t] *a* stark; *(influent)* mächtig, einflußreich; *(exemple, raisonnement)* überzeugend.
puits [pɥi] *nm (d'eau)* Brunnen *m; (de pétrole)* Bohrloch *nt*.
pull [pyl] *nm (abr de* **pull-over**) Pulli *m*.
pull-over [pulɔvœʀ] *nm* Pullover *m*.
pulluler [pylyle] *vi (grouiller)* schwärmen, wimmeln.
pulmonaire [pylmɔnɛʀ] *a* Lungen-.
pulpe [pylp(ə)] *nf (d'un fruit, légume)* Fleisch *nt*.
pulsation [pylsɑsjɔ̃] *nf (MED)* Schlagen *nt*.
pulvérisateur [pylveʀizatœʀ] *nm (à parfum)* Zerstäuber *m; (à peinture)* Sprühdose *f; (pour médicament)* Spray *nt ou m*.
pulvériser [pylveʀize] *vt (solide)* pulverisieren; *(liquide)* sprühen, spritzen; *(adversaire)* fertigmachen; *(argument)* zerpflücken; *(record)* brechen.
punaise [pynɛz] *nf (ZOOL)* Wanze *f; (clou)* Reißzwecke *f*.
punch [pɔ̃ʃ] *nm (boisson)* Punsch *m;* [pœnʃ] *(BOXE)* Schlagkraft *f; (efficacité, dynamisme)* Pfeffer *m*.
punching-ball [pœnʃiŋbol] *nm* Lederball *m*, Birnball *m*.
punir [pyniʀ] *vt* bestrafen; **~ qn de qch** jdn für etw bestrafen.
punitif, ive [pynitif, iv] *a:* **expédition ~ive** Strafexpedition *f*.
punition [pynisjɔ̃] *nf* Bestrafung *f*.
pupille [pypij] *nf (ANAT)* Pupille *f; (enfant)* Mündel *nt;* **~ de l'État** Fürsorgekind *nt;* **~ de la Nation** Kriegswaise *f*.
pupitre [pypitʀ(ə)] *nm* Pult *nt; (REL)* Kanzel *f; (de chef d'orchestre)* Dirigentenpult *nt*.
pur, e [pyʀ] *a* rein; *(vin)* unverdünnt; *(whisky, gin)* pur; *(air, ciel)* klar; *(intentions)* selbstlos; **~ et simple** *a* ganz einfach; **en ~e perte** vergeblich.
purée [pyʀe] *nf:* **~ (de pommes de terre)** Kartoffelbrei *m;* **~ de marrons** Maronenpüree *nt;* **~ de tomates** Tomatenmark *nt;* **~ de pois** *(brouillard)* Waschküche *f*.
pureté [pyʀte] *nf* Reinheit *f;* Klarheit *f;* Selbstlosigkeit *f*.
purgatif [pyʀgatif] *nm* Abführmittel *nt*.
purgatoire [pyʀgatwaʀ] *nm* Fegefeuer *nt*.
purge [pyʀʒ(ə)] *nf (POL)* Säuberungsaktion *f; (MED)* (starkes) Abführmittel *nt*.
purger [pyʀʒe] *vt (conduite, radiateur)* leeren; *(circuit hydraulique, freins)* lüften; *(MED)* entschlacken; *(JUR: peine)* verbüßen; *(POL)* säubern.
purifier [pyʀifje] *vt* reinigen.
purin [pyʀɛ̃] *nm* Jauche *f*.
puriste [pyʀist(ə)] *nm/f* Purist(in *f*) *m*.
pur-sang [pyʀsɑ̃] *nm inv* Vollblut *nt*.
purulent, e [pyʀylɑ̃, ɑ̃t] *a* eitrig.
pus [py] *nm* Eiter *m*.
pusillanime [pyzilanim] *a* zaghaft, ängstlich.
pustule [pystyl] *nm (bouton)* Pustel *f*.
putain [pytɛ̃] *nf (fam)* Hure *f*.
putréfier [pytʀefje] *vt* verwesen lassen; *(fruit)* faulen lassen; **se ~** *vi* verwesen; faulen.
putsch [putʃ] *nm* Putsch *m*.
puzzle [pœzl(ə)] *nm* Puzzle *nt*.
P.V. [peve] *sigle m* = **procès verbal.**
pyjama [piʒama] *nm* Schlafanzug *m*.
pylône [pilon] *nm (d'un pont)* Pfeiler *m; (mât, poteau)* Mast *m*.
pyramide [piʀamid] *nf* Pyramide *f*.
pyrex [piʀɛks] *nm* ® Jenaer Glas ®.

Q

QG [kyʒe] *voir* **quartier.**
QI [kyi] *voir* **quotient.**
quadragénaire [kwadʀaʒenɛʀ] *a* vierzigjährig; zwischen vierzig und fünfzig.
quadrangulaire [kwadʀɑ̃gylɛʀ] *a* viereckig.

quadrilatère [kadʀilatɛʀ] *nm* Viereck *nt.*
quadrillage [kadʀijaʒ] *nm* Aufteilung *f* in Quadrate; *(MIL, POLICE)* Bewachung *f; (dessin)* Karomuster *nt.*
quadriller [kadʀije] *vt* in Quadrate aufteilen; *(MIL, POLICE)* streng bewachen.
quadrimoteur [kadʀimɔtœʀ] *nm* viermotoriges Flugzeug.
quadriréacteur [kadʀiʀeaktœʀ] *nm* viermotoriger Jet.
quadrupède [kadʀypɛd] *nm* Vierfüßer *m // a* vierfüßig.
quadruple [kadʀypl(ə)] *a* vierfach // *nm* Vierfache(s) *nt.*
quadrupler [kadʀyple] *vt* vervierfachen // *vi* sich vervierfachen.
quadruplés, ées [kadʀyple] *nm/fpl* Vierlinge *pl.*
quai [ke] *nm (d'un port)* Kai *m; (d'une gare)* Bahnsteig *m; (voie publique)* Uferstraße *f,* Quai *m;* **être à** ~ im Hafen liegen.
qualificatif, ive [kalifikatif, iv] *a (LING)* erläuternd // *nm (terme)* Bezeichnung *f.*
qualification [kalifikɑsjɔ̃] *nf* nähere Bestimmung *f,* Qualifikation *f; (aptitude)* Qualifikation *f,* Befähigung *f;* ~ **professionnelle** berufliche Qualifikation.
qualifier [kalifje] *vt* näher bestimmen; *(appeler):* ~ **qch/qn de** etw/jdn bezeichnen als; *(donner qualité à)* berechtigen, qualifizieren; *(SPORT)* qualifizieren; **se** ~ *vi (SPORT)* sich qualifizieren.
qualité [kalite] *nf* Qualität *f; (d'une personne)* (gute) Eigenschaft *f; (titre, fonction)* Funktion *f;* **en** ~ **de** in der Eigenschaft von *ou* als.
quand [kɑ̃] *conj* wenn; **de** ~ von wann // *ad:* ~ **pars tu?** wann reist du ab?; ~ **même** *(cependant, pourtant)* trotzdem; *(fam: tout de même):* **tu exagères** ~ **même** du übertreibst aber.
quant [kɑ̃(t)]: ~ **à...** *prep (pour ce qui est de)* was ... betrifft; *(au sujet de):* **il ne m'a rien dit** ~ **à ses projets** er hat mir über seine Pläne nichts gesagt.
quant-à-soi [kɑ̃taswa] *nm:* **rester sur son** ~ reserviert bleiben.
quantité [kɑ̃tite] *nf (somme, nombre):* **la** ~ **(de)** die Menge *ou* Quantität (von); *(grand nombre):* **une/des** ~**(s) de** eine Unmenge/Unmengen von; *(SCIENCE):* **une** ~ **négligeable** eine zu vernachlässigende Größe; **en grande/petite** ~ in großen/kleinen Mengen; **du travail/des accidents en** ~ viel Arbeit/unzählige Unfälle; ~ **de** viele.
quarantaine [kaʀɑ̃tɛn] *nf (nombre):* **une** ~ **(de)** ungefähr vierzig; *(âge):* **il a la** ~ er ist um die Vierzig; *(isolement)* Quarantäne *f; (fig)* Ächtung *f;* **mettre en** ~ unter Quarantäne stellen; *(fig)* schneiden.
quarante [kaʀɑ̃t] *num* vierzig.
quart [kaʀ] *nm* Viertel *nt; (d'un kilo):* **un** ~ **de beurre** ein halbes Pfund *nt* Butter; *(d'un litre):* **un** ~ **de vin** ein Viertel *nt; (NAVIG)* Wache *f;* ~ **d'heure** Viertelstunde *f;* **4 h et** *ou* **un** ~ Viertel nach 4; **1 h moins un** *ou* **le** ~ Viertel vor 1; **les trois** ~**s du temps** meistens; **être de/prendre le** ~ die Wache schieben/übernehmen; ~**s de finale** Viertelfinale *nt.*
quartier [kaʀtje] *nm* Viertel *nt;* ~**s** *nmpl (MIL)* Quartier *nt;* **cinéma de** ~ Lokalkino *nt;* **avoir** ~ **libre** Ausgang haben; ~ **général (QG)** Hauptquartier *nt.*
quartier-maître [kaʀtjemɛtʀ(ə)] *nm* Maat *m.*
quartz [kwaʀts] *nm* Quarz *m.*
quasi [kazi] *ad* quasi- // *pref:* **la** ~ **-totalité** fast alle.
quasiment [kazimɑ̃] *ad* fast.
quatorze [katɔʀz(ə)] *num* vierzehn.
quatre [katʀ(ə)] *num* vier // *nm* Vier *f;* **à** ~ **pattes** auf allen vieren; **se mettre en** ~ **pour qn** sich *(dat)* für jdn ein Bein ausreißen.
quatre-vingt(s) [katʀəvɛ̃] *num* achtzig.
quatre-vingt-dix [katʀəvɛ̃dis] *num* neunzig.

quatrième [katʀijɛm] *num* vierte(r,s).
quatuor [kwatɥɔʀ] *nm* Quartett *nt.*
que [k(ə)] *conj (introduisant complétive)* daß; *(remplaçant: si, quand)* wenn; *(: comme)* da; *(hypothèse)* ob; *(but)* damit, daß; *(temps):* **elle venait à peine de sortir qu'il se mit à pleuvoir** sie war kaum ausgegangen, da fing es an zu regnen; **il y a 2 ans qu'il est parti** er ist schon 2 Jahre weg; *(subjonctif):* **qu'il fasse ce qu'il voudra** er soll tun, was er will; *(après comparatif)* als; *(seulement)* **je n'ai qu'un livre** ich habe nur ein Buch // *ad:* **(qu'est-ce) qu'il est bête!** wie dumm er doch ist!; ~ **de difficultés!** was für Schwierigkeiten! // *pron (relatif: personne)* den, die, das; *(temps)* als; *(attribut):* **c'est une erreur ~ de croire...** es ist ein Fehler, zu glauben...; *(interrogatif)* was; **qu'est-ce que tu fais?** was machst du?
québécois, e [kebekwa, waz] *a* aus *(der Stadt oder Provinz)* Quebec.
quel, le [kɛl] *a* welche(r,s); *(excl):* **~le surprise/coïncidence!** welche Überraschung/welch ein Zufall; ~ **dommage qu'il soit parti!** wie schade, daß er schon weg ist!; *(relatif: être animé):* ~ **que soit le coupable** wer auch immer der Schuldige ist, egal wer der Schuldige ist; *(: chose):* ~ **que soit votre avis** egal, welcher Meinung Sie sind, welcher Meinung Sie auch sind // *pron interrogatif* welche(r,s).
quelconque [kɛlkɔ̃k] *a* irgendeine(r,s); *(moindre)* geringste(r,s); *(médiocre)* mittelmäßig; *(sans attrait)* gewöhnlich.
quelque [kɛlk(ə)] *dét (sans pl)* einige(r,s); *(pl)* ein paar; *(pl avec article):* **les ~s enfants/livres qui...** die paar *ou* wenigen Kinder/Bücher, die... // *ad (environ):* ~ **100 mètres** etwa *ou* ungefähr 100 Meter; **~... que:** ~ **temps qu'il fasse** egal, wie das Wetter ist; **200 francs et ~(s)** etwas über 200 Francs; ~ **chose** *pron* etwas; ~ **chose d'autre** etwas anderes; **puis-je faire ~ chose pour vous?** kann ich noch etwas für Sie tun?; ~ **part** irgendwo; ~ **peu** ziemlich; **en ~ sorte** gewissermaßen, beinahe.
quelquefois [kɛlkəfwa] *ad* manchmal.
quelques-uns, -unes [kɛlkəzœ̃, yn] *pron* einige, manche; ~ **des lecteurs** einige *ou* manche Leser.
quelqu'un, une [kɛlkœ̃, yn] *pron* jemand; ~ **d'autre** jemand anders.
quémander [kemɑ̃de] *vt* betteln um.
qu'en-dira-t-on [kɑ̃diʀatɔ̃] *nm inv* Gerede *nt.*
quenelle [kənɛl] *nf* Kloß *m.*
quenouille [kənuj] *nf* Spinnrocken *m.*
querelle [kəʀɛl] *nf* Streit *m.*
quereller [kəʀele]: **se ~** *vi* streiten.
querelleur, euse [kəʀɛlœʀ, øz] *a* streitsüchtig.
qu'est-ce que [kɛskə] *ad, pron voir* **que.**
question [kɛstjɔ̃] *nf* Frage *f;* **il a été ~ de** es ging um; **c'est une ~ de temps/d'habitude** das ist eine Zeitfrage/eine Sache der Gewohnheit; **de quoi est-il ~?** um was geht es?; **il n'en est pas ~** das steht außer Frage; **en ~** fraglich; **hors de ~** (das) kommt nicht in Frage; **remettre** *ou* **mettre en ~** in Frage stellen.
questionnaire [kɛstjɔnɛʀ] *nm* Fragebogen *m.*
questionner [kɛstjɔne] *vt (interroger)* befragen, Fragen stellen *(+dat) (sur* über *+akk).*
quête [kɛt] *nf (collecte)* Sammlung *f; (recherche)* Suche *f;* **faire la ~** sammeln.
quêter [kete] *vi* sammeln // *vt* erbitten, bitten um.
queue [kø] *nf* Schwanz *m; (fin)* Ende *nt; (d'une casserole, d'un fruit)* Stiel *m; (file de personnes)* Schlange *f;* **faire la ~** Schlange stehen; **histoire sans ~ ni tête** hirnrissige Geschichte *f;* ~ **de cheval** Pferdeschwanz *m.*
qui [ki] *pron (interrogatif sujet):* ~

(est-ce ~) wer; *(interrogatif objet):* **~(est-ce que)** wen; **à ~ est ce sac?** wem gehört die Tasche?; *(relatif sujet)* der, die, das; *(relatif avec prep):* **l'ami de ~ je vous ai parlé** der Freund, von dem ich Ihnen erzählt habe; *(relatif sans antécédent):* **amenez ~ vous voulez** bringen Sie mit, wen Sie wollen; **~ que ce soit** egal wer.

quiche [kiʃ] *nf:* **~ lorraine** Quiche *f.*

quiconque [kikɔ̃k] *pron relatif* der, der *ou* welcher // *pron indéfini* irgendwer.

quiétude [kjetyd] *nf* Ruhe *f;* **en toute ~** in aller Ruhe.

quille [kij] *nf* Kegel *m;* **(jeu de) ~s** Kegeln *nt.*

quincaillerie [kɛ̃kɑjʀi] *nf* Eisenwaren *pl;* *(magasin)* Eisenwarenhandlung *f.*

quinine [kinin] *nf* Chinin *nt.*

quinquagénaire [kɛ̃kaʒenɛʀ] *a* fünfzigjährig; über fünfzig, in den Fünfzigern.

quintal, aux [kɛ̃tal, o] *nm* Doppelzentner *m.*

quinte [kɛ̃t] *nf:* **~ de toux** Hustenanfall *m.*

quintuple [kɛ̃typl(ə)] *a* fünffach // *nm:* **le ~ (de)** das Fünffache (von).

quintuplés, ées [kɛ̃typle] *nm/fpl* Fünflinge *pl.*

quinzaine [kɛ̃zɛn] *nf:* **une ~ (de)** etwa fünfzehn; **une ~ (de jours)** vierzehn Tage *pl.*

quinze [kɛ̃z] *num* fünfzehn; **dans ~ jours** in vierzehn Tagen; **demain/lundi en ~** morgen/Montag in vierzehn Tagen; **le ~ de France** die französische Rugbymannschaft.

quiproquo [kipʀɔko] *nm* Mißverständnis *nt.*

quittance [kitɑ̃s] *nf* Quittung *f.*

quitte [kit] *a:* **être ~ envers qn** mit jdm quitt sein; **être ~ de qch** etw los sein; **~ à faire qch** selbst wenn das bedeutet, daß man etw tun muß.

quitter [kite] *vt* verlassen; *(renoncer à)* aufgeben; *(vêtement)* ausziehen; **se ~** auseinandergehen; **ne quittez pas** *(TEL)* bleiben Sie am Apparat.

qui-vive [kiviv] *nm:* **être sur le ~** auf der Hut sein.

quoi [kwa] *pron (interrogatif)* was; *(relatif):* **as-tu de ~ écrire?** hast du etwas zum Schreiben?; **~ qu'il arrive** was auch geschieht, egal was geschieht; **~ qu'il en soit** wie dem auch sei; **~ que ce soit** egal was; **il n'y a pas de ~** bitte!; **~ de neuf** *ou* **de nouveau?** was gibt's Neues?; **à ~ bon?** wozu auch?

quoique [kwak(ə)] *conj* obwohl.

quolibet [kɔlibɛ] *nm* Spott *m.*

quote-part [kɔtpaʀ] *nf* Anteil *m.*

quotidien, ienne [kɔtidjɛ̃, jɛn] *a* täglich; *(banal)* alltäglich // *nm (journal)* Tageszeitung *f.*

quotient [kɔsjɑ̃] *nm* Quotient *m;* **~ intellectuel (QI)** Intelligenzquotient (IQ) *m.*

R

rabâcher [ʀabɑʃe] *vt* dauernd wiederholen.

rabais [ʀabɛ] *nm* Rabatt *m;* **au ~** *ad* reduziert; mit Rabatt.

rabaisser [ʀabese] *vt (fig)* herabsetzen, schmälern.

rabattre [ʀabatʀ(ə)] *vt (couvercle, siège, col)* herunterklappen; *(gibier)* treiben // **se ~** *vi (couvercle)* zugehen; *(véhicule, coureur)* sich einreihen, einscheren; **se ~ sur qch/qn** *vt* mit etw/jdm vorliebnehmen.

râble [ʀɑbl(ə)] *nm* Rücken *m.*

râblé, e [ʀɑble] *a* stämmig.

rabot [ʀabo] *nm* Hobel *m.*

raboter [ʀabɔte] *vt* hobeln.

raboteux, euse [ʀabɔtø, øz] *a* holprig.

rabougri, e [ʀabugʀi] *a (plante)* verkümmert; *(personne)* mickrig.

rabrouer [ʀabʀue] *vt* eine Abfuhr erteilen (+*dat).*

racaille [ʀakɑj] *nf* Gesindel *nt.*

raccommodage [ʀakɔmɔdaʒ] *nm* Flicken *nt,* Stopfen *nt.*

raccommoder [ʀakɔmɔde] *vt* flicken, stopfen; *(fam: réconcilier)*

versöhnen.
raccompagner [rakɔ̃paɲe] *vt* zurückbegleiten.
raccord [rakɔr] *nm (pièce)* Verbindungsstück *nt; (FILM)* Übergang *m.*
raccordement [rakɔrdəmɑ̃] *nm* Verbindung *f.*
raccorder [rakɔrde] *vt* verbinden; ~ **qn au réseau du téléphone** jdn ans Telefonnetz anschließen.
raccourci [rakursi] *nm* Abkürzung *f.*
raccourcir [rakursir] *vt* (ver- *ou* ab)kürzen // *vi (vêtement)* einlaufen; *(jours)* kürzer werden.
raccrocher [rakrɔʃe] *vt* wieder aufhängen; *(TEL)* auflegen // *vi (TEL)* auflegen; **se** ~ **à** *vt* sich klammern an *(+akk).*
race [ras] *nf* Rasse *f; (ascendance)* Geschlecht *nt; (fig: espèce)* Gruppe *f;* **de** ~ *a* Rasse-.
rachat [raʃa] *nm* Rückkauf *m; (fig)* Sühne *f.*
racheter [raʃte] *vt (de nouveau)* wieder kaufen, noch mal kaufen; *(davantage)* nachkaufen; *(après avoir vendu)* zurückkaufen; *(d'occasion)* gebraucht kaufen; *(pension, rente)* ablösen; *(REL: sauver)* erlösen; *(: expier)* sühnen; *(réparer)* wiedergutmachen; *(compenser)* ausgleichen; **se** ~ *vt* es wiedergutmachen; *(REL)* erlöst werden.
racial, e, aux [rasjal, o] *a* Rassen-.
racine [rasin] *nf* Wurzel *f;* ~ **carrée/cubique** Quadrat-/Kubikwurzel *f;* **prendre** ~ *(fig)* Wurzeln schlagen.
raciste [rasist(ə)] *a* rassistisch // *nm/f* Rassist(in *f*) *m.*
racket [rakɛt] *nm* Erpressung *f.*
racler [rɑkle] *vt (casserole, plat)* auskratzen, ausschaben; *(tache, boue)* abkratzen; *(frotter contre)* reiben an *(+dat); (fig: MUS)* kratzen.
racoler [rakɔle] *vt (sujet: prostituée)* anlocken, ansprechen; *(fig)* (an)werben, anlocken.
racontars [rakɔ̃tar] *nmpl* Geschichten *pl,* Klatsch *m.*
raconter [rakɔ̃te] *vt (fait vrai)* berichten; *(histoire, choses fausses)* erzählen.
racorni, e [rakɔrni] *a* verhärtet.
radar [radar] *nm* Radar *m.*
rade [rad] *nf (bassin)* Reede *f;* **en** ~ auf der Reede, im Hafen; **laisser/rester en** ~ im Stich lassen/festsitzen.
radeau, x [rado] *nm* Floß *nt.*
radial, e, aux [radjal, o] *a:* **pneu à carcasse** ~**e** Gürtelreifen *m.*
radiateur [radjatœr] *nm* Heizkörper *m; (AUT)* Kühler *m;* ~ **électrique/à gaz** elektrischer Ofen/Gasofen *m.*
radiation [radjɑsjɔ̃] *nf (d'une liste)* Streichung *f; (PHYS)* Strahlung *f.*
radical, e, aux [radikal, o] *a* radikal; *(POL) den 'Parti radical' (eine Partei der Mitte) betreffend* // *nm (LING)* Stamm *m; (MATH)* Wurzelzeichen *nt.*
radier [radje] *vt* streichen *(de* aus).
radieux, euse [radjø, øz] *a* strahlend.
radio [radjo] *nf (appareil)* Radio(apparat *m) nt; (radiodiffusion):* **la** ~ der Rundfunk; *(radiographie)* Röntgenaufnahme *f* // *nm (radiotélégraphiste)* Bordfunker *m;* **à la** ~ im Radio; **passer à la** ~ im Rundfunk kommen; *(MED)* geröntgt werden.
radioactivité [radjɔaktivite] *nf* Radioaktivität *f.*
radiodiffuser [radjɔdifyze] *vt* senden, übertragen.
radiodiffusion [radjɔdifyzjɔ̃] *nf* Rundfunk *m.*
radiographie [radjɔgrafi] *nf (procédé)* Röntgenaufnahme *f; (document)* Röntgenbild *nt.*
radiographier [radjɔgrafje] *vt* röntgen.
radiophonique [radjɔfɔnik] *a:* **programme/émission/jeu** ~ Radioprogramm *nt*/-sendung *f*/ Hörspiel *nt.*
radioscopie [radjɔskɔpi] *nf* Durchleuchtung *f.*
radiotélévisé, e [radjɔtelevize] *a* in

Funk und Fernsehen gesendet.
radiothérapie [ʀadjɔteʀapi] *nf* Radiotherapie *f*; Röntgentherapie *f*.
radis [ʀadi] *nm* Radieschen *nt*.
radoter [ʀadɔte] *vi* faseln; schwätzen.
radoucir [ʀadusiʀ]: **se** ~ *vi (se réchauffer)* wärmer werden; *(se calmer)* sich beruhigen.
rafale [ʀafal] *nf (de vent)* Windstoß *m*, Bö *f*; *(tir)* Salve *f*.
raffermir [ʀafɛʀmiʀ] *vt* stärken, kräftigen; *(fig)* (ver)stärken.
raffiné, e [ʀafine] *a* erlesen; *(personne)* kultiviert; *(sucre, pétrole)* raffiniert.
raffinement [ʀafinmɑ̃] *nm* Erlesenheit *f*; Vornehmheit *f*.
raffiner [ʀafine] *vt (sucre, pétrole)* raffinieren.
raffinerie [ʀafinʀi] *nf* Raffinerie *f*.
raffoler [ʀafɔle]: ~ **de** *vt* versessen sein auf (+*akk*).
rafle [ʀɑfl(ə)] *nf (de police)* Razzia *f*.
rafler [ʀɑfle] *vt (fam)* an sich *(akk)* raffen.
rafraîchir [ʀafʀeʃiʀ] *vt (température)* abkühlen; *(boisson, dessert)* kühlen; *(visage, main, personne)* erfrischen; *(chapeau, peinture, tableau)* auffrischen // *vi*: **mettre du vin/une boisson à** ~ Wein/ein Getränk kalt stellen; **se** ~ *vi (temps, température)* sich abkühlen.
rafraîchissant, e [ʀafʀeʃisɑ̃, ɑ̃t] *a* erfrischend.
rafraîchissement [ʀafʀeʃismɑ̃] *nm (de la température)* Abkühlung *f*; *(boisson)* Erfrischung *f*.
rage [ʀaʒ] *nf (MED)* Tollwut *f*; *(fureur)* Wut *f*; ~ **de dents** rasende Zahnschmerzen *pl*; **faire** ~ wüten.
rageur, euse [ʀaʒœʀ, øz] *a (enfant)* jähzornig; *(ton)* wütend.
ragot [ʀago] *nm (fam)* Klatsch *m*.
ragoût [ʀagu] *nm* Ragout *nt*.
raid [ʀɛd] *nm (MIL)* Überfall *m*; Luftangriff *m*.
raide [ʀɛd] *a* steif; *(cheveux)* glatt; *(tendu)* straff; *(escarpé)* steil; *(fam: surprenant)* kaum zu glauben; *(: osé)* gewagt // *ad (à pic)* steil; **tomber** ~ **mort** (auf der Stelle) tot umfallen.
raidir [ʀediʀ] *vt (muscles, membres)* anspannen; *(câble, fil de fer)* straff anziehen; **se** ~ sich anspannen; *(personne)* sich sträuben.
raie [ʀɛ] *nf (ZOOL)* Rochen *m*; *(rayure)* Streifen *m*; *(séparation des cheveux)* Scheitel *m*.
raifort [ʀɛfɔʀ] *nm* Meerrettich *m*.
rail [ʀɑj] *nm* Schiene *f*; *(chemins de fer)*: **le** ~ die Eisenbahn.
railler [ʀɑje] *vt* verspotten.
raillerie [ʀɑjʀi] *nf* Spott *m*.
rainure [ʀenyʀ] *nf* Rille *f*.
raisin [ʀɛzɛ̃] *nm* Traube *f*; ~**s blancs/noirs** weiße/blaue Trauben; ~**s secs** Rosinen *pl*.
raison [ʀɛzɔ̃] *nf* Grund *m*; *(faculté)* Vernunft *f*, Verstand *m*; **perdre la** ~ den Verstand verlieren; **ramener qn à la** ~ jdn zur Vernunft bringen; **à plus forte** ~ um so mehr; **avoir** ~ recht haben; **donner** ~ **à qn** jdm recht geben; **se faire une** ~ sich damit abfinden; **en** ~ **de** wegen; **à** ~ **de** *(au taux de)* in Höhe von; *(à proportion de)* entsprechend (+*dat*); **sans** ~ grundlos; ~ **sociale** Firmenname *m*; ~ **d'être** Lebenssinn *m*; ~ **d'État** Staatsräson *f*.
raisonnable [ʀɛzɔnabl(ə)] *a* vernünftig.
raisonnement [ʀɛzɔnmɑ̃] *nm* Überlegung *f*; *(argumentation)* Argumentation *f*.
raisonner [ʀɛzɔne] *vi (penser)* überlegen, nachdenken; *(argumenter)* argumentieren; *(répliquer, discuter)* Einwände machen // *vt (qn)* gut zureden (+*dat*).
rajeunir [ʀaʒœniʀ] *vt* verjüngen; jünger machen; *(rafraîchir)* aufmöbeln; *(moderniser)* modernisieren // *vi (personne)* jünger werden/aussehen.
rajouter [ʀaʒute] *vt* hinzufügen.
rajuster [ʀaʒyste] *vt (coiffure)* wieder in Ordnung bringen; *(cravate)* zurechtrücken; *(salaires, prix)* anpassen; *(machine)* **neu** einstellen.
râle [ʀɑl] *nm* Röcheln *nt*.

ralenti, e [ʀalɑ̃ti] *nm (AUT)*: **tourner au ~** im Leerlauf sein; *(FILM)* Zeitlupe *f*.
ralentir [ʀalɑ̃tiʀ] *vt (marche, allure)* verlangsamen; *(production, expansion)* drosseln // *vi*, **se ~** *vi* langsamer werden.
ralliement [ʀalimɑ̃] *nm (rassemblement)* Versammlung *f*; *(adhésion)* Anschluß *m (à* an *+akk)*.
rallier [ʀalje] *vt (rassembler)* versammeln; *(rejoindre)* sich wieder anschließen *(+dat)*; *(gagner)* für sich gewinnen; **se ~ à** *vt* sich anschließen *(+dat)*.
rallonge [ʀalɔ̃ʒ] *nf (de table)* Ausziehplatte *f*; *(de vêtements etc)* Verlängerungsstück *nt*.
rallonger [ʀalɔ̃ʒe] *vt* verlängern.
ramassage [ʀamɑsaʒ] *nm*: **~ scolaire** Schulbus(dienst) *m*.
ramassé, e [ʀamɑse] *a (trapu)* stämmig, gedrungen.
ramasser [ʀamɑse] *vt* aufheben; *(recueillir)* einsammeln; *(récolter)* sammeln; *(pommes de terre)* ernten; **se ~** *vi (sur soi-même)* sich zusammenkauern.
ramassis [ʀamɑsi] *nm*: **un ~ de** ein Haufen *(+gen)*.
rambarde [ʀɑ̃baʀd(ə)] *nf* Geländer *nt*.
rame [ʀam] *nf (aviron)* Ruder *nt*; *(de métro)* Zug *m*; *(de papier)* Ries *nt*; **~ de haricots** Bohnenstange *f*.
rameau, x [ʀamo] *nm* Zweig *m*; **les R~x** Palmsonntag *m*.
ramener [ʀamne] *vt* zurückbringen; *(rabattre)* herunterziehen; *(rétablir)* wiederherstellen; **~ qch à** *(réduire)* etw reduzieren auf *(+akk)*; **se ~ à** *(se réduire)* hinauslaufen auf *(+akk)*.
ramer [ʀame] *vi* rudern.
ramification [ʀamifikɑsjɔ̃] *nf* Verzweigung *f*.
ramollir [ʀamɔliʀ] *vt* weich machen; **se ~** *vi* weich werden; *(os, tissus)* sich erweichen.
ramoner [ʀamɔne] *vt* fegen.
ramoneur [ʀamɔnœʀ] *nm* Schornsteinfeger *m*.
rampe [ʀɑ̃p] *nf (d'escalier)* Treppengeländer *nt*; *(dans un garage)* Auffahrt *f*; *(d'un terrain, d'une route)* Steigung *f*; **~ de lancement** Abschußrampe *f*.
ramper [ʀɑ̃pe] *vi* kriechen.
rancard [ʀɑ̃kaʀ] *nm (fam: rendez vous)* Rendezvous *nt*, Treffen *nt*; *(renseignement)* Tip *m*.
rancart [ʀɑ̃kaʀ] *nm*: **mettre au ~** *(fam)* ausrangieren.
rance [ʀɑ̃s] *a* ranzig.
rancœur [ʀɑ̃kœʀ] *nf* Groll *m*.
rançon [ʀɑ̃sɔ̃] *nf* Lösegeld *nt*.
rancune [ʀɑ̃kyn] *nf* Groll *m*; **garder ~ à qn (de qch)** jdm (wegen etw) grollen; **sans ~!** nichts für ungut!
randonnée [ʀɑ̃dɔne] *nf* Ausflug *m*; *(activité)*: **la ~** das Wandern.
rang [ʀɑ̃] *nm (rangée)* Reihe *f*; *(grade, classement)* Rang *m*; *(condition sociale)* Schicht *f*; Stand *m*; **se mettre en ~s** sich in einer Reihe aufstellen; **se mettre sur les ~s** *(fig)* sich bewerben; **au premier/dernier ~** *(rangée de sièges)* in der ersten/letzten Reihe; **servir dans le ~** *(MIL)* gemeiner Soldat sein.
rangé, e [ʀɑ̃ʒe] *a (sérieux)* solide, ordentlich.
rangée [ʀɑ̃ʒe] *nf* Reihe *f*.
ranger [ʀɑ̃ʒe] *vt (classer)* ordnen; *(mettre à sa place)* wegräumen; *(voiture)* parken; *(mettre de l'ordre dans)* aufräumen; *(disposer)* aufstellen; *(fig: au nombre de)* ein-/zuordnen; **se ~** *(s'écarter)* ausweichen; *(se garer)* einparken; *(fam: s'assagir)* ruhiger werden.
ranimer [ʀanime] *vt* wiederbeleben; *(feu)* schüren; *(fig)* wiederaufleben lassen.
rapace [ʀapas] *nm* Raubvogel *m* // *a (pej)* raffgierig, habsüchtig.
râpe [ʀɑp] *nf (CULIN)* Reibe *f*; Raspel *f*.
râpé, e [ʀɑpe] *a (élimé)* abgetragen; *(CULIN)* gerieben // *nm (gruyère)* Reibkäse *m*.
râper [ʀɑpe] *vt (CULIN)* reiben, raspeln; *(bois)* abraspeln.
rapetisser [ʀaptise] *vt (raccourcir)* verkürzen; *(faire paraître plus petit)*

kleiner wirken lassen.
rapide [ʀapid] *a* schnell // *nm (train)* Schnellzug *m; (eau)* Stromschnelle *f.*
rapidité [ʀapidite] *nf* Schnelligkeit *f.*
rapiécer [ʀapjese] *vt* flicken.
rappel [ʀapɛl] *nm (d'un exilé, d'un ambassadeur)* Zurückberufung *f; (THEAT)* Herausrufen *nt,* Vorhang *m; (MIL)* Einberufung *f; (de vaccin)* Wiederholungsimpfung *f; (de salaire)* Nachzahlung *f; (évocation)* Erinnerung *f; (sur écriteau)* Wiederholung *f.*
rappeler [ʀaple] *vt* zurückrufen; ~ **qch (à qn)** (jdn) an etw *(akk)* erinnern; **se** ~ *vt* sich erinnern an *(+akk);* **se** ~ **que...** sich (daran) erinnern, daß...
rapport [ʀapɔʀ] *nm (compte rendu)* Bericht *m; (d'expert)* Gutachten *nt; (profit)* Ertrag *m; (lien)* Zusammenhang *m; (proportion)* Verhältnis *nt;* ~**s** *nmpl (relations)* Beziehungen *pl;* ~**s (sexuels)** (Geschlechts) verkehr *m;* **être en** ~ **avec** *(lien logique)* im Zusammenhang stehen mit; **être/se mettre en** ~ **avec qn** mit jdm in Verbindung stehen/sich mit jdm in Verbindung setzen; **par** ~ **à** im Vergleich mit; **sous le** ~ **de** hinsichtlich *(+gen).*
rapporter [ʀapɔʀte] *vt (rendre)* zurückbringen; *(apporter davantage)* noch einmal bringen; *(revenir avec)* mitbringen; *(COUTURE)* annähen, aufnähen; *(produire)* abwerfen, einbringen; *(relater)* berichten // *vi (investissement, propriété)* Gewinn abwerfen; *(SCOL: moucharder)* petzen; ~ **qch à qn** *(rendre)* jdm etw zurückgeben; *(relater)* jdm etw berichten; *(attribuer)* jdm etw zuschreiben; **se** ~ **à** *(correspondre à)* sich beziehen auf *(+akk).*
rapporteur, euse [ʀapɔʀtœʀ, øz] *nm/f (SCOL: pej)* Petze *f* // *nm (d'un procès, d'une commission)* Berichterstatter *m; (MATH)* Winkelmesser *m.*
rapprochement [ʀapʀɔʃmɑ̃] *nm (réconciliation)* Versöhnung *f; (analogie)* Vergleich *m.*
rapprocher [ʀapʀɔʃe] *vt (chaise)* heranrücken; *(deux objets)* zusammenrücken; *(personnes)* versöhnen; *(comparer)* gegenüberstellen, vergleichen; **se** ~ *vi* sich nähern; *(familles, pays)* sich annähern, sich verständigen; **se** ~ **de** *vt* näher herankommen an *(+akk); (présenter une analogie avec)* vergleichbar sein mit.
rapt [ʀapt] *nm* Entführung *f.*
raquette [ʀakɛt] *nf* Schläger *m; (à neige)* Schneeschuh *m.*
rare [ʀaʀ] *a* selten; *(peu dense)* dünn; **il est** ~ **que** es kommt selten vor, daß.
ras, e [ʀɑ, ʀɑz] *a* kurzgeschoren; *(herbe)* kurz // *ad (couper)* kurz; **au** ~ **de** auf gleicher Höhe mit; **en avoir** ~ **le bol** *(fam)* die Nase (gestrichen) voll haben; ~ **du cou** *a (vêtement)* mit rundem Halsausschnitt.
raser [ʀɑze] *vt (barbe, cheveux)* abrasieren; *(menton, personne)* rasieren; *(fam: ennuyer)* langweilen; *(quartier)* dem Erdboden gleichmachen; *(frôler)* streifen; **se** ~ sich rasieren; *(fam: s'ennuyer)* sich langweilen.
rasoir [ʀɑzwaʀ] *nm:* ~ **électrique/mécanique** Rasierapparat *m*/-messer *nt.*
rassasier [ʀasazje] *vt* sättigen.
rassembler [ʀasɑ̃ble] *vt (réunir)* versammeln; *(troupes)* zusammenziehen; *(moutons, objets épars)* sammeln; *(accumuler)* ansammeln; **se** ~ *vi (s'assembler)* sich versammeln.
rassis [ʀasi] *a:* **pain** ~ trockenes Brot *nt.*
rassurer [ʀasyʀe] *vt (tranquilliser)* beruhigen; **se** ~ sich beruhigen; **rassure-toi** beruhige dich.
rat [ʀa] *nm* Ratte *f.*
ratatiné, e [ʀatatine] *a* runzelig.
rate [ʀat] *nf (ANAT)* Milz *f.*
raté, e [ʀate] *nm/f (personne)* Versager(in *f) m* // *nm (AUT)* Fehlzündung *f* // *a (tentative)* fehlgeschlagen, mißglückt; *(Kuchen)* mißraten.

râteau, x [ʀɑto] *nm (de jardinage)* Rechen *m.*

râtelier [ʀɑtəlje] *nm (pour bétail)* Futterraufe *f; (fam: dentier)* (künstliches) Gebiß *nt.*

rater [ʀate] *vi (échouer)* fehlschlagen, schiefgehen // *vt (cible)* verfehlen; *(train, occasion)* verpassen; *(devoir)* verpfuschen; *(examen)* durchfallen durch.

ration [ʀasjɔ̃] *nf* Ration *f; (fig)* Teil *m ou nt.*

rationnel, elle [ʀasjɔnɛl] *a* rational; *(procédé, méthode)* rationell.

rationnement [ʀasjɔnmɑ̃] *nm* Rationierung *f;* **carte** *ou* **ticket de ~** Lebensmittelmarke *f.*

ratisser [ʀatise] *vt* (glatt)harken; *(fouiller)* durchkämmen.

rattacher [ʀataʃe] *vt (attacher de nouveau: animal)* wieder anbinden; *(: cheveux)* wieder zusammenbinden; *(incorporer)* angliedern; *(fig: relier)* verknüpfen *(à* mit); *(lier)* binden *(à* an *+akk);* **se ~ à** *(avoir un lien avec)* verbunden sein mit.

rattraper [ʀatʀape] *vt (reprendre)* wieder einfangen; *(empêcher de tomber)* auffangen; *(rejoindre)* einholen; *(réparer)* wiedergutmachen; **se ~** *vi (compenser une perte de temps)* aufholen; **~ son retard/le temps perdu** die Verspätung/die verlorene Zeit aufholen.

rature [ʀatyʀ] *nf* Verbesserung *f;* Streichung *f.*

rauque [ʀok] *a* heiser, rauh.

ravage [ʀavaʒ] *nm:* **~s** *nmpl* Verwüstung *f; (de la guerre)* Verheerungen *pl.*

ravaler [ʀavale] *vt (mur)* renovieren; *(déprécier)* erniedrigen; *(avaler de nouveau)* (wieder) hinunterschlucken.

rave [ʀav] *nf* Rübe *f.*

ravi, e [ʀavi] *a* begeistert; **être ~ de/que...** hoch erfreut sein über (*+akk*)/daß... .

ravin [ʀavɛ̃] *nm* Schlucht *f.*

ravir [ʀaviʀ] *vt (enchanter)* hinreißen; *(enlever)* rauben; entführen.

raviser [ʀavize]: **se ~** *vi* seine Meinung ändern.

ravissant, e [ʀavisɑ̃, ɑ̃t] *a* entzükkend, hinreißend.

ravisseur, euse [ʀavisœʀ, øz] *nm/f* Entführer(in *f*) *m.*

ravitaillement [ʀavitɑjmɑ̃] *nm* Versorgung *f; (provisions)* Vorräte *pl.*

ravitailler [ʀavitɑje] *vt* versorgen; (*AVIAT*) auftanken; **se ~** *vi (s'approvisionner)* sich versorgen.

raviver [ʀavive] *vt (feu)* neu beleben; *(couleurs)* auffrischen; *(douleur)* wieder aufleben lassen.

rayé, e [ʀeje] *a* gestreift; *(éraflé)* zerkratzt.

rayer [ʀeje] *vt* streichen; *(érafler)* zerkratzen.

rayon [ʀɛjɔ̃] *nm* Strahl *m; (d'un cercle)* Radius *m; (périmètre):* **dans un ~ de...** in einem Umkreis *m* von...; *(d'une roue)* Speiche *f; (étagère)* Regal *nt; (de grand magasin)* Abteilung *f; (d'une ruche)* Wabe *f;* **~ de braquage** Wendekreis *m;* **~ de soleil** Sonnenstrahl *m.*

rayonnement [ʀɛjɔnmɑ̃] *nm (solaire)* Strahlung *f; (fig)* Einfluß *m.*

rayonner [ʀɛjɔne] *vi (chaleur, énergie)* ausgestrahlt werden; *(être radieux)* strahlen; *(excursionner)* Ausflüge machen.

rayure [ʀejyʀ] *nf (motif)* Streifen *m; (éraflure)* Schramme *f,* Kratzer *m; (rainure)* Rille *f;* **à ~s** gestreift.

raz-de-marée [ʀɑdmaʀe] *nm inv* Flutwelle *f; (fig)* Flut *f.*

razzia [ʀazja] *nf* Raubüberfall *m.*

R.D.A. *sigle f (* = République Démocratique Allemande) DDR *f.*

ré [ʀe] *nm (MUS):* **le ~** das D.

réacteur [ʀeaktœʀ] *nm* Reaktor *m;* (*AVIAT*) Düsentriebwerk *nt.*

réaction [ʀeaksjɔ̃] *nf* Reaktion *f;* **avion/moteur à ~** Düsenflugzeug *nt*/-triebwerk *nt;* **~ en chaîne** Kettenreaktion *f.*

réadapter [ʀeadapte] *vt* (wieder) anpassen; (*MED*) rehabilitieren.

réagir [ʀeaʒiʀ] *vi* reagieren; **~ à/contre** reagieren auf (*+akk*); **~**

sur *(se répercuter)* sich auswirken auf (+*akk*).

réalisateur, trice [ʀealizatœʀ, tʀis] *nm/f* Regisseur(in *f*) *m*.

réalisation [ʀealizɑsjɔ̃] *nf (voir* **réaliser)** Verwirklichung *f*; Erfüllung *f*; *(COMM)* Verkauf *m*; *(œuvre)* Werk *nt*.

réaliser [ʀealize] *vt (projet)* verwirklichen; *(rêve, souhait)* wahrmachen, erfüllen; *(exploit)* vollbringen; *(achat, vente)* tätigen; *(film)* machen, produzieren; *(bien, capital)* zu Geld machen; *(se rendre compte)* begreifen; **se** ~ *vi (prévision)* in Erfüllung gehen; *(projet)* verwirklicht werden.

réalité [ʀealite] *nf (d'un fait)* Realität *f*; *(le réel)*: **la** ~, **les** ~**s** die Wirklichkeit; **en** ~ in Wirklichkeit.

réarmement [ʀeaʀməmɑ̃] *nm* Aufrüstung *f*.

rébarbatif, ive [ʀebaʀbatif, iv] *a* abstoßend.

rebattu, e [ʀ(ə)baty] *a* abgedroschen.

rebelle [ʀəbɛl] *nm/f* Rebell(in *f*) *m* // *a* rebellisch; *(cheveux etc)* widerspenstig; ~ **à** rebellisch *ou* aufrührerisch gegen; *(un art, un sujet)* nicht empfänglich für.

rébellion [ʀebeljɔ̃] *nf (révolte)* Aufruhr *f*; *(insoumission)* Rebellion *f*; *(rebelles)* Rebellen *pl*.

rebondi, e [ʀ(ə)bɔ̃di] *a* prall.

rebondir [ʀ(ə)bɔ̃diʀ] *vi (ballon)* abprallen; *(fig)* wieder in Gang kommen.

rebondissement [ʀ(ə)bɔ̃dismɑ̃] *nm (fig)* Wiederaufleben *nt*.

rebord [ʀ(ə)bɔʀ] *nm* Rand *m*.

rebours [ʀ(ə)buʀ]: **à** ~ *ad (fig)* verkehrt.

rebouteux, euse [ʀ(ə)butø, øz] *nm/f* Heilkundige(r) *mf*.

rebrousser [ʀ(ə)bʀuse] *vt*: ~ **chemin** kehrtmachen, umkehren.

rebut [ʀəby] *nm*: **mettre/jeter qch au** ~ etw ausrangieren.

rebuter [ʀ(ə)byte] *vt (travail, matière)* entmutigen; *(attitude, manières)* abschrecken.

récalcitrant, e [ʀekalsitʀɑ̃, ɑ̃t] *a* störrisch.

recaler [ʀ(ə)kale] *vt (SCOL)* durchfallen lassen.

récapituler [ʀekapityle] *vt* rekapitulieren; *(résumer)* zusammenfassen.

receler [ʀəs(ə)le] *vt* verstecken.

receleur, euse [ʀəs(ə)lœʀ, øz] *nm/f* Hehler(in *f*) *m*.

récemment [ʀesamɑ̃] *ad* kürzlich.

recenser [ʀ(ə)sɑ̃se] *vt (population)* zählen; *(inventorier: ressources, possibilités)* eine Liste machen von.

récent, e [ʀesɑ̃, ɑ̃t] *a* neu.

récépissé [ʀesepise] *nm* Empfangsbescheinigung *f*.

récepteur [ʀesɛptœʀ] *nm (de téléphone)* Hörer *m*; ~ **(de radio)** Empfänger *m*, (Radio)apparat *m*.

réception [ʀesɛpsjɔ̃] *nf* Empfang *m*; *(d'un bureau, hôtel)*: **la** ~ die Rezeption; **heures de** ~ *(MED)* Sprechstunden *pl*.

recette [ʀ(ə)sɛt] *nf (CULIN, fig)* Rezept *nt*; *(COMM)* Ertrag *m*; Einnahme *f*.

receveur, euse [ʀəsvœʀ, øz] *nm/f (des postes)* Vorsteher(in *f*) *m*; *(d'autobus)* Schaffner(in *f*) *m*.

recevoir [ʀəsvwaʀ] *vt* erhalten, bekommen; *(personne)* empfangen; *(candidat)* durchkommen lassen // *vi (inviter)* Gäste empfangen.

rechange [ʀ(ə)ʃɑ̃ʒ]: **de** ~ *a* Reserve-; *(politique, plan)* Ausweich-, alternativ.

réchapper [ʀeʃape]: ~ **de** *ou* **à** *vt* glücklich überstehen; **va-t-il en** ~? wird er davonkommen?

recharge [ʀ(ə)ʃaʀʒ(ə)] *nf (de stylo)* Tintenpatrone *f*.

recharger [ʀ(ə)ʃaʀʒe] *vt (camion)* wieder beladen; *(fusil)* wieder laden; *(appareil de photo)* laden; *(briquet, stylo)* nachfüllen; *(batterie)* wieder aufladen.

réchaud [ʀeʃo] *nm* Rechaud *m*, Stövchen *nt*.

réchauffer [ʀeʃofe] *vt* aufwärmen; *(courage, zèle)* anfeuern; **se** ~ *vt (personne, pieds)* sich aufwärmen; *vi (tem-*

pérature) wieder wärmer werden.

rêche [ʀɛʃ] *a* rauh.

recherche [ʀ(ə)ʃɛʀʃ(ə)] *nf* Suche *f* *(de* nach); *(raffinement)* Eleganz *f*; (*SCOL*): **la** ~ die Forschung; **~s** *nfpl (de la police)* Nachforschungen *pl*; Ermittlungen *pl*; *(scientifiques)* Forschung *f*; **être/se mettre à la ~ de** auf der Suche sein nach/sich auf die Suche machen nach.

recherché, e [ʀ(ə)ʃɛʀʃe] *a* begehrt, gesucht; *(raffiné)* erlesen; *(pej)* affektiert.

rechercher [ʀ(ə)ʃɛʀʃe] *vt* suchen; *(objet égaré)* suchen nach.

rechute [ʀ(ə)ʃyt] *nf* Rückfall *m*.

récidiviste [ʀesidivist(ə)] *nm/f* Rückfällige(r) *m/f*.

récif [ʀesif] *nm* Riff *nt*.

récipient [ʀesipjɑ̃] *nm* Behälter *m*.

réciproque [ʀesipʀɔk] *a* gegenseitig; *(verbe)* reflexiv-reziprok.

récit [ʀesi] *nm* Erzählung *f*.

récital [ʀesital] *nm* Konzert *nt*.

récitation [ʀesitɑsjɔ̃] *nf* Vortrag *m*.

réciter [ʀesite] *vt* aufsagen; *(pej)* deklamieren.

réclamation [ʀeklamɑsjɔ̃] *nf* Reklamation *f*; **service des ~s** Beschwerdeabteilung *f*.

réclame [ʀeklam] *nf (publicité)*: **la** ~ die Werbung; *(annonce, affiche, prospectus)*: **une** ~ eine Reklame; **article en** ~ Sonderangebot *nt*.

réclamer [ʀeklame] *vt* verlangen; *(nécessiter)* erfordern // *vi (protester)* reklamieren, sich beschweren.

reclus, e [ʀəkly, yz] *nm/f* Einsiedler *m*.

réclusion [ʀeklyzjɔ̃] *nf (JUR)* Freiheitsstrafe *f*.

recoin [ʀəkwɛ̃] *nm* verborgener Winkel *m*; *(fig)* geheimer Winkel *m*.

récolte [ʀekɔlt(ə)] *nf* Ernte *f*.

récolter [ʀekɔlte] *vt* ernten.

recommandation [ʀ(ə)kɔmɑ̃dɑsjɔ̃] *nf* Empfehlung *f*; **lettre de** ~ Empfehlungsschreiben *nt*.

recommandé, e [ʀ(ə)kɔmɑ̃de] *a* empfohlen // *nm (POSTES)* Einschreiben *nt*; **(en)** ~ eingeschrieben.

recommander [ʀ(ə)kɔmɑ̃de] *vt* empfehlen; *(POSTES)* einschreiben lassen; ~ **qn auprès de qn/à qn** jdn jdm empfehlen; **se ~ par** sich auszeichen durch.

recommencer [ʀ(ə)kɔmɑ̃se] *vt (reprendre)* wieder aufnehmen; *(refaire)* noch einmal anfangen // *vi* wieder anfangen.

récompense [ʀekɔ̃pɑ̃s] *nf* Belohnung *f*.

récompenser [ʀekɔ̃pɑ̃se] *vt* belohnen.

réconciliation [ʀekɔ̃siljɑsjɔ̃] *nf* Versöhnung *f*.

réconcilier [ʀekɔ̃silje] *vt (personnes)* versöhnen, aussöhnen; *(opinions, doctrines)* in Einklang bringen; **se ~** sich versöhnen.

reconduire [ʀ(ə)kɔ̃dɥiʀ] *vt (raccompagner)* zurückbegleiten; *(renouveler)* verlängern.

réconfort [ʀekɔ̃fɔʀ] *nm* Trost *m*.

réconforter [ʀekɔ̃fɔʀte] *vt (consoler)* trösten; *(revigorer)* stärken.

reconnaissance [ʀ(ə)kɔnɛsɑ̃s] *nf* Anerkennung *f*; *(gratitude)* Dankbarkeit *f*; (*MIL*) Aufklärung *f*.

reconnaissant, e [ʀ(ə)kɔnɛsɑ̃, ɑ̃t] *a* dankbar; **je vous serais ~ de bien vouloir...** ich wäre Ihnen dankbar, wenn Sie...

reconnaître [ʀ(ə)kɔnɛtʀ(ə)] *vt* anerkennen; *(se rappeler de)* (wieder)erkennen; *(identifier)* erkennen; *(distinguer)* auseinanderhalten; *(terrain, positions)* auskundschaften.

reconnu, e [ʀ(ə)kɔny] *a* anerkannt.

reconstituer [ʀ(ə)kɔ̃stitɥe] *vt (monument)* restaurieren; *(événement, accident)* rekonstruieren; *(fortune, patrimoine)* wiederherstellen; *(régénérer)* erneuern.

record [ʀ(ə)kɔʀ] *nm* Rekord *m* // *a* Rekord-; ~ **du monde** Weltrekord *m*; **battre tous les ~s** *(fig)* alle Rekorde schlagen.

recoupement [ʀ(ə)kupmɑ̃] *nm*: **par** ~ durch Kombinieren.

recouper [ʀ(ə)kupe]: **se** ~ *vi* übereinstimmen.
recourbé, e [ʀ(ə)kuʀbe] *a* gebogen, krumm.
recourir [ʀ(ə)kuʀiʀ]: ~ **à** *vt (ami, agence)* sich wenden an (+*akk*); *(employer)* zurückgreifen auf (+*akk*).
recours [ʀ(ə)kuʀ] *nm*: **le** ~ **à la ruse/violence** List/Gewalt als letzter Ausweg; **avoir** ~ **à qn/qch** sich an jdn wenden/auf etw *(akk)* zurückgreifen; **en dernier** ~ als letzter Ausweg.
recouvrer [ʀ(ə)kuvʀe] *vt (retrouver)* wiedererlangen; *(impôts, créance)* eintreiben, einziehen.
recouvrir [ʀ(ə)kuvʀiʀ] *vt (couvrir à nouveau)* wieder zudecken; *(couvrir entièrement)* zudecken; *(cacher)* verbergen; *(embrasser)* umfassen; **se** ~ *(se superposer)* sich decken.
récréatif, ive [ʀekʀeatif, iv] *a* unterhaltsam.
récréation [ʀekʀeɑsjɔ̃] *nf (détente)* Erholung *f*; *(SCOL)* Pause *f*.
récrier [ʀekʀije]: **se** ~ *vi (protester)* protestieren.
récrimination [ʀekʀiminɑsjɔ̃] *nf (gen pl)* Vorwurf *m*.
recroqueviller [ʀ(ə)kʀɔkvije]: **se** ~ *vi (plantes, papier)* sich zusammenrollen; *(personne)* sich zusammenkauern.
recrue [ʀ(ə)kʀy] *nf (MIL)* Rekrut *m*; *(fig)* neues Mitglied *nt*.
recruter [ʀ(ə)kʀyte] *vt (MIL)* ausheben; *(personnel)* einstellen; *(clients, adeptes)* anwerben.
rectangle [ʀɛktɑ̃gl(ə)] *nm* Rechteck *nt*.
rectangulaire [ʀɛktɑ̃gylɛʀ] *a* rechteckig.
recteur [ʀɛktœʀ] *nm* Rektor *m*.
rectifier [ʀɛktifje] *vt (rendre droit)* begradigen; *(corriger)* berichtigen; *(erreur, faute)* richtigstellen.
rectiligne [ʀɛktiliɲ] *a* gerade verlaufend; *(MATH)* geradlinig.
rectitude [ʀɛktityd] *nf* Geradlinigkeit *f*.
rectorat [ʀɛktɔʀa] *nm* Rektorat *nt*.
reçu, e [ʀ(ə)sy] *pp de* **recevoir** // *a (consacré)* vorgefertigt, feststehend // *nm* Quittung *f*, Empfangsbestätigung *f*.
recueil [ʀ(ə)kœj] *nm* Sammlung *f*.
recueillir [ʀ(ə)kœjiʀ] *vt* sammeln; *(accueillir)* aufnehmen; **se** ~ *vi* sich sammeln.
recul [ʀ(ə)kyl] *nm* Rückzug *m*; *(d'une arme)* Rückschlag *m*; **avoir un mouvement de** ~ zurück schrecken; **prendre du** ~ *(fig)* Abstand nehmen.
reculé, e [ʀ(ə)kyle] *a (isolé)* zurückgezogen; *(lointain)* entfernt.
reculer [ʀ(ə)kyle] *vi* sich rückwärts bewegen; *(perdre du terrain)* zurückgehen; *(se dérober)* sich zurückziehen // *vt (meuble)* zurückschieben; *(véhicule)* zurückfahren; *(mur, limites, date, décision)* verschieben; ~ **devant** ausweichen (+*dat*).
reculons [ʀ(ə)kylɔ̃]: **à** ~ *ad* rückwärts.
récupérer [ʀekypeʀe] *vt* wiederbekommen; *(forces)* wiedererlangen; *(vieux matériel, ferraille)* wiederverwerten; *(heures de travail)* aufholen; *(POL)* für seine Ziele einspannen // *vi (ses forces)* sich erholen.
récurer [ʀekyʀe] *vt* scheuern.
récuser [ʀekyze] *vt (témoin, juré)* ablehnen; *(argument, témoignage)* zurückweisen; **se** ~ *vi* sich für nicht zuständig erklären.
recyclage [ʀ(ə)siklaʒ] *nm* Umschulung *f*; **cours de** ~ Weiterbildungs-/Umschulungskursus *m*.
rédacteur, trice [ʀedaktœʀ, tʀis] *nm/f (journaliste)* Redakteur(in *f*) *m*; *(d'ouvrage de référence)* Herausgeber(in *f*) *m*; ~ **en chef** Chefredakteur(in *f*) *m*; ~ **publicitaire** Werbetexter(in *f*) *m*.
rédaction [ʀedaksjɔ̃] *nf* Abfassen *nt*; *(d'un journal)* Redaktion *f*; *(SCOL: devoir)* Aufsatz *m*.
reddition [ʀedisjɔ̃] *nf* Kapitulation *f*.
rédemption [ʀedɑ̃psjɔ̃] *nf* Erlösung *f*.

redevable [Rədvabl(ə)] *a:* **être ~ de** *(somme)* noch schuldig sein; **être ~ de qch à qn** *(fig)* jdm etw verdanken.
redevance [Rədvɑ̃s] *nf* Gebühr *f.*
rédiger [Rediʒe] *vt* abfassen; **apprendre à ~** schreiben *ou* redigieren lernen.
redire [R(ə)diR] *vt* *(ständig)* wiederholen; **avoir** *ou* **trouver à ~ à qch** etwas an etw *(dat)* auszusetzen haben.
redoublé, e [R(ə)duble] *a:* **frapper à coups ~s** heftig klopfen.
redoubler [R(ə)duble] *vt* *(LING)* verdoppeln; *(SCOL)* wiederholen // *vi* sich verstärken; *(SCOL)* sitzenbleiben; **~ de** *vt* verdoppeln, verstärken.
redoutable [R(ə)dutabl(ə)] *a* furchtbar.
redouter [R(ə)dute] *vt* fürchten.
redresser [R(ə)dRese] *vt* *(arbre, mât)* wieder aufrichten; *(pièce tordue)* wieder gerade richten; *(avion)* hochziehen; *(situation, économie)* wiederherstellen, sanieren; **~ (les roues)** (die Reifen) auswuchten // **se ~** *vi* *(se remettre droit)* sich wieder aufrichten; *(se tenir très droit)* sich gerade aufrichten.
réduction [Redyksjɔ̃] *nf* Reduzierung *f;* Verkleinerung *f;* *(rabais)* Rabatt *m.*
réduire [RedɥiR] *vt* reduzieren; *(photographie)* verkleinern; *(texte)* verkürzen; *(CULIN)* einkochen; *(MATH)* kürzen; **~ qn au silence/à l'inaction** jdn zum Schweigen bringen/jdn lähmen; **~ qch à** *(ramener)* etw zurückführen auf *(+akk);* **~ qch en** etw verwandeln in *(+akk);* **se ~ à** sich reduzieren auf *(+akk);* **se ~ en** sich umwandeln in *(+akk).*
réduit, e [Redɥi, it] *a* *(prix, tarif)* reduziert; *(échelle, mécanisme)* verkleinert; *(vitesse)* gedrosselt // *nm* *(local)* Abstellkammer *f.*
rééducation [Reedykɑsjɔ̃] *nf* *(de la parole)* Sprechtherapie *f;* Logopädie *f;* *(d'un membre, d'un blessé)* Heiltherapie *f;* *(de délinquants)* Rehabilitation *f.*
réel, elle [Reɛl] *a* real, tatsächlich; *(intensif: avant le nom)* wirklich.
réélire [ReeliR] *vt* wiederwählen.
réellement [Reɛlmɑ̃] *ad* wirklich.
réévaluer [Reevalɥe] *vt* aufwerten.
réexpédier [Reɛkspedje] *vt* zurücksenden; *(faire suivre)* nachsenden.
refaire [R(ə)fɛR] *vt* noch einmal machen, wiederholen; *(autrement)* umarbeiten; *(réparer, restaurer)* reparieren, restaurieren; *(santé, force)* wiederherstellen; **se ~** *vi* sich erholen.
réfection [Refɛksjɔ̃] *nf* *(réparation)* Instandsetzung *f.*
réfectoire [RefɛktwaR] *nm* Kantine *f;* Refektorium *nt.*
référence [RefeRɑ̃s] *nf* *(renvoi)* Verweis *m;* *(COMM)* Bezugnahme *f;* **~s** *nfpl* *(recommandation)* Referenzen *pl;* **faire ~ à** Bezug nehmen auf *(+akk);* **ouvrage de ~** Nachschlagewerk *nt.*
référer [RefeRe]: **se ~ à** *vt* sich beziehen auf *(+akk);* **en ~ à qn** jdm die Entscheidung überlassen.
réfléchi, e [Refleʃi] *a* *(personne)* bedächtig; *(action, décision)* überlegt; *(LING)* reflexiv.
réfléchir [RefleʃiR] *vt* reflektieren // *vi* überlegen, nachdenken; **~ à/sur** nachdenken über *(+akk);* **c'est tout réfléchi** es ist schon entschieden.
reflet [R(ə)flɛ] *nm* *(image réfléchie)* Widerschein *m;* *(fig)* Wiedergabe *f;* Ausdruck *m;* **~s** *nmpl* *(du soleil, de la lumière)* Reflektionen *pl;* *(éclat)* Schimmern *nt.*
refléter [R(ə)flete] *vt* reflektieren; *(exprimer)* erkennen lassen; **se ~** *vi* reflektiert werden.
réflexe [Reflɛks(ə)] *nm* Reflex *m* // *a:* **acte/mouvement ~** Reflexhandlung *f*/-bewegung *f;* **~ conditionné** bedingter Reflex; **avoir de bons ~s** reaktionsschnell sein.
réflexion [Reflɛksjɔ̃] *nf* *(de lumière, son)* Reflexion *f;* *(fait de penser)* Überlegen *nt,* (Nach)denken *nt;*

(pensée) Gedanke *m; (remarque)* Bemerkung *f;* ~**s** *nfpl (méditations)* Gedanken *pl;* ~ **faite, à la** ~ wenn ich es mir richtig überlege.

refluer [ʀ(ə)flye] *vi* zurückfließen; *(fig)* zurückströmen.

reflux [ʀəfly] *nm (de la mer)* Ebbe *f.*

refondre [ʀ(ə)fɔ̃dʀ(ə)] *vt (texte)* umarbeiten, neu bearbeiten.

réformateur, trice [ʀefɔʀmatœʀ, tʀis] *nm/f* Reformer(in *f*) *m;* (*REL*) Reformator *m* // *a* reformierend, Reform-.

réforme [ʀefɔʀm(ə)] *nf* Reform *f;* (*MIL*) Ausmusterung *f;* (*REL*): **la R**~ die Reformation.

réformé, e [ʀefɔʀme] *a* (*MIL*) ausgemustert; (*REL*) reformiert // *nm/f* Untauglicher; Reformierte(r) *m/f.*

réformer [ʀefɔʀme] *vt* reformieren; (*MIL*) ausmustern.

refoulé, e [ʀ(ə)fule] *a* verklemmt.

refouler [ʀ(ə)fule] *vt (envahisseurs)* zurückdrängen; *(fig)* unterdrücken; (*PSYCH*) verdrängen.

réfractaire [ʀefʀaktɛʀ] *a (rebelle)* aufsässig; *(minerai, brique)* hitzebeständig; **être** ~ **à** sich auflehnen gegen.

refrain [ʀ(ə)fʀɛ̃] *nm* Refrain *m; (fig):* **c'est toujours le même** ~ es ist immer das gleiche Lied.

refréner [ʀ(ə)fʀene] *vt* zügeln.

réfrigérer [ʀefʀiʒeʀe] *vt* kühlen; *(fam: geler)* unterkühlen; *(fig)* abkühlen.

refroidir [ʀ(ə)fʀwadiʀ] *vt* abkühlen lassen // *vi* abkühlen; **se** ~ *vi* abkühlen; *(prendre froid)* sich erkälten.

refroidissement [ʀ(ə)fʀwadismɑ̃] (*MED*) Erkältung *f.*

refuge [ʀ(ə)fyʒ] *m (abri)* Zuflucht *f; (de montagne)* Hütte *f; (pour piétons)* Verkehrsinsel *f.*

réfugié, e [ʀefyʒje] *a* geflüchtet // *nm/f* Flüchtling *m.*

réfugier [ʀefyʒje]: **se** ~ *vi (s'enfuir)* flüchten; *(s'abriter)* sich flüchten.

refus [ʀ(ə)fy] *nm* Ablehnung *f;* **ce n'est pas de** ~ *(fam)* ich sage nicht nein.

refuser [ʀ(ə)fyze] *vt* ablehnen; *(SCOL: candidat)* durchfallen lassen; *(dénier):* ~ **qch à qn** jdm etw verweigern; **se** ~ **à qch/faire qch** etw verweigern/sich weigern, etw zu tun; **se** ~ **à qn** *(un homme)* sich jdm verweigern; **ne rien se** ~ sich *(dat)* nichts versagen.

réfuter [ʀefyte] *vt* widerlegen.

regagner [ʀ(ə)gaɲe] *vt* zurückgewinnen; *(lieu)* zurückkommen nach; ~ **le temps perdu** verlorene Zeit aufholen; ~ **du terrain** wieder an Boden gewinnen.

regain [ʀ(ə)gɛ̃] *nm (herbe)* Grummet *nt; (fig)* **le commerce a connu un** ~ **d'activité** die Geschäfte haben sich wieder belebt.

régal [ʀegal] *nm:* **c'est un (vrai)** ~ das ist lecker; *(fig):* **un** ~ **pour les yeux** eine Augenweide.

régaler [ʀegale] *vt:* ~ **qn (de)** jdn (fürstlich) bewirten (mit); **se** ~ *vi (faire un bon repas)* schlemmen; *(fig)* genießen.

regard [ʀ(ə)gaʀ] *nm* Blick *m;* **menacer du** ~ drohend ansehen; **au** ~ **de** vom Standpunkt (*+gen*).

regardant, e [ʀ(ə)gaʀdɑ̃, ɑ̃t] *a (pej)* geizig.

regarder [ʀ(ə)gaʀde] *vt* ansehen, betrachten; *(film, match)* sich *(dat)* ansehen; *(situation, avenir)* betrachten, sehen; *(son intérêt etc)* im Auge haben, bedacht sein auf (*+akk*); *(être orienté vers):* ~ **(vers)** gehen (nach); *(concerner)* angehen; ~ **à** *vt (tenir compte de)* achten auf (*+akk*); ~ **qn/qch comme** jdn/etw halten für; ~ **la télévision** fernsehen; ~ **dans le dictionnaire** im Wörterbuch nachschlagen; ~ **par la fenêtre** aus dem Fenster sehen; **dépenser sans** ~ mit seinem Geld verschwenderisch umgehen; **cela ne me regarde pas** das geht mich nichts an.

régie [ʀeʒi] *nf* (*ADMIN*) staatlicher Betrieb *m;* (*THEAT, FILM*) Regie *f.*

regimber [ʀ(ə)ʒɛ̃be] *vi (personne)* sich sträuben.

régime [ʀeʒim] *nm* (*POL*) Regime *nt;*

(des prisons, fiscal etc) System *nt;* (*MED*) Diät *f; (d'un moteur)* Drehzahl *f; (de bananes, dattes)* Büschel *nt;* **suivre un** ~ eine Diät befolgen; *(pour maigrir)* eine Abmagerungskur machen; **à plein** ~ auf vollen Touren.

régiment [ʀeʒimɑ̃] *nm (unité)* Regiment *nt; (l'armée):* **le** ~ das Heer; *(quantité)* Heer *nt.*

région [ʀeʒjɔ̃] *nf* Gegend *f.*

régional, e, aux [ʀeʒjɔnal, o] *a* regional.

régir [ʀeʒiʀ] *vt* bestimmen; (*LING*) regieren.

régisseur [ʀeʒisœʀ] *nm (d'un domaine)* Verwalter(in *f*) *m;* (*FILM, THEAT*) Regisseur(in *f*) *m.*

registre [ʀəʒistʀ(ə)] *nm (livre)* Register *nt;* (*MUS*) (Stimm)lage *f; (d'orgue)* Register *nt;* (*LING*) Stilebene *f.*

règle [ʀɛgl(ə)] *nf* Regel *f; (instrument)* Lineal *nt;* ~**s** *nfpl* (*MED*) Periode *f;* **en** ~ *(papiers)* in Ordnung, ordungsgemäß; **dans** *ou* **selon les** ~**s** den Regeln entsprechend; **en** ~ **générale** generell.

réglé, e [ʀegle] *a (vie)* geregelt; *(papier)* liniiert.

règlement [ʀɛgləmɑ̃] *nm* Regelung *f; (paiement)* Bezahlung *f; (arrêté)* Verordnung *f; (règles)* Bestimmungen *pl.*

réglementaire [ʀɛgləmɑ̃tɛʀ] *a* vorschriftsmäßig.

réglementation [ʀɛgləmɑ̃tɑsjɔ̃] *nf* Beschränkung *f.*

réglementer [ʀɛgləmɑ̃te] *vt (production, commerce)* kontrollieren.

régler [ʀegle] *vt* regeln; *(mécanisme)* regulieren, einstellen; *(fournisseur)* bezahlen; *(papier)* liniieren.

réglisse [ʀeglis] *nf* Lakritze *f.*

règne [ʀɛɲ] *nm* Herrschaft *f;* **le** ~ **végétal/animal** das Pflanzen-/Tierreich.

régner [ʀeɲe] *vi* herrschen.

regorger [ʀ(ə)gɔʀʒe]: ~ **de** *vt* überfließen von.

régression [ʀegʀesjɔ̃] *nf* Rückgang *m;* **être en** ~ zurückgehen.

regret [ʀ(ə)gʀɛ] *nm (nostalgie)* Sehnsucht *f (de* nach); *(repentir)* Reue *f; (d'un projet non réalisé)* Bedauern *nt;* **à** ~ *ad* ungern; **avec** ~ *ad* mit Bedauern; **à mon grand** ~ zu meinem großen Bedauern; **être au** ~ **de ne pas pouvoir faire qch** es bedauern, etw nicht tun zu können; **j'ai le** ~ **de..., c'est avec** ~ **que je...** bedauerlicherweise muß ich...

regrettable [ʀ(ə)gʀɛtabl(ə)] *a* bedauerlich.

regretter [ʀ(ə)gʀete] *vt* bedauern; *(action commise)* bereuen; *(époque passée)* nachtrauern (+*dat*); *(personne)* vermissen; **je regrette** es tut mir leid.

regrouper [ʀ(ə)gʀupe] *vt (grouper)* zusammenfassen; *(réunir)* vereinigen.

régularité [ʀegylaʀite] *nf (voir* **régulier)** Regelmäßigkeit *f;* Gleichmäßigkeit *f;* gleichbleibende Leistung *f;* Legalität *f;* Anständigkeit *f.*

régulier, ière [ʀegylje, jɛʀ] *a* regelmäßig; *(répartition, pression)* gleichmäßig; *(ponctuel)* pünktlich; *(constant)* gleichbleibend; *(réglementaire)* ordentlich, ordnungsgemäß; *(fam: correct)* in Ordnung, anständig; (*MIL*) regulär.

rehausser [ʀəose] *vt* erhöhen.

rein [ʀɛ̃] *nm* Niere *f;* ~**s** *nmpl (dos)* Kreuz *nt;* **avoir mal aux** ~**s** Kreuzschmerzen haben.

reine [ʀɛn] *nf* Königin *f;* (*ECHECS*) Dame *f.*

reine-claude [ʀɛnklod] *nf* Reneklode *f.*

reinette [ʀɛnɛt] *nf* Renette *f.*

réintégrer [ʀeɛ̃tegʀe] *vt (lieu)* zurückkehren nach/in/zu; *(fonctionnaire)* wiedereinsetzen.

réitérer [ʀeiteʀe] *vt* wiederholen.

rejaillir [ʀ(ə)ʒajiʀ] *vi (liquide)* (auf)spritzen; *(fig):* ~ **sur** zurückfallen auf (+*akk*).

rejet [ʀ(ə)ʒɛ] *nm (refus)* Ablehnung *f;* (*BOT*) Schößling *m.*

rejeter [ʀəʒte] *vt (renvoyer)* zurückwerfen; *(vomir)* erbrechen;

(refuser) ablehnen; ~ **la tête en arrière** den Kopf zurückwerfen; ~ **la responsabilité de qch sur qn** die Verantwortung für etw auf jdn abwälzen.

rejoindre [ʀ(ə)ʒwɛ̃dʀ(ə)] *vt* zurückkehren zu; *(rattraper)* einholen; *(sujet: route)* münden in *(+akk)*; **se** ~ *vi (personnes)* sich treffen; *(routes)* zusammenlaufen; *(coïncider)* übereinstimmen.

réjouir [ʀeʒwiʀ] *vt* erfreuen; **se** ~ *vi* sich freuen; **se** ~ **de qch** sich über etw *(akk)* freuen.

réjouissance [ʀeʒwisɑ̃s] *nf (joie collective)* Freude *f*; ~**s** *nfpl* Freudenfest *nt*.

relâche [ʀ(ə)lɑʃ]: **sans** ~ *ad* ohne Pause *ou* Unterbrechung.

relâchement [ʀ(ə)lɑʃmɑ̃] *nm* Lockerung *f*; Nachlassen *nt*.

relâcher [ʀ(ə)lɑʃe] *vt (desserrer)* lockern; *(libérer)* freilassen // *vi (NAVIG)* Station machen; **se** ~ *vi* locker werden; *(élève, ouvrier)* nachlassen.

relais [ʀ(ə)lɛ] *nm (SPORT)*: **(course de)** ~ Staffel(lauf *m*) *f*; *(ELEC)* Relais *nt*; *(retransmission)* Übertragung *f*; **équipes de** ~ Schichten *pl*; *(SPORT)* Staffelmannschaften *pl*; **travail par** ~ Schichtarbeit *f*; **prendre le** ~ **de qn** jdn ablösen; ~ **routier** Fernfahrerlokal *nt*.

relance [ʀ(ə)lɑ̃s] *nf* Aufschwung *m*.

relancer [ʀ(ə)lɑ̃se] *vt (balle)* zurückwerfen; *(moteur)* wieder anlassen; *(économie, projet)* ankurbeln; *(personne)* anhauen, belästigen.

relater [ʀ(ə)late] *vt* erzählen.

relatif, ive [ʀ(ə)latif, iv] *a* relativ; *(positions, situations)* gegenseitig; *(LING)* Relativ-; ~ **à qch** etw betreffend.

relation [ʀ(ə)lasjɔ̃] *nf (récit)* Erzählung *f*; *(rapport)* Beziehung *f*, Relation *f*; ~**s** *nfpl* Beziehungen *pl*; **entrer en** ~**(s) avec** mit jdm in Verbindung *ou* Kontakt treten; **avoir** *ou* **entretenir des** ~**s avec** Beziehungen unterhalten zu; ~**s publiques** Public Relations *pl*.

relativement [ʀ(ə)lativmɑ̃] *ad* relativ; ~ **à** verglichen mit.

relativité [ʀ(ə)lativite] *nf* Relativität *f*.

relaxer [ʀ(ə)lakse] *vt (détenu)* freilassen, entlassen; *(détendre)* entspannen; **se** ~ *vi* sich entspannen.

relayer [ʀ(ə)leje] *vt* ablösen; *(RADIO, TV)* übertragen.

reléguer [ʀ(ə)lege] *vt (confiner)* verbannen; *(SPORT)* absteigen lassen; ~ **au second plan** auf den zweiten Platz verweisen.

relents [ʀ(ə)lɑ̃] *nmpl* Gestank *m*.

relève [ʀ(ə)lɛv] *nf* Ablösung *f*; Ablösungsmannschaft *f*; **prendre la** ~ übernehmen, (jdn) ablösen.

relevé, e [ʀəlve] *a (retroussé)* hochgekrempelt; *(virage)* überhöht; *(conversation, style)* gehoben; *(CULIN)* scharf, pikant // *nm (écrit)* Aufstellung *f*; *(d'un compteur)* Stand *m*; *(topographique)* Aufnahme *f*; ~ **de compte** Kontoauszug *m*.

relever [ʀəlve] *vt (redresser)* aufheben; *(mur, colonne)* wieder aufrichten *ou* aufstellen; *(vitre)* hochdrehen; *(store)* hochziehen; *(plafond)* erhöhen; *(col)* hochschlagen; *(pays, économie)* einen Aufschwung geben *(+dat)*; *(niveau de vie, salaire)* erhöhen; *(CULIN)* würzen; *(relayer)* ablösen; *(souligner)* betonen, hervorheben; *(constater)* bemerken; *(répliquer)* erwidern auf *(+akk)*; *(défi)* annehmen; *(copier)* kopieren; *(noter)* aufschreiben; *(compteur)* ablesen; *(ramasser)* einsammeln // *vi*: ~ **de** *(appartenir à)* gehören zu; *(être du ressort de)* eine Angelegenheit *(+gen)* sein; **se** ~ *vi* aufstehen; ~ **qn de qch** jdn einer Sache *(gen)* entbinden; ~ **la tête** den Kopf heben.

relief [ʀəljɛf] *nm (GEO, ART)* Relief *nt*; *(d'un pneu)* Profil *nt*; ~**s** *nmpl (restes)* Überreste *pl*; **en** ~ erhaben; *(photographie)* dreidimensional; **mettre en** ~ *(fig)* hervorheben.

relier [ʀəlje] *vt* verbinden; *(livre)* binden; ~ **qch à** etw verbinden mit; **livre relié/relié cuir** gebundenes/ledergebundenes Buch *nt*.
relieur, euse [ʀəljœʀ, øz] *nm/f* Buchbinder(in *f*) *m*.
religieux, euse [ʀ(ə)liʒjø, øz] *a* religiös; *(respect, silence)* andächtig // *nm* Mönch // *nf* Nonne *f*; *(gâteau)*≃Windbeutel *m*.
religion [ʀ(ə)liʒjɔ̃] *nf* Religion *f*; *(piété, dévotion)* Glaube *m*.
relique [ʀ(ə)lik] *nf* Reliquie *f*.
relire [ʀ(ə)liʀ] *vt (une nouvelle fois)* noch einmal lesen; *(vérifier)* durchlesen, überprüfen.
reliure [ʀəljyʀ] *nf (art, métier)*: **la** ~ das Buchbinden; *(type de ~)* Bindung *f*; *(couverture)* Einband *m*.
reluire [ʀəlɥiʀ] *vi* glänzen, schimmern.
remaniement [ʀ(ə)manimɑ̃] *nm*: ~ **ministériel** Kabinettsumbildung *f*.
remanier [ʀ(ə)manje] *vt* umarbeiten; *(ministère)* umbilden.
remarquable [ʀ(ə)maʀkabl(ə)] *a* bemerkenswert.
remarque [ʀ(ə)maʀk(ə)] *nf* Bemerkung *f*.
remarquer [ʀ(ə)maʀke] *vt* bemerken; **se** ~ *(être apparent)* auffallen; **se faire** ~ auffallen; **faire** ~ **(à qn) que** (jdn) darauf hinweisen, daß; **faire** ~ **qch (à qn)** (jdn) auf etw *(akk)* hinweisen; **remarquez que...** beachten Sie, daß...
rembarrer [ʀɑ̃baʀe] *vt* zurechtweisen; zurückweisen.
remblai [ʀɑ̃blɛ] *nm* Böschung *f*, Damm *m*; **travaux de** ~ Aufschüttungsarbeiten *pl*.
rembourrer [ʀɑ̃buʀe] *vt* polstern.
remboursement [ʀɑ̃buʀsəmɑ̃] *nm* Bezahlung *f*; **envoi contre** ~ Nachnahme(sendung) *f*.
rembourser [ʀɑ̃buʀse] *vt* zurückzahlen; *(personne)* bezahlen.
rembrunir (se) [ʀɑ̃bʀyniʀ]: **se** ~ *vi* sich verdüstern.
remède [ʀ(ə)mɛd] *nm* Heil- *ou* Arzneimittel *nt*; *(fig)* Mittel *nt*.
remémorer [ʀ(ə)memɔʀe]: **se** ~ *vt* sich *(dat)* ins Gedächtnis zurückrufen.
remerciement [ʀ(ə)mɛʀsimɑ̃]: ~**s** *nmpl* Dank *m*; **recevez** *ou* **agréez mes** ~**s** herzlichen Dank; **(avec) tous mes** ~**s** mit bestem Dank.
remercier [ʀ(ə)mɛʀsje] *vt* danken *(+dat)*; *(congédier)* entlassen; ~ **qn de qch** jdm für etw danken; ~ **qn d'avoir fait qch** jdm dafür danken, daß er/sie etw gemacht hat; **non, je vous remercie** nein danke.
remettre [ʀ(ə)mɛtʀ(ə)] *vt* zurücktun; *(vêtement)* wieder anziehen; *(ajouter)* zufügen, dazugeben; *(rendre)* (zurück)geben; *(donner)* übergeben; *(ajourner)* verschieben *(à* auf *+akk)*; **se** ~ *vi (personne malade)* sich erholen; *(temps)* sich bessern; **se** ~ **de** *vt* sich erholen von; **s'en** ~ **à** sich richten nach; ~ **qch en place** etw zurücktun *ou* -stellen; ~ **une pendule à l'heure** eine Uhr stellen; ~ **un moteur/une machine en marche** einen Motor/eine Maschine wieder in Gang setzen; ~ **sa démission** kündigen; ~ **à neuf** wieder wie neu machen, renovieren.
réminiscence [ʀeminisɑ̃s] *nf* Erinnerung *f*.
remise [ʀ(ə)miz] *nf (d'un colis)* Übergabe *f*; *(d'un prix)* Überreichung *f*; *(rabais)* Rabatt *m*; *(local)* Schuppen *m*; ~ **de peine** Strafnachlaß *m*; ~ **en jeu** Einwurf *m*.
rémission [ʀemisjɔ̃] *nf*: **sans** ~ *ad* unerbittlich.
remontant [ʀ(ə)mɔ̃tɑ̃] *nm* Stärkungsmittel *nt*.
remonte-pente [ʀ(ə)mɔ̃tpɑ̃t] *nm* Ski-lift *m*.
remonter [ʀ(ə)mɔ̃te] *vi (sur un cheval)* wieder aufsteigen; *(dans une voiture)* wieder einsteigen; *(au deuxième étage)* wieder hinaufgehen; *(jupe)* hochrutschen; *(s'élever)* steigen // *vt (escalier, côte)* hinaufgehen; *(fleuve)* hinaufsegeln/-schwimmen; *(pantalon)* hochkrempeln; *(col)* hochklappen; *(hausser)* erhöhen; *(réconforter)*

aufmuntern; *(objet démonté)* (wieder) zusammensetzen; *(garde-robe)* erneuern; *(montre, mécanisme)* aufziehen; ~ **à** zurückgehen auf (+*akk*).

remontrer [R(ə)mɔ̃tRe] *vt (montrer de nouveau):* ~ **qch (à qn)** (jdm) etw wieder zeigen; *(fig):* **en** ~ **à qn** sich jdm gegenüber beweisen, jdn belehren wollen.

remords [R(ə)mɔR] *nm* schlechtes Gewissen *nt;* **avoir des** ~ Gewissensbisse haben.

remorque [R(ə)mɔRk(ə)] *nf* Anhänger *m;* **prendre en** ~ abschleppen.

remorquer [R(ə)mɔRke] *vt (bateau)* schleppen; *(véhicule)* abschleppen.

rémouleur [RemulœR] *nm* Messerschleifer *m.*

remous [R(ə)mu] *nm (à l'arrière d'un navire)* Kielwasser *nt; (d'une rivière)* Wirbel *m; (fig)* Unruhe *f.*

rempart [Rɑ̃paR] *nm* Wall *m; (fig)* Schutz *m.*

remplaçant, e [Rɑ̃plasɑ̃, ɑ̃t] *nm/f* Ersatz *m;* Vertretung *f.*

remplacement [Rɑ̃plasmɑ̃] *nm (suppléance)* Vertretung *f.*

remplacer [Rɑ̃plase] *vt* ersetzen; *(prendre la place de)* vertreten; *(changer)* auswechseln; ~ **qch par qch d'autre/qn par qn d'autre** etw durch etw/jdn durch jdn ersetzen.

remplir [Rɑ̃pliR] *vt* füllen; *(temps, document)* ausfüllen; *(satisfaire à)* erfüllen; *(fonction, rôle)* ausüben; **se** ~ *vi* sich füllen; ~ **qch de** etw füllen mit; ~ **qn de** *(joie, admiration)* jdn erfüllen mit.

remplissage [Rɑ̃plisaʒ] *nm (pej)* Füllsel *nt.*

remporter [Rɑ̃pɔRte] *vt* (wieder) mitnehmen, zurücknehmen; *(victoire)* davontragen; *(succès)* haben.

remuant, e [Rəmɥɑ̃, ɑ̃t] *a (enfant)* lebhaft.

remue-ménage [R(ə)mymenaʒ] *nm inv* Durcheinander *nt*, Spektakel *m.*

remuer [R(ə)mɥe] *vt (meuble, objet)* verschieben, verstellen; *(partie du corps)* bewegen; *(café, sauce)* umrühren; *(salade)* mischen, anmachen; *(émouvoir)* bewegen, rühren // *vi* sich bewegen; *(opposants)* sich bemerkbar machen; **se** ~ *vi* sich bewegen.

rémunération [RemyneRɑsjɔ̃] *nf* Entlohnung *f*, Bezahlung *f.*

rémunérer [RemyneRe] *vt* entlohnen, bezahlen.

renaître [R(ə)nɛtR(ə)] *vi* wiederaufleben.

renard [R(ə)naR] *nm* Fuchs *m.*

renchérir [Rɑ̃ʃeRiR] *vi* sich verteuern, teurer werden; ~ **(sur qch)** (etw) übertreffen.

rencontre [Rɑ̃kɔ̃tR(ə)] *nf* Begegnung *f; (de cours d'eau)* Zusammenfluß *m; (congrès)* Treffen *nt*, Versammlung *f;* **faire la** ~ **de qn** jds Bekanntschaft machen; **aller à la** ~ **de qn** jdn treffen.

rencontrer [Rɑ̃kɔ̃tRe] *vt* treffen; *(difficultés, opposition)* stoßen auf (+*akk*); **se** ~ sich treffen; *(fleuves)* zusammenfließen.

rendement [Rɑ̃dmɑ̃] *nm (produit)* Ertrag *m; (efficacite)* Leistung *f;* **à plein** ~ auf vollen Touren.

rendez-vous [Rɑ̃devu] *nm (rencontre)* Verabredung *f; (lieu)* Treffpunkt *m;* **prendre** ~ **(avec qn), donner** ~ **à qn** sich mit jdm verabreden; **avoir** ~ **(avec qn)** (mit jdm) verabredet sein.

rendre [Rɑ̃dR(ə)] *vt* zurückgeben; *(la monnaie)* herausgeben; *(salut, visite)* erwidern; *(honneurs)* erweisen; *(vomir)* erbrechen; *(sons)* hervorbringen; *(exprimer)* ausdrücken; *(jugement)* erlassen; *(faire devenir):* ~ **qn célèbre/qch possible** jdn berühmt/etw möglich machen; **se** ~ *vi (capituler)* sich ergeben; *(fig)* aufgeben; **se** ~ **quelquepart** irgendwohin gehen; ~ **visite à qn** jdn besuchen; **se** ~ **malade** sich krank machen.

rênes [Rɛn] *nfpl* Zügel *pl.*

renfermé, e [Rɑ̃fɛRme] *a (personne)* verschlossen // *nm:* **sentir le** ~ muffig riechen.

renfermer [Rɑ̃fɛRme] *vt (contenir)*

enthalten; **se ~** sich verschließen.
renflé, e [rɑ̃fle] *a* bauchig; gewölbt.
renflement [rɑ̃fləmɑ̃] *nm* Wölbung *f;* Ausbuchtung *f.*
renfoncement [rɑ̃fɔ̃smɑ̃] *nm* Vertiefung *f,* Nische *f.*
renforcer [rɑ̃fɔʀse] *vt* verstärken; *(expression, argument)* bekräftigen; **~ qn dans ses opinions** jdn in seiner Meinung bestärken.
renfort [rɑ̃fɔʀ]: **~s** *nmpl* Verstärkung *f;* **à grand ~ de...** mit einem großen Aufwand an *(+dat) ou* mit vielen...
rengaine [rɑ̃gɛn] *nf* altes Lied *nt.*
rengainer [rɑ̃gene] *vt (épée)* in die Scheide stecken; *(revolver)* ins Halfter stecken.
rengorger [rɑ̃gɔʀʒe]: **se ~** *vi* sich aufplustern.
renier [ʀənje] *vt* verleugnen; *(engagements)* nicht anerkennen.
renifler [ʀ(ə)nifle] *vi* schnüffeln // *vt (odeur)* riechen.
renne [ʀɛn] *nm* Ren(tier) *nt.*
renom [ʀ(ə)nɔ̃] *nm* Ruf *m.*
renommé, e [ʀ(ə)nɔme] *a* berühmt, renommiert // *nf* Ruhm *m.*
renoncement [ʀ(ə)nɔ̃smɑ̃] *nm* Verzicht *m (à* auf *+akk).*
renoncer [ʀ(ə)nɔ̃se]: **~ à** *vt* aufgeben; *(droit, succession)* verzichten auf *(+akk);* **~ à faire qch** darauf verzichten, etw zu tun.
renouer [ʀənwe] *vt* neu binden; *(conversation, liaison)* wieder anknüpfen *ou* aufnehmen; **~ avec** *(avec ami)* sich wieder anfreunden mit; *(avec tradition)* wiederaufnehmen.
renouveler [ʀ(ə)nuvle] *vt* erneuern; *(personnel, membres d'un comité)* austauschen, ersetzen; *(proroger)* verlängern; *(usage, mode)* wiederbeleben; *(refaire)* wiederholen; **se ~** *vi (incident)* sich wiederholen.
renouvellement [ʀ(ə)nuvɛlmɑ̃] *nm* Erneuerung *f;* Austausch *m;* Verlängerung *f;* Wiederbelebung *f;* Wiederholung *f.*
rénover [ʀenɔve] *vt* renovieren.
renseignement [ʀɑ̃sɛɲmɑ̃] *nm* Auskunft *f;* **prendre des ~s sur** sich erkundigen über *(+akk).*
renseigner [ʀɑ̃seɲe] *vt:* **~ qn (sur)** jdn informieren (über *+akk); (expérience, document)* jdm Aufschluß geben (über *+akk);* **se ~** sich erkundigen.
rente [ʀɑ̃t] *nf (revenu)* Einkommen *nt;* Rente *f; (emprunt de l'Etat)* Staatsanleihe *f;* **~ viagère** Lebensrente *f.*
rentier, ière [ʀɑ̃tje, jɛʀ] *nm/f* Rentner (in *f*) *m.*
rentrée [ʀɑ̃tʀe] *nf (d'argent)* Einnahmen *pl; (retour)* Rückkehr *f;* **la ~ (des classes)** der Schuljahrsbeginn.
rentrer [ʀɑ̃tʀe] *vi (de nouveau: aller/venir)* wieder hereinkommen/hineingehen; *(fam: entrer)* hereinkommen/hineingehen; *(revenir chez soi)* nach Hause kommen/gehen; *(pénétrer)* eindringen; *(revenu, argent)* hereinkommen // *vt* hinein-/hereinbringen; *(véhicule)* abstellen; *(foins)* einbringen; *(chemise dans pantalon etc)* hineinstecken; *(griffes)* einziehen; *(train d'atterrissage)* einfahren; *(larmes, colère)* unterdrücken, hinunterschlucken; **~ le ventre** den Bauch einziehen; **~ dans** *vt (heurter)* prallen gegen; *(appartenir à)* gehören zu; **~ dans sa famille/son pays** zu seiner Familie/in sein Land zurückkehren; **~ dans son argent** *ou* **ses frais** seine Ausgaben hereinbekommen.
renverse [ʀɑ̃vɛʀs(ə)]: **à la ~** *ad* nach hinten.
renversé, e [ʀɑ̃vɛʀse] *a (image)* umgekehrt; *(écriture)* nach links geneigt.
renversement [ʀɑ̃vɛʀsəmɑ̃] *nm (d'un régime)* (Um)sturz *m; (de traditions)* Aufgabe *f;* **~ de la situation** Umkehrung *f* der Lage.
renverser [ʀɑ̃vɛʀse] *vt (retourner)* umwerfen, umkippen, umstoßen; *(piéton)* anfahren; *(: tuer)* überfahren; *(contenu)* verschütten; *(: volontairement)* ausschütten; *(inter-*

vertir) umkehren; *(tradition, ordre établi)* umstoßen; *(POL)* stürzen; *(stupéfier)* umwerfen; **se ~** *vi* umfallen; *(véhicule)* umkippen; *(liquide)* verschüttet werden.
renvoi [ʀɑ̃vwa] *nm (référence)* Verweis *m; (éructation)* Rülpser *m.*
renvoyer [ʀɑ̃vwaje] *vt* zurückschicken; *(congédier)* entlassen; *(balle)* zurückwerfen; *(: TENNIS)* zurückschlagen; *(lumière, son)* reflektieren; *(ajourner)* verschieben *(à* auf *+akk); ~* **qn à qn/qch** jdn an jdn/auf etw verweisen.
réorganiser [ʀeɔʀganize] *vt* umorganisieren.
réouverture [ʀeuvɛʀtyʀ] *nf* Wiedereröffnung *f.*
repaire [ʀ(ə)pɛʀ] *nm* Höhle *f.*
répandre [ʀepɑ̃dʀ(ə)] *vt* verbreiten; *(liquide)* verschütten; *(gravillons, sable)* streuen; **se ~** *vi* sich verbreiten; **se ~ en** sich ergehen in *(+dat).*
réparation [ʀepaʀɑsjɔ̃] *nf* Reparatur *f;* Wiedergutmachung *f;* **~s** *nfpl (travaux)* Reparaturarbeiten *pl;* **en ~** *(machine etc)* in Reparatur; **demander à qn ~ de** *(offense)* von jdm Wiedergutmachung verlangen für.
réparer [ʀepaʀe] *vt* reparieren; wiedergutmachen.
repartie [ʀəpaʀti] *nf* (schlagfertige) Antwort *f;* **avoir de la ~** schlagfertig sein.
repartir [ʀ(ə)paʀtiʀ] *vi (partir de nouveau)* wieder aufbrechen; *(s'en retourner)* zurückgehen *ou* -kehren; *(fig: affaire)* sich wieder erholen; **~ à zéro** noch einmal von vorne anfangen.
répartir [ʀepaʀtiʀ] *vt* verteilen, aufteilen; **se ~** *vt (travail)* sich teilen; *(rôles)* aufteilen.
répartition [ʀepaʀtisjɔ̃] *nf* Verteilung *f,* Aufteilung *f.*
repas [ʀ(ə)pɑ] *nm* Mahlzeit *f;* **à l'heure des ~** zur Essenszeit.
repasser [ʀ(ə)pɑse] *vi* wieder vorbeikommen // *vt (vêtement)* bügeln; *(film)* noch einmal zeigen; *(plat, pain):* **~ qch à qn** jdm etw reichen; *(examen, leçon)* wiederholen.
repêcher [ʀ(ə)peʃe] *vt (noyé)* bergen.
repenser [ʀ(ə)pɑ̃se] *vi:* **~ à qch** *(par hasard)* sich an etw *(akk)* erinnern; *(considérer à nouveau)* etw überdenken.
repentir [ʀ(ə)pɑ̃tiʀ] *nm* Reue *f* // **se ~** *vi* Reue empfinden; **se ~ de qch/ d'avoir fait qch** etw bereuen/es bereuen, etw getan zu haben.
répercussions [ʀepɛʀkysjɔ̃] *nfpl* Auswirkungen *pl,* Folgen *pl.*
répercuter [ʀepɛʀkyte]: **se ~** *vi (bruit)* widerhallen; *(fig):* **se ~ sur** sich auswirken auf *(+akk).*
repère [ʀ(ə)pɛʀ] *nm* Zeichen *nt,* Markierung *f.*
repérer [ʀ(ə)peʀe] *vt (apercevoir)* entdecken; *(MIL)* auskundschaften; **se ~** *(s'orienter)* sich zurechtfinden; **se faire ~** endeckt werden.
répertoire [ʀepɛʀtwaʀ] *nm (inventaire)* Verzeichnis *nt,* Register *nt; (carnet):* **~ d'adresses** Adreßbuch *nt; (d'un théâtre, artiste)* Repertoire *nt.*
répéter [ʀepete] *vt* wiederholen; *(nouvelle, secret)* weitersagen // *vi (THEAT)* proben; **se ~** sich wiederholen.
répétition [ʀepetisjɔ̃] *nf (redite)* Wiederholung *f; (THEAT)* Probe *f.*
repeupler [ʀəpœple] *vt* wiederbevölkern; *(d'animaux)* wieder (mit Fischen *etc)* besetzen.
répit [ʀepi]: **sans ~** ununterbrochen, unablässig.
repli [ʀ(ə)pli] *nm (d'une étoffe)* Falte *f; (retraite)* Rückzug *m.*
replier [ʀ(ə)plije] *vt (rabattre)* zusammenfalten; **se ~** *vi (reculer)* sich zurückziehen, zurückweichen.
réplique [ʀeplik] *nf (repartie)* Antwort *f,* Erwiderung *f; (objection)* Widerrede *f; (THEAT)* Replik *f; (copie)* Nachahmung *f;* **sans ~** *(ton)* keine Widerrede duldend; *(argument)* nicht zu widerlegen.
répliquer [ʀeplike] *vi* erwidern.

répondre [repɔ̃dʀ(ə)] *vi* antworten; *(freins, mécanisme)* ansprechen; ~ **à** *vt (question, argument etc)* antworten auf *(+akk); (personne)* antworten *(+dat); (: avec impertinence)* Widerworte geben *(+dat); (invitation, salut, sourire)* erwidern; *(convocation)* Folge leisten *(+dat); (provocation)* reagieren auf *(+akk); (sujet: véhicule, mécanisme)* ansprechen auf *(+akk); (correspondre à)* entsprechen *(+dat);* ~ **de** bürgen für.

réponse [repɔ̃s] *nf* Antwort *f; (solution)* Lösung *f; (réaction)* Reaktion *f;* **en ~ à** in Antwort auf *(+akk).*

reportage [ʀ(ə)pɔʀtaʒ] *nm* Reportage *f.*

reporter *nm* [ʀəpɔʀtɛʀ] Reporter(in *f) m // vt* [ʀ(ə)pɔʀte] *(total):* ~ **qch (à)** etw übertragen auf *(+akk); (notes)* etw aufführen an *(+dat); (ajourner):* ~ **qch (à)** etw verschieben auf *(+akk); (transférer):* ~ **qch sur** etw übertragen auf *(+akk);* **se ~ à** *(époque)* sich zurückversetzen in *(+akk); (se référer)* sich berufen auf *(+akk).*

repos [ʀ(ə)po] *nm* Ruhe *f.*

reposé, e [ʀ(ə)poze] *a* ausgeruht, frisch; **à tête ~e** in Ruhe.

reposer [ʀ(ə)poze] *vt (verre)* wieder absetzen; *(livre)* wieder hinlegen; *(rideaux, carreaux)* wieder anbringen; *(question)* umformulieren; *(délasser)* entspannen, ausruhen lassen // *vi (liquide, pâte):* **laisser ~** ruhen lassen; *(personne):* **ici repose...** hier ruht...; ~ **sur** ruhen auf *(+dat);* **se ~** *vi (se délasser)* sich ausruhen; **se ~ sur qn** sich auf jdn verlassen.

repousser [ʀ(ə)puse] *vi (feuille, cheveux)* nachwachsen // *vt (refouler)* abwehren; *(refuser)* ablehnen; *(différer)* aufschieben; *(dégoûter)* abstoßen; *(tiroir, table)* zurückschieben.

reprendre [ʀ(ə)pʀɑ̃dʀ(ə)] *vt (prisonnier)* wieder ergreifen; *(ville)* zurückerobern; *(chercher):* **je viendrai te ~ à 4h** ich hole dich um 4 Uhr ab; *(prendre davantage)* noch einmal nehmen; *(prendre à nouveau)* wieder nehmen; *(récupérer)* zurücknehmen; *(racheter)* zurücknehmen; *(entreprise)* übernehmen; *(travail, études)* wiederaufnehmen; *(argument, prétexte)* wieder benutzen; *(dire):* **reprit-il** fuhr er fort; *(article)* bearbeiten; *(jupe, pantalon)* ändern; *(réprimander)* tadeln; *(corriger)* verbessern // *vi (recommencer)* wieder anfangen, wieder beginnen; *(froid, pluie)* wieder einsetzen; *(affaires, industrie)* sich erholen; **se ~** *(se corriger)* sich verbessern; *(se ressaisir)* sich fassen; ~ **des forces/courage** neue Kraft/neuen Mut schöpfen; ~ **la route** sich wieder auf den Weg machen; ~ **connaissance** wieder zu Bewußtsein kommen; ~ **haleine** *ou* **son souffle** verschnaufen; **s'y ~** einen zweiten Versuch machen.

représailles [ʀ(ə)pʀezaj] *nfpl* Repressalien *pl.*

représentant, e [ʀ(ə)pʀezɑ̃tɑ̃, ɑ̃t] *nm/f* Vertreter(in *f) m.*

représentatif, ive [ʀ(ə)pʀezɑ̃tatif, iv] *a* repräsentativ.

représentation [ʀ(ə)pʀezɑ̃tasjɔ̃] *nf (image)* Darstellung *f; (spectacle)* Vorstellung *f,* Aufführung *f; (COMM)* Vertretung *f;* **frais de ~** Aufwandsentschädigung *f.*

représenter [ʀ(ə)pʀezɑ̃te] *vt* darstellen; *(jouer)* aufführen; *(pays, commerce etc)* vertreten; **se ~** *vi (occasion)* sich wieder ergeben; **se ~ à** *(examen)* sich noch einmal melden zu; *(élection)* sich wieder aufstellen lassen für; **se ~** *vt (s'imaginer)* sich *(dat)* vorstellen.

répression [ʀepʀesjɔ̃] *nf* Unterdrückung *f;* Niederschlagung *f;* Bestrafung *f.*

réprimande [ʀepʀimɑ̃d] *nf* Tadel *m,* Verweis *m.*

réprimer [ʀepʀime] *vt (désirs, passions)* unterdrücken; *(révolte)* niederschlagen; *(abus, désordres)* bestrafen, vorgehen gegen.

reprise [ʀ(ə)pʀiz] *nf (d'une ville)*

Zurückeroberung *f*; *(recommencement)* Wiederbeginn *m*; (*ECON*) Aufschwung *m*; (*TV, THEAT*) Wiederholung *f*; *(d'un moteur)* Beschleunigung *f*; *(d'un article usagé)* Inzahlungnahme *f*; *(raccomodage)* (Kunst)stopfen *nt*; **à plusieurs ~s** mehrmals.

repriser [ʀ(ə)pʀize] *vt (raccommoder)* stopfen; flicken.

réprobation [ʀepʀɔbasjɔ̃] *nf* Mißbilligung *f*.

reproche [ʀ(ə)pʀɔʃ] *nm* Vorwurf *m*; **sans ~(s)** tadellos.

reprocher [ʀ(ə)pʀɔʃe] *vt*: **~ qch à qn** jdm etw vorwerfen; **~ qch à qch** an etw *(dat)* etw auszusetzen haben; **se ~ qch** sich *(dat)* etw vorwerfen.

reproduction [ʀ(ə)pʀɔdyksjɔ̃] *nf (imitation)* Nachahmung *f*; *(d'un texte)* Nachdruck *m*; Vervielfältigung *f*, Kopie *f*; *(d'un son)* Wiedergabe *f*; (*BIO*) Vermehrung *f*; *(répétition)* Wiederholung *f*; *(dessin)* Reproduktion *f*, Kopie *f*.

reproduire [ʀ(ə)pʀɔdɥiʀ] *vt (imiter)* nachahmen; *(dessin)* reproduzieren; *(texte)* nachdrucken, vervielfältigen; *(son)* wiedergeben; **se ~** *vi* (*BIO*) sich vermehren; *(recommencer)* sich wiederholen.

réprouver [ʀepʀuve] *vt* mißbilligen.

reptile [ʀɛptil] *nm* Reptil *nt*.

repu, e [ʀəpy] *a* satt.

république [ʀepyblik] *nf* Republik *f*; **la R~ Française** (die Republik) Frankreich; **la R~ fédérale allemande** die Bundesrepublik Deutschland.

répudier [ʀepydje] *vt (femme)* verstoßen; *(doctrine)* verwerfen.

répugnance [ʀepyɲɑ̃s] *nf* Ekel *m*; Abscheu *f (pour* vor *+dat)*.

répugner [ʀepyɲe]: **~ à qn** *vt (nourriture)* jdn anekeln; *(comportement, activité)* jdn anwidern; **~ à faire qch** etw sehr ungern tun.

répulsion [ʀepylsjɔ̃] *nf* Abscheu *f (pour* vor *+dat)*.

réputation [ʀepytasjɔ̃] *nf* Ruf *m*.

réputé, e [ʀepyte] *a* berühmt.

requérir [ʀəkeʀiʀ] *vt* erfordern; *(au nom de la loi)* anfordern.

requête [ʀəkɛt] *nf* Bitte *f*, Ersuchen *nt*; (*JUR*) Antrag *m*.

requin [ʀ(ə)kɛ̃] *nm* Hai(fisch) *m*.

requis, e [ʀəki, iz] *a* erforderlich.

réquisitionner [ʀekizisjɔne] *vt (choses)* requirieren; *(personnes)* dienstverpflichten.

rescapé, e [ʀɛskape] *nm/f* Überlebende(r) *mf*.

rescousse [ʀɛskus] *nf*: **aller/venir à la ~ de qn** jdm zu Hilfe kommen.

réseau, x [ʀezo] *nm* Netz *nt*.

réservation [ʀezɛʀvasjɔ̃] *nf* Reservierung *f*, Reservation *f*.

réserve [ʀezɛʀv(ə)] *nf* Reserve *f*; *(entrepôt)* Lager *nt*; *(territoire protégé)* Reservat *nt*, Schutzgebiet *nt*; *(de pêche, chasse)* Revier *nt*; *(restriction)*: **faire des ~s** Einschränkungen *pl* machen; (*MIL*): **les ~s** die Reservetruppen *pl*; **officier de ~** Reserveoffizier *m*; **sous toutes ~s** mit allen Vorbehalten; **sous ~ de** unter Vorbehalt *(+gen)*; **sans ~** *ad* vorbehaltlos; **en ~** in Reserve; **de ~** Reserve-.

réservé, e [ʀezɛʀve] *a* reserviert; *(chasse, pêche)* privat; **~ à/pour** reserviert für.

réserver [ʀezɛʀve] *vt* reservieren, vorbestellen; *(réponse, diagnostic)* sich *(dat)* vorbehalten; *(destiner)*: **~ qch à** *(usage)* etw vorsehen für; **~ qch à qn** jdm etw reservieren; *(: surprise, accueil etc)* jdm etw bereiten; **se ~ le droit de...** sich *(dat)* das Recht vorbehalten, zu...

réservoir [ʀezɛʀvwaʀ] *nm* Reservoir *nt*; *(d'essence)* Tank *m*.

résidence [ʀezidɑ̃s] *nf* (*ADMIN*) Wohnsitz *m*; *(habitation luxueuse)* Residenz *f*; *(groupe d'immeubles)* Wohnblock *m*; **~ principale/secondaire** erster/zweiter Wohnsitz *m*; **(en) ~ surveillée** (unter) Hausarrest *m*.

résidentiel, elle [ʀezidɑ̃sjɛl] *a* Wohn-.

résider [ʀezide] *vi*: **~ à/dans/en** wohnen in *(+dat)*; **~ dans** *(consister*

en) bestehen in (+*dat*).
résidu [ʀezidy] *nm* Überbleibsel *nt;* (*CHIM*) Rückstand *m.*
résigner [ʀeziɲe] *vt* zurücktreten von; **se ~ à qch/faire qch** sich mit etw abfinden/sich damit abfinden, etw zu tun.
résilier [ʀezilje] *vt* auflösen.
résine [ʀezin] *nf* Harz *nt.*
résistance [ʀezistɑ̃s] *nf* Widerstand *m; (endurance)* Widerstandsfähigkeit *f;* (*ELEC*) Heizelement *nt;* (*POL*): **la R~** die französische Widerstandsbewegung *(im 2. Weltkrieg).*
résister [ʀeziste] *vi* standhalten; standhaft bleiben; **~ à** *vt* standhalten (+*dat*); *(effort, souffrance)* aushalten (+*akk*); *(personne)* sich widersetzen (+*dat*); *(tentation, péché)* widerstehen (+*dat*).
résolu, e [ʀezɔly] *a* entschlossen *(à* zu).
résolution [ʀezɔlysjɔ̃] *nf (solution)* Lösung *f; (fermeté)* Entschlossenheit *f; (décision)* Beschluß *m,* Entschluß *m;* **prendre la ~ de...** den Entschluß fassen, zu... ..
résonance [ʀezɔnɑ̃s] *nf (d'une cloche)* Klang *m; (d'une salle)* Akustik *f.*
résonner [ʀezɔne] *vi (cloche)* klingen; *(pas, voix)* hallen, schallen; *(salle, rue)* widerhallen.
résorber [ʀezɔʀbe]: **se ~** *vi (tumeur, abcès)* sich zurückbilden; *(déficit, chômage)* abgebaut werden.
résoudre [ʀezudʀ(ə)] *vt* lösen; **se ~ à qch/faire qch** sich zu etw entschließen/sich dazu entschließen, etw zu tun.
respect [ʀɛspɛ] *nm* Respekt *m (de* vor +*dat*); *(de Dieu, pour les morts)* Ehrfurcht *f (de, pour* vor +*dat);* **tenir qn en ~** jdn in Schach halten.
respectable [ʀɛspɛktabl(ə)] *a (personne)* achtbar, anständig; *(scrupules)* ehrenhaft; *(quantité)* ansehnlich, beachtlich.
respecter [ʀɛspɛkte] *vt* achten, respektieren; *(ne pas porter atteinte à)* Rücksicht nehmen auf (+*akk*).
respectif, ive [ʀɛspɛktif, iv] *a* gegenseitig.
respectivement [ʀɛspɛktivmɑ̃] *ad* beziehungsweise.
respectueux, euse [ʀɛspɛktɥø, øz] *a* respektvoll; **être ~ de qch** etw achten.
respiration [ʀɛspiʀɑsjɔ̃] *nf* Atmen *nt; (fonction)* Atmung *f;* **retenir sa ~** den Atem anhalten; **~ artificielle** künstliche Beatmung *f.*
respirer [ʀɛspiʀe] *vi* atmen; *(avec soulagement)* aufatmen // *vt* einatmen; *(manifester)* ausstrahlen.
responsabilité [ʀɛspɔ̃sabilite] *nf* Verantwortung *f; (légale)* Haftung *f.*
responsable [ʀɛspɔ̃sabl(ə)] *a:* **~ (de)** verantwortlich (für); haftbar (für) // *nm/f* Verantwortliche(r) *m/f; (d'un parti, syndicat)* Vertreter(in *f*) *m.*
ressac [ʀəsak] *nm* Brandung *f.*
ressaisir [ʀ(ə)seziʀ]: **se ~** *vi (se calmer)* sich fassen; *(se reprendre)* sich fangen.
ressasser [ʀ(ə)sɑse] *vt (remâcher)* mit sich herumtragen; *(répéter)* wieder aufwärmen.
ressemblance [ʀ(ə)sɑ̃blɑ̃s] *nf* Ähnlichkeit *f.*
ressemblant, e [ʀ(ə)sɑ̃blɑ̃, ɑ̃t] *a* ähnlich.
ressembler [ʀ(ə)sɑ̃ble]: **~ à** *vt* ähnlich sein (+*dat*); **se ~** sich ähneln, einander ähnlich sein.
ressemeler [ʀ(ə)səmle] *vt* neu besohlen.
ressentiment [ʀ(ə)sɑ̃timɑ̃] *nm* Groll *m,* Ressentiment *nt.*
ressentir [ʀ(ə)sɑ̃tiʀ] *vt (éprouver)* empfinden; *(injure, privation)* spüren; **se ~ de qch** die Folgen einer Sache *(gen)* spüren.
resserrer [ʀ(ə)seʀe] *vt (pores)* schließen; *(nœud, boulon)* anziehen; *(liens d'amitié)* stärken; **se ~** *vi (route, vallée)* sich verengen.
resservir [ʀ(ə)sɛʀviʀ] *vt (personne):* **~ qn (d'un plat)** jdm (von einem Gericht) nachgeben // *vi* noch einmal gebraucht werden.
ressort [ʀ(ə)sɔʀ] *nm (pièce)* Feder *f; (énergie)* innere Kraft *f; (recours):* **en**

dernier ~ als letzter Ausweg; *(compétence)*: **être du ~ de qn** in jds Ressort *ou* Bereich fallen.
ressortir [R(ə)sɔRtiR] *vi* wieder herauskommen/hinausgehen; *(contraster)* sich abheben; ~ **de** *(résulter de)* sich zeigen anhand von.
ressortissant, e [R(ə)sɔRtisɑ̃, ɑ̃t] *nm/f* im Ausland lebende(r) Staatsangehörige(r) *mf*.
ressource [R(ə)suRs(ə)] *nf (recours)* Hilfe *f*; **~s** *nfpl* Mittel *pl*; **~s d'énergie** Energiequellen *pl*.
ressusciter [Resysite] *vt* wiederbeleben // *vi (Christ)* auferstehen.
restant, e [Rɛstɑ̃, ɑ̃t] *a* restlich, übrig // *nm* Rest *m*.
restaurant [RɛstɔRɑ̃] *nm* Restaurant *nt*.
restaurateur, trice [RɛstɔRatœR, tRis] *nm/f (aubergiste)* Gastronom(in *f*) *m*; (*ART*) Restaurator(in *f*) *m*.
restauration [RɛstɔRɑsjɔ̃] (*ART*) Restauration *f*; *(hôtellerie)*: **la ~** das Gastronomiegewerbe.
restaurer [RɛstɔRe] *vt (rétablir)* wiederherstellen; (*ART*) restaurieren.
reste [Rɛst(ə)] *nm* Rest *m*; **~s** *nmpl* Überreste *pl*; **j'ai perdu le ~ de l'argent** ich habe das restliche Geld verloren; **utiliser un ~ de poulet/tissu** Hähnchen-/Stoffreste verwerten; **faites ceci, je me charge du ~** machen Sie dies, ich kümmere mich um den Rest *ou* das Übrige; **le ~ du temps/des gens** die übrige Zeit/die übrigen Leute; **avoir du temps/de l'argent de ~** Zeit/Geld übrig haben; **et tout le ~** und so weiter; **du ~, au ~** *ad* außerdem.
rester [Rɛste] *vi* bleiben; *(subsister)* übrigbleiben // *vb impers*: **il reste du pain/du temps/2 œufs** es ist noch Brot/Zeit/es sind noch 2 Eier übrig; **il me reste du pain/2 œufs** ich habe noch Brot/2 Eier (übrig); **il me reste assez de temps** ich habe noch genügend Zeit; **voilà tout ce qui (me) reste** das ist alles, was ich noch (übrig) habe; **ce qui reste à faire** was noch zu tun ist; **(il) reste à savoir si...** man muß nur abwarten, ob...; **restons-en là** lassen wir's dabei; ~ **immobile/assis** sich nicht bewegen/sitzen bleiben.
restituer [Rɛstitɥe] *vt*: ~ **qch (à qn)** (jdm) etw zurückgeben; *(reconstituer)* wiederherstellen; *(énergie)* wieder abgeben.
restitution [Rɛstitysjɔ̃] *nf* Rückgabe *f*.
restoroute [RɛstɔRut] *nm* Rasthof *m*.
restreindre [RɛstRɛ̃dR(ə)] *vt* einschränken.
restriction [RɛstRiksjɔ̃] *nf* Einschränkung *f*, Beschränkung *f*; **~s** *nfpl (rationnement)* Beschränkungen *pl*; Rationierung *f*; **faire des ~s** *(mentales)* Vorbehalte *pl* haben; **sans ~** *ad* uneingeschränkt.
résultat [Rezylta] *nm* Ergebnis *nt*, Resultat *nt*.
résulter [Rezylte]: ~ **de** *vt* herrühren von; **il résulte de ceci que...** daraus folgt, daß...
résumé [Rezyme] *nm* Zusammenfassung *f*; *(ouvrage)* Übersicht *f*; **en ~** *ad* zusammenfassend.
résumer [Rezyme] *vt* zusammenfassen; *(récapituler)* rekapitulieren; **se ~** *vt (personne)* zusammenfassen.
résurrection [RezyRɛksjɔ̃] *nf* (*REL*) Auferstehung *f*.
rétablir [RetabliR] *vt* wiederherstellen; *(faits, vérité)* richtigstellen; *(monarchie)* wieder einführen; (*MED*) gesund werden lassen; **se ~** *vi (guérir)* gesund werden, genesen; *(silence, calme)* wieder eintreten; ~ **qn dans son emploi/ses droits** jdn wiedereinstellen/jdn wieder in den Genuß seiner Rechte kommen lassen.
rétablissement [Retablismɑ̃] *nm (voir* **rétablir**) Wiederherstellung *f*; *(guérison)* Genesung *f*, Besserung *f*; (*SPORT*) Klimmzug *m*.
rétamer [Retame] *vt* neu beschichten.

retaper [ʀ(ə)tape] *vt* herrichten; *(fam: revigorer)* wieder auf die Beine bringen; *(redactylographier)* noch einmal tippen *ou* schreiben.
retard [ʀ(ə)taʀ] *nm* Verspätung *f; (dans un paiement)* Rückstand *m; (scolaire, mental)* Zurückgebliebenheit *f; (industriel)* Rückständigkeit *f;* **être en** ~ *(personne)* zu spät kommen; *(train)* Verspätung haben; *(dans paiement, travail)* im Rückstand sein; *(pays)* rückständig sein; **être en ~ de 2h** 2 Stunden zu spät kommen; 2 Stunden Verspätung haben; **avoir un ~ de 2h/2km** *(SPORT)* 2 Stunden/ Kilometer zurückliegen; **avoir du/une heure de** ~ Verspätung/ eine Stunde Verspätung haben; **prendre du** ~ *(train, avion)* sich verspäten; **sans** ~ *ad* unverzüglich.
retardement [ʀ(ə)taʀdəmɑ̃]: **à** ~ *a* Zeit-, mit Zeitauslöser.
retarder [ʀ(ə)taʀde] *vt* aufhalten; *(différer)* verzögern; *(travail, études)* in Rückstand bringen; *(montre)* zurückstellen; *(départ)* aufschieben; *(date)* verschieben // *vi (montre)* nachgehen; **ça m'a retardé d'une heure** deshalb war ich eine Stunde zu spät dran.
retenir [ʀətniʀ] *vt (immobiliser)* zurückhalten; *(garder)* dabehalten; *(saisir)* halten; *(réprimer)* unterdrücken; *(souffle)* anhalten; *(odeur, chaleur)* behalten; *(empêcher d'agir):* ~ **qn de faire qch** jdn daran hindern, etw zu tun; *(se souvenir de)* behalten; *(accepter)* annehmen; *(réserver)* reservieren; *(prélever)* zurückbehalten *(sur* von); **se** ~ *(euphémisme)* es aushalten; *(se raccrocher):* **se** ~ **(à)** sich halten (an +*dat*); *(se contenir):* **se** ~ **(de faire qch)** sich zurückhalten (, etw zu tun).
rétention [ʀetɑ̃sjɔ̃] *nf:* ~ **d'urine** Harnverhaltung *f.*
retentir [ʀ(ə)tɑ̃tiʀ] *vi (bruit, paroles)* hallen; *(salle):* ~ **de** widerhallen von; ~ **sur** *vt* sich auswirken auf (+*akk*).
retentissant, e [ʀ(ə)tɑ̃tisɑ̃, ɑ̃t] *a (voix)* schallend; *(succès etc)* aufsehenerregend.
retentissement [ʀ(ə)tɑ̃tismɑ̃] *nm (répercussion: gén pl)* Auswirkung *f; (éclat)* Wirkung *f;* Erfolg *m.*
retenue [ʀətny] *nf (somme)* Abzug *m;* *(MATH)* behaltene Zahl; *(SCOL: consigne)* Arrest *m; (réserve)* Zurückhaltung *f.*
réticence [ʀetisɑ̃s] *nf (hésitation)* Zögern *nt,* Bedenken *nt; (omission)* Auslassung *f;* **sans** ~ *ad* bedenkenlos.
rétine [ʀetin] *nf* Netzhaut *f.*
retiré, e [ʀ(ə)tiʀe] *a (personne, vie)* zurückgezogen; *(quartier)* abgelegen.
retirer [ʀ(ə)tiʀe] *vt (candidature, plainte)* zurückziehen; *(vêtement)* ausziehen; *(lunettes)* abnehmen; *(enlever):* ~ **qch à qn** jdm etw (weg)nehmen; *(extraire):* ~ **qch de** etw (heraus)nehmen aus; *(bagages, billet réservé)* abholen; *(argent)* abheben; ~ **des avantages de** einen Vorteil haben von; **se** ~ *vi (partir)* sich zurückziehen, weggehen; *(POL, compétition)* zurücktreten; *(reculer)* zurückweichen.
retombées [ʀ(ə)tɔ̃be] *nfpl (radioactives)* Niederschlag *m; (fig: d'un événement)* Nebenwirkung *f.*
retomber [ʀ(ə)tɔ̃be] *vi (de nouveau)* noch einmal fallen; *(sauteur, cheval)* aufkommen; *(fusée, ballon)* herunterkommen; *(cheveux, rideaux)* (herunter)fallen; ~ **sur qn** *(fig)* auf jdn fallen.
rétorquer [ʀetɔʀke] *vt* erwidern.
retors, e [ʀətɔʀ, ɔʀs(ə)] *a* gewitzt, schlau.
rétorsion [ʀetɔʀsjɔ̃] *nf:* **mesures de** ~ Vergeltungsmaßnahmen *pl.*
retouche [ʀ(ə)tuʃ] *nf (à une peinture, photo)* Retusche *f; (à un vêtement)* Änderung *f.*
retoucher [ʀ(ə)tuʃe] *vt (tableau, photo, texte)* retuschieren; *(vêtement)* ändern.
retour [ʀ(ə)tuʀ] *nm* Rückkehr *f (à*

zu); *(voyage)* Rückreise *f*, Heimreise *f*; *(COMM)* Rückgabe *f*; *(par la poste)* Zurücksenden *nt*; **à mon ~** bei meiner Rückkehr; **être de ~ (de)** zurücksein (von); **de ~ à/chez** wieder in (+*dat*)/bei; **de ~ dans 10 minutes** in 10 Minuten zurück; **en ~** *ad* dafür; **par ~ du courrier** postwendend; **match ~** Rückspiel *nt*; **~ en arrière** *(flash-back)* Rückblende *f*; **~ à l'envoyeur** zurück an Absender.

retourner [ʀ(ə)tuʀne] *vt (dans l'autre sens)* umdrehen; *(terre, sol)* umgraben; *(foin)* wenden; *(émouvoir)* erschüttern; *(lettre)* zurücksenden; *(marchandise)* zurückgeben, umtauschen; *(restituer)*: **~ qch à qn** jdm etw zurückgeben // *vi (aller de nouveau)*: **~ quelque part/vers/chez...** wieder irgendwohin/nach/zu... gehen; *(revenir)*: **~ chez soi/à l'école** heimgehen/wieder in die Schule gehen; **~ à** *vt (état initial, activité)* zurückkehren zu; **se ~** *vi (personne)* sich umdrehen; *(voiture)* sich überschlagen; **~ en arrière** *ou* **sur ses pas** umkehren.

rétracter [ʀetʀakte] *vt (désavouer)* zurücknehmen; *(antenne)* einziehen; **se ~** *vi (nier)* das Gesagte zurücknehmen; *(antenne)* einziehbar sein.

retraduire [ʀ(ə)tʀadɥiʀ] *vt (à nouveau)* noch einmal übersetzen; *(dans la langue de départ)* zurückübersetzen.

retrait [ʀ(ə)tʀɛ] *nm (voir retirer)* Zurückziehen *nt*; Wegnahme *f*; Abholen *nt*; *(d'argent)* Abheben *nt*; Rücktritt *m*; Zurückweichen *nt*; *(retrécissement)* Eingehen *nt*; **en ~** *a, ad* zurückgesetzt, weiter hinten (stehend); **~ du permis de conduire** Führerscheinentzug *m*.

retraite [ʀ(ə)tʀɛt] *nf (MIL)* Rückzug *m*; *(d'un employé: date, période)* Ruhestand *m*; *(: pension)* Rente *f*; *(refuge)* Zufluchtsort *m*; **battre en ~** den Rückzug antreten; **être/mettre à la ~** im Ruhestand sein/in den Ruhestand versetzen; **prendre sa ~** in den Ruhestand gehen, sich pensionieren lassen; **~ anticipée** vorzeitiger Ruhestand *m*.

retraité, e [ʀ(ə)tʀete] *a* pensioniert // *nm/f* Rentner(in *f*) *m*.

retrancher [ʀ(ə)tʀɑ̃ʃe] *vt (éliminer, couper)* entfernen; *(nombre)*: **~ qch de** etw abziehen von.

retransmission [ʀ(ə)tʀɑ̃smisjɔ̃] *nf* Übertragung *f*.

rétrécir [ʀetʀesiʀ] *vt* enger machen; *vi (vêtement)* eingehen; **se ~** *vi* sich verengen.

rétribution [ʀetʀibysjɔ̃] *nf* Bezahlung *f*.

rétroactif, ive [ʀetʀɔaktif, iv] *a* rückwirkend.

rétrograde [ʀetʀɔgʀad] *a* rückschrittlich.

rétrograder [ʀetʀɔgʀade] *vi (régresser)* zurückfallen; *(AUT)* hinunterschalten.

rétrospective [ʀetʀɔspɛktiv] *nf* Rückschau *f*.

rétrospectivement [ʀetʀɔspɛktivmɑ̃] *ad* rückblickend.

retrousser [ʀ(ə)tʀuse] *vt (pantalon, manches)* hochkrempeln; *(jupe)* raffen.

retrouvailles [ʀ(ə)tʀuvɑj] *nfpl* Wiedersehen *nt*.

retrouver [ʀ(ə)tʀuve] *vt* finden, wiederfinden; *(reconnaître)* wiedererkennen; *(revoir)* wiedersehen; *(rejoindre)* wieder treffen; **se ~** *vi (subitement)*: **se ~ seul/sans argent** plötzlich allein/ohne Geld dastehen; *(s'orienter)* sich zurechtfinden; **se ~ dans** sich zurechtfinden in (+*dat*); **s'y ~** *(fam: rentrer dans ses frais)* seine Kosten hereinhaben.

rétroviseur [ʀetʀɔvizœʀ] *nm* Rückspiegel *m*.

réunion [ʀeynjɔ̃] *nf (voir* **réunir***)* Sammlung *f*; Vereinigung *f*; Treffen *nt*; Verbindung *f*; Anschluß *m*; *(meeting, congrès)* Versammlung *f*.

réunir [ʀeyniʀ] *vt* sammeln; *(personnes)* versammeln; *(cumuler)* vereinigen; *(étrangers, antagonistes)* zusammenbringen; *(rattacher)* verbinden; *(Etats)* vereinigen; *(province)* anschließen *(à* an *+akk)*; ~ **qch à** etw verbinden mit; **se** ~ *vi* zusammenkommen, sich treffen; *(États)* sich vereinigen; *(chemins, cours d'eau)* ineinander münden.

réussi, e [reysi] *a* gelungen.

réussir [reysiʀ] *vi* gelingen; *(personne)* Erfolg haben; *(plante, culture)* gedeihen // *vt:* **qn réussit qch** jdm gelingt etw; ~ **à un examen** eine Prüfung bestehen; **il a réussi à faire qch** es ist ihm gelungen, etw zu tun; **le mariage lui réussit** die Ehe tut ihm gut.

réussite [reysit] *nf* Erfolg *m;* (*CARTES*) Kartenlegen *nt.*

revaloriser [ʀ(ə)valɔʀize] *vt (monnaie)* aufwerten; *(salaire)* erhöhen; *(fig)* wieder aufwerten.

revanche [ʀ(ə)vɑ̃ʃ] *nf (vengeance)* Rache *f;* (*SPORT*) Revanche *f;* **prendre sa** ~ **(sur)** sich rächen (an *+dat*); **en** ~ *ad* andererseits.

rêve [ʀɛv] *nm* Traum *m; (activité psychique):* **le** ~ das Träumen; **de** ~ traumhaft; **la voiture de ses ~s** das Auto seiner/ihrer Träume.

revêche [ʀəvɛʃ] *a* mürrisch.

réveil [ʀevɛj] *nm* Aufwachen *nt; (de la nature)* Erwachen *nt; (d'un volcan)* Aktivwerden *nt; (pendule)* Wecker *m;* **au** ~ beim Aufwachen; **sonner le** ~ zum Wecken blasen.

réveille-matin [ʀevɛjmatɛ̃] *nm inv* Wecker *m.*

réveiller [ʀeveje] *vt (personne)* aufwecken; *(fig)* wecken; **se** ~ *vi* aufwachen; *(fig)* wiedererwachen; *(volcan)* aktiv werden.

réveillon [ʀevɛjɔ̃] *nm* Heiliger Abend *m;* Silvester *nt.*

réveillonner [ʀevɛjɔne] *vi* den Heiligen Abend/Silvester feiern.

révélateur, trice [ʀevelatœʀ, tʀis] *a* bezeichnend, aufschlußreich // *nm* (*PHOT*) Entwickler *m.*

révélation [ʀevelɑsjɔ̃] *nf (voir* **révéler**) Bekanntgabe *f; (information)* Enthüllung *f; (prise de conscience)* Erkenntnis *f; (artiste)* Sensation *f;* (*REL*) Offenbarung *f.*

révéler [ʀevele] *vt (dévoiler)* bekanntgeben, enthüllen; *(témoigner de)* zeigen; *(œuvre, artiste)* bekanntmachen; (*REL*) offenbaren; **se** ~ *vi (se manifester)* sich zeigen; **se** ~ **facile/faux** sich als einfach/falsch herausstellen.

revenant, e [ʀəvnɑ̃, ɑ̃t] *nm/f* Gespenst *nt,* Geist *m.*

revendeur, euse [ʀ(ə)vɑ̃dœʀ, øz] *nm/f (détaillant)* Einzelhändler(in *f) m; (brocanteur)* Gebrauchtwarenhändler(in *f*) *m.*

revendication [ʀ(ə)vɑ̃dikɑsjɔ̃] *nf* Forderung *f;* **journée de** ~ Aktionstag *m.*

revendiquer [ʀ(ə)vɑ̃dike] *vt* fordern; *(responsabilité)* übernehmen.

revendre [ʀ(ə)vɑ̃dʀ(ə)] *vt (d'occasion)* weiterverkaufen; *(détailler)* (im Einzelhandel) verkaufen; *(vendre davantage de):* ~ **du sucre** noch mehr Zucker verkaufen; **avoir du talent/de l'énergie à** ~ mehr als genug Talent/Energie haben.

revenir [ʀəvniʀ] *vi* zurückkommen; *(réapparaître)* wiederkommen; *(calme)* wieder eintreten; (*CULIN*): **faire** ~ anbräunen; ~ **à** *(études, conversation)* wieder anfangen *ou* aufnehmen; *(coûter):* **cela (nous) revient cher/à 100F** das ist teuer/das kostet uns 100F; *(équivaloir à)* hinauslaufen auf (*+akk*); ~ **à qn** *(part, honneur)* jdm zufallen; *(souvenir, nom)* jdm einfallen; ~ **de** *(fig)* sich erholen von; ~ **sur** *(sujet)* zurückkommen auf (*+akk*); *(promesse)* zurücknehmen; **s'en** ~ zurückkommen; ~ **à soi** wieder zu Bewußtsein kommen; **je n'en reviens pas** ich kann es nicht fassen; ~ **sur ses pas** umkehren; **cela revient au même/à dire que...** das läuft aufs gleiche raus/das heißt soviel wie, daß... .

revente [ʀ(ə)vɑ̃t] *nf* Weiterverkauf *m,* Wiederverkauf *m.*

revenu [ʀəvny] *nm (d'un individu)* Einkommen *nt; (de l'Etat, d'un magasin)* Einnahmen *pl; (d'une terre)*

Ertrag *m; (d'un capital)* Rendite *f.*
rêver [ʀeve] *vi, vt* träumen; ~ **de, à** träumen von.
réverbère [ʀevɛʀbɛʀ] *nm* Straßenlaterne *f.*
réverbérer [ʀevɛʀbeʀe] *vt* reflektieren, zurückstrahlen.
révérence [ʀeveʀɑ̃s] *nf (salut)* Verbeugung *f;* Knicks *m.*
révérer [ʀeveʀe] *vt (mémoire)* ehren; *(REL)* verehren.
rêverie [ʀɛvʀi] *nf* Träumerei *f.*
revers [ʀ(ə)vɛʀ] *nm* Rückseite *f; (d'étoffe)* linke Seite *f; (de vêtement)* Aufschlag *m; (TENNIS)* Rückhand *f; (échec: gén pl)* Rückschlag *m;* **prendre à** ~ von hinten angreifen.
revêtement [ʀ(ə)vɛtmɑ̃] *nm* Belag *m; (d'une paroi)* Verkleidung *f; (enduit)* Überzug *m.*
revêtir [ʀ(ə)vetiʀ] *vt (vêtement)* anziehen; *(forme, caractère)* annehmen; ~ **qn de qch** *(autorité)* jdm etw verleihen; ~ **qch de** *(boiserie)* etw verkleiden mit; *(carreaux)* etw auslegen mit; *(enduit)* etw überziehen mit.
rêveur, euse [ʀɛvœʀ, øz] *a* verträumt // *nm/f* Träumer(in *f*) *m.*
revigorer [ʀ(ə)vigɔʀe] *vt* beleben.
revirement [ʀ(ə)viʀmɑ̃] *nm (changement d'avis)* Meinungsumschwung *m.*
réviser [ʀevize] *vt (texte)* durchlesen, überprüfen; *(comptes)* prüfen; *(SCOL)* wiederholen; *(machine)* überholen; *(procès)* wiederaufnehmen.
révision [ʀevizjɔ̃] *nf (voir* **réviser**) Überprüfung *f;* Prüfung *f;* Wiederholung *f;* Überholen *nt;* Wiederaufnahme *f;* **faire ses** ~**s** den Stoff wiederholen; **la** ~ **des 10000 km** die 10000 km Inspektion.
revisser [ʀ(ə)vise] *vt* wieder zuschrauben.
revitaliser [ʀ(ə)vitalize] *vt* neu beleben.
revivre [ʀəvivʀ(ə)] *vi* wiederaufleben // *vt* im Geiste noch einmal erleben.
revoir [ʀ(ə)vwaʀ] *vt (voir de nouveau)* wieder sehen; *(ami, lieu natal)* wiedersehen; *(région, film, tableau)* noch einmal sehen; *(revivre)* noch einmal erleben; *(en imagination)* vor sich *(dat)* sehen; *(corriger)* durchsehen, korrigieren; *(SCOL)* wiederholen // *nm:* **au** ~ auf Wiedersehen; **dire au** ~ **à qn** sich von jdm verabschieden; **se** ~ sich wiedersehen.
révolte [ʀevɔlt(ə)] *nf* Aufstand *m.*
révolter [ʀevɔlte] *vt* entrüsten, empören; **se** ~ *vi:* **se** ~ **(contre)** rebellieren (gegen); *(s'indigner)* sich entrüsten (über *+akk*).
révolu, e [ʀevɔly] *a* vergangen; **âgé de 18 ans** ~**s** über 18 Jahre alt; **après 3 ans** ~**s** nach 3 vollen Jahren.
révolution [ʀevɔlysjɔ̃] *nf (rotation)* Umdrehung *f; (POL)* Revolution *f.*
révolutionnaire [ʀevɔlysjɔnɛʀ] *a* Revolutions-; *(opinions, méthodes)* revolutionär.
revolver [ʀevɔlvɛʀ] *nm* Revolver *m.*
révoquer [ʀevɔke] *vt (fonctionnaire)* des Amtes entheben; *(arrêt, contrat)* annulieren, aufheben; *(donation)* rückgängig machen.
revue [ʀ(ə)vy] *nf (MIL)* Parade *f; (périodique)* Zeitschrift *f; (pièce satirique)* Kabarett *nt; (spectacle de music-hall)* Revue *f;* **passer en** ~ *(problèmes, possibilités)* durchgehen.
rez-de-chaussée [ʀedʃose] *nm inv* Erdgeschoß *nt.*
R.F.A. *sigle f (= République Fédérale Allemande)* BRD *f.*
Rhin [ʀɛ̃] *nm:* **le** ~ der Rhein.
rhinocéros [ʀinɔseʀɔs] *nm* Nashorn *nt,* Rhinozeros *nt.*
rhubarbe [ʀybaʀb(ə)] *nf* Rhabarber *m.*
rhum [ʀɔm] *nm* Rum *m.*
rhumatisant, e [ʀymatizɑ̃, ɑ̃t] *nm/f* Rheumatiker(in *f*) *m.*
rhumatisme [ʀymatism(ə)] *nm* Rheuma *nt,* Rheumatismus *m.*
rhume [ʀym] *nm* Erkältung *f;* ~ **de cerveau** Schnupfen *m;* ~ **des foins** Heuschnupfen *m.*
ri [ʀi] *pp de* **rire.**

riant, e [ʀjɑ̃, ɑ̃t] *a* lachend; *(campagne, paysage)* strahlend.
ribambelle [ʀibɑ̃bɛl] *nf:* ~ **d'enfants/de chats** eine Meute Kinder/Katzen.
ricaner [ʀikane] *vi* boshaft lachen; *(bêtement, avec gêne)* kichern.
riche [ʀiʃ] *a* reich; *(somptueux)* teuer, prächtig; *(fertile)* fruchtbar; *(sujet, matière)* ergiebig; *(documentation, vocabulaire)* umfangreich; *(aliment)* nahrhaft, reichhaltig // *nmpl:* **les ~s** die Reichen *pl;* ~ **en** reich an *(+dat);* ~ **de** voller *(+ nom).*
richesse [ʀiʃɛs] *nf* Reichtum *m;* **~s** *nfpl (argent)* Vermögen *nt; (possessions)* Besitz *m,* Reichtümer *pl; (d'un musée, d'une région)* Reichtümer *pl;* **la ~ en vitamines d'un aliment** der hohe Vitamingehalt eines Nahrungsmittels.
ricin [ʀisɛ̃] *nm:* **huile de** ~ Rizinusöl *nt.*
ricocher [ʀikɔʃe] *vi (pierre sur l'eau)* hüpfen; *(projectile)* abprallen; ~ **sur** abprallen an *(+dat).*
ricochet [ʀikɔʃɛ] *nm:* **faire des ~s** Steine übers Wasser hüpfen lassen; **faire** ~ hüpfen; abprallen; *(fig)* indirekte Auswirkungen haben; **par** ~ *ad (fig)* indirekt.
rictus [ʀiktys] *nm* (verzerrtes) Grinsen *nt.*
ride [ʀid] *nf* Falte *f,* Runzel *f.*
ridé, e [ʀide] *a* faltig, runzlig.
rideau, x [ʀido] *nm* Vorhang *m.*
rider [ʀide] *vt* runzeln; *(fig)* kräuseln; **se** ~ *vi (avec l'âge)* Falten bekommen.
ridicule [ʀidikyl] *a* lächerlich // *nm* Lächerlichkeit *f; (travers: gén pl)* die lächerliche Seite.
ridiculiser [ʀidikylize] *vt* lächerlich machen; **se** ~ *vt* sich lächerlich machen.
rien [ʀjɛ̃] *pron* nichts; **il n'a ~ dit/fait** er hat nichts gesagt/getan; **a-t-il jamais ~ fait pour nous?** hat er jemals etwas für uns getan?; ~ **de:** ~ **d'autre/d'intéressant** nichts anderes/nichts Interessantes; ~ **que:** ~ **que cela/qu'à faire cela** nur das/allein schon das zu tun; ~ **que pour eux/faire cela** nur für sie *ou* wegen ihnen/nur um das zu tun; **ça ne fait** ~ das macht nichts; ~ **à faire!** nichts zu machen; **de** ~ *(formule)* bitte // *nm:* **un petit** ~ ein kleines Etwas; **des ~s** Nichtigkeiten *pl;* **avoir peur d'un** ~ vor jeder Kleinigkeit Angst haben.
rieur, euse [ʀjœʀ, ʀjøz] *a* fröhlich.
rigide [ʀiʒid] *a* steif; *(fig)* streng.
rigolade [ʀigɔlad] *nf (amusement):* **la** ~ Spaß *m; (fam: chose peu sérieuse):* **c'est de la** ~ das ist ein Witz.
rigole [ʀigɔl] *nf (conduit)* Rinne *f,* Kanal *m; (filet d'eau)* Bächlein *nt.*
rigoler [ʀigɔle] *vi (fam: rire)* lachen; *(: s'amuser)* sich amüsieren; *(: plaisanter)* Spaß machen.
rigolo, ote [ʀigɔlo, ɔt] *a (fam)* komisch // *nm/f* Scherzbold *m.*
rigoureusement [ʀiguʀøzmɑ̃] *ad* ganz genau; ~ **vrai/interdit** genau der Wahrheit entsprechend/ strengstens verboten.
rigoureux, euse [ʀiguʀø, øz] *a* streng; *(climat)* hart, rauh; *(exact)* genau.
rigueur [ʀigœʀ] *nf* Strenge *f;* Härte *f;* Genauigkeit *f;* **de** ~ *(tenue)* vorgeschrieben, Pflicht-; **à la** ~ zur Not.
rime [ʀim] *nf* Reim *m.*
rimer [ʀime] *vi* sich reimen.
rinçage [ʀɛ̃saʒ] *nm* Spülen *nt.*
rince-doigts [ʀɛ̃sdwa] *nm inv* Fingerschale *f.*
rincer [ʀɛ̃se] *vt (vaisselle)* abspülen; ausspülen; *(linge)* spülen; **se** ~ **la bouche** den Mund ausspülen.
ripoliné, e [ʀipɔline] *a* mit Lackfarbe gestrichen.
riposte [ʀipɔst(ə)] *nf* (schlagfertige) Antwort *f; (contre-attaque)* Gegenschlag *m.*
riposter [ʀipɔste] *vi* zurückschlagen // *vt:* ~ **que** erwidern, daß; ~ **à qch** auf etw erwidern.
rire [ʀiʀ] *vi* lachen; *(se divertir)* Spaß haben; *(plaisanter)* Spaß machen // *nm* Lachen *nt;* ~ **de** *vt* lachen über *(+akk);* **se** ~ **de qch** etw nicht ernst nehmen; ~ **aux éclats/aux larmes**

schallend/Tränen lachen; **pour** ~ *ad* zum Spaß.
ris [ʀi] *nm*: ~ **de veau** Kalbsbries *nt.*
risée [ʀize] *nf*: **être la** ~ **de qch** zum Gespött von etw werden.
risible [ʀizibl(ə)] *a* lächerlich.
risque [ʀisk] *nm* Risiko *nt;* **prendre un** ~**/des** ~**s** ein Risiko eingehen; **à ses** ~**s et périls** auf eigenes Risiko; **au** ~ **de** auf die Gefahr (*+gen*) hin; ~ **d'incendie** Feuergefahr *f.*
risqué, e [ʀiske] *a* riskant, gewagt.
risquer [ʀiske] *vt* riskieren; aufs Spiel setzen; *(oser dire)* wagen; **ça ne risque rien** da kann nichts passieren; **il risque de se tuer** er kann dabei umkommen; **il a risqué de se tuer** er wäre beinahe umgekommen; **ce qui risque de se produire** was passieren könnte; **se** ~ sich wagen; **se** ~ **à faire qch** es wagen, etw zu tun.
rissoler [ʀisɔle] *vi, vt:* **(faire)** ~ anbräunen.
ristourne [ʀistuʀn(ə)] *nf* Rabatt *m.*
rite [ʀit] *nm* Ritual *nt;* (*REL*) Ritus *m.*
ritournelle [ʀituʀnɛl] *nf (fig)* alte Leier *f.*
rituel, le [ʀitɥɛl] *a* rituell // *nm (habitudes)* Ritual *nt.*
rivage [ʀivaʒ] *nm* Ufer *nt.*
rival, e, aux [ʀival, o] *a* gegnerisch // *nm/f (adversaire)* Gegner(in *f*) *m; (en amour)* Rivale *m,* Rivalin *f;* **sans** ~ *a* unerreicht.
rivaliser [ʀivalize] *vi:* ~ **avec** *(personne)* sich messen mit, rivalisieren mit; *(choses)* sich messen können mit.
rivalité [ʀivalite] *nf* Rivalität *f.*
rive [ʀiv] *nf* Ufer *nt.*
river [ʀive] *vt* nieten.
riverain, e [ʀivʀɛ̃, ɛn] *nm/f (d'un fleuve, lac)* Uferbewohner(in *f*) *m; (d'une route, rue)* Anlieger(in *f*) *m.*
rivet [ʀivɛ] *nm* Niete *f.*
riveter [ʀivte] *vt* nieten.
rivière [ʀivjɛʀ] *nf* Fluß *m;* ~ **de diamants** Diamantenkollier *nt.*
rixe [ʀiks(ə)] *nf* Rauferei *f.*
riz [ʀi] *nm* Reis *m.*
robe [ʀɔb] *nf (vêtement féminin)* Kleid *nt; (de juge, d'avocat)* Robe *f,* Talar *m; (d'ecclésiastique)* Gewand *nt; (d'un animal)* Fell *nt;* ~ **de soirée/de mariée** Abend-/Brautkleid *nt;* ~ **de chambre** Morgenrock *m ou* -mantel *m;* ~ **de grossesse** Umstandskleid *nt.*
robinet [ʀɔbinɛ] *nm* Hahn *m;* ~ **du gaz** Gashahn *m;* ~ **mélangeur** Mischbatterie *f.*
roc [ʀɔk] *nm* Fels *m.*
rocaille [ʀɔkɑj] *nf (pierraille)* Geröll *nt; (terrain)* steiniges Gelände *nt; (jardin)* Steingarten *m* // *a:* **style** ~ Rokokostil *m.*
rocailleux, euse [ʀɔkɑjø, øz] *a* steinig; *(style, voix)* hart.
roche [ʀɔʃ] *nf* Fels *m;* ~**s éruptives/calcaires** Eruptiv-/Kalkgestein *nt.*
rocher [ʀɔʃe] *nm (bloc)* Felsen *m; (dans la mer)* Klippe *f; (matière)* Fels *m.*
rocheux, euse [ʀɔʃø, øz] *a* felsig.
rodage [ʀɔdaʒ] *nm (voir* **roder**) Einfahren *nt;* Einführung *f;* **en** ~ wird eingefahren.
roder [ʀɔde] *vt* (*AUT*) einfahren; *(spectacle, service)* einführen.
rôder [ʀode] *vi* herumziehen; *(de façon suspecte)* herumlungern.
rogne [ʀɔɲ] *nf:* **être/mettre en** ~ gereizt *ou* wütend sein/wütend machen; **se mettre en** ~ wütend *ou* gereizt werden.
rogner [ʀɔɲe] *vt (cuir, plaque de métal)* beschneiden; *(ongles)* schneiden; *(ailes)* stutzen; *(prix etc)* kürzen; ~ **sur qch** *(dépenses etc)* etw kürzen.
rognons [ʀɔɲɔ̃] *nmpl* (*CULIN*) Nieren *pl.*
rognures [ʀɔɲyʀ] *nfpl* Abfälle *pl,* Schnitzel *pl.*
roi [ʀwa] *nm* König *m;* **les R**~**s mages** die Heiligen Drei Könige; **le jour** *ou* **la fête des R**~**s, les R**~**s** das Dreikönigsfest.
roitelet [ʀwatlɛ] *nm* Zaunkönig *m.*
rôle [ʀol] *nm* Rolle *f;* **jouer un** ~ **important dans...** eine wichtige Rolle spielen bei...
romain, e [ʀɔmɛ̃, ɛn] *a* römisch;

(*TYP*) mager // *nm/f* Römer(in *f*) *m* // *nf* Romagnasalat *m*.
roman, e [ʀɔmɑ̃, an] *a* romanisch // *nm* Roman *m*; ~ **policier/d'espionnage** Kriminal-/Spionageroman *m*.
romance [ʀɔmɑ̃s] *nf* sentimentales Lied *nt*.
romancer [ʀɔmɑ̃se] *vt* zu einem Roman verarbeiten.
romancier, ière [ʀɔmɑ̃sje, jɛʀ] *nm/f* Romanschriftsteller(in *f*) *m*.
romanesque [ʀɔmanɛsk(ə)] *a* (*incroyable*) wie im Roman, sagenhaft; (*sentimental*) romantisch, sentimental.
roman-feuilleton [ʀɔmɑ̃fœjtɔ̃] *nm* Fortsetzungsroman *m*.
romanichel, le [ʀɔmaniʃɛl] *nm/f* (*pej*) Zigeuner(in *f*) *m*.
romantique [ʀɔmɑ̃tik] *a* romantisch.
romantisme [ʀɔmɑ̃tism(ə)] *nm* Romantik *f*.
romarin [ʀɔmaʀɛ̃] *nm* Rosmarin *m*.
rompre [ʀɔ̃pʀ(ə)] *vt* brechen; (*digue*) sprengen; (*silence, monotonie*) unterbrechen; (*entretien, relations*) abbrechen; (*fiançailles*) lösen; (*équilibre*) stören // *vi* (*couple*) sich trennen; ~ **avec** (*personne*) brechen mit; (*habitude*) aufgeben; **se** ~ *vi* (*branche, digue*) brechen; (*corde, chaîne*) reißen.
rompu, e [ʀɔ̃py] *a* (*fourbu*) kaputt, erschöpft; ~ **à** (*art, métier*) beschlagen in (+*dat*).
ronce [ʀɔ̃s] *nf* (*BOT*) Brombeerstrauch *m*, Brombeere *f*; ~**s** *nfpl* Dornen *pl*.
ronchonner [ʀɔ̃ʃɔne] *vi* (*fam*) meckern.
rond, e [ʀɔ̃, ʀɔ̃d] (figure) Kreis *m* // *nf* (*MIL*) Runde *f*, Rundgang *m*; (*danse*) (Ringel)reihen *m*; (*MUS*) ganze Note *f*; **en** ~ *ad* im Kreis; **à la** ~**e** *ad*: **à 10 km à la** ~**e** im Umkreis von 10 km; **passer qch à la** ~**e** etw herumgehen lassen; ~ **de serviette** Serviettenring *m*.
rondelet, ette [ʀɔ̃dlɛ, ɛt] *a* rundlich; (*somme*) nett, hübsch.
rondelle [ʀɔ̃dɛl] *nf* (*TECH*) Unterlagscheibe *f*; (*tranche*) Scheibe *f*.
rondement [ʀɔ̃dmɑ̃] *ad* (*promptement*) zügig, prompt; (*carrément*) ohne Umschweife.
rondin [ʀɔ̃dɛ̃] *nm* Klotz *m*.
rond-point [rɔ̃pwɛ̃] *nm* (runder) Platz *m*; Kreisverkehr *m*.
ronéotyper [ʀɔneɔtipe] *vt* mit Matrize kopieren.
ronfler [ʀɔ̃fle] *vi* (*personne*) schnarchen; (*moteur*) brummen; (*poêle*) bullern.
ronger [ʀɔ̃ʒe] *vt* annagen, nagen an (+*dat*); (*fig*) quälen; **se** ~ **d'inquiétude** von Sorgen verzehrt werden; **se** ~ **les ongles** an den (Finger)nägeln kauen; **se** ~ **les sangs** vor Sorgen fast umkommen.
rongeur [ʀɔ̃ʒœʀ] *nm* Nagetier *nt*.
ronronner [ʀɔ̃ʀɔne] *vi* schnurren.
roquet [ʀɔkɛ] *nm* Kläffer *m*.
roquette [ʀɔkɛt] *nf* Rakete *f*.
rosace [ʀozas] *nf* Rosette *f*.
rosaire [ʀozɛʀ] *nm* Rosenkranz *m*.
rosbif [ʀɔsbif] *nm* Roastbeef *nt*.
rose [ʀoz] *a* rosarot, rosa(farben) // *nf* Rose *f* // *nm* (*couleur*) Rosa(rot) *nt*; ~ **des vents** Windrose *f*.
rosé, e [ʀoze] *a* zartrosa, rosé // *nm*: (**vin** *m*) **rosé** *m* Rosé(wein) *m*.
roseau, x [ʀozo] *nm* Schilfrohr *nt*.
rosée [ʀoze] *nf* Tau *m*.
roseraie [ʀozʀɛ] *nf* Rosengarten *m*.
rosier [ʀozje] *nm* Rosenstock *m*.
rosir [ʀoziʀ] *vi* (leicht) erröten.
rosse [ʀɔs] *nf* (*cheval*) Klepper *m*, Gaul *m* // *a* scharf(züngig).
rosser [ʀɔse] *vt* (*fam*) verprügeln.
rossignol [ʀɔsiɲɔl] *nm* Nachtigall *f*; (*crochet*) Dietrich *m*.
rot [ʀo] *nm* Rülpser *m*; (*de bébé*) Bäuerchen *nt*.
rotatif, ive [ʀɔtatif, iv] *a* rotierend; (*pompe*) Kreisel- // *nf* (*TYP*) Rotationspresse *f*.
rotation [ʀɔtɑsjɔ̃] *nf* Umdrehung *f*, Rotation *f*; (*de personnel*) abwechselnder Dienst *m*; ~ **des cultures** Fruchtwechsel *m*; ~ **du stock** (*COMM*) Umsatz *m*.

rôti [ʀoti] *nm* Braten *m;* **un ~ de bœuf/porc** ein Rinds-/Schweinebraten.
rotin [ʀɔtɛ̃] *nm* Rattan *nt;* Peddigrohr *nt.*
rôtir [ʀotiʀ] *vt, vi (aussi:* **faire ~***)* braten.
rôtisserie [ʀotisʀi] *nf*≈Steakhaus *nt.*
rôtissoire [ʀotiswaʀ] *nf* Grill *m.*
rotonde [ʀɔtɔ̃d] *nf (ARCHIT)* Rundbau *m.*
rotondité [ʀɔtɔ̃dite] *nf (de la terre)* Rundheit *f.*
rotule [ʀɔtyl] *nf* Kniescheibe *f.*
roturier, ière [ʀɔtyʀje, jɛʀ] *nm/f* Bürgerliche(r) *mf.*
rouage [ʀwaʒ] *nm (d'un mécanisme)* Zahnrad *nt; (fig)* Rad *nt* im Getriebe.
roucouler [ʀukule] *vi* gurren; *(amoureux)* turteln.
roue [ʀu] *nf* Rad *nt;* **faire la ~** ein Rad schlagen; **descendre en ~ libre** im Leerlauf hinunterfahren; **~s avant/arrière** Vorder-/Hinterräder *pl;* **~ de secours** Reserverad *nt;* **~ à aubes** Schaufelrad *nt;* **~ dentée** Zahnrad *nt.*
roué, e [ʀwe] *a* gerissen.
rouer [ʀwe] *vt:* **~ qn de coups** jdn verprügeln.
rouet [ʀwɛ] *nm* Spinnrad *nt.*
rouge [ʀuʒ] *a* rot // *nm (couleur)* Rot *nt; (vin rouge)* Rotwein *m; (fard)* Rouge *nt;* **~ (à lèvres)** Lippenstift *m;* **passer au ~** *(feu)* auf Rot schalten; **porter au ~** *(métal)* rotglühend werden lassen.
rougeâtre [ʀuʒɑtʀ(ə)] *a* rötlich.
rouge-gorge [ʀuʒgɔʀʒ] *nm* Rotkehlchen *nt.*
rougeole [ʀuʒɔl] *nf* Masern *pl.*
rouget [ʀuʒɛ] *nf* Seebarbe *f.*
rougeur [ʀuʒœʀ] *nf* Röte *f.*
rougir [ʀuʒiʀ] *vi* rot werden; *(d'émotion)* erröten.
rouille [ʀuj] *nf* Rost *m* // *a inv (couleur)* rostfarben, rostrot.
rouillé, e [ʀuje] *a* verrostet, rostig.
rouiller [ʀuje] *vt* rosten lassen; *(fig)* einrosten lassen // *vi* rosten; **se ~** *vi* rosten; *(fig)* einrosten.
roulant, e [ʀulɑ̃, ɑ̃t] *a:* **trottoir/escalier ~** Rollsteg *m*/-treppe *f.*
rouleau, x [ʀulo] *nm* Rolle *f; (de machine à écrire)* Walze *f; (bigoudi)* Lockenwickler *m; (à peinture)* Roller *m,* Rolle *f; (vague)* Roller *m;* **être au bout du ~** am Ende sein; **~ à pâtisserie** Nudelholz *nt;* **~ de pellicule** Filmspule *f;* **~ compresseur** Dampfwalze *f.*
roulement [ʀulmɑ̃] *nm (d'équipes)* Wechsel *m; (d'ouvriers)* Schicht(wechsel *m) f;* **~ (à billes)** Kugellager *nt.*
rouler [ʀule] *vt* rollen; *(tissu, papier, tapis)* aufrollen; *(cigarette)* drehen; *(yeux)* verdrehen, rollen mit; *(pâte)* auswalzen; *(fam: tromper)* reinlegen // *vi* rollen; *(véhicule, conducteur)* fahren; *(bateau)* rollen, schlingern; **se ~ dans** *(boue)* sich wälzen in *(+dat); (couverture)* sich einrollen in *(+akk).*
roulette [ʀulɛt] *nf (d'une table, d'un fauteuil)* Rolle *f; (de pâtissier)* Teigrädchen *nt; (jeu):* **la ~** Roulett *nt.*
roulis [ʀuli] *nm* Schlingern *nt.*
roulotte [ʀulɔt] *nf* (Plan)wagen *m.*
roumain, e [ʀumɛ̃, ɛn] *a* rumänisch.
Roumanie [ʀumani] *nf:* **la ~** Rumänien *nt.*
rouquin, e [ʀukɛ̃, in] *nm/f* Rotschopf *m.*
rousse [ʀus] *a voir* **roux.**
roussi [ʀusi] *nm:* **ça sent le ~** es riecht angebrannt; *(fig)* da ist etwas faul.
roussir [ʀusiʀ] *vt (linge)* ansengen // *vi (feuilles)* bräunlich werden; *(CULIN):* **faire ~** (an)bräunen.
route [ʀut] *nf* Straße *f; (parcours; fig)* Weg *m;* Route *f;* **par (la) ~** auf dem Landweg, zu Lande; **il y a 3h de ~** es ist eine Strecke von 3 Stunden; **en ~** unterwegs; **en ~!** los geht's!; **se mettre en ~** sich auf den Weg machen; **mettre en ~** anlassen; **faire ~ vers...** in Richtung... gehen/fahren; **faire fausse ~** *(fig)* auf Abwege geraten.
routier, ière [ʀutje, jɛʀ] *a* Straßen-

// *nm (camionneur)* Lastwagenfahrer *m* // *nf (voiture)* Tourenwagen *m.*
routine [Rutin] *nf* Routine *f.*
routinier, ière [Rutinje, jɛR] *a (personne)* starr; *(procédé)* routinemäßig, eingefahren.
rouvrir [RuvRiR] *vt, vi* wieder öffnen; *(débat)* wiederöffnen; **se ~** *vi (porte)* sich wieder öffnen; *(blessure)* wieder aufgehen.
roux, rousse [Ru, Rus] *a* rot; *(personne)* rothaarig // *nm/f* Rothaarige(r) *mf* // *nm (CULIN)* Mehlschwitze *f.*
royal, e, aux [Rwajal, o] *a* königlich; *(festin, cadeau)* fürstlich, prachtvoll; *(indifférence, paix)* göttlich.
royaume [Rwajom] *nm* Königreich *nt; (fig)* Reich *nt;* **le R~ Uni** das Vereinigte Königreich.
royauté [Rwajote] *nf (dignité)* Königswürde *f; (régime)* Monarchie *f.*
R.S.V.P. *sigle (= répondez s'il vous plaît)* u.A.w.g.
ruban [Rybɑ̃] *nm* Band *nt; (de téléscripteur etc)* Streifen *m; (de machine à écrire)* Farbband *nt;* **~ adhésif** Klebestreifen *m.*
rubéole [Rybeɔl] *nf* Röteln *pl.*
rubis [Rybi] *nm* Rubin *m.*
rubrique [RybRik] *nf* Rubrik *f; (dans journal)* Spalte *f.*
ruche [Ryʃ] *nf* Bienenstock *m.*
rude [Ryd] *a* hart, rauh; *(difficile)* hart; *(bourru)* grob, rauh; *(fruste)* herb, knorrig.
rudimentaire [Rydimɑ̃tɛR] *a* elementar.
rudiments [Rydimɑ̃] *nmpl* Grundlagen *pl.*
rudoyer [Rydwaje] *vt* hart anpacken.
rue [Ry] *nf* Straße *f.*
ruée [Rɥe] *nf* Gedränge *nt;* **la ~ vers l'or** der Goldrausch.
ruelle [Rɥɛl] *nf* Gäßchen *nt,* Sträßchen *nt.*
ruer [Rɥe] *vi* ausschlagen; **se ~ sur/vers** sich stürzen auf *(+akk);* **se ~ dans/hors de** sich stürzen in *(+akk)*/hinausstürzen aus.
rugby [Rygbi] *nm* Rugby *nt.*
rugir [RyʒiR] *vi* brüllen; *(moteur)* dröhnen, heulen // *vt* brüllen.
rugueux, euse [Rygø, øz] *a* rauh.
ruine [Rɥin] *nf (d'un édifice)* Ruine *f; (fig)* Ruin *m;* **tomber en ~** zerfallen.
ruiner [Rɥine] *vt* ruinieren; **se ~** sich ruinieren.
ruisseau, x [Rɥiso] *nm* Bach *m; (caniveau)* Gosse *f.*
ruisseler [Rɥisle] *vi (eau, larmes)* strömen; *(pluie)* in Strömen fließen; *(mur, arbre)* tropfen; **~ de larmes/sueur** tränenüberströmt/schweißgebadet sein.
rumeur [RymœR] *nf (bruit confus)* Lärm *m; (de voix)* Gemurmel *nt; (nouvelle)* Gerücht *nt.*
ruminer [Rymine] *vt* wiederkäuen; *(fig)* mit sich herumtragen // *vi (vache)* wiederkäuen.
rupture [RyptyR] *nf (d'un câble)* Zerreißen *nt; (d'une digue)* Bruch *m; (d'un tendon)* Riß *m; (des négociations)* Abbruch *m; (séparation)* Trennung *f.*
rural, e, aux [RyRal, o] *a* ländlich, Land-.
ruse [Ryz] *nf* List *f;* **par ~** durch eine List.
rusé, e [Ryze] *a* gewitzt, listig.
russe [Rys] *a* russisch; **R~** *nm/f* Russe *m,* Russin *f.*
Russie [Rysi] *nf:* **la ~** Rußland *nt.*
rustique [Rystik] *a (mobilier)* rustikal; *(vie)* ländlich; *(plante)* widerstandsfähig.
rustre [RystR(ə)] *nm* Flegel *m,* Bauer *m.*
rut [Ryt] *nm:* **le ~** die Brunst(zeit); **en ~** brünstig.
rutilant, e [Rytilɑ̃, ɑ̃t] *a* glänzend.
rythme [Ritm(ə)] *nm* Rhythmus *m; (de la vie)* Tempo *nt.*
rythmé, e [Ritme] *a* rhythmisch.
rythmique [Ritmik] *a* rhythmisch // *nf:* **la ~** die Rhythmik.

S

S.A. *sigle voir* **société.**
sable [sɑbl(ə)] *nm* Sand *m;* **~s mouvants** Treibsand *m.*

sablé [sable] *nm* Butterkeks *m.*
sabler [sable] *vt* mit Sand bestreuen; *(chaussée verglassée)* streuen; ~ **le champagne** Champagner trinken.
sablier [sablije] *nm* Sanduhr *f; (de cuisine)* Eieruhr *f.*
sablière [sablijɛʀ] *nf (carrière)* Sandgrube *f.*
sablonneux, euse [sablɔnø, øz] *a* sandig.
saborder [sabɔʀde] *vt* versenken; *(fig)* zumachen.
sabot [sabo] *nm* Holzschuh *m;* (*ZOOL*) Huf *m.*
saboter [sabɔte] *vt* sabotieren.
sabre [sabʀ(ə)] *nm* Säbel *m.*
sac [sak] *nm* Tasche *f; (à charbon, patates etc)* Sack *m; (en papier)* Tüte *f; (pillage)* Plünderung *f;* ~ **de couchage** Schlafsack *m;* ~ **à dos** Rucksack *m;* ~ **à main** Handtasche *f;* ~ **à provisions** Einkaufstasche *f;* **mettre à** ~ plündern.
saccade [sakad] *nf* Ruck *m.*
saccager [sakaʒe] *vt* plündern; *(fig)* verwüsten.
saccharine [sakaʀin] *nf* Süßstoff *m.*
sacerdoce [sasɛʀdɔs] *nm (prêtrise)* Priestertum *nt.*
sachet [saʃɛ] *nm* Tütchen *nt;* ~ **de thé** Teebeutel *m.*
sacoche [sakɔʃ] *nf* Tasche *f; (de vélo, moto)* Satteltasche *f.*
sacre [sakʀ(ə)] *nm (d'un souverain)* Krönung *f.*
sacré, e [sakʀe] *a* heilig; *(fam)* verdammt.
sacrement [sakʀəmɑ̃] *nm* Sakrament *nt.*
sacrifice [sakʀifis] *nm* Opfer *nt;* **faire des** ~**s** Opfer bringen.
sacrifier [sakʀifje] *vt* opfern; ~ **à** *vt (obéir à)* sich unterordnen (+*dat*); **se** ~ *vt* sich (auf)opfern.
sacrilège [sakʀilɛʒ] *nm* Sakrileg *nt; (fig)* Frevel *m* // *a* frevelhaft.
sacristain [sakʀistɛ̃] *nm* Küster *m.*
sacristie [sakʀisti] *nf* Sakristei *f.*
sacro-saint, e [sakʀɔsɛ̃, ɛ̃t] *a* hochheilig.
sadique [sadik] *a* sadistisch // *nm/f* Sadist(in *f*) *m.*
sadisme [sadism(ə)] *nm* Sadismus *m.*
sagace [sagas] *a* scharfsinnig.
sage [saʒ] *a* klug, weise; *(enfant)* artig, brav // *nm* Weise(r) *m.*
sage-femme [saʒfam] *nf* Hebamme *f.*
sagesse [saʒɛs] *nf* Klugheit *f,* Weisheit *f.*
Sagittaire [saʒitɛʀ] *nm* (*ASTR*): **le** ~ der Schütze.
saignant, e [sɛɲɑ̃, ɑ̃t] *a (viande)* blutig, englisch; *(blessure, plaie)* blutend.
saignée [seɲe] *nf* (*MED*) Aderlaß *m;* (*ANAT*): **la** ~ **du bras** die Armbeuge; *(fig)* schwerer Verlust *m.*
saignement [sɛɲmɑ̃] *nm* Blutung *f;* ~ **de nez** Nasenbluten *nt.*
saigner [seɲe] *vi* bluten; *vt* (*MED*) Blut entnehmen (+*dat*); *(animal)* abschlachten; *(fig)* ausbluten.
saillie [saji] *nf (d'une construction)* Vorsprung *m; (trait d'esprit)* geistreiche Bemerkung *f.*
saillir [sajiʀ] *vi (faire saillie)* vorstehen // *vt (monter)* decken.
sain, e [sɛ̃, sɛn] *a* gesund; ~ **et sauf** unversehrt.
saindoux [sɛ̃du] *nm* Schweineschmalz *nt.*
saint, e [sɛ̃, sɛ̃t] *a* heilig // *nm/f* Heilige(r) *mf* // *nm (statue)* Heiligenstatue *f;* ~ **Pierre** der heilige Petrus; *(église)* Sankt Peter; **une** ~**e nitouche** eine Scheinheilige.
saint-bernard [sɛ̃bɛʀnaʀ] *nm inv (chien)* Bernhardiner *m.*
sainteté [sɛ̃tte] *nf* Heiligkeit *f.*
Saint-Sylvestre [sɛ̃silvɛstʀ] *nf:* **la** ~ Silvester *m ou nt.*
saisie [sezi] *nf* (*JUR*) Beschlagnahme *f;* Pfändung *f.*
saisir [seziʀ] *vt* nehmen, ergreifen; *(comprendre)* erfassen; (*CULIN*) kurz (an)braten; (*JUR*) beschlagnahmen; *(pour dettes)* pfänden; ~ **un tribunal d'une affaire** ein Gericht wegen einer Sache anrufen.
saisissant, e [sezisɑ̃, ɑ̃t] *a* ergreifend; auffallend.

saisissement [sezismɑ̃] *nm*: **muet/figé de ~** überwältigt/wie gelähmt.
saison [sɛzɔ̃] *nf* Jahreszeit *f*; *(époque)* Zeit *f*; *(touristique)* Saison *f*; **en/hors ~** in der/außerhalb der Saison; **haute/basse/morte ~** Hoch-/ Zwischen-/Nachsaison *f*.
saisonnier, ière [sɛzɔnje, jɛʀ] *a* *(produits)* der entsprechenden Jahreszeit *f* // *nm (travailleur)* Saisonarbeiter *m*.
salade [salad] *nf* Salat *m*; (*BOT*) Salatpflanze *f*; **~s** *nfpl (fam)*: **raconter des ~s** Märchen erzählen; **haricots en ~** Bohnensalat *m*; **~ de fruits** Fruchtsalat *m*.
saladier [saladje] *nm* (Salat)schüssel *f*.
salaire [salɛʀ] *nm* Lohn *m*; *(d'un employé)* Gehalt *nt*; **~ de base** Grundgehalt *nt*/-lohn *m*.
salaison [salɛzɔ̃] *nf (opération)* Einsalzen *nt*; **~s** *nfpl (produits)* Pökelfleisch *nt*/-fisch *m*, Gepökelte(s) *nt*.
salami [salami] *nm* Salami *f*.
salarié, e [salaʀje] *nm/f* Lohn-/ Gehaltsempfänger(in *f*) *m*.
salaud [salo] *nm (fam!)* Scheißkerl *m*.
sale [sal] *a* schmutzig; *(avant le nom: fam)* Drecks-.
salé, e [sale] *a* salzig; (*CULIN*) gesalzen; *(histoire, plaisanterie)* schlüpfrig, pikant.
saler [sale] *vt (plat)* salzen; *(pour conserver)* pökeln.
saleté [salte] *nf* Schmutz *m*; *(action vile, obscénité)* Schweinerei *f*; *(chose sans valeur)* Mist *m*.
salière [saljɛʀ] *nf (récipient)* Salznäpfchen *nt*.
salin, e [salɛ̃, in] *a* salzig // *nf* Saline *f*.
salir [saliʀ] *vt* beschmutzen, schmutzig machen; *(personne, réputation)* besudeln, beschmutzen.
salissant, e [salisɑ̃, ɑ̃t] *a* leicht schmutzend, heikel; *(métier)* schmutzig.
salive [saliv] *nf* Speichel *m*.
saliver [salive] *vi* sabbern.
salle [sal] *nf* Zimmer *nt*; *(de restaurant)* Speiseraum *m*; *(de musée)* Saal *m*; *(public)* Zuschauer *pl*; **faire ~ comble** volles Haus haben; **~ à manger** Eßzimmer *nt*; **~ d'attente** Wartesaal *m*; **~ d'eau** Duschraum *m*; **~ de bain(s)** Badezimmer *nt*; **~ de séjour** Wohnzimmer *nt*.
salon [salɔ̃] *nm* Salon *m*; *(pièce)* Wohnzimmer *nt*; *(mobilier)* Polstergarnitur *f*; **~ de coiffure** Friseursalon *m*; **~ de thé** Café *nt*.
salopard [salɔpaʀ] *nm (fam!)* Scheißkerl *m*.
saloperie [salɔpʀi] *nf (fam!)* Schweinerei *f*, Sauerei *f(!)*.
salopette [salɔpɛt] *nf* Latzhose *f*; *(de travail)* Overall *m*.
salsifis [salsifi] *nm* Schwarzwurzel *f*.
salubre [salybʀ(ə)] *a* gesund.
saluer [salɥe] *vt* begrüßen; *(: pour dire au revoir)* sich verabschieden von; (*MIL*) salutieren.
salut [saly] *nm (sauvegarde)* Wohl *nt*, Sicherheit *f*; (*REL*) Erlösung *f*, Heil *nt*; *(geste, parole)* Gruß *m*; (*MIL*) Salut *m* // *excl (fam)* hallo!; *(au revoir)* tschüs!
salutaire [salytɛʀ] *a* heilsam, nützlich.
salutations [salytɑsjɔ̃] *nfpl* Begrüßung *f*; Gruß *m*; **recevez mes ~ distinguées/respectueuses** mit freundlichen Grüßen.
samedi [samdi] *nm* Samstag *m*.
sanctifier [sɑ̃ktifje] *vt* heiligen.
sanction [sɑ̃ksjɔ̃] *nf* Sanktion *f*.
sanctuaire [sɑ̃ktɥɛʀ] *nm* heiliger Ort *m*; *(d'une église)* Altarraum *m*.
sandale [sɑ̃dal] *nf* Sandale *f*.
sandwich [sɑ̃dwitʃ] *nm* Sandwich *nt*, belegtes Brot *nt*; **pris en ~ (entre)** eingeklemmt (zwischen *+dat)*.
sang [sɑ̃] *nm* Blut *nt*; **se faire du mauvais ~** sich *(dat)* Sorgen machen.
sang-froid [sɑ̃fʀwa] *nm* Kaltblütigkeit *f*; **garder son ~** ruhig Blut bewahren; **perdre son ~** die Fassung verlieren.
sanglant, e [sɑ̃glɑ̃, ɑ̃t] *a* blutig; *(reproche, affront)* tief verletzend.
sangle [sɑ̃gl(ə)] *nf* Gurt *m*.

sanglier [sɑ̃glije] *nm* Wildschwein *nt*.
sangloter [sɑ̃glɔte] *vi* schluchzen.
sangsue [sɑ̃sy] *nf* Blutegel *m*.
sanguin, e [sɑ̃gɛ̃, in] *a* Blut-; *(tempérament)* hitzig // *nf (orange)* Blutorange *f*; (*ART*) Rötelzeichnung *f*.
sanguinaire [sɑ̃ginɛʀ] *a* blutrünstig.
sanguinolent, e [sɑ̃ginɔlɑ̃, ɑ̃t] *a* blutig.
sanitaire [sanitɛʀ] *a* sanitär, Gesundheits-.
sans [sɑ̃] *prep* ohne *(+akk)*; ~ **qu'il s'en aperçoive** ohne daß er es merkt.
sans-abri [sɑ̃zabʀi] *nm/f inv* Obdachlose(r) *mf*.
sans-façon [sɑ̃fasɔ̃] *nm inv* Ungezwungenheit *f*.
sans-gêne [sɑ̃ʒɛn] *a inv* ungeniert // *nm inv* Ungeniertheit *f*.
sans-travail [sɑ̃tʀavaj] *nm/f* Arbeitslose(r) *mf*.
santé [sɑ̃te] *nf* Gesundheit *f*; **être en bonne** ~ gesund sein; **boire à la** ~ **de qn** auf jds Wohl trinken; **à ta** ~**!** prost!.
santon [sɑ̃tɔ̃] *nm* Krippenfigur *f*.
saoul [su, sul] *a* = **soûl.**
saper [sape] *vt* untergraben; *(fig)* unterminieren.
sapeur [sapœʀ] *nm* (*MIL*) Pionier *m*.
sapeur-pompier [sapœʀpɔ̃pje] *nm* Feuerwehrmann *m*.
sapin [sapɛ̃] *nm* Tanne *f*, Tannenbaum *m*; ~ **de Noël** Weihnachtsbaum *m*.
sarcastique [saʀkastik] *a* sarkastisch.
sarcler [saʀkle] *vt* jäten.
sarde [saʀd(ə)] *a* sardisch.
sardine [saʀdin] *nf* Sardine *f*.
S.A.R.L. *sigle voir* **société.**
sarment [saʀmɑ̃] *nm*: ~ **(de vigne)** Weinranke *f*.
sarrau [saʀo] *nm* Kittel *m*.
Sarre [saʀ] *nf*: **la** ~ das Saarland; *(rivière)* die Saar.
sarriette [saʀjɛt] *nf* (*BOT, CULIN*) Bohnenkraut *nt*.
sas [sa] *nm (pièce étanche)* Luftschleuse *f*; Verbindungsschleuse *f*; *(d'une écluse)* Schleusenkammer *f*.
satané, e [satane] *a (devant le nom)* verflucht, verteufelt.
satanique [satanik] *a* teuflisch.
satellite [satelit] *nm* Satellit *m*.
satiété [sasjete] *ad*: **manger/boire à** ~ sich satt essen/seinen Durst löschen; **répéter à** ~ bis zum Überdruß wiederholen.
satin [satɛ̃] *nm* Satin *m*.
satiné, e [satine] *a* satiniert; *(peau)* seidig.
satirique [satiʀik] *a* satirisch.
satisfaction [satisfaksjɔ̃] *nf (action)* Befriedigung *f*; *(état)* Zufriedenheit *f*; **obtenir** ~ Genugtuung erlangen; **donner** ~ **(à qn)** (jdn) zufriedenstellen.
satisfaire [satisfɛʀ] *vt* befriedigen; ~ **à** *vt* erfüllen *(+akk)*.
satisfait, e [satisfɛ, ɛt] *a* zufrieden *(de* mit).
saturation [satyʀasjɔ̃] *nf* (*PHYS*) Sättigung *f*; *(de l'emploi, du marché)* Übersättigung *f*.
saturer [satyʀe] *vt* übersättigen *(de* mit).
sauce [sos] *nf* Soße *f*; **en** ~ im Saft; ~ **à salade** Salatsoße *f*; ~ **tomate** Tomatensoße *f*.
saucière [sosjɛʀ] *nf* Sauciere *f*, Soßenschüssel *f*.
saucisse [sosis] *nf* Bratwurst *f*; Würstchen *nt*.
saucisson [sosisɔ̃] *nm* Wurst *f*; ~ **sec/à l'ail** Hart-/Knoblauchwurst *f*.
sauf [sof] *prep* außer *(+dat)*; ~ **si...** außer, wenn...; ~ **empêchement** wenn nichts dazwischenkommt; ~ **erreur** wenn ich mich nicht irre; ~ **avis contraire** sofern nichts Gegenteiliges zu hören ist.
sauf, sauve [sof, sov] *a* unbeschadet; **laisser la vie sauve à qn** jds Leben verschonen.
sauf-conduit [sofkɔ̃dɥi] *nm (lettre)* Geleitbrief *m*.
sauge [soʒ] *nf* Salbei *m*.
saugrenu, e [sogʀəny] *a* absurd.

saule [sol] *nm* Weide *f;* ~ **pleureur** Trauerweide *f.*
saumâtre [somɑtʀ(ə)] *a (eau)* salzig; *(goût)* unangenehm.
saumon [somɔ̃] *nm* Lachs *m.*
saumure [somyʀ] *nf* Salzlake *f.*
saupoudrer [sopudʀe] *vt* bestreuen.
saur [sɔʀ] *am:* **hareng** ~ Bückling *m.*
saut [so] *nm* Sprung *m; (HIPPISME)* Springreiten *nt; (SKI)* Skispringen *nt;* **faire un** ~ **chez qn** auf einen Sprung bei jdm vorbeigehen; **au** ~ **du lit** beim Aufstehen *nt;* ~ **en hauteur/longueur** Hoch-/Weitsprung *m;* ~ **à la perche** Stabhochsprung *m;* ~ **périlleux** Salto Mortale *m;* ~ **en parachute** Fallschirmspringen *nt.*
saute [sot] *nf:* ~ **de vent** Windumsprung *m;* ~ **de température** Temperaturumschwung *m;* **avoir des** ~**s d'humeur** wechselhaft sein.
sauté, e [sote] *a (CULIN)* gebraten // *nm:* ~ **de veau** Kalbsbraten *m.*
saute-mouton [sotmutɔ̃] *nm* Bocksprung *m,* Bockspringen *nt.*
sauter [sote] *vi (bondir)* springen; *(exploser)* in die Luft fliegen; *(fusibles)* durchbrennen; *(se rompre)* reißen // *vt (obstacle)* überspringen; *(omettre)* überspringen, auslassen; **faire** ~ *(avec des explosifs)* sprengen; *(CULIN)* braten; ~ **à pieds joints** aus dem Stand springen; ~ **en parachute** mit dem Fallschirm abspringen; ~ **à la corde** seilspringen; ~ **de joie** vor Freude hüpfen; ~ **au cou de qn** jdm um den Hals fallen.
sauterelle [sotʀɛl] *nf* Heuschrecke *f.*
sautiller [sotije] *vi* hopsen, hüpfen.
sautoir [sotwaʀ] *nm (de perles)* Halskette *f.*
sauvage [sovaʒ] *a* wild; *(insociable)* ungesellig // *nm* Wilde(r) *mf; (brute)* Barbar(in *f*) *m.*
sauve [sov] *af voir* **sauf.**
sauvegarde [sovgaʀd(ə)] *nf* Schutz *m;* **sauvegarder** *vt* schützen.
sauve-qui-peut [sovkipø] *nm* Panik *f* // *excl* rette sich, wer kann!
sauver [sove] *vt* retten; ~ **qn de** jdn retten aus; **se** ~ *vi (fam: partir)* abhauen.
sauvetage [sovtaʒ] *nm* Rettung *f.*
sauvette [sovɛt]: **à la** ~ *a, ad (vendre)* schwarz; *(se marier etc)* überstürzt.
sauveur [sovœʀ] *nm* Retter *m; (REL)*: **le S**~ der Erlöser.
savamment [savamɑ̃] *ad (avec érudition)* gelehrt; *(habilement)* geschickt.
savant, e [savɑ̃, ɑ̃t] *a (instruit)* gelehrt; *(édition, travaux)* wissenschaftlich; *(fig)* bewandert; schwierig; *(démonstration, combinaison)* geschickt // *nm* Gelehrte(r) *m.*
saveur [savœʀ] *nf (goût)* Geschmack *m; (fig)* Reiz *m.*
savoir [savwaʀ] *vt* wissen; *(connaître)* können; *(être capable de):* ~ **nager** schwimmen können // *nm (culture, érudition)* Wissen *nt;* **se** ~ **malade** wissen, daß man krank ist; **à** ~ *ad* nämlich; **faire** ~ **qch à qn** jdn etw wissen lassen; **sans le** ~ *ad* unbewußt, automatisch.
savoir-faire [savwaʀfɛʀ] *nm inv:* **le** ~ das Know-how.
savoir-vivre [savwaʀvivʀ] *nm inv* gute Manieren *pl.*
savon [savɔ̃] *nm* Seife *f; (fam):* **passer un** ~ **à qn** jdm den Kopf waschen; **savonner** *vt* einseifen; **savonnette** *nf* Toilettenseife *f;* **savonneux, euse** *a* seifig.
savourer [savuʀe] *vt* genießen.
savoureux, euse [savuʀø, øz] *a* köstlich.
scabreux, euse [skabʀø, øz] *a (périlleux)* heikel; *(indécent)* anstößig.
scandale [skɑ̃dal] *nm* Skandal *m; (indignation):* **au grand** ~ **de...** zum großen Ärgernis *nt* von...; *(tapage):* **faire du** ~ einen Spektakel machen; **faire** ~ Anstoß erregen.
scandaleux, euse [skɑ̃dalø, øz] *a* skandalös; *(prix)* empörend.
scandaliser [skɑ̃dalize] *vt* entrüsten.
scaphandre [skafɑ̃dʀ(ə)] *nm (de*

plongeur) Taucheranzug *m.*
scarabée [skaʀabe] *nm* Käfer *m.*
scarlatine [skaʀlatin] *nf* Scharlach *nt.*
sceau, x [so] *nm (cachet)* Siegel *nt; (fig)* Stempel *m.*
scélérat, e [seleʀa, at] *nm/f* Schurke *m,* Schurkin *f.*
sceller [sele] *vt* besiegeln; *(lettre, ouverture)* versiegeln.
scénario [senaʀjo] *nm* Szenario *nt.*
scène [sɛn] *nf* Szene *f; (lieu de l'action)* Schauplatz *m;* (*THEAT*): **la** ~ die Bühne; **entrer en** ~ auftreten; **mettre en** ~ inszenieren; ~ **de ménage** Ehekrach *m.*
sceptique [sɛptik] *a* skeptisch.
sceptre [sɛptʀ(ə)] *nm* Zepter *nt.*
schéma [ʃema] *nm* Schema *nt.*
schématique [ʃematik] *a* schematisch.
schisme [ʃism(ə)] *nm* Spaltung *f.*
schiste [ʃist(ə)] *nm* Schiefer *m.*
schizophrène [skizɔfʀɛn] *nm/f* Schizophrene(r) *mf.*
sciatique [sjatik] *nf* Ischias *m.*
scie [si] *nf* Säge *f;* ~ **à bois/métaux** Holz-/Metallsäge *f;* ~ **à découper** Laubsäge *f;* ~ **circulaire** Kreissäge *f.*
sciemment [sjamɑ̃] *ad* wissentlich.
science [sjɑ̃s] *nf* Wissenschaft *f; (connaissance)* Wissen *nt;* **les** ~**s** (*SCOL*) die Naturwissenschaften.
science-fiction [sjɑ̃sfiksjɔ̃] *nf* Science-fiction *f.*
scientifique [sjɑ̃tifik] *a* wissenschaftlich // *nm/f* Wissenschaftler(in *f*) *m.*
scier [sje] *vt* sägen.
scierie [siʀi] *nf* Sägewerk *nt.*
scinder [sɛ̃de] *vt* aufspalten; **se** ~ *vi (parti)* sich aufspalten.
scintiller [sɛ̃tije] *vi* funkeln.
scission [sisjɔ̃] *nf* Spaltung *f.*
sciure [sjyʀ] *nf:* ~ **(de bois)** Sägemehl *nt.*
sclérose [skleʀoz] *nf* Sklerose *f; (fig)* Verknöcherung *f;* ~ **artérielle** Arterienverkalkung *f.*
scolaire [skɔlɛʀ] *a* Schul-, schulisch; **l'année** ~ das Schuljahr; **en âge** ~ im Schulalter.
scolariser [skɔlaʀize] *vt* mit Schulen versorgen.
scolarité [skɔlaʀite] *nf* Schulbesuch *m;* Schulzeit *f;* **frais de** ~ Schulgeld *nt;* **la** ~ **obligatoire** die Schulpflicht.
scooter [skutœʀ] *nm* Motorroller *m.*
score [skɔʀ] *nm* Punktstand *m.*
scorpion [skɔʀpjɔ̃] *nm* (*ZOOL, ASTR*) Skorpion *m.*
scout [skut] *nm* Pfadfinder *m.*
scoutisme [skutism(ə)] *nm* Pfadfinderbewegung *f.*
scribe [skʀib] *nm* Schreiber *m; (pej)* Schreiberling *m.*
script [skʀipt] *a, nf:* **(écriture)** ~ Druckschrift *f* // *nm* (*FILM*) Drehbuch *nt.*
scrupule [skʀypyl] *nm* Skrupel *m.*
scrupuleux, euse [skʀypylø, øz] *a* gewissenhaft.
scrutateur, trice [skʀytatœʀ, tʀis] *a* forschend.
scruter [skʀyte] *vt* erforschen; *(motifs, comportement)* ergründen.
scrutin [skʀytɛ̃] *nm* Wahl *f;* ~ **à deux tours** Wahl mit zwei Durchgängen.
sculpter [skylte] *vt* in Stein hauen; *(pierre)* meißeln; *(bois)* schnitzen.
sculpteur [skyltœʀ] *nm* Bildhauer *m.*
sculpture [skyltyʀ] *nf* Skulptur *f.*
se [s(ə)] *pron* sich; ~ **casser la jambe/laver les mains** sich *(dat)* das Bein brechen/die Hände waschen.
séance [seɑ̃s] *nf* Sitzung *f; (récréative, musicale)* Veranstaltung *f;* (*FILM, THEAT*) Vorstellung *f;* ~ **tenante** *ad* unverzüglich.
séant, e [seɑ̃, seɑ̃t] *a* anständig // *nm (fam)* Gesäß *nt,* Hintern *m.*
seau, x [so] *nm* Eimer *m;* ~ **à glace** Eiskühler *m.*
sec, sèche [sɛk, sɛʃ] *a* trocken; *(fruits)* getrocknet; *(bruit)* kurz; *(insensible)* hart; *(réponse, ton)* schroff // *nm:* **tenir au** ~ trocken aufbewahren // *ad (démarrer)* hart; **à** ~ *a (cours d'eau)* ausgetrocknet.
sécateur [sekatœʀ] *nm* Gar-

tenschere *f.*
sécession [sesesjɔ̃] *nf:* **faire ~** sich abspalten.
sèche [sɛʃ] *af voir* **sec.**
sèche-cheveux [sɛʃʃəvø] *nm inv* Haartrockner *m,* Fön ® *m.*
sécher [seʃe] *vt* trocknen; *(peau)* austrocknen; *(fam: SCOL)* schwänzen // *vi* trocknen; *(fam: candidat)* ins Rotieren kommen; **se ~** sich abtrocknen.
sécheresse [sɛʃʀɛs] *nf* Trockenheit *f; (fig: du ton)* Schroffheit *f.*
séchoir [seʃwaʀ] *nm (à linge)* Wäschetrockner *m; (à cheveux)* Haartrockner *m,* Fön ® *m.*
second, e [s(ə)gɔ̃, d] *a* zweite(r, s) // *nm (adjoint)* zweiter Mann *m; (étage)* zweiter Stock *m; (NAVIG)* Unteroffizier *m,* Maat *m* // *nf (partie d'une minute)* Sekunde *f; (SCOL)* Obersekunda *f;* **voyager en ~e** zweiter Klasse reisen.
secondaire [s(ə)gɔ̃dɛʀ] *a (accessoire)* sekundär, nebensächlich; *(SCOL)* höher, weiterführend.
seconder [s(ə)gɔ̃de] *vt* unterstützen, helfen *(+dat).*
secouer [s(ə)kwe] *vt* schütteln; *(tapis)* ausschütteln; *(passagers)* durchschütteln; *(sujet: séisme)* erschüttern.
secourir [s(ə)kuʀiʀ] *vt* helfen *(+dat).*
secourisme [s(ə)kuʀism(ə)] *nm* Erste Hilfe *f.*
secouriste [s(ə)kuʀist(ə)] *nm/f* Sanitäter(in *f*) *m.*
secours [s(ə)kuʀ] *nm* Hilfe *f;* ~ *nmpl (soins, équipes de secours)* Hilfe *f; (aide matérielle)* Unterstützung *f;* **appeler au ~** um Hilfe rufen; **aller au ~ de qn** jdm zu Hilfe kommen; **les premiers ~** die Erste Hilfe *f.*
secousse [s(ə)kus] *nf* Erschütterung *f;* Stoß *m; (électrique)* Schlag *m;* **~ sismique** *ou* **tellurique** Erdstoß *m.*
secret, ète [səkʀɛ, ɛt] *a* geheim; *(renfermé)* reserviert // *nm* Geheimnis *nt; (discrétion)* Verschwiegenheit *f;* **en ~** *ad* insgeheim; **au ~** *(prisonnier)* isoliert.
secrétaire [s(ə)kʀetɛʀ] *nm/f* Sekretär(in *f*) *m* // *nm (meuble)* Sekretär *m;* **~ de direction** Privatsekretär(in *f*) *m;* **~ général** Generalsekretär(in *f*) *m.*
secrétariat [s(ə)kʀetaʀja] *nm (profession)* sekretärischer Beruf *m; (bureau)* Sekretariat *nt; (fonction)* Amt *nt* des Schriftführers.
sécréter [sekʀete] *vt* absondern.
sectaire [sɛktɛʀ] *a* sektiererisch.
secte [sɛkt(ə)] *nf* Sekte *f.*
secteur [sɛktœʀ] *nm* Sektor *m,* Bereich *m; (ELEC):* **branché sur le ~** ans (Strom)netz angeschlossen.
section [sɛksjɔ̃] *nf* Schnitt *m; (tronçon)* Abschnitt *m; (de parcours)* Teilstrecke *f; (d'une entreprise, université)* Abteilung *f; (SCOL)* Zug *m;* **tube de 6,5 mm de ~** Rohr mit 6,5 mm Durchmesser.
sectionner [sɛksjɔne] *vt* durchschneiden; *(membre)* abtrennen.
séculaire [sekylɛʀ] *a* hundertjährig; *(fête, cérémonie)* Hundertjahres-.
séculier, ière [sekylje, jɛʀ] *a* weltlich.
sécuriser [sekyʀize] *vt* ein Gefühl der Sicherheit geben *(+dat).*
sécurité [sekyʀite] *nf* Sicherheit *f;* **la ~ sociale** die Sozialversicherung.
sédatif [sedatif] *nm* Beruhigungsmittel *nt.*
sédentaire [sedɑ̃tɛʀ] *a* seßhaft; *(profession)* sitzend; *(casanier)* häuslich.
sédiment [sedimɑ̃] *nm (au fond d'une bouteille)* Bodensatz *m;* **~s** *nmpl (GEO)* Ablagerungen *pl.*
séditieux, euse [sedisjø, øz] *a* aufrührerisch, rebellisch.
sédition [sedisjɔ̃] *nf* Aufstand *m.*
séducteur, trice [sedyktœʀ, tʀis] *nm/f* Verführer(in *f*) *m.*
séduction [sedyksjɔ̃] *nf (action)* Verführung *f; (attrait)* Reiz *m.*
séduire [sedɥiʀ] *vt (conquérir)* für sich gewinnen, erobern; *(femme)* verführen; *(captiver)* bezaubern.
séduisant, e [sedɥizɑ̃, ɑ̃t] bezaubernd; *(offre, promesse)* ver

führerisch.
segment [sɛgmɑ̃] *nm* (*MATH*) Segment *nt;* Abschnitt *m;* (*AUT*): ~ **(de piston)** Kolbenring *m.*
segmenter [sɛgmɑ̃te] *vt* teilen.
ségrégation [segʀegɑsjɔ̃] *nf:* ~ **raciale** Rassentrennung *f.*
seigle [sɛgl(ə)] *nm* Roggen *m.*
seigneur [sɛɲœʀ] *nm* (*féodal*) Herr *m,* Gutsherr *m;* (*REL*): **le S~** der Herr.
sein [sɛ̃] *nm* (*poitrine*) Busen *m;* (*thorax*) Brust *f;* **au ~ de** *prep* inmitten (*+gen*); **nourrir au ~** stillen.
séisme [seism(ə)] *nm* Erdbeben *nt.*
seize [sɛz] *a num* sechzehn.
séjour [seʒuʀ] *nm* Aufenthalt *m;* (*pièce*) Wohnzimmer *nt.*
séjourner [seʒuʀne] *vi* sich aufhalten.
sel [sɛl] *nm* Salz *nt;* (*fig: piquant*) Würze *f;* ~ **de cuisine/fin** *ou* **de table** Koch-/Tafelsalz *nt.*
sélection [selɛksjɔ̃] *nf* Auswahl *f.*
sélectionner [selɛksjɔne] *vt* auswählen.
self-service [ˌsɛlfsɛʀvis] *nm* Selbstbedienungsgeschäft *nt*/-restaurant *nt.*
selle [sɛl] *nf* Sattel *m;* (*CULIN*) Rücken *m;* **~s** *nfpl* (*MED*) Stuhlgang *m;* **se mettre en ~** aufsitzen.
seller [sele] *vt* satteln.
sellette [selɛt] *nf:* **mettre qn/être sur la ~** jdn ins Kreuzfeuer nehmen/im Kreuzfeuer stehen.
sellier [selje] *nm* Sattler *m.*
selon [s(ə)lɔ̃] *prep* gemäß (*+dat*); ~ **moi** meiner Meinung nach; ~ **les circonstances** den Umständen entsprechend; ~ **que** je nachdem ob.
semailles [s(ə)mɑj] *nfpl* Saat *f.*
semaine [s(ə)mɛn] *nf* Woche *f;* (*jours ouvrables*): **en ~** werktags; **la ~ sainte** die Karwoche.
sémaphore [semafɔʀ] *nm* (*RAIL*) Signalmast *m.*
semblable [sɑ̃blabl(ə)] *a* ähnlich; (*démonstratif*): **de ~s mésaventures/calomnies** derartiges Mißgeschick *nt*/derartige Verleumdungen *pl* // *nm* (*prochain*) Mitmensch *m;* ~ **à** so wie, ähnlich wie.
semblant [sɑ̃blɑ̃] *nm* Anschein *m;* **faire ~ de faire qch** so tun, als ob man etw täte; **faire ~** nur so tun.
sembler [sɑ̃ble] *vb avec attribut* scheinen; **cela leur semblait cher/pratique** das kam ihnen teuer/praktisch vor // *vb impers:* **il semble inutile/bon de...** es scheint unnötig/ratsam, zu...; **il semble que** es hat den Anschein, daß; **il me semble que** mir scheint, daß; **comme/quand bon lui semble** nach seinem Gutdünken.
semelle [s(ə)mɛl] *nf* Sohle *f.*
semence [s(ə)mɑ̃s] *nf* (*graine*) Samen *m.*
semer [s(ə)me] *vt* (aus)säen; (*fig*) (aus)streuen; (*poursuivants*) abhängen; ~ **la discorde/terreur parmi...** Streit *m*/Schrecken *m* verbreiten unter (*+dat*).
semestre [s(ə)mɛstʀ(ə)] *nm* Halbjahr *nt;* (*SCOL*) Semester *nt.*
semi- [səmi] *pref* halb-.
séminaire [seminɛʀ] *nm* Seminar *nt.*
semi-remorque [səmiʀ(ə)mɔʀk] *nm* (*camion*) Sattelschlepper *m.*
semis [s(ə)mi] *nm* Saat *f;* (*plant*) Sämling *m.*
sémite [semit] *a* semitisch.
semonce [səmɔ̃s] *nf* (*réprimande*) Verweis *m.*
semoule [s(ə)mul] *nf* Grieß *m.*
sempiternel, le [sɛ̃pitɛʀnɛl] *a* ewig.
sénat [sena] *nm* Senat *m.*
sénateur [senatœʀ] *nm* Senator *m.*
sénile [senil] *a* senil.
sens [sɑ̃s] *nm* Sinn *m;* (*signification*) Sinn *m,* Bedeutung *f;* (*direction*) Richtung *f;* ~ **interdit/giratoire/unique** Durchfahrt verboten/Kreisverkehr *m*/Einbahnstraße *f;* ~ **figuré/propre** übertragene/wörtliche Bedeutung; **avoir le ~ des affaires/de la mesure** Geschäftssinn *m*/einen Sinn für das richtige Maß haben; **reprendre ses ~** das Bewußtsein wiedererlangen; **dans le ~ de la**

longueur der Länge nach; **dans le mauvais** ~ verkehrt herum; **bon** ~, ~ **commun** gesunder Menschenverstand *m;* ~ **dessus dessous** *ad* völlig durcheinander.
sensation [sɑ̃sasjɔ̃] *nf* Gefühl *nt; (effet de surprise)* Sensation *f;* **faire** ~ Aufsehen *nt* erregen.
sensationnel, le [sɑ̃sasjɔnɛl] *a* sensationell.
sensé, e [sɑ̃se] *a* vernünftig.
sensibiliser [sɑ̃sibilize] *vt:* ~ **qn (à)** jdn sensibilisieren (für).
sensibilité [sɑ̃sibilite] *nf* Empfindlichkeit *f; (émotivité)* Sensibilität *f.*
sensible [sɑ̃sibl(ə)] *a (personne)* sensibel; *(gorge, instrument)* empfindlich; *(perceptible)* wahrnehmbar; *(appréciable)* merklich; (*PHOT*) hochempfindlich; ~ **à** *(flatterie, musique)* empfänglich für; *(chaleur, radiations)* empfindlich gegen.
sensiblement [sɑ̃sibləmɑ̃] *ad (notablement)* merklich; *(à peu près)* so etwa.
sensiblerie [sɑ̃sibləʀi] *nf* Gefühlsduselei *f.*
sensitif, ive [sɑ̃sitif, iv] *a (nerf)* sensorisch; *(personne)* überempfindlich.
sensualité [sɑ̃sɥalite] *nf* Sinnlichkeit *f.*
sensuel, le [sɑ̃sɥɛl] *a* sinnlich.
sentence [sɑ̃tɑ̃s] *nf (jugement)* Urteil(sspruch *m) nt; (maxime)* Maxime *f.*
sentencieux, euse [sɑ̃tɑ̃sjø, øz] *a* dozierend.
senteur [sɑ̃tœʀ] *nf* Duft *m.*
sentier [sɑ̃tje] *nm* Weg *m,* Pfad *m.*
sentiment [sɑ̃timɑ̃] *nm* Gefühl *nt;* **recevez mes ~s respectueux** *ou* **dévoués** mit freundlichen Grüßen; **faire du** ~ auf die Tränendrüsen drücken.
sentimental, e, aux [sɑ̃timɑ̃tal, o] *a* sentimental; *(vie, aventure)* Liebes-.
sentinelle [sɑ̃tinɛl] *nf* Wachposten *m.*
sentir [sɑ̃tiʀ] *vt* fühlen, spüren; *(percevoir ou répandre une odeur)* riechen; *(avoir le goût de)* schmecken/riechen nach // *vi (exhaler une mauvaise odeur)* stinken; ~ **bon/mauvais** gut/schlecht riechen; **se** ~ **bien/mal à l'aise** sich wohl/nicht wohl fühlen; **se** ~ **mal** sich krank *ou* unwohl fühlen; **se** ~ **le courage/la force de faire qch** den Mut/die Kraft verspüren, etw zu tun; **ne plus se** ~ **de joie** außer sich sein vor Freude.
seoir [swaʀ]: ~ **à** *vt* sich ziemen *ou* schicken für.
séparation [sepaʀasjɔ̃] *nf* Trennung *f; (mur cloison)* Trennwand *f;* ~ **de corps** gesetzliche Trennung.
séparé, e [sepaʀe] *a* getrennt; *(appartements)* separat, einzeln; ~ **de** getrennt von.
séparer [sepaʀe] *vt* trennen; *(détacher):* ~ **qch de qch** etw von etw abtrennen; *(partager):* ~ **qch (par** *ou* **au moyen de)** etw teilen (durch); **se** ~ sich trennen *(de* von); *(se diviser)* sich teilen; ~ **un jardin en deux** einen Garten in zwei Teile aufteilen.
sept [sɛt] *num* sieben.
septembre [sɛptɑ̃bʀ(ə)] *nm* September *m.*
septennat [sɛptena] *nm* siebenjährige Amtszeit *f.*
septentrional, e, aux [sɛptɑ̃tʀijɔnal, o] *a* nördlich.
septicémie [sɛptisemi] *nf* Blutvergiftung *f.*
septième [sɛtjɛm] *num* siebte(r, s).
septique [sɛptik] *a:* **fosse** ~ Klärgrube *f.*
septuagénaire [sɛptɥaʒenɛʀ] *nm/f* Siebzigjährige(r) *mf.*
sépulture [sepyltyʀ] *nf (inhumation)* Beerdigung *f.*
séquelles [sekɛl] *nfpl* Folgen *pl.*
séquence [sekɑ̃s] *nf* (*FILM*) Sequenz *f.*
séquestre [sekɛstʀ(ə)] *nm* Beschlagnahme *f.*
séquestrer [sekɛstʀe] *vt (personne)* der Freiheit berauben, einsperren; *(biens)* beschlagnahmen.
serein, e [səʀɛ̃, ɛn] *a (ciel, nuit)* wolkenlos; *(visage, personne)* ruhig,

gelassen; *(jugement)* nüchtern.
sérénité [serenite] *nf (d'une personne)* Gelassenheit *f; (d'un jugement)* Nüchternheit *f.*
serf, serve [sɛʀ(f), sɛʀv(ə)] *nm/f* Leibeigene(r) *mf.*
sergent [sɛʀʒɑ̃] *nm* Unteroffizier *m.*
sergent-major [sɛʀʒɑ̃maʒɔʀ] *nm* Hauptfeldwebel *m.*
série [seʀi] *nf* Reihe *f,* Serie *f; (catégorie)* Klasse *f,* Rang *m;* **en ~** serienweise; **fabrication en ~** Serienproduktion *f;* **hors ~** *(COMM)* spezialgefertigt; *(fig)* außergewöhnlich.
sérieusement [seʀjøzmɑ̃] *ad* ernst; **~?** im Ernst?
sérieux, euse [seʀjø, øz] *a* ernst; *(consciencieux)* gewissenhaft; *(maison)* seriös; *(renseignement, personne)* zuverlässig; *(moral)* anständig; *(important)* bedeutend, wichtig // *nm* Ernst *m;* Gewissenhaftigkeit *f;* Seriosität *f;* Zuverlässigkeit *f;* Anständigkeit *f;* **garder son ~** ernst bleiben; **prendre qch/qn au ~** etw/jdn ernst nehmen.
serin [s(ə)ʀɛ̃] *nm* Zeisig *m.*
seringue [s(ə)ʀɛ̃g] *nf* Spritze *f.*
serment [sɛʀmɑ̃] *nm* Eid *m,* Schwur *m;* **prêter ~** schwören; **témoigner sous ~** unter Eid aussagen; **~ d'ivrogne** leeres Versprechen *nt.*
sermon [sɛʀmɔ̃] *nm* Predigt *f.*
serpe [sɛʀp(ə)] *nf* Sichel *f.*
serpent [sɛʀpɑ̃] *nm* Schlange *f.*
serpenter [sɛʀpɑ̃te] *vi* sich schlängeln, sich winden.
serpentin [sɛʀpɑ̃tɛ̃] *nm (tube)* Kühlrohr *nt; (ruban)* Papierschlange *f.*
serpillière [sɛʀpijɛʀ] *nf* Scheuerlappen *m.*
serre [sɛʀ] *nf (construction)* Gewächshaus *nt;* **~s** *nfpl (griffes)* Krallen *pl;* **~ chaude/froide** Treib-/Kühlhaus *nt.*
serré, e [seʀe] *a* eng; *(lutte, match)* knapp; *(entassé)* gedrängt // *ad:* **jouer ~** vorsichtig spielen; **avoir le cœur/la gorge ~(e)** bedrückt sein/eine zugeschnürte Kehle haben.
serre-livres [sɛʀlivʀ] *nm inv* Bücherstütze *f.*
serrer [seʀe] *vt (tenir)* festhalten; *(comprimer)* drücken, pressen; *(mâchoires)* zusammenbeißen; *(poings)* ballen; *(sujet: vêtement)* eng anliegen an (+*dat*); *(trop)* beengen; *(rapprocher)* zusammenrücken; *(frein, vis)* anziehen; *(ceinture, nœud)* zuziehen; *(robinet)* fest zudrehen // *vi:* **~ à droite/gauche** sich rechts/links halten; **se ~** *vt (personnes)* zusammenrücken; **~ la main à qn** jdm die Hand schütteln; **~ qn dans ses bras** jdn in die Arme nehmen; **~ la gorge/le cœur à qn** *(sujet: chagrin, douleur)* jdm die Kehle/das Herz zuschnüren; **~ qn de près** dicht hinter jdm sein; **se ~ contre qn** sich an jdn schmiegen; **se ~ les coudes** zusammenhalten.
serrure [seʀyʀ] *nf* Schloß *nt.*
serrurerie [seʀyʀʀi] *nf* Schlosserei *f;* **~ d'art** Kunstschmiedearbeit *f.*
serrurier [seʀyʀje] *nm* Schlosser *m.*
sertir [sɛʀtiʀ] *vt (pierre précieuse)* fassen.
sérum [seʀɔm] *nm:* **~ sanguin** Blutserum *nt;* **~ antitétanique** Tetanusserum *nt.*
servante [sɛʀvɑ̃t] *nf (bonne)* Dienstmädchen *nt.*
serveur, euse [sɛʀvœʀ, øz] *nm/f (de restaurant)* Kellner(in *f*) *m.*
serviable [sɛʀvjabl(ə)] *a* gefällig, hilfsbereit.
service [sɛʀvis] *nm (des convives, clients)* Bedienung *f; (série de repas)* Essenszeit *f; (assortiment de vaisselle)* Service *nt; (faveur)* Gefallen *m; (travail, fonction d'intérêt public)* Dienst *m; (département)* Abteilung *f; (fonctionnement)* Betrieb *m; (transport)* Verkehrsverbindung *f; (REL)* Gottesdienst *m; (TENNIS)* Aufschlag *m;* **~s** *nmpl (travail)* Dienst *m; (ECON)* Dienstleistungsbetriebe *pl;* **~ compris** inklusive Bedienung; **faire le ~** bedienen; **être au ~ de qn** *(employé)* bei jdm angestellt sein; **rendre ~ (à qn)** (jdm) helfen;

rendre un ~ à qn jdm einen Gefallen tun; **être/mettre en ~** in Betrieb sein/nehmen; **hors ~** außer Betrieb; **~s sociaux** Sozialleistungen *pl;* **~ public** öffentlicher Dienst *m;* **~ après vente** Kundendienst *m;* **~s secrets** Geheimdienst *m;* **~ d'ordre** Ordner *pl;* **~ militaire** Militärdienst *m.*

serviette [sɛʀvjɛt] *nf (de table)* Serviette *f; (de toilette)* Handtuch *nt; (porte-documents)* Aktentasche *f;* **~ hygiénique** Monatsbinde *f.*

servile [sɛʀvil] *a* unterwürfig.

servir [sɛʀviʀ] *vt* dienen *(+dat); (domestique)* arbeiten für; *(dans restaurant, magasin)* bedienen; *(plat, boisson):* **~ qch (à qn)** jdm etw servieren; *(aider)* helfen *(+dat); (rente, intérêts)* auszahlen // *vi* (*TENNIS*) aufschlagen; (*CARTES*) geben // *vb impers:* **à quoi cela sert-il?** wozu soll das gut sein?; **à quoi cela sert-il de faire...?** was nützt es,... zu tun? **se ~** *(d'un plat)* sich bedienen; **se ~ de qch** *(plat)* sich *(dat)* etw nehmen; *(utiliser)* etw benutzen; **~ à qn** jdm nützlich sein; **~ à qch/faire qch** zu etw dienen; **cela ne sert à rien** das nutzt nichts; **~ (à qn) de ...** (von jdm) als ... benutzt werden; **~ (à qn) de secrétaire** als (jds) Sekretär fungieren.

serviteur [sɛʀvitœʀ] *nm* Diener *m.*

servitude [sɛʀvityd] *nf* Knechtschaft *f; (fig)* Zwang *m.*

ses [se] *dét voir* **son.**

session [sesjɔ̃] *nf* Sitzung *f.*

set [sɛt] *nm* (*TENNIS*) Satz *m.*

seuil [sœj] *nm* Schwelle *f.*

seul, e [sœl] *a* allein; *(isolé)* einsam; *(unique)* einzig; **lui ~ peut...** nur er allein kann...; **à lui (tout) ~** ganz allein; **d'un ~ coup** *ad* auf einmal // *ad* allein; **parler tout ~** Selbstgespräche führen // *nm:* **j'en veux un ~** ich will nur eine(n, s) davon; **il en reste un ~** es ist nur ein(e) einzige(r, s) übrig.

seulement [sœlmɑ̃] *ad* nur, bloß; *(pas avant):* **~ hier** erst gestern.

sève [sɛv] *nf (d'une plante)* Saft *m; (énergie)* Lebenskraft *f.*

sévère [sevɛʀ] *a* streng; *(climat)* hart; *(pertes, défaite)* schwer.

sévérité [seveʀite] *nf* Strenge *f;* Härte *f;* Schwere *f.*

sévices [sevis] *nmpl* Mißhandlung *f.*

sévir [seviʀ] *vi* durchgreifen; *(fléau)* grassieren, wüten; **~ contre** streng vorgehen gegen.

sevrer [səvʀe] *vt (enfant, agneau)* entwöhnen.

sexagénaire [sɛgzaʒenɛʀ] *a* sechzigjährig.

sexe [sɛks(ə)] *nm* Geschlecht *nt; (sexualité)* Sex *m; (organe)* Geschlechtsorgane *pl.*

sexualité [sɛksɥalite] *nf* Sexualität *f.*

sexuel, le [sɛksɥɛl] *a* sexuell.

seyant, e [sɛjɑ̃, ɑ̃t] *a* kleidsam.

shampooing [ʃɑ̃pwɛ̃] *nm (lavage)* Haarwäsche *f; (produit)* Shampoo *nt,* Haarwaschmittel *nt.*

short [ʃɔʀt] *nm* Shorts *pl.*

si [si] *nm* (*MUS*) H *nt* // *ad (affirmatif)* doch, ja; *(tellement):* **~ gentil/rapidement** so nett/schnell; **(tant et) ~ bien que...** so (sehr) daß...; **~ rapide qu'il soit...** so schnell er auch sein mag... // *conj* wenn; **je me demande ~...** ich frage mich, ob...

sidéré, e [sideʀe] *a* verblüfft.

sidérurgie [sideʀyʀʒi] *nf:* **la ~** die Eisenindustrie.

siècle [sjɛkl(ə)] *nm* Jahrhundert *nt; (époque)* Zeitalter *nt;* (*REL*) Welt *f.*

sied [sje] *vb voir* **seoir.**

siège [sjɛʒ] *nm* Sitz *m; (d'une douleur, maladie)* Herd *m;* (*MIL*) Belagerung *f;* **~ avant/arrière** Vorder-/Rücksitz *m;* **~ social** (*COMM*) Firmensitz *m.*

siéger [sjeʒe] *vi* tagen; *(député)* einen Sitz haben *(à* in *+dat).*

sien, ne [sjɛ̃, sjɛn] *pron:* **le ~, la ~ne** der seine, seiner, die seine, seine; das seine, seines; **les ~s, les ~nes** seine; **y mettre du ~** das Seine dazutun; **faire des ~nes** *(fam)* etw anstellen.

sieste [sjɛst(ə)] *nf* Mittagsschlaf *m.*

sieur [sjœʀ] *nm:* **le ~ Duval** Herr Duval.

sifflement [sifləmɑ̃] *nm* Pfeifen *nt*.
siffler [sifle] *vi* pfeifen; *(merle, serpent)* zischen // *vt* pfeifen; *(huer)* auspfeifen; *(signaler en sifflant)* abpfeifen; *(fam: avaler)* kippen.
sifflet [siflɛ] *nm (instrument)* Pfeife *f*; *(sifflement)* Pfiff *m*; **coup de ~** Pfiff *m*.
siffloter [siflɔte] *vi, vt* vor sich *(akk)* hin pfeifen.
sigle [sigl(ə)] *nm* Abkürzung *f*.
signal, aux [siɲal, o] *nm* Zeichen *nt*; *(indice, annonce)* (An)zeichen *nt*; *(écriteau)* Schild *nt*; *(appareil)* Signal *nt*; **donner le ~ de** das Signal geben zu...; **~ sonore/optique** Ton-/Lichtsignal *nt*; **~ de détresse** Notruf *m*; **~ d'alarme** Alarmsignal *nt*; **~ horaire** Zeitzeichen *nt*.
signalement [siɲalmɑ̃] *nm* Personenbeschreibung *f*.
signaler [siɲale] *vt (annoncer)* ankündigen; *(par un signal)* signalisieren; *(dénoncer)* melden, anzeigen; *(montrer)*: **~ qch à qn/(à qn) que** jdn auf etw *(akk)* hinweisen/(jdn) darauf hinweisen, daß; **se ~ (par)** sich hervortun (durch).
signalisation [siɲalizɑsjɔ̃] *nf (ensemble des signaux)* Verkehrszeichen *pl*; **panneau de ~** Verkehrsschild *nt*.
signaliser [siɲalize] *vt* beschildern.
signataire [siɲatɛʀ] *nm/f* Unterzeichner(in *f*) *m*.
signature [siɲatyʀ] *nf* Unterzeichnung *f*; *(inscription)* Unterschrift *f*.
signe [siɲ] *nm* Zeichen *nt*; **c'est ~ que** das zeigt, daß; **faire un ~ de la tête/main** mit dem Kopf/der Hand ein Zeichen geben; **faire ~ à qn** jdm Bescheid geben; **le ~ de la croix** das Kreuzzeichen; **~ de ponctuation** Satzzeichen *nt*; **~ du zodiaque** Sternzeichen *nt*.
signer [siɲe] *vt* unterschreiben; *(œuvre)* signieren; **se ~** *vi* sich bekreuzigen.
signet [siɲɛ] *nm* Lesezeichen *nt*.
significatif, ive [siɲifikatif, iv] *a* bezeichnend, vielsagend.
signification [siɲifikɑsjɔ̃] *nf* Bedeutung *f*.
signifier [siɲifje] *vt (vouloir dire)* bedeuten; *(faire connaître)*: **~ qch (à qn)** (jdm) etw zu verstehen geben; *(JUR)*: **~ qch à qn** jdm etw zustellen.
silence [silɑ̃s] *nm (mutisme)* Schweigen *nt*; *(absence de bruit)* Stille *f*, Ruhe *f*; *(moment; MUS)* Pause *f*; **garder le ~** ruhig *ou* still sein; **garder le ~ sur qch** über etw *(akk)* Stillschweigen bewahren.
silencieux, euse [silɑ̃sjø, øz] *a (personne)* schweigsam; *(appareil, pas)* leise; *(endroit)* ruhig // *nm (AUT)* Auspufftopf *m*; *(d'une arme)* Schalldämpfer *m*.
silex [silɛks] *nm* Feuerstein *m*.
silhouette [silwɛt] *nf* Silhouette *f*; *(contour)* Umriß *m*; *(figure)* Figur *f*.
sillage [sijaʒ] *nm (d'un bateau)* Kielwasser *nt*; **dans le ~ de** *(fig)* in den Fußstapfen von.
sillon [sijɔ̃] *nm (d'un champ)* Furche *f*; *(d'un disque)* Rille *f*.
sillonner [sijɔne] *vt (rides)* furchen; *(parcourir)* durchstreifen.
simagrées [simagʀe] *nfpl* Getue *nt*.
similaire [similɛʀ] *a* ähnlich.
similarité [similaʀite] *nf* Ähnlichkeit *f*.
similicuir [similikɥiʀ] *nm* Kunstleder *nt*.
similitude [similityd] *nf* Ähnlichkeit *f*.
simple [sɛ̃pl(ə)] *a* einfach; *(pej: naïf)* einfältig // *nm (TENNIS)*: **~ messieurs/dames** Herren-/Dameneinzel *nt*; **~s** *nfpl (plantes)* Heilkräuter *pl*; **une ~ objection/formalité** nur ein Einwand/eine Formsache; **un ~ employé/particulier** ein einfacher Angestellter/Bürger; **~ course** *a* einfach; **~ d'esprit** *a* einfältig.
simplicité [sɛ̃plisite] *nf* Einfachheit *f*; *(candeur)* Naivität *f*.
simplifier [sɛ̃plifje] *vt* vereinfachen; *(MATH)* kürzen.
simpliste [sɛ̃plist(ə)] *a* allzu einfach, simpel.
simulacre [simylakʀ(ə)] *nm*: **~ de**

combat/gouvernement Scheingefecht *nt*/-regierung *f*.
simuler [simyle] *vt* simulieren; *(émotion)* heucheln; *(imiter)* nachahmen.
simultané, e [simyltane] *a* simultan, gleichzeitig.
sincère [sɛ̃sɛʀ] *a* ehrlich, aufrichtig; **mes ~s condoléances** mein aufrichtiges Beileid.
sincérité [sɛ̃seʀite] *nf* Ehrlichkeit *f*, Aufrichtigkeit *f*; **en toute ~** ganz offen.
sinécure [sinekyʀ] *nf* Ruheposten *m*.
sine qua non [sinekwanɔn] *a*: **condition ~** unbedingt notwendige Voraussetzung.
singe [sɛ̃ʒ] *nm* Affe *m*.
singer [sɛ̃ʒe] *vt* nachäffen.
singeries [sɛ̃ʒʀi] *nfpl* Faxen *pl*.
singulariser [sɛ̃gylaʀize] *vt* auszeichnen; **se ~** auffallen.
singularité [sɛ̃gylaʀite] *nf* Eigenart *f*; *(bizarrerie)* Seltsamkeit *f*.
singulier, ière [sɛ̃gylje, jɛʀ] *a* eigenartig // *nm* (*LING*) Singular *m*.
sinistre [sinistʀ(ə)] *a* unheimlich; *(inquiétant)* unheilverkündend; **un ~ imbécile** ein schrecklicher Dummkopf // *nm* Katastrophe *f*; (*ASSURANCES*) Schadensfall *m*.
sinistré, e [sinistʀe] *a (région)* von einer Katastrophe heimgesucht // *nm/f* Katastrophenopfer *nt*.
sinon [sinɔ̃] *ad* andernfalls, sonst // *conj (sauf)* außer; *(si ce n'est)* wenn nicht.
sinueux, euse [sinɥø, øz] *a* gewunden; *(fig)* verwickelt.
sinuosité [sinɥozite] *nf* Gewundenheit *f*; Kompliziertheit *f*; **~s** *pl* Kurven *pl* und Windungen *pl*.
sinus [sinys] *nm* (*ANAT*) Höhle *f*; (*MATH*) Sinus *m*.
sinusite [sinyzit] *nf* Stirnhöhlenentzündung *f*.
siphon [sifɔ̃] *nm* Siphon *m*; *(tube)* Saugheber *m*.
siphonner [sifɔne] *vt* absaugen.
sire [siʀ] *nm (titre)*: **S~** Majestät; **un triste ~** ein übler Geselle *m*.
sirène [siʀɛn] *nf* Sirene *f*.
sirop [siʀo] *nm* Sirup *m*; **~ contre la toux** Hustensirup *m*.
siroter [siʀɔte] *vt* schlürfen.
sis, e [siz] *a*: **~ rue de la Paix** in der Rue de la Paix gelegen.
sismique [sismik] *a* seismisch.
site [sit] *nm (environnement)* Umgebung *f*; *(emplacement)* Lage *f*; **~ (pittoresque)** landschaftlich schöne Gegend *f*; **~s touristiques** Sehenswürdigkeiten *pl*.
sitôt [sito] *ad* sogleich; **~ après** gleich danach; **~ parti,...** kaum war er gegangen,...; **pas de ~** nicht so bald; **~ que** sobald.
situation [sitɥasjɔ̃] *nf* Lage *f*; *(emploi)* Stellung *f*; *(circonstances)* Situation *f*.
situé, e [sitɥe] *a* gelegen.
situer [sitɥe] *vt* legen; *(en pensée)* einordnen; **se ~** *vi (être)* liegen, sich befinden.
six [sis] *num* sechs.
sixième [sizjɛm] *num* sechste(r, s).
ski [ski] *nm* Ski *m*; **faire du ~** Ski laufen; **~ nautique** Wasserski *m*; **~ de fond** Langlauf *m*; **~ de piste** Abfahrtslauf *m*; **~ de randonnée** Skiwandern *nt*.
skier [skje] *vi* Ski laufen.
skieur, euse [skjœʀ, øz] *nm/f* Skiläufer(in *f*) *m*.
slalom [slalɔm] *nm* (*SKI*) Slalom *m*; *(fig)*: **faire du ~ entre** sich durchschlängeln durch; **~ géant** Riesenslalom *m*.
slave [slav] *a* slawisch.
slip [slip] *nm* Unterhose *f*; *(de bain)* Badehose *f*; *(d'un bikini)* Slip *m*, Unterteil *nt*.
slogan [slɔgɑ̃] *nm* Slogan *m*.
smoking [smɔkiŋ] *nm* Smoking *m*.
snob [snɔb] *a* versnobt // *nm/f* Snob *m*.
sobre [sɔbʀ(ə)] *a (personne)* mäßig; enthaltsam; *(élégance, style)* schlicht.
sobriété [sɔbʀijete] *nf* Enthaltsamkeit *f*; Schlichtheit *f*.
sobriquet [sɔbʀikɛ] *nm* Spitzname *m*.
soc [sɔk] *nm* Pflugschar *f*.
sociable [sɔsjabl(ə)] *a* gesellig.
social, e, aux [sɔsjal, o] *a* gesellschaftlich; (*POL, ADMIN*) sozial.

socialisme [sɔsjalism(ə)] *nm* Sozialismus *m*.
socialiste [sɔsjalist(ə)] *nm/f* Sozialist(in *f*) *m*.
société [sɔsjete] *nf* Gesellschaft *f*; **la ~ d'abondance/de consommation** die Wohlstands-/Konsumgesellschaft; **~ anonyme (SA)** Aktiengesellschaft (AG) *f*; **~ à responsabilité limitée (S.A.R.L.)** Gesellschaft *f* mit beschränkter Haftung (GmbH).
sociologie [sɔsjɔlɔʒi] *nf* Soziologie *f*.
sociologue [sɔsjɔlɔg] *nm/f* Soziologe *m*, Soziologin *f*.
socle [sɔkl(ə)] *nm* Sockel *m*.
socquette [sɔkɛt] *nf* Socke *f*.
sodium [sɔdjɔm] *nm* Natrium *nt*.
sœur [sœʀ] *nf* Schwester *f*; *(religieuse)* Ordensschwester *f*, Nonne *f*; **~ aînée/cadette** ältere/jüngere Schwester.
soi [swa] *pron* sich; **cela va de ~** das versteht sich von selbst.
soi-disant [swadizɑ̃] *a inv* sogenannt // *ad* angeblich.
soie [swa] *nf* Seide *f*; *(poil)* Borste *f*.
soierie [swaʀi] *nf* Seidenindustrie *f*; *(tissu)* Seidengewebe *nt*.
soif [swaf] *nf* Durst *m*; *(fig)* Gier *f*; **avoir ~** Durst haben; **donner ~ (à qn)** jdn durstig machen.
soigné, e [swaɲe] *a* gepflegt; *(travail)* sorgfältig; *(fam: excessif)* gehörig.
soigner [swaɲe] *vt* behandeln; *(faire avec soin)* sorgfältig bearbeiten *ou* ausarbeiten; *(jardin, chevelure)* pflegen; *(choyer)* betreuen, gut behandeln.
soigneusement [swaɲøzmɑ̃] *ad* gewissenhaft, sorgfältig.
soigneux, euse [swaɲø, øz] *a* gewissenhaft; **~ de** bedacht auf *(+akk)*.
soi-même [swamɛm] *pron* (sich) selbst.
soin [swɛ̃] *nm (application)* Sorgfalt *f*; *(responsabilité)* Verantwortung *f (de* für); **~s** *nmpl* Pflege *f*; *(attention)* Fürsorge *f*, Obhut *f*; **~s de beauté/du corps** Schönheits-/Körperpflege *f*; **les ~s du ménage** die Versorgung des Haushalts; **prendre ~ de qch/qn** sich um etw/jdn kümmern; **prendre ~ de faire qch** darauf achten, etw zu tun; **confier qn aux ~s de qn** jdm jdn anvertrauen; **aux bons ~s de** per Adresse, bei.
soir [swaʀ] *nm* Abend *m*; **le ~** *ad* abends; **ce/hier/dimanche ~** heute/gestern/Sonntag abend; **à ce ~!** bis heute abend!; **la veille au ~** am Vorabend; **sept heures du ~** sieben Uhr abends; **le repas/journal du ~** das Abendessen/die Abendzeitung.
soirée [swaʀe] *nf (soir)* Abend *m*; *(réception)* (Abend)gesellschaft *f*.
soit [swa] *conj (à savoir)* das heißt; *(ou)*: **~..., ~...** entweder... oder...; **~ que..., ~ que...** sei es, daß... oder, daß... // *ad* in Ordnung, einverstanden.
soixantaine [swasɑ̃tɛn] *nf (nombre)*: **une ~** etwa sechzig; *(âge)*: **il frise la ~** er ist beinahe sechzig (Jahre alt).
soixante [swasɑ̃t] *num* sechzig.
soja [sɔʒa] *nm* Soja *nt*.
sol [sɔl] *nm* Boden *m*; (*MUS*) G *nt*.
solaire [sɔlɛʀ] *a* Sonnen-.
soldat [sɔlda] *nm* Soldat *m*; **~ de plomb** Zinnsoldat *m*.
solde [sɔld(ə)] *nf* Sold *m* // *nm* (*FIN*) Saldo *m*; **~s** *nmpl ou fpl* (*COMM*) Ausverkauf *m*; **à la ~ de qn** in jds Sold; **en ~** zu reduziertem Preis.
solder [sɔlde] *vt (compte)* saldieren; *(marchandise)* ausverkaufen; **se ~ par** enden mit; **article soldé (à) 10F** auf 10F reduzierter Artikel.
sole [sɔl] *nf* Seezunge *f*.
solécisme [sɔlesism(ə)] *nm* Verstoß *m* gegen Sprachregeln.
soleil [sɔlɛj] *nm* Sonne *f*; (*BOT*) Sonnenblume *f*; **il fait (du) ~** die Sonne scheint; **au ~** in der Sonne; **en plein ~** in der prallen Sonne; **le ~ levant/couchant** die aufgehende/untergehende Sonne.
solennel, le [sɔlanɛl] *a* feierlich.
solennité [sɔlanite] *nf* Feierlichkeit *f*.
solfège [sɔlfɛʒ] *nm* allgemeine Musiklehre *f*.

solidaire [sɔlidɛʀ] *a (personnes)* solidarisch *(de* mit); *(choses, pièces mécaniques)* miteinander verbunden.
solidariser [sɔlidaʀize]: **se ~ avec qn** *vt* sich mit jdm solidarisch erklären.
solidarité [sɔlidaʀite] *nf* Solidarität *f;* Verbindung *f.*
solide [sɔlid] *a (mur, maison, meuble)* stabil; *(non liquide)* fest; *(amitié, institutions)* dauerhaft; *(partisan)* treu, zuverlässig; *(connaissances, argument)* solid, handfest; *(vigoureux, résistant)* kräftig, robust // *nm* Festkörper *m.*
solidifier [sɔlidifje] *vt (substance)* fest werden lassen; **se ~** *vi* erstarren.
solidité [sɔlidite] *nf* Stabilität *f;* Dauerhaftigkeit *f.*
soliloque [sɔlilɔk] *nm* Selbstgespräch *nt.*
solitaire [sɔlitɛʀ] *a* einsam; *(isolé)* einzelnstehend // *nm/f* Einsiedler(in *f*) *m* // *nm (diamant)* Solitär *m.*
solitude [sɔlityd] *nf* Einsamkeit *f.*
sollicitations [sɔlisitɑsjɔ̃] *nfpl* dringende Bitte *f.*
solliciter [sɔlisite] *vt (personne)* dringend bitten, anflehen; *(emploi)* sich bewerben um; *(faveur, audience)* bitten um; *(exciter)* reizen.
sollicitude [sɔlisityd] *nf* Fürsorge *f.*
solstice [sɔlstis] *nm* Sonnenwende *f.*
soluble [sɔlybl(ə)] *a* löslich.
solution [sɔlysjɔ̃] *nf* Lösung *f;* **~ de facilité** bequeme Lösung; **~ de continuité** Unterbrechung *f.*
solvable [sɔlvabl(ə)] *a* zahlungsfähig.
solvant [sɔlvɑ̃] *nm* Lösungsmittel *nt.*
sombre [sɔ̃bʀ(ə)] *a* dunkel; *(visage, avenir)* düster; *(personne)* finster; *(humeur)* schwarz.
sombrer [sɔ̃bʀe] *vi (bateau)* untergehen, sinken; **~ corps et biens** mit Mann und Maus untergehen; **~ dans la misère/le désespoir** ins Elend/in Verzweiflung verfallen.
sommaire [sɔmɛʀ] *a (bref)* kurz; *(repas)* einfach; *(examen)* oberflächlich // *nm* Zusammenfassung *f;* **exécution ~** Standgericht *nt.*
sommation [sɔmɑsjɔ̃] *nf* Aufforderung *f;* **faire feu sans ~** ohne Vorwarnung schießen.
somme [sɔm] *nf* Summe *f* // *nm:* **faire un ~** ein Nickerchen machen; **en ~** *ad* ingesamt; **~ toute** *ad* letzten Endes.
sommeil [sɔmɛj] *nm* Schlaf *m;* **avoir ~** müde *ou* schläfrig sein.
sommeiller [sɔmeje] *vi* schlummern.
sommelier [sɔməlje] *nm* Getränkekellner *m.*
sommer [sɔme] *vt:* **~ qn de** jdn auffordern, etw zu tun.
sommet [sɔmɛ] *nm* Gipfel *m; (d'une tour)* Spitze *f; (d'un arbre)* Wipfel *m; (MATH)* Scheitelpunkt *m.*
sommier [sɔmje] *nm (d'un lit)* Bettrost *m.*
sommité [sɔmite] *nf* Kapazität *f.*
somnambule [sɔmnɑ̃byl] *nm/f* Schlafwandler(in *f*) *m.*
somnifère [sɔmnifɛʀ] *nm* Schlafmittel *nt.*
somnoler [sɔmnɔle] *vi* dösen.
somptueux, euse [sɔ̃ptɥø, øz] *a* prunkvoll, prächtig.
son, sa, ses [sɔ̃,sa,se] *dét* sein(e); *(antécédent f)* ihr(e).
son [sɔ̃] *nm* Ton *m; (bruit)* Laut *m; (sonorité)* Klang *m; (PHYS)* Schall *m; (de mouture)* Kleie *f.*
sondage [sɔ̃daʒ] *nm (de terrain)* Bohrung *f; (enquête)* Umfrage *f;* **~ d'opinion** Meinungsumfrage *f.*
sonde [sɔ̃d] *nf* Raumsonde *f.*
sonder [sɔ̃de] *vt* untersuchen; *(terrain)* bohren; *(fig)* erforschen, ergründen; *(personne)* ausfragen.
songe [sɔ̃ʒ] *nm* Traum *m.*
songer [sɔ̃ʒe]: **~ à** *vt (penser à)* denken an (+*akk*); *(envisager)* daran denken, ...; **~ que** (be)denken, daß.
songeur, euse [sɔ̃ʒœʀ, øz] *a* nachdenklich.
sonnant, e [sɔnɑ̃, ɑ̃t] *a:* **à huit heures ~es** Schlag acht Uhr.
sonné, e [sɔne] *a (révolu):* **il a quarante ans bien ~s** er ist gut über

vierzig; *(fam: fou)* bekloppt.
sonner [sɔne] *vi (cloche)* läuten; *(TEL, réveil, à la porte)* klingeln; *(son métallique)* klingen, tönen // *vt* läuten; *(personne)* herbeiklingeln; *(messe)* läuten zu; *(assommer)* umwerfen; ~ **du clairon** ins Jagdhorn blasen; ~ **faux** falsch klingen; ~ **les heures** die Stunden schlagen.
sonnerie [sɔnʀi] *nf (son)* Klingeln *nt;* (: *d'horloge)* Schlagen *nt; (mécanisme)* Läutwerk *nt;* Schlagwerk *nt; (sonnette)* Klingel *f;* ~ **de clairon** Hörnerklang *m;* ~ **d'alarme** Alarm *m.*
sonnette [sɔnɛt] *nf* Klingel *f;* ~ **de nuit** Nachtglocke *f;* ~ **d'alarme** Alarmglocke *f.*
sono [sɔno] *nf (fam) abr de* **sonorisation.**
sonore [sɔnɔʀ] *a (métal)* klingend; *(voix)* laut; *(salle, pièce)* mit einer guten Akustik; *(LING)* stimmhaft; **ondes** ~**s** Schallwellen *pl;* **effets** ~**s** Klangeffekte *pl.*
sonorisation [sɔnɔʀizɑsjɔ̃] *nf (appareils)* Lautsprecheranlage *f.*
sonoriser [sɔnɔʀize] *vt (film)* mit Ton versehen; *(salle)* mit einer Lautsprecheranlage versehen.
sonorité [sɔnɔʀite] *nf* Klang *m; (d'un lieu)* Akustik *f;* ~**s** *nfpl* Töne *pl.*
sophistiqué, e [sɔfistike] *a* kultiviert; gekünstelt.
soporifique [sɔpɔʀifik] *a* einschläfernd; *(pej)* langweilig.
sorcellerie [sɔʀsɛlʀi] *nf* Hexerei *f.*
sorcier, ière [sɔʀsje, jɛʀ] *nm/f* Zauberer *m,* Zauberin *f;* Hexe *f* // *a:* **ce n'est pas** ~ *(fam)* das ist kein Kunststück.
sordide [sɔʀdid] *a (sale)* verdreckt, verkommen; *(mesquin)* gemein.
sornettes [sɔʀnɛt] *nfpl* Gefasel *nt.*
sort [sɔʀ] *nm* Schicksal *nt; (condition)* Los *nt; (magique):* **jeter un** ~ **sur qn** jdn verhexen; **un coup du** ~ ein Schicksalsschlag *m;* **le** ~ **en est jeté** die Würfel sind gefallen; **tirer au** ~ losen.
sorte [sɔʀt(ə)] *nf* Art *f,* Sorte *f;* **une** ~ **de** eine Art von; **de la** ~ *ad* so; **en quelque** ~ gewissermaßen; **de (telle)** ~ **que, en** ~ **que** *conj* so, daß.
sortie [sɔʀti] *nf* Ausgang *m; (action de sortir)* Hinausgehen *nt; (promenade)* Spaziergang *m; (MIL)* Ausfall *m; (parole incongrue)* Ausfall *m;* Beleidigung *f; (écoulement)* Austritt *m; (de produits, capitaux)* Export *m; (parution)* Erscheinen *nt; (somme dépensée)* Ausgabe *f;* **à sa** ~ als er/sie ging; ~ **de secours** Notausgang *m.*
sortilège [sɔʀtilɛʒ] *nm* Zauber *m.*
sortir [sɔʀtiʀ] *vi* hinausgehen; *(venir)* herauskommen; *(quitter chez soi)* ausgehen; *(partir)* (weg)gehen // *vt (mener dehors, au spectacle)* ausführen; *(chose)* herausnehmen *(de* aus); *(publier, mettre en vente)* herausbringen; *(fam: expulser)* hinauswerfen; ~ **de** kommen aus; *(pays)* verlassen; *(rôle, cadre)* hinausgehen über *(+akk);* **se** ~ **de** sich ziehen aus; **s'en** ~ durchkommen.
sosie [sozi] *nm/f* Doppelgänger(in *f*) *m.*
sot, sotte [so, sɔt] *a* dumm // *nm/f* Dummkopf *m.*
sottise [sɔtiz] *nf* Dummheit *f.*
sou [su] *nm:* **être près de ses** ~**s** ein Geizhals sein; **être sans le** ~ keinen roten Heller haben.
soubassement [subasmɑ̃] *nm (d'une construction)* Unterbau *m; (d'une colonne)* Sockel *m.*
soubresaut [subʀəso] *nm (de peur etc)* Satz *m; (d'un cheval)* Sprung *m; (d'un véhicule)* Ruck *m.*
souche [suʃ] *nf (d'un arbre)* Stumpf *m; (fig)* Stamm *m; (d'un registre, carnet)* Abschnitt *m;* **de vieille** ~ aus altem Geschlecht.
souci [susi] *nm* Sorge *f; (BOT)* Ringelblume *f;* **se faire du** ~ sich *(dat)* Sorgen machen.
soucier [susje]: **se** ~ **de** *vt* sich kümmern um.
soucieux, euse [susjø, øz] *a* bekümmert; **être** ~ **de son apparence** auf sein Äußeres Wert legen; **être** ~ **que** darauf Wert legen, daß; **peu** ~ **de/que...** sich wenig kümmernd um/daß.

soucoupe [sukup] *nf* Untertasse *f*.
soudain, e [sudɛ̃, ɛn] *a, ad* plötzlich.
soude [sud] *nf* Natron *nt;* Soda *nt*.
souder [sude] *vt (avec fil à souder)* löten; *(par soudure autogène)* schweißen; *(fig)* zusammenschweißen.
soudoyer [sudwaje] *vt* bestechen, kaufen.
soudure [sudyʀ] *nf* Löten *nt;* Schweißen *nt; (joint)* Lötstelle *f;* Schweißnaht *f*.
souffle [sufl(ə)] *nm* Atemzug *m; (respiration)* Atem *m; (d'une explosion)* Druckwelle *f; (du vent)* Wehen *nt; (très léger)* Hauch *m;* **retenir son ~** den Atem anhalten; **être à bout de ~** außer Atem sein; **avoir le ~ court** kurzatmig sein.
soufflé, e [sufle] *a (fam: ahuri)* baff // *nm (CULIN)* Soufflé *nt*.
souffler [sufle] *vi (vent)* wehen, blasen; *(haleter)* schnaufen; *(pour éteindre):* ~ **sur** blasen **auf** *(+akk)* // *vt (éteindre)* ausblasen; *(poussière, fumée)* wegpusten, wegblasen; *(sujet: explosion)* in die Luft sprengen; *(leçon, rôle)* eingeben, soufflieren; *(verre)* blasen; *(fam: voler)* klauen.
soufflet [suflɛ] *nm (instrument)* Blasebalg *m; (entre wagons)* Verbindungsgang *m; (gifle)* Ohrfeige *f*.
souffrance [sufʀɑ̃s] *nf* Leiden *nt;* **en ~** unerledigt.
souffrant, e [sufʀɑ̃, ɑ̃t] *a (personne)* unwohl; *(air)* leidend.
souffre-douleur [sufʀədulœʀ] *nm inv* Prügelknabe *m*.
souffreteux, euse [sufʀətø, øz] *a* kränklich.
souffrir [sufʀiʀ] *vi* leiden // *vt* (er)leiden; *(supporter)* ertragen, aushalten; *(admettre: exception, retard)* dulden; ~ **de qch** unter etw *(dat)* leiden; **ne pas pouvoir ~ qch** etw nicht leiden können.
soufre [sufʀ(ə)] *nm* Schwefel *m*.
souhait [swɛ] *nm* Wunsch *m;* **~s de bonne année** Neujahrswünsche *pl;* **à ~** *ad* nach Wunsch; **à vos ~s!** Gesundheit!
souhaitable [swɛtabl(ə)] *a* wünschenswert.
souhaiter [swete] *vt* wünschen.
souiller [suje] *vt* schmutzig machen; *(fig)* besudeln.
soûl, e [su, sul] *a* betrunken // *nm:* **boire/manger tout son ~** nach Herzenslust trinken/essen.
soulagement [sulaʒmɑ̃] *nm* Erleichterung *f*.
soulager [sulaʒe] *vt (personne)* erleichtern; *(douleur, peine)* lindern; ~ **qn de qch** *(fardeau)* jdm etw abnehmen.
soûler [sule] *vt* betrunken machen; *(fig)* benebeln, berauschen; **se ~** sich betrinken.
soulèvement [sulɛvmɑ̃] *nm (POL)* Aufstand *m*.
soulever [sulve] *vt* hochheben; *(poussière)* aufwirbeln; *(vagues)* erzeugen; *(pousser à se révolter)* aufhetzen; *(indigner)* empören; *(provoquer)* auslösen; *(question, débat)* aufwerfen; **se ~** *vi (se révolter)* sich auflehnen; *(se dresser)* sich aufrichten.
soulier [sulje] *nm* Schuh *m;* **~s plats/à talons hauts** flache/hochhackige Schuhe *pl*.
souligner [suliɲe] *vt* unterstreichen.
soumettre [sumɛtʀ(ə)] *vt (subjuguer)* unterwerfen; ~ **qn à qch** jdn etw *(dat)* unterziehen; ~ **qch à qn** jdm etw vorlegen; **se ~ (à)** sich unterwerfen *(+dat)*.
soumis, e [sumi, iz] *a (personne, air)* unterwürfig; *(peuples)* unterworfen; **~ à l'impôt** steuerpflichtig.
soumission [sumisjɔ̃] *nf* Unterwerfung *f; (docilité)* Unterwürfigkeit *f,* Gefügigkeit *f; (JUR)* Angebot *nt*.
soupape [supap] *nf* Ventil *nt;* **~ de sûreté** Sicherheitsventil *nt*.
soupçon [supsɔ̃] *nm* Verdacht *m; (petite quantité):* **un ~ de** eine Spur.
soupçonner [supsɔne] *vt (personne)* verdächtigen; *(piège, manœuvre)* vermuten.
soupçonneux, euse [supsɔnø, øz] *a* mißtrauisch.

soupe [sup] *nf* Suppe *f*; ~ **à l'oignon/de poisson** Zwiebel-/Fischsuppe *f*; ~ **au lait** *a inv* jähzornig, aufbrausend.
souper [supe] *vi* Abendbrot essen, zu Abend essen // *nm* Abendessen *nt*; **avoir soupé de qch** *(fam)* die Nase von etw voll haben.
soupeser [supəze] *vt* in der Hand wiegen; *(fig)* abwägen.
soupière [supjɛʀ] *nf* Suppenschüssel *f*.
soupir [supiʀ] *nm* Seufzer *m*; *(MUS)* Viertelpause *f*.
soupirail [supiʀaj] *nm* Kellerfenster *nt*.
soupirant [supiʀɑ̃] *nm* Verehrer *m*.
soupirer [supiʀe] *vi* seufzen; ~ **après qch** sich nach etw *(dat)* sehnen.
souple [supl(ə)] *a (branche)* biegsam; *(col, cuir)* weich; *(personne, membres)* gelenkig, geschmeidig; *(caractère, règlement)* flexibel; *(gracieux)* anmutig.
souplesse [suplɛs] *nf* Biegsamkeit *f*; Weichheit *f*; Gelenkigkeit *f*; Flexibilität *f*; Anmut *f*.
source [suʀs(ə)] *nf* Quelle *f*; ~ **de chaleur/lumineuse** Wärme-/Lichtquelle *f*; **prendre sa ~ à/dans** entspringen in *(+dat)*; **tenir qch de bonne ~** etw aus sicherer Quelle haben; ~ **d'eau minérale** Mineralquelle *f*.
sourcil [suʀsil] *nm* Augenbraue *f*; **froncer les ~s** die Stirn runzeln.
sourciller [suʀsije] *vi*: **ne pas ~** keine Miene verziehen; **sans ~** ohne mit der Wimper zu zucken.
sourcilleux, euse [suʀsijø, øz] *a (pointilleux)* kleinlich, pingelig.
sourd, e [suʀ, suʀd(ə)] *a (personne)* taub; *(peu sonore)* leise; *(douleur)* dumpf; *(lutte)* stumm; *(LING)* stimmlos // *nm/f* Taube(r) *mf*; **être ~ à** sich taub stellen gegenüber.
sourdine [suʀdin] *nf (MUS)* Dämpfer *m*; **en ~** *ad* leise; **mettre une ~ à** *(fig)* abmildern.
sourd-muet, sourde-muette [suʀmɥɛ, suʀdmɥɛt] *a* taubstumm // *nm/f* Taubstumme(r) *mf*.
sourdre [suʀdʀ(ə)] *vi* sprudeln; *(fig)* aufsteigen.
souricière [suʀisjɛʀ] Mausefalle *f*; *(fig)* Falle *f*.
sourire [suʀiʀ] *nm* Lächeln *nt* // *vi* lächeln; ~ **à qn** jdm zulächeln; **garder le ~** sich nicht unterkriegen lassen.
souris [suʀi] *nf* Maus *f*.
sournois, e [suʀnwa, waz] *a* heimtückisch.
sous [su] *prep* unter *(+dat)*; *(avec mouvement)* unter *(+akk)*; ~ **la pluie** im Regen; ~ **mes yeux** vor meinen Augen; ~ **terre** *ad* unterirdisch; ~ **peu** in Kürze, bald.
sous- [su] *pref* Unter-, unter-; **~-alimenté/peuplé** unterernährt/-bevölkert.
sous-bois [subwa] *nm inv* Unterholz *nt*.
sous-chef [suʃɛf] *nm* stellvertretende(r) Vorsteher(in *f*) *m*.
souscription [suskʀipsjɔ̃] *nf* Subskription *f*.
souscrire [suskʀiʀ]: ~ **à** *vt (emprunt)* etw zeichnen; *(publication)* subskribieren; *(approuver)* gutheißen.
sous-développé, e [sudevlɔpe] *a* unterentwickelt.
sous-directeur, trice [sudiʀɛktœʀ, tʀis] *nm/f* stellvertretende(r) Direktor(in *f*) *m*.
sous-emploi [suzɑ̃plwa] *nm* Unterbeschäftigung *f*.
sous-entendre [suzɑ̃tɑ̃dʀ] *vt* andeuten.
sous-entendu, e [suzɑ̃tɑ̃dy] *a* unausgesprochen; *(LING)* zu ergänzen // *nm* Andeutung *f*.
sous-estimer [suzɛstime] *vt* unterschätzen.
sous-exposer [suzɛkspoze] *vt* unterbelichten.
sous-jacent, e [suʒasɑ̃, ɑ̃t] *a* tieferliegend.
sous-location [sulɔkasjɔ̃] *nf* Untermiete *f*; **en ~** zur Untermiete.
sous-louer [sulwe] *vt (donner à loyer)* untervermieten; *(prendre à loyer)* als

Untermieter mieten.
sous-main [sumɛ̃] *nm inv* Schreibunterlage *f;* **en ~** *ad* unter der Hand.
sous-marin, e [sumaʀɛ̃, in] *a (flore)* Meeres-; *(navigation, pêche)* Unterwasser- // *nm* U-Boot *nt.*
sous-officier [suzɔfisje] *nm* Unteroffizier *m.*
sous-préfecture [supʀefɛktyʀ] *nf* Unterpräfektur *f.*
sous-produit [supʀɔdɥi] *nm* Nebenprodukt *nt; (pej)* Abklatsch *m.*
soussigné, e [susiɲe] *a:* **je ~...** ich, der Unterzeichnete...; **le/les ~(s)** der/die Unterzeichnete(n).
sous-sol [susɔl] *nm (sablonneux, calcaire)* Untergrund *m; (d'une construction)* Untergeschoß *nt;* **en ~** im Keller.
sous-titré, e [sutitʀe] *a* mit Untertiteln.
soustraction [sustʀaksjɔ̃] *nf* Subtraktion *f.*
soustraire [sustʀɛʀ] *vt (nombre)* subtrahieren, abziehen; *(dérober)* entziehen; **~ qn à qch** jdn vor etw *(dat)* schützen; **se ~ à** sich entziehen *(+dat).*
sous-traitance [sutʀɛtɑ̃s] *nf (COMM)* vertragliche Weitervergabe *f* von Arbeit.
sous-vêtements [suvɛtmɑ̃] *nmpl* Unterwäsche *f.*
soutane [sutan] *nf* Sutane *f.*
soute [sut] *nf* Laderaum *m;* **~ à bagages** Gepäckraum *m.*
soutenable [sutnabl(ə)] *a* vertretbar.
soutenance [sutnɑ̃s] *nf:* **~ de thèse** Rigorosum *nt.*
soutènement [sutɛnmɑ̃] *nm:* **mur de ~** Stützmauer *f.*
souteneur [sutnœʀ] *nm* Zuhälter *m.*
soutenir [sutniʀ] *vt* tragen; *(personne)* halten; *(consolider; empêcher de tomber)* stützen; *(réconforter, aider)* helfen *(+dat); (financièrement)* unterstützen; *(résister à)* aushalten; *(faire durer)* aufrechterhalten; *(affirmer)* verfechten, verteidigen; **~ que** behaupten, daß.
soutenu, e [sutny] *a (régulier)* anhaltend; *(style)* gehoben.
souterrain, e [sutɛʀɛ̃, ɛn] *a* unterirdisch // *nm* unterirdischer Gang *m.*
soutien [sutjɛ̃] *nm* Stütze *f;* **apporter son ~ à qn** jdn unterstützen; **~ de famille** *(ADMIN)* Ernährer *m.*
soutien-gorge [sutjɛ̃gɔʀʒ(ə)] *nm* Büstenhalter *m.*
soutirer [sutiʀe] *vt* ablocken.
souvenance [suvnɑ̃s] *nf:* **avoir ~ de** sich erinnern an *(+akk).*
souvenir [suvniʀ] *nm (réminiscence)* Erinnerung *f; (objet)* Andenken *nt // vb:* **se ~ de/que** sich erinnern an *(+akk)/,* daß; **en ~ de** zur Erinnerung an *(+akk);* **avec mes affectueux/meilleurs ~s** mit herzlichen Grüßen.
souvent [suvɑ̃] *ad* oft; **peu ~** selten.
souverain, e [suvʀɛ̃, ɛn] *a (état)* souverän, unabhängig; *(juge, cour)* oberste(r, s); *(mépris)* höchste(r, s) // *nm/f* Herrscher(in *f*) *m;* Staatsoberhaupt *nt;* **le ~ pontife** der Papst.
soviétique [sɔvjetik] *a* sowjetisch; **S~** *nm/f* Sowjetbürger(in *f*) *m.*
soyeux, euse [swajø, øz] *a* seidig.
spacieux, euse [spasjø, øz] *a* geräumig.
sparadrap [spaʀadʀa] *nm* Heftpflaster *nt.*
spasme [spasm(ə)] *nm* Krampf *m.*
spatial, e, aux [spasjal, o] *a* räumlich; *(AVIAT)* (Welt)raum-.
spatule [spatyl] *nf* Spachtel *m.*
speaker, ine [spikœʀ, in] *nm/f* Ansager(in *f*) *m.*
spécial, e, aux [spesjal, o] *a* speziell, besondere(r, s); *(droits, cas)* Sonder-; *(fam: bizarre)* eigenartig.
spécialement [spesjalmɑ̃] *ad* besonders, speziell.
spécialiser [spesjalize] *vt:* **se ~** sich spezialisieren.
spécialiste [spesjalist(ə)] *nm/f* Spezialist(in *f*) *m; (MED)* Facharzt *m,* Fachärztin *f.*
spécialité [spesjalite] *nf* Spezialgebiet *nt; (CULIN)* Spezialität *f.*

spécieux, euse [spesjø, øz] *a* trügerisch.
spécifier [spesifje] *vt* spezifieren; ~ **que** betonen, daß.
spécifique [spesifik] *a* spezifisch.
spécimen [spesimɛn] *nm* Probe(exemplar *nt*) *f*.
spectacle [spɛktakl(ə)] *nm (aspect)* Anblick *m; (représentation)* Aufführung *f*, Vorstellung *f*; **l'industrie du** ~ die Unterhaltungsindustrie; **se donner en** ~ *(pej)* sich zur Schau stellen.
spectateur, trice [spɛktatœʀ, tʀis] *nm/f* Zuschauer(in *f*) *m*.
spectre [spɛktʀ(ə)] *nm* Gespenst *nt; (PHYS)* Spektrum *nt*.
spéculateur, trice [spekylatœʀ, tʀis] *nm/f* Spekulant(in *f*) *m*.
spéculation [spekylɑsjɔ̃] *nf* Spekulation *f*.
spéculer [spekyle] *vi (méditer)* nachdenken *(sur* über *+akk); (FIN)* spekulieren *(sur* mit); *(compter sur)* rechnen mit.
spéléologie [speleɔlɔʒi] *nf* Höhlenforschung *f*.
spermatozoïde [spɛʀmatɔzɔid] *nm* Samen *m*, Sperma *nt*.
sperme [spɛʀm(ə)] *nm* Samenflüssigkeit *f*.
sphère [sfɛʀ] *nf* Kugel *f; (domaine)* Sphäre *f*, Bereich *m*; ~ **d'activité/d'influence** Wirkungs-/Einflußbereich *m*.
sphérique [sfeʀik] *a* rund.
sphincter [sfɛ̃ktɛʀ] *nm (ANAT)* Schließmuskel *m*.
spirale [spiʀal] *nf* Spirale *f*.
spirituel, le [spiʀitɥɛl] *a (immatériel)* geistlich; *(intellectuel)* geistig; *(plein d'esprit)* geistreich.
spiritueux [spiʀitɥø] *mpl* Spirituosen *pl*.
splendeur [splɑ̃dœʀ] *nf* Herrlichkeit *f*; Pracht *f*.
splendide [splɑ̃did] *a* herrlich.
spolier [spɔlje] *vt* berauben *(qn de* jdn *+gen)*.
spongieux, euse [spɔ̃ʒjø, øz] *a* schwammig.
spontané, e [spɔ̃tane] *a* spontan.
sport [spɔʀ] *nm* Sport *m*; **faire du** ~ Sport treiben; ~**s d'hiver** Wintersport *m*.
sportif, ive [spɔʀtif, iv] *a* sportlich; *(association, épreuve)* Sport-.
spot [spɔt] *nm (lampe)* Scheinwerfer *m*; ~ **(publicitaire)** Werbespot *m*.
sprint [spʀint] *nm* Sprint *m*, Endspurt *m*; **piquer un** ~ zum Sprint ansetzen.
square [skwaʀ] *nm* Grünanlage *f*.
squelette [skəlɛt] *nm* Skelett *nt*.
squelettique [skəletik] *a* (spindel)dürr; *(exposé, effectifs)* dürftig, kümmerlich.
stabiliser [stabilize] *vt* stabilisieren; *(terrain)* befestigen.
stabilité [stabilite] *nf* Stabilität *f*.
stable [stabl(ə)] *a* stabil.
stade [stad] *nm (SPORT)* Stadion *nt; (phase)* Stadium *nt*.
stage [staʒ] *nm* Praktikum *nt; (de perfectionnement)* Fortbildungskurs *m; (d'avocat, d'enseignant)* Referendarzeit *f*.
stagiaire [staʒjɛʀ] *nm/f* Praktikant(in *f*) *m*; Lehrgangs-/Kursteilnehmer(in *f*) *m*.
stagnant, e [stagnɑ̃, ɑ̃t] *a* stehend; *(fig)* stagnierend.
stalle [stal] *nf (de cheval)* (Pferde)box *f*.
stand [stɑ̃d] *nm (d'exposition)* Stand *m*; ~ **de tir** Schießstand *m*; ~ **de ravitaillement** Box *f*.
standard [stɑ̃daʀ] *a inv* genormt, Standard- // *nm (TEL)* Telefonzentrale *f*.
standardiser [stɑ̃daʀdize] *vt* normen, standardisieren.
standardiste [stɑ̃daʀdist(ə)] *nm/f* Telefonist(in *f*) *m*.
standing [stɑ̃diŋ] *nm (rang)* Status *m; (niveau de vie)* (finanzielle) Verhältnisse *pl*; **immeuble de grand** ~ Luxuswohnungen *pl*.
star [staʀ] *nf*: ~ **(de cinéma)** Filmstar *m*.
starter [staʀtɛʀ] *nm (AUT)* Choke(r) *m*.
station [stɑsjɔ̃] *nf (arrêt)* Haltestelle *f; (RADIO, TV)* Sender *m*;

(d'observation, de la croix) Station *f*; *(de villégiature)* Ferienort *m*; Kurort *m*; *(posture)*: **la ~ debout** die aufrechte Haltung, das Stehen; **~ de taxis** Taxistand *m*; **~ thermale** Thermalkurort *m*; **~ balnéaire/de sports d'hiver** Badeort *m*/ Wintersportort *m*.
stationnaire [stasjɔnɛʀ] *a (état)* gleichbleibend.
stationnement [stasjɔnmɑ̃] *nm* (*AUT*) Parken *nt*.
stationner [stasjɔne] *vi* parken.
station-service [stasjɔ̃sɛʀvis] *nf* Tankstelle *f*.
statique [statik] *a* (*ELEC*) statisch; *(fig)* unbewegt, starr.
statistique [statistik] *nf* Statistik *f*.
statue [staty] *nf* Statue *f*.
statuer [statɥe] *vi*: **~ sur qch** etw bestimmen.
stature [statyʀ] *nf (taille)* Größe *f*; Gestalt *f*; *(fig: importance)* Bedeutung *f*.
statut [staty] *nm* Status *m*; **~s** *nmpl (règlement)* Satzung *f*.
statutaire [statytɛʀ] *a* satzungsgemäß.
steak [stɛk] *nm* Steak *nt*.
stencil [stɛnsil] *nm* Matrize *f*.
sténo(dactylo) [stenɔdaktilo] *nm/f* Stenotypist (in *f*) *m*.
sténo(graphie) [stenɔgʀafi] *nf* Stenographie *f*; **prendre qch en sténo** etw stenographieren.
stéréo(phonie) [stereɔfɔni] *nf*: **la ~** die Stereophonie; **émission en ~** Stereosendung *f*.
stéréo(phonique) [stereɔfɔnik] *a* Stereo-.
stéréotype [stereɔtip] *nm* Klischee *nt*.
stérile [steril] *a* unfruchtbar; *(esprit)* steril.
stérilet [sterilɛ] *nm* (*MED*) Spirale *f*.
stériliser [sterilize] *vt* sterilisieren.
stérilité [sterilite] *nf* Sterilität *f*, Unfruchtbarkeit *f*.
sternum [stɛʀnɔm] *nm* Brustbein *nt*.
stick [stik] *nm* Stift *m*; *(déodorant)* Deostift *m*.
stigmate [stigmat] *nm* Stigma *nt*.
stigmatiser [stigmatize] *vt* brandmarken.
stimulant, e [stimylɑ̃, ɑ̃t] *a (encourageant)* aufmunternd; *(excitant)* anregend // *nm (fig)* Ansporn *m*.
stimuler [stimyle] *vt (personne)* stimulieren, anregen; *(appétit)* anregen; *(exportations)* beleben.
stipulation [stipylɑsjɔ̃] *nf* Bedingung *f*.
stipuler [stipyle] *vt (énoncer)* vorschreiben; *(préciser)* (eindeutig) angeben.
stock [stɔk] *nm (de marchandises)* Lagerbestand *m*; *(réserve)* Reserve *f*; *(fig)* Vorrat *m (de* an *+dat)*.
stocker [stɔke] *vt (marchandises)* (ein)lagern.
stockiste [stɔkist(ə)] *nm* (*COMM*) Händler *m*.
stoïque [stɔik] *a* stoisch.
stomacal, e, aux [stɔmakal, o] *a* Magen-.
stop [stɔp] *nm (signal routier)* Stoppschild *nt*; *(feu arrière)* Bremsleuchte *f*; *(dans un télégramme)* stop // *excl* stop!, halt!
stoppage [stɔpaʒ] *nm* Stopfen *nt*.
stopper [stɔpe] *vt* anhalten; *(machine)* abstellen; *(attaque)* aufhalten; (*COUTURE*) stopfen // *vi* (an)halten.
store [stɔʀ] *nm* Rollo *nt*; Rolladen *m*.
strabisme [stʀabism(ə)] *nm* Schielen *nt*.
strapontin [stʀapɔ̃tɛ̃] *nm (siège)* Notsitz *m*.
stratagème [stʀataʒɛm] *nm* List *f*.
stratégie [stʀateʒi] *nf* Strategie *f*.
stratégique [stʀateʒik] *a* strategisch.
stratifié, e [stʀatifje] *a* (*GEO*) geschichtet; (*TECH*) beschichtet.
strict, e [stʀikt(ə)] *a* streng; *(obligation)* strikt; *(sans ornements)* schlicht, schmucklos; **c'est son droit le plus ~** das ist sein gutes Recht; **dans la plus ~e intimité** im engsten Familienkreis; **au sens ~ du mot** im wahrsten Sinne des Wortes; **le ~ nécessaire** *ou* **minimum** das (Aller)notwendigste.

strictement [striktəmɑ̃] *ad (rigoureusement)* absolut; *(uniquement)* ausschließlich; *(sévèrement)* streng.
strident, e [stridɑ̃, ɑ̃t] *a* schrill, kreischend.
strie [stri] *nf (gen pl)* Streifen *m*.
strié, e [strije] *a* gerillt.
strip-teaseuse [striptizøz] *nf* Striptease-Tänzerin *f*, Stripperin *f*.
strophe [strɔf] *nf* Strophe *f*.
structure [stryktyr] *nf* Struktur *f*.
stuc [styk] *nm* Stuck *m*.
studieux, euse [stydjø, øz] *a* fleißig; *(vacances, retraite)* den Studien gewidmet, Studien-.
studio [stydjo] *nm (logement)* Einzimmerwohnung *f*; *(atelier)* Atelier *nt*; *(FILM, TV)* Studio *nt*.
stupéfaction [stypefaksjɔ̃] *nf* Verblüffung *f*.
stupéfait, e [stypefɛ, ɛt] *a* verblüfft.
stupéfiant, e [stypefjɑ̃, ɑ̃t] *a (étonnant)* verblüffend // *nm (drogue)* Rauschgift *nt*.
stupeur [stypœr] *nf (inertie)* Abgestumpftheit *f*; *(étonnement)* Verblüffung *f*.
stupide [stypid] *a* dumm.
stupidité [stypidite] *nf* Dummheit *f*.
style [stil] *nm* Stil *m*; **meuble de ~** Stilmöbel *nt*; **en ~ télégraphique** im Telegrammstil; **~ de vie** Lebensstil *m*.
stylé, e [stile] *a (domestique)* geschult.
stylisé, e [stilize] *a* stilisiert.
stylo [stilo] *nm*: **~ (à encre)** Füller *m*; **~-feutre** Filzstift *m*; **~ (à) bille** Kugelschreiber *m*.
su, e [sy] *pp de* **savoir** // *nm*: **au ~ de qn** mit jds Wissen.
suaire [sɥɛr] *nm* Leichentuch *nt*.
suave [sɥav] *a (odeur)* süß, angenehm; *(voix)* sanft, weich.
subalterne [sybaltɛrn(ə)] *a* subaltern, untergeordnet // *nm/f* Untergebene(r) *mf*.
subconscient, e [sypkɔ̃sjɑ̃, ɑ̃t] *nm*: **le ~** das Unterbewußtsein.
subdiviser [sybdivize] *vt* unterteilen.
subir [sybir] *vt* erleiden; *(conséquences)* tragen; *(influence, charme)* erliegen *(+dat)*; *(traitement)* sich unterziehen *(+dat)*; *(fam: supporter)* ertragen.
subit, e [sybi, it] *a* plötzlich.
subitement [sybitmɑ̃] *ad* plötzlich.
subjectif, ive [sybʒɛktif, iv] *a* subjektiv.
subjonctif [sybʒɔ̃ktif] *nm* Konjunktiv *m*.
subjuguer [sybʒyge] *vt* erobern.
sublime [syblim] *a* überragend; *(très beau)* wunderbar.
submerger [sybmɛrʒe] *vt* überschwemmen; *(fig)* überwältigen.
subordonné, e [sybɔrdɔne] *a* untergeordnet // *nm/f* Untergebene(r) *mf*.
subornation [sybɔrnasjɔ̃] *nf* Bestechung *f*.
subrepticement [sybrɛptismɑ̃] *ad* heimlich.
subside [sypsid] *nm* Zuschuß *m*, Beihilfe *f*.
subsidiaire [sypsidjɛr] *a*: **question ~** entscheidende Frage.
subsistance [sybzistɑ̃s] *nf* Unterhalt *m*; **pourvoir à la ~ de qn** für jds Unterhalt sorgen.
subsister [sybziste] *vi (rester)* bestehen; *(vivre)* leben.
substance [sypstɑ̃s] *nf (matière)* Substanz *f*, Stoff *m*; *(essentiel)* Wesentliche(s) *nt*; **en ~** *ad* im wesentlichen.
substantiel, le [sypstɑ̃sjɛl] *a (nourrissant)* nahrhaft; *(avantage, bénéfice)* wesentlich, bedeutend.
substantif [sypstɑ̃tif] *nm* Substantiv *nt*.
substituer [sypstitɥe] *vt*: **~ qn/qch à** jdn/etw ersetzen durch; **se ~ à qn** jdn ersetzen.
substitut [sypstity] *nm (d'un magistrat)* Vertreter *m*; *(succédané)* Ersatz *m*.
substitution [sypstitysjɔ̃] *nf* Ersetzen *nt*.
subterfuge [syptɛrfyʒ] *nm* List *f*; *(échappatoire)* Ausrede *f*.
subtil, e [syptil] *a* subtil; *(personne)*

feinsinnig.
subtiliser [syptilize] *vt (dérober):* ~ **qch (à qn)** jdm etw stibitzen.
subtilité [syptilite] *nf* Subtilität *f;* Feinsinn *m.*
subvenir [sybvəniʀ] ~ **à** *vt (besoin)* sorgen für; *(dépense)* bestreiten.
subvention [sybvɑ̃sjɔ̃] *nf* Subvention *f,* Zuschuß *m.*
subventionner [sybvɑ̃sjɔne] *vt* subventionieren.
subversif, ive [sybvɛʀsif, iv] *a* umstürzlerisch, subversiv.
suc [syk] *nm* Saft *m;* ~**s gastriques** Magensaft *m.*
succédané [syksedane] *nm* Ersatz *m.*
succéder [syksede]: ~ **à** *vt (successeur)* nachfolgen (+*dat*); *(chose)* folgen auf (+*akk*), kommen nach; **se** ~ *vi* aufeinanderfolgen.
succès [syksɛ] *nm* Erfolg *m;* **avec** ~ *ad* erfolgreich; **sans** ~ *ad* erfolglos, ohne Erfolg; ~ *pl* **(féminins)** Eroberungen *pl.*
successeur [syksesœʀ] *nm* Nachfolger(in *f*) *m; (héritier)* Erbe *m,* Erbin *f.*
successif, ive [syksesif, iv] *a* aufeinanderfolgend.
succession [syksesjɔ̃] *nf (patrimoine)* Erbe *nt; (transmission de pouvoir royal)* Thronfolge *f.*
succinct, e [syksɛ̃, ɛ̃t] *a* knapp, kurz und bündig.
succion [syksjɔ̃] *nf:* **bruit de** ~ Sauggeräusch *nt.*
succomber [sykɔ̃be] *vi (mourir)* umkommen; *(céder):* ~ **à** einer Sache *(dat)* unterliegen *ou* erliegen.
succulent, e [sykylɑ̃, ɑ̃t] *a* köstlich.
succursale [sykyʀsal] *nf* Filiale *f;* **magasin à** ~**s multiples** Ladenkette *f.*
sucer [syse] *vt (citron, orange)* (aus)saugen; *(pastille, bonbon)* lutschen; ~ **son pouce** am Daumen lutschen.
sucette [sysɛt] *nf (bonbon)* Lutscher *m; (de bébé)* Schnuller *m.*
sucre [sykʀ(ə)] *nm* Zucker *m;* ~ **de canne/betterave** Rohr-/Rübenzucker *m;* ~ **en morceaux/cristallisé/en poudre** Würfel-/Kristall-/Puderzucker *m.*
sucré, e [sykʀe] *a (tasse de thé etc)* gezuckert; *(produit alimentaire)* gesüßt; *(au goût)* süß; *(ton, voix)* (honig)süß.
sucrer [sykʀe] *vt (thé, café)* süßen; **se** ~ *(prendre du sucre)* Zucker nehmen; *(fam: faire des bénéfices)* absahnen.
sucrerie [sykʀəʀi] *nf (usine)* Zukkerraffinerie *f;* ~**s** *nfpl (bonbons)* Süßigkeiten *pl.*
sucrier, ière [sykʀije, ijɛʀ] *a* Zucker- // *nm (récipient)* Zuckerdose *f.*
sud [syd] *nm* Süden *m* // *a inv* Süd-, südlich; **au** ~ *(situation)* im Süden; *(direction)* nach Süden; **au** ~ **de** südlich von.
sud-américain, e [sydameʀikɛ̃, ɛn] *a* südamerikanisch.
sudation [sydɑsjɔ̃] *nf* Schwitzen *nt.*
sud-est [sydɛst] *nm* Südosten *m.*
sud-ouest [sydwɛst] *nm* Südwesten *m.*
Suède [sɥɛd] *nf:* **la** ~ Schweden *nt.*
suédois, e [sɥedwa, waz] *a* schwedisch; **S~, e** *nm/f* Schwede *m,* Schwedin *f.*
suer [sɥe] *vi* schwitzen; *(fam: se fatiguer)* sich abquälen // *vt (fig: exhaler)* ausstrahlen; *(bêtise)* strotzen vor (+*dat*).
sueur [sɥœʀ] *nf* Schweiß *m;* **en** ~ schweißgebadet; **avoir des** ~**s froides** *(fig)* in kalten Schweiß ausbrechen.
suffire [syfiʀ] *vi* reichen; **se** ~ unabhängig sein; **il suffit de... (pour que...)** man braucht nur... (damit...); **ça suffit!** jetzt reicht's!
suffisamment [syfizamɑ̃] *ad* genügend, ausreichend; ~ **de** genügend, genug.
suffisance [syfizɑ̃s] *nf (vanité)*Selbstgefälligkeit *f; (quantité):* **en** ~ zur Genüge.
suffisant, e [syfizɑ̃, ɑ̃t] *a* genügend, ausreichend; *(vaniteux)* selbstgefällig.
suffocation [syfɔkɑsjɔ̃] *nf*

Ersticken *nt*.
suffoquer [syfɔke] *vt* ersticken; *(chaleur)* erdrücken; *(fig)* überwältigen // *vi* *(personne)* ersticken.
suffrage [syfʀaʒ] *nm (voix)* Stimme *f*; *(approbation)*: **~s** Zustimmung *f*; *(méthode)*: ~ **universel/direct/indirect** allgemeines Wahlrecht *nt*/direkte/indirekte Wahl *f*.
suggérer [sygʒeʀe] *vt (conseiller)* vorschlagen; *(évoquer)* erinnern an *(+akk)*; *(insinuer)*: ~ **(à qn) que** (jdm) zu verstehen geben, daß.
suggestif, ive [sygʒɛstif, iv] *a* ausdrucksvoll, stimmungsvoll; *(érotique)* aufreizend.
suggestion [sygʒɛstjɔ̃] *nf (conseil)* Vorschlag *m*; *(PSYCH)* Suggestion *f*.
suicide [sɥisid] *nm* Selbstmord *m*.
suicider [sɥiside]: **se** ~ *vi* sich umbringen.
suie [sɥi] *nf* Ruß *m*.
suif [sɥif] *nm* Talg *m*.
suinter [sɥɛ̃te] *vi (liquide)* sickern; *(mur)* schwitzen.
Suisse [sɥis] *nf*: **la** ~ die Schweiz; ~ **romande** französische *ou* welsche Schweiz; ~ **allemande** *ou* **alémanique** deutsche Schweiz.
suisse [sɥis] *a* schweizerisch; **S~** *nm/f* Schweizer(in *f*) *m* // *nm (bedeau)* Küster *m*; ~ **romand, e** *a* welschschweizerisch; **~-allemand, e** *a* deutschschweizerisch.
suite [sɥit] *nf* Folge *f*; *(série)*: **une ~ de...** eine Reihe von...; *(liaison logique)* Zusammenhang *m*; *(appartement; MUS)* Suite *f*; *(escorte)* Gefolgschaft *f*; **~s** *nfpl (conséquences)* Folgen *pl*; **prendre la ~ de qn** jds Nachfolge antreten; **donner ~ à** weiterverfolgen; **faire ~ à** folgen auf *(+akk)*; **(faisant) ~ à votre lettre du...** mit Bezug auf Ihr Schreiben vom...; **de** ~ *ad* nacheinander; *(immédiatement)* sofort; **par la** ~ später; **à la ~ de** hinter *(+dat)*; *(à cause de)* aufgrund von; **avoir de la ~ dans les idées** logisch denken.
suivant, e [sɥivɑ̃, ɑ̃t] *a* folgend // *prep (selon)* gemäß *(+dat)*; je nach; **au ~!** der Nächste bitte!; **le jour ~** *ad* am Tag danach; **le client ~** der nächste Kunde.
suivi, e [sɥivi] *a (régulier)* regelmäßig; *(cohérent)* logisch; *(politique)* konsequent; **très ~** *(cours)* gut besucht; *(mode)* der/die viel Anklang findet; *(feuilleton)* vielgelesen.
suivre [sɥivʀ(ə)] *vt* folgen *(+dat)*; *(poursuivre; regarder)* verfolgen; *(accompagner)* begleiten; *(sujet: bagages)* (nach)folgen *(+dat)*; *(venir après)* folgen auf *(+akk)*; *(traitement)* befolgen; *(cours)* teilnehmen an *(+dat)*; *(être attentif à)* aufpassen bei; *(contrôler l'évolution de)* beobachten; *(COMM: article)* weiter führen // *vi* folgen; *(écouter attentivement)* aufpassen; **se ~** aufeinanderfolgen, nacheinander kommen; **~ des yeux** mit den Augen verfolgen; **faire ~** *(lettre)* nachsenden; **~ son cours** seinen Lauf nehmen; **à ~** Fortsetzung folgt.
sujet, te [syʒɛ, ɛt] *a*: **être ~ à** neigen zu; *(vertige etc)* leiden an *(+dat)* // *nm/f (d'un roi etc)* Untertan(in *f*) *m* // *nm (matière)* Gegenstand *m*; *(thème)* Thema *nt*; *(raison)* Anlaß *m (de* zu), Grund *m (de* für); *(élève)* Schüler(in *f*) *m*; *(LING)* Subjekt *nt*; **avoir ~ de se plaindre** Grund zum Klagen haben; **au ~ de** *prep* über *(+akk)*; **~ à caution** zweifelhaft; **~ de conversation** Gesprächsthema *nt*; **~ d'examen** *(SCOL)* Prüfungsstoff *m*/-frage *f*; **~ d'expérience** Versuchsperson *f*/-tier *nt*.
sujétion [syʒesjɔ̃] *nf (soumission)* Unterwerfung *f*; *(assujettissement)* Untertänigkeit *f*.
sulfater [sylfate] *vt (vignes)* (mit Kupferkalk) bespritzen.
sulfureux, euse [sylfyʀø, øz] *a* Schwefel-, schwefelig.
sulfurique [sylfyʀik] *a*: **acide ~** Schwefelsäure *f*.
summum [sɔmɔm] *nm*: **le ~ de** der Gipfel *(+gen)*.
super(carburant) [sypɛʀkaʀbyʀɑ̃]

nm Super(benzin) *nt*.
superbe [sypɛʀb(ə)] *a (très beau)* wundervoll, herrlich; *(remarquable)* phantastisch.
supercherie [sypɛʀʃəʀi] *nf* Betrug *m*, Täuschung *f*.
superficie [sypɛʀfisi] *nf (d'un terrain, appartement)* (Grund)fläche *f; (aspect extérieur)* Oberfläche *f*.
superficiel, le [sypɛʀfisjɛl] *a* oberflächlich; *(plaie)* leicht.
superflu, e [sypɛʀfly] *a* überflüssig // *nm:* **le** ~ das Überflüssige.
supérieur, e [sypeʀjœʀ] *a (du haut)* obere(s, r), Ober-; *(plus élevé):* ~ **(à)** höher (als); *(meilleur):* ~ **(à)** besser (als); *(excellent; arrogant)* überlegen // *nm/f (hiérarchique)* Vorgesetzte(r) *mf;* (*REL*) Superior(in *f*) *m;* Oberin *f;* ~ **en nombre** zahlenmäßig überlegen.
supériorité [sypeʀjɔʀite] *nf* Überlegenheit *f*.
superlatif [sypɛʀlatif] *nm* Superlativ *m*.
supermarché [sypɛʀmaʀʃe] *nm* Supermarkt *m*.
superposer [sypɛʀpoze] *vt* aufeinanderlegen/-stellen, stapeln; **se** ~ *vi (images, souvenirs)* sich vermischen; **lits superposés** Etagenbett *nt*.
superproduction [sypɛʀpʀɔdyksjɔ̃] *nf* (*FILM*) Monumentalfilm *m*.
supersonique [sypɛʀsɔnik] *a (avion, vitesse)* Überschall-.
superstitieux, euse [sypɛʀstisjø, øz] *a* abergläubig.
superstition [sypɛʀstisjɔ̃] *nf* Aberglaube *m*.
superstructure [sypɛʀstʀyktyʀ] *nf* Überbau *m;* (*NAVIG*) Aufbauten *pl*.
superviser [sypɛʀvize] *vt* beaufsichtigen.
supplanter [syplɑ̃te] *vt* verdrängen.
suppléance [sypleɑ̃s] *nf* Vertretung *f*.
suppléant, e [sypleɑ̃, ɑ̃t] *a* stellvertretend // *nm/f* Stellvertreter(in *f*) *m*.
suppléer [syplee] *vt (mot manquant)* ergänzen; *(lacune)* ausfüllen; *(défaut)* ausgleichen; *(remplacer)* vertreten; ~ **à qch** *(remédier à)* etw ausgleichen; *(remplacer)* etw ersetzen *(par* durch).
supplément [syplemɑ̃] *nm* Ergänzung *f; (au restaurant)* Extraportion *f; (d'un livre, dictionnaire)* Ergänzungsband *m; (d'un journal)* Beilage *f; (à payer)* Zuschlag *m;* **un** ~ **d'information** zusätzliche Informationen *pl*.
supplémentaire [syplemɑ̃tɛʀ] *a* zusätzlich.
supplication [syplikasjɔ̃] *nf* Bitte *f;* ~**s** *nfpl (adjurations)* Flehen *nt*.
supplice [syplis] *nm (peine corporelle)* Folter *f; (fig)* Qual *f;* **être au** ~ *(fig)* Folterqualen leiden.
supplier [syplije] *vt* anflehen.
supplique [syplik] *nf* Bittschrift *f*.
support [sypɔʀ] *nm* Stütze *f; (pour outils)* Ständer *m;* ~ **audio-visuel** audio-visuelles Hilfsmittel *nt;* ~ **publicitaire** Werbemittel *nt*.
supportable [sypɔʀtabl(ə)] *a* erträglich.
supporter [sypɔʀtɛʀ] *nm* Fan *m* // [sypɔʀte] *vt (porter)* tragen; *(: mur)* stützen; *(tolérer)* aushalten; dulden, ertragen; *(: chaleur, vin)* vertragen; ~ **que** ertragen, daß.
supposé, e [sypoze] *a* mutmaßlich.
supposer [sypoze] *vt* annehmen; *(impliquer)* voraussetzen; **en supposant** *ou* **à** ~ **que** vorausgesetzt, daß... .
supposition [sypozisjɔ̃] *nf (conjecture)* Vermutung *f*, Annahme *f*.
suppositoire [sypozitwaʀ] *nm* Zäpfchen *nt*.
suppression [sypʀesjɔ̃] *nf* Aufhebung *f*, Abschaffung *f*.
supprimer [sypʀime] *vt* abschaffen; *(mot, clause)* weglassen; *(obstacle, cloison)* beseitigen, entfernen; *(cause, douleur)* beheben; *(censurer)* nicht erscheinen lassen; *(qn)* beseitigen; ~ **qch à qn** jdm etw entziehen.
suppurer [sypyʀe] *vi* eitern.
supputer [sypyte] *vt* überschlagen,

berechnen.
suprématie [sypʀemasi] *nf* Überlegenheit *f;* (*POL*) Vormachtstellung *f.*
suprême [sypʀɛm] *a* oberste(r, s); *(bonheur, habileté)* höchste(r, s); *(ultime):* **un ~ espoir/effort** eine äußerste Hoffnung/Anstrengung.
sur [syʀ] *prep* auf *(+dat); (au-dessus de)* über *(+dat); (direction)* auf *(+akk); (par-dessus)* über *(+akk); (à propos de)* über *(+akk);* **un ~ 10** (*SCOL*) ein Sechser; **2 sur 20 sont venus** von 20 sind 2 gekommen; **4m ~ 2** 4m auf 2m; **~ sa recommandation** auf seine Empfehlung hin; **avoir une influence ~...** Einfluß haben auf *(+akk);* **avoir accident ~ accident** einen Unfall nach dem anderen haben; **~ ce** *ad* daraufhin; **je n'ai pas d'argent ~ moi** ich habe kein Geld bei mir.
sur, e [syʀ] *a* sauer, herb.
sûr, e [syʀ] *a* sicher; *(digne de confiance, fiable)* zuverlässig; **être ~ de qn** sich *(dat)* jds sicher sein; **~ de soi** selbstsicher; **le plus ~ est de...** das sicherste ist,... .
surabondance [syʀabɔ̃dɑ̃s] *nf (de produits, richesses)* Überfluß *m (de* an *+dat); (de couleurs, détails)* Überfülle *f (de* von).
suraigu, uë [syʀegy] *a* schrill.
surajouter [syʀaʒute] *vt:* **~ qch à** noch etw hinzufügen zu.
suranné, e [syʀane] *a* altmodisch.
surbaissé, e [syʀbese] *a* (*ARCHIT*) flach gewölbt.
surcharge [syʀʃaʀʒ(ə)] *nf (de passagers)* Überlastung *f; (de marchandises)* Überbelastung *f; (correction)* Beifügung *f,* Änderung *f.*
surchargé, e [syʀʃaʀʒe] *a* überladen.
surcharger [syʀʃaʀʒe] *vt (véhicule)* überbeladen; *(emploi du temps)* zu sehr belasten.
surchauffé, e [syʀʃofe] *a* überheizt; *(imagination, esprit)* überhitzt.
surchoix [syʀʃwa] *a inv* von bester Qualität.
surclasser [syʀklɑse] *vt* übertreffen.
surcouper [syʀkupe] *vt* (*CARTES*) übertrumpfen.
surcroît [syʀkʀwa] *nm:* **un ~ de travail/d'inquiétude** zusätzliche Arbeit/Sorgen; **par** *ou* **de ~** obendrein.
surdité [syʀdite] *nf* Taubheit *f;* **atteint de ~ totale** völlig taub.
sureau, x [syʀo] *nm* Holunder *m.*
surélever [syʀɛlve] *vt* aufstocken.
sûrement [syʀmɑ̃] *ad* sicher.
suremploi [syʀɑ̃plwa] *nm* Überbeschäftigung *f.*
surenchère [syʀɑ̃ʃɛʀ] *nf* höheres Gebot *nt;* **la ~ électorale** das gegenseitige Übertrumpfen im Wahlkampf.
surenchérir [syʀɑ̃ʃeʀiʀ] *vi* höher bieten.
surestimer [syʀɛstime] *vt (objet)* überbewerten; *(possibilité, personne)* überschätzen.
sûreté [syʀte] *nf* Sicherheit *f,* Zuverlässigkeit *f; (garantie)* Sicherheit *f;* **la S~ (nationale)** der Sicherheitsdienst; **être/mettre en ~** in Sicherheit sein/bringen; **pour plus de ~** zur Sicherheit.
surexciter [syʀɛksite] *vt* überreizen.
surexposer [syʀɛkspoze] *vt* überbelichten.
surf [sœʀf] *nm* Surfing *nt;* **faire du ~** surfen.
surface [syʀfas] *nf* Oberfläche *f;* (*MATH*) Fläche *f;* **faire ~** auftauchen; **en ~** *(fig)* oberflächlich (gesehen); **100m² de ~** 100m² Fläche; **~ de réparation** Strafraum *m.*
surfait, e [syʀfɛ, ɛt] *a* überbewertet.
surfin, e [syʀfɛ̃, in] *a* hochfein.
surgelé, e [syʀʒəle] *a* tiefgekühlt.
surgir [syʀʒiʀ] *vi (jaillir)* hervorbrechen; *(personne, véhicule)* (plötzlich) auftauchen.
surhumain, e [syʀymɛ̃, ɛn] *a* übermenschlich.
surimposer [syʀɛ̃poze] *vt (surtaxer)* übermäßig besteuern.

surimpression [syrɛ̃presjɔ̃] *nf* (*PHOT*) Doppelbelichtung *f;* **en ~** *(fig)* obendrein.
sur-le-champ [syrləʃɑ̃] *ad* sofort, auf der Stelle.
surlendemain [syrlɑ̃dmɛ̃] *nm:* **le ~** der übernächste Tag, am übernächsten Tag; **le ~ de** zwei Tage nach.
surmenage [syrmənaʒ] *nm* Überanstrengung *f.*
surmener [syrməne] *vt* überanstrengen, überfordern; **se ~** sich überanstrengen.
surmonter [syrmɔ̃te] *vt (être au dessus de)* sich erheben über *(+dat); (dompter, dominer)* überwinden.
surmultiplié, e [syrmyltiplije] *a:* **vitesse ~e** Overdrive *m.*
surnager [syrnaʒe] *vi* obenauf schwimmen; *(fig)* übrigbleiben.
surnaturel, le [syrnatyrɛl] *a* übernatürlich; *(extraordinaire)* außergewöhnlich.
surnom [syrnɔ̃] *nm* Spitzname *m.*
surnombre [syrnɔ̃br(ə)] *nm:* **en ~** in der Überzahl.
surnommer [syrnɔme] *vt* taufen.
surpasser [syrpase] *vt* übertreffen; **se ~** *vt* sich selbst übertreffen.
surpeuplé, e [syrpœple] *a (région)* übervölkert; *(maison)* überfüllt.
surplis [syrpli] *nm* Chorhemd *nt.*
surplomb [syrplɔ̃] *nm* Überhang *m.*
surplomber [syrplɔ̃be] *vi (mur)* überragen // *vt* überragen.
surplus [syrply] *nm* (*COMM*) Überschuß *m; (reste):* **~ de bois/ tissu** Holz-/Stoffrest *m.*
surprenant, e [syrprənɑ̃, ɑ̃t] *a* überraschend, erstaunlich.
surprendre [syrprɑ̃dr(ə)] *vt* überraschen; *(secret)* herausfinden; *(conversation)* mithören; *(clin d'œil)* mitbekommen; *(ennemi)* überrumpeln; **se ~ à faire qch** sich bei etw erwischen *ou* ertappen.
surprime [syrprim] *nf* Zuschlagsprämie *f.*
surpris, e [syrpri, iz] *a* überrascht.
surprise [syrpriz] *nf* Überraschung *f;* **faire une ~ à qn** jdn überraschen; **par ~** *ad* überraschend.
surréaliste [syrrealist(ə)] *a* surrealistisch.
sursaut [syrso] *nm* Zusammenzucken *nt;* **~ d'énergie/ d'indignation** Energieanwandlung *f*/plötzlicher Ausbruch der Entrüstung; **se réveiller en ~** aus dem Schlaf auffahren.
sursauter [syrsote] *vi* zusammenfahren.
surseoir [syrswar]: **~ à** *vt* aufschieben; (*JUR*) aussetzen.
sursis [syrsi] *nm* Aufschub *m;* (*MIL*) Zurückstellung *f;* (*JUR*) Bewährungsfrist *f;* **avec ~** auf Bewährung.
sursitaire [syrsitɛr] *nm* (*MIL*) Zurückgestellte(r) *m.*
surtaxe [syrtaks(ə)] *nf* (*POSTE: supplément*) Zuschlag *m;(: amende)* Nachporto *nt.*
surtout [syrtu] *ad* besonders; **cet été, il a ~ fait de la pêche** in diesem Sommer hat er hauptsächlich geangelt; **~ ne dites rien!** sagen Sie bloß nichts; **~ pas!** bestimmt nicht!, bitte nicht!; **~ que...** um so mehr, als... .
surveillance [syrvɛjɑ̃s] *nf* Überwachung *f; (d'un gardien)* Aufsicht *f;* **être sous la ~ de qn** unter jds Aufsicht stehen; **sous ~ médicale** unter ärztlicher Beobachtung; **Direction de la ~ du territoire (D.S.T.)** Geheimdienst *m.*
surveillant, e [syrvɛjɑ̃, ɑ̃t] *nm/f* Aufseher(in *f*) *m.*
surveiller [syrveje] *vt* überwachen; (*SCOL*) beaufsichtigen; **se ~** sich beherrschen; **~ son langage/ sa ligne** auf seine Sprache/Linie achten.
survenir [syrvənir] *vi* eintreten, vorkommen; *(personne)* auftauchen.
survêtement [syrvɛtmɑ̃] *nm* Trainingsanzug *m.*
survie [syrvi] *nf* Überleben *nt;* (*REL*) (Fort)leben *nt* nach dem Tode.
survivant, e [syrvivɑ̃, ɑ̃t] *nm/f* Überlebende(r) *mf; (d'une personne)*

Hinterbliebene(r) *mf.*
survivre [syʀvivʀ(ə)] *vi* überleben *(à +akk).*
survoler [syʀvɔle] *vt* überfliegen.
survolté, e [syʀvɔlte] *a (ELEC)* hinauftransformiert; *(personne, ambiance)* überreizt.
sus [sy(s)]: **en ~ de** *prep* zusätzlich zu; **en ~** *ad* zusätzlich; **~ à l'ennemi!** auf den Feind!
susceptible [sysɛptibl(ə)] *a (trop sensible)* empfindlich; *(capable de):* **être ~ de modification** geändert werden können; **être ~ de faire qch** etw tun können.
susciter [sysite] *vt* hervorrufen.
susdit, e [sysdi, dit] *a* obengenannt.
suspect, e [syspɛ(kt), ɛkt(ə)] *a (personne, attitude)* verdächtig; *(témoignage, opinion)* zweifelhaft // *nm/f (JUR)* Verdächtige(r) *mf;* **être ~ de qch** einer Sache *(gen)* verdächtigt werden.
suspecter [syspɛkte] *vt (personne)* verdächtigen; *(honnêteté de qn)* anzweifeln; **~ qn de qch/faire qch** jdn einer Sache *(gen)* verdächtigen/ jdn verdächtigen, etw zu tun.
suspendre [syspɑ̃dʀ(ə)] *vt (accrocher)* aufhängen; *(interrompre)* einstellen; *(séance, jugement)* aufheben; *(interdire)* verbieten; *(démettre)* suspendieren; **se ~ à** sich *(akk)* hängen an (+*dat*).
suspendu, e [syspɑ̃dy] *a (accroché):* **être ~ à** hängen an (+*dat*); *(perché):* **~ au-dessus de** schwebend über (+*dat*); **voiture bien/mal ~e** gut/ schlecht gefedertes Auto; **être ~ aux lèvres de qn** jdm an den Lippen hängen.
suspens [syspɑ̃]: **en ~** *ad* in der Schwebe; nicht entschieden; **tenir en ~** fesseln, in Spannung halten.
suspense [syspɛns] *nm* Spannung *f.*
suspension [syspɑ̃sjɔ̃] *nf (voir* **suspendre**) Einstellung *f;* Aufhebung *f;* Verbot *nt;* Suspendierung *f; (AUT)* Federung *f; (lustre)* Hängelampe *f;* **en ~** schwebend; **~ d'audience** Vertagung *f.*
suspicion [syspisjɔ̃] *nf* Verdacht *m.*
sustenter [systɑ̃te]: **se ~** *vi* sich stärken.
susurrer [sysyʀe] *vt* flüstern.
suture [sytyʀ] *nf:* **point de ~** Stich *m.*
suturer [sytyʀe] *vt* nähen.
svelte [svɛlt(ə)] *a* schlank.
S.V.P. *sigle (= s'il vous plaît)* bitte.
syllabe [silab] *nf* Silbe *f.*
sylviculture [silvikyltyʀ] *nf* Forstwirtschaft *f.*
symbole [sɛ̃bɔl] *nm* Symbol *nt.*
symbolique [sɛ̃bɔlik] *a* symbolisch.
symétrie [simetʀi] *nf* Symmetrie *f.*
symétrique [simetʀik] *a* symmetrisch.
sympa [sɛ̃pa] *a (fam) abr de* **sympathique.**
sympathie [sɛ̃pati] *nf (affinité)* Sympathie *f; (participation à douleur)* Mitgefühl *nt;* **accueillir un projet avec ~** einem Vorhaben wohlwollend gegenüberstehen; **témoignages de ~** *(lors d'un deuil)* Beileidsbekundungen *pl;* **croyez à toute ma ~** mein aufrichtiges Beileid.
sympathique [sɛ̃patik] *a* sympathisch; *(repas, réunion, endroit)* nett.
sympathisant, e [sɛ̃patizɑ̃, ɑ̃t] *n m/f (POL)* Sympathisant(in *f*) *m.*
sympathiser [sɛ̃patize] *vi (s'entendre)* sich gut verstehen.
symphonie [sɛ̃fɔni] *nf* Sinfonie *f.*
symphonique [sɛ̃fɔnik] *a:* **orchestre/concert ~** Sinfonieorchester *nt*/-konzert *nt;* **musique ~** sinfonische Musik *f.*
symptôme [sɛ̃ptom] *nm (MED)* Symptom *nt; (fig)* Anzeichen *nt.*
synagogue [sinagɔg] *nf* Synagoge *f.*
synchroniser [sɛ̃kʀɔnize] *vt* synchronisieren.
syncope [sɛ̃kɔp] *nf* Ohnmacht *f;* **tomber en ~** ohnmächtig werden.
syndic [sɛ̃dik] *nm (d'un immeuble)* Verwalter *m.*
syndical, e, aux [sɛ̃dikal, o] *a* gewerkschaftlich; **centrale ~e** Gewerkschaftshaus *nt.*
syndicaliste [sɛ̃dikalist] *nm/f* Gewerkschaft(l)er(in *f*) *m.*

syndicat [sɛ̃dika] *nm* Gewerkschaft *f*; *(association d'intérêts)* Verband *m*; ~ **patronal** Arbeitgeberverband *m*; ~ **de propriétaires** Eigentümerverband *m*; ~ **d'initiative** Fremdenverkehrsverein *m*.
syndiqué, e [sɛ̃dike] *a* gewerkschaftlich organisiert; *(personne)* einer Gewerkschaft angeschlossen.
syndiquer [sɛ̃dike]: **se** ~ *vi* sich gewerkschaftlich organisieren; *(adhérer)* in die Gewerkschaft eintreten.
synonyme [sinɔnim] *a* synonym *(de* mit) // *nm* Synonym *nt*.
synoptique [sinɔptik] *a*: **tableau** ~ Übersichtstafel *f*.
synovie [sinɔvi] *nf*: **épanchement de** ~ Wasser *nt* im Knie.
syntaxe [sɛ̃taks(ə)] *nf* Syntax *f*.
synthèse [sɛ̃tɛz] *nf* Synthese *f*.
synthétique [sɛ̃tetik] *a* synthetisch.
syphilis [sifilis] *nf* Syphilis *f*.
Syrie [siʀi] *nf*: **la** ~ Syrien *nt*.
systématique [sistematik] *a* systematisch.
système [sistɛm] *nm* System *nt*; **le** ~ **nerveux** das Nervensystem; **le** ~ **métrique** das metrische System; **le** ~ **décimal** das Dezimalsystem; **le** ~ **D** Selbsthilfe *f*.

T

t' [t(ə)] *pron voir* **te.**
ta [ta] *dét voir* **ton.**
tabac [taba] *nm* Tabak *m*; Tabakwarengeschäft *nt*; ~ **blond/brun** heller/dunkler Tabak; ~ **à priser** Schnupftabak.
table [tabl(ə)] *nf* Tisch *m*; *(liste)* Verzeichnis *nt*; *(numérique)* Tabelle *f*; **à** ~ zu Tisch!, Essen ist fertig!; **se mettre à** ~ sich zu Tisch setzen; *(fig)* reden; **faire** ~ **rase de** Tabula rasa machen mit; ~ **d'écoute** Abhörgerät *nt*; ~ **ronde** *(fig)* runder Tisch; ~ **des matières** Inhaltsverzeichnis *nt*; ~ **de nuit** *ou* **de chevet** Nachttisch(chen *nt*) *m*.
tableau, x [tablo] *(ART)* Gemälde *nt*, Bild *nt*; *(fig)* Schilderung *f*; *(répertoire)* Tafel *f*; *(schéma)* Tabelle *f*; ~ **d'affichage** Anschlagbrett *nt*; ~ **de bord** Armaturenbrett *nt*; ~ **noir** *(SCOL)* Tafel *f*.
tabler [table] *vi*: ~ **sur** rechnen mit.
tablette [tablɛt] *nf* *(planche)* (Regal)brett *nt*; ~ **de chocolat** Tafel *f* Schokolade.
tablier [tablije] *nm* Schürze *f*.
tabou [tabu] *nm* Tabu *nt* // *a* tabu.
tabouret [tabuʀɛ] *nm* Schemel *m*, Hocker *m*.
tabulateur [tabylatœʀ] *nm* Tabulator *m*.
tac [tak] *nm*: **du** ~ **au** ~ Schlag auf Schlag.
tache [taʃ] *nf* Fleck *m*; ~**s de rousseur** *ou* **de son** Sommersprossen *pl*.
tâche [taʃ] *nf* Aufgabe *f*; **travailler à la** ~ im Akkord arbeiten.
tacher [taʃe] *vt* fleckig *ou* schmutzig machen; *(fig)* beflecken; **se** ~ *(fruits)* fleckig werden.
tâcher [taʃe] *vi*: ~ **de faire** versuchen zu machen.
tacite [tasit] *a* stillschweigend.
taciturne [tasityʀn(ə)] *a* schweigsam.
tacot [tako] *nm (fam)* Karre *f*.
tact [takt] *nm* Takt *m*, Feingefühl *nt*; **avoir du** ~ Takt haben.
tactique [taktik] *a* taktisch // *nf* Taktik *f*.
taffetas [tafta] *nm* Taft *m*.
taie [tɛ] *nf*: ~ **(d'oreiller)** Kopfkissenbezug *m*.
taille [tɑj] *nf (action)* Behauen *nt*, Schliff *m*; Beschneiden *nt*, Schnitt *m*; *(milieu du corps)* Taille *f*; *(grandeur)* Größe *f*; *(fig)* Format *nt*; **être de** ~ **à faire** imstande *ou* fähig sein zu tun; **de** ~ *(important)* gewaltig.
taille-crayon(s) [tɑjkʀɛjɔ̃] *nm* Bleistiftspitzer *m*.
tailler [taje] *vt (pierre)* behauen; *(diamant)* schleifen; *(arbre, plante)* beschneiden; *(vêtement)* zuschneiden; *(crayon)* spitzen; *vi*: ~ **dans la chair/le bois** ins Fleisch/Holz schneiden; **se** ~ **la barbe** sich

(dat) den Bart stutzen.
tailleur [tajœʀ] *nm (couturier)* Schneider *m; (vêtement)* Kostüm *nt;* **en ~** *(assis)* im Schneidersitz; **~ de diamants** Diamantenschleifer *m.*
taillis [taji] *nm* Dickicht *nt.*
taire [tɛʀ] *vt* verschweigen // *vi:* **faire ~ qn** jdn zum Schweigen bringen; **se ~** *vi* schweigen; *(s'arrêter de parler)* verstummen; **tais-toi!/taisez-vous!** sei/seid still!
talc [talk] *nm* Talk *nt.*
talent [talɑ̃] *nm* Talent *nt.*
talon [talɔ̃] *nm* Ferse *f; (de chaussure)* Absatz *m; (de jambon, pain)* Ende *nt,* Kanten *m; (de chèque, billet)* Abschnitt *m;* **~s plats/aiguilles** flache/spitze Absätze.
talonner [talɔne] *vt* dicht folgen *(+dat); (harceler)* hart verfolgen; (*RUGBY*) hetzen.
talus [taly] *nm* Böschung *f.*
tambour [tɑ̃buʀ] *nm* Trommel *f; (musicien)* Trommler *m; (porte)* Drehtür *f.*
tamis [tami] *nm* Sieb *nt.*
tamisé, e [tamize] *a (lumière, ambiance)* gedämpft.
tamiser [tamize] *vt* sieben.
tampon [tɑ̃pɔ̃] *nm (d'ouate)* (Watte)bausch *m,* Tupfer *m; (amortisseur)* Puffer *m; (bouchon)* Stöpsel *m; (timbre)* Stempel *m;* **~ (hygiénique)** Tampon *m.*
tamponner [tɑ̃pɔne] *vt (timbres)* stempeln; *(heurter)* zusammenstoßen mit; **se ~** *vt (voitures)* aufeinanderfahren.
tamponneur, euse [tɑ̃pɔnøʀ, øz] *a:* **autos ~euses** (Auto)skooter *pl.*
tandis [tɑ̃di]: **~ que** *conj* während.
tangent, e [tɑ̃ʒɑ̃, ɑ̃t] *a (MATH)*: **~ à** tangential zu; *(fam: de justesse)* knapp // *nf (MATH)* Tangente *f.*
tangible [tɑ̃ʒibl(ə)] *a* greifbar.
tanguer [tɑ̃ge] *vi* stampfen.
tanière [tanjɛʀ] *nf* Höhle *f.*
tank [tɑ̃k] *nm (char)* Panzer *m; (citerne)* Tank *m.*
tanker [tɑ̃kɛʀ] *nm* Tanker *m.*
tanné, e [tane] *a (bronzé)* braungebrannt.
tanner [tane] *vt (cuir)* gerben.
tannerie [tanʀi] *nf* Gerberei *f.*
tant [tɑ̃] *ad* so, so viel, so sehr; **~ de** *(quantité)* so viel; *(nombre)* so viele; **~ que** *conj* so, daß; **~ que** *(aussi longtemps que)* solange...; **~ que** *(comparatif)* so(viel) wie; **~ mieux** um so besser; **~ pis** macht nichts; **~ pis pour lui** sein Pech; **~ soit peu** ein bißchen.
tante [tɑ̃t] *nf* Tante *f.*
tantôt [tɑ̃to] *ad (cet après-midi)* heute nachmittag; **~ ... ~ ...** bald ... bald... .
taon [tɑ̃] *nm* Bremse *f.*
tapage [tapaʒ] *nm (bruit)* Lärm *m;* **~ nocturne** nächtliche Ruhestörung *f.*
tapageur, euse [tapaʒœʀ, øz] *a (bruyant)* lärmend, laut; *(voyant)* auffallend.
tape [tap] *nf* Klaps *m.*
tape-à-l'œil [tapalœj] *a inv* protzig.
taper [tape] *vt* schlagen; *(dactylographier)* tippen, schreiben; *(fam: emprunter)*: **~ qn de 10 F** jdn um 10 F anpumpen // *vi (soleil)* stechen; **~ sur qn** jdn verhauen; *(fam: fig)* jdn schlechtmachen; **~ sur qch** schlagen auf *(+akk);* **~ dans** *vt (se servir)* kräftig zugreifen bei; **~ à la porte** an die Tür klopfen; **~ des mains/pieds** in die Hände klatschen/mit den Füßen stampfen; **~ (à la machine)** tippen.
tapi, e [tapi] *a:* **~ dans/derrière** hockend *ou* kauernd in/hinter *(+dat); (caché)* versteckt in/hinter *(+dat).*
tapis [tapi] *nm* Teppich *m;* **mettre sur le ~** *(fig)* aufs Tapet bringen; **~ -brosse** Schuhabstreifer *m;* **~ de sol** Bodenplane *f;* **~ roulant** Fließband *nt.*
tapisser [tapise] *vt* tapezieren; *(fig)* beziehen *(de* mit).
tapisserie [tapisʀi] *nf (tenture)* Wandteppich *m; (broderie)* Gobelin *m; (: travail)* Gobelinarbeit *f,* Sticken *nt; (papier peint)* Tapete *f.*
tapissier, ière [tapisje, jɛʀ] *nm/f:* **~ (-décorateur)** Tapezierer(in *f*) *m.*
tapoter [tapɔte] *vt* sanft klopfen auf *(+akk).*

taquet [takɛ] *nm (coin, cale)* Keil *m.*
taquiner [takine] *vt* necken.
tarabiscoté, e [taʀabiskɔte] *a* überladen.
tard [taʀ] *ad* spät; **plus** ~ später; **au plus** ~ spätestens; **sur le** ~ spät, in vorgerücktem Alter.
tarder [taʀde] *vi (chose)* lange brauchen; *(personne)*: ~ **à faire qch** etw hinausschieben; **il me tarde d'arriver** ich wäre am liebsten schon da; **sans (plus)** ~ ohne (weitere) Verzögerung.
tardif, ive [taʀdif, iv] *a* spät.
targuer [taʀge]: **se** ~ **de** *vt* sich brüsten mit.
tarif [taʀif] *nm* Tarif *m; (liste)* Preisliste *f.*
tarifer [taʀife] *vt* einen Tarif festsetzen für.
tarir [taʀiʀ] *vi* versiegen // *vt* erschöpfen.
tarte [taʀt(ə)] *nf* Kuchen *m;* ~ **aux pommes** Apfelkuchen.
tartelette [taʀtəlɛt] *nf* Törtchen *nt.*
tartine [taʀtin] *nf* Schnitte *f;* ~ **au miel** Honigschnitte *f.*
tartiner [taʀtine] *vt* (be)streichen; **fromage à** ~ Streichkäse *m.*
tartre [taʀtʀ(ə)] *nm (des dents)* Zahnstein *m; (de chaudière)* Kesselstein *m.*
tas [tɑ] *nm* Haufen *m; (fig)*: **un** ~ **de** eine Menge...; **formé sur le** ~ am Arbeitsplatz ausgebildet.
tasse [tɑs] *nf* Tasse *f.*
tasser [tɑse] *vt (terre, neige)* festtreten, feststampfen; *(entasser)*: ~**qch dans** etw stopfen in *(+akk)*; **se** ~ *vi* sich senken; *(problème)* sich geben.
tâter [tɑte] *vt* abtasten; ~ **de** *(prison etc)* ausprobieren; **se** ~ *(hésiter)* unschlüssig sein.
tâtonnement [tɑtɔnmɑ̃] *nm* tastender Versuch *m.*
tâtonner [tɑtɔne] *vi* herumtappen; *(fig)* im Dunkeln tappen.
tâtons [tɑtɔ̃]: **à** ~ *ad*: **chercher à** ~ tastend suchen; **avancer à** ~ sich vorantasten.
tatouer [tatwe] *vt* tätowieren.
taudis [todi] *nm* Bruchbude *f.*
taupe [top] *nf* Maulwurf *m.*
taureau, x [tɔʀo] *nm* Stier *m;* **le T**~ *(ASTR)* der Stier.
tauromachie [tɔʀɔmaʃi] *nf* Stierkampf *m.*
taux [to] *nm* Rate *f; (d'alcool, cholestérol)* Spiegel *m;* ~ **d'intérêt** Zinsfuß *m,* Zinssatz *m;* ~ **de mortalité** Sterblichkeitsziffer *f ou* -rate *f.*
taxe [taks(ə)] *nf (impôt)* Steuer *f; (douanière)* Zoll *m;* ~ **de séjour** Kurtaxe *f;* ~ **sur la valeur ajoutée (T.V.A.)** Mehrwertsteuer *f.*
taxer [takse] *vt* besteuern; *(fig)* ~ **qn de qch** jdn etw nennen; *(accuser)* jdn einer Sache *(gen)* beschuldigen.
taxi [taksi] *nm* Taxi *nt.*
taximètre [taksimɛtʀ(ə)] *nm* Taxameter *nt.*
T.C.F. *sigle m* = Touring Club de France ≈ ADAC.
Tchécoslovaquie [tʃekɔslɔvaki] *nf*: **la** ~ die Tschechoslowakei.
tchèque [tʃɛk] *a* tschechisch; **T**~ *nm/f* Tscheche *m,* Tschechin *f.*
te [t(ə)] *(direct)* dich; *(indirect)* dir.
té [te] *nm (de dessinateur)* Reißschiene *f.*
technicien, ne [tɛknisjɛ̃, jɛn] *nm/f* Techniker(in *f*) *m.*
technique [tɛknik] *a* technisch // *nf* Technik *f.*
techniquement [tɛknikmɑ̃] *ad* technisch.
technologie [tɛknɔlɔʒi] *nf* Technologie *f.*
technologique [tɛknɔlɔʒik] *a* technologisch.
teck [tɛk] *nm* Teak(holz) *nt.*
teckel [tekɛl] *nm* Dackel *m.*
teindre [tɛ̃dʀ(ə)] *vt* färben; **se** ~ **les cheveux** sich *(dat)* die Haare färben.
teint, e [tɛ̃, tɛ̃t] *a* gefärbt // *nm (du visage)* Teint *m* // *nf* Farbton *m;* **grand** ~ *a inv* farbecht.
teinté, e [tɛ̃te] *a (verre, lunettes)* getönt; *(bois)* gebeizt; ~ **de** spielend ins *(+akk); (fig)* mit einem Anflug *ou* Hauch von.

teinter [tɛ̃te] *vt* färben; *(bois)* beizen.
teinture [tɛ̃tyʀ] *nf (action)* Färben *nt; (substance)* Färbemittel *nt;* ~ **d'iode/ d'arnica** Jod-/Arnikatinktur *f.*
teinturerie [tɛ̃tyʀʀi] *nf* Reinigung *f.*
tel, telle [tɛl] *a:* **un/une** ~**(le)...** so ein/so eine... solch ein(e)...; **de** ~**(le)s...** solche...; *(indéfini):* ~ **(et** ~**)** der und der, die und die, das und das; **rien de** ~ nichts dergleichen; ~**(le) que** so, wie; ~**(le) quel(le)** so wie er/sie/es ist *ou* war; **on n'a jamais rien vu de** ~ so etwas hat man ja noch nie gesehen; ~ **père,** ~ **fils** wie der Vater, so der Sohn; ~ **doit être son but** das sollte sein Ziel sein; ~**le est mon opinion** das ist meine Meinung.
télé [tele] *nf abr de* **télévision.**
télébenne [telebɛn] *nf,* **télécabine** [telekabin] *nf* Kabinenbahn *f.*
télécommande [telekɔmɑ̃d] *nf* Fernsteuerung *f.*
télécommander [telekɔmɑ̃de] *vt* fernsteuern.
télécommunications [telekɔmynikɑsjɔ̃] *nfpl* Fernmeldewesen *nt,* Nachrichtentechnik *f.*
téléférique [telefeʀik] *nm* = téléphérique.
télégramme [telegʀam] *nm* Telegramm *nt.*
télégraphe [telegʀaf] *nm* Telegraf *m.*
télégraphier [telegʀafje] *vt, vi* telegrafieren.
télégraphique [telegʀafik] *a* telegrafisch; **style** ~ Telegrammstil *m.*
téléguider [telegide] *vt* fernlenken.
téléobjectif [teleɔbʒɛktif] *nm* Teleobjektiv *nt.*
téléphérique [telefeʀik] *nm* (Draht)seilbahn *f.*
téléphone [telefɔn] *nm* Telefon *nt;* **avoir le** ~ ein Telefon haben; **au** ~ am Telefon; **coup de** ~ Anruf *m.*
téléphoner [telefɔne] *vt* telefonisch mitteilen // *vi* telefonieren; ~ **à qn** jdn anrufen.
téléphonique [telefɔnik] *a* telefonisch; **cabine/appareil** ~ Telefonzelle *f*/-apparat *m.*
téléphoniste [telefɔnist(ə)] *nm/f* Telefonist(in *f*) *m.*
télescope [telɛskɔp] *nm* Teleskop *nt.*
télescopique [telɛskɔpik] *a (qui s'emboîte)* ausziehbar.
téléscripteur [teleskʀiptœʀ] *nm* Fernschreiber *m.*
télésiège [telesjɛʒ] *nm* Sessellift *m.*
téléski [teleski] *nm* Skilift *m.*
téléspectateur, trice [telespɛktatœʀ, tʀis] *nm/f* Fernsehzuschauer(in *f*) *m.*
téléviser [televize] *vt* im Fernsehen übertragen *ou* senden.
téléviseur [televizœʀ] *nm* Fernsehapparat *m ou* -gerät *nt.*
télévision [televizjɔ̃] *nf (système)* Fernsehen *nt;* **(poste de)** ~ Fernsehgerät *nt;* **avoir la** ~ einen Fernseher *m* haben; **à la** ~ im Fernsehen.
télex [telɛks] *nm* Telex *nt.*
tellement [tɛlmɑ̃] *ad (tant)* so sehr, so viel, derartig; *(si)* so; ~ **plus grand/cher (que)** so viel größer/teurer (als); ~ **de** *(quantité)* so viel; *(nombre)* so viele; **il était** ~ **fatigué qu'il ...** er war so müde, daß er ...; **pas** ~ *(fam)* nicht so sehr.
tellurique [telyʀik] *a:* **secousse** ~ Erderschütterung *f.*
téméraire [temeʀɛʀ] *a* tollkühn.
témérité [temeʀite] *nf* Tollkühnheit *f.*
témoignage [temwaɲaʒ] *nm* Zeugnis *nt; (JUR)* Zeugenaussage *f.*
témoigner [temwaɲe] *vt (manifester)* zeigen, beweisen // *vi (JUR)* (als Zeuge) aussagen; ~ **que** bezeugen, daß; ~ **de qch** etw bezeugen *ou* beweisen.
témoin [temwɛ̃] *nm (personne)* Zeuge *m,* Zeugin *f; (preuve)* Beweis *m; (SPORT)* Staffelstab *m* // *a* Kontroll-, Test-; **être** ~ **de** Zeuge sein von; **appartement** ~ Musterwohnung *f;* ~ **oculaire** Augenzeuge *m,* -zeugin *f.*
tempe [tɑ̃p] *nf* Schläfe *f.*
tempérament [tɑ̃peʀamɑ̃] *nm (caractère)* Wesen *nt,* Temperament *nt;* **vente à** ~ Teilzahlungsverkauf *m;* **achat à** ~ Ratenkauf *m.*
température [tɑ̃peʀatyʀ] *nf* Tem-

peratur *f;* (*MED*) Fieber *nt;* **prendre la ~ de** Temperatur messen bei; *(fig)* die Stimmung *(+gen)* sondieren; **avoir** *ou* **faire de la ~** Fieber haben.
tempérer [tɑ̃peʀe] *vt* mildern.
tempête [tɑ̃pɛt] *nf* Unwetter *nt;* **~ de sable/neige** Sand-/Schneesturm *m.*
temple [tɑ̃pl(ə)] *nm* Tempel *m; (protestant)* Kirche *f.*
tempo [tɛmpo] *nm* Tempo *nt.*
temporaire [tɑ̃pɔʀɛʀ] *a* vorübergehend.
temporiser [tɑ̃pɔʀize] *vi* abwarten, Zeit gewinnen wollen.
temps [tɑ̃] *nm* Zeit *f; (atmosphérique)* Wetter *nt; (MUS)* Takt *m; (TECH: phase)* Hub *m; nmpl:* **les ~ changent/sont durs** die Zeiten ändern sich/ sind hart; **il fait beau/ mauvais ~** es ist schönes/ schlechtes Wetter; **avoir le ~/juste le ~** Zeit/gerade genug Zeit haben; **avoir du ~ de libre** Zeit haben; **en ~ de paix/guerre** in Friedens-/ Kriegszeiten; **en ~ utile** *ou* **voulu** zu gegebener Zeit; **de ~ en ~, de ~ à autre** von Zeit zu Zeit, dann und wann; **en même ~** zur gleichen Zeit; **à ~** rechtzeitig; **entre ~** inzwischen; **dans le ~** früher; **~ d'arrêt** Pause *f.*
tenable [t(ə)nabl(ə)] *a (fig)* erträglich.
tenace [tənas] *a* beharrlich, hartnäckig.
tenailler [tənaje] *vt* quälen.
tenailles [tənaj] *nfpl* Kneifzange *f.*
tenancier, ière [tənɑ̃sje, jɛʀ] *nm/f* Inhaber(in *f*) *m.*
tendance [tɑ̃dɑ̃s] *nf* Tendenz *f,* Richtung *f; (inclination)* Hang *m;* **~ à la hausse/baisse** Aufwärts-/ Abwärtstrend *m;* **avoir ~ à grossir/exagérer** zum Dickwerden/Übertreiben neigen.
tendancieux, euse [tɑ̃dɑ̃sjø, jøz] *a* tendenziös.
tendeur [tɑ̃dœʀ] *nm* Spanner *m.*
tendon [tɑ̃dɔ̃] *nm* Sehne *f.*
tendre [tɑ̃dʀ(ə)] *a* zart; *(bois, roche)* mürbe, brüchig, morsch; *(affectueux)* zärtlich // *vt (allonger)* spannen; *(muscle, arc)* anspannen; *(donner):* **~ qch à qn** jdm etw geben *ou* reichen; *(piège)* stellen; **se ~** *vi (relations, atmosphère)* (an)gespannt werden; **~ à qch/à faire qch** etw anstreben/danach streben, etw zu tun; **~ la main** die Hand reichen *ou* geben.
tendrement [tɑ̃dʀəmɑ̃] *ad* zart, zärtlich.
tendresse [tɑ̃dʀɛs] *nf* Zärtlichkeit *f.*
tendu, e [tɑ̃dy] *pp de* **tendre** // *a* angespannt; *(personne)* gereizt.
ténébreux, euse [tenebʀø, øz] *a* finster; *(personne)* melancholisch.
teneur [tənœʀ] *nf* Inhalt *m; (d'une lettre)* Wortlaut *m; (concentration)* Gehalt *m.*
tenir [t(ə)niʀ] *vt* halten; *(réunion, débat)* (ab)halten; *(magasin, hôtel)* haben, führen; *(caisse, comptes)* führen // *vi (être fixé)* halten; *(durer)* andauern; **~ à** Wert legen auf *(+akk); (être attaché à)* hängen an *(+dat); (avoir pour cause)* kommen von; **se ~** *vi (avoir lieu)* stattfinden; **se ~ debout** sich aufrecht halten; **bien/mal se ~** *(se conduire)* sich gut/ schlecht benehmen; **s'en ~ à qch** sich an etw *(akk)* halten; **~ qn pour** jdn halten für; **~ qch de qn** etw von jdm haben; **~ de qn** jdm ähneln; **~ un rôle** eine Rolle spielen; **~ l'alcool** Alkohol vertragen; **~ le coup** durchhalten, es aushalten; **~ au chaud** warm halten; **~ chaud** warm geben; **tiens/tenez, voilà le stylo!** da ist der Füller; **tiens! Pierre** sieh da, Pierre!; **tiens?** wirklich?
tennis [tenis] *nm* Tennis *nt; (court)* Tennisplatz *m;* **des (chaussures de) ~** Tennisschuhe *pl;* **~ de table** Tischtennis *nt.*
tennisman [tenisman] *nm* Tennisspieler *m.*
ténor [tenɔʀ] *nm* Tenor *m.*
tension [tɑ̃sjɔ̃] *nf* Spannung *f; (concentration, effort)* Anspannung *f; (MED)* Blutdruck *m;* **faire** *ou* **avoir de la ~** hohen Blutdruck haben.
tentacule [tɑ̃takyl] *nm (de pieuvre)*

Tentakel *nt ou m*, Fangarm *m*.
tentant, e [tɑ̃tɑ̃, ɑ̃t] *a* verführerisch.
tentation [tɑ̃tasjɔ̃] *nf* Versuchung *f*.
tentative [tɑ̃tativ] *nf* Versuch *m*.
tente [tɑ̃t] *nf* Zelt *nt*; ~ **à oxygène** Sauerstoffzelt *nt*.
tenter [tɑ̃te] *vt (éprouver)* in Versuchung führen; *(séduire)* verführen, verlocken; *(essayer)* versuchen; **être tenté de penser** versucht sein zu denken.
tenture [tɑ̃tyʀ] *nf* Wandbehang *m*.
tenu, e [t(ə)ny] *a*: **bien/mal** ~ gut/schlecht geführt; **être** ~ **de faire qch** gehalten sein, etw zu tun // *nf (action)* Halten *nt*, Führen *nt*; *(vêtements)* Kleidung *f*; *(: pej)* Aufzug *m*; *(comportement)* Benehmen *nt*; **être en petite** ~**e** sehr wenig anhaben; **avoir de la** ~**e** *(personne)* sich gut benehmen; *(journal)* Niveau haben; ~**e de voyage/sport/soirée** Reise-/Sport-/Abendkleidung *f*; ~**e de combat** Kampfanzug *m*; ~**e de route** Straßenlage *f*.
ter [tɛʀ] *a*: **le 16** ~ **de la rue Montmartre** Nr 16b in der Rue Montmartre.
térébenthine [teʀebɑ̃tin] *nf*: **(essence de)** ~ Terpentin *nt*.
terme [tɛʀm(ə)] *nm (LING)* Ausdruck *m*; *(élément)* Glied *nt*; *(fin)* Ende *nt*; *(FIN)* Frist *f*, Termin *m*; *(loyer)* (vierteljährliche) Miete *f*; **achat à** ~ Kreditkauf *m*; **au** ~ **de** am Ende von; **à court/moyen/long** ~ *a, ad* kurz-/mittel-/langfristig; **naissance avant** ~ Frühgeburt *f*; **mettre un** ~ **à qch** einer Sache *(dat)* ein Ende machen.
terminaison [tɛʀminɛzɔ̃] *nf* Endung *f*.
terminal, e, aux [tɛʀminal, o] *a* End-, letzte(r,s) // *nm (INFORMATIQUE)* Terminal *nt* // *nf (SCOL)* Oberprima *f*.
terminer [tɛʀmine] *vt* beenden; *(nourriture)* aufessen; *(venir à la fin de)* am Schluß kommen von; **se** ~ *vi* zu Ende sein; **se** ~ **par/en** aufhören mit.
terminus [tɛʀminys] *nm* Endstation *f*.
terne [tɛʀn(ə)] *a* trüb, matt; *(regard, œil)* stumpf.
ternir [tɛʀniʀ] *vt* matt *ou* glanzlos machen; *(honneur, réputation)* beflecken; **se** ~ *vi* matt *ou* glanzlos werden.
terrain [tɛʀɛ̃] *nm* Boden *m*; *(COMM)* Grundstück *nt*; *(sujet, domaine)* Gebiet *nt*, Bereich *m*; ~ **de football/rugby** Fußball-/Rugbyplatz *m*; ~ **d'aviation** Flugplatz *m*; ~ **de camping** Zeltplatz *m*; ~ **de jeu** Spielplatz *m*; ~ **vague** unbebautes Land *nt*.
terrasse [tɛʀas] *nf* Terrasse *f*; **culture en** ~**s** Terrassenkultur *f*.
terrassement [tɛʀasmɑ̃] *nm (action)* Erdarbeiten *pl*; *(terre)* (Erd)aufschüttung *f*.
terrasser [tɛʀase] *vt (adversaire)* niederschlagen; *(maladie, malheur)* niederstrecken.
terrassier [tɛʀasje] *nm* Straßenarbeiter *m*.
terre [tɛʀ] *nf* Erde *f*; *(opposé à mer)* Land *nt*; **une** ~ **d'élection/d'exil** ein Wahl-/Exilland *nt*; ~**s** *nfpl (propriété)* Landbesitz *m*; **travail de la** ~ Landarbeit *f*; **en** ~ *(pipe, poterie)* tönern; **mettre en** ~ *(plante)* einpflanzen; *(enterrer)* begraben; **à** ~ *ou* **par** ~ auf dem Boden; *(avec mouvement)* auf den Boden; ~ **cuite** Terrakotta *f*; **la** ~ **ferme** das Festland; ~ **glaise** Ton *m*; **la T**~ **promise** das Gelobte Land; **la T**~ **Sainte** das Heilige Land; ~ **à** ~ *a* sachlich, nüchtern.
terreau [tɛʀo] *nm* Kompost(erde *f*) *m*.
terre-plein [tɛʀplɛ̃] *nm* gemauerter Erdwall *m*.
terrer [tɛʀe]: **se** ~ *vi* sich verkriechen.
terrestre [tɛʀɛstʀ(ə)] *a (surface croûte)* Erd-, der Erde; *(plante, animal, transport)* Land-; *(choses, problèmes)* irdisch, weltlich.
terreur [tɛʀœʀ] *nf* Schrecken *m*; **régime/politique de** ~ Terrorregime *nt*/-politik *f*.

terrible [teʀibl(ə)] *a* furchtbar; *(violent)* fürchterlich; *(enfant)* schwierig.
terriblement [teʀibləmɑ̃] *ad (très)* fürchterlich.
terrien, ne [teʀjɛ̃, jen] *nm/f (habitant de la terre)* Erdbewohner(in *f*) *m.*
terrier [teʀje] *nm (de lapin)* Bau *m; (chien)* Terrier *m.*
terrifier [teʀifje] *vt* in Schrecken versetzen.
terril [teʀi(l)] *nm* Halde *f.*
terrine [teʀin] *nf* Terrine *f.*
territoire [teʀitwaʀ] *nm* Territorium *nt; (POL)* (Hoheits)gebiet *nt.*
territorial, e, aux [teʀitɔʀjal, o] *a* territorial, Hoheits-.
terroir [teʀwaʀ] *nm* (Acker)boden *m;* **accent/traditions du** ~ ländlicher Akzent/ländliche Bräuche.
terroriser [teʀɔʀize] *vt* terrorisieren.
terrorisme [teʀɔʀism(ə)] *nm* Terrorismus *m.*
terroriste [teʀɔʀist(ə)] *nm/f* Terrorist(in *f*) *m.*
tertiaire [teʀsjeʀ] *a (GEO)* tertiär; *(ECON)* Dienstleistungs- // *nm (ECON)* Dienstleistungssektor *m.*
tertre [teʀtʀ(ə)] *nm* Anhöhe *f,* Hügel *m.*
tes [te] *dét voir* **ton.**
tesson [tesɔ̃] *nm* Scherbe *f.*
test [test] *nm* Test *m.*
testament [testamɑ̃] *nm* Testament *nt.*
testicule [testikyl] *nm* Hoden *m.*
tétanos [tetanos] *nm* Tetanus *m.*
tête [tet] *nf* Kopf *m; (d'un cortège, d'une armée)* Spitze *f; (FOOTBALL)* Kopfball *m;* **de** ~ *a (antérieur)* führend // *ad (calculer)* im Kopf; **il a une** ~ **sympathique** er sieht sympathisch aus; **perdre la** ~ *(s'affoler)* den Kopf verlieren; *(devenir fou)* verrückt werden; **se mettre en** ~ **que** sich *(dat)* in den Kopf setzen, daß; **tenir** ~ **à qn** jdm die Stirn bieten; **la** ~ **la première** kopfüber; **avoir la** ~ **dure** einen Dickkopf haben; **faire la** ~ schmollen; **arriver en** ~ als erste(r,s) ankommen; **en** ~ **à** ~ unter vier Augen, im Tête-à-tête; **de la** ~ **aux pieds** von Kopf bis Fuß; ~ **d'enregistrement/de lecture** Tonkopf *m;* ~ **chercheuse** Suchkopf *m;* ~ **d'affiche** Hauptdarsteller(in *f*) *m;* ~ **de liste** *(POL)* Spitzenkandidat(in *f*) *m;* ~ **de mort** Totenkopf *m.*
tête-à-queue [tetakø] *nm inv:* **faire un** ~ sich um die eigene Achse drehen.
tête-à-tête [tetatet] *nm inv* Tête-à-tête *nt; (POL)* Vieraugengespräch *nt.*
téter [tete] *vt (enfant):* ~ **(sa mère)** an der Brust der Mutter saugen *ou* gestillt werden.
tétine [tetin] *nf (de vache)* Euter *nt; (en caoutchouc)* Schnuller *m.*
têtu, e [tety] *a* störrisch.
texte [tekst(ə)] *nm* Text *m;* **apprendre son** ~ seine Rolle lernen.
textile [tekstil] *a* Textil- // *nm* Stoff *m; (industrie):* **le** ~ die Textilindustrie.
textuel, le [tekstɥel] *a* wörtlich.
texture [tekstyʀ] *nf* Struktur *f.*
thé [te] *nm* Tee *m;* **prendre le** ~ Tee trinken; **faire du** ~ Tee kochen; ~ **au lait/citron** Tee mit Milch/Zitrone.
théâtral, e, aux [teɑtʀal, o] *a* dramatisch, bühnenmäßig; *(pej)* theatralisch.
théâtre [teɑtʀ(ə)] *nm* Theater *nt; (genre)* Drama *nt; (œuvres)* Dramen *pl,* Theaterstücke *pl; (fig)* Schauplatz *m;* **faire du** ~ Theater spielen.
théière [tejeʀ] *nf* Teekanne *f.*
thème [tem] *nm* Thema *nt; (SCOL: traduction)* (Hin)übersetzung *f.*
théologie [teɔlɔʒi] *nf* Theologie *f.*
théologique [teɔlɔʒik] *a* theologisch.
théorème [teɔʀem] *nm* Theorem *nt,* Lehrsatz *m.*
théoricien, ne [teɔʀisjɛ̃, jen] *nm/f* Theoretiker(in *f*) *m.*
théorie [teɔʀi] *nf* Theorie *f;* **en** ~ in der Theorie.
théorique [teɔʀik] *a* theoretisch.

théoriquement [teɔʀikmɑ̃] *ad* theoretisch.
thérapie [teʀapi] *nf* Therapie *f*.
thermal, e, aux [tɛʀmal, o] *a* Thermal-; **station ~e** Kurort *m*.
thermes [tɛʀm(ə)] *nmpl* *(établissement thermal)* Thermalbad *nt*; *(romains)* Thermen *pl*.
thermomètre [tɛʀmɔmɛtʀ(ə)] *nm* Thermometer *nt*.
thermos [tɛʀmos] *nm ou nf* Thermosflasche *f*.
thermostat [tɛʀmɔsta] *nm* Thermostat *m*.
thèse [tɛz] *nf* These *f*; *(SCOL)* Dissertation *f*.
thon [tɔ̃] *nm* Thunfisch *m*.
thoracique [tɔʀasik] *a voir* **cage.**
thorax [tɔʀaks] *nm* Brustkorb *m*.
thrombose [tʀɔ̃boz] *nf* Thrombose *f*.
thym [tɛ̃] *nm* Thymian *m*.
thyroïde [tiʀɔid] *nf* Schilddrüse *f*.
tiare [tjaʀ] *nf* Tiara *f*.
tibia [tibja] *nm* Schienbein *nt*.
tic [tik] *nm (nerveux)* Tick *m*; *(habitude)* Eigenheit *f*.
ticket [tikɛ] *nm* Fahrkarte *f*, Fahrschein *m*; **~ de quai** Bahnsteigkarte *f*.
tiède [tjɛd] *a* lauwarm; *(vent, air)* lau.
tiédir [tjediʀ] *vi (refroidir)* abkühlen.
tien, tienne [tjɛ̃, tjɛn] *pron:* **le ~ (la tienne), les ~s (tiennes)** deine(r,s), deine; **à la tienne!** auf dein Wohl!
tiens [tjɛ̃] *vb, excl voir* **tenir.**
tierce [tjɛʀs(ə)] *a, nf voir* **tiers.**
tiercé [tjɛʀse] *nm (pari)* Dreierwette *f*.
tiers, tierce [tjɛʀ, tjɛʀs(ə)] *a* dritte(r,s) // *nm (fraction)* Drittel *nt*; *(JUR)* Dritte(r) *m*; **assurance au ~** Haftpflichtversicherung *f* // *nf (MUS)* Dritteltakt *m*; *(CARTES)* Dreierreihe *f*; **une tierce personne** ein Dritter.
tige [tiʒ] *nf* Stengel *m*, Stiel *m*; *(baguette)* Stab *m*.
tignasse [tiɲas] *nf* Mähne *f*.
tigre [tigʀ(ə)] *nm* Tiger *m*.
tigré, e [tigʀe] *a (tacheté)* gefleckt; *(rayé)* getigert.
tigresse [tigʀɛs] *nf* Tigerin *f*.
tilleul [tijœl] *nm* Linde *f*; *(boisson)* Lindenblütentee *m*.
timbale [tɛ̃bal] *nf* Becher *m*; *(CULIN)*: **~ de langouste** Languste in Teighülle; **~s** *nfpl (MUS)* Pauken *pl*.
timbre [tɛ̃bʀ(ə)] *nm (tampon)* Stempel *m*; *(aussi ~-poste)* Briefmarke *f*; *(sonnette)* Glocke *f*, Klingel *f*; *(son)* Klang *m*.
timbrer [tɛ̃bʀe] *vt* stempeln.
timide [timid] *a* schüchtern; *(timoré)* ängstlich; *(fig)* zögernd.
timidement [timidmɑ̃] *ad* schüchtern.
timidité [timidite] *nf* Schüchternheit *f*.
tinter [tɛ̃te] *vi* klingeln.
tique [tik] *nf* Zecke *f*.
tir [tiʀ] *nm* Schuß *m*; *(action)* Schießen *nt*; *(stand)* Schießbude *f*; *(rafale)*: **~ d'obus/de mitraillette** Granaten-/MG-Beschuß *m*; **~ à l'arc/au fusil** Bogen-/Gewehrschießen *nt*; **~ de barrage** Sperrfeuer *nt*; **~ au pigeon** Tontaubenschießen *nt*.
tirade [tiʀad] *nf* Redeschwall *m*.
tirage [tiʀaʒ] *nm (TYP)* Drucken *nt*; *(PHOT)* Abzug *m*; *(d'un journal, livre)* Auflage *f*; *(édition)* Ausgabe *f*; *(d'une cheminée)* Zug *m*; *(de loterie)* Ziehung *f*; *(désaccord)* Mißstimmigkeiten *pl*; **~ au sort** Auslosung *f*.
tirailler [tiʀɑje] *vt* zupfen an *(+dat)*; *(fig)* quälen // *vi (au hasard)* drauflosschießen.
tirant [tiʀɑ̃] *nm*: **~ d'eau** Tiefgang *m*.
tiré [tiʀe] *nm (COMM)* Bezogene(r) *m/f*, Trassat *m*; **~ à part** Sonderdruck *m*.
tire-au-flanc [tiʀoflɑ̃] *nm inv* Drückeberger *m*.
tire-bouchon [tiʀbuʃɔ̃] *nm* Korkenzieher *m*.
tire-fesses [tiʀfɛs] *nm inv (fam)* Schlepplift *m*.
tirelire [tiʀliʀ] *nf* Sparbüchse *f*.
tirer [tiʀe] *vt* ziehen; *(fermer)* zuziehen; *(rideau, panneau)* vorziehen; *(en faisant feu)* abschießen; *(imprimer)* drucken; *(PHOT)*

abziehen; *(balle, boule)* schießen // *vi* schießen; *(cheminée)* ziehen; **se** ~ *vi* *(fam: partir)* sich verziehen; ~ **qch de** *(extraire)* etw (heraus)ziehen aus; *(: substance d'une matière première)* etw entziehen *(+dat)*; ~ **6 mètres** *(NAVIG)* 6 Meter Tiefgang haben; **s'en** ~ davonkommen; ~ **sur** ziehen an *(+dat)*; *(faire feu sur)* schießen auf *(+akk)*; *(approcher de)* grenzen an *(+akk)*; ~ **la langue** die Zunge herausstrecken; ~ **avantage/parti de** Vorteil ziehen aus/etw nutzen; ~ **qn de** jdm (heraus)helfen aus; ~ **à l'arc** mit Pfeil und Bogen schießen; ~ **en longueur** in die Länge ziehen; ~ **les cartes** die Karten legen.

tiret [tiʀɛ] *nm* Gedanken-/Trennungsstrich *m*.

tireur, euse [tiʀœʀ, øz] *nm/f* Schütze *m*; *(COMM)* Trassant *m*; **bon** ~ guter Schuß *m*.

tiroir [tiʀwaʀ] *nm* Schublade *f*.

tiroir-caisse [tiʀwaʀkɛs] *nm* (Registrier)kasse *f*.

tisane [tizan] *nf* Kräutertee *m*.

tison [tizɔ̃] *nm* glimmendes Holzstück *nt*; ~**s** Glut *f*.

tisonner [tizɔne] *vt* schüren.

tisonnier [tizɔnje] *nm* Schürhaken *m*.

tisser [tise] *vt* weben; *(fig)* spinnen.

tisserand [tisʀɑ̃] *nm* Weber *m*.

tissu [tisy] *nm* Stoff *m*; *(MED)* Gewebe *nt*; ~ **de mensonges** Lügengespinst *nt*.

tissu, e [tisy] *a*: ~ **de** durchschossen *ou* durchwoben mit.

tissu-éponge [tisyepɔ̃ʒ] *nm* Frottee *m*.

titre [titʀ(ə)] *nm* Titel *m*; *(de journal)* Schlagzeile *f*; *(diplôme)* Diplom *nt*, Qualifikation *f*; *(document)* Urkunde *f*; *(CHIMIE)* Titer *m*, Gehalt *m*; **en** ~ offiziell; **à juste** ~ mit vollem Recht; **à quel** ~**?** mit welchem Recht?; **à aucun** ~ auf gar keinen Fall; **au même** ~ **(que)** genauso (wie); **à** ~ **exceptionnel** ausnahmsweise; **à** ~ **d'information** zur Kenntnisnahme *ou* Information; **à** ~ **gracieux** unentgeltlich; **à** ~ **provisoire/d'essai** provisorisch/versuchsweise; **à** ~ **privé/consultatif** in privater/beratender Eigenschaft; ~ **de propriété** Eigentumsurkunde *f*.

titré, e [titʀe] *a (personne)* mit einem Titel.

tituber [titybe] *vi* taumeln, schwanken.

titulaire [titylɛʀ] *a*: **professeur** ~ ordentlicher Professor *m* // *nm* Inhaber *m* eines Amtes; **être** ~ **de** *(poste)* innehaben; *(permis)* besitzen.

toast [tost] *nm (pain grillé)* Toast *m*; *(de bienvenue)* Trinkspruch *m*; **porter un** ~ **à qn** auf jds Wohl trinken.

toboggan [tɔbɔgɑ̃] *nm (pour jouer)* Rutschbahn *f*.

tocsin [tɔksɛ̃] *nm* Alarmglocke *f*.

toge [tɔʒ] *nf (de juge, professeur)* Robe *f*.

toi [twa] *pron* du; *(objet)* dich; dir.

toile [twal] *nf (matériau, tissu)* Stoff *m*, Leinen *nt*, Baumwollstoff *m*; *(ART: support)* Leinwand *f*; *(:tableau)* Gemälde *nt*; **tisser sa** ~ sein Netz spinnen; ~ **d'araignée** Spinnennetz *nt*; ~ **cirée** Wachstuch *nt*; ~ **de fond** *(fig)* Hintergrund *m*; ~ **de jute** Sackleinwand *f*, Rupfen *m*; ~ **de lin** Leinentuch *nt*; ~ **de tente** Zeltplane *f*.

toilette [twalɛt] *nf* Toilette *f*; *(costume)*: **elle a changé quatre fois de** ~ sie hat sich viermal umgezogen; ~**s** *nfpl (W.C.)* Toilette *f*, Abort *m*; **faire sa** ~ sich waschen; **produits de** ~ Toilettenartikel *pl*.

toi-même [twamɛm] *pron* du (selbst); dich (selbst).

toiser [twaze] *vt (personne)* von oben bis unten ansehen.

toison [twazɔ̃] *nf (de mouton)* Vlies *nt*; *(cheveux)* Haarpracht *f*.

toit [twa] *nm* Dach *nt*; *(de véhicule)* Verdeck *nt*.

toiture [twatyʀ] *nf* Bedachung *f*, Dach *nt*.

tôle [tol] *nf* Blech *nt*; *(carrosserie)* Karosserie *f*; ~ **d'acier** Stahlblech *nt*; ~ **ondulée** Wellblech *nt*.

tolérable [tɔleʀabl(ə)] *a* erträglich.
tolérance [tɔleʀɑ̃s] *nf* Toleranz *f*, Duldsamkeit *f*; *(hors taxe)* Duldung *f*.
tolérer [tɔleʀe] *vt (comprendre)* ertragen, tolerieren; (*MED*) vertragen; (*TECH*: *erreur)* zulassen; *(hors taxe)* erlauben.
tollé [tɔle] *nm*: **un ~ (de protestations)** ein Aufschrei des Protests.
tomate [tɔmat] *nf* Tomate *f*.
tombant, e [tɔ̃bɑ̃, ɑ̃t] *a* hängend.
tombe [tɔ̃b] *nf* Grab *nt*.
tombeau, x [tɔ̃bo] *nm* Grabmal *nt*.
tombée [tɔ̃be] *nf*: **à la ~ de la nuit** bei Einbruch der Nacht.
tomber [tɔ̃be] *vi* fallen; *(fruit, feuille)* herunterfallen, abfallen; **laisser ~** fallen lassen; **~ sur** *vt (rencontrer)* zufällig treffen; *(attaquer)* herfallen über *(+akk)*; **~ de fatigue/de sommeil** vor Erschöpfung/ Müdigkeit fast umfallen; **~ en panne** eine Panne haben; **ça tombe bien/mal** das trifft sich gut/ schlecht; **il est bien/mal tombé** er hat Glück/Pech gehabt.
tombeur [tɔ̃bœʀ] *nm* Frauenheld *m*.
tome [tɔm] *nm (d'un livre)* Band *m*.
ton, ta, *pl* **tes** [tɔ̃, ta, te] *dét* dein(e).
ton [tɔ̃] *nm* Ton *m*; *(d'un morceau)* Tonart *f*; *(style)* Stil *m*; **de bon ~** von gutem Geschmack; **~ sur ~** Ton in Ton.
tonalité [tɔnalite] *nf (au téléphone)* Ruf-/Freizeichen *nt*; (*MUS*) Tonart *f*; *(de couleur)* dominierender Farbton.
tondeuse [tɔ̃døz] *nf (à gazon)* Rasenmäher *m*; *(du coiffeur)* Haarschneider *m*; *(pour la tonte)* Heckenschere *f*.
tondre [tɔ̃dʀ(ə)] *vt (herbe)* mähen; *(haie)* schneiden; *(mouton)* scheren.
tonifier [tɔnifje] *vt* stärken.
tonique [tɔnik] *a* stärkend // *nm* Tonikum *nt*.
tonnage [tɔnaʒ] *nm (jauge)* Tonnage *f*.
tonne [tɔn] *nf (poids)* Tonne *f*.
tonneau, x [tɔno] *nm* Faß *nt*; (*NAVIG*) Bruttoregistertonne *f*; **faire des ~x** sich überschlagen.
tonnelier [tɔnəlje] *nm* Böttcher *m*, Küfer *m*.
tonnelle [tɔnɛl] *nf* Gartenhäuschen *nt*/-laube *f*.
tonner [tɔne] *vi* donnern // *vb impersonnel*: **il tonne** es donnert.
tonnerre [tɔnɛʀ] *nm* Donner *m*.
tonus [tɔnys] *nm* Energie *f*; *(~ musculaire)* Tonus *m*.
top [tɔp] *nm*: **au 3ème ~** beim 3. Ton.
topaze [tɔpɑz] *nf* Topas *m*.
toper [tɔpe] *vi*: **tope-/topez-là!** topp!, abgemacht!
topinambour [tɔpinɑ̃buʀ] *nm* Topinambur *m*.
topographique [tɔpɔgʀafik] *a* topographisch.
toponymie [tɔpɔnimi] *nf* Ortsnamenkunde *f*.
toque [tɔk] *nf (coiffure)* Mütze *f*; **~ de jockey/juge** Jockeymütze *f*/Barett *nt*; **~ de cuisinier** Kochmütze *f*.
torche [tɔʀʃ(ə)] *nf* Fackel *f*; *(électrique)* Taschenlampe *f*.
torchon [tɔʀʃɔ̃] *nm* Lappen *m*; *(pour épousseter)* Staublappen *m*; *(à vaisselle)* Geschirrtuch *nt*.
tordre [tɔʀdʀ(ə)] *vt (vêtement, chiffon)* auswringen; *(barre, métal)* verbiegen; *(bras, pied)* verrenken, verzerren; *(visage)* verziehen; **se ~** *vi (barre)* sich biegen; *(roue)* sich verbiegen; *(ver, serpent)* sich winden; **se ~ le pied/bras** sich *(dat)* den Fuß/Arm verrenken.
tordu, e [tɔʀdy] *a (fig)* verdreht.
tornade [tɔʀnad] *nf* Tornado *m*.
torpeur [tɔʀpœʀ] *nf* Betäubung *f*.
torpille [tɔʀpij] *nf* Torpedo *m*.
torpiller [tɔʀpije] *vt* torpedieren.
torréfier [tɔʀefje] *vt* rösten.
torrent [tɔʀɑ̃] *nm* Gebirgs-/ Sturzbach *m*; **il pleut à ~s** es gießt in Strömen.
torrentiel, le [tɔʀɑ̃sjɛl] *a*: **pluie ~le** strömender Regen *m*.
torride [tɔʀid] *a* (glühend) heiß.
torse [tɔʀs(ə)] *nm* Oberkörper *m*; (*ART*) Torso *m*.
torsion [tɔʀsjɔ̃] *nf (action)* Verbiegen *nt*; Verrenkung *f*; Verziehen *nt*; (*PHYS, TECH*) Torsion *f*.
tort [tɔʀ] *nm (défaut)* Fehler *m*; *(préju-*

dice) Unrecht *nt;* ~**s** *nmpl* (*JUR*) Schuld *f;* **avoir** ~ unrecht haben; **être dans son** ~ im Unrecht sein; **donner** ~ **à qn** jdm unrecht geben; **causer du** ~ **à** schaden *(+dat);* **en** ~ im Unrecht; **à** ~ zu Unrecht; **à** ~ **et à travers** aufs Geratewohl, wild drauflos.

torticolis [tɔʀtikɔli] *nm* steifer Hals.

tortiller [tɔʀtije] *vt (corde, mouchoir)* zwirbeln; *(cheveux, cravate)* zwirbeln an *(+dat); (doigts)* spielen mit // **se** ~ *vi* sich winden.

tortue [tɔʀty] *nf* Schildkröte *f.*

tortueux, euse [tɔʀtɥø, øz] *a* gewunden, sich schlängelnd; *(fig)* nicht geradlinig, kompliziert.

torture [tɔʀtyʀ] *nf* Folter *f.*

torturer [tɔʀtyʀe] *vt* foltern; *(fig)* quälen.

tôt [to] *ad* früh; ~ **ou tard** früher oder später; **pas de si** ~ nicht so bald; **au plus** ~ frühestens; **il eut** ~ **fait de s'en apercevoir** er hat es schnell gemerkt.

total, e, aux [tɔtal, o] *a* völlig; *(guerre)* total; *(hauteur, somme)* gesamt // *nm (somme)* Summe *f,* Gesamtbetrag *m;* **au** ~ *(en tout)* im ganzen; *(somme toute)* schließlich; **faire le** ~ zusammenzählen *ou* -rechnen.

totalement [tɔtalmɑ̃] *ad* völlig, total.

totaliser [tɔtalize] *vt (points)* (insgesamt) erreichen.

totalité [tɔtalite] *nf:* **la** ~ **de: la** ~ **de mes biens** mein ganzes Vermögen; **la** ~ **des élèves** die Gesamtheit der Schüler; **la** ~ **de la population** die gesamte Bevölkerung.

touchant, e [tuʃɑ̃, ɑ̃t] *a* rührend.

touche [tuʃ] *nf (de piano, machine à écrire)* Taste *f;* (*ART*) Pinselführung *f,* Pinselstrich *m; (fig)* Hauch *m,* Anflug *m;* **(remise en)** ~ (*FOOTBALL*) Einwurf *m;* **(ligne de)** ~ (*FOOTBALL*) Seitenlinie *f;* (*ESCRIME*) Treffer *m.*

toucher [tuʃe] *nm (sens):* **le** ~ der Tastsinn; (*MUS*) Anschlag *m* // *vt* berühren; *(manger, boire)* anrühren; *(atteindre, affecter)* treffen; *(émouvoir)* ergreifen, bewegen; *(concerner)* betreffen, angehen; *(contacter)* erreichen; *(recevoir)* bekommen; **se** ~ *vi* sich berühren; **au** ~ anzufühlen; ~ **à qn** *(attaquer)* jdn anrühren; ~ **à qch** *(frôler)* etw berühren; *(modifier)* etw ändern; *(traiter de)* etw betreffen; **je vais lui en** ~ **un mot** ich werde mit ihm ein Wörtchen darüber reden.

touffe [tuf] *nf* Büschel *nt.*

touffu, e [tufy] *a (haie, forêt)* dicht; *(cheveux)* buschig.

toujours [tuʒuʀ] *ad* immer; *(encore)* immer noch; *(constamment)* immer wieder; ~ **plus** immer mehr; **pour** ~ für immer; ~ **est-il que** die Tatsache bleibt bestehen, daß; **essaie** ~ du kannst es ja mal versuchen.

toupie [tupi] *nf (jouet)* Kreisel *m.*

tour [tuʀ] *nf* Turm *m; (immeuble)* Hochhaus *nt* // *nm (excursion)* Ausflug *m; (de piste, circuit)* Runde *f; (tournure)* Wende *f; (rotation)* Umdrehung *f;* (*POL*) Wahlgang *m; (ruse)* Trick *m; (d'adresse)* Kunststück *nt; (de potier)* Töpferscheibe *f; (à bois, métaux)* Drehscheibe *f;* **c'est mon/son** ~ ich bin/er *ou* sie ist dran; **c'est au** ~ **de Philippe** Philippe ist an der Reihe; **faire le** ~ **de qch** um etw herumgehen; *(en voiture)* um etw herumfahren; *(fig)* etw durchspielen; **faire un** ~ **d'Europe** Europa bereisen, durch Europa reisen; **fermer à double** ~ zweimal abschließen; **à** ~ **de rôle,** ~ **à** ~ abwechselnd; ~ *nm* **de poitrine/taille** Brust-/Taillenweite *f;* ~ *nm* **de tête** Kopfumfang *m;* ~ *nm* **de chant** Tournee *f;* ~ *nf* **de contrôle** Kontrollturm *m;* ~ *nm* **de garde** Wachdienst *m;* ~ *nm* **d'horizon** *(fig)* Überblick *m;* ~ *nm* **de ville** Stadtbesichtigung *f.*

tourbe [tuʀb(ə)] *nf* Torf *m.*

tourbillon [tuʀbijɔ̃] *nm (de vent)* Wirbelwind *m; (de poussière)* Gestöber *nt; (d'eau)* Strudel *m; (fig)* Herumwirbeln *nt.*

tourbillonner [tuʀbijɔne] *vi* her-

umwirbeln; *(eau)* strudeln.
tourelle [tuʀɛl] *nf* Türmchen *nt; (de véhicule)* Turm *m.*
tourisme [tuʀism(ə)] *nm:* **le** ~ der Tourismus; **office/agence de** ~ Verkehrs-/Reisebüro *nt;* **faire du** ~ auf Besichtigungstour gehen.
touriste [tuʀist(ə)] *nm/f* Tourist(in *f*) *m.*
touristique [tuʀistik] *a (voyage)* Touristen-; *(région)* touristisch; **prix/menu** ~ Touristenpreis *m*/-menü *nt.*
tourment [tuʀmɑ̃] *nm* Plage *f,* Qual *f.*
tourmenter [tuʀmɑ̃te] *vt* quälen; **se** ~ *vi* sich *(dat)* Sorgen machen.
tournage [tuʀnaʒ] *nm (d'un film)* Dreharbeiten *pl.*
tournant [tuʀnɑ̃] *nm (de route)* Kurve *f; (fig)* Wende(punkt *m*) *f.*
tournebroche [tuʀnəbʀɔʃ] *nm* Drehspieß *m.*
tourne-disque [tuʀnədisk(ə)] *nm* Plattenspieler *m.*
tournée [tuʀne] *nf (du facteur, boucher)* Runde *f; (d'artiste)* Tournee *f; (au café):* **payer une** ~ eine Runde zahlen; ~ **électorale** Wahlkampfreise *f.*
tourner [tuʀne] *vt* drehen; *(sauce, mélange)* umrühren; *(obstacle, difficulté)* umgehen; *(cap)* umsegeln // *vi* sich drehen; *(changer de direction)* drehen; *(: personne)* umdrehen; *(fonctionner)* laufen; *(lait)* sauer werden; *(chance)* sich wenden; **se** ~ *vi* sich umdrehen; **se** ~ **vers** sich zuwenden *(+dat); (pour demander aide)* sich wenden an *(+akk);* **bien/mal** ~ *(personne)* sich gut/ schlecht entwickeln; *(chose)* gut/ schlecht gehen; ~ **autour de** herumlaufen/-fahren um; *(soleil)* sich drehen um; *(importuner)* herumhängen um; ~ **à/en** sich verwandeln in *(+akk);* ~ **à la pluie/au rouge** regnerisch/rot werden; ~ **le dos à** den Rücken kehren *(+dat);* ~ **de l'œil** umkippen.
tournesol [tuʀnəsɔl] *nm* Sonnenblume *f.*
tourneur [tuʀnœʀ] *nm* Dreher *m.*
tournevis [tuʀnəvis] *nm* Schraubenzieher *m.*
tourniquet [tuʀnikɛ] *nm (pour arroser)* Sprenger *m; (portillon)* Drehkreuz *nt; (présentoir)* Drehständer *m.*
tournoi [tuʀnwa] *nm* Turnier *nt.*
tournoyer [tuʀnwaje] *vi (oiseau)* kreisen; *(fumée)* herumwirbeln.
tournure [tuʀnyʀ] *nf (LING)* Ausdruck *m.*
tourte [tuʀt(ə)] *nf (CULIN)* Pastete *f.*
tourterelle [tuʀtəʀɛl] *nf* Turteltaube *f.*
tous *dét* [tu], *pron* [tus] *voir* **tout.**
Toussaint [tusɛ̃] *nf:* **la** ~ Allerheiligen *nt.*
tousser [tuse] *vi* husten.
toussoter [tusɔte] *vi* hüsteln.
tout, e *pl* **tous, toutes** [tu, tus, tut] *dét* alles; alle; *(la totalité: sg):* ~ **le, toute la** der, die, das ganze; ~ **un livre/pain** ein ganzes Buch/Brot; *(: pl):* **tous les livres/enfants** alle Bücher/Kinder; *(chaque):* **toutes les nuits** jede Nacht; **à toute heure/à** ~ **âge** zu jeder Stunde/in jedem Alter; **toutes les fois** jedesmal; **toutes les fois que** jedesmal, wenn...; **toutes les 2/3 semaines** alle 2/3 Wochen; **tous les deux** alle beide; **toutes les 3** alle drei; ~ **le temps** immer; *(sans cesse)* dauernd; ~ **le contraire** genau das Gegenteil; **à toute vitesse** mit Höchstgeschwindigkeit; **de tous côtés** *ou* **de** ~**es parts** von/nach allen Seiten; **à** ~ **hasard** auf gut Glück // *pron* alles; *pl* **tous, toutes** alle; **je les vois tous/toutes** ich sehe sie alle; **c'est** ~ das ist alles; **en** ~ insgesamt // *ad* ganz; **elle était** ~ **émue/toute petite** sie war ganz gerührt/klein; ~ **près** *ou* **à côté** ganz in der Nähe; **le** ~ **premier** der allererste; **le livre** ~ **entier** das ganze Buch; ~ **droit** geradeaus; ~ **en travaillant/mangeant** während er/sie arbeitete/aß // *nm:* **le** ~ *(sg)* das Ganze; *(pl)* alle(s); ~ **ou rien** alles oder nichts; ~ **d'abord** zuallererst; ~ **à coup** plötzlich; ~ **à fait** ganz

und gar; *(exactement)* genau; ~ **à l'heure** *(passé)* soeben, gerade; *(futur)* gleich; ~ **de même** trotzdem; ~ **le monde** alle; ~ **de suite** sofort; ~ **terrain** *a* Allzweck-.
toutefois [tutfwa] *ad* jedoch, dennoch.
toux [tu] *nf* Husten *m*.
toxicomane [tɔksikɔman] *nm/f* (Rauschgift)süchtige(r) *mf*.
toxique [tɔksik] *a* giftig.
trac [tʀak] *nm (fam: SCOL etc)* Bammel *m; (THEAT)* Lampenfieber *nt*.
tracas [tʀaka] *nm* Schererei *f (fam);* Sorgen *pl*.
tracasser [tʀakase] *vt* plagen, quälen; **se** ~ *vi* sich *(dat)* Sorgen machen.
tracasserie [tʀakasʀi] *nf* Schikane *f*.
trace [tʀas] *nf* Spur *f;* ~**s de pas** Fußspuren *pl;* ~**s de pneus/de freinage** Reifen-/Bremsspuren *pl*.
tracé [tʀase] *nm* Verlauf *m; (d'un dessin, d'une écriture)* Linie *f; (plan)* Plan *m*.
tracer [tʀase] *vt* zeichnen; *(frayer)* eröffnen; *(fig: chemin, voie)* weisen *(à qn* jdm).
tract [tʀakt] *nm* Flugblatt *nt*.
tractations [tʀaktɑsjɔ̃] *nfpl* Handeln *nt*, Feilschen *nt*.
tracteur [tʀaktœʀ] *nm* Traktor *m*.
traction [tʀaksjɔ̃] *nf (action)* Ziehen *nt; (AUT)* Antrieb *m;* ~ **mécanique/électrique** mechanischer/elektrischer Antrieb; ~ **avant/arrière** Front-/Heckantrieb *m*.
tradition [tʀadisjɔ̃] *nf* Tradition *f*.
traditionalisme [tʀadisjɔnalism] *nm* Traditionsbewußtsein *nt*.
traditionnel, le [tʀadisjɔnɛl] *a* traditionell.
traducteur, trice [tʀadyktœʀ, tʀis] *nm/f* Übersetzer(in *f*) m.
traduction [tʀadyksjɔ̃] *nf* Übersetzung *f;* ~ **simultanée** Simultanübersetzung *f*.
traduire [tʀadɥiʀ] *vt* übersetzen; *(exprimer)* ausdrücken; **se** ~ **par** sich ausdrücken durch; ~ **en français** ins Französische übersetzen.
trafic [tʀafik] *nm (illicite)* (Schwarz)handel *m; (circulation):* ~ **(routier/aérien)** (Straßen-/Flug)verkehr *m;* ~ **d'armes** Waffenschieberei *f*.
trafiquant, e [tʀafikɑ̃, ɑ̃t] *nm/f* Schwarzhändler(in *f*) *m;* Schieber(in *f*) *m*.
trafiquer *vt* [tʀafike] *(pej: transformer)* sich *(dat)* zu schaffen machen an (+*dat*).
tragédie [tʀaʒedi] *nf* Tragödie *f*.
tragique [tʀaʒik] *a* tragisch.
trahir [tʀaiʀ] *vt* verraten; **se** ~ *vt* sich verraten.
trahison [tʀaizɔ̃] *nf* Verrat *m*.
train [tʀɛ̃] *nm (RAIL)* Zug *m; (allure)* Tempo *nt;* **mettre qch en** ~ etw in Gang bringen; **mettre qn en** ~ jdn in Schwung bringen; **se sentir en** ~ in Form sein; ~ **avant/arrière** Vorder-/Hinterachse *f;* ~ **d'atterrissage** Fahrgestell *nt;* ~ **électrique** *(jouet)* Modelleisenbahn *f;* ~ **de pneus** Reifensatz *m;* ~ **spécial** Sonderzug *m;* ~ **autocouchettes** Autoreisezug *m;* ~ **de vie** Lebensstil *m*.
traîne [tʀɛn] *nf (de robe)* Schleppe *f*.
traîneau, x [tʀɛno] *nm* Schlitten *m*.
traînée [tʀene] *nf (de sable)* Spur *f; (de peinture)* Streifen *m*.
traîner [tʀene] *vt* schleppen, ziehen; *(enfant, chien)* hinter sich *(dat)* herziehen // *vi (être en désordre)* herumliegen; *(agir lentement)* bummeln, trödeln; *(durer)* sich schleppen; *(vagabonder)* sich herumtreiben; **se** ~ *vi (personne, voiture)* kriechen; *(durer)* sich in die Länge ziehen; **se** ~ **par terre** am Boden kriechen; ~ **les pieds** schlurfen; ~ **par terre** auf dem Boden schleifen; ~ **en longueur** in die Länge ziehen.
train-train [tʀɛ̃tʀɛ̃] *nm* tägliches Einerlei *nt*, Trott *m*.
traire [tʀɛʀ] *vt* melken.
trait [tʀɛ] *nm* Strich *m; (caractéristique)* Zug *m;* ~**s** *nmpl (du visage)* Gesichtszüge *pl;* **d'un** ~ auf

einen Zug; **animal de** ~ Zugtier *nt;* **avoir** ~ **à** sich beziehen auf (+*akk*); ~ **de caractère** Charakterzug *m;* ~ **d'esprit** Geistesblitz *m;* ~ **d'union** Bindestrich *m; (fig)* Verbindung *f.*

traitant [tʀɛtɑ̃] *am:* **votre médecin** ~ Ihr behandelnder Arzt.

traite [tʀɛt] *nf (COMM)* Tratte *f; (AGR)* Melken *nt;* **d'une (seule)** ~ ohne Unterbrechung; **la** ~ **des noirs/blanches** Sklaven-/Mädchenhandel *m.*

traité [tʀete] *nm* Vertrag *m.*

traitement [tʀɛtmɑ̃] *nm* Behandlung *f,* Bearbeitung *f,* Verarbeitung *f; (salaire)* Gehalt *nt.*

traiter [tʀete] *vt* behandeln; *(matériaux)* verarbeiten, bearbeiten; *(qualifier):* ~ **qn d'idiot/de tous les noms** jdn einen Idioten/alles mögliche heißen // *vi (négocier)* verhandeln; ~ **de qch** etw behandeln; **bien/mal** ~ gut/schlecht behandeln.

traiteur [tʀɛtœʀ] *nm* Partyservice *m.*

traître, tresse [tʀɛtʀ(ə), tʀɛs] *a* (heim)tückisch // *nm/f* Verräter (in *f*) *m.*

traîtrise [tʀetʀiz] *nf* Verrat *m,* Hinterlist *f.*

trajectoire [tʀaʒɛktwaʀ] *nf* Flugbahn *f.*

trajet [tʀaʒɛ] *nm* Strecke *f; (fig)* Verlauf *m.*

tram [tʀam] *nm abr de* **tramway.**

trame [tʀam] *nf (d'un tissu)* Schuß *m; (d'un roman)* Gerippe *nt; (TYP)* Raster *m.*

tramer [tʀame] *vt (combiner)* aushecken.

tramway [tʀamwɛ] *nm* Straßenbahn *f.*

tranchant, e [tʀɑ̃ʃɑ̃, ɑ̃t] *a* scharf; *(remarque, ton)* kategorisch // *nm (d'un couteau)* Schneide *f.*

tranche [tʀɑ̃ʃ] *nf (morceau)* Scheibe *f; (bord)* Kante *f; (d'un livre)* Rand *m; (partie)* Abschnitt *m,* Teil *m; (d'actions, de bons)* Tranche *f; (de revenus)* Spanne *f;* ~ **(d'émission)** *(loterie)* Ziehung *f;* ~ **d'âge/de salaires** Alters-/Gehaltsstufe *f.*

tranché, e [tʀɑ̃ʃe] *a (couleurs)* grell; *(opinions)* scharf abgegrenzt // *nf* Graben *m.*

trancher [tʀɑ̃ʃe] *vt* schneiden; *(résoudre)* entscheiden // *vi (contraster):* ~ **avec** sich scharf abheben *ou* unterscheiden von.

tranchet [tʀɑ̃ʃɛ] *nm* Messer *nt.*

tranchoir [tʀɑ̃ʃwaʀ] *nm (planche)* Hack-/Wiegebrett *nt.*

tranquille [tʀɑ̃kil] *a* ruhig; **se tenir** ~ *(enfant)* sich ruhig verhalten; **laisse-moi** ~! laß mich in Ruhe!

tranquillement [tʀɑ̃kilmɑ̃] *ad* ruhig.

tranquillisant [tʀɑ̃kilizɑ̃] *nm* Beruhigungsmittel *nt.*

tranquillité [tʀɑ̃kilite] *nf* Ruhe *f;* ~ **d'esprit** Gemütsruhe *f.*

transaction [tʀɑ̃zaksjɔ̃] *nf* Geschäft *nt,* Transaktion *f.*

transatlantique [tʀɑ̃zatlɑ̃tik] *a* überseeisch // *nm (bateau)* Überseedampfer *m.*

transborder [tʀɑ̃sbɔʀde] *vt* umladen.

transcription [tʀɑ̃skʀipsjɔ̃] *nf* Abschrift *f,* Umsetzung *f.*

transférer [tʀɑ̃sfeʀe] *vt (prisonnier)* überführen; *(bureau)* verlegen; *(PSYCH; argent)* übertragen; *(par virement)* überweisen; *(fonctionnaire)* versetzen.

transfert [tʀɑ̃sfɛʀ] *nm* Überführung *f;* Verlegung *f;* Übertragung *f;* Überweisung *f;* Versetzung *f.*

transfigurer [tʀɑ̃sfigyʀe] *vt* verklären.

transformateur [tʀɑ̃sfɔʀmatœʀ] *nm* Transformator *m.*

transformation [tʀɑ̃sfɔʀmɑsjɔ̃] *nf* Verwandlung *f;* Umbau *m;* Änderung *f;* Veränderung *f.*

transformer [tʀɑ̃sfɔʀme] *vt* verwandeln; *(maison, magasin)* umbauen; *(vêtement)* (ab)ändern; ~**en qch** in etw umwandeln; **se** ~ *vi* sich verändern.

transfuge [tʀɑ̃sfyʒ] *nm* Überläufer *m.*

transfusion [tʀɑ̃sfyzjɔ̃] *nf*: ~ **sanguine** Bluttransfusion *f*.
transgresser [tʀɑ̃sgʀese] *vt* übertreten.
transi, e [tʀɑ̃zi] *a* erstarrt.
transiger [tʀɑ̃ziʒe] *vi* einen Kompromiß schließen.
transistor [tʀɑ̃zistɔʀ] *nm* Transistor *m*.
transit [tʀɑ̃zit] *nm* Transit(verkehr) *m*.
transiter [tʀɑ̃zite] *vi* im Transit sein; *(personnes)* auf der Durchreise sein.
transitif, ive [tʀɑ̃zitif, iv] *a* transitiv.
transition [tʀɑ̃zisjɔ̃] *nf* Übergang *m*; **de** ~ vorübergehend.
transitoire [tʀɑ̃zitwaʀ] *a* vorübergehend, vorläufig; *(fugitif)* kurzlebig.
translucide [tʀɑ̃slysid] *a* durchscheinend.
transmetteur [tʀɑ̃smetœʀ] *nm* Sender *m*.
transmettre [tʀɑ̃smetʀ(ə)] *vt* übertragen; ~ **qch à qn** jdm etw übermitteln; *(biens, droits)* etw auf jdn übertragen, jdm etw übertragen; *(secret, recette)* jdm etw mitteilen.
transmission [tʀɑ̃smisjɔ̃] *nf* Übertragung *f*; Übermittlung *f*; ~ **de pensée** Gedankenübertragung *f*.
transparaître [tʀɑ̃spaʀɛtʀ(ə)] *vi* durchscheinen.
transparence [tʀɑ̃spaʀɑ̃s] *nf* Transparenz *f*; **regarder qch par** ~ etw gegen das Licht halten.
transparent, e [tʀɑ̃spaʀɑ̃, ɑ̃t] *a* durchsichtig.
transpercer [tʀɑ̃spɛʀse] *vt* durchbohren; *(fig)* durchdringen; ~ **un vêtement** durch ein Kleidungsstück durchgehen.
transpiration [tʀɑ̃spiʀɑsjɔ̃] *nf* *(sueur)* Schweiß *m*.
transpirer [tʀɑ̃spiʀe] *vi* schwitzen.
transplanter [tʀɑ̃splɑ̃te] *vt* verpflanzen.
transport [tʀɑ̃spɔʀ] *nm* Transport *m*, Beförderung *f*; *(émotion)* ~ **de colère/joie** Wut-/Freudenausbruch *m*; ~ **de voyageurs/marchandises** Beförderung von Reisenden/Waren; ~ **aérien/routier** Transport per Flugzeug/auf der Straße; **avion de** ~ Transportflugzeug *nt*; ~**s en commun** öffentliche Verkehrsmittel *pl*.
transporter [tʀɑ̃spɔʀte] *vt* befördern, transportieren; *(énergie, son)* übertragen; *(fig)* hinreißen.
transporteur [tʀɑ̃spɔʀtœʀ] *nm* *(entrepreneur)* Spediteur *m*.
transposer [tʀɑ̃spoze] *vt (idée, fait)* umwandeln; *(MUS)* transponieren.
transversal, e, aux [tʀɑ̃svɛʀsal, o] Quer-.
trapèze [tʀapɛz] *nm* Trapez *nt*.
trappe [tʀap] *nf (ouverture)* Falltür *f*; *(piège)* Falle *f*.
trappeur [tʀapœʀ] *nm* Trapper *m*.
trapu, e [tʀapy] *a* untersetzt, stämmig.
traquenard [tʀaknaʀ] *nm* Falle *f*.
traquer [tʀake] *vt* hetzen.
traumatiser [tʀomatize] *vt* einen Schock versetzen *(+dat)*.
traumatisme [tʀomatism(ə)] *nm* *(PSYCH)* Trauma *nt*, Schock *m*; ~ **crânien** Gehirntrauma *nt*.
travail, aux [tʀavaj, o] *nm* Arbeit *f*; **être sans** ~ arbeitslos sein; **travaux forcés** Zwangsarbeit; ~ **(au) noir** Schwarzarbeit; **travaux des champs** Feldarbeiten *pl*; **travaux dirigés** *(SCOL)* Schularbeiten *pl* unter Aufsicht; **travaux manuels** *(SCOL)* Handarbeit; **travaux ménagers** Haushalt *m*; **Travaux publics** staatliche Bauvorhaben *pl*.
travaillé, e [tʀavaje] *a* aufpoliert.
travailler [tʀavaje] *vi* arbeiten; *(bois)* sich werfen // *vt* arbeiten an *(+dat)*; *(bois, métal; influencer)* bearbeiten; **cela le travaille** das geht in seinem Kopf herum; ~ **la terre** das Feld bestellen; ~ **son piano** Klavier üben; ~ **à** arbeiten an *(+dat)*; *(contribuer à)* hinarbeiten auf *(+akk)*.
travailleur, euse [tʀavajœʀ, øz] *a*: **être** ~ arbeitsam *ou* fleißig sein //

nm/f Arbeiter(in *f*) *m*.
travée [tʀave] *nf (rangée)* Reihe *f*.
travelling [tʀavliŋ] *nm (chariot)* (Kamera)wagen *m; (technique)* Kamerafahrt *f;* ~ **optique** Zoomaufnahmen *pl*.
travers [tʀavɛʀ] *nm (défaut)* Schwäche *f;* **en** ~ **(de)** quer (zu); **au** ~ **(de)** quer (durch); **de** ~ *a, ad* schief, verkehrt; **à** ~ quer durch; **regarder de** ~ *(fig)* schief ansehen.
traverse [tʀavɛʀs(ə)] *nf (RAIL)* Schwelle *f;* **chemin de** ~ Abkürzung *f*.
traversée [tʀavɛʀse] *nf* Durchquerung *f; (en mer)* Überfahrt *f*.
traverser [tʀavɛʀse] *vt (rue, mer, frontière)* überqueren; *(salle, forêt)* gehen durch; *(ville, tunnel)* durchqueren; *(percer)* durchgehen durch; *(difficultés, temps)* durchmachen; *(sujet: ligne, trait)* durchqueren.
traversin [tʀavɛʀsɛ̃] *nm* Nackenrolle *f*.
travestir [tʀavɛstiʀ] *vt* verzerren; **se** ~ sich verkleiden.
trébucher [tʀebyʃe] *vi:* ~ **(sur)** stolpern (über +*akk*).
trèfle *nm* [tʀɛfl(ə)] Klee *m; (CARTES)* Kreuz *nt;* ~ **à quatre feuilles** vierblättriges Kleeblatt *nt*.
treillage [tʀɛjaʒ] *nm* Spalier *nt*.
treille [tʀɛj] *nf* Weinlaube *f*.
treillis [tʀeji] *nm (métallique)* Gitter *nt*.
treize [tʀɛz] *num* dreizehn.
treizième [tʀɛzjɛm] *num* dreizehnte(r,s).
tréma [tʀema] *nm* Trema *nt*.
tremblant, e [tʀɑ̃blɑ̃, ɑ̃t] *a* zitternd.
tremblement [tʀɑ̃bləmɑ̃] *nm* Zittern *nt*, Beben *nt;* ~ **de terre** Erdbeben *nt*.
trembler [tʀɑ̃ble] *vi* zittern; *(flamme)* flackern; *(terre)* beben; ~ **de froid/fièvre/peur** vor Kälte/Fieber/Angst zittern.
trémousser [tʀemuse]: **se** ~ *vi* herumzappeln.
trempe [tʀɑ̃p] *nf (caractère):* **de cette/sa** ~ von diesem/seinem Schlag.
trempé, e [tʀɑ̃pe] *a* klatschnaß; *(TECH)* gehärtet.
tremper [tʀɑ̃pe] *vt* naß machen; *(aussi:* **faire** ~, **mettre à** ~) einweichen; *(plonger):* ~ **dans** eintauchen in (+*akk*) // *vi (lessive)* eingeweicht sein; *(fig):* ~ **dans** verwickelt sein in (+*akk*); **se** ~ *vi (dans mer, piscine)* kurz hineingehen.
trempette [tʀɑ̃pɛt] *nf:* **faire** ~ **(dans la mer)** kurz (ins Meer) hineingehen.
tremplin [tʀɑ̃plɛ̃] *nm* Sprungbrett *nt; (SKI)* Sprungschanze *f*.
trentaine [tʀɑ̃tɛn] *nf:* **une** ~ **(de)** etwa dreißig.
trente [tʀɑ̃t] *num* dreißig.
trentième [tʀɑ̃tjɛm] *num* dreißigste(r,s).
trépied [tʀepje] *nm (d'appareil)* Stativ *nt; (meuble)* Dreifuß *m*.
trépigner [tʀepiɲe] *vi* stampfen, trampeln.
très [tʀɛ] *ad* sehr; ~ **critiqué** viel kritisiert; **j'ai** ~ **envie de** ich habe große Lust auf/zu.
trésor [tʀezɔʀ] *nm* Schatz *m;* **le Trésor (public)** die Finanzbehörde.
trésorerie [tʀezɔʀʀi] *nf (gestion)* Finanzverwaltung *f; (bureaux)* Finanzabteilung *f;* **difficultés de** ~ Finanzprobleme *pl*.
trésorier, ière [tʀezɔʀje, jɛʀ] *nm/f (d'une société)* Kassenverwalter (in *f*) *m*, Schatzmeister (in *f*) *m*.
tressaillir [tʀesajiʀ] *vi* erbeben.
tresse [tʀɛs] *nf (cheveux)* Zopf *m*.
tresser [tʀese] *vt* flechten; *(corde)* drehen.
tréteau, x [tʀeto] *nm (chevalet)* Gestell *nt*.
treuil [tʀœj] *nm* Winde *f*.
trêve [tʀɛv] *nf* Waffenruhe *f; (fig)* Ruhe *f;* ~ **de...** Schluß mit...; **sans** ~ unaufhörlich.
Trêves *n* Trier.
tri [tʀi] *nm* Sortieren *nt*, Auswahl *f*.
triage [tʀijaʒ] *nm:* **gare de** ~ Rangier- *ou* Verschiebebahnhof *m*.
triangle [tʀijɑ̃gl(ə)] *nm* Dreieck *nt; (MUS)* Triangel *m*.

tribord [tʀibɔʀ] *nm:* **à ~** nach Steuerbord.
tribu [tʀiby] *nf* Stamm *m.*
tribunal, aux [tʀibynal, o] *nm* Gericht *nt;* **~ de commerce/de police** Handels-/Polizeigericht; **~ de grande instance** oberster Gerichtshof *m;* **~ pour enfants** Jugendgericht.
tribune [tʀibyn] *nf* Tribüne *f; (d'église)* Empore *f; (de tribunal)* Galerie *f; (débat)* Diskussion *f.*
tribut [tʀiby] *nm (argent)* Abgabe *f.*
tributaire [tʀibytɛʀ] *a:* **être ~ de** abhängig sein von; *(fleuve)* einmünden in (+*akk*).
tricher [tʀiʃe] *vi* schummeln.
tricherie [tʀiʃʀi] *nf* Betrug *m.*
tricheur, euse [tʀiʃœʀ, øz] *nm/f* Betrüger(in *f*) *m.*
tricolore [tʀikɔlɔʀ] *a* dreifarbig; *(français)* rot-weiß-blau; **le drapeau ~** die Trikolore.
tricot [tʀiko] *nm (action)* Stricken *nt; (ouvrage)* Strickarbeit *f,* Strickzeug *nt; (tissu)* Strickware *f,* Trikot *m; (vêtement)* Pullover *m.*
tricoter [tʀikɔte] *vt* stricken; **machine/aiguille à ~** Strickmaschine *f*/-nadel *f.*
tricycle [tʀisikl(ə)] *nm (d'enfant)* Dreirad *nt.*
triennal, e, aux [tʀiɛnal, o] *a* dreijährlich; *(mandat)* dreijährig.
trier [tʀije] *vt* sortieren; *(fruits)* aussortieren; *(sélectionner)* auslesen.
trimestre [tʀimɛstʀ(ə)] *nm (SCOL)* Trimester *nt; (COMM)* Quartal *nt,* Vierteljahr *nt.*
trimestriel, le [tʀimɛstʀijɛl] *a* vierteljährlich.
tringle [tʀɛ̃gl(ə)] *nf (barre)* Stange *f.*
Trinité [tʀinite] *nf:* **la ~** die Dreifaltigkeit.
trinquer [tʀɛ̃ke] *vi* anstoßen; **~ à qch/la santé de qn** auf etw *(akk)*/jds Wohl anstoßen.
triomphe [tʀijɔ̃f] *nm* Triumph *m.*
triompher [tʀijɔ̃fe] *vi* siegen; *(idée, cause)* triumphieren; **~ de qch** über etw *(akk)* triumphieren.
tripe [tʀip] *nfpl (CULIN)* Kutteln *pl,* Kaldaunen *pl.*
triple [tʀipl(ə)] *a* dreifach; *(trois fois plus grand)* dreimal (so groß) // *nm:* **le ~ (de)** das Dreifache (von); **en ~ exemplaire** in dreifacher Ausfertigung.
tripler [tʀiple] *vi* sich verdreifachen // *vt* verdreifachen.
tripoter [tʀipɔte] *vt (objet)* herumspielen mit.
trique [tʀik] *nf* Knüppel *m.*
triste [tʀist(ə)] *a* traurig.
tristesse [tʀistɛs] *nf* Traurigkeit *f.*
trivial, e, aux [tʀivjal, o] *a* derb, vulgär; trivial, alltäglich.
troc [tʀɔk] *nm* Tauschhandel *m.*
trognon [tʀɔɲɔ̃] *nm (de fruit)* Kerngehäuse *nt; (de légume)* Strunk *m.*
trois [tʀwa] *num* drei; **les ~ quarts de** dreiviertel (+*gen*).
troisième [tʀwazjɛm] *num* dritte(r,s).
trolleybus [tʀɔlɛbys] *nm* Obus *m.*
trombe [tʀɔ̃b] *nf:* **des ~s d'eau** ein Regenguß *m;* **en ~** *(arriver, passer)* wie ein Wirbelwind.
trombone [tʀɔ̃bɔn] *nm (MUS)* Posaune *f; (de bureau)* Büroklammer *f.*
trompe [tʀɔ̃p] *nf (d'éléphant)* Rüssel *m; (MUS)* Horn *nt.*
tromper [tʀɔ̃pe] *vt (personne)* betrügen; *(espoir, attente)* enttäuschen; *(vigilance, poursuivants)* irreführen; *(sujet: distance, objet, ressemblance)* täuschen; **se ~** *vi* sich irren; **se ~ de jour** sich im Tag täuschen; **se ~ de 3 cm/20 F** sich um 3 cm/20 F vertun.
tromperie [tʀɔ̃pʀi] *nf* Betrug *m.*
trompette [tʀɔ̃pɛt] *nf (MUS)* Trompete *f.*
trompettiste [tʀɔ̃petist(ə)] *nm/f* Trompeter(in *f*) *m.*
trompeur, euse [tʀɔ̃pœʀ, øz] *a* täuschend.
tronc [tʀɔ̃] *nm (d'arbre)* Stamm *m; (d'église)* Opferstock *m; (ANAT)* Rumpf *m;* **~ d'arbre** Baumstamm *m*/-stumpf *m;* **~ commun** *(SCOL)* gemeinsamer Bildungsweg *m.*

tronçon [tʀɔ̃sɔ̃] *nm* Teilstrecke *f*.
tronçonner [tʀɔ̃sɔne] *vt* zersägen.
tronçonneuse [tʀɔ̃sɔnøz] *nf* Kettensäge *f*.
trône [tʀon] *nm* Thron *m*; **monter sur le ~** den Thron besteigen.
tronquer [tʀɔ̃ke] *vt* abstumpfen; *(citation, texte)* verstümmeln.
trop [tʀo] *ad (avec verbe)* zuviel; *(devant adverbe)* zu; *(devant adjectif)* (viel) zu; **~ (nombreux)** zu viele; zu zahlreich; **~ peu (nombreux)** zu wenige; **~ (souvent)** zu oft; **~ (longtemps)** zu lange; **~ de** *(nombre)* zu viele; *(quantité)* zu viel; **de ~, en ~: des livres en ~/3 F de ~** einige Bücher/3 F zuviel; **du lait en ~** zu viel Milch.
trophée [tʀɔfe] *nm* Trophäe *f*.
tropical, e, aux [tʀɔpikal, o] *a* tropisch, Tropen-.
tropique [tʀɔpik] *nm* Wendekreis *m*; **~s** *nmpl (région)* Tropen *pl*; **~ du Cancer/Capricorne** Wendekreis des Krebses/Steinbocks.
trop-plein [tʀɔplɛ̃] *nm* Überlauf *m*.
troquer [tʀɔke] *vt*: **~ qch contre qch** etw gegen etw eintauschen.
trot [tʀo] *nm*: **le ~** der Trab; **aller au ~** Trab reiten.
trotter [tʀɔte] *vi* traben; *(souris, enfant)* (herum)huschen.
trotteuse [tʀɔtøz] *nf (de montre)* Sekundenzeiger *m*.
trottiner [tʀɔtine] *vi* trippeln.
trottinette [tʀɔtinɛt] *nf* Roller *m*.
trottoir [tʀɔtwaʀ] *nm* Gehweg *m*; **faire le ~** auf den Strich gehen; **~ roulant** Rollsteg *m*.
trou [tʀu] *nm* Loch *nt*; **~ de mémoire** Gedächtnislücke *f*; **~ d'air** Luftloch *nt*; **le ~ de la serrure** das Schlüsselloch.
trouble [tʀubl(ə)] *a* trüb; *(affaire, histoire)* zwielichtig // *nm (désarroi)* Verwirrung *f*; *(émoi)* Erregung *f*; *(zizanie)* Unruhe *f*; **~s** *nmpl (POL)* Aufruhr *m*, Unruhen *pl*; *(MED)* Störung *f*, Beschwerden *pl*.
troubler [tʀuble] *vt* verwirren; *(émouvoir)* bewegen; *(inquiéter)* beunruhigen; *(liquide)* trüben; *(perturber, déranger)* stören; **se ~** *vi (personne)* verlegen werden.
troué, e [tʀue] *a* durchlöchert // *nf (dans un mur, une haie)* Lücke *f*; *(GEO)* Spalte *f*.
trouer [tʀue] *vt* durchlöchern; *(mur)* durchbohren; *(silence, air, nuit)* durchbrechen.
troupe [tʀup] *nf (MIL)* Truppe *f*; *(groupe)* Schar *f*, Gruppe *f*; **~ (de théâtre)** (Theater)truppe *f*.
troupeau, x [tʀupo] *nm* Herde *f*.
trousse [tʀus] *nf (étui)* Etui *nt*; *(d'écolier)* (Feder)mäppchen *nt*; *(de docteur)* Arztkoffer *m*; **aux ~s de** auf den Fersen von; **~ à outils** Werkzeugtasche *f*; **~ de toilette** Kulturbeutel *m*.
trousseau, x [tʀuso] *nm (de mariée)* Aussteuer *f*; **~ de clefs** Schlüsselbund *nt ou m*.
trouvaille [tʀuvaj] *nf* Entdeckung *f*.
trouver [tʀuve] *vt* finden; *(rendre visite)*: **aller ~ qn** jdn besuchen; **je trouve que** ich finde, daß; **~ à boire/critiquer** etwas zu trinken/kritisieren finden; **se ~** *vi (être)* sein, sich befinden; *(être soudain)* sich finden; **se ~ être/avoir...** zufällig ... sein/haben; **il se trouve que...** zufälligerweise...; **se ~ mal** in Ohnmacht fallen.
truand [tʀyɑ̃d] *nm* Gangster *m*.
truc [tʀyk] *nm (astuce)* Dreh *m*; *(de cinéma, de prestidigitateur)* Trick *m*; *(chose)* Ding *nt*.
truchement [tʀyʃmɑ̃] *nm*: **par le ~ de qn** über jds Vermittlung, über *ou* durch jdn.
truelle [tʀyɛl] *nf (de maçon)* Kelle *f*.
truffe [tʀyf] *nf (champignon, chocolat)* Trüffel *f*.
truffé, e [tʀyfe] *a*: **~ de** gespickt mit.
truie [tʀɥi] *nf* Sau *f*.
truite [tʀɥit] *nf* Forelle *f*.
truquer [tʀyke] *vt* fälschen; *(élections)* manipulieren; *(FILM)* Trickaufnahmen anwenden bei.
T.S.V.P. *sigle (= tournez s'il-vous-plaît)* b.w. (bitte wenden).
T.T.C. *sigle* = toutes taxes

comprises.
tu [ty] *pron* du.
tu, e [ty] *pp de* **taire.**
tuba [tyba] *nm* (*MUS*) Tuba *f*; (*SPORT*) Schnorchel *m.*
tube [tyb] *nm* Röhre *f*; *(de canalisation)* Rohr *nt*; *(d'aspirine etc)* Röhrchen *nt*; *(de dentifrice etc)* Tube *f*; *(disque)* Hit *m*; ~ **à essai** Reagenzglas *nt*; ~ **digestif** Verdauungskanal *m.*
tuberculose [tybɛʀkyloz] *nf* Tuberkulose *f.*
tubulaire [tybylɛʀ] *a* Stahlrohr-.
tuer [tɥe] *vt* töten; *(commerce)* ruinieren; **se** ~ *(se suicider)* sich *(dat)* das Leben nehmen; *(dans un accident)* umkommen.
tuerie [tyʀi] *nf* Gemetzel *nt*, Blutbad *nt.*
tue-tête [tytɛt]: **à** ~ *ad* aus Leibeskräften.
tueur [tɥœʀ] *nm* Mörder *m*; ~ **à gages** bezahlter Killer *m.*
tuile [tɥil] *nf* Dachziegel *m*; *(fam: ennui)* Pech *nt.*
tulipe [tylip] *nf* Tulpe *f.*
tulle [tyl] *nm* Tüll *m.*
tuméfié, e [tymefje] *a* geschwollen.
tumeur [tymœʀ] *nf* Tumor *m.*
tumultueux, euse [tymyltɥø, øz] *a* tobend, lärmend.
tunique [tynik] *nf* Tunika *f.*
Tunisie [tynizi] *nf*: **la** ~ Tunesien *nt.*
tunisien, ne [tynizjɛ̃, ɛn] *a* tunesisch; **T~, ne** *nm/f* Tunesier(in *f*) *m.*
tunnel [tynɛl] *nm* Tunnel *m.*
turban [tyʀbɑ̃] *nm* Turban *m.*
turbine [tʀbin] *nf* Turbine *f.*
turboréacteur [tyʀbɔʀeaktœʀ] *nm* Turbotriebwerk *nt.*
turbulent, e [tyʀbylɑ̃, ɑ̃t] *a* *(enfant)* wild, ausgelassen.
turc, turque [tyʀk(ə)] *a* türkisch; **T~, Turque** *nm/f* Türke *m*, Türkin *f*; **à la turque** *ad (assis)* mit gekreuzten Beinen.
turf [tyʀf] *nm* Pferderennsport *m.*
turque [tyʀk] *a, nf voir* **turc.**
Turquie [tyʀki] *nf*: **la** ~ die Türkei.
turqoise [tyʀkwaz] *a inv* türkis // *nf* Türkis *m.*
tutelle [tytɛl] *nf* (*JUR*) Vormundschaft *f*; *(de l'État, d'une société)* Treuhandschaft *f*; **être/mettre sous la** ~ **de** *(fig)* jds Aufsicht *(dat)* unterstehen/unterstellen; *(protégé)* unter jds Schutz *(dat)* stehen/stellen.
tuteur, trice [tytœʀ, tʀis] *nm/f* (*JUR*) Vormund *m* // *nm (de plante)* Stütze *f.*
tutoyer [tytwaje] *vt* duzen.
tuyau, x [tɥijo] *nm* Rohr *nt*, Röhre *f*; *(flexible)* Schlauch *m*; *(fam: conseil)* Wink *m*, Tip *m*; ~ **d'arrosage** Gartenschlauch *m*; ~ **d'échappement** Auspuffrohr *nt.*
tuyauterie [tɥijotʀi] *nf* Rohrleitungsnetz *nt.*
tuyère [tyjʀ] *nf* Düse *f.*
T.V.A. *sigle f voir* **taxe.**
tympan [tɛ̃pɑ̃] *nm* (*ANAT*) Trommelfell *nt.*
type [tip] *nm* Typ *m*; **le** ~ **standard** die Standardausführung // *a inv* typisch; **avoir le** ~ **nordique** ein nordischer Typ sein.
typhoïde [tifɔid] *nf* Typhus *m.*
typhus [tifys] *nm* Flecktyphus *m.*
typique [tipik] *a* typisch.
tyran [tiʀɑ̃] *nm* Tyrann *m.*
tyrannie [tiʀani] *nf* Tyrannei *f.*
tyrannique [tiʀanik] *a* tyrannisch.
tzigane [dzigan] *a* Zigeuner- // *nm/f* Zigeuner(in *f*) *m.*

U

ulcère [ylsɛʀ] *nm* Geschwür *nt.*
ulcérer [ylseʀe] *vt (fig)* zutiefst verärgern.
ultérieur, e [ylteʀjœʀ] *a* später; **remis à une date** ~**e** auf später verschoben; ~**ement** *ad* später.
ultime [yltim] *a* letzte(r,s).
ultra- [yltʀa] *pref* ultra-; ~sensible *a* hochempfindlich; ~**sons** *nmpl* Überschall *m*, Ultraschall *m*; ~**violet, te** *a* ultraviolett.
un, une [œ̃, yn] *dét* ein(e) // *pron* eine(r,s) // *num* eins; **l'~ l'autre, les ~s les autres** einander; **l'~ ..., l'autre...** der (die, das) eine, ... der (die, das) andere...; **l'~ et l'autre**

beide(s); **l'~ des meilleurs** eine(r,s) der besten.
unanime [ynanim] *a* einstimmig; **unanimité** *nf* Einstimmigkeit *f*; **à l'unanimité** einstimmig.
uni, e [yni] *a (tissu)* einfarbig, uni; *(surface)* eben; *(famille)* eng verbunden; *(pays)* vereinigt.
unifier [ynifje] *vt* vereinen, vereinigen; *(systèmes)* vereinheitlichen.
uniforme [ynifɔʀm(ə)] *a* gleichmäßig; *(surface)* eben; *(objets, maisons)* gleichartig; *(pej)* einförmig // *nm* Uniform *f*; **uniformiser** *vt* vereinheitlichen; **uniformité** *nf* Gleichmäßigkeit *f*; Ebenheit *f*; Gleichartigkeit *f*; Einförmigkeit *f*.
unilatéral, e, aux [ynilateʀal, o] *a* einseitig, unilateral; **stationnement** ~ Parken *nt* nur auf einer Straßenseite.
union [ynjɔ̃] *nf* Vereinigung *f*; *(douanière; POL)* Union *f*; *(mariage)* Verbindung *f*; **l'U~ Soviétique** die Sowjetunion.
unique [ynik] *a (seul)* einzig; *(le même)*: **un prix/système** ~ ein Einheitspreis/-system; *(exceptionnel)* einzigartig; **route à sens** ~ Einbahnstraße *f*; **~ment** *ad* nur, bloß.
unir [yniʀ] *vt* vereinen, vereinigen; *(éléments, couleurs)* verbinden; ~ **qch à** etw vereinigen/verbinden mit; **s'~** sich vereinigen.
unisson [ynisɔ̃]: **à l'~** *ad* einstimmig.
unitaire [ynitɛʀ] *a* vereinigend; **prix** ~ Einzelpreis *m*.
unité [ynite] *nf* Einheit *f*; *(accord)* Einigkeit *f*.
universel, le [ynivɛʀsɛl] *a* allgemein; *(esprit)* vielseitig; **un remède** ~ ein Allheilmittel *nt*.
universitaire [ynivɛʀsitɛʀ] *a* Universitäts- // *nm/f* Lehrkraft *f* an der Universität.
université [ynivɛʀsite] *nf* Universität *f*.
uranium [yʀanjɔm] *nm* Uran *nt*.
urbain, aine [yʀbɛ̃, ɛn] *a* städtisch.
urbanisme [yʀbanism(ə)] *nm* Städtebau *m*; **urbaniste** *nm/f* Städteplaner(in *f*) *m*.
urbanité [yʀbanite] *nf* Weltgewandtheit *f*.
urgence [yʀʒɑ̃s] *nf* Dringlichkeit *f*; *(accidenté)* dringender Fall; **d'~** *a, ad* dringend; **en cas d'~** im Notfall; **service des ~s** Unfallstation *f*.
urgent, e [yʀʒɑ̃, ɑ̃t] dringend, eilig.
urinal [yʀinal] *nm* Urinflasche *f*.
urine [yʀin] *nf* Urin *m*; **uriner** *vt* urinieren; **urinoir** *nm* Pissoir *nt*.
urne [yʀn(ə)] *nf* Urne *f*; **aller aux ~s** zur Wahl gehen; ~ **funéraire** Urne *f*.
URSS [*parfois:* yʀs] *nf*: **l'~** die UdSSR.
urticaire [yʀtikɛʀ] *nf* Nesselfieber *nt*.
us [ys] *nmpl*: ~ **et coutumes** Sitten und Gebräuche *pl*.
U.S.A. *sigle mpl*: **les** ~ die USA.
usage [yzaʒ] *nm* Benutzung *f*, Gebrauch *m*; *(coutume)* Sitte *f*; *(bonnes manières)* Sitten *pl*; *(LING)* Gebrauch *m*; **c'est l'~** das ist Brauch; **faire ~ de** Gebrauch machen von; **avoir l'~ de** benutzen können; **à l'~ de** zum Gebrauch von, für; **en ~** in Gebrauch; **hors d'~** nicht mehr brauchbar; **à ~ interne/externe** zur inneren/äußeren Anwendung.
usagé, e [yzaʒe] *a* gebraucht; *(usé)* abgenutzt.
usager, ère [yzaʒe, ɛʀ] *nm/f* Benutzer(in *f*) *m*.
usé, e [yze] *a* abgenutzt; *(santé, personne)* verbraucht; *(banal, rebattu)* abgedroschen.
user [yze] *vt* abnützen; *(consommer)* verbrauchen; *(santé, personne)* mitnehmen, verschleißen; **s'~** *vi* sich abnutzen; *(facultés, santé)* nachlassen; **s'~ à la tâche** *ou* **au travail** sich bei der Arbeit aufreiben; ~ **de** *vt* gebrauchen.
usine [yzin] *nf* Fabrik *f*, Werk *nt*; ~ **à gaz** Gaswerk *nt*.
usiner [yzine] *vt* verarbeiten, maschinell bearbeiten.
usité, e [yzite] *a* gebräuchlich.
ustensile [ystɑ̃sil] *nm* Gerät *nt*; ~ **de**

cuisine Küchengerät *nt.*
usuel, le [yzɥɛl] *a* üblich.
usure [yzyʀ] *nf* Abnutzung *f,* Verschleiß *m.*
usurper [yzyʀpe] *vt* sich *(dat)* widerrechtlich aneignen.
ut [yt] *nm* C *nt.*
utérus [yteʀys] *nm* Uterus *m,* Gebärmutter *f.*
utile [ytil] *a* nützlich; **en temps ~** zu gegebener Zeit.
utilisation [ytilizɑsjɔ̃] *nf* Benutzung *f,* (Aus)nutzung *f.*
utiliser [ytilize] *vt* benutzen; *(force, moyen)* anwenden; *(CULIN: restes)* verwenden, verwerten; *(pej)* ausnutzen.
utilitaire [ytilitɛʀ] *a* Gebrauchs-; *(préoccupations, but)* nützlich, utilitär.
utilité [ytilite] *nf* Nützlichkeit *f,* Nutzen *m;* **~s** *nfpl (THEAT, fig)* Nebenrollen *pl;* **reconnu d'~ publique** staatlich zugelassen; **c'est d'une grande ~** es ist von großem Nutzen.

V

va [va] *vb voir* **aller.**
vacance [vakɑ̃s] *nf (d'un poste)* freie Stelle *f;* **~s** *nfpl* Ferien *pl,* Urlaub *m;* **les grandes ~s** die großen Ferien; **les ~s de Pâques/de Noël** die Oster-/Weihnachtsferien *pl;* **prendre des/ses ~s** Ferien machen; **aller en ~s** in die Ferien fahren; **vacancier, ière** *nm/f* Urlauber(in *f*) *m.*
vacant, e [vakɑ̃, ɑ̃t] *a (poste, chaire)* frei; *(appartement)* leerstehend, frei.
vacarme [vakaʀm(ə)] *nm* Lärm *m,* Getöse *nt.*
vaccin [vaksɛ̃] *nm (substance)* Impstoff *m; (action)* Impfung *f.*
vaccination [vaksinɑsjɔ̃] *nf* Impfung *f.*
vacciner [vaksine] *vt* impfen.
vache [vaʃ] *nf* Kuh *f; (cuir)* Rindsleder *nt* // *a (fam: sévère)* gemein.
vachement [vaʃmɑ̃] *ad (fam: très)* unheimlich.
vacherin [vaʃʀɛ̃] *nm (fromage)* Weichkäse aus der Juragegend; *(gâteau):* ~ **glacé** Eismeringue *f.*
vaciller [vasije] *vi* schwanken; *(flamme, lumière)* flackern; *(mémoire)* unzuverlässig sein.
vadrouille [vadʀuj] *nf:* **être/partir en ~** einen Bummel machen.
va-et-vient [vaevjɛ̃] *nm inv* Kommen und Gehen *nt; (de pièce mobile)* Hin und Her *nt.*
vagabond, e [vagabɔ̃, ɔ̃d] *a (chien)* streunend; *(vie)* unstet, Zigeuner-; *(peuple)* umherziehend, nomadenhaft; *(imagination, pensées)* umherschweifend // *nm (rôdeur)* Vagabund *m,* Landstreicher *m; (aventurier)* Abenteurer *m,* Wandervogel *m.*
vagabonder [vagabɔ̃de] *vi (errer)* umherziehen; *(fig: pensées)* schweifen.
vagin [vaʒɛ̃] *nm* Scheide *f,* Vagina *f;* **vaginal, e, aux** *a* vaginal, Scheiden-.
vagir [vaʒiʀ] *vi (bébé)* wimmern.
vague [vag] *nf* Welle *f* // *a (confus)* unklar, unbestimmt, vage; *(flou)* verschwommen; *(indéfinissable)* unbestimmt, unerklärlich; *(peu ajusté)* weit, lose; ~ **souvenir/notion** vage Erinnerung/vager Begriff; **un ~ bureau/cousin** irgendein Büro/Vetter // *nm:* **rester/être dans le ~** im Unklaren bleiben/sein; ~ **de fond** *nf* Sturmwelle *f;* **~ment** *ad* vage.
vaguer [vage] *vi* schweifen.
vaillant, e [vajɑ̃, ɑ̃t] *a (courageux)* mutig, tapfer; *(en bonne santé)* gesund.
vaille *vb voir* **valoir.**
vain, e [vɛ̃, vɛn] *a (illusoire, stérile)* vergeblich; *(fat)* eitel, eingebildet; **en ~** *ad* vergeblich, umsonst.
vaincre [vɛ̃kʀ(ə)] *vt* besiegen; *(fig)* überwinden.
vaincu, e [vɛ̃ky] *nm/f* Besiegte(r) *mf.*
vainement [vɛnmɑ̃] *ad* vergeblich.
vainqueur [vɛ̃kœʀ] *nm* Sieger(in *f*) *m.*

vaisseau, x [vɛso] *nm (ANAT)* Gefäß *nt; (NAVIG)* Schiff *nt.*
vaisselle [vɛsɛl] *nf* Geschirr *nt; (lavage)* Abwasch *m;* **faire la ~** das Geschirr spülen, abwaschen.
val, vaux *ou* **vals** [val, vo] *nm:* **par monts et (par) vaux** über Berg und Tal.
valable [valabl(ə)] *a* gültig; *(motif, solution)* annehmbar; *(interlocuteur, écrivain)* fähig.
valet [valɛ] *nm* Diener *m; (CARTES)* Bube *m;* **~ de chambre** Kammerdiener *m.*
valeur [valœʀ] *nf* Wert *m; (boursière)* Kurs(wert) *m; (d'une personne)* Verdienst *nt;* **~s** *nfpl* **(morales)** (sittliche) Werte *pl;* **mettre en ~** nutzbar machen; *(fig)* zur Geltung bringen; **avoir de la ~** wertvoll sein; **prendre de la ~** im Wert steigen; **sans ~** wertlos; **~ absolue** Grundwert *m;* **~ d'échange** Tauschwert *m;* **~s mobilières** bewegliche Habe *f.*
valeureux, euse [valœʀø, øz] *a* tapfer.
valide [valid] *a (en bonne santé)* gesund; *(valable)* gültig.
valider [valide] *vt* für gültig erklären.
validité [validite] *nf* Gültigkeit *f.*
valise [valiz] *nf* Koffer *m.*
vallée [vale] *nf* Tal *nt.*
vallon [valɔ̃] *nm* Tälchen *nt.*
vallonné, e [valɔne] *a* hügelig.
valoir [valwaʀ] *vb avec attribut (un certain prix)* wert sein // *vi (être valable)* taugen // *vt (équivaloir à)* entsprechen (+*dat*); *(procurer):* **~ qch à qn** jdm etw bringen; *(: négatif)* jdn etw kosten; **faire ~** *(défendre)* geltend machen; *(mettre en valeur)* nutzbar machen; **ce climat ne me vaut rien** das Klima bekommt mir nicht *ou* ist nichts für mich; **~ la peine** sich lohnen; **~ mieux** besser sein; **ça ne vaut rien** das taugt nichts; **~ cher** teuer sein; **que vaut ce candidat/cette méthode?** was taugt der Kandidat/diese Methode?
valoriser [valɔʀize] *vt* aufwerten.
valse [vals(ə)] *nf* Walzer *m.*
valve [valv(ə)] *nf (ZOOL)* Muschelschale *f; (TECH)* Ventil *nt.*
vandale [vɑ̃dal] *nm/f* Vandale *m.*
vandalisme [vɑ̃dalism(ə)] *nm* Vandalismus *m.*
vanille [vanij] *nf* Vanille *f;* **glace/crème à la ~** Vanilleeis *nt*/-creme *f.*
vanité [vanite] *nf (inutilité)* Vergeblichkeit *f,* Nutzlosigkeit *f; (fatuité)* Eitelkeit *f,* Einbildung *f;* **vaniteux, euse** *a* eitel, eingebildet.
vanne [van] *nf* Stauschranke *f.*
vanneau, x [vano] *nm* Kiebitz *m.*
vannerie [vanʀi] *nf (art)* Korbmacherei *f; (objets)* Korbwaren *pl.*
vantail, aux [vɑ̃taj, o] *nm* Fensterflügel *m.*
vantard, e [vɑ̃taʀ, aʀd(ə)] *a* angeberisch, großsprecherisch.
vanter [vɑ̃te] *vt* preisen; **~ qch à qn** jdm etw anpreisen; **se ~** *vi* sich rühmen; *(pej)* prahlen; **se ~ de qch** sich einer Sache *(gen)* rühmen; *(pej)* mit etw angeben.
vapeur [vapœʀ] *nf* Dampf *m; (brouillard)* Dunst *m;* **machine/locomotive à ~** Dampfmaschine/-lokomotive *f;* **à toute ~** mit Volldampf; **cuit à la ~** dampfgekocht; **~s** *nfpl (MED)* Wallungen *pl.*
vaporeux, euse [vapɔʀø, øz] *a (flou)* dunstig; *(léger)* duftig.
vaporisateur [vapɔʀizatœʀ] *nm (à parfum)* Zerstäuber *m; (à laque, déodorant)* Spray *m ou nt.*
vaporiser [vapɔʀize] *vt (CHIM)* verdampfen; verdunsten lassen; *(parfum etc)* zerstäuben.
varappe [vaʀap] *nf* Klettern *nt.*
varech [vaʀɛk] *nm* Tang *m.*
vareuse [vaʀøz] *nf (d'intérieur)* Hausjacke *f; (de marin)* Matrosenbluse *f; (d'uniforme)* Uniformjacke *f.*
variable [vaʀjabl(ə)] *a* veränderlich; *(TECH)* verstellbar; *(divers)* verschieden // *nf (MATH)* Variable *f,* Veränderliche *f.*
variante [vaʀjɑ̃t] *nf (d'un texte)* Lesart *f.*

variation [vaʀjɑsjɔ̃] *nf* Variation *f*; ~**s** *nfpl (changements)* Veränderungen *pl*; *(écarts)* Schwankungen *pl*; *(différences)* Unterschiede *pl*.
varice [vaʀis] *nf* Krampfader *f*.
varicelle [vaʀisɛl] *nf* Windpocken *pl*.
varié, e [vaʀje] *a (qui change)* verschiedenartig; *(qui présente un choix)* abwechslungsreich; *(divers)* unterschiedlich.
varier [vaʀje] *vi (changer)* sich ändern; *(TECH, MATH)* variieren; *(différer)* unterschiedlich sein; *(changer d'avis)* die Meinung ändern; *(différer d'opinion)* verschiedener Meinung sein // *vt (diversifier)* variieren; *(faire alterner)* abwechseln.
variété [vaʀjete] *nf* Verschiedenartigkeit *f*; *(BOT, ZOOL)* Spielart *f*; *(choix)*: **une (grande)** ~ **de** eine große Auswahl an (+*dat*); ~**s** *nfpl* Variété *nt*.
variole [vaʀjɔl] *nf* Pocken *pl*.
vase [vɑz] *nm* Vase *f* // *nf* Schlamm *m*, Morast *m*; ~ **de nuit** Nachttopf *m*.
vaseux, euse [vɑzø, øz] *a* schlammig; *(confus)* schwammig; *(fatigué)* schlapp.
vasistas [vazistɑs] *nm* Oberlicht *nt*.
vaste [vast(ə)] *a* weit; *(fig)* umfangreich, groß.
va-tout [vatu] *nm*: **jouer son** ~ seinen letzten Trumpf ausspielen.
vaudeville [vodvil] *nm* Lustspiel *nt*.
vaurien, enne [voʀjɛ̃, ɛn] *nm/f* Nichtsnutz *m*.
vaut *vb voir* **valoir.**
vautour [votuʀ] *nm* Geier *m*.
vautrer [votʀe]: **se** ~ *vi* sich wälzen; *(fig)* sich suhlen.
vaux [vo] *pl de* **val.**
veau, x [vo] *nm (ZOOL)* Kalb *nt*; *(CULIN)* Kalb(fleisch) *nt*; *(peau)* Kalbsleder *nt*.
vecteur [vɛktœʀ] *nm* Vektor *m*.
vécu, e [veky] *pp de* **vivre.**
vedette [vədɛt] *nf* Star *m*; *(canot)* Motorboot *nt*; **mettre en** ~ herausstreichen; *(personne)* groß herausbringen; **avoir la** ~ im Mittelpunkt stehen.
végétal, e, aux [veʒetal, o] *a* Pflanzen-; *(graisse, teinture)* pflanzlich // *nm* Pflanze *f*.
végétarien, ienne [veʒetaʀjɛ̃, jɛn] *a* vegetarisch // *nm/f* Vegetarier(in *f*) *m*.
végétation [veʒetɑsjɔ̃] *nf* Vegetation *f*; ~**s** *nfpl* Polypen *pl*.
véhément, e [veemɑ̃, ɑ̃t] *a* heftig.
véhicule [veikyl] *nm* Fahrzeug *nt*; *(fig)* Mittel *nt*.
veille [vɛj] *nf*: **l'état de** ~ der Wachzustand; **la** ~ *ad* am Tag davor; **la** ~ **de** der Tag vor (+*dat*); **à la** ~ **de** vor (+*dat*); **l'avant-veille** *ad* vorgestern.
veillée [veje] *nf* Abend *m*; ~ **mortuaire** Totenwache *f*.
veiller [veje] *vi* wachen // *vt* wachen bei; ~ **à** *vt (s'occuper de)* sich kümmern um; *(faire attention à)* aufpassen auf (+*akk*); ~ **à faire/à ce que** aufpassen, daß man etw tut/daß; ~ **sur** *vt* aufpassen auf (+*akk*).
veilleur [vɛjœʀ] *nm*: ~ **de nuit** Nachtwächter *m*.
veilleuse [vɛjøz] *nf (lampe)* Nachtlicht *nt*; **en** ~ *a, ad* auf Sparflamme.
veine [vɛn] *nf (ANAT)* Ader *f*, Vene *f*; *(filon minéral)* Ader *f*; *(du bois, marbre etc)* Maserung *f*; *(fam: chance)* Glück *nt*.
vêler [vele] *vi* kalben.
vélin [velɛ̃] *a, nm*: **(papier)** ~ Pergament *nt*.
velléités [veleite] *nfpl* Anwandlungen *pl*.
vélo [velo] *nm* Fahrrad *nt*; **faire du** ~ radfahren.
vélocité [velɔsite] *nf* Geschwindigkeit *f*.
vélodrome [velɔdʀɔm] *nm* Radrennbahn *f*.
vélomoteur [velɔmɔtœʀ] *nm* Mofa *nt*.
velours [v(ə)luʀ] *nm* Samt *m*; ~ **côtelé** Kordsamt *m*.
velouté, e [vəlute] *a (au toucher)* samtartig; *(à la vue)* samtig; *(au goût: vin)* lieblich; *(: crème)* sämig // *nm*

(*CULIN*): ~ **d'asperges** Spargelkremsuppe *f*.
velu, e [vəly] *a* haarig.
venaison [vənɛzɔ̃] *nf* Wild *nt*.
vénal, e, aux [venal, o] *a* käuflich, bestechlich.
venant [v(ə)nɑ̃]: **à tout** ~ *ad* dem ersten besten; **le tout-~** der erstbeste.
vendange [vɑ̃dɑ̃ʒ] *nf* Weinlese *f*.
vendanger [vɑ̃dɑ̃ʒe] *vi* Wein lesen // *vt* lesen.
vendeur, euse [vɑ̃dœʀ, øz] *nm/f* Verkäufer(in *f*) *m*.
vendre [vɑ̃dʀ(ə)] *vt* verkaufen; (*trahir*) verraten.
vendredi [vɑ̃dʀədi] *nm* Freitag *m*; **V~ saint** Karfreitag *m*.
vendu, e [vɑ̃dy] *a* (*pej*) gekauft.
vénéneux, euse [venenø, øz] *a* giftig.
vénérable [veneʀabl(ə)] *a* ehrwürdig.
vénérer [veneʀe] *vt* ehren; (*REL*) verehren.
vénérien, ne [veneʀjɛ̃, jɛn] *a* Geschlechts-.
vengeance [vɑ̃ʒɑ̃s] *nf* Rache *f*.
venger [vɑ̃ʒe] *vt* (*affront*) sich rächen für; (*honneur*) retten; (*personne, famille*) rächen; **se ~ (de qch)** sich (für etw) rächen; **se ~ sur qn** sich an jdm rächen.
vengeur, eresse [vɑ̃ʒœʀ, ʒʀɛs] *nm/f* Rächer(in *f*) *m* // *a* rächend.
véniel, le [venjɛl] *a*: **faute ~le** verzeihlicher *ou* entschuldbarer Fehler *m*; **péché ~** läßliche Sünde *f*.
venimeux, euse [vənimø, øz] *a* giftig.
venin [vənɛ̃] *nm* Gift *nt*; (*fig*) Bosheit *f*.
venir [v(ə)niʀ] *vi* kommen; ~ **de** kommen von; ~ **jusqu'à** gehen bis; **~ de faire: je viens d'y aller/de le voir** ich bin gerade dorthin gegangen/ich habe ihn gerade gesehen; **s'il vient à pleuvoir** wenn es regnen sollte; **j'en viens à croire que** ich glaube langsam, daß; **il en est venu à mendier** es ist soweit gekommen, daß er bettelte; **les années/générations à ~** die kommenden Jahre/Generationen; **il me vient une idée** ich habe eine Idee; **voir ~** (*fig*) abwarten; **laisser ~** (*fig*) auf sich (*akk*) zukommen lassen; **faire ~** (*docteur, plombier*) kommen lassen; **d'où vient que ...?** woher kommt es, daß?.
vent [vɑ̃] *nm* Wind *m*; **au/sous le ~** (*NAVIG*) vor dem/gegen den Wind; **avoir le ~ debout** *ou* **de face/arrière** *ou* **en poupe** Gegenwind/Rückenwind haben; **(être) dans le ~** (*fam*) modern *ou* in (sein).
vente [vɑ̃t] *nf* Verkauf *m*.
venteux, euse [vɑ̃tø, øz] *a* windig.
ventilateur [vɑ̃tilatœʀ] *nm* Ventilator *m*.
ventiler [vɑ̃tile] *vt* (*local*) belüften; (*COMM*: *répartir*) aufgliedern.
ventouse [vɑ̃tuz] *nf* (*de verre*) Schröpfkopf *m*; (*de caoutchouc*) Saugglocke *f*; (*ZOOL*) Saugnapf *m*.
ventre [vɑ̃tʀ(ə)] *nm* Bauch *m*.
ventriloque [vɑ̃tʀilɔk] *nm/f* Bauchredner(in *f*) *m*.
ventru [vɑ̃tʀy] *a* dickbäuchig.
venu, e [v(ə)ny] *a*: **c'est mal ~ de faire cela** es ist eine Unverschämtheit, das zu tun; **mal/bien ~** (*plante etc*) mißraten/gelungen // *nf* (*arrivée*) Ankunft *f*.
ver [vɛʀ] *nm* Wurm *m*; ~ **à soie** Seidenraupe *f*; ~ **blanc** Made *f*; ~ **de terre** Regenwurm *m*; ~ **luisant** Glühwürmchen *nt*; ~ **solitaire** Bandwurm *m*.
véracité [veʀasite] *nf* Wahrhaftigkeit *f*.
verbal, e, aux [vɛʀbal, o] *a* (*oral*) mündlich; (*LING*) verbal.
verbe [vɛʀb(ə)] *nm* (*LING*) Verb *nt*; (*voix*): **avoir le ~ haut/sonore** laut reden.
verdâtre [vɛʀdatʀ(ə)] *a* grünlich.
verdeur [vɛʀdœʀ] *nf* (*vigueur*) Vitalität *f*; (*crudité*) Schärfe *f*; (*défaut de maturité*) Unreife *f*.
verdict [vɛʀdik(t)] *nm* Urteil *nt*.
verdir [vɛʀdiʀ] *vi* grün werden // *vt* grün werden lassen.
verdoyant, e [vɛʀdwajɑ̃, ɑ̃t] *a* grün.

verdure [vɛʀdyʀ] *nf (feuillages)* Laub *nt*.

véreux, euse [veʀø, øz] *a* wurmig, wurmstichig; *(fig)* unredlich.

verge [vɛʀʒ(ə)] *nf (ANAT)* Penis *m*, Glied *nt*; *(baguette)* Rute *f*.

verger [vɛʀʒe] *nm* Obstgarten *m*.

vergeture [vɛʀʒətyʀ] *nf (gén pl)* Striemen *pl*.

verglacé, e [vɛʀglase] *a* vereist.

verglas [vɛʀgla] *nm* Glatteis *nt*.

vergogne [vɛʀgɔɲ]: **sans** ~ *ad* schamlos.

véridique [veʀidik] *a (témoin)* wahrhaftig; *(récit)* wahrheitsgemäß.

vérification [veʀifikɑsjɔ̃] *nf* Überprüfung *f*.

vérifier [veʀifje] *vt* überprüfen; *(hypothèse)* verifizieren; *(prouver)* beweisen; **se** ~ *vi* sich bestätigen.

véritable [veʀitabl(ə)] *a* wahr; *(ami, or)* echt; **un** ~ **miracle** ein wahres Wunder.

vérité [veʀite] *nf* Wahrheit *f*; *(d'un portrait)* Naturgetreuheit *f*; *(sincérité)* Aufrichtigkeit *f*; **en** ~, **à la** ~ *ad* in Wirklichkeit.

vermeil, le [vɛʀmɛj] *a* karminrot.

vermicelles [vɛʀmisɛl] *nmpl* Fadennudeln *pl*.

vermillon [vɛʀmijɔ̃] *nm* Zinnoberrot *nt*.

vermine [vɛʀmin] *nf* Ungeziefer *nt*; *(fig)* Pack *nt*, Gesindel *nt*.

vermout(h) [vɛʀmut] *nm* Wermut *m*.

verni, e [vɛʀni] *a* lackiert; **être** ~ *(fam)* Schwein haben; **cuir** ~ Lakleder *nt*.

vernir [vɛʀniʀ] *vt* lackieren.

vernis [vɛʀni] *nm (enduit)* Lack *m*; *(fig)* Schliff *m*; ~ **à ongles** Nagellack *m*.

vernissage [vɛʀnisaʒ] *nm* Lakkierung *f*; *(d'une exposition)* Vernissage *f*.

vérole [veʀɔl] *nf (ou* **petite** ~*)* Pocken *pl*.

verre [vɛʀ] *nm* Glas *nt*; **boire** *ou* **prendre un** ~ ein Glas trinken; ~ **à dents** Zahnputzbecher *m*; ~**s de contact** Kontaktlinsen *pl*.

verrerie [vɛʀʀi] *nf (fabrique)* Glashütte *f*; *(fabrication)* Glasbläserei *f*; *(objets)* Glaswaren *pl*.

verrière [vɛʀjɛʀ] *nf (grand vitrage)* großes Fenster *nt*; *(toit vitré)* Glasdach *nt*.

verroterie [vɛʀɔtʀi] *nf* Glasperlen *pl*.

verrou, x [vɛʀu] *nm* Riegel *m*; *(obstacle)* Sperre *f*.

verrouiller [vɛʀuje] *vt (porte)* ver- *ou* ab- *ou* zuriegeln.

verrue [vɛʀy] *nf* Warze *f*.

vers [vɛʀ] *nm* Vers *m*, Zeile *f* // *nmpl* Gedichte *pl* // *prep (en direction de)* gegen (*+akk*), in Richtung auf (*+akk*); *(dans les environs de)* um (*+akk*); *(temporel)* gegen (*+akk*), etwa um.

versant [vɛʀsɑ̃] *nm* Seite *f*, Hang *m*.

versatile [vɛʀsatil] *a* unbeständig, wankelmütig.

verse [vɛʀs(ə)]: **à** ~ *ad*: **pleuvoir à** ~ in Strömen gießen.

versé, e [vɛʀse] *a*: **être** ~ **dans** bewandert sein in (*+dat*).

Verseau [vɛʀso] *nm* Wassermann *m*.

versement [vɛʀsəmɑ̃] *nm* Zahlung *f*.

verser [vɛʀse] *vt (liquide, grains)* schütten; *(dans une tasse etc)* gießen; *(larmes, sang)* vergießen; *(argent)* zahlen; *(: sur un compte)* einzahlen; *(MIL: incorporer)* zuweisen (*+dat*) // *vi (basculer)* umstürzen; *(fig)*: ~ **dans** grenzen an (*+akk*); *(personne)* neigen zu.

verset [vɛʀsɛ] *m (de la Bible etc)* Vers *m*.

version [vɛʀsjɔ̃] *nf* Version *f*; *(SCOL: traduction)* (Her)übersetzung *f*; **film en** ~ **originale (sous-titré)** Film in Originalfassung *f* (mit Untertiteln).

verso [vɛʀso] *nm* Rückseite *f*; **voir au** ~ siehe Rückseite.

vert, e [vɛʀ, vɛʀt(ə)] *a* grün; *(vigoureux)* rüstig; *(langage, propos)* derb // *nm (couleur)* Grün *nt*.

vertébral, e, aux [vɛʀtebʀal, o] *a (douleurs)* Rücken-.

vertèbre [vɛʀtɛbʀ(ə)] *nf* (Rücken)wirbel *m*.

vertébrés [vɛʀtebʀe] *nmpl*

Wirbeltiere *pl.*
vertement [vɛʀtəmɑ̃] *ad* scharf.
vertical, e, aux [vɛʀtikal, o] *a* vertikal, senkrecht // *nf*: **la ~e** die Senkrechte; **verticalement** *ad* senkrecht.
vertige [vɛʀtiʒ] *nm* Schwindel *m*; **j'ai le ~** mir ist schwindlig; **ça me donne le ~** mir wird schwindlig.
vertigineux, euse [vɛʀtiʒinø, øz] *a* schwindelerregend.
vertu [vɛʀty] *nf (propriété)* Eigenschaft *f*; *(sens moral)* Tugend *f*; **avoir la ~ de** *(avoir pour effet)* die Wirkung (*+gen*) haben; **en ~ de** *prep* aufgrund von.
vertueux, euse [vɛʀtɥø, øz] *a* tugendhaft; *(femme)* sittsam; *(action)* ehrenhaft.
verve [vɛʀv(ə)] *nf* Wortgewandtheit *f*; **être en ~** in Schwung sein.
verveine [vɛʀvɛn] *nf (plante)* Eisenkraut *nt*; *(infusion)* Eisenkrauttee *m*.
vésicule [vezikyl] *nf* Bläschen *nt*; **~ bilaire** Gallenblase *f*.
vessie [vesi] *nf (ANAT)* (Harn)blase *f*.
veste [vɛst(ə)] *nf* Jacke *f*; Jackett *nt*; **~ droite/croisée** Ein-/Zweireiher *m*; **retourner sa ~** umschwenken.
vestiaire [vɛstjɛʀ] *nm (théâtre)* Garderobe *f*; *(stade)* Umkleideraum *m*.
vestibule [vɛstibyl] *nm* Diele *f*, Flur *m*; *(d'hôtel, temple etc)* Vorhalle *f*.
vestige [vɛstiʒ] *nm (gén pl: ruine, trace)* Spur *f*; *(: reste)* Überrest *m*, Überbleibsel *nt*.
veston [vɛstɔ̃] *nm* Jacke *f*.
vêtement [vɛtmɑ̃] *nm* Kleidungsstück *nt*, Kleidung *f*; *nmpl*: **~s** Kleider *pl*.
vétéran [veteʀɑ̃] *nm* Veteran *m*.
vétérinaire [veteʀinɛʀ] *nm/f* Tierarzt *m*, Tierärztin *f*.
vêtir [vetiʀ] *vt* anziehen; **se ~** *vi* sich anziehen.
véto [veto] *nm* Veto *nt*; **droit de ~** Vetorecht *nt*.
vêtu, e [vety] *pp de* **vêtir.**
vétuste [vetyst(ə)] *a* alt, baufällig.
veuf, veuve [vœf, vœv] *a* verwitwet // *nm/f* Witwe(r *m*) *f*.
veule [vøl] *a* schwach, lax.
veuve [vœv] *a, nf voir* **veuf.**
vexation [vɛksɑsjɔ̃] *nf (gén pl)* Demütigung *f*, Erniedrigung *f*.
vexer [vɛkse] *vt* beleidigen; **se ~** *vi* sich ärgern.
viabiliser [vjabilize] *vt* erschließen.
viabilité [vjabilite] *nf* Lebensfähigkeit *f*; *(d'une route)* Befahrbarkeit *f*.
viable [vjabl(ə)] *a (enfant)* lebensfähig; *(réforme)* durchführbar; *(entreprise)* rentabel.
viaduc [vjadyk] *nm* Viadukt *m*.
viager, ère [vjaʒe, ɛʀ] *a*: **rente ~ère** Rente *f* auf Lebenszeit // *nm* Leibrente *f*.
viande [vjɑ̃d] *nf* Fleisch *nt*.
vibrant, e [vibʀɑ̃, ɑ̃t] *a (émouvant)* begeisternd; *(ému)* begeistert.
vibration [vibʀɑsjɔ̃] *nf* Schwingung *f*, Vibration *f*.
vibrer [vibʀe] *vi* schwingen, vibrieren; *(fig)* hingerissen sein // *vt (TECH: béton etc)* schütteln; **faire ~** mitreißen, fesseln.
vice [visk] *nm (immoralité)* Laster *nt*; *(défaut)*: **~ de fabrication** Fabrikationsfehler *m*; **~ de forme** Formfehler *m*.
vice- [vis] *pref* Vize-; **vice-président, e** *nm/f* Vizepräsident(in *f*) *m*.
vice-versa [visevɛʀsa] *ad* umgekehrt.
vichy [viʃi] *nm (toile)* Gingan *m*; *(eau minérale)* Vichywasser *nt*.
vicié, e [visje] *a* verdorben; *(JUR)* ungültig.
vicieux, euse [visjø, øz] *a (pervers)* schlecht; *(fautif)* inkorrekt, falsch.
vicinal, e, aux [visinal, o] *a*: **chemin ~** Nebenstraße *f*.
victime [viktim] *nf* Opfer *nt*; **être ~ de qch** ein Opfer von etw sein, einer Sache *(dat)* zum Opfer fallen.
victoire [viktwaʀ] *nf* Sieg *m*.
victorieux, euse [viktɔʀjø, øz] *a (personne, groupe)* siegreich; *(attitude)* truimphierend.
vidange [vidɑ̃ʒ] *nf (d'un fossé, réservoir)* Entleerung *f*; *(AUT)* Ölwechsel

m; (de lavabo) Fäkalienleerung *f;* **~s** *nfpl (matières)* Abwasser *nt.*
vidanger [vidɑ̃ʒe] *vt (fosse)* entleeren; **faire ~ la voiture** einen Ölwechsel machen lassen.
vide [vid] *a* leer; *(journée)* langweilig // *nm (PHYS)* luftleerer Raum *m,* Vakuum *nt; (solution de continuité)* Lücke *f; (sous soi)* Abgrund *m; (futilité, néant)* Leere *f;* **~ de** *(dépourvu de)* ohne; **avoir peur du ~** nicht schwindelfrei sein; **emballage sous ~** Vakuumverpackung *f;* **regarder dans le ~** ins Leere starren; **à ~** *ad* leer; **tourner à ~** *(moteur)* leer laufen; **vide-ordures** *nm inv* Müllschlucker *m;* **vide-poches** *nm inv* Behälter *m.*
vider [vide] *vt* leeren, ausleeren; *(salle, lieu)* räumen; *(CULIN)* ausnehmen; *(querelle)* beilegen; **se ~** *(contenant, récipient)* sich leeren.
videur [vidœʀ] *nm (de boîte de nuit)* Rausschmeißer *m.*
vie [vi] *nf* Leben *nt; (biographie)* Biographie *f;* **sans ~** leblos, ohne Leben; **élu à ~** auf Lebenszeit gewählt.
vieil [vjɛj] *am voir* **vieux.**
vieillard [vjɛjaʀ] *nm* alter Mann *m,* Greis *m;* **les ~s** die alten Leute *pl,* die älteren Menschen *pl.*
vieille [vjɛj] *a, nf voir* **vieux.**
vieilleries [vjɛjʀi] *nfpl (objets)* alte Sachen *pl; (fig)* alter Kram *m.*
vieillesse [vjɛjɛs] *nf* Alter *nt; (ensemble des vieillards)* alte Leute *pl.*
vieillir [vjejiʀ] *vi* alt werden; *(se flétrir)* altern; *(institutions, idées)* veralten; *(vin)* reifen // *vt* alt machen.
vieillissement [vjejismɑ̃] *nm* Altwerden *nt,* Altern *nt.*
vielle [vjɛl] *nf* Leierkasten *m.*
Vienne [vjɛn] *n* Wien *nt.*
vierge [vjɛʀʒ(ə)] *a (personne)* jungfräulich; *(film)* unbelichtet; *(feuille)* unbeschrieben, weiß; *(terres, neige)* unberührt // *nf (aussi ASTR)* Jungfrau *f;* **~ de** ohne.
vieux (vieil), vieille [vjø, vjɛj] *a* alt // *nm/f* Alte(r) *mf;* **les ~** die alten Menschen *pl;* **mon vieux/ma vieille** *(fam)* mein Lieber/meine Liebe; **prendre un coup de ~** (plötzlich) altern; **~ garçon** *nm* Junggeselle *m;* **~ jeu** *a inv* altmodisch; **~ rose** *a inv* altrosa; **vieille fille** *nf* alte Jungfer *f.*
vif, vive [vif, viv] *a (animé: personne, mélodie)* lebhaft; *(alerte)* rege, wach; *(brusque, emporté)* aufbrausend; *(aigu)* scharf; *(lumière, couleur)* grell; *(air)* frisch; *(froid)* schneidend; *(vent)* scharf; *(fort: douleur, intérêt)* stark; *(vivant):* **brûlé/enterré ~** lebendig verbrannt/begraben; **à ~** *(plaie)* offen; *(nerfs)* aufs äußerste gespannt; **sur le ~** *(ART)* nach der Natur.
vigie [viʒi] *nf (NAVIG: surveillance)* Ausguck *m; (: poste)* Mastkorb *m.*
vigilant, e [viʒilɑ̃, ɑ̃t] *a* wachsam.
vigne [viɲ] *nf (arbrisseau)* Weinrebe *f; (plantation)* Weinberg *m;* **~ vierge** wilder Wein *m.*
vigneron, onne [viɲʀɔ̃, ɔn] Winzer(in *f*) *m.*
vignette [viɲɛt] *nf* Vignette *f; (: d'une marque de fabrique)* Markenzeichen *nt; (petite illustration)* Skizze *f; (de l'impôt sur les automobiles)* Autosteuerplakette *f; (de la Sécurité Sociale)* Gebührenmarke *f (auf Medikamenten).*
vignoble [viɲɔbl(ə)] *nm (plantation)* Weinberg *m; (vignes d'une région)* Weingegend *f.*
vigoureux, euse [viguʀø, øz] *a* kräftig; *(fig)* kraftvoll.
vigueur [vigœʀ] *nf* Kraft *f,* Stärke *f; (fig)* Ausdruckskraft *f;* **être/entrer en ~** in Kraft sein/treten; **en ~** geltend.
vil, e [vil] *a* abscheulich, gemein; **à ~ prix** spottbillig.
vilain, e [vilɛ̃, ɛn] *a (laid)* häßlich; *(mauvais: temps, affaire)* scheußlich, ekelhaft; *(pas sage: enfant)* ungezogen; **~ mot** *nm* Grobheit *f.*
vilebrequin [vilbʀəkɛ̃] *nm (outil)* Bohrwinde *f; (AUT: arbre)* Kurbelwelle *f.*
villa [villa] *nf* Villa *f.*

village [vilaʒ] *nm* Dorf *nt*.
villageois, e [vilaʒwa, waz] *a* ländlich // *nm/f* Dorfbewohner(in *f*) *m*.
ville [vil] *nf* Stadt *f*; **habiter en ~** in der Stadt wohnen.
vin [vɛ̃] *nm* Wein *m*; **~ de pays** Landwein *m*; **sauce au ~** Weinsoße *f*; **coq au ~** Hähnchen *nt* in Weinsoße; **avoir le ~ gai/triste** nach ein paar Gläschen lustig/traurig werden; **~ d'honneur** kleiner Empfang *m*; **~ de messe** Meßwein *m*; **~ ordinaire** *ou* **de table** Tischwein *m*, Tafelwein *m*; **~ blanc/rouge** Weiß-/Rotwein *m*; **~ rosé** Rosé *m*.
vinaigre [vinɛgʀ(ə)] *nm* Essig *m*.
vinaigrette [vinɛgʀɛt] *nf* Vinaigrette *f*.
vinaigrier [vinɛgʀije] *nm (personne)* Essighersteller *m*; *(flacon)* Essigflasche *f*.
vinasse [vinas] *nf (pej)* schlechter Wein *m*.
vindicatif, ive [vɛ̃dikatif, iv] *a* rachsüchtig.
vineux, euse [vinø, øz] *a (couleur)* weinrot; *(odeur)* Wein-.
vingt [vɛ̃] *num* zwanzig; **~ quatre heures sur ~ quatre** rund um die Uhr.
vingtaine [vɛ̃tɛn] *nf*: **une ~** etwa zwanzig.
vingtième [vɛ̃tjɛm] *num* zwanzigste(r, s).
vinicole [vinikɔl] *a* Weinbau-.
viol [vjɔl] *nm (d'une femme)* Vergewaltigung *f*; *(d'un lieu sacré)* Entweihung *f*, Schändung *f*.
violation [vjɔlɑsjɔ̃] *nf (d'un lieu)* Entweihung *f*, Schändung *f*; *(d'un traité, d'une loi)* Verstoß *m* (*de* gegen).
violemment [vjɔlamɑ̃] *ad* brutal, wild; heftig.
violence [vjɔlɑ̃s] *nf* Gewalttätigkeit *f*; Brutalität *f*; *(fig)* Gewaltigkeit *f*; Heftigkeit *f*; **la ~** die Gewalt.
violent, e [vjɔlɑ̃, ɑ̃t] *a (personne, instincts)* gewalttätig; *(langage)* grob, brutal; *(effort, bruit)* gewaltig; *(fig)* heftig, stark.
violer [vjɔle] *vt* brechen, verletzen; *(femme)* vergewaltigen; *(lieu, sépulture)* schänden.
violet, te [vjɔlɛ, ɛt] *a* violett // *nm* Violett *nt* // *nf* Veilchen *nt*.
violon [vjɔlɔ̃] *nm (instrument)* Geige *f*, Violine *f*; *(musicien)* Geiger(in *f*) *m*; *(fam: prison)* Kittchen *nt*; **~ d'Ingres** Hobby *nt*.
violoncelle [vjɔlɔ̃sɛl] *nm* Cello *nt*.
violoniste [vjolɔnist(ə)] *nm/f* Geiger(in *f*) *m*.
vipère [vipɛʀ] *nf* Viper *f*.
virage [viʀaʒ] *nm (d'un véhicule)* Wenden *nt*; *(d'une route)* Kurve *f*; *(CHIM)* Farbänderung *f*; *(PHOT)* Tonung *f*.
viral, e, aux [viʀal, o] *a* Virus-.
virée [viʀe] *nf* Bummel *m*; *(en voiture)* Spritztour *f*.
virement [viʀmɑ̃] *nm (COMM)* Überweisung *f*; **~ bancaire/postal** Bank-/Postüberweisung *f*.
virer [viʀe] *vt (somme)* überweisen; *(PHOT)* tönen; *(fam: renvoyer)* rausschmeißen // *vi (changer de direction)* (sich) wenden, drehen; *(CHIM, PHOT)* die Farbe ändern; *(MED: cuti-réaction)* positiv ausfallen; **~ de bord** aufkreuzen.
virevolte [viʀvɔlt(ə)] *nf (d'une danseuse)* schnelle Drehung *f*; *(fig)* plötzliche Meinungsänderung *f*.
virginité [viʀʒinite] *nf* Jungfräulichkeit *f*; *(fig)* Reinheit *f*.
virgule [viʀgyl] *nf* Komma *nt*.
viril, e [viʀil] *a* männlich; *(courageux)* mannhaft.
virilité [viʀilite] *nf* Männlichkeit *f*; *(vigueur sexuelle)* Potenz *f*, Manneskraft *f*; *(fermeté, courage)* Entschlossenheit *f*.
virtuel, le [viʀtɥɛl] *a* potentiell.
virtuose [viʀtɥoz] *nm/f (musicien)* Virtuose *m*, Virtuosin *f*; *(fig)* Meister(in *f*) *m*.
virulent, e [viʀylɑ̃, ɑ̃t] *a (microbe)* bösartig; *(poison)* stark, tödlich; *(critique)* geharnischt, scharf.
virus [viʀys] *nm* Virus *m*.
vis [vis] *nf* Schraube *f*.
visa [viza] *nm (sceau)* Stempel *m*; *(validation de passeport)* Visum *nt*; **~ de censure** Zensurvermerk *m*.

visage [vizaʒ] *nm* Gesicht *nt*.
visagiste • [vizaʒist(ə)] *nm/f* Kosmetiker(in *f*) *m*.
vis-à-vis [vizavi] *ad* gegenüber; ~ **de** *prep* gegenüber von (+*dat*); (*fig: à l'égard de*) in bezug auf (+*akk*); (*: en comparaison de*) im Vergleich zu (+*dat*) // *nm* Gegenüber *nt*; **en** ~ gegenüberliegend.
viscéral, e, aux [viseʀal, o] *a* Eingeweide-; (*fig*) tiefwurzelnd.
visée [vize] *nf* (*avec une arme*) Zielen *nt*; (*arpentage*) Anpeilen *nt*; ~**s** (*intentions*) Absichten *pl*.
viser [vize] *vi* zielen // *vt* (*cible*) zielen auf (+*akk*); (*ambitionner: poste etc*) anstreben; (*concerner*) betreffen; (*apposer un visa sur*) mit einem Sichtvermerk versehen; ~ **à** *vt* (*avoir pour but*) abzeilen auf (+*akk*).
viseur [vizœʀ] *nm* (*d'arme*) Kimme *f*; (*PHOT*) Sucher *m*.
visibilité [vizibilite] *nf* Sicht *f*.
visible [vizibl(ə)] *a* sichtbar; (*concret*) wahrnehmbar; (*évident*) sichtlich; (*personne: disponible*) zu sprechen.
visière [vizjɛʀ] *nf* Schirm *m*, Schild *nt*.
vision [vizjɔ̃] *nf* (*sens*) Sehvermögen *nt*; (*image mentale, conception*) Vorstellung *f*, Bild *nt*; (*apparition*) Halluzination *f*; (*REL*) Vision *f*; **en première** ~ (*FILM*) Erstaufführung *f*.
visite [vizit] *nf* Besuch *m*; (*touristique*) Besichtigung *f*; (*MIL*) Musterung *f*; (*MED: consultation*) Untersuchung *f*; (*: à l'hôpital*) Visite *f*; **faire une/rendre** ~ **à qn** jdn besuchen; **être en** ~ **(chez qn)** (bei jdm) zu Besuch sein.
visiter [vizite] *vt* besuchen.
visiteur, euse [vizitœʀ, øz] *nm/f* Besucher(in *f*) *m*.
vison [vizɔ̃] *nm* Nerz *m*.
visqueux, euse [viskø, øz] *a* (*fluide*) zähflüssig; (*peau, surface*) glitschig.
visser [vise] *vt* festschrauben.
visuel, le [vizɥɛl] *a* visuell; **champ** ~ Gesichtsfeld *nt*.
vital, e, aux [vital, o] *a* Lebens-; (*indispensable*) lebensnotwendig.
vitalité [vitalite] *nf* Vitalität *f*; (*d'une entreprise, région*) Dynamik *f*.
vitamine [vitamin] *nf* Vitamin *nt*.
vite [vit] *ad* schnell.
vitesse [vitɛs] *nf* Schnelligkeit *f*; (*mesurée*) Geschwindigkeit *f*; (*AUT: dispositif*): **les** ~**s** die Gänge *pl*; **prendre qn de** ~ jdm zuvorkommen; **à toute** ~ mit Volldampf; **changer de** ~ (*AUT*) schalten; **en première/deuxième** ~ im ersten/zweiten Gang.
viticole [vitikɔl] *a* Weinbau-.
viticulteur [vitikyltœʀ] *nm* Weinbauer *m*.
vitrage [vitʀaʒ] *nm* (*action*) Verglasen *nt*; (*cloison*) Glaswand *f*; (*toit*) Glasdach *nt*; (*rideau*) Store *m*.
vitrail, aux [vitʀaj, o] *nm* buntes Kirchenfenster *nt*; (*technique*) Glasmalerei *f*.
vitre [vitʀ(ə)] *nf* Fensterscheibe *f*.
vitrer [vitʀe] *vt* verglasen.
vitreux, euse [vitʀø, øz] *a* (*roche*) Glas-; (*oeil, regard*) glasig.
vitrier [vitʀije] *nm* Glaser *m*.
vitrifier [vitʀifje] *vt* zu Glas schmelzen; (*parquet*) versiegeln.
vitrine [vitʀin] *nf* (*devanture*) Schaufenster *nt*; (*étalage*) Auslage *f*; (*petite armoire*) Vitrine *f*; ~ **publicitaire** Schaukasten *m*.
vitriol [vitʀijɔl] *nm* Schwefelsäure *f*.
vitupérer [vitypeʀe] *vi* herumschimpfen.
vivace [vivas] *a* widerstandsfähig; (*fig*) tief verwurzelt; **plante** ~ mehrjährige Pflanze *f*.
vivacité [vivasite] *nf* Lebhaftigkeit *f*, Lebendigkeit *f*.
vivant, e [vivɑ̃, ɑ̃t] *a* (*qui vit*) lebendig, lebend; (*animé*) lebhaft; (*preuve, exemple, témoignage*) lebend // *nm*: **du** ~ **de qn** zu jds Lebzeiten.
vivats [viva] *nmpl* Hochrufe *pl*.
vive [viv] *af voir* **vif** // *excl*: ~ **le roi** es lebe der König; ~ **la liberté** ein Hoch auf die Freiheit!
vivement [vivmɑ̃] *ad* lebhaft; ~ **qu'il s'en aille** wenn er doch nur ginge!

viveur [vivœʀ] *nm* Lebemann *m.*
vivier [vivje] *nm* Fischteich *m; (au restaurant)* Fischbehälter *m.*
vivifiant, e [vivifjɑ̃, ɑ̃t] *a* belebend, erfrischend; *(fig)* anregend, stimulierend.
vivre [vivʀ(ə)] *vi* leben; *(demeurer)* weiterbestehen // *vt* erleben; *(une certaine vie)* führen; ~**s** *nmpl* Verpflegung *f;* **se laisser** ~ das Leben nehmen, wie es kommt; **cette mode/ce régime a vécu** *(va disparaître)* diese Mode/dieses Regime hat ihre/seine besten Tage gesehen; **il est facile à** ~ mit ihm kann man gut auskommen; **faire** ~ **qn** *(pourvoir à sa subsistance)* jdn ernähren.
vlan [vlɑ̃] *excl* peng!
vocable [vɔkabl(ə)] *nm (LING)* Wort *nt,* Begriff *m.*
vocabulaire [vɔkabylɛʀ] *nm* Wortschatz *m; (livre)* Wörterverzeichnis *nt.*
vocal, e, aux [vɔkal, o] *a* Stimm-.
vocation [vɔkɑsjɔ̃] *nf* Berufung *f;* **avoir la** ~ **du théâtre** für das Theater geschaffen sein.
vociférer [vɔsifeʀe] *vi, vt* schreien, brüllen.
vœu, x [vø] *m (à Dieu)* Gelübde *nt; (souhait)* Wunsch *m;* **faire** ~ **de qch** etw geloben; ~**x de bonheur** Glückwünsche *pl;* ~**x de bonne année** Glückwunsch *m* zum Neuen Jahr.
vogue [vɔg] *nf:* **en** ~ *à* in Mode, in.
voguer [vɔge] *vi* segeln.
voici [vwasi] *prep* hier ist/sind; ~ **que ...** jetzt ...; ~ **deux ans** vor zwei Jahren; ~ **deux ans que ...** es ist zwei Jahre (her), daß ...; **en** ~ **un** hier ist eine(r,s); ~! bitte!
voie [vwa] *nf* Weg *m; (de chemin de fer)* Gleis *nt;* **par** ~ **buccale/rectale** oral/rektal; **être en bonne** ~ sich gut entwickeln; **mettre qn sur la** ~ jdm auf die Sprünge helfen; **être en** ~ **de rénovation** erneuert werden; **à** ~ **unique/étroite** *(chemin de fer)* eingleisig/schmalspurig; **route à 2/3** ~**s** zwei-/dreispurige Fahrbahn *f;* ~ **d'eau** Leck *nt;* ~ **de garage** Abstellgleis *nt;* ~ **ferrée** Schienenweg *m.*
voilà [vwala] *prep (en désignant)* da ist/sind; **les** ~ da sind sie; **en** ~ **un** hier ist eine(r,s); ~ **deux ans que ...** nun sind es zwei Jahre, daß ...; **et** ~! na also!; ~ **tout** das ist alles; ~! *(en apportant qch)* bitte!
voile [vwal] *nm* Schleier *m; (tissu)* Tüll *m; (PHOT)* dunkler Schleier *m* // *nf (de bateau)* Segel *nt; (sport):* **la** ~ das Segeln; **mettre à la** ~ Segel setzen.
voiler [vwale] *vt* verschleiern; *(fig)* verbergen, verhüllen; *(TECH: fausser, gauchir)* verbiegen, verbeulen; **se** ~ *(lune)* sich verschleiern; *(regard)* sich trüben; *(voix)* heiser werden; *(TECH)* sich verbiegen.
voilier [vwalje] *nm (bateau)* Segelschiff *nt; (: de plaisance)* Segelboot *nt.*
voilure [vwalyʀ] *nf (d'un voilier)* Segel *pl.*
voir [vwaʀ] *vi* sehen; *(comprendre):* **je vois** ich verstehe, aha // *vt* sehen; *(film, match)* sich *(dat)* ansehen; *(guerre, révolution)* miterleben; *(fréquenter)* verkehren mit; *(considérer, examiner)* sich *(dat)* ansehen; *(constater):* ~ **que** feststellen, daß; **se** ~ **critiquer/transformer** kritisiert/verändert werden; **cela se voit** *(cela arrive)* das kommt vor; *(c'est évident)* das sieht man; **faire** ~ zeigen; ~ **loin** vorausschauen; **en faire** ~ **à qn** jdm die Hölle heiß machen; **ne pas pouvoir** ~ **qn** *(fig)* jdn nicht riechen *ou* ausstehen können; **aller** ~ **le médecin** zum Arzt gehen; **montrez-voir!** zeigen Sie mal!; **voyons!** na!; **avoir quelque chose à** ~ **avec** etwas zu tun haben mit.
voire [vwaʀ] *ad* ja sogar.
voisin, e [vwazɛ̃, in] *a (contigu)* benachbart; *(ressemblant)* nah verwandt // *nm/f* Nachbar(in *f*) *m.*
voisinage [vwazinaʒ] *nm* Nachbarschaft *f; (proximité)* Nähe *f;* **relations de bon** ~ gut-

nachbarliche Beziehungen *pl.*
voisiner [vwazine] *vi (être proche)* danebenstehen *ou* -sein.
voiture [vwatyʀ] *nf (automobile)* Wagen *m,* Auto *nt; (wagon)* Wagen *m;* **en ~!** alles einsteigen!; **~ d'enfant** Kinderwagen *m.*
voix [vwa] *nf* Stimme *f;* **parler à ~ haute/basse** laut/leise reden; **à 2/4 ~** *(MUS)* zwei-/vierstimmig.
vol [vɔl] *nm* Flug *m; (mode de locomotion)* Fliegen *nt; (mode d'appropriation)* Diebstahl *m;* **un ~ de perdrix/moineaux** ein Schwarm *m* Rebhühner/Spatzen; **à ~ d'oiseau** in der Luftlinie; **attraper un objet au ~** etw im Fluge erwischen; **prendre son ~** wegfliegen; **de haut ~** *(fig)* von Format; **en ~** im Flug; **~ à main armée** bewaffneter Raubüberfall *m;* **~ à voile** Segelflug *m/*-fliegen *nt;* **~ de nuit** Nachtflug *m;* **~ libre** *ou* **sur aile delta** Drachenfliegen *nt.*
volage [vɔlaʒ] *a (personne)* unbeständig; *(humeur)* launenhaft.
volaille [vɔlɑj] *nf* Geflügel *nt.*
volant, e [vɔlɑ̃, ɑ̃t] *a voir* **feuille** // *nm (lancé avec une raquette)* Federball *m; (:jeu)* Federball(spiel *nt) m; (bande de tissu)* Volant *m; (d'automobile)* Lenkrad *nt; (de commande)* Steuer(rad) *nt.*
volatil, e [vɔlatil] *a* flüchtig.
vol-au-vent [vɔlovɑ̃] *nm* Königinpastetchen *nt.*
volcan [vɔlkɑ̃] *nm* Vulkan *m.*
volcanique [vɔlkanik] *a* vulkanisch; *(fig)* aufbrausend.
volée [vɔle] *nf (groupe d'oiseaux)* Schwarm *m;* **~ de coups** Hagel *m* von Schlägen; **~ de flèches/d'obus** Pfeil-/Granathagel *m;* **rattraper qch à la ~** etw im Fluge erwischen; **à toute ~** kräftig.
voler [vɔle] *vi* fliegen; *(fig)* eilen; *(commettre un vol, des vols)* stehlen // *vt (dérober)* stehlen; *(dévaliser: personne)* bestehlen; *(: client)* übervorteilen; **~ qch à qn** jdm etw stehlen.
volet [vɔlɛ] *nm (de fenêtre)* Fensterladen *m; (AVIAT: sur l'aile)* (Lande)klappe *f.*
voleter [vɔlte] *vi* flattern.
voleur, euse [vɔlœʀ, øz] *nm/f* Dieb(in *f) m* // *a* diebisch.
volière *nf* Voliere *f.*
volontaire [vɔlɔ̃tɛʀ] *a (délibéré)* freiwillig; *(décidé)* entschlossen // *nm/f* Freiwillige(r) *mf.*
volonté [vɔlɔ̃te] *nf (faculté de vouloir)* Wille *m; (fermeté)* Willenskraft *f; (souhait)* Wunsch *m;* **à ~** nach Belieben; **bonne ~** guter Wille; **mauvaise ~** Mangel *m* an gutem Willen.
volontiers [vɔlɔ̃tje] *ad* gern.
volt [vɔlt] *nm* Volt *nt.*
voltage [vɔltaʒ] *nm (différence de potentiel)* Spannung *f; (nombre de volts)* Voltzahl *f.*
volte-face [vɔltəfas] *nf* Kehrtwendung *f.*
voltige [vɔltiʒ] *nf (au trapèze)* Akrobatik *f; (EQUITATION)* Voltigieren *nt; (AVIAT)* Luftakrobatik *f.*
voltiger [vɔltiʒe] *vi* flattern.
voltigeur, euse [vɔltiʒœʀ] *nm/f (acrobate)* Trapezkünstler(in *f) m.*
volume [vɔlym] *nm* Volumen *nt; (MATH: solide)* Körper *m; (quantité globale)* Umfang *m; (de la voix)* Umfang *m; (d'une radio)* Lautstärke *f; (livre)* Band *m.*
volumineux, euse [vɔlyminø, øz] *a* riesengroß; *(courrier etc)* reichlich.
volupté [vɔlypte] *nf (des sens)* Lust *f; (esthétique etc)* Genuß *m.*
voluptueux, euse [vɔlyptɥø, øz] *a* sinnlich, wollüstig.
volute [vɔlyt] *nf (ARCHIT)* Volute *f.*
vomir [vɔmiʀ] *vi* (er)brechen // *vt* spucken, speien; *(fig)* ausstoßen, ausspeien; *(exécrer)* verabscheuen.
vomissement [vɔmismɑ̃] *nm* Erbrechen *nt.*
vomitif [vɔmitif] *nm* Brechmittel *nt.*
vorace [vɔʀas] *a* gefräßig; *(fig)* unersättlich.
vos [vo] *dét voir* **votre.**
Vosges [voʒ] *nfpl* Vogesen *pl.*
votant, e [vɔtɑ̃, ɑ̃t] *nm/f*

Wähler(in *f*) *m*.

vote [vɔt] *nm (voix)* Stimme *f*; *(consultation)* Abstimmung *f*; *(élection)* Wahl *f*.

voter [vɔte] *vi* abstimmen; *(élection)* wählen // *vt (loi)* verabschieden; *(décision)* abstimmen über (*+akk*); ~ **pour qn** für jdn stimmen.

votre [vɔtʀ(ə)], *pl* **vos** [vo] *dét* euer (eure); *(forme de politesse)* Ihr (Ihre); *pl* eure; *(forme de politesse)* Ihre.

vôtre [votʀ(ə)] *pron:* **le/la** ~ eure (r,s); *(forme de politesse)* Ihre(r,s); **les** ~**s** eure; *(forme de politesse)* Ihre; *(vos parents: forme de politesse)* die Ihren; **à la** ~**!** *(toast)* auf euer/Ihr Wohl!

voué, e [vwe] *a:* ~ **à l'échec/la faillite** zum Scheitern/Mißerfolg verurteilt.

vouer [vwe] *vt:* weihen; **se** ~ **à qch** sich einer Sache *(dat)* widmen.

vouloir [vulwaʀ] *vt, vi* wollen; ~ **que** wollen, daß; ~ **faire** tun wollen // *nm:* **le bon** ~ **de qn** jds guter Wille *m*; **je voudrais ceci/que** *(souhait)* ich möchte das/möchte gerne, daß; **la tradition veut que** die Tradition verlangt, daß; **veuillez attendre** bitte warten Sie; **je veux bien** *(bonne volonté)* gern(e); *(concession)* na schön; **si on veut** *(en quelque sorte)* wenn man so will; **que me veut-il?** was will er von mir? ~ **dire** *(signifier)* bedeuten, heißen sollen; **sans le** ~ *(involontairement)* unabsichtlich; ~ **qch à qn** jdm etw wünschen; **en** ~ **à qn/qch** *(rancune)* jdm/etw böse sein; **s'en** ~ **d'avoir fait qch** sich ärgern, etw getan zu haben; ~ **de qch/qn** *(accepter)* etw/jdn wollen.

voulu, e [vuly] *a (requis)* erforderlich; *(délibéré)* absichtlich.

vous [vu] *pron (sujet: pl)* ihr; *(: forme de politesse)* Sie; *(objet direct)* euch; Sie; *(objet indirect)* euch; Ihnen; *(réfléchi)* euch; sich.

voûte [vut] *nf* Gewölbe *nt*.

voûté, e [vute] *a* gewölbt; *(dos)* gekrümmt; *(personne)* gebeugt.

voûter [vute] *vt (ARCHIT)* wölben; *(dos)* krümmen; *(personne)* beugen; **se** ~ *vi* gebeugt werden.

vouvoyer [vuvwaje] *vt* siezen.

voyage [vwajaʒ] *nm* Reise *f*; *(course de chauffeur)* Fahrt *f*; *(: de porteur)* Weg *m*; *(fait de voyager):* **le** ~ das Reisen; **être en** ~ auf Reisen sein; **partir en** ~ verreisen; **les gens du** ~ das fahrende Volk; ~ **d'agrément** Vernügungsreise *f*; ~ **d'affaires** Geschäftsreise *f*; ~ **de noces** Hochzeitsreise *f*; ~ **organisé** Gesellschaftsreise *f*.

voyager [vwajaʒe] *vi (faire des voyages)* reisen; *(faire des déplacements)* unterwegs sein; *(marchandises: être transporté)* transportiert werden.

voyageur, euse [vwajaʒœʀ, øz] *nm/f* Reisende(r) *mf*; *(aventurier, explorateur)* Abenteurer(in *f*) *m* // *a (tempérament)* reiselustig; ~ **(de commerce)** Handelsreisende(r) *m*.

voyant, e [vwajɑ̃, ɑ̃t] *a* grell, schreiend // *nm (signal lumineux)* Warnlicht *nt* // *nf (cartomancienne)* Hellseherin *f*.

voyelle [vwajɛl] *nf* Vokal *m*.

voyeur [vwajœʀ] *nm* Voyeur *m*.

voyou [vwaju] *nm (enfant)* Gassenkind *nt*; *(petit truand)* Rüpel *m*, Flegel *m* // *a* rüpelhaft.

vrac [vʀak]: **en** ~ *a, ad (pêle-mêle)* durcheinander; *(COMM)* lose.

vrai, e [vʀɛ] *a* wahr; *(non factice)* echt; *(véritable):* **son** ~ **nom** sein wirklicher Name; *(authentique):* **un** ~ **comédien/sportif** ein echter Schauspieler/Sporler // *nm:* **le** ~ das Wahre; **à dire** ~, **à** ~ **dire** offen gestanden.

vraiment [vʀɛmɑ̃] *ad* wirklich.

vraisemblable [vʀɛsɑ̃blabl(ə)] *a (plausible)* einleuchtend; *(probable)* wahrscheinlich.

vraisemblance [vʀɛsɑ̃blɑ̃s] *nf* Wahrscheinlichkeit *f*; **selon toute** ~ aller Wahrscheinlichkeit nach.

vrille [vʀij] *nf (d'une plante)* Ranke *f*; *(outil)* Vorbohrer *m*; *(spirale)* Spirale *f*.

vriller [vʀije] *vt (percer)* bohren.

vrombir [vʀɔ̃biʀ] *vi* summen.
vu [vy] *prep (en raison de)* wegen (*+gen*), angesichts (*+gen*); ~ **que** angesichts der Tatsache, daß.
vu, e [vy] *pp de* **voir** // *a:* **cela/il est bien/mal vu** davon/von ihm hält man viel/nicht viel.
vue [vy] *nf (sens, faculté)* Sehen *nt*, Sehvermögen *nt; (fait de voir)* Anblick *m; (panorama)* Aussicht *f; (image)* Ansicht *f;* ~**s** *nfpl (idées)* Ansichten *pl; (dessein)* Absichten *pl;* **perdre la** ~ erblinden; **perdre de** ~ aus den Augen verlieren; *(: principes, objectifs)* abkommen von; **à la** ~ **de tous** vor aller Augen; **hors de** ~ außer Sicht; **à première** ~ auf den ersten Blick; **connaître qn de** ~ jdn vom Sehen kennen; **à** ~ (*COMM*) bei Sicht; **tirer à** ~ *(sans sommation)* sofort schießen; **à** ~ **d'œil** sichtbar; **en** ~ *(aisément visible)* in Sicht; **avoir qch en** ~ *(intentions)* etw anvisieren; **en** ~ **de faire qch** mit der Absicht, etw zu tun.
vulgaire [vylgɛʀ] *a (grossier)* ordinär, vulgär; *(bassement matériel)* banal; *(pej: quelconque):* **de** ~**s chaises de cuisine** ganz ordinäre Küchenstühle; **nom** ~ (*BOT, ZOOL*) gewöhnlicher Name *m;* **langue** ~ Vulgärsprache *f.*
vulgariser [vylgaʀize] *vt (répandre des connaissances)* populär machen; *(rendre vulgaire)* derber machen.
vulgarité [vylgaʀite] *nf* Vulgarität *f.*
vulnérable [vylneʀabl(ə)] *a (physiquement)* verwundbar; *(moralement)* verletzbar; *(stratégiquement)* ungeschützt.
vulve [vylv(ə)] *nf* Vulva *f.*

W, X, Y, Z

wagon [vagɔ̃] *nm* Wagen *m; (de marchandises)* Waggon *m;* ~**-citerne** Tankwagen *m;* ~**-lit** Schlafwagen *m;* ~**-restaurant** Speisewagen *m.*
Wallonie [valɔni] *nf:* **la** ~ Wallonien *nt.*
waters [watɛʀ] *nmpl* Toilette *f.*
w.-c. [vese] *nmpl* WC *nt*, Toilette *f.*
week-end [wikɛnd] *nm* Wochenende *nt.*
whisky [wiski] *nm* Whisky *m.*
xénophobe [ksenɔfɔb] *nm/f* Ausländerfeind(in *f*) *m.*
xérès [gzeʀɛs] *nm* Sherry *m.*
xylophone [ksilɔfɔn] *nm* Xylophon *nt.*
y [i] *ad (à cet endroit)* da, dort; *(mouvement)* dorthin; *(dessus)* darauf; *(dedans)* darin; *(mouvement)* hinein // *pron* daran; damit; davon *(vérifier la syntaxe du verbe employé);* **j'**~ **pense** ich denke daran.
yacht [jɔt] *nm* Jacht *f.*
yaourt [jauʀ(t)] *nm* = **yoghourt.**
yeux [jø] *nmpl voir* **œil.**
yoga [jɔga] *nm* Yoga *ou* Joga *nt.*
yoghourt [jɔguʀ(t)] *nm* Joghurt *m ou nt.*
yougoslave [jugɔslav] *a* jugoslawisch; **Y**~ *nm/f* Jugoslawe *m*, Jugoslawin *f.*
Yougoslavie [jugɔslavi] *nf:* **la** ~ Yugoslawien *nt.*
yo-yo [jojo] *nm inv* Jo-jo *nt.*
zèbre [zɛbʀ(ə)] *nm* Zebra *nt.*
zébré, e [zebʀe] *a* gestreift.
zèle [zɛl] *nm* Eifer *m;* **faire du** ~ übereifrig sein; **zélé, e** *a* eifrig.
zénith [zenit] *nm* Zenit *m.*
zéro [zeʀo] *nm* Null *f; (SCOL)* Sechs *f.*
zeste [zɛst(ə)] *nm* (*CULIN*) Schale *f.*
zézayer [zezeje] *vi* lispeln.
zibeline [ziblin] *nf* Zobel *m.*
zigzag [zigzag] *nm* Zickzack *m; (point)* Zickzackstich *m.*
zinc [zɛ̃g] Zink *nt; (comptoir)* Theke *f*, Tresen *m.*
zodiaque [zɔdjak] *nm* Tierkreis *m.*
zona [zona] *nm* Gürtelrose *f.*
zone [zon] *nf* Zone *f;* Gebiet *nt;* ~ **bleue** Kurzparkzone *f*, blaue Zone.
zoo [zoo] *nm* Zoo *m.*
zoologie [zɔɔlɔʒi] *nf* Zoologie *f;* **zoologique** *a* zoologisch.
zut [zyt] *excl* Mist!

DEUTSCH - FRANZÖSISCH
ALLEMAND - FRANÇAIS

A

A *nt* (*MUS*) la *m*.
Aachen *nt* Aix-la-Chapelle.
Aal *m* **-(e)s, -e** anguille *f*.
Aas *nt* **-es, -e** *o* **Äser** charogne *f*; **~geier** *m* vautour *m*.
ab *prep +dat (örtlich)* de; *(zeitlich, nicht unter)* à partir de // *ad (weg)* parti(e); **~ und zu** *o* **an** de temps en temps; **von heute ~** à partir d'aujourd'hui; **weit ~** très loin.
Abart *f* variété *f*, variante *f*; **a~ig** *a* anormal(e).
Abbau *m* **-(e)s** *(Zerlegung)* démantèlement *m*; *(Verminderung)* réduction *f*, diminution *f*; *(Verfall)* déclin *m*; (*BERGBAU*) exploitation *f*; (*CHEM*) décomposition *f*; **a~en** *vt (zvb) (zerlegen)* démonter, démanteler; *(verringern)* réduire, diminuer; (*BERGBAU*) exploiter; (*CHEM*) décomposer.
abbestellen *vt (zvb, ohne ge-)* annuler *o* résilier l'abonnement de.
abbezahlen *vt (zvb, ohne ge-)* finir de payer.
abbiegen *vi irr (zvb, mit sein)* tourner.
Abbild *nt* portrait *m*; **a~en** *vt (zvb)* représenter; **~ung** *f* illustration *f*.
abbinden *vt irr (zvb)* délier, détacher; (*MED*) ligaturer.
Abbitte *f*: **~ leisten** *o* **tun (bei)** demander pardon (à).
abblenden *vt(zvb) (Fenster, Licht)* voiler, masquer.
Abblendlicht *nt* phare *m* code.
abbrechen *irr (zvb) vt (Ast, Henkel)* casser, briser; *(Verhandlungen, Beziehungen)* rompre; *(Spiel)* arrêter; *(Gebäude, Brücke)* démolir; *(Zelt, Lager)* démonter // *vi (mit sein: brechen)* casser; *(mit haben: aufhören)* s'arrêter; *(Musik, Vorstellung)* s'interrompre.
abbrennen *irr (zvb) vt* brûler; *(Feuerwerk)* tirer // *vi (mit sein) (Haus)* brûler; *(Feuer)* s'éteindre.
abbringen *vt irr (zvb)* : **jdn von etw ~** dissuader qn de qch.
abbröckeln *vi (zvb, mit sein)* s'effriter.
Abbruch *m* rupture *f*; *(von Gebäude)* démolition *f*; **jdm/etw ~ tun** porter préjudice à qn/à qch; **a~reif** *a (Haus)* délabré(e).
abbuchen *vt (zvb)* débiter.
abdanken *vi (zvb)* démissionner; *(König)* abdiquer.
Abdankung *f* démission *f*; abdication *f*.
abdecken *vt (zvb) (Haus)* emporter le toit de; *(Tisch)* desservir; *(zudecken: Loch)* couvrir, boucher.
abdichten *vt (zvb)* obturer, boucher; (*NAVIG*) calfater.
abdrehen *(zvb) vt (abstellen)* fermer; *(Licht)* éteindre; *(Film)* tourner // *vi (Schiff, Flugzeug)* changer de cap *o* de route.
Abdruck *m* impression *f*; *(Gips~, Wachs~)* moule *m*; *(Finger~)* empreinte *f*.
abebben *vi (zvb, mit sein) (Wasser)* reculer; *(fig)* baisser, décliner.
Abend *m* **-s, -e** soir *m*; soirée *f*; **jeden ~** tous les soirs; **zu ~ essen** dîner, souper // **a~** *ad*: **heute/morgen ~** ce/demain soir; **~essen** *nt* dîner *m*; souper *m*; **~kleid** *nt* robe *f* de soirée; **~land** *nt* Occident *m*; **a~lich** *a* du soir; **~mahl** *nt* (*REL*) communion *f*; **a~s** *ad* le soir.
Abenteuer *nt* **-s, -** aventure *f*; **a~lich** *a (gefährlich)* aventureux(-euse); *(seltsam)* bizarre.
aber *conj* mais; **das ist ~ schön!**

c'est vraiment beau!; **nun ist ~ Schluß!** ça suffit!; **A~** *nt* **-s** mais *m;* **A~glaube** *m* superstition *f;* **~gläubisch** *a* superstitieux(-euse).
aberkennen *vt irr (zvb, ohne ge-):* **jdm etw ~** contester qch à qn.
abermals *ad* encore une fois.
abfahren *irr (zvb) vi (mit sein)* partir; *(Skiläufer)* descendre // *vt (Schutt)* transporter, charrier; *(Strecke)* faire, parcourir; *(Arm, Bein)* écraser; *(Reifen)* user; *(Fahrkarte)* utiliser.
Abfahrt *f* départ *m; (SKI)* descente *f; (von Autobahn)* sortie *f;* **~slauf** *m* descente *f;* **~szeit** *f* heure *f* de départ.
Abfall *m* déchets *mpl; (~produkt)* résidus *mpl; (Neigung)* inclinaison *f; (von Leistung)* perte *f; (von Temperatur etc)* baisse *f;* **~eimer** *m* poubelle *f.*
abfallen *vi irr (zvb, mit sein)* tomber; *(sich neigen)* s'incliner; *(zurückgehen)* diminuer, décliner; *(übrigbleiben)* rester, être de reste; **gegen jdn/etw ~** être inférieur(e) à qn/qch.
abfällig *a* défavorable.
abfangen *vt irr (zvb)* intercepter; *(Flugzeug)* redresser; *(Ball)* attraper; *(Stoß)* amortir.
abfärben *vi (zvb)* déteindre.
abfertigen *vt (zvb) (Flugzeug, Schiff)* préparer au départ; *(Gepäck)* enregistrer; *(Postsendung)* expédier; *(an der Grenze)* dédouaner; *(Kundschaft, Antragsteller)* servir; **jdn kurz ~** expédier qn.
abfeuern *vt (zvb)* tirer.
abfinden *irr (zvb) vt* dédommager // *vr:* **sich mit etw ~** prendre son parti de qch; **sich mit etw nicht ~** ne pas accepter qch.
Abfindung *f (von Gläubigern)* dédommagement *m; (Betrag)* indemnité *f.*
abfliegen *irr (zvb) vi (mit sein) (Flugzeug)* décoller; *(Passagier)* partir // *vt (Gebiet)* survoler.
Abflug *m* décollage *m;* départ *m.*
Abfluß *m (Vorgang)* écoulement *m; (Öffnung)* voie *f* d'écoulement.
Abfuhr *f:* **jdm eine ~ erteilen** envoyer promener qn *(fam).*
abführen *(zvb) vt (Verbrecher)* emmener; *(Abfall)* enlever; *(Gelder, Steuern)* payer, verser // *vi (von Thema)* écarter; *(MED)* purger; **Abführmittel** *nt* purgatif *m,* laxatif *m.*
Abgabe *f (von Mantel)* dépôt *m; (von Wärme)* dégagement *m,* émission *f; (von Waren)* vente *f; (von Prüfungsarbeit, Stimmzettel)* remise *f; (von Stimme)* vote *m; (von Ball)* passe *f; (Steuer)* impôts *mpl; (eines Amtes)* démission *f;* **a~nfrei** *a* non imposable; **a~npflichtig** *a* imposable.
Abgang *m (von Schule)* sortie *f; (von Amt)* départ *m; (THEAT)* sortie *f; (MED: das Ausscheiden)* écoulement *m; (: Fehlgeburt)* fausse couche *f; (von Post, Ware)* expédition *f.*
Abgas *nt* gaz *m* d'échappement.
abgeben *irr (zvb) vt (Gegenstand)* remettre, donner; *(an Garderobe)* déposer; *(Ball)* passer; *(Wärme)* dégager; *(Waren)* expédier; *(Prüfungsarbeit)* rendre, remettre; *(Stimmzettel, Stimme)* donner; *(Amt)* démissionner de; *(Schuß)* tirer; *(Erklärung, Urteil)* donner; *(darstellen, sein)* être // *vr:* **sich mit jdm/etw ~** s'occuper de qn/qch; **jdm etw ~** *(überlassen)* remettre *o* céder qch à qn.
abgedroschen *a (Redensart)* usé(e), rebattu(e).
abgehen *vi irr (zvb, mit sein) (sich entfernen)* s'en aller; *(THEAT)* sortir de scène; *(von der Schule)* quitter l'école; *(Post, Knopf)* partir; *(abgezogen werden)* être déduit(e) *(von* de); *(abzweigen)* bifurquer; **etw geht jdm ab** *(fehlt)* qch manque à qn.
abgelegen *a* éloigné(e), isolé(e).
abgeneigt *a:* **jdm/etw nicht ~ sein** ne pas voir qn/qch d'un mauvais œil.
Abgeordnete(r) *mf* député(e).
Abgesandte(r) *mf* délégué(e).
abgeschmackt *a* fade, plat(e).
abgesehen *a:* **es auf jdn/etw ~ haben** en vouloir à qn/qch; **~ davon, daß ...** sans compter que ... .
abgespannt *a* fatigué(e), abattu(e).
abgestanden *a* éventé(e).

abgestorben *a (Finger, Bein)* engourdi(e).
abgetragen *a* usé(e), défraîchi(e).
abgewinnen *vt irr (zvb, ohne ge-)*: **jdm Geld** ~ gagner de l'argent sur qn; **einer Sache** *(dat)* **Geschmack** *o* **etwas/nichts** ~ trouver goût à qch/ne rien trouver à qch.
abgewöhnen *vt (zvb, ohne ge-)*: **jdm/sich etw** ~ faire perdre l'habitude de qch à qn/se déshabituer de qch.
abgöttisch *ad*: ~ **lieben** adorer, idolâtrer.
Abgrund *m* gouffre *m;* abîme *m.*
abhaken *vt (zvb) (auf Papier)* cocher; *(fig: als erledigt betrachten)* faire une croix sur.
abhalten *vt irr (zvb) (Versammlung, Besprechung)* tenir; *(Gottesdienst)* célébrer; **jdn von etw** ~ *(hindern)* empêcher qn de faire qch.
abhandeln *vt (zvb) (Thema)* traiter; **jdm etw** ~ marchander qch à qn.
ab'handen *ad*: **(jdm)** ~ **kommen** disparaître.
Abhang *m* pente *f; (Berg~)* versant *m.*
abhängen *(zvb) vt* décrocher; *(Verfolger)* semer; **von jdm/etw** ~ dépendre de qn/qch.
abhängig *a* dépendant(e); **A~keit** *f* dépendance *f.*
abhärten *(zvb) vt (Körper, Kind)* endurcir // *vr*: **sich** ~ s'endurcir; **sich gegen etw** ~ devenir insensible à qch.
abheben *irr (zvb) vt (Dach, Schicht)* enlever; *(Deckel)* soulever; *(Hörer)* décrocher; *(Karten)* couper; *(Masche)* diminuer de; *(Geld)* retirer // *vi (Flugzeug)* décoller; *(Kartenspiel)* couper // *vr*: **sich von etw** ~ se détacher de qch.
Abhilfe *f* remède *m.*
abholen *vt (zvb)* aller chercher.
abholzen *vt (zvb)* déboiser.
abhorchen *vt (zvb) (MED)* ausculter.
abhören *vt (zvb) (Vokabeln)* faire réciter; *(Tonband, Telefongespräch)* écouter.
Abi'tur *nt* **-s, -e** baccalauréat *m.*
Abituri'ent(in *f) m* candidat(e) au baccalauréat; *(nach bestandener Prüfung)* bachelier(-ère).
abkapseln *vr (zvb)*: **sich** ~ *(fig)* se renfermer, s'isoler.
abkaufen *vt (zvb)*: **jdm etw** ~ acheter qch à qn; *(fam: glauben)* croire qch.
Abklatsch *m* **-es, -e** *(fig)* imitation *f.*
abklingen *vi irr (zvb, mit sein)* s'atténuer.
abkommen *vi irr (zvb, mit sein) (SPORT)* partir; *(sich freimachen)* se libérer; **vom Weg** ~ s'égarer; **von einem Plan** ~ renoncer à un projet; **vom Thema** ~ sortir du sujet.
abkömmlich *a* disponible, libre.
abkühlen *(zvb) vt* faire *o* laisser refroidir // *vr*: **sich** ~ se rafraîchir; *(Zuneigung, Beziehung)* se refroidir.
abkürzen *vt (zvb)* abréger; *(Strecke, Verfahren)* raccourcir; *(Aufenthalt)* écourter.
Abkürzung *f (Wort)* abréviation *f; (Weg)* raccourci *m.*
abladen *vt irr (zvb)* décharger.
Ablage *f* **-, -n** *(für Akten)* classement *m; (für Kleider)* vestiaire *m.*
ablagern *(zvb) vt (Sand, Geröll)* déposer // *vi (mit sein) (Wein)* se faire; *(Holz)* sécher // *vr*: **sich** ~ se déposer.
ablassen *irr (zvb) vt (Wasser)* faire couler; *(Dampf, Luft)* faire partir *o* sortir; *(vom Preis)* rabattre, déduire // *vi*: **von etw** ~ renoncer à qch.
Ablauf *m (Abfluß)* écoulement *m; (von Ereignissen)* déroulement *m; (einer Frist)* expiration *f; (Startplatz)* départ *m.*
ablaufen *irr (zvb) vi (mit sein) (abfließen)* s'écouler; *(Ereignisse)* se dérouler; *(Frist, Paß)* expirer // *vt (Sohlen)* user; **jdm den Rang** ~ l'emporter sur qn.
ablegen *vt (zvb) (Gegenstand)* déposer; *(Kleider)* enlever, ôter; *(Gewohnheit)* abandonner; *(Prüfung)* passer; **Zeugnis über etw** *(akk)* ~ faire une déposition sur qch.
Ableger *m* **-s, -** *(BOT)* bouture *f.*
ablehnen *vt (zvb)* refuser; *(Vor-*

schlag, Einladung) décliner; **~d** *a* défavorable; *(Haltung, Geste)* de refus.
ablenken *(zvb) vt (Strahlen etc)* dévier; *(Verdacht)* écarter; *(Konzentration, Interesse)* détourner; *(zerstreuen)* distraire // *vi* changer de sujet.
Ablenkung *f* distraction *f.*
ablesen *vt irr (zvb) (Text, Rede)* lire; *(Meßgeräte, Werte)* relever.
abliefern *vt (zvb) (Ware)* livrer; *(Kind, Patienten)* conduire; *(abgeben)* remettre.
ablösen *vt (zvb) (abtrennen)* détacher; *(im Amt)* remplacer; *(Pflaster)* enlever; *(Wache, Schichtarbeiter)* relever // *vr:* **sich** ~ *(sich folgen)* se suivre; *(sich abwechseln)* se relever, se relayer.
abmachen *vt (zvb) (Gegenstand)* enlever *(von* de); *(vereinbaren)* convenir de; *(in Ordnung bringen)* régler.
Abmachung *f (Vereinbarung)* accord *m.*
abmagern *vi (zvb, mit sein)* maigrir.
Abmarsch *m (von Soldaten)* départ *m,* mise *f* en route.
abmarschieren *vi (zvb, ohne ge-, mit sein)* se mettre en route.
abmelden *(zvb) vt* décommander; *(Auto)* retirer de la circulation; *(Telefon)* résilier // *vr:* **sich** ~ annoncer son départ; *(bei Polizei)* déclarer son départ; *(bei Verein)* retirer son adhésion.
abmessen *vt irr (zvb)* mesurer.
Abnäher *m* **-s, -** pince *f.*
Abnahme *f* **-, -n** enlèvement *m;* *(COMM)* achat *m; (Verringerung)* diminution *f,* réduction *f.*
abnehmen *irr (zvb) vt* enlever; *(Bild, Hörer)* décrocher; *(Bart)* couper; *(entgegennehmen, übernehmen)* prendre; *(kaufen)* acheter; *(Führerschein)* retirer; *(Prüfung)* faire passer; *(prüfen: Neubau, Fahrzeug)* contrôler; *(Maschen)* diminuer // *vi* diminuer; *(schlanker werden)* maigrir; **jdm etw** ~ *(für ihn machen)* faire qch pour qn; *(fam: glauben)* croire qch.
Abnehmer(in *f***)** *m* **-s, -** *(COMM)* acheteur(-euse).
Abneigung *f* aversion *f,* antipathie *f (gegen* pour).
ab'norm *a* anormal(e).
abnutzen *vt (zvb)* user.
Abonnement [abɔnə'mã:] *nt* **-s, -s** abonnement *m.*
abon'nieren *vt (ohne ge-)* abonner, s'abonner à.
abordnen *vt (zvb)* déléguer.
Ab'ort *m* **-(e)s, -e** cabinet *m.*
abpacken *vt (zvb)* empaqueter.
Abpfiff *m* coup *m* de sifflet final.
abprallen *vi (zvb, mit sein) (Ball, Kugel)* rebondir, ricocher; **an jdm** ~ *(fig)* ne pas toucher qn.
abputzen *vt (zvb)* nettoyer.
abraten *vi irr (zvb)* déconseiller.
abräumen *vt (zvb) (Tisch)* débarrasser; *(Geschirr)* enlever.
abreagieren *(zvb, ohne ge-) vt (Zorn)* passer // *vr:* **sich** ~ se défouler *(an +dat* sur).
abrechnen *(zvb) vt (abziehen)* décompter, déduire; *(Rechnung aufstellen für)* faire le compte de // *vi (Rechnung begleichen)* régler; *(Rechnung aufstellen)* faire la/une facture; **mit jdm** ~ régler ses comptes avec qn.
Abrechnung *f (Schlußrechnung)* (dé)compte *m* final; *(Vergeltung)* règlement *m* de comptes.
Abreise *f* départ *m;* **a~en** *vi (zvb, mit sein)* partir.
abreißen *irr (zvb) vt* arracher; *(Haus, Brücke)* démolir // *vi (mit sein) (Faden)* se casser; *(Gespräch)* s'interrompre.
abrichten *vt (zvb) (Hund)* dresser.
Abriß *m* **-sses, -sse** *(Übersicht)* esquisse *f,* grandes lignes *fpl.*
Abruf *m:* **auf** ~ sur appel, à l'appel; *(COMM)* sur commande.
abrunden *vt (zvb)* arrondir; *(Eindruck)* préciser; *(Geschmack)* affiner.
abrüsten *vi (zvb) (MIL)* désarmer.
Abrüstung *f* désarmement *m.*
abrutschen *vi (zvb, mit sein)* glisser.
Absage *f* **-, -n** refus *m.*
absagen *(zvb) vt* annuler; *(Einladung)* décommander // *vi* refuser.

absägen *vt (zvb)* scier.
Absatz *m (COMM)* vente *f*; *(Abschnitt)* paragraphe *m*; *(Treppen~)* palier *m*; *(Schuh~)* talon *m*; **~gebiet** *nt (COMM)* débouché *m*, marché *m*.
abschaffen *vt (zvb) (Todesstrafe)* abolir; *(Gesetz)* abroger; *(Auto)* se débarrasser de.
abschalten *(zvb) vt (Radio, Strom)* éteindre; *(Motor)* couper // *vi (fig fam)* décrocher.
abschätzen *vt (zvb)* estimer, évaluer; *(Person)* juger.
abschätzig *a (Blick)* méprisant(e); *(Bemerkung)* désobligeant(e).
Abschaum *m* **-(e)s** *(pej)* rebut *m*.
Abscheu *m* **-(e)s** dégoût *m*, répugnance *f*; **a~erregend** *a (Anblick)* repoussant(e); *(Lebenswandel)* détestable.
ab'scheulich *a* horrible, affreux (-euse).
abschicken *vt (zvb)* envoyer.
abschieben *vt irr (zvb) (Verantwortung)* rejeter; *(Person)* expulser.
Abschied *m* **-(e)s, -e** adieux *mpl*; *(von Armee)* congé *m*; **~ nehmen** prendre congé; **zum ~** en guise d'adieux.
abschießen *vt irr (zvb)* abattre; *(Geschoß)* tirer; *(Gewehr)* décharger; *(fam: Minister)* liquider.
abschirmen *vt (zvb)* protéger *(gegen* contre).
abschlagen *vt irr (zvb) (wegschlagen)* couper; *(SPORT)* remettre en jeu; *(ablehnen)* refuser.
abschlägig *a* négatif(-ive).
Abschlagszahlung *f* acompte *m*.
Abschleppdienst *m* service *m* de dépannage.
abschleppen *vt (zvb)* remorquer.
Abschleppseil *nt* câble *m* de remorquage.
abschließen *vt irr (zvb)* fermer à clé; *(isolieren)* séparer, isoler; *(beenden)* achever, finir; *(Vertrag, Handel)* conclure.
Abschluß *m (Beendigung)* clôture *f*; *(Bilanz)* bilan *m*; *(Geschäfts~, von Vertrag)* conclusion *f*.
abschmieren *vt (zvb) (AUT)* faire un graissage de.
abschneiden *vt irr (zvb)* couper; *(kürzer machen)* raccourcir; *(Rede, Fluchtweg)* couper; *(Zugang)* fermer, barrer; *(Truppen, Stadtteil)* isoler; **gut/schlecht ~** avoir *o* obtenir un bon/mauvais résultat.
Abschnitt *m (Teilstück)* section *f*; *(von Buch)* passage *m*; *(Kontroll~)* talon *m*; *(Zeit~)* période *f*.
abschrauben *vt (zvb)* dévisser.
abschrecken *vt (zvb) (Menschen)* rebuter, effrayer; *(Ei)* passer à l'eau froide.
Abschreckung *f* dissuasion *f*.
abschreiben *vt irr (zvb) (Text)* copier; *(SCOL)* copier *(von* sur); *(verloren geben)* ne plus compter sur; *(COMM)* déduire.
Abschrift *f* copie *f*.
Abschuß *m (von Geschütz)* tir *m*; *(von Waffe)* décharge *f*; *(von Flugzeug)* destruction *f*.
abschüssig *a* en pente.
abschütteln *vt (zvb) (Staub, Tuch)* secouer; *(Verfolger)* semer; *(Müdigkeit, Erinnerung)* oublier.
abschwächen *(zvb) vt (Eindruck, Wirkung)* atténuer; *(Behauptung, Kritik)* modérer // *vr:* **sich ~** s'affaiblir; *(Interesse, Lärm, Wärme)* diminuer.
abschweifen *vi (zvb, mit sein) (Redner)* digresser, s'écarter *(von* de); *(Gedanken)* divaguer.
abschwellen *vi irr (zvb, mit sein)* désenfler, dégonfler; *(Sturm)* se calmer; *(Lärm)* diminuer.
absehbar *a (Folgen)* prévisible; **in ~er Zeit** dans un proche avenir.
absehen *irr (zvb) vt (Ende, Folgen, Entwicklung)* prévoir; *(erlernen):* **jdm etw ~** apprendre qch de qn // *vi:* **von etw ~** renoncer à qch; *(nicht berücksichtigen)* faire abstraction de qch; **es auf jdn/etw abgesehen haben** en vouloir à qn/qch.
ab'seits *ad* à l'écart; **~ von** loin de; **A~** *nt* **-,-** *(SPORT)* hors-jeu *m*.
absenden *vt irr (zvb)* envoyer.
Absender(in *f*) *m* **-s, -** expéditeur (-trice).

absetzen *(zvb) vt* déposer; *(Feder, Glas, Gewehr)* poser; *(Hut, Brille)* ôter, enlever; *(verkaufen)* écouler, vendre; *(abziehen)* défalquer; *(entlassen)* destituer, suspendre; *(König)* détrôner; *(hervorheben)* faire ressortir *(gegen* de) // *vr:* **sich** ~ *(sich entfernen)* partir, filer; *(sich ablagern)* se déposer.
absichern *(zvb) vt* assurer; *(Aussage, Position)* affermir // *vr:* **sich** ~ *(Mench)* s'assurer (contre toute éventualité).
Absicht *f (Vorsatz)* intention *f*; *(Wille)* volonté *f*; **mit** ~ intentionnellement; **a~lich** *a* délibéré(e), intentionnel(le) // *ad* exprès.
absitzen *irr (zvb) vi (mit sein)* descendre de cheval // *vt (Strafe)* purger.
abso'lut *a* absolu(e) // *ad* absolument.
absolvieren [apzɔl'vi:rən] *vt (ohne ge-) (Pensum)* achever, venir à bout de.
ab'sonderlich *a* bizarre, singulier (-ère).
absondern *(zvb) vt* isoler, séparer; *(ausscheiden)* sécréter // *vr:* **sich** ~ s'isoler.
Absonderung *f* isolement *m*, séparation *f*; *(MED)* sécrétion *f*.
abspeisen *vt (zvb) (fig)*: **jdn** ~ payer qn de belles paroles.
abspenstig *a*: **jdn (jdm) ~ machen** détourner qn (de qn).
absperren *vt (zvb) (Gebiet)* fermer; *(Tür)* fermer à clé.
Absperrung *f (Vorgang)* blocage *m*; *(Sperre)* barrage *m*, barricade *f*.
abspielen *(zvb) vt (Platte)* passer // *vr:* **sich** ~ se dérouler, se passer.
Absprache *f* accord *m*, arrangement *m*.
absprechen *vt irr (zvb) (vereinbaren)* convenir de; **jdm etw** ~ dénier qch à qn; *(aberkennen)* contester qch à qn.
abspringen *vi irr (zvb, mit sein)* sauter *(von* de); *(Farbe, Lack)* s'écailler; *(sich distanzieren)* prendre ses distances.
abstammen *vi (zvb, mit sein)* descendre; *(Wort)* dériver, venir.
Abstammung *f* descendance *f*, origine *f*.
Abstand *m* distance *f*, écart *m*; *(zeitlich)* espace *f*; **von etw ~ nehmen** s'abstenir de qch; **mit ~ der beste** de loin le meilleur; **~ssumme** *f* indemnité *f*.
abstatten *vt (zvb) (Dank)* exprimer; *(Besuch)* faire, rendre.
abstauben *vt (zvb)* épousseter.
Abstecher *m* **-s, -** crochet *m*.
absteigen *vi irr (zvb, mit sein)* descendre; *(SPORT)* rétrograder.
abstellen *vt (zvb)* déposer; *(Auto, Fahrrad)* garer; *(Maschine)* arrêter; *(Strom, Wasser)* fermer, couper; *(Mißstand, Unsitte)* supprimer; *(ausrichten)*: **etw auf etw** *(akk)* ~ adapter qch à qch.
abstempeln *vt (zvb) (Briefmarke)* oblitérer; *(fig: Menschen)* étiqueter.
absterben *vi irr (zvb, mit sein) (Ast)* se dessécher; *(Körperteil)* s'engourdir.
Abstieg *m* **-(e)s, -e** descente *f*; *(SPORT)* recul *m*; *(fig)* déclin *f*.
abstimmen *(zvb) vi* voter // *vt (Farben)* assortir; *(Interessen)* accorder; *(Termine, Ziele)* fixer // *vr:* **sich** ~ se mettre d'accord, s'accorder.
Abstimmung *f (Stimmenabgabe)* vote *m*.
Abstinenz [apsti'nɛnts] *f* abstinence *f*; *(von Alkohol)* sobriété *f*; **~ler(in** *f*) *m* **-s, -** buveur(-euse) d'eau, abstinent(e).
abstoßen *vt irr (zvb) (fortbewegen)* pousser; *(beschädigen)* endommager; *(verkaufen)* vendre; *(anekeln)* dégoûter, écœurer; **~d** *a* dégoûtant(e), repoussant(e).
abstrakt [ap'strakt] *a* abstrait(e) // *ad* abstraitement.
abstreiten *vt irr (zvb)* contester, nier.
Abstrich *m (Abzug)* réduction *f*, diminution *f*; *(MED)* frottis *m*; **~e machen** *(fig)* se contenter de moins.
abstumpfen *(zvb) vt* émousser; *(fig: jdn)* abrutir // *vi (mit sein)*

s'émousser; *(fig)* s'abrutir; *(: Gefühle)* perdre de l'intensité.
Absturz *m* chute *f*.
abstürzen *vi (zvb, mit sein)* faire une chute; *(AVIAT)* s'abattre.
absuchen *vt (zvb)* fouiller.
Abs'zeß *m* **-sses, -sse** abcès *m*.
Abt *m* **-(e)s, ¨e** abbé *m*.
abtasten *vt (zvb)* tâter; *(MED)* palper.
abtauen *(zvb) vi (mit sein) (Schnee, Eis)* fondre; *(Straße)* dégeler // *vt* dégivrer.
Ab'tei *f* abbaye *f*.
Ab'teil *nt* **-(e)s, -e** compartiment *m*.
abteilen *vt (zvb)* diviser, partager; *(abtrennen)* séparer.
Ab'teilung *f (in Firma)* section *f*; *(in Kaufhaus)* rayon *m*; *(in Krankenhaus)* service *m*; *(MIL)* bataillon *m*, unité *f*; **~sleiter(in** *f*) *m* chef *m* de section/de rayon.
Äb'tissin *f* abbesse *f*.
abtragen *vt irr (zvb) (Hügel, Erde)* déblayer; *(Essen)* desservir; *(Kleider)* user; *(Schulden)* acquitter.
abträglich *a* nuisible, préjudiciable.
abtreiben *irr (zvb) vt (Boot, Flugzeug)* déporter // *vi (mit sein: Schiff, Schwimmer)* dériver; *(mit haben: Kind)* avorter.
Abtreibung *f* avortement *m*.
abtrennen *vt (zvb) (lostrennen)* détacher; *(entfernen)* enlever; *(abteilen)* séparer.
abtreten *irr (zvb) vt (überlassen)* céder *(jdm etw* qch à qn) // *vi (mit sein) (Wache)* se retirer; *(THEAT)* sortir de scène; *(zurücktreten: Minister)* se retirer (de la scène politique).
abtrocknen *(zvb) vt* essuyer; sécher // *vi (mit sein)* sécher.
abtrünnig *a* renégat(e).
abwägen *vt irr (zvb)* soupeser, examiner.
abwählen *vt (zvb) (Vorsitzenden)* ne pas réélire; *(SCOL: Fach)* ne pas reprendre, ne pas choisir.
abwandeln *vt (zvb)* changer, modifier.
abwarten *(zvb) vt* attendre // *vi* voir venir, attendre.
abwärts *ad* vers le bas, en bas.
Abwasch *m* **-(e)s** vaisselle *f*.
abwaschen *vt irr (zvb) (Schmutz)* laver; **das Geschirr ~** faire la vaisselle.
Abwasser *nt* **-s, Abwässer** vidanges *fpl*, eaux *fpl* d'égout.
abwechseln *vi (zvb) (auch vr:* **sich ~**) alterner; *(Menschen)* (se) relayer; **~d** *a* alternativement, en alternant.
Abweg *m*: **auf ~e geraten/führen** s'écarter/détourner du bon chemin; **a~ig** *a* saugrenu(e).
Abwehr *f* - *(Ablehnung)* résistance *f*; *(Verteidigung)* défense *f*; *(MIL: Geheimdienst)* contre-espionnage *m*; *(SPORT)* défense *f*; *(Schutz)* protection *f*.
abwehren *vt (zvb) (Feind, Angriff)* repousser; *(Neugierige)* écarter; *(Ball)* arrêter; *(Verdacht)* écarter; *(Dank)* refuser.
abweichen *vi irr (zvb, mit sein) (Werte)* différer; *(Fahrzeug)* dévier; *(Meinung)* diverger.
abweisen *vt irr (zvb) (Besucher)* renvoyer; *(Klage)* repousser, rejeter; *(Antrag, Hilfe)* refuser; **~d** *a (Haltung)* froid(e).
abwenden *irr (zvb) vt (Blick, Kopf)* détourner; *(verhindern)* écarter // *vr*: **sich ~** se détourner.
abwerfen *vt irr (zvb) (Kleidungsstück)* se débarrasser de; *(Reiter)* désarçonner; *(Profit)* rapporter; *(Flugblätter)* lancer.
abwerten *vt (zvb) (FIN)* dévaluer.
abwesend *a* absent(e).
Abwesenheit *f* absence *f*.
abwickeln *vt (zvb) (Garn, Verband)* dérouler; *(Geschäft)* liquider.
abwimmeln *vt (zvb) (fam) (jdn)* envoyer promener; *(Auftrag)* rejeter, refuser.
abwischen *vt (zvb) (Staub)* enlever; *(Schweiß, Hände)* essuyer; *(Tisch)* donner un coup d'éponge à.
Abwurf *m* lancement *m*; *(von Bomben etc)* largage *m*; *(SPORT)* remise *f* en jeu.
abwürgen *vt (zvb) (fam) (Gespräch)*

étouffer, bloquer; *(Motor)* caler.
abzahlen *vt (zvb) (Schulden)* régler, payer; *(in Raten)* payer à tempérament.
Abzahlung *f*: **auf ~ kaufen** acheter à tempérament.
Abzeichen *nt* insigne *m*, emblème *m*; *(Orden)* décoration *f*.
abzeichnen *(zvb) vt* copier, dessiner; *(Dokument)* parapher, signer // *vr*: **sich ~** *(sichtbar sein)* se profiler; *(fig: bevorstehen)* se dessiner.
abziehen *irr (zvb) vt (entfernen)* retirer; *(Tier)* dépouiller; *(Truppen)* retirer; *(subtrahieren)* soustraire; *(kopieren)* tirer // *vi (mit sein) (Rauch)* sortir; *(Truppen)* se retirer; *(fam: weggehen)* décamper, filer; **das Bett ~** enlever les draps; **eine Schau ~** *(fam)* faire du cinéma.
Abzug *m* retrait *m*; *(Kopie)* tirage *m*; *(PHOT)* épreuve *f*; *(Subtraktion)* soustraction *f*; *(Betrag)* retrait *m*; *(Rauch~)* sortie *f*; *(von Waffen)* gâchette *f*.
abzüglich *prep +gen* après déduction de.
abzweigen *(zvb) vt* mettre de côte // *vi (mit sein)* bifurquer.
Abzweigung *f* embranchement *m*.
ach *excl* ah; *(enttäuscht, verärgert)* oh; **~ ja** mais oui; **mit A~ und Krach** tant bien que mal.
Achse *f* **-, -n** axe *m*; *(AUT)* essieu *m*; **auf ~ sein** être en vadrouille.
Achsel *f* **-, -n** aisselle *f*; **~höhle** *f* creux *m* de l'aisselle; **~zucken** *nt* **-s** haussement *m* d'épaules.
Acht *f* **-** *(Zahl)* huit *m*; *(HIST)* ban *m*, proscription *f*; **sich in a~ nehmen** prendre garde; **etw außer a~ lassen** négliger qch // **a~** *num* huit; **a~ Tage** huit jours; **a~e(r, s)** *a* huitième; **~el** *nt* **-s, -** huitième *m*.
achten *vt* respecter // *vi*: **auf etw** *(akk)***~** faire attention à qch; **darauf ~, daß ...** faire attention que... .
Achter-: **~bahn** *f* montagnes *fpl* russes; **~deck** *nt* pont *m* arrière.
acht-: **~fach** *a* octuple; **~geben** *vi irr (zvb)* faire attention *(auf +akk* à); **~los** *a* négligent(e); **~mal** *ad* huit fois; **~sam** *a* attentif(-ive).
Achtung *f* respect *m*, estime *f (vor +dat* pour) // *excl* attention!; **~ Lebensgefahr/Stufe!** Attention danger/à la marche!.
acht-: **~zehn** *num* dix-huit; **~zig** *num* quatre-vingt(s).
ächzen *vi (Mensch)* gémir; *(Holz, Balken)* grincer.
Acker *m* **-s, ¨** champ *m*; **~bau** *m* agriculture *f*.
ad'dieren *vt (ohne ge-)* additionner.
a'de *excl* adieu!
Adel *m* **-s** noblesse *f*; *(Familie)* nobles *mpl*; **a~ig, adlig** *a* noble.
Ader *f* **-, -n** *(ANAT)* veine *f*; *(Schlag~)* artère *f*; *(BOT)* nervure *f*; *(BERGBAU)* filon *m*; **eine ~ für etw haben** être doué(e) pour qch.
Adjektiv *nt* adjectif *m*.
Adler *m* **-s, -** aigle *m*.
Admi'ral *m* **-s, -e** amiral *m*.
adop'tieren *vt (ohne ge-)* adopter.
Adopti'on *f* adoption *f*.
Adop'tiv-: **~eltern** *pl* parents *mpl* adoptifs; **~kind** *nt* enfant *m* adoptif.
Adres'sant(in *f)* *m* expéditeur(-trice).
Adres'sat *m* **-en, -en** destinataire *m/f*.
A'dresse *f* **-, -n** adresse *f*.
adres'sieren *vt (ohne ge-)* adresser.
Advent [at'vɛnt] *m* **-(e)s, -e** avent *m*; **~skranz** *m* couronne *f* de l'Avent.
Adverb [at'vɛrp] *nt* adverbe *m*.
Af'färe *f* **-, -n** *(Angelegenheit)* affaire *f*; *(Verhältnis)* liaison *f*.
Affe *m* **-en, -en** singe *m*.
affek'tiert *a* affecté(e), maniéré(e).
affig *a (Benehmen)* affecté(e); *(Mädchen)* maniéré(e).
Afrika *nt* l'Afrique *f*; **a ~ nisch** *a* africain(e); **Afrikaner(in** *f)* *m* Africain(e).
After *m* **-s, -** anus *m*.
AG [aː'geː] *f* **-, -s** *(abk von* **Aktiengesellschaft)** S.A.
A'gent(in *f)* *m (Spion)* agent *m*; *(Vertreter)* représentant(e); *(Vermittler)* agent *m*.
Agen'tur *f (Geschäftsstelle)* bureau *m*; *(Vermittlungsstelle)* agence *f*.

Aggre'gat *nt (TECH)* agrégat *m*; **~zustand** *m (PHYS)* état *m* de la matière.
Aggressi'on *f* agression *f*; **seine ~en abreagieren** passer son agression.
aggres'siv *a* agressif(-ive).
Aggressivi'tät *f* agressivité *f*.
A'grarstaat *m* État *m* agricole.
Ägypten *nt* l'Egypte *f*; **ägyptisch** *a* égyptien(ne).
a'ha *excl* ah!
Ahn *m* **-en, -en** ancêtre *m*.
ähneln *vi*: **jdm/etw ~** ressembler à qn/qch // *vr*: **sich ~** se ressembler.
ahnen *vt (vermuten)* se douter de; *(Tod, Gefahr)* pressentir.
ähnlich *a* semblable, pareil(le); **das sieht ihm ~** ça lui ressemble bien; **Ä~keit** *f* ressemblance *f*.
Ahnung *f (Vorgefühl)* pressentiment *m*; *(Vermutung)* idée *f*; **keine ~!** aucune idée!; **a~slos** *ad* sans se douter de rien.
Ahorn ['a:hɔrn] *m* **-s, -e** érable *m*.
Ähre *f* **-, -n** épi *m*.
Akade'mie *f (Hochschule)* académie *f*.
Aka'demiker(in *f*) *m* **-s, -** *personne qui a fait des études universitaires.*
akklimati'sieren *vr (ohne ge-)*: **sich ~** s'acclimater.
Ak'kord *m* **-(e)s, -e** *(Stücklohn)* forfait *m*, payement *m* à la pièce; *(MUS)* accord *m*; **im ~ arbeiten** travailler à la pièce; **~arbeit** *f* travail *m* à la pièce.
Ak'kordeon *nt* **-s, -s** accordéon *m*.
Akkusativ *m* accusatif *m*.
Akt *m* **-(e)s, -e** *(Handlung)* acte *m*, action *f*; *(Zeremonie)* cérémonie *f*; *(THEAT)* acte; *(KUNST)* nu *m*; *(Sexual~)* acte sexuel.
Akte *f* **-, -n** dossier *m*, document *m*; **etw zu den ~n legen** *(fig)* considérer qch comme réglé(e).
Akten-: a~kundig *a* enregistré(e); **das ist a~kundig geworden** c'est dans les dossiers; **~schrank** *m* casier *m*, classeur *m*; **~tasche** *f* porte-documents *m*, attaché-case *m*.
Aktie ['aktsiə] *f* action *f*; **~ngesellschaft** *f* société *f* anonyme.
Akti'on *f* action *f*, campagne *f*; *(Polizei~, Such~)* opération *f*; *(Sonderangebot)* promotion *f*; **in ~** en action.
ak'tiv *a* actif(-ive).
aktivieren [akti'vi:rən] *vt (ohne ge-)* activer.
Aktivität [aktivi'tɛ:t] *f* activité *f*.
Aktuali'tät *f* actualité *f*.
aktu'ell *a* actuel(le), d'actualité.
a'kut *a* grave, urgent(e); *(MED: Entzündung)* aigu(ë).
Ak'zent *m* **-(e)s, -e** accent *m*.
akzep'tieren *vt (ohne ge-)* accepter.
A'larm *m* **-(e)s, -e** alarme *f*.
alar'mieren *vt (ohne ge-)* alerter; *(beunruhigen)* alarmer.
Albanien *nt* l'Albanie *f*.
albern *a* stupide, sot(te).
Album *nt* **-s, Alben** album *m*.
Alge *f* **-, -n** algue *f*.
Algebra *f* **-** algèbre *f*.
Algerien *nt* l'Algérie *f*.
Alibi *nt* **-s, -s** alibi *m*.
Ali'mente *pl* pension *f* alimentaire.
al'kalisch *a (CHEM)* alcalin(e).
Alkohol *m* **-s, -e** alcool *m*.
alko'holfrei *a* non-alcoolisé(e).
Alko'holiker(in *f*) *m* **-s, -** alcoolique *m/f*.
All *nt* **-s** univers *m*.
alle *a (mit pl)* tous les; toutes les; *(mit sg)* tout le; toute la // *pron* tous; toutes; **~s** tout; *(adjektivisch)* tout le; toute la; **das ~s** tout cela; **sie sind ~ gekommen** ils sont tous venus; **wir ~** nous tous; **~ beide** tous (toutes) les deux; **~s in ~m** somme toute; **~ vier Jahre** tous les quatre ans; **vor ~m** avant tout, surtout; **er hat ~s versucht** il a tout essayé; **~ sein** être fini(e).
Al'lee *f* **-, -n** [-e:ən] allée *f*.
al'lein *a, ad* seul(e); **nicht ~** *(nicht nur)* non seulement; **im A~gang** en solitaire; **~ig** *a* unique, exclusif(-ive); *(Erbe)* universel(le); **~stehend** *a* seul(e), célibataire.
alle-: ~mal *ad (ohne weiteres)* facilement; **ein für ~mal** une fois pour toutes; **~nfalls** *ad (mögli-*

cherweise) à la rigueur, éventuellement; *(höchstens)* tout au plus; **~r'beste(r,s)** *a* le (la) meilleur(e); **~rdings** *ad (zwar)* pourtant, à la vérité; *(gewiß)* assurément, bien sûr.
Aller'gie *f* allergie *f*.
al'lergisch *a* allergique; **gegen etw ~ sein** être allergique à qch.
allerhand *a inv (Ärger, Neuigkeiten)* beaucoup de, un tas de; *(substantivisch)* toutes sortes de choses; **das ist doch ~!** *(entrüstet)* c'est du propre!; **~!** *(lobend)* il faut le faire!.
Aller'heiligen *nt* la Toussaint.
allerhöchste(r, s) *a* le (la) plus haut(e); **es ist ~ Zeit** il est grand temps; **~ns** *ad* au plus.
allerlei *a inv* toute sorte de; *(substantivisch)* toute(s) sorte(s) de choses.
allerletzte(r,s) *a* le (la) dernier(-ère) de tous (toutes).
Aller'seelen *nt* la fête des morts.
allerseits *ad:* **er war ~ beliebt** il était aimé de tous; **guten Morgen ~** bonjour à tous.
aller'wenigste(r, s) *a* le minimum de.
alles *siehe* **alle.**
Allesfresser *m* **-s, -** omnivore *m/f*.
allgemein *a* général(e); *(Wahlrecht, Bestimmung)* universel(le) // *ad (überall)* partout; **im ~en** en général, généralement; **~gültig** *a* universellement reconnu(e); **A~heit** *f (Menschen)* communauté *f*; *pl (Redensarten)* généralités *fpl*.
Alli'ierte(r) *m* allié *m*.
all-: **~'jährlich** *a* annuel(le); **~'mählich** *a* graduel(le) // *ad* peu à peu, petit à petit; **A~tag** *m* vie *f* quotidienne; **~'täglich** *a* quotidien(ne); **~zu** *ad* trop; **~zuoft** *ad* beaucoup trop souvent; **~zuviel** *ad* beaucoup trop.
Alm *f* **-, -en** alpe *f*, pâturage *m*.
Almosen *nt* **-s, -** aumône *f*.
Alpen *pl* Alpes *fpl*.
Alpha'bet *nt* **-(e)s, -e** alphabet *m*; **a~isch** *a* alphabétique.
al'pin *a* alpin(e).
Alptraum *m* cauchemar *m*.
als *conj (zeitlich)* quand, lorsque; *(mit Komparativ)* que; *(wie)* que; *(Angabe von Eigenschaft)* en tant que, comme; **nichts ~** rien d'autre que; **~ ob** comme si; **~ da ist/sind** à savoir.
also *ad* donc; *(abschließend, zusammenfassend)* donc, alors; *(auffordernd)* alors; **~ gut** *o* **schön** très bien; **~ so was!** eh bien, ça alors!; **na ~!** tu vois!.
alt *a* **(¨er, am ¨esten)** vieux (vieille); *(antik, klassisch, lange bestehend, ehemalig)* ancien(ne); *(überholt: Witz)* dépassé(e); **sie ist drei Jahre ~** elle a trois ans; **alles beim ~en lassen** laisser comme c'était; **wie in ~en Zeiten** comme au bon vieux temps; **A~** *m* **-s, -e** *(MUS)* contralto *m*.
Al'tar *m* **-(e)s, -äre** autel *m*.
Alt-: **~bau** *m, pl* **~bauten** construction *f* ancienne; **a~bekannt** *a* bien connu(e); **~eisen** *nt* ferraille *f*.
Alter *nt* **-s, -** *(Lebensjahre)* âge *m*; *(hohes)* âge *m* avancé, vieillesse *f*; *(von Möbeln)* époque *f*; **im ~ von** à l'âge de.
altern *vi (mit sein)* vieillir.
alterna'tiv *a* alternatif(-ive).
Alternative [altɛrna'tiːvə] *f* alternative *f*.
Alters-: **~erscheinung** *f* signe *m* de vieillesse; **~heim** *nt* maison *f* de retraite; **a~schwach** *a (Mensch)* sénile; *(Gebäude)* délabré(e); **~versorgung** *f* caisse *f* de prévoyance-vieillesse.
Altertum *nt* **-s** *(Zeit)* Antiquité *f*; **Altertümer** *pl (Gegenstände)* antiquités *fpl*.
alt-: **~'hergebracht** *a* traditionnel(le); **~klug** *a* précoce; **A~material** *nt* matériel *m* usé; **~modisch** *a* démodé(e); **A~papier** *nt* vieux papiers *mpl*; **A~stadt** *f* vieille ville *f*; **A~'weibersommer** *m* été *m* de la Saint-Martin.
Alu'minium *nt* **-s** aluminium *m*; **~folie** *f* feuille *f o* papier *m* d'aluminium.
am = an dem; er ist ~ Kochen il est en train de faire à manger; **~ 15. März** le 15 mars; **~ besten**

le mieux.
Ama'teur(in *f*) *m* amateur *m*.
Amboß *m* **-sses, -sse** enclume *f*.
ambu'lant *a* (*MED*) en consultation externe.
Ameise *f* **-, -n** fourmi *f*.
A'merika *nt* l'Amérique *f*; **Ameri'kaner(in** *f*) *m* Américain(e); **ameri'kanisch** *a* américain(e).
Amne'stie *f* amnistie *f*.
Ampel *f* **-, -n** (*Verkehrs~*) feux *mpl*.
ampu'tieren *vt* (*ohne ge-*) amputer.
Amsel *f* **-, -n** merle *m*.
Amt *nt* **-(e)s, ¨er** (*Posten*) office *m*; (*Aufgabe*) fonction *f*, charge *f*; (*Behörde*) service *m*, bureau *m*; (*REL*) office *m*.
am'tieren *vi* (*ohne ge-*) être en fonction(s).
amtlich *a* officiel(le).
Amts-: **~person** *f* officiel *m*; **~richter(in** *f*) *m* juge *m* de première instance.
amü'sieren (*ohne ge-*) *vt* amuser // *vr*: **sich ~** s'amuser.
an *prep* +*dat* (*räumlich*) à; (*auf, bei*) sur, près de; (*nahe bei*) contre; (*zeitlich*) à; +*akk* (*räumlich*) à, contre; **~: 18.30 Uhr** arrivée: 18 heures 30; **~ Ostern** à Pâques; **~ diesem Ort** à cet endroit; **~ diesem Tag** ce jour-là; **am Anfang** au début; **~ und für sich** au fond; **es ist ~ jdm, etw zu tun** c'est à qn de faire qch // *ad* **von ... ~** à partir de ...; **~ die 5 DM** environ 5 marks; **das Licht ist ~** la lumière est allumée.
Analo'gie *f* analogie *f*.
Ana'lyse *f* **-, -n** analyse *f*.
analy'sieren *vt* (*ohne ge-*) analyser.
Anar'chie *f* anarchie *f*.
Anato'mie *f* anatomie *f*.
anbahnen *vr* (*zvb*): **sich ~** se dessiner.
anbändeln *vi* (*zvb*) (*fam*): **mit jdm ~** flirter avec qn.
Anbau *m* **-s** (*AGR*) culture *f* // *m* **-s**, *pl* **-bauten** (*Gebäude*) annexe *f*.
anbauen *vt* (*zvb*) (*AGR*) cultiver; (*Gebäudeteil*) ajouter.
anbehalten *vt irr* (*zvb, ohne ge-*) garder.
an'bei *ad* ci-joint.
anbeißen *irr* (*zvb*) *vi* (*Fisch*) mordre à l'hameçon.
anbelangen *vt* (*zvb, ohne ge-*) concerner, regarder; **was mich anbelangt** en ce qui me concerne.
anbeten *vt* (*zvb*) adorer.
Anbetracht *m*: **in ~** (+*gen*) en considération de.
anbiedern *vr* (*zvb*): **sich ~** se mettre dans les bonnes grâces (*bei jdm* de qn).
anbieten *irr* (*zvb*) *vt* offrir; (*Vertrag*) proposer; (*Waren*) mettre en vente // *vr*: **sich ~** (*Mensch*) se proposer; (*Gelegenheit*) s'offrir.
anbinden *vt irr* (*zvb*) lier, attacher; **kurz angebunden** (*fig*) laconique.
Anblick *m* vue *f*.
anbrechen *irr* (*zvb*) *vt* (*Flasche etc*) entamer // *vi* (*mit sein*) (*Zeitalter*) commencer; (*Tag*) se lever; (*Nacht*) tomber.
anbrennen *vi irr* (*zvb, mit sein*) prendre feu; (*CULIN*) brûler.
anbringen *vt irr* (*zvb*) (*herbeibringen*) apporter; (*Bitte*) présenter; (*Wissen*) placer; (*Ware*) écouler, vendre; (*festmachen*) apposer, fixer.
Anbruch *m* commencement *m*; **~ des Tages** lever *m* du jour; **~ der Nacht** tombée *f* de la nuit.
anbrüllen *vt* (*zvb*): **jdn ~** crier contre qn.
Andacht *f* **-, -en** recueillement *m*; (*Gottesdienst*) office *m* bref.
andächtig *a* (*Beter*) recueilli(e); (*Zuhörer*) très absorbé(e), très attentif(-ive); (*Stille*) solennel(le).
andauern *vi* (*zvb*) durer, persister; **~d** *a* continuel(le), persistant(e) // *ad* toujours.
Andenken *nt* **-s, -** souvenir *m*.
andere(r,s) *pron* autre *m/f*; **am ~n Tage** le jour suivant, le lendemain; **ein ~s Mal** une autre fois; **kein ~r** personne d'autre; **von etwas ~m sprechen** parler d'autre chose; **unter ~m** entre autres; **~rseits** *ad* d'autre part, d'un autre côté.
ändern *vt* changer, modifier // *vr*: **sich ~** changer.

andernfalls *ad* sinon, autrement.
anders *ad* autrement; **wer ~?** qui d'autre?; **jemand ~** quelqu'un d'autre; **irgendwo ~** ailleurs, autre part; **~artig** *a* différent(e); **~gläubig** *a* hétérodoxe; **~herum** *ad* dans l'autre sens; **~wo** *ad* ailleurs; **~woher** *ad* d'ailleurs; **~wohin** *ad* ailleurs, autre part.
andert'halb *a* un(e) et demi(e).
Änderung *f* changement *m*, modification *f*.
anderweitig *a* autre // *ad* autrement.
andeuten *vt (zvb)* indiquer.
Andeutung *f (Hinweis)* indication *f*, allusion *f*; *(Spur)* trace *f*.
Andrang *m* affluence *f*, foule *f*.
andrehen *vt (zvb) (Licht etc)* allumer; **jdm etw ~** *(fam)* refiler *o* coller qch à qn.
androhen *vt (zvb)*: **jdm etw ~** menacer qn de qch.
aneignen *vt (zvb)*: **sich** *(dat)* **etw ~** s'approprier qch; *(widerrechtlich)* usurper qch.
anein'ander *ad (vorbeifahren)* l'un(e) à côté de l'autre; *(denken)* l'un(e) à l'autre; **~fügen** *vt (zvb)* joindre; **~geraten** *vi irr (zvb, ohne ge-, mit sein)* se disputer; **~legen** *vt (zvb)* mettre *o* poser l'un(e) à côté de l'autre, juxtaposer.
anekeln *vt (zvb)* dégoûter, écœurer.
anerkannt *a* reconnu(e), admis(e).
anerkennen *vt irr (zvb, ohne ge-)* reconnaître; *(würdigen)* apprécier; **~d** *a* élogieux(-euse); **~swert** *a* louable, appréciable.
Anerkennung *f (eines Staates)* reconnaissance *f*; *(Würdigung)* appréciation *f*.
anfahren *irr (zvb) vt (herbeibringen)* apporter, charrier; *(fahren gegen)* emboutir; *(Hafen, Ort)* se diriger vers; *(Kurve)* s'engager dans; *(zurechtweisen)* rudoyer, rabrouer // *vi (mit sein) (losfahren)* démarrer; *(ankommen)* arriver.
Anfall *m (MED)* attaque *f*; *(fig)* accès *m*.
anfallen *irr (zvb) vt (angreifen)* assaillir, attaquer // *vi (mit sein)*: **es fällt viel Arbeit an** il y a beaucoup de travail, le travail s'accumule.
anfällig *a*: **~ für etw** sujet(te) à qch.
Anfang *m* **-(e)s, Anfänge** commencement *m*, début *m*; **von ~ an** dès le début; **am** *o* **zu ~** au début; **für den ~** pour le début, pour commencer; **~ Mai/des Monates** début mai/au début du mois.
anfangen *irr (zvb) vi, vt* commencer; *(machen)* faire, s'y prendre.
Anfänger(in *f***)** *m* **-s, -** débutant(e).
anfänglich *a* premier(-ère), initial(e).
anfangs *ad* au début, d'abord.
anfassen *(zvb) vt (ergreifen)* prendre, saisir; *(berühren)* toucher; *(Angelegenheit)* traiter // *vi (helfen)* donner un coup de main.
anfechten *vt irr (zvb)* attaquer, contester; *(beunruhigen)* inquiéter.
anfertigen *vt (zvb)* faire, fabriquer.
anfeuern *vt (zvb) (fig)* encourager, stimuler.
anflehen *vt (zvb)* supplier, implorer.
anfliegen *irr (zvb) vt (Land, Stadt)* desservir // *vi (mit sein) (Vogel)* s'approcher.
Anflug *m (AVIAT)* vol *m* d'approche; *(Spur)* trace *f*, soupçon *m*.
anfordern *vt (zvb)* demander, réclamer.
Anforderung *f (Beanspruchung)* exigence *f*; demande *f*.
Anfrage *f* demande *f*; *(POL)* interpellation *f*.
anfreunden *vr (zvb)*: **sich ~ (mit jdm)** se lier d'amitié (avec qn); **sich mit etw ~** s'habituer à qch.
anfühlen *vr (zvb)*: **sich hart/weich ~** être dur/mou au toucher.
anführen *vt (zvb) (leiten)* guider, conduire; *(Beispiel, Zeugen)* citer.
Anführer(in *f***)** *m* chef *m*, dirigeant(e).
Anführungsstriche *o* **-zeichen** *pl* guillemets *mpl*.
Angabe *f (Auskunft)* information *f*; *(das Angeben)* indication *f*; *(TECH)* donnée *f*; *(SPORT)* service *m*; *(fam:*

Prahlerei) vantardise *f.*
angeben *irr (zvb) vt* donner; *(Zeugen)* citer // *vi (fam)* se vanter.
Angeber(in *f*) *m* **-s, -** *(fam)* vantard(e), crâneur(-euse).
angeblich *a* prétendu(e) // *ad* à ce qu'on dit.
angeboren *a* inné(e); congénital(e).
Angebot *nt* offre *f; (Auswahl)* choix *m.*
angebracht *a* opportun(e).
angegriffen *a (Gesundheit)* mauvais(e).
angeheitert *a* éméché(e).
angehen *irr (zvb) vt (betreffen)* regarder, concerner; *(angreifen)* attaquer; *(bitten)* demander *(um etw* qch) // *vi (mit sein) (Feuer)* prendre; *(Licht)* s'allumer; *(ankämpfen)* lutter *(gegen etw* contre qch); *(fam:beginnen)* commencer; *(erträglich sein)* être supportable; **~d** *a (Lehrer)* débutant(e), en herbe.
Angehörige(r) *mf* parent(e).
Angeklagte(r) *mf* accusé(e).
Angel ['aŋl] *f* **-, -n** *(Gerät)* canne *f* à pêche; *(Tür~, Fenster~)* gond *m*, pivot *m.*
Angelegenheit *f* affaire *f.*
angeln ['aŋln] *vt* pêcher // *vi* pêcher à la ligne; **A~** *nt* **-s** pêche *f* à la ligne.
angemessen *a* convenable, approprié(e).
angenehm *a* agréable; **~!** *(bei Vorstellung)* enchanté(e)!; **jdm ~ sein** plaire à qn, faire plaisir à qn.
angenommen *a* supposé(e).
angeschrieben *a:* **bei jdm gut ~ sein** être bien vu(e) de qn.
angesehen *a* considéré(e), estimé(e).
angesichts *prep +gen* eu égard à; face à.
angespannt *a (Aufmerksamkeit)* intense; *(Arbeiten)* assidu(e); *(kritisch: Lage)* critique.
Angestellte(r) *mf* employé(e).
angetan *a:* **von jdm/etw ~ sein** être enchanté(e) de qn/de qch; **es jdm ~ haben** *(Mensch)* avoir la cote auprès de qn.
angewiesen *a:* **auf jdn/etw ~ sein** dépendre de qn/de qch.
angewöhnen *vt (zvb, ohne ge-):* **sich** *(dat)* **etw ~** s'habituer à qch.
Angewohnheit *f* habitude *f.*
Angler(in *f*) *m* [aŋle, -ərın] **-s, -** pêcheur(-euse) à la ligne.
angreifen *vt irr (zvb)* attaquer; *(anfassen)* toucher; *(Gesundheit)* nuire à.
Angreifer(in *f*) *m* **-s, -** attaquant(e).
Angriff *m* attaque *f;* **etw in ~ nehmen** attaquer qch.
Angst *f* **-, ⸚e** *(Furcht)* peur *f (vor +dat* de); *(Sorge)* peur *(um* pour); **a~** *a:* **jdm ist/wird a~** qn prend peur; **jdm ~ machen** faire peur à qn; **~hase** *m (fam)* froussard(e).
ängstigen *vt* effrayer // *vr:* **sich ~** avoir peur, s'inquiéter.
ängstlich *a (furchtsam)* peureux(-euse); *(besorgt)* inquiet(-ète), anxieux(-euse).
anhaben *vt irr (zvb) (Kleidung)* porter; **er kann mir nichts ~** il ne peut rien me faire.
anhalten *irr (zvb) vt (Fahrzeug)* arrêter; *(Atem)* retenir // *vi* s'arrêter; *(andauern)* durer; **um jds Hand ~** demander la main de qn; **jdn zu etw ~** exhorter qn à qch; **~d** *a* ininterrompu(e), persistant(e).
Anhalter(in *f*) *m* **-s, -** auto-stoppeur(-euse); **per ~ fahren** faire de l'auto-stop.
Anhaltspunkt *m* point *m* de repère, indication *f.*
an'hand *prep +gen* à l'aide de.
Anhang *m (von Buch etc)* appendice *m; (Leute)* partisans *mpl; (Kinder)* progéniture *f.*
anhängen *vt (zvb)* accrocher; *(Zusatz)* ajouter; **jdm etw ~** imputer qch à qn.
Anhänger(in *f*) *m* **-s, -** *(Mensch)* partisan(e), adepte *m/f; (Fußball~)* fan *m/f; (AUT)* remorque *f; (am Koffer)* étiquette *f; (Schmuck)* pendentif *m.*
anhänglich *a* dévoué(e), fidèle; **A~keit** *f* dévouement *m*, fidélité *f.*
anheben *vt irr (zvb) (Gegenstand)* soulever; *(Preise)* relever.
an'heimstellen *vt (zvb, pp* **anheim-**

gestellt): jdm etw ~ laisser à qn libre choix de qch.
anheuern *vt (zvb) (NAVIG)* affréter; *(Arbeitskräfte)* engager.
Anhieb *m:* **auf** ~ d'emblée.
Anhöhe *f* hauteur *f*, colline *f*.
anhören *(zvb) vt* écouter; *(anmerken)* remarquer // *vr:* **sich** ~ sonner; **sich** *(dat)* **etw** ~ écouter qch.
ani'mieren *vt (ohne ge-)* inciter, entraîner.
Ankauf *m* achat *m*.
Anker ['aŋkɐ] *m* **-s, -** ancre *f*; **vor** ~ **gehen** jeter l'ancre; **a~n** *vi* mouiller; **~platz** *m* mouillage *m*.
Anklage *f* accusation *f*; *(JUR)* inculpation *f*.
anklagen *vt (zvb)* accuser.
Ankläger *m* plaignant(e).
Anklang *m:* **bei jdm** ~ **finden** avoir du succès auprès de qn.
Ankleidekabine *f (im Schwimmbad)* cabine *f* de bain; *(im Kaufhaus)* salon *m* d'essayage.
anklopfen *vi (zvb)* frapper à la porte.
anknüpfen *(zvb) vt* attacher, lier; *(fig)* commencer // *vi:* **an etw** *(akk)* ~ partir de qch; **Beziehungen mit jdm** ~ entrer en relations avec qn.
ankommen *vi irr (zvb, mit sein)* arriver; *(Anklang finden)* avoir du succès *(bei* auprès de); **es kommt darauf an** cela dépend; *(wichtig sein)* c'est important; **gegen jdn/etw** ~ l'emporter sur qn/qch.
ankündigen *vt (zvb)* annoncer.
Ankunft *f* **-, Ankünfte** arrivée *f*.
ankurbeln *vt (zvb) (fig: Wirtschaft etc)* stimuler, relancer.
Anlage *f (Veranlagung)* disposition *f (zu* pour); *(Begabung)* talent *m*, don *m*; *(Park)* parc *m*, jardin *m*; *(Gebäudekomplex)* édifices *mpl*; *(Beilage)* annexe *f*; *(TECH)* installation *f*; *(FIN)* investissement *m*; *(Entwurf)* projet *m*, ébauche *f*; *(das Anlegen: von Garten, Stausee etc)* construction *f*.
Anlaß *m* **-sses, -lässe** *(Ursache)* cause *f*; *(Gelegenheit)* occasion *f*; **aus** ~ *(+gen)* à l'occasion de; ~ **zu etw geben** donner lieu à qch; **etw zum** ~ **nehmen** profiter de qch.
anlassen *irr (zvb) vt (Motor, Auto)* démarrer; *(fam: Mantel)* garder; *(Licht, Radio)* laisser allumé(e) // *vr:* **sich gut** ~ bien s'annoncer.
Anlasser *m* **-s, -** *(AUT)* démarreur *m*, starter *m*.
anläßlich *prep +gen* à l'occasion de.
anlasten *vt (zvb):* **jdm eine Tat** ~ rendre qn responsable d'une action.
Anlauf *m (Beginn)* commencement *m*; *(SPORT)* élan *m*; *(Versuch)* essai *m*.
anlaufen *irr (zvb) vi (mit sein)* démarrer; *(Fahndung, Film)* commencer; *(Metall)* s'oxyder; *(Glas)* s'embuer // *vt (Hafen)* faire escale à; **angelaufen kommen** arriver en courant.
anlegen *(zvb) vt (Leiter)* poser, appuyer; *(Lineal, Maßstab)* appliquer, mettre; *(anziehen)* mettre; *(Park, Garten)* aménager; *(Liste)* dresser; *(Akte)* ouvrir; *(Geld: investieren)* investir; *(:ausgeben)* dépenser; *(Gewehr)* épauler // *vi (NAVIG)* aborder, accoster; **es auf etw** *(akk)* ~ viser qch; **sich mit jdm** ~ *(fam)* chercher querelle à qn.
Anlegestelle *f*, **Anlegeplatz** *m* embarcadère *m*.
anlehnen *(zvb) vt (Leiter, Fahrrad)* appuyer; *(Tür, Fenster)* laisser entrouvert(e) // *vr:* **sich** ~ s'appuyer; *(an Vorbild)* suivre l'exemple de.
Anleitung *f* directives *fpl*, instructions *fpl*.
anliegen *vi irr (zvb) (auf Programm stehen)* être à faire, être au programme; *(Kleidung)* être ajusté(e); **A~** *nt* **-s, -** demande *f*, prière *f*; *(Wunsch)* désir *m*.
Anlieger *m* **-s, -** riverain *m*.
anmachen *vt (zvb) (befestigen)* attacher; *(Elektrisches)* allumer; *(Salat)* assaisonner.
anmaßen *vt (zvb):* **sich** *(dat)* **etw** ~ s'attribuer *o* se permettre qch; **~d** *a* prétentieux(-euse), arrogant(e).
Anmaßung *f* prétention *f*, arrogance *f*.
anmelden *(zvb) vt (Besuch)* annoncer; *(Radio, Auto)* déclarer // *vr:*

sich ~ *(sich ankündigen)* s'annoncer; *(für Kurs)* s'inscrire *(für, zu* à); *(polizeilich)* faire une déclaration d'arrivée.
Anmeldung *f* inscription *f;* déclaration *f.*
anmerken *vt (zvb) (hinzufügen)* ajouter; *(anstreichen)* marquer; **jdm etw** ~ lire *o* remarquer qch sur le visage de qn; **sich** *(dat)* **nichts** ~ **lassen** faire semblant de rien.
Anmerkung *f* annotation *f,* remarque *f.*
Anmut *f* - grâce *f,* élégance *f;* **a~ig** *a* gracieux(-euse); *(Lächeln)* charmant(e); *(Dorf etc)* agréable.
annähen *vt (zvb)* (re)coudre.
annähernd *a (Wert, Betrag)* approximatif(-ive).
Annäherung *f* approche *f,* rapprochement *m.*
Annahme *f* **-, -n** réception *f; (von Vorschlag, Gesetz)* adoption *f; (Vermutung)* supposition *f,* hypothèse *f.*
annehmbar *a* acceptable; *(Wetter)* passable.
annehmen *vt irr (zvb)* prendre; *(Einladung)* accepter; *(vermuten)* supposer; **angenommen, das ist so** admettons que c'est ainsi; **sich jds/einer Sache** ~ prendre soin de qn/de qch.
Annehmlichkeit *f* côté *m* agréable, agrément *m.*
annek'tieren *vt (ohne ge-)* annexer.
annoncieren [anõ'siːrən] *vt, vi (ohne ge-)* passer *o* mettre une annonce (pour).
annul'lieren *vt (ohne ge-)* annuler.
anöden *vt (zvb) (fam)* barber, raser.
ano'nym *a* anonyme.
anordnen *vt (zvb)* ranger, disposer; *(befehlen)* ordonner.
Anordnung *f* disposition *f.*
anorganisch *a* inorganique.
anpacken *vt (zvb) (anfassen)* empoigner, saisir; *(behandeln: Menschen)* traiter; *(in Angriff nehmen: Arbeit)* attaquer, aborder; **mit** ~ *(helfen)* mettre la main à la pâte.
anpassen *(zvb) vt (angleichen)* adapter *(+dat, an +akk* à) // *vr:* **sich** ~ s'adapter *(+dat* à).
Anpfiff *m (SPORT)* coup *m* d'envoi; *(fam)* savon *m,* engueulade *f.*
anpöbeln *vt (zvb) (fam)* apostropher.
anprangern *vt (zvb)* clouer *o* mettre au pilori.
anpreisen *vt irr (zvb)* recommander, vanter *(jdm* à qn).
Anprobe *f* essayage *m.*
anprobieren *vt (zvb, ohne ge-)* essayer.
anrechnen *vt (zvb)* compter; *(altes Gerät)* défalquer; **jdm etw hoch** ~ savoir gré de qch à qn.
Anrecht *nt* droit *m (auf +akk* à).
Anrede *f* apostrophe *f; (Titel)* titre *m.*
anreden *vt (zvb) (ansprechen)* adresser la parole à, aborder; *(belästigen)* accoster; **jdn mit Herr Dr./Frau** ~ appeler qn docteur/madame; **jdn mit Sie** ~ vouvoyer qn.
anregen *vt (zvb) (stimulieren)* inciter, stimuler; *(vorschlagen)* proposer, suggérer; **angeregte Unterhaltung** discussion animée.
Anregung *f* suggestion *f; (das Stimulieren)* stimulation *f.*
Anreise *f* arrivée *f.*
Anreiz *m* stimulant *m,* attrait *m.*
Anrichte *f* **-, -n** crédence *f,* dressoir *m.*
anrichten *vt (zvb) (Essen)* préparer, servir; *(Verwirrung, Schaden)* provoquer, causer.
anrüchig *a* louche, suspect(e).
anrücken *vi (zvb, mit sein)* pousser *(an +akk* contre); *(MIL)* avancer, approcher.
Anruf *m* appel *m.*
anrufen *vt irr (zvb) (TEL)* appeler.
anrühren *vt (zvb) (anfassen)* toucher; *(essen)* toucher à; *(mischen)* mélanger.
ans = **an das.**
Ansage *f* **-, -n** annonce *f.*
ansagen *(zvb) vt (Zeit, Programm)* annoncer; *(Konkurs)* déclarer // *vr:* **sich** ~ s'annoncer.
Ansager(in *f*) *m* **-s, -** présentateur (-trice); *(TV)* speaker *m,* speakerine *f.*
ansammeln *vr (zvb):* **sich** ~ s'ac-

cumuler; *(Menschen)* se rassembler.
Ansammlung *f* accumulation *f*, amas *m*; *(Leute)* rassemblement *m*.
ansässig *a* établi(e).
Ansatz *m (Beginn)* début *m*; *(Versuch)* essai *m*; *(Haar~)* racine *f*; *(Rost~, Kalk~)* dépôt *m*; *(Verlängerungsstück)* rallonge *f*; **~punkt** *m* point *m* de départ.
anschaffen *vt (zvb)* acquérir, acheter.
Anschaffung *f* acquisition *f*.
anschalten *vt (zvb)* allumer.
anschauen *vt (zvb)* regarder.
anschaulich *a* expressif(-ive).
Anschein *m* apparence *f*; **allem ~ nach** selon toute apparence; **den ~ haben** sembler, paraître; **a~end** *ad* apparemment.
Anschlag *m (Bekanntmachung)* affiche *f*; *(Attentat)* attentat *m*; *(TECH)* arrêt *m*; *(Klavier)* toucher *m*; *(Schreibmaschine)* frappe *f*.
anschlagen *vt irr (zvb) (Zettel)* afficher; *(Kopf)* cogner, heurter; *(beschädigen: Tasse)* ébrécher; *(Akkord)* frapper.
anschließen *irr (zvb) vt (Gerät)* brancher; *(Sender)* relayer; *(Frage)* enchaîner // *vi, vr*: **(sich) an etw** *(akk)* ~ *(räumlich)* être contigu(ë) à qch; *(zeitlich)* suivre qch // *vr*: **sich ~** *(an Menschen)* se joindre *(jdm* à qn); *(beipflichten)* se ranger à l'avis *(jdm* de qn); **~d** *a (räumlich)* contigu(ë); *(zeitlich)* successif(-ive), suivant(e) // *ad* ensuite, après.
Anschluß *m (ELEC)* branchement *m*; *(VERKEHR)* correspondance *f*; *(TEL: Verbindung)* communication *f*; *(: Apparat)* raccord *m*, joint *m*; *(Kontakt zu jdm)* contact *m*; *(Wasser ~ etc)* distribution *f*; **im ~ an** *(+akk)* faisant suite à; **~ finden** avoir des contacts.
anschmiegsam *a (Mensch)* tendre, caressant(e); *(Stoff)* souple.
anschnallen *vr (zvb)*: **sich ~** *(AUT, AVIAT)* attacher sa ceinture.
anschneiden *vt irr (zvb)* entamer.
anschreien *vt irr (zvb)* rudoyer, apostropher.
Anschrift *f* adresse *f*.
Anschuldigung *f* accusation *f*.
ansehen *vt irr (zvb)* regarder; *(betrachen)* contempler; **jdm etw ~** lire qch sur le visage de qn; **jdn/etw als etw ~** considérer qn/qch comme qch; **~ für** estimer; **A~** *nt* **-s** *(Ruf)* réputation *f*.
ansehnlich *a (Mensch)* de belle apparence *o* stature; *(beträchtlich)* considérable.
ansetzen *(zvb) vt (Wagenheber)* mettre, placer; *(Glas)* porter à sa bouche; *(Trompete)* emboucher; *(anfügen)* ajouter; *(Knospen, Frucht)* faire, produire; *(Rost)* se couvrir de; *(Bowle)* faire macérer; *(Termin)* fixer; *(Kosten)* calculer // *vi (beginnen)* commencer; **Fett ~** engraisser.
Ansicht *f (Anblick)* vue *f*; *(Meinung)* avis *m*, opinion *f*; **zur ~** *(COMM)* à vue; **meiner ~ nach** à mon avis; **~skarte** *f* carte *f* postale.
anspannen *vt (zvb) (Tiere)* atteler; *(Muskel)* bander; *(Nerven)* tendre.
Anspannung *f* tension *f*.
Anspiel *nt (SPORT)* commencement *m* du jeu; **a~en** *vi (zvb) (SPORT)* commencer à jouer; **auf etw** *(akk)* **a~en** faire allusion à qch; **~ung** *f* allusion *f*.
Ansporn *m* **-(e)s** stimulation *f*.
Ansprache *f* allocution *f*.
ansprechen *irr (zvb) vt (reden mit)* adresser la parole à; *(bitten)* demander à; *(gefallen)* plaire à // *vi (gefallen)* plaire, intéresser; *(reagieren)* réagir; *(wirken)* faire effet; **jdn auf etw** *(akk)* **(hin) ~** parler de qch à qn.
anspringen *vi irr (zvb, mit sein) (AUT)* démarrer.
Anspruch *m (Recht)* droit *m*; *(Forderung)* exigence *f*; **hohe ~e stellen/haben** être exigeant(e); **~ auf etw** *(akk)* **haben** avoir droit à qch; **etw in ~ nehmen** avoir recours à qch; **a~slos** *a* modeste; **a~svoll** *a* exigeant(e), prétentieux(-euse).
anstacheln *vt (zvb)* encourager, pousser.
Anstalt *f* **-, -en** *(Schule, Heim,*

Gefängnis) établissement *m; (Institut)* institut *m,* institution *f; (Heil~)* maison *f* de santé; ~**en machen, etw zu tun** se préparer à faire qch.
Anstand *m* décence *f.*
anständig *a (Mensch, Benehmen)* honnête, convenable; *(Leistung, Arbeit)* bon(ne); *(fam: Schulden, Prügel)* sacré(e).
anstandslos *ad* sans hésitation.
anstarren *vt (zvb)* regarder fixement, fixer du regard.
an'statt *prep +gen* à la place de // *conj:* ~ **etw zu tun** au lieu de faire qch.
anstecken *(zvb) vt (Abzeichen, Blume)* attacher; (*MED*) contaminer, infecter; *(Pfeife)* allumer; *(Haus)* mettre le feu à // *vi (fig)* être contagieux(-euse) // *vr:* **ich habe mich bei ihm angesteckt** il m'a contaminé(e).
Ansteckung *f* contagion *f.*
an'stelle *ad:* ~ **von** à la place de.
anstellen *(zvb) vt (Gerät)* allumer, mettre en marche; *(Wasser)* ouvrir; *(anlehnen)* poser, placer *(an +akk* contre); *(Arbeit geben)* employer, engager; *(machen, unternehmen)* faire // *vr:* **sich** ~ *(Schlange stehen)* se mettre à la queue; *(fam):* **sich dumm** ~ faire l'imbécile; **sich geschickt** ~ s'y prendre bien.
Anstellung *f* emploi *m.*
Anstieg *m* **-(e)s, -e** montée *f.*
anstiften *vt (zvb):* **jdn zu etw** ~ pousser qn à qch.
anstimmen *vt (zvb) (Lied)* entonner; *(Geschrei)* pousser.
Anstoß *m (Impuls)* impulsion *f; (Ärgernis)* offense *f,* scandale *m;* (*SPORT*) coup *m* d'envoi; ~ **nehmen an** *(+dat)* être choqué(e) par.
anstoßen *irr (zvb) vt* pousser; *(mit Fuß)* heurter, buter // *vi (mit haben)* (*SPORT*) donner le coup d'envoi; *(mit Gläsern)* trinquer; *(mit sein: sich stoßen)* se heurter; **an etw** *(akk)* ~ *(angrenzen)* être attenant(e) à qch.
anstößig *a* choquant(e), inconvenant(e).
anstreben *vt (zvb)* aspirer à.
Anstreicher *m* **-s, -** peintre *m* en bâtiment(s).
anstrengen *(zvb) vt* forcer; *(strapazieren)* surmener, fatiguer; (*JUR*) intenter // *vr:* **sich** ~ faire des efforts, s'efforcer; ~**d** *a* fatigant(e).
Anstrengung *f* effort *m,* fatigue *f.*
Anstrich *m* couche *f* de peinture; *(fig: Note)* air *m.*
Ansturm *m* assaut *m,* attaque *f.*
Anteil *m* **-s, -e** *(Teil)* part *f; (Teilnahme)* participation *f;* ~ **nehmen an** *(+dat) (sich beteiligen)* prendre part à; *(Mitgefühl haben)* compatir à; ~**nahme** *f* **-** *(Mitleid)* compassion *f,* sympathie *f.*
An'tenne *f* **-, -n** antenne *f.*
Antibi'otikum *nt* **-s, -biotika** antibiotique *m.*
an'tik *a* ancien(ne); **A~e** *f* **-** *(Zeitalter)* antiquité *f.*
Antikörper *m* anticorps *m.*
Anti'lope *f* **-, -n** antilope *f.*
Antipa'thie *f* antipathie *f.*
Antiquari'at *nt* librairie *f* d'occasions.
Antiqui'täten *pl* antiquités *fpl;* ~**händler(in** *f*) *m* antiquaire *m/f.*
Antrag *m* **-(e)s, Anträge** (*POL*) motion *f; (Gesuch)* pétition *f,* demande *f; (Formular)* formulaire *m; (Heirats~)* demande *f* en mariage.
antreffen *vt irr (zvb)* rencontrer.
antreiben *vt irr (zvb)* pousser, faire avancer; *(Menschen)* inciter; *(Maschine)* mettre en marche.
antreten *irr (zvb) vt (Stellung)* prendre; *(Erbschaft)* accepter; *(Strafe)* commencer à purger; *(Beweis)* fournir; *(Reise, Urlaub)* partir en // *vi (mit sein)* s'aligner; **das Amt/die Regierung** ~ prendre ses fonctions/le pouvoir.
Antrieb *m* force *f* motrice; *(fig)* impulsion *f;* **aus eigenem** ~ de sa propre initiative.
antrinken *vt irr (zvb)* commencer à boire; **sich** *(dat)* **Mut** ~ boire un coup pour se donner du courage; **sich** *(dat)* **einen Rausch** ~ se soûler, se griser; **angetrunken sein** être gris(e).

Antritt *m (von Erbschaft)* prise *f* de possession; *(von Reise)* départ *m; (von Stelle)* entrée *f* en place; *(von Amt)* entrée *f* en fonction.
antun *vt irr (zvb):* **jdm etw** ~ faire qch à qn; **sich** *(dat)* **Zwang** ~ se faire violence, se contraindre.
Antwort *f* **-, -en** réponse *f;* **um ~ wird gebeten** R.S.V.P. (Répondez s'il vous plaît); **a~en** *vi* répondre *(+dat* à).
anvertrauen *vt (zvb, ohne ge-):* **jdm etw** ~ confier qch à qn; **sich jdm** ~ se confier à qn.
Anwalt *m* **-(e)s, Anwälte, Anwältin** *f* avocat(e).
Anwandlung *f* caprice *m*, passade *f;* **eine ~ von etw** un accès de qch.
Anwärter(in *f) m* candidat(e), prétendant(e).
anweisen *vt irr (zvb) (anleiten)* diriger, instruire; *(befehlen)* ordonner à; *(zuteilen)* assigner à, attribuer à; *(Geld)* virer.
Anweisung *f (Anleitung)* directives *fpl; (Befehl)* ordre *m; (Zuteilung)* assignation *f*, attribution *f; (Post~, Zahlungs~)* mandat *m*, virement *m.*
anwenden *vt irr (zvb)* employer; *(Gerät)* utiliser; *(Gesetz, Regel)* appliquer; **etw auf jdn/etw** ~ appliquer qch à qn/à qch; **Gewalt** ~ user de violence.
Anwendung *f* utilisation *f*, emploi *m*, application *f.*
anwesend *a* présent(e); **die A~en** les personnes présentes.
Anwesenheit *f* présence *f.*
anwidern *vt (zvb)* répugner à, dégoûter.
Anzahl *f (Menge)* quantité *f; (Gesamtzahl)* nombre *m.*
Anzahlung *f* acompte *m; (Betrag)* premier versement *m.*
Anzeichen *nt* signe *m*, indice *m.*
Anzeige *f* **-, -n** annonce *f; (bei Polizei)* dénonciation *f;* ~ **gegen jdn erstatten** dénoncer qn.
anzeigen *vt (zvb) (Zeit)* marquer, indiquer; *(Geburt)* faire part de; *(bei Polizei)* dénoncer.
anziehen *irr (zvb) vt* attirer; *(Kleidung)* mettre; *(Menschen: anlocken)* attirer; *(:sympathisch sein)* plaire à; *(Schraube, Handbremse)* serrer; *(Seil)* tirer; *(Knie)* plier; *(Feuchtigkeit)* absorber // *vi (mit haben: Preise etc)* monter, être en hausse; *(mit sein: sich nähern)* s'approcher; *(:MIL)* avancer // *vr:* **sich** ~ s'habiller; **~d** *a* attirant(e), attrayant(e).
Anziehung *f (Reiz)* attrait *m*, charme *m.*
Anzug *m* costume *m;* **im ~ sein** s'approcher.
anzüglich *a* de mauvais goût.
anzünden *vt (zvb)* allumer; *(Haus)* mettre le feu à.
anzweifeln *vt (zvb)* mettre en doute.
a'part *a* spécial(e), chic.
Apa'thie *f* apathie *f*, indifférence *f.*
a'pathisch *a* apathique, indifférent(e).
Apfel *m* **-s, ⸚** pomme *f;* **~'sine** *f* orange *f;* **~wein** *m* cidre *m.*
A'postel *m* **-s, -** apôtre *m.*
Apo'stroph *m* **-s, -e** apostrophe *f.*
Apo'theke *f* **-, -n** pharmacie *f;* **~r(in** *f) m* **-s, -** pharmacien(ne).
Appa'rat *m* **-(e)s, -e** appareil *m;* **am ~ bleiben** rester à l'écoute *o* l'appareil.
Appara'tur *f* appareillage *m.*
Ap'pell *m* **-s, -e** *(MIL)* revue *f; (fig)* exhortation *f*, prière *f.*
appel'lieren *vi (ohne ge-):* **an etw** *(akk)* ~ faire appel à qch.
Appe'tit *m* **-(e)s, -e** appétit *m;* **guten** ~ bon appétit; **a~lich** *a* appétissant(e); **~losigkeit** *f* manque *m* d'appétit.
Ap'plaus *m* **-es, -e** applaudissements *mpl.*
Appre'tur *f* apprêt *m.*
Apri'kose *f* **-, -n** abricot *m.*
A'pril *m* **-(s), -e** avril *m;* **~wetter** *nt* giboulées *fpl* de mars.
Aqua'rell *nt* **-s, -e** aquarelle *f.*
A'quarium *nt* aquarium *m.*
Ä'quator *m* équateur *m.*
Araber(in *f) m* Arabe *m/f;* **arabisch** *a* arabe.
Arbeit *f* **-, -en** travail *m; (Klassen~)* composition *f.*

arbeiten *vi* travailler; *(funktionieren)* fonctionner.
Arbeiter(in *f)* *m* **-s, -** travailleur(-euse); *(ungelernt)* ouvrier(-ère); **~schaft** *f* ouvriers *mpl*, main-d'œuvre *f*.
Arbeit-: ~'geber(in *f)* *m* **-s, -** employeur(-euse); **~'nehmer(in** *f)* *m* **-s, -** salarié(e).
Arbeits-: ~amt *nt* agence *f* pour l'emploi, bureau *m* de placement; **~gang** *m* phase *f* de travail; **~gemeinschaft** *f* groupe *m* de travail; **~kräfte** *pl* main-d'œuvre *f*; **a~los** *a* en chômage; **a~los sein** être en chômage; **~losigkeit** *f* chômage *m*; **~platz** *m* lieu *m* de travail; **a~scheu** *a* rétif(-ive) au travail, paresseux(-euse); **~teilung** *f* division *f* du travail; **a~unfähig** *a* inapte au travail; **~zeit** *f* horaire *m* de travail.
Archäo'loge *m*, **Archäo'login** *f* archéologue *m/f*.
Archi'tekt(in *f)* *m* **-en, -en** architecte *m*.
Architek'tur *f* architecture *f*.
Ar'chiv *nt* **-s, -e** archives *fpl*.
arg *a* **(-er, am ¨sten)** terrible // *ad* *(sehr)* fort, très.
Argen'tinien *nt* l'Argentine *f*.
Ärger *m* **-s** *(Wut)* colère *f*; *(Unannehmlichkeit)* ennuis *mpl*, contrariété *f*; **ä~lich** *a* *(zornig)* fâché(e), en colère; *(lästig)* fâcheux(-euse), ennuyeux(-euse).
ärgern *vt* fâcher, contrarier // *vr*: **sich ~** se fâcher, s'énerver.
Argu'ment *nt* argument *m*.
Argwohn *m* soupçon(s) *m(pl)*, méfiance *f*.
argwöhnisch *a* soupçonneux(-euse), défiant(e).
Arie [-iə] *f* aria *f*.
Aristokra'tie *f* aristocratie *f*.
aristo'kratisch *a* aristocratique.
arm *a* **(-er, am ¨sten)** pauvre; **~ an etw** *(dat)* **sein** être pauvre en qch; **~ dran sein** être à plaindre.
Arm *m* **-(e)s, -e** bras *m*; *(von Leuchter)* branche *f*; *(von Polyp)* tentacule *m*; **~ in ~** bras dessus bras dessous.
Arma'tur *f* *(ELEC)* armature *f*; **~enbrett** *nt* tableau *m* de bord.
Armband *nt* bracelet *m*; **~uhr** *f* montre-bracelet *f*.
Ar'mee *f* **-, -n** [-e:ən] armée *f*.
Ärmel *m* **-s, -** manche *f*; **etw aus dem ~ schütteln** *(fig)* faire qch en un tour de main.
ärmlich *a* pauvre.
armselig *a* *(elend)* pauvre, misérable; *(schlecht)* piètre, minable.
Armut *f* **-** pauvreté *f*.
A'roma *nt* **-s, A'romen** arôme *m*.
arrangieren [arɑ̃'ʒi:rən] *(ohne ge-)* *vt* arranger // *vr*: **sich ~** s'arranger *(mit* avec).
Ar'rest *m* **-(e)s, -e** *(Haft)* détention *f*, arrêts *mpl*.
arro'gant *a* arrogant(e).
Arro'ganz *f* arrogance *f*.
Arsch *m* **-es, ¨e** *(fam!)* cul *m*.
Art *f* **-, -en** *(Weise)* façon *f*, manière *f*; *(Sorte)* sorte *f*; *(Wesen)* caractère *m*, nature *f*; *(BIO)* espèce *f*, variété *f*; **Sauerkraut nach ~ des Hauses** choucroute-maison *f*.
Arterie [-iə] *f* artère *f*; **~nverkalkung** *f* artériosclérose *f*.
artig *a* *(folgsam)* obéissant(e), sage.
Ar'tikel *m* **-s, -** article *m*.
Artillerie *f* artillerie *f*.
Arz'nei *f*, **Arz'neimittel** *nt* médicament *m*.
Arzt *m* **-es, ¨e, Ärztin** *f* médecin *m*, docteur *m*.
ärztlich *a* médical(e).
As *nt* **Asses, Asse** as *m*.
As'best *m* **-(e)s, -e** amiante *f*.
Asche *f* **-, -n** cendre *f*; **~nbahn** *f* *(SPORT)* piste *f* cendrée; **~nbecher** *m* cendrier *m*; **~nbrödel** *nt* **-s, -** Cendrillon *f*; **~r'mittwoch** *m* mercredi *m* des Cendres.
asi'atisch *a* asiatique; **Asien** *nt* l'Asie *f*.
asozial *a* asocial(e).
As'pekt *m* **-(e)s, -e** aspect *m*.
As'phalt *m* **-(e)s, -e** asphalte *m*.
asphal'tieren *vt* *(ohne ge-)* asphalter, bitumer.
aß *siehe* **essen**.
Assi'stent(in *f)* *m* assistant(e).

Assoziati'on *f* association *f*.
Ast *m* **-(e)s, ⸚e** branche *f*.
äs'thetisch *a* esthétique.
Asthma *nt* **-s** asthme *m*.
Astro'loge *m*, **Astro'login** *f* astrologue *m/f*.
Astrolo'gie *f* astrologie *f*.
Astro'naut(in *f*) *m* **-en, -en** astronaute *m/f*.
Astrono'mie *f* astronomie *f*.
A'syl *nt* **-s, -e** asile *m*; *(Heim)* hospice *m*; *(Obdachlosen~)* abri *m*, refuge *m*.
Asy'lant(in *f*) *m* réfugié(e).
Atelier [-'lie:] *nt* **-s, -s** atelier *m*.
Atem *m* **-s** *(das Atmen)* respiration *f*; *(Luft)* haleine *f*, souffle *m*; **außer ~** hors d'haleine, à bout de souffle; **jdn in ~ halten** *(fig)* tenir qn en haleine; **jdm den ~ verschlagen** *(fig)* couper le souffle *o* la respiration à qn; **a~beraubend** *a (Spannung)* palpitant(e); *(Tempo)* vertigineux(-euse); *(Schönheit)* époustouflant(e); **a~los** *a (Mensch)* essoufflé(e), hors d'haleine; **~pause** *f* temps *m* d'arrêt (respiratoire); **~zug** *m* souffle *m*; **in einem ~zug** *(fig)* d'une (seule) traite.
Athe'ist(in *f*) *m* athée *m/f*; **a~isch** *a* athée.
Äther *m* **-s, -** éther *m*.
Ath'let(in *f*) *m* **-en, -en** athlète *m/f*; **~ik** *f* athlétisme *m*.
at'lantisch *a*: **der ~e Ozean** l'(Océan *m*) Atlantique *m*.
Atlas *m* **-ses, At'lanten** atlas *m*.
atmen *vt, vi* respirer.
Atmo'sphäre *f* atmosphère *f*.
atmo'sphärisch *a* atmosphérique.
Atmung *f* respiration *f*.
A'tom *nt* **-s, -e** atome *m*.
A'tom-: **~bombe** *f* bombe *f* atomique; **~kraftwerk** *nt* centrale *f* nucléaire; **~krieg** *m* guerre *f* atomique; **~müll** *m* déchets *mpl* atomiques *o* radioactifs; **~sperrvertrag** *m* traité *m* de non-prolifération nucléaire; **~waffen** *pl* armes *fpl* nucléaires *o* atomiques; **~waffengegner(in** *f*) *m* antinucléaire *m/f*.
Attentat *nt* **-(e)s, -e** attentat *m*.
Attentäter(in *f*) *m* auteur *m* d'un attentat, criminel(le).
At'test *nt* **-(e)s, -e** certificat *m*.
attrak'tiv *a* séduisant(e), attrayant(e).
Attri'but *nt* **-(e)s, -e** attribut *m*.
ätzen *vi, vt* corroder; *(Haut)* attaquer, brûler.
auch *conj* aussi; *(überdies)* en plus, de plus; *(selbst, sogar)* même; **oder ~** ou bien; **~ das ist schön** ça aussi, c'est beau; **ich ~ nicht** moi non plus; **~ wenn das Wetter schlecht ist** même si le temps est mauvais; **was ~ immer** quoi que; **wer ~ immer** quiconque; **so sieht es ~ aus** ça se voit bien; **~ das noch!** il ne manquait plus que cela!.
auf *prep +akk o dat (räumlich)* sur; *(hinauf +akk)* sur; *(nach)* après; **~ der Reise** en voyage; **~ der Post/dem Fest** à la poste/à la fête; **~ der Straße** dans la rue; **~ das/dem Land** à la campagne; **~ der ganzen Welt** dans le monde entier; **~ deutsch** en allemand; **~ Lebenszeit** à vie; **bis ~ ihn** à part *o* sauf lui; **~ einmal** soudain, tout à coup // *ad* **~ und ab** de haut en bas; *(hin und her)* de long en large; **~ und davon** déjà loin; **~!** *(los)* en route!; **~ daß** afin que, pour que *(+subj)*.
aufatmen *vi (zvb)* être soulagé(e).
aufbauen *vt (zvb) (Zelt, Maschine)* monter; *(Gerüst)* construire; *(Stadt)* reconstruire; *(gestalten: Vortrag, Aufsatz)* élaborer; *(Existenz)* bâtir; *(Gruppe)* fonder; *(Beziehungen)* créer; *(groß herausbringen: Sportler, Politiker)* lancer.
aufbäumen *vr (zvb)*: **sich ~** *(Pferd)* se cabrer; *(Mensch)* se révolter.
aufbauschen *vt (zvb) (fig: Angelegenheit)* exagérer.
aufbessern *vt (zvb) (Gehalt)* augmenter.
aufbewahren *vt (zvb, ohne ge-) (aufheben, lagern)* garder, conserver.
Aufbewahrung *f* conservation *f*; *(Gepäck~)* consigne *f*; **jdm etw zur ~ geben** donner qch à garder à qn.
aufbieten *vt irr (zvb) (Kraft, Verstand)*

employer; *(Armee, Polizei)* mobiliser.
aufblasen *vt irr(zvb)* gonfler.
aufbleiben *vi irr (zvb, mit sein) (Geschäft)* rester ouvert(e); *(Mensch)* rester éveillé(e), veiller.
aufblenden *(zvb) vt (Scheinwerfer)* allumer // *vi (Fahrer)* allumer les phares.
aufblühen *vi (zvb, mit sein) (Blume)* fleurir; *(Mensch)* être épanoui(e); *(Wirtschaft)* être florissant(e), prospérer.
aufbrauchen *vt (zvb)* finir, consommer.
aufbrausen *vi (zvb, mit sein) (Mensch)* se mettre en colère, s'emporter; **~d** *a (Mensch, Wesen)* emporté(e).
aufbrechen *irr (zvb) vt (Kiste)* ouvrir (en forçant); *(Schloß)* fracturer // *vi (mit sein)* s'ouvrir; *(Wunde)* se rouvrir; *(gehen)* partir.
aufbringen *vt irr (zvb) (öffnen)* réussir à ouvrir; *(in Mode)* introduire, mettre en vogue; *(Geld)* trouver, (se) procurer; *(Energie)* trouver; *(Verständnis)* montrer, avoir; *(ärgern)* mettre en colère; *(aufwiegeln)* monter *(gegen* contre).
Aufbruch *m* départ *m*.
aufbrühen *vt (zvb)* faire; *(Tee)* infuser.
aufbürden *vt (zvb)*: **sich** *(dat)* **etw ~** se charger de qch, se mettre qch sur le dos.
aufdecken *(zvb) vt* découvrir; *(Bett)* ouvrir.
aufdrängen *vt (zvb)*: **jdm etw ~** imposer qch à qn // *vr*: **sich ~** *(Mensch)* s'imposer *(jdm* à qn); *(Gedanke, Verdacht)* ne pas sortir de la tête de qn.
aufdringlich *a* importun(e).
aufein'ander *ad (übereinander)* l'un(e) sur l'autre; *(gegenseitig)* l'un(e) l'autre, réciproquement; *(schießen)* l'un(e) sur l'autre; *(vertrauen)* l'un(e) en l'autre; **~prallen** *vi (zvb, mit sein)* se heurter.
Aufenthalt *m* **-s, -e** séjour *m*; *(Verzögerung)* retard *m*, délai *m*; *(bei Flug, Zugfahrt)* arrêt *m*; **~sgenehmigung** *f* permis *m* de séjour.
auferlegen *vt (zvb, ohne ge-)*: **jdm etw ~** *(Strafe)* infliger qch à qn; *(Steuern)* imposer qch à qn; *(Last)* charger qn de qch.
Auferstehung *f* résurrection *f*.
auffahren *vi irr (zvb, mit sein) (dagegenfahren)*: **auf etw** *(akk)* **~** tamponner *o* heurter qch; *(dicht aufschließen)* serrer *(auf jdn* qn); *(herankommen)* s'approcher; *(hochfahren)* se dresser (en sursaut); *(wütend werden)* s'emporter.
Auffahrt *f (Haus~)* allée *f*; *(Autobahn~)* bretelle *f* d'accès.
Auffahrunfall *m* télescopage *m*.
auffallen *vi irr (zvb, mit sein)* se faire remarquer; **das ist mir aufgefallen** je l'ai remarqué; **~d** *a (Erscheinung)* surprenant(e); *(Begabung)* extraordinaire; *(Kleid)* voyant(e).
auffällig *a* voyant(e), frappant(e).
auffangen *vt irr (zvb) (Ball)* attraper; *(fallenden Menschen)* rattraper; *(Wasser)* recueillir; *(Strahlen)* capter; *(Funkspruch)* capter; *(Preise)* arrêter, freiner.
auffassen *vt (zvb) (verstehen)* comprendre, saisir; *(auslegen)* interpréter.
Auffassung *f (Meinung)* opinion *f*, avis *m*; *(Auslegung)* interprétation *f*; *(~sgabe)* faculté *f* de compréhension, intelligence *f*.
auffordern *vt (zvb) (befehlen)* exhorter; *(bitten)* inviter.
Aufforderung *f (Befehl)* demande *f*, sommation *f*; *(Einladung)* invitation *f*.
auffrischen *(zvb) vt (Farbe, Kenntnisse)* rafraîchir; *(Erinnerungen)* raviver // *vi (Wind)* fraîchir.
aufführen *(zvb) vt (THEAT)* représenter, jouer; *(in einem Verzeichnis)* mentionner, énumérer // *vr*: **sich ~** *(sich benehmen)* se conduire, se comporter.
Aufführung *f (THEAT)* représentation *f*; *(Liste)* énumération *f*.
Aufgabe *f (Auftrag, Arbeit)* tâche *f*; *(Pflicht, SCOL)* devoir *m*; *(Verzicht)* abandon *m*; *(von Gepäck)* enregistrement *m*; *(von Post)* expédition *f*;

(von Inserat) publication *f*, insertion *f*.
Aufgang *m* *(Sonnen~)* lever *m*; *(Treppe)* montée *f*, escalier *m*.
aufgeben *irr (zvb) vt (Paket, Gepäck)* envoyer, expédier; *(Bestellung)* passer, faire; *(Inserat)* insérer, passer; *(Schularbeit)* donner; *(Rätsel, Problem)* poser (*jdm* à qn); *(verzichten auf)* abandonner, renoncer à; *(Rauchen)* arrêter; *(Kampf)* abandonner; *(Hoffnung)* perdre; *(Verlorenes)* renoncer à // *vi* abandonner.
Aufgebot *nt* mobilisation *f*; *(Ehe~)* publication *f* des bans.
aufgedreht *a (fam)* excité(e).
aufgedunsen *a* enflé(e), boursouflé(e).
aufgehen *vi irr (zvb, mit sein) (Sonne)* se lever; *(Teig, Saat)* lever; *(sich öffnen)* s'ouvrir; *(Knospe)* éclore; *(klarwerden)*: **jdm** ~ devenir clair(e) pour qn; *(MATH)* être divisible; *(sich widmen)*: **in etw** *(dat)* ~ se consacrer à qch; **in Flammen** ~ être la proie des flammes.
aufgeklärt *a (Zeitalter)* éclairé(e); *(sexuell)* instruit(e), au courant (des questions sexuelles).
aufgelegt *a*: **gut/schlecht** ~ **sein** être de bonne/mauvaise humeur; **zu etw** ~ **sein** avoir envie de faire qch.
aufgeregt *a* énervé(e), agité(e).
aufgeschlossen *a* ouvert(e), compréhensif(-ive).
aufgeweckt *a* éveillé(e).
aufgreifen *vt irr (zvb) (Thema, Punkt)* reprendre; *(Verdächtige)* appréhender, saisir.
auf'grund *prep +gen* en raison de.
aufhaben *irr vt (zvb) (Hut, Brille)* porter; *(machen müssen, SCOL)* avoir à faire // *vi (Geschäft)* être ouvert(e).
aufhalsen *vt (zvb) (fam)*: **jdm etw** ~ mettre qch sur le dos de qn.
aufhalten *irr (zvb) vt (stoppen)* arrêter; *(: Entwicklung)* freiner; *(: Katastrophe)* empêcher; *(verlangsamen)* retarder, retenir; *(Tür, Hand, Augen, Sack)* garder ouvert(e) // *vr*: **sich** ~ *(bleiben)* s'arrêter; *(wohnen)* séjourner; **sich über jdn/etw** ~ *(aufregen)* être énervé(e) par qn/qch; **sich mit etw** ~ passer son temps à qch.
aufhängen *irr (zvb) vt* accrocher; *(Hörer)* raccrocher; *(Menschen)* pendre // *vr*: **sich** ~ se pendre.
aufheben *irr (zvb) vt (hochheben)* (sou)lever, ramasser; *(aufbewahren)* conserver; *(Sitzung, Belagerung, Widerspruch)* lever; *(Verlobung)* rompre; *(Urteil)* casser; *(Gesetz)* abroger // *vr*: **sich** ~ *(sich ausgleichen)* se compenser; **bei jdm gut aufgehoben sein** être dans de bonnes mains; **sich** *(dat)* **etw für später** ~ garder qch pour plus tard; **viel A~(s) machen** faire grand bruit *o* beaucoup de bruit.
aufheitern *(zvb) vr*: **sich** ~ *(Himmel)* s'éclaircir; *(Miene, Stimmung)* se dérider // *vt (Menschen)* égayer.
aufhellen *(zvb) vt (Geheimnis)* faire la lumière sur; *(Farbe, Haare)* éclaircir // *vr*: **sich** ~ *(Himmel)* se dégager; *(Miene)* s'éclaircir.
aufhetzen *vt (zvb)*: **jdn** ~ **gegen** dresser *o* ameuter qn contre.
aufholen *vt, vi (zvb)* rattraper.
aufhorchen *vi (zvb)* tendre *o* dresser l'oreille.
aufhören *vi (zvb)* arrêter.
aufklären *(zvb) vt (Fall etc)* tirer au clair, élucider; *(Irrtum)* tirer *o* mettre au clair; *(unterrichten)* informer *(über +akk* de *o* sur); *(sexuell)* donner une éducation sexuelle à // *vr*: **sich** ~ *(Wetter, Geheimnis)* s'éclaircir; *(Gesicht)* s'éclairer; *(Irrtum)* s'expliquer.
Aufklärung *f (von Geheimnis)* éclaircissement *m*; *(Unterrichtung)* information *f*; *(sexuell)* éducation *f* sexuelle; *(MIL)* reconnaissance *f*; **die** ~ *(Zeitalter)* le siècle des lumières.
Aufkleber *m* **-s, -** auto-collant *m*.
aufkommen *vi irr (zvb, mit sein) (Wind)* se lever; *(Zweifel, Gefühl, Stimmung)* naître; *(Mode)* se répandre, s'introduire; **für jdn/etw** ~ répondre de qn/qch.
aufladen *vt irr (zvb) (Last, Verantwortung)*: **jdm etw** ~ charger qn de qch;

(Batterie) recharger.
Auflage *f* revêtement *m; (von Zeitung etc)* tirage *m*, édition *f; (Bedingung)* obligation *f;* **jdm etw zur ~ machen** imposer qch à qn.
auflauern *vi (zvb):* **jdm ~** épier *o* guetter qn.
Auflauf *m (CULIN)* soufflé *m; (Menschen~)* attroupement *m.*
aufleben *vi (zvb, mit sein) (Mensch, Pflanze)* se remettre; *(Gespräch, Interesse)* reprendre.
auflegen *vt (zvb)* mettre; *(Telefon)* raccrocher; *(Buch etc)* éditer.
auflehnen *vr (zvb):* **sich gegen jdn/etw ~** se révolter contre qn/qch.
auflesen *vi irr (zvb)* ramasser.
aufleuchten *vi (zvb, mit sein)* s'allumer; *(Augen)* s'illuminer.
auflockern *vt (zvb)* détendre; *(Erde)* rendre meuble, ameublir.
auflösen *(zvb) vt (in Wasser)* diluer, délayer; *(Rätsel)* résoudre; *(Versammlung)* dissoudre; *(Geschäft)* liquider; *(Mißverständnis)* lever // *vr:* **sich ~** se dissoudre.
aufmachen *(zvb) vt (öffnen)* ouvrir; *(Kleidung)* déboutonner; *(Geschäft)* ouvrir; *(Verein)* fonder; *(zurechtmachen)* arranger // *vr:* **sich ~** *(gehen)* se mettre en route.
Aufmachung *f (Kleidung)* tenue *f; (Gestaltung)* présentation *f.*
aufmerksam *a* attentif(-ive); *(höflich)* attentionné(e), prévenant(e); **jdn auf etw** *(akk)* **~ machen** attirer l'attention de qn sur qch; **A~keit** *f* attention *f; (Höflichkeit)* attentions *fpl*, égards *mpl.*
aufmuntern *vt (zvb) (ermutigen)* encourager; *(erheitern)* égayer.
Aufnahme *f* **-, -n** *(Empfang)* accueil *m; (in Verein etc)* admission *f; (in Liste, Programm etc)* insertion *f; (von Geld)* emprunt *m; (von Verhandlungen, Beziehungen)* établissement *m; (PHOT)* photo(graphie) *f; (Tonband~ etc)* enregistrement *m; (Reaktion)* accueil *m;* **a~fähig** *a* réceptif(-ive).
aufnehmen *vt irr (zvb) (empfangen)* accueillir; *(in Verein etc)* admettre; *(einbeziehen)* insérer; *(FIN: Geld)* emprunter; *(notieren: Protokoll)* établir, noter; *(Kampf, Verhandlungen)* ouvrir, engager; *(fotografieren)* photographier; *(auf Tonband, Platte)* enregistrer; *(reagieren auf)* réagir à, accueillir; *(Eindrücke)* enregistrer; *(hochheben)* lever, soulever; *(Maschen)* reprendre; *(Anzahl, Menge)* contenir; **es mit jdm ~ können** se mesurer à qn, égaler qn.
aufpassen *vi (zvb)* faire attention *(auf +akk* à); **aufgepaßt!** attention!
Aufprall *m* choc *m*, heurt *m;* **a~en** *vi (zvb, mit sein)* heurter *(auf +akk* contre).
aufpumpen *vt (zvb)* gonfler.
aufraffen *vr (zvb):* **sich ~** se décider enfin *(zu* à).
aufräumen *vt, vi (zvb)* ranger.
aufrecht *a* droit(e); **~erhalten** *vt irr (zvb, ohne ge-)* maintenir.
aufregen *(zvb) vt* exciter, énerver // *vr:* **sich ~** s'énerver, s'émouvoir.
Aufregung *f* énervement *m*, émoi *m.*
aufreiben *vt irr(zvb) (Haut)* écorcher; *(erschöpfen)* épuiser.
aufreißen *vt irr (zvb) (Umschlag)* déchirer; *(Augen)* écarquiller; *(Mund)* ouvrir grand; *(Tür)* ouvrir brusquement.
aufreizen *vt (zvb)* exciter; **~d** *a* provocant(e).
aufrichten *(zvb) vt* mettre debout, dresser; *(moralisch)* consoler, remonter // *vr:* **sich ~** se mettre debout; se dresser; *(moralisch)* se remonter, se remettre.
aufrichtig *a* sincère; **A~keit** *f* sincérité *f.*
aufrücken *vi (zvb, mit sein)* avancer; *(beruflich)* monter en grade.
Aufruf *m* appel *m (an +akk* à).
aufrufen *vt irr (zvb) (auffordern):* **jdn zu etw ~** sommer qn à qch; *(Namen)* faire l'appel (nominal) de.
Aufruhr *m* **-(e)s, -e** *(Erregung)* tumulte *m*, émeute *f; (POL)* révolte *f*, insurrection *f.*
aufrunden *vt (zvb) (Summe)* arrondir.
Aufrüstung *f* (ré)armement *m.*

aufs = **auf das.**
aufsässig *a* rebelle, récalcitrant(e).
Aufsatz *m (Geschriebenes)* essai *m; (Schul~)* rédaction *f*, dissertation *f; (auf Schrank etc)* dessus *m*.
aufschieben *vt irr (zvb) (öffnen)* ouvrir; *(verzögern)* remettre, différer.
Aufschlag *m (an Kleidung)* revers *m; (Aufprall)* choc *m; (Preis~)* augmentation *f; (TENNIS)* service *m*.
aufschlagen *irr (zvb) vt (öffnen)* ouvrir; *(verwunden: Knie, Kopf)* se blesser à; *(Zelt, Lager)* dresser, monter; *(Wohnsitz)* installer; *(Ärmel)* retrousser; *(Kragen)* relever // *vi (mit haben: teurer werden)* augmenter; *(:TENNIS)* servir; *(mit sein: aufprallen)* percuter.
aufschließen *irr (zvb) vt* ouvrir // *vi (aufrücken)* serrer les rangs.
Aufschluß *m* explication *f*, information *f*; **a~reich** *a* révélateur(-trice), significatif(-ive).
aufschneiden *irr (zvb) vt (Knoten, Paket)* ouvrir (en coupant); *(Brot, Wurst)* découper; *(MED)* inciser // *vi (prahlen)* se vanter.
Aufschnitt *m (Wurst~)* charcuterie *f; (Käse~)* fromage *m* en tranches.
aufschrecken *(zvb) vt* effrayer, faire sursauter // *vi (mit sein)* sursauter.
Aufschrei *m* cri *m* perçant.
aufschreiben *vt irr (zvb)* écrire, noter; *(Polizist)* dresser un procès-verbal à.
Aufschrift *f* inscription *f*.
Aufschub *m* **-(e)s, Aufschübe** délai *m*, renvoi *m*.
Aufschwung *m (Auftrieb)* élan *m*, essor *m; (wirtschaftlich)* redressement *m*, expansion *f*.
aufsehen *vi irr (zvb)* lever les yeux; **A~** *nt* **-s** sensation *f*; **~erregend** *a* sensationnel(le), retentissant(e).
Aufseher(in *f) m* **-s, -** surveillant(e); *(Museums~, Park~)* gardien(ne).
aufsein *vi irr (zvb, mit sein) (fam)* être ouvert(e); *(Mensch)* être debout.
aufsetzen *(zvb) vt (Hut, Brille)* mettre; *(Essen)* mettre sur le feu; *(Fuß)* appuyer; *(Schreiben)* rédiger // *vr:* **sich ~** se redresser (pour s'asseoir) // *vi (Flugzeug)* atterrir.
Aufsicht *f (Kontrolle)* surveillance *f; (Person)* garde *m/f*, surveillant(e).
aufsitzen *vi irr (zvb, mit sein)* s'asseoir droit; *(aufs Pferd)* monter; *(aufs Motorrad)* chevaucher; **jdm ~** *(fam)* se faire rouler par qn.
aufsparen *vt (zvb)* mettre de côté; **sich** *(dat)* **etw ~** garder qch.
aufspielen *vr (zvb):* **sich ~** se donner de grands airs; **sich als etw ~** se poser comme qch.
aufspringen *vi irr (zvb, mit sein)* sauter *(auf +akk* sur); *(hochspringen)* bondir, sauter; *(sich öffnen)* s'ouvrir (brusquement); *(Hände, Lippen)* gercer; *(Ball)* rebondir.
aufspüren *vt (zvb)* dépister.
aufstacheln *vt (zvb) (aufhetzen)* soulever, exciter.
Aufstand *m* soulèvement *m*, insurrection *f*.
aufständisch *a* séditieux(-euse), rebelle.
aufstecken *vt (zvb) (Haar etc)* relever; *(fam: aufgeben)* laisser tomber, abandonner.
aufstehen *vi irr (zvb, mit sein)* se lever; *(Tür)* être ouvert(e).
aufsteigen *vi irr (zvb, mit sein)* monter *(auf +akk* sur); *(Flugzeug)* s'envoler; *(Rauch)* s'élever; *(beruflich)* faire carrière; *(SPORT)* monter, être promu(e).
aufstellen *vt (zvb) (hinstellen)* mettre, poser; *(Gerüst)* monter; *(Wachen)* poster, placer; *(Heer, Mannschaft)* constituer, former; *(Kandidaten)* présenter; *(Programm, Rekord etc)* établir.
Aufstieg *m* **-(e)s, -e** *(auf Berg, Fortschritt)* ascension *f; (Weg)* montée *f; (SPORT)* promotion *f; (beruflich)* avancement *m*.
aufstützen *(zvb) vr:* **sich ~** s'appuyer // *vt (Körperteil)* appuyer.
aufsuchen *vt (zvb) (besuchen)* rendre visite à; *(konsultieren)* consulter.
Auftakt *m (fig)* début *m*.

auftanken *(zvb) vi, vt* faire le plein d'essence.
auftauchen *vi (zvb, mit sein)* émerger; *(U-Boot)* faire surface; *(Zweifel, Problem)* apparaître.
auftauen *(zvb) vt (Gefrorenes)* décongeler; *(Leitung)* faire dégeler // *vi (mit sein) (Eis)* dégeler; *(fig: Mensch)* se dégeler.
Auftrag *m* **-(e)s, Aufträge** *(Bestellung)* commande *f*, ordre *m*; *(Anweisung)* instruction *f*; *(Aufgabe)* mission *f*, charge *f*; **im ~ von** par ordre de *o* de la part de.
auftragen *irr (zvb) vt (Essen)* servir, apporter; *(Farbe, Salbe)* mettre, passer // *vi (dick machen)* grossir; **jdm etw ~** charger qn de qch; **dick ~** *(fig)* exagérer.
auftreten *irr (zvb) vt (Tür)* ouvrir d'un coup de pied // *vi (mit sein) (erscheinen)* se présenter; *(THEAT)* entrer en scène; *(mit Füßen)* marcher; *(sich verhalten)* se conduire; **A~** *nt* **-s** *(Vorkommen)* apparition *f*; *(Benehmen)* conduite *f*; attitude *f*.
Auftrieb *m (PHYS)* poussée *f* verticale; *(fig)* essor *m*, impulsion *f*.
Auftritt *m (das Erscheinen)* apparition *f*; *(von Schauspieler)* entrée *f* en scène; *(THEAT, fig: Szene)* scène *f*.
aufwachen *vi (zvb, mit sein)* s'éveiller, se réveiller.
aufwachsen *vi irr (zvb, mit sein)* grandir.
Aufwand *m* **-(e)s** *(an Kraft, Geld etc)* dépense *f*, apport *m*; *(Kosten)* frais *mpl*; *(Luxus)* luxe *m*, faste *m*.
aufwärts *ad* en haut, vers le haut.
aufwecken *vt (zvb)* réveiller.
aufweisen *vt irr (zvb)* présenter, montrer.
aufwenden *vt irr (zvb)* employer; *(Geld)* dépenser.
aufwendig *a* coûteux(-euse).
aufwerfen *irr (zvb) vt (Fenster etc)* ouvrir violemment; *(Probleme)* soulever // *vr:* **sich zu etw ~** s'ériger *o* se poser en qch.
aufwerten *vt (zvb) (FIN)* réévaluer; *(fig)* valoriser.
aufwiegeln *vt (zvb)* soulever.
aufwiegen *vt irr (zvb)* compenser.
Aufwind *m* vent *m* ascendant.
aufwirbeln *vt (zvb)* faire tourbillonner, soulever.
aufzählen *vt (zvb)* énumérer.
aufzeichnen *vt (zvb)* dessiner; *(schriftlich)* noter; *(auf Band)* enregistrer.
Aufzeichnung *f (schriftlich)* note *f*; *(Tonband~)* enregistrement *m*; *(Film~)* reproduction *f*.
aufziehen *irr (zvb) vt (öffnen)* ouvrir; *(Uhr)* remonter; *(Unternehmung, Fest)* organiser; *(Kinder, Tiere)* élever; *(fam: necken)* faire marcher, taquiner // *vi (mit sein) (aufmarschieren)* se déployer; *(Sturm)* approcher.
Aufzug *m (Fahrstuhl)* ascenseur *m*; *(Aufmarsch)* cortège *m*; *(Kleidung)* accoutrement *m*; *(THEAT)* acte *m*.
Augapfel *m* globe *m* oculaire; *(fig)* prunelle *f* des yeux.
Auge *nt* **-s, -n** œil *m (pl* yeux); *(auf Würfel)* point *m*; **ein ~ zudrücken** *(fig)* fermer les yeux; **jdm etw vor ~n führen** démontrer qch à qn.
Augen-: **~blick** *m* moment *m*, instant *m*; **a~blicklich** *a (sofort)* instantané(e), momentané(e); *(gegenwärtig)* présent(e), actuel(le); **~braue** *f* sourcil *m*; **~weide** *f* régal *m* pour les yeux; **~zeuge** *m*, **~zeugin** *f* témoin *m* oculaire.
Au'gust *m* **-(e)s** *o* **-, -e** août *m*.
Aukti'on *f* vente *f* aux enchères.
Auktio'nator *m* commissaire-priseur *m*.
Aula *f* **-, Aulen** *o* **-s** salle *f* des fêtes.
aus *prep +dat* de; *(Material)* en, de; *(wegen)* par; **~ ihr wird nie etwas** on ne fera jamais rien d'elle; **etw ~ etw machen** faire qch de qch // *ad (beendet)* fini(e), terminé(e); *(ausgezogen)* enlevé(e); *(nicht an)* fermé(e), éteint(e); *(Boxen)* K.O., out; **~ und vorbei** bien fini, passé; **bei jdm ~ und ein gehen** fréquenter qn; **weder ~ noch ein wissen** ne plus savoir sur quel pied danser; **auf etw** *(akk)* **~ sein**

aspirer à qch; **vom Fenster** ~ de la fenêtre; **von Rom** ~ de Rome; **von sich** ~ de soi-même, spontanément; **von mir** ~ *(meinetwegen)* quant à moi; **A**~ *nt* - *(SPORT)* hors-jeu *m*.
ausarbeiten *vt (zvb)* élaborer.
ausarten *vi (zvb, mit sein) (Spiel, Party)* dégénérer.
ausatmen *vi (zvb)* expirer.
Ausbau *m (ARCHIT)* aménagement *m*; *(fig)* agrandissement *m*, extension *f*; **a~en** *vt (zvb)* aménager, agrandir; *(herausnehmen)* démonter.
ausbedingen *vt irr (zvb, ohne ge-)*: **sich** *(dat)* **etw** ~ se réserver qch.
ausbessern *vt (zvb)* réparer, améliorer.
ausbeulen *vt (zvb)* débosseler.
Ausbeute *f* rendement *m*, profit *m*; **a~en** *vt (zvb)* exploiter.
ausbilden *vt (zvb) (beruflich)* former; *(Fähigkeiten)* développer; *(Stimme)* former; *(Geschmack)* cultiver.
Ausbildung *f (beruflich)* formation *f*.
ausbleiben *vi irr (zvb, mit sein) (Person)* ne pas venir; *(Ereignis)* ne pas se produire.
Ausblick *m* vue *f*; *(fig)* perspective *f*.
ausbrechen *irr (zvb) vi (mit sein) (Gefangener)* s'évader; *(Krankheit, Feuer)* se déclarer; *(Krieg, Panik)* éclater; *(Vulkan)* faire éruption // *vt* arracher; **in Tränen** ~ fondre en larmes; **in Gelächter** ~ éclater de rire.
ausbreiten *(zvb) vt (Waren)* étendre, étaler; *(Karte)* déplier; *(Arme, Flügel)* déployer // *vr*: **sich** ~ s'étendre; *(Nebel, Wärme)* se répandre; *(Seuche, Feuer)* se propager.
Ausbruch *m (von Gefangenen)* évasion *f*; *(Beginn)* début *m*, commencement *m*; *(von Vulkan)* éruption *f*; *(Gefühls~)* effusion *f*; **zum** ~ **kommen** se déclarer.
ausbrüten *vt (zvb)* couver.
Ausdauer *f* endurance *f*, persévérance *f*; **a~nd** *a* endurant(e).
ausdehnen *(zvb) vt* étendre; *(Gummi)* étirer; *(zeitlich)* prolonger // *vr*: **sich** ~ s'étendre; *(zeitlich)* se prolonger.
ausdenken *vt irr (zvb) (zu Ende denken)* considérer à fond; **sich** *(dat)* **etw** ~ imaginer qch.
Ausdruck *m* expression *f*.
ausdrücken *(zvb) vt* exprimer; *(Zigarette)* écraser; *(Zitrone, Schwamm)* presser // *vr*: **sich** ~ s'exprimer.
ausdrücklich *a* exprès(-esse).
ausein'ander *ad (räumlich)* éloigné(e) l'un(e) de l'autre; *(zeitlich)* loin l'un(e) de l'autre; **~fallen** *vi irr (zvb, mit sein)* tomber en morceaux, se défaire; **~gehen** *vi irr (zvb, mit sein) (Menschen)* se séparer; *(Meinungen)* diverger, différer; *(Gegenstand)* se disjoindre, se disloquer; *(fam: dick werden)* engraisser; **~halten** *vt irr (zvb) (unterscheiden)* distinguer; **A~setzung** *f (Diskussion)* discussion *f*; *(Streit)* dispute *f*, démêlé *m*.
auserlesen *a* choisi(e), de choix.
ausfahren *irr (zvb) vi (mit sein) (Zug)* partir; *(spazierenfahren)* se promener (en voiture) // *vt (spazierenfahren)* promener; *(Ware)* livrer, distribuer; *(TECH: Fahrwerk)* baisser, descendre.
Ausfahrt *f (Autobahn~, Garagen~)* sortie *f*; *(des Zuges etc)* départ *m*; *(Spazierfahrt)* promenade *f* (en voiture).
ausfallen *vi irr (zvb, mit sein) (Zähne, Haare)* tomber; *(nicht stattfinden)* ne pas avoir lieu; *(wegbleiben)* manquer; *(nicht funktionieren)* tomber en panne; *(Resultat haben)* tourner; **wie ist das Spiel ausgefallen?** comment s'est terminée la partie?; **a~d** *a* blessant(e).
ausfertigen *vt (zvb) (Urkunde, Paß)* rédiger, délivrer; *(Rechnung)* faire; **doppelt ausgefertigt** en double exemplaire.
ausfindig machen *vt* dénicher, découvrir.
ausflippen *vi (zvb, mit sein) (fam)* déconner.
Ausflug *m* excursion *f*, tour *m*.
Ausfluß *m* écoulement *m*; *(MED)* sécrétions *fpl*.
ausfragen *vt (zvb)* questionner.

ausfransen *vi (zvb, mit sein)* effranger, effilocher.
Ausfuhr *f* exportation *f.*
ausführen *vt (zvb) (spazierenführen)* sortir, promener; *(erledigen)* accomplir, exécuter; *(verwirklichen)* réaliser; *(gestalten)* produire, élaborer; *(exportieren)* exporter; *(erklären)* expliquer.
ausführlich *a* détaillé(e), ample // *ad* en détail.
ausfüllen *vt (zvb) (Loch, Zeit, Platz)* combler; *(Fragebogen etc)* remplir; *(Beruf: jdn)* satisfaire.
Ausgabe *f (Kosten)* dépense *f; (Aushändigung)* remise *f;* délivrance *f; (Gepäck~)* consigne *f; (Buch, Nummer)* édition *f; (Modell, Version)* version *f.*
Ausgang *m (Stelle)* sortie *f; (Ende)* fin *f; (~spunkt)* point *m* de départ; *(Ergebnis)* résultat *m; (Ausgehtag)* jour *m* de sortie; *(MIL)* quartier *m* libre; **kein ~** impasse, sortie interdite; **~ssperre** *f* couvre-feu *m.*
ausgeben *vt irr (zvb) (Geld)* dépenser; *(austeilen)* distribuer; **sich für etw/jdn ~** se faire passer pour qch/qn.
ausgebucht *a* complet(-ète).
ausgefallen *a (ungewöhnlich)* extravagant(e), étrange.
ausgeglichen *a (Mensch, Spiel)* équilibré(e).
ausgehen *vi irr (zvb, mit sein) (weggehen)* sortir; *(Haare, Zähne)* tomber; *(zu Ende gehen)* finir, se terminer; *(Benzin)* venir à manquer, s'épuiser; *(Feuer, Ofen, Licht)* s'éteindre; *(Strom)* baisser, diminuer; *(Resultat haben)* finir; **von etw ~** partir de qch; *(ausgestrahlt werden)* provenir de qch; *(herrühren)* venir de qch; **böse** *o* **schlecht ~** finir mal.
ausgelassen *a* fougueux(-euse), plein(e) d'allant.
ausgelastet *a:* **~ sein** être très occupé(e).
ausgelernt *a* qualifié(e).
ausgenommen *prep +akk* excepté, à l'exception de // *conj:* **~ wenn/daß** excepté si/à moins que *+subj.*
ausgeprägt *a* marqué(e), prononcé(e).
ausgerechnet *ad* justement, précisément.
ausgeschlossen *a (unmöglich)* impossible; **es ist nicht ~, daß ...** il n'est pas exclu que... .
ausgesprochen *a* prononcé(e), marqué(e) // *ad* particulièrement.
ausgezeichnet *a* excellent(e).
ausgiebig *a (Gebrauch)* large, fréquent(e); *(Essen)* copieux(-euse).
Ausgleich *m* **-(e)s, -e** équilibre *m;* compromis *m; (SPORT)* égalisation *f;* **zum ~** en compensation.
ausgleichen *irr (zvb) vt (Höhe)* égaliser; *(Unterschied)* aplanir, équilibrer; *(Konflikt)* arranger; *(Mangel)* compenser; *(Konto)* équilibrer // *vr:* **sich ~** s'équilibrer, se compenser.
Ausgrabung *f (archäologisch)* fouilles *fpl.*
Ausguß *m (Spüle)* évier *m; (Abfluß)* écoulement *m; (Tülle)* bec *m.*
aushalten *irr (zvb) vt (Schmerzen, Hunger)* supporter, endurer; *(Blick, Vergleich)* soutenir; *(Geliebte)* entretenir // *vi (durchhalten)* tenir bon, durer; **das ist nicht zum A~** c'est insupportable.
aushandeln *vt (zvb)* négocier.
aushändigen *vt (zvb):* **jdm etw ~** remettre qch à qn (en mains propres).
Aushang *m* affiche *f,* placard *m.*
aushängen *(zvb) vt (Meldung)* afficher; *(Fenster)* décrocher, déboîter // *vi irr (Meldung)* être affiché(e) // *vr:* **sich ~** *(Kleidung, Falten)* se défroisser.
Aushängeschild *nt* enseigne *f.*
aushecken *vt (zvb) (fam)* inventer, tramer.
aushelfen *vi irr (zvb):* **jdm ~** aider qn, donner un coup de main à qn.
Aushilfe *f* aide *f.*
Aushilfskraft *f* aide *f; pl* personnel *m* auxiliaire.
aushilfsweise *ad* à titre provisoire, provisoirement.
aushungern *vt (zvb)* affamer.
auskennen *vr irr (zvb):* **sich ~** s'y

connaître.
ausklammern *vt (zvb) (Thema)* mettre de côté, exclure.
ausklingen *vi irr (zvb, mit sein) (Ton, Lied)* s'éteindre, s'achever; *(Fest)* se terminer.
ausklopfen *vt (zvb) (Teppich)* battre; *(Pfeife)* débourrer.
auskochen *vt (zvb) (Wäsche)* faire bouillir; *(Knochen)* faire bien cuire; (*MED*) stériliser.
auskommen *vi irr (zvb, mit sein)*: **mit jdm ~** s'entendre avec qn; **mit etw ~** se débrouiller avec qch; **ohne jdn/etw ~** se passer de qn/qch.
auskosten *vt (zvb)* savourer.
auskundschaften *vt (zvb) (Gegend)* explorer; *(Meinung)* sonder, scruter.
Auskunft *f* **-, Auskünfte** *(Mitteilung)* information *f; (nähere)* détails *mpl; (Stelle)* bureau *m* de renseignements *o* d'informations; (*TEL*) renseignements *mpl;* **jdm ~ erteilen** renseigner qn, donner des renseignements à qn.
auslachen *vt (zvb)* rire de.
ausladen *vt irr (zvb)* décharger; *(fam: Gäste)* décommander.
Auslage *f (Waren)* étalage *m*, éventaire *m; (Schaufenster)* vitrine *f;* **~n** *pl (Kosten)* frais *mpl.*
Ausland *nt* étranger *m;* **im ~/ins ~** à l'étranger.
Ausländer(in *f) m* **-s, -** étranger(-ère).
ausländisch *a* étranger(-ère).
Auslandsgespräch *nt* communication *f* internationale.
auslassen *irr (zvb) vt* omettre; *(Fett)* faire fondre; *(Wut, Ärger)* décharger, passer *(an +dat* sur); *(fam: nicht anstellen)* ne pas allumer; *(: nicht anziehen)* ne pas mettre // *vr:* **sich über etw** *(akk)* **~** s'étendre sur qch.
auslaufen *vi irr (zvb, mit sein) (Flüssigkeit)* s'écouler, couler; *(Behälter)* fuir; (*NAVIG*) partir, appareiller; *(Serie)* se terminer; *(Vertrag, Amtszeit)* cesser, se terminer.
Ausläufer *m (von Gebirge)* contrefort *m; (Pflanze)* pousse *f*, surgeon *m.*
ausleeren *vt (zvb)* vider; *(wegschütten)* vider.
auslegen *vt (zvb) (Waren)* étaler; *(Köder, Schlinge)* placer, poser; *(leihen: Geld)* avancer; *(Kiste, Zimmer, Boden)* revêtir; *(interpretieren: Text etc)* interpréter.
Ausleihe *f* **-, -n** *(Vorgang)* prêt *m; (Stelle)* salle *f* de prêt.
ausleihen *vt irr (zvb) (verleihen)* prêter; **sich** *(dat)* **etw ~** emprunter qch.
Auslese *f* **-, -n** *(Vorgang)* choix *m*, sélection *f; (Elite)* élite *f; (Wein)* grand vin *m*, vin *m* de grand cru.
ausliefern *(zvb) vt* livrer // *vr:* **sich jdm ~** se livrer à qn; **jdm/etw ausgeliefert sein** être à la merci de qn/qch.
ausliegen *vi irr (zvb)* être exposé(e), être à l'étalage; *(Zeitschrift, Liste)* être à la disposition des lecteurs.
auslöschen *vt (zvb)* effacer; *(Feuer, Kerze)* éteindre.
auslosen *vt (zvb)* tirer au sort.
auslösen *vt (zvb) (Explosion, Alarm, Reaktion)* déclencher, provoquer; *(Panik, Gefühle, Heiterkeit)* susciter; *(Gefangene)* racheter; *(Pfand)* dégager, retirer.
Auslöser *m* **-s, -** (*PHOT*) déclencheur *m.*
ausmachen *vt (zvb) (Licht, Feuer)* éteindre; *(Radio)* fermer; *(erkennen)* distinguer, repérer; *(vereinbaren)* convenir de, fixer; *(Anteil darstellen, betragen)* constituer; **das macht ihm nichts aus** ça ne lui fait rien; **macht es Ihnen etwas aus, wenn ...?** ça vous dérange si ...?.
ausmalen *vt (zvb) (Bild, Umrisse)* peindre; *(fig: schildern)* décrire, dépeindre; **sich** *(dat)* **etw ~** *(sich vorstellen)* s'imaginer qch.
Ausmaß *nt (von Katastrophe)* ampleur *f; (von Liebe etc)* profondeur *f.*
ausmessen *vt irr (zvb)* mesurer.
Ausnahme *f* **-, -n** exception *f;* **eine ~ machen** faire une exception; **~fall** *m* cas *m* exceptionnel; **~zustand** *m* état *m* d'urgence.

ausnahmslos *ad* sans exception.
ausnahmsweise *ad* exceptionnellement.
ausnutzen *vt (zvb)* profiter de.
auspacken *vt (zvb) (Koffer)* défaire; *(Geschenk)* déballer.
ausprobieren *vt (zvb, ohne ge-)* essayer.
Auspuff *m* **-(e)s, -e** *(TECH)* échappement *m*; **~rohr** *nt* tuyau *m* d'échappement; **~topf** *m* pot *m* d'échappement.
auspumpen *vt (zvb)* pomper; *(See)* assécher; *(MED: Magen)* faire un lavage (d'estomac).
ausrangieren ['aʊsrɑ̃ʒiːrən] *vt (zvb, ohne ge-) (fam)* mettre au rancart.
ausrauben *vt (zvb)* dévaliser.
ausräumen *vt (zvb) (Dinge)* enlever; *(Schrank, Zimmer)* vider; *(Bedenken)* écarter.
ausrechnen *vt (zvb)* calculer; **sich** *(dat)* **etw ~ können** pouvoir s'imaginer qch.
Ausrede *f* excuse *f*, prétexte *m*; **a~n** *(zvb) vi (zu Ende reden)* finir (de parler) // *vt*: **jdm etw ~** dissuader qn de qch.
ausreichen *vi (zvb)* suffire; **~d** *a* suffisant(e).
Ausreise *f* sortie *f*, départ *m*; **a~n** *vi (zvb, mit sein)* sortir du pays.
ausreißen *irr (zvb) vt* arracher // *vi (mit sein) (Riß bekommen)* se déchirer; *(fam: weglaufen)* se sauver, déguerpir.
ausrenken *vt (zvb)*: **sich** *(dat)* **etw ~** se fouler *o* se démettre qch.
ausrichten *(zvb) vt (Botschaft, Gruß)* transmettre; *(in gerade Linie bringen)* aligner; **jdm etw ~** faire savoir qch à qn.
ausrotten *vt (zvb)* exterminer.
ausrücken *vi (zvb, mit sein) (MIL)* se mettre en marche; *(Feuerwehr, Polizei)* entrer en action; *(fam: weglaufen)* décamper.
ausrufen *vt irr (zvb) (schreien)* crier, s'exclamer; *(Stationen, Schlagzeile)* annoncer; *(Streik, Revolution)* proclamer.
Ausrufezeichen *nt* point *m* d'exclamation.
ausruhen *vi (auch vr*: **sich ~***) (zvb)* se reposer.
ausrüsten *vt (zvb)* équiper.
Ausrüstung *f* équipement *m*.
ausrutschen *vi (zvb, mit sein)* glisser, déraper.
Aussage *f* **-, -n** déclaration *f*; *(JUR)* déposition *f*; **a~n** *(zvb) vt* déclarer // *vi (JUR)* déposer (en justice).
ausschalten *vt (zvb) (Maschine)* arrêter; *(Licht)* éteindre; *(Strom)* couper; *(fig: Gegner, Fehlerquelle)* éliminer, écarter.
Ausschank *m* **-(e)s, Ausschänke** *(von Alkohol)* débit *m* de boissons; *(Theke)* comptoir *m*.
Ausschau *f*: **~ halten** guetter *(nach etw* qch).
ausscheiden *irr (zvb) vt* écarter; *(MED)* secréter // *vi (mit sein) (nicht in Betracht kommen)* ne pas entrer en ligne de compte; *(weggehen)* partir; *(SPORT)* être éliminé(e).
ausschlafen *irr (zvb) vi (auch vr*: **sich ~***)* dormir son content.
Ausschlag *m (MED)* éruption *f*; *(Pendel~)* oscillation *f*; *(Nadel~)* déviation *f*; **den ~ geben** *(fig)* être déterminant(e).
ausschlagen *irr (zvb) vt (Zähne)* casser; *(auskleiden)* tapisser, revêtir; *(verweigern)* refuser // *vi (Pferd)* ruer; *(BOT)* bourgeonner; *(Zeiger, Pendel)* osciller.
ausschlaggebend *a* déterminant(e), capital(e).
ausschließen *vt irr (zvb)* exclure.
ausschließlich *a* exclusif(-ive) // *ad* exclusivement // *prep +gen* à l'exclusion de.
Ausschluß *m* exclusion *f*; **unter ~ der Öffentlichkeit** à huis clos.
ausschmücken *vt (zvb)* décorer; *(fig)* enjoliver, embellir.
ausschneiden *vt irr (zvb)* découper; *(Büsche)* élaguer, tailler.
Ausschnitt *m (Teil)* fragment *m*, partie *f*; *(von Kleid)* décolleté *m*; *(Zeitungs~)* coupures *fpl* de journaux; *(aus Film etc)* extrait *m*.
Ausschreitungen *pl (Gewalttätig-*

keiten) excès *mpl,* actes *mpl* de violence.
Ausschuß *m (Gremium)* comité *m; (Prüfungs~)* commission *f; (COMM: ~ware)* marchandise *f* de rebut.
ausschweifend *a (Leben)* de débauche; *(Phantasie)* extravagant(e).
Ausschweifung *f* excès *m,* débauche *f.*
aussehen *vi irr (zvb)* sembler, paraître; **es sieht nach Regen aus** le temps est à la pluie; **es sieht schlecht aus** ça va mal.
aussein *vi irr (zvb, mit sein) (fam) (zu Ende sein)* être fini(e); *(vorbei sein)* être passé(e); *(nicht brennen)* être éteint(e); *(abgeschaltet sein)* être arrêté(e); **auf etw** *(akk)* ~ vouloir avoir qch.
außen *ad* à l'extérieur, au dehors.
aussenden *vt irr (zvb)* envoyer; *(Strahlen)* lancer.
Außen-: ~**minister(in** *f)* *m* ministre *m* des Affaires étrangères; ~**politik** *f* politique *f* étrangère *o* extérieure; ~**seite** *f* extérieur *m,* dehors *m;* ~**seiter(in** *f)* *m* **-s, -,** *(SPORT)* outsider *m; (fig)* étranger(-ère); ~**stände** *pl (COMM)* créances *fpl.*
außer *prep +dat (räumlich)* en dehors de; *(abgesehen von)* à l'exception de, sauf; ~ **Gefahr sein** être hors de danger; ~ **Zweifel/Atem/Betrieb** hors de doute/d'haleine/de service; ~ **sich** *(dat)* **sein/geraten** être hors de soi // *conj (ausgenommen)* sauf que, sauf si; ~ **wenn** à moins que *(+subj);* ~ **daß** sauf que; ~**dem** *conj* en outre, en plus.
äußere(r, s) *a (nicht innen)* extérieur(e); *(von außen)* du dehors; *(Erscheinung, Rahmen)* apparent(e); **das Ä~** l'extérieur *m,* les dehors.
außer-: ~**ehelich** *a* extra-conjugal(e); ~**gewöhnlich** *a* insolite; *(außerordentlich)* extraordinaire, exceptionnel(le); ~**halb** *prep +gen* hors de; *(räumlich)* en dehors de; *(zeitlich)* hors de // *ad* au dehors, à l'extérieur.
äußer-: ~**lich** *a* externe, superficiel(le) // *ad* en apparence; **Ä~lichkeit** *f* formalité *f.*
äußern *vt (aussprechen)* dire, exprimer // *vr:* **sich** ~ *(sich aussprechen)* s'exprimer, se prononcer; *(sich zeigen)* se manifester.
außerordentlich *a* extraordinaire.
äußerst *ad* extrêmement.
außer'stande *a:* ~ **sein, etw zu tun** être incapable de faire qch.
äußerste(r, s) *a (größte)* extrême; *(räumlich)* extrême; *(am weitesten weg)* le (la) plus éloigné(e); *(Termin, Preis)* dernier(-ère).
Äußerung *f* propos *m(pl).*
aussetzen *(zvb) vt (Kind, Tier)* abandonner; *(Boote)* mettre à l'eau; *(Belohnung)* offrir; *(Urteil, Verfahren)* remettre, suspendre // *vi (aufhören)* cesser; *(Herz)* s'arrêter; *(Motor)* faire des ratés, caler; *(bei Arbeit)* s'interrompre; **jdn/sich einer Sache** *(dat)* ~ *(preisgeben)* exposer qn/s'exposer à qch; **an jdm/etw etwas auszusetzen haben** trouver quelque chose à redire à qn/qch.
Aussicht *f (Blick)* vue *f; (in Zukunft)* perspective *f;* **etw in** ~ **haben** avoir qch en vue; **a~slos** *a* sans espoir, vain(e); **a~sreich** *a* prometteur(-euse); ~**sturm** *m* belvédère *m.*
aussondern *vt (zvb)* sélectionner.
aussortieren *vt (zvb, ohne ge-)* trier.
ausspannen *(zvb) vt (Tuch, Netz)* étendre, déployer; *(Pferd, Kutsche)* dételer; *(fam: Mädchen)* chiper, souffler *(jdm* à qn) // *vi (sich erholen)* se détendre.
aussperren *vt (zvb) (ausschließen)* fermer la porte à; *(Streikende)* lock-outer.
ausspielen *vt (zvb) (Karte)* jouer; *(Erfahrung, Wissen)* faire valoir; **jdn gegen jdn** ~ se servir de qn contre qn.
Aussprache *f* prononciation *f; (Unterredung)* explication *f.*
aussprechen *irr (zvb) vt (Wort)* prononcer; *(zu Ende sprechen)* finir de parler; *(äußern)* exprimer; *(Urteil, Strafe, Warnung)* prononcer // *vr:* **sich** ~ *(sich äußern)* s'exprimer; *(sich*

anvertrauen) s'épancher, se confier; *(diskutieren)* discuter; **sich für/gegen etw** ~ se prononcer pour/contre qch.
Ausstand *m (Streik)* grève *f.*
ausstatten *vt (zvb):* **jdn mit etw** ~ doter qn de qch; **etw** ~ équiper qch.
Ausstattung *f (das Ausstatten)* équipement *m; (Aufmachung)* présentation *f; (Einrichtung : von Zimmer)* ameublement *m,* mobilier *m; (: von Auto)* équipement *m.*
ausstehen *irr (zvb) vt (ertragen)* supporter // *vi (noch nicht dasein)* manquer, ne pas être là; **ausgestanden sein** être passé(e); **etw nicht ~ können** ne pas pouvoir supporter qch.
aussteigen *vi irr (zvb, mit sein) (aus Fahrzeug)* descendre *(aus* de); *(aus Geschäft)* se retirer.
Aussteiger(in *f) m* **-s, -** *(aus Gesellschaft)* marginal(e).
ausstellen *vt (zvb) (Waren)* exposer; *(Paß, Zeugnis)* délivrer; *(Rechnung, Scheck)* établir; *(fam: Gerät)* arrêter.
Ausstellung *f (Kunst~ etc)* exposition *f; (von Waren)* étalage *m; (von Paß etc)* délivrance *f; (von Rechnung)* établissement *m.*
aussterben *vi irr (zvb, mit sein)* disparaître; **wie ausgestorben** *(fig)* comme mort(e).
Aussteuer *f* trousseau *m,* dot *f.*
ausstopfen *vt (zvb)* empailler.
ausstoßen *vt irr (zvb) (Luft, Rauch)* émettre; *(Drohungen)* proférer; *(Seufzer, Schrei)* pousser; *(aus Verein etc)* exclure, expulser; *(produzieren)* produire.
ausstrahlen *(zvb) vt* répandre; (*RADIO, TV*) émettre, diffuser // *vi (mit sein):* **von etw** ~ émaner de qch.
Ausstrahlung *f* diffusion *f; (fig: eines Menschen)* rayonnement *m.*
aussuchen *vt (zvb)* choisir.
Austausch *m* échange *m;* **a~bar** *a* échangeable; interchangeable; **a~en** *vt (zvb)* échanger.
austeilen *vt (zvb)* distribuer.
Auster ['austɐ] *f* **-, -n** huître *f.*
austragen *vt irr (zvb) (Post)* porter à domicile; *(Streit etc)* régler; *(Wettkämpfe)* disputer.
Au'stralien *nt* l'Australie *f.*
austreiben *vt irr (zvb) (Geister)* exorciser; **jdm etw** ~ faire passer qch à qn.
austreten *irr (zvb) vt (Feuer)* éteindre (avec les pieds); *(Schuhe)* éculer; *(Treppe)* user // *vi (mit sein) (zur Toilette)* sortir, aller aux toilettes; *(aus Verein etc)* démissionner; *(Flüssigkeit)* s'échapper.
austrinken *irr (zvb) vt (Glas)* finir, vider; *(Getränk)* finir de boire.
Austritt *m* démission *f,* retrait *m.*
ausüben *vt (zvb)* exercer.
Ausverkauf *m* soldes *fpl;* **a~t** *a (Karten, Artikel)* épuisé(e); (*THEAT: Haus)* complet(-ète).
Auswahl *f* choix *m; (SPORT)* sélection *f; (COMM: Angebot)* assortiment *m.*
auswählen *vt (zvb)* choisir.
auswandern *vi (zvb, mit sein)* émigrer.
auswärtig *a* étranger(-ère); **A~es Amt** ministère *m* des Affaires étrangères.
auswärts *ad (nicht zu Hause)* au dehors, à l'extérieur; *(nicht am Ort)* hors de la ville, à l'extérieur.
auswechseln *vt (zvb)* remplacer.
Ausweg *m* issue *f,* sortie *f;* **a~los** *a* sans issue.
ausweichen *vi irr (zvb, mit sein):* **jdm/etw** ~ éviter qn/qch; **~d** *a (Antwort)* évasif(-ive).
Ausweis *m* **-es, -e** *(Personal~)* pièce *f* d'identité; *(Mitglieds~, Bibliotheks~ etc)* carte *f.*
ausweisen *irr (zvb) vt* expulser, chasser // *vr:* **sich** ~ *(Identität nachweisen)* décliner son identité.
auswendig *ad* par cœur.
auswirken *vr (zvb):* **sich** ~ se répercuter, faire effet.
Auswuchs *m* **-es, -wüchse** excroissance *f; (fig)* excès *m.*
auswuchten *vt (zvb) (AUT)* équilibrer.
auszahlen *(zvb) vt* payer // *vr:* **sich** ~ *(sich lohnen)* être payant(e).

auszeichnen *(zvb) vt (ehren)* honorer; *(hervorheben)* distinguer; *(COMM: Waren)* étiqueter // *vr:* **sich** ~ se distinguer.
Auszeichnung *f (Ehrung)* distinction *f; (Ehre)* honneur *m.*
ausziehen *irr (zvb) vt (Kleidung)* enlever; *(Tisch)* rallonger; *(Antenne)* sortir // *vi (mit sein) (aufbrechen)* partir; *(aus Wohnung)* déménager // *vr:* **sich** ~ se déshabiller.
Auszug *m (aus Wohnung)* déménagement *m; (aus Buch etc)* extrait *m;* passage *m; (Abschrift)* copie *f; (Konto~)* relevé *m.*
Auto *nt* **-s, -s** auto *f;* ~ **fahren** conduire (une auto); ~**bahn** *f* autoroute *f;* ~**bahndreieck** *nt,* ~**bahnkreuz** *nt* échangeur *m;* ~**fahrer(in** *f) m* automobiliste *m/f.*
Auto'gramm *nt* **-s, -e** autographe *m.*
Auto'mat *m* **-en, -en** distributeur *m* automatique.
auto'matisch *a* automatique.
Autop'sie *f* autopsie *f.*
Autor *m,* **Au'torin** *f* auteur *m.*
Auto-: ~**reifen** *m* pneu *m;* ~**rennen** *nt* course *f* automobile.
autori'tär *a* autoritaire.
Autori'tät *f* autorité *f.*
Auto-: ~**unfall** *m* accident *m* de voiture; ~**verleih** *m* location *f* de voitures.
Axt *f* **-, ⸚e** hache *f.*

B

B *nt (MUS)* si *m.*
Baby ['beːbi] *nt* **-s, -s** bébé *m.*
Bach *m* **-(e)s, ⸚e** ruisseau *m.*
Backe *f* **-, -n** joue *f.*
backen *irr vt* faire cuire; *(Fisch)* faire frire // *vi* cuire; frire.
Backen-: ~**bart** *m* favoris *mpl;* ~**zahn** *m* molaire *f.*
Bäcker(in *f) m* **-s, -** boulanger (-gère).
Bäcke'rei *f* boulangerie *f.*
Back-: ~**obst** *nt* fruits *mpl* secs; ~**ofen** *m* four *m;* ~**pulver** *nt* poudre *f* à lever ~**stein** *m* brique *f.*
Bad *nt* **-(e)s, ⸚er** *(Baden)* bain *m; (Raum)* salle *f* de bains; *(Anstalt)* piscine *f; (Kurort)* station *f* thermale; *(Schwimmen)* bain *m,* baignade *f.*
Bade-: ~**anstalt** *f* piscine *f;* ~**anzug** *m* maillot *m* de bain; ~**hose** *f* maillot *m o* slip *m* de bain; ~**kappe** *f* bonnet *m* de bain; ~**mantel** *m* peignoir *m;* ~**meister** *m* maître-nageur *m.*
baden *vi* se baigner // *vt* baigner.
Bade-: ~**wanne** *f* baignoire *f;* ~**zimmer** *nt* salle *f* de bains.
baff *a:* ~ **sein** *(fam)* en rester baba.
Bagger *m* **-s, -** excavateur *m,* pelle *f* mécanique.
baggern *vt, vi* excaver, creuser.
Bahn *f* **-, -en** voie *f; (Kegel~, Renn~)* piste *f; (von Gestirn, Geschoß)* trajectoire *f; (Tapeten~)* bande *f; (Stoff~)* panneau *m; (Eisen~)* chemin *m* de fer; *(Straßen~)* tram *m; (Schienenstrecke)* voie *f* ferrée; **mit der** ~ **fahren** aller en train.
Bahn-: **b**~**brechend** *a* novateur (-trice), révolutionnaire; ~**damm** *m* remblai *m* (de chemin de fer).
bahnen *vt:* **sich/jdm einen Weg** ~ se frayer un chemin/frayer un chemin à qn.
Bahn-: ~**fahrt** *f* voyage *m* en train; ~**hof** *m* gare *f;* **auf dem** ~ **hof** à la gare; ~**steig** *m* quai *m;* ~**steigkarte** *f* billet *m* de quai; ~**strecke** *f* ligne *f* de chemin de fer; ~**übergang** *m* passage *m* à niveau.
Bahre *f* **-, -n** brancard *m,* civière *f.*
Bakterie [bak'teːriə] *f* bactérie *f.*
Balance [ba'lɑ̃ːs(ə)] *f* **-, -n** équilibre *m.*
balancieren [balɑ̃'siːrən] *(ohne ge-) vt* faire tenir en équilibre // *vi (mit sein)* être en équilibre.
bald *ad* **(eher, am ehesten)** *(zeitlich)* bientôt; *(leicht)* vite; *(fast)* presque; ~ **wäre ich darauf hereingefallen** j'ai failli tomber dans le panneau; ~..., ~... tantôt ... tantôt ....
baldig *a (Antwort, Bearbeitung)* rapide; *(Genesung)* prochain(e); **auf** ~**es Wiedersehen** à bientôt.

Baldrian *m* **-s, -e** valériane *f*.
Balken *m* **-s, -** poutre *f*.
Bal'kon *m* **-s, -s** *o* **-e** balcon *m*.
Ball *m* **-(e)s, ¨e** ballon *m*, balle *f*; *(Tanz)* bal *m*.
Bal'last *m* **-(e)s, -e** lest *m*; *(fig)* poids *m* mort.
Ballen *m* **-s, -** *(Stoff~)* ballot *m*; *(Heu~)* botte *f*; *(Hand~)* thénar *m*; *(Fuß~)* plante *f*.
ballen *vt (Papier)* froisser; *(Faust)* serrer // *vr:* **sich** ~ *(Schnee)* s'agglomérer; *(Wolken)* s'amonceler; *(Industrieanlagen)* se concentrer.
Bal'lett *nt* **-(e)s, -e** ballet *m*.
Bal'lon *m* **-s, -s** *o* **-e** ballon *m*.
Ballung *f* concentration *f*; *(von Energie)* accumulation *f*; **~sgebiet** *nt* conurbation *f*.
Balsam *m* **-s, -e** baume *m*.
Bambus *m* **-ses, -se** bambou *m*; **~rohr** *nt* tige *m* de bambou.
ba'nal *a* banal(e).
Banali'tät banalité *f*.
Ba'nane *f* **-, -n** banane *f*.
Ba'nause *m* **-n, -n** philistin *m*.
band *siehe* **binden.**
Band *m* **-(e)s, ¨e** *(Buch~)* volume *m* // *nt* **-(e)s, ¨er** *(Stoff~)* bandeau *m*; *(Ordens~)* ruban *m*; *(Fließ~)* chaîne *f* (de fabrication); *(Ton~)* bande *f* magnétique; *(ANAT)* ligament *m*; **etw auf ~ aufnehmen** enregistrer qch; **er hat sich am laufenden ~ beschwert** *(fam)* il n'a pas cessé de se plaindre // *nt* **-(e)s, -e** *(Freundschafts~ etc)* lien *m* // [bent] *f* **-, -s** *(Jazz~)* orchestre *m*; *(Pop~)* groupe *m*.
bandagieren [banda'ʒiːrən] *vt (ohne ge-)* panser.
Bande *f* **-, -n** *(Menschen)* bande *f*.
bändigen *vt (Tier)* dompter; *(Trieb, Leidenschaft)* maîtriser.
Band-: ~scheibe *f (ANAT)* disque *m* intervertébral; **~wurm** *m* ténia *m*, ver *m* solitaire.
bange *a* anxieux (-euse); **jdm ~ machen** faire peur à qn; **mir wird es ~** j'ai la frousse.
bangen *vi:* **um jdn/etw ~** craindre pour qn/qch.
Bank *f* **-, ¨e** *(Sitz ~)* banc *m* // **-, -en** *(Geld~)* banque *f*; **~anweisung** *f* mandat *m* de paiement (à une banque).
Bank-: ~konto *nt* compte *m* en banque; **~note** *f* billet *m* de banque.
Ban'krott *m* **-(e)s, -e** faillite *f*; **~ machen** faire faillite; **b~** *a* failli(e), en faillite.
bannen *vt (Geister)* exorciser; *(Gefahr)* conjurer; *(bezaubern)* ensorceler, captiver.
bar *a (unbedeckt)* découvert(e); *(offenkundig)* pur(e); **~es Geld** argent *m* liquide; **etw (in) ~ bezahlen** payer qch en espèces; *(Rechnung)* payer qch comptant.
Bar *f* **-, -s** bar *m*.
Bär *m* **-en, -en** ours *m*.
Ba'racke *f* **-, -n** baraque *f*.
bar'barisch *a* barbare.
barfuß *ad* pieds nus, nu-pieds.
barg *siehe* **bergen.**
Bar-: ~geld *nt* espèces *fpl*, argent *m* liquide; **b~geldlos** *ad* par chèque; par virement; **~hocker** *m* tabouret *m* de bar; **~keeper** ['baːɐkiːpɐ] *m* **-s, -**, **~mann** *m* barman *m*.
barm'herzig *a* miséricordieux(-euse).
Baro'meter *nt* **-s, -** baromètre *m*.
Barren *m* **-s, -** barres *fpl* parallèles; *(Gold~)* lingot *m*.
Barri'kade *f* barricade *f*.
Barsch *m* **-(e)s, -e** perche *f*.
barsch *a* brusque, bourru(e).
barst *siehe* **bersten.**
Bart *m* **-(e)s, ¨e** barbe *f*; *(Schlüssel~)* panneton *m*.
bärtig *a* barbu(e).
Barzahlung *f* paiement *m* comptant.
Ba'sar *m* **-s, -e** *(Markt)* bazar *m*; *(Wohltätigkeits~)* vente *f* de bienfaisance.
Base *f* **-, -n** *(CHEM)* base *f*; *(Kusine)* cousine *f*.
ba'sieren *(ohne ge-) vt* baser, fonder // *vi:* **~ auf** (+ *dat*) se baser sur, être basé sur.
Basis *f* **-, Basen** base *f*.
basisch *a (CHEM)* basique.

Baß *m* **Basses, Bässe** basse *f;* **~schlüssel** *m* clé *f* de fa.
Bast *m* **-(e)s, -e** raphia *m.*
basteln *vt, vi* bricoler.
Bastler(in *f)* *m* **-s, -** bricoleur(-euse).
bat *siehe* **bitten.**
Batte'rie *f* batterie *f.*
Bau *m* **-(e)s** *(Bauen)* construction *f;* *(Baustelle)* chantier *m* // *pl* **-e** *(Tier~)* terrier *m,* tanière *f* // *pl* **-ten** *(Gebäude)* bâtiment *m,* édifice *m;* **sich im ~ befinden** être en construction; **~arbeiter** *m* ouvrier *m* du bâtiment.
Bauch *m* **-(e)s, Bäuche** ventre *m;* **~fell** *nt* péritoine *m.*
bauchig *a* *(Gefäß)* ventru(e), renflé(e).
Bauch-: ~redner(in *f)* *m* ventriloque *m/f;* **~schmerzen** *pl,* **~weh** *nt* mal *m* au ventre.
bauen *vt, vi* construire, bâtir; *(Nest)* faire; *(Instrumente)* fabriquer; **auf jdn/etw ~** compter sur qn/qch; **gut gebaut sein** *(Mensch)* être bien bâti(e); **kräftig gebaut sein** être solide.
Bauer *m* **-n** *o* **-s, -n** paysan *m; (pej)* rustre *m; (Schach)* pion *m* // *nt o m* **-s, -** *(Vogel~)* cage *f.*
Bäuerin *f* fermière *f.*
bäuerlich *a* paysan(ne), rustique.
Bau-: b~fällig *a* délabré(e); **~genehmigung** *f* permis *m* de construire; **~land** *nt* terrain *m* à bâtir; **b~lich** *a* qui concerne la construction.
Baum *m* **-(e)s, Bäume** arbre *m.*
baumeln *vi (mit sein)* pendre.
bäumen *vr:* **sich ~** se cabrer.
Baum-: ~stamm *m* tronc *m* d'arbre; **~stumpf** *m* souche *f* d'arbre; **~wolle** *f* coton *m.*
Bauplatz *m* terrain *m* (à bâtir).
Bausch *m* **-(e)s, Bäusche** *(Watte~)* tampon *m.*
bauschen *vr:* **sich ~** se gonfler; *(Hemd)* bouffer.
Bau-: b~sparen *vi (zvb)* faire de l'épargne-logement; **~sparkasse** *f* caisse *f* d'épargne-logement; **~stelle** *f* chantier *m;* **~teil** *nt* élément *m;* **~unternehmer** *m* entrepreneur *m;* **~werk** *nt* construction *f,* édifice *m.*
Bayern *nt* la Bavière; **bayrisch** *a* bavarois(e).
be'absichtigen *vt (ohne ge-):* **~, etw zu tun** avoir l'intention de faire qch.
be'achten *vt (ohne ge-) (jdn, Worte)* faire attention à; *(Vorschrift, Regeln, Vorfahrt)* observer.
be'achtlich *a* considérable.
Be'achtung *f* attention *f;* observation *f.*
Be'amte(r) *m* **-n, -n, Be'amtin** *f* fonctionnaire *m/f;* *(Bank~)* employé(e).
be'ängstigen *vt (ohne ge-)* effrayer; *(Subjekt: Lage, Zustand)* alarmer.
be'anspruchen *vt (ohne ge-) (Recht, Erbe)* revendiquer; *(Hilfe)* demander; *(Zeit, Platz)* prendre; *(jdn)* occuper; *(verbrauchen)* user.
be'anstanden *vt (ohne ge-)* réclamer au sujet de.
be'antragen *vt (ohne ge-)* demander (officiellement).
be'antworten *vt (ohne ge-)* répondre à.
be'arbeiten *vt (ohne ge-)* s'occuper de; *(Thema)* étudier; *(Buch)* revoir, corriger; *(Film, Stück, Musik)* adapter; *(Material)* travailler, façonner; *(fam: beeinflussen wollen)* travailler.
Be'atmung *f* respiration *f.*
be'aufsichtigen *vt (ohne ge-)* surveiller.
be'auftragen *vt (ohne ge-)* charger *(mit* de).
be'bauen *vt (ohne ge-) (Grundstück)* construire sur.
beben *vi* trembler.
Beben *nt* **-s, -** tremblement *m;* *(Erd~)* tremblement *m* de terre.
Becher *m* **-s, -** *(ohne Henkel)* gobelet *m; (mit Henkel)* tasse *f.*
Becken *nt* **-s, -** bassin *m; (Wasch~)* lavabo *m; (MUS)* cymbale *f.*
be'dacht *a* réfléchi(e); **auf etw** *(akk)* **~ sein** penser à qch.
be'dächtig *a (umsichtig)* prudent(e); *(langsam)* lent(e), posé(e).

be'danken *vr (ohne ge-)*: **sich ~** dire merci; **sich bei jdm für etw ~** remercier qn de *o* pour qch.
Be'darf *m* besoin *m (an + dat* en); (*COMM*) demande *f*; **je nach ~** selon les besoins; **bei ~** en cas de besoin; **~ an etw** *(dat)* **haben** avoir besoin de qch; **im ~sfall** en cas de besoin; **~shaltestelle** *f* arrêt *m* facultatif.
be'dauerlich *a* regrettable.
be'dauern *vt (ohne ge-)* regretter; *(bemitleiden)* plaindre; **B~** *nt* **-s** regret *m*; **zu jds B~** au regret de qn.
be'dauernswert *a (Zustände)* regrettable; *(Mensch)* à plaindre.
be'decken *vt (ohne ge-)* couvrir.
be'denken *vt irr (ohne ge-) (Folgen, Tat)* réfléchir à; **jdn mit etw ~** faire cadeau de qch à qn.
Be'denken *nt* **-s, -** *(Überlegung)* réflexion *f*; *(Zweifel)* doute *m*; *(Skrupel)* scrupule *m*.
be'denklich *a (besorgt)* préoccupé(e); *(Zustand)* critique; *(Aussehen)* menaçant(e); *(Geschäfte)* douteux(-euse).
be'deuten *vt (ohne ge-)* signifier, vouloir dire; **jdm viel/wenig ~** avoir beaucoup/peu d'importance pour qn.
be'deutend *a* important(e); *(beträchtlich)* considérable.
Be'deutung *f* sens *m*, signification *f*; *(Wichtigkeit)* importance *f*.
be'dienen *(ohne ge-) vt* servir; *(Maschine)* faire marcher, faire fonctionner // *vr*: **sich ~** *(beim Essen)* se servir; **sich einer Sache** *(gen)* **~** faire usage de qch.
Be'dienung *f* service *m*; *(von Maschinen)* maniement *m*; *(in Lokal)* serveuse *f*, garçon *m*; *(Verkäuferin)* vendeuse *f*.
be'dingen *vt (ohne ge-) (voraussetzen)* demander, impliquer; *(verursachen)* causer.
be'dingt *a (beschränkt)* limité(e); *(Lob)* réservé(e); *(Zusage)* conditionnel(le); *(Reflex)* conditionné(e).
Be'dingung *f* condition *f*.
be'dingungslos *a* sans condition.
be'drängen *vt (ohne ge-)* harceler; **jdn mit etw ~** presser qn de qch.
be'drohen *vt (ohne ge-)* menacer.
be'drohlich *a* menaçant(e).
be'drücken *vt (ohne ge-)* oppresser, gêner.
Be'dürfnis *nt* besoin *m*; *(Notwendigkeit)* nécessité *f*; **~ nach etw haben** désirer qch.
be'dürftig *a (arm)* dans le besoin.
be'eilen *vr (ohne ge-)*: **sich ~** se dépêcher.
be'eindrucken *vt (ohne ge-)* impressionner.
be'einflussen *vt (ohne ge-) (jdn)* influencer; *(Verhandlungen, Ergebnisse)* avoir une influence sur.
be'einträchtigen *vt (ohne ge-)* gâter, gâcher; *(Freiheit)* empiéter sur.
be'enden *vt (ohne ge-)* terminer.
be'engen *vt (ohne ge-) (Subjekt: Kleidung)* serrer; *(jdn)* oppresser.
be'erben *vt (ohne ge-)* hériter de.
be'erdigen *vt (ohne ge-)* enterrer.
Be'erdigung *f* enterrement *m*; **~sunternehmer** *m* entrepreneur *m* de pompes funèbres.
Beere *f* **-, -n** baie *f*; *(Trauben~)* grain *m*.
Beet *nt* **-(e)s, -e** plate-bande *f*.
be'fahl *siehe* **befehlen.**
be'fahrbar *a (Straße)* carrossable; (*NAVIG*) navigable.
be'fahren *vt irr (ohne ge-) (Straße, Route)* emprunter; (*NAVIG*) naviguer sur // *a (Straße)* fréquenté(e).
be'fallen *vt irr (ohne ge-) (Subjekt: Krankheit)* frapper; *(: Übelkeit, Fieber)* saisir; *(: Ekel, Angst, Zweifel)* envahir.
be'fangen *a (schüchtern)* embarrassé(e); *(voreingenommen)* partial(e); **in etw** *(dat)* **~ sein** être coincé(e) dans qch; **B~heit** *f (Schüchternheit)* embarras *m*; *(Voreingenommenheit)* manque *m* d'objectivité.
be'fassen *vr (ohne ge-)*: **sich ~ mit** s'occuper de.
Be'fehl *m* **-(e)s, -e** *(Anweisung)* ordre *m*; *(Führung)* commande-

ment *m*.
be'fehlen *irr (ohne ge-) vt* ordonner // *vi* commander; **über jdn/etw** ~ commander qn/qch.
be'festigen *vt (ohne ge-) (Gegenstand)* fixer; *(Straße, Ufer)* stabiliser, consolider; *(MIL: Stadt)* fortifier.
Be'festigung *f* fortification *f; (von Gegenstand)* fixation *f*.
be'fiehlst, befiehlt *siehe* **befehlen.**
be'finden *irr (ohne ge-) vr:* **sich** ~ se trouver // *vt:* **etw/jdn für** *o* **als etw** ~ tenir qch/qn pour qch; **B**~ *nt* **-s** *(Zustand)* santé *f*, état *m* de santé; *(Meinung)* opinion *f*.
be'fohlen *siehe* **befehlen.**
be'folgen *vt (ohne ge-)* suivre.
be'fördern *vt (ohne ge-) (Güter)* transporter, envoyer; *(beruflich)* promouvoir.
Be'förderung *f (von Gütern)* transport *m; (beruflich)* promotion *f*.
be'fragen *vt (ohne ge-)* interroger; *(Wörterbuch)* consulter.
be'freien *(ohne ge-) vt* délivrer, libérer; *(freistellen)* exempter *(von* de) // *vr:* **sich** ~ se libérer.
Be'freiung *f* libération *f*, délivrance *f; (Freistellung)* exemption *f (von* de).
be'fremden *vt (ohne ge-)* heurter; **B**~ *nt* **-s** surprise *f*.
be'freunden *vr (ohne ge-):* **sich mit jdm** ~ se faire un ami de qn; **sich mit etw** ~ se faire à qch.
be'freundet *a* ami(e).
be'friedigen *vt (ohne ge-)* satisfaire.
be'friedigend *a* satisfaisant(e); *(SCOL)* assez bien.
Be'friedigung *f* satisfaction *f*.
be'fristet *a* à durée limitée.
be'fruchten *vt (ohne ge-)* féconder; *(fig)* stimuler.
be'fugt *a:* ~ **sein, etw zu tun** avoir compétence pour faire qch.
be'fühlen *vt (ohne ge-)* toucher.
Be'fund *m* **-(e)s, -e** *(von Sachverständigen)* rapport *m* d'expertise; *(MED)* diagnostic *m;* **ohne** ~ résultat *m* négatif, rien à signaler.
be'fürchten *vt (ohne ge-)* craindre.
Be'fürchtung *f* crainte *f*.
be'fürworten *vt (ohne ge-)* parler en faveur de, appuyer.
Be'fürworter(in *f*) *m* **-s,** - partisan(e).
be'gabt *a* doué(e).
Be'gabung *f* don *m*.
be'gann *siehe* **beginnen.**
be'geben *vr irr (ohne ge-):* **sich** ~ se rendre; *(geschehen)* se passer.
Be'gebenheit *f* événement *m*.
be'gegnen *(ohne ge-, mit sein) vi:* **jdm** ~ rencontrer qn; **einer Sache** *(dat)* ~ se trouver face à qch; *(Frechheit, Meinung)* rencontrer qch; *(behandeln)* traiter qch // *vr:* **sich** ~ *(Blicke)* se croiser; **wir sind uns** *(dat)* **begegnet** nous nous sommes rencontré(e)s.
Be'gegnung *f* rencontre *f*.
be'gehen *vt irr (ohne ge-) (Straftat, Fehler)* commettre; *(Dummheit)* faire; *(Strecke)* parcourir; *(Feier)* fêter.
be'gehren *vt (ohne ge-)* convoiter.
be'gehrenswert *a* désirable.
be'geistern *(ohne ge-) vt* enthousiasmer // *vr:* **sich** ~ s'enthousiasmer *(für* pour).
Be'geisterung *f* enthousiasme *m*.
Be'gierde *f* **-, -n** désir *m*.
be'gierig *a* avide.
Be'ginn *m* **-(e)s** commencement *m*, début *m;* **zu** ~ pour commencer.
be'ginnen *vt, vi irr* commencer.
Be'glaubigung *f* authentification *f*.
be'gleichen *vt irr (ohne ge-) (Schulden)* régler.
be'gleiten *vt (ohne ge-)* accompagner; *(MIL)* escorter.
Be'gleiter(in *f*) *m* **-s,** - compagnon *m*, compagne *f*.
Be'gleitung *f* compagnie *f; (MUS)* accompagnement *m*.
be'glückwünschen *vt (ohne ge-)* féliciter *(zu* pour).
be'gnadigen *vt (ohne ge-)* gracier.
Be'gnadigung *f* grâce *f*, amnistie *f*.
be'gnügen *vr (ohne ge-):* **sich mit etw** ~ se contenter de qch.
be'gonnen *siehe* **beginnen.**
be'graben *vt irr (ohne ge-) (Toten)*

enterrer; *(Streit)* oublier.
Be'gräbnis *nt* enterrement *m*.
be'gradigen *vt (ohne ge-)* rectifier.
be'greifen *vt irr (ohne ge-) (verstehen)* comprendre.
Be'griff *m* **-(e)s, -e** notion *f*, concept *m*; *(Meinung, Vorstellung)* idée *f*; **im ~ sein, etw zu tun** être sur le point de faire qch.
be'griffsstutzig *a*: **~ sein** avoir l'esprit lent.
be'gründen *vt (ohne ge-) (Tat)* justifier; *(Abwesenheit)* excuser; *(Theorie)* fonder.
be'gründet *a* fondé(e); *(Aussicht)* raisonnable.
Be'gründung *f* justification *f*.
be'grüßen *vt (ohne ge-)* accueillir; **~swert** *a* bienvenu(e), opportun(e).
Begrüßung *f* accueil *m*; **zur ~ der Gäste** pour recevoir les invités.
begünstigen *vt (ohne ge-) (jdn)* favoriser; *(Sache, Wachstum, Fortschritt)* promouvoir.
begutachten *vt (ohne ge-)* expertiser; **jdn ~** *(fam)* voir de quoi qn a l'air.
begütert *a* nanti(e).
behaart *a* poilu(e); *(Pflanze)* velu(e).
behäbig *a (dick)* corpulent(e); *(geruhsam)* peinard(e).
behaftet *a*: **mit etw ~ sein** être accablé(e) de qch.
behagen *vi (ohne ge-)*: **jdm ~** plaire à qn; **B~** *nt* **-s** plaisir *m*, aise *f*.
be'haglich *a* agréable, douillet(te).
be'halten *vt irr (ohne ge-)* garder; *(Mehrheit)* conserver; *(im Gedächtnis)* retenir; **die Nerven ~** garder son sang-froid; **Recht ~** avoir raison.
Be'hälter *m* **-s, -** récipient *m*.
be'handeln *vt (ohne ge-)* traiter; *(Maschine)* manier; (*MED*) soigner.
Be'handlung *f* traitement *m*; maniement *m*.
be'harren *vi (ohne ge-)*: **auf etw** *(dat)* **~** ne pas démordre de qch.
be'harrlich *a (ausdauernd)* ferme, résolu(e); *(hartnäckig)* opiniâtre, tenace.
be'haupten *(ohne ge-) vt* affirmer; *(Position)* soutenir // *vr*: **sich ~** s'affirmer.
Be'hauptung *f (Äußerung)* affirmation *f*.
be'heizen *vt (ohne ge-)* chauffer.
Be'helf *m* **-(e)s, -e** expédient *m*.
be'helfen *vr irr (ohne ge-)*: **sich mit etw ~** se débrouiller avec qch.
be'helligen *vt (ohne ge-)* importuner.
be'herrschen *(ohne ge-) vt (Volk)* régner sur, gouverner; *(Situation, Gefühle)* maîtriser; *(Sprache)* posséder; *(Szene, Landschaft)* dominer // *vr*: **sich ~** se maîtriser.
be'herrscht *a* contrôlé(e).
Be'herrschung *f (Selbst~)* maîtrise *f* de soi; **die ~ verlieren** ne plus pouvoir se contrôler.
be'herzigen *vt (ohne ge-)* prendre à cœur.
be'hilflich *a*: **jdm ~ sein** aider qn *(bei* dans).
be'hindern *vt (ohne ge-)* gêner; *(Verkehr)* entraver; *(Arbeit)* empêcher.
Be'hinderte(r) *mf* handicapé(e).
Be'hinderung *f (Körper~)* infirmité *f*.
Be'hörde *f* **-, -n** autorités *fpl*, service *m*.
be'hördlich *a* officiel(le).
be'hüten *vt (ohne ge-)* garder, surveiller; **jdn vor etw** *(dat)* **~** préserver qn de qch.
be'hutsam *ad* avec précaution.
bei *prep + dat (räumlich)* près de; *(mit etw zusammen)* dans, avec, parmi; *(mit jdm zusammen)* chez; *(Teilnahme)* à; *(zeitlich)* à; **~m Friseur** chez le coiffeur; **~ der Firma XY arbeiten** travailler chez XY; **~ uns** chez nous; **etw ~ sich haben** avoir qch sur soi; **~m Fahren** en conduisant; **~ Nacht/Tag** la nuit/le jour; **~ Nebel** quand il y a du brouillard; **~ einem Glas Wein** tout en buvant un verre de vin.
beibehalten *vt irr (zvb, ohne ge-)* conserver, garder
beibringen *vt irr (zvb) (Beweis)* fournir; *(Zeugen)* produire; **jdm etw ~** *(lehren)* apprendre qch à qn; *(zu verstehen geben)* faire comprendre

qch à qn; *(Wunde, Niederlage)* infliger qch à qn.

Beichte *f* **-, -n** confession *f.*

beichten *vt (Sünden)* confesser // *vi* aller à confesse.

beide *pron, a* les deux; **meine ~n Brüder** mes deux frères; **wir ~** nous deux; **einer von ~n** l'un des deux.

beidemal *ad* les deux fois.

beiderlei *a* des deux, de l'un(e) et de l'autre; **Menschen ~ Geschlechts** des personnes des deux sexes.

beiderseitig *a* mutuel(le), réciproque; *(Lungenentzündung)* double; *(Lähmung)* bilatéral(e).

beiderseits *ad* des deux côtés // *prep + gen* des deux côtés de.

beides *pron* les deux; **alles ~** les deux.

beiein'ander *ad* ensemble.

Beifahrer(in *f***)** *m* passager(-ère); **~sitz** *m* place *f* à côté du conducteur.

Beifall *m* **-(e)s** applaudissements *mpl; (Zustimmung)* approbation *f.*

beifällig *a (Nicken)* approbateur(-trice); *(Bemerkung)* favorable.

beifügen *vt (zvb)* joindre.

Beigeschmack *m* arrière-goût *m.*

Beihilfe *f (für Bedürftige)* aide *f; (zur Krankenversicherung)* contribution *f; (Studien~)* bourse *f;* (*JUR*) complicité *f (zu* de).

Beil *nt* **-(e)s, -e** hache *f.*

Beilage *f (Buch~)* supplément *m;* (*CULIN*) garniture *f.*

beiläufig *a (Bemerkung)* accessoire // *ad* en passant, incidemment.

beilegen *vt (zvb) (hinzufügen)* joindre; *(Wert, Bedeutung)* attacher; *(Streit)* régler.

Beileid *nt* condoléances *fpl.*

beiliegend *a* (*COMM*) ci-joint(e).

beim = bei dem.

beimessen *vt irr (zvb):* **einer Sache** *(dat)* **Wert ~** attacher de la valeur à qch.

Bein *nt* **-(e)s, -e** jambe *f; (von kleinem Tier)* patte *f; (von Möbelstück)* pied *m.*

beinah(e) *ad* presque.

beipflichten *vi (zvb):* **jdm/einer Sache ~** être d'accord avec qn/qch.

bei'sammen *ad* ensemble; **B~sein** *nt* **-s** réunion *f.*

Beischlaf *m* rapports *mpl* sexuels.

Beisein *nt* **-s** présence *f;* **im ~ von jdm** en présence de qn.

bei'seite *ad* de côté; *(abseits)* à l'écart; (*THEAT*) en aparté; **etw ~ legen** *(sparen)* mettre qch de côté; **jdn/etw ~ schaffen** faire disparaître qn/qch.

Beispiel *nt* **-(e)s, -e** exemple *m;* **zum ~** par exemple; **sich** *(dat)* **an jdm ein ~ nehmen** prendre exemple sur qn; **b~haft** *a* exemplaire; **b~los** *a* sans précédent.

beispringen *vi irr (zvb, mit sein):* **jdm ~** venir au secours de qn.

beißen *irr vt, vi* mordre; *(Rauch, Säure)* brûler // *vr:* **sich ~** *(Farben)* jurer.

beißend *a (Rauch)* âcre; *(Hohn, Spott)* mordant(e).

Beißzange *f* pinces *fpl.*

Beistand *m* **-(e)s, ¨e** aide *f,* assistance *f;* (*JUR*) avocat(e).

beistehen *vi irr (zvb):* **jdm ~** aider *o* assister qn.

beisteuern *vt (zvb)* contribuer *(zu* à).

beistimmen *vi (zvb):* **jdm/einer Sache ~** être d'accord avec qn/qch.

Beitrag *m* **-(e)s, ¨e** contribution *f; (Mitglieds~)* cotisation *f; (Versicherungs~)* prime *f.*

beitragen *vt irr (zvb)* contribuer *(zu* à).

beitreten *vi irr (zvb, mit sein)* adhérer *(dat* à).

Beitritt *m* **-(e)s, -e** adhésion *f.*

beiwohnen *vi (zvb):* **einer Sache** *(dat)* **~** assister à qch.

Beize *f* **-, -n** *(Holz~)* enduit *m;* (*CULIN*) marinade *f.*

be'jahen *vt (ohne ge-) (Frage)* répondre par l'affirmative à; *(gutheißen)* approuver.

be'kämpfen *(ohne ge-) vt* combattre; *(Schädlinge, Unkraut, Seuche)* lutter contre // *vr:* **sich (gegenseitig) ~** se battre.

be'kannt *a* connu(e); *(nicht fremd)* familier(-ère); **mit jdm ~ sein** connaître qn; **jdn mit jdm ~ machen** présenter qn à qn; **sich mit etw ~ machen** se familiariser avec qch; **das ist mir ~** je suis au courant (de cela); **es kommt mir ~ vor** ça me rappelle quelque chose; **durch etw ~ werden** devenir célèbre grâce à qch.

Be'kannte(r) *mf* ami(e), connaissance *f*.

Be'kanntenkreis *m* cercle *m* des amis, connaissances *fpl*.

Be'kannt-: b~geben *vt irr (zvb)* annoncer; **b~lich** *ad* comme on sait; **~machung** *f* notification *f*, avis *m*; **~schaft** *f* connaissance *f*.

be'kehren *vt (ohne ge-)* convertir *(zu* à).

be'kennen *irr (ohne ge-) vt* reconnaître; *(Sünden)* confesser; *(Glauben)* professer // *vr:* **sich zu jdm ~** prendre parti pour qn; **sich zu etw ~** proclamer qch; **sich schuldig ~** se reconnaître coupable.

be'klagen *(ohne ge-) vt* pleurer; *(Verluste)* déplorer // *vr:* **sich ~** se plaindre *(über +akk* de).

be'kleiden *vt (ohne ge-) (jdn)* habiller; *(Amt)* occuper, remplir.

be'klommen *a* angoissé(e).

be'kommen *irr (ohne ge-) vt* recevoir; *(Kind)* avoir; *(im Futur)* aller avoir; *(Krankheit, Fieber)* attraper; *(Ärger)* avoir // *vi (mit sein):* **jdm gut/schlecht ~** faire du bien/mal à qn; **die Mauer bekommt Risse** le mur se lézarde; **Hunger ~** commencer à avoir faim; **etw ~ haben** avoir reçu qch; **wir haben nichts zu essen ~** on ne nous a rien donné à manger; **es nicht über sich** *(akk)* **~, etw zu tun** ne pas arriver à faire qch; **etw fertig~** réussir (à faire) qch.

be'kömmlich *a* sain(e), digeste.

be'kräftigen *vt (ohne ge-)* confirmer.

be'lächeln *vt (ohne ge-)* sourire de.

be'laden *vt irr (ohne ge-)* charger.

Be'lag *m* **-(e)s, ¨e** enduit *m*, couche *f*; *(Zahn~)* tartre *m*; *(Brems~)* garniture *f*.

be'lagern *vt (ohne ge-)* assiéger.

Be'lagerung *f* siège *m*.

Be'lang *m* **-(e)s: von/ohne ~ sein** être d'/sans importance; **~e** *pl* intérêts *mpl*.

be'langlos *a* insignifiant(e).

be'lasten *(ohne ge-) vt* charger; *(Organ, Körper)* surmener; *(Gedächtnis)* encombrer; *(Stromnetz)* saturer; *(fig: bedrücken)* causer de gros soucis à; *(Konto)* débiter; *(Haus, Etat, Steuerzahler)* grever // *vr:* **sich ~** s'accabler *(mit* de).

be'lästigen *vt (ohne ge-)* importuner.

Be'lastung *f* charge *f*; *(fig: Sorge)* poids *m*; *(von Konto)* débit *m*; (*FIN*) charges *fpl*.

be'laufen *vr irr (ohne ge-):* **sich ~ auf** s'élever à.

be'lebt *a* animé(e).

Be'leg *m* **-(e)s, -e** (*COMM*) reçu *m*; *(Beweis)* document *m*, attestation *f*; *(Beispiel)* exemple *m*.

be'legen *vt (ohne ge-) (Boden)* recouvrir *(mit* de); *(Kuchen)* garnir; *(Brot)* tartiner; *(Platz, Zimmer)* retenir; *(Kurs, Vorlesung)* s'inscrire à; *(beweisen)* justifier; *(urkundlich)* documenter; **jdn mit einer Strafe ~** infliger une peine à qn.

be'lehren *vt (ohne ge-)* faire la leçon à.

be'leidigen *vt (ohne ge-) (durch Benehmen)* offenser; *(mündlich)* insulter, injurier; (*JUR*) diffamer; **beleidigt sein** être vexé(e).

Be'leidigung *f* offense *f*; (*JUR*) injure *f*.

be'leuchten *vt (ohne ge-)* éclairer; *(Gebäude)* illuminer; *(Problem, Thema)* éclaircir.

Be'leuchtung *f* éclairage *m*; *(von Gebäude)* illumination *f*; *(von Fahrzeug)* feux *mpl*, phares *mpl*.

Belgien *nt* la Belgique; **Belgier(in** *f*) *m* Belge *m/f*; **belgisch** *a* belge.

Be'lichtung *f* (*PHOT*) exposition *f*, pose *f*; **~smesser** *m* **-s, -** posemètre *m*.

Be'lieben *nt:* **(ganz) nach ~** à volonté; *(nach Geschmack)* comme il vous plaira.

be'liebig *a* quelconque; *(irgendein)*

n'importe quel(le); ~ **viel** autant que vous voudrez.
be'liebt *a* populaire; **sich bei jdm ~ machen** se faire bien voir de qn.
be'liefern *vt (ohne ge-) (Firma)* fournir (*mit* en).
bellen *vi* aboyer.
be'lohnen *vt (ohne ge-)* récompenser (*für* de).
Be'lohnung *f* récompense *f.*
be'lügen *vt irr (ohne ge-)* mentir à.
be'lustigen *vt (ohne ge-)* amuser; *(Buch)* divertir.
be'mängeln *vt (ohne ge-)* critiquer.
be'merkbar *a* sensible, notable; **sich ~ machen** se faire sentir; *(Mensch)* se faire remarquer.
be'merken *vt (ohne ge-)* remarquer.
be'merkenswert *a* remarquable.
Be'merkung *f* remarque *f.*
be'mitleiden *vt (ohne ge-)* plaindre.
be'mühen *(ohne ge-) vr:* **sich ~** s'efforcer; *(gehen)* se déplacer // *vt (beanspruchen)* mettre à contribution; **sich um jdn ~** prendre soin de qn; **sich um etw ~** veiller à qch.
Be'mühung *f (Anstrengung)* effort *m; (Dienstleistung)* peine *f.*
be'nachbart *a* voisin(e).
be'nachrichtigen *vt (ohne ge-)* informer.
be'nachteiligen *vt (ohne ge-)* désavantager.
be'nehmen *vr irr (ohne ge-):* **sich ~** *(sich verhalten)* se comporter; *(höflich sein)* bien se tenir; **B~** *nt* **-s** comportement *m.*
be'neiden *vt (ohne ge-)* envier *(jdn um etw* qch à qn).
be'neidenswert *a* enviable.
Bengel *m* **-s, -** garnement *m.*
be'nommen *a* hébété(e).
be'nötigen *vt (ohne ge-)* avoir besoin de.
be'nutzen, be'nützen *vt (ohne ge-)* utiliser; *(Eingang)* emprunter; *(Bücherei)* fréquenter; *(Zug, Taxi)* prendre.
Be'nutzer(in *f***)** *m* **-s, -** *(von Gegenstand)* utilisateur(-trice); *(von Bücherei etc)* usager *m.*
Be'nutzung *f* utilisation *f; (von Gerät)* emploi *m.*
Ben'zin *nt* **-s, -e** *(AUT)* essence *f; (Reinigungs~)* benzine *f;* **~kanister** *m* bidon *m* d'essence; **~uhr** *f* jauge *f* d'essence.
be'obachten *vt (ohne ge-)* observer; *(Verdächtigen)* filer; *(bemerken)* remarquer.
Be'obachter(in *f***)** *m* **-s, -** observateur(-trice); *(Zeitung, TV)* correspondant(e).
Be'obachtung *f* observation *f; (polizeilich, ärztlich)* surveillance *f.*
be'quem *a* confortable; *(Lösung, Ausrede)* facile; *(Schüler, Untergebene)* docile; *(träge)* paresseux(-euse); **sitzen Sie ~?** êtes-vous bien assis?
Be'quemlichkeit *f* confort *m,* commodité *f; (Faulheit)* paresse *f.*
be'raten *irr (ohne ge-) vt (Rat geben)* conseiller; *(besprechen)* discuter // *vr:* **sich ~** tenir conseil; **gut/schlecht ~ sein** être bien/mal avisé(e).
Be'rater *m* **-s, -** conseiller *m.*
be'ratschlagen *(ohne ge-) vt* délibérer de // *vi* délibérer.
Be'ratung *f (das Beraten)* conseil *m; (ärztlich)* consultation *f; (Besprechung)* délibération *f.*
be'rauben *vt (ohne ge-)* voler.
be'rechnen *vt (ohne ge-)* calculer; **jdm etw ~** facturer qch à qn.
be'rechnend *a (Mensch)* calculateur(-trice).
Be'rechnung *f* calcul *m; (COMM)* facturation *f.*
be'rechtigen *vt (ohne ge-)* autoriser; *(fig)* justifier, autoriser; **jdn zum Gebrauch/Zutritt ~** donner à qn droit à l'usage/l'entrée; **jdn zur Annahme ~** faire supposer à qn.
be'rechtigt *a (Sorge)* fondé(e); *(Ärger, Forderung)* justifié(e).
Be'reich *m* **-(e)s, -e** *(Bezirk)* région *f; (Ressort, Gebiet)* domaine *m.*
be'reichern *(ohne ge-) vt (Sammlung)* enrichir; *(Wissen)* augmenter // *vr:* **sich ~** s'enrichir.
be'reinigen *vt (ohne ge-) (Angelegenheit)* régler; *(Mißverständnisse)* dis-

siper; *(Verhältnis)* normaliser.
be'reisen *vt (ohne ge-)* parcourir.
be'reit *a:* ~ **sein** être prêt(e) *(zu* à); **sich ~ halten** se tenir prêt(e); **sich ~ machen** se préparer.
be'reiten *vt (ohne ge-)* préparer; *(Kummer, Freude)* causer *(jdm* à qn).
be'reit-: ~halten *vt irr (zvb)* tenir prêt(e); **~machen** *vt (zvb)* préparer.
be'reits *ad* déjà.
Be'reit-: b~stehen *vi irr (zvb)* être prêt(e); **b~stellen** *vt (zvb)* préparer; *(Geld)* assurer; *(Truppen, Maschinen)* mettre à disposition; **b~willig** *a* empressé(e).
be'reuen *vt (ohne ge-)* regretter.
Berg *m* **-(e)s, -e** montagne *f*.
Berg-: ~arbeiter *m* mineur *m;* **~bau** *m* exploitation *f* minière.
bergen *vt irr (retten)* sauver; *(Tote)* dégager; *(Material)* récupérer; *(enthalten)* renfermer.
bergig *a* montagneux(-euse).
Berg-: ~mann *m, pl* **~leute** mineur *m;* **~steigen** *nt* **-s** alpinisme *m;* **~steiger(in** *f***)** *m* alpiniste *m/f*.
Bergung *f (von Menschen)* sauvetage *m; (von Toten)* dégagement *m; (von Material)* récupération *f*.
Bergwerk *nt* mine *f*.
Be'richt *m* **-(e)s, -e** rapport *m*.
be'richten *(ohne ge-) vi* faire un rapport // *vt* faire un rapport de, relater; **über etw** *(akk)* ~ raconter qch; **jdm etw** ~ informer qn de qch.
be'richtigen *vt (ohne ge-)* corriger.
Bernstein *m* ambre *m* (jaune).
bersten *vi irr (mit sein)* crever *(vor* de).
be'rüchtigt *a (Gegend, Lokal)* mal famé(e); *(Verbrecher)* notoire.
be'rücksichtigen *vt (ohne ge-)* prendre en considération.
Be'rücksichtigung *f* prise *f* en considération.
Be'ruf *m* **-(e)s, -e** *(Tätigkeit)* profession *f; (Gewerbe)* métier *m;* **von ~ Lehrer sein** être professeur de son métier; **ohne** ~ sans profession.
be'rufen *irr (ohne ge-) vt* nommer // *vr:* **sich auf jdn/etw** ~ en appeler à qn/qch // *a* compétent(e); **sich zu etw ~ fühlen** se sentir appelé(e) à qch.
be'ruflich *a* professionnel(le); ~ **unterwegs sein** être en déplacement.
Be'rufs-: ~ausbildung *f* formation *f* professionnelle; **~beratung** *f* orientation *f* professionnelle; **~schule** *f* école *f* professionnelle; **~soldat** *m* militaire *m* de carrière; **~sportler** *m* professionnel *m;* **b~tätig** *a* qui exerce une activité professionnelle.
Be'rufung *f* nomination *f; (innerer Auftrag)* vocation *f (zu* pour); *(JUR)* appel *m*, recours *m;* ~ **einlegen** faire appel.
be'ruhen *vi (ohne ge-):* **auf etw** *(dat)* ~ reposer sur qch; **etw auf sich ~ lassen** laisser dormir qch.
be'ruhigen *(ohne ge-) vt* calmer; *(Gewissen)* soulager, apaiser // *vr:* **sich** ~ se calmer; **beruhigt sein** être tranquille *o* rassuré(e).
Be'ruhigung *f* apaisement *m; (von Gewissen)* soulagement *m;* **zu jds** ~ pour rassurer qn; **~smittel** *nt* tranquillisant *m*, sédatif *m*.
be'rühmt *a* célèbre, renommé(e).
Be'rühmtheit *f* célébrité *f*.
be'rühren *(ohne ge-) vt* toucher; *(MATH)* être tangent à; *(flüchtig erwähnen)* effleurer, mentionner // *vr:* **sich** ~ se toucher.
Be'rührung *f* contact *m*.
be'sänftigen *vt (ohne ge-)* apaiser; **~d** *a* apaisant(e).
Be'satzung *f* équipage *m; (MIL)* troupes *fpl* d'occupation; **~smacht** *f* force *f* occupante *o* d'occupation.
be'schädigen *vt (ohne ge-)* endommager, abîmer.
Be'schädigung *f* endommagement *m; (Stelle)* dégâts *mpl*.
be'schaffen *vt (ohne ge-)* procurer, fournir; **sich** *(dat)* **etw** ~ se procurer qch // *a:* **so ~ sein, daß ...** être de nature à; **mit der Wirtschaft ist es schlecht** ~ l'économie ne va pas bien.
Be'schaffenheit *f (von Materie)* nature *f; (von Lage)* état *m*.

be'schäftigen *(ohne ge-) vt* occuper; *(Subjekt: Problem, Frage)* préoccuper; *(beruflich)* employer // *vr:* **sich** ~ s'occuper; *(sich befassen):* **sich** ~ **mit** s'occuper de.
Be'schäftigung *f* occupation *f; (Beruf)* emploi *m.*
Be'scheid *m* **-(e)s, -e** *(Auskunft)* renseignement *m; (Benachrichtigung)* information *f; (Weisung)* ordre *m,* directive *f;* ~ **wissen** être au courant; **jdm** ~ **geben** *o* **sagen** avertir qn, informer qn.
be'scheiden *a* modeste.
be'scheinen *vt irr (ohne ge-)* éclairer; *(Subjekt: Sonne)* briller sur.
be'scheinigen *vt (ohne ge-)* attester.
Be'scheinigung *f* certificat *m,* attestation *f; (Quittung)* reçu *m.*
be'scheißen *vt irr (ohne ge-) (fam!)* rouler; **beschissen werden** se faire avoir.
be'schenken *vt (ohne ge-)* faire un cadeau à.
be'schimpfen *vt (ohne ge-)* insulter, injurier.
be'schlagen *irr (ohne ge-) vt* ferrer; *(Schuhe)* clouter // *vr:* **sich** ~ *(Glas)* s'embuer; *(Metall)* se ternir; **in etw** *(dat)* ~ **sein** être ferré(e) sur qch.
be'schlagnahmen *vt (ohne ge-)* saisir, confisquer.
be'schleunigen *(ohne ge-) vt, vi* accélérer.
Be'schleunigung *f* accélération *f.*
be'schließen *vt irr (ohne ge-)* décider; *(beenden)* terminer, achever.
Be'schluß *m* **-sses, Beschlüsse** décision *f,* résolution *f.*
be'schmutzen *vt (ohne ge-)* salir.
be'schränken *(ohne ge-) vt* limiter, restreindre // *vr:* **sich** ~ se limiter, se restreindre; **sich auf etw** *(akk)* ~ se borner à qch.
be'schränkt *a* limité(e); *(Mensch)* borné(e).
be'schreiben *vt irr (ohne ge-)* décrire; *(Papier)* écrire sur.
Be'schreibung *f* description *f.*
be'schuldigen *vt (ohne ge-)* accuser *(jdn einer Sache (gen)* qn de qch).
Be'schuldigung *f* accusation *f.*
be'schützen *vt (ohne ge-)* protéger.
Be'schützer(in *f) m* **-s,** - protecteur(-trice).
Be'schwerde *f* **-, -n** plainte *f; (Mühe)* peine *f; (pl: Leiden)* troubles *mpl.*
be'schweren *(ohne ge-) vt* charger, alourdir; *(fig)* peiner, attrister // *vr:* **sich** ~ se plaindre.
be'schwerlich *a* pénible, fatigant(e).
be'schwichtigen *vt (ohne ge-)* apaiser, calmer.
be'schwingt *a* gai(e), enjoué(e); *(Schritte)* léger(-ère).
be'schwipst *a* gris(e), éméché(e).
be'schwören *vt irr (ohne ge-)* *(Aussage)* jurer, affirmer sous serment; *(anflehen)* implorer, supplier; *(Geister)* conjurer.
be'sehen *vt irr (ohne ge-)* regarder de près.
be'seitigen *vt (ohne ge-)* éliminer, écarter; *(Zweifel)* lever; *(jdn)* supprimer.
Besen *m* **-s,** - balai *m.*
be'sessen *a* obsédé(e) *(von* de).
be'setzen *vt (ohne ge-)* occuper; *(Rolle)* donner; *(mit Edelstein, Spitzen)* garnir *(mit* de).
be'setzt *a* occupé(e).
Be'setzung *f* occupation *f; (THEAT)* distribution *f.*
be'sichtigen *vt (ohne ge-)* visiter; *(ansehen)* aller voir.
be'siegen *vt (ohne ge-)* vaincre.
be'sinnen *vr irr (ohne ge-):* **sich** ~ *(nachdenken)* réfléchir; *(erinnern)* se souvenir *(auf +akk* de); **sich anders** ~ changer d'avis.
be'sinnlich *a* contemplatif(-ive).
Be'sinnung *f (Bewußtsein)* connaissance *f; (Ruhe)* calme *m;* **zur** ~ **kommen** reprendre connaissance; *(fig)* revenir à la raison; **die** ~ **verlieren** perdre connaissance; *(fig)* perdre la tête *o* la raison.
Be'sitz *m* **-es** propriété *f; (das Besitzen)* possession *f.*
be'sitzen *vt irr (ohne ge-)* posséder.
Be'sitzer(in *f) m* **-s,** - propriétaire *m/f.*

be'soffen *a (fam)* bourré(e).
Be'soldung *f (von Beamten)* appointements *mpl; (von Soldaten)* solde *f.*
be'sondere(r, s) *a* exceptionnel(le), extraordinaire; *(speziell: Liebling, Interesse, Wünsche, Auftrag)* particulier(-ière); *(gesondert, zusätzlich)* spécial(e); **nichts B~s** rien de spécial, pas grand chose; **etwas B~s** quelque chose de spécial; **im ~n** en particulier.
Be'sonderheit *f* particularité *f.*
be'sonders *ad (hauptsächlich)* principalement, surtout; *(nachdrücklich)* particulièrement, expressément; *(außergewöhnlich)* exceptionnellement; *(sehr)* tout particulièrement, beaucoup; *(getrennt)* séparément; **nicht ~** pas spécialement.
be'sonnen *a* réfléchi(e), raisonnable.
be'sorgen *vt (ohne ge-) (beschaffen)* procurer; *(Geschäfte)* faire, expédier; *(sich kümmern um)* prendre soin de.
Be'sorgnis *f* souci *m*, inquiétude *f;* **b~erregend** *a* inquiétant(e).
be'sprechen *irr (ohne ge-) vt* discuter *(mit* avec); *(Tonband etc)* parler sur; *(Buch, Theaterstück)* critiquer // *vr:* **sich ~** se concerter *(mit* avec).
Be'sprechung *f (Unterredung)* réunion *f; (Rezension)* compte *m* rendu, critique *f.*
besser *a (Komparativ von* **gut)** meilleur(e); **es wäre ~, wenn ...** il vaudrait mieux que ...; **etwas B~es** quelque chose de mieux; **jdn eines B~en belehren** détromper qn // *ad* mieux; **tue das ~** cela vaudrait mieux; **du hättest ~ ...** tu aurais mieux fait de ...; **~ gesagt** ou plutôt; **es geht ihm ~** il va mieux.
bessern *vt* amender, rendre meilleur(e) // *vr:* **sich ~** s'améliorer; *(Wetter)* se remettre au beau; *(Verbrecher)* s'amender.
Besserung *f* amélioration *f;* amendement *m;* rétablissement *m;* **gute ~!** bon rétablissement!
Be'stand *m* **-(e)s, ¨e** *(Fortbestehen)* persistance *f,* continuité *f; (Kassen~)* encaisse *f; (Vorrat)* stock *m;* **~ haben** *o* **von ~ sein** durer, persister.
be'ständig *a (ausdauernd)* persistant(e), constant(e); *(Wetter)* stable; *(widerstandsfähig)* résistant(e); *(dauernd)* continuel(le), ininterrompu(e).
Be'standteil *m* composante *f; (fig)* partie *f* intégrante; *(Einzelteil)* élément *m.*
be'stärken *vt (ohne ge-):* **jdn in etw** *(dat)* **~** appuyer qn dans qch.
be'stätigen *(ohne ge-) vt* confirmer; *(Empfang)* accuser réception de // *vr:* **sich ~** se confirmer, se vérifier; **jdm etw ~** confirmer qch à qn.
Be'stätigung *f* confirmation *f.*
Be'stattung *f* inhumation *f.*
be'staunen *vt (ohne ge-)* s'émerveiller de.
beste(r, s) *a (Superlativ von* **gut)** meilleur(e); **sie singt am ~n** c'est elle qui chante le mieux; **am ~n gehst du gleich** il vaut mieux que tu partes tout de suite; **jdn zum ~n haben** se jouer de qn; **jdm etw zum ~n geben** régaler qn de qch; **aufs ~** au mieux; **zu jds B~n** pour le bien de qn.
be'stechen *vt irr (ohne ge-)* soudoyer; *(Subjekt: Leistung, Schönheit)* séduire, éblouir.
be'stechlich *a* corruptible, vénal(e).
Be'stechung *f* corruption *f,* subornation *f.*
Be'steck *nt* **-(e)s, -e** couverts *mpl; (MED)* trousse *f.*
be'stehen *irr (ohne ge-) vi (existieren)* exister, être; *(andauern)* durer, subsister // *vt (Kampf, Probe)* soutenir; *(Prüfung)* réussir; **aus etw ~** se composer de qch; **auf etw** *(dat)* **~** insister sur qch.
bestehlen *vt irr (ohne ge-)* voler.
be'stellen *vt (ohne ge-) (Waren)* commander; *(reservieren lassen)* réserver, retenir; *(jdn)* faire venir *(zu* chez); *(Grüße, Auftrag)* transmettre; *(nominieren)* nommer, désigner; *(Acker)* cultiver; **um ihn ist es gut/schlecht bestellt** ses affaires vont

bien/mal.
Be'stellung *f* commande *f*, ordre *m*.
bestens *ad* au mieux, parfaitement.
Bestie ['bɛstɪə] *f* bête *f* féroce; *(fig)* monstre *m*.
be'stimmen *vt (ohne ge-) (anordnen)* décréter, ordonner; *(Tag, Ort)* déterminer, fixer; *(beherrschen)* dominer; *(ausersehen)* désigner; *(ernennen)* nommer; *(definieren)* définir, qualifier; *(veranlassen)* décider.
be'stimmt *a (entschlossen)* ferme, décidé(e); *(gewiß)* certain(e); *(Artikel)* défini // *ad (gewiß)* sûrement, certainement.
Be'stimmtheit *f (Entschlossenheit)* détermination *f*.
Be'stimmung *f (Verordnung)* décrêt *m*, ordonnance *f*; *(Festsetzen)* détermination *f*, fixation *f*; *(Verwendungszweck)* destination *f*, but *m*; *(Schicksal)* destin *m*; *(Definition)* définition *f*.
Bestleistung *f* record *m*.
bestmöglich *a*: **der/die/das ~...** le(la) meilleur(e) ... (possible).
be'strafen *vt (ohne ge-)* punir.
be'strahlen *vt (ohne ge-)* éclairer; (*MED*) traîter aux rayons.
Be'streben *nt* **-s, Be'strebung** *f* effort *m*, tentative *f*.
be'streiken *vt (ohne ge-)* faire grève dans; **der Betrieb wird bestreikt** l'entreprise est en grève.
be'streiten *vt irr (ohne ge-) (abstreiten)* contester, nier; *(finanzieren)* financer.
be'streuen *vt (ohne ge-)*: **etw mit Erde ~** répandre de la terre sur qch; **etw mit Mehl ~** saupoudrer qch de farine; **etw mit Sand ~** sabler qch.
be'stürmen *vt (ohne ge-)* assaillir, presser *(mit* de); (*MIL*) donner l'assaut à.
be'stürzen *vt (ohne ge-)* bouleverser, affoler.
Be'such *m* **-(e)s, -e** visite *f*; *(von Gottesdienst)* présence *f (gen* à); **einen ~ bei jdm machen** rendre visite à qn; **~ haben** avoir de la visite *o* des invités; **bei jdm auf *o* zu ~ sein** être en visite chez qn.
be'suchen *vt (ohne ge-)* aller voir, rendre visite à; *(Ort)* visiter; *(Gottesdienst)* assister à; (*SCOL*) aller à; *(Kurs)* suivre; **gut besucht** fréquenté(e).
Be'sucher(in *f*) *m* **-s, -** visiteur(-euse).
be'tagt *a* âgé(e), d'un âge avancé.
be'tätigen *(ohne ge-) vt* actionner // *vr*: **sich ~** s'occuper, travailler; **sich politisch ~** exercer une activité politique.
Be'tätigung *f* occupation *f*, activité *f*; *(beruflich)* travail *m*; (*TECH*) actionnement *m*.
be'täuben *vt (ohne ge-) (Subjekt: Schlag)* assommer, sonner; *(:Geruch)* griser, enivrer; (*MED*) endormir, anesthésier.
Be'täubungsmittel *nt* narcotique *m*, anesthésique *m*.
Bete *f* **-, -n: rote ~** betterave *f* rouge.
be'teiligen *(ohne ge-) vr*: **sich ~** participer, prendre part *(an +dat* à) // *vt*: **jdn ~** faire participer qn *(an +dat* à).
Be'teiligung *f* participation *f*.
beten *vt, vi* prier.
be'teuern *vt (ohne ge-)* affirmer, **jdm etw ~** assurer qn de qch.
Beton [be'tɔŋ] *m* **-s, -s** béton *m*.
be'tonen *vt (ohne ge-) (Wort, Silbe)* accentuer; *(Tatsache)* insister sur; *(hervorheben)* faire ressortir.
Be'tonung *f* accentuation *f*.
Be'tracht *m*: **in ~ kommen** entrer en ligne de compte; **etw in ~ ziehen** prendre qch en considération.
be'trachten *vt (ohne ge-)* regarder, contempler; *(erwägen)* considérer; **jdn als etw ~** considérer qn comme qch.
be'trächtlich *a* considérable.
Be'trachtung *f (Ansehen)* examen *m*; contemplation *f*; *(Erwägung)* considération *f*; *(Gedanken)* réflexion *f*, méditation *f*.
Be'trag *m* **-(e)s, ¨e** montant *m*, somme *f*.
be'tragen *irr (ohne ge-) vt (Summe, Anzahl)* s'élever à // *vr*: **sich ~** se

comporter, se conduire; **B~** *nt* **-s** conduite *f.*
be'treffen *vt irr (ohne ge-)* concerner; **was mich betrifft** en ce qui me concerne.
be'treffend *a* concernant; *(Stelle)* concerné(e); **Ihre unser Angebot ~e Anfrage** votre question concernant notre offre.
be'treffs *prep +gen* concernant.
be'treiben *vt irr (ohne ge-) (ausüben)* exercer; *(Studien)* faire, poursuivre.
be'treten *vt irr (ohne ge-) (Haus)* entrer dans; *(Gelände)* pénétrer dans *o* sur; *(Rasen)* marcher sur; *(Bühne)* entrer en // *a* embarrassé(e), confus(e).
be'treuen *vt (ohne ge-)* s'occuper de; *(Reisegruppe)* accompagner.
Be'trieb *m* **-(e)s, -e** *(Firma)* entreprise *f; (von Maschine)* fonctionnement *m; (Treiben)* animation *f;* **außer ~ sein** être hors service; **in ~ sein** être en service.
Be'triebsrat *m* comité *m* d'entreprise; *(Mensch)* délégué(e) du personnel.
be'trinken *vr irr (ohne ge-):* **sich ~** s'enivrer.
be'troffen *a (bestürzt)* bouleversé(e); **von etw ~ werden** *o* **sein** être concerné(e) par qch.
be'trübt *a* triste, affligé(e).
Be'trug *m* **-(e)s** tromperie *f,* duperie *f.*
be'trügen *irr (ohne ge-) vt* tromper // *vr:* **sich ~** s'abuser.
Be'trüger(in *f) m* **-s, -** escroc *m.*
be'trügerisch *a* frauduleux(-euse).
be'trunken *a* ivre, soûl(e).
Bett *nt* **-(e)s, -en** lit *m;* **ins** *o* **zu ~ gehen** aller au lit; **~bezug** *m* garniture *f* de lit.
betteln *vi* mendier.
Bettler(in *f) m* **-s, -** mendiant(e).
Bett-: ~nässer(in *f) m* **-s, -** énurétique *m/f;* **~vorleger** *m* descente *f* de lit; **~wäsche** *f* draps *mpl;* **~zeug** *nt* literie *f.*
beugen *vt (Körperteil)* plier, fléchir; *(LING)* décliner; conjuguer; *(Gesetz, Recht)* faire une entorse à // *vr:* **sich ~** *(sich fügen)* s'incliner, se soumettre; *(sich lehnen)* se pencher.
Beule *f* **-, -n** bosse *f.*
be'unruhigen *(ohne ge-) vt* inquiéter // *vr:* **sich ~** s'inquiéter.
be'urlauben *vt (ohne ge-) (Arbeiter)* donner un congé à; *(Minister)* relever de ses fonctions; **beurlaubt sein** être en congé; *(Professor)* être en disponibilité.
be'urteilen *vt (ohne ge-)* juger.
Be'urteilung *f* jugement *m,* appréciation *f.*
Beute *f* **-** butin *m; (Opfer)* victime *f.*
Beutel *m* **-s, -** *(Tasche)* sac *m; (Wasch~, Kosmetik~)* trousse *f* de toilette; *(Geld~)* porte-monnaie *m; (Tabaks~)* blague *f; (von Känguruh)* poche *f.*
Be'völkerung *f* population *f.*
be'vollmächtigen *vt (ohne ge-)* habiliter, autoriser.
Be'vollmächtigte(r) *mf* mandataire *m/f.*
Be'vollmächtigung *f* procuration *f.*
be'vor *conj* avant de, avant que; **~ ich noch etwas sagen konnte** avant que j'aie pu ouvrir la bouche; **überleg's dir gut, ~ du's tust** réfléchis bien avant de le faire; **~munden** *vt (ohne ge-)* tenir en tutelle; **~stehen** *vi irr (zvb)* être imminent(e); **~zugen** *vt (ohne ge-)* préférer.
be'wachen *vt (ohne ge-)* surveiller; *(Schatz)* garder.
be'waffnen *(ohne ge-) vt* armer // *vr:* **sich ~** s'armer *(mit* de).
be'waffnet *a* armé(e); *(Überfall)* à main armée.
Be'waffnung *f* armement *m.*
be'wahren *vt (ohne ge-)* garder; **jdn vor etw ~** préserver qn de qch.
be'währen *vr (ohne ge-):* **sich ~** *(Mensch)* faire ses preuves; *(Methode, Mittel)* donner de bons résultats.
be'wahrheiten *vr (ohne ge-):* **sich ~** se vérifier.
be'währt *a* sûr(e).
Be'währung *f (JUR)* sursis *m;* **~sfrist** *f* sursis *m.*

be'wältigen *vt (ohne ge-)* surmonter; *(Arbeit)* arriver à faire; *(Strecke)* parcourir.
be'wandert *a:* **in etw** *(dat)* **~ sein** être calé(e) en qch.
be'wässern *vt (ohne ge-)* irriguer.
be'wegen *(ohne ge-) vt* remuer, bouger; *(rühren: jdn)* émouvoir, toucher; *(Subjekt: Problem, Gedanke)* préoccuper // *vr:* **sich ~** bouger; **jdn ~, etw zu tun** amener qn à faire qch.
be'weglich *a* mobile; *(flink)* agile; *(geistig wendig)* vif(vive).
be'wegt *a (Leben, Zeit)* agité(e), mouvementé(e); *(ergriffen)* ému(e).
Be'wegung *f* mouvement *m; (körperliche Betätigung)* exercice *m;* **keine ~!** pas un geste!; **etw in ~ setzen** mettre qch en marche *o* en mouvement.
be'wegungslos *a* immobile.
Be'weis *m* **-es, -e** preuve *f; (MATH)* démonstration *f.*
be'weisen *vt irr (ohne ge-)* prouver; *(MATH)* démontrer; *(Mut, Geschmack)* faire preuve de.
be'wenden *vi:* **es bei etw ~ lassen** se contenter de qch; **wir wollen es dabei ~lassen** restons-en là.
be'werben *vr irr (ohne ge-):* **sich ~** poser sa candidature; *(beim Vorstellungsgespräch)* se présenter.
Be'werber(in *f*) *m* **-s, -** candidat(e), postulant(e).
Be'werbung *f* candidature *f,* demande *f* d'emploi.
be'werten *vt (ohne ge-)* évaluer, estimer; *(SPORT)* noter.
be'wirken *vt (ohne ge-)* provoquer; **was will er damit ~?** qu'est-ce qu'il cherche?.
be'wirten *vt (ohne ge-)* régaler.
Be'wirtung *f* accueil *m,* service *m.*
be'wohnen *vt (ohne ge-) (Haus, Höhle)* habiter; *(Gebiet, Insel)* occuper.
Be'wohner(in *f*) -s, - habitant(e).
be'wölkt *a* nuageux(-euse).
Be'wölkung *f* nébulosité *f.*
Be'wunderer *m* **-s, -, Be'wunderin** *f* admirateur(-trice).
be'wundern *vt (ohne ge-)* admirer.
Be'wunderung *f* admiration *f.*
be'wußt *a (Tag, Stunde, Ort)* nommé(e), cité(e); *(Erleben, Genuß)* conscient(e); *(absichtlich)* délibéré(e), intentionnel(le); **sich** *(dat)* **einer Sache** *(gen)* **~ sein** avoir conscience de qch; **die Folgen wurden ihm ~** il se rendit compte des conséquences.
be'wußtlos *a* inconscient(e); **~ werden** perdre connaissance.
Be'wußtlosigkeit *f* inconscience *f.*
Be'wußtsein *nt* **-s** conscience *f; (MED)* connaissance *f;* **im ~ seines Unrechts** en pleine connaissance de ses torts; **das ~ und das Unterbewußtsein** le conscient et le subconscient; **das ~ verlieren** perdre connaissance; **sich** *(dat)* **etw ins ~ rufen** se rappeler qch.
be'zahlen *vt (ohne ge-)* payer; **sich bezahlt machen** être payant; **bitte ~!** l'addition, s'il vous plaît!.
Be'zahlung *f* paiement *m.*
be'zähmen *vt (ohne ge-) (fig)* refréner, maîtriser.
be'zeichnen *vt (ohne ge-) (markieren)* marquer, repérer; *(benennen)* appeler; *(beschreiben)* décrire; *(zeigen)* indiquer; **jdn als Lügner ~** qualifier qn de menteur.
be'zeichnend *a* caractéristique, significatif(-ive).
Be'zeichnung *f (Markierung)* marquage *m; (Zeichen)* signe *m; (Benennung)* désignation *f.*
be'ziehen *irr (ohne ge-) vt (Möbel)* recouvrir; *(Haus, Position)* occuper; *(Standpunkt)* prendre; *(Gelder)* percevoir; *(Zeitung)* être abonné(e) à // *vr:* **sich ~** *(Himmel)* se couvrir; **sich auf jdn/etw ~** se référer *o* rapporter à qn/qch; **etw auf jdn/etw ~** rapporter qch à qn/qch; **das Bett ~** mettre des draps propres.
Be'ziehung *f (Verbindung)* relation *f; (Zusammenhang)* rapport *m; (Verhältnis)* liaison *f;* **in dieser ~ hat er recht** à cet égard il a raison; **~en haben** *(vorteilhaft)* avoir des relations.
be'ziehungsweise *conj (genauer*

gesagt) ou plutôt; *(im anderen Fall)* ou.
Be'zirk *m* **-(e)s, -e** *(Stadt~)* quartier *m; (Polizei~)* district *m.*
Be'zug *m* **-(e)s, ¨e** *(Überzug)* garniture *f; (von Waren)* commande *f; (von Zeitung)* abonnement *m; (von Rente)* perception *f; (Beziehung)* rapport *m (zu* avec); **¨e** *pl (Gehalt)* appointements *mpl;* **in b~ auf** *(+akk)* en référence à; **~ nehmen auf** *(+akk)* se référer à.
be'züglich *prep +gen* concernant, relatif à // *a* concernant; *(LING)* relatif(-ive).
be'zwecken *vt (ohne ge-)* viser, avoir pour but; **etw mit etw ~ wollen** vouloir obtenir qch avec qch.
be'zweifeln *vt (ohne ge-)* douter de.
Bhf. *abk von* **Bahnhof.**
Bibel *f* **-, -n** bible *f.*
Biber *m* **-s, -** castor *m.*
Biblio'thek *f* **-, -en** bibliothèque *f.*
bieder *a (rechtschaffen)* honnête, droit(e); *(Frisur, Geschmack)* sage, simple.
biegen *irr vt (Ast, Metall)* courber; *(Arm, Körper)* plier // *vr:* **sich ~** se courber; *(Ast)* se ployer // *vi (mit sein)* tourner; **auf B~ oder Brechen** quoi qu'il advienne.
biegsam *a* flexible, souple.
Biegung *f (von Straße)* tournant *m; (von Fluß)* coude *m.*
Biene *f* **-, -n** abeille *f.*
Bier *nt* **-(e)s, -e** bière *f;* **~brauer** *m* **-s, -** brasseur *m;* **~deckel** *m,* **~filz** *m* dessous *o* rond *m* (de bière); **~krug** *m,* **~seidel** *nt* chope *f.*
Biest *nt* **-s, -er** *(fam) (Tier)* bête *f; (Mensch)* vache *f.*
bieten *irr vt* présenter; *(Arm, Hand)* donner; *(Schauspiel)* représenter; *(bei Versteigerung)* offrir // *vr:* **sich ~** se présenter; **sich** *(dat)* **etw ~ lassen** accepter qch.
Bi'lanz *f* bilan *m; (Handels~)* balance *f.*
Bild *nt* **-(e)s, -er** image *f; (Gemälde)* tableau *m; (Foto)* photo *f; (Zeichnung)* dessin *m; (Eindruck)* impression *f; (Anblick)* vue *f;* **über etw** *(akk)* **im ~(e) sein** être au courant de qch.
bilden *vt (formen)* former; *(Regierung)* constituer; *(Form, Figur)* modeler, façonner; *(Ausnahme, Ende, Höhepunkt)* représenter, être // *vr:* **sich ~** *(entstehen)* se former, se développer; *(geistig)* s'instruire, se cultiver.
Bild-: ~fläche *f (fig):* **auf der ~fläche erscheinen** apparaître; **von der ~fläche verschwinden** disparaître, s'éclipser; **~hauer(in** *f***)** *m* **-s, -** sculpteur *m;* **b~'hübsch** *a* ravissant(e).
Bildschirm *m* écran *m.*
bild'schön *a* ravissant(e).
Bildung *f (von Schaum, Wolken)* formation *f; (von Ausschuß, Regierung)* constitution *f; (Wissen)* instruction *f; (Benehmen)* éducation *f.*
Bildungs-: ~lücke *f* lacune *f;* **~politik** *f* politique *f* de l'éducation.
billig *a* bon marché; *(schlecht)* mauvais(e); *(Ausrede, Trost, Trick)* médiocre, piètre; *(gerecht)* juste.
billigen *vt* approuver.
Bimsstein *m* pierre *f* ponce.
Binde *f* **-, -n** bande *f; (MED)* bandage *m; (Arm~)* brassard *m; (Damen~)* serviette *f* périodique; **~gewebe** *nt* tissu *m* conjonctif; **~glied** *nt* lien *m.*
binden *irr vt* attacher *(an +akk* à); *(Blumen)* faire un bouquet de; *(Buch)* relier; *(Schleife)* nouer; *(fesseln)* ligoter; *(verpflichten)* obliger; *(Soße, MUS: Töne)* lier // *vr:* **sich ~** s'engager; **sich an jdn ~** se lier avec qn.
Bindestrich *m* trait *m* d'union.
Bindfaden *m* ficelle *f.*
Bindung *f (Verpflichtung)* obligation *f; (Verbundenheit)* lien *m; (Ski~)* fixation *f.*
Binnenhafen *m* port *m* intérieur.
Binse *f* **-, -n** jonc *m.*
Binsenwahrheit *f* vérité *f* de La Palice, truisme *m.*
Bioche'mie *f* biochimie *f.*
Biogra'phie *f* biographie *f.*
Bio'loge *m,* **Bio'login** *f* biologiste *m/f.*
Biolo'gie *f* biologie *f.*
bio'logisch *a* biologique.
birgst, birgt *siehe* **bergen.**

Birke *f* **-, -n** bouleau *m*.
Birnbaum *m* poirier *m*.
Birne *f* **-, -n** poire *f*; (*ELEC*) ampoule *f*.
birst *siehe* **bersten.**
bis *ad, prep +akk* (*~ zu/an*) jusqu'à; ~ **hierher** jusqu'ici; ~ **in die Nacht** jusque tard dans la nuit; ~ **auf weiteres** jusqu'à nouvel ordre; ~ **bald/gleich** à tout à l'heure/à tout de suite; ~ **auf etw** sauf qch // *conj*. **von ...** ~ de ... à.
Bischof *m* **-s, ¨e** évêque *m*.
bischöflich *a* épiscopal(e).
bis'her *ad* jusqu'à présent.
bis'herig *a* précédent(e).
Biskuit *m o nt* **-(e)s, -s** *o* **-e** génoise *f*.
Biß *m* **-sses, -sse** morsure *f*.
biß *siehe* **beißen.**
bißchen *pron*: **ein** ~ un peu; **ein** ~ **Ruhe/Salz** un peu de repos/de sel; **ein** ~ **viel/wenig** un peu beaucoup/pas assez; **kein** ~ pas du tout; **ein klein(es)** ~ un tout petit peu.
Bissen *m* **-s, -** bouchée *f*.
bissig *a* méchant(e).
Bistum *nt* **-s, ¨er** évêché *m*.
bis'weilen *ad* quelquefois, de temps en temps.
Bitte *f* **-, -n** demande *f*, prière *f*.
bitte *excl* s'il vous (te) plaît; (*wie ~?*) comment?, pardon?; (*als Antwort auf Dank*) je vous en prie!
bitten *vt, vi irr* demander; **jdn um etw** ~ demander qch à qn; **jdn zu Tisch/zum Tanz** ~ inviter qn à passer à table/inviter qn à danser; **~d** *a* suppliant(e), implorant(e).
bitter *a* amer(-ère); (*Wahrheit*) triste; (*Ernst, Not, Hunger, Unrecht*) extrême; **~böse** *a* très méchant(e); (*Blick*) fâché(e); **B~keit** *f* amertume *f*.
Bizeps *m* **-(es), -e** biceps *m*.
Blähungen *pl* (*MED*) vents *mpl*, gaz *mpl*.
Blamage [bla'maːʒə] *f* **-, -n** honte *f*.
bla'mieren (*ohne ge-*) *vr*: **sich** ~ se ridiculiser // *vt* couvrir de honte.
blank *a* (*Metall, Schuhe, Boden*) brillant(e); (*unbedeckt*) nu(e); (*abgewetzt*) lustré(e); (*sauber*) propre; (*fam: ohne Geld*) fauché(e); (*:Unsinn, Neid, Egoismus*) pur(e).
Blankoscheck *m* chèque *m* en blanc.
Bläschen ['blɛːsçən] *nt* (*MED*) pustule *f*; (*im Mund*) aphte *m*.
Blase *f* **-, -n** bulle *f*; (*MED*) ampoule *f*; (*ANAT*) vessie *f*.
Blasebalg *m* soufflet *m*.
blasen *irr vt* souffler; (*MUS: Instrument*) jouer de; (*:Melodie*) jouer // *vi* (*Mensch*) souffler; (*auf Instrument*) jouer.
bla'siert *a* hautain(e).
Blas-: **~instrument** *nt* instrument *m* à vent; **~kapelle** *f* orchestre *m* de cuivres.
Blasphe'mie *f* blasphème *m*.
blaß *a* pâle.
Blässe *f* **-** pâleur *f*.
Blatt *nt* **-(e)s, ¨er** feuille *f*; (*Seite*) page *f*; (*Zeitung*) papier *m*; (*Karte*) carte *f*; (*von Säge, Axt*) lame *f*.
blättern *vi*: **in etw** (*dat*) ~ feuilleter qch.
Blätterteig *m* pâte *f* feuilletée.
blau *a* bleu(e); (*Auge*) au beurre noir; (*Blut*) bleu(e), noble; (*fam: betrunken*) noir(e); (*CULIN*) au bleu; **~er Fleck** bleu *m*; **Fahrt ins B~e** voyage *m* surprise; **B~licht** *nt* gyrophare *m*; **~machen** *vi* (*zvb*) (*SCOL*) sécher; **B~strumpf** *m* bas *m* bleu.
Blech *nt* **-(e)s, -e** tôle *f*; (*Büchsen~*) fer-blanc *m*; (*Back~*) plaque *f*; (*MUS*) cuivre *m*.
blechen *vt, vi* (*fam: Geld*) payer, cracher.
Blechschaden *m* (*AUT*) dégâts *mpl* de carrosserie.
Blei *nt* **-(e)s, -e** plomb *m* // *m o nt* (*~stift*) crayon *m*.
bleiben *vi irr* (*mit sein*) rester; (*Einstellung nicht ändern*) persister (*bei* dans); (*umkommen*) mourir; **stehen~** rester debout; **~lassen** *vt irr* (*zvb*) ne pas faire.
bleich *a* blême.
bleichen *vt* (*Wäsche*) blanchir; (*Haare*) décolorer.
Bleistift *m* crayon *m*; **~spitzer** *m* taille-crayons *m*.
Blende *f* **-, -n** (*PHOT*) diaphragme *m*.

blenden *vt* éblouir; *(blind machen)* aveugler.
blendend *a (fam)* formidable; **~ aussehen** être resplendissant(e).
Blick *m* **-(e)s, -e** regard *m; (Aussicht)* vue *f; (Urteilsfähigkeit)* coup *m* d'œil.
blicken *vi* regarder; **sich ~ lassen** se montrer, se faire voir.
blieb *siehe* **bleiben.**
blies *siehe* **blasen.**
blind *a* aveugle; *(Spiegel, Glas etc)* terne, mat(e); **~er Passagier** passager *m* clandestin; **~er Alarm** fausse alarme *o* alerte *f*.
Blinddarm *m* appendice *f*; **~entzündung** *f* appendicite *f*.
Blindenschrift *f* écriture *f* braille.
Blindheit *f* cécité *f; (fig)* aveuglement *m*.
blindlings *ad* aveuglément.
Blindschleiche *f* **-, -n** orvet *m*.
blinken *vi* scintiller; *(Licht)* clignoter; *(AUT)* mettre ses clignotants.
Blinker *m* **-s, -, Blinklicht** *nt (AUT)* clignotant *m*.
blinzeln *vi* cligner des yeux; *(jdm zu~)* faire un clin d'œil.
Blitz *m* **-es, -e** éclair *m*, foudre *f*; **~ableiter** *m* **-s, -** paratonnerre *m*.
blitzen *vi (Metall)* briller, étinceler; *(Augen)* flamboyer; **es blitzt** *(METEO)* il fait des éclairs.
Blitzlicht *nt (PHOT)* flash *m*.
blitzschnell *a, ad* rapide comme l'éclair *o* la foudre.
Block *m* **-(e)s, ¨e** bloc *m // m* **-s, -s** *(Häuser~)* pâté *m; (Gruppe)* bloc *m*.
Blockade [blɔ'ka:də] *f* blocus *m*.
Blockflöte *f* flûte *f* à bec.
blockfrei *a (POL)* non-aligné(e).
blo'ckieren *(ohne ge-) vt* bloquer; *(unterbinden)* entraver // *vi (Räder)* bloquer.
Blockschrift *f* caractères *mpl* d'imprimerie.
blöd(e) *a* idiot(e); *(unangenehm)* ennuyeux(-euse), embêtant(e).
Blödsinn *m* idiotie *f*.
blond *a* blond(e).
bloß *a* nu(e); *(nichts anderes als)* rien d'autre que // *ad (nur)* seulement; **sag ~!** dis donc!; **sag ~, daß du das nicht gemerkt hast** ne me dis surtout pas que tu ne l'as pas remarqué; **laß das ~!** laisse!
Blöße *f* **-, -n: sich** *(dat)* **eine ~ geben** montrer son point faible.
bloßstellen *vt (zvb)* mettre à nu.
blühen *vi* fleurir; *(fig)* prospérer, être florissant(e); **jdm blüht etw** *(fam)* qch va arriver à qn; **~d** *a* florissant(e); *(Aussehen)* éclatant(e).
Blume *f* **-, -n** fleur *f; (von Wein)* bouquet *m; (von Bier)* mousse *f*.
Blumen-: ~kohl *m* chou-fleur *m*; **~topf** *m* pot *m* de fleurs.
Bluse *f* **-, -n** corsage *m*, chemisier *m*.
Blut *nt* **-(e)s** sang *m*; **~druck** *m* tension *f* artérielle.
Blüte *f* **-, -n** fleur *f; (Blütezeit)* floraison *f; (fig)* apogée *f*.
Blutegel *m* sangsue *f*.
bluten *vi* saigner.
Blütenstaub *m* pollen *m*.
Bluter *m* **-s, -** *(MED)* hémophile *m*.
Blut-: ~erguß *m* contusion *f*; **~gruppe** *f* groupe *m* sanguin.
blutig *a (Verband)* ensanglanté(e); *(Kampf)* sanglant(e).
blutjung *a* tout(e) jeune.
Blut-: ~probe *f* prise *f* de sang; **~übertragung** *f* transfusion *f* sanguine; **~ung** *f* saignement *m; (starke)* hémorragie *f*; **~wurst** *f* boudin *m*.
Bö(e) *f* **-, -en** rafale *f*.
Bock *m* **-(e)s, ¨e** *(Reh~)* chevreuil *m; (Ziegen~)* bouc *m; (Gestell)* tréteau *m; (Kutsch~)* siège *m* (du cocher).
Boden *m* **-s, ¨** terre *f*, sol *m; (untere Seite)* bas *m; (Meeres~, Faß~)* fond *m; (Speicher)* grenier *m; (fig: Grundlage)* base *f*, fond *m*; **auf dem ~ sitzen** être assis(e) par terre; **b~los** *a (fam: Frechheit)* inouï(e), énorme; **~schätze** *pl* ressources *fpl* naturelles.
bog *siehe* **biegen.**
Bogen *m* **-s, -** *(Biegung)* courbe *f*; *(ARCHIT, Waffe)* arc *m; (MUS)* archet *m; (Papier)* feuille *f*.
Bohne *f* **-, -n** *(Gemüsepflanze)* haricot

m vert; *(Frucht)* haricot *m; (Kaffee~)* grain *m* de café.
bohren *vt (Loch)* percer; *(Brunnen)* creuser, forer; *(Metall)* perforer; *(hinein~)* enfoncer // *vi (mit Werkzeug)* percer, creuser; *(Zahnarzt)* passer la roulette; **in der Nase ~** se mettre les doigts dans le nez.
Bohrer *m* **-s, -** perceuse *f; (von Zahnarzt)* fraise *f.*
Bohr-: ~insel *f* plateforme *f* pétrolière; **~maschine** *f* perceuse *f;* **~turm** *m* derrick *m.*
Boiler ['bɔylɐ] *m* **-s, -** chauffe-eau *m.*
Boje *f* **-, -n** balise *f.*
Bolzen *m* **-s, -** boulon *m.*
bombar'dieren *vt (ohne ge-)* bombarder; **jdn mit Fragen ~** mitrailler qn de questions.
Bombe *f* **-, -n** bombe *f;* **~nerfolg** *m (fam)* succès *m* monstre *o* fou.
Bonbon [bɔŋ'bɔŋ] *m o nt* **-s, -s** bonbon *m.*
Bonus *m* **-, -se** *(Gewinnanteil)* boni *m; (Sondervergütung)* bonification *f.*
Boot *nt* **-(e)s; -e** bateau *m.*
Bord *m* **-(e)s, -e: an ~** à bord; **über ~** par-dessus bord; **von ~ gehen** débarquer.
Bord *nt* **-(e)s, -e** *(Brett)* étagère *f.*
Bor'dell *nt* **-s, -e** bordel *m.*
borgen *vt (verleihen)* prêter; *(ausleihen)* emprunter *(etw von jdm* qch à qn); **sich** *(dat)* **etw ~** emprunter qch.
Borke *f* **-, -n** écorce *f.*
bor'niert *a* borné(e).
Börse *f* **-, -n** (*FIN*) Bourse *f; (Geld~)* porte-monnaie *m.*
Borste *f* **-, -n** soie *f.*
Borte *f* **-, -n** bordure *f.*
bös(e) *a* mauvais(e); méchant(e); *(Krankheit)* grave; **ein ~es Gesicht machen** avoir l'air fâché(e).
bösartig *a* méchant(e), malfaisant(e); (*MED*) malin(-igne).
Böschung *f (Straßen~)* talus *m; (Ufer~)* berge *f.*
boshaft *a* méchant(e).
Bosheit *f* méchanceté *f.*
böswillig *a* malveillant(e).
bot *siehe* **bieten.**
Bo'tanik *f* botanique *f.*
bo'tanisch *a* botanique.
Bote *m* **-n, -n** messager *m; (Laufbursche)* garçon *m* de courses.
Botschaft *f* message *m;* (*POL*) ambassade *f.*
Botschafter(in *f***)** *m* **-s, -** ambassadeur(-drice).
Bottich *m* **-(e)s, -e** cuve *f; (Wäsche~)* baquet *m.*
Bouillon [bul'jɔŋ] *f* **-, -s** bouillon *m,* consommé *m.*
boxen *vi* boxer.
Boxer *m* **-s, -** boxeur *m.*
Boxkampf *m* match *m* de boxe.
boykot'tieren *vt (ohne ge-)* boycotter.
brach *siehe* **brechen.**
brachte *siehe* **bringen.**
Branche ['brɑ̃:ʃə] *f* **-, -n** branche *f;* **~nverzeichnis** *nt* annuaire *m* des professions.
Brand *m* **-(e)s, -e** feu *m,* incendie *m;* (*MED*) gangrène *f.*
branden *vi (mit sein) (Meer)* se briser; *(fig)* se déchaîner *(um jdn* contre qn).
brandmarken *vt (Tiere)* marquer (au fer rouge); *(fig)* dénoncer.
Brand-: ~stifter(in *f***)** *m* incendiaire *m/f,* pyromane *m/f;* **~stiftung** *f* incendie *m* criminel.
Brandung *f* ressac *m.*
Brandwunde *f* brûlure *f.*
brannte *siehe* **brennen.**
Branntwein *m* eau-de-vie *f.*
Bra'silien *nt* le Brésil.
braten *vt irr (Fleisch)* rôtir, cuire; *(in der Pfanne)* frire.
Braten *m* **-s, -** rôti *m.*
Brat-: ~huhn *nt* poulet *m;* **~kartoffeln** *pl* pommes *fpl* de terre sautées; **~pfanne** *f* poêle *f* à frire; **~rost** *m* gril *m.*
Bratsche *f* **-, -n** alto *m.*
Brat-: ~spieß *m* broche *f;* **~wurst** *f* saucisse *f* à griller; saucisse *f* grillée.
Brauch *m* **-(e)s, Bräuche** tradition *f,* usage *m.*
brauchbar *a* utilisable; *(Vorschlag)* utile; *(Mensch)* capable.
brauchen *vt* avoir besoin *(jdn/etw* de

qn/qch); *(verwenden)* utiliser; *(Strom, Benzin)* consommer.
Braue *f* **-, -n** sourcil *m*.
brauen *vt* brasser.
Braue'rei *f* brasserie *f*.
braun *a* brun(e), marron *inv; (von Sonne)* bronzé(e).
bräunen *vt* (*CULIN*) faire revenir; *(Subjekt: Sonne)* bronzer.
Brause *f* **-, -n** *(Dusche)* douche *f; (von Gießkanne)* pomme *f; (Getränk)* limonade *f*.
brausen *vi* rugir; *(auch vr: duschen)* se doucher; *(mit sein: schnell fahren)* foncer, filer.
Braut *f* **-, Bräute** mariée *f; (Verlobte)* fiancée *f*.
Bräutigam *m* **-s, -e** marié *m;* fiancé *m*.
Brautpaar *nt* mariés *mpl*.
brav *a (artig)* sage, gentil(le); *(ehrenhaft)* brave.
BRD [be:ɛr'de:] *f* - *(abk von* **Bundesrepublik Deutschland)** R.F.A. *f*.
Brecheisen *nt* levier *m*.
brechen *irr vt (zer~)* casser; *(Bein, Arm)* se casser, se fracturer; *(Licht, Wellen)* réfléchir, réfracter; *(Widerstand, Trotz; jdn)* briser; *(Schweigen, Versprechen)* rompre; *(Rekord)* battre; *(Blockade)* forcer; *(speien)* vomir // *vi (mit sein) (zer~)* rompre, se casser; *(Rohr etc)* crever; *(Wellen)* se briser (an contre); *(Strahlen)* percer *(durch etw* qch); *(hervorstoßen)* surgir; *(mit haben: speien)* vomir, rendre; **mit jdm/etw ~** *(mit haben)* rompre avec qn/qch; **die Ehe ~** commettre un adultère.
Brecher *m* **-s, -** lame *f* brisante.
Brechreiz *m* nausée *f*.
Brei *m* **-(e)s, -e** *(Masse)* pâte *f;* (*CULIN*) bouillie *f*.
breit *a* large; *(ausgedehnt)* vaste, étendu(e); *(Lachen)* gras(se); **1 m ~** large de 1 m, 1 m de large; **die ~e Masse** les masses.
Breite *f* **-, -n** largeur *f;* étendue *f;* (*GEO*) latitude *f*.
Breitengrad *m* degré *m* de latitude.
breit-: ~machen *vr (zvb):* **sich ~machen** s'étaler; **~treten** *vt irr (zvb) (fam)* rabâcher.
Bremsbelag *m* garniture *f* o semelle *f* de frein.
Bremse *f* **-, -n** frein *m;* (*ZOOL*) taon *m*.
bremsen *vi* freiner // *vt (Auto)* faire freiner; *(fig)* freiner; *(jdn)* retenir.
Brems-: ~licht *nt* feu *m* de stationnement; **~pedal** *nt* pédale *f* de frein; **~schuh** *m* sabot *m;* **~spur** *f* trace *f* de freinage; **~weg** *m* longueur *f* d'arrêt.
brennbar *a* inflammable.
brennen *irr vi* brûler // *vt* brûler; *(Zeichen)* marquer au fer rouge; *(Muster)* imprimer; *(Ziegel, Ton)* cuire; *(Branntwein)* distiller; *(Kaffee)* torréfier, griller; **mir ~ die Augen** j'ai les yeux qui piquent; **es brennt!** au feu!; **darauf ~, etw zu tun** être impatient(e) de faire qch.
Brenn-: ~material *nt* combustible *m;* **~(n)essel** *f* ortie *f;* **~punkt** *m* (*PHYS*) foyer *m; (Mittelpunkt)* centre *m;* **~spiritus** *m* alcool *m* à brûler; **~stoff** *m* combustible *m*.
brenzlig *a (Geruch)* de brûlé; *(Situation)* critique.
Brett *nt* **-(e)s, -er** planche *f; (Bord)* étagère *f; (Spiel~)* damier *m;* échiquier *m;* **Schwarzes ~** panneau *m* d'affichage; **~er** *pl (Skier)* skis *mpl;* (*THEAT*) planches *fpl;* **~erzaun** *m* palissade *f*.
brichst, bricht *siehe* **brechen.**
Brief *m* **-(e)s, -e** lettre *f;* **~kasten** *m* boîte *f* aux lettres; **b~lich** *a, ad* par écrit, par lettre; **~marke** *f* timbre (-poste) *m;* **~tasche** *f* portefeuille *m;* **~träger** *m* facteur *m;* **~umschlag** *m* enveloppe *f;* **~wechsel** *m* correspondance *f*.
briet *siehe* **braten.**
brillant [brɪl'jant] *a (ausgezeichnet)* brillant(e), excellent(e).
Brillant [brɪl'jant] *m* brillant *m*, diamant *m*.
Brille *f* **-, -n** lunettes *fpl; (Toiletten~)* lunette *f*.
bringen *vt irr* porter, apporter; *(mitnehmen)* emporter; *(jdn)* emmener; *(Profit)* rapporter; *(veröffentlichen)*

publier; (*THEAT, FILM*) jouer, présenter; (*RADIO, TV*) passer; *(in einen Zustand versetzen)* mener *(zu, in* à); **jdn dazu ~, etw zu tun** amener qn à faire qch; **jdn nach Hause ~** ramener qn à la maison; **er bringt es nicht** *(fam)* il n'y arrive pas; **jdn um etw ~** faire perdre qch à qn; **es zu etw ~** parvenir à qch; **jdn auf eine Idee ~** donner une idée à qn.

Brise *f* **-, -n** brise *f.*

britisch *a* britannique.

bröckelig *a* friable.

Brocken *m* **-s, -** *(Stückchen)* morceau *m; (Bissen)* bouchée *f; (von Kenntnissen)* bribe *f; (Fels~)* fragment *m; (fam: großes Exemplar)* sacré morceau *m.*

Brombeere *f* mûre *f.*

Bronchien ['brɔnciən] *pl* bronches *fpl.*

Bron'chitis *f* **-** bronchite *f.*

Bronze ['brõːsə] *f* **-, -n** bronze *m.*

Brosame *f* **-, -n** miette *f.*

Brosche *f* **-, -n** broche *f.*

Bro'schüre *f* **-, -n** brochure *f.*

Brot *nt* **-(e)s, -e** pain *m; (belegtes ~)* tartine *f.*

Brötchen *nt* petit pain *m.*

brotlos *a (Mensch)* sans emploi; *(Arbeit)* peu lucratif(-ive).

Bruch *m* **-(e)s, ¨e** cassure *f; (fig)* rupture *f; (MED: Eingeweide~)* hernie *f; (:Bein~ etc)* fracture *f;* (*MATH*) fraction *f.*

brüchig *a (Material)* cassant(e), fragile; *(Stein)* friable.

Bruch-: ~landung *f* atterrissage *m* forcé **~strich** *m* barre *f* de fraction; **~stück** *nt* fragment *m;* **~teil** *m* fraction *f.*

Brücke *f* **-, -n** pont *m; (Zahn~)* bridge *m;* (*NAVIG*) passerelle *f; (Teppich)* carpette *f.*

Bruder *m* **-s, ¨** frère *m; (pej: Kerl)* type *m,* loustic *m.*

brüderlich *a* fraternel(le) // *ad* fraternellement.

Brüderschaft *f* amitié *f,* camaraderie *f.*

Brühe *f* **-, -n** (*CULIN*) bouillon *m; (pej: Getränk)* lavasse *f; (: Wasser)* eau *f* de vaisselle.

brüllen *vi (Mensch)* hurler; *(Tier)* mugir, rugir.

brummen *vi* grogner; *(Insekt, Radio)* bourdonner; *(Motoren)* vrombir, ronfler; *(murren)* ronchonner // *vt (Antwort, Worte)* grommeler; *(Lied)* chantonner; **jdm brummt der Schädel** qn a mal au crâne.

brü'nett *a* châtain *inv.*

Brunft *f* **-, ¨e** rut *m,* chaleur *f.*

Brunnen *m* **-s, -** fontaine *f; (tief)* puits *m; (natürlich)* source *f.*

brüsk *a* brusque, brutal(e).

Brust *f* **-, ¨e** poitrine *f; (~korb)* thorax *m.*

brüsten *vr:* **sich ~** se vanter, se rengorger.

Brust-: ~schwimmen *nt* brasse *f;* **~warze** *f* mamelon *m.*

Brüstung *f* balustrade *f.*

Brut *f* **-, -en** *(Tiere)* couvée *f; (pej: Gesindel)* engeance *f; (Brüten)* incubation *f.*

bru'tal *a* brutal(e).

Brutali'tät *f* brutalité *f.*

brüten *vi* couver.

brutto *ad* brut.

Buch *nt* **-(e)s, ¨er** livre *m;* (*COMM*) livre *m* de comptabilité, registre *m;* **~binder** *m* **-s, -** relieur *m;* **~drucker** *m* imprimeur *m.*

Buche *f* **-, -n** hêtre *m.*

buchen *vt* réserver, retenir; *(Betrag)* inscrire, porter.

Bücherbrett *nt* étagère *f.*

Büche'rei *f* bibliothèque *f.*

Bücher-: ~regal *nt* rayons *mpl* de bibliothèque; **~schrank** *m* bibliothèque *f.*

Buch-: ~fink *m* pinson *m;* **~führung** *f* comptabilité *f;* **~halter(in** *f***)** *m* **-s, -** comptable *m/f;* **~händler(in** *f***)** *m* libraire *m/f;* **~handlung** *f* librairie *f.*

Büchse *f* **-, -n** boîte *f; (Gewehr)* carabine *f,* fusil *m;* **~nfleisch** *nt* viande *f* en conserve; **~nöffner** *m* ouvre-boîtes *m.*

Buchstabe ['buːxʃtaːbə] *m* **-ns, -n** lettre *f.*

buchstabieren [buːxʃta'biːrən] *vt*

(ohne ge-) épeler.
buchstäblich ['bu:xʃtɛ:plɪç] *a (fig)* littéralement, à la lettre.
Bucht *f* **-, -en** baie *f*; *(Park~)* place *f* de stationnement.
Buchung *f (Reservierung)* réservation *f*; *(COMM)* opération *f* (comptable).
Buckel *m* **-s, -** bosse *f*; *(fam: Rücken)* dos *m*.
bücken *vr:* **sich** ~ se baisser.
Bückling *m (Fisch)* hareng *m* saur; *(Verbeugung)* révérence *f*.
Bude *f* **-, -n** baraque *f*.
Budget [by'dʒe:] *nt* **-s, -s** budget *m*.
Büfett [by'fe:] *nt* **-s, -s** *(Schrank)* buffet *m*; *(Theke)* comptoir *m*; **kaltes** ~ buffet *m* froid.
Büffel *m* **-s, -** buffle *m*.
Bug *m* **-(e)s, -e** *(NAVIG)* proue *f*.
Bügel *m* **-s, -** *(Kleider~)* cintre *m*; *(Steig~)* étrier *m*; *(Brillen~)* branche *f*; *(an Handtasche etc)* poignée *f*; **~eisen** *nt* fer *m* à repasser; **~falte** *f* pli *m*.
bügeln *vt, vi* repasser.
Bühne *f* **-, -n** *(Podium)* podium *m*, estrade *f*; *(im Theater)* scène *f*; *(Theater)* théâtre *m*; **~nbild** *nt* scène *f*, décor *m*.
Bul'garien *nt* la Bulgarie.
Bulldogge *f* bouledogue *m*.
Bulldozer ['bʊldo:zɐ] *m* **-s, -** bulldozer *m*.
Bulle *m* **-n, -n** taureau *m*.
Bummel *m* **-s, -** balade *f*, flânerie *f*; *(Schaufenster~)* lèche-vitrines *m*.
Bumme'lant *m* traînard *m*.
bummeln *vi (mit sein: gehen)* se balader, flâner; *(trödeln)* traîner; *(faulenzen)* se la couler douce.
Bummel-: **~streik** *m* grève *f* du zèle; **~zug** *m* omnibus *m*.
Bummler(in *f***)** *m* **-s, -** *(langsamer Mensch)* traînard *m*, lambin *m*; *(Faulenzer)* fainéant(e), flemmard *m*.
bumsen *vi (mit sein: aufprallen)* rentrer *(gegen* dans); *(mit haben: Lärm)* faire boum; *(faml: mit haben)* baiser.
Bund *m* **-(e)s, ¨e** lien *m*; *(Vereinigung)* alliance *f*; *(POL)* fédération *f*; *(Hosen~, Rock~)* ceinture *f* // *nt* **-(e)s, -e** botte *f*; *(Schlüssel~)* trousseau *m*.
Bündchen *nt* manchette *f*; *(Hals~)* revers *m*.
Bündel *nt* **-s, -** paquet *m*, ballot *m*; *(Strahlen~)* faisceau *m*.
Bundes-: **~bahn** *f* chemins *mpl* de fer fédéraux; **~kanzler(in** *f***)** *m* chancelier *m* de la République fédérale; **~land** *nt* land *m*; **~liga** *f* première division *f* de football; **~präsident** *m* président *m* de la République fédérale; **~rat** *m* conseil *m* fédéral, bundesrat *m*; **~republik** *f* république *f* fédérale; **~staat** *m* État *m* fédéral; **~straße** *f* route *f* fédérale, route *f* nationale; **~tag** *m* parlement *m* fédéral; **~wehr** *f* armée *f* (allemande).
bündig *a (kurz)* concis(e), succint(e).
Bündnis *nt* alliance *f*, pacte *m*.
Bunker *m* **-s, -** bunker *m*, casemate *m*.
bunt *a* coloré(e); *(gemischt)* varié(e); **jdm wird es zu** ~ c'en est trop pour qn.
Buntstift *m* crayon *m* de couleur.
Burg *f* **-, -en** *(Festung)* forteresse *f*, château *m* fort.
Bürge *m* **-n, -n, Bürgin** *f* garant(e).
bürgen *vi:* **für jdn/etw** ~ se porter garant de qn/qch.
Bürger(in *f***)** *m* **-s, -** citoyen(ne), bourgeois(e); **~krieg** *m* guerre *f* civile; **b~lich** *a (Rechte)* civique, civil(e); *(Klasse, pej)* bourgeois(e); **~meister(in** *f***)** *m* maire *m*; **~steig** *m* trottoir *m*; **~tum** *nt* **-s** bourgeoisie *f*.
Bürgschaft *f* caution *f*.
Bü'ro *nt* **-s, -s** bureau *m*; **~klammer** *f* trombone *m*.
Bürokra'tie *f* bureaucratie *f*.
büro'kratisch *a* bureaucratique.
Bursch(e) *m* **-en, -en** garçon *m*, gars *m*; *(Diener)* domestique *m*.
burschi'kos *a* sans complexes, décontracté(e).
Bürste *f* **-, -n** brosse *f*.
bürsten *vt* brosser.
Bus *m* **-ses, -se** (auto)bus *m*.

Busch *m* **-(e)s, ¨-e** buisson *m*, arbuste *m*; *(in Tropen)* brousse *f*.
Büschel *nt* **-s, -** touffe *f*.
Busen *m* **-s, -** poitrine *f*, seins *mpl*; *(Meer~)* golfe *m*.
Bussard *m* **-s, -e** busard *m*.
Buße *f* **-, -n** pénitence *f*; *(Geld~)* amende *f*.
büßen *vi* faire pénitence // *vt* *(Leichtsinn, Tat)* payer, expier.
Büste *f* **-, -n** buste *m*; *(Schneider~)* mannequin *m* (de tailleur); **~nhalter** *m* **-s, -** soutien-gorge *m*.
Butter *f* **-** beurre *m*; **~blume** *f* bouton *m* d'or; **~brot** *nt* tartine *f* beurrée; **~dose** *f* beurrier *m*.

C

C *nt* *(MUS)* do *m*.
Ca'fé *nt* **-s, -s** salon *m* de thé.
Cafete'ria *f* **-, -s** cafétéria *f*.
campen ['kɛmpn] *vi* camper.
Camper(in *f*) ['kɛmpɐ, -ərɪn] *m* **-s, -** campeur(-euse).
Camping ['kɛmpɪŋ] *nt* **-s** camping *m*; **~platz** *m* camping *m*, terrain *m* de camping.
Cape [ke:p] *nt* **-s, -s** cape *f*.
Caravan ['ka(:)ravan] *m* **-s, -s** caravane *f*.
CDU ['tse:de:'|u:] *abk von* **Christlich-Demokratische Union.**
Cello ['tʃɛlo] *nt* **-s, -s** *o* **Celli** ['tʃɛli:] violoncelle *m*.
Celsius ['tsɛlzius] Celsius, centigrade.
Chamäleon [ka'mɛ:leɔn] *nt* **-s, -s** caméléon *m*.
Champagner [ʃam'panjɐ] *m* **-s, -** champagne *m*.
Champignon ['ʃampɪnjɔŋ] *m* **-s, -s** champignon *m* de Paris.
Chance ['ʃɑ̃:sə] *f* **-, -n** *(Gelegenheit)* occasion *f*, possibilité *f*; *(Aussicht)* chance *f*.
Chanson [ʃɑ̃'sõ:] *nt* **-s, -s** chanson *f* (à texte).
Chaos ['ka:ɔs] *nt* **-** chaos *m*.
chaotisch [ka'o:tɪʃ] *a* chaotique.
Charakter [ka'raktɐ] *m* **-s, -e** [-'te:rə] caractère *m*; **c~fest** *a* de caractère.
charakteri'sieren [ka-] *vt* *(ohne ge-)* caractériser.
charakter'istisch [ka-] *a* caractéristique *(für* de).
cha'rakterlich [ka-] *a* du *o* de caractère.
cha'rakterlos [ka-] *a* sans caractère.
charmant [ʃar'mant] *a* charmant(e).
Charterflug ['tʃartɐ-] *m* vol *m* charter; **~zeug** *nt* charter *m*.
Chassis [ʃa'si:] *nt* **-, -** [-i:(s)] châssis *m*.
Chauffeur [ʃɔ'fø:ɐ] *m* chauffeur *m*.
Chauvi'nismus [ʃovi-] *m* chauvinisme *m*.
Chauvi'nist(in *f*) [ʃovi-] *m* chauvin(e).
Chef [ʃɛf] *m* **-s, -s** chef *m*, patron *m*; **~arzt** *m* médecin-chef *m*; **~in** *f* chef *m*, patronne *f*; **~redakteur** *m* rédacteur *m* en chef; **~sekretärin** *f* secrétaire *f* de direction.
Chemie [çe'mi:] *f* **-** chimie *f*; **~faser** *f* fibre *f* synthétique.
Chemikalie [çemi'ka:liə] *f* produit *m* chimique.
Chemiker(in *f*) ['çe:-] *m* **-s, -** chimiste *m/f*.
chemisch ['çe:-] *a* chimique; **~e Reinigung** nettoyage *m* à sec.
Chiffon ['ʃɪfõ(:)] *m* **-s, -s** foulard *m*.
Chiffre ['ʃɪfɐ, 'ʃɪfrə] *f* **-, -n** *(Geheimzeichen)* chiffre *m*; *(in Zeitung)* référence *f*.
Chile ['tʃi:le] *nt* **-s** le Chili.
China ['çi:na, 'ki:na] *nt* **-s** la Chine.
chi'nesisch [çi-, ki-] *a* chinois(e).
Chinin [çi'ni:n] *nt* **-s** quinine *f*.
Chips [tʃɪps] *pl* *(Spielmarken)* jetons *mpl*; *(Kartoffel~)* chips *mpl*.
Chirurg(in *f*) [çi'rʊrg(ɪn)] *m* **-en, -en** chirurgien(ne).
Chirurgie [çirʊr'gi:] *f* chirurgie *f*.
chi'rurgisch [çi-] *a* chirurgical(e).
chlorofor'mieren [kloro-] *vt* *(ohne ge-)* chloroformer.

Choke [tʃo:k] *m* **-s, -s** (*AUT*) starter *m*.
cho'lerisch [ko-] *a* colérique, coléreux(-euse).
Choleste'rin [ço-] *nt* **-s** cholestérol *m*.
Chor [ko:ɐ] *m* **-(e)s, ¨e** chœur *m*.
Choreogra'phie [koreo-] *f* chorégraphie *f*.
Chor-: **~gestühl** *nt* stalles *fpl*; **~knabe** *m* petit chanteur *m*.
Christ(in *f*) [krɪst] *m* **-en, -en** chrétien(ne); **~enheit** *f* chrétienté *f*; **~entum** *nt* **-s** christianisme *m*; **~kind** *nt* enfant *m* Jésus; *(das Geschenke bringt)*≈Père *m* Noël.
christlich ['krɪ-] *a* chrétien(ne).
Christrose ['krɪ-] *f* rose *f* de Noël.
Chrom [kro:m] *nt* **-s** chrome *m*.
Chromo'som [kro-] *nt* **-s, -en** chromosome *m*.
Chronik ['kro:-] *f* chronique *f*.
chronisch ['kro:-] *a* chronique.
chrono'logisch [kro-] *a* chronologique.
Chrysantheme [kryzan'te:mə] *f* **-, -n** chrysanthème *m*.
circa ['tsɪrka] *ad* environ.
clever ['klɛvɐ] *a* malin(e), futé(e).
Clou [klu:] *m* **-s, -s** clou *m*.
Clown [klaun] *m* **-s, -s** clown *m*.
Cockerspaniel *m* **-(s), -s** cocker *m*.
Cocktail ['kɔkte:l] *m* **-s, -s** cocktail *m*; **~kleid** *nt* robe *f* de cocktail; **~party** *f* cocktail *m*.
Comics ['kɔmɪks] *pl* bande *f* dessinée (BD, bédé *f*).
Computer [kɔm'pju:tɐ] *m* **-s, -** ordinateur *m*.
Conférencier [kõferã'sie:] *m* **-s, -s** animateur(-trice).
Container [kɔn'te:nɐ] *m* **-s, -** conteneur *m*.
Couch [kautʃ] *f* **-en** canapé *m*.
Countdown ['kaunt'daun] *m* **-s, -s** compte *m* à rebours.
Cousin [ku'zɛ̃:] *m* **-s, -s** cousin *m*; **~e** [ku'zi:nə] *f* **-, -n** cousine *f*.
Creme [kre:m] *f* **-, -s** crème *f*; *(Schuh~)* cirage *m*; *(Zahn~)* dentifrice *m*; **c~farben** *a* crème.
Curry(pulver *nt*) ['kari-] *m o nt* **-s** curry *m*.
Cutter(in *f*) ['katɐ, -ərɪn] *m* **-s, -** monteur(-euse).

D

D *nt* (*MUS*) ré *m*.
da *ad (dort)* là, là-bas; *(hier)* ici, là; *(dann)* alors; **~ drüben/draußen/vorn** là-bas/là-dehors/là-devant; **~ hinein/hinauf** là-dedans/là-dessus; **~, wo ...** la où ...; **von ~ an** à partir de (ce moment-)là; **~ haben sie gelacht** ça les a fait rire; **was soll man ~ sagen/machen?** que dire de plus/qu'y faire? // *conj (weil)* comme, puisque.
da'bei *ad (räumlich)* à côté; *(mit etwas zusammen)* avec *(oft nicht übersetzt)*; *(inklusive)* compris(e); *(bei sich)*: **ich habe kein Geld ~** je n'ai pas d'argent sur moi; **er hatte seine Tochter ~** sa fille l'accompagnait; *(zeitlich: während)* en même temps; *(obwohl doch)* pourtant; **er starb ~** il en est mort; **was ist schon ~?** et alors?; **es ist doch nichts ~, wenn man ...** qu'est-ce que ça peut faire qu'on ...?; **es bleibt ~** c'est décidé; **das Schwierige ~ ist ...** le problème (là-dedans), c'est ...
da'beisein *vi irr (zvb, mit sein) (anwesend)* être présent(e); *(beteiligt)* en être; **er war gerade ~ zu gehen** il était en train de partir.
Dach *nt* **-(e)s, ¨er** toit *m*; **~boden** *m* grenier *m*; **~decker** *m* **-s, -** couvreur *m*; **~rinne** *f* gouttière *f*.
Dachs [daks] *m* **-es, -e** blaireau *m*.
Dachständer *m*, **Dachträger** *m* (*AUT*) galerie *f*.
dachte *siehe* **denken.**
Dackel *m* **-s, -** basset *m*.
da'durch *ad (räumlich)* par là; *(mittels)* par ce moyen, ainsi; *(aus diesem Grund)* c'est pourquoi; **~, daß ...** du fait que ...
da'für *ad* pour cela; *(Ersatz)* en échange; **~ sein** être pour; **~ sein, daß ...** *(der Meinung sein)* être d'avis que ... *(+ subj)*; **~, daß ...** étant donné

que ...; **er kann nichts** ~ il n'y peut rien; **was bekomme ich** ~? que recevrai-je en échange?

da'gegen *ad* contre (cela); *(an, auf)* y *(vor vb); (im Vergleich)* en comparaison; **er hat es** ~ **eingetauscht** il l'a échangé(e) contre ceci; **ein gutes Mittel** ~ un bon remède à cela; **er prallte** ~ il a foncé dedans; **ich habe nichts** ~ je n'ai rien contre (cela); **ich war** ~ j'étais contre // *conj* par contre.

da'heim *ad* à la maison, chez soi.

da'her *ad* de là // *conj (deshalb)* c'est pourquoi; **ich komme gerade** ~ j'en viens; **die Schmerzen kommen** ~ voilà la cause des douleurs; **das geht** ~ **nicht, weil ...** c'est impossible pour la raison que ... .

da'hin *ad (räumlich)* là; **gehst du auch** ~? tu y vas aussi?; **sich** ~ **einigen** se mettre d'accord sur cela; **er bringt es noch** ~, **daß ...** il va finir par ...; **bis** ~ *(zeitlich)* jusque-là.

da'hinten *ad* là-derrière; *(weit entfernt)* là-bas; *(in Raum)* au fond.

da'hinter *ad* derrière; **was verbirgt sich/steckt** ~? qu'est-ce qui se cache/qu'il y a là-dessous?

da'hinterkommen *vi irr (zvb, mit sein)*: ~, **daß/wer/was** découvrir que/qui/ce que.

dalassen *vt irr (zvb)* laisser (ici).

damalig *a* d'alors; **der** ~**e Direktor war Herr ...** le directeur était alors Monsieur ... .

damals *ad* à cette époque(-là); ~ **als** à l'époque où; ~ **und heute** jadis et aujourd'hui.

Da'mast *m* **-(e)s, -e** damas *m*.

Dame *f* **-, -n** dame *f; (Schach)* reine *f*; **meine** ~**n und Herren** mesdames et messieurs; **d**~**nhaft** *a* distingué(e).

da'mit *conj* pour que *(+subj); ad* avec cela; *(begründend)* ainsi; **was ist** ~? qu'en est-il?; **genug** ~! suffit comme ça!; ~ **basta** *o* **Schluß** un point, c'est tout; ~ **eilt es nicht** ça ne presse pas.

dämlich *a (fam)* idiot(e).

Damm *m* **-(e)s, ⸚e** *(Stau~)* barrage *m; (Hafen~)* môle *m; (Bahn~, Straßen~)* chaussée *f*.

Dämmerung *f (Morgen~)* aube *f*, lever *m* du jour; *(Abend~)* crépuscule *m*, nuit *f* tombante.

dämmrig *a (Zimmer)* sombre; *(Licht)* faible.

Dä'mon *m* **-s, -en** démon *m*.

dä'monisch *a* démoniaque.

Dampf *m* **-(e)s, ⸚e** vapeur *f*.

dampfen *vi* fumer.

dämpfen *vt (CULIN)* cuire à l'étuvée *o* à la vapeur; *(bügeln)* repasser (à la vapeur); *(Lärm)* étouffer; *(Freude, Schmerz)* atténuer.

Dampfer *m* **-s, -** bateau *m* à vapeur.

Dampf-: ~**kochtopf** *m* autocuiseur *m*, cocotte-minute *f*; ~**maschine** *f* machine *f* à vapeur; ~**schiff** *nt* bateau *m* à vapeur; ~**walze** *f* rouleau *m* compresseur.

da'nach *ad* ensuite; *(in Richtung)* vers cela; *(demgemäß)* d'après cela; ~ **kann man nicht gehen** on ne peut pas s'y fier; **ich werde mich** ~ **richten** j'en tiendrai compte; **er schoß** ~ il tira dessus; **mir ist nicht** ~ je n'en ai pas envie; **er sieht auch** ~ **aus** il en a tout l'air.

da'neben *ad* à côté; *(im Vergleich damit)* en comparaison; *(außerdem)* en outre.

da'neben-: ~**benehmen** *vr irr (zvb, ohne ge-)*: **sich** ~ **benehmen** mal se conduire; ~**gehen** *vi irr (zvb, mit sein)* échouer; *(Schuß)* manquer la cible.

Dänemark *nt* **-s** le Danemark.

dänisch *a* danois(e).

Dank *m* **-(e)s** remerciement(s) *m(pl)*; **vielen** *o* **schönen** ~ merci beaucoup.

dank *prep +dat* grâce à.

dankbar *a (Mensch)* reconnaissant(e); *(Aufgabe)* qui en vaut la peine.

danke *excl* merci; ~ **schön!** merci beaucoup!

danken *vt, vi* remercier; **jdm für etw** ~ remercier qn de qch; **ich danke** merci; *(ironique)* non merci;

niemand wird dir das ~ personne ne t'en sera reconnaissant.
dann *ad* alors; *(danach)* puis, ensuite; *(außerdem)* et puis, en outre; **~ und wann** de temps en temps.
da'ran *ad* à cela, y *(vor vb); (zweifeln)* de cela; **im Anschluß ~** tout de suite après; **es liegt ~, daß ...** c'est parce que ...; **mir liegt viel ~** c'est très important pour moi; **gut/schlecht ~ sein** être en bonne/mauvaise posture; **das Beste ist ...** le meilleur de l'histoire, c'est ...; **ich war nahe ~, zu ...** j'étais sur le point de ...; **er ist ~ gestorben** il en est mort.
da'rauf *ad (räumlich)* dessus; *(danach)* après; **es kommt ~ an, ob ...** cela dépend si ...; **ich komme nicht ~** cela m'échappe; **die Tage ~** les jours suivants; **am Tag ~** le lendemain; **~folgend** *a* suivant(e); **~hin** *ad (im Hinblick ~)* à ce point de vue; *(aus diesem Grund)* à la suite de quoi.
da'raus *ad (räumlich)* de là, en *(vor vb); (Material)* en *o* de cela; **was ist ~ geworden?** qu'en est-il advenu?; **~ geht hervor, daß ...** il en ressort que ...; **mach dir nichts ~** ne t'en fais pas.
darf, darfst *siehe* **dürfen.**
darin *ad* là-dedans, y *(vor vb); (Grund angebend)* en cela, y *(vor vb).*
darlegen *vt (zvb)* exposer, expliquer.
Darlehen *nt* **-s, -** prêt *m,* emprunt *m.*
Darm *m* **-(e)s, ¨e** intestin *m; (Wurst~)* boyau *m;* **~saite** *f* corde *f* de boyau.
darstellen *(zvb) vt* représenter; *(THEAT)* jouer, représenter; *(beschreiben)* décrire // *vr:* **sich ~** se montrer, se présenter.
Darsteller(in *f) m* **-s, -** acteur(-trice), interprète *m/f.*
Darstellung *f* représentation *f; (Geschichte)* description *f.*
dar'über *ad (räumlich)* en dessus; *(zur Bedeckung)* par-dessus; *(in bezug auf Thema)* à ce sujet; *(bei Zahlen, Beträgen)* au-dessus; **er hat sich ~ geärgert/gefreut** ça l'a mis en colère/lui a fait plaisir; **er hat ~ gesprochen** il en a parlé; **~ geht nichts** il n'y a rien de mieux.
dar'um *ad (räumlich)* autour; *(hinsichtlich einer Sache)* pour cela // *conj* c'est pourquoi; **wir bitten ~** nous vous en prions; **ich bemühe mich ~** je m'y efforce; **es geht ~, daß ...** il s'agit de ...; **er würde viel ~ geben, wenn ...** il donnerait beaucoup pour que ... *(+subj);* **warum nicht? — ~!** *(fam)* pourquoi pas?—parce que!
dar'unter *ad* en dessous; *(mit vb der Bewegung)* par dessous; *(im Haus, bei Zahlen, Unterordnung)* au-dessous; *(dazwischen, dabei)* parmi eux(elles); **was verstehen Sie ~?** qu'entendez-vous par là?
das *gen* **des,** *dat* **dem,** *akk* **das,** *pl* **die** *art* le(la), *pl* les // *pron (demonstrativ)* cela, ça, le *(vor vb)* // *pron (relativ)* qui, que; **~ ist** c'est; **~ heißt** c'est-à-dire.
Dasein *nt* **-s** *(Leben)* existence *f; (Anwesenheit)* présence *f;* **d~** *vi irr (zvb, mit sein) (anwesend)* être présent(e); *(vorhanden):* **es ist noch Brot da** il y a encore du pain.
daß *conj* que; *(damit)* pour que *(+subj); (in Wunschsätzen)* si; **zu teuer, als ~ ...** trop cher pour que ... *(+subj);* **außer ~ ...** excepté que ...; **ohne ~ ...** sans que ... *(+subj).*
das'selbe *pron* la même chose.
dastehen *vi irr (zvb) (Mensch)* être là; *(fig)* se trouver; *(in Buch)* être mentionné(e); **dumm ~** avoir l'air bête.
Daten *pl von* **Datum** // *pl (EDV)* données *fpl;* **~bank** *f* banque *f* de données; **~schutz** *m* protection *f* de la vie privée; **~typist(in** *f) m* opérateur(-trice), pupitreur(-trice); **~verarbeitung** *f* traitement *m* des données.
da'tieren *(ohne ge-) vt* dater // *vi:* **von ... ~** dater de ...
Dativ *m* datif *m.*
Dattel *f* **-, -n** datte *f.*
Datum *nt* **-s, Daten** date *f.*
Dauer *f* **-, -n** durée *f;* **auf die ~** à la

longue; ~**auftrag** *m* (*FIN*) ordre *m* permanent; **d~haft** *a* durable; ~**karte** *f* abonnement *m*; ~**lauf** *m* course *f* à pied, jogging *m*.

dauern *vi* durer; **es hat sehr lange gedauert, bis er begriffen hat** il a mis longtemps à comprendre.

dauernd *a* constant(e), incessant(e); *(andauernd)* permanent(e) // *ad* constamment.

Dauer-: ~**regen** *m* pluie *f* incessante; ~**welle** *f* permanente *f*; ~**zustand** *m* état *m* permanent.

Daumen *m* **-s, -** pouce *m*; **am ~ lutschen** sucer son pouce.

Daune *f* **-, -n** duvet *m*.

Daunendecke *f* édredon *m*.

da'von *ad* en *(vor vb)*; *(Entfernung)* de là; *(Trennung, Grund)* de cela; **die Hälfte ~** la moitié (de cela); **10 ~ waren gekommen** dix d'entre eux étaient venus; **~ wußte er nichts** il n'en savait rien; **~ wissen** être au courant; **das kommt ~!** c'est bien fait!; **~ abgesehen** à part cela; **was habe ich ~?** à quoi ça m'avance?; **das hast du nun ~!** tu vois le résultat.

da'von-: ~**kommen** *vi irr (zvb, mit sein)* s'en tirer; **mit dem Schrecken ~kommen** en être quitte pour la peur; ~**laufen** *vi irr (zvb, mit sein)* se sauver; ~**tragen** *vt irr (zvb) (Sieg)* remporter; *(Verletzung)* subir.

da'vor *ad* devant; *(zeitlich, Reihenfolge)* avant; **das Jahr ~** l'année d'avant; **ihn ~ warnen** l'en avertir; **Angst ~ haben** en avoir peur.

da'zu *ad* avec cela; *(Zweck angebend)* pour cela; *(in bezug auf Thema, Frage)* sur cela; **er arbeitet und singt ~** il chante en travaillant; **was hat er ~ gesagt?** qu'en a-t-il dit?; **und ~ noch** et en plus; **wie komme ich denn ~?** quelle idée!; **~ fähig sein** en être capable; **Zeit/Lust ~ haben** en avoir le temps/envie.

da'zu-: ~**gehören** *vi (zvb, ohne ge-)* en faire partie; ~**kommen** *vi irr (zvb, mit sein) (Ereignisse)* survenir; *(an einen Ort)* arriver.

da'zwischen *ad (räumlich)* au milieu; *(zeitlich)* entretemps; *(bei Maß-, Mengenangaben)* entre les deux; *(dabei, darunter)* dans le tas, parmi eux (elles).

da'zwischen-: ~**kommen** *vi irr (zvb, mit sein) (hineingeraten)*: **mit den Fingern ~kommen** se coincer les doigts; **es ist etwas ~gekommen** il y a eu un contretemps; ~**reden** *vi (zvb) (unterbrechen)* interrompre.

DDR [de:de:'|ɛʀ] *f (abk von* **Deutsche Demokratische Republik**) R.D.A. *f*.

De'batte *f* **-, -n** débat *m*.

Deck *nt* **-(e)s, -s** *o* **-e** pont *m*.

Decke *f* **-, -n** couverture *f*; *(Tisch~)* nappe *f*; *(Zimmer~)* plafond *m*; **unter einer ~ stecken** être de connivence.

Deckel *m* **-s, -** couvercle *m*; *(Buch~)* couverture *f*.

decken *vt* couvrir; *(Bedarf)* satisfaire à; (*FIN*) couvrir; *(Defizit)* combler; (*SPORT*) marquer // *vr*: **sich ~** *(Meinung)* être identique(s); (*MATH*) coïncider // *vi (Farbe)* couvrir, camoufler; **den Tisch ~** mettre le couvert *o* la table.

Deckung *f (Schutz)* abri *m*; (*SPORT*: *von Gegner)* marquage *m*; *(von Meinung)* accord *m*; (*COMM*: *von Bedarf)* satisfaction *f*; **in ~ gehen** se mettre à l'abri; **zur ~ des Defizits** pour combler le déficit; **zur ~ der Kosten** pour couvrir les frais.

De'fekt *m* **-(e)s, -e** défaut *m*; **d~** *a (Maschine)* défectueux(-euse).

defen'siv *a* défensif(-ive).

defi'nieren *vt (ohne ge-)* définir.

Definiti'on *f* définition *f*.

Defizit *nt* **-s, -e** déficit *m*.

deftig *a (Essen)* consistant(e); *(Witz)* grossier(-ère).

Degen *m* **-s, -** épée *f*.

degene'rieren *vi (ohne ge-, mit sein)* dégénérer; *(Sitten)* se dégrader.

dehnbar *a* extensible.

dehnen *vt (Stoff)* étirer; *(Vokal)* allonger // *vr*: **sich ~** *(Stoff)* s'allonger, s'élargir; *(Mensch)* s'étirer; *(Strecke)* s'étendre; *(dauern)* traîner

en longueur.
Deich *m* **-(e)s, -e** digue *f*
Deichsel ['daiksl] *f* **-, -n** timon *m.*
dein *pron* (**D~** *in Briefen*) ton(ta); *pl* tes; *(substantivisch):* **der/die/das ~e** le (la) tien(ne); **die D~en** *(Angehörige)* les tiens.
deiner *pron (gen von* **du**) de toi.
deinerseits *ad* de ta part, de ton côté.
deines'gleichen *pron* des gens comme toi.
deinetwegen, deinetwillen *ad (für dich)* pour toi; *(wegen dir)* à cause de toi.
deka'dent *a* décadent(e).
Deka'denz *f* décadence *f.*
De'kan *m* **-s, -e** doyen *m.*
Deklinati'on *f* déclinaison *f.*
dekli'nieren *vt (ohne ge-)* décliner.
Dekolle'té *nt* **-s, -s** décolleté *m.*
Dekorateur(in *f*) [dekora'tøːɐ, 'tøːrin] *m* décorateur *m,* décoratrice *f.*
Dekorati'on *f* décoration *f; (THEAT)* décor *m.*
deko'rieren *vt (ohne ge-)* décorer.
Delegati'on *f* délégation *f.*
Delika'tesse *f* **-, -n** délicatesse *f; (Feinkost)* mets *m* délicat.
De'likt *nt* **-(e)s, -e** délit *m.*
Delle *f* **-, -n** *(fam)* bosse *f.*
Del'phin *m* **-s, -e** dauphin *m // nt* **-s** brasse *f* papillon.
dem *art dat von* **der, das.**
Dema'goge *m* démagogue *m.*
demen'tieren *vt (ohne ge-) (Meldung)* démentir.
demgemäß *ad* en conséquence.
demnach *ad* donc.
dem'nächst *ad* bientôt, sous peu.
Demokra'tie *f* démocratie *f.*
demo'kratisch *a* démocratique.
demo'lieren *vt (ohne ge-)* démolir.
Demon'strant(in *f*) *m* manifestant(e).
Demonstrati'on *f (Darlegung)* démonstration *f; (Umzug)* manifestation *f.*
demonstra'tiv *a* démonstratif (-ive) // *ad* avec ostentation.
demon'strieren *(ohne ge-) vt* montrer; *(guten Willen)* manifester, montrer // *vi* manifester.
Demosko'pie *f* sondage *m* d'opinion.
Demut *f* **-** humilité *f,* soumission *f.*
demütig *a* humble.
demütigen *vt* humilier // *vr:* **sich ~** s'humilier, s'abaisser.
Demütigung *f* humiliation *f.*
demzufolge *ad* donc, par conséquent.
den *art akk von* **der.**
denen *pron dat von* **die.**
denkbar *a* concevable // *ad (sehr)* extrêmement.
denken *irr vt, vi* penser; **sich** *(dat)* **etw ~** *(vermuten)* se douter de qch; **gut/schlecht über jdn/etw ~** penser du bien/du mal de qn/qch; **an jdn/etw ~** penser à qn/qch; **denk(e) daran, daß ...** n'oublie pas que ...; **D~** *nt* **-s** *(Überlegen)* réflexion *f; (Denkfähigkeit)* pensée *f.*
Denk-: ~fähigkeit *f* faculté *f* de penser; **d~faul** *a* paresseux(-euse) d'esprit; **~fehler** *m* faute *f* o erreur *f* de raisonnement; **~mal** *nt,* **-mals, -mäler** monument *m;* **d~würdig** *a* mémorable; **~zettel** *m:* **jdm einen ~zettel verpassen** donner une leçon à qn.
denn *conj* car // *ad (verstärkend)* donc; **wo ist er ~?** où est-il donc?; **mehr/besser ~ je** plus/mieux que jamais; **es sei ~** à moins que (*+subj*).
dennoch *conj* cependant, pourtant.
Denunzi'ant(in *f*) *m* dénonciateur(-trice).
depo'nieren *vt (ohne ge-)* déposer.
Depot [de'poː] *nt* **-s, -s** dépôt *m.*
Depressi'on *f* dépression *f.*
depri'mieren *vt (ohne ge-)* déprimer.
der *gen* **des,** *dat* **dem,** *akk* **den,** *pl* **die** *art* le(la), *pl* les // *pron (demonstrativ)* celui(celle)-ci, celui(celle)-là; *(fam)* il(elle) // *pron (relativ)* qui // *gen, dat von* **die** *f.*
derart *ad* tellement, tant; *(solcher Art)* de ce genre(-là), de cette sorte; **~, daß ...** *(relativ)* de telle sorte que ...; *(verstärkend)* tellement ... que ...

derartig *a* tel(le).
derb *a* grossier(-ère); *(Kost)* peu raffiné(e).
deren *pron gen von* **die** *pl.*
der-: ~'**gleichen** *pron* tel(le), semblable; ~**jenige** *pron (demonstrativ):* ~**jenige ... der** celui ... (qui); ~**maßen** *ad* tant, si; ~'**selbe** *pron* le même; ~**zeitig** *a (jetzig)* actuel(le); *(damalig)* d'alors.
des *art gen von* **der, das.**
deser'tieren *vi (ohne ge-, mit sein)* déserter.
des'gleichen *ad* pareillement.
deshalb *ad* c'est pourquoi, pour cette raison, pour cela.
Desinfekti'on *f* désinfection *f;* ~**smittel** *nt* désinfectant *m.*
desinfi'zieren *vt (ohne ge-)* désinfecter.
dessen *pron gen von* **der, das;** ~**ungeachtet** *ad* malgré cela, néanmoins.
Destillation [dɛstɪla'tsio:n] *f* distillation *f.*
destillieren [dɛstɪ'li:rən] *vt (ohne ge-)* distiller.
desto *ad* d'autant; ~ **besser** d'autant mieux; tant mieux.
deswegen *conj* c'est pourquoi, à cause de cela.
Detail [de'taj] *nt* **-s, -s** détail *m.*
Detek'tiv *m* détective *m.*
deuten *vt* interpréter // *vi:* **auf etw** *(akk)* ~ indiquer qch.
deutlich *a* clair(e); *(Schrift)* lisible; *(Aussprache)* distinct(e); *(Unterschied)* net(nette); **jdm etw** ~ **machen** faire comprendre qch à qn.
Deutlichkeit *f* clarté *f;* netteté *f.*
deutsch *a* allemand(e); **D**~ *nt* **-en** (*LING*) (l')allemand *m;* **D**~**e(r)** *mf* Allemand(e); **D**~**land** *nt* **-s** l'Allemagne *f.*
Deutung *f (Auslegung)* interprétation *f.*
Devise [de'vi:zə] *f* **-, -n** devise *f.*
De'zember *m* **-(s), -** décembre *m.*
de'zent *a* discret(-ète).
dezi'mal *a* décimal(e); **D**~**bruch** *m* décimale *f.*
d.h. *(abk von* **das heißt)** c'est-à-dire.
Dia *nt* **-s, -s** diapo *f.*
Dia'betes *m* **-s, -** diabète *m.*
Dia'betiker(in *f*) *m* **-s, -** diabétique *m/f.*
Dia'gnose *f* **-, -n** diagnostic *m.*
Diago'nale *f* **-, -n** diagonale *f.*
Dia'lekt *m* **-(e)s, -e** dialecte *m,* patois *m.*
Dia'log *m* **-(e)s, -e** dialogue *m.*
Dia'mant *m* diamant *m.*
Diaposi'tiv *nt* diapositive *f.*
Di'ät *f* **-, -en** régime *m;* **d**~ **halten** être au régime, suivre un régime; ~**en** *pl* indemnité *f* (parlementaire).
dich *pron akk von* **du.**
dicht *a* épais(se); *(Menschenmenge, Verkehr)* dense; *(Bäume)* touffu(e); *(Gewebe)* serré(e); *(Dach)* étanche // *ad:* ~ **an/bei** tout près de.
Dichte *f* **-** épaisseur *f; (von Gewebe)* texture *f* serrée; *(von Verkehr)* densité *f.*
dichten *vt (dicht machen)* étancher; *(Leck)* colmater; *(verfassen)* composer; *(fam: erfinden)* inventer, imaginer // *vi (reimen)* écrire des vers.
Dichter(in *f*) *m* **-s, -** poète *m.*
dichterisch *a* poétique.
Dichtung *f* (*TECH*) joint *m,* garniture *f;* (*AUT*) joint *m* de culasse; *(Gedichte)* poésie *f; (Prosa)* œuvre *f* (poétique).
dick *a* épais(se); *(Mensch)* gros(se); **durch** ~ **und dünn** à travers vents et marées.
Dicke *f* **-, -n** épaisseur *f; (von Mensch)* grosseur *f.*
dickflüssig *a* visqueux(-euse), épais(se).
Dickicht *nt* **-s, -e** fourré *m.*
Dickkopf *m (Mensch)* tête *f* de mule; **einen** ~ **haben** être têtu(e).
Dickmilch *f* lait *m* caillé.
die *gen* **der,** *dat* **der,** *akk* **die,** *pl* **die** *art* le(la) // *pron (demonstrativ)* celle-là, celle-ci; *(relativ)* qui // *pl von* **der, die, das.**
Dieb(in *f*) *m* **-(e)s, -e** voleur(-euse).
Diebstahl *m* **-(e)s, ¨e** vol *m.*
Diele *f* **-, -n** *(Brett)* planche *f; (Flur)* vestibule *m,* entrée *f.*

dienen *vi* servir.
Diener(in *f***)** *m* **-s, -** domestique *m/f;* *(fig)* serviteur *m* (servante *f*).
Dienst *m* **-(e)s, -e** service *m;* **außer** ~ hors service; **im** ~ en service; ~ **haben** être de service; **der öffentliche** ~ le service public.
Dienstag *m* mardi *m;* **d~s** *ad* le mardi, tous les mardis.
Dienst-: ~**bote** *m* domestique *m;* **d~eifrig** *a* empressé(e), zélé(e); **d~frei** *a:* **d~ frei haben** avoir congé; ~**geheimnis** *nt* secret *m* professionnel; ~**gespräch** *nt* communication *f* de service; **d~habend** *a* de service; **d~lich** *a* officiel(le) // *ad* pour affaires; ~**mädchen** *nt* bonne *f;* ~**reise** *f* voyage *m* d'affaires; ~**stelle** *f* bureau *m*, office *m;* ~**vorschrift** *f* instruction *f* de service; ~**weg** *m* voie *f* hiérarchique; ~**zeit** *f* heures *fpl* de service.
diesbezüglich *a (Frage)* à ce propos.
diese(r, s) *pron (demonstrativ)* ce, *(vor Vokal, stummem h)* cet, *f* cette // *(substantivisch)* celui-là (celle-là).
die'selbe *pron* le(la) même.
Diesel *m* **-s, -** *(Auto)* diesel *m;* ~**öl** *nt* huile *f* diesel.
diesig *a* brumeux(-euse).
diesjährig *a* de cette année.
diesmal *ad* cette fois.
diesseits *prep +gen* en deçà de; **D~** *nt* **-** ce monde *m*.
Dietrich *m* **-s, -e** crochet *m*.
Differential [-'tsia:l] *nt* **-s, -e** différentielle *f;* ~**getriebe** *nt* engrenage *m* différentiel.
differen'zieren *vt, vi (ohne ge-)* différencier.
Dik'tat *nt* dictée *f;* *(fig: von Mode)* canons *pl*.
Dik'tator *m* dictateur *m*.
Dikta'tur *f* dictature *f*.
dik'tieren *vt (ohne ge-)* dicter.
Di'lemma *nt* **-s, -s** dilemme *m*.
Dilet'tant(in *f***)** *m* amateur (-trice).
Dimensi'on *f* dimension *f*.
Ding *nt* **-(e)s, -e** chose *f*.
Dingsbums *nt* **-** *(fam)* truc *m*, machin-chouette *m*.
Diö'zese *f* **-, -n** diocèse *m*.
Di'plom *nt* **-(e)s, -e** diplôme *m*.
Diplo'mat(in *f***)** *m* **-en, -en** diplomate *m/f*.
Diploma'tie *f* diplomatie *f*.
diplo'matisch *a* diplomatique.
Di'plomingenieur *m* ingénieur *m* diplômé.
dir *pron dat von* **du.**
di'rekt *a* direct(e) // *ad* directement; franchement.
Di'rektor(in *f***)** *m* directeur (-trice); *(von Gymnasium)* proviseur *m;* *(von Realschule)* principal *m*.
Di'rektübertragung *f* retransmission *f* en direct.
Diri'gent(in *f***)** *m* chef *m* d'orchestre.
diri'gieren *vt, vi (ohne ge-)* diriger.
Dirne *f* **-, -n** prostitutée *f*.
Dis'kont *m* **-s, -e** *(FIN)* escompte *m;* *(COMM)* remise *f*, rabais *m;* ~**satz** *m* taux *m* d'escompte.
Disko'thek *f* **-, -en** discothèque *f*.
Diskre'panz *f* divergeance *f*, contradiction *f*.
Diskreti'on *f* discrétion *f*.
Diskussi'on *f* discussion *f;* **zur ~ stehen** entrer en ligne de compte.
disku'tieren *vt, vi (ohne ge-)* discuter *(über +akk* de).
Di'stanz *f* distance *f;* ~ **halten** garder ses distances.
distan'zieren *vr (ohne ge-):* **sich von jdm/etw** ~ prendre ses distances par rapport à qn/qch.
Distel *f* **-, -n** chardon *m*.
Diszi'plin *f* discipline *f*.
Dividende [divi'dɛndə] *f* **-, -n** dividende *m*.
dividieren [divi'di:rən] *vt (ohne ge-)* diviser *(durch* par).
DM *abk von* **Deutsche Mark.**
doch *ad:* ~**!** si!; **das ist ~ schön!** mais c'est beau!; **nicht ~!** mais non!; **er kam ~ noch** il est venu après tout; **komm ~!** viens donc! // *conj (aber)* mais; *(trotzdem)* quand même.
Docht *m* **-(e)s, -e** mèche *f*.
Dock *nt* **-s, -s** dock *m*, bassin *m*.
Dogge *f* **-, -n** dogue *m*.

Dogma *nt* **-s, Dogmen** dogme *m.*

dog'matisch *a* dogmatique.

Doktor *m* docteur *m.*

Doktorarbeit *f* thèse *f* de doctorat.

Doku'ment *nt* document *m.*

Dokumen'tar-: **~bericht** *m,* **~film** *m* documentaire *m.*

dokumen'tarisch *a* documentaire.

Dolch *m* **-(e)s, -e** poignard *m.*

dolmetschen *vt* traduire // *vi* servir d'interprète.

Dolmetscher(in *f***)** *m* **-s, -** interprète *m/f.*

Dom *m* **-(e)s, -e** cathédrale *f.*

Dompfaff *m* bouvreuil *m.*

Donau *f* **-** Danube *m.*

Donner *m* **-s, -** tonnerre *m.*

donnern *vb impers* tonner.

Donnerstag *m* jeudi *m;* **d~s** *ad* le jeudi, chaque jeudi.

Donnerwetter *nt; (fig)* engueulade *f (fam!)* // *excl (verärgert)* bon sang; *(überrascht)* dis donc.

doof *a (fam)* idiot(e), stupide; **ein ~es Gesicht machen** faire une drôle de tête.

Doppel *nt* **-s, -** double *m;* **~bett** *nt* lit *m* pour deux personnes; **~gänger(in** *f***)** *m* **-s, -** sosie *m;* **~punkt** *m* deux points *mpl;* **~stecker** *m* prise *f* double.

doppelt *a* double; **in ~er Ausführung** en double exemplaire // *ad* en double; *(sich freuen, ärgern)* doublement.

Doppel-: **~zentner** *m* quintal *m;* **~zimmer** *nt* chambre *f* pour deux.

Dorf *nt* **-(e)s, ¨er** village *m;* **~bewohner(in** *f***)** *m* villageois(e).

Dorn *m* **-(e)s, -en** épine *f* // *pl* **-e** *(aus Metall)* ardillon *m.*

dornig *a* épineux(-euse).

dörren *vt* sécher.

Dörrobst *nt* fruits *mpl* secs.

Dorsch *m* **-(e)s, -e** cabillaud *m.*

dort *ad* là(-bas); **~ drüben/oben** là-bas/là-haut; **~her** *ad* de là; **~hin** *ad* là-bas.

dortig *a* de là-bas.

Dose *f* **-, -n** boîte *f.*

Dosenöffner *m* ouvre-boîtes *m.*

dösen *vi (fam)* sommeiller.

Dosis *f* **-, Dosen** dose *f.*

Dotter *m* **-s, -** jaune *m* (d'œuf).

Do'zent(in *f***)** *m* maître *m* de conférences.

Drache *m* **-n, -n** dragon *m.*

Drachen *m* **-s, -** *(Spielzeug)* cerf-volant *m;* *(SPORT)* deltaplane *m;* *(fam: Frau)* dragon *m;* **~fliegen** *nt (SPORT)* vol *m* libre; **~flieger(in** *f***)** *m* libériste *m/f.*

Draht *m* **-(e)s, ¨e** fil *m* (de fer), **auf ~ sein** être en (pleine) forme; **~seilbahn** *f* funiculaire *m.*

drall *a* potelé(e), robuste.

Drama *nt* **-s, Dramen** drame *m.*

dra'matisch *a* dramatique.

Drang *m* **-(e)s, ¨e** *(Trieb)* forte envie *f;* *(Druck)* pression *f.*

drang *siehe* **dringen.**

drängeln *vt, vi* pousser.

drängen *vt* presser // *vi* presser; **auf etw** *(akk)* **~** insister sur qch.

drastisch *a (Maßnahme)* draconien(ne); *(Schilderung)* cru(e).

drauf *ad (fam) siehe* **darauf.**

Draufgänger(in *f***)** *m* **-s, -** casse-cou *m.*

draußen *ad* (au) dehors.

Dreck *m* **-(e)s** saleté *f;* crasse *f.*

dreckig *a* sale; *(Bemerkung, Witz)* obscène; *(Lachen)* mauvais(e).

Dreharbeiten *pl* tournage *m.*

drehen *vt* tourner; *(Zigaretten)* rouler // *vi* tourner; *(Schiff)* virer de bord // *vr:* **sich ~** tourner; *(Mensch)* se tourner; *(handeln von)* s'agir *(um* de).

Dreh-: **~orgel** *f* orgue *m* de Barbarie; **~tür** *f* porte *f* pivotante.

Drehung *f (Rotation)* rotation *f;* *(Um~, Wendung)* tour *m.*

Dreh-: **~zahl** *f* nombre *m* de tours; **~zahlmesser** *m* compte-tours *m.*

drei *num* trois.

Drei-: **~eck** *nt* triangle *m;* **d~eckig** *a* triangulaire; **d~ein'halb** *num* trois et demi; **~'einigkeit** *f,* **~'faltigkeit** *f* Trinité *f;* **d~erlei** *a inv* de trois sortes; **d~fach** *a* triple; **d~hundert** *num* trois cents; **~'königsfest** *nt* Éphiphanie *f,* fête *f* des Rois; **d~mal** *ad* trois fois.

dreinreden *vi (zvb):* **jdm** ~ *(dazwischenreden)* interrompre qn; *(sich einmischen)* se mêler des affaires de qn.
dreißig *num* trente.
dreist *a* impertinent(e).
drei'viertel *num* trois quarts; **D~'stunde** *f* trois quarts *mpl* d'heure.
dreizehn *num* treize.
dreschen *vt irr (Getreide)* battre; **Phrasen** ~ *(fam)* faire des phrases.
dres'sieren *vt (ohne ge-)* dresser.
Drillbohrer *m* perceuse *f.*
drin *ad (fam) siehe* **darin.**
dringen *vi irr (mit sein):* **durch/in etw** *(akk)* ~ pénétrer dans qch; **zu jdm** ~ parvenir à qn; **in jdn** ~ presser qn; **auf etw** *(akk)* ~ *(mit haben)* insister sur qch.
dringend *a* urgent(e), pressant(e); *(Verdacht)* sérieux(-euse).
dringlich *a (Aufgabe)* urgent(e).
drinnen *ad* à l'intérieur; *(in Behälter)* dedans.
drischt *siehe* **dreschen.**
dritte(r, s) *a* troisième.
Drittel *nt* **-s, -** tiers *m.*
drittens *ad* troisièmement, tertio.
droben *ad* là-haut.
Droge *f* **-, -n** drogue *f.*
drogenabhängig *a* drogué(e).
Droge'rie *f* droguerie *f.*
drohen *vi* menacer *(jdm* qn).
dröhnen *vi (Motor)* vrombir; *(Stimme, Musik)* retentir.
Drohung *f* menace *f.*
drollig *a* amusant(e).
drosch *siehe* **dreschen.**
Drossel *f* **-, -n** grive *f.*
drüben *ad* de l'autre côté; *(in der DDR)* en Allemagne de l'Est.
drüber *ad (fam) siehe* **darüber.**
Druck *m* **-(e)s, -e** pression *f;* (TYP) impression *f;* **im** ~ **sein** être surchargé(e) de travail; **~buchstabe** *m* caractère *m* d'imprimerie.
Drückeberger *m* **-s, -** tire-au-flanc *m.*
drucken *vt* (TYP) imprimer.
drücken *vt* pousser; *(pressen)* presser; *(Preise)* casser; *(bedrücken)* oppresser, accabler // *vi (zu eng sein)* serrer // *vr:* **sich (vor etw)** ~ s'esquiver devant qch; **jdm die Hand** ~ serrer la main à qn; **jdm etw in die Hand** ~ donner qch à qn; **jdn an sich** *(akk)* ~ serrer qn contre soi.
drückend *a (Hitze)* étouffant(e); *(Stille)* pesant(e), oppressant(e).
Drucker *m* **-s, -** imprimeur *m,* typographe *m.*
Drücker *m* **-s, -** *(Tür~)* poignée *f;* *(Gewehr~)* gâchette *f.*
Drucke'rei *f* imprimerie *f.*
Druck-: **~fehler** *m* faute *f* d'impression; **~knopf** *m* bouton-pression *m;* **~mittel** *nt* moyen *m* de pression; **~sache** *f* imprimé *m;* **~schrift** *f* (TYP) caractères *mpl* d'imprimerie.
drunten *ad* en bas.
Drüse *f* **-, -n** glande *f.*
Dschungel *m* **-s, -** jungle *f.*
du *pron* (**D~** *in Briefen)* tu; *(alleinstehend)* toi.
ducken *vr:* **sich** ~ se baisser; *(fig)* courber l'échine.
Dudelsack *m* cornemuse *f.*
Du'ett *nt* **-(e)s, -e** duo *m.*
Duft *m* **-(e)s, ¨e** odeur *f.*
duften *vi* sentir bon, embaumer.
duftig *a (Stoff, Kleid)* vaporeux(-euse); *(Muster)* délicat(e).
dulden *vi* souffrir // *vt* subir; *(Maßnahmen)* admettre; *(Widerspruch)* tolérer.
duldsam *a* patient(e).
dumm *a* **(¨er, am ¨sten)** stupide, bête, sot(te); **das wird mir zu** ~ j'en ai assez; **der D~e sein** être le dindon de la farce.
dummer'weise *ad* bêtement.
dummdreist *a* effronté(e).
Dummheit *f* stupidité *f,* bêtise *f.*
Dummkopf *m* imbécile *m/f.*
dumpf *a (Ton, Schmerz)* sourd(e); *(Luft)* étouffant(e); *(Erinnerung)* vague.
Düne *f* **-, -n** dune *f.*
Dung *m* fumier *m.*
düngen *vt* mettre de l'engrais à; *(mit Mist)* fumer.
Dünger *m* **-s, -** engrais *m.*

dunkel *a* sombre; *(Farbe)* foncé(e); *(Stimme)* grave; *(Ahnung)* vague; *(rätselhaft)* obscur(e); *(verdächtig)* louche; **im dunkeln tappen** *(fig)* tâtonner.
Dunkelheit *f* obscurité *f*.
dünn *a (Mensch)* maigre; *(Scheibe)* mince; *(Schleier, Luft)* léger(-ère); *(Haar)* fin(e); *(Suppe)* clair(e); ~ **gesät** rare.
Dunst *m* **-es, ⸚e** vapeur *f*; *(Wetter)* brume *f*.
dünsten *vt* cuire à l'étuvée.
dunstig *a (Raum)* embué(e); *(Luft)* humide; *(Wetter)* brumeux(-euse).
Dur *nt* **-, -** (*MUS*) majeur *m*.
durch *prep +akk* par; *(mit Hilfe von)* grâce à; (*MATH*) (divisé) par // *ad (zeitlich)*: **die Nacht** ~ toute la nuit; ~ **Arbeiten** en travaillant; **hier** ~ par ici; ~ **und** ~ complètement, tout à fait; **die Hose ist an den Knien** ~ le pantalon est troué aux genoux; **das Gesetz ist** ~ la loi a été adoptée.
durcharbeiten *(zvb) vt* travailler sans interruption // *vr*: **sich** ~ se frayer un chemin *(durch* à travers).
durch'aus *ad* complètement; *(unbedingt)* absolument.
durchblättern *vt (zvb)* feuilleter.
Durchblick *m*: **keinen/den** ~ **haben** *(fam)* ne pas piger/piger.
durchblicken *vi (zvb)* regarder (à travers); *(fam: verstehen)* piger; **etw** ~ **lassen** *(fig)* laisser entendre qch.
durch'bohren *vt (ohne ge-) (mit Bohrer)* percer; *(mit Degen)* transpercer; *(mit Kugel)* cribler (de balles).
durchbrechen *irr (zvb) vt* casser, briser // *vi (mit sein)* casser; *(sich zeigen)* percer.
durch'brechen *vt irr (ohne ge-) (Schranken)* forcer; *(Schallmauer)* franchir; *(Gewohnheit)* rompre.
durchbrennen *vi irr (zvb, mit sein) (Draht)* brûler; *(Sicherung)* sauter; *(fam: weglaufen)* filer.
durchbringen *vt irr (zvb) (Kranken)* tirer d'affaire; *(Familie)* nourrir; *(Antrag)* faire valoir; *(Geld)* dilapider, gaspiller.
Durchbruch *m (Öffnung)* ouverture *f*; (*MIL*) percée *f*.
durch'dacht *a*, examiné(e) à fond.
durchdiskutieren *vt (zvb, ohne ge-)* discuter à fond.
durchdrehen *(zvb) vt (Fleisch)* hacher // *vi (fam)* craquer.
durchdringen *vi irr (zvb, mit sein) (Wasser)* pénétrer; *(Nachricht)* arriver; **mit etw** ~ faire prévaloir qch.
durchein'ander *ad* pêle-mêle, en désordre; *(fam: verwirrt)* troublé(e), dérouté(e); **D~** *nt* **-s** *(Verwirrung)* confusion *f*; *(Unordnung)* désordre *m*; **~bringen** *vt irr (zvb) (in Unordnung)* déranger; *(Pläne)* bouleverser; *(verwirren)* troubler; **~reden** *vi (zvb)* parler en même temps.
durchfahren *vi irr (zvb, mit sein)* passer, traverser; *(ohne Unterbrechung)* rouler sans interruption.
Durchfahrt *f (Öffnung)* passage *m*; *(das Durchfahren)* traversée *f*; **auf der** ~ **sein** être de passage.
Durchfall *m* (*MED*) diarrhée *f*.
durchfallen *vi irr (zvb, mit sein)* tomber *(durch* à travers); *(in Prüfung)* échouer.
durchfragen *vr (zvb)*: **sich** ~ demander son chemin.
durchführbar *a* réalisable.
durchführen *vt (zvb) (jdn)* guider; *(Plan, Maßnahme)* mettre à exécution; *(Experiment)* réaliser.
Durchgang *m* passage *m (durch* à travers); *(bei Produktion)* phase *f*; (*SPORT*) round *m*; *(bei Wahl)* scrutin *m*; ~ **verboten!** passage interdit!
Durchgangs-: **~lager** *nt* camp *m* provisoire; **~verkehr** *m* trafic *m* de transit.
durchgefroren *a (Mensch)* gelé(e), transi(e).
durchgehen *irr (zvb, mit sein) vt (Arbeit, Text)* parcourir // *vi* passer *(durch* à travers); *(Antrag)* être adopté(e); *(durchpassen)* passer *(durch* à travers); *(ohne Unterbrechung)* durer; *(Zug)* aller directement; *(ausreißen: Pferd)* s'emballer; *(Mensch)* filer; **mein Temperament**

ging mit mir durch je me suis emporté(e); **jdm etw ~ lassen** laisser passer qch à qn.
durchgehend *a (Zug)* direct(e); *(Öffnungszeiten)* sans interruption.
durchhalten *irr (zvb) vi* tenir bon // *vt* supporter.
durchkommen *vi irr (zvb, mit sein)* passer; *(Nachricht)* arriver; *(auskommen)* se débrouiller; *(im Examen)* réussir; *(überleben)* s'en tirer.
durchlassen *vt irr (zvb)* laisser passer; **jdm etw ~** laisser passer qch à qn.
Durchlauf(wasser)erhitzer *m* **-s, -** chauffe-eau *m.*
durch'leben *vt (ohne ge-)* vivre.
durchlesen *vt irr (zvb)* lire.
durch'leuchten *vt (ohne ge-)* radiographier.
durch'löchern *vt (ohne ge-)* trouer; *(mit Kugeln)* cribler; *(fig: Argumentation)* démolir.
durchmachen *vt (zvb) (Leiden)* subir; **die Nacht ~** passer une nuit blanche, faire la fête.
Durch-: ~marsch *m (von Truppen)* passage *m;* **~messer** *m* **-s, -** diamètre *m.*
durchnehmen *vt irr (zvb)* traiter.
durchnumerieren *vt (zvb, ohne ge-)* numéroter.
durch'queren *vt (ohne ge-)* traverser.
Durchreise *f* passage *m;* **auf der ~ sein** être de passage.
durchringen *vr irr (zvb):* **sich zu etw ~** se résoudre à qch.
durchrosten *vi (zvb, mit sein)* rouiller complètement.
durchs = durch das.
Durchsage *f* **-, -n** annonce *f.*
durch'schauen *vt (ohne ge-)* ne pas se laisser tromper par.
durchscheinen *vi irr (zvb) (Schrift, Untergrund)* transparaître.
Durchschlag *m (Doppel)* copie *f.*
durchschlagen *irr (zvb) vt (entzweischlagen)* casser en deux; *(Nagel)* enfoncer // *vr:* **sich ~** *(fam)* se débrouiller.
durchschlagend *a (Erfolg)* retentissant(e).
Durchschnitt *m* moyenne *f;* **im ~** en moyenne.
durchschnittlich *a* moyen(ne) // *ad* en moyenne.
Durchschnitts-: ~geschwindigkeit *f* vitesse *f* moyenne; **~mensch** *m* homme *m* de la rue; **~wert** *m* valeur *f* moyenne.
Durchschrift *f* double *m.*
durchsehen *irr (zvb) vt (Artikel)* parcourir; *(Maschine)* contrôler // *vi* voir *(durch* à travers).
durchsetzen *(zvb) vt* imposer // *vr:* **sich ~** s'imposer; **seinen Kopf ~** imposer sa volonté.
durch'setzen *vt (ohne ge-) (Gruppe)* s'introduire dans; *(Gemisch)* parsemer *(mit* de); **durchsetzt sein mit** être entremêlé(e) de.
Durchsicht *f* examen *m.*
durchsichtig *a (Stoff)* transparent(e); *(Manöver)* évident(e).
durchsickern *vi (zvb, mit sein)* suinter; *(fig)* s'ébruiter.
durchsprechen *vt irr (zvb)* discuter.
durchstehen *vt irr (zvb)* endurer.
durch'stöbern *vt (ohne ge-)* fouiller.
durchstreichen *vt irr (zvb)* barrer, biffer.
durch'suchen *vt (ohne ge-)* fouiller; *(JUR)* perquisitionner; **die Wohnung nach Waffen ~** chercher des armes dans l'appartement.
Durch'suchung *f* fouille *f; (von Haus)* perquisition *f.*
durch'trieben *a* rusé(e).
durchweg *ad* complètement, sans exception.
Durchzug *m (Luft)* courant *m* d'air; *(von Truppen, Vögeln)* passage *m.*
durchzwängen *(zvb) vt* faire passer de force *(durch* à travers) // *vr:* **sich ~** passer de force *(durch* à travers).
dürfen *vt, vi irr* avoir la permission de, pouvoir; **darf ich?** je peux?; **es darf geraucht werden** il est permis de fumer; **was darf es sein?** que désirez-vous?; **das darf nicht geschehen** cela ne doit pas arriver; **das ~ Sie mir glauben** vous pouvez m'en croire; **es dürfte**

Ihnen bekannt sein, daß ... vous savez sûrement que ...
durfte *siehe* **dürfen.**
dürftig *a (ärmlich)* misérable; *(unzulänglich)* insuffisant(e), maigre.
dürr *a (Ast)* mort(e); *(Land)* aride; *(mager)* maigre.
Dürre *f* **-, -n** *(von Land)* aridité *f; (Zeit)* sécheresse *f; (Magerkeit)* maigreur *f.*
Durst *m* **-(e)s** soif *f.*
durstig *a* assoiffé(e).
Dusche *f* **-, -n** douche *f.*
duschen *vi (auch vr:* **sich** ~) se doucher, prendre une douche.
Düse *f* **-, -n** *(AVIAT)* brûleur *m.*
Düsen-: ~**antrieb** *m* propulsion *f* par réaction; ~**flugzeug** *nt* avion *m* à réaction.
düster *a* sombre.
Dutzend *nt,* **-s, -e** douzaine *f;* **im** ~ à la douzaine.
dutzend(e)mal *ad* des douzaines de fois.
dutzendweise *ad* par douzaines.
duzen *vt* tutoyer.
Dy'namik *f (PHYS)* dynamique *f; (fig)* élan *m,* dynamisme *m.*
dy'namisch *a* dynamique.
Dyna'mit *nt* **-s** dynamite *f.*
Dy'namo *m* **-s, -s** dynamo *f.*
D-Zug ['de:tsu:k] *m* (train) express *m.*

E

E *nt (MUS)* mi *m.*
Ebbe *f* **-, -n** marée *f* basse.
eben *a* plat(e); *(glatt)* lisse // *ad (gerade):* **er ist** ~ **abgereist** il vient de partir (en voyage); *(bestätigend)* justement; **so ist das** ~ eh bien, c'est comme ça; ~**bürtig** *a:* **jdm** ~**bürtig sein** valoir qn.
Ebene *f* **-, -n** plaine *f; (fig)* niveau *m; (MATH)* plan *m.*
ebenfalls *ad* aussi; **danke,** ~! merci, de même!.
eben-: ~**so** *ad (vor Adjektiv, Adverb)* (tout) aussi; *(alleinstehend)* pareillement; ~**sogut** *ad* (tout) aussi bien; ~**sooft** *ad* (tout) aussi souvent; ~**soweit** *ad* (tout) aussi loin; ~**sowenig** *ad* (tout) aussi peu.
Eber *m* **-s, -** verrat *m; (wilder* ~) sanglier *m;* ~**esche** *f* sorbier *m.*
Echo *nt* **-s, -s** écho *m.*
echt *a* vrai(e), authentique; *(typisch)* typique; **E**~**heit** *f* authenticité *f.*
Ecke *f* **-, -n** coin *m; (von Kragen)* pointe *f; (SPORT)* corner *m.*
eckig *a* anguleux(-euse); *(fig: Bewegung)* gauche.
Eckzahn *m* canine *f.*
edel *a (Holz)* précieux(-euse); *(Wein)* sélectionné(e); *(Pferd)* de race; *(Tat, Mensch)* noble, généreux(-euse); **E**~**metall** *nt* métal *m* précieux; **E**~**stein** *m* pierre *f* précieuse.
Efeu *m* **-s** lierre *m.*
Ef'fekt *m* **-s, -e** effet *m;* ~**en** *pl* titres *mpl,* valeurs *fpl;* ~**hasche'rei** *f* recherche *f* de l'effet.
effek'tiv *a* effectif(-ive).
e'gal *a* égal(e); **das ist** ~ c'est égal.
Ego-: ~**'ismus** *m* égoïsme *m;* ~**'ist** *m* égoïste *m/f;* **e**~**'istisch** *a* égoïste.
Ehe *f* **-, -n** mariage *m;* ~**bruch** *m* adultère *m;* ~**frau** *f* femme *f,* épouse *f;* ~**leute** *pl* couple *m* (marié); **e**~**lich** *a (Beziehungen)* conjugal(e); *(Recht)* matrimonial(e); *(Kind)* légitime.
ehemalig *a* ancien(ne) *(vorgestellt).*
ehemals *ad* autrefois.
Ehemann *m* mari *m.*
Ehepaar *nt* couple *m* (marié).
eher *ad (früher)* plus tôt; *(lieber, mehr)* plutôt.
Ehe-: ~**ring** *m* alliance *f;* ~**schließung** *f* mariage *m.*
eheste(r,s) *a (frühester)* premier (-ière); **am** ~**n** *(am liebsten)* de préférence; *(wahrscheinlichst)* très probablement.
Ehre *f* **-, -n** honneur *m;* **zu** ~**n von** en l'honneur de; **es war mir eine** ~ ce fut un honneur pour moi; **e**~**n** *vt* honorer; ~**ngast** *m* invité(e) d'honneur; ~**nmitglied** *nt* membre *m* honoraire; ~**nsache** *f* affaire *f* d'honneur; **e**~**nvoll** *a* honorable; ~**nwort** *nt* parole *f* (d'honneur).
Ehrgeiz *m* ambition *f;* **e**~**ig** *a* ambitieux(-euse).

ehrlich *a* honnête; **es ~ meinen** avoir des intentions honnêtes; **~ gesagt** à vrai dire; **E~keit** *f* honnêteté *f*.
Ehrung *f* honneur *m*, hommage *m*.
ehrwürdig *a* vénérable, respectable.
Ei *nt* **-(e)s, -er** œuf *m*; **e~** *excl* mais.
Eiche *f* **-, -n** chêne *m*.
Eichel *f* **-, -n** *(Frucht)* gland *m*.
eichen *vt* étalonner.
Eichhörnchen *nt* écureuil *m*.
Eid *m* **-(e)s, -e** serment *m*; **unter ~ stehen** être sous serment *o* assermenté(e); **an ~es Statt** (par une déclaration) tenant lieu de serment.
Eidechse *f* **-, -n** lézard *m*.
Eidgenosse *m* confédéré *m*; *(Schweizer)* Suisse *m*.
Eier-: ~becher *m* coquetier *m*; **~kuchen** *m* omelette *f*, crêpe *f*; **~schale** *f* coquille *f* d'œuf; **~stock** *m* ovaire *m*; **~uhr** *f* sablier *m*.
Eifer *m* **-s** zèle *m*; **~sucht** *f* jalousie *f*; **e~süchtig** *a* jaloux(-ouse).
eifrig *a* zélé(e); *(Antwort)* empressé(e).
Eigelb *nt* jaune *m* d'œuf.
eigen *a* propre *(mit Possessivpronomen)*; *(Meinung)* personnel(le); *(gesondert, typisch)* particulier(-ière); *(~artig)* étrange; **der ~e Bruder** son propre frère; **mit der ihm ~en ...** avec cet(te)... qui le caractérise; **sich** *(dat)* **etw zu ~ machen** faire sien(ne) qch; **E~art** *f (von Mensch)* particularité *f*; **~artig** *a* étrange, bizarre; **E~bedarf** *m* besoins *mpl* personnels; **~händig** *a* de sa propre main; **E~heit** *f* particularité *f*; *(von Mensch)* bizarrerie *f*; **E~lob** *nt* éloge *m* de soi-même; **~mächtig** *a (Handeln)* de son propre chef; *(Entscheidung)* arbitraire; **E~name** *m* nom *m* propre; **E~schaft** *f (Merkmal)* qualité, propriété *f*; **in seiner E~schaft als ...** en (sa) qualité de ...; **E~sinn** *m* obstination *f*.
eigentlich *a (Grund)* vrai(e); *(Bedeutung)* propre // *ad* en réalité, à vrai dire; *(überhaupt)* au fait.
Eigen-: ~tor *nt* but *m* contre son propre camp; **~tum** *nt* **-s, ¨er** propriété *f*; **~tümer(in** *f*) *m* **-s, -** propriétaire *m/f*; **e~tümlich** *a* bizarre, étrange; **~tumswohnung** *f* appartement *m* possédé en propriété.
eignen *vr*: **sich ~** convenir *(für* pour, *als* comme); **er eignet sich nicht zum Lehrer** il n'est pas fait pour être professeur.
Eignung *f* aptitude *f*, qualification *f*.
Eil-: ~bote *m* courrier *m*; **~brief** *m* lettre *f* (par) exprès.
Eile *f* **-** hâte *f*, précipitation *f*; **es hat keine ~** ça ne presse pas.
eilen *vi (mit sein: Mensch)* se presser, se dépêcher; *(mit haben: dringend sein)* être urgent(e).
eilig *a (Passant, Schritt)* pressé(e); *(dringlich)* urgent(e); **es ~ haben** être pressé(e).
Eilzug *m* rapide *m*.
Eimer *m* **-s, -** seau *m*.
ein *num* un(e) // *art* un(e) // *ad*: **nicht mehr ~ noch aus wissen** ne plus savoir quoi faire; **bei jdm ~ und aus gehen** fréquenter qn; **~e(r,s)** *pron* un(e); *(jemand)* quelqu'un; *(etwas)* quelque chose; *(man)* on; **ich habe ~en gesehen** j'en ai vu un(e); **~er von uns** l'un d'entre nous.
ein'ander *pron (dat)* l'un(e) à l'autre, les uns (unes) aux autres; *(akk)* l'un(e) l'autre, les uns (unes) les autres.
einarbeiten *vr (zvb)*: **sich ~** se mettre au courant *(in +akk* de).
einatmen *(zvb) vi* inspirer // *vt* inhaler.
Einbahnstraße *f* route *f o* rue *f* à sens unique.
Einband *m* couverture *f*, reliure *f*.
einbändig *a* en un volume.
einbauen *vt (zvb)* installer, monter; *(Schrank)* encastrer.
Einbaumöbel *pl* meubles *mpl* encastrables.
einberufen *vt irr (zvb, ohne ge-) (Versammlung)* convoquer; *(Soldaten)* appeler.
Einberufung *f (von Versammlung)* convocation *f*; *(MIL)* appel *m*.

einbeziehen *vt irr (zvb, ohne ge-) (Tatsache)* inclure; *(Person)* impliquer *(in +akk* dans).
einbilden *vr (zvb):* **sich** *(dat)* **etw** ~ s'imaginer qch; *(stolz sein)* se croire quelqu'un.
Einbildung *f* imagination *f; (Dünkel)* suffisance *f;* ~**skraft** *f* imagination *f.*
einbleuen *vt (zvb) (fam):* **jdm etw** ~ seriner qch à qn.
Einblick *m* aperçu *m*, idée *f;* **jdm** ~ **gewähren** mettre qn au courant *(in +akk* de).
einbrechen *vi irr (zvb, mit sein) (Nacht)* tomber; *(Winter)* faire irruption; *(Decke)* s'effondrer; *(in Eis)* s'enfoncer; **in ein Haus** ~ cambrioler une maison; **in ein Land** ~ envahir un pays.
Einbrecher(in *f***)** *m* **-s, -** cambrioleur(-euse).
einbringen *vt irr (zvb) (Geld, Vorteil)* rapporter; *(Ernte)* rentrer; *(Zeit)* rattraper.
Einbruch *m (Haus~)* cambriolage *m; (in Land)* invasion *f; (des Winters)* irruption *f; (Einsturz)* effondrement *m;* **bei** ~ **der Dunkelheit** à la tombée de la nuit.
einbürgern *(zvb) vt* naturaliser // *vr:* **sich** ~ *(üblich werden)* devenir une habitude, passer dans l'usage.
Einbuße *f* **-, -n** perte *f (an +dat* de).
einbüßen *(zvb) vt* perdre // *vi:* **an etw** *(dat)* ~ perdre de qch.
eindecken *vr (zvb):* **sich** ~ s'approvisionner *(mit* de).
eindeutig *a (Beweis)* incontestable; *(Absage)* clair(e).
eindringen *vi irr (zvb, mit sein)* pénétrer *(in +akk* dans); **auf jdn** ~ harceler qn.
eindringlich *a (Bitte)* pressant(e); *(Rede)* énergique.
Eindruck *m* **-(e)s, ⸗e** *(Wirkung)* impression *f; (Spur)* trace *f;* **e~svoll** *a* impressionnant(e).
eine *siehe* **ein.**
eineiig *a:* ~**e Zwillinge** vrais jumeaux.
einein'halb *num* un(e) et demi(e).
einengen *vt (zvb)* restreindre.
eine(r, s) *siehe* **ein.**
einer-: **E~lei** *nt* **-s** train-train *m;* ~**lei** *a (gleichartig)* du même genre; **es ist mir** ~**lei** ça m'est égal; ~**seits** *ad* d'une part.
einfach *a* simple // *ad:* **etw** ~ **tun** faire qch simplement; ~ **großartig** tout simplement extraordinaire; **E~heit** *f* simplicité *f.*
einfädeln *vt (zvb) (Nadel)* enfiler; *(fig)* tramer // *vr:* **sich** ~ *(AUT)* s'engager.
einfahren *irr (zvb) vt (Ernte)* rentrer; *(Mauer, Barriere)* emboutir; *(Fahrgestell)* rentrer; *(Auto)* roder // *vi (mit sein)* entrer *(in +akk* dans); *(Zug)* entrer en gare.
Einfahrt *f* arrivée *f; (Ort)* entrée *f.*
Einfall *m* **-s, ⸗e** *(Idee)* idée *f; (Licht~)* incidence *f (in +akk* sur); *(MIL)* invasion *f (in +akk* de).
einfallen *vi irr (zvb, mit sein) (Licht)* tomber *(in +akk* sur); *(MIL)* envahir *(in +akk* qch); *(einstimmen)* se joindre *(in +akk* à); *(einstürzen)* s'écrouler; **etw fällt mir ein** qch me vient à l'esprit; **das fällt mir gar nicht ein** je n'y pense même pas; **sich** *(dat)* **etwas** ~ **lassen** avoir une bonne idée.
einfältig *a* niais(e).
einfangen *vt irr (zvb)* attraper; *(Stimmung)* rendre.
einfarbig *a* d'une (seule) couleur; *(Stoff)* uni(e).
einfliegen *irr (zvb) vt* faire venir par avion; *(neues Flugzeug)* essayer // *vi (mit sein)* pénétrer (en avion).
einfließen *vi irr (zvb, mit sein) (Wasser)* couler; *(Luft)* arriver; **eine Bemerkung** ~ **lassen** ajouter une remarque.
einflößen *vt (zvb):* **jdm etw** ~ *(Medizin)* faire prendre qch à qn; *(Angst etc)* inspirer qch à qn.
Einfluß *m* influence *f;* ~**bereich** *m* sphère *f* d'influence; **e~reich** *a* influent(e).
einförmig *a* monotone; **E~keit** *f* monotonie *f.*
einfrieren *irr (zvb) vi (mit sein)* geler; *(Schiff)* être pris(e) dans les glaces // *vt (Lebensmittel)* congeler, surgeler.

einfügen *(zvb) vt* insérer, emboîter *(in +akk* dans); *(zusätzlich)* ajouter *(in +akk* à) // *vr:* **sich** ~ s'adapter *(in +akk* à).
Einfuhr *f* importation *f*.
einführen *vt (zvb)* introduire; *(jdn)* présenter; *(in Arbeit)* initier *(in +akk* à); *(importieren)* importer.
Einführung *f* introduction *f*; *(in Arbeit)* initiation *f*; *(von Mensch)* présentation *f*; ~**spreis** *m* prix *m* de lancement.
Eingabe *f* pétition *f*; *(Daten~)* entrée *f*.
Eingang *m* entrée *f*; *(COMM: Ankunft)* réception *f*; *(: Sendung)* courrier *m*; ~**sbestätigung** *f* avis *m* de réception, récépissé *m*.
eingeben *vt irr (zvb) (Arznei)* administrer; *(Daten)* entrer; *(Gedanken)* inspirer.
eingebildet *a (Krankheit)* imaginaire; *(Mensch)* vaniteux (-euse); *(Benehmen)* suffisant(e).
Eingeborene(r) *mf* indigène *m/f*.
Eingebung *f* inspiration *f*.
eingefleischt *a* invétéré(e); ~**er Junggeselle** célibataire *m* endurci.
eingefroren *siehe* **einfrieren.**
eingehen *irr (zvb) vi (mit sein) (Aufnahme finden)* entrer *(in +akk* dans); *(verständlich sein)* entrer dans la tête *(jdm* à qn); *(Sendung, Geld)* arriver; *(Tier, Pflanze)* mourir *(an +dat* de); *(Firma)* faire faillite *(an +dat* à cause de); *(schrumpfen)* rétrécir // *vt (Vertrag)* conclure; *(Risiko)* courir; *(Wette, Verbindung)* conclure; **auf etw** *(akk)* ~ s'occuper de qch; **auf jdn** ~ s'occuper de qn.
eingehend *a* détaillé(e), minutieux(-euse).
Eingemachte(s) *nt* conserves *fpl*, confitures *fpl*.
eingemeinden *vt (zvb, ohne ge-)* rattacher (à une commune).
eingenommen *a:* ~ **(von)** infatué(e) (de); ~ **(gegen)** prévenu(e) (contre).
eingeschrieben *a (Sendung)* recommandé(e).
Eingeständnis *nt* aveu *m*.
eingetragen *a (Warenzeichen)* déposé(e); *(Verein)* déclaré(e); *(in Frankreich)* régi(e) par la loi de 1901.
Eingeweide *nt* **-s, -** viscères *mpl*, intestins *mpl*.
eingewöhnen *vr (zvb, ohne ge-):* **sich** ~ s'adapter *(in +akk* à).
eingießen *vt irr (zvb)* verser.
eingleisig *a (Bahnstrecke)* à voie unique; *(Denken)* borné(e).
eingreifen *vi irr (zvb)* intervenir.
Eingriff *m* intervention *f*; *(Operation)* intervention *f* chirurgicale.
einhalten *vt irr (zvb) (Regel)* observer; *(Plan, Frist)* respecter; *(Diät)* suivre; *(Richtung)* garder.
einhändig *a* à une (seule) main.
einhängen *vt (zvb)* accrocher; *(Telefon, auch vi)* raccrocher; **sich bei jdm** ~ prendre le bras de qn.
einheimisch *a (Ware)* local(e); *(Mensch)* indigène, autochtone.
Einheit *f* unité *f*; **e~lich** *a (System)* cohérent(e); *(Format)* uniforme; *(Preis)* même; ~**spreis** *m* prix *m* unique.
einholen *vt (zvb) (Tau)* haler; *(Fahne)* amener; *(Segel)* rentrer; *(jdn, Verspätung)* rattraper; *(Rat, Erlaubnis)* demander; *(einkaufen)* acheter.
einig *a (vereint)* uni(e); **(sich** *(dat))* ~ **sein/werden** être/se mettre d'accord.
einige *pl* quelques; *(ohne Substantiv)* quelques-un(e)s; ~**mal** *ad* plusieurs fois.
einigen *vt* unir, unifier // *vr:* **sich** ~ se mettre d'accord *(auf +akk* sur).
einiger'maßen *ad* plus ou moins.
einiges *pron* plusieurs choses.
Einigkeit *f* unité *f*, union *f*; *(Übereinstimmung)* accord *m*.
Einigung *f (Übereinstimmung)* accord *m*; *(das Einigen)* unification *f*.
einkalkulieren *vt (zvb, ohne ge-) (fig)* tenir compte de.
Einkauf *m* achat *m*.
einkaufen *(zvb) vt* acheter // *vi* faire des courses.
Einkaufsbummel *m* lèche-vitrines *m*.
einklammern *vt (zvb)* mettre entre

parenthèses.
Einklang *m* accord *m*; **in ~** en accord.
einklemmen *vt (zvb)* coincer.
Einkommen *nt* **-s, -** revenu *m*; **~(s)steuer** *f* impôt *m* sur le revenu.
Einkünfte *pl* revenus *mpl*, ressources *fpl*.
einladen *vt irr (zvb) (Person)* inviter; *(Gegenstände)* charger.
Einladung *f* invitation *f*.
Einlage *f (Programm~)* intermède *m*; *(Spar~)* dépôt *m*; *(Schuh~)* support *m*; *(Zahn~)* obturation *f* provisoire.
einlassen *irr (zvb) vt (Menschen)* laisser entrer; *(Wasser)* faire couler; *(einsetzen)* encastrer, mettre *(in +akk* dans) // *vr*: **sich mit jdm ~** entrer en relations avec qn; **sich auf etw** *(akk)* **~** se laisser embringuer dans qch *(fam)*.
Einlauf *m* arrivée *f*; *(MED)* lavement *m*.
einlaufen *irr (zvb) vi (mit sein)* entrer, arriver; *(in Hafen)* entrer dans le port; *(Wasser)* couler; *(Stoff)* rétrécir // *vt (Schuhe)* former // *vr*: **sich ~** *(SPORT)* s'échauffer; *(Motor, Maschine)* se roder.
einleben *vr (zvb)*: **sich ~** s'acclimater *(in +dat* à).
Einlegearbeit *f* marqueterie *f*.
einlegen *vt (zvb) (einfügen)* insérer, joindre; *(CULIN)* mettre en conserve; *(in Holz etc)* incruster; *(Geld)* déposer; *(Pause, Protest)* faire; *(Veto)* opposer; **Berufung ~** faire appel; **ein gutes Wort bei jdm ~** intercéder auprès de qn.
einleiten *vt (zvb) (Maßnahmen, Feier)* ouvrir; *(Rede)* introduire; *(Geburt)* provoquer.
Einleitung *f* introduction *f*.
einleuchten *vi (zvb)*: **jdm ~** paraître évident(e) à qn; **~d** *a* convaincant(e).
einlösen *vt (zvb) (Scheck)* encaisser; *(Schuldschein, Pfand)* retirer, dégager; *(Versprechen)* tenir.
einmachen *vt (zvb) (konservieren)* mettre en conserve.
einmal *ad* une fois; *(irgendwann: in Zukunft)* un jour; *(: in Vergangenheit)* une fois; **nehmen wir ~ an** supposons, **erst ~** d'abord; **noch ~** encore une fois; **nicht ~** même pas; **auf ~** *(plötzlich)* tout à coup; *(zugleich)* à la fois; **es war ~** il était une fois; **E~'eins** *nt* **-** tables *fpl* de multiplication; **~ig** *a* qui n'a lieu qu'une fois; *(prima)* unique.
Ein'mannbetrieb *m* entreprise *f* personnelle.
Einmarsch *m (MIL)* invasion *f*; *(von Sportlern)* entrée *f*.
einmarschieren *vi (zvb, ohne ge-, mit sein) (Truppen)*: **in etw** *(akk)* **~** envahir qch; *(Sportler)* faire son entrée.
einmischen *vr (zvb)*: **sich ~** se mêler *(in +akk* de).
einmünden *vi (zvb, mit sein)*: **~ in** *(+akk) (Straße)* déboucher sur; *(Fluß)* se jeter dans.
einmütig *a* unanime.
Einnahme *f* **-, -n** *(Geld)* recette *f*, revenu *m*; *(von Medizin)* absorption *f*; *(MIL)* prise *f*; **~quelle** *f* source *f* de revenus.
einnehmen *vt irr (zvb) (Geld)* toucher; *(Steuern)* percevoir; *(Medizin, Mahlzeit)* prendre; *(Stellung, Raum: beschäftigen)* occuper; **jdn ~ für/gegen** prévenir qn en faveur de/contre; **~d** *a (Wesen)* séduisant(e), charmant(e).
Einöde *f* désert *m*, région *f* sauvage.
einordnen *(zvb) vt* ranger, classer *(in +akk* dans) // *vr*: **sich ~** s'intégrer *(in +akk* dans *o* à); *(AUT)* prendre une file.
einpacken *vt (zvb)* empaqueter, emballer; *(in Koffer)* mettre dans une valise.
einparken *vt, vi (zvb)* garer.
einpferchen *vt (zvb)* enfermer.
einpflanzen *vt (zvb)* planter.
einplanen *vt (zvb)* planifier; *(Ausgaben)* programmer; *(Abstecher)* prévoir.
einprägen *(zvb) vt (Zeichen)* graver, imprimer; *(beibringen)* inculquer // *vr*: **sich ~** *(Spuren)* s'imprimer; *(Erlebnisse)* rester dans la mémoire

(*jdm* de qn); **sich** (*dat*) **etw** ~ se graver qch dans l'esprit.
einräumen *vt* (*zvb*) (*ordnend*) ranger; (*Platz*) laisser, céder; (*zugestehen*) concéder.
einreden *vt* (*zvb*): **jdm etw** ~ persuader qn de qch.
einreichen *vt* (*zvb*) (*Antrag*) présenter; (*Beschwerde*) déposer.
Einreise *f* entrée *f*; ~**erlaubnis** *f*, ~**genehmigung** *f* autorisation *f o* permis *m* d'entrée.
einreisen *vi* (*zvb, mit sein*): **in ein Land** ~ entrer dans un pays.
einreißen *irr* (*zvb*) *vt* (*Papier*) déchirer; (*Gebäude*) démolir // *vi* (*mit sein*) se déchirer; (*Gewohnheit werden*) entrer dans les mœurs.
einrichten (*zvb*) *vt* (*Haus*) meubler, aménager; (*Büro*) ouvrir; (*arrangieren*) arranger // *vr*: **sich** ~ (*in Haus*) se meubler, s'installer; (*sich vorbereiten*) se préparer (*auf* +*akk* à); (*sich anpassen*) s'adapter (*auf* +*akk* à); **es** (**sich** (*dat*)) **so** ~, **daß ...** s'arranger pour que ... .
Einrichtung *f* (*Wohnungs*~) installation *f*, équipement *m*; (*öffentliche Anstalt*) institution *f*, organisme *m*; (*Dienst*) service *m*.
einrücken (*zvb*) *vi* (*mit sein*) (*Soldat*) être incorporé(e); (*in Land*) pénétrer (*in* +*akk* en, à) // *vt* (*Zeile*) commencer en retrait.
Eins *f* **-, -en** un *m* // **e**~ *num* un(e); **es ist mir alles e**~ tout ça m'est égal.
einsam *a* solitaire, seul(e); **E~keit** *f* solitude *f*.
einsammeln *vt* (*zvb*) (*Geld*) recueillir; (*Hefte*) ramasser.
Einsatz *m* (*Teil*) pièce *f* amovible *o* de rechange; (*in Tisch*) rallonge *f*; (*Stoff*~) pièce *f* rapportée; (*Verwendung*) emploi *m*; (*Bemühung*) effort *m*; (*in Spiel*) mise *f*; (*Risiko*) risque *m*; (*MIL*) opération *f*, campagne *f*; (*MUS*) rentrée *f*; **e~bereit** *a* (*Gruppe*) opérationnel(le); (*Helfer*) disponible; (*Gerät*) en état de marche.
einschalten (*zvb*) *vt* (*Radio etc*) allumer; (*Maschine*) mettre en marche; (*einfügen*) ajouter; (*Pause*) faire; (*Anwalt*) demander les services de // *vr*: **sich** ~ (*dazwischentreten*) intervenir.
einschärfen *vt* (*zvb*): **jdm etw** ~ exhorter qn à qch.
einschätzen (*zvb*) *vt* estimer, juger // *vr*: **sich** ~ s'estimer.
einschenken *vt* (*zvb*) verser; **jdm** ~ servir (à boire à) qn.
einschlafen *vi irr* (*zvb, mit sein*) s'endormir; (*Glieder*) s'engourdir.
einschläfernd *a* soporifique; (*Stimme*) monotone.
einschlagen *irr* (*zvb*) *vt* (*Nagel*) enfoncer; (*Fenster, Zähne*) casser; (*Schädel*) défoncer; (*Steuer*) braquer; (*Ware*) emballer; (*Richtung*) prendre, suivre; (*Laufbahn*) embrasser, choisir // *vi* (*Blitz*) tomber (*in* +*akk* sur); (*sich einigen*) toper; (*Anklang finden*) être bien accueilli(e).
einschlägig *a* (*Literatur*) relatif (-ive) au sujet; (*Geschäft*) spécialisé(e).
einschleichen *vr irr* (*zvb*): **sich** ~ (*in Haus*) s'introduire; (*Fehler*) se glisser; (*in jds Vertrauen*) s'insinuer.
einschließen *irr* (*zvb*) *vt* (*jdn*) enfermer; (*Gegenstand*) mettre sous clé; (*umgeben*) entourer; (*MIL*) encercler; (*fig*) inclure, comprendre.
einschließlich *ad, prep* +*gen* y compris.
einschmeicheln *vr* (*zvb*): **sich** ~ s'insinuer dans les bonnes grâces (*bei* de).
Einschnitt *m* coupure *f*; (*MED*) incision *f*.
einschränken (*zvb*) *vt* réduire (*auf* +*akk* à); (*Freiheit*) limiter; (*Behauptung, Begriff*) restreindre // *vr*: **sich** ~ se priver.
Einschränkung *f* (*von Freiheit*) limitation *f*; (*von Begriff*) restriction *f*; (*von Kosten*) réduction *f*; **ohne** ~ sans réserve.
Einschreib(e)brief *m* lettre *f* recommandée.
einschreiben *irr* (*zvb*) *vt* inscrire; (*Post*) recommander // *vr*: **sich** ~ s'inscrire; **E**~ *nt* **-s, -** envoi *m* recommandé.

einschreiten *vi irr (zvb, mit sein)* intervenir.
einschüchtern *vt (zvb)* intimider.
einsehen *vt irr (zvb) (Akten)* examiner; *(verstehen)* voir; **ein E~ haben** être compréhensif(-ive).
einseitig *a (Lähmung)* partiel(le); *(Erklärung)* partial(e), unilatéral(e); *(Ausbildung)* trop spécialisé(e).
einsenden *vt irr (zvb)* envoyer.
einsetzen *(zvb) vt (Teil)* mettre, placer; *(Betrug)* miser; *(in Amt)* installer; *(verwenden)* employer // *vi (beginnen)* commencer; **das Fieber setzt wieder ein** il y a une nouvelle poussée de fièvre // *vr:* **sich ~** *(bemühen)* payer de sa personne; **sich für jdn/etw ~** apporter son appui à qn/s'employer à qch.
Einsicht *f* **-, -en** intelligence *f*, discernement *m; (in Akten)* consultation *f*, examen *m;* **zu der ~ kommen, daß ...** en arriver à la conclusion que ...; **e~ig** *a* raisonnable, compréhensif(-ive).
Einsiedler(in *f*) *m* ermite *m.*
einsilbig *a (fig)* laconique.
einsinken *vi irr (zvb, mit sein) (Mensch)* s'enfoncer; *(Boden)* s'affaisser.
einspannen *vt (zvb) (Werkstück)* serrer; *(Papier)* mettre; *(Pferde)* atteler; *(fam: jdn)* embringuer.
einsperren *vt (zvb)* enfermer.
einspielen *(zvb) vr:* **sich ~** s'échauffer; **gut eingespielt** *(Team)* bien rodé(e) // *vt (Film: Geld)* rapporter.
einspringen *vi irr (zvb, mit sein) (aushelfen)* remplacer *(für jdn* qn).
Einspruch *m* objection *f*, protestation *f (gegen* contre).
einspurig *a* à une (seule) voie.
einst *ad* autrefois, jadis; *(zukünftig)* un jour.
Einstand *m (TENNIS)* égalité *f; (Antritt)* entrée *f* en fonction.
einstecken *vt (zvb) (ELEC)* brancher; *(verdienen: Geld)* empocher; *(mitnehmen)* prendre; *(hinnehmen)* encaisser.
einsteigen *vi irr (zvb, mit sein):* **~ (in** *+akk) (in Fahrzeug)* monter (dans *o* en); *(in Schiff)* s'embarquer (sur); *(sich beteiligen)* participer (à).
einstellbar *a* réglable.
einstellen *(zvb) vt (aufhören: Arbeit)* arrêter; *(: Zahlungen)* cesser, suspendre; *(Geräte)* régler; *(Kamera etc)* mettre au point; *(anmachen: Radio etc)* allumer; *(unterstellen)* mettre *(in +akk* dans, *bei* chez); *(in Firma)* recruter, embaucher; *(SPORT: Rekord)* battre // *vr:* **sich ~** *(Mensch)* se trouver; *(Erfolg, Besserung, Interesse)* se manifester; **sich auf jdn/etw ~** se préparer à qn/qch; *(sich anpassen)* s'adapter à qn/qch.
Einstellung *f (das Aufhören)* arrêt *m*, cessation *f; (Einrichtung)* réglage *m*, mise *f* au point; *(in Firma)* recrutement *m; (von Rekord)* établissement *m; (Haltung)* attitude *f.*
Einstieg *m* **-(e)s, -e** *(Eingang)* entrée *f; (fig)* approche *f.*
einstig *a* ancien(ne) *(vorgestellt).*
einstimmen *(zvb) vi* joindre sa voix *(in +akk* à) // *vt (jdn)* préparer *(auf +akk* à).
einstimmig *a* unanime.
einstöckig *a (Haus)* à un étage.
einstudieren *vt (zvb, ohne ge-)* étudier, répéter.
einstündig *a* d'une heure.
einstürmen *vi (zvb, mit sein):* **auf jdn ~** assaillir qn.
Einsturz *m (von Gebäude)* effondrement *m*, écroulement *m;* **~gefahr** *f* danger *m* d'effondrement.
einstürzen *vi (zvb, mit sein)* s'écrouler, s'effondrer.
einstweilig *a* provisoire, temporaire.
eintägig *a* d'un(e) jour(née).
eintauchen *(zvb) vt* tremper *(in +akk* dans) // *vi (mit sein)* plonger *(in +akk* dans).
eintauschen *vt (zvb)* échanger *(für, gegen* contre).
ein'tausend *num* mille.
einteilen *vt (zvb) (in Teile)* partager, diviser *(in +akk* en); *(Menschen)* répartir.

einteilig *a (Badeanzug)* d'une (seule) pièce.
eintönig *a* monotone.
Eintopf(gericht *nt) m* plat *m* unique, ragoût *m.*
Eintracht *f* - concorde *f*, harmonie *f.*
Eintrag *m* **-(e)s, ⸚e** inscription *f;* **amtlicher** ~ enregistrement *m.*
eintragen *irr (zvb) vt (in Buch)* inscrire *(in +akk* sur); *(Profit)* rapporter // *vr:* **sich** ~ s'inscrire *(in +akk* dans); **jdm etw** ~ *(Lob, Tadel, Ehre)* valoir qch à qn.
einträglich *a* profitable, lucratif (-ive).
eintreffen *vi irr (zvb, mit sein) (Prophezeiung)* se réaliser; *(ankommen)* arriver.
eintreten *irr (zvb) vt (Tür)* enfoncer d'un coup de pied // *vi (mit sein)* entrer *(in +akk* dans); *(sich einsetzen)* intervenir *(für* en faveur de); *(geschehen)* se produire.
Eintritt *m* entrée *f (in +akk* dans); *(Anfang)* début *m;* **~sgeld** *nt,* **~spreis** *m* (prix *m* d') entrée *f;* **~skarte** *f* billet *m* d'entrée.
einüben *vt (zvb)* exercer; *(Rolle)* répéter; *(Klavierstück)* étudier.
Einvernehmen *nt* **-s** accord *m.*
einverstanden *excl* d'accord! // *a:* **mit jdm** ~ **sein** être d'accord avec qn; **mit etw** ~ **sein** approuver *o* accepter qch.
Einverständnis *nt (Zustimmung)* consentement *m; (gleiche Meinung)* accord *m.*
Einwand *m* **-(e)s, ⸚e** objection *f (gegen* à).
Einwanderer *m,* **Einwanderin** *f* immigrant(e), immigré(e).
einwandern *vi (zvb, mit sein)* immigrer.
Einwanderung *f* immigration *f.*
einwandfrei *a (Ware)* impeccable; *(Benehmen)* irréprochable; *(Beweis)* irrécusable.
Einwegflasche *f* bouteille *f* perdue *o* non consignée.
einweichen *vt (zvb)* faire tremper.
einweihen *vt (zvb) (Kirche)* consacrer; *(Brücke, Gebäude)* inaugurer; *(fam: Gegenstand)* étrenner; *(: jdn)* mettre au courant *(in +akk* de).
Einweihung *f* inauguration *f; (Kirche)* consécration *f.*
einweisen *vt irr (zvb) (in Amt)* installer; *(in Arbeit)* initier; *(in Anstalt)* envoyer.
Einweisung *f (in Amt)* installation *f; (in Arbeit)* initiation *f; (in Heilanstalt)* hospitalisation *f.*
einwenden *vt irr (zvb)* objecter *(gegen* à *o* contre).
einwerfen *vt irr (zvb) (Brief)* poster; *(SPORT: Ball)* remettre en jeu; *(Fenster)* casser; *(äußern)* objecter.
einwickeln *vt (zvb)* envelopper.
einwilligen *vi (zvb)* consentir *(in +akk* à).
Einwilligung *f* consentement *m.*
einwirken *vi (zvb):* **auf jdn/etw** ~ influencer qn/qch.
Einwirkung *f* influence *f*, effet *m.*
Einwohner(in *f) m* **-s, -** habitant(e); **~meldeamt** *nt* bureau *m* de déclaration de domicile; **~schaft** *f* population *f*, habitants *mpl.*
Einwurf *m (Öffnung)* fente *f; (SPORT)* remise *f* en jeu; *(Einwand)* objection *f.*
Einzahl *f* singulier *m.*
einzahlen *vt, vi (zvb) (Geld)* payer, verser *(auf o in +akk* sur).
Einzel *nt* **-s, -** *(TENNIS)* simple *m;* **~fall** *m* cas *m* isolé; **~haft** *f* détention *f* cellulaire; **~heit** *f* détail *m.*
einzeln *a* seul(e), unique; *(vereinzelt)* séparé(e), isolé(e) // *ad* séparément; ~ **angeben** spécifier; **der/die ~e** l'individu; **ins ~e gehen** entrer dans les détails.
Einzel-: **~teil** *nt* pièce *f* détachée; **~zimmer** *nt* chambre *f* à un lit.
einziehen *irr (zvb) vt (Kopf)* baisser; *(Fühler)* rétracter; *(Zwischenwand)* construire; *(Steuern)* percevoir; *(Erkundigungen)* prendre; *(Rekruten)* appeler (sous les drapeaux); *(aus dem Verkehr ziehen)* retirer (de la circulation); *(konfiszieren)* confisquer // *vi (mit sein) (in Wohnung)* emménager; *(in Land, Stadion etc)* entrer; *(Friede, Ruhe)* revenir

s'établir; *(Flüssigkeit)* pénétrer *(in +akk* dans).
einzig *a* seul(e), unique; *(ohnegleichen)* unique // *ad (nur)* (ne...) que; seulement; **das** ~**e** la seule chose; **der/die** ~**e** la seule personne; ~**artig** *a* unique.
Einzug *m* entrée *f (in +akk* dans); *(in Haus)* emménagement *m*.
Eis *nt* **-es, -** glace *f*; ~**bahn** *f* patinoire *f*; ~**becher** *m* coupe *f* glacée; ~**blumen** *pl* cristaux *mpl* de glace; ~**decke** *f* couche *f* de glace; ~**diele** *f* pâtissier-glacier *m*.
Eisen *nt* **-s, -** fer *m*; ~**bahn** *f* chemin *m* de fer; ~**bahnschaffner(in** *f*) *m* contrôleur *m*; ~**bahnübergang** *m* passage *m* à niveau; ~**bahnwagen** *m* wagon *m*, voiture *f*; ~**erz** *nt* minerai *m* de fer.
eisern *a* de fer // *ad* tenacement, avec ténacité; **der E**~**e Vorhang** *(POL)* le rideau de fer.
Eis-: e~**frei** *a* dégagé(e), débarrassé(e) des glaces; **e**~**ig** *a* glacial(e); **e**~**kalt** *a* glacial(e); *(Wasser)* glacé(e); ~**kunstlauf** *m* patinage *m* artistique; ~**lauf** *m* patinage *m*; ~**pickel** *m* piolet *m*; ~**schrank** *m* frigo *m*; ~**zapfen** *m* glaçon *m*; ~**zeit** *f* période *f* glaciaire.
eitel *a (Mensch)* vaniteux(-euse); *(rein: Freude)* pur(e); **E**~**keit** *f* vanité *f*.
Eiter *m* **-s** pus *m*; **e**~**n** *vi* suppurer.
Ei-: ~**weiß** *nt* **-es, -e** blanc *m* d'œuf; ~**zelle** *f* œuf *m*.
Ekel *m* **-s** dégoût *m (vor* pour) // *nt* **-s, -** *(fam: Mensch)* horreur *f*; **e**~**erregend, e**~**haft, ek(e)lig** *a* horrible; **e**~**n** *vt* dégoûter, écœurer // *vr*: **ich ekle mich vor diesem Schmutz** cette saleté me dégoûte.
Ek'stase *f* **-, -n** extase *f*.
Ek'zem *nt* **-s, -e** *(MED)* eczéma *m*.
E'lan *m* **-s** énergie *f*, vitalité *f*.
Elastizi'tät *f (von Material)* élasticité *f*.
Elch *m* **-(e)s, -e** élan *m*.
Ele'fant *m* éléphant *m*.
Ele'ganz *f* élégance *f*.
E'lektriker(in *f*) *m* **-s, -** électricien(ne).
e'lektrisch *a* électrique.
Elektrizi'tät *f* électricité *f*; ~**swerk** *nt* centrale *f* (électrique).
Elek'trode *f* **-, -n** électrode *f*.
E'lektroherd *m* cuisinière *f* électrique.
Elektro'lyse *f* **-, -n** électrolyse *f*.
E'lektron *nt* **-s, -en** [-'tro:nən] électron *m*; ~**en(ge)hirn** *nt* cerveau *m* électronique; ~**enrechner** *m* ordinateur *m*.
Elek'tronik *f* électronique *f*.
E'lektro-: ~**rasierer** *m* rasoir *m* électrique; ~**technik** *f* électrotechnique *f*.
Ele'ment *nt* élément *m*; **in seinem** ~ **sein** être dans son élément.
elemen'tar *a* élémentaire.
Elend *nt* **-(e)s** misère *f*; **e**~ *a* misérable; *(krank)* malade; *(fam: Hunger)* terrible; ~**sviertel** *nt* quartier *m* insalubre, bidonville *m*.
elf *num* onze // **E**~ *f* **-, -en** *(SPORT)* onze *m*.
Elfenbein *nt* ivoire *m*.
Elf'meter *m (SPORT)* penalty *m*.
E'lite *f* **-, -n** élite *f*.
Ell(en)bogen *m* coude *m*.
Elsaß *nt*: **das** ~ l'Alsace *f*; **Elsässer(in** *f*) *m* Alsacien(ne).
Elster *f* **-, -n** pie *f*.
elterlich *a* des parents.
Eltern *pl* parents *mpl*; ~**haus** *nt* maison *f* familiale.
Email [e'mai] *nt* **-s, -s** émail *m*; **e**~**'lieren** [ema'ji:rən] *vt (ohne ge-)* émailler.
Emanzipati'on *f* émancipation *f*.
emanzi'pieren *(ohne ge-) vt* émanciper // *vr*: **sich** ~ s'émanciper.
Embryo *m* **-s, -s** *o* **-nen** [ɛmbry'o:nən] embryon *m*.
Emi'grant(in *f*) *m* émigré(e).
Emigrati'on *f* émigration *f*.
emi'grieren *vi (ohne ge-, mit sein)* émigrer *(nach* en, à).
em'pfahl *siehe* **empfehlen.**
em'pfand *siehe* **empfinden.**
Em'pfang *m* **-(e)s, ¨e** réception *f*; *(der Gäste)* accueil *m*; **in** ~ **nehmen** recevoir.

em'pfangen *irr (ohne ge-) vt* recevoir // *vi (schwanger werden)* concevoir.
Em'pfänger(in *f*) *m* **-s, -** *(von Brief etc)* destinataire *m/f*; *(Gerät)* récepteur *m*.
em'pfänglich *a* sensible *(für* à).
Em'pfängnis *f* conception *f*; **~verhütung** *f* contraception *f*.
Em'pfangs-: ~bestätigung *f* accusé *m* de réception; **~dame** *f* hôtesse *f* d'accueil; **~zimmer** *nt* salon *m*.
em'pfehlen *irr (ohne ge-) vt* recommander // *vr*: **sich ~** *(sich verabschieden)* prendre congé; **es empfiehlt sich, das zu tun** il est recommandé de faire ceci.
Em'pfehlung *f* recommandation *f*; **~sschreiben** *nt* lettre *f* de recommandation.
em'pfiehlt *siehe* **empfehlen.**
em'pfinden *vt irr (ohne ge-)* éprouver, ressentir.
em'pfindlich *a (Stelle)* sensible; *(Gerät)* fragile; *(Mensch)* sensible, susceptible.
Em'pfindung *f* sensation *f*; *(Gefühl)* sentiment *m*.
em'pfing *siehe* **empfangen.**
em'pfohlen *siehe* **empfehlen.**
em'pfunden *siehe* **empfinden.**
em'pören *(ohne ge-) vt* indigner // *vr*: **sich ~** s'indigner; *(sich erheben)* se révolter.
Em'porkömmling *m* arriviste *m/f*, parvenu(e).
Em'pörung *f* indignation *f*.
emsig *a (Mensch)* affairé(e); *(Treiben)* de ruche.
Endbahnhof *m* terminus *m*.
Ende *nt* **-s, -n** fin *f*; *(von Weg, Stock, Seil)* bout *m*, extrémité *f*; *(Ausgang)* fin *f*, conclusion *f*; **am ~** *(räumlich)* au bout (de); *(zeitlich)* à la fin (de); *(schließlich)* finalement; **am ~ des Zuges** en queue du train; **am ~ sein** être au bout du rouleau; **~ Dezember** fin décembre; **zu ~ sein** être terminé(e); *(Geduld)* être à bout; **e~n** *vi* finir, se terminer.
endgültig *a* définitif(-ive).
En'divie [-viə] *f* chicorée *f*.
End-: e~lich *a* limité(e); *(MATH)* fini(e) // *ad* enfin, finalement; **e~los** *a (Diskussion)* interminable; *(Seil)* sans fin; **~spiel** *nt* finale *f*; **~spurt** *m* finish *m*; **~station** *f* terminus *m*; **~ung** *f* terminaison *f*.
Ener'gie *f* énergie *f*; **~bedarf** *m* besoins *mpl* énergétiques; **~krise** *f* crise *f* de l'énergie.
e'nergisch *a* énergique.
eng *a* étroit(e); *(fig: Horizont)* borné(e), limité(e).
engagieren [ɑ̃ga'ʒiːrən] *(ohne ge-) vt (Künstler)* engager // *vr*: **sich ~** s'engager.
Enge *f* **-, -n** étroitesse *f*; *(Land~)* défilé *m*; *(Meer~)* détroit *m*; **jdn in die ~ treiben** acculer qn.
Engel *m* **-s, -** ange *m*.
England *nt* **-s** l'Angleterre *f*; **~er(in** *f*) *m* **-s, -** Anglais(e).
englisch *a* anglais(e); **E~** *nt* **-en** *(LING)* Anglais *m*.
Engpaß *m* goulet *m* d'étranglement.
engstirnig *a (Mensch)* borné(e); *(Entscheidung)* mesquin(e).
Enkel *m* **-s, -** petit-fils *m*; **~in** *f* petite-fille *f*; **~kind** *nt* petit-enfant *m*.
ent'arten *vi (ohne ge-, mit sein)* dégénérer.
ent'behren *vt (ohne ge-)* se passer de.
ent'behrlich *a* superflu(e).
Ent'behrung *f* privation *f*.
ent'binden *irr (ohne ge-) vt* dispenser *(von* de); *(MED)* accoucher // *vi (MED)* accoucher.
Ent'bindung *f* dispense *f (von* de); *(MED)* accouchement *m*; **~sheim** *nt* maternité *f*.
ent'decken *vt (ohne ge-)* découvrir.
Ent'decker(in *f*) *m* **-s, -** découvreur *m*.
Ent'deckung *f* découverte *f*.
Ente *f* **-, -n** canard *m*; *(fig)* bobard *m*, fausse nouvelle *f*.
ent'ehren *vt (ohne ge-)* déshonorer.
ent'eignen *vt (ohne ge-) (Besitzer)* exproprier, déposséder.
ent'eisen *vt (ohne ge-) (auftauen)* dégivrer.
ent'erben *vt (ohne ge-)* déshériter.

ent'fachen *vt (ohne ge-) (Feuer)* attiser; *(Leidenschaft)* enflammer.
ent'fallen *vi irr (ohne ge-, mit sein) (wegfallen)* être annulé(e); **jdm ~** *(vergessen)* échapper à qn; **auf jdn ~** revenir à qn.
ent'falten *(ohne ge-)* ♣ *(Karte)* déplier; *(Talente)* développer; *(Pracht, Schönheit)* déployer // *vr:* **sich ~** *(Blume, Mensch)* s'épanouir; *(Talente)* se développer.
ent'fernen *(ohne ge-) vt* éloigner; *(Flecken)* enlever // *vr:* **sich ~** s'éloigner.
ent'fernt *a* éloigné(e), lointain(e); **weit davon ~ sein, etw zu tun** être bien loin de faire qch.
Ent'fernung *f (Abstand)* distance *f; (das Wegschaffen)* enlèvement *m;* **E~smesser** *m (PHOT)* télémètre *m.*
ent'fremden *(ohne ge-) vt* éloigner *(dat* de) // *vr:* **sich jdm/einer Sache ~** se distancer de *o* s'aliéner qn/qch.
Ent'froster *m* **-s, -** *(AUT)* dégivreur *m.*
ent'führen *vt (ohne ge-)* enlever; *(Flugzeug)* détourner.
Ent'führer(in *f) m* **-s, -** ravisseur (-euse); *(Flugzeug~)* pirate *m* de l'air.
Ent'führung *f* enlèvement *m,* rapt *m; (Flugzeug~)* détournement *m.*
ent'gegen *prep +dat* contre // *ad:* **neuen Abenteuern ~** vers de nouvelles aventures; **~bringen** *vt irr (zvb) (fig: Vertrauen)* témoigner; **~gehen** *vi irr (zvb, mit sein) (jdm)* aller à la rencontre de; **~gesetzt** *a* opposé(e); *(Maßnahme)* contradictoire; **~kommen** *vi irr (zvb, mit sein)* venir à la rencontre *(jdm* de qn); *(fig)* obliger *(jdm* qn); **~nehmen** *vt irr (zvb)* recevoir, accepter; **~sehen** *vi irr (zvb):* **jdm/einer Sache ~sehen** attendre qn/quelque chose; **~setzen** *vt (zvb)* opposer *(dat* à); **~wirken** *vi (zvb):* **jdm/etw** *(dat)* **~wirken** contrecarrer qn/qch.
ent'gegnen *vt (ohne ge-)* répliquer.
ent'gehen *vi irr (ohne ge-, mit sein):* **jdm/einer Gefahr ~** échapper à qn/à un danger; **sich** *(dat)* **etw ~ lassen** rater qch.
ent'geistert *a* abasourdi(e).
ent'gleisen *vi (ohne ge-, mit sein) (Zug)* dérailler; *(Mensch)* dérailler *(fam).*
ent'gleiten *vi irr (ohne ge-, mit sein)* échapper *(jdm* à qn).
Ent'haarungsmittel *nt* dépilatoire *m.*
ent'halten *irr (ohne ge-) vt* contenir // *vr:* **sich der Stimme** *(gen)* **~** s'abstenir; **sich einer Meinung ~** ne pas prendre position.
ent'haltsam *a (Leben)* abstinent(e); *(Mensch)* sobre; *(sexuell)* continent(e); **E~keit** *f* tempérance *f; (sexuell)* continence *f.*
ent'hemmen *vt (ohne ge-) (jdn)* désinhiber.
ent'hüllen *vt (ohne ge-) (Statue)* découvrir; *(Geheimnis)* dévoiler.
ent'kommen *vi irr (ohne ge-, mit sein)* échapper *(dat* à); s'évader *(aus* de).
ent'kräften *vt (ohne ge-) (Menschen)* épuiser; *(Argument)* réfuter.
ent'laden *irr (ohne ge-) vt (Wagen, Schiff)* décharger; *(ELEC: Batterie)* vider // *vr:* **sich ~** se décharger; *(Gewitter)* éclater.
ent'lang *prep +akk o dat, ad* le long de; **~gehen** *vt, vi irr (zvb, mit sein)* longer.
ent'lassen *vt irr (ohne ge-)* libérer, renvoyer; *(Arbeiter)* licencier.
Ent'lassung *f* libération *f; (von Arbeiter)* licenciement *m.*
ent'lasten *vt (ohne ge-) (von Arbeit)* décharger; *(Achse)* soulager; *(Straßen)* délester; *(Angeklagten)* disculper; *(Konto)* créditer.
ent'machten *vt (ohne ge-)* destituer.
entmilitari'siert *a* démilitarisé(e).
ent'mündigen *vt (ohne ge-)* mettre sous tutelle.
ent'mutigen *vt (ohne ge-)* décourager.
ent'richten *vt (ohne ge-) (Geldbetrag)* payer, régler.
ent'rosten *vt (ohne ge-)* débarrasser de sa rouille.
ent'rüsten *(ohne ge-) vt* indigner // *vr:* **sich ~ (über** *+akk)* s'indigner (de).

Ent'rüstung *f* indignation *f.*
ent'schädigen *vt (ohne ge-)* dédommager *(für* de).
Ent'schädigung *f* dédommagement *m; (Ersatz)* indemnité *f.*
ent'schärfen *vt (ohne ge-)* désamorcer.
ent'scheiden *irr (ohne ge-) vt* décider // *vr:* **sich** ~ *(Angelegenheit)* se décider; **sich für jdn/etw** ~ se décider pour qn/qch; ~**d** *a* décisif (-ive); *(Irrtum)* capital(e).
Ent'scheidung *f* décision *f.*
ent'schied, ent'schieden *siehe* **entscheiden.**
ent'schließen *vr irr (ohne ge-):* **sich** ~ se décider *(zu* à).
ent'schloß, ent'schlossen *siehe* **entschließen.**
Ent'schlossenheit *f* résolution *f,* détermination *f.*
Ent'schluß *m* décision *f.*
ent'schuldigen *(ohne ge-) vt* excuser // *vr:* **sich** ~ s'excuser *(für* de).
Ent'schuldigung *f* excuse *f;* **jdn um** ~ **bitten** demander pardon à qn.
ent'setzen *vr (ohne ge-):* **sich** ~ être horrifié(e); **E**~ *nt* **-s** *(von Mensch)* effroi *m.*
ent'setzlich *a* effroyable.
ent'setzt *a* horrifié(e).
ent'spannen *(ohne ge-) vt* détendre // *vr:* **sich** ~ se détendre.
Ent'spannung *f* détente *f;* ~**spolitik** *f* politique *f* de détente.
ent'sprach *siehe* **entsprechen.**
ent'sprechen *vi irr (ohne ge-):* **einer Sache** *(dat)* ~ correspondre à qch; **den Anforderungen/Wünschen** *(dat)* ~ satisfaire les exigences/désirs.
ent'sprechend *a* approprié(e); *(Befehl)* correspondant(e) // *ad* selon, conformément à.
ent'sprochen *siehe* **entsprechen.**
ent'stand, ent'standen *siehe* **entstehen.**
ent'stehen *vi irr (ohne ge-, mit sein)* naître; *(Unruhe)* se produire; *(Kosten)* résulter; *(Unheil)* arriver.
Ent'stehung *f* naissance *f,* origine *f.*
ent'stellen *vt (ohne ge-) (jdn)* défigurer; *(Bericht, Wahrheit)* déformer, altérer.
ent'täuschen *vt (ohne ge-)* décevoir.
Ent'täuschung *f* déception *f.*
ent'waffnen *vt (ohne ge-)* désarmer; ~**d** *a* désarmant(e).
ent'warf *siehe* **entwerfen.**
Ent'warnung *f* fin *f* de l'alarme.
ent'wässern *vt (ohne ge-)* drainer, assécher.
Ent'wässerung *f* drainage *m.*
entweder *conj:* ~ **... oder ...** ou... ou...
ent'werfen *vt irr (ohne ge-) (Zeichnung)* esquisser; *(Modell, Roman)* concevoir; *(Plan)* dresser; *(Gesetz)* faire un projet de.
ent'werten *vt (ohne ge-)* dévaluer; *(Briefmarken)* oblitérer; *(Fahrkarte)* composter.
ent'wickeln *(ohne ge-) vt* développer // *vr:* **sich** ~ se développer.
Ent'wicklung *f* développement *m;* ~**shilfe** *f* aide *f* aux pays en voie de développement; ~**sland** *nt* pays *m* en voie de développement.
ent'wirren *vt (ohne ge-)* démêler, débrouiller.
ent'wöhnen *vt (ohne ge-)* sevrer; *(Süchtige)* désintoxiquer.
Ent'wöhnung *f (von Säugling)* sevrage *m; (von Süchtigen)* désintoxication *f.*
ent'worfen *siehe* **entwerfen.**
ent'würdigend *a* dégradant(e).
Ent'wurf *m* esquisse *f; (Konzept)* brouillon *m; (Gesetz~)* projet *m.*
ent'ziehen *irr (ohne ge-) vt:* **jdm etw** ~ retirer qch à qn // *vr:* **sich** ~ échapper (+*dat* à); se dérober *(dat* à).
Ent'ziehung *f* privation *f; (von Alkohol)* désintoxication *f;* ~**skur** *f* cure *f* de désintoxication.
ent'ziffern *vt (ohne ge-)* déchiffrer.
ent'zog, ent'zogen *siehe* **entziehen.**
ent'zücken *vt (ohne ge-)* enchanter, ravir; ~**d** *a* ravissant(e); *(Kind)* adorable.
ent'zünden *(ohne ge-) vt (Holz)* allumer; *(MED, Begeisterung)* enflam-

mer; *(Streit)* déclencher.
Ent'zündung *f (MED)* inflammation *f.*
ent'zwei *ad:* ~ **sein** être cassé(e); ~**brechen** *irr (zvb) vt* mettre en morceaux // *vi (mit sein)* se casser.
'Enzian *m* **-s, -e** gentiane *f.*
En'zym *nt* **-s, -e** enzyme *m.*
Epide'mie *f* épidémie *f.*
Epilep'sie *f* épilepsie *f.*
E'poche *f* **-, -n** époque *f.*
er *pron* il; *(bei weiblichen französischen Substantiven)* elle.
er'achten *vt (ohne ge-):* ~ **für** *o* **als** considérer comme; **meines E~s** à mon avis.
er'barmen *vr (ohne ge-):* **sich (jds/ einer Sache)** ~ avoir pitié (de qn/qch); **E~** *nt* **-s** pitié *f.*
er'bärmlich *a* minable; *(Zustände)* misérable.
er'bauen *(ohne ge-) vt (Stadt)* bâtir; *(Denkmal)* construire; *(fig)* édifier // *vr:* **sich an etw** *(dat)* ~ être édifié(e) par qch.
er'baulich *a* édifiant(e).
Er'bauung *f* construction *f; (fig)* édification *f.*
Erbe *m* **-n, -n** héritier *m* // *nt* **-s** héritage *m;* **e~n** *vt, vi* hériter.
er'beuten *vt (ohne ge-)* prendre comme butin.
Erb-: ~**faktor** *m* facteur *m* héréditaire; ~**fehler** *m* affection *f* congénitale; ~**folge** *f* (ordre *m* de) succession *f;* ~**in** *f* héritière *f.*
er'bittert *a* acharné(e).
er'blassen, er'bleichen *vi (ohne ge-, mit sein)* pâlir.
erblich *a* héréditaire.
Erbmasse *f (JUR)* succession *f; (BIO)* génotype *m.*
er'brechen *irr (ohne ge-) vt* vomir // *vr:* **sich** ~ vomir.
Erb-: ~**recht** *nt* droit *m* successoral; ~**schaft** *f* héritage *m.*
Erbse *f* **-, -n** (petit) pois *m.*
Erd-: ~**bahn** *f* orbite *f* terrestre; ~**beben** *nt* **-s, -** tremblement *m* de terre; ~**beere** *f* fraise *f.*
Erde *f* **-, -n** terre *f;* **zu ebener** ~ au rez-de-chaussée; **e~n** *vt (ELEC)* relier à la terre.
er'denklich *a* imaginable, concevable.
Erd-: ~**gas** *nt* gaz *m* naturel; ~**geschoß** *nt* rez-de-chaussée *m;* ~**kunde** *f (SCOL)* géographie *f;* ~**nuß** *f* cacahuète *f;* ~**öl** *nt* pétrole *m.*
er'drosseln *vt (ohne ge-)* étrangler.
Erd-: ~**rutsch** *m* glissement *m* de terrain; *(POL)* raz-de-marée *m* (électoral); ~**teil** *m* continent *m.*
er'eifern *vr (ohne ge-):* **sich** ~ s'échauffer *(über +akk* au sujet de).
er'eignen *vr (ohne ge-):* **sich** ~ arriver, se passer.
Er'eignis *nt* événement *m;* **e~reich** *a* mouvementé(e).
er'fahren *vt irr (ohne ge-)* apprendre; *(erleben)* éprouver // *a* expérimenté(e).
Er'fahrung *f* expérience *f;* **e~sgemäß** *ad* par expérience.
er'fand *siehe* **erfinden.**
er'fassen *vt (ohne ge-)* saisir; *(fig: einbeziehen)* inclure, comprendre.
er'finden *vt irr (ohne ge-)* inventer.
Er'finder(in *f)* *m* **-s, -** inventeur (-trice).
Er'findung *f* invention *f;* ~**sgabe** *f* esprit *m* inventif, imagination *f.*
Er'folg *m* **-(e)s, -e** succès *m.*
er'folgen *vi (ohne ge-, mit sein) (sich ergeben)* se produire, s'ensuivre; *(stattfinden)* avoir lieu; *(Zahlung)* être effectué(e).
er'folg-: ~**los** *a (Mensch)* qui n'a pas de succès; *(Versuch)* infructueux(-euse), vain (vaine); ~**reich** *a (Mensch)* qui a du succès; *(Versuch)* couronné(e) de succès; ~**versprechend** *a (Mensch)* promis(e) au succès; *(Versuch)* prometteur(-euse).
er'forderlich *a* nécessaire; *(Kenntnisse)* requis(e).
er'fordern *vt (ohne ge-)* demander, exiger.
Er'fordernis *nt* nécessité *f.*
er'forschen *vt (ohne ge-) (Land)* explorer; *(Problem)* étudier.
Er'forschung *f* étude *f*, examen *m; (von Land)* exploration *f.*

er'freulich *a* qui fait plaisir; **~erweise** *ad* heureusement.
er'frieren *vi irr (ohne ge-, mit sein)* geler; *(Mensch)* mourir de froid.
er'frischen *(ohne ge-) vt* rafraîchir // *vr:* **sich** ~ se rafraîchir.
Er'frischung *f* rafraîchissement *m;* **~sraum** *m* buvette *f,* cafétéria *f.*
er'fuhr *siehe* **erfahren.**
er'füllen *(ohne ge-) vt* remplir; *(Bitte)* satisfaire; *(Erwartung)* répondre à // *vr:* **sich** ~ s'accomplir.
er'funden *siehe* **erfinden.**
er'gänzen *(ohne ge-) vt* compléter // *vr:* **sich** ~ se compléter.
Er'gänzung *f* complément *m; (Zusatz)* supplément *m.*
er'geben *irr (ohne ge-) vt (Betrag)* donner, rapporter; *(Bild)* révéler // *vr:* **sich** ~ *(sich ausliefern)* se rendre *(dat* à); *(folgen)* s'ensuivre // *a* dévoué(e); *(dem Trunk)* adonné(e) *(dat* à).
Er'gebnis *nt* résultat *m;* **e~los** *a* sans résultat.
er'giebig *a (Quelle)* productif(-ive); *(Untersuchung)* fructueux(-euse); *(Boden)* fertile.
er'greifen *vt irr (ohne ge-)* saisir; *(Täter)* attraper; *(Beruf)* choisir; *(Maßnahmen)* prendre; *(rühren)* toucher.
er'griffen *a (Mensch)* touché(e); *(Worte)* ému(e).
er'halten *vt irr (ohne ge-)* recevoir; *(Art)* maintenir; *(Kunstwerk)* conserver; **gut** ~ *a* en bon état.
er'hältlich *a (Ware)* disponible, en vente.
er'hängen *(ohne ge-) vt* pendre.
er'haschen *vt (ohne ge-) (Beute)* attraper; *(Blick)* surprendre; *(Glück)* saisir.
er'heben *irr (ohne ge-) vt (hochheben)* lever; *(rangmäßig)* élever *(zu* au rang de); *(stimmungsmäßig)* élever; *(Steuern etc)* percevoir; **Klage** ~ porter plainte; **Anspruch auf etw** *(akk)* ~ revendiquer qch // *vr:* **sich** ~ *(aufstehen)* se lever; *(aufsteigen)* s'élever; *(Frage)* se poser; *(revoltieren)* se soulever; **sich über jdn/etw** ~ se mettre au dessus de qn/qch.
er'heblich *a* considérable.
er'heitern *vt (ohne ge-)* égayer.
Er'heiterung *f* amusement *m;* **zur allgemeinen** ~ à la grande joie de tout le monde.
er'hitzen *(ohne ge-) vt* chauffer; *(fig)* échauffer // *vr:* **sich** ~ devenir chaud, s'échauffer.
er'höhen *vt (ohne ge-) (Mauer)* hausser; *(Steuern)* augmenter; *(Geschwindigkeit)* accroître.
er'holen *vr (ohne ge-):* **sich** ~ *(von Krankheit, Schreck)* se remettre; *(sich entspannen)* se reposer.
er'holsam *a* reposant(e).
Er'holung *f (Gesundung)* rétablissement *m; (Entspannung)* repos *m,* détente *f;* **~sheim** *nt* maison *f* de repos *o* de convalescence.
Erika *f* **-, Eriken** bruyère *f.*
er'innern *(ohne ge-) vt:* **jdn an jdn/etw** ~ rappeler qn/qch à qn // *vr:* **sich** ~ se souvenir *(an +akk* de).
Er'innerung *f* mémoire *f; (Andenken)* souvenir *m;* **zur** ~ **an** *(+akk)* en souvenir de.
er'kälten *vr (ohne ge-):* **sich** ~ prendre froid; **erkältet sein** avoir un rhume.
Er'kältung *f* refroidissement *m,* rhume *m.*
er'kennbar *a* reconnaissable.
er'kennen *vt irr (ohne ge-) (jdn, Fehler)* reconnaître; *(Krankheit)* diagnostiquer; *(sehen)* distinguer.
er'kenntlich *a:* **sich** ~ **zeigen** se montrer reconnaissant(e) *(für* de).
Er'kenntnis *f* reconnaissance *f,* connaissance *f; (Einsicht)* idée *f;* **zur** ~ **kommen** se rendre compte.
Er'kennung *f* reconnaissance *f;* **~smarke** *f* plaque *f* d'identité.
Erker *m* **-s, -** encorbellement *m.*
er'klären *vt (ohne ge-)* expliquer.
Er'klärung *f* explication *f; (Aussage)* déclaration *f.*
er'klingen *vi irr (ohne ge-, mit sein)* retentir, résonner.
Er'krankung *f* maladie *f.*
er'kundigen *vr (ohne ge-):* **sich** ~ se

renseigner *(nach, über +akk* sur).
Er'kundigung *f* (prise *f* de) renseignements *m*.
er'langen *vt (ohne ge-)* obtenir; *(Fähigkeit)* atteindre.
Er'laß *m* **-sses, ¨sse** décret *m*; *(von Strafe)* remise *f*.
er'lassen *vt irr (ohne ge-) (Gesetz)* décréter; *(Strafe)* exempter; **jdm etw** ~ dispenser qn de qch.
er'lauben *vt (ohne ge-)* permettre *(jdm etw* qch à qn); **sich** *(dat)* **etw** ~ se permettre qch.
Er'laubnis *f* permission *f*.
er'läutern *vt (ohne ge-)* expliquer.
Er'läuterung *f* explication *f*.
Erle *f* **-, -n** au(l)ne *m*.
er'leben *vt (ohne ge-) (Überraschung etc)* éprouver; *(Zeit)* passer par; *(mit~)* assister à.
Er'lebnis *nt* expérience *f*.
er'ledigen *vt (ohne ge-) (Auftrag etc)* exécuter; *(fam: erschöpfen)* crever; *(: ruinieren)* ruiner; *(: umbringen)* liquider; **er ist erledigt** *(fam)* il est foutu.
er'leichtern *vt (ohne ge-)* alléger; *(Aufgabe)* faciliter; *(Gewissen, jdn)* soulager.
Er'leichterung *f* allègement *m*, soulagement *m*.
er'leiden *vt irr (ohne ge-)* subir; *(Schmerzen)* souffrir, supporter.
er'lesen *a (Speisen)* sélectionné(e); *(Publikum)* choisi(e).
Er'lös *m* **-es, -e** produit *m (aus* de).
er'lösen *vt (ohne ge-) (Mensch)* délivrer; *(REL)* sauver.
er'mächtigen *vt (ohne ge-)* autoriser, habiliter *(zu* à).
Er'mächtigung *f (das Ermächtigen)* autorisation *f*; *(Vollmacht)* pleins pouvoirs *mpl*.
er'mahnen *vt (ohne ge-)* exhorter *(zu* à).
Er'mahnung *f* exhortation *f*.
er'mäßigen *vt (ohne ge-) (Gebühr)* réduire.
Er'mäßigung *f* réduction *f*.
Er'messen *nt* **-s** jugement *m*; **in jds** ~ *(dat)* **liegen** être à la discrétion de qn.
er'mitteln *(ohne ge-) vt (Wert)* calculer; *(Täter)* retrouver // *vi*: **gegen jdn** ~ ouvrir une information contre qn.
Er'mittlung *f (Polizei~)* enquête *f*.
er'möglichen *vt (ohne ge-)*: **jdm etw** ~ rendre qch possible à qn.
er'morden *vt (ohne ge-)* assassiner.
Er'mordung *f* assassinat *m*.
er'müden *(ohne ge-) vt* fatiguer // *vi (mit sein)* se fatiguer.
Er'müdung *f* fatigue *f*; **~serscheinung** *f* signe *m* de fatigue.
er'muntern *vt (ohne ge-) (ermutigen)* encourager; *(beleben)* animer; *(aufmuntern)* dérider.
er'mutigen *vt (ohne ge-)* encourager *(zu* à).
er'nähren *(ohne ge-) vt* nourrir // *vr*: **sich** ~ **von** vivre *o* se nourrir de.
Er'nährer(in *f*) *m* **-s, -** soutien *m* (de famille).
Er'nährung *f (das Ernähren)* alimentation *f*; *(Nahrung)* nourriture *f*; *(Unterhalt)* entretien *m*.
er'nennen *vt irr (ohne ge-)* nommer.
Er'nennung *f* nomination *f*.
er'neuern *vt (ohne ge-) (renovieren)* rénover, restaurer; *(austauschen)* remplacer; *(verlängern)* renouveler.
Er'neuerung *f (von Gebäude)* restauration *f*; *(von Teil)* remplacement *m*; *(von Vertrag)* renouvellement *m*.
er'neut *a* nouveau(nouvelle), répété(e) // *ad* à nouveau.
Ernst *m* **-es** rigueur *f*, sérieux *m*; **das ist mein** ~ je suis sérieux; **im** ~ sérieusement; **mit etw** ~ **machen** mettre qch en pratique // **e~** *a* sérieux(-euse); *(Lage)* grave; **~fall** *m* cas *m* d'urgence; **e~haft** *a* sérieux(-euse); **e~lich** *a* sérieux (-euse).
Ernte *f* **-, -n** *(von Getreide)* moisson *f*; *(von Obst)* récolte *f*; **e~n** *vt* moissonner; récolter; *(Lob etc)* récolter.
er'nüchtern *vt (ohne ge-)* dégriser; *(fig)* ramener à la réalité.
Er'nüchterung *f* dégrisement *m*.
er'obern *vt (ohne ge-)* conquérir.
Er'oberung *f* conquête *f*.

er'öffnen *(ohne ge-)* *vt* ouvrir; *(mitteilen)*: **jdm etw** ~ révéler qch à qn // *vr*: **sich** ~ *(Möglichkeiten)* se présenter.
Er'öffnung *f (von Sitzung etc)* ouverture *f*; *(Mitteilung)* communication *f*.
ero'gen *a (Zonen)* érogène.
er'örtern *vt (ohne ge-)* *(Vorschlag)* discuter.
E'rotik *f* érotisme *m*.
e'rotisch *a* érotique.
er'picht *a* avide *(auf +akk* de).
er'pressen *vt (ohne ge-)* *(Geld etc)* extorquer; *(jdn)* faire chanter.
Er'presser(in *f*) *m* **-s, -** maître-chanteur *m*.
Er'pressung *f* chantage *m*.
er'proben *vt (ohne ge-)* éprouver, mettre à l'épreuve; *(Gerät)* tester.
er'raten *vt irr (ohne ge-)* deviner.
er'regbar *a* excitable; *(reizbar)* irritable.
er'regen *(ohne ge-)* *vt* exciter; *(ärgern)* irriter; *(Neid, Aufsehen)* éveiller, susciter // *vr*: **sich** ~ s'énerver *(über +akk* à cause de).
Er'reger *m* **-s, -** *(MED)* agent *m* pathogène.
Er'regtheit *f* excitation *f*; *(Ärger)* irritation *f*.
Er'regung *f* excitation *f*.
er'reichen *vt (ohne ge-)* atteindre; *(Menschen)* joindre; *(Zug)* attraper.
er'richten *vt (ohne ge-)* *(Gebäude)* dresser, ériger; *(gründen)* fonder.
er'röten *vi (ohne ge-, mit sein)* rougir.
Er'rungenschaft *f* conquête *f*; *(fam: Anschaffung)* acquisition *f*.
Er'satz *m* **-es** *(das Ersetzen)* remplacement *m*; *(Person)* remplaçant(e); *(Sache)* substitut *m*; *(Schadens~)* dédommagement *m*; **~befriedigung** *f* compensation *f*; **~dienst** *m (MIL)* service *m* civil; **~reifen** *m* pneu *m* de rechange; **~teil** *nt* pièce *f* de rechange.
er'schaffen *vt irr (ohne ge-)* créer.
er'scheinen *vi irr (ohne ge-, mit sein)* *(sich zeigen)* apparaître; *(auftreten)* arriver; *(vor Gericht)* comparaître; *(Buch etc)* paraître; **das erscheint mir vernünftig** cela me semble raisonnable.
Er'scheinung *f (Geist)* apparition *f*; *(Gegebenheit)* phénomène *m*; *(Gestalt)* air *m*, aspect *m*.
er'schien, er'schienen *siehe* **erscheinen.**
er'schießen *vt irr (ohne ge-)* tuer d'un coup de feu; *(MIL)* fusiller.
er'schlagen *vt irr (ohne ge-)* battre à mort.
er'schöpfen *vt (ohne ge-)* épuiser.
er'schöpft *a* épuisé(e).
Er'schöpfung *f* épuisement *m*.
er'schrak *siehe* **erschrecken.**
er'schrecken *(ohne ge-)* *vt* effrayer // *vi irr (mit sein)* s'effrayer; **~d** *a* effrayant(e).
er'schrocken *siehe* **erschrecken** // *a* effrayé(e).
er'schüttern *vt (ohne ge-)* *(Gebäude, Gesundheit)* ébranler; *(jdn)* secouer, émouvoir.
Er'schütterung *f* *(von Gebäude)* ébranlement *m*; *(von Menschen)* bouleversement *m*.
er'schweren *vt (ohne ge-)* rendre (plus) difficile.
er'schwinglich *a (Artikel)* d'un prix accessible; *(Preise)* abordable.
er'setzbar *a* remplaçable.
er'setzen *vt (ohne ge-)* remplacer; *(Unkosten)* rembourser; **jdm etw** ~ remplacer qch, rembourser qch à qn.
er'sichtlich *a (Grund)* apparent(e).
er'sparen *vt (ohne ge-)* *(Geld)* économiser; *(Ärger etc)* épargner; **jdm etw** ~ épargner qch à qn.
Er'sparnis *f* économie *f (an +dat* de); **~se** *pl* économies *fpl*.
erst *ad (zuerst)* d'abord; *(nicht früher/mehr als)* seulement, ne ... que; ~ **einmal** d'abord.
er'statten *vt (ohne ge-)* *(Kosten)* rembourser; *(Bericht etc)* faire; **gegen jdn Anzeige** ~ porter plainte contre qn.
Erstaufführung *f* première *f*.
er'staunen *vt (ohne ge-)* étonner; **E~** *nt* **-s** étonnement *m*.
er'staunlich *a* étonnant(e).
erst-: E~ausgabe *f* première

édition *f*; ~**beste(r,s)** *a (Mensch)* le (la) premier(-ière) venu(e); *(Sache)* la première chose qui (vous) tombe sous la main; ~**e(r,s)** *a* premier(-ière).
er'stechen *vt irr (ohne ge-) (jdn)* poignarder.
er'stellen *vt (ohne ge-) (Gebäude)* construire; *(Gutachten)* faire.
erstens *ad* premièrement.
erstere(r,s) *pron* le (la) premier (-ière)
er'sticken *(ohne ge-) vt* étouffer // *vi (mit sein)* s'étouffer.
Er'stickung *f (von Mensch)* étouffement *m*, asphyxie *f*.
erst-: ~**klassig** *a (Ware)* de premier choix; *(Sportler, Hotel)* de première classe; *(Essen)* de première qualité; ~**mals** *ad* pour la première fois.
er'strebenswert *a* désirable.
er'strecken *vr (ohne ge-):* **sich** ~ s'étendre.
er'tappen *vt (ohne ge-)* surprendre; **jdn beim Stehlen** ~ prendre qn en flagrant délit de vol.
er'teilen *vt (ohne ge-)* donner.
Er'trag *m* **-(e)s, ¨e** *(Ergebnis)* rendement *m*; *(Gewinn)* recette *f*.
er'tragen *vt irr (ohne ge-)* supporter.
er'träglich *a* supportable.
er'tränken *vt (ohne ge-)* noyer.
er'träumen *vt (ohne ge-):* **sich** *(dat)* **etw** ~ rêver de qch.
er'trinken *vi irr (ohne ge-, mit sein)* se noyer; **E**~ *nt* **-s** noyade *f*.
er'übrigen *(ohne ge-) vt:* **etw (für jdn)** ~ **können** pouvoir donner qch à qn; *(Zeit)* consacrer qch à qn // *vr:* **sich** ~ être superflu(e).
er'wachen *vi (ohne ge-, mit sein)* se réveiller; *(Gefühle, Mißtrauen)* s'éveiller.
er'wachsen *a (Mensch)* adulte; **E**~**e(r)** *mf* adulte *m/f*; **E**~**enbildung** *f* formation *f* permanente *o* continue.
er'wägen *vt irr (ohne ge-) (Plan)* examiner; *(Möglichkeiten)* peser.
er'wähnen *vt (ohne ge-)* mentionner.
Er'wähnung *f* mention *f*.
er'wärmen *(ohne ge-) vt* chauffer // *vr:* **sich für jdn/etw nicht** ~ **können** ne pas pouvoir s'enthousiasmer pour qn/qch.
er'warten *vt (ohne ge-) (rechnen mit)* s'attendre à; *(warten auf)* attendre; **etw kaum** ~ **können** attendre qch avec impatience.
Er'wartung *f* attente *f*, espoir *m*.
er'wecken *vt (ohne ge-)* éveiller; **den Anschein** ~ donner l'impression.
er'weisen *irr (ohne ge-) vt (Ehre, Dienst)* rendre *(jdm* à qn) // *vr:* **sich** ~ se révéler; **sich** ~, **daß ...** s'avérer que ... .
Er'werb *m* **-(e)s, -e** *(von Haus, Auto)* acquisition *f*; *(Beruf)* métier *m*; *(Lohn)* gain *m*; **e**~**en** *vt irr (ohne ge-)* acquérir; **e**~**slos** *a* sans emploi; ~**squelle** *f* source *f* de revenu; **e**~**stätig** *a* actif(-ive); **e**~**sunfähig** *a* invalide.
er'widern *vt (ohne ge-) (antworten; Gefühl)* répondre *(jdm* à qn); *(Besuch, Böses)* rendre.
er'wiesen *a* prouvé(e), démontré(e).
er'wischen *vt (ohne ge-) (fam)* attraper, choper.
er'wog, er'wogen *siehe* **erwägen.**
er'wünscht *a* désiré(e).
er'würgen *vt (ohne ge-)* étrangler.
Erz *nt* **-es, -e** minerai *m*.
er'zählen *vt (ohne ge-)* raconter.
Er'zählung *f* histoire *f*, conte *m*.
Erz-: ~**bischof** *m* archevêque *m*; ~**engel** *m* archange *m*.
er'zeugen *vt (ohne ge-)* produire, fabriquer; *(Angst)* provoquer.
Er'zeugnis *nt* produit *m*.
Er'zeugung *f* production *f*.
er'ziehen *vt irr (ohne ge-) (Kind)* élever; *(bilden)* éduquer.
Er'ziehung *f* éducation *f*; ~**sberechtigte(r)** *mf* père *m*; mère *f*; tuteur(-trice).
er'zielen *vt (ohne ge-)* obtenir, réaliser.
er'zwingen *vt irr (ohne ge-)* forcer, obtenir de force.
es *pron (nom)* il (elle); *(in unpersönlichen Konstruktionen)* ce, c', cela, ça; *(bei unpersönlichen Verben)* il; *(akk)* le (la); *(in unpersönlichen Konstruk-*

tionen) le.
Esel *m* **-s, -** âne *m*; **~sohr** *nt (fam: im Buch)* corne *f*.
Eskalati'on *f* escalade *f*.
eßbar *a* mangeable; *(Pilz)* comestible.
essen *vt, vi irr* manger; **E~** *nt* **-s, -** *(Nahrung)* nourriture *f*; *(Mahlzeit)* repas *m*; **E~szeit** *f* heure *f* du repas.
Essig *m* **-s, -e** vinaigre *m*.
Eß-: ~kastanie *f* marron *m*; **~löffel** *m* cuiller *f* (à soupe); **~zimmer** *nt* salle *f* à manger.
eta'blieren *vr (ohne ge-)*: **sich ~** *(Geschäft)* s'installer; *(Mensch)* s'établir.
Etage [e'taːʒə] *f* **-, -n** étage *m*; **~nbetten** *pl* lits *mpl* superposés.
E'tappe *f* **-, -n** étape *f*.
Etat [e'taː] *m* **-s, -s** budget *m*.
Ethik *f* éthique *f*, morale *f*.
ethisch *a* éthique, moral(e).
Eti'kett *nt* **-(e)s, -e** étiquette *f*.
etliche *pron pl* pas mal; **~ sind gekommen** il y en a pas mal qui sont venus; **~s** pas mal de choses.
etwa *ad (ungefähr)* environ; *(vielleicht)* par hasard; *(beispielsweise)* par exemple; **nicht ~** non pas.
etwaig ['ɛtvaɪç] *a* éventuel(le).
etwas *pron* quelque chose; *(ein wenig)* un peu (de) // *ad* un peu.
euch *pron (akk +dat von* **ihr***)* vous; **dieses Buch gehört ~** ce livre est à vous.
euer *pron (attributiv)* votre, *pl* vos // *(gen von* **ihr***)* de vous; **~e(r,s)** *pron (substantivisch)* le (la) vôtre; **der/die/das ~e** le (la) vôtre.
Eule *f* **-, -n** hibou *m*.
eure(r,s) *pron (substantivisch)* le (la) vôtre; **~rseits** *ad* de votre côté; **~sgleichen** *pron* vos pareil(le)s *pl*; **~twegen,** *ad (für euch)* pour vous; *(wegen euch)* à cause de vous.
eurige *pron*: **der/die/das ~** le (la) vôtre.
Eu'ropa *nt* **-s** l'Europe *f*.
Euro'päer(in *f***)** *m* **-s, -** Européen(ne).
euro'päisch *a* européen(ne); **E~e Wirtschaftsgemeinschaft** Communauté *f* économique européenne.
Eu'ropa-: ~parlament *nt* Parlement *m* européen; **~rat** *m* Conseil *m* de l'Europe.
Euter *nt* **-s, -** pis *m*, mamelle *f*.
evakuieren [evaku'iːrən] *vt (ohne ge-)* évacuer.
evangelisch [evaŋgeːlɪʃ] *a* protestant(e).
Evangelium [evaŋ'geːliʊm] *nt* évangile *m*.
eventuell [evɛntu'ɛl] *a* éventuel(le) // *ad* éventuellement.
EWG [eːveː'geː] *f* **-** *(abk von* **Europäische Wirtschaftsgemeinschaft***)* CEE *f*.
ewig *a* éternel(le); **E~keit** *f* éternité *f*.
E'xamen *nt* **-s, -** *o* **E'xamina** examen *m*.
E'xempel *nt* **-s, -** exemple *m*; **an jdm ein ~ statuieren** faire un exemple de qn.
Exem'plar *nt* **-s, -e** exemplaire *m*; **e~isch** *a* exemplaire.
exer'zieren *vi (ohne ge-) (Truppen)* faire des manœuvres.
E'xil *nt* **-s, -e** exil *m*.
Exi'stenz *f* existence *f*; *(pej: Mensch)* individu *m*; **~minimum** *nt* minimum *m* vital.
exi'stieren *vi (ohne ge-)* exister.
exklu'siv *a (Bericht)* exclusif (-ive); *(Gesellschaft)* sélect(e); **~e** [-'ziːvə] *ad, prep +gen* non compris(e).
e'xotisch *a* exotique.
Experi'ment *nt* expérience *f*.
experimen'tieren *vi (ohne ge-)* faire une expérience.
Ex'perte *m* **-n, -n, Ex'pertin** *f* expert *m*, spécialiste *m/f*.
explo'dieren *vi (ohne ge-, mit sein)* exploser.
Explosi'on *f* explosion *f*.
Expo'nent *m (MATH)* exposant *m*.
Ex'port *m* **-(e)s, -e** exportation *f*; **~eur** [ɛkspɔr'tøːɐ] *m* exportateur *m*; **~handel** *m* commerce *m* d'exportation.
expor'tieren *vt (ohne ge-) (Waren)* exporter.

extra *a inv (fam: gesondert)* séparé(e); *(besonders)* spécial(e) // *ad (gesondert)* à part; *(speziell)* spécialement; *(absichtlich)* exprès; *(zuzüglich)* en supplément; **ich bin ~ langsam gefahren** j'ai fait un effort pour conduire lentement; **E~** *nt* **-s, -s** option *f*; **E~ausgabe** *f*, **E~blatt** *nt* édition *f* spéciale.
Ex'trakt *m* **-(e)s, -e** extrait *m*.
ex'trem *a* extrême.
extre'mistisch *a (POL)* extrémiste.
Extremi'täten *pl* extrémités *fpl*.
ex'zentrisch *a* excentrique.
Ex'zeß *m* **-sses, -sse** excès *m*.

F

F *nt (MUS)* fa *m*.
Fabel *f* **-, -n** fable *f*; **f~haft** *a* merveilleux(-euse), fabuleux(-euse).
Fa'brik *f* **-, -en** usine *f*, fabrique *f*.
Fabri'kant(in *f*) *m (Hersteller)* fabricant(e); *(Besitzer)* industriel *m*.
Fabri'kat *nt* produit *m*.
Fabrikati'on *f* fabrication *f*, production *f*.
Fach *nt* **-(e)s, ⸚er** rayon *m*, compartiment *m*; *(Gebiet)* discipline *f*, matière *f*, sujet *m*.
Fach-: **~arbeiter(in** *f*) *m* ouvrier(ère) spécialisé(e); **~arzt** *m*, **~ärztin** *f* spécialiste *m/f*; **~ausdruck** *m* terme *m* technique.
Fächer *m* **-s, -** éventail *m*.
Fach-: **f~kundig** *a* expert(e); **f~lich** *a* professionnel(le); **~mann** *m*, *pl* **-leute** spécialiste *m/f*; **~schule** *f* école *f* professionnelle; **f~simpeln** *vi (zvb) (fam)* parler métier; **~werk** *nt* colombage *m*.
Fackel *f* **-, -n** torche *f*, flambeau *m*.
fad(e) *a* fade.
Faden *m* **-s, ⸚** fil *m*; **der rote ~** le fil conducteur; **f~scheinig** *a (Lüge)* cousu(e) de fil blanc.
fähig *a* capable; **zu etw** *(dat)* **~ sein** être capable de qch; **F~keit** *f* capacité *f*.
fahnden *vi*: **~ nach** rechercher.
Fahndung *f* recherches *fpl*; **~sliste** *f* liste *f* de recherches.
Fahne *f* **-, -n** *(Flagge)* pavillon *m*, drapeau *m*; **eine ~ haben** *(fam)* sentir l'alcool.
Fahrbahn *f* chaussée *f*.
Fähre *f* **-, -n** bac *m*.
fahren *irr (mit sein) vt (Rad, Karussell, Ski, Schlitten etc)* faire de; *(Fahrzeug, Auto)* conduire; *(befördern: Fuhre)* transporter; *(Strecke)* faire, parcourir // *vi* aller, rouler; *(Auto ~)* conduire; *(abfahren)* partir; **~ nach** *(+dat)* partir à; **mit etw ~** aller o partir en; **ein Gedanke fuhr ihm durch den Kopf** une idée lui passa par la tête; **mit der Hand über den Tisch ~** passer la main sur la table; **etw an eine Stelle ~** conduire qch quelque part.
Fahrer(in *f*) *m* **-s, -** conducteur(-trice); **~flucht** *f* délit *m* de fuite.
Fahr-: **~gast** *m* passager(-ère); **~gestell** *nt* châssis *m*; *(AVIAT)* train *m* d'atterrissage; **~karte** *f* billet *m*; **~kartenausgabe** *f*, **~kartenschalter** *m* guichet *m* (des billets); **f~lässig** *a* négligent(e); *(JUR)* par négligence; **~lässigkeit** *f* négligence; **~lehrer(in** *f*) *m* moniteur(-trice) d'auto-école; **~plan** *m* horaire *m*; **f~planmäßig** *a* à l'heure prévue; **~preis** *m* prix *m* du billet; **~prüfung** *f* examen *m* pour permis de conduire; **~rad** *nt* bicyclette *f*, vélo *m*; **~schein** *m* ticket *m*; **~schule** *f* auto-école *f*; **~stuhl** *m* ascenseur *m*.
Fahrt *f* **-, -en** voyage *f*; **in voller ~** à toute allure; **in ~ kommen** *(fam)* se mettre en train.
Fährte *f* **-, -n** piste *f*.
Fahrt-: **~kosten** *pl* frais *mpl* de déplacement; **~richtung** *f* direction *f*.
Fahr-: **~verbot** *nt* interdiction *f* de circuler; **~zeug** *nt* véhicule *m*.
fair [fɛːɐ] *a* équitable, loyal(e).
Faktor *m* facteur *m*.
Fakt(um) *nt* **-s, Fakten** fait *m*.
Fakul'tät *f* faculté *f*.
Falke *m* **-n, -n** faucon *m*.

Fall *m* **-(e)s, ¨e** *(Sturz, Untergang)* chute *f*; *(Sachverhalt, LING,MED)* cas *m*; *(JUR)* affaire *f*; **auf jeden ~, auf alle ¨e** en tous cas; **für den ~, daß ...** au cas où ...; **auf keinen ~** en aucun cas.
Falle *f* **-, -n** piège *m*.
fallen *vi irr (mit sein)* tomber; *(Entscheidung)* être pris(e); *(Tor)* être marqué(e).
fällen *vt (Baum)* abattre; *(Urteil)* rendre.
fallenlassen *vt irr (zvb) (Bemerkung)* faire; *(Plan)* laisser tomber, abandonner.
fällig *a (Zinsen)* exigible, arrivé(e) à échéance; *(Bus, Zug)* attendu(e).
falls *ad* au cas où.
Fall-: **~schirm** *m* parachute *m*; **~schirmspringer (in** *f*) *m* parachutiste *m/f*; **~tür** *f* trappe *f*.
falsch *a* faux (fausse).
fälschen *vt* contrefaire.
fälsch-: **~lich** *a* faux (fausse), erroné(e); **F~ung** *f* falsification *f*, contrefaçon *f*.
Falte *f* **-, -n** pli *m*; *(Haut~)* ride *f*; **f~n** *vt* plier; *(Hände)* joindre.
Falter *m* **-s, -** papillon *m*.
famili'är *a* de famille; *(vertraut)* familier(-ère).
Familie [fa'mi:liə] *f* famille *f*.
Fa'milien- [-iən-]: **~feier** *f* fête *f* de famille; **~kreis** *f* cercle *m* familial; **~mitglied** *nt* membre *f* de la famille; **~name** *m* nom *m* de famille; **~planung** *f* planning *m* familial; **~stand** *m* état *m* civil.
fa'natisch *a* fanatique.
fand *siehe* **finden.**
Fang *m* **-(e)s, ¨e** capture *f*; *(das Jagen)* chasse *f*; *(Beute)* prise *f*; *(pl: Zähne)* croc *m*; *(pl: Krallen)* serre *f*.
fangen *irr vt* attraper // *vr:* **sich ~** *(nicht fallen)* se rattraper; *(seelisch)* se reprendre.
Farbaufnahme *f* photo *f* en couleurs.
Farbe *f* **-, -n** couleur *f*; *(zum Malen etc)* peinture *f*.
farbecht *a* grand teint(e).
färben *vi (Stoff etc)* déteindre // *vt* teindre // *vr:* **sich ~** se colorer.
farben-: **~blind** *a* daltonien(ne); **~prächtig** *a* haut(e) en couleur.
Farb-: **~fernsehen** *nt* télévision *f* en couleurs; **~film** *m* film *m* (en) couleur(s); **f~ig** *a (bunt)* coloré(e); *(Mensch)* de couleur; **~ige(r)** *mf* homme *m* (femme *f*) de couleur; **~kasten** *m* boîte *f* de couleurs; **f~los** *a* incolore; *(fig)* terne, plat(e); **~stoff** *m* colorant *m*; **~ton** *m* ton *m*.
Färbung *f* coloration *f*, teinte *f*; *(fig)* tendance *f*.
Farn *m* **-(e)s, -e** fougère *f*.
Fa'san *m* **-(e)s, -e(n)** faisan *m*.
Fasching *m* **-s, -e** carnaval *m*.
Fa'schismus *m* fascisme *m*.
Fa'schist(in *f*) *m* fasciste *m/f*.
faseln *vt, vi* radoter.
Faser *f* **-, -n** fibre *f*; **f~n** *vi* s'effilocher.
Faß *nt* **-sses, Fässer** tonneau *m*.
Fas'sade *f* façade *f*.
fassen *vt (ergreifen, angreifen)* saisir, empoigner; *(begreifen, glauben)* saisir, comprendre; *(inhaltlich)* contenir; *(Edelstein)* sertir; *(Plan, Gedanken)* concevoir; *(Entschluß, Vertrauen)* prendre; *(Verbrecher)* arrêter, attraper // *vr:* **sich ~** se ressaisir, se calmer.
Fassung *f (Umrahmung)* monture *f*; *(bei Lampe)* douille *f*; *(von Text)* version *f*; *(Beherrschung)* contenance *f*, maîtrise *f* de soi; **jdn aus der ~ bringen** faire perdre contenance à qn; **f~slos** *a* décontenancé(e); **~svermögen** *nt (bei Behälter)* capacité *f*, contenance *f*; *(bei Mensch)* compréhension *f*.
fast *ad* presque.
fasten *vi* jeûner.
Fastenzeit *f* carême *m*.
Fastnacht *f* **-** mardi *m* gras.
faszi'nieren *vt (ohne ge-)* fasciner.
fa'tal *a* fatal(e), désastreux(-euse).
fauchen *vi* siffler.
faul *a (verdorben)* pourri(e), avarié(e); *(Mensch)* paresseux (-euse); *(Witz, Ausrede, Sache)* douteux(-euse), louche.
faulen *vi (mit sein)* pourrir.

faulenzen *vi* paresser.
Faulheit *f* paresse *f*.
faulig *a* pourri(e), putride.
Fäulnis *f* décomposition *f*, putréfaction *f*.
Faust *f* **-, Fäuste** poing *m*; **auf eigene ~** de sa propre initiative; **~handschuh** *m* moufle *f*.
Fazit *nt* **-s, -e** *o* **-s** bilan *m*.
Februar *m* **-(s), -e** février *m*.
fechten *vi irr (kämpfen)* se battre (à l'épée); (*SPORT*) faire de l'escrime.
Feder *f* **-, -n** plume *f*; *(Bett~)* duvet *m*; (*TECH*) ressort *m*; **~ball** *m* volant *m*; **~bett** *nt* édredon *m*; **~halter** *m* porte-plume *m*, stylo *m* à encre; **f~'leicht** *a* léger(-ère) comme une plume.
Federung *f* sommier *m*; *(bei Auto)* suspension *f*.
Fee *f* **-, -n** ['fe:ən] fée *f*.
Fegefeuer *nt* purgatoire *m*.
fegen *vt* balayer.
fehl *a*: **~ am Platz** *o* **Ort** déplacé(e).
fehlen *vi (nicht vorhanden sein)* manquer; *(abwesend sein: Mensch)* être absent(e); **etw fehlt jdm** il manque qch à qn; **du fehlst mir** tu me manques; **was fehlt ihm?** qu'est-ce qu'il a?; **es fehlt an etw** *(dat)* il manque qch.
Fehler *m* **-s, -** faute *f*; *(bei Mensch, Gerät)* défaut *m*; **f~frei** *a* irréprochable, impeccable; **f~haft** *a* incorrect(e), défectueux(-euse).
Fehl-: **~geburt** *f* fausse couche *f*; **~griff** *m* méprise *f*, gaffe *f*; **~schlag** *m* échec *m*; **f~schlagen** *vi irr (zvb, mit sein)* échouer; **~start** *m* (*SPORT*) faux départ *m*; **~tritt** *m* faux pas *m*; **~zündung** *f* (*AUT*) raté *m* (d'allumage).
Feier *f* **-, -n** fête *f*, cérémonie *f*; **~abend** *m* fin *f* du travail; **~ abend machen** arrêter de travailler; **jetzt ist ~ abend** *(fig)* c'est terminé.
feierlich *a* solennel(le); **F~keit** *f* solennité *f* // *pl* cérémonie *f*.
feiern *vt, vi* fêter.
Feiertag *m* jour *m* férié.
feig(e) *a* lâche.
Feige *f* **-, -n** figue *f*.
Feigheit *f* lâcheté *f*.
Feigling *m* lâche *m/f*, poltron(ne).
Feile *f* **-, -n** lime *f*.
feilschen *vi* marchander.
fein *a* fin(e); *(Qualität, vornehm)* raffiné(e); **~!** formidable!
Feind(in *f*) *m* **-(e)s, -e** ennemi(e); **f~lich** *a* hostile; **~schaft** *f* inimitié *f*, hostilité *f*; **f~selig** *a* hostile; **~seligkeit** *f* hostilité *f*
Fein-: **f~fühlig** *a* sensible; **~gefühl** *nt* délicatesse *f*, tact *m*; **~heit** *f* finesse *f*, raffinement *m*; **~kostgeschäft** *nt* épicerie *f* fine; **~schmecker(in** *f*) *m* gourmet *m*.
feist *a* gros(se), replet(-ète).
Feld *nt* **-(e)s, -er** *(Acker)* champ *m*; *(bei Brettspiel)* case *f*; *(fig: Gebiet)* domaine *m*; *(Schlacht~)* champ *m* de bataille; (*SPORT*) terrain *m*; **~weg** *m* chemin *m* de terre *o* rural.
Felge *f* **-, -n** (*AUT*, *Fahrrad*) jante *f*.
Fell *nt* **-(e)s, -e** poil *m*, pelage *m*; *(von Schaf)* toison *f*; *(verarbeitetes ~)* fourrure *f*; **~jacke** *f* veste *f* de fourrure.
Fels *m* **-en, -en, Felsen** *m* **-s, -** rocher *m*, roc *m*; **f~en'fest** *a* ferme, inébranlable; **f~ig** *a* rocheux(-euse); **~spalte** *f* fissure *f*.
feminin *a* féminin(e); *(pej)* efféminé(e).
Fenchel *m* **-s** fenouil *m*.
Fenster *nt* **-s, -** fenêtre *f*; **~brett** *nt* appui *m* de fenêtre; **~laden** *m* volet *m*; **~scheibe** *f* vitre *f*, carreau *m*; **~sims** *m* rebord *m* de fenêtre.
Ferien ['fe:riən] *pl* vacances *fpl*; **~ machen** prendre des vacances; **~ haben** avoir des vacances, être en vacances.
Ferkel *nt* **-s, -** porcelet *m*.
fern *a* lointain(e), éloigné(e) // *ad* loin; **~ von hier** loin d'ici; **F~bedienung** *f* télécommande *f*; **f~bleiben** *vi irr (zvb, mit sein)* ne pas venir; ne pas participer.
Ferne *f* **-, -n** lointain *m*.
ferner *ad (zukünftig)* à l'avenir, à venir; *(außerdem)* en outre.
Fern-: **~gespräch** *nt* communication *f* interurbaine; **f~gesteuert** *a* télécommandé(e); **~glas** *nt* jumel-

les *fpl;* **f~halten** *vt irr (zvb)* tenir à l'écart; **~heizung** *f* chauffage *m* urbain; **f~liegen** *vi irr (zvb):* **jdm f~liegen** être loin de la pensée de qn; **~meldeamt** *nt* office *m* des télécommunications; **~rohr** *nt* longuevue *f,* télescope *m;* **~schreiber** *m* téléscripteur *m;* **~sehapparat** *m* poste *m* de télévision; **f~sehen** *vi irr (zvb)* regarder la télévision; **~sehen** *nt* **-s: im ~sehen** à la télévision; **~sehgerät** *nt* télévision *f,* téléviseur *m;* **~sprecher** *m* téléphone *m;* **~sprechzelle** *f* cabine *f* téléphonique; **~straße** *f* route *f* à grande circulation; **~verkehr** *m* trafic *m* de grandes lignes.

Ferse *f* **-, -n** talon *m.*

fertig *a* prêt(e); *(beendet)* fini(e); **~ sein** *(fam: müde)* être à plat; **mit jdm ~ sein** en avoir fini avec qn; **mit etw ~ werden** finir qch; *(zurechtkommen)* venir à bout de qch; **~bringen** *vt irr (zvb) (fähig sein)* arriver à faire; **F~bau** *m* construction *f* en préfabriqué; **F~keit** *f* adresse *f,* habileté *f;* **~machen** *(zvb) vt (beenden)* finir, terminer; *(fam: Menschen: körperlich)* épuiser; *(: moralisch)* démolir // *vr:* **sich ~machen** se préparer; **~stellen** *vt (zvb)* finir, achever.

Fessel *f* **-, -n** lien *m,* chaîne *f;* **f~n** *vt (Gefangenen)* ligoter; *(fig)* captiver; **f~nd** *a* captivant(e).

fest *a* ferme; *(Nahrung, Stoff)* solide; *(Preis, Wohnsitz)* fixe; *(Anstellung)* permanent(e); *(Bindung)* sérieux(-euse); *(Schlaf)* profond(e); **~e Schuhe** de bonnes chaussures.

Fest *nt* **-(e)s, -e** fête *f.*

fest-: ~binden *vt irr (zvb)* lier, attacher; **F~essen** *nt* banquet *m;* **~halten** *irr (zvb) vt (Gegenstand)* tenir ferme; *(Ereignis)* noter, retenir // *vr:* **sich ~halten** s'accrocher *(an +dat* à); **an etw** *(dat)* **~halten** *(fig)* rester fidèle à qch, garder qch.

festigen *vt* consolider; *(Material)* renforcer // *vr:* **sich ~** *(Beziehung, Gesundheit)* se consolider.

Festigkeit *f* consistance *f,* fermeté *f.*

fest-: ~klammern *vr (zvb):* **sich ~klammern** s'accrocher *(an +dat* à qch); **F~land** *nt* continent *m;* **~legen** *(zvb) vt* déterminer, fixer // *vr:* **sich ~legen** s'engager *(auf +akk* à).

festlich *a* de cérémonie, solennel(le).

fest-: ~machen *vt (zvb)* fixer; **F~nahme** *f* **-, -n** arrestation *f;* **~nehmen** *vt irr (zvb)* saisir, arrêter; **~setzen** *vt (zvb)* fixer, établir; **F~spiel** *nt* festival *m;* **~stehen** *vi irr (zvb)* être fixé(e); **~stellen** *vt (zvb)* constater.

Festung *f* forteresse *f.*

Fett *nt* **-(e)s, -e** graisse *f;* **f~** *a* gras(se); **f~arm** *a (Nahrung)* pauvre en graisses; **f~en** *vt* graisser; **~fleck** *m* tache *f* de graisse; **f~gedruckt** *a* imprimé(e) en caractères gras; **f~ig** *a* gras(se); **~näpfchen** *nt:* **ins ~näpfchen treten** mettre les pieds dans le plat.

Fetzen *m* **-s, -** *(Stoff~, Papier~)* lambeau *m,* chiffon *m.*

feucht *a* humide; **F~igkeit** *f* humidité *f.*

Feuer *nt* **-s, -** feu *m;* **~ fangen** prendre feu; *(fig)* s'enthousiasmer; *(sich verlieben)* tomber amoureux (-euse); **~ und Flamme sein** être tout feu tout flamme; **~alarm** *m* alerte *f* au feu; **f~fest** *a (Geschirr)* résistant(e) au feu; **~gefahr** *f* danger *m* d'incendie; **f~gefährlich** *a* inflammable; **~löscher** *m* extincteur *m;* **~melder** *m* avertisseur *m* d'incendie.

Feuer-: ~stein *m* silex *m;* pierre *f* à briquet; **~ wehr** *f* sapeurs-pompiers *mpl;* **~wehrauto** *nt* voiture *f* de pompiers; **~wehrmann** *m, pl* **-leute** pompier *m;* **~werk** *nt* feu *m* d'artifice; **~zeug** *nt* briquet *m.*

feurig *a* brûlant(e); *(fig: Liebhaber)* fervent(e), ardent(e).

fichst, ficht *siehe* **fechten.**

Fichte *f* **-, -n** sapin *m,* épicéa *m.*

fi'del *a* joyeux(-euse), gai(e).

Fieber *nt* **-s, -** fièvre *f;* **f~haft** *a* fiévreux(-euse); **~thermometer** *nt*

thermomètre *m* (médical).
fiel *siehe* **fallen.**
fies *a (fam)* écoeurant(e), vache.
Fi'gur *f* **-, -en** *(von Mensch)* stature *f*, silhouette *f*; *(Mensch)* personnage *m*; *(Tanz~)* figure *f*; *(Kunst~)* statue *f*; *(Spiel~)* pièce *f*, pion *m*; **sie hat eine gute ~** elle est bien faite; **auf die ~ achten** faire attention à sa ligne.
Fili'ale *f* **-, -n** succursale *f*.
Film *m* **-(e)s, -e** *(Spiel~ etc)* film *m*; *(PHOT)* pellicule *f*; **f~en** *vt* filmer; **~kamera** *f* caméra *f*; **~vorführgerät** *nt* projecteur *m*.
Filter *m* **-s, -** filtre *m*; *(TECH)* écran *m*; **f~n** *vt* filtrer; **~papier** *nt* papier-filtre *m*; **~zigarette** *f* cigarette-filtre *f*.
Filz *m* **-es, -e** feutre *m*.
Fi'nanz-: ~amt *nt* perception *f*; **~beamte(r)** *m* fonctionnaire *m* aux finances.
Fi'nanzen *pl* finances *fpl*.
finanzi'ell *a* financier(-ère).
finan'zieren *vt (ohne ge-)* financer.
finden *vt irr* trouver; **ich finde nichts dabei, wenn ...** je ne trouve rien de mal à ce que...; **das wird sich ~** on verra bien; **zu sich selbst ~** se trouver.
Finder(in *f*) *m* **-s, -** personne *f* qui trouve qch; **~lohn** *m* récompense *f*.
fing *siehe* **fangen.**
Finger *m* **-s, -** doigt *m*; **laß die ~ davon!** *(fam)* ne t'en mêle pas!; **jdm auf die ~ sehen** avoir qn à l'œil; **~abdruck** *m* empreinte *f* digitale; **~hut** *m* dé *m* à coudre; *(BOT)* digitale *f*; **~nagel** *m* ongle *m*; **~spitzengefühl** *nt* doigté *m*.
fin'giert *a* fictif(-ive).
Fink *m* **-en, -en** pinson *m*.
Finnland *nt* **-s** la Finlande.
finster *a* sombre; *(Mensch)* lugubre; *(Kneipe)* sinistre; *(Mittelalter)* obscur(e); **F~nis** *f* obscurité *f*.
Finte *f* **-, -n** feinte *f*, ruse *f*.
Firma *f* **-, Firmen** compagnie *f*, firme *f*.
Firmen-: ~schild *nt* enseigne *f*, écriteau *m*; **~zeichen** *nt* marque *f* de fabrique.
Firnis *m* **-ses, -se** vernis *m*.
Fisch *m* **-(e)s, -e** poisson *m*; *(ASTR)* Poissons *mpl*; **f~en** *vt, vi* pêcher; **~er** *m* **-s, -** pêcheur *m*; **~e'rei** *f* pêche *f*; **~fang** *m* pêche *f*; **~geschäft** *nt* poissonnerie *f*; **~gräte** *f* arête *f*.
fit *a* en forme.
fix *a (Mensch)* leste, adroit(e); *(Idee, Kosten)* fixe; **~ und fertig** fin prêt(e); *(erschöpft)* éreinté(e); *(erschüttert)* bouleversé(e).
fi'xieren *vt (ohne ge-)* fixer.
flach *a* plat(e).
Fläche *f* **-, -n** surface *f*, superficie *f*; **~ninhalt** *m* superficie *f*, aire *f*.
flackern *vi* vaciller.
Fladen *m* **-s, -** galette *f*.
Flagge *f* **-, -n** pavillon *m*.
flämisch *a* flamand(e).
Flamme *f* **-, -n** flamme *f*; **in ~n stehen** être en flammes.
Flandern *nt* **-s** la *o* les Flandre(s).
Fla'nell *m* **-s, -e** flannelle *f*.
Flanke *f* **-, -n** flanc *m*; *(SPORT)* saut *m* de côté.
Flasche *f* **-, -n** bouteille *f*; *(fam: Versager)* cloche *f*, raté(e); **~nbier** *nt* bière *f* en bouteilles *o* canettes. **~nöffner** *m* ouvre-bouteilles *m*; décapsuleur *m*.
flatterhaft *a* volage, écervelé(e).
flattern *vi (bei Fortbewegung mit sein)* voleter; *(Fahne)* flotter.
flau *a (Stimmung)* mou(molle); *(COMM)* stagnant(e); **jdm ist ~** qn se trouve mal.
Flaum *m* **-(e)s** duvet *m*.
flauschig *a* duveteux(-euse), cotonneux(-euse).
Flausen *pl* balivernes *fpl*.
Flaute *f* **-, -n** *(NAVIG)* calme *m*; *(COMM)* récession *f*.
Flechte *f* **-, -n** tresse *f*, natte *f*; *(MED)* dartre *f*; *(BOT)* lichen *m*; **f~n** *vt irr* tresser.
Fleck *m* **-(e)s, -e** tache *f*; *(fam: Ort, Stelle)* endroit *m*; *(Stoff~)* petit bout (de tissu); **nicht vom ~ kommen** ne pas avancer d'une semelle; **~enmittel** *nt* détachant *m*; **f~ig** *a (schmutzig)* taché(e), sale.

Fledermaus *f* chauve-souris *f*.
Flegel *m* **-s, -** *(Dresch~)* fléau *m*; *(Mensch)* mufle *m*; **f~haft** *a* malappris(e), impertinent(e); **~jahre** *pl* âge *m* ingrat.
flehen *vi* implorer, supplier.
Fleisch *nt* **-(e)s** chair *f*; *(Essen)* viande *f*; **~brühe** *f* bouillon *m* (de viande); **~er(in** *f*) *m* **-s, -** boucher (-ère), charcutier(-ère); **~e'rei** *f* boucherie *f*, charcuterie *f*; **f~ig** *a* charnu(e); **f~lich** *a (Gelüste)* charnel(le); **~wolf** *m* hachoir *m*.
Fleiß *m* **-es** application *f*, assiduité *f*; **f~ig** *a* travailleur(-euse), assidu(e) // *ad (oft)* assidûment.
flichst, flicht *siehe* **flechten.**
Flicken *m* **-s, -** *(Stoff)* pièce *f*; *(Tätigkeit)* raccommodage *m*; **f~** *vt* rapiécer, raccommoder.
Flieder *m* **-s, -** lilas *m*.
Fliege *f* **-, -n** mouche *f*; *(zur Kleidung)* noeud *m* papillon.
fliegen *irr vt (Flugzeug)* piloter; *(Menschen)* transporter (par avion); *(Strecke)* parcourir // *vi (mit sein)* voler; *(im Flugzeug)* aller en avion; *(durch Schleudern)* être précipité(e); **nach London ~** aller à Londres en avion; **aus der Schule/Firma ~** *(fam)* être mis(e) à la porte de l'école/ de l'entreprise; **auf jdn/etw ~** *(fam)* avoir un faible pour qn/qch.
Fliegenpilz *m* fausse oronge *f*, tue-mouche *m*.
Flieger(in *f*) *m* **-s, -** aviateur (-trice); **~alarm** *m* alerte *f* aérienne.
fliehen *vi irr (mit sein)* fuir; **vor etw** *(dat)* **~** (s'en)fuir devant qch.
Fliese *f* **-, -n** carreau *m*.
Fließband *nt* tapis *m* roulant; *(in Fabrik)* chaîne *f* de montage.
fließen *vi irr (mit sein)* couler; **~d** *a (Wasser)* courant(e) // *ad (sprechen)* couramment.
flimmern *vi* scintiller.
flink *a* vif (vive), agile.
Flinte *f* **-, -n** fusil *m* (de chasse).
flirten ['flırtn, *auch* 'flørtn, 'flɔ̈rtn] *vi* flirter *(mit* avec).
Flitterwochen *pl* lune *f* de miel.
flitzen *vi (mit sein)* filer.
flocht *siehe* **flechten.**
Flocke *f* **-, -n** *(Schnee~)* flocon *m*; *(Watte~)* boule *f*.
floh *siehe* **fliehen.**
Floh *m* **-(e)s, ¨-e** puce *f*; **jdm einen ~ ins Ohr setzen** donner des idées à qn; **~markt** *m* marché *m* aux puces.
flo'rieren *vi (ohne ge-)* prospérer.
Floskel *f* **-, -n** figure *f* de rhétorique.
floß *siehe* **fließen.**
Floß *nt* **-es, ¨-e** radeau *m*.
Flosse *f* **-, -n** *(bei Fisch)* nageoire *f*, aileron *m*; *(Taucher~)* palme *f*.
Flöte *f* **-, -n** flûte *f*.
Flö'tist(in *f*) *m* flûtiste *m/f*.
flott *a (schnell)* rapide; *(Musik)* entraînant(e); *(schick)* chic *inv*, élégant(e); *(NAVIG)* à flot.
Flotte *f* **-, -n** flotte *f*, marine *f*.
Fluch *m* **-(e)s, ¨-e** juron *m*; *(Verfluchung)* malédiction *f*; **f~en** *vi* jurer.
Flucht *f* **-, -en** fuite *f*; **auf der ~ sein** être en fuite; **f~artig** *ad* avec précipitation, précipitamment.
flüchten *vi (mit sein)* fuir, s'enfuir *(vor +dat* devant); **sich ins Haus ~** se réfugier dans la maison.
flüchtig *a (Arbeit)* superficiel(le); *(Besuch, Blick)* rapide; *(Bekanntschaft)* passager(-ère); *(geflohen: Verbrecher)* en fuite; **F~keit** *f* rapidité *f*; caractère *m* superficiel; **F~keitsfehler** *m* faute *f* d'inattention.
Flüchtling *m* fugitif(-ive); *(politischer ~)* réfugié(e).
Flug *m* **-(e)s, ¨-e** vol *m*; **im ~** en vol; **~blatt** *nt* tract *m*.
Flügel *m* **-s, -** aile *f*; *(Altar~)* volet *m*; *(SPORT)* ailier *m*; *(MUS)* piano *m* à queue.
Fluggast *m* passager(-ère).
flügge *a (Vogel)* capable de voler; *(fig: Mensch)* capable de voler de ses propres ailes.
Flug-: ~gesellschaft *f* compagnie *f* aérienne; **~hafen** *m* aéroport *m*; **~plan** *m* horaire *m* aérien; **~platz** *m* aérodrome *m*; **~schein** *m* billet *m* d'avion; *(des Piloten)* brevet *m* de pilote; **~verkehr** *m* trafic *m* aérien.
Flugzeug *nt* avion *m*; **~entführung**

f détournement *m* d'avion; ~**halle** *f* hangar *m;* ~**träger** *m* porte-avions *m inv.*
Flunder *f* **-, -n** flet *m.*
flunkern *vi* raconter des bobards.
Flur *m* **-(e)s, -e** entrée *f.*
Fluß *m* **-sses, ¨sse** fleuve *m,* rivière *f; (das Fließen)* courant *m,* flot *m;* **im ~ sein** *(fig)* être en cours.
flüssig *a* liquide; *(Verkehr)* fluide; *(Stil)* aisé(e); **F~keit** *f* liquide *m; (Zustand)* liquidité *f,* fluidité *f;* ~**machen** *vt (zvb) (Geld)* se procurer.
flüstern *vt, vi* chuchoter.
Flut *f* **-, -en** inondation *f,* déluge *m; (Gezeiten)* marée *f* haute; *(Wassermassen)* flots *mpl; (fig)* torrent *m;* **f~en** *vi (mit sein)* arriver à flots; ~**licht** *nt* projecteur *m.*
focht *siehe* **fechten.**
Fohlen *nt* **-s, -** poulain *m.*
Föhre *f* **-, -n** pin *m* sylvestre.
Folge *f* **-, -n** suite *f;* continuation *f; (Auswirkung)* conséquence *f;* **etw zur ~ haben** avoir qch pour conséquence; **einer Sache** *(dat)* **~ leisten** donner suite à qch.
folgen *vi* obéir // *vi (mit sein)* suivre; **daraus folgt ...** il en résulte; ~**d** *a* suivant(e); ~**dermaßen** de la manière suivante.
folgern *vt* conclure *(aus +dat* de).
Folgerung *f* conclusion *f.*
folglich *ad* en conséquence, par conséquent.
folgsam *a* docile, obéissant(e).
Folie ['fo:liə] *f* **-, -n** feuille *f,* film *m.*
Folter *f* **-, -n** torture *f; (Gerät)* chevalet *m;* **f~n** *vt* torturer.
Fön ® *m* **-(e)s, -e** sèche-cheveux *m,* séchoir *m;* **f~en** *vt* sécher (au séchoir).
fordern *vt* exiger.
fördern *vt (Menschen, Produktivität)* encourager; *(Plan)* favoriser; *(Kohle)* extraire.
Forderung *f* exigence *f;* demande *f.*
Förderung *(siehe* **fördern)** *f* encouragement *m;* favorisation *f;* avancement *m;* extraction *f.*
Forelle *f* truite *f.*
Form *f* **-, -en** forme *f; (Guß~, Back~)* moule *m;* **in ~ sein** être en forme; **in ~ von** sous forme de; **die ~ wahren** garder les formes.
Formali'tät *f* formalité *f.*
For'mat *nt* format *m; (fig)* envergure *f,* grande classe *f.*
Formel *f* **-, -n** formule *f.*
for'mell *a* formel(le).
formen *vt* former.
förmlich *a* en bonne et due forme; *(Mensch, Benehmen)* cérémonieux (-euse) // *ad (geradezu)* presque; **F~keit** *f* formalité *f.*
formlos *a* sans forme, informe; *(Antrag, Brief)* sans formalités.
Formu'lar *nt* **-s, -e** formulaire *m.*
formu'lieren *vt (ohne ge-)* formuler.
forsch *a* résolu(e), énergique.
forschen *vi* chercher, rechercher *(nach etw* qch); *(wissenschaftlich)* faire de la recherche.
Forscher(in *f***)** *m* **-s, -** chercheur (-euse).
Forschung *f* recherche *f.*
Förster(in *f***)** *m* **-s, -** garde *m/f* forestier(-ère).
Forstwesen *nt,* **-wirtschaft** *f* sylviculture *f.*
fort *ad (verschwunden, weg)* pas ici *o* là; **und so ~** et ainsi de suite; **in einem ~** sans arrêt; ~**bestehen** *vi irr (zvb, ohne ge-)* persister, survivre; ~**bewegen** *(zvb, ohne ge-) vt* faire avancer // *vr:* **sich ~bewegen** *(vorankommen)* avancer; ~**bilden** *vr (zvb):* **sich ~bilden** continuer ses études, se perfectionner; ~**bleiben** *vi irr (zvb, mit sein)* ne pas (re)venir; **F~dauer** *f* continuation *f;* ~**fahren** *vi irr (zvb, mit sein) (wegfahren)* partir, s'en aller; *(weitermachen)* continuer; ~**gehen** *vi irr (zvb, mit sein) (weggehen)* s'en aller, partir; ~**geschritten** *a* avancé(e); ~**kommen** *vi irr (zvb, mit sein) (wegkommen)* arriver à s'en aller; *(vorankommen)* faire des progrès; *(verlorengehen)* disparaître; ~**lassen** *vt irr (zvb)* laisser partir; ~**pflanzen** *vr (zvb):* **sich ~pflanzen** se reproduire; **F~pflanzung** *f* reproduction *f.*

Fortschritt *m* **-s, -e** progrès *m;* **f~lich** *a* progressiste.

fort-: **~setzen** *vt (zvb) (fortführen)* continuer, poursuivre; **F~setzung** *f* continuation *f,* suite *f;* **F~setzung folgt** à suivre; **~'während** *a* constant(e), continuel(le); **~ziehen** *irr (zvb) vt* tirer // *vi (mit sein)* émigrer; *(umziehen)* déménager.

Foto *nt* **-s, -s** photo *f;* **~apparat** *m* appareil *m* photo; **~'graf(in** *f***)** *m* photographe *m/f;* **~gra'fie** *f* photographie *f;* **f~gra'fieren** *(ohne ge-) vt* photographier // *vi* faire de la photo, faire des photos; **~ko'pie** *f* photocopie *f;* **f~ko'pieren** *vt (ohne ge-)* photocopier.

Fracht *f* **-, -en** fret *m,* cargaison *f;* **~er** *m* **-s, -** cargo *m;* **~gut** *nt* fret *m.*

Frack *m* **-(e)s, -e** frac *m,* habit *m.*

Frage *f* **-, -n** question *f;* **etw in ~ stellen** remettre qch en question; **das kommt nicht in ~** il n'en est pas question; **eine ~ stellen** poser une question; **~bogen** *m* questionnaire *m;* **f~n** *vt, vi* demander *(jdn* à qn); **~zeichen** *nt* point *m* d'interrogation.

fraglich *a* incertain(e); (*ADMIN*) en question.

Frag'ment *nt* fragment *m.*

fragwürdig *a* douteux(-euse).

Frakti'on *f* fraction *f.*

fran'kieren *vt (ohne ge-)* affranchir.

franko *ad* franco de port.

Frankreich *nt* **-s** la France.

Franse *f* **-, -n** frange *f.*

Fran'zose *m* **-n, -n, Fran'zösin** *f* Français(e).

französisch *a* français; **F~** *nt* **-en** (*LING*) français *m.*

fraß *siehe* **fressen.**

Fratze *f* **-, -n** grimace *f.*

Frau *f* **-, -en** femme *f;* **~ Müller** Madame Müller; **~ Doktor** Madame le docteur, Docteur; **~enarzt** *m,* **~enärztin** *f* gynécologue *m/f;* **~enbewegung** *f* mouvement *m* féministe.

Fräulein *nt* demoiselle *f; (Anrede)* Mademoiselle.

fraulich *a* féminin(e).

frech *a* insolent(e); *(Lied, Kleidung, Aussehen)* audacieux(-euse); **F~heit** *f* insolence *f,* effronterie *f.*

frei *a* libre; *(Mitarbeiter)* indépendant(e); *(Arbeitsstelle)* vacant(e); *(Gefangener)* en liberté; *(kostenlos)* gratuit(e); *(Aussicht, schnee~)* dégagé(e); **sich** *(dat)* **einen Tag ~ nehmen** prendre un jour de congé; **von etw ~ sein** être libéré(e) de qch; **im F~en** en plein air; **F~bad** *nt* piscine *f* en plein air; **~bekommen** *vt irr (zvb, ohne ge-):* **jdn ~bekommen** faire libérer qn; **einen Tag ~bekommen** obtenir un jour de congé; **~giebig** *a* généreux(-euse); **~halten** *irr (zvb) vt:* **'Ausfahrt ~halten'** 'sortie de voitures' // *vr:* **sich ~halten** se libérer; **~händig** *ad:* **~händig fahren** conduire sans tenir son volant (*o* guidon).

Freiheit *f* liberté *f;* **~sstrafe** *f* peine *f* de prison.

Frei-: **~karte** *f* billet *m* gratuit; **f~kommen** *vi irr (zvb, mit sein)* recouvrer la liberté; **f~lassen** *vt irr (zvb)* libérer, remettre en liberté; **~lauf** *m (am Fahrrad)* roue *f* libre.

freilich *ad* à dire vrai, à la vérité; **ja ~** mais certainement.

Frei-: **~lichtbühne** *f* théâtre *m* en plein air; **f~machen** *(zvb) vt (Post)* affranchir // *vr:* **sich ~machen** *(zeitlich)* se libérer; *(sich entkleiden)* se déshabiller; **f~mütig** *a* franc (franche), ouvert(e); **f~sprechen** *vt irr (zvb)* acquitter *(von* de); **~spruch** *m* acquittement *m;* **f~stellen** *vt (zvb):* **jdm etw ~stellen** laisser le choix (de qch) à qn; **~stoß** *m (Fußball)* coup *m* franc.

Freitag *m* vendredi *m;* **f~s** *ad* le vendredi.

freiwillig *a* volontaire.

Freizeit *f* loisirs *mpl.*

freizügig *a* large d'esprit; *(großzügig)* généreux(-euse).

fremd *a* étranger(ère); *(unvertraut)* étrange; **sich ~ fühlen** se sentir dépaysé(e); **~artig** *a* étrange, bizarre; **F~e(r)** *mf* étranger(-ère).

Fremden-: ~**führer(in** *f*) *m* guide *m/f* touristique; ~**verkehr** *m* tourisme *m*; ~**zimmer** *nt* chambre *f* à louer.
Fremd-: ~**körper** *m (im Auge etc)* corps *m* étranger; *(fig: Mensch)* intrus(e); ~**sprache** *f* langue *f* étrangère; ~**wort** *nt* mot *m* étranger.
Fre'quenz *f* fréquence *f*.
fressen *vt, vi irr (Tier)* manger; *(fam: Mensch)* bouffer.
Freude *f* **-, -n** joie *f*, plaisir *m*; ~ **an etw** *(dat)* **haben** trouver plaisir à qch; **jdm eine ~ machen** faire plaisir à qn.
freudig *a* joyeux(-euse).
freuen *vt* faire plaisir à // *vr:* **sich ~** être heureux(-euse) *o* content(e) *(über +akk* de); **sich auf etw** *(akk)* ~ attendre qch avec impatience; **es freut mich, daß...** je suis content(e) que...
Freund(in *f*) *m* **-(e)s, -e** *(Kamerad)* ami(e); *(Liebhaber)* petit(e) ami(e).
freundlich *a (Mensch, Miene)* aimable, avenant(e); *(Wetter, Farbe)* agréable; *(Wohnung, Gegend)* accueillant(e), riant(e); **das ist sehr ~ von Ihnen** c'est très aimable à vous; **er war so ~, mir zu helfen** il a eu l'amabilité de m'aider; ~**erweise** *ad* aimablement; **F~keit** *f* amabilité *f*.
Freundschaft *f* amitié *f*.
Frevel *m* **-s, -** crime *m*, offense *f (an +dat* à); *(REL)* sacrilège *m*; **f~haft** *a* criminel(le); sacrilège.
Frieden *m* **-s, -** paix *f*; **im ~** en temps de paix; **in ~ leben** vivre en paix; ~**svertrag** *m* traité *m* de paix.
Friedhof *m* cimetière *m*.
friedlich *a* paisible.
frieren *vt, vi irr* geler; *(Mensch)* avoir froid; **ich friere, es friert mich** j'ai froid.
Fries *m* **-es, -e** *(ARCHIT)* frise *f*.
fri'gid(e) *a* frigide.
Frika'delle *f* boulette *f* de viande.
frisch *a* frais (fraîche); ~ **gestrichen!** peinture fraîche!; **sich ~ machen** faire un brin de toilette; **F~e** *f* - fraîcheur *f*.
Friseur [fri'zøːʀ] *m*, **Friseuse** [fri'zøːzə] *f* coiffeur(-euse).
fri'sieren *(ohne ge-) vt* coiffer; *(fig: Abrechnung)* maquiller, falsifier; *(Motor)* traffiquer // *vr:* **sich ~ se** coiffer.
Fri'sör *m* **-s, -e = Friseur.**
Frist *f* **-, -en** délai *m*, terme *m*; **f~los** *a (Entlassung)* sans préavis.
Fri'sur *f* coiffure *f*.
Frl. *(abk von* **Fräulein)** Mlle.
froh *a* joyeux(-euse) ~**e Ostern!** joyeuses Pâques!; **ich bin ~, daß ...** je suis content(e) que ... .
fröhlich *a* joyeux(-euse), gai(e); **F~keit** *f* gaîté *f*, joie *f*.
fromm *a* **(¨er, am ¨sten)** pieux (-euse); *(Wunsch)* vain(e).
Frömmigkeit *f* piété *f*, dévotion *f*.
Fron'leichnam *nt* **-s** Fête-Dieu *f*.
Front *f* **-, -en** *(Haus~)* façade *f*; *(MIL)* front *m*.
fron'tal *a* frontal(e).
fror *siehe* **frieren.**
Frosch *m* **-(e)s, ¨e** grenouille *f*; *(Feuerwerk)* pétard *m*; ~**mann** *m*, *pl* **-männer** homme-grenouille *m*; ~**schenkel** *m* cuisse *f* de grenouille.
Frost *m* **-(e)s, ¨e** gelée *f*; ~**beule** *f* engelure *f*.
frösteln *vi* frissonner; **es fröstelt mich** j'ai des frissons.
Frost-: ~**gefahr** *f* danger *m* de gel; **f~ig** *a* glacial(e); ~**schutzmittel** *nt* antigel *m*.
Frottee *nt o m* **-(s), -s** tissu-éponge *m*.
frot'tieren *vt (ohne ge-)* frotter, frictionner.
Frot'tier(hand)tuch *nt* serviette-éponge *f*.
Frucht *f* **-, ¨e** fruit *m*; **f~bar** *a* fertile; *(Frau, Tier)* fécond(e); *(fig: Gespräch etc)* fructueux(-euse); ~**barkeit** *f* fertilité *f*; fécondité *f*; productivité *f*; **f~en** *vi* faire de l'effet; **f~los** *a* infructueux(-euse), sans fruit *o* effet.
früh *a,ad* tôt; *(beizeiten)* de bonne heure; *(vorzeitig)* précoce; **heute ~** ce matin; ~**e Kindheit** première

enfance; **F~aufsteher(in** *f*) *m* lève-tôt *m/f*; **~er** *a* ancien(ne) // *ad* autrefois, avant; **~estens** *ad* au plus tôt; **F~geburt** *f* *(Kind)* prématuré(e); **F~jahr** *nt*, **F~ling** *m* printemps *m*; **~reif** *a* précoce; **F~stück** *nt* petit déjeuner *m*; **~stücken** *vi* prendre le petit déjeuner.

fru'strieren *vt (ohne ge-)* frustrer.

fru'striert *a* frustré(e).

Fuchs [fʊks] *m* **-es, ⸚e** renard *m*;

fuchteln *vi* gesticuler *(mit* de).

Fuge *f* **-, -n** jointure *f*; *(MUS)* fugue *f*.

fügen *vt (an~, bei~)* joindre *(an +akk* à); *(bestimmen)* vouloir, déterminer // *vr*: **sich ~** se soumettre *(in +akk* à); *(dem Schicksal)* se résigner *(dat* à); *(dem Befehl)* se conformer *(dat* à).

fühlbar *a* perceptible.

fühlen *vt* sentir, ressentir; *(durch Tasten, Puls)* tâter // *vi*: **nach etw ~** chercher qch (en tâtant); **mit jdm ~** comprendre (les sentiments de) qn // *vr*: **sich ~** se sentir.

Fühler *m* **-s, -** antenne *f*, tentacule *m*.

fuhr *siehe* **fahren.**

Fuhre *f* **-, -n** *(Ladung)* charge *f*.

führen *vt (leiten: Gruppe etc)* guider; *(wohin)* conduire; *(Name)* porter; *(Ware etc)* avoir; *(Geschäft, Haushalt, Kasse, Kommando)* tenir; *(Gespräch)* avoir, tenir // *vi* mener; *(an der Spitze liegen)* être en tête; *(zur Folge haben)*: **zu etw ~** mener à qch // *vr*: **sich ~** se conduire; **etw mit sich** *(dat)* **~** avoir qch sur soi *o* avec soi; **Buch ~** tenir la comptabilité.

Führer(in *f*) *m* **-s, -** guide *m/f*; *(POL)* leader *m*; *(von Fahrzeug)* conducteur(-trice); **~schein** *m* permis *m* de conduire.

Führung *f* conduite *f*; *(eines Unternehmens)* direction *f*; *(MIL)* commandement *m*; *(Benehmen)* conduite *f*; *(Museums~)* visite *f* guidée; **~szeugnis** *nt* certificat *m* de bonne vie et moeurs.

Fuhrwerk *nt* **-s, -e** charrette *f*, voiture *f*.

Fülle *f* **-** *(Menge)* abondance *f*, masse *f*; *(Leibes~)* embonpoint *m*.

füllen *vt* emplir, remplir; *(Abend)* occuper; *(Zahn)* plomber; *(CULIN)* farcir // *vr*: **sich ~** se remplir *(mit* de); **Bier in Flaschen ~** mettre de la bière en bouteilles.

Füller *m* **-s, -**, **Füllfederhalter** *m* stylo *m* à plume *o* à encre.

Füllung *f* remplissage *m*; *(CULIN)* farce *f*.

fummeln *vi (fam)*: **an etw** *(dat)* **~** tripoter qch.

Fund *m* **-(e)s, -e** trouvaille *f*, découverte *f*.

Funda'ment *nt (Grundlage)* base *f*, fondement *m*; *(von Gebäude)* fondations *fpl*.

fundamen'tal *a* fondamental(e).

Fund-: **~büro** *nt* bureau *m* des objets trouvés; **~grube** *f (fig)* mine *f*.

fun'dieren *vt (ohne ge-)* fonder.

fünf *num* cinq; **~hundert** *num* cinq cents; **~te(r,s)** *a* cinquième; **F~tel** *nt* **-s, -** cinquième *m*; **~zehn** *num* quinze; **~zig** *num* cinquante.

fun'gieren *vi (ohne ge-)*: **~ als** faire fonction de.

Funk *m* **-s** radio *f*.

Funke(n) *m* **-ns, -n** étincelle *f*.

funkeln *vi* étinceler.

funken *vt (durch Funk)* radiotélégraphier // *vi (Funken sprühen)* lancer de étincelles.

Funker *m* **-s, -** opérateur *m* radio.

Funk-: **~gerät** *nt* appareil *m* de radio; **~station** *f* station *f* de radio; **~streife** *f* voiture *f* radio.

Funkti'on *f* fonction *f*.

Funktio'när(in *f*) *m* fonctionnaire *m/f*.

funktio'nieren *vi (ohne ge-)* fonctionner.

funkti'onsfähig *a* en état de fonctionner.

für *prep +akk* pour; **sich ~ etw entschuldigen** s'excuser de qch; **etw ~ richtig/dumm halten** trouver qch correct/idiot; **was ~ ein Künstler/eine Frechheit!** quel artiste/quelle impertinence!; **~ sich leben** vivre seul(e); **das hat etwas ~ sich** cela a du bon; **~s erste** d'abord; **Schritt ~ Schritt** pas à pas; **Tag ~ Tag** jour après

jour; **das F~ und Wider** le pour et le contre; **F~bitte** *f* intercession *f*.
Furche *f* **-, -n** sillon *m;* **f~n** *vt* sillonner.
Furcht *f* **-** crainte *f*, peur *f*.
furchtbar *a* terrible, effroyable; *(Wetter, Mensch, Kleid etc)* affreux (-euse).
fürchten *vt* craindre // *vr:* **sich ~** avoir peur *(vor etw (dat)* de qch).
fürchterlich *a* terrible.
furchtlos *a* intrépide, sans peur.
furchtsam *a* timide, craintif(-ive).
fürein'ander *ad* l'un pour l'autre, les uns pour les autres.
Fur'nier *nt* **-s, -e** placage *m*.
fur'nieren *vt (ohne ge-)* contreplaquer.
fürs = für das.
Fürsorge *f (persönlich)* soins *mpl*, sollicitude *f; (sozial)* assistance *f; (Geld)* allocation *f;* **~r(in** *f)* *m* **-s, -** assistant(e) social(e); **~unterstützung** *f* allocation *f*.
fürsorglich *a* aux petits soins.
Für-: ~sprache *f* intercession *f;* **~sprecher(in** *f)* *m* intercesseur *m*, porte-parole *m/f*.
Fürst(in *f)* *m* **-en, -en** prince(-esse); **~entum** *nt* principauté *f;* **f~lich** *a* princier(-ère).
Furt *f* **-, -en** gué *m*.
Fürwort *nt* pronom *m*.
Fuß *m* **-es, ⸚e** pied *m; (von Tier)* patte *f;* **zu ~** à pied; **~ fassen** (re)prendre pied; **~ball** *m* ballon *m* de football; *(Spiel)* football *m;* **~ballspiel** *nt* match *m* de football; **~ballspieler(in** *f)* *m* footballeur(-euse); **~boden** *m* sol *m*, plancher *m;* **~ende** *nt* pied *m;* **~gänger(in** *f)* *m* piéton(ne); **~gängerzone** *f* zone *f* piétonnière; **~note** *f* note *f*, annotation *f;* **~pfleger(in** *f)* *m* pédicure *m/f;* **~spur** *f* empreinte *f*, trace *f;* **~tritt** *m* coup *m* de pied; **~weg** *m* sentier *m*.
Futter *nt* **-s, -** nourriture *f*, fourrage *m; (Stoff)* doublure *f*.
Futte'ral *nt* **-s, -e** étui *m*.
futtern *vt, vi (fam)* bouffer.
füttern *vt* donner à manger, faire manger; *(Kleidung)* doubler.
Fu'tur *nt* **-s, -e** futur *m*.

G

G *nt (MUS)* sol *m*.
gab *siehe* **geben.**
Gabe *f* **-, -n** don *m; (Geschenk)* cadeau *m*.
Gabel *f* **-, -n** fourche *f; (Eß~)* fourchette *f;* **g~n** *vr:* **sich g~n** *(Weg, Straße)* bifurquer.
gackern *vi* caqueter.
gaffen *vi* regarder bouche bée.
Gage ['ga:ʒə] *f* **-, -n** cachet *m*.
gähnen *vi (Mensch)* bâiller.
Galavorstellung *f (THEAT)* représentation *f* de gala.
Gale'rie *f (Kunst~)* musée *m; (Kunsthandlung)* galerie *f; (ARCHIT)* galerie *f; (Theater~)* poulailler *m*.
Galgen *m* **-s, -** *(zur Todesstrafe)* potence *f;* **~frist** *f (fig)* répit *m*.
Galle *f* **-, -n** *(Organ)* vésicule *f* biliaire; *(~nsaft)* bile *f;* **~nstein** *m* calcul *m* biliaire.
Ga'lopp *m* **-s, -s** *o* **-e** galop *m*.
galop'pieren *vi (ohne ge-, mit sein)* galoper.
galt *siehe* **gelten.**
Ga'masche *f* **-, -n** guêtre *f*.
gammeln *vi (fam: Mensch)* traînasser.
Gang *m* **-(e)s, ⸚e** *(~art)* démarche *f; (Essens~)* plat *m; (Besorgung)* commission *f; (Ablauf, Verlauf)* cours *m; (Arbeits~)* stade *m; (Korridor)* couloir *m; (beim Auto)* vitesse *f; (BERGBAU)* veine *f;* **in ~ bringen** *(Motor, Maschine)* mettre en route; *(Sache, Vorgang)* amorcer; **in ~ kommen** démarrer; **im ~ sein** *(Aktion)* être en cours // *f* [gɛŋ] **-, -s** gang *m;* **g~** *a:* **g~ und gäbe** courant(e); **~schaltung** *f (an Fahrrad)* dérailleur *m*.
Gangway ['gæŋweɪ] *f* **-, -s** passerelle *f*.
Ganove [ga'no:və] *m* **-n, -n** *(fam)* voyou *m*, truand *m*.
Gans *f*, **-, ⸚e** oie *f;* **dumme ~** *(fam)*

petite dinde *f*.
Gänse-: ~blümchen *nt* pâquerette *f*; **~haut** *f*: **eine ~haut haben/bekommen** avoir la chair de poule; **~marsch** *m*: **im ~marsch** à la file indienne; **~rich** *m* jars *m*.
ganz *a* tout(e); *(fam: nicht kaputt)* intact(e); **~ Europa** toute l'Europe; **die ~e Welt** le monde entier; **sein ~es Geld** tout son argent; **~e fünf Wochen** *(so lange)* bien cinq semaines; *(nur)* cinq semaines en tout et pour tout; **eine ~e Menge ...** pas mal de *o* d'...; **das G~e** le tout // *ad (ziemlich)* assez; *(völlig)* complètement; **er ist ~ die Mutter** il est le portrait de sa mère; **~ und gar** complètement; **~ und gar nicht** (ne...) absolument pas.
gänzlich *ad* complètement, entièrement.
gar *a (durchgekocht)* cuit(e) // *ad*: **~ nicht/nichts/keiner** (ne...) pas du tout/(ne...) rien du tout/absolument personne (ne...); **~ nicht schlecht** pas mal du tout; **ich hätte ~ zu gern gewußt** j'aurais bien aimé savoir; **oder ~...?** ou peut-être...?
Garage [ga'ra:ʒə] *f* **-, -n** garage *m*.
Garan'tie *f* garantie *f*; **g~ren** *(ohne ge-) vt* garantir // *vi*: **für etw g~ren** garantir qch.
Garbe *f* **-, -n** gerbe *f*.
Garde'robe *f* **-, -n** *(Kleidung)* garderobe *f*; *(Raum, ~nabgabe)* vestiaire *m*; **~nständer** *m* porte-manteau *m*.
Gar'dine *f* rideau *m*.
gären *vi irr (Wein)* fermenter; **es gärt im Volk** le peuple est en effervescence.
Garn *nt* **-(e)s, -e** fil *m*.
Gar'nele *f* **-, -n** crevette *f*.
gar'nieren *vt (ohne ge-)* garnir.
Garni'tur *f (Satz)* assortiment *m*, ensemble *m*; *(Unterwäsche)* sous-vêtement *m*.
Garten *m* **-s, ⸚** jardin *m*; **~gerät** *nt* outil *m* de jardinage; **~haus** *nt* pavillon *m*; **~lokal** *nt* café *m* avec jardin; **~schere** *f* sécateur *m*.
Gärtner(in *f*) *m* **-s, -** jardinier(-ière); *(Obst~, Gemüse~)* maraîcher(-ère).
Gärtne'rei *f* jardinage *m*; *(Unternehmen)* entreprise *f* maraîchère.
Gas *nt* **-es, -e** gaz *m*; **~ geben** *(AUT)* accélérer; **~herd** *m* cuisinière *f* à gaz; **~kocher** *m* réchaud *m* à gaz; **~pedal** *nt* accélérateur *m*.
Gasse *f* **-, -n** ruelle *f*; **~njunge** *m* gamin *m*, gavroche *m*, voyou *m*.
Gast *m* **-es, ⸚e** hôte *m/f*; *(Besuch)* invité(e); *(in Hotel)* client(e); *(in Land)* étranger(-ère); **bei jdm zu ~ sein** être l'hôte de qn; **~arbeiter(in** *f*) *m* travailleur *m* immigré.
Gästebuch *nt* livre *m* d'hôtes.
Gast-: g~freundlich *a* hospitalier(-ière); **~geber(in** *f*) *m* **-s, -** hôte *m*, hôtesse *f*; **~haus** *nt*, **~hof** *m* hôtel *m*, auberge *f*.
ga'stieren *vi (ohne ge-) (THEAT)* être en tournée.
gastlich *a* hospitalier(-ière).
Gast-: ~spiel *nt (THEAT)* représentation *f* exceptionnelle; *(SPORT)* match *m* à l'extérieur; **~stätte** *f* restaurant *m*.
Gatte *m* **-n, -n** époux *m*, mari *m*.
Gatter *nt* **-s, -** grille *f*.
Gattin *f* épouse *f*, femme *f*.
Gattung *f (bei Tieren, Pflanzen)* espèce *f*, famille *f*; *(Art, Literatur~)* genre *m*.
Gaul *m* **-(e)s, Gäule** cheval *m*; *(pej)* canasson *m*, rosse *f*.
Gaumen *m* **-s, -** palais *m*.
Gauner(in *f*) *m* **-s, -** filou *m*.
Ge'bäck *nt* **-(e)s, -e** pâtisserie *f*.
ge'backen *siehe* **backen.**
ge'bar *siehe* **gebären.**
Ge'bärde *f* **-, -n** geste *m*; **g~n** *vr (ohne ge-)*: **sich g~n** se conduire, se comporter.
ge'bären *vt irr* mettre au monde.
Ge'bärmutter *f* utérus *m*.
Ge'bäude *nt* **-s, -** bâtiment *m*.
Ge'bell *nt* **-(e)s** aboiement *m*.
geben *irr vt* donner; *(in Lehre, Schule, Obhut)* mettre // *vr*: **sich ~** *(sich verhalten)* se montrer; *(aufhören)* se calmer // *vb impers (existieren)*: **es gibt viele Fische hier** il y a beaucoup de poisson ici; **es wird Frost ~**

il va geler; **was gibt es zu Mittag?** qu'est-ce qu'il y a à manger à midi?; **das gibt es nicht!** *(erstaunt)* c'est pas vrai!; *(ist verboten)* pas question!; **zu gegebener Zeit** au moment opportun; **unter den gegebenen Umständen** dans les circonstances présentes; **sich geschlagen** ~ reconnaître sa défaite; **das wird sich** ~ ça va s'arranger; **Wärme** ~ chauffer, réchauffer; **Schatten** faire de l'ombre; **jdm etw zu essen** ~ donner (qch) à manger à qn; **dem werde ich es** ~ *(fam)* il va voir ce qu'il va voir!; **darauf kann man nichts** ~ on ne peut pas tabler là-dessus; **etw verloren** ~ considérer qch comme perdu; **bitte** ~ **Sie mir den Chef!** (*TEL*) veuillez me passer le directeur, s'il vous plaît!; **5 plus 3 gibt 8** 5 plus 3 font 8; **er gäbe alles darum, zu wissen ...** il donnerait tout pour savoir ...; **etw von sich** ~ dire qch.

Ge'bet *nt* **-(e)s, -e** prière *f.*

ge'beten *siehe* **bitten.**

Ge'biet *nt* **-(e)s, -e** *(Bezirk)* région *f; (Hoheits~)* territoire *f; (Fach~)* domaine *m;* **g~en** *vt irr (ohne ge-) (Subjekt: Mensch)* ordonner; *(: Lage)* exiger.

ge'bildet *a* cultivé(e).

Ge'birge *nt* **-s, -** montagne *f.*

ge'birgig *a* montagneux(-euse).

Ge'biß *nt* **-sses, -sse** dents *fpl; (künstlich)* dentier *m.*

ge'bissen *siehe* **beißen.**

Ge'bläse *nt* **-s, -** (*AUT*) désembuage *m.*

ge'blasen *siehe* **blasen.**

ge'blieben *siehe* **bleiben.**

ge'blümt *a* à fleurs.

ge'bogen *siehe* **biegen.**

ge'boren *pp siehe* **gebären** // *a:* ~ **am ...** né(e) le ...; **Müller,** ~**e Schulz** Müller, née Schulz; **er ist der** ~**e Musiker** c'est un musicien né.

ge'borgen *pp siehe* **bergen** // *a:* **sich (bei jdm)** ~ **fühlen** se sentir en sécurité (chez qn).

ge'borsten *siehe* **bersten.**

Ge'bot *nt* **-(e)s, -e** (*REL*) commandement *m;* **g~en** *siehe* **bieten.**

ge'bracht *siehe* **bringen.**

ge'brannt *siehe* **brennen.**

ge'braten *siehe* **braten.**

Ge'brauch *m* **-(e)s, Ge'bräuche** *(Benutzung)* emploi *m,* utilisation *f,* usage *m; (Sitte)* coutume *f;* **g~en** *vt (ohne ge-)* employer, se servir de; **das kann ich gut g~en** cela me rendra service.

ge'bräuchlich *a (Redewendung)* usité(e).

Ge'brauchs-: ~**anweisung** *f* mode *m* d'emploi; ~**gegenstand** *m* objet *m* d'usage courant.

ge'braucht *a* usagé(e); **G~wagen** *m* voiture *f* d'occasion.

Ge'brechen *nt* **-s, -** infirmité *f.*

ge'brechlich *a (Mensch)* infirme, invalide.

gebrochen *siehe* **brechen.**

Gebrüder *pl* frères *mpl;* **Gebr. Müller** Müller frères.

Ge'brüll *nt* **-(e)s** hurlements *mpl; (von Tier)* rugissement *m.*

Ge'bühr *f* **-, -en** tarif *m;* **über** ~ *(fig)* exagérément, à l'excès, trop; **g~end** *a* dû(due).

Ge'bühren-: **g~frei** *a* gratuit(e); *(Post)* franc *inv* de port; **g~pflichtig** *a* payant(e), passible de droits; **g~pflichtige Verwarnung** contravention *f,* p.-v. *m.*

ge'bunden *siehe* **binden.**

Ge'burt *f* **-, -en** naissance *f;* ~**enrückgang** *m* baisse *f* de la natalité.

ge'bürtig *a* natif(-ive) de, originaire de; **sie ist** ~**e Schweizerin** elle est d'origine suisse.

Ge'burts-: ~**anzeige** *f* faire-part *m* de naissance; ~**datum** *nt* date *f* de naissance; ~**helfer(in** *f)* *m* (infirmier *m)* accoucheur *m,* sage-femme *f;* ~**jahr** *nt* année *f* de naissance; ~**ort** *m* lieu *m* de naissance; ~**tag** *m* anniversaire *m; (Tag der Geburt)* date *f* de naissance; **herzlichen Glückwunsch zum** ~**tag!** bon anniversaire!; ~**urkunde** *f* acte *m* de naissance.

Ge'büsch *nt* **-(e)s, -e** buissons *mpl*, broussailles *fpl*.
ge'dacht *siehe* **denken.**
Ge'dächtnis *nt* *(Erinnerungsvermögen)* mémoire *f*; *(Andenken)* souvenir *m*; **~verlust** *m* amnésie *f*.
Ge'danke *m* **-ns, -n** *(Denken)* pensée *f*; *(Idee)* idée *f*; **sich** *(dat)* **über etw** *(akk)* **~n machen** réfléchir à qch; **~naustausch** *m* échange *m* d'idées; **g~nlos** *ad* sans réfléchir; distraitement; **~nstrich** *m* tiret *m*; **~nübertragung** *f* transmission *f* de pensée, télépathie *f*; **g~nverloren** *a* perdu(e) dans ses pensées, absent(e).
Ge'deck *nt* **-(e)s, -e** *(Teller und Besteck)* couvert *m*; *(Menu)* menu *m*.
ge'deihen *vi irr (mit sein) (Pflanze)* pousser; *(Mensch, Tier)* grandir; *(fig)* prospérer; *(Werk etc)* avancer.
ge'denken *vi irr (ohne ge-) (beabsichtigen):* **zu tun ~** avoir l'intention de faire; **jds/einer Sache ~** se souvenir de qn/de qch.
Ge'denk-: ~minute *f* minute *f* de silence; **~tag** *m* anniversaire *m*.
Ge'dicht *nt* **-(e)s, -e** poème *m*; **das ist ein ~** *(fig)* magnifique!
ge'dieh, ge'diehen *siehe* **gedeihen.**
Ge'dränge *nt* **-s** *(das Drängeln)* bousculade *f*; *(Menschen, Menge)* foule *f*, cohue *f*.
ge'droschen *siehe* **dreschen.**
ge'drückt *a* déprimé(e), abattu(e).
ge'drungen *pp siehe* **dringen** // *a* *(Mensch, Körperbau)* trapu(e).
Ge'duld *f* **-** patience *f*; **g~en** *vr (ohne ge-):* **sich g~en** prendre patience; **g~ig** *a* patient(e);
ge'durft *siehe* **dürfen.**
ge'eignet *a (Mensch)* capable, apte; *(Mittel, Methode, Wort)* approprié(e); **für etw ~ sein** être capable de faire qch.
Ge'fahr *f* **-, -en** danger *m*; **~ laufen, etw zu tun** courir le risque de (faire) qch; **auf eigene ~** à ses risques et périls.
ge'fährden *vt (ohne ge-) (Menschen)* mettre en danger, exposer; *(Plan, Erfolg)* compromettre.
ge'fahren *siehe* **fahren.**
ge'fährlich *a* dangereux(-euse); *(Alter)* critique; *(Krankheit)* grave.
Ge'fährte *m* **-n, -n, Ge'fährtin** *f* compagnon *m*, compagne *f*.
Ge'fälle *nt* **-s, -** *(von Straße)* pente *f*, inclinaison *f*; *(soziales ~)* différence *f*, écart *m*.
Ge'fallen *m* **-s, -** *(Gefälligkeit)* service *m*; **jdm einen ~ tun** rendre service à qn; **an etw** *(dat)* **~ finden/haben** prendre plaisir à qch; **g~** *pp siehe* **fallen** // *vi irr (ohne ge-):* **jdm g~** plaire à qn; **das gefällt mir an ihm** c'est ce que j'aime bien chez lui; **sich** *(dat)* **etw g~ lassen** accepter *o* supporter qch.
ge'fällig *a (hilfsbereit)* serviable; *(erfreulich, hübsch)* agréable; **G~keit** *f (Hilfsbereitschaft)* obligeance *f*; **etw aus G~keit tun** faire qch pour rendre service.
ge'fälligst *ad* s'il te (*o* vous) plaît.
ge'fangen *pp siehe* **fangen; G~e(r)** *mf (Verbrecher)* détenu(e); *(Kriegs~)* prisonnier(-ière); **G~nahme** *f* **-, -n** arrestation *f*, capture *f*; **~nehmen** *vt irr (zvb)* capturer; **G~schaft** *f (Haft)* détention *f*; *(Kriegs~schaft)* captivité *f*.
Ge'fängnis *nt* prison *f*; **~strafe** *f* (peine *f* de) prison *f*; **~wärter(in** *f*) *m* gardien(ne) de prison; **~zelle** *f* cellule *f*.
Ge'fäß *nt* **-es, -e** *(Behälter)* récipient *m*; *(Blut~)* vaisseau *m*.
ge'faßt *a (beherrscht)* posé(e), calme; **auf etw** *(akk)* **~ sein, sich auf etw** *(akk)* **~ machen** s'attendre à qch.
Ge'fecht *nt* **-(e)s, -e** combat *m*.
Ge'fieder *nt* **-s, -** plumage *m*.
ge'flochten *siehe* **flechten.**
ge'flohen *siehe* **fliehen.**
ge'flossen *siehe* **fließen.**
Ge'flügel *nt* **-s** volaille *f*.
ge'fochten *siehe* **fechten.**
Ge'folge *nt* **-s, -** suite *f*, escorte *f*.
Ge'folgschaft *f* *(Anhänger)* partisans *mpl*; *(in einem Betrieb)* personnel *m*.
ge'fragt *a* très demandé(e).

ge'fräßig *a* vorace.
Ge'freite(r) *m* **-n, -n** caporal *m;* *(NAVIG)* brigadier *m.*
ge'fressen *siehe* **fressen.**
ge'frieren *vi irr (ohne ge-, mit sein)* geler.
Ge'frier-: **~fach** *nt* congélateur *m,* freezer *m;* **g~getrocknet** *a* lyophilisé(e); **~punkt** *m* point *m* de congélation; **~truhe** *f* congélateur *m.*
ge'froren *siehe* **frieren.**
ge'fügig *a* docile.
Ge'fühl *nt* **-(e)s, -e** sentiment *m;* *(physisch)* sensation *f;* *(Gespür)* intuition *f,* sensibilité *f;* **g~los** *a* insensible; **g~sbetont** *a* émotif(-ive), sensible; **~sduse'lei** *f (fam)* sensiblerie *f;* **g~smäßig** *a* intuitif(-ive).
ge'funden *siehe* **finden.**
ge'gangen *siehe* **gehen.**
ge'geben *pp siehe* **geben; ~enfalls** *ad* le cas échéant.
gegen *prep +akk* contre; *(im Vergleich zu):* **~ ihn bin ich klein/arm** en comparaison de lui, je suis petit/pauvre; *(ungefähr)* à peu près, environ; *(zeitlich)* vers; **~ Mittag** vers midi; **~ jdn/etw sein** être contre qn/qch; **~ die Tür schlagen** cogner à la porte; **G~angriff** *m* contre-attaque *f;* **~beweis** *m* preuvre *f* du contraire.
Gegend *f* **-, -en** région *f.*
Gegen-: **g~ein'ander** *ad* l'un(e) contre l'autre; **~fahrbahn** *f* voie *f* de gauche; **~gewicht** *nt* contrepoids *m;* **~gift** *nt* contrepoison *m,* antidote *m;* **~maßnahme** *f* contre-mesure *f;* **~probe** *f* contre-épreuve *f;* **~satz** *m* *(bei Begriff, Wort)* contraire *m;* *(bei Meinung etc)* différence *f,* contradiction *f;* **g~sätzlich** *a* opposé(e), contraire; **~seite** *f (Gegenpartei)* adversaire *m;* *(JUR)* partie *f* adverse; **g~seitig** *a* mutuel(le), réciproque; **sich g~seitig helfen** s'entraider; **~seitigkeit** *f* réciprocité *f.*
Gegenstand *m (Ding)* objet *m;* *(Thema)* sujet *m.*
Gegen-: **~stimme** *f (bei Abstimmung)* non *m;* **~teil** *nt* contraire *m;* **im ~teil** au contraire; **g~teilig** *a* contraire.
gegen'über *prep +dat (räumlich)* en face de; *(zu jdm):* **jdm ~ freundlich sein** être aimable avec qn; *(in Hinsicht auf etw):* **allen Reformen ~ zurückhaltend** opposé(e) à toute réforme; *(im Vergleich mit):* **~ ihm ist sie sehr intelligent** comparée à lui, elle est très intelligente // *ad* en face; **- von on face de; G - *nt* -s, -** *(Mensch)* vis-à-vis *m;* **~liegen** *vr irr (zvb):* **sich ~liegen** être situé(e)s en face l'un(e) de l'autre; **~stehen** *vr irr (zvb):* **sich ~stehen** être face à face; **~stellen** *vt (zvb) (Menschen)* confronter; *(zum Vergleich)* comparer; **~treten** *vi irr (zvb, mit sein):* **jdm ~treten** se présenter devant qn, affronter qn.
Gegen-: **~vorschlag** *m* contre-proposition *f;* **~wart** *f (LING)* présent *m;* *(Anwesenheit)* présence *f;* **g~wärtig** *a (augenblicklich)* actuel(le), présent(e); *(anwesend)* présent(e) // *ad* actuellement; **~wind** *m* vent *m* contraire; **g~zeichnen** *vt (zvb)* contresigner.
ge'gessen *siehe* **essen.**
ge'glichen *siehe* **gleichen.**
ge'glitten *siehe* **gleiten.**
ge'glommen *siehe* **glimmen.**
Gegner(in *f)* *m* **-s, -** adversaire *m/f;* *(militärisch)* ennemi *m;*
ge'golten *siehe* **gelten.**
ge'goren *siehe* **gären.**
ge'gossen *siehe* **gießen.**
ge'graben *siehe* **graben.**
ge'griffen *siehe* **greifen.**
Ge'habe *nt* **-s** *(pej)* manières *fpl.*
ge'habt *siehe* **haben.**
Ge'hackte(s) *nt* **-n** viande *f* hachée.
Ge'halt *m* **-(e)s, -e** *(Inhalt)* contenu *m;* *(Anteil)* teneur *f (an +dat* en) // *nt* **-(e)s, ¨er** traitement *m,* salaire *m.*
ge'halten *siehe* **halten.**
Ge'halts-: **~empfänger(in** *f)* *m* salarié(e); **~erhöhung** *f* augmentation *f* de salaire; **~zulage** *f* rallonge *f* de traitement.
ge'hangen *siehe* **hängen.**
ge'harnischt *a (fig)* violent(e).

ge'hässig *a* haineux(-euse); **G~keit** *f* méchanceté *f*.
ge'hauen *siehe* **hauen.**
Ge'häuse *nt* **-s, -** boîte *f*; *(Uhr~)* boîtier *m*; *(Schnecken~)* coquille *f*; *(von Apfel etc)* trognon *m*.
ge'heim *a* secret(-ète); *(Mitteilung)* confidentiel(le); *(Wahl)* à bulletins secrets; **im ~en** en secret; **G~dienst** *m* service *m* secret; **G~nis** *nt* secret *m*; *(Rätsel)* mystère *m*; **~nisvoll** *a* mystérieux(-euse); **G~polizei** *f* police *f* secrète.
ge'heißen *siehe* **heißen.**
ge'hemmt *a* bloqué(e), complexé(e).
gehen *irr (mit sein) vi* aller; *(laufen, funktionieren)* marcher; *(weggehen)* s'en aller; *(abfahren)* partir; *(Teig)* lever; *(hinein~)*: **in dieses Auto ~ 5 Leute** il y a de la place pour 5 personnes dans cette voiture; *(beginnen, anfangen)*: **daran ~, etw zu tun** se mettre à faire qch; *(sich verkaufen lassen)* se vendre; *(florieren: Geschäft)* bien marcher; *(andauern)* durer // *vt (Weg, Strecke)* faire, parcourir // *vb impers*: **wie geht es (dir)?** comment vas-tu?; **mir/ihm geht es gut** je vais/il va bien; **geht das?** c'est possible?; **es geht um etw** il s'agit de qch; **mit einem Mädchen ~** sortir avec une fille; **das Zimmer geht nach Süden** la chambre donne sur le sud; **~lassen** *vr irr (zvb)*: **sich ~lassen** se laisser aller.
ge'heuer *a*: **nicht ~** inquiétant(e).
Ge'hilfe *m* **-n, -n, Ge'hilfin** *f* aide *m/f*, assistant(e).
Ge'hirn *nt* **-(e)s, -e** cerveau *m*; **~erschütterung** *f* commotion *f* cérébrale; **~wäsche** *f* lavage *m* de cerveau.
ge'hoben *pp siehe* **heben** // *a (Position)* élevé(e); *(Sprache)* soutenu(e).
ge'holfen *siehe* **helfen.**
Ge'hör *nt* **-(e)s** *(Organ)* ouïe *f*; **musikalisches ~** oreille *f*; **jdm ~ schenken** prêter l'oreille à qn.
ge'horchen *vi (ohne ge-) (folgsam sein)* obéir; **jdm ~** obéir à qn.
ge'hören *(ohne ge-) vi (als Eigentum)*: **jdm ~** être *o* appartenir à qn; *(angehören, Teil sein)*: **zu etw ~** faire partie de qch; *(hin~)* avoir sa place, aller // *vr*: **sich ~** être convenable; **dazu gehört Mut** il faut du courage pour (faire) cela; **er gehört ins Bett** il devrait être au lit.
ge'horsam *a* obéissant(e); **G~** *m* **-s** obéissance *f*.
Gehsteig *m*, **Gehweg** *m* trottoir *m*.
Geier *m* **-s, -** vautour *m*.
Geige *f* **-, -n** violon *m*; **~r(in** *f*) *m* **-s, -** violoniste *m/f*.
geil *a (erregt)* excité(e).
Geisel *f* **-, -n** otage *m*.
Geist *m* **-(e)s, -er** esprit *m*.
Geistes-: g~abwesend *a* absent(e); **~blitz** *m* idée *f* géniale; **g~gegenwärtig** *ad* avec à-propos; **g~krank** *a* aliéné(e); **~kranke(r)** *mf* malade mental(e); **~wissenschaften** *pl* sciences *fpl* humaines; **~zustand** *m* état *m* mental.
geistig *a* intellectuel(le), mental(e); *(Getränke)* spiritueux (-euse), alcoolique; **~ behindert** handicapé(e) mental(e).
geistlich *a* spirituel(le), religieux (-euse); **G~e(r)** *m* ecclésiastique *m*.
geist-: ~los *a (Mensch)* sans esprit; *(Antwort, Bemerkung)* idiot(e); **~reich** *a* spirituel(le); **~tötend** *a* abrutissant(e).
Geiz *m* **-es** avarice *f*; **g~en** *vi*: **mit etw g~en** être avare de qch; **~hals** *m*, **~kragen** *m* avare *m*, grigou *m*; **g~ig** *a* avare.
ge'kannt *siehe* **kennen.**
Ge'klingel *nt* **-s** sonnerie *f*.
ge'klungen *siehe* **klingen.**
ge'knickt *a (fig)* abattu(e), déprimé(e).
ge'kniffen *siehe* **kneifen.**
ge'kommen *siehe* **kommen.**
ge'konnt *pp siehe* **können** // *a* habile, adroit(e).
Ge'kritzel *nt* **-s** gribouillage *m*.
ge'krochen *siehe* **kriechen.**
ge'künstelt *a* affecté(e).
Ge'lächter *nt* **-s, -** rire *m*, rires *mpl*.
ge'laden *pp siehe* **laden** // *a*

chargé(e); (*ELEC*) sous tension; (*fig*) furieux(-euse).
ge'lähmt *a* paralysé(e).
Ge'lände *nt* **-s, -** terrain *m*.
Ge'länder *nt* **-s, -** balustrade *f*; (*Treppen~*) rampe *f*.
ge'lang *siehe* **gelingen.**
ge'langen *vi* (*ohne ge-, mit sein*) (*kommen, ankommen*): ~ **an** (*+akk*) *o* **zu** arriver à, parvenir à; (*erreichen*) atteindre; (*erwerben*) acquérir; **in jds Besitz** (*akk*) ~ être acquis(e) par qn.
ge'lassen *pp siehe* **lassen** // *a* calme; **G~heit** *f* calme *m*.
ge'laufen *siehe* **laufen.**
ge'läufig *a* courant(e).
ge'launt *a*: **schlecht/gut** ~ de mauvaise/bonne humeur.
gelb *a* jaune; (*Ampellicht*) orange; **~lich** *a* jaunâtre; **G~sucht** *f* jaunisse *f*.
Geld *nt* **-(e)s, -er** argent *m*; **~anlage** *f* placement *m*; **~beutel** *m*, **~börse** *f* porte-monnaie *m*; **g~gierig** *a* âpre au gain; **~mittel** *pl* ressources *fpl* financières, capitaux *mpl*; **~schein** *m* billet *m* de banque; **~schrank** *m* coffre-fort *m*; **~strafe** *f* amende *f*; **~stück** *nt* pièce *f* de monnaie; **~wechsel** *m* change *m*.
ge'legen *pp siehe* **liegen** // *a* situé(e); (*passend*) opportun(e); **etw kommt jdm** ~ qch vient à propos.
Ge'legenheit *f* occasion *f*; **bei jeder** ~ à tout propos; **bei** ~ à l'occasion; **~sarbeit** *f* travail *m* occasionnel; **~skauf** *m* occasion *f*.
ge'legentlich *a* occasionnel(le) // *ad* (*ab und zu*) de temps à autre; (*bei Gelegenheit*) à l'occasion.
ge'lehrig *a* qui apprend facilement, intelligent(e).
ge'lehrt *a* savant(e), érudit(e); **G~heit** *f* érudition *f*.
Ge'leise *nt* **-s, -** *siehe* **Gleis.**
Ge'leit *nt* **-(e)s, -e** escorte *f*; **freies** ~ sauf-conduit *m*; **g~en** *vt* (*ohne ge-*) escorter, accompagner; **~schutz** *m* escorte *f*.
Ge'lenk *nt* **-(e)s, -e** (*von Mensch*) articulation *f*; (*von Maschine*) joint *m*; **g~ig** *a* souple.
ge'lernt *a* qualifié(e).
ge'lesen *siehe* **lesen.**
Ge'liebte(r) *mf* amant(e); (*Frau*) maîtresse *f*.
ge'liehen *siehe* **leihen.**
ge'lingen *vt irr* (*mit sein*) réussir; **die Arbeit gelingt mir nicht** je n'arrive pas à faire ce travail; **es ist mir gelungen, etw zu tun** j'ai réussi à faire qch.
ge'litten *siehe* **leiden.**
ge'loben *vt* (*ohne ge-*) faire le serment de; **sich** (*dat*) **~, etw zu tun** prendre la résolution de faire qch.
ge'logen *siehe* **lügen.**
gelten *irr vt* (*wert sein*) valoir // *vb impers*: **es gilt, etw zu tun** il s'agit de faire qch // *vi* (*gültig sein*) être valable; **für/als etw** ~ être considéré(e) comme qch; **das gilt dir** cela s'adresse à toi; **das gilt nicht** ça ne compte pas; **etw ~d machen** faire valoir qch.
Geltung *f*: ~ **haben** valoir, être valable; **sich/einer Sache** (*dat*) ~ **verschaffen** s'imposer/faire respecter qch; **etw zur** ~ **bringen** mettre qch en valeur; **~sbedürfnis** *nt* besoin *m* de se faire valoir.
Ge'lübde *nt* **-s, -** vœu *m*.
ge'lungen *pp siehe* **gelingen** // *a* réussi(e); (*Witz*) drôle, bon(ne).
ge'mächlich *a* tranquille, peinard(e) (*fam*).
Ge'mahl *m* **-(e)s, -e** époux *m*; **~in** *f* épouse *f*.
Ge'mälde *nt* **-s, -** tableau *m*.
ge'mäß *prep +dat* (*zufolge*) conformément à, selon // *a*: **jdm/etw** ~ **sein** convenir à qn/être conforme à qch; **den Vorschriften** ~ conformément aux instructions; **eine Aufgabe, die ihm nicht** ~ **ist** une tâche qui n'est pas à la mesure de son talent.
ge'mäßigt *a* modéré(e); (*Klima*) tempéré(e).
ge'mein *a* (*niederträchtig*) méchant(e), infâme; (*allgemein*) commun(e); **etw** ~ **haben (mit)** avoir qch en commun (avec).

Ge'meinde *f* **-, -n** commune *f*; *(Pfarr~)* paroisse *f*; **~wahlen** *pl* élections *fpl* municipales.
Ge'mein-: g~gefährlich *a (Verbrecher)* très dangereux (-euse); **~heit** *f* méchanceté *f*; **g~sam** *a* commun(e); **etw g~sam tun** faire qch ensemble; **~schaft** *f* communauté *f*; **g~schaftlich** *a* commun(e); **~schaftsarbeit** *f* travail *m* d'équipe; **~wohl** *nt* bien *m* public.
Ge'menge *nt* **-s, -** échauffourée *f*.
ge'messen *pp siehe* **messen** // *a (Bewegung)* mesuré(e).
ge'mieden *siehe* **meiden.**
Ge'misch *nt* **-es, -e** mélange *m*; **g~t** *a* mélangé(e); *(beider Geschlechter)* mixte; *(Gefühle)* mêlé(e).
ge'mocht *siehe* **mögen.**
Ge'munkel *nt* **-s** chuchotements *mpl*, ragots *mpl*.
Ge'müse *nt* **-s, -** légumes *mpl*; **~garten** *m* potager *m*.
ge'mußt *siehe* **müssen.**
Ge'müt *nt* **-(e)s, -er** âme *f*, cœur *m*; *(Mensch)* nature *f*; **sich** *(dat)* **etw zu ~e führen** *(fam)* s'offrir qch; *(beherzigen)* noter qch.
ge'mütlich *a* agréable; *(Haus, Stuhl)* confortable; *(Tempo)* tranquille, peinard(e) *(fam)*; **G~keit** *f (Bequemlichkeit)* confort *m*; *(Behaglichkeit)* bien-être *m*.
ge'nannt *siehe* **nennen.**
ge'nas *siehe* **genesen.**
ge'nau *a* exact(e); *(sorgfältig)* précis(e), minutieux(-euse) // *ad (exakt)* exactement; *(sorgfältig)* consciencieusement; *(gerade)*: **er kam ~ da, als ...** il est arrivé juste au moment où ; **das reicht ~** cela suffit tout juste; **etw ~ nehmen** prendre qch au sérieux; **~genommen** *ad* à strictement parler; **G~igkeit** *f (Exaktheit)* exactitude *f*; *(Sorgfältigkeit)* soin *m*.
ge'nehmigen *vt (ohne ge-)* approuver, autoriser; **sich** *(dat)* **etw ~** se permettre qch.
Ge'nehmigung *f* autorisation *f*.
ge'neigt *a* favorable; **~ sein, etw zu tun** incliner à faire qch; **jdm ~ sein** être favorable à qn.
Gene'ral *m* **-s, -e** *o* **⸚e** général *m*; **~konsulat** *nt* consulat *m* général; **~probe** *f* (répétition *f*) générale *f*; **~streik** *m* grève *f* générale; **g~überholen** *vt (ohne ge-)* effectuer une révision de; **~versammlung** *f* assemblée *f* générale.
Generati'on *f* génération *f*.
Gene'rator *m* générateur *m*.
gene'rell *a* général(e).
ge'nesen *vi irr (mit sein, pp: genesen)* guérir.
Ge'nesung *f* guérison *f*.
Genf *nt* **-s** Genève.
geni'al *a* génial(e), de génie.
Geniali'tät *f* génie *m*.
Ge'nick *nt* **-(e)s, -e** nuque *f*.
Genie [ʒe'niː] *nt* **-s, -s** génie *m*.
genieren [ʒe'niːrən] *(ohne ge-) vr*: **sich ~** être embarrassé(e); **sich nicht ~** ne pas se gêner.
ge'nießbar *a* mangeable; *(Getränk)* buvable.
ge'nießen *vt irr* prendre plaisir à, apprécier; *(Essen)* savourer; *(erhalten)* recevoir, avoir droit à; **das ist nicht zu ~** *(Essen)* c'est immangeable.
Ge'nießer(in *f*) *m* **-s, -** connaisseur *m*, bon vivant *m*.
ge'nommen *siehe* **nehmen.**
ge'noß *siehe* **genießen.**
Ge'nosse *m* **-n, -n, Ge'nossin** *f* camarade *m/f*; **g~n** *siehe* **genießen; ~nschaft** *f* coopérative *f*.
ge'nug *ad* assez, suffisamment.
Ge'nüge *f*: **zur ~** assez, suffisamment; **g~n** *vi (ohne ge-) (ausreichen)* suffire; *(befriedigen)*: **etw** *(dat)* **g~n** satisfaire qch; *(Ansprüchen)* correspondre à qch.
ge'nügsam *a* sobre, modeste.
Ge'nugtuung *f (Wiedergutmachung)* réparation *f*; *(innere ~)* satisfaction *f*.
Ge'nuß *m* **-sses, ⸚sse** *(von Nahrung etc)* consommation *f*; *(Freude)* plaisir *m*; **in den ~ von etw kommen** bénéficier de qch.
ge'nüßlich *ad* avec délectation.
Geogra'phie *f* géographie *f*.

geo'graphisch *a* géographique.
Geolo'gie *f* géologie *f.*
geo'logisch *a* géologique.
Geome'trie *f* géométrie *f.*
Ge'päck *nt* **-(e)s** bagages *mpl;* **~abfertigung** *f,* **~annahme** *f* enregistrement *m* des bagages; **~aufbewahrung** *f* consigne *f;* **~ausgabe** *f* retrait *m* des bagages; **~netz** *nt* filet *m* à bagages; **~schein** *m* bulletin *m* de consigne; **~träger** *m* porteur *m; (am Fahrrad)* porte-bagages *m;* **~wagen** *m* fourgon *m.*
ge'pfiffen *siehe* **pfeifen.**
ge'pflegt *a* soigné(e); *(Atmosphäre)* raffiné(e); *(Park, Wohnung)* bien entretenu(e).
Ge'pflogenheit *f* coutume *f.*
ge'priesen *siehe* **preisen.**
ge'rade *a* droit(e); *(Zahl)* pair(e) // *ad (direkt)* droit; ~ **gegenüber** juste en face; *(eben):* **er ist ~ angekommen** il vient d'arriver; *(im Augenblick):* **er ißt ~** il est en train de manger; *(genau das)* justement; *(ausgerechnet):* **warum ~ ich?** pourquoi moi?; ~ **dann muß er kommen, wenn ...** il faut qu'il arrive juste au moment où ...; ~ **eben** à l'instant; ~ **noch** *(rechtzeitig)* juste à temps; **~, weil** précisément parce que; **das ist es ja ~** c'est justement ça le problème; **nicht ~ schön** pas précisément beau; **G~** *f* **-n, -n** *(MATH)* droite *f;* **~'aus** *ad* tout droit; **~heraus** *ad* carrément; **~zu** *ad* presque.
ge'rann *siehe* **gerinnen.**
ge'rannt *siehe* **rennen.**
Ge'rät *nt* **-(e)s, -e** *(Haushalts~)* appareil *m; (landwirtschaftliches ~)* machine *f; (Werkzeug)* outil *m; (RADIO, TV)* poste *m; (SPORT)* agrès *mpl.*
ge'raten *vi irr (ohne ge-, mit sein) (gelingen)* réussir; *(mit prep: wohin kommen)* arriver, atterrir *(fam); (in Zustand, Situation)* se retrouver; **gut/schlecht ~** bien réussir/ne pas réussir; **an jdn ~** tomber sur qn; **in Schulden/Schwierigkeiten ~** s'endetter/avoir des difficultés; **in Angst ~** prendre peur; **nach jdm ~** ressembler à qn; **außer sich** *(dat)* ~ être hors de soi // *pp siehe* **raten.**
Gerate'wohl *nt:* **aufs ~** au hasard, au petit bonheur.
ge'räumig *a* spacieux(-euse).
Ge'räusch *nt* **-(e)s, -e** bruit *m.*
gerben *vt* tanner.
ge'recht *a* juste, équitable; **jdm/etw ~ werden** rendre justice à qn/qch; **G~igkeit** *f* justice *f.*
Ge'rede *nt* **-s** bavardage *m.*
ge'reizt *a* irrité(e), énervé(e); **G~heit** *f* irritation *f.*
Ge'richt *nt* **-(e)s, -e** *(JUR)* tribunal *m; (Essen)* plat *m;* **das Letzte ~** le Jugement dernier; **g~lich** *a* judiciaire.
Ge'richts-: ~barkeit *f* juridiction *f;* **~hof** *m* cour *f* de justice; **~verhandlung** *f* procès *m;* **~vollzieher(in** *f***)** *m* huissier *m.*
ge'rieben *siehe* **reiben.**
ge'ring *a* minime; *(Zeit)* court(e), bref(brève); **nicht im ~sten** pas du tout; **~fügig** *a* insignifiant(e); **~schätzig** *a* dédaigneux(-euse); **~ste(r, s)** *a* le (la) moindre.
ge'rinnen *vi irr (mit sein)* se figer; *(Milch)* cailler; *(Blut)* se coaguler.
Ge'rippe *nt* **-s, -** squelette *m; (von Tier)* carcasse *f.*
ge'rissen *siehe* **reißen** // *a* rusé(e), roué(e).
ge'ritten *siehe* **reiten.**
gern(e) *ad:* **etw ~ tun** *(mögen)* aimer faire qch; **jdn/etw ~ haben** *o* **mögen** bien aimer qn/qch; **~!** avec plaisir!, volontiers!; **~ geschehen!** il n'y a pas de quoi!
ge'rochen *siehe* **riechen.**
Ge'röll *nt* **-(e)s, -e** éboulis *m.*
ge'ronnen *siehe* **gerinnen, rinnen.**
Gerste *f* **-, -n** orge *f;* **~nkorn** *nt (im Auge)* orgelet *m.*
Ge'ruch *m* **-(e)s, ¨e** odeur *f;* **g~los** inodore; **~sinn** *m* odorat *m.*
Ge'rücht *nt* **-(e)s, -e** bruit *m,* rumeur *f.*
ge'rufen *siehe* **rufen.**
ge'ruhsam *a* tranquille, calme.
Ge'rümpel *nt* **-s** fatras *m.*

ge'rungen *siehe* **ringen.**
Ge'rüst *nt* **-(e)s, -e** *(Bau~)* échafaudage *m; (fig)* structure *f.*
ge'samt *a* tout(e) entier(-ère), tout(e) le(la); *(Kosten)* total(e); **G~ausgabe** *f* (édition *f* des) œuvres *fpl* complètes; **G~eindruck** *m* impression *f* générale; **G~heit** *f* ensemble *m*, totalité *f.*
ge'sandt *pp siehe* **senden; G~e(r)** *mf* ministre *m* plénipotentiaire; **G~schaft** *f* légation *f.*
Ge'sang *m* **-(e)s, ¨e** chant *m;* **~verein** *m* chorale *f.*
Ge'säß *nt* **-es, -e** derrière *m*, postérieur *m.*
ge'schaffen *siehe* **schaffen.**
Ge'schäft *nt* **-(e)s, -e** affaire *f; (Laden)* magasin *m; (fam: Arbeit)* boulot *m; (Aufgabe)* travail *m;* **g~lich** *a* d'affaires, commercial(e) // *ad:* **er muß g~lich oft nach Paris** il va souvent à Paris pour affaires.
Ge'schäfts-: ~bericht *m* rapport *m* de gestion; **~führer(in** *f)* *m* gérant(e); *(im Klub)* secrétaire *m/f;* **~jahr** *nt* exercice *m;* **~leitung** *f* direction *f;* **~mann** *m, pl* **~leute** homme *m* d'affaires; **~partner(in** *f)* *m* associé(e); **~reise** *f* voyage *m* d'affaires; **~schluß** *m* heure *f* de fermeture; **~stelle** *f (COMM)* bureau *m*, agence *f;* **g~tüchtig** *a* habile en affaires.
ge'schah *siehe* **geschehen.**
ge'schehen *vi irr (mit sein, pp: geschehen)* arriver; **jdm ~** arriver à qn; **es war um ihn ~** c'en était fait de lui; **das geschieht ihm recht** c'est bien fait pour lui.
ge'scheit *a* intelligent(e); *(fam)* pas bête.
Ge'schenk *nt* **-(e)s, -e** cadeau *m.*
Ge'schichte *f* **-, -n** histoire *f.*
ge'schichtlich *a* historique.
Ge'schick *nt* **-(e)s, -e** *(Schicksal)* sort *m*, destin *m; (Geschicklichkeit)* adresse *f.*
ge'schickt *a* habile, adroit(e).
ge'schieden *pp siehe* **scheiden** // *a* divorcé(e).
ge'schienen *siehe* **scheinen.**
Ge'schirr *nt* **-(e)s, -e** vaisselle *f; (für Pferd)* harnais *m;* **~spülmaschine** *f* lave-vaisselle *m;* **~tuch** *nt* torchon *m.*
ge'schlafen *siehe* **schlafen.**
ge'schlagen *siehe* **schlagen.**
Ge'schlecht *nt* **-(e)s, -er** sexe *m; (Generation)* génération *f; (Familie)* famille *f; (LING)* genre *m;* **g~lich** *a* sexuel(le).
Ge'schlechts-: ~krankheit *f* maladie *f* vénérienne; **~teil** *nt o m* organe *m* (sexuel *o* génital); **~verkehr** *m* rapports *mpl* sexuels.
ge'schlichen *siehe* **schleichen.**
ge'schliffen *siehe* **schleifen.**
ge'schlossen *siehe* **schließen.**
ge'schlungen *siehe* **schlingen.**
Ge'schmack *m* **-(e)s, ¨e** goût *m;* **nach jds ~** au goût de qn; **auf den ~ kommen** *(fig)* y prendre goût; **g~los** *a (fig)* de mauvais goût; **~(s)sache** *f* question *f* de goût; **~sinn** *m* goût *m;* **g~voll** *a* de bon goût // *ad* avec goût.
ge'schmeidig *a (Haut, Stoff)* doux (douce); *(beweglich)* souple.
ge'schmissen *siehe* **schmeißen.**
ge'schmolzen *siehe* **schmelzen.**
ge'schnitten *siehe* **schneiden.**
ge'schoben *siehe* **schieben.**
ge'scholten *siehe* **schelten.**
Ge'schöpf *nt* **-(e)s, -e** créature *f.*
ge'schoren *siehe* **scheren.**
Ge'schoß *nt* **-sses, -sse** *(MIL)* projectile *m; (Stockwerk)* étage *m.*
ge'schossen *siehe* **schießen.**
Ge'schrei *nt* **-s** cris *mpl; (fig)* protestations *fpl.*
ge'schrieben *siehe* **schreiben.**
ge'schrien *siehe* **schreien.**
ge'schunden *siehe* **schinden.**
Ge'schütz *nt* **-es, -e** pièces *fpl* d'artillerie; canon *m;* **schwere ~e auffahren** *(fig)* sortir des arguments massue.
ge'schützt *a* protégé(e).
Ge'schwader *nt* **-s, -** escadre *f.*
Ge'schwätz *nt* **-es** bavardage *m;* **g~ig** *a* bavard(e).
ge'schweige *ad:* **~ (denn)** et encore moins.

ge'schwiegen *siehe* **schweigen.**
ge'schwind *a* rapide; **G~igkeit** *f* vitesse *f*; **G~igkeitsbegrenzung** *f* limitation *f* de vitesse; **G~igkeitsüberschreitung** *f* excès *m* de vitesse.
Ge'schwister *pl* frère(s) et sœur(s) *pl*.
ge'schwollen *pp siehe* **schwellen** // *a (Gelenk)* enflé(e); *(Redeweise)* ampoulé(e).
ge'schwommen *siehe* **schwimmen.**
ge'schworen *pp siehe* **schwören; G~e(r)** *mf* juré *m*; **die G~en** le jury.
Ge'schwulst *f* **-, ¨e** enflure *f*; *(Tumor)* tumeur *f*.
ge'schwungen *siehe* **schwingen.**
Ge'schwür *nt* **-(e)s, -e** abcès *m*, ulcère *m*.
ge'sehen *siehe* **sehen.**
Ge'selle *m* **-n, -n** *(Handwerks~)* compagnon *m*; *(Bursche)* type *m*.
ge'sellig *a (Mensch, Wesen)* sociable; **ein ~es Beisammensein** une réunion amicale; **G~keit** *f* sociabilité *f*.
Ge'sellschaft *f* société *f*; *(Begleitung)* compagnie *f*; **~sschicht** *f* couche *f* sociale.
ge'sessen *siehe* **sitzen.**
Ge'setz *nt* **-es, -e** loi *f*; **g~gebend** *a* législatif(-ive); **~gebung** *f* législation *f*; **g~lich** *a* légal(e); **~lichkeit** *f* légalité *f*.
ge'setzt *a* posé(e), pondéré(e).
Ge'sicht *nt* **-(e)s, -er** figure *f*, visage *m*; *(Miene)* air *m*; **ein langes ~ machen** faire triste mine.
Ge'sichts-: ~ausdruck *m* expression *f*; **~punkt** *m* point *m* de vue; **~züge** *pl* traits *mpl*.
Ge'sindel *nt* **-s** canaille *f*.
Ge'sinnung *f* mentalité *f*; (*POL*) idées *fpl*; **~swandel** *m* volte-face *f*.
ge'soffen *siehe* **saufen.**
ge'sonnen *siehe* **sinnen.**
ge'sotten *siehe* **sieden.**
Ge'spann *nt* **-(e)s, -e** attelage *m*; *(fam)* tandem *m*.
ge'spannt *a (voll Erwartung)* impatient(e), curieux(-euse); *(Verhältnis, Lage)* tendu(e); **ich bin ~, ob ...** je me demande si ...; **auf etw/jdn ~ sein** attendre qch/qn avec impatience.
Ge'spenst *nt* **-(e)s, -er** fantôme *m*.
ge'spien *siehe* **speien.**
ge'sponnen *siehe* **spinnen.**
Ge'spött *nt* **-(e)s** moqueries *fpl*; **zum ~ der Leute werden** devenir la risée générale.
Ge'spräch *nt* **-(e)s, -e** entretien *m*, conversation *f*; *(Telefon~)* communication *f* téléphonique; **g~ig** *a* bavard(e), loquace; **~sstoff** *m*, **~sthema** *nt* sujet *m* de conversation.
ge'sprochen *siehe* **sprechen.**
ge'sprungen *siehe* **springen.**
Ge'spür *nt* **-s** sens *m (für* de).
Ge'stalt *f* **-, -en** forme *f*; *(fam: Person)* figure *f*; **in ~ von** sous forme de; **~ annehmen** prendre forme.
ge'stalten *(ohne ge-) vt* organiser; *(formen)* agencer // *vr*: **sich ~** se révéler.
Ge'staltung *f* organisation *f*.
ge'standen *siehe* **stehen** *o* **gestehen.**
Ge'ständnis *nt* aveu *m*.
Ge'stank *m* **-(e)s** puanteur *f*.
ge'statten *vt (ohne ge-)* permettre; **~ Sie?** vous permettez?; **sich** *(dat)* **~, etw zu tun** prendre la liberté de faire qch.
Geste *f* **-, -n** geste *m*.
ge'stehen *vt irr (ohne ge-)* avouer.
Ge'stein *nt* **-(e)s, -e** roche *f*.
Ge'stell *nt* **-(e)s, -e** *(aus Holz)* tréteau *m*; *(Fahr~)* châssis *m*; *(Regal)* étagère *f*; *(von Fahrrad)* cadre *m*.
gestern *ad* hier; **~ abend/morgen** hier soir/matin.
ge'stiegen *siehe* **steigen.**
Ge'stirn *nt* **-(e)s, -e** astre *m*; *(Sternbild)* constellation *f*.
ge'stochen *siehe* **stechen.**
ge'stohlen *siehe* **stehlen.**
ge'storben *siehe* **sterben.**
ge'streift *a* rayé(e), à rayures.
ge'strichen *siehe* **streichen.**
gestrig *a* d'hier.

ge'stritten *siehe* **streiten.**
Ge'strüpp *nt* **-(e)s, -e** broussailles *fpl*.
ge'stunken *siehe* **stinken.**
Ge'stüt *nt* **-(e)s, -e** haras *m*.
Ge'such *nt* **-(e)s, -e** demande *f*, requête *f*.
ge'sund *a* **(¨er, am ¨esten)** sain(e); *(Mensch: körperlich)* en bonne santé; **jdn ~ schreiben** déclarer que qn est guéri.
Ge'sundheit *f* santé *f*; **~!** à tes (*o* vos) souhaits!; **g~sschädlich** *a* malsain(e); **~szustand** *m* état *m* de santé.
ge'sungen *siehe* **singen.**
ge'sunken *siehe* **sinken.**
ge'tan *siehe* **tun.**
Ge'töse *nt* **-s** vacarme *m*.
Ge'tränk *nt* **-(e)s, -e** boisson *f*.
ge'trauen *vr (ohne ge-)* **: sich ~ (, etw zu tun)** oser (faire qch).
Ge'treide *nt* **-s, -** céréales *fpl*; **~speicher** *m* silo *m*.
ge'trennt *a* séparé(e); **~ leben** être séparés; **~ schlafen** faire chambre à part.
Ge'triebe *nt* **-s, -** *(von Maschinen)* rouages *mpl*; *(AUT)* boîte *f* de vitesses; *(Umtrieb)* animation *f*.
ge'trieben *siehe* **treiben.**
ge'troffen *siehe* **treffen.**
ge'trogen *siehe* **trügen.**
ge'trost *ad* en toute confiance.
ge'trunken *siehe* **trinken.**
Getue [gə'tu:ə] *nt* **-s** chichis *mpl*.
ge'übt *a* exercé(e); *(Mensch)* adroit(e).
Gewächs *nt* **-es, -e** *(Pflanze)* plante *f*; *(MED)* tumeur *f*.
ge'wachsen *pp siehe* **wachsen** // *a*: **jdm/etw ~ sein** être de taille à tenir tête à qn/être à la hauteur de qch.
Ge'wächshaus *nt* serre *f*.
ge'wagt *a* osé; *(Schritt)* risqué(e).
ge'wählt *a (Sprache)* soutenu(e).
Ge'währ *f* **-** garantie *f*; **keine ~ übernehmen (für)** ne pas répondre (de); **ohne ~** sans garantie; **g~en** *vt (ohne ge-) (Wunsch)* accéder à; *(bewilligen)* accorder; **g~leisten** *vt (ohne ge-)* garantir.
Ge'walt *f* **-, -en** force *f*; *(Macht)* pouvoir *m*; *(Kontrolle)* contrôle *m*; *(~taten)* violence *f*; **~ über etw** *(akk)* **haben/verlieren** avoir/perdre le contrôle de qch; **~anwendung** *f* recours *m* à la force; **~herrschaft** *f* dictature *f*; **g~ig** *a (Bau, Fels, Menge)* énorme; *(mächtig)* puissant(e); *(fam: groß)* sacré(e) // *ad (fam)* sacrément; **g~sam** *a* violent(e); **~tätig** *a* violent(e).
ge'wandt *pp siehe* **wenden** // *a (Turner)* agile; *(Stil)* fluide; *(Redner)* habile; *(im Auftreten)* à l'aise; **G~heit** *f* agilité *f*; habileté *f*; aisance *f*.
ge'wann *siehe* **gewinnen.**
Ge'wässer *nt* **-s, -** eaux *fpl*.
Ge'webe *nt* **-s, -** tissu *m*.
Ge'wehr *nt* **-(e)s, -e** fusil *m*; **~lauf** *m* canon *m* (de fusil).
Ge'weih *nt* **-(e)s, -e** bois *mpl*.
Ge'werbe *nt* **-s, -** industrie *f*; commerce *m*; métier *m*; **Handel und ~** le commerce et l'industrie.
Ge'werkschaft *f* syndicat *m*; **~(l)er(in** *f*) *m* **-s, -** syndicaliste *m/f*; **~sbund** *m* confédération *f* syndicale.
ge'wesen *siehe* **sein.**
ge'wichen *siehe* **weichen.**
Ge'wicht *nt* **-(e)s, -e** poids *m*.
ge'wiesen *siehe* **weisen.**
ge'willt *a*: **~ sein, etw zu tun** être disposé(e) à faire qch.
Ge'winde *nt* **-s, -** *(von Schraube)* pas *m*.
Ge'winn *m* **-(e)s, -e** gain *m*; *(finanziell)* bénéfice *m*; *(in Lotterie)* lot *m*; **etw mit ~ verkaufen** vendre qch à bénéfice; **~beteiligung** *f* participation *f* aux bénéfices; **g~en** *irr vt* gagner; *(Kohle, Öl etc)* extraire // *vi* gagner; *(profitieren)* tirer bénéfice; *(besser werden)* s'améliorer; **an etw** *(dat)* **g~en** gagner en qch; **jdn für etw g~en** gagner qn pour qch; **g~end** *a* séduisant(e); **~er(in** *f*) *m* **-s, -** vainqueur *m*, gagnant(e); **~spanne** *f* marge *f* bénéficiaire; **~ung** *f (von Kohle etc)* extraction *f*;

(von Strom, Erdöl) production *f.*
Ge'wirr *nt* **-(e)s, -e** enchevêtrement *m; (von Straßen etc)* dédale *m.*
ge'wiß *a* certain(e) // *ad (sicherlich)* certainement.
Ge'wissen *nt* **-s, -** conscience *f;* **g~haft** *a* consciencieux(-euse); **~sbisse** *pl* remords *mpl;* **~skonflikt** *m* conflit *m* moral.
gewisser'maßen *ad* pour ainsi dire.
Ge'wißheit *f* certitude *f.*
Ge'witter *nt* **-s, -** orage *m.*
ge'witzt *a* malin(-igne).
ge'woben *siehe* **weben.**
ge'wogen *pp siehe* **wiegen** // *a:* **jdm/etw ~ sein** être favorable à qn/qch.
ge'wöhnen *(ohne ge-) vt* habituer // *vr:* **sich an etw** *(akk)* **~** s'habituer à qch.
Ge'wohnheit *f* habitude *f;* **aus ~** par habitude; **zur ~ werden** devenir une habitude.
ge'wöhnlich *a (alltäglich)* habituel(le), comme les autres; *(vulgär)* vulgaire; **wie ~** comme d'habitude.
ge'wohnt *a* habituel(le); **etw** *(akk)* **~ sein** être habitué(e) à qch.
Ge'wöhnung *f* accoutumance *f (an +akk* à).
Ge'wölbe *nt* **-s, -** *(Decke)* voûte *f; (Raum)* cave *f* voûtée.
ge'wonnen *siehe* **gewinnen.**
ge'worben *siehe* **werben.**
ge'worden *siehe* **werden.**
ge'worfen *siehe* **werfen.**
Ge'wühl *nt* **-(e)s** *(von Menschen)* cohue *f.*
ge'wunden *siehe* **winden.**
Ge'würz *nt* **-es, -e** épice *f,* assaisonnement *m;* **~nelke** *f* clou *m* de girofle.
ge'wußt *siehe* **wissen.**
ge'zahnt *a* denté(e), dentelé(e).
Ge'zeiten *pl* marée *f.*
Ge'zeter *nt* **-s** criailleries *fpl.*
ge'ziert *a* affecté(e).
ge'zogen *siehe* **ziehen.**
ge'zwungen *pp siehe* **zwingen** // *a* forcé(e).
Gicht *f* **-** goutte *f.*
Giebel *m* **-s, -** pignon *m.*
Gier *f* **-** avidité *f;* **g~ig** *a* avide.
gießen *vt irr* verser; *(Blumen)* arroser; *(Metall, Wachs)* couler; **es gießt** il pleut à verse.
Gießkanne *f* arrosoir *m.*
Gift *nt* **-(e)s, -e** poison *m;* **g~ig** *a* toxique; *(Pilz)* vénéneux(-euse); *(Schlange; fig)* venimeux(-euse); **~stoff** *m* produit *m* toxique, poison *m;* **~zahn** *m* crochet à venin.
ging *siehe* **gehen.**
Ginster *m* **-s, -** genêt *m.*
Gipfel *m* **-s, -** sommet *m; (von Dummheit)* comble *m;* **~treffen** *nt* rencontre *f* au sommet.
Gips *m* **-es, -e** plâtre *m;* **~abdruck** *m* plâtre *m;* **~verband** *m* plâtre *m.*
Gi'raffe *f* **-, -n** girafe *f.*
Giro ['ʒiːro] *nt* **-s, -s** virement *m;* **~konto** *nt* compte *m* courant.
Gischt *m* **-(e)s, -e** embruns *mpl.*
Gi'tarre *f* **-, -n** guitare *f.*
Gitter *nt* **-s, -** grille *f; (für Pflanzen)* treillage *m;* **~bett** *nt* lit *m* d'enfant.
Glanz *m* **-es** éclat *m; (fig)* splendeur *f.*
glänzen *vi* briller; **~d** *a* excellent(e).
Glas *nt* **-es, ¨er** verre *m;* **~er** *m* **-s, -** vitrier *m.*
gla'sieren *vt (ohne ge-) (Tongefäß)* vernisser; (*CULIN*) glacer.
glasig *a (Blick, Augen)* vitreux(-euse).
Glasscheibe *f* vitre *f.*
Gla'sur *f* vernis *m;* (*CULIN*) glaçage *m.*
glatt *a* lisse; *(rutschig)* glissant(e); *(komplikationslos)* sans histoires; *(Absage)* catégorique; *(Lüge)* pur(e) et simple; **das habe ich ~ vergessen** je l'ai tout simplement oublié.
Glätte *f* **-, -n** structure *f* lisse, poli *m; (Rutschigkeit)* état *m* glissant.
Glatteis *nt* verglas *m.*
glätten *vt* lisser, défroisser // *vr:* **sich ~** *(Wogen, Meer)* se calmer.
Glatze *f* **-, -n** calvitie *f;* **eine ~ bekommen** devenir chauve.
Glaube *m* **-ns, -n** (*REL*) foi *f; (Überzeugung)* croyance *f (an +akk* à); **g~n** *vt, vi* croire *(an +akk* à, (*REL*) en);

jdm g~n croire qn.
glaubhaft *a* digne de foi, crédible.
gläubig *a* (*REL*) croyant(e); *(vertrauensvoll)* confiant(e); **G~e(r)** *mf* croyant(e); **die G~en** les fidèles; **~er(in** *f*) *m* **-s, -** créancier(-ière).
glaubwürdig *a* digne de foi; *(Mensch, Partei, Politik)* digne de confiance; **G~keit** *f* crédibilité *f*.
gleich *a* égal(e); *(identisch)* le(la) même // *ad (ebenso)* également; *(sofort)* tout de suite; *(bald)* dans un instant; **2 mal 2 ~ 4** 2 fois 2 font 4; **es ist mir ~** ça m'est égal; **~ groß** aussi grand(e), de la même taille; **~ nach** juste après; **~altrig** *a* du même âge; **~artig** *a* semblable; **~bedeutend** *a* synonyme; **G~berechtigung** *f* égalité *f* (des droits); **~bleibend** *a* constant(e).
gleichen *irr vi*: **jdm/etw ~** ressembler à qn/à qch // *vr*: **sich ~** se ressembler.
gleicher'maßen *ad* également.
gleich-: **~falls** *ad* pareillement; **G~förmigkeit** *f* uniformité *f*; **G~gewicht** *nt* équilibre *m*; **~gültig** *a* indifférent(e); *(unbedeutend)* sans importance; **das ist mir ~gültig** cela m'est égal; **G~gültigkeit** *f* indifférence *f*; **G~heit** *f* égalité *f*; **~kommen** *vi irr (zvb, mit sein)*: **einer Sache ~kommen** équivaloir à qch; **jdm ~kommen** égaler qn; **~mäßig** *a* régulier(-ière); **~mut** *m* **-s** égalité *f* d'humeur; **~sehen** *vi irr (zvb)*: **jdm ~sehen** ressembler à qn; **~stellen** *vt (zvb)* mettre sur le même plan; **G~strom** *m* (*ELEC*) courant *m* continu; **G~ung** *f* équation *f*; **~zeitig** *a* simultané(e).
Gleis *nt* **-es, -e** *(Schiene)* voie *f* ferrée, rails *mpl*; *(Bahnsteig)* quai *m*.
gleiten *vi irr (mit sein)* glisser; **~de Arbeitszeit** horaire *m* variable *o* à la carte.
Gletscher *m* **-s, -** glacier *m*; **~spalte** *f* crevasse *f*.
glich *siehe* **gleichen.**
Glied *nt* **-(e)s, -er** *(einer Kette)* maillon *m*; *(Körper~)* membre *m*; **~erung** *f* organisation *f*; **~maßen** *pl* membres *mpl*.
glimmen *vi irr* rougeoyer, luire.
glimpflich *a (nachsichtig)* indulgent(e); **~ davonkommen** s'en tirer à bon compte.
glitschig *a* glissant(e).
glitt *siehe* **gleiten.**
glitzern *vi* scintiller.
Globus *m* **- Globen** globe *m*.
Glocke *f* **-, -n** *(Kirchen~)* cloche *f*; *(Käse~)* cloche *f* à fromage; *(Schul~)* sonnerie *f*; **etw an die große ~ hängen** *(fig)* crier qch sur les toits; **~nspiel** *nt* carillon *m*; **~nturm** *m* clocher *m*.
glomm *siehe* **glimmen.**
glotzen *vi (fam)* regarder bouche bée.
Glück *nt* **-(e)s** *(guter Umstand)* chance *f*; *(Zustand)* bonheur *m*; **~ haben** avoir de la chance; **viel ~!** bonne chance!; **zum ~** par bonheur; **auf gut ~** au petit bonheur; **g~en** *vi (mit sein)* réussir.
gluckern *vi (Wasser)* glouglouter.
Glück-: **g~lich** *a* heureux(-euse); **g~licher'weise** *ad* heureusement; **~sbringer** *m* **-s, -** porte-bonheur *m*; **~sfall** *m* coup *m* de chance; **~sspiel** *nt* jeu *m* de hasard; rayonnant(e) de bonheur; **~wunsch** *m* félicitations *fpl*; **herzlichen ~wunsch!** toutes mes félicitations!
Glühbirne *f* ampoule *f*.
glühen *vi (Draht, Kohle, Ofen)* rougeoyer; *(erregt, begeistert sein)*: **~ vor** brûler de; **~d** *a (Hitze)* torride; *(leidenschaftlich)* passionné(e).
Glüh-: **~wein** *m* vin *m* chaud; **~würmchen** *nt* ver *m* luisant.
Glut *f* **-, -en** *(Feuers~)* braise *f*; *(Hitze)* chaleur *f* torride; *(von Leidenschaft)* feu *m*.
GmbH [ge:ɛmbe:'ha:] *f* **-, -s** *(abk von* **Gesellschaft mit beschränkter Haftung***)* S.A.R.L.
Gnade *f* **-, -n** *(Gunst)* faveur *f*; *(Erbarmen)* grâce *f*; **g~nlos** *a* sans pitié; **~nstoß** *m* coup *m* de grâce.
gnädig *a* clément(e); **~e Frau** *(Anrede)* Madame.
Gold *nt* **-(e)s** or *m*; **g~en** *a* d'or;

(Zukunft) doré(e); ~**fisch** *m* poisson *m* rouge; **g~ig** *a* adorable; ~**schmied** *m* orfèvre *m*.
Golf *nt* **-s** *(SPORT)* golf *m*; ~**platz** *m* terrain *m* de golf; ~**schläger** *m* crosse *f* de golf.
Gondel *f* **-, -n** *(Boot)* gondole *f*; *(bei Seilbahn)* cabine *f* de téléférique.
gönnen *vt*: **jdm etw** ~ penser que qn à mérité qch; **sich** *(dat)* **etw** ~ s'accorder qch.
Gönner(in *f)* *m* **-s, -** bienfaiteur (-trice); *(von Künstler)* mécène *m*; **g~haft** *a* condescendant(e).
gor *siehe* **gären.**
goß *siehe* **gießen.**
Gosse *f* **-, -n** caniveau *m*; *(fig)* ruisseau *m*.
Gott *m* **-es, ¨er** dieu *m*; **um ~es willen!** mon Dieu!; **grüß ~!** bonjour!; **leider ~es** malheureusement; ~ **sei Dank!** Dieu merci!; ~**esdienst** *m* office *m*, service *m* religieux.
Göttin *f* déesse *f*.
göttlich *a* divin(e).
gottlos *a* impie, athée.
Götze *m* **-n, -n** idole *f*.
Grab *nt* **-(e)s, ¨er** tombe *f*; **g~en** *vt, vi irr* creuser; **nach etw g~en** chercher qch; ~**en** *m* **-s, ¨** fossé *m*; *(MIL)* tranchée *f*.
Grad *m* **-(e)s, -e** degré *m*; *(Rang)* grade *m*; *(akademischer ~)* grade *m* universitaire; ~**einteilung** *f* graduation *f*.
Graf *m* **-en, -en** comte *m*.
Gräfin *f* comtesse *f*.
Gram *m* **-(e)s** chagrin *m*.
Gramm *nt* **-s, -(e)** gramme *m*.
Gram'matik *f* grammaire *f*.
gram'matisch *a* grammatical(e).
Gra'nat *m* **-(e)s, -e** *(Stein)* grenat *m*.
Gra'nate *f* **-, -n** *(MIL)* obus *m*; *(Hand~)* grenade *f*.
graphisch *a* graphique.
Gras *nt* **-es, ¨er** herbe *f*; **g~en** *vi* *(Tiere)* paître; ~**halm** *m* brin *m* d'herbe.
gras'sieren *vi (ohne ge-)* sévir.
gräßlich *a* horrible.
Grat *m* **-(e)s, -e** arête *f*.
Gräte *f* **-, -n** arête *f*.
gratis *ad* gratis, gratuitement; **G~probe** *f* échantillon *m* gratuit.
Gratulati'on *f* félicitations *fpl*.
gratu'lieren *vi (ohne ge-)*: **jdm (zu etw)** ~ féliciter qn (de qch); **(ich) gratuliere!** félicitations!
grau *a* gris(e).
grauen *vi (Tag)* se lever // *vb impers*: **es graut ihm/ihr vor etw** *(dat)* il/elle appréhende qch // *vr*: **sich vor etw** *(dat)* ~ avoir horreur de qch; **G~** *nt* **-s** horreur *f*; ~**haft** *a* horrible.
grausam *a* atroce; *(Mensch)* cruel(le); *(Sitten)* barbare; **G~keit** *f* atrocité *f*, cruauté *f*.
greifbar *a* tangible; *(deutlich)* évident(e); **in ~er Nähe** tout près.
greifen *irr vt (ergreifen)* saisir; *(auf Musikinstrument)* jouer // *vi (Reifen)* avoir une adhérence; **in etw** *(akk)* ~ mettre la main dans qch; **an etw** *(akk)* ~ toucher qch; **nach etw** ~ tendre la main pour prendre qch; **zu etw** ~ *(fig)* recourir à qch; **um sich** ~ *(sich ausbreiten)* se propager.
Greis *m* **-es, -e** vieillard *m*.
grell *a (Licht)* aveuglant(e); *(Farbe)* criard(e), cru(e); *(Stimme, Ton)* perçant(e).
Grenz-: ~**beamte(r)** *m*, ~**beamtin** *f* douanier(-ère) *m/f*; ~**e** *f* **-, -n** frontière *f*; *(fig)* limite *f*; **sich in ~en halten** être modéré(e); **g~en** *vi*: **an etw** *(akk)* **g~en** confiner à qch; **g~enlos** *a* immense, infini(e); *(Angst)* démesuré(e); ~**fall** *m* cas *m* limite; ~**übergang** *m (Ort)* poste *m* frontière.
Greuel *m* **-s, -** horreur *f*; ~**tat** *f* atrocité *f*.
Grieche *m* **-n, -n, Griechin** *f* Grec(que).
Griechenland *nt* **-s** la Grèce.
griechisch *a* grec(que).
griesgrämig *a* grincheux(-euse).
Grieß *m* **-es, -e** semoule *f*.
griff *siehe* **greifen.**
Griff *m* **-(e)s, -e** poigne *f*, prise *f*; *(an Tür etc)* poignée *f*; *(an Topf, Messer)* manche *m*; **g~bereit** *a*: **etw g~bereit haben** avoir qch sous la

main.
Grill *m* **-s, -e** gril *m; (Garten~)* barbecue *m.*
Grille *f* **-, -n** grillon *m.*
grillen *vt* griller.
Gri'masse *f* **-, -n** grimace *f.*
grimmig *a* furieux(-euse); *(heftig)* terrible.
grinsen *vi* sourire méchamment; *(dumm)* sourire bêtement.
Grippe *f* **-, -n** grippe *f.*
grob *a* **(¨er, am ¨sten)** brutal(e); grossier(-ière); *(Netz)* à larges mailles; *(Eindruck, Überblick)* sommaire; *(Fehler, Unfug)* grave; **G~heit** *f* grossièreté *f.*
grölen *vi* brailler.
Groll *m* **-(e)s** rancœur *f;* **g~en** *vi:* **(mit) jdm g~en** en vouloir à qn; *(Donner)* gronder.
groß *a* **(¨er, am ¨sten)** grand(e) *(immer vorgestellt); (Mühe, Lärm)* beaucoup de; **die ~e Zehe** le gros orteil; **~e Angst/Schmerzen haben** avoir très peur/mal; **im ~en und ganzen** dans l'ensemble; **er ist 1,80 m** ~ il mesure 1,80 m; **~artig** *a* formidable *(fam);* **G~aufnahme** *f* gros plan *m.*
Großbri'tannien *nt* la Grande Bretagne.
Größe *f* **-, -n** taille *f,* dimensions *fpl; (MATH)* valeur *f; (bei Kleidung)* taille *f; (bei Schuhen)* pointure *f; (fig)* grandeur *f; (von Ereignis)* importance *f.*
Großeltern *pl* grands-parents *mpl.*
Größenwahn *m* mégalomanie *f,* folie *f* des grandeurs.
Groß-: ~handel *m* commerce *m* de gros; **~händler** *m* grossiste *m;* **~macht** *f* grande puissance *f;* **~maul** *nt (fam)* grande gueule *f (fam!);* **~mut** *f* **-** magnanimité *f;* **~mutter** *f* grand-mère *f;* **g~spurig** *a (Mensch)* vantard(e); **~stadt** *f* grande ville *f.*
größte(r, s) *a (Superlativ von* **groß***)* le(la) plus grand(e); **~nteils** *ad* pour la plupart.
Groß-: ~vater *m* grand-père *m;* **g~ziehen** *vt irr (zvb)* élever; **g~zügig** *a* généreux(-euse); *(in Ausdehnung)* où il y a de l'espace.
Grotte *f* **-, -n** grotte *f.*
grub *siehe* **graben.**
Grübchen *nt* fossette *f.*
Grube *f* **-, -n** trou *m,* fosse *f; (BERGBAU)* mine *f.*
grübeln *vi* se creuser la tête; **über etw** *(akk)* ~ retourner et retourner qch dans sa tête.
Gruft *f* **-, ¨e** caveau *m,* tombeau *m.*
grün *a* vert(e); *(POL)* écologique; *(Mensch)* sans expérience; **G~anlagen** *pl* espaces *mpl* verts.
Grund *m* **-(e)s, ¨e** *(Motiv, Ursache)* raison *f; (von Gewässer)* fond *m;* **im ~e genommen** au fond; **einer Sache** *(dat)* **auf den ~ gehen** tâcher de découvrir le fin fond de qch; **~bedeutung** *f* sens *m* premier; **~besitz** *m* propriété *f* foncière; **~buch** *nt* cadastre *m.*
gründen *vt* fonder // *vr:* **sich ~ auf** *(+akk)* être fondé(e) sur.
Gründer(in *f***)** *m* **-s, -** fondateur (-trice).
Grund-: ~gebühr *f* taxe *f* de base; **~gesetz** *nt (in BRD)* constitution *f;* **~lage** *f* base *f,* fondement *m;* **g~legend** *a* fondamental(e).
gründlich *a (Mensch, Arbeit)* consciencieux(-euse); *(Kenntnisse)* approfondi(e); *(Vorbereitung)* minutieux(-euse) // *ad* à fond.
Grund-: ~riß *m* plan *m; (fig)* grandes lignes *fpl;* **~satz** *m* principe *m;* **g~sätzlich** *a* fondamental(e) // *ad* par principe; *(normalerweise)* en principe; **~schule** *f* école *f* primaire; **~stein** *m* première pierre *f;* **~stück** *nt* terrain *m.*
Gründung *f* fondation *f.*
grundver'schieden *a* tout à fait différent(e).
Grün-: ~schnabel *m* blanc-bec *m;* **~span** *m* vert-de-gris *m;* **~streifen** *m* bande *f* médiane.
grunzen *vi* grogner.
Gruppe *f* **-, -n** groupe *m.*
gruseln *vi:* **es gruselt mir/ihm vor etw** *(dat)* je suis/il est épouvanté(e) par qch // *vr:* **sich ~** avoir peur.
Gruß *m* **-es, ¨e** salutations *fpl;* salut

m; **viele ⁼e** amitiés.
grüßen *vt* saluer; **jdn von jdm ~** saluer qn de la part de qn; **jdn ~ lassen** demander à qn de saluer qn.
gültig *a (Paß, Gesetz)* valide; *(Fahrkarte, Vertrag)* valable; *(Geld)* qui a cours; **G~keit** *f* validité *f.*
Gummi *nt o m* **-s, -s** caoutchouc *m;* **~band** *nt* élastique *m;* **~knüppel** *m* matraque *f;* **~reifen** *m* pneu *m;* **~strumpf** *m* bas *m* élastique.
Gunst *f* **-** faveur *f.*
günstig *a* favorable; *(Angebot, Preis)* avantageux(-euse).
Gurgel *f* **-, -n** *(fam)* gorge *f;* **g~n** *vi (Wasser)* gargouiller; *(Mensch)* se gargariser.
Gurke *f* **-, -n** concombre *m;* **saure ~** cornichon *m.*
Gurt *m* **-(e)s, -e, Gurte** *f* **-, -n** *(Band)* courroie *f; (Sicherheits~)* ceinture *f.*
Gürtel *m* **-s, -** ceinture *f;* **~reifen** *m* pneu *m* à carcasse radiale; **~rose** *f* zona *m;* **~tier** *nt* tatou *m.*
Guß *m* **Gusses, Güsse** fonte *f,* coulage *m; (Regen~)* averse *f; (CULIN)* glace *f;* **~eisen** *nt* fonte *f.*
Gut *nt* **-(e)s, ⁼er** *(Besitz)* bien *m; (Ware)* marchandise *f; (Land~)* propriété *f.*
gut (besser, am besten) *a* bon(ne) // *ad* bien; **wenn das Wetter ~ ist** quand il/s'il fait beau; **es ist ~e 2 Meter lang** cela mesure bien 2 mètres de long; **es ~ sein lassen** ne plus en parler; **alles G~e!** bonne chance!; **G~achten** *nt* **-s, -** expertise *f;* **~artig** *a (MED)* bénin(-igne); **~'bürgerlich** *a:* **~bürgerliche Küche** cuisine *f* bourgeoise.
Güte *f* **-** *(charakterlich)* bonté *f; (Qualität)* qualité *f.*
Güter-: ~bahnhof *m* gare *f* des marchandises; **~zug** *m* train *m* de marchandises.
gut-: ~gehen *vi irr (zvb, mit sein)* bien se passer; **es geht ihm/mir gut** il va/je vais bien; **~gemeint** *a* qui part d'une bonne intention; **~gläubig** *a* crédule; **G~haben** *nt* **-s, -** avoir *m;* **~haben** *vt irr (zvb)* avoir à son crédit; **~heißen** *vt irr (zvb)* approuver.
gütig *a* bon(ne), gentil(le).
gütlich *a:* **sich an etw** *(dat)* **~ tun** se régaler de qch.
gutmütig *a* brave, gentil(le); **G~keit** *f* gentillesse *f.*
Gutsbesitzer(in *f) m* propriétaire *m* foncier.
Gut-: ~schein *m* bon *m;* **g~schreiben** *vt irr (zvb)* créditer; **~schrift** *f* crédit *m; (Bescheinigung)* avis *m* de crédit; **g~tun** *vi irr (zvb):* **jdm g~tun** faire du bien à qn.
Gym'nasium *nt* lycée *m.*
Gym'nastik *f* gymnastique *f.*

H

H *nt (MUS)* si *m.*
Haar *nt* **-(e)s, -e** poil *m; (Kopf~)* cheveu *m;* **sie hat schönes ~** *o* **schöne ~e** elle a de beaux cheveux; **um ein ~** *(fam)* à un cheveu près; **~bürste** *f* brosse *f* (à cheveux); **h~en** *vi (auch vr:* **sich h~en)** perdre ses poils; **h~ge'nau** *a* précis(e), exact(e); **h~ig** *a* poilu(e); *(Pflanze)* velu(e); *(fig fam)* désagréable; **~nadelkurve** *f* virage *m* en épingle à cheveux; **h~scharf** *a (Beobachtung)* très précis(e); **h~scharf an etw** *(dat)* **vorbei** en effleurant qch; **~schnitt** *m* coupe *f* de cheveux; **~spange** *f* barrette *f;* **h~sträubend** *a* à faire dresser les cheveux sur la tête; **~teil** *nt* postiche *m.*
Habe *f* **-** avoir *m,* propriété *f.*
haben *irr (Hilfsverb)* avoir; **er hat gesagt** il a dit; *(mit Infinitiv: müssen)* devoir; **er hat zu gehorchen** il doit obéir // *vt (besitzen)* avoir; **etw von jdm ~** avoir qch de qn; **woher hast du denn das?** où as-tu trouvé cela?; *(gehört)* d'où tiens-tu cela?; **es am Herzen ~** être malade du cœur; **was hast du denn?** qu'est-ce que tu as?; **zu ~ sein** *(erhältlich)* être en vente; *(Mensch)* être libre; **für etw zu ~ sein** *(begeistert)* être enthousiasmé(e) par qch // *vr:* **sich ~**

(sich zieren) faire des manières; **damit hat es sich** c'est fini *o* terminé; **H**~ *nt* **-s, -** *(FIN)* avoir *m*.
Habgier *f* cupidité *f*, avidité *f*; **h~ig** *a* cupide, avide.
Habicht *m* **-(e)s, -e** autour *m*.
Habseligkeiten *pl* affaires *fpl*.
Hachse ['haksə] *f* **-, -n** jarret *m*.
Hacke *f* **-, -n** pioche *f*; *(Ferse)* talon *m*.
hacken *vi* piocher; *(Vogel)* donner des coups de bec // *vt (Erde)* piocher, retourner; *(Holz)* fendre; *(Fleisch)* hacher; *(Loch)* creuser *(in +akk* dans).
Hackfleisch *nt* viande *f* hachée.
Hafen *m* **-s, ¨** port *m*; **~arbeiter** *m* docker *m*; **~damm** *m* quai *m*, môle *m*; **~stadt** *f* ville *f* portuaire.
Hafer *m* **-s, -** avoine *f*; **~brei** *m* bouillie *f* d'avoine; **~schleim** *m* crème *f* d'avoine, gruau *m*.
Haft *f* **-** détention *f*, prison *f*; **in ~ sein** *o* **sitzen** être détenu(e) *o* en détention; **h~bar** *a* responsable *(für* de); **~befehl** *m* mandat *m* d'arrêt.
haften *vi (kleben)* coller *(an +dat* à); **für jdn/etw ~** répondre de qn/qch, être responsable de qn/qch.
Haft-: ~pflichtversicherung *f* assurance *f* de responsabilité civile; **~schalen** *pl* verres *mpl* de contact; **~ung** *f* responsabilité *f*.
Hagebutte *f* **-, -n** fruit *m* de l'églantier; *(Tee)* cynorrhodon *m*.
Hagel *m* **-s** grêle *f*; **h~n** *impers vi* grêler // *vt (fig)*: **es hagelte Schläge** les coups pleuvaient.
hager *a* décharné(e).
Häher *m* **-s, -** geai *m*.
Hahn *m* **-(e)s, ¨e** coq *m*; *(Wasser~, Gas~)* robinet *m*.
Hähnchen *nt* poulet *m*.
Hai(fisch) *m* **-(e)s, -e** requin *m*.
Häkchen *nt* petit crochet *m*.
Häkel-: h~n *vt* faire au crochet // *vi* faire du crochet; **~nadel** *f* crochet *m*.
Haken *m* **-s, -** crochet *m*; *(Angel~)* hameçon *m*; *(fig)* accroc *m*; **~kreuz** *nt* croix *f* gammée.
halb *a* demi(e); *(Arbeit)* à moitié fait(e) // *ad* à moitié, à demi; **eine ~e Stunde** une demi-heure; **ein ~es Jahr** six mois; **sein ~es Leben** la moitié de sa vie; **die ~e Stadt** la moitié de la ville; **ein ~es Dutzend** une demi-douzaine; **~ zwei** une heure et demi; **~ ... ~ ...** mi-..., mi-...; **~ und ~** moitié-moitié; **~e-~e machen** faire moitié-moitié; **H~dunkel** *nt* pénombre *f*.
halber *prep +gen* pour.
halbfertig *a (COMM)* semi-fini(e).
hal'bieren *vt (ohne ge-)* partager en deux.
Halb-: ~insel *f* presqu'île *f*; *(groß)* péninsule *f*; **~jahr** *nt* semestre *m*; **h~jährlich** *ad* tous les six mois; **~kreis** *m* demi-cercle *m*; **~kugel** *f* hémisphère *m*; **~mond** *m* croissant *m* de lune; **h~'nackt** *a* à demi-nu(e); **h~'offen** *a* entrouvert(e); **~schuh** *m* chaussure *f* basse, bottine *f*; **h~stündlich** *ad* toutes les demi-heures; **~tagsarbeit** *f* travail *m* à mi-temps; **h~'voll** *a* à moitié plein(e); **~waise** *f* orphelin(e) de père *o* de mère; **h~wegs** *ad (fam: ungefähr)* plus ou moins; **~wüchsige(r)** *mf* adolescent(e); **~zeit** *f* mi-temps *f*.
Halde *f* **-, -n** *(Abhang)* pente *f*, versant *m*; *(Kohlen~)* terril *m*; *(Schutt~)* tas *m*.
half *siehe* **helfen.**
Hälfte *f* **-, -n** moitié *f*.
Halfter *nt* **-s, -** *o f* **-, -n** licou *m*; *(Pistolen~)* étui *m* de revolver.
Halle *f* **-, -n** hall *m*; *(AVIAT)* hangar *m*; *(Turn~)* gymnase *m*.
hallen *vi* résonner.
Hallenbad *nt* piscine *f* (couverte).
hallo *excl (Ruf)* hé, hep; *(am Telefon)* allô; *(überrascht)* eh!
Halluzinati'on *f* hallucination *f*.
Halm *m* **-(e)s, -e** brin *m*, tige *f*.
Hals *m* **-es, ¨e** *(von Tier)* encolure *f*; *(von Mensch: außen)* cou *m*; *(: innen)* gorge *f*; *(von Flasche)* col *m*; *(von Instrument)* manche *m*; **~ über Kopf abreisen** partir précipitamment; **~band** *nt* collier *m*; **~entzündung** *f* laryngite *f*; **~kette** *f* collier *m*; **~-Nasen-Ohren-Arzt** *m*, **-Ärztin** *f*

oto-rhino-laryngologiste *m/f*, oto-rhino *m/f*; **~schlagader** *f* carotide *f*; **~schmerzen** *pl* mal *m* de gorge; **~tuch** *nt* écharpe *f*.

Halt *m* **-(e)s, -e** *(Anhalten)* arrêt *m*; *(für Füße, Hände)* appui *m*; *(fig)* soutien *m*, appui *m*; **h~!** stop!; **innerer ~** stabilité *f*; **h~bar** *a* *(Material)* résistant(e); *(Lebensmittel)* non périssable; *(Position, Behauptung)* défendable; **~barkeitsdauer** *f* durée *f* de conservation.

halten *irr vt* tenir; *(Rede)* faire, prononcer; *(Abstand, Takt)* garder; *(Disziplin)* maintenir; *(Stellung, Rekord)* défendre; *(zurück~)* retenir; *(Versprechen)* tenir; *(in bestimmtem Zustand)* garder, conserver; *(Haustiere)* avoir // *vi (Nahrungsmittel)* se conserver; *(nicht abgehen, fest bleiben)* tenir; *(an~)* s'arrêter // *vr:* **sich ~** *(Nahrung)* se conserver; *(Blumen)* rester frais (fraîche); *(Wetter)* rester beau; *(sich behaupten)* s'affirmer; **etw an** *o* **gegen etw** *(akk)* **~** tenir qch contre qch; **jdn/etw für jdn/etw ~** prendre *o* considérer qn/qch comme qn/qch; *(versehentlich)* prendre qn/qch pour qn/qch; **viel/wenig von jdm/etw ~** estimer beaucoup/peu qn/qch; **ihn hält hier nichts** rien ne le retient ici; **an sich** *(akk)* **~** *(sich beherrschen)* se contenir; **zu jdm ~** soutenir qn; **sich rechts ~** serrer à droite; **sich an jdn ~** *(richten nach)* prendre exemple sur qn; *(wenden an)* s'adresser à qn; **sich an etw** *(akk)* **~** observer qch.

Halt-: ~estelle *f* arrêt *m*; **~everbot** *nt* interdiction *f* de stationner; **h~los** *a (Mensch)* instable, faible; *(Behauptung)* sans fondement // *ad:* **h~los weinen** pleurer sans retenue; **h~machen** *vi (zvb)* s'arrêter, faire une halte; **vor nichts h~machen** ne reculer devant rien.

Haltung *f* *(Körper~)* posture *f*, allure *f*; *(Einstellung)* attitude *f*; *(Selbstbeherrschung)* maîtrise *f* de soi.

hämisch *a* sournois(e); *(Lachen)* sardonique.

Hammel *m* **-s, -** *o* **¨** mouton *m*.

Hammer *m* **-s, ¨** marteau *m*.

hämmern *vt (Metall)* marteler // *vi (Herz, Puls)* battre.

Hämoglo'bin *nt* **-s** hémoglobine *f*; **~rrho'iden** *pl* hémorroïdes *fpl*.

Hampelmann *m, pl* **-männer** pantin *m*.

hamstern *vi* faire des réserves // *vt* accaparer, amasser.

Hand *f* **-, ¨e** main *f*; **an ~ von** à l'aide de, au moyen de; **~ in ~ arbeiten** collaborer (étroitement); **~ in ~ gehen** marcher la main dans la main; **~arbeit** *f* travail *m* manuel *o* artisanal; *(Nadelarbeit)* ouvrage *m* à l'aiguille; **~besen** *m* balayette *f*; **~bremse** *f* frein *m* à main.

Handel *m* **-s** commerce *m*.

handeln *vi (agieren)* agir; *(Handel treiben):* **mit etw ~** faire commerce de qch; *(feilschen):* **um etw ~** marchander qch // *vr impers:* **sich um etw ~** s'agir de qch; **von etw ~** traiter de qch.

Handels-: ~bilanz *f* *(ECON)* balance *f* commerciale; **~kammer** *f* chambre *f* de commerce; **~marine** *f* marine *f* marchande; **h~üblich** *a* courant(e).

Hand-: ~feger *m* **-s, -** balayette *f*; **h~fest** *a (Mahlzeit)* solide, copieux(-euse); *(Information, Ideen)* précis(e); **h~gearbeitet** *a* fait(e) à la main; **~gelenk** *nt* poignet *m*; **~gemenge** *nt* rixe *f*, bagarre *f*; **~gepäck** *nt* bagages *mpl* à main; **h~geschrieben** *a* manuscrit(e); **~granate** *f* grenade *f*; **h~greiflich** *a:* **h~greiflich werden** devenir violent(e), se livrer à des voies de fait; **h~haben** *vt irr (zvb) (Maschine)* manier, manœuvrer; *(Gesetze, Regeln)* appliquer.

Handkuß *m* baisemain *m*.

Händler(in *f*) *m* **-s, -** commerçant(e).

handlich *a* facile à manier, maniable.

Handlung *f* action *f*; *(Geschäft)* commerce *m*, magasin *m*.

Hand-: ~**schelle** *f* menotte *f;* ~**schlag** *m* poignée *f* de main; ~**schrift** *f* écriture *f; (Text)* manuscrit *m;* ~**schuh** *m* gant *m;* ~**tasche** *f* sac *m* à main; ~**tuch** *nt* essuie-main(s) *m,* serviette *f* de toilette; ~**werk** *nt* métier *m;* ~**werker(in** *f*) *m* **-s, -** artisan(e); ~**werkszeug** *nt* outils *mpl.*
Hanf *m* **-(e)s** chanvre *m.*
Hang *m* **-(e)s, ¨e** *(Berg~)* versant *m; (Vorliebe)* penchant *m (zu* pour).
Hänge-: ~**brücke** *f* pont *m* suspendu; ~**matte** *f* hamac *m.*
hängen *vt (befestigen)* accrocher *(an +akk* à); *(töten)* pendre // *vi irr (befestigt sein)* être accroché(e) *(an +dat* à); **an etw** *(dat)* ~ *(abhängig sein von)* dépendre de qch; **an jdm/etw** ~ *(gern haben)* tenir à qn/qch; ~**bleiben** *vi irr (zvb, mit sein)* rester accroché(e) *(an +dat* à); *(fig)* rester; *(im Gedächtnis)* rester en mémoire; ~**lassen** *vt irr (zvb) (Arme etc)* laisser pendre; *(vergessen)* oublier.
hänseln *vt* taquiner.
Hansestadt *f* ville *f* hanséatique.
Hantel *f* **-, -n** *(SPORT)* haltère *m.*
han'tieren *vi (ohne ge-)* s'affairer; **mit etw** ~ manier *o* manipuler qch.
Happen *m* **-s, -** bouchée *f,* morceau *m.*
Harfe *f* **-, -n** harpe *f.*
Harke *f* **-, -n** râteau *m;* **h~n** *vt, vi* ratisser.
harmlos *a* inoffensif(-ive); *(Krankheit, Wunde)* bénin(-igne); *(Bemerkung)* innocent(e); **H~igkeit** *f* innocuité *f.*
Harmo'nie *f* harmonie *f.*
harmo'nieren *vi (ohne ge-) (Töne, Farben)* s'harmoniser; *(Menschen)* bien s'entendre *o* s'accorder.
Har'monika *f* **-, -s** *(Zieh~)* accordéon *m.*
har'monisch *a* harmonieux (-euse).
Harn *m* **-(e)s, -e** urine *f;* ~**blase** *f* vessie *f.*
Harnisch *m* **-(e)s, -e** *(Rüstung)* armure *f;* **in** ~ **geraten** se mettre en colère, s'emporter.
Har'pune *f* **-, -n** harpon *m.*
hart *a* **(¨er, am ¨esten)** dur(e); *(Währung)* stable, fort(e); *(Arbeit, Leben, Schlag)* rude; *(Winter, Gesetze, Strenge)* rigoureux(-euse); *(Aufprall)* violent(e) // *ad (dicht):* ~ **an** tout près de.
Härte *f* **-, -n** dureté *f; (Strenge)* sévérité *f; (von Währung)* stabilité *f; (von Leben)* difficulté *f.*
hart-: ~**gekocht** *a:* ~**gekochtes Ei** œuf *m* dur; ~**herzig** *a* dur(e), impitoyable; ~**näckig** *a (Mensch)* obstiné(e); *(Husten)* persistant(e).
Harz *nt* **-es, -e** résine *f.*
Haschee *nt* **-s, -s** hachis *m.*
Haschisch *nt* **-** haschisch *m.*
Hase *m* **-n, -n** lièvre *m.*
Haselnuß *f* noisette *f.*
Hasenscharte *f* bec-de-lièvre *m.*
Haß *m* **-sses** haine *f.*
hassen *vt* haïr, détester.
häßlich *a* laid(e); *(gemein)* méchant(e); **H~keit** *f* laideur *f.*
hast *siehe* **haben.**
Hast *f* **-** hâte *f;* **h~en** *vi (mit sein)* se hâter; **h~ig** *a* précipité(e).
hat, hatte *siehe* **haben.**
Haube *f* **-, -n** *(Kopfbedeckung)* bonnet *m,* coiffe *f; (von Nonne)* voile *m; (AUT)* capot *m; (Trocken~)* casque *m,* séchoir *m.*
Hauch *m* **-(e)s, -e** souffle *m; (Duft)* odeur *f; (fig)* soupçon *m;* **h~dünn** *a* très mince; **h~en** *vi* souffler *(auf +akk* sur).
hauen *irr vt (Holz)* fendre; *(Bäume)* abattre; *(Stein)* tailler; *(Erz)* extraire; *(fam: verprügeln)* rosser // *vi (fam: schlagen):* **jdm auf die Finger** ~ frapper qn sur les doigts; **ein Loch in etw** *(akk)* ~ faire un trou dans qch.
Haufen *m* **-s, -** tas *m; (Leute)* foule *f;* **ein** ~ **Fehler** *(fam: viele)* un tas de fautes; **auf einem** ~ en tas; **etw über den** ~ **werfen** bouleverser qch.
häufen *vt* accumuler, amasser // *vr:* **sich** ~ s'accumuler.
haufenweise *ad* en masse.
häufig *a* fréquent(e) // *ad* fréquem-

ment **H~keit** *f* fréquence *f*.

Haupt *nt* **-(e)s, Häupter** *(Kopf)* tête *f*; *(Ober~)* chef *m*; **~bahnhof** *m* gare *f* centrale, **~darsteller(in** *f*) *m* acteur(-trice) principal(e); **~ge'schäftszeit** *f* heure *f* de pointe; **~gewinn** *m* gros lot *m*.

Häuptling *m* chef *m* de tribu.

Haupt-: ~mann *m*, *pl* **-leute** (*MIL*) capitaine *m*; **~person** *f* personnage *m* principal; **~quartier** *nt* quartier *m* général; **~rolle** *f* rôle *m* principal; **~sache** *f* essentiel *m*; **h~sächlich** *ad* surtout; **~schlagader** *f* aorte *f*; **~stadt** *f* capitale *f*; **~straße** *f (von Stadt)* grand-rue *f*; *(Durchgangsstraße)* rue *f* principale; **~wort** *nt* nom *m*, substantif *m*.

Haus *nt* **-es, Häuser** *(Gebäude)* maison *f*; *(von Schnecke)* coquille *f*; *(Geschlecht)* famille *f*, dynastie *f*; (*THEAT*) spectateurs *mpl*; **nach/zu ~e** à la maison; **von ~ zu ~** de porte en porte; **~arbeit** *f* travaux *mpl* ménagers; (*SCOL*) devoir *m*; **~arzt** *m*, **~ärztin** *f* médecin *m* de famille; **~aufgabe** *f* (*SCOL*) devoir *m*; **~besetzer(in** *f*) *m* squatter *m*; **~besitzer(in** *f*) *m*, **~eigentümer(in** *f*) *m* propriétaire *m/f*.

hausen *vi (wohnen)* nicher; *(Unordnung schaffen)* faire des ravages.

Haus-: ~frau *f* femme *f* au foyer, ménagère *f*; **~friedensbruch** *m* violation *f* de domicile; **~halt** *m* ménage *m*; (*POL*) budget *m*; **h~halten** *vi irr (zvb)* tenir son ménage; *(sparen)* économiser; **mit den Kräften h~halten** ménager ses forces; **~hälterin** *f* gouvernante *f*; **~haltsgeld** *nt* argent *m* du ménage; **~haltsgerät** *nt* appareil *m* ménager; **~haltsplan** *m* (*POL*) budget *m*; **~herr** *m* maître *m* de maison; *(Vermieter)* propriétaire *m*; **h~hoch** *ad*: **h~hoch verlieren** être battu(e) à plate couture.

hau'sieren *vi (ohne ge-)* faire du porte à porte; **mit etw ~** colporter qch.

Hau'sierer(in *f*) *m* **-s, -** colporteur(euse).

häuslich *a* domestique; *(Mensch)* casanier(-ère).

Haus-: ~meister(in *f*) *m* concierge *m/f*; **~schlüssel** *m* clé *f* de la maison; **~schuh** *m* chausson *m*, pantoufle *f*; **~tier** *nt* animal *m* domestique; **~wirtschaft** *f* économie *f* domestique.

Haut *f* **-, Häute** peau *f*; *(von Zwiebel, Obst)* pelure *f*; **~arzt** *m*, **~ärztin** *f* dermatologue *m/f*.

häuten *vt (Tier)* écorcher; *(Wurst)* enlever la peau de // *vr*: **sich ~** *(Schlange)* muer; *(Mensch)* peler.

Haut-: h~'eng *a* collant(e); **~farbe** *f* teint *m*.

Haxe *f* **-, -n** *siehe* **Hachse.**

Hbf *abk von* **Hauptbahnhof.**

Hebamme *f* **-, -n** sage-femme *f*, accoucheuse *f*.

Hebel *m* **-s, -** levier *m*.

heben *irr vt (Gegenstand, Kind)* soulever; *(Arm, Augen)* lever; *(Schatz, Wreck)* retirer; *(Niveau, Stimmung)* améliorer // *vr*: **sich ~** *(Vorhang)* se lever; *(Wasserspiegel)* monter; *(Stimmung)* s'animer.

hecheln *vi* haleter.

Hecht *m* **-(e)s, -e** *(Fisch)* brochet *m*; *(~sprung)* saut *m* de carpe.

Heck *nt* **-(e)s, -e** poupe *f*; *(von Auto)* arrière *m*.

Hecke *f* **-, -n** haie *f*; **~nrose** *f* églantier *m*; **~nschütze** *m* franc-tireur *m*.

Heck-: ~motor *m* (*AUT*) moteur *m* arrière; **~scheibe** *f* lunette *f o* vitre *f* arrière; **~tür** *f* hayon *m o* porte *f* arrière.

Heer *nt* **-(e)s, -e** armée *f*; *(Unmenge)* multitude *f*, foule *f*.

Hefe *f* **-, -n** levure *f*.

Heft *nt* **-(e)s, -e** *(Schreib~)* cahier *m*; *(Fahrschein~)* carnet *m*; *(Zeitschrift)* magazine *m*; *(von Messer)* manche *m*; **h~en** *vt (befestigen)* épingler *(an +akk* à); *(nähen)* faufiler; **sich an jds Fersen h~en** être sur les talons de qn.

heftig *a* violent(e); *(Liebe)* passionné(e), ardent(e); **H~keit** *f* violence

f; intensité *f.*
Heft-: ~klammer *f* agrafe *f;* **~maschine** *f* agrafeuse *f;* **~pflaster** *nt* pansement *m* adhésif, sparadrap *m;* **~zwecke** *f* punaise *f.*
hegen *vt (Wild, Bäume)* protéger; *(Menschen)* s'occuper de, prendre soin de; *(Pläne)* caresser; *(fig: empfinden)* avoir.
Hehl *m o nt:* **kein(en) ~ aus etw machen** ne pas cacher qch; **~er(in** *f) m* **-s, -** receleur(-euse).
Heide *f* **-, -n** *(Gebiet)* lande *f; (Gewächs)* bruyère *f // nm* **-n, -n, Heidin** *f* païen(ne); **~kraut** *nt* bruyère *f;* **~lbeere** *f* myrtille *f.*
heikel *a* délicat(e); *(Mensch)* difficile.
Heil *nt* **-(e)s** *(Glück)* bonheur *m; (Seelen~)* salut *m;* **h~** *a (nicht kaputt)* intact(e); *(unverletzt)* indemne *// excl:* **h~ ...!** vive ...!; **h~en** *vi (mit sein), vt* guérir.
heilig *a* saint(e); **H~'abend** *m* nuit *f o* veille *f* de Noël; **H~e(r)** *mf* saint(e); **H~enschein** *m* auréole *f;* **~sprechen** *vt irr (zvb)* canoniser; **H~tum** *nt* **-s, ⸚er** *(Ort)* sanctuaire *m.*
Heil-: h~los *a* terrible; **~mittel** *nt* remède *m;* **~praktiker(in** *f) m* guérisseur(-euse); **~sarmee** *f* armée *f* du salut; **~ung** *f (von Kranken)* guérison *f; (von Wunde)* cicatrisation *f.*
Heim *nt* **-(e)s, -e** foyer *m,* maison *f; (Alters~)* maison *f* de retraite; *(Kinder~)* home *m* d'enfants; **h~** *ad* à la maison, chez soi.
Heimat *f* **-, -en** *(von Mensch)* patrie *f; (von Tier, Pflanze)* pays *m* d'origine; **~land** *nt* pays *m* natal; **~ort** *m* lieu *m* de naissance, ville *f* natale.
Heim-: h~begleiten *vt (zvb, ohne ge-)* raccompagner; **h~elig** *a (Wohnung, Atmosphäre)* douillet(te); **h~fahren** *vi irr (zvb, mit sein)* rentrer chez soi; **~fahrt** *f* retour *m;* **h~gehen** *vi irr (zvb, mit sein)* rentrer chez soi; **h~isch** *a* local(e), du pays; **sich h~isch fühlen** se sentir chez soi; **~kehr** *f* **-** retour *m;* **h~kehren** *vi (zvb, mit sein)* retourner chez soi, rentrer; **h~lich** *a* secret(-ète); **~lichkeit** *f* secret *m;* **~reise** *f* retour *m;* **h~tückisch** *a (Krankheit)* malin(-igne); *(Mensch, Blick)* sournois(e); *(Tat)* perfide; **h~wärts** *ad* en direction de la maison; **~weg** *m* chemin *m* du retour; **~weh** *nt* mal *m* du pays, nostalgie *f;* **h~zahlen** *vt (zvb):* **jdm etw h~zahlen** rendre à qn la monnaie de sa pièce.
Heirat *f* **-, -en** mariage *m;* **h~en** *vi* se marier *// vt* épouser; **~santrag** *m* demande *f* en mariage.
heiser *a* enroué(e); **H~keit** *f* enrouement *m.*
heiß *a* chaud(e); *(Kampf)* acharné(e); *(Liebe)* passionné(e); *(Wunsch)* ardent(e); *(Musik)* excitant(e); **~blütig** *a* passionné(e), ardent(e).
heißen *irr vi (Namen haben)* s'appeler; *(Titel haben)* s'intituler *// vt (befehlen):* **jdn etw tun ~** ordonner à qn de faire qch; *(nennen)* appeler; *(bedeuten)* signifier *// vi impers:* **es heißt, ...** on dit que ...; **das heißt ...** c'est-à-dire ..., à savoir ... .
Heiß-: h~laufen *vi irr (zvb, mit sein)* chauffer; **~'wasserbereiter** *m* **-s, -** chauffe-eau *m.*
heiter *a* gai(e), joyeux(-euse); *(Wetter)* beau(belle); *(Himmel)* dégagé(e); **das kann ~ werden** ça promet; **H~keit** *f* gaieté *f; (Belustigung)* hilarité *f.*
heizen *vi, vt* chauffer.
Heiz-: ~körper *m* radiateur *m;* **~material** *nt* combustible *m;* **~öl** *nt* mazout *m;* **~ung** *f* chauffage *m;* **~ungsanlage** *f* installation *f* de chauffage, chaufferie *f.*
hektisch *a* fébrile.
Held *m* **-en, -en** héros *m;* **~in** *f* héroïne *f.*
helfen *vi irr:* **jdm ~** aider qn *(bei* dans); *(nützen)* aider, servir *// vi impers:* **es hilft nichts, du mußt ...** il n'y a rien à faire, tu dois ...; **sich** *(dat)* **zu ~ wissen** savoir se débrouiller.
Helfer(in *f) m* **-s, -** aide *m/f,* collaborateur(-trice); **~shelfer(in** *f) m* complice *m/f.*
hell *a* clair(e); *(klug)* éveillé(e); *(fam:*

sehr groß) énorme // *ad (fam: sehr)* complètement; **~hörig** *a (Mensch)* qui a l'ouïe fine; *(Wand)* sonore; **H~seher(in** *f)* *m* voyant(e); **~'wach** *a* bien éveillé(e).
Helm *m* **-(e)s, -e** casque *m*.
Hemd *nt* **-(e)s, -en** *(Ober~)* chemise *f*; *(Nacht~)* chemise *f* de nuit; *(Unter~)* tricot *m* (de corps).
hemmen *vt* contrarier, freiner; *(Menschen)* gêner.
Hemmung *f*: **~ von etw** obstacle à qch; *(PSYCH)* complexe *m*; **h~slos** *a (Mensch)* sans scrupules; *(Weinen)* sans retenue.
Hengst *m* **-es, -e** étalon *m*.
Henkel *m* **-s, -** anse *f*; *(an Koffer, Deckel)* poignée *f*.
henken *vt* pendre.
Henker *m* **-s, -** bourreau *m*.
Henne *f* **-, -n** poule *f*.
her *ad* (par) ici; **es ist lange/2 Jahre ~** il y a longtemps/deux ans; **~ damit!** *(fam)* donne!; **nebeneinander ~** l'un(e) à côté de l'autre; **von weit ~** de loin.
her'ab *ad*: **~!** descendez!; **~lassen** *vr irr (zvb)*: **sich ~lassen, etw zu tun** daigner faire qch; **~lassend** *a* condescendant(e); **~setzen** *vt (zvb) (Preise)* baisser; *(Strafe)* réduire; *(fig)* déprécier.
her'an *ad*: **näher ~!** approchez!; **~ zu mir!** venez vers moi!; **~bilden** *vt (zvb)* former; **~kommen** *vi irr (zvb, mit sein)* s'approcher *(an +akk* de); **etw an sich** *(akk)* **~kommen lassen** laisser venir qch; **~ziehen** *vt irr (zvb) (Gegenstand)* tirer vers *o* à soi; *(aufziehen)* élever; *(ausbilden)* former.
her'auf *ad* vers le haut, en haut; **vom Tal ~** (en montant) de la vallée; **~beschwören** *vt irr (zvb, ohne ge-) (Unheil)* provoquer; *(Erinnerung)* évoquer; **~holen** *vt (zvb)* monter, aller chercher; **~kommen** *vi irr (zvb, mit sein)* monter.
her'aus *ad* (vers le) dehors; **~ damit!** donne le (la) moi!; **~ aus dem Bett!** lève-toi!; **~ mit der Sprache!** parle!; **aus der Not ~** poussé(e) par la nécessité; **~bekommen** *vt irr (zvb, ohne ge-) (erfahren)* découvrir; *(Rätsel)* résoudre; **Sie bekommen noch 2 DM ~** je vous dois encore 2 marks de monnaie; **~bringen** *vt irr (zvb) (nach außen bringen)* sortir; *(COMM)* lancer; *(veröffentlichen)* publier; *(Geheimnis)* deviner; **kein Wort ~bringen** rester bouche bée; **~finden** *vt irr (zvb) (Geheimnis)* découvrir; **~fordern** *vt (zvb)* provoquer; **H~forderung** *f* provocation *f*; **~geben** *vt irr (zvb) (nach außen)* passer; *(zurückgeben)* rendre; *(Buch)* éditer; *(Zeitung)* publier; **H~geber(in** *f)* *m* **-s, -** éditeur(-trice); **~halten** *vr irr (zvb)*: **sich aus etw ~halten** ne pas se mêler de qch; **~holen** *vt (zvb)* sortir; *(aus Gefängnis)* libérer; **~kommen** *vi irr (zvb, mit sein)* sortir; *(Blumen)* apparaître; *(Buch)* sortir, paraître; *(Gesetz)* être publié(e); **~nehmen** *vt irr (zvb)* prendre, sortir; **sich** *(dat)* **den Blinddarm ~nehmen lassen** se faire opérer de l'appendicite; **~schlagen** *vt irr (zvb) (Nagel)* enlever (en frappant); *(Staub)* secouer; *(Vorteile, Geld)* s'assurer; **~sein** *vi irr (zvb, mit sein) (Buch, Fahrplan, Briefmarke)* être sorti(e) *o* paru(e); *(Gesetz)* être publié(e); **aus etw ~sein** *(überstanden haben)* être sorti(e) de *o* avoir surmonté qch; **es ist noch nicht ~** *(entschieden)* ce n'est pas encore décidé, on ne sait pas encore; **~springen** *vi irr (zvb, mit sein) (nach außen)*: **aus etw ~springen** sauter au dehors de qch; *(Gang)* sauter; *(entgleisen)* dérailler; **was springt dabei für mich ~?** qu'est-ce que cela me rapporte?; **~stellen** *(zvb) vt (nach außen)* sortir, mettre dehors; *(betonen)* mettre en évidence // *vr*: **sich ~stellen** *(sich zeigen)* se montrer, se révéler; **sich als schwierig ~stellen** se révéler difficile; **~strecken** *vt (zvb) (Kopf)* sortir; *(Zunge)* tirer; **~ziehen** *vt irr (zvb) (nach außen)* tirer *(aus* (hors) de); *(aus Tasche etc)* sortir; *(Zahn)*

arracher; *(Splitter)* enlever.
herb *a (Geschmack, Duft)* âcre; *(Wein)* âpre; *(Enttäuschung)* amer (amère); *(Verlust)* douloureux(-euse); *(Worte, Kritik)* dur(e); *(Gesicht, Schönheit)* austère.
her'bei *ad* (par) ici.
herbemühen *vr (zvb, ohne ge-)*: **sich ~** prendre la peine de venir.
Herberge *f* **-, -n** auberge *f*, gîte *m*.
herbringen *vt irr (zvb) (etw)* apporter; *(jdn)* amener.
Herbst *m* **-(e)s, -e** automne *m*; **~zeitlose** *f* **-, -n** colchique *m*.
Herd *m* **-(e)s, -e**, cuisinière *f*.
Herde *f* **-, -n** troupeau *m*.
her'ein *ad* vers l'intérieur, dedans; **~!** entrez!; **~bitten** *vt irr (zvb)* prier d'entrer; **~brechen** *vi irr (zvb, mit sein) (Nacht)* tomber; *(Schicksal)* s'abattre *(über +akk* sur); **~bringen** *vt irr (zvb)* apporter (à l'intérieur); **~fallen** *vi irr (zvb, mit sein) (getäuscht werden)* se laisser prendre; **auf jdn/etw ~fallen** se laisser berner par qn/qch; **~kommen** *vi irr (zvb, mit sein)* entrer; **~lassen** *vt irr (zvb)* laisser entrer; **~legen** *vt (zvb)*: **jdn ~legen** *(fam: betrügen)* rouler qn; **~platzen** *vi (zvb, mit sein) (fam)*: **bei jdm ~platzen** débarquer chez qn.
her-: **~fallen** *vi irr (zvb, mit sein)*: **über jdn/etw ~fallen** se jeter sur *o* attaquer qn/qch; **H~gang** *m* déroulement *m* (des faits); **~geben** *vt irr (zvb) (weggeben)* donner; *(zurückgeben)* rendre; **sich zu etw ~geben** se prêter à qch; **~gebracht** *a* traditionnel(le); **~halten** *vi irr (zvb)*: **~halten müssen** *(Mensch)* servir de bouc émissaire; **~hören** *vi (zvb)* écouter.
Hering *m* **-s, -e** hareng *m*.
her-: **~kommen** *vi irr (zvb, mit sein) (näher kommen)* s'approcher; **von etw ~kommen** *(herrühren)* provenir de qch; **wo kommen Sie her?** d'où venez-vous?; **~kömmlich** *a* traditionnel(le); **H~kunft** *f* **-** origine *f*; **~laufen** *vi irr (zvb, mit sein)*: **hinter jdm ~laufen** suivre qn; *(fam)* courir après qn.

Herr *m* **-(e)n, -en** *(Herrscher)* maître *m*; *(Mann)* monsieur *m*; *(vor Namen)* Monsieur; *(REL)* Seigneur *m*; **meine ~en!** messieurs; **~enhaus** *nt* manoir *m*; **~gott** *m* Dieu *m*.
herrichten *vt (zvb) (Essen)* préparer; *(Bett)* faire; *(Haus)* remettre à neuf.
Herrin *f* maîtresse *f*.
herrisch *a* despotique.
herrlich *a* merveilleux(-euse).
Herrschaft *f* domination *f*, souveraineté *f*, autorité *f*; *(Herr und Herrin)* maîtres *mpl*; **meine ~en!** Messieurs Dames.
herrschen *vi* régner.
Herrscher(in *f*) *m* **-s, -** souverain(e).
her-: **~rühren** *vi (zvb)*: **von etw ~rühren** provenir de qch; **~stellen** *vt (zvb) (produzieren)* produire, fabriquer; **H~steller(in** *f*) *m* **-s, -** producteur(-trice), fabricant(e); **H~stellung** *f* production *f*, fabrication *f*.
her'über *ad* par ici.
her'um *ad*: **verkehrt ~** à l'envers; **um etw ~** autour de qch; **~gehen** *vi irr (zvb, mit sein)*: **in etw** *(dat)* **~gehen** parcourir qch; **um etw ~gehen** faire le tour de qch; *(~gereicht werden)* passer de main en main; *(vergehen)* passer; **~kommen** *vi irr (zvb, mit sein)*: **um etw ~kommen** *(vermeiden)* éviter qch; **viel ~kommen** *(fam)* rouler sa bosse; **~kriegen** *vt (zvb) (fam: überreden)* convaincre; **~lungern** *vi (zvb, mit sein)* traînasser; **~sprechen** *vr irr (zvb)*: **sich ~sprechen** s'ébruiter; **~treiben** *vr irr (zvb)*: **sich ~treiben** traîner; **~werfen** *vt irr (zvb) (Kopf, Steuer)* tourner brusquement.
her'unter *ad*: **von etw ~** du haut de qch; **~ mit euch!** descendez!; **~gekommen** *a (gesundheitlich)* affaibli(e); *(moralisch)* dépravé(e); *(Haus)* en mauvais état; **~holen** *vt (zvb)* aller chercher; **~kommen** *vi irr (zvb, mit sein)* descendre; *(gesundheitlich)* être affaibli(e); *(mo-*

ralisch) déchoir; *(finanziell)* aller à la ruine; ~**machen** *vt (zvb) (fam: schimpfen)* dénigrer.
her'vor *ad* dehors; ~ **(mit euch)!** sortez!; ~**bringen** *vt irr (zvb)* produire; *(Wort)* prononcer; ~**heben** *vt irr (zvb)* souligner; *(als Kontrast)* faire ressortir; ~**ragend** *a (gut)* excellent(e); ~**rufen** *vt irr (zvb) (bewirken)* causer, provoquer; ~**tun** *vr irr (zvb):* **sich** ~**tun** se faire remarquer *(mit* par).
Herz *nt* **-ens, -en** cœur *m;* ~**anfall** *m* crise *f* cardiaque; ~**infarkt** *m* infarctus *m;* ~**klopfen** *nt* battements *mpl* de cœur; **h**~**lich** *a* cordial(e); *(Grüße)* sincère; **h**~**lichen Glückwunsch** toutes mes félicitations; ~**lichkeit** *f* cordialité *f.*
Herzog *m* **-(e)s, ¨e** duc *m;* ~**in** *f* duchesse *f;* ~**tum** *nt* **-s, ¨er** duché *m.*
Herzschlag *m* battement *m* du cœur; *(MED)* arrêt *m* du cœur.
Hetze *f* **-, -n** *(Eile)* précipitation *f,* hâte *f; (Verleumdung)* calomnie *f,* diffamation *f;* **h**~**n** *vt (jagen)* traquer, chasser // *vi (mit sein) (eilen)* se dépêcher; **zur Arbeit h**~**n** se précipiter à son travail; **Hunde auf jdn h**~**n** lâcher les chiens sur qn.
Heu *nt* **-(e)s** foin *m.*
Heuche'lei *f* hypocrisie *f.*
heucheln *vt* feindre, simuler // *vi* faire semblant.
Heuchler(in *f) m* **-s, -** hypocrite *m/f;* **h**~**isch** *a* hypocrite.
Heugabel *f* fourche *f* (à foin).
heulen *vi* hurler; **das** ~**de Elend bekommen** *(fam)* avoir le cafard.
Heu-: ~**schnupfen** *m* rhume *m* des foins; ~**schrecke** *f* sauterelle *f.*
heute *ad* aujourd'hui; ~ **abend/früh** ce soir/matin; **das H**~ le présent.
heutig *a (Jugend, Probleme)* actuel(le); *(Zeitung)* d'aujourd'hui.
heutzutage *ad* de nos jours.
Hexe *f* **-, -n** sorcière *f;* ~**nschuß** *m* lumbago *m.*
hieb *siehe* **hauen.**
Hieb *m* **-(e)s, -e** coup *m.*
hielt *siehe* **halten.**
hier *ad* ici; ~**auf** *ad (danach, infolgedessen)* là-dessus, sur cela; ~**behalten** *vt irr (zvb, ohne ge-)* garder (ici); ~**bleiben** *vi irr (zvb, mit sein)* rester (ici); ~**durch** *ad (kausal)* ainsi; *(örtlich)* par ici; ~**her** *ad* vers cet endroit, ici; ~**lassen** *vt irr (zvb)* laisser (ici); ~**mit** *ad (schriftlich)* par la présente; ~**nach** *ad* après cela, là-dessus; ~**zulande** *ad* dans ce pays.
hiesig *a* local(e), d'ici.
hieß *siehe* **heißen.**
Hilfe *f* **-, -n** aide *f;* **Erste** ~ premiers soins *mpl o* secours *mpl;* ~! au secours!
hilf-: ~**los** *a* faible, impuissant(e); ~**reich** *a* serviable, secourable.
Hilfs-: ~**arbeiter(in** *f) m* manœuvre *m/f;* **h**~**bereit** *a* serviable; ~**kraft** *f* aide *m/f;* ~**zeitwort** *nt* (verbe *m)* auxiliaire *m.*
hilft *siehe* **helfen.**
Himbeere *f* **-, -n** framboise *f.*
Himmel *m* **-s, -** ciel *m;* ~**srichtung** *f* point *m* cardinal.
himmlisch *a* céleste, divin(e).
hin *ad (Ausdehnung):* **bis zur Mauer** ~ jusqu'au mur; *(in Richtung):* **nach Süden** ~ vers le sud; **wo gehst du** ~? où vas-tu?; *(zeitlich):* **über Jahre** ~ pendant des années; *(fam: kaputt)* cassé(e), fichu(e) *(fam);* ~ **und zurück** aller (et) retour; ~ **und her laufen** faire les cent pas; **vor sich** ~ **reden/weinen** marmonner/pleurnicher; ~ **und wieder** de temps à autre; **auf seinen Rat** ~ sur son conseil.
hin'ab *ad:* ~! descendez!; ~**gehen** *vi irr (zvb, mit sein)* descendre.
hin'auf *ad:* ~! montez!; ~**steigen** *vi irr (zvb, mit sein)* monter.
hin'aus *ad:* ~! dehors!; ~**gehen** *vi irr (zvb, mit sein)* sortir; **über etw** *(akk)* ~**gehen** dépasser *o* excéder qch; ~**laufen** *vi irr (zvb, mit sein)* sortir en courant; **auf etw** ~**laufen** revenir à qch; ~**schieben** *vt irr (zvb)* remettre, reporter; ~**werfen** *vt irr (zvb) (Gegenstand)* jeter (dehors); *(Menschen)* mettre à la porte; ~**wollen** *vi irr (zvb)* vouloir sortir;

auf etw *(akk)* **~wollen** vouloir en venir à qch; **~ziehen** *irr (zvb) vr:* **sich ~ziehen** se prolonger, traîner en longueur.
Hinblick *m:* **in** *o* **im ~ auf** *(+akk)* eu égard à.
hinderlich *a* gênant(e), encombrant(e).
hindern *vt* empêcher; **jdn an etw** *(dat)* ~ empêcher qn de faire qch.
Hindernis *nt* obstacle *m.*
hindeuten *vi (zvb):* **auf etw** *(akk)* ~ indiquer qch; *(schließen lassen)* faire penser à qch.
hin'durch *ad:* **durch etw ~** à travers qch; *(zeitlich)* pendant.
hin'ein *ad:* **~!** entrez!; **bis in die Nacht ~** jusque tard dans la nuit; **~gehen** *vi irr (zvb, mit sein)* entrer *(in +akk* dans); **~passen** *vi (zvb) (Sache)* entrer *(in +akk* dans); **~stecken** *vt (zvb) (Schlüssel)* mettre, introduire; *(Geld, Mühe)* investir.
hin-: ~fahren *irr (zvb) vi (mit sein) (mit Fahrzeug)* aller *o* se rendre quelque part (en voiture) // *vt* conduire; **H~fahrt** *f* aller *m;* **~fällig** *a (Mensch)* fragile, infirme; *(Argument, Pläne)* périmé(e), caduc (-uque).
hing *siehe* **hängen.**
hin-: H~gabe *f* dévouement *m (an +akk* à); **~geben** *vr irr (zvb):* **sich einer Sache ~geben** se consacrer à qch; **~gehen** *vi irr (zvb, mit sein) (Mensch)* aller; **etw ~gehen lassen** fermer les yeux sur qch; **~halten** *vt irr (zvb) (Gegenstand)* tendre; *(vertrösten)* faire attendre.
hinken *vi (Mensch)* boiter; *(Vergleich)* être boiteux(-euse); *(mit sein: gehen)* aller en boitant.
hin-: ~kommen *vi irr (zvb, mit sein) (an Ort)* arriver; **wo kämen wir da hin?** où irions-nous?; **wo ist das ~gekommen?** où est-il (elle) passé(e)?; **mit den Vorräten ~kommen** avoir assez de réserves; **~länglich** *a* suffisant(e); **~legen** *(zvb) vt (Gegenstand)* poser; *(jdn)* coucher; *(Geld)* débourser // *vr:* **sich ~legen** se coucher; **H~reise** *f* aller *m;* **~reißen** *vt irr (zvb) (begeistern)* enthousiasmer; **sich ~reißen lassen, etw zu tun** se laisser entraîner à faire qch; **~richten** *vt (zvb)* exécuter; **H~richtung** *f* exécution *f;* **~sichtlich** *prep +gen* en ce qui concerne; **H~spiel** *nt* match *m* aller; **~stellen** *(zvb) vt* placer, mettre; **jdn/etw als etw ~stellen** présenter qn/qch comme qch // *vr:* **sich ~stellen** se placer; *(stehen)* se tenir.
hinten *ad* derrière; *(am Ende)* à la fin; *(in Raum)* au fond; **~ und vorne nicht reichen** ne pas suffire du tout; **~herum** *ad* par derrière.
hinter *prep +dat* derrière; **~ dem Komma** après la virgule; **~ Glas aufbewahren** conserver sous verre; **etw ~ sich lassen** dépasser qch; **etw ~ sich haben** en avoir fini avec qch; **jdn ~ sich haben** *(als Unterstützung)* avoir qn derrière soi; **~ jdm her sein** *(fahnden)* être aux trousses de qn; *(werben)* courir après qn; **~ etw her sein** être après qch // *prep +akk* derrière; **~ ein Geheimnis kommen** découvrir un secret; **etw ~ sich bringen** en finir avec qch; **H~achse** *f* essieu *m* arrière; **H~bein** *nt (von Tier)* patte *f* de derrière; **H~'bliebene(r)** *mf:* **die H~bliebenen** la famille du défunt *o* de la défunte.
hintere(r, s) *a (an der Rückseite)* arrière; *(am Ende)* dernier(-ière).
hinter-: ~einander *ad (räumlich)* l'un(e) derrière l'autre; *(zeitlich)* l'un(e) après l'autre; **H~gedanke** *m* arrière-pensée *f;* **H~grund** *m* fond *m; (von Situation)* milieu *m; (von Geschehen)* antécédents *mpl,* dessous *mpl;* **H~halt** *m* embuscade *f;* **~hältig** *a* sournois(e); **~her** *ad* après coup; **~'lassen** *vt irr (zvb) (zurücklassen)* laisser; *(nach Tod)* léguer; **~'legen** *vt (zvb)* déposer; **H~list** *f* ruse *f;* **~listig** *a* sournois(e).
Hintern *m* **-s, -** derrière *m,* postérieur *m.*
Hinter-: ~rad *nt* roue *f* arrière; **~radantrieb** *m* traction *f* arrière;

h~rücks *ad* par derrière; **~teil** *nt* derrière *m*; **h~'treiben** *vt irr (zvb)* faire échouer, contrecarrer; **H~tür** *(fig)* porte *f* de sortie; **~'ziehen** *vt irr (zvb)*: **Steuern ~ziehen** frauder le fisc.
hin'über *ad* de l'autre côté; **~!** traversez!; **~gehen** *vi irr (zvb, mit sein)* traverser *(über +akk* qch); *(besuchen)*: **zu jdm ~gehen** aller voir qn.
hinunter *ad*: **~!** descendez!; **~schlucken** *vt (zvb)* avaler; **~steigen** *vt irr (zvb, mit sein)* descendre.
Hinweg *m* aller *m*.
hin'weg-: **~helfen** *vi irr (zvb)*: **jdm über etw** *(akk)* **~helfen** aider qn à surmonter qch; **~setzen** *vr (zvb)*: **sich über etw** *(akk)* **~setzen** ne pas tenir compte de qch.
Hinweis *m* **-es, -e** *(Verweis)* renvoi *m*; *(Andeutung)* allusion *f*; indication *f*; *(Anleitung)* instructions *fpl*; **h~en** *vt, vi irr (zvb)*: **(jdn) auf etw** *(akk)* **h~en** indiquer qch (à qn); *(aufmerksam machen)* attirer l'attention (de qn) sur qch.
hin-: **~werfen** *vt irr (zvb)* jeter; *(Arbeit)* abandonner; *(fallen lassen)* laisser tomber; *(Skizze)* ébaucher; **~ziehen** *vr irr (zvb)*: **sich ~ziehen** *(lange dauern)* traîner en longueur; *(sich erstrecken)* s'étendre, se prolonger.
hin'zu *ad* en outre, en plus; **~fügen** *vt (zvb)* ajouter; **~kommen** *vi irr (zvb, mit sein) (Mensch)* se joindre; *(Umstand)* s'ajouter; **~ziehen** *vt irr (zvb)* consulter.
Hirn *nt* **-(e)s, -e** cerveau *m*; (*CULIN*) cervelle *f*; **~gespinst** *nt* chimère *f*; **h~verbrannt** *a* complètement fou (folle).
Hirsch *m* **-(e)s, -e** cerf *m*.
Hirse *f* **-, -n** millet *m*.
Hirt *m* **-en, -en** pâtre *m*; *(Schaf~)* berger *m*; *(fig)* pasteur *m*.
hi'storisch *a* historique.
Hitze *f* **-** chaleur *f*; (*CULIN*) température *f*; **h~beständig** *a* résistant(e) à la chaleur *o* au feu.
hitzig *a (Mensch)* impétueux (-euse); *(Temperament)* fougueux(-euse); *(Debatte)* passionné(e).
Hitzschlag *m* coup *m* de chaleur.
hob *siehe* **heben.**
Hobby ['hɔbi] *nt* **-s, -s** passe-temps *m* favori.
Hobel *m* **-s, -** rabot *m*; **~bank** *f* établi *m*; **h~n** *vt (Holz)* raboter; *(Gurken etc)* couper en tranches.
hoch *a* **(hohe(r, s), höher, am höchsten)** haut(e); *(Zahl, Gehalt)* élevé(e); *(Fieber)* fort(e); *(Offizier)* supérieur(e); *(Vertrauen, Lob, Qualifikation)* grand(e); // *ad* haut; *(weit nach oben)* très haut; *(sehr)* très, extrêmement; **das ist mir zu ~** *(fam)* ça me dépasse; **Hände ~!** haut les mains!; **Kopf ~!** courage!; **drei Mann ~** à trois; **H~** *nt* **-s, -s** *(Ruf)* vivat *m*; (*METEO*) anticyclone *m*; **H~achtung** *f* estime *f*, considération *f*; **~achtungsvoll** *ad (Briefschluß)* Recevez l'assurance de mes sentiments distingués; **H~amt** *nt* grand-messe *f*; **~arbeiten** *vr (zvb)*: **sich ~arbeiten** réussir à force de travail; **~be'gabt** *a* extrêmement doué(e); **~be'tagt** *a* très âgé(e); **H~betrieb** *m* activité *f* intense; **H~burg** *f (fig)* fief *m*; **H~deutsch** *nt* haut allemand *m*; **~dotiert** *a* très bien payé(e); **H~druck** *m* (*METEO*) haute pression *f*; (*TECH*) gravure *f* en relief; **H~ebene** *f* haut plateau *m*; **H~form** *f* excellente condition *f*; **~halten** *vt irr (zvb)* tenir en l'air; *(fig)* sauvegarder; **H~haus** *nt* tour *f*; **~heben** *vt irr (zvb)* soulever; **H~land** *nt* région *f* montagneuse; **~leben** *vi*: **jdn ~leben lassen** acclamer qn; **H~mut** *m* orgueil *m*; **~mütig** *a* orgueilleux(-euse), hautain(e); **~näsig** *a* prétentieux(-euse); **H~ofen** *m* haut fourneau *m*; **~prozentig** *a (Getränk)* à teneur en alcool élevée; **H~saison** *f* pleine saison *f*; **H~schule** *f* établissement *m* d'enseignement supérieur; **H~sommer** *m* plein été *m*;

H~spannung *f* haute tension *f*; **H~sprung** *m* saut *m* en hauteur.
höchst *ad* très, extrêmement.
Hochstapler(in *f*) *m* **-s, -** imposteur(-euse).
höchste(r, s) (*Superlativ von* **hoch**): **aufs ~ erstaunt** très étonné(e); **es ist ~ Zeit** il est grand temps.
höchstens *ad* tout au plus, au maximum.
Höchst-: ~geschwindigkeit *f* vitesse *f* maximum, plafond *m*; **h~wahr'scheinlich** *ad* très probablement.
Hoch-: h~trabend *a* pompeux(-euse); **~verrat** *m* haute trahison *f*; **~wasser** *nt* (*von Meer*) marée *f* haute; (*von Fluß*) crue *f*; (*Überschwemmung*) inondation *f*; **~würden** *m* monseigneur *m*; **~zahl** *f* exposant *m*.
Hochzeit *f* **-, -en** mariage *m*.
Hocke *f* **-, -n** (*Stellung*) accroupissement *m*; (*SPORT*) saut *m* à pieds joints; **h~n** *vi* (*Mensch*) être accroupi(e); (*Vogel*) être perché(e).
Hocker *m* **-s, -** tabouret *m*.
Höcker *m* **-s, -** bosse *f*.
Hoden *m* **-, -** testicule *m*.
Hof *m* **-(e)s, ¨e** cour *f*; (*von Mond*) halo *m*.
hoffen *vi, vt* espérer; **auf etw** (*akk*) **~** espérer qch.
hoffentlich *ad*: **~ ist morgen schönes Wetter** espérons o j'espère qu'il fera beau demain.
Hoffnung *f* espoir *m*; **h~slos** *a* désespéré(e); **~sschimmer** *m* lueur *f* d'espoir; **h~svoll** *a* plein(e) d'espoir.
höflich *a* poli(e); **H~keit** *f* politesse *f*.
hohe(r, s) *a siehe* **hoch.**
Höhe *f* **-, -n** hauteur *f*; (*zahlen-, mengenmäßig*) niveau *m*; (*von Betrag*) montant *m*.
Hoheit *f* (*POL*) souveraineté *f*; (*Titel*) altesse *f*; **~sgebiet** *nt* territoire *m* national; **~sgewässer** *pl* eaux *fpl* territoriales.
Höhen-: ~messer *m* **-s, -** altimètre *m*; **~sonne** *f* lampe *f* à rayons ultraviolets; **~zug** *m* chaîne *f* de montagnes.
Höhepunkt *m* apogée *f*, sommet *m*.
hohl *a* creux(-euse).
Höhle *f* **-, -n** grotte *f*, caverne *f*; (*von Tier*) antre *m*, tanière *f*.
Hohlmaß *nt* mesure *f* de capacité.
Hohn *m* **-(e)s** ironie *f*, raillerie *f*.
höhnisch *a* sarcastique.
holen *vt* aller chercher; **Atem ~** reprendre son souffle, respirer; **sich** (*dat*) **Rat/Hilfe ~** demander conseil/de l'aide; **sich** (*dat*) **einen Schnupfen ~** attraper un rhume; **jdn/etw ~ lassen** envoyer chercher qn/qch.
Holland *nt* **-s** la Hollande.
Holländer(in *f*) *m* Hollandais(e).
Hölle *f* **-, -n** enfer *m*.
höllisch *a* infernal(e), d'enfer.
holperig *a* cahoteux(-euse); (*Sprachkenntnisse*) hésitant(e).
Holz *nt* **-es, ¨er** bois *m*.
hölzern *a* en bois; (*fig*) gauche.
Holz-: ~fäller *m* **-s, -** bûcheron *m*; **h~ig** *a* (*Apfel, Spargel etc*) filandreux(-euse); **~kohle** *f* charbon *m* de bois; **~scheit** *nt* bûche *f*; **~weg** *m*: **auf dem ~weg sein** faire fausse route; **~wolle** *f* laine *f* de bois.
Homöopa'thie *f* homéopathie *f*.
Honig *m* **-s, -e** miel *m*; **~wabe** *f* rayon *m* de miel.
Hono'rar *nt* **-s, -e** honoraires *mpl*.
hono'rieren *vt* (*ohne ge-*) (*bezahlen*) rétribuer; (*anerkennen*) honorer.
Hopfen *m* **-s, -** houblon *m*.
hopsen *vi* (*mit sein*) sautiller.
Hör-: ~apparat *m* audiophone *m*; **h~bar** *a* audible, perceptible.
horchen *vi* écouter.
Horde *f* **-, -n** horde *f*, bande *f*.
hören *vt* entendre; (*an~*) écouter // *vi* entendre; (*erfahren*) apprendre; **auf jdn/etw ~** écouter qn/qch; **von jdm ~** avoir des nouvelles de qn.
Hörer(in *f*) *m* **-s, -** auditeur(-trice) // *m* (*Telefon~*) écouteur *m*.
Hori'zont *m* **-(e)s, -e** horizon *m*; (*Verständnis*) portée *f*.
Hor'mon *nt* **-s, -e** hormone *f*.
Hörmuschel *f* pavillon *m*.

Horn *nt* **-(e)s, ¨er** corne *f; (Instrument)* cor *m;* **~haut** *f (am Fuß)* callosité *f; (von Auge)* cornée *f.*
Hor'nisse *f* **-, -n** frelon *m.*
Horo'skop *nt* **-s, -e** horoscope *m.*
horten *vt* stocker, accumuler.
Hose *f* **-, -n** pantalon *m; (Unter~)* slip *m,* culotte *f;* **~nträger** *m* bretelles *fpl.*
Ho'tel *nt* **-s, -s** hôtel *m.*
hüben *ad* de ce côté(-ci).
Hubraum *m (AUT)* cylindrée *f.*
hübsch *a* joli(e).
Hubschrauber *m* **-s, -** hélicoptère *m.*
Huf *m* **-(e)s, -e** sabot *m;* **~eisen** *nt* fer *m* à cheval.
Hüfte *f* **-, -n** hanche *f.*
Hügel *m* **-s, -** colline *f; (Erd~)* monticule *m;* **h~ig** *a* vallonné(e).
Huhn *nt* **-(e)s, ¨er** poule *f.*
Hühner-: ~auge *nt* cor *m* (au pied); **~brühe** *f* bouillon *m* de poule.
Hülle *f* **-, -n** enveloppe *f;* **in ~ und Fülle** en abondance, à profusion.
hüllen *vt:* **jdn/etw in etw** *(akk)* **~** envelopper qn/qch dans qch.
Hülse *f* **-, -n** *(von Pflanze)* cosse *f,* enveloppe *f; (von Geschoß)* douille *f; (Behälter, Etui)* étui *m;* **~nfrucht** *f* légumineuse *f.*
hu'man *a* humain(e).
Huma'nismus *m* humanisme *m.*
Humani'tät *f* humanité *f.*
Hummel *f* **-, -n** bourdon *m.*
Hummer *m* **-s, -** homard *m.*
Hu'mor *m* **-s, -e** humour *m.*
hu'morvoll *a* plein(e) d'humour, spirituel(le).
humpeln *vi (mit sein)* boiter, boitiller.
Hund *m* **-(e)s, -e** chien *m;* **~ehütte** *f* niche *f;* **h~e'müde** *a (fam)* éreinté(e), crevé(e).
hundert *num* cent // *nt:* **H~e von Menschen** des centaines de personnes; **H~'jahrfeier** *f* centenaire *m;* **~mal** *ad* cent fois; **~prozentig** *ad* (à) cent pour cent.
Hündin *f* chienne *f.*
Hunger *m* **-s** faim *f;* **~ haben** avoir faim; **~lohn** *m* salaire *m* de misère; **h~n** *vi* souffrir de la faim; *(zum Abnehmen)* faire un régime; **nach etw h~n** désirer ardemment qch, avoir soif de qch; **~snot** *f* famine *f;* **~streik** *m* grève *f* de la faim.
hungrig *a* affamé(e), qui a faim.
Hupe *f* **-, -n** claxon *m;* **h~n** *vi* claxonner.
hüpfen *vi (mit sein)* sautiller.
Hürde *f* **-, -n** *(SPORT)* haie *f; (Hindernis)* obstacle *m; (für Schafe)* clôture *f.*
Hure *f* **-, -n** putain *f.*
huschen *vi (mit sein)* passer furtivement.
Husten *m* **-s** toux *f;* **h~** *vi* tousser; **~anfall** *m* quinte *f* de toux; **~bonbon** *m o nt* pastille *f* contre la toux; **~saft** *m* sirop *m* (contre la toux).
Hut *m* **-(e)s, ¨e** chapeau *m // f:* **auf der ~ sein** se tenir sur ses gardes.
hüten *vt* garder // *vr:* **sich ~ vor** *(+dat)* prendre garde à; **sich ~, etw zu tun** se garder de faire qch.
Hütte *f* **-, -n** cabane *f; (im Gebirge)* refuge *m; (Eisen~)* aciérie *f;* **~nwerk** *nt* usine *f* métallurgique.
Hy'drant *m* bouche *f* d'incendie.
Hygi'ene *f* **-** hygiène *f.*
hygi'enisch *a* hygiénique.
hyper- *pref* hyper-, ultra-.
Hyp'nose *f* **-, -n** hypnose *f.*
hypnoti'sieren *vt (ohne ge-)* hypnotiser.
Hypo'thek *f* **-, -en** hypothèque *f.*
Hypo'these *f* **-, -n** hypothèse *f.*
Hyste'rie *f* hystérie *f.*
hy'sterisch *a* hystérique.

I

ich *pron* je; *(vor Vokal)* j'; *(betont)* moi (je); **~ bin's!** c'est moi!; **I~** *nt* **-s, -s** moi *m.*
Ide'al *nt* **-s, -e** idéal *m;* **i~** *a* idéal(e).
I'dee *f* **-, -n** [-eːən] idée *f;* **eine ~** *(ein bißchen)* un petit peu.
identifi'zieren *(ohne ge-) vt* identifier.
i'dentisch *a* identique *(mit* à).

Identi'tät *f* identité *f*.
Ideolo'gie *f* idéologie *f*.
Idi'ot *m* **-en, -en** idiot(e), imbécile *m/f*; **i~isch** *a* idiot(e), bête.
i'dyllisch *a* idyllique.
Igel *m* **-s, -** hérisson *m*.
igno'rieren *vt (ohne ge-)* ne tenir aucun compte de, ignorer.
ihm *pron (dat von* **er**) lui, à lui.
ihn *pron (akk von* **er**) le; *(vor Vokal)* l'; *(nach prep)* lui; **~en** *pron (dat von* **sie** *pl)* leur; *(nach prep)* eux (elles); à eux (elles); **I~en** *pron (dat von* **Sie**) vous.
ihr *pron (nom pl)* vous; *(dat von* **sie:** *vor vb)* lui; *(: nach prep)* elle // **~(e)** *pron (adjektivisch) (Subjekt: sg)* son(sa, *vor Vokal* son), *pl* ses; *(:pl)* leur, *pl* leurs; **I~(e)** *pron (adjektivisch)* votre, *pl* vos; **~e(r, s)** *pron (substantivisch) (Subjekt: sg)* le(la) sien(ne), *pl* les sien(ne)s; *(:pl)* le(la) leur, *pl* les leurs; **I~e(r, s)** *pron (substantivisch)* le(la) vôtre, *pl* les vôtres; **~er** *pron (gen von* **sie**) *(Subjekt: sg)* d'elle; *(:pl)* d'eux(elles); **~erseits** *ad* de son côté; de leur côté; **~esgleichen** *pron* gens *pl* comme elle; gens comme eux(elles); *(von Dingen)* choses *fpl* du même genre; **~etwegen, ~etwillen** *ad (für sie)* pour elle; pour eux(elles); *(wegen: ihr)* à cause d'elle *(: ihnen)* à cause d'eux(elles); **~ige: der, die, das ~ige** *(Subjekt: sg)* le(la) sien(ne); *(:pl)* le(la) leur.
illegal *a* illégal(e).
Illusi'on *f* illusion *f*.
Illu'strierte *f* **-n, -n** illustré *m*, magazine *m*.
Iltis *m* **-ses, -se** putois *m*.
im = in dem.
Imbiß *m* **-sses, -sse** casse-croûte *m inv*; **~halle** *f*, **~stube** *f*, snack(-bar) *m*.
imi'tieren *vt (ohne ge-)* imiter.
Imker(in *f*) *m* **-s, -** apiculteur (-trice).
Immatrikulati'on *f (SCOL)* inscription *f*.
immatriku'lieren *vr (ohne ge-)*: **sich ~** s'inscrire.
immer *ad* toujours; *(jeweils)* à chaque fois; **~ vier zusammen** quatre par quatre; **~ wieder** toujours, constamment; **~ noch** encore, toujours; **~ noch nicht** toujours pas; **für ~** pour toujours, à jamais; **~ wenn ich ...** chaque fois que je ...; **~ schöner/trauriger** de plus en plus beau/triste; **~ schön langsam** doucement; **was (auch) ~** quoi que; **wer (auch) ~** qui que ce soit qui; **~hin** *ad* tout de même; **~'zu** *ad* sans arrêt.
Immobilien [-'bi:liən] *pl* biens *mpl* immobiliers *o* immeubles.
im'mun *a* immunisé(e) *(gegen* contre); **I~i'tät** *f* immunité *f*.
Imperfekt *nt* **-s, -e** imparfait *m*.
impfen *vt* vacciner *(jdn gegen etw* qn contre qch).
Impf-: ~stoff *m* vaccin *m*; **~ung** *f* vaccination *f*; **~zwang** *m* vaccination *f* obligatoire.
impo'nieren *vi (ohne ge-)*: **jdm ~** impressionner qn.
Im'port *m* **-(e)s, -e** importation *f*.
impor'tieren *vt (ohne ge-)* importer.
impotent *a* impuissant(e).
Impotenz *f* impuissance *f*.
imprä'gnieren *vt (ohne ge-)* imprégner; *(Mantel)* imperméabiliser.
improvisieren [-vi'zi:rən] *vt,vi (ohne ge-)* improviser.
Im'puls *m* **-es, -e** impulsion *f*.
impul'siv *a* impulsif(-ive).
im'stande *a*: **~ sein, etw zu tun** *(in der Lage sein)* être en état de faire qch; *(fähig)* être capable de faire qch.
in *prep +akk (räumlich)* dans; **~s Ausland fahren** aller à l'étranger; *(zeitlich)*: **bis ~s 19. Jahrhundert** jusqu'au 19e siècle; **das Projekt zog sich ~ den Herbst hinein** le projet a traîné jusqu'en automne // *+dat (räumlich)* dans, à, en; **Bonn ist ~ Deutschland** Bonn est en Allemagne; **das ist im Haus/Schrank** c'est dans la maison/dans l'armoire; **er ist ~ der Schule/Kirche** il est à l'école/à l'église; **~ der Bibel heißt es ...** il est dit dans la Bible ...; *(zeitlich)* dans; **~ diesem Monat/Jahr** ce mois-ci/cette année; **er kommt ~**

einem Monat il vient dans un mois; *(Art und Weise)* en, dans; ~ **rot** en rouge; **er war im Hemd** il était en chemise; ~ **der/die Schule** à l'école; ~ **der/die Stadt** en ville; **im Frühling/Herbst/Sommer/Winter/Mai** au printemps/en automne/en été/en hiver/en mai; **im Stehen essen** manger debout.
In'anspruchnahme *f* **-, -n: bei** ~ *+gen* si l'on profite de.
Inbegriff *m* quintessence *f*, type *m*, incarnation *f*; **i~en** *ad* compris; **Bedienung i~en** service compris.
inbrünstig *a* fervent(e).
Inder(in *f*) *m* **-s, -** Indien(ne).
Indi'aner(in *f*) *m* **-s, -** Indien(ne).
indi'anisch *a* indien(ne).
Indien ['ɪndiən] *nt* **-s** Inde *f*.
Indikativ *m* indicatif *m*.
indirekt *a* indirect(e).
indiskret *a* indiscret(-ète).
individuell [ɪndivi'duɛl] *a* individuel(le).
In'diz *nt* **-es, -ien** [-iən] indice *m* *(für* de).
industriali'sieren *vt (ohne ge-)* industrialiser.
Indu'strie *f* industrie *f*; **~gebiet** *nt* zone *f* industrielle.
inein'ander *ad* l'un dans l'autre, les unes dans les autres.
In'farkt *m* **-(e)s, -e** infarctus *m*.
Infekti'on *f* infection *f*; **~skrankheit** *f* maladie *f* infectieuse.
Infinitiv *m* infinitif *m*.
infi'zieren *(ohne ge-) vt* infecter // *vr*: **sich** ~ être contaminé(e) *(bei* par).
in fla'granti *ad* en flagrant délit.
Inflati'on *f* inflation *f*.
inflatio'när *a* inflationniste.
in'folge *prep +gen* par suite de; **~'dessen** *ad* par conséquent.
Infor'matik *f* informatique *f*.
Infor'matiker(in *f*) *m* **-s, -** informaticien(ne).
Informati'on *f* information *f*.
infor'mieren *(ohne ge-) vt* informer // *vr*: **sich** ~ s'informer *(über +akk* de).
Infra-: **~'rotbestrahlung** *f* traitement *m* aux infrarouges; **~struktur** *f* infrastructure *f*.
Infusi'on *f* perfusion *f*.
Ingenieur [ɪnʒe'niøːɐ] *m* ingénieur *m*; **~schule** *f* école *f* d'ingénieurs.
Ingwer *m* **-s** gingembre *m*.
Inhaber(in *f*) *m* **-s, -** *(von Rekord, Genehmigung)* détenteur(-trice); *(von Titel)* titulaire *m/f*; *(Haus~)* propriétaire *m/f*; *(FIN)* porteur *m*.
inha'lieren *vt, vi (ohne ge-) (MED)* inhaler; *(beim Rauchen)* avaler la fumée.
Inhalt *m* **-(e)s, -e** contenu *m*; *(Volumen)* volume *m*; *(Bedeutung: von Wort, Leben)* signification *f*; **i~lich** *ad* en ce qui concerne le contenu; **~sangabe** *f* résumé *m*; **i~slos** *a* vide; **~sverzeichnis** *nt* indication *f* du contenu; *(in Buch)* table *f* des matières.
Initiative [initsia'tiːvə] *f* initiative *f*.
Injekti'on *f* injection *f*.
inklusive [-ziːvə] *prep +gen, ad* y compris; ~ **Getränke** boissons comprises; **bis zum 20. März** ~ jusqu'au 20 mars inclus.
inkompetent *a* incompétent(e).
In'krafttreten *nt* **-s** entrée *f* en vigueur.
Inland *nt* **-(e)s** intérieur *m* des terres; *(POL)* pays *m*; **im** ~ **und Ausland** en Allemagne et à l'étranger.
innehaben *vt irr (zvb) (Amt)* occuper; *(Titel)* avoir; *(Rekord)* détenir.
innen *ad* à l'intérieur; **nach** ~ vers l'intérieur; **I~architekt(in** *f*) *m* décorateur(-trice) d'intérieurs *o* d'appartements; **I~aufnahme** *f* intérieur *m*; **I~leben** *nt* vie *f* intérieure; **I~minister(in** *f*) *m* ministre *m* de l'intérieur; **I~stadt** *f* centre *m* ville; **I~tasche** *f* poche *f* intérieure.
innere(r,s) *a* intérieure(e); *(im Körper)* interne.
Innere(s) *nt* intérieur *m*; *(fig)* cœur *m*.
Inne'reien *pl (CULIN)* abats *mpl*.
innerhalb *prep +gen (zeitlich)* dans un délai de; *(räumlich)* à l'intérieur de // *ad* à l'intérieur.

innerlich *a* interne; *(geistig)* intérieur(e).
innerste(r,s) *a (Punkt)* central(e); *(Gedanken, Gefühle)* intime.
innig *a* intime; *(Freundschaft)* profond(e).
inoffiziell *a* non officiel(le).
ins = **in das.**
Insasse *m* **-n, -n** *(von Anstalt)* pensionnaire *m/f; (AUT)* passager(-ère), occcupant *m.*
insbe'sondere *ad* en particulier.
Inschrift *f* inscription *f.*
In'sekt *nt* **-(e)s, -en** insecte *m.*
Insel *f* **-, -n** île *f; (Verkehrs~)* refuge *m.*
Inse'rat *nt* annonce *f.*
inse'rieren *(ohne ge-) vt, vi* passer une annonce.
insgeheim *ad* en secret.
insgesamt *ad* dans l'ensemble; **er war ~ 10 Tage krank** en tout il a été malade 10 jours.
insofern, insoweit *ad* par là, en cela // *conj (deshalb)* dans la mesure où; *(falls)* si; ~ **als** dans la mesure où.
Installateur [ɪnstala'tøːɐ] *m* installateur *m; (für sanitäre Anlagen)* plombier *m.*
In'stand-: **~haltung** *f* entretien *m;* **~setzung** *f* remise *f* en état; *(von Gebäude)* restauration *f.*
In'stanz *f* autorité *f; (JUR)* instance *f.*
In'stinkt *m* **-(e)s, -e** instinct *m.*
Insti'tut *nt* **-(e)s, -e** institut *m.*
Instru'ment *nt* instrument *m.*
insze'nieren *vt (ohne ge-)* mettre en scène; *(fig: Skandal, Szene)* monter.
intellektu'ell *a* intellectuel(le).
intelli'gent *a* intelligent(e).
Intelli'genz *f* intelligence *f; (Leute)* intelligentsia *f.*
Inten'dant(in *f***)** *m* intendant *m; (RADIO, TV)* président(e); *(THEATER)* directeur(-trice).
inten'siv *a* intense; *(AGR)* intensif (-ive).
interes'sant *a* intéressant(e); **i~erweise** *ad* curieusement.
Inte'resse *nt* **-s, -n** intérêt *m;* **~ haben** s'intéresser *(an +dat* à).
Interes'sent(in *f***)** *m* personne *f* intéressée.
interes'sieren *(ohne ge-) vt* intéresser // *vr:* **sich ~** s'intéresser *(für* à); **jdn für etw ~** gagner qn à qch; **an jdm/etw interessiert sein** être intéressé par qn/qch.
Inter'nat *nt* internat *m.*
internatio'nal *a* international(e).
Inter'nist(in *f***)** *m* spécialiste *m/f* des maladies internes.
Interpretati'on *f* interprétation *f.*
interpre'tieren *vt (ohne ge-)* interpréter.
Inter-: **~punkti'on** *f* ponctuation *f;* **~vall** [-'val] *nt* **-s, -e** intervalle *m;* **i~venieren** [-ve'niːrən] *vi (ohne ge-, mit sein)* intervenir; **~view** ['intɐvjuː] *nt* **-s, -s** interview *f;* **i~viewen** *vt (ohne ge-)* interviewer.
in'tim *a* intime; **I~i'tät** *f* intimité *f.*
intolerant *a* intolérant(e).
intransitiv *a* intransitif(-ive).
In'trige *f* **-, -n** intrigue *f.*
introvertiert [-vɛr'tiːɐt] *a* introverti(e).
Intuiti'on *f* intuition *f.*
Invalide [ɪnva'liːdə] *m* **-n, -n** invalide *m/f.*
Invasion [ɪnvaːzi'oːn] *f* invasion *f.*
Inventar [ɪnvɛn'taːɐ] *nt* **-s, -e** inventaire *m.*
Inventur [ɪnvɛn'tuːɐ] *f* **~ machen** dresser un inventaire.
investieren [ɪnvɛs'tiːrən] *vt (ohne ge-)* investir.
inwie'fern, inwie'weit *ad* dans quelle mesure.
in'zwischen *ad* entretemps.
irdisch *a* terrestre.
Ire *m* **-n, -n, Irin** *f* Irlandais(e).
irgend *ad* d'une façon ou d'une autre; **~ so ein Vertreter/Bettler** un de ces représentants/mendiants; **~ jemand** quelqu'un; *(egal wer)* n'importe qui; **~ etwas** quelque chose; n'importe quoi; **~ein** *a (adjektivisch)* un(e) ... (quelconque); **~eine(r,s)** *pron* quelqu'un; *(egal wer)* n'importe qui; **~einmal** *ad (in Zukunft)* un jour; *(in Vergangenheit)* une fois; **~wann** *ad* un jour, une fois; *(egal wenn)* n'importe quand;

~**wer** *pron* quelqu'un; *(egal wer)* n'importe qui; ~**wie** *ad* d'une façon ou d'une autre; *(egal wie)* n'importe comment; ~**wo** *ad* quelque part; *(egal wo)* n'importe où.
Irland *nt* **-s** Irlande *f*.
Iro'nie *f* ironie *f*.
i'ronisch *a* ironique.
irre *a* fou (folle); *(fam: prima)* chouette; **I~(r)** *mf* fou (folle); ~**führen** *vt (zvb)* induire en erreur; ~**machen** *vt (zvb)* embrouiller.
irren *vi (auch vr: sich ~: unrecht haben)* se tromper; *(mit sein: umher~)* errer; **wenn ich mich nicht irre** si je ne me trompe; **sich im Datum** ~ se tromper de date; **sich in jdm** ~ se tromper sur qn.
irrig *a (ungenau)* inexact(e); *(falsch)* faux (fausse).
Irr-: ~**sinn** *m* folie *f*; **i~sinnig** *a* fou (folle); *(fam)* dingue; ~**tum** *m* **-s, ¨er** erreur *f*; **i~tümlich** *a* erroné(e) // *ad* par erreur.
Ischias *f o nt* - sciatique *f*; ~**nerv** *m* nerf *m* sciatique.
Island *nt* **-s** Islande *f*.
Isolati'on *f* isolement *m*; *(ELEC)* isolation *f*.
Iso'lier-: ~**band** *nt* ruban *m* isolant; **i~en** *(ohne ge-) vt* isoler // *vr:* **sich i~en** s'isoler; ~**station** *f (MED)* salle *f* de quarantaine; ~**ung** *f* isolement *m*.
Israel [ɪsraɛl] *nt* **-s** Israël *m*.
Isra'eli *mf* **-s, -s** Israélien(ne).
ist *siehe* **sein.**
Italien [-iən] *nt* **-s** Italie *f*.
Itali'ener(in *f***)** *m* **-s, -** Italien(ne).
itali'enisch *a* italien(ne).

J

ja *ad* oui; **ich habe es** ~ **gewußt** je le savais bien; **das soll er** ~ **nicht tun** il ne faut surtout pas qu'il fasse cela.
Jacht *f* **-, -en** yacht *m*.
Jacke *f* **-, -n** veste *f*.
Ja'ckett *nt* **-s, -s** *o* **-e** veston *m*.
Jagd *f* **-, -en** chasse *f (auf +akk* à).
jagen *vi* chasser; *(mit sein: eilen)* filer // *vt* chasser; *(verfolgen)* pourchasser.
Jäger(in *f***)** *m* **-s, -** chasseur(-euse).
jäh *a* soudain(e); *(steil)* abrupt(e).
Jahr *nt* **-(e)s, -e** an *m*, année *f*; **alle** ~**e wieder** chaque année; **ein ganzes** ~ toute une année; **im** ~**e 1979** en 1979; **5** ~**e alt** âgé(e) de 5 ans; **j~elang** *ad* pendant des années; ~**esabschluß** *m* fin *f* de l'année; *(COMM)* bilan *m* annuel; ~**eszahl** *f* date *f*; ~**eszeit** *f* saison *f*; ~**gang** *m* année *f*; ~**'hundert** *nt* siècle *m*; ~**'hundertfeier** *f* centenaire *m*.
jährlich *a* annuel(le) // *ad* annuellement.
Jahrmarkt *m* foire *f*.
Jähzorn *m* accès *m* de colère; *(Eigenschaft)* caractère *m* colérique; **j~zornig** *a* colérique.
Jalousie [ʒalu'ziː] *f* persienne *f*.
Jammer *m* **-s** *(Klagen)* lamentation *f*; *(Elend)* misère *f*; **es ist ein** ~**, daß ...** c'est dommage que ... *(+subj)*.
jämmerlich *a* misérable; *(Geschrei, Tod)* pitoyable; *(Leistung, Bezahlung)* lamentable.
jammern *vi* gémir // *vt:* **es jammert mich/ihn** cela me/lui fait de la peine.
Januar *m* **-s, -e** janvier *m*.
Japan *nt* **-s** Japon *m*.
jäten *vt* sarcler.
jauchzen *vi* pousser des cris de joie.
jaulen *vi* hurler.
ja-: ~**'wohl** *ad* oui (bien sûr); **J~wort** *nt* oui *m*.
je *ad (zeitlich)* jamais; *(jeweils):* **sie erhielten** ~ **zwei Stück** ils reçurent chacun deux morceaux; **er gab ihnen** ~ **5 Mark** il leur donna à chacun 5 marks; **die schönste Stadt, die sie** ~ **gesehen hatte** la plus belle ville qu'elle ait jamais vue; **wenn du** ~ **einmal dahin kommst** si jamais tu y vas; **schöner als** *o* **denn** ~ plus beau que jamais; ~ **nach Größe/Alter/Umständen** selon la grandeur/l'âge/les circonstances; ~ **nachdem** cela dépend; ~ **... desto ...** plus ... plus ...; ~ **mehr ... desto weniger...**

plus... moins... // *prep +akk (pro)* par // *excl:* **ach** ~ oh là, là; **o** ~ hou là, là.
jede(r,s) *a* chaque // *pron* chacun(e); **ohne** ~ **Scham** sans aucune honte; ~**nfalls** *ad* en tout cas; ~**rmann** *pron* chacun, tout le monde; ~**rzeit** *ad* à tout moment; ~**smal** *ad* chaque fois.
je'doch *ad* cependant, pourtant.
jeher *ad:* **von** ~ depuis toujours.
jemals *ad* jamais.
jemand *pron* quelqu'un.
jene(r,s) *a* ce, cet *(vor Vokal und stummem h),* cette, *pl* ces, cettes // *pron* celui-là, celle-là, *pl* ceux(celles) -là.
jenseits *ad* de l'autre côté // *prep +gen* de l'autre côté de, au-delà de; **das J**~ l'au-delà *m.*
jetzig *a* actuel(le).
jetzt *ad* maintenant.
je-: ~**weilig** *a* respectif(-ive); ~**weils** *ad* chaque fois.
Jod *nt* **-(es)** iode *m.*
Joghurt *m o nt* **-s, -s** yaourt *m.*
Johannisbeere *f* groseille *f;* **schwarze** ~ cassis *m.*
jonglieren [ʒõ'gli:rən] *vi (ohne ge-)* jongler *(mit* avec).
Journa'list(in *f*) [ʒʊrna'lɪst, -ɪstɪn] *m* journaliste *m/f.*
Jubel *m* **-s** cris *mpl* de joie; **j~n** *vi* pousser des cris de joie.
Jubi'läum *nt* **-s, Jubi'läen** anniversaire *m.*
jucken *vt, vi* démanger; **es juckt mich am Arm** le bras me démange.
Juckreiz *m* démangeaison *f.*
Jude *m* **-n, -n** juif *m;* ~**nverfolgung** *f* persécution *f* des juifs.
Jüdin *f* juive *f.*
jüdisch *a* juif (juive).
Jugend *f* - jeunesse *f;* ~**herberge** *f* auberge *f* de jeunesse; **j~lich** *a* jeune; ~**liche(r)** *mf* jeune *m/f,* adolescent(e).
Jugo'slawien [jugo'sla:viən] *nt* **-s** Yougoslavie *f.*
Juli *m* **-(s), -s** juillet *m.*
jung *a* (**¨er, am ¨sten**) jeune.
Junge *m* **-n, -n** garçon *m.*
Junge(s) *nt* petit *m.*
jünger *a (Komparativ von jung)* plus jeune; *(Bruder, Schwester)* cadet(te).
Jünger *m* **-s, -** disciple *m.*
Jungfer *f* **-, -n: alte** ~ vieille fille *f;* ~**nfahrt** *f* voyage *m* inaugural.
Jung-: ~**frau** *f* vierge *f; (ASTR)* Vierge *f;* ~**geselle** *m,* ~**gesellin** *f* célibataire *m/f.*
Juni *m* **-(s), -s** juin *m.*
Junior *m* **-s, -en** fils *m; (SPORT)* junior *m/f.*
Ju'rist(in *f*) *m* juriste *m/f;* **j~isch** *a* juridique.
Ju'stiz *f* - justice *f;* ~**irrtum** *m* erreur *f* judiciaire.
Ju'wel *nt o m* **-s, -en** joyau *m.*
Juwe'lier *m* **-s, -e** bijoutier (-ière), joaillier *m.*
Jux *m* **-es, -e** blague *f;* **nur aus** ~ pour rigoler.

K

Kabaret'tist(in *f*) *m* chansonnier (-ière).
Kabel *nt* **-s, -** câble *m.*
Ka'bine *f* cabine *f; (in Flugzeug)* carlingue *f.*
Kachel *f* **-, -n** carreau *m;* ~**ofen** *m* poêle *m* de faïence.
Käfer *m* **-s, -** coléoptère *m.*
Kaff *nt* **-s, -s** *o* **-e** *(pej)* patelin *m.*
Kaffee *m* **-s, -e** *(Getränk)* café *m; (Nachmittags~)* goûter *m;* ~**bohne** *f* grain *m* de café; ~**kanne** *f* cafetière *f;* ~**klatsch** *m,* ~**kränzchen** *nt* bavardages *mpl;* ~**löffel** *m* petite cuiller *f,* cuiller *f* à café; ~**mühle** *f* moulin *m* à café; ~**satz** *m* marc *m* de café.
Käfig *m* **-s, -e** cage *f.*
kahl *a (Mensch)* chauve; *(Baum)* dénudé(e); *(Landschaft)* pelé(e); *(Raum)* vide; ~**geschoren** *a* tondu(e), rasé(e); **K~heit** *f* calvitie *f;* nudité *f;* ~**köpfig** *a* chauve.
Kahn *m* **-(e)s, ¨e** barque *f; (Last~)* péniche *f,* chaland *m.*
Kai *m* **-s, -e** *o* **-s** quai *m.*
Kaiser(in *f*) *m* **-s, -** empereur *m,* impératrice *f;* **k~lich** *a* impérial(e);

~**reich** *nt* empire *m;* ~**schnitt** *m* césarienne *f.*
Ka'jüte *f* **-, -n** cabine *f.*
Ka'kao *m* **-s, -s** cacao *m.*
Kak'tee *f* **-, -n** [-eːən], **Kaktus** *m* **-es, -se** cactus *m.*
Kalb *nt* **-(e)s, ¨er** veau *m;* ~**fleisch** *nt* (viande *f* de) veau *m.*
Ka'lender *m* **-s, -** calendrier *m; (Taschen~)* agenda *m.*
Kali *nt* **-s, -s** potasse *f.*
Ka'liber *nt* **-s, -** calibre *m.*
Kalk *m* **-(e)s, -e** chaux *f; (im Körper)* calcium *m;* ~**stein** *m* pierre *f* à chaux.
Kalkulati'on *f* calcul *m.*
kalku'lieren *vt (ohne ge-)* calculer.
Kalo'rie *f* calorie *f.*
kalt *a* **(¨er, am ¨esten)** froid(e); **mir ist (es)** ~ j'ai froid; **etw** ~ **stellen** mettre qch au frais; ~**bleiben** *vi irr (zvb, mit sein) (fig)* demeurer insensible; ~**blütig** *a (Mensch)* qui a du sang-froid; *(Tat)* de sang-froid.
Kälte *f* **-** froid *m; (fig)* froideur *f.*
kalt-: ~**schnäuzig** *a (fam)* culotté(e); ~**stellen** *vt (zvb) (fig)* limoger.
Kalzium *nt* **-s** calcium *m.*
kam *siehe* **kommen.**
Ka'mel *nt* **-(e)s, -e** chameau *m.*
Kamera *f* **-, -s** appareil-photo *m; (Film~)* caméra *f.*
Kame'rad *m* **-en, -en** camarade *m/f;* ~**schaft** *f* camaraderie *f.*
Kameraführung *f:* **die** ~ **haben** être opérateur-chef.
Ka'mille *f* **-, -n** camomille *f;* ~**ntee** *m* infusion *f* de camomille.
Ka'min *m* **-s, -e** cheminée *f;* ~**feger,** ~**kehrer** *m* **-s, -** ramoneur *m.*
Kamm *m* **-(e)s, ¨e** peigne *m; (Berg~, Hahnen~)* crête *f.*
kämmen *vt* peigner.
Kammer *f* **-, -n** chambre *f; (Herz~)* cavité *f;* ~**ton** *m* diapason *m.*
Kampf *m* **-(e)s, ¨e** combat *m,* lutte *f; (Spiel)* match *m.*
kämpfen *vi* se battre (*um* pour); **mit etw** ~ lutter contre qch; **mit jdm** ~ se battre contre qn.
kam'pieren *vi (ohne ge-)* camper.
Kanada *nt* **-s** le Canada.
Ka'nal *m* **-s, Ka'näle** canal *m, (für Abfluß)* égoût *m;* **überm (Ärmel)~** de l'autre côté de la Manche.
kanali'sieren *vt (ohne ge-)* canaliser.
Ka'narienvogel [-iən-] *m* canari *m.*
Kandi'dat(in *f*) *m* **-en, -en** candidat(e).
Kandida'tur *f* candidature *f.*
kandi'dieren *vi (ohne ge-)* se porter candidat.
Känguruh *nt* **-s, -s** kangourou *m.*
Ka'ninchen *nt* lapin *m.*
Ka'nister *m* **-s, -** bidon *m.*
Kanne *f* **-, -n** pot *m,* cruche *f; (Kaffee~)* cafetière *f; (große Milch~)* bidon *m* à lait.
Kanni'bale *m* **-n, -n, Kanni'balin** *f* cannibale *m/f.*
kannte *siehe* **kennen.**
Ka'none *f* **-, -n** canon *m; (fig: Mensch)* as *m.*
Kante *f* **-, -n** bord *m; (Web~)* lisière *f; (Rand, Borte)* bordure *f.*
Kan'tine *f* cantine *f.*
Kanton *m* **-s, -e** canton *m.*
Kanu *nt* **-s, -s** canoë *m.*
Kanzel *f* **-, -n** *(in Kirche)* chaire *f; (im Flugzeug)* poste *f* de pilotage.
Kanz'lei *f (Anwalts~)* cabinet *m; (Notariats~)* étude *f.*
Kanzler(in *f*) *m* **-s, -** chancelier *m.*
Kapazi'tät *f* capacité *f; (Fachmann)* autorité *f.*
Ka'pelle *f* chapelle *f; (MUS)* orchestre *m.*
ka'pieren *vt, vi (ohne ge-) (fam)* saisir, piger.
Kapi'tal *nt* **-s, -e** *o* **-ien** [-iən] capital *m;* ~**anlage** *f* placement *m* de capitaux.
Kapita'lismus *m* capitalisme *m.*
kapita'listisch *a* capitaliste.
Kapi'tän *m* **-s, -e** capitaine *m; (von Flugzeug)* commandant *m.*
Ka'pitel *nt* **-s, -** chapitre *m.*
Kapi'tell *nt* **-s, -e** chapiteau *m.*
kapitu'lieren *vi (ohne ge-)* capituler *(vor +dat* devant).
Ka'plan *m* **-s, Ka'pläne** aumônier *m,* vicaire *m.*

Kappe *f* **-, -n** *(Mütze)* bonnet *m; (auf Füllfederhalter)* capuchon *m; (auf Flasche)* capsule *f.*
Kapsel *f* **-, -n** capsule *f.*
ka'putt *a (fam)* foutu(e); *(müde)* crevé(e); **~gehen** *vi irr (zvb, mit sein) (Auto, Gerät)* se détraquer; *(Schuhe, Stoff)* s'abîmer; *(Firma)* faire faillite; *(sterben)* crever; **~machen** *vt (zvb) (Gegenstand)* casser; *(Firma)* ruiner; *(Gesundheit, jdn)* démolir // *vr:* **sich ~machen** s'éreinter.
Ka'puze *f* **-, -n** capuchon *m.*
Ka'raffe *f* **-, -n** carafe *f.*
Kara'mel *m* **-s** caramel *m.*
Kara'wane *f* **-, -n** caravane *f.*
Kardi'nal *m* **-s, Kardi'näle** cardinal *m;* **~zahl** *f* nombre *m* cardinal.
Kar'freitag *m* vendredi *m* saint.
karg *a (Landschaft, Boden)* ingrat(e); *(Lohn)* maigre; *(Mahlzeit)* frugal(e).
kärglich *a* pauvre, maigre.
ka'riert *a (Stoff, Kleidungsstück)* à carreaux; *(Papier)* quadrillé(e).
Karies ['ka:riɛs] *f* **-** carie *f.*
Karika'tur *f* caricature *f.*
kari'kieren *vt (ohne ge-)* caricaturer.
kari'ös *a* carié(e).
Karneval ['karnəval] *m* **-s, -e** *o* **-s** carnaval *m.*
Karo *nt* **-s, -s** carreau *m.*
Karosse'rie *f* carrosserie *f.*
Ka'rotte *f* **-, -n** carotte *f.*
Karpfen *m* **-s, -** carpe *f.*
Karre *f* **-, -n, ~n** *m* **-s, -** *(Schub~)* brouette *f; (Pferde~)* charrette *f; (fam: altes Fahrzeug)* clou *m.*
Karri'ere *f* **-, -n** carrière *f;* **~frau** *f femme qui veut faire carrière;* **~macher** *m* **-s, -** arriviste *m.*
Karte *f* **-, -n** carte *f; (Eintritts~, Fahr~)* billet *m; (Kartei~)* fiche *f.*
Kar'tei *f* fichier *m;* **~karte** *f* fiche *f.*
Kartenspiel *nt* jeu *m* de cartes.
Kar'toffel *f* **-, -n** pomme *f* de terre; **~brei** *m,* **~püree** *nt* purée *f* (de pommes de terre).
Karton [kar'toŋ] *m* **-s, -s** carton *m.*
Karus'sell *nt* **-s, -s** manège *m.*
Karwoche *f* semaine *f* sainte.
ka'schieren *vt (ohne ge-)* dissimuler.
Käse *m* **-s, -** fromage *m; (fam: Unsinn)* connerie *f (fam!);* **~kuchen** *m* tarte *f* au fromage.
Ka'serne *f* **-, -n** caserne *f.*
Ka'sino *nt* **-s, -s** *(MIL)* mess *m; (Spiel~)* casino *m.*
Kasper *m* **-s, -** guignol *m.*
Kasse *f* **-, -n** caisse *f; (Kranken~)* assurance *f* maladie; Sécurité *f* sociale; *(Spar~)* caisse *f* d'épargne; **getrennte ~ machen** payer séparément; **gut bei ~ sein** être en fonds; **~narzt** *m,* **~närztin** *f* médecin *m* conventionné; **~nbestand** *m* encaisse *f;* **~nzettel** *m* ticket *m* de caisse.
Kas'sette *f (Behälter, Tonband)* cassette *f; (von Decke)* caisson *m; (PHOT)* chargeur *m; (Bücher~)* coffret *m;* **~nrecorder** *m* **-s, -** magnétophone *m* à cassettes.
kas'sieren *(ohne ge-) vt (Geld)* encaisser; *(an sich nehmen)* confisquer // *vi:* **darf ich ~?** est-ce que je peux vous demander de payer?
Kas'sierer(in *f***)** *m* **-s, -** caissier (-ière); *(von Klub)* trésorier(-ère).
Ka'stanie [-iə] *f (Baum: Roß~)* châtaignier *m; (: Edel~)* marronnier *m; (Frucht)* châtaigne *f; (Eß~)* marron *m.*
Kästchen *nt* coffret *m; (auf Papier)* carreau *m; (von Kreuzworträtsel)* case *f.*
Kasten *m* **-s, ⸚** *(Behälter)* boîte *f,* caisse *f; (Schrank)* bahut *m.*
ka'strieren *vt (ohne ge-)* châtrer.
Kata'log *m* **-(e)s, -e** catalogue *m.*
Kataly'sator *m* catalyseur *m.*
Ka'tarrh *m* **-s, -e** catarrhe *m.*
katastro'phal *a* catastrophique.
Kata'strophe *f* **-, -n** catastrophe *f.*
Katego'rie *f* catégorie *f.*
Kater *m* **-s, -** matou *m; (fam):* **einen ~ haben** avoir la gueule de bois.
Ka'theder *nt* **-s, -** chaire *f.*
Kathe'drale *f* **-, -n** cathédrale *f.*
Katho'lik(in *f***)** *m* **-en, -en** catholique *m/f.*
ka'tholisch *a* catholique.
Kätzchen *nt* chaton *m.*
Katze *f* **-, -n** chat *m;* **für die Katz**

(fam) pour des prunes; **~njammer** *m (fam)* déprime *f*; **~nsprung** *m*: **einen ~nsprung von hier** à deux pas d'ici.

Kauderwelsch *nt* **-(s)** charabia *m*.

kauen *vt, vi* mâcher.

kauern *vi* être accroupi // *vr*: **sich ~** s'accroupir.

Kauf *m* **-(e)s, Käufe** achat *m*; **ein guter ~** une affaire, une occasion; **etw in ~ nehmen** s'accommoder de qch; **k~en** *vt* acheter.

Käufer(in *f*) *m* **-s, -** acheteur(-euse).

Kauf-: **~haus** *nt* grand magasin *m*; **~kraft** *f* pouvoir *m* d'achat.

käuflich *a* achetable, à vendre; *(bestechlich)* corruptible, vénal(e).

Kauf-: **~mann** *m, pl* **~leute** commerçant(e), marchand(e); *(in großem Betrieb)* homme *m* d'affaires; **k~männisch** *a* commercial(e).

Kaugummi *m* **-s, -s** chewing-gum *m*.

Kaulquappe *f* **-, -n** têtard *m*.

kaum *ad* à peine, presque pas; **er ist ~ größer als ich** il n'est guère plus grand que moi; **~ daß er angekommen war, hat er ...** à peine était-il arrivé qu'il a ... .

Kauti'on *f* caution *f*.

Kauz *m* **-es, Käuze** *(ZOOL)* hibou *m*; *(fig: Mensch)* drôle de type *m*.

Kavalier [kava'liːɐ] *m* **-s, -e** *(höflicher Mensch)* gentleman *m*; **~sdelikt** *nt* peccadille *f*; délit *m* mineur.

keck *a* hardi(e), audacieux(-ieuse); *(Hut, Frisur)* coquet(te).

Kegel *m* **-s, -** cône *m*; *(zum Kegeln)* quille *f*; **~bahn** *f* bowling *m*; **k~n** *vi* jouer aux quilles.

Kehle *f* **-, -n** gorge *f*.

Kehlkopf *m* larynx *m*.

Kehre *f* **-, -n** *(Biegung)* tournant *m*; **k~n** *vt (wenden)* tourner; *(mit Besen)* balayer; **jdm den Rücken k~n** tourner le dos à qn.

Kehr-: **~maschine** *f* balayeuse *f*; **~reim** *m* refrain *m*; **~schaufel** *f* petite pelle *f*; **~seite** *f* revers *m*, envers *m*.

kehrtmachen *vi (zvb)* rebrousser chemin.

keifen *vi* criailler.

Keil *m* **-(e)s, -e** coin *m*; *(Brems~)* cale *f*; **~riemen** *m* courroie *f* de ventilateur.

Keim *m* **-(e)s, -e** bourgeon *m*; *(MED, fig)* germe *m*; **etw im ~ ersticken** étouffer qch dans l'œuf; **k~en** *vi (mit sein)* germer; **k~frei** *a* stérilisé(e), stérile; **k~tötend** *a* germicide.

kein *a (attributiv)*: **ich habe ~ Papier/Geld** je n'ai pas de papier/ d'argent; **~e(r,s)** *pron* (ne...) pas un(e), (ne...) aucun(e); *(Mensch)* (ne...) personne; **~erlei** *a* aucun(e) (...ne); **~esfalls** *ad* en aucun cas; **~eswegs** *ad* (ne ...) pas du tout; **~mal** *ad* (ne...) pas une seule fois.

Keks *m o nt* **-es, -e** biscuit *m*.

Kelch *m* **-(e)s, -e** calice *m*; *(Glas)* coupe *f*.

Kelle *f* **-, -n** *(Schöpf~)* louche *f*; *(Maurer~)* truelle *f*; *(von Eisenbahner)* palette *f*.

Keller *m* **-s, -** cave *f*; **~assel** *f* cloporte *m*; **~wohnung** *f* appartement *m* en sous-sol.

Kellner *m* **-s, -** garçon *m*; **~in** *f* serveuse *f*.

keltern *vt* presser.

kennen *irr vt* connaître; *(Sprache)* savoir; **jdn an etw** *(dat)* **~** reconnaître qn à qch; **~lernen** *(zvb) vt* apprendre à connaître; *(jds Bekanntschaft machen)* faire la connaissance de // *vr*: **sich ~lernen** apprendre à se connaître; *(zum erstenmal)* faire connaissance.

Kenntnis *f* connaissance *f*; **etw zur ~ nehmen** prendre note de qch; **von etw ~ nehmen** prendre connaissance de qch; **jdn von etw in ~ setzen** informer qn de qch.

Kenn-: **~zeichen** *nt* marque *f* (distinctive), caractéristique *f*; *(AUT)* numéro *m* minéralogique; **k~zeichnen** *vt* caractériser; **~ziffer** *f* numéro *m* de référence.

kentern *vi (mit sein)* chavirer.

Ke'ramik *f* **-, -en** céramique *f*.

Kerbe *f* **-, -n** encoche *f*.

Kerbel *m* **-s, -** cerfeuil *m*.
Kerbholz *nt*: **etwas auf dem ~ haben** avoir qch sur la conscience.
Kerker *m* **-s, -** cachot *m*.
Kerl *m* **-s, -e** *(Mann)* type *m*; **er/sie ist ein netter ~** c'est une personne sympathique.
Kern *m* **-(e)s, -e** noyau *m*; *(Apfel~)* pépin *m*; *(Nuß~)* amande *f*; *(fig: von Stadt)* centre *m*; *(: von Problem)* fond *m*; **er hat einen guten ~** il a un bon fond; **~energie** *f* énergie *f* nucléaire; **~forschung** *f* recherche *f* nucléaire; **~gehäuse** *nt* trognon *m*, cœur *m*; **k~gesund** *a*: **er ist k~gesund** il se porte comme un charme; **~kraftwerk** *nt* centrale *f* nucléaire; **~physik** *f* physique *f* nucléaire; **~punkt** *m* point *m* essentiel *o* central; **~seife** *f* savon *m* de Marseille; **~spaltung** *f* fission *f* nucléaire; **~waffen** *pl* armes *fpl* nucléaires.
Kerze *f* **-, -n** bougie *f*; *(REL)* cierge *m*; **k~nge'rade** *a* droit(e) comme un I.
keß *a* désinvolte, mutin(e).
Kessel *m* **-, -** *(Gefäß)* chaudron *m*; *(Wasser~)* bouilloire *f*; *(von Lokomotive etc)* chaudière *f*; *(GEO)* cuvette *f*; *(MIL)* zone *f* d'encerclement.
Kette *f* **-, -n** chaîne *f*; **~nfahrzeug** *nt* véhicule *m* à chenilles; **k~nrauchen** *vi* *(zvb)* fumer comme une locomotive; **~nreaktion** *f* réaction *f* en chaîne.
Ketzer(in *f*) *m* **-s, -** hérétique *m/f*.
keuchen *vi* haleter.
Keuchhusten *m* coqueluche *f*.
Keule *f* **-, -n** massue *f*; *(CULIN)* cuisse *f*; *(Hammel~)* gigot *m*.
keusch *a* chaste; **K~heit** *f* chasteté *f*.
Kfz [kaεf'tsεt] *abk von* **Kraftfahrzeug.**
kichern *vi* pouffer, ricaner.
Kiebitz *m* **-es, -e** vanneau *m*.
Kiefer *m* **-s, -** mâchoire *f* // *f* **-, -n** pin *m*; **~nzapfen** *m* pomme *f* de pin.
Kiel *m* **-(e)s, -e** *(Feder~)* bec *m*; *(NAVIG)* quille *f*.
Kiemen *fpl* ouïes *fpl*, branchies *fpl*.
Kies *m* **-es, -e** gravier *m*; **~el(stein** *m*) *m* **-s, -** galet *m*, caillou *m*.
Kilo *nt* **-s, -(s)** kilo *m*; **~'gramm** *nt* **-s, -** kilogramme *m*; **~'meter** *m* kilomètre *m*; **~'meterzähler** *m* compteur *m* kilométrique.
Kind *nt* **-(e)s, -er** enfant *m/f*; **von ~ auf** depuis l'enfance; **sich bei jdm lieb ~ machen** se faire bien voir de qn; **~e'rei** *f* enfantillage *m*; **~ergarten** *m* école *f* maternelle, jardin *m* d'enfants; **~ergärtnerin** *f* jardinière *f* d'enfants; **~ergeld** *nt* allocations *fpl* familiales; **~erkrankheit** *f* maladie *f* infantile; **~erlähmung** *f* poliomyélite *f*; **k~er'leicht** *a* enfantin(e); **k~erlos** *a* sans enfants; **~ermädchen** *nt* bonne *f* d'enfants; **k~erreich** *a*: **k~erreiche Familie** famille *f* nombreuse; **~erstube** *f*: **eine gute ~erstube gehabt haben** être bien élevé(e); **~erwagen** *m* landau *m*, poussette *f*; **~heit** *f* enfance *f*; **k~isch** *a* puéril(e); **k~lich** *a* d'enfant, innocent(e).
Kinn *nt* **-(e)s, -e** menton *m*; **~haken** *m* crochet *m* à la mâchoire; **~lade** *f* **-, -n** mâchoire *f*.
Kino *nt* **-s, -s** cinéma *m*; **~besucher(in** *f*) *m* spectateur(-trice).
Kiosk *m* **-(e)s, -e** kiosque *m*.
Kippe *f* **-, -n** *(fam: Zigarette)* mégot *m*; **auf der ~ stehen** *(fig: gefährdet)* être dans une situation critique; *(: unsicher)* être incertain(e).
kippen *vt* incliner, pencher // *vi* *(mit sein)* se renverser.
Kirche *f* **-, -n** église *f*.
Kirch-: k~lich *a* ecclésiastique; *(Feiertag, Trauung)* religieux(-euse); **~turm** *m* clocher *m*; **~weih** *f* **-, -en** kermesse *f*, fête *f* patronale; **~weihe** *f* dédicace *f*.
Kirsche *f* **-, -n** cerise *f*; *(Baum)* cerisier *m*.
Kissen *nt* **-s, -** coussin *m*; *(Kopf~)* oreiller *m*.
Kiste *f* **-, -n** caisse *f*.
Kitt *m* **-(e)s, -e** mastic *m*.
Kittel *m* **-s, -** blouse *f*.
kitten *vt* (re)coller; *(Fenster)* mastiquer.

Kitz *nt* **-es, -e** chevreau *m*; *(Reh~)* faon *m*.
kitzelig *a* chatouilleux(-euse); *(fig)* délicat(e).
kitzeln *vt, vi* chatouiller.
klaffen *vi* être béant(e).
kläffen *vi* japper, glapir.
Klage *f* **-, -n** plainte *f*; **k~n** *vi (weh~n)* se lamenter; *(sich beschweren)* se plaindre; (*JUR*) porter plainte.
kläglich *a* pitoyable; *(Stimme)* plaintif(-ive).
Klamm *f* **-, -en** gorge *f*; **k~** *a (Finger)* engourdi(e); *(feucht)* humide (et froid(e)).
Klammer -, -n crochet *m*; *(in Text)* parenthèse *f*; *(Büro~)* trombone *m*; *(Heft~)* agrafe *f*; *(Wäsche~)* pince *f*; *(Zahn~)* appareil *m* (dentaire).
klammern *vr*: **sich an jdn/etw ~** se cramponner à qn/qch.
klang *siehe* **klingen.**
Klang *m* **-(e)s, ¨e** son *m*; **k~voll** *a* sonore.
Klappe *f* **-, -n** valve; *(Herz~)* valvule *f*; *(von Blasinstrument, Ofen)* clé *f*; *(fam: Mund)* gueule *f*.
klappen *vi (Geräusch)* claquer; *(gelingen)* marcher // *vt (nach oben)* relever; *(nach unten)* baisser.
Klapper *f* **-, -n** crécelle *f*, claquette *f*; *(Kinderspielzeug)* hochet *m*.
klappern *vi* claquer; *(Schreibmaschine)* cliqueter; *(Pferdehufe, Schuhe)* résonner.
Klapper-: ~schlange *f* serpent *m* à sonnettes; **~storch** *m* cigogne *f*.
Klaps *m* **-es, -e** tape *f*.
klar *a* clair(e); (*NAVIG*) prêt(e); **(das ist) ~!** bien sûr!; **sich** *(dat)* **über etw** *(akk)* **im ~en sein** être parfaitement conscient(e) de qch.
Kläranlage *f* station *f* d'épuration.
klären *vt* clarifier, éclaircir // *vr*: **sich ~** se clarifier, s'éclaircir.
Klarheit *f* clarté *f*.
klar-: ~kommen *vi irr (zvb, mit sein)* saisir; **~legen** *vt (zvb)* expliquer; **~machen** *vt (zvb)*: **jdm etw ~machen** faire comprendre qch à qn; **K~sichtfolie** *f* cellophane *f*; **~stellen** *vt (zvb)* mettre au point.
Klärung *f (von Flüssigkeit)* clarification *f*; *(von Abwasser)* épuration *f*; *(von Frage, Problem)* éclaircissement *m*.
Klasse *f* **-, -n** classe *f*; *(SPORT)* catégorie *f*; **k~** *a (fam)* super.
Klassen-: ~arbeit *f* composition *f*; **~bewußtsein** *nt* conscience *f* de classe; **~kampf** *m* lutte *f* des classes; **~lehrer(in** *f*) *m* professeur *m* principal; **~sprecher(in** *f*) *m* délégué(e) de classe; **~zimmer** *nt* salle *f* de classe.
klassifi'zieren *vt (ohne ge-)* classifier, classer.
Klassik *f* **-** *(Zeit)* époque *f* classique; *(Stil)* classicisme *m*; **~er** *m* **-s, -** classique *m*.
klassisch *a* classique.
Klatsch *m* **-(e)s, -e** *(Geräusch)* fouettement *m*; claquement *m*; *(Gerede)* cancan *m*, commérage *m*.
klatschen *vi (Geräusch)* battre, fouetter, claquer; *(reden)* bavarder, commérer; *(Beifall ~)* applaudir.
Klatschmohn *m* coquelicot *m*.
Klaue *f* **-, -n** *(von Tier)* griffe *f*; *(von Raubvogel)* serres *fpl*; *(fam: Schrift)* écriture *f* illisible.
klauen *vt, vi (fam)* piquer, chiper.
Klausel *f* **-, -n** clause *f*.
Klau'sur *f (Abgeschlossenheit)* isolement *m*; *(von Kloster)* clôture *f*; *(SCOL)* examen *m* écrit.
Klavier [kla'viːɐ] *nt* **-s, -e** piano *m*.
kleben *vt, vi* coller *(an +akk* à).
Klebestreifen *m* (ruban *m)* adhésif.
klebrig *a* collant(e).
Klebstoff *m* colle *f*.
kleckern *vi* faire des taches.
Klecks *m* **-es, -e** tache *f*; **k~en** *vi* faire des taches.
Klee *m* **-s** trèfle *m*; **~blatt** *nt* feuille *f* de trèfle; *(fig)* trio *m*.
Kleid *nt* **-(e)s, -er** *(Frauen~)* robe *f*; **~er** *pl (Kleidung)* habits *mpl*.
kleiden *vt* habiller // *vr*: **sich elegant ~** s'habiller élégamment.
Kleider-: ~bügel *m* cintre *m*; **~bürste** *f* brosse *f* à habits; **~schrank** *m* garde-robe *f*.

Kleidung *f* habits *mpl;* **~sstück** *nt* vêtement *m.*
Kleie *f* **-, -n** son *m.*
klein *a* petit(e); **der ~e Mann** l'homme de la rue; **ein ~ wenig** un tout petit peu; **~ anfangen** partir de rien; **K~bürgertum** *nt* petite bourgeoisie *f;* **K~geld** *nt* monnaie *f;* **~hacken** *vt (zvb)* hacher (menu); **K~igkeit** *f (nicht wichtig)* bagatelle *f,* détail *m; (nicht groß, viel)* babiole *f,* petit quelque chose *m;* **K~kind** *nt* petit enfant *m;* **K~kram** *m* babioles *fpl;* **~laut** *a* décontenancé(e), qui a baissé le ton; **~lich** *a* mesquin(e); **K~lichkeit** *f* mesquinerie *f;* **~schneiden** *vt irr (zvb)* couper en petits morceaux; **~st'möglich** *a* le (la) plus petit(e) possible.
Kleister *m* **-s, -** colle *f.*
Klemme *f* **-, -n** pince *f; (Haar~)* barrette *f; (fig)* embarras *m.*
klemmen *vt (festhalten)* bloquer, coincer; *(quetschen)* pincer // *vi (Tür)* être coincé(e) // *vr:* **sich ~** se coincer; **sich hinter jdn ~** entreprendre qn; **sich hinter etw ~** se mettre à qch.
Klempner *m* **-s, -** ferblantier *m,* plombier *m.*
Klerus *m* **-** clergé *m.*
Klette *f* **-, -n** bardane *f; (fam: Mensch)* pot *m* de colle.
klettern *vi (mit sein)* grimper; *(Preise, Temperaturen)* monter.
Kli'ent(in *f***)** *m* **-en, -en** client(e).
Klima *nt* **-s, -s** climat *m;* **~anlage** *f* climatisation *f;* **~wechsel** *m* changement *m* d'air.
klimpern *vi* tinter; faire tinter *(mit etw* qch); *(auf Gitarre)* gratter *(auf +dat* de).
Klinge *f* **-, -n** tranchant *m,* lame *f.*
Klingel *f* **-, -n** sonnette *f;* **k~n** *vi* sonner.
klingen *vi irr* résonner; *(Glocken)* sonner; *(Gläser)* tinter; **eigenartig ~** paraître étrange; **seine Stimme klang etwas belegt** sa voix était un peu voilée.
Klinik *f* clinique *f.*
Klinker *m* **-s, -** brique *f* recuite.
Klippe *f* **-, -n** falaise *f; (im Meer, fig)* écueil *m.*
klipp und klar *ad* sans détour.
Klips *m* **-es, -e** clip *m; (Ohr~)* boucle *f* d'oreille.
klirren *vi (Ketten, Waffen)* cliqueter; *(Gläser)* tinter; **~de Kälte** froid *m* de canard.
Kli'schee *nt* **-s, -s** cliché *m.*
Klo *nt* **-s, -s** *(fam)* w.-c. *mpl.*
Klo'ake *f* **-, -n** égout *m,* cloaque *m.*
klobig *a* massif(-ive), mastoc *inv (fam); (Benehmen)* gauche.
klopfen *vi* frapper; *(Herz)* battre; *(Motor)* cogner; **es klopft** on frappe; **ihm auf die Schulter ~** lui taper sur l'épaule // *vt (Teppich, Matratze)* battre; *(Steine)* casser; *(Fleisch)* attendrir; *(Takt)* battre; *(Nagel etc)* enfoncer *(in +akk* dans).
Klopfer *m* **-s, -** *(Teppich~)* tapette *f; (Tür~)* heurtoir *m.*
Klöppel *m* **-s, -** *(von Glocke)* battant *m.*
Klops *m* **-es, -e** boulette *f* (de viande).
Klo'sett *nt* **-s, -e** *o* **-s** cabinets *mpl;* **~papier** *nt* papier *m* hygiénique.
Kloß *m* **-es, ¨-e** *(CULIN)* boulette *f; (im Hals)* boule *f.*
Kloster *nt* **-s, ¨** couvent *m.*
Klotz *m* **-es, ¨-e** *(aus Holz)* bille *f; (aus Stein)* bloc *m; (Spielzeug)* cube *m; (Hack~)* billot *m; (fig: Mensch)* balourd *m;* **ein ~ am Bein** un boulet (à traîner).
Klub *m* **-s, -s** club *m;* **~sessel** *m* (fauteuil *m*) club *m.*
Kluft *f* **-, ¨-e** *(Spalt)* fente *f,* crevasse *f; (fig: Gegensatz)* fossé *m; (GEO)* gouffre *m; (Kleidung, Uniform)* habit *m,* uniforme *m.*
klug *a* **(¨er, am ¨sten)** *(Mensch)* intelligent(e); *(Verhalten)* sensé(e); *(Rat)* judicieux(-euse); *(Entscheidung)* sage; **aus jdm/etw nicht ~ werden** ne pas saisir qn/qch; **K~heit** *f (von Mensch)* intelligence *f; (von Entscheidung etc)* sagesse *f,* prudence *f.*
Klümpchen *nt (Blut~)* caillot *m, (CULIN)* grumeau *m.*

Klumpen *m* **-s, -** *(Erd~)* motte *f; (Blut~)* caillot *m; (Gold~)* pépite *f; (CULIN)* grumeau *m;* **k~** *vi (CULIN)* former des grumeaux.
knabbern *vt* grignoter // *vi:* **an etw** *(dat)* ~ grignoter *o* ronger qch.
Knabe *m* **-n, -n** garçon *m;* **k~nhaft** *a* de garçon, comme un garçon.
Knäckebrot *nt* pain *m* suédois.
knacken *vt (Nüsse)* casser; *(Tresor, Auto)* forcer // *vi (Boden, Holz)* craquer; *(Radio)* grésiller.
Knacks *m* **-es, -e** fêlure *f; (Laut)* craquement *m.*
Knall *m* **-(e)s, -e** *(von Explosion)* détonation *f; (von Aufprall)* fracas *m; (Peitschen~, von Schlag)* claquement *m;* ~ **und Fall** *(fam)* sur le champ; **~effekt** *m* effet *m* sensationnel.
knallen *vi* claquer; *(Korken)* sauter; *(Schlag)* cogner; *(mit sein):* **gegen etw** ~ heurter qch // *vt (werfen)* flanquer; *(schießen)* tirer; **wir hörten Schüsse** ~ on entendit des détonations.
knapp *a (Kleidungsstück)* étroit(e), juste; *(Portionen)* maigre; *(Sieg)* remporté(e) de justesse; *(Mehrheit)* faible *(vorgestellt); (Sprache, Bericht)* concis(e); **mit etw** ~ **sein** être à court de qch; **meine Zeit ist** ~ je n'ai pas beaucoup de temps; **eine ~e Stunde** une petite heure; ~ **zwei Meter** pas tout à fait deux mètres; ~ **an/unter/neben** tout près de; **~halten** *vt irr (zvb)* être radin(e) avec; **K~heit** *f (von Geld, Vorräten)* pénurie *f; (von Zeit)* manque *m; (von Kleidungsstück)* étroitesse *f; (von Ausdrucksweise)* concision *f.*
knarren *vi* grincer.
knattern *vi* crépiter; *(Motorräder)* pétarader.
Knäuel *m o nt* **-s, -** *(Woll~)* pelote *f; (Menschen~)* grappe *f.*
Knauf *m* **-(e)s, Knäufe** pommeau *m; (Tür~)* bouton *m.*
knauserig *a* radin(e).
knausern *vi* être radin(e); **mit etw** ~ lésiner sur qch.
knautschen *vt* froisser, friper.
Knebel *m* **-s, -** bâillon *m;* **k~n** *vt* bâillonner.
kneifen *irr vt (jdn)* pincer; *(Subjekt: Kleidung)* serrer; *(Subjekt: Bauch)* faire mal à // *vi (Kleidung)* serrer; *(fam: sich drücken)* se dégonfler; **vor etw** *(dat)* ~ esquiver qch.
Kneipe *f* **-, -n** *(fam)* bistro *m.*
kneten *vt* pétrir; *(Muskeln)* masser.
Knick *m* **-(e)s, -e** *(in Papier etc)* pli *m; (in Blume)* cassure *f; (Kurve)* virage *m,* tournant *m.*
knicken *vt (Papier)* plier; *(biegen: Draht)* tordre; *(Ast, Blumenstengel)* casser; *(bedrücken)* démoraliser // *vi (mit sein) (Balken, Ast etc)* se briser, se casser; **geknickt sein** être déprimé(e).
Knicks *m* **-es, -e** révérence *f.*
Knie *nt* **-s, -** *(Körperteil)* genou *m; (in Rohr)* coude *m;* **etw übers** ~ **brechen** *(fig)* décider qch à la va-vite; **~beuge** *f* flexion *f* des genoux; *(REL)* génuflexion *f;* **~fall** *m* prosternation *f;* **~gelenk** *nt* articulation *f* du genou; **~kehle** *f* jarret *m;* **k~n** ['kni:ən] *vi (mit sein)* être à genoux // *vr:* **sich k~n** se mettre à genoux, s'agenouiller; **sich in etw** *(akk)* **k~n** *(fig)* se plonger dans qch; **~scheibe** *f* rotule *f;* **~strumpf** *f* (mi-)bas *m.*
kniff *siehe* **kneifen.**
Kniff *m* **-(e)s, -e** *(Falte)* pli *m; (fig)* truc *m;* **k~(e)lig** *a* difficile, délicat(e).
knipsen *vt (Fahrkarte)* poinçonner; *(PHOT)* photographier // *vi* prendre des photos.
Knirps *m* **-es, -e** *(kleiner Mensch)* nabot *m; (Kind)* petit bonhomme *m;* ® *(Schirm)* parapluie *m* pliable.
knirschen *vi* crisser; **mit den Zähnen** ~ grincer des dents.
knistern *vi (Feuer)* crépiter; **mit Papier** ~ froisser du papier; **~de Spannung** une atmosphère chargée d'électricité.
knittern *vi* se froisser.
Knoblauch *m* **-(e)s, -e** ail *m.*
Knöchel *m* **-s, -** *(Finger~)* articulation *f* (des phalanges); *(Fuß~)* cheville *f.*

Knochen *m* **-s, -** os *m;* **~bau** *m* ossature *f;* **~bruch** *m* fracture *f.*
knochig *a* osseux(-euse).
Knödel *m* **-s, -** boulette *f.*
Knolle *f* **-, -n** bulbe *m,* oignon *m.*
Knopf *m* **-(e)s, ¨e** bouton *m.*
knöpfen *vt* boutonner.
Knopfloch *nt* boutonnière *f.*
Knorpel *m* **-s, -** cartilage *m.*
knorrig *a* noueux(-euse).
Knospe *f* **-, -n** bourgeon *m; (von Blume)* bouton *m.*
Knoten *m* **-s, -** nœud *m; (Haar~)* chignon *m; (MED: in Brust)* tubercule *m; (: an Gelenk)* nodosité *f;* **k~** *vt* nouer; **~punkt** *m (Verkehrs~)* carrefour *m; (Eisenbahn~)* embranchement *m.*
Knüller *m* **-s, -** *(fam)* succès *m* fou; *(Reportage)* scoop *m.*
knüpfen *vt* nouer; **Hoffnungen an etw** *(akk)* **~** fonder ses espoirs sur qch; **Bedingungen an etw** *(akk)* **~** mettre des conditions à qch.
Knüppel *m* **-s, -** gourdin *m; (Polizei~)* matraque *f; (AVIAT)* manche *m* à balai; **~schaltung** *f (AUT)* levier *m* de vitesse au plancher.
knurren *vi (Hund, Mensch)* grogner; *(Magen)* gargouiller.
knusprig *a* croustillant(e).
k.o. [ka:o:] *a* k.-o.; **~ sein** être k.-o.; *(fam: müde)* être complètement crevé(e).
Kobold *m* **-(e)s, -e** lutin *m.*
Koch *m* **-(e)s, ¨e** cuisinier *m;* **~buch** *nt* livre *m* de cuisine.
kochen *vt* cuire; *(Kaffee, Tee)* faire; *(Wasser, Wäsche)* faire bouillir // *vi (Essen bereiten)* cuisiner, faire la cuisine; *(Wasser etc; fig fam)* bouillir.
Kocher *m* **-s, -** *(Gerät)* réchaud *m.*
Kochgelegenheit *f* possibilité *f* de faire la cuisine.
Köchin *f* cuisinière *f.*
Koch-: ~löffel *m* cuiller *f* de bois; **~nische** *f* coin *m* cuisine; **~platte** *f* réchaud *m* (électrique); **~salz** *nt* sel *m* de cuisine; **~topf** *m* casserole *f.*
Köder *m* **-s, -** appât *m;* **k~n** *vt* appâter.
Koffe'in *nt* **-s** caféine *f;* **k~frei** *a* décaféiné(e).
Koffer *m* **-s, -** valise *f; (Schrank~)* malle *f;* **~radio** *nt* transistor *m;* **~raum** *m (AUT)* coffre *m.*
Kohl *m* **-(e)s, -e** chou *m.*
Kohle *f* **-, -n** charbon *m; (CHEM)* carbone *m;* **wie auf glühenden ~n sitzen** être sur des charbons ardents; **~hydrat** *nt* hydrate *m* de carbone; **~n'dioxyd** *nt* gaz *m* carbonique; **~n'monoxyd** *nt* oxyde *m* de carbone; **~nsäure** *f* acide *m* carbonique; **~nstoff** *m* carbone *m.*
Kohlrübe *f* navet *m.*
Koje *f* **-, -n** cabine *f; (Bett)* couchette *f.*
ko'kett *a* coquet(te).
koket'tieren *vi (ohne ge-) (flirten)* flirter *(mit* avec); **mit etw ~** *(fig)* songer à qch.
Kokosnuß *f* noix *f* de coco.
Koks *m* **-es, -e** coke *m.*
Kolben *m* **-s, -** *(Gewehr~)* crosse *f; (von Motor)* piston *m; (Mais~)* épi *m; (CHEM)* ballon *m.*
Kolik *f* colique *f.*
Kol'laps *m* **-es, -e** effondrement *m.*
Kol'lege *m* **-n, -n, Kol'legin** *f* collègue *m/f.*
Kol'legium *nt* corps *m.*
kolli'dieren *vi (ohne ge, mit sein)* entrer en collision; *(zeitlich)* se chevaucher.
Kollisi'on *f* collision *f; (zeitlich)* chevauchement *m.*
Köln *nt* **-s** Cologne *f.*
Kolo'nie *f* colonie *f.*
Ko'lonne *f* **-, -n** colonne *f; (von Fahrzeugen)* convoi *m.*
kolos'sal *a (riesig)* colossal(e); *(fam: sehr viel)* sacré(e).
Kombinati'on *f* combinaison *f; (Vermutung)* conjecture *f; (Hose und Jackett)* costume *m.*
kombi'nieren *(ohne ge-) vt* combiner // *vi (vermuten)* conjecturer.
Kombi-: ~wagen *m* break *m;* **~zange** *f* pince *f* universelle.
Komik *f* comique *m;* **~er(in** *f***)** *m* **-s, -** comique *m/f.*
komisch *a (lustig)* comique, drôle;

(merkwürdig) bizarre.
Komi'tee *nt* **-s, -s** comité *m.*
Komma *nt* **-s, -s** *o* **-ta** virgule *f.*
Komman'deur *m* commandant *m.*
komman'dieren *vt, vi (ohne ge-)* commander.
Kom'mando *nt* **-s, -s** commandement *m; (Truppeneinheit)* commando *m;* **auf ~** sur commande.
kommen *vi irr (mit sein)* venir; *(ankommen, geschehen)* arriver; *(Gewitter)* se préparer; *(Blumen)* poindre, pousser; *(Zähne)* percer; *(kosten)* revenir *(auf +akk* à); *(unter, zwischen)* atterrir *(fam);* **jdn/etw ~ lassen** faire venir qn/qch; **in die Schule/ins Krankenhaus ~** aller à l'école/à l'hôpital; **zur Zeit ~ laufend Beschwerden** en ce moment il y a continuellement des réclamations; **bei Müllers ist ein Baby ge~** les Müller viennent d'avoir un bébé; **ihm kamen die Tränen** il eut les larmes aux yeux; **jetzt kommt er dran** *o* **an die Reihe** c'est à son tour; **wie kommt es, daß...?** comment se fait-il que ...?; **und so kam es auch** ça n'a pas manqué; **um etw ~** perdre qch; **hinter etw** *(akk)* **~** *(entdecken)* découvrir qch; **zu sich ~** *(nach Bewußtlosigkeit)* retrouver ses esprits; **nichts auf jdn ~ lassen** prendre fait et cause pour qn; **~d** *a (Woche etc)* prochain(e); *(Generationen)* futur(e).
Kommen'tar *m* commentaire *m;* **kein ~** sans commentaire.
kommen'tieren *vt (ohne ge-)* commenter.
kommerzi'ell *a* commercial(e).
Kommili'tone *m* **-n, -n, Kommili'tonin** *f* camarade *m/f* d'études.
Kommis'sar *m (Polizei)* commissaire *m.*
Kom'mode *f* **-, -n** commode *f.*
Kom'mune *f* **-, -n** commune *f; (Wohngemeinschaft)* communauté *f.*
Kommunikati'on *f* communication *f.*
Kommuni'on *f* communion *f.*
Kommu'nismus *m* communisme *m.*
Kommu'nist(in *f***)** *m* communiste *m/f;* **k~isch** *a* communiste.
kommuni'zieren *vi (ohne ge-)* communiquer; *(REL)* communier.
Komödie [ko'møːdiə] *f* comédie *f.*
Kompagnon ['kɔmpanjõ] *m* **-s, -s** *(COMM)* associé *m.*
kom'pakt *a* compact(e).
Kompa'nie *f* compagnie *f.*
Komparativ *m* comparatif *m.*
Kompaß *m* **-sses, -sse** boussole *f.*
kompe'tent *a* compétent(e).
Kompe'tenz *f (Zuständigkeit)* compétence *f; (Fähigkeit)* capacité *f.*
kom'plett *a* complet(-ète).
Kom'plex *m* **-es, -e** complexe *m; (von Fragen etc)* ensemble *m.*
Kompli'ment *nt* compliment *m.*
Kom'plize *m* **-n, -n, Kom'plizin** *f* complice *m/f.*
kompli'zieren *vt (ohne ge-)* compliquer.
kompli'ziert *a* complexe, compliqué(e).
kompo'nieren *vt (ohne ge-)* composer.
Kompo'nist(in *f***)** *m* compositeur (-trice).
Kompost *m* **-(e)s, -e** compost *m.*
Kom'pott *nt* **-(e)s, -e** compote *f.*
Kompro'miß *m* **-sses, -sse** compromis *m;* **k~bereit** *a* conciliant(e); **~lösung** *f* solution *f* de compromis.
Kondensati'on *f* condensation *f.*
Konden'sator *m* condensateur *m.*
konden'sieren *vt (ohne ge-)* condenser.
Kon'dens-: ~milch *f* lait *m* condensé; **~wasser** *nt* eau *f* de condensation.
Kon'ditor *m* pâtissier(-ière).
Kondito'rei *f* pâtisserie *f.*
kondo'lieren *vi (ohne ge-)* présenter ses condoléances *(jdm* à qn).
Kon'dom *nt* **-s, -e** préservatif *m.*
Konfekti'on *f* confection *f.*
Konfe'renz *f* conférence *f.*
Konfessi'on *f* religion *f;* confession *f.*
Konfirmati'on *f* confirmation *f.*

konfir'mieren *vt (ohne ge-)* confirmer.
konfis'zieren *vt (ohne ge-)* confisquer.
Kon'flikt *m* **-(e)s, -e** conflit *m.*
kon'form *a* conforme; **mit jdm in etw** *(dat)* **~ gehen** être d'accord avec qn sur qch.
konfron'tieren *vt (ohne ge-)* confronter.
Kon'greß *m* **-sses, -sse** congrès *m.*
Kongruenz [kɔngru'ɛnts] *f* accord *m; (MATH)* congruence *f.*
König *m* **-(e)s, -e** roi *m;* **~in** *f* reine *f;* **Schönheits~in** reine *f* de beauté, miss *f;* **k~lich** *a* royal(e); **~reich** *nt* royaume *m;* **~tum** *nt* royauté *f.*
Konjugati'on *f* conjugaison *f.*
konju'gieren *vt (ohne ge-)* conjuger.
können *vt, vi irr* pouvoir; *(beherrschen, wissen)* savoir; **ich kann nicht schwimmen** je ne sais pas nager; *(jetzt)* je ne peux pas nager; **er kann gut Italienisch** il parle bien l'italien; **ich kann das auswendig** je le connais par cœur; **ich kann nicht mehr** je n'en peux plus; **das kann (möglich) sein** c'est bien possible; **er kann nichts dafür** il n'y peut rien; **ihr könnt mich mal** *(fam)* allez vous faire foutre!; **K~** *nt* **-s: er zeigt sein K~** il montre ce qu'il sait faire.
konnte *siehe* **können.**
Konjunkti'on *f* conjonction *f.*
Konjunktiv *m* subjonctif *m.*
Konjunk'tur *f* conjoncture *f.*
kon'kret *a* concret(-ète).
Konkur'rent(in *f)* *m* concurrent(e).
Konkur'renz *f* concurrence *f;* **k~fähig** *a* compétitif(-ive); **~kampf** *m* concurrence *f; (fam)* foire *f* d'empoigne.
konkur'rieren *vi (ohne ge-)* rivaliser *(mit* avec), faire concurrence *(mit* à); *(um Posten)* concourir *(um* pour).
Kon'kurs *m* **-es, -e** faillite *f.*
konse'quent *a* conséquent(e).
Konse'quenz *f* conséquence *f; (Folgerung)* conclusion *f.*
konservativ *a* conservateur (-trice).
Konserve [kɔn'zɛrvə] *f* **-, -n** conserve *f;* **~nbüchse** *f* boîte *f* de conserve.
konservieren [kɔnzɛr'vi:rən] *vt (ohne ge-)* conserver.
Konser'vierung *f* conservation *f;* **~smittel** *nt* agent *m* de conservation.
Konso'nant *m* consonne *f.*
kon'stant *a* constant(e); *(Frechheit, Weigerung)* obstiné(e).
Konstellati'on *f* constellation *f; (Lage)* ensemble *m* de circonstances, situation *f.*
konstru'ieren *vt (ohne ge-)* construire; *(fig)* fabriquer, imaginer.
Konstrukteur [kɔnstrʊk'tø:ʁ] *m* (ingénieur *m)* constructeur *m.*
Konstrukti'on *f* construction *f.*
Konsu'lat *nt* consulat *m.*
konsul'tieren *vt (ohne ge-)* consulter.
Kon'sum *m* **-s** consommation *f;* **~artikel** *m* article *m* de consommation courante.
Konsu'ment(in *f)* *m* consommateur(-trice).
konsu'mieren *vt (ohne ge-)* consommer.
Kon'takt *m* **-(e)s, -e** contact *m;* **k~arm** *a* isolé(e); **k~freudig** *a* sociable; **~linsen** *pl* verres *mpl* de contact.
kontern *vt, vi* contre-attaquer.
Konti'nent *m* **-(e)s, -e** continent *m.*
Kontin'gent *nt* **-(e)s, -e** quota *m; (Truppen~)* contingent *m.*
kontinu'ierlich *a* continu(e), permanent(e).
Kontinui'tät *f* continuité *f.*
Konto *nt* **-s, Konten** compte *m;* **auf jds ~ gehen** *(fig)* être à mettre au compte de qn; **~auszug** *m* relevé *m* de compte; **~inhaber(in** *f)* *m* titulaire *m/f* d'un compte; **~stand** *m* position *f* (de compte).
Kontra *nt* **-s, -s: jdm ~ geben** *(fig)* contredire qn; **~baß** *m* contrebasse *f.*
Kon'trast *m* **-(e)s, -e** contraste *m.*
Kon'trolle *f* **-, -n** contrôle *m.*

Kontrol'leur *m (Fahrkarten~)* contrôleur *m*.
kontrol'lieren *vt (ohne ge-)* contrôler.
Kon'tur *f* contour *m*.
konventionell [kɔnvɛntsio'nɛl] *a* conventionnel(le).
Konversation [kɔnvɛrza'tsio:n] *f* conversation *f*, causerie *f*; **~slexikon** *nt* encyclopédie *f*.
konvex [kɔn'vɛks] *a* convexe.
Konzen'trat *nt* concentré *m*.
Konzentrati'on *f* concentration *f*; **~slager** *nt* camp *m* de concentration.
konzen'trieren *(ohne ge-) vt* concentrer // *vr:* **sich ~** se concentrer *(auf +akk* sur).
konzen'triert *a* concentré(e) // *ad* attentivement.
Kon'zept *nt* **-(e)s, -e** *(Entwurf)* brouillon *m*; *(Vorstellung, Plan)* projet *m*; **jdn aus dem ~ bringen** *(fig)* embrouiller qn.
Kon'zern *m* **-s, -e** groupe *m* industriel, trust *m*.
Kon'zert *nt* **-(e)s, -e** concert *m*.
konzer'tiert *a (POL)*: **~e Aktion** concertation *f*.
Konzessi'on *f* concession *f*; *(für Alkohol)* licence *f*.
Kon'zil *nt* **-s, -e** *o* **-ien** [-iən] concile *m*.
konzi'pieren *vt (ohne ge-)* concevoir.
koordi'nieren *vt (ohne ge-)* coordonner.
Kopf *m* **-(e)s, ̈-e** tête *f*; *(Brief~)* en-tête *m*; *(Zeitungs~)* titre *m*; **pro ~** par tête, par personne; **den ~ hängen lassen** baisser les bras; **sich** *(dat)* **den ~ zerbrechen** se creuser la tête; **etw auf den ~ stellen** *(unordentlich machen)* mettre qch sens dessus dessous; *(verdrehen)* inverser qch; **aus dem ~** *(auswendig)* par cœur; **im ~ rechnen** calculer de tête; **~bedeckung** *f* chapeau *m*, couvre-chef *m (fam)*.
köpfen *vt (jdn)* décapiter; *(Ball)* envoyer de la tête.
Kopf-: ~haut *f* cuir *m* chevelu; **~hörer** *m* casque *m* (à écouteurs); **~kissen** *nt* oreiller *m*; **k~los** *a* affolé(e); **k~rechnen** *vi (nur im Infinitiv)* faire du calcul mental; **~salat** *m* laitue *f*; **~schmerzen** *pl* mal *m* de tête; **~sprung** *m* plongeon *m*; **~stand** *m* poirier *m*; **~tuch** *nt* foulard *m*; **k~'über** *ad* la tête la première; **~weh** *nt* mal *m* de tête; **~zerbrechen** *nt*: **jdm ~zerbrechen machen** poser des problèmes à qn.
Ko'pie *f* copie *f*.
ko'pieren *vt (ohne ge-)* copier; *(jdn)* imiter.
koppeln *vt (Fahrzeuge)* atteler; *(Dinge, Vorhaben)* combiner.
Ko'ralle *f* **-, -n** corail *m*; **~nriff** *nt* récif *m* de corail.
Korb *m* **-(e)s, ̈-e** panier *m*; **ich habe ihm einen ~ gegeben** je l'ai envoyé promener; **~stuhl** *m* chaise *f* en osier.
Kord *m* **-(e)s, -e, Kordsamt** *m* velours *m* côtelé.
Kordel *f* **-, -n** cordelette *f*.
Kork *m* **-(e)s, -e** *(Material)* liège *m*; **~en** *m* **-s, -** bouchon *m*; **~enzieher** *m* **-s, -** tire-bouchon *m*.
Korn *nt* **-(e)s, ̈-er** grain *m*; *(Getreide)* céréale *f*; *(von Gewehr)* mire *f*; **~blume** *f* bleuet *m*.
Körper *m* **-s, -** corps *m*; *(MATH)* solide *m*; **~bau** *m* carrure *f*, stature *f*; **k~behindert** *a* handicapé(e); **~gewicht** *nt* poids *m*; **~größe** *f* taille *f*; **~haltung** *f* maintien *m*, port *m*; **k~lich** *a* physique; **~pflege** *f* hygiène *f* corporelle; **~schaft** *f* corporation *f*; **~teil** *m* partie *f* du corps.
korpu'lent *a* corpulent(e).
kor'rekt *a* correct(e).
Korrek'tur *f* correction *f*.
Korrespon'dent(in *f*) *m (von Zeitung)* correspondant(e).
Korrespon'denz *f* correspondance *f*.
korri'gieren *vt (ohne ge-)* corriger.
Korrupti'on *f* corruption *f*.
Kose-: ~form *f* terme *m* d'affection; **~name** *m* petit nom *m*; **~wort** *nt* mot *m* tendre.
Kos'metik *f* art *m* cosmétique, cos-

métologie *f*; ~**erin** *f* esthéticienne *f*.
kos'metisch *a* cosmétique; *(Chirurgie)* plastique, esthétique.
kosmisch *a* cosmique.
Kosmo-: ~'**naut(in** *f*) *m* **-en, -en** cosmonaute *m/f*; ~**po'lit** *m* **-en, -en** citoyen(ne) du monde; **k~po'litisch** *a* cosmopolite.
Kost *f* **-** *(Nahrung)* nourriture *f*; *(Verpflegung)* pension *f*; **inklusive ~ und Logis** logé et nourri.
kostbar *a* *(wertvoll)* précieux (-euse); *(teuer)* coûteux(-euse); **K~keit** *f* grande valeur *f*; *(Wertstück)* objet *m* de valeur.
Kosten *pl* coût *m*; *(Auslagen)* frais *mpl*; *(persönliche ~, für Einkäufe etc)* dépenses *fpl*; **auf jds ~** aux frais de qn; *(fig: zu jds Nachteil)* aux dépens de qn.
kosten *vt (Preis haben)* coûter // *vt, vi (versuchen)* goûter; **jdn Zeit ~** prendre du temps à qn.
kostenlos *a* gratuit(e).
köstlich *a* *(ausgezeichnet)* savoureux(-euse); *(amüsant)* amusant(e); **sich ~ amüsieren** s'amuser comme un/des petit(s) fou(s).
Kost-: ~**probe** *f (von Essen)*: dégustation *f*; *(fig)* échantillon *m*; **k~spielig** *a* cher (chère), coûteux (-euse).
Ko'stüm *nt* **-s, -e** costume *m*; *(Damen~)* tailleur *m*.
Kot *m* **-(e)s** excrément *m*.
Kote'lett *nt* **-(e)s, -e** *o* **-s** côtelette *f*; ~**en** *pl (Bart)* favoris *mpl*, pattes *fpl*.
Köter *m* **-s, -** cabot *m*.
Kotflügel *m* aile *f*.
kotzen *vi (fam!)* dégueuler.
Krabbe *f* **-, -n** crevette *f*.
krabbeln *vi (mit sein) (Kind)* marcher à quatre pattes; *(Tier)* courir.
Krach *m* **-(e)s, -s** *o* **¨e** fracas *m*; *(andauernd)* bruit *m*; *(fam: Streit)* bagarre *f*.
krachen *vi (Lärm machen)* craquer; *(mit sein, fam: brechen)* se casser; **gegen etw ~** heurter (bruyamment) qch.
krächzen *vi* *(Vogel)* croasser; *(Mensch)* parler d'une voix éraillée.
kraft *prep +gen* en vertu de.
Kraft *f* **-, ¨e** force *f*; *(von Energiequelle, Natur)* énergie *f*; *(Arbeits~)* employé(e); **in ~ treten** entrer en vigueur; **mit vereinten ¨en** tous (toutes) ensemble; **in/außer ~ sein** *(Gesetz)* être en vigueur/abrogé(e); ~**fahrer(in** *f*) *m* automobiliste *m/f*; ~**fahrzeug** *nt* véhicule *m*, automobile *f*; ~**fahrzeugschein** *m* carte *f* grise; ~**fahrzeugsteuer** *f* vignette *f* auto.
kräftig *a* fort(e); *(nahrhaft)* riche // *ad (stark)* vigoureusement.
kräftigen *vt* fortifier, tonifier.
Kraft-: **k~los** *a* sans force, faible; *(JUR)* nul(le), invalide; ~**probe** *f* épreuve *f* de force; **k~voll** *a* vigoureux(-euse); ~**wagen** *m* automobile *f*; ~**werk** *nt* centrale *f*.
Kragen *m* **-s, -** *(von Kleidung)* col *m*; ~**nweite** *f* encolure *f*.
Krähe *f* **-, -n** corneille *f*; **k~n** *vi (Hahn)* chanter; *(Säugling)* piailler.
Kralle *f* **-, -n** *(von Tier)* griffe *f*; *(Vogel~)* serre *f*.
Kram *m* **-(e)s** affaires *fpl*; *(unordentlich)* fourbi *m*; **k~en** *vi* fouiller; **nach etw ~en** fouiller pour trouver qch; ~**laden** *m (pej)* bazar *m*, boutique *f*.
Krampf *m* **-(e)s, ¨e** crampe *f*; ~**ader** *f* varice *f*; **k~haft** *a* convulsif(-ive); *(fig: Versuche)* désespéré(e).
Kran *m* **-(e)s, ¨e** grue *f*; *(Wasser~)* robinet *m*.
Kranich *m* **-s, -e** grue *f*.
krank *a* **(¨er, am ¨sten)** malade; **K~e(r)** *mf* malade *m/f*, patient(e).
kränkeln *vi* avoir une santé fragile.
kranken *vi*: **an etw** *(dat)* **~** souffrir de qch.
kränken *vt* blesser.
Kranken-: ~**haus** *nt* hôpital *m*; ~**kasse** *f* caisse *f* (d'assurance-)maladie; ~**schwester** *f* infirmière *f*; ~**versicherung** *f* assurance-maladie *f*; ~**wagen** *m* ambulance *f*.
Krank-: **k~feiern** *vi (zvb)* prétexter

une maladie; **k~haft** *a* maladif (-ive); **~heit** *f* maladie *f*.
kränk-: ~lich *a* maladif(-ive); **K~ung** *f* offense *f*, humiliation *f*.
Kranz *m* **-es, ⸚e** couronne *f*.
Krapfen *m* **-s, -** beignet *m*.
kraß *a* grossier(-ière), extrême.
Krater *m* **-s, -** cratère *m*.
kratzen *vt* gratter; *(mit Nägeln, Krallen)* griffer; *(einritzen)* graver; *(fam: stören)* turlupiner // *vi* gratter; *(Katze)* griffer.
Kratzer *m* **-s, -** *(Wunde)* égratignure *f*; *(Werkzeug)* grattoir *m*, racloir *m*.
Kraul(schwimmen) *nt* **-s** crawl *m*; **k~en** *vi (mit sein) (schwimmen)* nager le crawl // *vt (streicheln)* caresser, flatter.
kraus *a (Haar)* frisé(e); *(Stirn)* plissé(e); *(verworren)* confus(e).
kräuseln *vt (Haar)* friser; *(Stoff, Stirn)* plisser; *(Wasser)* rider, faire onduler // *vr*: **sich ~** friser; se plisser; onduler.
Kraut *nt* **-(e)s, Kräuter** herbe *f*; *(Blätter)* fane *f*; *(Kohl)* chou *m*; *(fam: Tabak)* tabac *m*.
Kra'wall *m* **-s, -e** tumulte *m*, émeute *f*; *(Lärm)* tapage *m*.
Kra'watte *f* **-, -n** cravate *f*.
krea'tiv *a* créatif(-ive).
Krebs *m* **-es, -e** *(ZOOL)* écrevisse *f*; *(MED)* cancer *m*; *(ASTR)* Cancer *m*.
Kre'dit *m* **-(e)s, -e** crédit *m*.
Kreide *f* **-, -n** craie *f*; **k~'bleich** *a* blanc (blanche) comme un linge.
kre'ieren *vt (ohne ge-)* créer.
Kreis *m* **-es, -e** cercle *m*; *(Gesellschaft)* milieu *m*, société *f*; *(Verwaltungs~)* district *m*, canton *m*, arrondissement *m*; **im ~ gehen** tourner en rond.
kreischen *vi (Vogel)* piailler; *(Mensch)* criailler; *(Reifen)* crisser.
kreisen *vi (mit sein)* tourner *(um* autour de); *(herumgereicht werden)* passer de main en main.
Kreis-: ~lauf *m (MED)* circulation *f*; *(der Natur etc)* cycle *m*; **~laufstörungen** *fpl* troubles *mpl* circulatoires; **~stadt** *f* chef-lieu *m*.
Kreißsaal *m* salle *f* d'accouchement.
Krempe *f* **-, -n** bord *m (de chapeau)*.
Krempel *m* **-s** *(fam)* fatras *m*.
kre'pieren *vi (ohne ge-, mit sein) (fam: sterben)* crever; *(Bombe)* exploser.
Krepp *m* **-s, -s** *o* **-e** crêpe *m*; **~(p)apier** *nt* papier *m* crépon.
Kresse *f* **-, -n** cresson *m*.
Kreuz *nt* **-es, -e** croix *f*; *(MUS)* dièse *m*; *(ANAT)* reins *mpl*; *(Spielkartenfarbe)* trèfle *m*.
kreuzen *vt* croiser // *vi (mit sein) (NAVIG)* croiser // *vr*: **sich ~** se croiser; *(Ansichten)* s'opposer.
Kreuz-: ~fahrt *f* croisière *f*; **~feuer** *nt*: **ins ~feuer geraten/im ~feuer stehen** être attaqué(e) de toutes parts; **~gang** *m* cloître *m*.
kreuzigen *vt* crucifier.
Kreuzigung *f* crucifixion *f*.
Kreuzotter *f* vipère *f*.
Kreuzung *f* croisement *m*.
Kreuz-: ~verhör *nt* interrogatoire *m* contradictoire; **~worträtsel** *nt* mots *mpl* croisés; **~zeichen** *nt* signe *m* de croix; **~zug** *m* croisade *f*.
kriechen *vi irr (mit sein)* ramper; *(langsam)* se traîner; *(pej)* faire de la lèche *(vor à)*.
Kriech-: ~spur *f (auf Autobahn)* voie *f* réservée aux véhicules lents; **~tier** *nt* reptile *m*.
Krieg *m* **-(e)s, -e** guerre *f*.
kriegen *vt (fam) (bekommen)* recevoir; *(erwischen)* attraper.
Kriegs-: ~erklärung *f* déclaration *f* de guerre; **~gefangene(r)** *m* prisonnier *m* de guerre; **~gefangenschaft** *f* captivité *f*; **~gericht** *nt* cour *f* martiale; **~verbrecher** *m* criminel *m* de guerre; **~versehrte(r)** *m* mutilé *m* de guerre; **~zustand** *m* état *m* de guerre.
Krimi *m* **-s, -s** *(fam) (Roman)* (roman *m*) policier *m*, polar *m*; *(Film)* film *m* policier.
Krimi'nal-: ~beamte(r) *m* policier *m*; **~i'tät** *f* criminalité *f*; **~polizei** *f* police *f* judiciaire; **~roman** *m* policier *m*.
krimi'nell *a* criminel(le); **K~e(r)**

mf criminel(le).
Krimskrams *m* - *(fam)* camelote *f*.
Kripo *f* - *(fam)* P.J. *f*.
Krippe *f* **-, -n** crèche *f; (Futter~)* mangeoire *f*.
Krise *f* **-, -n** crise *f*.
kriseln *vb impers:* **es kriselt** une crise se prépare.
Krisenherd *m* foyer *m* de crise.
Kri'stall *m* **-s, -e** cristal *m* // *nt* **-s** *(Glas)* cristal *m*.
Kri'terium *nt* critère *m*.
Kri'tik *f* critique *f;* **unter jeder ~ sein** être au-dessous de tout.
Kritiker(in *f***)** *m* **-s, -** critique *m/f*.
kritisch *a* critique.
kriti'sieren *vt, vi (ohne ge-)* critiquer.
kritzeln *vt, vi* gribouiller, griffonner.
kroch *siehe* **kriechen.**
Kroko'dil *nt* **-s, -e** crocodile *m*.
Krokus *m* **-, -se** crocus *m*.
Krone *f* **-, -n** couronne *f; (Baum~, fig)* sommet *m*.
krönen *vt* couronner.
Kronleuchter *m* lustre *m*.
Krönung *f* couronnement *m*.
Kropf *m* **-(e)s, ⸚e** (*MED*) goître *m; (von Vogel)* jabot *m*.
Kröte *f* **-, -n** (*ZOOL*) crapaud *m*.
Krücke *f* **-, -n** *(für Gehbehinderte)* béquille *f*.
Krug *m* **-(e)s, ⸚e** cruche *f; (Bier~)* chope *f*.
Krümel *m* **-s, -** miette *f;* **k~n** *vi* s'émietter.
krumm *a (gebogen)* tordu(e); *(kurvig)* pas droit(e); *(pej)* louche.
krümmen *vt* courber, plier // *vr:* **sich ~** *(vor Schmerz, Lachen)* se tordre; *(Rücken)* se voûter; *(Linie)* être courbe.
krumm-: **~lachen** *vr (zvb):* **sich ~lachen** *(fam)* se tordre de rire; **~nehmen** *vt irr (zvb):* **jdm etw ~nehmen** *(fam)* prendre qch mal.
Krüppel *m* **-s, -** infirme *m/f*.
Kruste *f* **-, -n** croûte *f*.
Krypta *f* **-, Krypten** crypte *f*.
Kübel *m* **-s, -** seau *m*.
Ku'bikmeter *m* mètre *m* cube.
Küche *f* **-, -n** cuisine *f*.
Kuchen *m* **-s, -** gâteau *m;* **~blech** *nt* plaque *f* à gâteaux; **~form** *f* moule *m* (à gâteaux); **~gabel** *f* fourchette *f* à gâteau *o* à dessert.
Küchen-: **~herd** *m* fourneau *m;* cuisinière *f;* **~schabe** *f* blatte *f*, cafard *m*.
Kuchenteig *m* pâte *f* (à gâteau).
Kuckuck *m* **-s, -e** *(Vogel)* coucou *m*.
Kufe *f* **-, -n** *(von Faß)* cuve *f; (Schlitten~)* patin *m*.
Kugel *f* **-, -n** *(Körper)* boule *f; (Erd~)* globe *m; (MATH)* sphère *f; (MIL: Gewehr~)* balle *f; (: Kanonen~)* boulet *m; (SPORT)* poids *m;* **k~förmig** *a* sphérique; **~lager** *nt* roulement *m* à billes; **k~rund** *a (Gegenstand)* rond(e) (comme une boule); *(fam: Mensch)* rondouillard(e), rondelet(te); **~schreiber** *m* stylo *m* à bille; **k~sicher** *a* pare-balles *inv;* **~stoßen** *nt* **-s** lancer *m* du poids.
Kuh *f* **-, ⸚e** vache *f; (fam: Frau)* conne *f;* **~handel** *m* marchandage *m*.
kühl *a* frais (fraîche); *(fig)* froid(e); **K~anlage** *f* (système *m*) refroidisseur *m;* **K~e** *f* - fraîcheur *f; (von Person)* froideur *f;* **~en** *vt* rafraîchir, refroidir; **K~er** *m* **-s, -** *(Kübel)* seau *m* à glace; (*AUT*) radiateur *m;* **K~erhaube** *f (AUT)* capot *m;* **K~schrank** *m* réfrigérateur *m*, frigo *m;* **K~truhe** *f* congélateur *m;* **K~ung** *f* réfrigération *f;* refroidissement *m;* **K~wasser** *nt (AUT)* eau *f* de refroidissement.
kühn *a (mutig)* hardi(e); *(gewagt)* audacieux(-ieuse); *(frech)* effronté(e); **K~heit** *f* hardiesse *f;* audace *f;* culot *m*.
Küken *nt* **-s, -** poussin *m*.
ku'lant *a* obligeant(e).
Kuli *m* **-s, -s** coolie *m; (fam: Kugelschreiber)* bic *m* ®.
Ku'lisse *f* **-, -n** (*THEAT*) décor *m; (fig: Rahmen)* cadre *m*.
kullern *vi (mit sein)* rouler.
Kult *m* **-(e)s, -e** culte *m;* **mit etw einen ~ treiben** idolâtrer qch.
kultivieren [kʊlti'viːrən] *vt (ohne ge-)* cultiver.

kulti'viert *a* cultivé(e).
Kul'tur *f* culture *f*, civilisation *f*.
kultu'rell *a* culturel(le).
Kultusministerium *nt* Ministère *m* de l'Education (et des Affaires culturelles).
Kümmel *m* **-s, -** cumin *m*.
Kummer *m* **-s** chagrin *m*, peine *f*, souci *m*.
kümmerlich *a* misérable; *(Pflanze, Tier)* chétif(-ive).
kümmern *vr:* **sich um jdn/etw ~** s'occuper de qn/qch // *vt* concerner; **das kümmert mich nicht** cela m'est égal, je m'en fiche *(fam)*.
Kumpel *m* **-s, -** *(Bergmann)* mineur *m; (fam)* copain (copine).
kündbar *a* résiliable.
Kunde *m* **-n, -n, Kundin** *f* client(e); **~ndienst** *m* service *m* après-vente.
Kund-: k~geben *vt irr (zvb)* faire savoir, annoncer; **~gebung** *f* meeting *m*, manifestation *f*.
kündigen *vi* donner son préavis *(jdm* à qn) // *vt* résilier; **seine Wohnung ~** résilier son bail.
Kündigung *f* préavis *m;* **~sfrist** *f* préavis *m*.
Kundschaft *f* clientèle *f*.
künftig *a* futur(e) // *ad* à l'avenir.
Kunst *f* **-, ¨e** art *m; (Können)* adresse *f*, habilité *f;* **das ist doch keine ~** ce n'est vraiment pas la mer à boire; **~dünger** *m* engrais *m* chimique; **~faser** *f* fibre *f* synthétique; **~fehler** *m* faute *f* professionnelle; **~fertigkeit** *f* habilité *f*, adresse *f;* **~geschichte** *f* histoire *f* de l'art; **~gewerbe** *nt* arts *mpl* décoratifs *o* appliqués *o* industriels.
Künstler(in *f***)** *m* **-s, -** artiste *m/f;* **k~isch** *a* artistique; **~name** *m* pseudonyme *m*.
künstlich *a* artificiel(le).
Kunst-: ~stoff *m* matière *f* plastique *o* synthétique; **~stopfen** *nt* **-s** raccommodage *m* (parfait); **~stück** *nt* tour *m;* **das ist kein ~stück** ce n'est pas sorcier; **~turnen** *nt* gymnastique *f;* **k~voll** *a (künstlerisch)* artistique; *(geschickt)* ingénieux(-ieuse); **~werk** *nt* œuvre *f* d'art.
kunterbunt *a (farbig)* bariolé(e); *(gemischt)* varié(e); *(durcheinander)* pêle-mêle.
Kupfer *nt* **-s, -** cuivre *m*.
Kuppe *f* **-, -n** *(Berg~)* sommet *m; (Finger~)* bout *m*.
Kuppe'lei *f (JUR)* proxénétisme *m*.
kuppeln *vi (JUR)* faire l'entremetteur(-euse); *(AUT)* débrayer.
Kuppler(in *f***)** *m* **-s, -** proxénète *m/f*.
Kupplung *f (AUT)* embrayage *m*.
Kur *f* **-, -en** cure *f*, traitement *m*.
Kurbel *f* **-, -n** manivelle *f;* **~welle** *f* vilebrequin *m*.
Kürbis *m* **-ses, -se** potiron *m*, citrouille *f*.
Kurgast *m* curiste *m/f*.
Ku'rier *m* **-s, -e** courrier *m*.
ku'rieren *vt (ohne ge-)* guérir.
kuri'os *a* curieux(-euse), bizarre; **K~i'tät** *f* curiosité *f*.
Kur-: ~ort *m* station *f;* **~pfuscher** *m (pej)* charlatan *m*.
Kurs *m* **-es, -e** cours *m; (von Schiff, Flugzeug)* route *f;* **hoch im ~ stehen** *(fig)* être très en vogue; **~buch** *nt* horaire *m*, indicateur *m* (des chemins de fer).
kur'sieren *vi (ohne ge-, mit sein)* circuler.
Kurswagen *m (EISENBAHN)* voiture *f* directe.
Kurve *f* **-, -n** *(Linie)* courbe *f; (Straßen~)* virage *m*, tournant *m; (von Frau)* forme *f;* **k~nreich, kurvig** *a (Straße)* sineux(-euse).
kurz *a* **(¨er, am ¨esten)** court(e); *(zeitlich, knapp)* court(e), bref (brève); *(unfreundlich)* sec(sèche); **zu ~ kommen** être désavantagé(e); **den ~eren ziehen** avoir le dessous; **K~arbeit** *f* chômage *m* partiel; **~ärm(e)lig** *a* à manches courtes.
Kürze *f* **-, -n** brièveté *f; (Unfreundlichkeit)* sécheresse *f*.
kürzen *vt* raccourcir; *(verringern)* réduire, diminuer.
kurzer'hand *ad* brusquement.
Kurz-: k~fristig *a* à bref délai; *(Kredit)* à court terme; **~geschichte** *f* nouvelle *f;* **k~halten** *vt irr (zvb)*

tenir la bride haute à.
kürzlich *a* récemment.
Kurz-: ~schluß *m* (*ELEC*) court-circuit *m*; **k~sichtig** *a* myope; **~waren** *pl* (articles *mpl* de) mercerie *f*; **~welle** *f* ondes *fpl* courtes.
kuscheln *vr*: **sich an jdn/etw ~** se blottir contre qn/dans qch.
Ku'sine *f* cousine *f*.
Kuß *m* **-sses, ¨sse** baiser *m*.
küssen *vt* embrasser; **jdm die Hand ~** baiser la main de qn.
Küste *f* **-, -n** côte *f*.
Küster *m* **-s, -** sacristain *m*.
Kutsche *f* **-, -n** diligence *f*; **~r** *m* **-s, -** cocher *m*.
Kuvert [ku'vɛːʁ] *nt* **-s, -e** *o* **-s** enveloppe *f*.

L

la'bil *a* (*Mensch*) instable; (*Gesundheit*) fragile.
La'bor *nt* **-s, -e** *o* **-s** labo *m*.
Labo'rant(in *f*) *m* laborantin(e).
Lache *f* **-, -n** flaque *f*; (*größere, Blut~*) mare *f*; (*fam: Gelächter*) rire *m*.
lächeln *vi* sourire; **L~** *nt* **-s** sourire *m*.
lachen *vi* rire (*über +akk* de); **das wäre doch gelacht, wenn ...** ce serait ridicule si ... .
lächerlich *a* ridicule; **jdn ~ machen** ridiculiser qn.
Lach-: ~gas *nt* gaz *m* hilarant; **l~haft** *a* ridicule.
Lachs [laks] *m* **-es, -e** saumon *m*.
Lack *m* **-(e)s, -e** laque *f*, vernis *m*; (*von Auto*) peinture *f*.
lac'kieren *vt* (*ohne ge-*) (*Möbel*) vernir; (*Fingernägel*) se peindre; (*Auto*) peindre.
laden *vt irr* charger; (*Subjekt: Lkw, Schiff*) transporter; (*vor Gericht*) citer; (*einladen*) inviter.
Laden *m* **-s, ¨** (*Geschäft*) magasin *m*; (*Fenster~*) volet *m*; **~dieb(in** *f*) *m* voleur(-euse) (à l'étalage); **~preis** *m* prix *m* de détail; **~schluß** *m* heure *f* de fermeture; **~tisch** *m* comptoir *m*; **unter dem ~tisch** en sous-main.
Laderaum *m* cale *f*.
lä'dieren *vt* (*ohne ge-*) endommager, abîmer.
Ladung *f* (*Last, Fracht*) chargement *m*, cargaison *f*; (*das Beladen*) chargement *m*; (*Spreng~*) charge *f*; (*fam: große Menge*) tas *m*; (*JUR*) citation *f*.
lag *siehe* **liegen.**
Lage *f* **-, -n** situation *f*; (*Position*) position *f*; (*Schicht*) couche *f*; **in der ~ sein, etw zu tun** être en mesure de faire qch.
Lager *nt* **-s, -** camp *m*; (*COMM*) entrepôt *m*, magasin *m*; (*Schlaf~*) lit *m*; (*von Tier*) tanière *f*, gîte *m*; (*TECH*) support *m*, coussinet *m*, palier *m*; (*POL*) camp *m*; (*von Bodenschätzen*) gisement *m*; **~bestand** *m* stock *m*; **~haus** *nt* entrepôt *m*.
lagern *vi* (*Vorräte*) être stocké(e); (*übernachten*) camper; (*rasten*) faire halte, s'arrêter // *vt* stocker; (*betten*) étendre; **kühl ~** conserver au frais.
lahm *a* (*Mensch, Tier, Glied*) paralysé(e); (*langsam*) apathique; (*Ausrede*) mauvais(e).
lähmen *vt* paralyser.
lahmlegen *vt* (*zvb*) paralyser.
Lähmung *f* paralysie *f*.
Laib *m* **-s, -e** miche *f*.
Laich *m* **-(e)s, -e** frai *m*.
Laie *m* **-n, -n** profane *m/f*; (*REL*) laïc (-ïque); **l~nhaft** *a* de profane.
Laken *nt* **-s, -** (*Bettuch*) drap *m*.
La'kritze *f* **-, -n** réglisse *m o f*.
lallen *vt, vi* (*Betrunkener*) bafouiller; (*Säugling*) babiller.
La'melle *f* lamelle *f*; (*ELEC*) lame *f*, segment *m*; (*TECH*) disque *m*.
Lamm *nt* **-(e)s, ¨er** agneau *m*; **l~fromm** *a* doux(douce) comme un agneau.
Lampe *f* **-, -n** lampe *f*; **~nfieber** *nt* trac *m*; **~nschirm** *m* abat-jour *m*.
Land *nt* **-(e)s, ¨er** (*Gebiet, Nation*) pays *m*; (*Erdboden*) terre *f*, terrain *m*; (*Fest~*) terre *f*; (*Bundes~*) land *m*; (*nicht Stadt*) campagne *f*; **auf dem ~(e)** à la campagne; **~ebahn** *f* piste *f* (d'atterrissage).
landen *vi* (*mit sein*) (*Flugzeug*) atterrir; (*Schiff*) accoster; (*Passagier*)

débarquer; *(aufkommen)* (re)tomber; *(fam: geraten)* atterrir, se retrouver.
Landes-: ~**farben** *pl* couleurs *fpl* nationales; ~**sprache** *f* langue *f* du pays; ~**verrat** *m* haute trahison *f;* ~**währung** *f* monnaie *f* nationale.
Land-: ~**haus** *nt* maison *f* de campagne; ~**karte** *f* carte *f;* ~**kreis** *m* arrondissement *m;* **l~läufig** *a* courant(e).
ländlich *a* rural(e).
Landschaft *f* paysage *m; (Landstrich)* contrée *f;* **l~lich** *a* du paysage; régional.
Land-: ~**straße** *f* route *f;* ~**streicher(in** *f***)** *m* **-s, -** vagabond(e); ~**strich** *m* contrée *f,* région *f;* ~**tag** *m (POL)* landtag *m,* diète *f.*
Landung *f (von Flugzeug)* atterrissage *m; (von Schiff)* arrivée *f.*
Land-: ~**vermesser** *m* **-s, -** arpenteur *m;* ~**wirt(in** *f***)** *m* agriculteur *m,* cultivateur(-trice); ~**wirtschaft** *f* agriculture *f.*
lang *a* **(¨er, am ¨sten)** long(ue); *(Mensch)* grand(e); **sein Leben** ~ toute sa vie; ~**atmig** *a* interminable; ~**e** *ad* longtemps.
Länge *f* **-, -n** *(räumlich)* longeur *f; (GEO)* longitude *f; (zeitlich)* durée *f.*
langen *vi (ausreichen)* suffire; *(sich erstrecken)* s'étendre, arriver *(bis* jusqu'à); *(greifen)* tendre la main *(nach* vers); **es langt mir** j'en ai assez.
Längen-: ~**grad** *m* degré *m* de longitude; ~**maß** *nt* mesure *f* de longueur.
Langeweile *f* - ennui *m.*
lang-: ~**fristig** *a* à long terme; ~**lebig** *a* qui vit longtemps.
länglich *a* allongé(e).
längs *prep +gen o dat* le long de // *ad* dans le sens de la longueur.
langsam *a* lent(e) // *ad (allmählich)* peu à peu; **L~keit** *f* lenteur *f.*
Lang-: ~**schläfer(in** *f***)** *m* lève-tard *m/f;* ~**spielplatte** *f* 33 tours *m.*
längst *ad* depuis longtemps.
Lan'guste [laŋ'gʊstə] *f* **-, -n** langouste *f.*
lang-: ~**weilig** *a* ennuyeux (-euse); **L~welle** *f* ondes *f* longues; ~**wierig** *a* long(ue); *(Verhandlungen)* laborieux(-euse).
Lanze *f* **-, -n** lance *f.*
Lap'palie [-iə] *f* bagatelle *f.*
Lappen *m* **-s, -** *(Stoff)* chiffon *m.*
läppisch *a* puéril(e).
Lapsus *m* **-, -** *(Fehler)* lapsus *m; (im Benehmen)* faux pas *m.*
Lärche *f* **-, -n** mélèze *m.*
Lärm *m* **-(e)s** bruit *m;* **l~en** *vi* faire du bruit.
las *siehe* **lesen.**
lasch *a (Bewegung)* mou (molle); *(Behandlung, Einstellung)* flou(e); *(Geschmack)* fade.
Lasche *f* **-, -n** *(Schuh~)* languette *f; (TECH)* couvre-joint *m; (EISENBAHN)* éclisse *f.*
lassen *irr vt* laisser; *(unterlassen)* arrêter; *(veranlassen)* faire; **etw machen** ~ faire faire qch; **es läßt sich machen** ça peut se faire // *vi:* **von jdm/etw** ~ se passer de qn/qch.
lässig *a* désinvolte; *(nach~)* négligent(e); **L~keit** *f* désinvolture *f;* négligence *f.*
Last *f* **-, -en** *(Gegenstand)* fardeau *m,* charge *f; (Fracht)* cargaison *f; (Belastung)* poids *m,* charge *f;* ~**en** *(pl: Gebühren)* charges *fpl;* **jdm zur** ~ **fallen** être à charge à qn.
lasten *vi:* **auf jdm/etw** ~ peser sur qn/qch.
Laster *nt* **-s, -** vice *m.*
Lästerer *m* **-s, -** médisant *m; (Gottes~)* blasphémateur.
lasterhaft *a* immoral(e).
lästerlich *a* calomniateur(-trice); blasphématoire.
lästern *vi (abfällig sprechen)* médire *(über* de) // *vt (Gott)* blasphémer.
Lästerung *f* médisance *f; (Gottes~)* blasphème *m.*
lästig *a* ennuyeux(-euse), désagréable; *(Mensch)* importun(e).
Last-: ~**kahn** *m* péniche *f;* ~**kraftwagen** *m* poids *m* lourd; ~**schrift** *f* écriture *f* au débit; ~**wagen** *m* camion *m.*
la'tent *a* latent(e).
La'terne *f* **-, -n** lanterne *f; (Straßen~)*

réverbère *f*; ~**npfahl** *m* lampadaire *m*.

latschen *vi (mit sein) (fam) (schlurfen)* traîner les pieds; *(gehen)* se traîner.

Latte *f* **-, -n** latte *f*; *(Fußball)* barre *f* transversale; *(fam: Mensch)* échalas *m*.

Latz *m* **-es, ¨e** *(für Säugling)* bavette *f*; *(an Kleidungsstück)* plastron *m*.

Latzhose *f* salopette *f*.

lau *a* tiède; *(Wetter, Wind)* doux (douce).

Laub *nt* **-es** feuillage *m*; *(abgefallen)* feuilles *fpl*; ~**baum** *m* arbre *m* à feuilles caduques; ~**frosch** *m* rainette *f*; ~**säge** *f* scie *f* à chantourner.

Lauch *m* **-(e)s** poireau *m*.

Lauer *f*: **auf der ~ sein** *o* **liegen** se tenir aux aguets; **l~n** *vi*: **auf jdn/etw l~n** guetter qn/qch.

Lauf *m* **-(e)s, Läufe** course *f*: *(Ablauf, Fluß~, Entwicklung, ASTR)* cours *m*; *(Gewehr~)* canon *m*; **einer Sache** *(dat)* **ihren ~ lassen** laisser qch suivre son cours; ~**bahn** *f* carrière *f*.

laufen *irr (mit sein) vt (Strecke)* parcourir, faire; *(Wettlauf)* courir, faire // *vi (rennen)* courir; *(zu Fuß gehen)* marcher, aller (à pied); *(Flüssigkeit)* couler; *(sich zeitlich erstrecken)* durer; *(sich bewegen)* avancer; *(funktionieren)* marcher; *(gezeigt werden; Film)* passer; *(in Gang sein: Verhandlungen)* être en cours; **sich** *(dat)* **Blasen ~** attraper des ampoules; **auf jds Namen** *(akk)* ~ être au nom de qn; ~**d** *a (Klagen, Schmerzen)* continuel(le); *(Monat, Ausgaben)* courant(e); **auf dem ~den sein/halten** être/tenir au courant; **am ~den Band** *(fig)* sans arrêt.

Läufer *m* **-s, -** *(Teppich)* tapis *m* de couloir; *(Treppen ~)* chemin *m*; *(SCHACH)* fou *m*.

Läufer(in *f***)** *m* **-s, -** *(SPORT)* coureur(-euse).

Lauf-: ~**masche** *f* maille *f* qui file; ~**paß** *m*: **jdm den ~paß geben** mettre qn à la porte, rompre avec qn; ~**stall** *m* parc *m*; ~**steg** *m* passerelle *f*.

Lauge *f* **-, -n** *(CHEM)* solution *f* alcaline; *(Seifen~)* eau *f* savonneuse.

Laune *f* **-, -n** humeur *f*; *(Einfall)* caprice *m*.

launisch *a* lunatique.

Laus *f* **-, Läuse** pou *m*; ~**bub** *m* petit vaurien *m*.

lauschen *vi* écouter.

lauschig *a* retiré(e), intime.

lausig *a (fam)* minable; **eine ~e Kälte** un froid de canard.

laut *a* fort(e), haut(e); *(voller Lärm)* bruyant(e) // *prep* +*gen o dat* d'après; **~ werden** *(bekannt)* devenir notoire; **L~** *m* **-(e)s, -e** son *m*.

läuten *vi* sonner; **es hat geläutet** on a sonné; **nach jdm ~** sonner qn.

lauter *a* pur(e); *(Charakter)* sincère // *ad*: **~ dummes Zeug reden** ne dire que des bêtises.

läutern *vt (jdn)* changer (en mieux).

laut-: ~**hals** *ad* à pleine voix; *(lachen)* à gorge déployée; ~**los** *a* silencieux(-euse); ~**malend** *a* onomatopéique; **L~schrift** *f* transcription *f* phonétique; **L~sprecher** *m* haut-parleur *m*; ~**stark** *a* très fort(e); **L~stärke** *f* *(RADIO)* volume *m*.

lauwarm *a* tiède.

Lavendel [la'vɛndl] *m* **-s, -** lavande *f*.

La'wine *f* avalanche *f*.

lax *a (Disziplin, Grundsätze)* relâché(e); *(Benehmen)* flou(e).

Laza'rett *nt* **-(e)s, -e** hôpital *m* militaire.

Lebe-: ~**'hoch** *nt* **-s, -** vivat *m*; ~**mann** *m* bon vivant *m*.

leben *vi, vt* vivre // **L~** *nt* **-s, -** vie *f*; **von etw ~** vivre de qch; ~**d** *a* vivant(e).

le'bendig *a (nicht tot)* vivant(e); *(lebhaft)* vif(vive), plein(e) d'entrain; **L~keit** *f* vivacité *f*.

Lebens-: ~**alter** *nt* âge *m*; ~**art** *f* manière *f* de vivre; *(Benehmen)* savoir-vivre *m*; ~**erwartung** *f* espérance *f* de vie; **l~fähig** *a* viable; **l~froh** *a* plein(e) de joie de vivre; **l~gefährlich** *a* très dangereux(-euse); *(Verletzung, Krankheit)* grave; ~**haltung** *f* niveau *m* de vie; ~**haltungskosten** *pl* coût *m* de la vie; ~**jahr** *nt* année *f*; ~**lage** *f* situation *f*; **l~länglich** *a* à perpétuité; ~**lauf** *m* curriculum *m* vitae; **l~lustig** *a* plein(e) de joie de vivre; ~**mittel** *pl* alimentation *f*; **l~müde** *a* las(se) de vivre; ~**retter** *m* sauveteur *m*; ~**standard** *m* niveau *m* de vie; ~**unterhalt** *m* moyens *mpl* d'existence; ~**versicherung** *f* assurance-vie *f*; ~**wandel** *m* manière *f* de vivre, vie *f*; **l~wichtig** *a* vital(e); ~**zeichen** *nt* signe *m* de vie.

Leber *f* **-, -n** foie *m*.

Leber-: ~**fleck** *m* grain *m* de beauté; ~**tran** *m* huile *f* de foie de morue; ~**wurst** *f* saucisse *f* de foie.

Lebe-: ~**wesen** *nt* être *m* vivant; ~'**wohl** *nt* adieu *m*.

leb-: ~**haft** *a* vif(vive), plein(e) d'entrain; *(Straße, Verkehr)* animé(e); *(Interesse)* vif(vive); **L~kuchen** *m* pain *m* d'épice; ~**los** *a* inanimé(e).

lechzen *vi*: **nach etw ~** être avide de qch.

leck *a*: ~ **sein** avoir une fuite; **L~** *nt* **-(e)s, -e** fuite *f*; ~**en** *vi (Loch haben)* avoir une fuite // *vt, vi (schlecken)* lécher.

lecker *a* délicieux(-euse); **L~bissen** *m* délice *m*.

Leder *nt* **-s, -** cuir *m*; ~**hose** *f* culotte *f* de peau *o* de cuir; **l~n** *a* en *o* de cuir; ~**waren** *pl* articles *mpl* de cuir.

ledig *a* célibataire; **einer Sache** *(gen)* ~ **sein** être délivré(e) d'une chose; ~**lich** *ad* uniquement.

leer *a* vide; *(Seite)* blanc(he).

Leere *f* **-** vide *m*.

leeren *vt* vider.

Leer-: ~**gewicht** *nt* poids *m* à vide; ~**lauf** *m* point *m* mort; **l~stehend** *a* vide; ~**ung** *f* vidage *m*; *(POST)* levée *f*.

le'gal *a* légal(e).

legali'sieren *vt (ohne ge-)* légaliser.

Legali'tät *f* légalité *f*.

legen *vt (tun)* mettre, poser; *(in flache Lage)* coucher, étendre; *(Kabel, Schienen)* poser; *(Ei)* pondre // *vr*: **sich ~** *(Mensch)* s'allonger; *(Sturm)* tomber; *(abflauen)* diminuer; *(Betrieb, Interesse)* baisser; *(Schmerzen)* se calmer; **Waschen und L~** un shampoing-mise en plis.

Le'gende *f* **-, -n** légende *f*.

leger [le'ʒɛːʀ, le'ʒɛːʀ] *a* décontracté(e).

le'gieren *vt (ohne ge-) (Metall)* allier; *(CULIN)* lier.

Le'gierung *f* alliage *m*.

Legislative [legɪsla'tiːvə] *f* pouvoir *m* législatif; *(Versammlung)* assemblée *f* législative.

legi'tim *a* légitime.

Legitimi'tät *f* légitimité *f*.

Lehm *m* **-(e)s, -e** terre *f* glaise; **l~ig** *a* glaiseux(-euse).

Lehne *f* **-, -n** *(Rücken~)* dossier *m*, dos *m*; *(Arm~)* accoudoir *m*, bras *m*.

lehnen *vt* appuyer *(an +akk* contre) // *vr*: **sich ~** s'appuyer.

Lehr-: ~**amt** *nt* profession *f* d'instituteur; *(an höherer Schule)* professorat *m*; ~**buch** *nt* manuel *m*.

Lehre *f* **-, -n** *(Ideologie)* doctrine *f*; *(wissenschaftlich)* théorie *f*; *(beruflich)* apprentissage *m*; *(Lebensweisheit)* leçon *f*; *(TECH)* jauge *f*, calibre *m*.

lehren *vt* apprendre; *(unterrichten)* enseigner.

Lehrer(in *f)* *m* **-s, -** instituteur(-trice); *(an höherer Schule)* professeur *m*.

Lehr-: ~**gang** *m* cours *m*; ~**jahre** *pl* années *fpl* d'apprentissage; ~**kraft** *f* enseignant(e); ~**ling** *m* apprenti *m*; ~**plan** *m* programme *m*; **l~reich** *a* instructif(-ive); ~**satz** *m* théorème *m*; ~**stelle** *f* (place *f* d')apprentissage *m*; ~**stuhl** *m* chaire *f (für* de).

Leib *m* **-(e)s, -er** corps *m*; ~**eserziehung** *f* éducation *f* physique; ~**esübung** *f* exercice *m* de gymnastique; **l~haftig** *a* en chair et en os; *(Teufel)* incarné(e); **l~lich** *a* physique; ~**wache** *f* garde *m* du corps.

Leiche *f* **-, -n** cadavre *m*; ~**nhalle** *f*, ~**haus** *nt* chapelle *f* mortuaire; ~**nstarre** *f* rigidité *f* cadavérique; ~**nwagen** *m* corbillard *m*.

Leichnam *m* **-(e)s, -e** cadavre *m*.

leicht *a* léger(-ère); *(einfach)* facile // *ad (schnell)* facilement; **L~athletik** *f* athlétisme *m;* **~fallen** *vi irr (zvb, mit sein):* **jdm ~fallen** ne pas poser de problèmes à qn; **~fertig** *a (Handeln)* léger(-ère); *(Mensch)* insouciant(e); *(Lebenswandel)* volage; **~gläubig** *a* crédule; **~'hin** *ad* à la légère; **L~igkeit** *f (Mühelosigkeit)* facilité *f;* **~machen** *vt (zvb)* faciliter; **L~metall** *nt* métal *m* léger; **~nehmen** *vt irr (zvb)* prendre à la légère; **L~sinn** *m* légèreté *f;* **~sinnig** *a* étourdi(e).

Leid *nt* **-(e)s** chagrin *m,* douleur *f;* **l~** *a:* **etw l~ haben** *o* **sein** en avoir par-dessus la tête de qch; **es tut mir l~** je suis désolé; **er tut mir l~** il me fait pitié.

leiden *irr vt (Hunger, Not)* souffrir; *(erlauben)* tolérer // *vi* souffrir; *(Schaden nehmen)* se détériorer; **L~** *nt* **-s, -** souffrance *f; (Krankheit)* affection *f;* **~schaft** *f* passion *f;* **l~schaftlich** *a* passionné(e).

leider *ad* malheureusement.

leidlich *a* passable // *ad* comme ci, comme ça.

Leid-: ~tragende(r) *mf:* **die ~tragenden** la famille du disparu; *(Benachteiligter):* **der ~tragende sein** subir les conséquences de qch; **~wesen** *nt:* **zu meinem ~wesen** à mon grand regret.

Leihbibliothek *f* bibliothèque *f* de prêt.

leihen *vt irr* prêter; **sich** *(dat)* **etw ~** emprunter qch.

Leih-: ~gebühr *f* frais *mpl* de location; **~haus** *nt* mont-de-piété *m;* **~schein** *m* bulletin *m* de prêt; **~wagen** *m* voiture *f* de location.

Leim *m* **-(e)s, -e** colle *f;* **l~en** *vt* coller.

Leine *f* **-, -n** corde *f; (Hunde~)* laisse *f.*

Leinen *nt* **-s, -** toile *f.*

Lein-: ~tuch *nt* drap *m;* **~wand** *f* toile *f; (FILM)* écran *m.*

leise *a (nicht laut)* bas(se), faible; *(schwach)* léger(-ère).

Leiste *f* **-, -n** bordure *f; (Zier~)* baguette *f; (ANAT)* aine *f.*

leisten *vt (Arbeit; Subjekt: Motor)* faire; *(vollbringen)* accomplir; **jdm Gesellschaft ~** tenir compagnie à qn; **sich** *(dat)* **etw ~ können** pouvoir se payer qch; **sich** *(dat)* **eine Frechheit ~** se permettre une insolence; **Ersatz für etw ~** remplacer qch.

Leistung *f (gute)* performance *f; (Kapazität)* rendement *m; (von Motor)* puissance *f; (finanziell)* prestations *fpl;* **~szulage** *f* prime *f* de rendement.

Leit-: ~artikel *m* éditorial *m;* **~bild** *nt* modèle *m.*

leiten *vt (an der Spitze sein)* être à la tête de; *(Firma)* diriger; *(in eine Richtung)* conduire; *(Kabel, Rohre)* amener; *(Wärme)* conduire; **sich von etw ~ lassen** suivre qch; **~d** *a (Stellung)* dirigeant(e); *(Gedanke)* directeur(-trice); **~der Angestellter** cadre *m* (supérieur).

Leiter *m* **-s, -** *(ELEC)* conducteur *m.*

Leiter *f* **-, -n** échelle *f.*

Leiter(in *f) m* **-s, -** directeur(-trice), chef *m.*

Leitplanke *f* glissière *f* de sécurité.

Leitung *f (Führung)* direction *f; (Wasser~)* conduite *f,* tuyau *m; (Kabel)* câble *m; (ELEC, TEL)* ligne *f;* **eine lange ~ haben** *(fam)* avoir la comprenette un peu dure; **~srohr** *nt* conduite *f;* **~swasser** *nt* eau *f* du robinet.

Leitwerk *nt (AVIAT)* empennage *m.*

Lekti'on *f* leçon *f;* **jdm eine ~ erteilen** faire la leçon à qn.

Lektor(in *f) m* lecteur(-trice).

Lek'türe *f* **-, -n** lecture *f.*

Lende *f* **-, -n** lombes *mpl,* reins *mpl; (CULIN)* filet *m,* longe *f;* **~nbraten** *m* aloyau *m;* **~nstück** *nt* filet *m.*

lenken *vt (Fahrzeug)* conduire; *(Kind)* guider; *(Blick)* diriger *(auf +akk* vers).

Lenk-: ~rad *nt* volant *m;* **~stange** *f (von Fahrrad)* guidon *m.*

Lerche *f* **-, -n** alouette *f.*

lernen *vt* apprendre; *(Handwerk)* faire un apprentissage de // *vi* travailler, étudier; *(in der Ausbildung sein)* être à l'école; être en apprentissage.

lesbisch *a* lesbien(ne).
Lese *f* **-, -n** récolte *f; (Wein~)* vendange *f.*
lesen *irr vt* lire; *(ernten)* récolter, cueillir; *(auslesen: Erbsen etc)* trier // *vi* lire; *(SCOL)* faire un cours *(über +akk* sur).
Leser(in *f*) *m* **-s, -** lecteur(-trice); **l~lich** *a* lisible.
Lesung *f* lecture *f.*
Lettner *m* **-s, -** jubé *m.*
letzte(r,s) *a* dernier(-ière); **zum ~nmal** *ad* pour la dernière fois; **~ns** *ad (kürzlich)* récemment; *(zuletzt)* enfin; **~re(r,s)** *a* ce(cette) dernier (-ière).
Leuchte *f* **-, -n** lampe *f,* lumière *f.*
leuchten *vi* briller; *(mit Lampe)* éclairer.
Leuchter *m* **-s, -** bougeoir *m,* chandelier *m.*
Leucht-: ~farbe *f* couleur *f* fluorescente; **~feuer** *nt* balise *f;* **~kugel** *f,* **~rakete** *f* fusée *f* éclairante; **~reklame** *f* réclame *f* lumineuse; **~röhre** *f* néon *m;* **~stift** *m* marqueur *m* fluorescent; **~turm** *m* phare *m.*
leugnen *vt, vi* nier.
Leukä'mie *f* leucémie *f.*
Leuko'plast ® *nt* **-(e)s, -e** *(Heftpflaster)* sparadrap *m.*
Leumund *m* **-(e)s** réputation *f;* **~szeugnis** *nt* certificat *m* de bonne conduite.
Leute *pl* gens *mpl o fpl; (Personal)* personnel *m; (MIL)* hommes *mpl.*
Leutnant *m* **-s, -s** *o* **-e** lieutenant *m.*
leutselig *a* affable, bienveillant(e).
Lexikon *nt* **-s, Lexiken** *o* **Lexika** *(Konversations~)* encyclopédie *f; (Wörterbuch)* dictionnaire *m.*
Libanon *m* **-s: der ~** le Liban.
Li'belle *f* libellule *f; (TECH)* niveau *m* (à bulle *o* d'eau).
Licht *nt* **-(e)s, -er** lumière *f; (Kerze)* bougie *f.*
Licht-: ~bild *nt* photo *f; (Dia)* diapositive *f;* **~blick** *m (Hoffnung)* lueur *f* d'espoir.
lichten *vt (Wald)* éclaircir; *(Anker)* lever // *vr:* **sich ~** s'éclaircir; *(Nebel)* se lever.
Licht-: ~hupe *f:* **die ~hupe betätigen** faire un appel de phares; **~jahr** *nt* année-lumière *f;* **~maschine** *f* dynamo *f;* **~schalter** *nt* interrupteur *m.*
Lichtung *f* clairière *f.*
Lid *nt* **-(e)s, -er** paupière *f;* **~schatten** *m* ombre *f* à paupières.
lieb *a* gentil(le); *(artig)* sage; *(willkommen)* agréable; *(geliebt: Eltern, Frau etc)* cher (chère); **würden Sie so ~ sein und ...** auriez-vous la gentillesse de...; **~er Juppi** *(in Brief)* cher Juppi; **~äugeln** *vi:* **mit etw ~äugeln** avoir qch en vue; **mit dem Gedanken ~äugeln** caresser l'idée.
Liebe *f* **-, -n** amour *m (zu* pour); **l~sbedürftig** *a:* **l~sbedürftig sein** avoir besoin d'affection; **~'lei** *f* amourette *f.*
lieben *vt* aimer.
liebens-: ~wert *a* très sympathique, adorable; **~würdig** *a* aimable; **~würdigerweise** *ad* aimablement; **L~würdigkeit** *f* amabilité *f.*
lieber *ad (vorzugsweise):* **etw ~ mögen/tun** préférer qch/faire qch; **ich gehe ~ nicht** *(besser)* il vaut mieux que je n'y aille pas.
Liebes-: ~brief *m* lettre *f* d'amour; **~kummer** *m* chagrin *m* d'amour; **~paar** *nt* amoureux *mpl.*
liebevoll *a* affectueux(-euse), tendre.
lieb-: ~gewinnen *vt irr (zvb, ohne ge-)* se mettre à aimer; **~haben** *vt irr (zvb)* aimer beaucoup; **L~haber** *m* **-s, -** amateur *m,* connaisseur *m; (von Frau)* amant *m;* **L~habe'rei** *f* violon *m* d'Ingres; **~'kosen** *vt (ohne ge-)* caresser, câliner; **~lich** *a (entzückend)* mignon(ne); *(angenehm)* agréable; **L~ling** *m (von Eltern)* préféré(e), chouchou(te) *(fam); (Anrede)* chéri(e); *(von Publikum)* favori(te); **L~lings-** *pref* préféré(e), favori(te); **~los** *a* sans cœur; **L~schaft** *f* liaison f, aventure *f.*
Lied *nt* **-(e)s, -er** chanson *f; (Kirchen~)* cantique *m.*

liederlich *a (unordentlich)* négligé(e); *(unmoralisch)* dissolu(e).
lief *siehe* **laufen.**
Liefe'rant *m* fournisseur *m*.
liefern *vt (Waren)* livrer; *(hervorbringen: Rohstoffe)* produire; *(Beweis)* fournir.
Liefer-: **~schein** *m* bon *m* de livraison; **~termin** *m* délai *m* de livraison; **~ung** *f* livraison *f*.
Liege *f* **-, -n** divan *m*.
liegen *vi irr* se trouver; *(waagerecht sein)* être couché(e) *o* étendu(e); **bei jdm ~** *(fig)* dépendre de qn; **schwer im Magen ~** peser sur l'estomac; **an etw** *(dat)* **~** *(Ursache)* tenir à qch; **mir liegt viel daran** j'y tiens beaucoup; **Sprachen ~ mir nicht** je ne suis pas doué(e) pour les langues; **~bleiben** *vi irr (zvb, mit sein) (Mensch)* rester couché(e); *(Ding)* être oublié(e); *(Arbeit)* rester en plan; **~lassen** *vt irr (zvb) (vergessen)* oublier; **L~schaften** *pl* biens *mpl* immeubles.
Liege-: **~sitz** *m (AUT)* siège *m* à dossier réglable; **~stuhl** *m* chaise *f* longue; **~wagen** *m* wagon-couchette *m*.
lieh *siehe* **leihen.**
ließ *siehe* **lassen.**
liest *siehe* **lesen.**
Lift *m* **-(e)s, -e** *o* **-s** ascenseur *m*.
Li'kör *m* **-s, -e** liqueur *f*.
lila *a inv* mauve.
Lilie [-iə] *f* lis *m*.
Limo'nade *f* limonade *f*.
Linde *f* **-, -n** tilleul *m*.
lindern *vt* soulager, adoucir.
Linderung *f* soulagement *m*, apaisement *m*.
Line'al *nt* **-s, -e** règle *f*.
Linie [-iə] *f* ligne *f*; **~nflug** *m* vol *m* régulier; **~nrichter** *m (SPORT)* juge *m* de touche.
li'nieren *vt (ohne ge-)* régler.
Linke *f* **-n, -n** gauche *f*.
linke(r,s) *a* gauche; **~ Seite** envers *m*; **~ Masche** maille *f* à l'envers.
linkisch *a* gauche.
links *ad* à gauche; *(verkehrt herum)* à l'envers; *(mit der linken Hand)* de la main gauche; **~ von mir** à ma gauche; **~ vom Eingang** à gauche de l'entrée; **L~außen** *m* **-, -** *(SPORT)* ailier *m* gauche; **L~händer(in** *f*) *m* **-s, -** gaucher(-ère).
Linse *f* **-, -n** lentille *f*.
Lippe *f* **-, -n** lèvre *f*; **~nstift** *m* rouge *m* à lèvres.
liqui'dieren *vt (ohne ge-)* liquider.
lispeln *vi* zézayer.
List *f* **-, -en** ruse *f*, astuce *f*.
Liste *f* **-, -en** liste *f*.
listig *a* rusé(e), malin(-ligne).
Liter *m o nt* **-s, -** litre *m*.
lite'rarisch *a* littéraire.
Litera'tur *f* littérature *f*; **~preis** *m* prix *m* littéraire.
Litfaßsäule *f* colonne *f* Morris.
litt *siehe* **leiden.**
Litur'gie *f* liturgie *f*.
Litze *f* **-, -n** cordon *m*; *(ELEC)* câble *m*.
Li'zenz *f* licence *f*.
Lkw *m abk von* **Lastkraftwagen.**
Lob *nt* **-(e)s** éloge *m*, louange *f*.
loben *vt* faire l'éloge de, louer; **~swert** *a* louable.
löblich *a* louable.
Loch *nt* **-(e)s, ¨er** trou *m*; *(pej: Wohnung)* taudis *m*; **l~en** *vt (Papier)* perforer; *(Fahrkarte)* poinçonner; **~er** *m* **-s, -** perforatrice *f*.
löcherig *a* troué(e).
Locke *f* **-, -n** boucle *f*.
locken *vt* attirer, séduire; *(Haare)* boucler, friser; **~nwickler** *m* **-s, -** bigoudi *m*.
locker *a (wackelnd)* desserré(e); *(Zahn)* branlant(e); *(nicht eng, nicht straff)* lâche; *(Muskel)* décontracté(e); *(Mensch)* libertin(e); *(nicht streng)* relâché(e); **~lassen** *vi irr (zvb)*: **nicht ~lassen** ne pas céder (d'un pouce).
lockern *vt* desserrer; *(fig: Vorschriften etc)* assouplir.
lockig *a* bouclé(e).
Löffel *m* **-s, -** cuiller *f*; **l~weise** *ad* par cuillerées.
log *siehe* **lügen.**
Loga'rithmus *m* logarithme *m*.
logisch *a* logique.

Lohn *m* **-(e)s, ¨e** récompense *f; (Arbeits~)* salaire *m;* **~empfänger(in** *f*) *m* salarié(e).
lohnen *vr:* **sich ~** en valoir la peine; **es lohnt sich nicht, das zu tun** ça ne vaut pas la peine de faire cela.
Lohn-: ~steuer *f* impôt *m* sur le revenu; **~streifen** *m* fiche *f* de paie; **~tüte** *f* enveloppe *f* de paie, paie *f.*
lo'kal *a* local(e); **L~** *nt* **-(e)s, -e** restaurant *m,* café *m.*
Lokomotive [lokomo'ti:və] *f* locomotive *f.*
Lokomo'tivführer *m* mécanicien *m,* conducteur *m* (de locomotive).
Lorbeer *m* **-s, -en** laurier *m.*
Lore *f* **-, -n** (*BERGBAU*) truc *m.*
Los *nt* **-es, -e** sort *m,* destin *m; (Lotterie~)* billet *m* de loterie.
los *ad:* **~!** en avant!, allons-y!; **~ sein** *(abgetrennt)* ne plus être attaché(e); **was ist ~?** qu'est-ce qu'il y a?; **was ist mit ihm ~?** qu'est-ce qu'il a?; **mit ihm ist nichts ~** *(er taugt nichts)* ce n'est vraiment pas une lumière; **dort ist nichts ~** c'est un endroit mort; **jdn/etw ~ sein** être débarrassé(e) de qn/de qch; **etwas ~ haben** *(fam)* s'y connaître; **~binden** *vt irr zvb)* détacher.
löschen *vt (Feuer, Licht)* éteindre; *(Durst)* étancher; *(Tonband)* effacer; *(Fracht)* décharger // *vi (Feuerwehr)* éteindre le feu; *(Papier)* sécher.
Lösch-: ~fahrzeug *nt* voiture *f* de pompiers; **~gerät** *nt* extincteur *m;* **~papier** *nt* buvard *m.*
lose *a (locker)* lâche; *(Schraube)* desserré(e); *(Blätter)* volant(e); *(nicht verpackt)* en vrac; *(einzeln)* à l'unité; *(moralisch)* sans principes.
Lösegeld *nt* rançon *f.*
losen *vi* tirer au sort *(um etw* qch).
lösen *vt (aufmachen)* défaire; *(Rätsel etc)* résoudre; *(Partnerschaft)* rompre; *(CHEM)* dissoudre; *(Fahrkarte)* acheter // *vr:* **sich ~** *(aufgehen)* se séparer; *(Zucker etc)* se dissoudre; *(Problem, Schwierigkeit)* se résoudre.
los-: ~fahren *vi irr (zvb, mit sein) (Fahrzeug)* démarrer, partir; **~gehen** *vi irr (zvb, mit sein) (aufbrechen)* s'en aller, partir; *(anfangen)* commencer; *(Bombe)* exploser; **auf jdn ~gehen** se jeter sur qn; **~kaufen** *vt (zvb)* racheter; **~kommen** *vi irr (zvb, mit sein):* **von jdm/etw ~kommen** arriver à se détacher de qn/se passer de qch; **~lassen** *vt irr (zvb)* lâcher; **~laufen** *vi irr (zvb, mit sein)* partir; **~legen** *vi (zvb) (fam)* démarrer.
löslich *a* soluble.
los-: ~machen *(zvb) vt* détacher; *(Boot)* démarrer; **~schießen** *vi irr (zvb, mit sein)* foncer *(auf +akk* sur); *(sprechen)* se mettre à parler.
Losung *f* mot *m* d'ordre; *(Kennwort)* mot *m* de passe.
Lösung *f* solution *f; (von Verlobung)* rupture *f;* **~smittel** *nt* (dis)solvant *m.*
los-: ~werden *vt irr (zvb, mit sein)* se débarrasser de; *(verkaufen)* écouler; **~ziehen** *vi irr (zvb, mit sein) (sich aufmachen)* s'en aller; **gegen jdn ~ziehen** *(mit haben)* fulminer *o* tempêter contre qn.
Lot *nt* **-(e)s, -e** *(Blei)* plomb *m; (Senkblei)* fil *m* à plomb; *(Senkrechte)* perpendiculaire *f;* **im ~** *(senkrecht)* à plomb; *(fig: in Ordnung)* en ordre.
löten *vt* souder.
Lothringen *nt* **-s** Lorraine *f.*
Lötkolben *m* fer *m* à souder.
Lotse *m* **-n, -n** pilote *m; (AVIAT)* aiguilleur *m* du ciel; **l~n** *vt* piloter, diriger; *(fam)* traîner.
Lotte'rie *f* loterie *f.*
Löwe *m* **-n, -n** lion *m; (ASTR)* Lion; **~nzahn** *m (BOT)* pissenlit *m.*
Löwin *f* lionne *f.*
Luchs [luks] *m* **-es, -e** lynx *m.*
Lücke *f* **-, -n** trou *m; (Mangel; in Text)* lacune *f;* **~nbüßer** *m* **-s, -** bouche-trou *m.*
lud *siehe* **laden.**
Luder *nt* **-s, -** *(pej: Mann)* ordure *f; (: Frau)* garce *f; (bedauernswert)* misérable *m/f.*
Luft *f* **-, ¨e** air *m; (Atem)* souffle *m;* **in die ~ sprengen** faire sauter; **in die ~ gehen** *(explodieren)* sauter; **in der**

~ **liegen** être dans l'air; **jdn wie ~ behandeln** ignorer qn; **dicke ~** *(fam)* de l'orage dans l'air; **~angriff** *m* attaque *f* aérienne; **~ballon** *m* ballon *m*; **l~dicht** hermétique; **~druck** *m* pression *f* atmosphérique.

lüften *vt (Kleidung, Zimmer)* aérer; *(Hut)* soulever; *(Geheimnis)* éventer; *(Schleier)* lever // *vi* aérer.

Luft-: **~fahrt** *f* aviation *f*; **l~ig** *a (Ort)* aéré(e), frais (fraîche); *(Kleider)* léger(-ère); **~kissenfahrzeug** *nt* aéroglisseur *m*; **~krieg** *m* guerre *f* aérienne; **~kurort** *m* station *f* climatique; **l~leer** *a*: **l~leerer Raum** vide *m*; **~linie** *f*: **in der ~linie** à vol d'oiseau; **~loch** *nt* trou *m* d'air; **~matratze** *f* matelas *m* pneumatique; **~pirat** *m* pirate *m* de l'air; **~post** *f* poste *f* aérienne; **~röhre** *f* trachée (-artère) *f*; **~schutzkeller** *m* abri *m* anti-aérien; **~verkehr** *m* trafic *m* aérien; **~waffe** *f* armée *f* de l'air; **~zug** *m* courant *m* d'air.

Lüftung *f* aération *f*.

Lug *m*: ~ **und Trug** mensonges *mpl*.

Lüge *f* **-, -n** mensonge *m*; **jdn/etw ~n strafen** démentir qn/qch; **l~n** *vi irr* mentir.

Lügner(in *f*) **-s, -** menteur(-euse).

Luke *f* **-, -n** lucarne *f*.

Lümmel *m* **-s, -** malotru *m*; **l~n** *vr*: **sich l~n** se prélasser.

Lump *m* **-en, -en** vaurien *m*.

Lumpen *m* **-s, -** chiffon *m*.

Lunge *f* **-, -n** poumon *m*; **eiserne ~** poumon *m* d'acier; **~nentzündung** *f* pneumonie *f*.

lungern *vi (mit sein)* traîner.

Lunte *f* **-, -n** mèche *f*; **~ riechen** *(fam)* flairer quelque chose.

Lupe *f* **-, -n** loupe *f*; **unter die ~ nehmen** *(fig)* examiner de très près.

Lust *f* **-, ¨e** *(Freude)* plaisir *m*, joie *f*; *(Begierde)* plaisir *m*; *(Neigung)* désir *m*, envie *f*; **~ haben zu** *o* **auf** *(+akk)* avoir envie de.

lüstern *a* lascif(-ive), lubrique.

lustig *a (komisch)* drôle; *(fröhlich)* joyeux(-euse), gai(e).

Lüstling *m* obsédé *m* sexuel.

Lust-: **l~los** *a* sans entrain; **~spiel** *nt* comédie *f*.

lutheranisch *a* luthérien(ne).

lutschen *vt, vi* sucer; **am Daumen ~** sucer son pouce.

Lutscher *m* **-s, -** sucette *f*.

Luxemburg *nt* **-s** Luxembourg *m*.

luxuri'ös *a* luxueux(-euse).

Luxus *m* **-** luxe *m*.

lynchen *vt* lyncher.

Lyrik *f* poésie *f* lyrique; **~er(in** *f*) *m* **-s, -** poète *m* (lyrique).

lyrisch *a* lyrique.

M

Mach-: **~art** *f (von Kleid etc)* façon *f*; **m~bar** *a (Muster)* faisable; *(Plan)* réalisable.

machen *vt* faire; *(fam: reparieren)* réparer; *(mit Adjektiv)* rendre; **jdn eifersüchtig ~** rendre qn jaloux (-ouse); **das macht nichts** ça ne fait rien; **mach's gut!** bon courage! // *vr*: **sich ~** aller mieux; *(passen)* aller (bien); **sich an etw** *(akk)* ~ se mettre à qch.

Macht *f* **-, ¨e** pouvoir *m*; **~haber** *m* **-s, -** homme *m* au pouvoir.

mächtig *a* puissant(e); *(Gebäude)* massif(-ive).

Macht-: **~probe** *f* épreuve *f* de force; **~wort** *nt*: **ein ~wort sprechen** faire acte d'autorité.

Mädchen *nt* jeune fille *f*; *(Kind)* fille *f*; **~name** *m* nom *m* de jeune fille.

Made *f* **-, -n** ver *m*, asticot *m*.

madig *a (Holz)* vermoulu(e); *(Obst)* véreux(-euse); **jdm etw ~ machen** gâcher qch à qn.

Maga'zin *nt* **-s, -e** *(Zeitschrift)* magazine *m*, revue *f*; *(MIL)* magasin *m*.

Magen *m* **-s, -** *o* **¨** estomac *m*; **~schmerzen** *pl* maux *mpl* d'estomac, mal *m* au ventre.

mager *a* maigre; **M~keit** *f* maigreur *f*.

Ma'gie *f* magie *f*.

magisch *a* magique.

Ma'gnet *m* **-s** *o* **-en, -en** aimant *m*; **m~isch** *a* magnétique; **~nadel** *f*

aiguille *f* aimantée.
Maha'goni *nt* **-s** acajou *m*.
mähen *vt (Rasen)* tondre; *(Gras)* faucher.
Mahl *nt* **-(e)s, -e** repas *m*.
mahlen *vt* moudre.
Mahlzeit *f* repas *m* // *excl* bon appétit!
Mahnbrief *m* (lettre *f* d')avertissement *m*.
Mähne *f* **-, -n** crinière *f*.
mahnen *vt (auffordern)* exhorter *(zu* à); **jdn wegen Schulden** ~ mettre qn en demeure (de payer).
Mahnung *f* exhortation *f*; *(mahnende Worte)* avertissement *m*; *(wegen Schulden)* mise *f* en demeure.
Mai *m* **-(e)s, -e** mai *m*; ~**glöckchen** *nt* muguet *m*; ~ **käfer** *m* hanneton *m*.
Mais *m* **-es, -e** maïs *m*; ~**kolben** *m* épi *m* de maïs.
Maje'stät *f* majesté *f*.
Ma'jor *m* **-s, -e** commandant *m*.
Majoran *m* **-s, -e** marjolaine *f*.
ma'kaber *a* macabre.
Makel *m* **-s, -** *(von Material)* défaut *m*; *(Fleck)* tache *f*; **m**~**los** *a* sans défaut; sans tache; *(Sauberkeit)* parfait(e); *(Vergangenheit)* irréprochable.
mäkeln *vi* trouver à redire *(an + dat* à).
Makka'roni *pl* macaronis *mpl*.
Makler(in *f*) *m* **-s, -** courtier (-ière); (*FIN*) agent *m* de change.
Mal *nt* **-(e)s, -e** *(Zeichen)* marque *f*; *(Zeitpunkt)* fois *f*; **m**~ *ad* (*MATH*) fois; *(fam)* = **einmal**.
malen *vt, vi* peindre.
Maler(in *f*) *m* **-s, -** peintre *m*.
Male'rei *f* peinture *f*.
malerisch *a* pittoresque.
Malkasten *m* boîte *f* de couleurs.
malnehmen *vt, vi irr (zvb)* multiplier (*mit* par).
Malz *nt* **-es** malt *m*.
Mama *f* **-, -s, Mami** *f* **-, -s** *(fam)* maman *f*.
man *pron* on.
manche(r, s) *a* certain(e); *(pl)* quelques, plusieurs // *pron* maint(e), plus d'un(e).
mancherlei *a* toutes sortes de // *pron* toutes sortes de choses.
manchmal *ad* quelquefois, parfois.
Man'dant(in *f*) *m* mandant(e), client(e).
Man'dat *nt* mandat *m*.
Mandel *f* **-, -n** amande *f*; (*MED*) amygdale *f*.
Manege [ma'ne:ʒə] *f* **-, -n** *(Reitbahn)* manège *m*; *(im Zirkus)* piste *f*.
Mangel *f* **-, -n** calandre *f* // *m* **-s, ⸚** *(Knappheit)* manque *m (an +dat* de); *(Fehler)* défaut *m*; ~**erschinung** *f* symptôme *m* de carence; **m**~**haft** *a (ungenügend)* médiocre; *(fehlerhaft)* défectueux(-euse).
mangeln *vb impers*: **es mangelt ihm an etw** *(dat)* il lui manque qch // *vt (Wäsche)* calandrer.
mangels *prep +gen* faute de.
Ma'nier *f* **-** manière *f*; *(pej)* affectation *f*; ~**en** *pl* manières *fpl*.
Mani'küre *f* **-, -n** manucure *f*.
manipu'lieren *vt (ohne ge-)* manipuler.
Manko *nt* **-s, -s** manque *m*; (*COMM*) déficit *m*.
Mann *m* **-(e)s, ⸚er** homme *m*; *(Ehe~)* mari *m*; **seinen** ~ **stehen** être à la hauteur (de la situation).
Männchen *nt* petit homme *m*; *(Zwerg)* nain *m*; *(Tier)* mâle *m*.
mannigfaltig *a (Erlebnisse)* divers(e); *(Eindrücke)* varié(e).
männlich *a* (*BIOL*) mâle; *(fig, LING)* masculin(e).
Mannschaft *f* (*SPORT, fig*) équipe *f*; (*NAVIG, AVIAT*) équipage *m*; (*MIL*) troupe *f*.
Mannweib *nt (pej)* virago *f*.
Manöver [ma'nø:vɐ] *nt* **-s, -** manœuvre *f*.
manövrieren [manø'vri:rən] *vt, vi (ohne ge-)* manœuvrer.
Man'sarde *f* **-, -n** mansarde *f*.
Man'schette *f* manchette *f*; ~**nknopf** *m* bouton *m* de manchette.
Mantel *m* **-s, ⸚** manteau *m*; (*TECH*) revêtement *m*.
Manu'skript *nt* **-(e)s, -e** manuscrit *m*.
Mappe *f* **-, -n** serviette *f*; *(Akten~)* chemise *f*, classeur *m*.

Märchen *nt* conte *m; (Lüge)* histoires *fpl;* **m~haft** *a* féerique; *(Tag)* fantastique.
Marder *m* **-s, -** martre *f.*
Marga'rine *f* margarine *f.*
Marienkäfer [ma'ri:ən-] *m* coccinelle *f.*
Ma'rine *f* marine *f.*
Mario'nette *f* marionnette *f.*
Mark *f* **-, -** *(Münze)* mark *m // nt* **-(e)s** *(Knochen~)* moelle *f;* **jdm durch ~ und Bein gehen** transpercer qn.
Marke *f* **-, -n** *(Fabrikat)* marque *f; (Rabatt~, Brief~)* timbre *m; (Essens~)* ticket *m; (aus Metall etc)* plaque *f; (Spiel~, Garderoben~)* jeton *m.*
mar'kieren *(ohne ge-) vt* marquer *(mit* de); *(fam)* faire, jouer // *vi (sich verstellen)* faire semblant.
Mar'kise *f* **-, -n** store *m.*
Markstück *nt* pièce *f* d'un mark.
Markt *m* **-(e)s, ⸚e** marché *m;* **~forschung** *f* étude *f* de marché; **~platz** *m* place *f* du marché; **~wirtschaft** *f* économie *f* de marché.
Marme'lade *f* confiture *f.*
Marmor *m* **-s, -e** marbre *m.*
marmo'rieren *vt (ohne ge-)* marbrer.
Marok'kaner(in *f)* *m* **-s, -** Marocain(e).
Ma'rokko *nt* **-s** le Maroc.
Ma'rone *f* **-, -n** *o* **Ma'roni** marron *m.*
Marsch *m* **-(e)s, ⸚e** marche *f;* **m~!** *excl* en avant, marche!
mar'schieren *vi (ohne ge-, mit sein)* marcher; *(MIL)* marcher au pas.
Märtyrer(in *f)* *m* **-s, -** martyr(e).
März *m* **-(es), -e** mars *m.*
Marzipan *nt* **-s, -e** massepain *m.*
Masche *f* **-, -n** maille *f;* **das ist die neuste ~** c'est une nouvelle combine.
Ma'schine *f* machine *f.*
maschi'nell *a* mécanique, à la machine.
Ma'schinen-: **~bauer(in** *f)* *m* ingénieur *m* mécanicien; **~gewehr** *nt* mitrailleuse *f;* **~pistole** *f* mitraillette *f;* **~schaden** *m* panne *f;* **~schlosser(in** *f)* *m* mécanicien (ne); **~schrift** *f* dactylographie *f.*
ma'schineschreiben *vi irr (zvb, nur Infinitiv und Partizip)* taper (à la machine).
Maser *f* **-, -n** *(von Holz)* veine *f;* **~n** *pl (MED)* rougeole *f;* **~ung** *f* veinure *f.*
Maske *f* **-, -n** masque *m.*
mas'kieren *(ohne ge-) vt (verkleiden)* déguiser; *(fig)* masquer // *vr:* **sich ~** se déguiser.
Maß *nt* **-es, -e** mesure *f // f* **-, -(e)** litre *m* de bière.
Masse *f* **-, -n** masse *f.*
Massen-: **~artikel** *m* article *m* de série; **~grab** *nt* fosse *f* commune; **~medien** *pl* (mass) media *mpl.*
maß-: **~gebend** *a* qui fait autorité; **~halten** *vi irr (zvb)* garder la mesure, se modérer.
mas'sieren *vt (ohne ge-)* masser.
massig *a* massif(-ive) // *ad (fam)* en masse.
mäßig *a (Preise)* raisonnable; *(mittel~)* médiocre; *(Qualität)* moyen(ne) // *ad (essen, trinken)* avec modération.
mäßigen *vt* modérer // *vr:* **sich ~** se modérer, se retenir.
mas'siv *a* massif(-ive); *(fig: Beleidigung)* grossier(-ière); **M~** *nt* **-s, -e** massif *m.*
Maß-: **~krug** *m* chope *f;* **m~los** *a (Essen, Trinken)* sans mesure; *(Enttäuschung etc)* immense; **~nahme** *f* **-, -n** mesure *f*, disposition *f;* **~stab** *m* règle *f; (fig)* norme *f*, critère *m; (GEO)* échelle *f;* **m~voll** *a* mesuré(e), modéré(e).
Mast *m* **-(e)s, -e(n)** mât *m; (ELEC)* pylône *m.*
mästen *vt (Tier)* gaver.
Materi'al *nt* **-s, -ien** [-iən] matériaux *mpl*, matériel *m.*
materia'listisch *a* matérialiste.
Materie [ma'te:riə] *f* matière *f.*
materi'ell *a (Werte)* matériel(le); *(Denken)* matérialiste.
Mathema'tik *f* mathématiques *fpl.*
Mathe'matiker(in *f)* *m* **-s, -** mathématicien(ne).
Ma'tratze *f* **-, -n** matelas *m.*
Ma'trose *m* **-n, -n** matelot *m.*

Matsch *m* **-(e)s** boue *f; (Schnee~)* neige *f* fondue.
matt *a* las(se); *(Lächeln)* faible; *(Metall, PHOT)* mat(e); *(Schimmer)* terne; *(Schach)* mat *inv*.
Matte *f* **-, -n** natte *f; (Fuß~)* paillasson *m; (Turn~)* tapis *m*.
Mauer *f* **-, -n** mur *m*.
Maul *nt* **-(e)s, Mäuler** gueule *f*; **~esel** *m* mulet *m*, mule *f*; **~korb** *m* muselière *f*; **~tier** *nt* mulet *m*, mule *f*; **~wurf** *m* taupe *f*.
Maurer(in *f*) *m* **-s, -** maçon *m*.
Maus *f* **-, Mäuse** souris *f*.
Mausefalle *f* souricière *f*.
mausern *vr*: **sich ~** *(Vogel)* muer; *(fig)* se métamorphoser.
maus(e)'tot *a (fam)* raide mort(e).
maxi'mal *a* maximum *(inv, nachgestellt)*.
Me'chanik *f* mécanique *f; (Getriebe)* mécanisme *m*.
Me'chaniker(in *f*) *m* **-s, -** mécanicien(ne).
Mecha'nismus *m* mécanisme *m*.
meckern *vi (Ziege)* chevroter; *(fam)* râler.
Medika'ment *nt* médicament *m*.
medi'tieren *vi (ohne ge-)* méditer *(über +akk* sur).
Medi'zin *f* **-, -en** remède *m; (Wissenschaft)* médecine *f*.
medi'zinisch *a* médical(e).
Meer *nt* **-(e)s, -e** mer *f*; **~busen** *m* golfe *m*; **~enge** *f* détroit *m*; **~esspiegel** *m* niveau *m* de la mer; **~rettich** *m* raifort *m*; **~schweinchen** *nt* cobaye *m*.
Mehl *nt* **-(e)s, -e** farine *f*.
mehr *a* plus de // *ad* plus; **M~aufwand** *m* dépenses *fpl* supplémentaires; **~deutig** *a (Wort)* ambigu(ë).
mehrere *a* plusieurs.
mehreres *pron* plusieurs choses.
mehrfach *a (Ausfertigung)* multiple; *(Hinsicht)* divers(e); *(wiederholt)* réitéré(e).
Mehrheit *f* majorité *f*.
mehrmalig *a* répété(e), réitéré(e).
mehrmals *ad* à plusieurs reprises.
mehrstimmig *a* à plusieurs voix.
Mehrwertsteuer *f* taxe *f* sur la valeur ajoutée (T.V.A.).
Mehrzahl *f* majorité *f*; *(LING)* pluriel *m*.
meiden *vt irr* éviter.
Meile *f* **-, -n** mille *m*; **~nstein** *m* borne *f*; *(fig)* tournant *m*.
mein *pron* mon, ma, *pl* mes; **~e(r, s)** le (la) mien(ne).
Meineid *m* parjure *m*.
meinen *vt (sich beziehen auf)* penser; *(sagen)* dire; *(sagen wollen)* vouloir dire; **das will ich ~** je pense bien.
mein-: **~erseits** *ad* de mon côté; **~esgleichen** *pron* des gens *pl* comme moi; **~etwegen** *ad (für mich)* pour moi; *(von mir aus)* en ce qui me concerne.
Meinung *f* opinion *f*; **jdm die ~ sagen** dire ses quatre vérités à qn; **~saustausch** *m* échange *m* de vues; **~sumfrage** *f* sondage *m* d'opinion; **~sverschiedenheit** *f* divergence *f* d'opinions.
Meise *f* **-, -n** mésange *f*.
Meißel *m* **-s, -** ciseau *m*.
meißeln *vt* ciseler.
meist *a* la plupart de // *ad* la plupart du temps, généralement; **~ens** *ad* la plupart du temps, généralement.
Meister(in *f*) *m* **-s, -** maître *m*; *(SPORT)* champion(ne); **~schaft** *f* maîtrise *f*; *(SPORT)* championnat *m*; **~werk** *nt* chef-d'œuvre *m*.
Melancholie [melaŋko'li:] *f* mélancolie *f*.
melancholisch [melaŋ'ko:lɪʃ] *a* mélancolique.
Meldefrist *f* délai *m* d'inscription.
melden *vt (anzeigen)* annoncer, déclarer; *(Subjekt: Gerät)* signaler // *vr*: **sich ~** se présenter *(bei* chez); *(Bescheid geben)* donner signe de vie; *(SCOL)* lever le doigt; *(freiwillig)* se porter volontaire; *(MIL)* s'engager; *(am Telefon)* répondre; **sich zu Wort ~** demander la parole; **sich krank ~** se faire porter malade.
Meldung *f* annonce *f*; *(Bericht)* information *f*.
me'liert *a (Haar)* grisonnant(e); *(Wolle)* moucheté(e).

melken *vt* traire.
me'lodisch *a (Stimme)* mélodieux (-euse).
Me'lone *f* **-, -n** melon *m; (Hut)* (chapeau *m)* melon *m.*
Menge *f* **-, -n** quantité *f; (Menschen~)* foule *f; (große Anzahl)* beaucoup de, un tas de; **~nlehre** *f (MATH)* théorie *f* des ensembles.
Mensch *m* **-en, -en** homme *m,* être *m* humain; **kein ~** personne // *nt* **-(e)s, -er** *(fam)* garce *f;* **~enfeind** *m* misanthrope *m;* **~enkenner(in** *f) m* fin psychologue *m;* **~enliebe** *f* philanthropie *f;* **m~en'möglich** *a* humainement possible; **~enrechte** *pl* droits *mpl* de l'homme; **m~enscheu** *a* farouche; **m~en'unwürdig** *a* dégradant(e); **gesunder ~enverstand** bon sens *m;* **~heit** *f* humanité *f;* **m~lich** *a* humain(e); **~lichkeit** *f* humanité *f.*
Menstruation [menstrua'tsio:n] *f* règles *fpl.*
Mentali'tät *f* mentalité *f.*
Me'nü *nt* **-s, -s** menu *m.*
merken *vt* remarquer; **sich** *(dat)* **etw ~** retenir qch.
merklich *a* visible.
Merkmal *nt* **-s, -e** signe *m,* marque *f.*
merkwürdig *a* curieux(euse), bizarre.
Meßbecher *m* mesure *f.*
Messe *f* **-, -n** *(Schau)* foire *f; (REL)* messe *f; (MIL)* mess *m.*
messen *irr vt* mesurer // *vr:* **sich mit jdm/etw ~** se mesurer à *o* avec qn/qch.
Messer *nt* **-s, -** couteau *m.*
Meß-: **~gerät** *nt* appareil *m* de mesure; **~gewand** *nt (REL)* chasuble *f.*
Messing *nt* **-s** laiton *m.*
Me'tall *nt* **-s, -e** métal *m.*
me'tallisch *a* métallique.
Meter *nt o m* **-s, -** mètre *m;* **~maß** *nt* mètre *m.*
Me'thode *f* **-, -n** méthode *f.*
Metzger(in *f) m* **-s, -** boucher(-ère).
Metzge'rei *f* boucherie *f.*
Meute *f* **-, -n** meute *f.*
Meute'rei *f* mutinerie *f.*
meutern *vi* se mutiner.
Mexiko *nt* **-s** le Mexique.
mi'auen *vi (ohne ge-)* miauler.
mich *pron (akk von ich) (bei Verb)* me; *(vor Vokal o stummem h)* m'; *(nach prep)* moi.
mied *siehe* **meiden.**
Miene *f* **-, -n** mine *f.*
mies *a (fam)* sale *(vorgestellt),* mauvais(e).
Miete *f* **-, -n** loyer *m;* **zur ~ wohnen** être locataire.
mieten *vt* louer.
Mieter(in *f) m* **-s, -** *(von Wohnung)* locataire *m/f.*
Miet-: **~shaus** *nt* maison *f* de rapport, immeuble *m* locatif; **~vertrag** *m* contrat *m* de location.
Mi'gräne *f* **-, -n** migraine *f.*
Mikro'fon, Mikro'phon *nt* **-s, -e** micro(phone) *m.*
Mikro'skop *nt* **-s, -e** microscope *m;* **m~isch** *a* microscopique.
Milch *f* **-** lait *m;* **~glas** *nt* verre *m* dépoli; **~kaffee** *m* café *m* au lait; **~pulver** *nt* lait *m* en poudre; **~straße** *f* voie *f* lactée.
mild *a* indulgent(e); *(Wetter)* doux (douce); *(Gabe)* charitable.
Milde *f* **-** douceur *f; (Freundlichkeit)* indulgence *f.*
mildern *vt* atténuer; **~de Umstände** circonstances *fpl* atténuantes.
Milieu [mi'liø:] *nt* **-s, -s** milieu *m.*
Mili'tär *nt* **-s** militaires *mpl; (Truppen)* armée *f.*
mili'tärisch *a* militaire.
Mili'tärpflicht *f* service *m* militaire (obligatoire).
Milliar'där(in *f) m* milliardaire *m/f.*
Milli'arde *f* **-, -n** milliard *m.*
Millimeter *m* millimètre *m.*
Milli'on *f* **-, -en** million *m.*
Millio'när(in *f) m* **-s, -e** millionnaire *m/f.*
Milz *f* **-, -en** rate *f.*
Mimik *f* mimique *f.*
Mi'mose *f* **-, -n** mimosa *m; (fig)* hypersensible *m/f.*
minder *a (Qualität)* inférieur(e); *(Ware)* de qualité inférieure // *ad*

moins; **M~heit** *f* minorité *f;* **~jährig** *a* mineur(e).
mindern *vt (Wert)* diminuer; *(Qualität)* (a)baisser.
minderwertig *a (Ware)* de qualité inférieure; **M~keitskomplex** *m* complexe *m* d'infériorité.
mindeste(r, s) *a* le (la) moindre; *(Einsatz)* le (la) plus petit(e) possible.
mindestens, zum mindesten *ad* au moins.
Mine *f* **-, -n** mine *f; (Kugelschreiber~)* recharge *f.*
Mine'ral *nt* **-s, -e** *o* **-ien** [-iən] minéral *m;* **m~isch** *a* minéral(e); **~wasser** *nt* eau *f* minérale.
mini'mal *a* minime, infime.
Mi'nister(in *f***)** *m* **-s, -** ministre *m.*
ministeri'ell *a* ministériel(le).
Mini'sterium *nt* ministère *m.*
Mi'nisterpräsident(in *f***)** *m* premier ministre *m.*
minus *ad* moins // *prep +gen* moins; **M~** *nt* **-, -** déficit *m;* **M~pol** *m* pôle *m* négatif; **M~zeichen** *nt* (signe) moins *m.*
Mi'nute *f* **-, -n** minute *f.*
mir *pron (dat von ich) (vor Verb)* me; *(vor Vokal, stummem h)* m'; *(nach prep)* moi; **das gehört ~** c'est à moi.
Mischehe *f* mariage *m* mixte.
mischen *vt* mélanger; *(Leute)* mêler; *(FILM, RADIO, TV)* mixer.
Mischling *m* métis(se).
Mischung *f* mélange *m.*
Miß-: m~'achten *vt (ohne ge-)* ne pas tenir compte de; **~'achtung** *f* mépris *m;* **~behagen** *nt* malaise *m,* gêne *f;* **~bildung** *f* malformation *f.*
Mißbilligung *f* désapprobation *f.*
Mißbrauch *m* abus *m.*
miß'brauchen *vt (ohne ge-)* abuser de; **jdn zu etw ~** se servir de qn pour qch.
Mißerfolg *m* échec *m.*
Misse-: ~tat *f* méfait *m;* **~täter(in** *f***)** *m* malfaiteur *m; (fam)* coupable *m.*
miß'fallen *vi irr (ohne ge-):* **jdm ~** déplaire à qn.
Mißfallen *nt* **-s** mécontentement *m,* déplaisir *m;* **jds ~ erregen** déplaire à qn.
Mißgeburt *f* monstre *m.*
Mißgeschick *nt* malchance *f.*
miß'glücken *vi (ohne ge-, mit sein) (Versuch)* échouer.
Miß-: ~griff *m* erreur *f;* **~gunst** *f* envie *f;* **m~günstig** *a* envieux(-euse), malveillant(e).
miß'handeln *vt (ohne ge-)* maltraiter.
Miß'handlung *f* mauvais traitement *m.*
Missi'on *f (Aufgabe)* mission *f; (REL)* missions *fpl.*
Missio'nar(in *f***)** *m* missionnaire *m/f.*
Mißkredit *m* discrédit *m.*
miß'lingen *vi irr (Experiment)* échouer; *(Werk)* rater.
Mißmut *m* **-s** mauvaise humeur *f.*
miß'raten *vi irr (ohne ge-, mit sein):* **der Braten ist mir ~** j'ai raté le rôti // *a (Essen)* raté(e); *(Kind)* mal élevé(e).
Mißstand *m* anomalie *f.*
miß'trauen *vi (ohne ge-)* se méfier *(jdm/etw* de qn/qch).
Mißtrauen *nt* **-s** méfiance *f (gegenüber* à l'égard de); **~santrag** *m* motion *f* de censure; **~svotum** *nt* question *f* de confiance.
Miß-: m~trauisch *a* méfiant(e); *(Frage)* soupçonneux(-euse); **~verhältnis** *nt* disproportion *f;* **~verständnis** *nt* malentendu *m.*
mißver'stehen *vt irr (ohne ge-)* mal comprendre; *(Tat)* se méprendre sur.
Mist *m* **-(e)s** fumier *m; (fam)* foutaise *f;* **~!** zut!
Mistel *f* **-, -n** gui *m.*
Misthaufen *m* fumier *m.*
mit *prep +dat* avec; *(mittels)* avec, par; **~ der Bahn** en train; **~ 10 Jahren** à dix ans; **~ Bleistift** au crayon; **~ einem Wort** en un mot; **~ dem nächsten Zug kommen** arriver par le train suivant // *ad* aussi; **wollen Sie ~?** vous venez?
Mitarbeit *f* collaboration *f;* **~er(in** *f***)** *m* collaborateur(-trice); *pl* équipe *f.*

Mit-: ~**bestimmung** *f* participation *f* (à une décision *o* à la gestion); **m~bringen** *vt irr (zvb) (Menschen)* amener; *(Sache)* apporter.
mitein'ander *ad* ensemble.
miterleben *vt (zvb, ohne ge-)* assister à; *(Krieg, Katastrophe)* vivre.
Mitesser *m* **-s, -** point *m* noir.
mitgeben *vt irr (zvb)* donner (à emporter) *(jdm* à qn).
Mitgefühl *nt* compassion *f*.
mitgehen *vi irr (zvb, mit sein)* venir; **mit jdm ~** accompagner qn.
mitgenommen *a*: **~ sein** *o* **aussehen** *(Mensch)* être marqué(e); *(Möbel, Auto)* être en mauvais état.
Mitgift *f* **-** dot *f*.
Mitglied *nt* **-s, -er** membre *m*; ~**sbeitrag** *m* cotisation *f*; ~**schaft** *f* appartenance *f (in +dat* à).
Mithilfe *f* aide *f*, assistance *f*.
mithören *vt, vi (zvb)* écouter.
mitkommen *vi irr (zvb, mit sein)* venir; *(verstehen)* arriver à suivre.
Mitläufer(in *f***)** *m* suiveur *m*; (*POL*) sympathisant(e).
Mitleid *nt* **-s** compassion *f*; *(Erbarmen)* pitié *f*; ~**enschaft** *f*: **in ~enschaft ziehen** affecter; **m~ig** *a* compatissant(e).
mitmachen *vt (zvb)* prendre part à; *(leiden)*: **er hat viel mitgemacht** il a beaucoup souffert // *vi* être de la partie.
mitnehmen *vt irr (zvb) (jdn)* emmener; *(Sache)* emporter; *(anstrengen)* épuiser.
mit'samt *prep +dat* avec.
Mitschuld *f* complicité *f*.
Mitschüler(in *f***)** *m* camarade *m/f* (de classe).
mitspielen *vi (zvb)* participer au jeu; *(fig)* entrer en jeu *(bei* dans).
Mitspieler(in *f***)** *m* partenaire *m/f*.
Mitspracherecht *nt* droit *m* d'intervention.
Mittag *m* **-(e)s, -e** midi *m*; **(zu) ~ essen** déjeuner; **heute/gestern m~** à *o* ce midi/hier à midi; ~**essen** *nt* déjeuner *m*, repas *m* de midi; **m~s** *ad* à midi; ~**sschlaf** *m* sieste *f*.
Mittäter(in *f***)** *m* complice *m/f*.
Mitte *f* **-, -n** milieu *m*; **aus unserer ~** d'entre nous; **~ Mai** à la mi-mai.
mitteilen *vt (zvb)*: **jdm etw ~** informer qn de qch.
mitteilsam *a* communicatif(-ive).
Mitteilung *f* communication *f*; *(Nachricht)* information *f*.
Mittel *nt* **-s, -** moyen *m*; (*MATH*) moyenne *f*; (*MED*) remède *m (gegen +akk* contre, pour); ~**alter** *nt (historisch)* moyen âge *m*; **m~alterlich** *a (Schloß)* médiéval(e); *(Zustände)* moyenâgeux(-euse); **m~mäßig** *a* médiocre; ~**meer** *nt* Méditerranée *f*; ~**punkt** *m* centre; **sie will immer im ~punkt stehen** elle veut toujours être le point de mire; **m~s** *prep +gen* au moyen de; ~**streifen** *m* bande *f* médiane; ~**stürmer** *m* **-s, -** avant-centre *m*; ~**weg** *m* voie *f* moyenne; ~**welle** *f* (*RADIO*) ondes *fpl* moyennes; ~**wert** *m* valeur *f* moyenne.
mitten *ad*: **~ auf der Straße** en plein milieu de la route; **~ in der Nacht** au milieu de la nuit.
Mitternacht *f* minuit *m*.
mittlere(r, s) *a* du milieu; *(durchschnittlich)* moyen(ne).
mittler'weile *ad* entretemps.
Mittwoch *m* **-(e)s, -e** mercredi *m*; **m~s** *ad* le mercredi.
mit'unter *ad* de temps en temps.
mitverantwortlich *a (Mensch)* coresponsable.
mitwirken *vi (zvb)* coopérer *(bei, an +dat* à); (*THEAT*) participer.
Mitwirkung *f* collaboration *f*; **unter ~ von** avec la participation de.
Mitwisser(in *f***)** *m* personne *f* qui est dans le secret; témoin *m*.
Möbel *nt* **-s, -** meuble *m*; ~**wagen** *m* camion *m* de déménagement.
mo'bil *a (Gerät)* mobile; *(fam: Mensch)* alerte; (*MIL*) sur le pied de guerre.
Mobili'ar *nt* **-s** mobilier *m*.
mö'blieren *vt (ohne ge-)* meubler; **möbliert wohnen** habiter un meublé.
mochte *siehe* **mögen.**
Mode *f* **-, -n** mode *f*.
Mo'dell *nt* **-s, -e** modèle *m*; *(Manne-*

quin) mannequin *m;* (*ARCHIT*) maquette *f.*
model'lieren *vt (ohne ge-)* modeler.
Mode(n)schau *f* défilé *m* de mode.
mo'dern *a* moderne; *(modisch)* à la mode.
moderni'sieren *vt (ohne ge-)* moderniser.
modisch *a* à la mode.
mogeln *vi (fam)* tricher.
mögen *vt, vi irr* aimer; *(wollen)* vouloir; **ich möchte ...** je voudrais ...; **das mag wohl sein** cela se pourrait bien.
möglich *a* possible; **~er'weise** *ad* peut-être; **M~keit** *f* possibilité *f;* **nach M~keit** si possible; **~st** *ad:* **~st schnell** le plus rapidement possible.
Mohn *m* **-(e)s, -e** pavot *m; (Klatsch~)* coquelicot *m.*
Möhre *f* **-, -n, Mohrrübe** *f* carotte *f.*
Mole *f* **-, -n** môle *m.*
Molke'rei *f* laiterie *f.*
Moll *nt* **-, -** (*MUS*) mineur(e).
mollig *a (Wärme)* agréable; *(Pullover)* douillet(te); *(dicklich)* potelé(e).
Mo'ment *m* **-(e)s, -e** moment *m;* **im ~** pour le moment // *nt* facteur *m,* élément *m.*
momen'tan *a* momentané(e) // *ad* pour le moment.
Mo'narch(in *f***)** *m* **-en, -en** monarque *m,* souverain(e).
Monar'chie *f* monarchie *f.*
Monat *m* **-(e)s, -e** mois *m;* **m~elang** *ad* pendant des mois; **m~lich** *a* mensuel(le); **~skarte** *f* abonnement *m* mensuel.
Mönch *m* **-(e)s, -e** moine *m.*
Mond *m* **-(e)s, -e** lune *f;* **~finsternis** *f* éclipse *f* de lune; **~landung** *f* alunissage *m;* **~schein** *m* clair *m* de lune.
Mono'log *m* **-s, -e** monologue *m.*
Mono'pol *nt* **-s, -e** monopole *m.*
mono'ton *a* monotone.
Mon'sun *m* **-s, -e** mousson *f.*
Montag *m* **-(e)s, -e** lundi *m;* **m~s** *ad* le lundi.
Monteur [mɔn'tøːʁ] *m* (*TECH*) monteur *m.*
mon'tieren *vt (ohne ge-)* monter.
Monu'ment *nt* monument *m.*
monumen'tal *a* monumental(e).
Moor *nt* **-(e)s, -e** marécage *m.*
Moos *nt* **-es, -e** mousse *f.*
Moped *nt* **-s, -s** mobylette *f.*
Mops *m* **-es, ¨e** carlin *m.*
Mo'ral *f* **-** morale *f;* **m~isch** *a* moral(e).
Mord *m* **-(e)s, -e** meurtre *m;* **~anschlag** *m* attentat *m.*
Mörder(in *f***)** *m* **-s, -** meurtrier(-ière).
Mord-: **m~s'mäßig** *a (fam)* énorme; **~verdacht** *m:* **unter ~verdacht stehen** être soupçonné(e) de meurtre.
morgen *ad* demain; **~ früh** demain matin // **M~** *m* **-s, -** matin *m;* **M~rock** *m* robe *f* de chambre; **M~röte** *f* aurore *f;* **~s** *ad* le matin.
morgig *a* de demain; **der ~e Tag** demain.
Morphium *nt* morphine *f.*
morsch *a (Holz)* pourri(e); *(Knochen)* fragile.
morsen *vt* télégraphier en morse // *vi* envoyer un message en morse.
Mörtel *m* **-s, -** mortier *m.*
Mosa'ik *nt* **-s, -en** *o* **-e** mosaïque *f.*
Mo'schee *f* **-, -n** [-eːən] mosquée *f.*
Mos'kito *m* **-s, -s** moustique *m.*
Most *m* **-(e)s, -e** moût *m; (Apfelwein)* cidre *m.*
Mo'tiv *nt* motif *m.*
motivieren [moti'viːrən] *vt (ohne ge-)* motiver.
Mo'tor *m* **-s, -en** moteur ; **~enöl** *nt* huile *f* de graissage.
Mo'tor-: **~rad** *nt* moto *f;* **~roller** *m* scooter *m;* **~schaden** *m* ennuis *mpl* mécaniques, panne *f.*
Motte *f* **-, -n** mite *f;* **~nkugel** *f,* **~npulver** *nt* antimite *m.*
Motto *nt* **-s, -s** devise *f.*
Möwe *f* **-, -n** mouette *f.*
Mücke *f* **-, -n** moustique *m;* **~nstich** *m* piqûre *f* de moustique.
müde *a* fatigué(e); *(Lächeln)* las(se); **einer Sache** *(gen)* **~ sein** être las(se) de qch.
Müdigkeit *f* fatigue *f.*

Muffel *m* **-s, -** *(fam)* ronchonneur (-euse).
muffig *a* qui sent le renfermé.
Mühe *f* **-, -n** peine *f*; **mit Müh und Not** avec peine; **sich** *(dat)* ~ **geben** se donner de la peine; **m~los** *a* facile.
muhen *vi* meugler.
mühevoll *a* pénible.
Mühle *f* **-, -n** moulin *m*.
mühsam *a* pénible.
Mulde *f* **-, -n** cuvette *f*.
Mull *m* **-(e)s, -e** mousseline *f*; **~binde** *f* bande *f* de gaze.
Müll *m* **-(e)s** ordures *fpl*; **~abfuhr** *f* enlèvement *m* des ordures; *(Leute)* éboueurs *mpl*; **~abladeplatz** *m*, **~deponie** *f* décharge *f*; **~eimer** *m* poubelle *f*.
Müller(in *f***)** *m* **-s, -** meunier(-ière).
Müll-: ~schlucker *m* **-s, -** vide-ordures *m*; **~wagen** *m* benne *f* à ordures.
mulmig *a (Gefühl)* bizarre; **mir ist (es)** ~ *(fam)* je me sens mal à l'aise.
multipli'zieren *vt (ohne ge-)* multiplier.
Mumie ['muːmiə] *f* momie *f*.
München *nt* **-s** Munich.
Mund *m* **-(e)s, ¨er** bouche *f*; **~art** *f* dialecte *m*.
münden *vi (Fluß)* se jeter *(in +akk* dans); *(Straße)* déboucher *(in +akk* sur).
Mundhar'monika *f* harmonica *m*.
mündig *a* majeur(e).
mündlich *a (Absprache)* verbal(e); *(Prüfung)* oral(e) // *ad* de vive voix; oralement.
Mund-: ~stück *nt (von Trompete etc)* embouchure *f*; *(Zigaretten~)* bout *m*; **m~tot** *a*: **jdn m~tot machen** réduire qn au silence.
Mündung *f* embouchure *f*; *(von Gewehr)* gueule *f*.
Mund-: ~werk *nt*: **ein großes ~werk haben** avoir une grande gueule; **~winkel** *m* commissure *f* des lèvres.
Muniti'on *f* munitions *fpl*.
munkeln *vi* chuchoter.
Münster *nt* **-s, -** cathédrale *f*.
munter *a (lebhaft)* gai(e); *(wach)* plein(e) d'entrain; **M~keit** *f* entrain *m*.
Münze *f* **-, -n** pièce *f* de monnaie.
münzen *vt* monnayer; **auf jdn gemünzt sein** être dirigé(e) contre qn.
Münzfernsprecher *m* cabine *f* téléphonique.
mürb(e) *a (Gestein)* friable; *(Holz)* pourri(e); *(Gebäck)* sablé(e); **jdn ~ machen** briser qn; **M~teig** *m* pâté *f* brisée.
murmeln *vt, vi* murmurer.
Murmeltier *nt* marmotte *f*.
murren *vi* rouspéter.
mürrisch *a (Mensch)* de mauvaise humeur; *(Antwort)* maussade; *(Gesicht)* renfrogné(e).
Mus *nt* **-es, -e** compote *f*.
Muschel *f* **-, -n** moule *f*; *(~schale)* coquillage *m*; *(Telefon~)* combiné *m*.
Museum [mu'zeːʊm] *nt* **-s, Museen** [mu'zeːən] musée *m*.
Mu'sik *f* musique *f*.
musi'kalisch *a (Mensch)* musicien(ne); *(Verständnis)* musical(e).
Musiker(in *f***)** *m* **-s, -** musicien(ne).
musi'zieren *vi (ohne ge-)* jouer de la musique.
Muskel *m* **-s, -n** muscle *m*; **~kater** *m* courbatures *fpl*.
Muskula'tur *f* musculature *f*.
musku'lös *a* musclé(e).
Muß *nt* **-** nécessité *f*.
Muße *f* **-** loisir *m*.
müssen *vi irr* devoir; **ich muß es machen** je dois le faire, il faut que je le fasse; **er hat gehen** ~ il a dû s'en aller.
Muster *nt* **-s, -** modèle *m*; *(Dessin)* motif *m*; *(Probe)* échantillon *m*; **m~gültig** *a* exemplaire.
mustern *vt (Truppen)* passer en revue; *(fig: ansehen)* dévisager.
Muster-: ~schüler(in *f***)** *m* élève *m/f* modèle; **~ung** *f (MIL)* conseil *m* de révision.
mußte *siehe* **müssen.**
Mut *m* **-s** courage *m*; **nur ~!** courage!; **jdm ~ machen** encourager qn; **m~ig** *a* courageux(-euse).

mutmaßlich *a (Täter)* présumé(e).
Mutter *f* **-, ¨** mère *f // pl:* **~n** *(Schrauben~)* écrou *m.*
mütterlich *a* maternel(le); **~erseits** *ad:* **Großvater ~erseits** grand-père maternel.
Mutter-: ~mal *nt* envie *f;* **~schaft** *f* maternité *f;* **~schutz** *m* protection *f* de la mère; *(Zeit)* congé *m* maternité; **~sprache** *f* langue *f* maternelle; **~tag** *m* fête *f* des mères.
mutwillig *a (Zerstörung)* volontaire.
Mütze *f* **-, -n** *(Woll~)* bonnet *m; (Schiffers~)* casquette *f.*
MwSt *abk von* **Mehrwert steuer.**
Mythos *m* **-, Mythen** mythe *m.*

N

na *excl* eh bien!
Nabel *m* **-s, -** nombril *m;* **~schnur** *f* cordon *m* ombilical.
nach *prep +dat (zeitlich)* après; *(in Richtung)* vers; *(gemäß)* d'après, selon // *ad:* **ihm ~!** suivons-le!; **~ wie vor** tout comme avant; **~ und ~** peu à peu; **~ oben/hinten** vers le haut, en haut/en arrière; **~ahmen** *vt (zvb)* imiter.
Nachbar(in *f***)** *m* **-s, -n** voisin(e); **~haus** *nt* maison *f* voisine; **n~lich** *a (Beziehung)* de bon voisinage; **~schaft** *f* voisinage *m.*
nach-: ~bestellen *vt (zvb, ohne ge-) (Ware)* faire une commande supplémentaire de; **~datieren** *vt (zvb, ohne ge-)* postdater.
nach'dem *conj* après que, après *(+Infinitiv); (weil)* puisque, comme.
nach-: ~denken *vi irr (zvb)* réfléchir *(über +akk* à); **~denklich** *a* pensif (-ive).
nachdrücklich *a* catégorique.
nacheifern *vi (zvb):* **jdm ~** se modeler sur qn.
nachein'ander *ad* l'un(e) après l'autre, successivement.
nachempfinden *vt irr (zvb, ohne ge-):* **jdm etw ~** comprendre (les sentiments de) qn; **das kann ich Ihnen ~** je comprends ce que vous ressentez.
Nacherzählung *f* compte-rendu *m* (de lecture).
Nachfahr *m* **-s, -en** descendant *m.*
Nachfolge *f* succession *f.*
nachfolgen *vi (zvb, mit sein)* suivre *(jdm, etw (dat)* qn, qch); *(in Amt etc)* succéder.
Nachfolger(in *f***)** *m* **-s, -** successeur *m.*
nachforschen *vi (zvb)* faire des recherches.
Nachfrage *f* demande *f* de renseignements; *(COMM)* demande *f;* **n~n** *vi (zvb)* se renseigner.
nach-: ~fühlen *vt (zvb):* **jdm etw ~ fühlen** comprendre qn, se mettre à la place de qn; **~füllen** *vt (zvb) (Behälter)* recharger; *(Flüssigkeit)* remplir à nouveau; **~geben** *vi irr (zvb)* céder.
Nachgebühr *f* surtaxe *f.*
nachgehen *vi irr (zvb, mit sein)* suivre *(jdm* qn); *(erforschen)* faire des recherches (sur qch); *(Uhr)* retarder.
Nachgeschmack *m* arrière-goût *m.*
nachgiebig *a (Mensch)* conciliant(e); *(Boden etc)* mou (molle).
nachhaltig *a* durable.
nachhelfen *vi irr (zvb)* aider *(jdm* qn).
nach'her *ad* après, ensuite.
Nachhilfeunterricht *m* cours *m* particulier *o* de rattrapage.
nachholen *vt (zvb) (Versäumtes)* rattraper.
Nachkomme *m* **-n, -n** descendant(e).
nachkommen *vi irr (zvb, mit sein)* venir après; *(mitkommen)* rejoindre; *(einer Verpflichtung)* remplir *(etw (dat)* qch).
Nachkriegszeit *f* après-guerre *m.*
nachlassen *irr (zvb) vt (Strafe)* remettre; *(Preise)* rabattre, diminuer // *vi (Sturm etc)* s'apaiser; *(schlechter werden: Mensch)* se laisser aller; *(: Leistung)* diminuer.
nachlässig *a* négligé(e); *(Mensch)* négligeant(e).

nachlaufen *vi irr (zvb, mit sein)*: **jdm** ~ courir après qn.
nachmachen *vt (zvb) (Fotos)* faire refaire; *(Arbeit)* faire plus tard, rattraper; *(Gebärde)* imiter; *(fälschen)* contrefaire; **jdm etw** ~ imiter *o* copier qn (en qch).
Nachmittag *m* après-midi *m o f*; **am** ~, **n~s** *ad* l'après-midi.
Nach-: **~nahme** *f* **-, -n**: **per ~nahme** contre remboursement; **~name** *m* nom *m* de famille.
nachprüfen *vt, vi (zvb)* contrôler.
Nachrede *f*: **üble** ~ diffamation *f*.
Nachricht *f* **-, -en** *(Mitteilung)* information *f*; nouvelle *f*; **~en** *pl* informations *fpl*; **~enagentur** *f* agence *f* de presse; **~ensprecher(in** *f*) *m* speaker(ine); **~entechnik** *f* télécommunications *fpl*.
Nachruf *m* nécrologie *f*.
nachsagen *vt (zvb)*: **jdm etw** ~ *(wiederholen)* répéter qch après qn; *(vorwerfen)* reprocher qch à qn.
nachschicken *vt (zvb)* faire suivre.
nachschlagen *irr (zvb) vt (Wort)* vérifier; *(Sache)* chercher // *vi (mit sein)*: **jdm** ~ tenir de qn; **in einem Buch** ~ consulter un livre.
Nachschlagewerk *nt* ouvrage *m* de référence.
Nachschub *m* ravitaillement *m*.
nachsehen *irr (zvb) vt (prüfen)* vérifier // *vi* regarder; **jdm/etw** ~ suivre qn/qch des yeux; **jdm etw** ~ pardonner qch à qn; **das N~ haben** en être pour ses frais.
nachsenden *vt irr (zvb)* faire suivre.
Nachsicht *f* **-** indulgence *f*.
Nachspeise *f* dessert *m*.
Nachspiel *nt (fig)* suites *fpl*, conséquences *fpl*.
nachsprechen *vt, vi irr (zvb)* répéter *(jdm* après qn).
nächst'beste(r, s) *a* le(la) premier(-ière) venu(e).
nächste(r, s) *a* suivant(e), prochain(e).
Nächstenliebe *f* amour *m* du prochain.
nächstens *ad* prochainement.
nächstliegend *a (Grundstück)* d'à côté; *(Buch)* à portée de main; *(fig)* évident(e), manifeste.
nächst'möglich *a (Termin)* le plus tôt (possible).
Nacht *f* **-, ¨e** nuit *f*.
Nachteil *m* inconvénient *m*, désavantage *m*.
Nachthemd *nt* chemise *f* de nuit.
Nachtigall *f* **-, -en** rossignol *m*.
Nachtisch *m* dessert *m*.
nächtlich *a* nocturne.
Nach-: **~trag** *m* **-(e)s, -träge** supplément *m*; **n~tragen** *vt irr (zvb)* ajouter; **jdm etw n~tragen** *(übelnehmen)* en vouloir à qn de qch; **n~trauern** *vi (zvb)*: **jdm/etw n~trauern** regretter qn/qch.
Nacht-: **~ruhe** *f* repos *m* nocturne; **n~s** *ad* la nuit, de nuit; **~schicht** *f* poste *m* de nuit; **~tisch** *m* table *f* de nuit; **~topf** *m* pot *m* de chambre; **~wächter** *m* veilleur *m* de nuit.
Nach-: **~untersuchung** *f* contrôle *m* médical; **n~wachsen** *vi irr (zvb, mit sein)* repousser.
Nachweis *m* **-es, -e** preuve *f*; **n~bar** *a* vérifiable.
nachweisen *vt irr (zvb)* prouver, démontrer; **jdm etw** ~ *(Fehler)* convaincre qn de qch; *(angeben)* fournir qch à qn.
nach-: **~wirken** *vi (zvb)* avoir des répercussions *o* des suites; **N~wirkung** *f* répercussions *fpl*, effet *m* ultérieur; **N~wuchs** *m (in Familie)* progéniture *f*; *(in Beruf)* nouvelles recrues *fpl*; **~zahlen** *vt, vi (zvb) (Summe)* payer en plus; *(Steuer)* payer postérieurement; **~zählen** *vt, vi (zvb)* recompter, vérifier; **N~zügler(in** *f*) *m* **-s, -** retardataire *m/f*; *(bei Wanderung)* traînard(e); *(Kind)* enfant *m/f* venu(e) sur le tard.
Nacken *m* **-s, -** nuque *f*.
nackt *a* nu(e); *(Wand)* dénudé(e); *(Tatsachen)* cru(e); *(Wahrheit)* tout(e) nu(e); **N~heit** *f* nudité *f*.
Nadel *f* **-, -n** aiguille *f*; *(Steck~)* épingle *f*; **~kissen** *nt* pelote *f* à épingles; **~öhr** *nt* chas *m*; **~wald** *m* forêt *f* de conifères.
Nagel *m* **-s, ¨** clou *m*; *(Finger~)* ongle

m; **~feile** *f* lime *f* à ongles; **~lack** *m* vernis *m* à ongles.
nageln *vt (Kiste etc)* clouer; *(Schuhe)* clouter.
nagelneu *a* flambant neuf (neuve).
nagen *vt, vi* ronger *(an jdm/etw* qn/qch).
Nagetier *nt* rongeur *m.*
nah(e) *a, ad* **(näher, am nächsten)** proche // *prep +dat* près de.
Nahaufnahme *f* gros plan *m.*
Nähe *f* - proximité *f; (Umgebung)* environs *mpl;* **in der** ~ à deux pas d'ici; **aus der** ~ de près.
nahe-: **~bei** *ad* à proximité; **~gehen** *vi irr (zvb, mit sein):* **jdm ~gehen** *(Erlebnis etc)* toucher qn de près; **~legen** *vt (zvb):* **jdm etw ~legen** suggérer qch à qn; **~liegen** *vi irr (zvb)* paraître évident(e).
nahen *vi (mit sein)* approcher.
nähen *vt, vi (Kleidung)* coudre; *(Wunde)* suturer.
näher *a, ad (Komparativ von* **nahe***)* plus proche; *(Erklärung, Erundigung)* plus précis(e); **N~es** *nt* détails *mpl;* **~kommen** *irr (zvb, mit sein) vi* s'approcher // *vr:* **sich ~kommen** se rapprocher.
nähern *vr:* **sich** ~ s'approcher.
nahe-: **~stehen** *vi irr (zvb):* **jdm ~stehen** être près de qn; **etw** *(dat)* **~stehen** être proche de qch; **~stehend** *a (Freunde)* intime, proche; **~zu** *ad* presque.
nahm *siehe* **nehmen.**
Näh-: **~maschine** *f* machine *f* à coudre; **~nadel** *f* aiguille *f* (à coudre).
nähren *vt* nourrir // *vr:* **sich** ~ se nourrir *(von* de).
nahrhaft *a* nourrissant(e).
Nährstoffe *pl* substances *fpl* nutritives.
Nahrung *f* nourriture *f;* **~smittel** *nt* aliment *m,* produit *m* alimentaire.
Nährwert *m* valeur *f* nutritive.
Naht *f* -, ¨e couture *f; (MED)* suture *f; (TECH)* soudure *f;* **n~los** *a* sans couture(s).
Nah-: **~verkehr** *m* traffic *m* suburbain *o* de banlieue; **~ziel** *nt* but *m* immédiat.
naiv *a* naïf(naïve).
Naivität [naivi'tɛ:t] *f* naïveté *f.*
Name *m* **-ns, -n** nom *m;* **im ~n von** au nom de; **n~ntlich** *a (Abstimmung)* nominal(e) // *ad* nominalement; *(besonders)* surtout.
namhaft *a (berühmt)* renommé(e), réputé(e).
nämlich *ad* à savoir; *(denn)* car; **~e** *a:* **der/die/das ~e** le (la) même.
nannte *siehe* **nennen.**
Napf *m* **-(e)s, ¨e** écuelle *f.*
Narbe *f* **-, -n** cicatrice *f.*
narbig *a* couvert(e) de cicatrices.
Nar'kose *f* **-, -n** anesthésie *f.*
Narr *m* **-en, -en** fou *m;* **n~en** *vt* duper, berner; **~heit** *f* folie *f.*
närrisch *a* fou(folle), loufoque.
naschen *vt (Schokolade etc)* grignoter.
naschhaft *a* gourmand(e).
Nase *f* **-, -n** nez *m;* **~nbluten** *nt* **-s** saignement *m* de nez; **~nloch** *nt* narine *f;* **~nrücken** *m* arête *f* du nez; **~ntropfen** *pl* gouttes *fpl* pour le nez; **n~weis** *a (frech)* effronté(e), impertinent(e); *(neugierig)* curieux (-euse).
Nashorn *nt* **-s, -hörner** rhinocéros *m.*
naß *a* mouillé(e).
Nässe *f* - humidité *f.*
nässen *vi (Wunde)* suinter.
Naßrasur *f* rasage *m* mécanique.
Nati'on *f* nation *f.*
natio'nal *a* national(e); **N~hymne** *f* hymne *m* national.
Nationa'lismus *m* nationalisme *m.*
Nationali'tät *f* nationalité *f.*
Natio'nal-: **~mannschaft** *f* équipe *f* nationale; **~sozialismus** *m* national-socialisme *m,* nazisme *m.*
Natron *nt* **-s** soude *f.*
Na'tur *f* nature *f.*
Natu'ralien [-iən] *pl:* **in** ~ en nature.
Na'tur-: **~erscheinung** *f* phénomène *m* naturel; **n~gemäß** *a* naturel(le); **~gesetz** *nt* loi *f* de la nature; **~katastrophe** *f* catastrophe *f* naturelle.

na'türlich *a* naturel(le) // *ad* naturellement; **N~keit** *f* *(von Mensch)* naturel *m*, simplicité *f*.

Na'tur-: **n~rein** *a* *(Wein etc)* naturel(le); **~schutzgebiet** *nt* site *m* protégé; **~wissenschaft** *f* sciences *fpl* naturelles; **~wissenschaftler(in** *f*) *m* scientifique *m/f*; **~zustand** *m* état *m* naturel.

Nazi *m* **-s, -s** nazi(e).

n. Chr. *(abk von* **nach Christus***)* après J.-C.

Nebel *m* **-s, -** brouillard *m*, brume *f*; **~scheinwerfer** *m* phare *m* antibrouillard.

neben *prep (+dat, bei Bewegung +akk)* près de; *(außer: +dat)* à part; **~'an** *ad* à côté; **N~anschluß** *m (TEL)* ligne *f* supplémentaire; *(ELEC)* dérivation *f*; **~'bei** *ad (außerdem)* en outre; *(beiläufig)* en passant; **N~beschäftigung** *f* activité *f* secondaire; **~ein'ander** *ad* l'un(e) à côté de l'autre; **~ein'anderlegen** *vt (zvb)* mettre l'un(e) à côté de l'autre; **N~eingang** *m* entrée *f* latérale; **N~erscheinung** *f* effet *m* secondaire; **N~fach** *nt (SCOL)* matière *f* secondaire; **N~fluß** *m* affluent *m*; **N~geräusch** *nt* parasites *mpl*, interférences *fpl*; **~'her** *ad (zusätzlich)* en outre; *(gleichzeitig)* en même temps; *(daneben)* à côté; **~'herfahren** *vi irr (zvb, mit sein)* rouler à côté (de qn); **N~kosten** *pl* frais *mpl* supplémentaires; **N~produkt** *nt* sous-produit *m*; **N~rolle** *f* rôle *m* secondaire; **N~sache** *f* bagatelle *f*; **~sächlich** *a* insignifiant(e); **N~straße** *f* rue *f* latérale; **N~zimmer** *nt* pièce *f* voisine.

neblig *a* *(Wetter, Tag)* brumeux(-euse).

necken *vt* taquiner.

neckisch *a* taquin(e); *(Einfall, Lied)* amusant(e).

Neffe *m* **-n, -n** neveu *m*.

negativ *a* négatif(-ive); **N~** *nt* **-s, -e** négatif *m*.

Neger *m* **-s, -** nègre *m*; **~in** *f* négresse *f*.

ne'gieren *vt (ohne ge-)* nier.

nehmen *vt irr* prendre; **etw an sich** *(akk)* ~ prendre qch; **sich ernst ~** se prendre au sérieux; **nimm dir noch einmal** ressers-toi.

Neid *m* **-(e)s** jalousie *f*; **n~isch** *a* envieux(-euse).

neigen *vt* incliner // *vi:* **zu etw ~** tendre à qch.

Neigung *f* *(des Geländes)* pente *f*, inclinaison *f*; *(Tendenz)* tendance *f (zu* à); *(Vorliebe)* penchant *m (für* pour); *(Zuneigung)* affection *f (zu* pour).

nein *ad* non.

Nelke *f* **-, -n** œillet *m*; *(Gewürz)* clou *m* de girofle.

nennen *vt irr* nommer; *(Kind)* appeler; *(Namen)* dire; **~swert** *a* digne d'être mentionné(e), remarquable; *(Schaden)* considérable.

Nenner *m* **-s, -** *(MATH)* dénominateur *m*.

Nennwert *m* *(FIN)* valeur *f* nominale.

Neon *nt* **-s** néon *m*; **~licht** *nt* lampe *f* au néon; **~röhre** *f* tube *m* au néon.

Nerv *m* **-s, -en** nerf *m*; **jdm auf die ~en gehen** énerver qn; **n~enaufreibend** *a* énervant(e); **~enbündel** *nt* paquet *m* de nerfs; **~enheilanstalt** *f* maison *f* de santé; **n~enkrank** *a* neurasthénique; **~enzusammenbruch** *m* dépression *f* nerveuse.

nervös [nɛr'vøːs] *a* nerveux(-euse).

Nervosität [nɛrvozi'tɛːt] *f* nervosité *f*.

Nerz *m* **-es, -e** vison *m*.

Nessel *f* **-, -n** ortie *f*.

Nest *nt* **-(e)s, -er** nid *m*; *(fam: Ort)* patelin *m*; *(von Dieben)* repaire *m*.

nesteln *vi:* **an etw** *(dat)* ~ tripoter qch.

nett *a* joli(e); *(Abend)* agréable; *(freundlich)* gentil(le); **~erweise** *ad* gentiment, aimablement.

netto *ad* net.

Netz *nt* **-es, -e** filet *m*; *(Spinnen~)* toile *f*; *(System)* réseau *m*; **~gerät** *nt* transformateur *m*; **~haut** *f* rétine *f*.

neu *a* nouveau(-elle); *(noch nicht gebraucht)* neuf(neuve); *(Sprachen, Geschichte)* moderne // *ad:* **~ schreiben/machen** récrire/

refaire; **seit ~estem** tout récemment; **N~anschaffung** *f* nouvelle acquisition *f*; **~artig** *a* *(Sache)* inédit(e); **N~auflage** *f*, **N~ausgabe** *f* nouvelle édition *f*; **N~bau** *m* construction *f* nouvelle; **~erdings** *ad* *(kürzlich)* récemment; *(von ~em)* de nouveau.
Neuerung *f* innovation *f*.
Neugier *f* - curiosité *f*; **n~ig** *a* curieux(-euse).
Neuheit *f* nouveauté *f*.
Neuigkeit *f* nouvelle *f*.
Neujahr *nt* nouvel an *m*.
neulich *ad* l'autre jour.
Neuling *m* novice *m/f*, débutant(e).
Neumond *m* nouvelle lune *f*.
neun *num* neuf; **~zehn** *num* dix-neuf; **~zig** *num* quatre-vingt-dix.
neureich *a* *(Mensch)* nouveau riche.
Neu'rose *f* **-, -n** névrose *f*.
Neu'rotiker(in *f***)** *m* **-s, -** névrosé(e).
neu'rotisch *a* névrosé(e).
neu'tral *a* neutre.
Neutrali'tät *f* neutralité *f*.
Neutron *nt* **-s, -en** neutron *m*.
Neutrum *nt* **-s, -tra** *o* **-en** neutre *m*.
Neu-: ~wert *m* valeur *f* à l'état neuf; **~zeit** *f* temps *mpl* modernes.
nicht *ad* (ne ...) pas; **~ wahr?** n'est-ce pas?; **~ doch!** mais non!; **~ berühren!** ne pas toucher!; **N~'angriffspakt** *m* pacte *m* de non-agression.
Nichte *f* **-, -n** nièce *f*.
nichtig *a* *(ungültig)* nul(le); *(bedeutungslos)* vain(e); *(wertlos)* futile.
Nicht-: ~raucher(in *f***)** *m* personne *f* qui ne fume pas, non-fumeur *m*; **n~rostend** *a* inoxydable.
nichts *pron* (ne ...) rien; **N~** *nt* **-s** néant *m*; *(pej: Person)* zéro *m*; **~desto'weniger** *ad* néanmoins; **~nutzig** *a*: **ein ~nutziger Kerl** un vaurien; **~sagend** *a* insignifiant(e); **N~tun** *nt* oisiveté *f*.
nicken *vi* faire un signe de la tête.
Nickerchen *nt* petit somme *m*.
nie *ad* (ne ...) jamais; **~ wieder** *o* **mehr** jamais plus, plus jamais; **~ und nimmer** jamais de la vie.
nieder *a* bas(se) // *ad*: **~ mit ...** à bas ...; **N~gang** *m* déclin *m*, décadence *f*; **~gehen** *vi irr (zvb, mit sein)* descendre; *(Regen)* s'abattre; **~geschlagen** *a* abattu(e), déprimé(e); **N~lage** *f* défaite *f*, échec *m*; **N~lande** *pl* Pays-Bas *mpl*; **~ländisch** *a* néerlandais(e); **~lassen** *vr irr (zvb)*: **sich ~lassen** s'installer; **N~lassung** *f* *(COMM)* succursale *f*; **~legen** *vt (zvb)* poser; *(Arbeit)* cesser; *(Amt)* démissionner de; **N~schlag** *m* *(CHEM)* précipité *m*; *(METEO)* précipitations *fpl*; **~schlagen** *irr (zvb) vt (Gegner)* terrasser; *(Augen)* baisser; *(Aufstand)* réprimer; **~trächtig** *a* infâme, vil(e).
niedlich *a* mignon(ne), adorable.
niedrig *a* bas(se); *(Geschwindigkeit)* faible; *(Stand)* modeste.
niemals *ad* (ne ...) jamais.
niemand *pron* personne *(mit Verneinung)*; **N~sland** *nt* zone *f* neutre.
Niere *f* **-, -n** rein *m*; **~nentzündung** *f* néphrite *f*.
nieseln *vi*: **es nieselt** il bruine.
niesen *vi* éternuer.
Niete *f* **-, -n** *(TECH)* rivet *m*; *(Los)* mauvais numéro *m*; *(Reinfall)* fiasco *m*; *(Mensch)* raté(e).
nieten *vt* riveter.
Nihi'lismus *m* nihilisme *m*.
nihi'listisch *a* nihiliste.
Nilpferd *nt* hippopotame *m*.
nippen *vt, vi* siroter *(an +dat* qch).
Nippsachen *pl* bibelots *mpl*.
nirgends, nirgendwo *ad* nulle part.
Nische *f* **-, -n** niche *f*.
nisten *vi* *(Vogel)* nicher, faire son nid.
Niveau [ni'vo:] *nt* **-s, -s** niveau *m*.
Nixe *f* **-, -n** ondine *f*.
noch *ad* encore // *conj*: **weder...~** ni...ni; **~ nie** jamais; **~ nicht** pas encore; **immer ~** toujours, encore; **~ heute** aujourd'hui même; **~ vor einer Woche** il y a encore une semaine; **und wenn es ~ so schwer ist** même si c'est très difficile; **~ einmal** encore une fois; ~

und ~ en masse; **~mal(s)** *ad* encore une fois; **~'malig** *a* répété(e).
nomi'nell *a (Besitzer)* nominal(e) // *ad* nominalement.
Nonne *f* **-, -n** religieuse *f*; **~nkloster** *nt* couvent *m*.
Nord(en) *m* **-s** nord *m*; **n~isch** *a* nordique.
nördlich *a* septentrional(e), du nord; ~ **von** , ~ *prep +gen* au nord de.
Nordpol *m* Pôle *m* Nord.
Nordsee *f* Baltique *f*.
Nörge'lei *f* récriminations *fpl*, remarques *fpl* continuelles.
nörgeln *vi* grogner, rouspéter.
Nörgler(in *f***)** *m* **-s, -** ronchonneur (-euse), rouspéteur(-euse).
Norm *f* **-, -en** *(Regel)* norme *f*; *(Größenvorschrift)* standard *m*, norme.
nor'mal *a* normal(e); **~erweise** *ad* normalement.
normali'sieren *(ohne ge-) vt (Lage)* normaliser // *vr*: **sich** ~ se normaliser, revenir à la normale.
normen *vt (Maße)* standardiser.
Norwegen *nt* **-s** la Norvège.
Norweger(in *f***)** *m* **-s, -** Norvégien(ne).
Not *f* **-, ¨e** détresse *f*; *(Armut)* besoin *m*, dénuement *m*; *(Mühe)* peine *f*; *(Zwang)* nécessité *f*; **zur** ~ au besoin; *(gerade noch)* à la rigueur.
No'tar *m* notaire *m*; **notari'ell** *a (Beglaubigung)* notarié(e).
Not-: **~ausgang** *m* sortie *f* de secours; **~behelf** *m* succédané *m*, expédient *m*; **n~dürftig** *a (Ersatz)* insuffisant(e); *(behelfsmäßig: Reparatur)* provisoire; **sich n~dürftig verständigen** se faire comprendre tant bien que mal.
Note *f* **-, -n** note *f*; *(Bank~)* billet *m*; *(Gepräge)* trait *m*, marque *f*; **~nblatt** *nt* feuillet *m* de musique; **~nschlüssel** *m* clé *f*; **~nständer** *m* pupitre *m* (à musique).
Not-: **~fall** *m* cas *m* d'urgence; **n~falls** *ad* au besoin, si besoin est; **n~gedrungen** *a*: **etw n~gedrungen machen** faire qch par nécessité.
no'tieren *vt, vi (ohne ge-)* noter; *(FIN)* coter.
nötig *a* nécessaire; **etw ~ haben** avoir besoin de qch.
nötigen *vt* obliger *(zu* à); **~falls** *ad* au besoin, si besoin est.
No'tiz *f* **-, -en** notice *f*, note *f*; **~nehmen** remarquer *(von etw* qch); **~buch** *nt* carnet *m*, calepin *m*.
Not-: **~lage** *f* situation *f* critique, détresse *f*; **n~landen** *vi (zvb, mit sein)* faire un atterrissage forcé; **n~leidend** *a* nécessiteux(-euse); **~lösung** *f* solution *f* provisoire; **~lüge** *f* pieux mensonge *m*.
no'torisch *a* notoire.
Not-: **~ruf** *m* appel *m* au secours; **~rufsäule** *f* poste *m* de secours; **~stand** *m* état *m* d'urgence; **~standsgesetz** *nt* loi *f* d'urgence; **~unterkunft** *f* logement *m* provisoire; **~wehr** *f* légitime défense *f*; **n~wendig** *a* nécessaire; *(zwangsläufig)* obligatoire; **~zucht** *f* viol *m*.
Novelle [no'vɛlə] *f* **-, -n** nouvelle *f*; *(JUR)* amendement *m*.
November [no'vɛmbɐ] *m* **-(s), -** novembre *m*.
Nu *m*: **im** ~ en moins de rien.
nüchtern *a (Mensch)* à jeun; *(nicht betrunken)* pas ivre; *(Urteil)* objectif (-ive); *(Einrichtung)* simple; **N~heit** *f* sobriété *f*.
Nudel *f* **-, -n** nouille *f*.
Null *f* **-, -en** zéro *m*; **n~** *num* zéro; **n~ und nichtig** nul(le) et non avenu(e); **~punkt** *m* zéro *m*.
nume'rieren *vt (ohne ge-)* numéroter.
Nummer *f* **-, -n** numéro *m*; **~nschild** *nt (AUT)* plaque *f* minéralogique.
nun *ad* maintenant // *excl* alors!
nur *ad* seulement.
Nuß *f* **-, Nüsse** noix *f*; *(Hasel~)* noisette *f*; **~baum** *m* noyer *m*; noisetier *m*; **~knacker** *m* **-s, -** casse-noisettes *m inv*.
Nüster *f* **-, -n** naseau *m*.
nutz, nütze *a*: **zu nichts ~ sein** n'être bon(ne) à rien; **~bar** *a (Boden)*

cultivable; ~**bar machen** rendre cultivable; ~**bringend** *a (Verwendung)* efficace; *(Anlage)* rentable.
nutzen, nützen *vt* utiliser // *vi (gut sein)* être utile *o* bon(ne) *(+dat* à, pour); **nichts** ~ ne servir à rien.
Nutzen *m* **-s** utilité *f*.
nützlich *a* utile; **N~keit** *f* utilité *f*.
Nutz-: ~**losigkeit** *f* inutilité *f*; ~**nießer(in** *f*) *m* **-s, -** usufruitier(-ière).

O

O'ase *f* **-, -n** oasis *f*.
ob *conj* si; ~ **das wohl wahr ist?** je me demande si c'est vrai; **und** ~! et comment!
obdachlos *a* sans abri; sans foyer.
Obdukti'on *f* autopsie *f*.
obdu'zieren *vt (ohne ge-)* autopsier.
O-Beine *pl* jambes *fpl* arquées.
oben *ad* en haut; **nach** ~ en haut, vers le haut; **von** ~ d'en haut; ~ **ohne** seins nus; ~**'an** *ad* en tête; ~**drein** *ad* par-dessus le marché, en plus; ~**erwähnt,** ~**genannt** *a* mentionné(e) ci-dessus; ~**'hin** *ad* superficiellement.
Ober *m* **-s, -** *(Kellner)* garçon *m*; ~**arzt** *m*, ~**ärztin** *f* médecin *m* chef; ~**aufsicht** *f* supervision *f*; ~**befehlshaber** *m* commandant *m* en chef; ~**begriff** *m* terme *m* générique; ~**bekleidung** *f* vêtements *mpl* (de dessus); ~**bürgermeister(in** *f*) *m* maire *m*.
obere(r, s) *a* supérieur(e).
Ober-: ~**fläche** *f* surface *f*; **o~flächlich** *a* superficiel(le); ~**geschoß** *nt* étage *m*; **o~halb** *ad* au-dessus // *prep + gen* au-dessus de; ~**haupt** *nt* chef *m*; ~**hemd** *nt* chemise *f*; ~**in** *f* (*REL*) (mère *f*) supérieure *f*; ~**kellner** *m* maître *m* d'hôtel; ~**kommando** *n* haut commandement *m*; ~**körper** *m* tronc *m*, haut *m* du corps; ~**leitung** *f* direction *f* générale; (*ELEC*) caténaire *f*; ~**licht** *nt (Fenster)* lucarne *f*; ~**schenkel** *m* cuisse *f*; ~**schicht** *f* classe *f* supérieure; ~**schule** *f* lycée *m*; ~**schwester** *f* (*MED*) infirmière-chef *f*.
Oberst *m* **-en** *o* **-s, -en** *o* **-e** colonel *m*.
oberste(r, s) *a* le(la) plus haut(e); *(Befehlshaber, Gesetz)* suprême; *(Klasse)* supérieur(e);
Ober-: ~**stufe** *f* second cycle *m*; ~**teil** *nt* partie *f* supérieure; ~**wasser** *nt*: ~**wasser haben/bekommen** avoir le vent en poupe; ~**weite** *f* tour *m* de poitrine.
ob'gleich *conj* bien que + *subj*.
Obhut *f* - garde *f*, protection *f*.
obig *a* ci-dessus.
Ob'jekt *nt* **-(e)s, -e** objet *m*; (*LING*) complément *m* d'objet.
Objek'tiv *nt* objectif *m*.
objek'tiv *a* objectif(-ive).
Objektivi'tät *f* objectivité *f*.
obliga'torisch *a* obligatoire.
Oboe [o'bo:ə] *f* **-, -n** hautbois *m*.
Obrigkeit *f (Behörde)* autorités *fpl*; *(Regierung)* pouvoirs *mpl* publics.
ob'schon *conj* bien que + *subj*.
Observatorium [ɔpzɛrva'to:riʊm] *nt* observatoire *m*.
ob'skur *a* obscur(e); *(verdächtig)* douteux(-euse).
Obst *nt* **-(e)s** fruit(s) *m (pl)*; ~**bau** *m* culture *f* fruitière; ~**baum** *m* arbre *m* fruitier; ~**garten** *m* verger *m*; ~**kuchen** *m* tarte *f* aux fruits.
ob'szön *a* obscène; **O~i'tät** *f* obscénité *f*.
ob'wohl *conj* bien que + *subj*.
Ochse ['ɔksə] *m* **-n, -n** bœuf *m*.
öd(e) *a (Land)* désert(e), inculte; *(fig: Leben)* terne, ennuyeux(-euse).
Öde *f* **-, -n** désert *m*; *(fig)* vide *m*, ennui *m*.
oder *conj* ou.
Ofen *m* **-s, ¨** *(Heiz~)* poêle *m*; *(Back~)* four *m*; *(Hoch~)* (haut) fourneau *m*; ~**rohr** *nt* tuyau *m* de poêle.
offen *a* ouvert(e); *(Feuer)* vif(vive); *(Meer, Land)* plein(e) *(vorgestellt)*; *(Stelle)* vacant(e); *(aufrichtig)* franc(franche); **ein** ~**es Haus haben** tenir table ouverte; ~ **gesagt** à vrai dire; ~**bar** *a* manifeste, évident(e) // *ad* manifestement; ~**'baren** *vt (ohne*

ge-): **jdm etw ~'baren** révéler qch à qn; **O~'barung** *f* révélation *f*; **~bleiben** *vi irr (zvb, mit sein) (Fenster)* rester ouvert(e); *(Frage, Entscheidung)* rester en suspens; **O~heit** *f* franchise *f*, sincérité *f*; **~herzig** *a (Mensch)* ouvert(e); *(Bekenntnis)* sincère; *(Kleid)* très décolleté(e); **~kundig** *a (bekannt)* public(-ique); *(klar)* évident(e); **~lassen** *vt irr (zvb) (Tür etc)* laisser ouvert(e); *(Frage)* laisser en suspens; **~sichtlich** *a* manifeste.

offenstehen *vi irr (zvb) (Tür etc)* être ouverte(e); **es steht Ihnen offen, es zu tun** vous êtes libre de le faire.

öffentlich *a* public(-ique); **Erregung ~en Ärgernisses** outrage *m* à la pudeur; **Ö~keit** *f* public *m*; *(einer Versammlung etc)* publicité *f*; **in aller Ö~keit** en public; **an die Ö~keit dringen** transpirer.

Of'ferte *f* **-, -n** offre *f*.

offizi'ell *a* officiel(le).

Offi'zier *m* **-s, -e** officier *m*.

öffnen *vt (Tür)* ouvrir // *vr*: **sich ~** s'ouvrir.

Öffnung *f* ouverture *f*; **~szeiten** *pl* heures *fpl* d'ouverture.

oft *ad* souvent.

öfter *ad* plus souvent; **~s** *ad* souvent.

ohne *prep +akk* sans // *conj (+ Infinitiv)* sans; (+ *daß*) sans que (+ *subj*); **das ist nicht ~** *(fam)* ce n'est pas si bête que ça; **~ weiteres** simplement; *(sofort)* immédiatement; **~dies** *ad* de toute façon; **~gleichen** *ad* sans égal, incomparable; **~hin** *ad* de toute façon.

Ohnmacht *f* évanouissement *m*; *(fig)* impuissance *f*; **in ~ fallen** s'évanouir.

ohnmächtig *a* évanoui(e); *(fig)* impuissant(e).

Ohr *nt* **-(e)s, -en** oreille *f*; *(Gehör)* ouïe *f*.

Öhr *nt* **-(e)s, -e** chas *m*.

Ohren-: **~arzt** *m*, **~ärztin** *f* oto-rhino(-laryngologiste) *m/f*; **o~betäubend** *a* assourdissant(e); **~schmalz** *nt* cérumen *m*; **~schmerzen** *pl* maux *mpl* d'oreilles; **~schützer** *pl* cache-oreilles *m*.

Ohr-: **~feige** *f* gifle *f*, claque *f*; **o~feigen** *vt* gifler; **~läppchen** *nt* lobe *m* de l'oreille; **~ringe** *pl* boucles *fpl* d'oreille.

öko'nomisch *a* économique.

Ok'tober *m* **-(s), -** octobre *m*.

öku'menisch *a* œcuménique.

Öl *nt* **-(e)s, -e** huile *f*; *(Erd~)* pétrole *m*; *(Heiz~)* mazout *m*; **~baum** *m* olivier *m*; **ölen** *vt (TECH)* lubrifier, graisser; **~farbe** *f* peinture *f* à l'huile; **~heizung** *f* chauffage *m* au mazout.

Öl-: **~meßstab** *m* jauge *f* de niveau d'huile; **~pest** *f* marée *f* noire; **~sardine** *f* sardine *f* à l'huile; **~standanzeiger** *m* indicateur *m* de niveau d'huile; **~wechsel** *m* vidange *f* (d'huile); **~zeug** *nt* ciré *m*.

o'lympisch *a (Spiele)* olympique.

Oma *f* **-, -s** *(fam)* mémé *f*.

Omelett *nt* **-(e)s, -s, Ome'lette** *f* **-, -n** omelette *f*.

Omen *nt* **-s, -** présage *m*.

Omnibus *m* autobus *m*.

ona'nieren *vi (ohne ge-)* se masturber.

Onkel *m* **-s, -** oncle *m*.

Opa *m* **-s, -s** *(fam)* pépé *m*.

Oper *f* **-, -n** opéra *m*.

Operati'on *f* opération *f*.

Ope'rette *f* opérette *f*.

ope'rieren *vt, vi (ohne ge-)* opérer; **am Blinddarm operiert werden** être opéré(e) de l'appendicite.

Opern-: **~glas** *nt* jumelles *fpl* de spectacle; **~haus** *nt* opéra *m*.

Opfer *nt* **-s, -** *(Gabe)* offrande *f*; *(Verzicht)* sacrifice *m*; *(Mensch)* victime *f*; **o~n** *vt* sacrifier.

Oppositi'on *f* opposition *f*.

Optik *f* optique *f*; **~er(in** *f***)** *m* **-s, -** opticien(ne).

opti'mal *a* optimal(e), optimum.

Opti'mismus *m* optimisme *m*.

Opti'mist *m* optimiste *m/f*; **o~isch** *a* optimiste.

optisch *a* optique.

Orange [o'rɑ̃:ʒə] *f* **-, -n** orange *f*; **o~** *a inv* orange *inv*.

Or'chester *nt* **-s,** - orchestre *m*.
Orchi'dee *f* **-, -n** [-e:ən] orchidée *f*.
Orden *m* **-s,** - (*REL*) ordre *m*; (*MIL etc*) décoration *f*; **~sschwester** *f* religieuse *f*.
ordentlich *a* (*anständig*) respectable; (*Arbeit*) soigné(e); (*Zimmer*) bien rangé(e); (*fam: annehmbar*) potable // *ad* (*fam*) bien; **O~keit** *f* respectabilité *f*; soin *m*; bon ordre *m*.
Ordi'nalzahl *f* nombre *m* ordinal.
ordi'när *a* (*gemein*) vulgaire; (*alltäglich*) ordinaire.
ordnen *vt* (*Papiere, Bücher etc*) ordonner, classer; (*Gedanken*) mettre de l'ordre dans.
Ordner *m* **-s,** - (*Mensch*) ordonnateur(-trice); (*Akten~*) classeur *m*.
Ordnung *f* (*das Ordnen*) rangement *m*, classement *m*; (*das Geordnetsein*) ordre *m*; **o~sgemäß** *a* (*Erledigung*) correct(e), en bonne et due forme; (*Verhalten*) conforme aux règles; **o~shalber** *ad* pour la forme; **o~swidrig** *a* (*Verhalten*) irrégulier (-ière); **~szahl** *f* nombre *m* ordinal.
Or'gan *nt* **-s, -e** organe *m*.
Organisati'on *f* organisation *f*.
Organi'sator *m* organisateur(-trice).
organisa'torisch *a* (*Talent*) d'organisateur(-trice); (*Arbeit*) d'organisation.
organi'sieren (*ohne ge-*) *vt* organiser // *vr*: **sich** ~ s'organiser.
Orga'nismus *m* organisme *m*.
Or'ganverpflanzung *f* transplantation *f* d'organe.
Or'gasmus *m* orgasme *m*.
Orgel *f* **-, -n** orgue *m*, orgues *fpl*.
Orient ['o:riɛnt, o'riɛnt] *m* **-s** Orient *m*.
orientalisch [oriɛn'ta:lɪʃ] *a* oriental(e).
orientieren [oriɛn'ti:rən] (*ohne ge-*) *vt* (*informieren: jdn*) informer, mettre au courant // *vr*: **sich** ~ (*örtlich*) s'orienter; (*sich informieren*) s'informer; **sich an etw** (*dat*) ~ s'orienter d'après qch.
Orien'tierung *f* orientation *f*; **zu Ihrer** ~ à titre d'information: **~ssinn** *m* sens *m* de l'orientation.
origi'nal *a* original(e); **O~** *nt* **-s, -e** original *m*; (*Mensch*) original(e).
Or'kan *m* **-(e)s, -e** ouragan *m*.
Orna'ment *nt* ornement *m*, décoration *f*.
Ort *m* **-(e)s, -e** *o* **⁻er** endroit *m*, lieu *m*; (*Stadt etc*) localité *f*; **an** ~ **und Stelle** sur place, sur les lieux.
Ortho'päde *m* **-n, -n, Ortho'pädin** *f* orthopédiste *m/f*.
ortho'pädisch *a* orthopédique.
örtlich *a* local(e).
Ortschaft *f* localité *f*, agglomération *f*.
Orts-: **~gespräch** *nt* communication *f* locale *o* urbaine; **~netz** *nt* réseau *m* local *o* urbain; **~sinn** *m* sens *m* de l'orientation; **~zeit** *f* heure *f* locale.
Öse *f* **-, -n** œillet *m*, anneau *m*.
Ostblock *m* (*POL*) pays *mpl* de l'Est.
Osten *m* **-s** est *m*, orient *m*; (*POL*) pays *mpl* de l'Est.
Oster-: **~ei** *nt* œuf *m* de Pâques; **~glocke** *f* jonquille *f*; **~hase** *m* lapin *m* de Pâques; **~n** *nt* **-s,** - Pâques *fpl*.
Österreich *nt* **-s** (l')Autriche *f*; **~er(in** *f*) *m* **-s,** - Autrichien(ne); **ö~isch** *a* autrichien(ne).
Ostersonntag *m* dimanche *m* de Pâques.
östlich *a* (*Wind*) d'est; (*POL*) de l'Est.
Ost-: **~see** *f* (mer *f*) Baltique *f*; **o~wärts** *ad* vers l'est, à l'est; **~wind** *m* vent *m* d'est.
Otter *m* **-s,** - loutre *f* // *f* **-, -n** (*Schlange*) vipère *f*.
oval [o'va:l] *a* ovale.
oxy'dieren (*ohne ge-*) *vt* oxyder // *vi* s'oxyder.
Ozean *m* **-s, -e** océan *m*; **~dampfer** *m* transatlantique *m*.
O'zon *nt* **-s** ozone *m*.

P

Paar *nt* **-(e)s, -e** paire *f*; (*Ehe~*) couple *m*; **ein p~** quelques.
paaren *vt* (*Eigenschaften*) allier; (*Tiere*) accoupler // *vr*: **sich** ~

s'allier; *(Tiere)* s'accoupler.
Paar-: **~lauf** *m* patinage *m* par couples; **p~mal** *ad:* **ein p~mal** plusieurs fois; **p~weise** *ad* par paires, par deux.
Pacht *f* **-, -en** bail *m;* **p~en** *vt* louer.
Pächter(in *f)* *m* **-s, -** preneur (-euse), locataire *m/f.*
Pack *m* **-(e)s, -e** *o* **¨-e** paquet *m,* liasse *f* // *nt* **-(e)s** canaille *f.*
Päckchen *nt* petit paquet *m;* *(Zigaretten)* paquet *m.*
packen *vt (Koffer, Paket)* faire; *(fassen)* saisir; *(fam: schaffen)* réussir; **seine Sachen ~** faire sa valise.
Packen *m* **-s, -** paquet *m; (Menge):* **ein ~ Arbeit** un tas *o* beaucoup de travail.
Pack-: **~papier** *nt* papier *m* d'emballage; **~ung** *f* paquet *m;* *(Pralinen~)* boîte *f;* (*MED*) compresse *f.*
Päda-: **~'gogik** *f* pédagogie *f;* **p~'gogisch** *a* pédagogique.
Paddel *nt* **-s, -** pagaie *f,* aviron *m;* **~boot** *nt* pirogue *f;* (*SPORT*) canoë *m;* **p~n** *vi (bei Bewegung: mit sein)* pagayer.
paffen *vt, vi (fam)* fumer.
Page ['paːʒə] *m* **-n, -n** *(Hotel)* chasseur *m,* groom *m;* **~nkopf** *m* coiffure *f* à la Jeanne d'Arc.
Pa'ket *nt* **-(e)s, -e** paquet *m; (Post~)* colis *m* postal.
Pakt *m* **-(e)s, -e** pacte *m.*
Pa'last *m* **-es, Pa'läste** palais *m.*
Palme *f* **-, -n** palmier *m.*
Palm'sonntag *m* (Dimanche *m* des) Rameaux *mpl.*
Pampelmuse *f* **-, -n** pamplemousse *m.*
pa'nieren *vt (ohne ge-)* paner.
Pa'niermehl *nt* chapelure *f,* panure *f.*
Panik *f* panique *f.*
Panne *f* **-, -n** (*TECH*) panne *f; (Mißgeschick)* erreur *f,* bévue *f.*
panschen *vi* patauger, barboter // *vt (Wein etc)* couper d'eau.
Panther *m* **-s, -** panthère *f.*
Pan'toffel *m* **-s, -n** pantoufle *f;* **~held** *m (fam)* mari *m* écrasé par sa femme.
Panzer *m* **-s, -** *(von Tieren)* carapace *f; (Fahrzeug)* char *m* (d'assaut); **~glas** *nt* verre *m* parre-balles; **~schrank** *m* coffre-fort *m.*
Papa *m* **-s, -s** *(fam)* papa *m.*
Papa'gei *m* **-s, -en** perroquet *m.*
Pa'pier *nt* **-s, -e** papier *m; (Wert~)* valeurs *fpl;* **~fabrik** *f* (usine *f* de) papeterie *f;* **~geld** *nt* billets *mpl* de banque; **~korb** *m* corbeille *f* à papier; **~krieg** *m* paperasserie *f;* **~tüte** *f* sachet *m* de papier.
Pappdeckel *m,* **Pappe** *f* **-, -n** carton *m.*
Pappel *f* **-, -n** peuplier *m.*
Paprika *m* **-s, -(s)** *(Gewürz)* paprika *m; (~schote)* poivron *m.*
Papst *m* **-(e)s, ¨-e** pape *m.*
Pa'rabel *f* **-, -n** parabole *f.*
Para'dies *nt* **-es, -e** paradis *m;* **p~isch** *a* divin(e), paradisiaque.
Para'graph *m* **-en, -en** paragraphe *m;* (*JUR*) article *m.*
paral'lel *a* parallèle; **P~e** *f* **-, -n** parallèle *f.*
Paranuß *f* noix *f* du Brésil.
Para'sit *m* **-en, -en** parasite *m.*
pa'rat *a* tout(e) prêt(e).
Pärchen *nt* couple *m.*
Par'füm *nt* **-s, -s** *o* **-e** parfum *m.*
Parfümer'ie *f* parfumerie *f.*
parfü'mieren *(ohne ge-)* *vt* parfumer // *vr:* **sich ~** se parfumer.
pa'rieren *(ohne ge-) vt (Angriff)* parer // *vi (fam)* obéir.
Park *m* **-s, -s** parc *m;* **~anlage** *f* parc *m.*
parken *vt* garer // *vi* se garer, stationner.
Par'kett *nt* **-(e)s, -e** parquet *m;* (*THEAT*) orchestre *m.*
Park-: **~haus** *nt* silo *m* à voitures, parking *m* couvert; **~lücke** *f* place *f* de stationnement; **~platz** *m* parking *m;* **~scheibe** *f* disque *m* de stationnement; **~uhr** *f* parcmètre *m;* **~verbot** *nt* interdiction *f* de stationner.
Parla'ment *nt* parlement *m.*
parlamen'tarisch *a* parlementaire.

Parla'ments-: ~beschluß *m* décret *m* du parlement; **~mitglied** *nt* membre *m* du parlement, député *m*.
Pa'role *f* **-, -n** mot *m* de passe; *(Wahlspruch)* slogan *m*.
Par'tei *f* parti *m*; **für jdn ~ ergreifen** prendre parti pour qn; **p~isch** *a* partial(e); **~nahme** *f* **-, -n** prise *f* de position; **~tag** *m* congrès *m* du parti.
Par'terre *nt* **-s, -s** rez-de-chaussée *m*; (*THEAT*) parterre *m*.
Par'tie *f* partie *f*; *(zur Heirat)* parti *m*; (*COMM*) lot *m*; **mit von der ~ sein** être de la partie.
Parti'san(in *f*) *m* **-s** *o* **-en, -en** partisan *m*, résistant(e), franc-tireur *m*.
Parti'tur *f* partition *f*.
Parti'zip *nt* **-s, Parti'zipien** [-iən] participe *m*.
Partner(in *f*) *m* **-s, -** partenaire *m/f*; (*COMM*) associé(e).
Party ['paːɐti] *f* **-, -s** *o* **Parties** fête *f*, soirée *f*.
Paß *m* **-sses, ¨sse** (*GEO*) col *m*; *(Ausweis)* passeport *m*.
Passage [pa'saːʒə] *f* **-, -n** passage *m*; *(Überfahrt)* traversée *f*.
Passagier [pasa'ʒiːɐ] *m* **-s, -e** passager(-ère); **~dampfer** *m* paquebot *m*.
Paßamt *nt* *bureau délivrant les passeports* ≈ préfecture *f*.
Paßbild *nt* photo *f* d'identité.
passen *vi* aller (bien); *(Spiele, SPORT)* passer; **das paßt mir nicht** cela ne me convient pas; **zu etw ~** aller (bien) avec qch; **~d** *a* assorti(e); *(Zeit)* opportun(e); *(Geschenk)* approprié(e).
pas'sieren *(ohne ge-) vt (durch Sieb)* passer // *vi (mit sein)* se produire, arriver.
passiv *a* passif(-ive); **P~** *nt* **-s, -e** passif *m*; **P~a** *pl* (*COMM*) passif *m*.
Paßkontrolle *f* contrôle *m* des passeports.
Paste *f* **-, -n** pâte *f*.
Pa'stete *f* **-, -n** vol-au-vent *m*; *(Leber~ etc)* pâté *m*.
pasteuri'sieren *vt (ohne ge-)* pasteuriser.
Pastor *m* pasteur *m*; **~in** *f* (femme *f*) pasteur.
Pate *m* **-n, -n** parrain *m*; **~nkind** *nt* filleul(e).
Pa'tent *nt* **-(e)s, -e** brevet *m* (d'invention); **p~** *a (Mensch)* débrouillard(e).
paten'tieren *vt (ohne ge-) (Erfindung)* faire breveter.
Pater *m* **-s, -s** *o* **Patres** père *m*.
pa'thetisch *a* pathétique.
patho'logisch *a* pathologique.
Patient(in *f*) [pa'tsiɛnt(ɪn)] *m* patient(e), malade *m/f*.
Patin *f* marraine *f*.
Patina *f* **-** patine *f*.
patriar'chalisch *a* patriarcal(e).
Patri'ot(in *f*) *m* **-en, -en** patriote *m/f*; **p~isch** *a* patriotique.
Pa'tron(in *f*) *m* **-s, -e** patron(ne); *(pej)* type *m*.
Pa'trone *f* **-, -n** cartouche *f*; (*PHOT*) chargeur *m*; **~nhülse** *f* douille *f*.
patrouillieren [patrʊl'jiːrən] *vi (ohne ge-)* patrouiller.
patsch *excl* plouf!
Patsche *f* **-, -n** *(fam: Händchen)* menotte *f*; *(:Bedrängnis)* pétrin *m*; **p~n** *vi* taper; *(im Wasser)* patauger.
patschnaß *a (fam)* trempé(e).
patzig *a (fam)* effronté(e).
Pauke *f* **-, -n** timbales *fpl*; **auf die ~ hauen** *(fam: feiern)* faire la fête.
pausbäckig *a* joufflu(e).
pau'schal *a (Kosten)* forfaitaire; *(Urteil)* en bloc; **P~e** *f* **-, -n, P~preis** *m* prix *m* forfaitaire; **P~reise** *f* voyage *m* organisé.
Pause *f* **-, -n** pause *f*; (*THEAT*) entracte *m*; (*SCOL*) récréation *f*; *(Kopie)* calque *m*; **p~n** *vt* calquer; **p~nlos** *a* continuel(le); **~nzeichen** *nt* (*RADIO, TV*) indicatif *m*; (*MUS*) silence *m*.
Pauspapier *nt* papier-calque *m*.
Pavian ['paːviaːn] *m* **-s, -e** babouin *m*.
Pazifik *m* **-s: der ~, der Pazifische Ozean** le Pacifique, l'Océan *m* pacifique.
Pazi'fist(in *f*) pacifiste *m/f*.

Pech *nt* **-s, -e** poix *f*; *(Mißgeschick)* malchance *f*, poisse *f*; ~ **haben** ne pas avoir de chance; **p~schwarz** *a* *(Haar)* noir(e) comme jais; *(Nacht)* noir(e) comme de l'encre; **~strähne** *f* *(fam)* série *f* noire; **~vogel** *m* *(fam)* malchanceux *m*.
Pe'dal *nt* **-s, -e** pédale *f*.
Pe'dant *m* homme *m* pointilleux; **p~isch** *a* *(Mensch)* pointilleux (-euse); *(Genauigkeit)* scrupuleux (-euse); *(Arbeit)* méticuleux (-euse).
Pegel *m* **-s, -** indicateur *m* de niveau; **~stand** *m* niveau *m* de l'eau.
Pein *f* **-** peine *f*, tourment *m*; **p~igen** *vt* tourmenter; **p~lich** *a* pénible; *(unangenehm)* gênant(e), embarrassant(e); *(Sauberkeit, Ordnung)* méticuleux(-euse).
Peitsche *f* **-, -n** fouet *m*; **p~n** *vt* *(Pferd)* fouetter // *vi* *(Regen)* battre *(an +akk* contre).
Pelle *f* **-, -n** *(von Wurst)* peau *f*; *(von Kartoffel)* pelure *f*; **p~n** *vt* *(Wurst)* peler; *(Kartoffel)* éplucher.
Pellkartoffeln *pl* pommes *fpl* de terre en robe des champs *o* de chambre.
Pelz *m* **-es, -e** fourrure *f*.
Pendel *nt* **-s, -** pendule *m*; *(Uhr~)* balancier *m*; **~verkehr** *m* *(Bus etc)* navette *f*.
Pendler(in *f*) *m* **-s, -** banlieusard(e).
pene'trant *a* *(Geruch)* fort(e); *(Mensch)* envahissant(e), importune(e).
Penis *m* **-, -se** pénis *m*.
Pensi'on *f* pension *f*; *(Ruhestand, Ruhestandsgeld)* retraite *f*; **halbe/volle** ~ demi-pension/pension complète.
pensio'nieren *vt* *(ohne ge-)* mettre à la retraite.
pensio'niert *a* retraité(e).
Pensi'onsgast *m* pensionnaire *m/f*.
Pensum *nt* **-s, Pensen** travail *m*, tâche *f*; *(SCOL)* programme *m*.
per *prep +akk* par; *(bis)* d'ici à.
Perfekt *nt* **-(e)s, -e** parfait *m*; passé *m* composé.
per'fekt *a* parfait(e).
perfo'rieren *vt* *(ohne ge-)* perforer, percer.
Perga'ment *nt* parchemin *m*; **~papier** *nt* papier *m* sulfurisé, papier-parchemin *m*.
Peri'ode *f* **-, -n** période *f*; *(MED)* règles *fpl*.
peri'odisch *a* périodique.
Perle *f* **-, -n** perle *f*; **p~n** *vi* *(Sekt, Wein)* pétiller; *(Schweiß)* perler.
Perl'mutt *nt* **-s** nacre *f*.
per'plex *a* stupéfait(e).
Persi'aner *m* **-s, -** astrakan *m*; *(Mantel)* manteau *m* d'astrakan.
Per'son *f* **-, -en** personne *f*; **ich für meine** ~ en ce qui me concerne.
Perso'nal *nt* **-s** personnel *m*; **~ausweis** *m* carte *f* d'identité.
Perso'nalien [-iən] *pl* état *m* civil, identité *f*.
Perso'nalpronomen *nt* pronom *m* personnel.
Per'sonen-: **~kraftwagen** *m* voiture *f*; **~schaden** *m* dommage *m* physique; **~waage** *f* balance *f*; **~zug** *m* train *m* de voyageurs; *(Nahverkehrszug)* omnibus *m*.
personifi'zieren *vt* *(ohne ge-)* personnifier.
per'sönlich *a* personnel(le) // *ad* personnellement; *(erscheinen)* en personne; **jdn ~ angreifen** faire une attaque personnelle contre qn; **P~keit** *f* personnalité *f*.
Pe'rücke *f* **-, -n** perruque *f*.
Pessi'mismus *m* pessimisme *m*.
Pessi'mist *m* pessimiste *m/f*; **p~isch** a pessimiste.
Pest *f* **-** peste *f*.
Peter'silie [-iə] *f* persil *m*.
Petroleum [pe'troːleum] *nt* **-s** kérosène *m*.
petzen *vi* *(fam)* moucharder, cafarder.
Pfad *m* **-(e)s, -e** sentier *m*; **~finder(in** *f*) *m* scout *m*.
Pfahl *m* **-(e)s, ¨-e** pieu *m*, poteau *m*; **~bau** *m* construction *f* sur pilotis.
Pfalz *f* **-: die** ~ le Palatinat.
Pfand *nt* **-(e)s, ¨-er** gage *m*; *(COMM)* consigne *f*; **~brief** *m* obligation *f*.
pfänden *vt* saisir.

Pfand-: ~haus *nt* mont-de-piété *m;* **~leiher** *m* prêteur *m* sur gages; **~schein** *m* reconnaissance *f* de gage.
Pfändung *f* saisie *f.*
Pfanne *f* **-, -n** poêle *f.*
Pfannkuchen *m* crêpe *f; (Berliner)* beignet *m* à la confiture.
Pfar'rei *f* paroisse *f.*
Pfarrer *m* **-s, -** curé *m; (evangelisch)* pasteur *m.*
Pfarrhaus *nt* presbytère *m,* cure *f.*
Pfau *m* **-(e)s, -en** paon *m.*
Pfeffer *m* **-s, -** poivre *m;* **~kuchen** *m* pain *m* d'épice; **~minz** *nt* **-es, -e** pastille *f* de menthe; **~'minze** *f* menthe *f* (poivrée); **~mühle** *f* moulin *m* à poivre; **p~n** *vt* poivrer; *(fam: werfen)* balancer; **gepfefferte Preise** prix salés.
Pfeife *f* **-, -n** sifflet *m; (Tabak~)* pipe *f; (Orgel~)* tuyau *m;* **p~n** *vt, vi irr* siffler.
Pfeil *m* **-(e)s, -e** flèche *f.*
Pfeiler *m* **-s, -** pilier *m; (Brücken~)* pile *f.*
Pferd *nt* **-(e)s, -e** cheval *m;* **~erennen** *nt* course *f* de chevaux; **~eschwanz** *m* queue *f* de cheval; **~estall** *m* écurie *f.*
pfiff *siehe* **pfeifen.**
Pfiff *m* **-(e)s, -e** *(Pfeifen)* sifflement *m; (Kniff)* truc m.
Pfifferling *m* chanterelle *f,* girolle *f;* **das ist keinen ~ wert** ça ne vaut pas un clou.
pfiffig *a* futé(e).
Pfingsten *nt* **-, -** Pentecôte *f.*
Pfingstrose *f* pivoine *f.*
Pfirsich *m* **-s, -e** pêche *f.*
Pflanze *f* **-, -n** plante *f.*
pflanzen *vt* planter.
Pflanzenfett *nt* graisse *f* végétale.
pflanzlich *a* végétal(e).
Pflaster *nt* **-s, -** pansement *m* (adhésif); *(von Straße)* pavé *m;* **p~n** *vt* paver; **~stein** *m* pavé *m.*
Pflaume *f* **-, -n** prune *f.*
Pflege *f* **-, -n** *(von Mensch, Tier)* soins *mpl; (von Dingen)* entretien *m;* **in ~ sein/geben** *(Kind)* être/placer chez des parents adoptifs; **p~bedürftig** *a (Patient)* qui a besoin de soins; *(Sache)* qui a besoin d'être entretenu(e); **~eltern** *pl* parents *mpl* adoptifs; **~kind** *nt* enfant *m* adoptif; **p~leicht** *a (Material)* facile à laver; *(Boden)* d'entretien facile; **p~n** *vt* soigner; *(Beziehungen)* entretenir; *(gewöhnlich tun)* avoir l'habitude *(zu* de); **~r(in** *f) m* **-s, -** *(MED)* infirmier (-ière).
Pflicht *f* **-, -en** devoir *m; (SPORT)* figures *fpl* imposées; **p~bewußt** *a* consciencieux(-euse); **~fach** *nt* matière *f* obligatoire; **~gefühl** *nt* sentiment *m* du devoir; **~versicherung** *f* assurance *f* obligatoire.
Pflock *m* **-(e)s, ⸚e** piquet *m.*
pflücken *vt* cueillir.
Pflug *m* **-(e)s, ⸚e** charrue *f.*
pflügen *vt (Feld)* labourer.
Pforte *f* **-, -n** porte *f.*
Pförtner(in *f) m* **-s, -** concierge *m/f,* portier *m.*
Pfosten *m* **-s, -** poteau *m; (Tür~)* montant *m.*
Pfote *f* **-, -n** patte *f.*
Pfropf *m* **-(e)s, -e** *(Flaschen~)* bouchon *m; (Blut~)* caillot *m;* **p~en** *vt (stopfen)* boucher; *(Baum)* greffer; **P~en** *m* **-s, -** bouchon *m.*
pfui *excl* pouah!
Pfund *nt* **-(e)s, -e** livre *f.*
pfuschen *vi (fam)* bâcler; **jdm ins Handwerk ~** se mêler des affaires de qn.
Pfuscher *m* **-s, -** *(fam)* bâcleur(-euse); *(Kur~)* charlatan *m.*
Pfütze *f* **-, -n** flaque *f.*
Phanta'sie *f* imagination *f;* **p~los** *a* sans imagination; **p~ren** *vi (ohne ge-)* rêver *(von* de); *(MED, pej)* délirer; **p~voll** *a* plein(e) d'imagination.
phantastisch *a* fantastique.
Phase *f* **-, -n** phase *f.*
Philolo'gie *f* philologie *f.*
Philo'soph(in *f) m* **-en, -en** philosophe *m/f.*
Philoso'phie *f* philosophie *f.*
philo'sopisch *a* philosophique; *(Mensch)* philosophe.
phleg'matisch *a (Mensch)* lym-

phatique.
Pho'netik *f* phonétique *f*.
phosphores'zieren *vi (ohne ge-)* être phosphorescent(e).
Photo *nt* **-s, -s** *etc siehe* **Foto.**
Phrase *f* **-, -n** *(LING)* phrase *f*; *(pl: pej)* verbiage *m*.
Phy'sik *f* physique *f*.
Physiker(in *f*) *m* **-s, -** physicien(ne).
Physiolo'gie *f* physiologie *f*.
physisch *a* physique.
picheln *vi (fam)* picoler.
Pickel *m* **-s, -** *(MED)* bouton *m*; *(Werkzeug)* pic *m*, pioche *f*; *(Berg~)* piolet *m*; **p~ig** *a (Gesicht)* boutonneux(-euse).
picken *vt, vi* picorer.
Picknick *nt* **-s, -e** *o* **-s** pique-nique *m*; ~ **machen** pique-niquer.
piepen, piepsen *vi* pépier.
piesacken *vt (fam)* asticoter, agacer.
Pie'tät *f* respect *m*; **p~los** *a* irrévérencieux(-euse).
Pik *nt* **-s, -s** pique *m* // *m*: **einen ~ auf jdn haben** *(fam)* avoir une dent contre qn.
pi'kant *a (Speise)* épicé(e), relevé(e); *(Geschichte)* piquant(e), croustillant(e).
pi'kiert *a* vexé(e), froissé(e).
Pilger(in *f*) *m* **-s, -** pèlerin *mf*; **~fahrt** *f* pèlerinage *m*.
Pille *f* **-, -n** pilule *f*.
Pi'lot *m* pilote *m*.
Pilz *m* **-es, -e** champignon *m*; **~krankheit** *f* mycose *f*.
pingelig *a (fam)* tatillon(ne), pointilleux(-euse).
Pinguin ['pɪŋguiːn] *m* **-s, -e** pingouin *m*.
Pinie [-iə] *f* pin *m*.
pinkeln *vi (fam)* pisser.
Pinsel *m* **-s, -** pinceau *m*.
Pin'zette *f* pince *f*, pincette *f*.
Pi'rat *m* **-en, -en** pirate *m*; **~ensender** *m* radio-pirate *f*.
Pi'stole *f* **-, -n** pistolet *m*.
Pkw ['peːkaːveː] *m* **-(s), -(s)** *abk von* **Personenkraftwagen.**
Placke'rei *f (fam)* corvée *f*.
plädieren *vi (ohne ge-)* plaider.
Plage *f* **-, -n** fléau *m*; *(Mühe)* fardeau *m*; **p~n** *vt (Mensch)* harceler; *(Hunger)* tourmenter // *vr*: **sich p~n** s'esquinter.
Pla'kat *nt* affiche *f*.
Plan *m* **-(e)s, ⸚e** plan *m*.
Plane *f* **-, -n** bâche *f*.
planen *vt* projeter; *(Entwicklung)* planifier; *(Mord etc)* tramer.
Planer(in *f*) *m* **-s, -** planificateur(-trice).
Pla'net *m* **-en, -en** planète *f*; **~enbahn** *f* orbite *f*.
pla'nieren *vt (ohne ge-) (Gelände)* aplanir, niveler.
Pla'nierraupe *f* bulldozer *m*.
Planke *f* **-, -n** *(Brett)* planche *f*.
plan-: ~los *a* irréfléchi(e) // *ad* sans méthode; *(umherlaufen)* sans but; **~mäßig** *a (Ankunft, Abfahrt)* à l'heure // *ad* comme prévu.
Planschbecken *nt* bassin *m* pour enfants.
planschen *vi* barboter.
Planstelle *f* poste *m*.
Plantage [plan'taːʒə] *f* **-, -n** plantation *f*.
Planung *f* planification *f*.
Plan-: ~wagen *m* chariot *m* bâché; **~wirtschaft** *f* économie *f* planifiée.
plappern *vi* papoter, babiller.
plärren *vi (Mensch)* brailler, criailler; *(Radio)* beugler.
Plastik *f* sculpture *f* // *nt* **-s, -s** *(Kunststoff)* plastique *m*.
Plasti'lin *nt* **-s** pâte *f* à modeler.
plastisch *a* plastique; *(Material)* malléable; **eine ~e Darstellung** une description vivante.
Pla'tane *f* **-, -n** platane *m*.
Platin *nt* **-s** platine *m*.
pla'tonisch *a (von Plato)* platonicien(ne); *(Liebe)* platonique.
platsch *excl* plouf, floc!
plätschern *vi (Wasser)* murmurer, clapoter.
platt *a* plat(e); *(Reifen)* crevé(e); *(fam: überrascht)* baba *inv*; **P~deutsch** *nt* bas allemand *m*
Platte *f* **-, -n** plat *m*; *(Stein~, PHOT)* plaque *f*; *(Kachel)* carreau *m*; *(Schall~)* disque *m*.

Platten-: ~**spieler** *m* électrophone *m*, tourne-disque *m;* ~**teller** *m* plateau *m*, platine *f.*
Plattfuß *m* pied *m* plat, *(Reifen)* pneu *m* crevé.
Platz *m* **-es, ¨-e** place *f; (Sport~)* terrain *m* (de sport); **jdm ~ machen** céder la place à qn; ~ **nehmen** prendre place; ~**angst** *f* agoraphobie *f; (fam)* claustrophobie *f;* ~**anweiser(in** *f) m* ouvreur(-euse).
Plätzchen *nt* petite place *f*, coin *m; (Gebäck)* petit four *m.*
platzen *vi (mit sein)* éclater; *(Reifen)* crever; *(Kleid)* craquer; **vor Wut/Neid** ~ *(fam)* être fou(folle) de rage/crever de jalousie.
Platz-: ~**karte** *f* réservation *f;* ~**patrone** *f* cartouche *f* à blanc; ~**regen** *m* averse *f.*
plaudern *vi* causer, bavarder.
pla'zieren *(ohne ge-) vt* placer // *vr:* **sich** ~ *(SPORT)* arriver parmi les premiers(-ières); *(Tennis)* être tête de série.
pleite *a (fig)* en faillite; *(fam: Mensch)* fauché(e); **P~** *f* **-, -n** faillite *f*, banqueroute *f; (fam: Reinfall)* fiasco *m.*
Plenum *nt* **-s** assemblée *f* plénière.
Pleuelstange *f* bielle *f.*
Plombe *f* **-, -n** plomb *m; (Zahn~)* plombage *m.*
plom'bieren *(ohne ge-) vt* plomber.
plötzlich *a* soudain(e), subit(e) // *ad* brusquement, tout à coup, soudain.
plump *a (Mensch)* lourdaud(e); *(Körper, Hände)* épais(se); *(Bewegung)* lourd(e); *(Auto, Vase)* mastoc *inv; (Versuch)* maladroit(e).
plumpsen *vi (mit sein) (fam)* tomber lourdement.
Plunder *m* **-s** *(fam)* fatras *m.*
plündern *vt* piller.
Plural *m* **-s, -e** pluriel *m.*
Plus *nt* **-, -** excédent *m; (FIN)* bénéfice *m; (Vorteil)* avantage *m;* **p~** *ad* plus.
Plüsch *m* **-(e)s, -e** peluche *f.*
Plus-: ~**pol** *m* pôle *m* positif; ~**punkt** *m (Vorteil)* avantage *m;* ~**quamperfekt** *nt* **-s, -e** plus-que-parfait *m.*
Po *m* **-s, -s** *(fam)* derrière *m.*
Pöbel *m* **-s** populace *f.*
Pöbe'lei *f* vulgarité *f.*
pöbelhaft *a* vulgaire.
pochen *vi* frapper *(an +akk* à); *(Herz)* battre; **auf etw** *(akk)* ~ *(fig)* ne pas démordre de qch.
Pocken *pl* variole *f.*
Podium *nt* estrade *f;* ~**sdiskussion** *f* débat *m* public.
Poe'sie *f* poésie *f.*
Po'et *m* **-en, -en** poète *m;* **p~isch** *a* poétique.
Pointe ['poɛ̃:tə] *f* **-, -n** astuce *f.*
Po'kal *m* **-s, -e** coupe *f.*
Pökel-: ~**fleisch** *nt* viande *f* salée; **p~n** *vt* saler.
Pol *m* **-s, -e** pôle *m.*
po'lar *a* polaire.
Pole *m* **-n, -n, Polin** *f* Polonais(e).
polemisch *a* polémique.
Polen *nt* **-s** (la) Pologne.
Police [po'li:sə] *f* **-, -n** police *f* (d'assurance).
po'lieren *vt (ohne ge-)* astiquer.
Poli'tik *f* politique *f.*
Po'litiker(in *f) m* **-s, -** politicien(ne).
po'litisch *a* politique.
Poli'tur *f (Mittel)* encaustique *f.*
Poli'zei *f* police *f;* ~**beamte(r)** *m*, ~**beamtin** *f* agent *m* de police; **p~lich** *a* policier(-ière); *(Anordnung)* de la police; **p~liches Kennzeichen** plaque *f* minéralogique; ~**revier** *nt (Stelle)* commissariat *m* de police; ~**staat** *m* Etat *m* policier; ~**streife** *f* patrouille *f* de police; ~**stunde** *f* heure *f* de fermeture; **p~widrig** *a* illégal(e).
Poli'zist(in *f) m* agent *m* de police, femme-agent *f.*
polnisch *a* polonais(e).
Polster *nt* **-s, -** *(Polsterung)* rembourrage *m; (in Kleidung)* épaulette *f; (fig: Geld)* réserves *fpl;* ~**er** *m* **-s, -** tapissier *m;* ~**möbel** *pl* meubles *mpl* rembourrés; **p~n** *vt* rembourrer; ~**ung** *f* rembourrage *m.*
Polterabend *m fête, à la veille d'un mariage, où l'on casse de la vaisselle pour porter bonheur aux mariés.*

poltern *vi (Krach machen)* faire du vacarme; *(schimpfen)* tempêter.
Pommes frites [pɔm'frits] *pl* frites *fpl.*
Pomp *m* **-(e)s** pompe *f*, faste *f.*
pom'pös *a* somptueux(-euse).
Pony -s, -s *nt* poney *m* // *m* frange *f.*
Po'po *m* **-s, -s** *(fam)* derrière *m.*
Pore *f* **-, -n** pore *m.*
Pornogra'phie *f* pornographie *f.*
po'rös *a* poreux(-euse).
Porree *m* **-s, -s** poireau *m.*
Por'tal *nt* **-s, -e** portail *m.*
Portemonnaie [pɔrtmɔ'ne:] *nt* **-s, -s** porte-monnaie *m.*
Portier [pɔr'tie:] *m* **-s, -s** concierge *m*, portier *m.*
Portion [pɔr'tsio:n] *f (Essens~)* portion *f*, part *f*; *(fam: Menge)* dose *f.*
Porto *nt* **-s, -s** port *m*, affranchissement *m*; **p~frei** *a* franco de port.
porträ'tieren *vt (ohne ge-)* faire le portrait de.
Portugiese *m* **-n, -n, Portugiesin** *f* Portugais(e).
Porzel'lan *nt* **-s, -e** porcelaine *f.*
Po'saune *f* **-, -n** trombone *m.*
Pose *f* **-, -n** pose *f.*
po'sieren *vi (ohne ge-)* poser.
positiv *a* positif(-ive).
Posi'tur *f* posture *f*, attitude *f.*
posses'siv *a* possessif(-ive); **P~(pronomen)** *nt* **-s, -e** (adjectif *m o* pronom *m)* possessif *m.*
pos'sierlich *a* amusant(e).
Post *f* **-, -en** poste *f*; *(Briefe)* courrier *m*; **~amt** *nt* (bureau *m* de) poste *f*; **~anweisung** *f* mandat *m* postal, mandat-poste *m*; **~bote** *m*, **~botin** *f* facteur *m.*
Posten *m* **-s, -** poste *m*; *(Soldat)* sentinelle *f*; *(COMM)* lot *m*; *(auf Liste)* rubrique *f*; *(Streik~)* piquet *m* de grève.
Post-: ~fach *nt* boîte *f* postale; **~karte** *f* carte *f* postale; **p~lagernd** *a (Sendung)* poste restante; **~leitzahl** *f* code *m* postal; **~scheckkonto** *nt* compte *m* chèque postal; **~sparkasse** *f* Caisse *f* (nationale) d'épargne; **~stempel** *m* cachet *m* d'oblitération de la poste; **p~wendend** *ad* par retour du courrier.
po'tent *a (Mann)* viril(e).
Po'tenz *f (MATH)* puissance *f*; *(eines Mannes)* virilité *f.*
Pracht *f* **-** magnificence *f*, splendeur *f.*
prächtig *a* magnifique, splendide.
Pracht-: ~stück *nt* joyau *m*; **p~voll** *a* magnifique, splendide.
Prädi'kat *nt (Adels~)* titre *m*; *(LING)* prédicat *m*; *(Bewertung)* mention *f.*
prägen *vt (Münze)* battre; *(Ausdruck)* inventer; *(Charakter)* marquer.
prä'gnant *a* concis(e), précis(e).
prahlen *vi* se vanter.
Prahle'rei *f* vantardise *f.*
prahlerisch *a* fanfaron(ne).
Praktik *f* pratique *f.*
prakti'kabel *a (Lösung)* réalisable.
Prakti'kant(in *f) m* stagiaire *m/f.*
Praktikum *nt* **-s, Praktika** stage *m.*
praktisch *a* pratique; **~er Arzt** généraliste *m.*
prakti'zieren *(ohne ge-) vt (Idee)* mettre en pratique // *vi (Arzt etc)* exercer.
Pra'line *f* chocolat *m* (fourré).
prall *a (Sack)* bourré(e); *(Ball)* bien gonflé(e); *(Segel)* tendu(e); *(Arme)* rond(e); **in der ~en Sonne** en plein soleil.
prallen *vi (mit sein)* se heurter *(gegen o auf +akk* contre).
Prämie [-iə] *f* prime *f*; *(Belohnung)* récompense *f.*
prä'mieren *vt (ohne ge-) (belohnen)* récompenser; *(auszeichnen)* primer.
Pranger *m* **-s, -** pilori *m.*
Pranke *f* **-, -n** griffes *fpl.*
Präpa'rat *nt (BIOL)* préparation *f*; *(MED)* médicament *m.*
Prëpositi'on *f* préposition *f.*
Präsens *nt* **-** présent *m.*
präsen'tieren *vt (ohne ge-)* présenter.
Präservativ [prezɛrva'ti:f] *nt* préservatif *m.*
Präsi'dent(in *f) m* président(e); **~schaft** *f* présidence *f*; **~schaftskandidat(in** *f) m* candi-

dat(e) à la présidence.
Prä'sidium *nt (Vorsitz)* présidence *f*; *(Polizei~)* direction *f* (de la police).
prasseln *vi (Feuer)* crépiter; *(mit sein: Hagel, Wörter)* tomber dru.
Pratze *f* **-, -n** patte *f*.
Praxis *f* **-** *(Wirklichkeit)* pratique *f*; *pl* **Praxen** *(von Arzt, Anwalt)* cabinet *m*.
Präze'denzfall *m* précédent *m*.
predigen *vt, vi* prêcher.
Predigt *f* **-, -en** sermon *m*.
Preis *m* **-es, -e** prix *m*; **um keinen ~** à aucun prix.
Preiselbeere *f* airelle *f*.
preisen *vt irr* louer.
preisgeben *vt irr (zvb)* livrer.
Preis-: ~gericht *nt* jury *m*; **p~günstig** *a (Ware)* avantageux(-euse); **~lage** *f* catégorie *f* de prix; **p~lich** de(s) prix; **~richter(in** *f*) *m* membre *m* du jury; **~träger(in** *f*) *m* lauréat(e); **p~wert** *a (Ware)* bon marché *inv*.
prellen *vt (stoßen)* cogner; *(fig)*: **jdn um etw ~** escroquer qch à qn.
Prellung *f* contusion *f*.
Premi'ere *f* **-, -n** première *f*.
Presse *f* **-, -n** presse *f*; **~freiheit** *f* liberté *f* de la presse; **~meldung** *f* communiqué *m* de presse.
pressen *vt* presser.
pres'sieren *vi (ohne ge-)*: **es pressiert** c'est urgent.
Preßluft *f* air *m* comprimé; **~bohrer** *m* marteau-piqueur *m*.
Preußen *nt* la Prusse.
prickeln *vi* picoter, chatouiller.
pries *siehe* **preisen.**
Priester *m* **-s, -** prêtre *m*.
prima *a inv (Ware)* de première qualité; *(fam)* super *inv*.
Primel *f* **-, -n** primevère *f*.
primi'tiv a primitif(-ive).
Prinz *m* **-en, -en** prince *m*.
Prin'zessin *f* princesse *f*.
Prin'zip *nt* **-s, -ien** [-iən] principe *m*.
prinzipi'ell *a* de principe // *ad* en principe.
privat [pri'vaːt] *a* privé(e).
pro *prep +akk* par; **P~** *nt* **-s** pour *m*.
Probe *f* **-, -n** essai *m*; *(Prüfstück)* échantillon *m*; *(THEAT)* répétition *f*; **jdn auf die ~ stellen** mettre qn à l'épreuve; **~exemplar** *nt* spécimen *m*; **p~n** *vt, vi* répéter; **p~weise** *ad* à titre d'essai; **~zeit** *f* période *f* d'essai *o* probatoire.
pro'bieren *(ohne ge-) vt* essayer; *(Wein, Speise)* goûter // *vi*: **~, ob etw paßt** essayer qch.
Pro'blem *nt* **-s, -e** problème *m*.
proble'matisch *a* problématique.
pro'blemlos *a* sans problème.
Pro'dukt *nt* **-(e)s, -e** produit *m*.
Produkti'on *f* production *f*.
produk'tiv *a* productif(-ive); **P~i'tät** *f* productivité *f*.
Produ'zent(in *f*) *m* producteur *m*.
produ'zieren *vt (ohne ge-)* produire.
Pro'fessor *m*, **Profes'sorin** *f* professeur *m* (de faculté *o* de l'Université).
Profes'sur *f* chaire *f*.
profi'lieren *vr (ohne ge-)*: **sich ~** *(Politiker, Künstler etc)* s'affirmer.
Pro'fit *m* **-(e)s, -e** profit *m*.
profi'tieren *vi (ohne ge-)* profiter *(von* de).
Pro'gnose *f* **-, -n** pronostic *m*.
Pro'gramm *nt* **-s, -e** programme *m*; *(TV)* chaîne *f*; *(:Sendung)* émission *f*; **p~(m)äßig** *ad* comme prévu.
program'mieren *vt (ohne ge-) (Computer)* programmer.
Program'mierer(in *f*) *m* **-s, -** programmeur(-euse).
progres'siv *a* progressiste.
Pro'jekt *nt* **-(e)s, -e** projet *m*.
Pro'jektor *m* projecteur *m*.
proji'zieren *vt (ohne ge-)* projeter.
Pro'let *m* **-en, -en** prolo *m*.
Proletari'at *nt* prolétariat *m*.
Pro'mille *nt* **-(s), -** alcoolémie *f*.
Promi'nenz *f* élite *f*, notables *mpl*; *(fam)* gratin *m*.
promovieren [promo'viːrən] *vi (ohne ge-)* faire son doctorat.
prompt *a (Reaktion)* rapide, immédiat(e) // *ad* immédiatement.
Pro'nomen *nt* **-s, -** pronom *m*.
Propa'ganda *f* **-** propagande *f*.
Pro'peller *m* **-s, -** hélice *f*.
prophe'zeien *vt (ohne ge-)* prophétiser.

Prophe'zeiung *f* prophétie *f*.
Proporti'on *f* proportion *f*.
proportional [propɔrtsio'na:l] *a* proportionnel(le).
Prosa *f* - prose *f*.
prosaisch [pro'za:ɪʃ] *a (nüchtern)* prosaïque.
Pro'spekt *m* **-(e)s, -e** prospectus *m*, brochure *f*.
prost *excl* à votre (*o* ta) santé!, santé!
Prostituierte [prostitu'i:ɐtə] *f* **-n, -n** prostituée *f*.
Prostituti'on *f* prostitution *f*.
Pro'test *m* **-(e)s, -e** protestation *f*.
Prote'stant(in *f*) *m* protestant(e); **p~isch** *a* protestant(e).
prote'stieren *vi (ohne ge-)* protester.
Pro'these *f* **-, -n** prothèse *f*; *(Gebiß)* dentier *m*.
Proto'koll *nt* **-s, -e** *(von Sitzung)* procès-verbal *m*; *(diplomatisch)* protocole *m*; *(Polizei~)* déposition *f*.
protokol'lieren *vt (ohne ge-)*: **etw ~** rédiger le procès-verbal de qch.
Protz *m* **-en, -e(n)** *(fam)* vantard(e), fanfaron(ne); **p~en** *vi (fam)* fanfaronner, se vanter; **p~ig** *a (fam: Haus, Auto etc)* pour la frime.
Proviant [pro'viant] *m* **-s, -e** provisions *fpl*.
Provinz [pro'vɪnts] *f* **-, -en** province *f*; **p~i'ell** *a* provincial(e).
Provision [provi'zio:n] *f (COMM)* commission *f*.
provisorisch [provi'zo:rɪʃ] *a* provisoire.
provozieren [provo'tsi:rən] *vt (ohne ge-)* provoquer.
Proze'dur *f* procédure *f*; *(pej)* cirque *m*.
Pro'zent *nt* **-(e)s, -e** pour cent; **~satz** *m* pourcentage *m*.
prozentu'al *a*: **~e Beteiligung** pourcentage de bénéfices // *ad*: **~ am Gewinn beteiligt sein** toucher un pourcentage.
Pro'zeß *m* **-sses, -sse** processus *m*; *(JUR)* procès *m*; **~kosten** *pl* frais *mpl* de procédure.
prozes'sieren *vi (ohne ge-)* être en procès *(mit, gegen* avec).
Prozessi'on *f* défilé *m*; *(REL)* procession *f*.
prüfen *vt (Gerät)* tester; *(Kandidat)* interroger; *(Rechnung, Bücher)* vérifier.
Prüfer(in *f*) *m* **-s, -** examinateur(-trice).
Prüfling *m* candidat(e).
Prüfung *f* examen *m*; *(Heimsuchung)* épreuve *f*.
Prügel *m* **-s, -** gourdin *m* // *pl* raclée *f*.
Prüge'lei *f* bagarre *f*.
Prügelknabe *m* bouc *m* émissaire.
prügeln *vt* battre // *vr*: **sich ~** se battre.
Prunk *m* **-(e)s** pompe *f*, faste *m*; **p~voll** *a* magnifique, fastueux(-euse).
PS *(abk von Pferdestärken)* C.V.; *(abk von Nachschrift)* P.S.
Psalm *m* **-s, -en** psaume *m*.
Psychiater [psy'çia:tɐ] *m* **-s, -** psychiatre *m/f*.
psychisch ['psy:çɪʃ] *a* psychique, psychologique.
Psycho-: **~ana'lyse** *f* psychanalyse *f*; **~'loge** *m*, **~'login** *f* psychologue *m/f*; **~lo'gie** *f* psychologie *f*; **p~'logisch** *a* psychologique.
Puber'tät *f* puberté *f*.
Publikum *nt* **-s** public ; *(SPORT)* spectateurs *mpl*.
Pudding *m* **-s, -e** *o* **-s** ≈ flan *m*.
Pudel *m* **-s, -** caniche *m*.
Puder *m* **-s, -** poudre *f*; **~dose** *f* poudrier *m*; **p~n** *vt* poudrer; **~zucker** *m* sucre *m* glace.
Puff *m* **-s** *(fam: Stoß)* *pl* **⸚e** bourrade *f*; *(fam: Bordell)* *pl* **-s** bordel *m*; *pl* **-e** *Wäsche~)* corbeille *f* à linge; *(Sitz~)* pouf *m*.
Puffer *m* **-s, -** tampon *m*.
Pulli *m* **-s, -s** *(fam)*, **Pullover** [pu'lo:vɐ] *m* **-s, -** pull *m* tricot *m*.
Puls *m* **-es, -e** pouls *m*; **~ader** *f* artère *f*.
pul'sieren *vi (ohne ge-)* battre; *(fig)* s'agiter.
Pult *nt* **-(e)s, -e** pupitre *m*.
Pulver *nt* **-s, -** poudre *f*; **p~ig** *a* poudreux(-euse); **~schnee** *m* neige *f* poudreuse.
pummelig *a (Kind)* potelé(e).

Pumpe *f* **-, -n** pompe *f;* **p~n** *vt* pomper; *(fam)* prêter; *(sich leihen)* emprunter.
Punkt *m* **-(e)s, -e** point *m.*
pünktlich *a* ponctuel(le); **P~keit** *f* ponctualité *f.*
Pu'pille *f* **-, -n** pupille *f.*
Puppe *f* **-, -n** poupée *f; (Marionette)* marionnette *f; (Insekten~)* chrysalide *f;* **~nstube** *f* maison *f* de poupée.
pur *a* pur(e).
Pü'ree *nt* **-s, -s** purée *f.*
Purzel-: ~baum *m (fam)* culbute *f;* **p~n** *vi (mit sein)* tomber.
Puste *f* **-** *(fam)* souffle *m.*
Pustel *f* **-, -n** pustule *f.*
pusten *vi* souffler.
Pute *f* **-, -n** dinde *f;* **~r** *m* **-s, -** dindon *m.*
Putz *m* **-es** *(Mörtel)* crépi *m.*
putzen *vt (Haus, Auto)* nettoyer; *(Schuhe)* cirer; *(Nase)* moucher; *(Zähne)* brosser // *vr:* **sich ~** faire sa toilette.
Putzfrau *f* femme *f* de ménage.
putzig *a* mignon(ne); *(Häuschen)* pittoresque.
Putz-: ~lappen *m* chiffon *m,* torchon *m;* **~zeug** *nt* ustensiles *mpl* de ménage.
Pyjama [py'dʒa:ma, pi'dʒa:ma] *m* **-s, -s** pyjama *m.*

Q

quabb(e)lig *a* gélatineux(-euse); *(Frosch)* visqueux(-euse).
Quacksalber *m* **-s, -** *(fam)* charlatan *m.*
Quader *m* **-s, -** pierre *f* de taille; *(MATH)* cube *m.*
Qua'drat *nt* carré *m;* **q~isch** *a (Fläche)* carré(e); *(Gleichung)* du second degré; **~meter** *m* mètre *m* carré.
quaken *vi (Frosch)* coasser; *(Ente)* faire coin-coin.
quäken *vi (fam)* brailler.
Qual *f* **-, -en** tourment *m,* peine *f,* torture *f.*
quälen *vt* tourmenter, torturer; *(mit Bitten)* importuner // *vr:* **sich ~** avancer avec peine; *(geistig)* se tourmenter.
Quäle'rei *f (das Quälen)* tourment *m,* torture *f; (fig)* corvée *f.*
Quälgeist *m* casse-pieds *m/f inv.*
qualifi'zieren *(ohne ge-) vt* qualifier; *(einstufen)* classer // *vr:* **sich ~** se qualifier.
Quali'tät *f* qualité *f;* **~sware** *f* marchandise *f* de qualité.
Qualle *f* **-, -n** méduse *f.*
Qualm *m* **-(e)s** fumée *f* épaisse; **q~en** *vi (Ofen, Kerze etc)* fumer; *(fam: auch vt)* fumer (comme une locomotive).
qualvoll *a* atroce, douloureux(-euse).
Quanti'tät *f* quantité *f.*
Quaran'täne *f* **-, -n** quarantaine *f.*
Quark *m* **-s, -** fromage *m* blanc; *(fam)* bêtise *f.*
Quar'tal *nt* **-s, -e** trimestre *m.*
Quar'tier *nt* **-s, -e** logement *m; (MIL)* quartiers *mpl.*
quasseln *vi (fam)* radoter.
Quatsch *m* **-es** bêtises *fpl,* conneries *fpl (fam);* **q~en** *vi* dire des bêtises *o* des conneries *(fam);* bavarder.
Quecksilber *nt* mercure *m.*
Quelle *f* **-, -n** source *f;* **q~n** *vi irr (mit sein) (hervor~)* jaillir; *(schwellen)* gonfler, grossir.
quengeln *vi (fam)* pleurnicher.
quer *ad (der Breite nach)* en travers; *(rechtwinklig)* de travers; **~ auf dem Bett** en travers du lit; **~ durch den Wald** à travers la forêt; **Q~balken** *m* poutre *f* transversale; **~feld'ein** *ad* à travers champs; **Q~flöte** *f* flûte *f* traversière; **Q~schiff** *nt* transept *m;* **~schnitt(s)gelähmt** *a* paraplégique; **Q~straße** *f* rue *f* transversale; **Q~treiber** *m* casse-pieds *m.*
quetschen *vt* presser, écraser; *(MED)* contusionner, meurtrir.
Quetschung *f (MED)* contusion *f.*
quieken *vi (Schwein)* couiner; *(Mensch)* pousser des cris perçants.
quietschen *vi (Tür)* grincer;

(Mensch) pousser des cris perçants.
Quirl *m* **-(e)s, -e** *(CULIN)* fouet *m.*
quitt *a:* ~ **sein** être quitte. qn).
Quitte *f* **-, -n** coing *m.*
quit'tieren *vt (ohne ge-)* quittancer; *(Dienst)* quitter.
Quittung *f* quittance *f,* reçu *m.*
Quiz [kvɪs] *nt* **-, -** jeu(-concours) *m.*
Quote *f* **-, -n** quote-part *f,* taux *m.*

R

Rabatt *m* **-(e)s, -e** rabais *m,* remise *f;* **~e** *f* **-, -n** bordure *f;* **~marke** *f* timbre-ristourne *m.*
Rabe *m* **-n, -n** corbeau *m;* **~nmutter** *f* marâtre *f.*
rabi'at *a* furieux(-euse).
Rache *f* **-** vengeance *f.*
Rachen *m* **-s, -** gorge *f.*
rächen *vt* venger // *vr:* **sich** ~ *(Mensch)* se venger *(an +dat* de); *(Leichtsinn etc)* coûter cher.
Rad *nt* **-(e)s, ¨er** roue *f; (Fahr~)* vélo *m.*
Ra'dar *m o nt* **-s** radar *m.*
Ra'dau *m* **-s** *(fam)* vacarme *m.*
radebrechen *vi:* **deutsch** ~ baragouiner l'allemand.
Rad-: r~fahren *vi irr (zvb, mit sein)* faire du vélo; **~fahrer(in** *f)* *m* cycliste *m/f;* **~fahrweg** *m* piste *f* cyclable.
Ra'dier-: r~en *vt, vi (ohne ge-)* gommer, effacer; *(KUNST)* graver (à l'eau-forte); **~gummi** *m* gomme *f;* **~ung** *f* eau-forte *f,* gravure *f.*
Radieschen [ra'diːsçən] *nt* radis *m.*
radi'kal *a* radical(e); *(POL)* extrémiste.
Radio *nt* **-s, -s** radio *f;* **~apparat** *m* poste *m* de radio.
Radius *m* **-, Radien** [-iən] rayon *m.*
Rad-: ~kappe *f (AUT)* enjoliveur *m;* **~rennen** *nt* course *f* cycliste; **~sport** *m* cyclisme *m.*
raffen *vt (Besitz)* amasser; *(Stoff)* froncer.
Raffi'nade *f* sucre *m* raffiné.
raffi'nieren *vt (ohne ge-)* raffiner.
raffi'niert *a* rusé(e), malin(-igne); *(Methode)* astucieux(-euse); *(Kleid)* raffiné(e).
ragen *vi (mit sein)* s'élever, se dresser.
Rahm *m* **-s** crème *f.*
Rahmen *m* **-s, -** cadre *m; (von Fenster)* châssis *m;* **im ~ des Möglichen** dans la mesure du possible; **r~** *vt (Bild)* encadrer.
rahmig *a* crémeux(-euse).
Ra'kete *f* **-, -n** fusée *f.*
rammen *vt (Pfahl)* enfoncer, ficher; *(Schiff)* éperonner; *(Auto)* emboutir.
Rampe *f* **-, -n** rampe *f;* **~nlicht** *nt* feux *mpl* de la rampe.
rampo'nieren *vt (ohne ge-) (fam)* abîmer.
Ramsch *m* **-(e)s, -e** camelote *f.*
ran *(fam)* = **heran.**
Rand *m* **-(e)s, ¨er** bord *m; (Wald~)* lisière *f; (von Stadt)* abords *mpl; (auf Papier)* marge *f; (unter Augen)* cerne *m;* **am ~e der Verzweiflung sein** être au bord du désespoir; **außer ~ und Band** déchaîné(e); **am ~e bemerkt** soit dit en passant.
randa'lieren *vi (ohne ge-)* faire du tapage.
Randerscheinung *f* phénomène *m* marginal.
rang *siehe* **ringen.**
Rang *m* **-(e)s, ¨e** rang *m; (Dienstgrad)* grade *m; (THEAT)* balcon *m.*
Rangier- [rɑ̃'ʒiːɐ]: **~bahnhof** *m* gare *f* de triage; **r~en** *(ohne ge-) vt (EISENBAHN)* garer // *vi (fig)* se classer; **~gleis** *nt* voie *f* de garage.
Rangordnung *f* hiérarchie *f.*
Ranke *f* **-, -n** vrille *f.*
rann *siehe* **rinnen.**
rannte *siehe* **rennen.**
Ranzen *m* **-s, -** cartable *m; (fam: Bauch)* panse *f,* bedaine *f.*
ranzig *a (Butter)* rance.
Rappe *m* **-n, -n** *(Pferd)* cheval *m* noir.
Raps *m* **-es, -e** colza *m.*
rar *a (Artikel)* rare; **sich ~ machen** *(fam)* se faire rare; **R~i'tät** *f* rareté *f.*
ra'sant *a* très rapide.
rasch *a* rapide.
rascheln *vi (Blätter, Papier)* bruire; *(Mensch):* **mit etw** ~ froisser qch.

Rasen *m* **-s, -** gazon *m*, pelouse *f*.
rasen *vi* être déchaîné(e); *(fam: mit sein: schnell)* foncer; **vor Eifersucht ~** être fou (folle) de jalousie; **r~d** *a (Eifersucht, Tempo)* fou (folle); *(Kopfschmerzen)* atroce; *(Entwicklung)* très rapide.
Rasenmäher *m*, **Rasenmähmaschine** *f* tondeuse *f* à gazon.
Rase'rei *f (Wut)* fureur *f*; *(Schnelligkeit)* vitesse *f* folle.
Ra'sier-: ~apparat *m* rasoir *m*; **r~en** *(ohne ge-) vt* raser // *vr:* **sich r~en** se raser; **~klinge** *f* lame *f* de rasoir; **~messer** *nt* rasoir *m*; **~pinsel** *m* blaireau *m*; **~seife** *f* savon *m* à barbe; **~wasser** *nt* after-shave *m*.
Rasse *f* **-, -n** race *f*.
Rassel *f* **-, -n** crécelle *f*; *(Baby~)* hochet *m*; **r~n** *vi* faire un bruit de ferraille; *(Ketten)* cliqueter.
Rassen-: ~haß *m* racisme *m*; **~trennung** *f* ségrégation *f* raciale.
Rast *f* **-, -en** arrêt *m*; *(Ruhe)* repos *m*; **r~en** *vi* s'arrêter; *(ausruhen)* se reposer; **r~los** *a (Mensch)* infatigable; *(Tätigkeit)* ininterrompu(e); *(unruhig)* agité(e); **~platz** *m (AUT)* aire *f* de repos.
Ra'sur *f* rasage *m*.
Rat *m* **-(e)s, Ratschläge** conseil *m*; **jdn zu ~e ziehen** demander conseil à qn; **keinen ~ wissen** ne (pas) savoir que faire // *pl* **Räte** *(Person)* conseiller *m*; *(Einrichtung)* conseil *m*.
Rate *f* **-, -n** paiement *m* partiel; *(monatlich)* mensualité *f*.
raten *vt, vi irr* deviner; *(empfehlen)* conseiller.
Raten-: r~weise *ad (zahlen)* à tempérament, par mensualités; **~zahlung** *f* paiement *m* partiel.
Rathaus *nt* mairie *f*.
ratifi'zieren *vt (ohne ge-)* ratifier.
Ratifi'zierung *f* ratification *f*.
Rati'on *f* ration *f*.
rational [ratsio'na:l] *a* rationnel(le), raisonnable; **r~i'sieren** *vt (ohne ge-)* rationaliser.
rationell [ratsio'nɛl] *a* rationnel(le), économique.
rationieren [ratsio'ni:rən] *vt (ohne ge)* rationner.
Rat-: r~los *a (Mensch)* perplexe; **~losigkeit** *f* perplexité *f*; **r~sam** *a* indiqué(e), recommandable; **~schlag** *m* conseil *m*.
Rätsel *nt* **-s, -** devinette *f*; *(Geheimnis)* énigme *f*; **r~haft** *a* énigmatique, mystérieux(-euse).
Ratsherr *m* conseiller *m* municipal.
Ratte *f* **-, -n** rat *m*.
rattern *vi (Maschine)* cliqueter; *(Auto)* pétarader.
Raub *m* **-(e)s** *(von Gegenstand)* vol *m* (à main armée); *(von Mensch)* rapt *m*; *(Beute)* butin *m*; **~bau** *m* exploitation *f* abusive; **r~en** *vt (Gegenstand)* voler; *(jdn)* enlever.
Räuber(in *f*) *m* **-s, -** bandit *m*, voleur(-euse).
Raub-: ~mord *m* assassinat *m* avec vol; **~tier** *nt* prédateur *m*; **~überfall** *m* attaque *f* à main armée; **~vogel** *m* oiseau *m* de proie.
Rauch *m* **-(e)s** fumée *f*; **r~en** *vt, vi* fumer; **~er(in** *f*) *m* **-s, -** fumeur(-euse).
räuchern *vt (Fleisch)* fumer.
rauchig *a* enfumé(e); *(Geschmack)* fumé(e).
räudig *a (Hund)* galeux(-euse).
rauf *(fam)* = **herauf**.
Rauf-: ~bold *m* **-(e)s, -e** voyou *m*; **r~en** *vt (Haar)* arracher // *vi (auch vr: sich r~en)* se chamailler; **R~e'rei** *f* bagarre *f*; **r~lustig** *a* bagarreur(-euse).
rauh *a* rêche, rugueux(-euse); *(Stimme)* rauque; *(Hals)* enroué(e); *(Klima)* rude; **R~reif** *m* **-s, -e** givre *m*.
Raum *m* **-(e)s, Räume** *(Zimmer)* pièce *f*; *(Platz)* place *f*; *(Gebiet)* région *f*; *(Weltraum)* espace *m*.
räumen *vt (verlassen)* quitter, vider; *(Gebiet)* évacuer; *(wegschaffen)* enlever.
Raum-: ~fahrt *f* navigation *f* spatiale; **~inhalt** *m* volume *m*.
räumlich *a (Darstellung)* dans l'espace; **R~keiten** *pl* locaux *mpl*.
Raum-: ~meter *m o nt* mètre *m*

cube; ~**pflegerin** *f* femme *f* de ménage; ~**schiff** *nt* engin *m* spatial.
Räumung *f* déménagement *m;* évacuation *f;* ~**sverkauf** *m* liquidation *f* générale (des stocks).
raunen *vt, vi* murmurer.
Raupe *f* **-, -n** chenille *f.*
raus *(fam)* = **heraus, hinaus.**
Rausch *m* **-(e)s, Räusche** ivresse *f.*
rauschen *vi* bruire, murmurer; *(Radio etc)* grésiller; ~**d** *a (Fest)* magnifique; ~**der Beifall** tempête *f* d'applaudissements.
Rauschgift *nt* drogue *f;* ~**süchtige(r)** *mf* drogué(e).
räuspern *vr:* **sich** ~ se racler la gorge.
Raute *f* **-, -n** losange *m.*
Razzia ['ratsia] *f* **-, Razzien** ['ratsiən] rafle *f.*
Rea'genzglas *nt* éprouvette *f.*
rea'gieren *vi (ohne ge-)* réagir *(auf +akk* à).
Reakti'on *f* réaction *f.*
Re'aktor *m* réacteur *m.*
re'al *a* réel(le); *(Vorstellung)* concret(-ète).
Rea'lismus *m* réalisme *m.*
Rea'listisch *a* réaliste.
Rebe *f* **-, -n** vigne *f.*
Re'bell *m* **-en, -en** rebelle *m.*
Rebelli'on *f* rébellion *f.*
re'bellisch *a* rebelle.
Reb-: ~**huhn** *nt* perdrix *f;* ~**stock** *m* cep *m* (de vigne).
Rechen *m* **-s, -** râteau *m;* **r**~ *vt, vi* ratisser.
Rechen-: ~**aufgabe** *f* problème *m* (d'arithmétique); ~**fehler** *m* erreur *f* de calcul; ~**maschine** *f* calculatrice *f;* ~**schaft** *f:* **jdm über etw** *(akk)* ~**schaft ablegen** *o* **geben** rendre compte de qch à qn; **von jdm** ~**schaft verlangen** demander des comptes à qn; ~**schaftsbericht** *m* rapport *m;* ~**schieber** *m* règle *f* à calcul.
rechnen *vt, vi* calculer; *(haushalten)* compter (ses sous); *(veranschlagen)* compter; **jdn/etw** ~ **zu** *o* **unter** *(+akk)* compter qn/qch parmi; ~ **mit/auf** *(+akk)* compter sur.
Rechner *m* **-s, -** *(Gerät)* calculatrice *f.*
Rechnung *f (MATH)* calcul *m; (fig)* compte *m; (COMM)* facture *f; (im Restaurant)* addition *f; (im Hotel)* note *f;* **jdm/etw** ~ **tragen** tenir compte de qn/qch; ~**sjahr** *nt* exercice *m;* ~**sprüfung** *f* vérification *f* des comptes.
recht *a* juste; *(Feigling)* vrai(e) // *ad (vor Adjektiv)* vraiment; **das ist mir** ~ cela me convient; **jetzt erst** ~ maintenant plus que jamais; ~ **haben** avoir raison; **jdm** ~ **geben** donner raison à qn; **R**~ *nt* **-(e)s, -e** droit *m (auf +akk* à); *(JUR)* droit *m;* **R**~ **sprechen** rendre la justice; **mit R**~ à bon droit; **R**~**e** *f* **-n, -n** *(Hand)* (main *f*) droite *f; (POL):* **die R**~**e** la droite; ~**e (r, s)** *a* droit(e); **R**~**e(s)** *nt* ce qu'il faut; **R**~**eck** *nt* **-s, -e** rectangle *m;* ~**eckig** *a* rectangulaire; ~ **fertigen** *vt* justifier // *vr:* **sich** ~ **fertigen** se justifier *(vor +dat* devant); **R**~**fertigung** *f* justification *f;* ~**haberisch** *a* qui veut toujours avoir raison; ~**lich** *a,* ~**mäßig** *a* légal(e).
rechts *ad* à droite; **R**~**anwalt** *m* avocat(e); **R**~**'außen** *m (Fußball)* ailier *m* droit.
Recht-: **r**~**schaffen** *a* droit(e), honnête; ~**schreibung** *f* orthographe *f.*
Rechts-: ~**fall** *m* cas *m;* ~**händer(in** *f*) *m* **-s, -** droitier(-ière); **r**~**kräftig** *a* valide; ~**pflege** *f* justice *f;* **r**~**radikal** *a (POL)* d'extrême-droite; ~**spruch** *m* sentence *f;* **r**~**widrig** *a* illégal(e); ~**wissenschaft** *f* jurisprudence *f.*
recht-: ~**winklig** *a* à angle droit; *(Dreieck)* rectangle; ~**zeitig** *ad* à temps.
Reck *nt* **-(e)s, -e** barre *f* fixe; **r**~**en** *vt (Hals)* tendre, étirer // *vr:* **sich r**~**en** *(Mensch)* s'étirer.
Redakteur(in *f*) [-'tøːɐ, -'tøːrɪn] *m* rédacteur(-trice).
Redakti'on *f* rédaction *f.*
Rede *f* **-, -n** discours *m; (Gespräch)* conversation *f;* **jdn (wegen etw)**

zur ~ stellen demander raison (de qch) à qn; **~freiheit** *f* liberté *f* d'opinion; **r~gewandt** *a* éloquent(e); **r~n** *vi* parler // *vt (Unsinn etc)* dire // *vr:* **sich heiser r~n** parler jusqu'à en être enroué(e); **sich in Wut r~n** s'énerver de plus en plus; **~'rei** *f* bavardage *m;* **~wendung** *f* expression *f.*

redlich *a* honnête; **R~keit** *f* honnêteté *f.*

Redner(in *f*) *m* **-s, -** orateur(-trice).

redselig *a* loquace; **R~keit** *f* loquacité *f.*

redu'zieren *vt (ohne ge-)* réduire *(auf +akk* à).

Reede *f* **-, -n** mouillage *m;* **~r** *m* **-s, -** armateur *m;* **~'rei** *f* (société *f* d') armement *m* maritime.

re'ell *a (Chance)* véritable; *(Preis, Geschäft)* honnête; (*MATH*) réel(le).

Refe'rat *nt (Vortrag)* exposé *m; (Gebiet)* service *m.*

Refe'rent *m (Berichterstatter)* rapporteur *m; (Sachbearbeiter)* chef *m* de service.

refe'rieren *vi (ohne ge-)* faire un exposé.

Re'flex *m* **-es, -e** réflexe *m.*

refle'xiv *a* (*LING*) réfléchi(e).

Re'form *f* **-, -en** réforme *f.*

reforma'torisch *a* réformateur (-trice).

Re'formhaus *nt* magasin *m* diététique.

refor'mieren *vt (ohne ge-)* réformer. *m* **-s, -s** refrain *m.*

Re'gal *nt* **-s, -e** étagère *f.*

rege *a (Treiben)* animé(e), intense; *(Geist)* vif(vive).

Regel *f* **-, -n** règle *f;* (*MED*) règles *fpl;* **r~mäßig** *a* régulier(-ière) // *ad* régulièrement; **~mäßigkeit** *f* régularité *f;* **r~n** *vt* régler // *vr:* **sich von selbst r~n** *(Angelegenheit)* se régler tout(e) seul(e); **r~recht** *a (Verfahren)* en règle; *(fam: Frechheit etc)* sacré(e); *(Beleidigung)* véritable // *ad* carément; **~ung** *f (von Verkehr)* régulation *f; (von Angelegenheit)* règlement *m;* **r~widrig** *a (Verhalten)* contraire à la règle.

regen *vt (Glieder)* bouger, remuer // *vr:* **sich ~** bouger.

Regen *m* **-s, -** pluie *f;* **~bogen** *m* arc-en-ciel *m;* **~bogenhaut** *f* iris *m;* **~mantel** *m* imperméable *m;* **~schauer** *m* averse *f;* **~schirm** *m* parapluie *m.*

Regen-: **~wurm** *m* ver *m* de terre; **~zeit** *f* saison *f* des pluies.

Regie [re'ʒi:] *f (Film etc)* réalisation *f; (THEAT)* mise *f* en scène; *(fig)* direction *f.*

re'gieren *(ohne ge-) vt* gouverner // *vi* régner.

Re'gierung *f* gouvernement *m;* **~szeit** *f* durée *f* de gouvernement; *(von König)* règne *m.*

Regi'ment *nt* **-s, -er** régiment *m; (Herrschaft)* gouvernement *m.*

Regi'on *f* région *f.*

Regisseur [reʒɪ'sø:ɐ] *m* réalisateur (-trice); (*THEAT*) metteur *m* en scène.

Re'gister *nt* **-s, -** registre *m; (in Buch)* index *m.*

regi'strieren *vt (ohne ge-) (verzeichnen)* enregistrer.

regnen *vb impers:* **es regnet** il pleut.

regnerisch *a* pluvieux(-euse).

regu'lär *a* régulier(-ière); *(Preis)* courant(e), normal(e).

regu'lieren *vt (ohne ge-)* régler, régulariser.

Regung *f (Bewegung)* mouvement *m; (Gefühl)* sentiment *m;* **r~slos** *a* immobile.

Reh *nt* **-(e)s, -e** chevreuil *m;* **~kalb** *nt,* **~kitz** *nt* faon *m.*

Reibe *f* **-, -n, Reibeisen** *nt* râpe *f.*

reiben *irr vt (Creme etc)* passer *(in o auf +akk* sur); *(scheuern)* frotter; *(zerkleinern)* râper // *vr:* **sich ~** *(Flächen etc)* frotter; **sich** *(dat)* **die Hände ~** se frotter les mains.

Reibe'rei *f* friction *f.*

Reibung *f* friction *f,* frottement *m;* **r~slos** *a (fig)* sans problème.

reich *a* riche.

Reich *nt* **-(e)s, -e** empire *m; (fig)* royaume *m;* **das Dritte ~** le troisième Reich.

reichen *vi* s'étendre, aller *(bis* jusqu'à); *(genügen)* suffire // *vt* donner, passer; *(Hand)* tendre; *(Erfrischungen)* offrir.

reich-: ~haltig *a (Essen)* abondant(e); *(Auswahl)* très grand(e); **~lich** *a (Geschenke)* en grand nombre; *(Entlohnung)* généreux (-euse), large; **~lich Zeit** bien assez de temps.

Reichtum *m* richesse *f*.

Reichweite *f* portée *f*; **in/außer ~** à/hors de portée.

reif *a* mûr(e).

Reif *m* **-(e)s** givre *m* // *m* **-(e)s, -e** *(Ring)* anneau *m*.

Reife *f* - maturité *f*; **r~n** *vi (mit sein)* mûrir.

Reifen *m* **-s, -** cerceau *m*; *(Fahrzeug~)* pneu *m*; **~panne** *f*, **~schaden** *m* crevaison *f*.

Reife-: ~prüfung *f* baccalauréat *m*; **~zeugnis** *nt* baccalauréat *m*.

Reihe *f* **-, -n** rangée *f*; *(von Menschen)* rang *m*; *(von Tagen etc)* suite *f*; *(fam: Anzahl)* série *f*; **der ~ nach** à tour de rôle; **er ist an der ~** c'est son tour; **ich komme an die ~** c'est mon tour; **~nfolge** *f* suite *f*; **alphabetische ~nfolge** ordre *m* alphabétique.

Reiher *m* **-s, -** héron *m*.

Reim *m* **-(e)s, -e** rime *f*; **r~en** *vr*: **sich r~en** rimer *(auf +akk* avec).

rein *(fam)* = **herein, hinein.**

rein *a* pur(e); *(sauber)* propre; **etw ins ~e bringen** mettre qch au clair; **~ gar nichts** rien du tout; **R~emachefrau** *f* femme *f* de ménage; **R~fall** *m (fam)* échec *m*; **R~gewinn** *m* bénéfice *m* net; **R~heit** *f* pureté *f*; *(von Wäsche)* propreté *f*; **~igen** *vt* nettoyer; **R~igung** *f (das Reinigen)* nettoyage *m*; *(Geschäft)* teinturerie *f*; **chemische R~ung** nettoyage à sec; **~rassig** *a* de race; **R~schrift** *f* copie *f* au net.

Reis *m* **-es** riz *m* // *nt* **-es, -er** rameau *m*.

Reise *f* **-, -n** voyage *m*; **~andenken** *nt* souvenir *m*; **~büro** *nt* agence *f* de voyages; **~führer(in** *f*) *m* guide *m/f*; **~gesellschaft** *f* groupe *m* (de touristes); **~kosten** *pl* frais *mpl* de voyage; **~leiter(in** *f*) *m* accompagnateur(-trice); **r~n** *vi (mit sein)* voyager; **nach Athen/Schottland r~n** aller à Athènes/en Ecosse; **~nde(r)** *mf* voyageur(-euse); **~paß** *m* passeport *m*; **~pläne** *pl* projets *mpl* de voyage; **~proviant** *m* casse-croûte *m*; **~verkehr** *m* trafic *m* touristique; **~wetter** *nt* temps *m* de vacances; **~ziel** *nt* destination *f*.

Reisig *nt* **-s** petit bois *m*.

Reißbrett *nt* planche *f* à dessin.

reißen *irr vi (mit sein) (Stoff)* se déchirer; *(Seil)* casser; *(ziehen)* tirer *(an +dat* sur) // *vt (ziehen)* tirer; *(Witz)* faire; **etw an sich** *(akk)* **~** s'emparer de qch; **sich um etw ~** s'arracher qch; **~d** *a (Fluß)* impétueux(-euse); **~den Absatz finden** partir comme des petits pains.

Reiß-: ~nagel *m* punaise *f*; **~schiene** *f* équerre *f*; **~verschluß** *m* fermeture *f* éclair; **~zwecke** *f* punaise *f*.

reiten *irr vt* monter; **Galopp/Trab ~** aller au galop/trot // *vi (mit sein)* monter; **er reitet auf einem Esel** il va à dos d'âne; **er reitet gern** il aime bien faire du cheval.

Reiter(in *f*) *m* **-s, -** cavalier(-ière).

Reit-: ~hose *f* culotte *f* de cheval; **~pferd** *nt* cheval *m* de selle; **~stiefel** *m* botte *f* d'équitation.

Reiz *m* **-es, -e** charme *m*; *(von Licht)* stimulation *f*; *(unangenehm)* irritation *f*; *(Verlockung)* attrait *m*; **~e** *(von Frau)* charmes *mpl*; **r~bar** *a (Mensch)* irritable; **r~en** *vt* irriter; *(verlocken)* exciter, attirer; *(Subjekt: Aufgabe, Angebot)* intéresser; **r~end** *a* charmant(e), ravissant(e); **r~los** *a* peu attrayant(e); **r~voll** *a* attrayant(e).

rekeln *vr*: **sich ~** *(sich strecken)* s'étirer; *(lümmeln)* se prélasser.

Reklamati'on *f* réclamation *f*.

Re'klame *f* **-, -n** publicité *f*, réclame *f*.

rekla'mieren *(ohne ge-) vt* se plaindre de; *(zurückfordern)* réclamer // *vi* se plaindre.

rekonstru'ieren *vt (ohne ge-) (Gebäude)* reconstruire; *(Vorfall)* reconstituer.
Rekonvaleszenz [rekɔnvalɛs'tsɛnts] *f* convalescence *f.*
Re'kord *m* **-es, -e** record *m.*
Re'krut *m* **-en, -en** recrue *f.*
rekru'tieren *(ohne ge-) vt* recruter // *vr:* **sich** ~ *(Team)* se recruter *(aus* parmi).
Rektor *m (von Universität)* recteur *m; (von Schule)* directeur(-trice).
Rekto'rat *nt* rectorat *m;* direction *f.*
relativ *a* relatif(-ive).
relevant [rele'vant] *a (Bemerkung)* pertinent(e); *(Sache)* important(e).
Religi'on *f* religion *f;* ~**sunterricht** *m* cours *m* de religion.
Re'likt *nt* **-(e)s, -e** vestige *m.*
Reling *f* **-, -s** *(NAVIG)* bastingage *m.*
Reminis'zenz *f (Anklang)* réminiscence *f (an +akk* de).
Ren *nt* **-s, -s** *o* **-e** renne *m.*
Renn-: ~**bahn** *f (Pferde~)* champ *m* de courses; *(Rad~)* vélodrome *m; (AUT)* circuit *m* automobile; **r~en** *vt, vi irr (mit sein)* courir; **R~en** *nt* **-s, -** course *f;* ~**fahrer(in** *f) m* coureur *m;* ~**wagen** *m* voiture *f* de course.
renovieren [reno'vi:rən] *vt (ohne ge-) (Gebäude)* rénover.
Renovierung [reno'vi:ruŋ] *f* rénovation *f.*
ren'tabel *a* rentable, lucratif(-ive).
Rentabili'tät rentabilité *f.*
Rente *f* **-, -n** retraite *f,* pension *f;* ~**nempfänger(in** *f) m* retraité(e), bénéficiaire *m/f* d'une pension.
Rentier *nt* renne *m.*
ren'tieren *vr (ohne ge-):* **sich** ~ être rentable.
Rentner(in *f) m* **-s, -** retraité(e); bénéficiaire *m/f* d'une pension.
Repara'tur *f* réparation *f;* **r~bedürftig** *a* qui a besoin d'être réparé(e); ~**werkstatt** *f* atelier *m* de réparation; *(AUT)* garage *m.*
repa'rieren *vt (ohne ge-)* réparer.
Reportage [repɔr'ta:ʒə] *f* **-, -n** reportage *m.*
Re'porter(in *f) m* **-s, -** reporter *m.*
repräsenta'tiv *a* représentatif(-ive); *(Geschenk etc)* de prestige.
repräsen'tieren *vt, vi (ohne ge-)* représenter.
Repressalien [reprɛ'sa:liən] *pl* représailles *fpl.*
Reprodukti'on *f* reproduction *f.*
reprodu'zieren *vt (ohne ge-)* reproduire.
Rep'til *nt* **-s, -ien** [-iən] reptile *m.*
Repu'blik *f* république *f.*
Reservat [resɛr'va:t] *nt (Gebiet)* réserve *f.*
Reserve [re'zɛrvə] *f* **-, -n** réserve *f;* **etw in** ~ **haben** avoir qch en réserve; ~**rad** *nt* roue *f* de rechange; ~**spieler(in** *f) m* remplaçant(e); ~**tank** *m* nourrice *f.*
reservieren [rezɛr'vi:rən] *vt (ohne ge-)* réserver, retenir.
Resi'denz *f (Wohnsitz)* résidence *f.*
Resignati'on *f* résignation *f.*
resi'gnieren *vi (ohne ge-)* se résigner.
Resoluti'on *f (Beschluß)* résolution *f.*
Reso'nanz *f* résonance *f; (fig)* écho *m;* ~**kasten** *m* caisse *f* de résonance.
Resoziali'sierung *f* réinsertion *f* dans la société.
Re'spekt *m* **-(e)s** respect *m (vor +dat* envers).
respek'tieren *vt (ohne ge-)* respecter.
Re'spekt-: **r~los** *a* irrespectueux (-euse); ~**sperson** *f* personne *f* qui commande le respect; **r~voll** *a* respectueux(-euse).
Ressort [rɛ'so:ʁ] *nt* **-s, -s** département *m,* compétence *f.*
Rest *m* **-(e)s, -e** reste *m; (von Stoff)* coupon *m; (Über~)* restes *mpl.*
Restaurant [rɛsto'rã:] *nt* **-s, -s** restaurant *m.*
restaurieren *vt (ohne ge-)* restaurer.
Rest-: ~**betrag** *m* restant *m,* solde *m;* **r~lich** *a* qui reste; **r~los** *ad* complètement.
Resul'tat *nt* résultat *m.*
Re'torte *f* **-, -n** cornue *f;* ~**nbaby** *nt* bébé-éprouvette *m.*
retten *vt* sauver // *vr:* **sich** ~ se sauver.

Retter(in *f*) *m* **-s, -** sauveur *m*; *(nach Katastrophe)* sauveteur *m*.
Rettich *m* **-s, -e** radis *m*.
Rettung *f (das Retten)* sauvetage *m*; *(Hilfe)* secours *m*; **seine letzte ~** son dernier espoir; **~sboot** *nt* canot *m* de sauvetage; **~sgürtel** *m*, **~sring** *m* bouée *f* de sauvetage.
Reue *f* **-** remords *m*; **r~n** *vt*: **es reut ihn** il (le) regrette.
reuig *a (Sünder)* repentant(e); *(Miene)* contrit(e).
revanchieren [revɑ̃'ʃi:rən] *vr (ohne ge-)*: **sich ~** *(sich rächen)* prendre sa revanche; *(durch Gleiches)* rendre la pareille *(bei jdm* à qn); **sich bei jdm für eine Einladung ~** inviter qn à son tour.
Revers [re'vɛrs] *m o nt* **-, -** revers *m*.
revidieren [revi'di:rən] *vt (ohne ge-) (Rechnung)* vérifier; *(Politik, Ansichten)* réviser.
Revier [re'vi:ɐ] *nt* **-s, -e** district *m*; *(Jagd~)* terrain *m* de chasse; *(Polizei~)* commissariat *m*.
Revolution [revolu'tsio:n] *f* révolution *f*.
Revolutionär(in *f*) [revolutsio'nɛ:ɐ, -'ɛ:ər(ɪn)] *m* révolutionnaire *m/f*.
revolutionieren [revolutsio'ni:rən] *vt (ohne ge-)* révolutionner.
Rezen'sent(in *f*) *m* critique *m*.
rezen'sieren *vt (ohne ge-)* rendre compte de.
Rezensi'on *f* critique *f*.
Re'zept *nt* **-(e)s, -e** recette *f*; *(MED)* ordonnance *f*; **r~pflichtig** *a* délivré(e) seulement sur ordonnance.
rezi'tieren *vt (ohne ge-)* réciter.
Rha'barber *m* **-s** rhubarbe *f*.
Rhein *m* **-(e)s: der ~** le Rhin.
Rhesusfaktor *m* facteur *m* rhésus.
rhe'torisch *a* rhétorique.
Rheuma('tismus *m)* *nt* **-s** rhumatisme *m*.
rhythmisch *a* rythmique.
Rhythmus *m* **-, Rhythmen** rythme *m*.
richten *vt* adresser *(an +akk* à); *(Waffe)* pointer *(auf +akk* sur); *(einstellen)* ajuster; *(instand setzen)* réparer; *(zurechtmachen)* préparer; *(bestrafen)* juger // *vi (urteilen)* juger *(über jdn* qn) // *vr*: **sich nach jdm ~** faire comme qn.
Richter(in *f*) *m* **-s, -** juge *m*; **r~lich** *a* judiciaire.
richtig *a (Antwort)* juste; *(Abzweigung)* bon(ne); *(Partner)* qu'il me/te/lui *etc* faut; *(Lage)* véritable // *ad* effectivement; *(fam: sehr)* vraiment; **R~keit** *f (von Antwort)* exactitude *f*; *(von Verhalten)* justesse *f*; **R~stellung** *f* rectification *f*.
Richtpreis *m* prix *m* recommandé.
Richtung *f* direction *f*; *(fig)* tendance *f*.
rieb *siehe* **reiben**.
riechen *vt, vi irr* sentir; **an etw ~** sentir *o* renifler qch; **nach etw ~** sentir qch; **ich kann das/ihn nicht ~** *(fam)* je ne peux pas supporter cela/le sentir.
Ried *nt* **-(e)s, -e** marécage *m*.
rief *siehe* **rufen**.
Riege *f* **-, -n** équipe *f*.
Riegel *m* **-s, -** *(Schieber)* verrou *m*; *(von Schokolade)* barre *f*.
Riemen *m* **-s, -** *(TECH)* courroie *f*; *(Gürtel)* ceinture *f*.
Riese *m* **-n, -n** géant *m*.
rieseln *vi (mit sein) (fließen)* couler doucement; *(Regen, Schnee, Staub)* tomber doucement.
Riesen-: ~erfolg *m* succès *m* monstre; **r~haft** *a* gigantesque.
riesig *a* énorme.
riet *siehe* **raten**.
Riff *nt* **-(e)s, -e** récif *m*.
Rille *f* **-, -n** rainure *f*.
Rind *nt* **-(e)s, -er** bœuf *m*.
Rinde *f*, **-, -n** *(Baum~)* écorce *f*; *(Brot~, Käse~)* croûte *f*.
Rind-: ~fleisch *nt* (viande *f* de) bœuf *m*; **~vieh** *nt* bétail *m*; *(fam)* imbécile *m/f*.
Ring *m* **-(e)s, -e** anneau *m*; *(Schmuck)* bague *f*; *(Kreis)* cercle *m*; *(SPORT)* ring *m*; **~buch** *nt* classeur *m*.
ringen *vi irr* lutter *(um* pour).
Ring-: ~finger *m* annulaire *m*; **~kampf** *m* lutte *f*; **~richter** *m* arbitre *m*.

rings *ad:* ~ **um ... (herum)** tout autour de...; ~**herum** *ad* tout autour (de).
Ringstraße *f* (boulevard *m*) périphérique *m*.
ringsum(her) *ad* tout autour; *(überall)* partout.
Rinne *f* **-, -n** rigole *f*.
rinnen *vi irr (Eimer etc)* fuir; *(mit sein: Flüssigkeit)* fuir, couler.
Rinn-: ~**sal** *nt* **-s, -e** filet *m* (d'eau); ~**stein** *m* caniveau *m*.
Rippchen *nt* côtelette *f*.
Rippe *f* **-, -n** côte *f*.
Risiko *nt* **-s, -s** *o* **Risiken** risque *m*.
ri'skant *a* risqué(e).
ri'skieren *vt (ohne ge-)* risquer.
riß *siehe* **reißen.**
Riß *m* **-sses, -sse** *(in Mauer etc)* fissure *f*; *(in Tasse)* fêlure *f*; *(an Lippe, Händen)* gerçure *f*; *(in Papier, Stoff)* déchirure *f*; *(TECH)* plan *m*, schéma *m*.
rissig *a (Mauer)* fissuré(e); *(Hände)* gercé(e).
ritt *siehe* **reiten.**
Ritt *m* **-(e)s, -e** chevauchée *f*; ~**er** *m* **-s, -** chevalier *m*; **r**~**erlich** *a* chevaleresque; ~**ertum** *nt* chevalerie *f*.
rittlings *ad* à cheval.
Ritus *m* **-, Riten** rite *m*.
Ritze *f* **-, -n** fente *f*, fissure *f*.
ritzen *vt* graver.
Rivale [ri'vaːlə] *m* **-n, -n, Rivalin** [ri'vaːlɪn] *f* rival(e).
Rivalität [rivali'tɛːt] *f* rivalité *f*.
Rizinusöl *nt* huile *f* de ricin.
Robbe *f* **-, -n** phoque *m*.
Roboter *m* **-s, -** robot *m*.
roch *siehe* **riechen.**
röcheln *vi* respirer bruyamment; *(Sterbender)* râler.
Rock *m* **-(e)s, ⸚e** jupe *f*; *(Jackett)* veston *m*.
Rodel *m* **-s, -** luge *f*; **r**~**n** *vi (auch mit sein)* luger; ~**bahn** *f* piste *f* de luge.
Rogen *m* **-s, -** œufs *mpl* de poisson.
Roggen *m* **-s, -** seigle *m*.
roh *a (ungekocht)* cru(e); *(unbearbeitet)* brut(e); *(Mensch, Sitten)* grossier(-ière), rude; **R**~**bau** *m* gros œuvre *m*; **R**~**ling** *m* brute *f*; **R**~**material** *nt* matière *f* première; **R**~**öl** *nt* pétrole *m* brut.
Rohr *nt* **-(e)s, -e** tuyau *m*, tube *m*; *(BOT)* canne *f*; *(Schilf)* roseau *m*; ~**bruch** *m* tuyau *m* crevé.
Röhre *f* **-, -n** tuyau *m*; tube *m*; *(RADIO etc)* lampe *f*; *(Back~)* four *m*.
Rohr-: ~**stuhl** *m* chaise *f* de rotin; ~**zucker** *m* sucre *m* de canne.
Roh-: ~**seide** *f* soie *f* grège; ~**stoff** *m* matière *f* première.
Roll-: ~**(l)aden** *m* volet *m*; store *m*; ~**bahn** *f*, ~**feld** *nt* *(AVIAT)* piste *f* (d'envol *o* d'atterrissage).
Rolle *f* **-, -n** rouleau *m*; *(Garn~ etc)* bobine *f*; *(Walze)* roulette *f*; *(Wäsche)* calandre *f*; *(sozial, THEAT)* rôle *m*; **keine ~ spielen** ne jouer aucun rôle.
rollen *vt (bewegen)* rouler; *(Teig)* abaisser // *vi (mit sein)* rouler.
Roller *m* **-s, -** scooter *m*; *(für Kinder)* trottinette *f*; *(Welle)* rouleau *m*.
Roll-: ~**schuh** *m* patin *m* à roulettes; ~**stuhl** *m* fauteuil *m* roulant; ~**treppe** *f* escalier *m* roulant.
Ro'man *m* **-s, -e** roman *m*.
Ro'mantik *f* romantisme *m*; ~**er(in** *f***)** *m* **-s, -** romantique *m/f*.
ro'mantisch *a* romantique.
Ro'manze *f* **-, -n** romance *f*; *(Affäre)* histoire *f* d'amour, liaison *f*.
Römer(in *f***)** *m* **-s, -** Romain(e).
röntgen *vt, vi* radiographier; **R**~**aufnahme** *f*, **R**~**bild** *nt* radio(graphie) *f*; **R**~**strahlen** *pl* rayons *mpl* X.
rosa *a inv* rose.
Rose *f* **-, -n** rose *f*; ~**nkohl** *m* chou *m* de Bruxelles; ~**nkranz** *m* chapelet *m*; ~**nmontag** *m* lundi *m* de carnaval.
Ro'sette *f* rosette *f*; *(Fenster)* rosace *f*.
rosig *a* rose.
Ro'sine *f* raisin *m* sec.
Roß *nt* **-sses, -sse** cheval *m*, coursier *m*; ~**kastanie** *f* marronier *m*.
Rost *m* **-(e)s, -e** rouille *f*; *(Gitter)* grillage *m*; *(Brat~)* gril *m*; *(Bett~)* sommier *m*; **r**~**en** *vi* rouiller.
rösten *vt* griller.

Rost-: r~frei *a* inoxydable; **r~ig** *a* rouillé(e); **~schutz** *m* traitement *m* antirouille.
rot *a* rouge.
Röte *f* - rougeur *f.*
Röteln *pl* rubéole *f.*
röten *vt* rougir // *vr:* **sich ~** rougir.
rothaarig *a* roux(rousse).
ro'tieren *vi (ohne ge-, mit sein)* tourner; *(fam)* être débordé(e).
Rot-: ~käppchen *nt* Petit chaperon *m* rouge; **~kehlchen** *nt* rouge-gorge *m;* **~stift** *m* crayon *m* rouge; **~wein** *m* vin *m* rouge.
Rotz *m* **-es, -e** *(fam)* morve *f.*
Route ['ru:tə] *f* -, **-n** itinéraire *m.*
Routine [ru'ti:nə] *f* expérience *f; (pej)* routine *f.*
Rübe *f* -, **-n** rave *f;* **gelbe ~** carotte *f;* **rote ~** betterave *f;* **~nzucker** *m* sucre *m* de betterave.
Ru'bin *m* **-s, -e** rubis *m.*
Ruck *m* **-(e)s, -e** secousse *f.*
Rück-: ~antwort *f* réponse *f;* **r~bezüglich** *a (Fürwort)* réfléchi(e); **~blende** *f* flashback *m;* **r~blickend** *ad* rétrospectivement.
rücken *vt (Möbel)* déplacer // *vi (mit sein)* bouger, remuer.
Rücken *m* **-s, -** dos *m; (Nasen~)* arête *f; (Berg~)* crête *f;* **~deckung** *f* appui *m,* soutien *m;* **~lehne** *f* dossier *m;* **~mark** *nt* moelle *f* épinière; **~schwimmen** *nt* nage *f* sur le dos; **~wind** *m* vent *m* arrière.
Rück-: ~erstattung *f (von Auslagen)* remboursement *m;* **~fahrt** *f* retour *m;* **~fall** *m (von Patient)* rechute *f; (von Verbrecher)* récidive *f;* **~flug** *m* (vol *m* de) retour *m;* **~gabe** *f (von Dingen)* restitution *f;* **~gang** *m* déclin *m; (von Hochwasser)* baisse *f;* **r~gängig** *a:* **etw r~gängig machen** annuler; **~grat** *nt* **-s, -e** colonne *f* vertébrale; **~griff** *m* recours *m (auf +akk* à); **~kehr** *f* - retour *m (zu* à); **~koppelung** *f* feedback *m,* rétroaction *f;* **~lage** *f (Reserve)* réserve *f;* **r~läufig** *a (Entwicklung)* régressif(-ive); *(Preise)* en baisse; **~licht** *nt* feu *m* arrière; **r~lings** *ad* par derrière; **~nahme** *f* -, **-n** reprise *f;* **~reise** *f* (voyage *m* de) retour *m;* **~ruf** *m* rappel *m.*
Rucksack *m* sac *m* à dos.
Rück-: ~schau *f* rétrospective *f (auf +akk* de); **~schluß** *m* conclusion *f;* **~schritt** *m* régression *f;* **~seite** *f* dos *m; (von Papier)* verso *m; (von Münze)* revers *m.*
Rücksicht *f* considération *f;* **auf jdn/etw ~ nehmen** ménager qn/tenir compte de qch; **r~slos** *a (Mensch, Benehmen)* qui manque d'égards; *(Fahren)* irresponsable; *(unbarmherzig)* sans pitié; **r~svoll** *a (Mensch)* prévenant(e); *(Benehmen)* plein(e) d'égards.
Rück-: ~sitz *m* siège *m* arrière; **~spiegel** *m* rétroviseur *m;* **~spiel** *nt* match *m* retour; **~sprache** *f* entretien *m,* pourparlers *mpl;* **~stand** *m (Betrag)* arriéré *m;* **im ~stand sein** être en retard; **r~ständig** *a (Methoden)* démodé(e); *(Zahlungen)* dû (due); **~stoß** *m (von Gewehr)* recul *m;* **~tritt** *m* démission *f;* **~trittbremse** *f* frein *m* au pédalier; **~vergütung** *f (COMM)* ristourne *f;* **r~wärts** *ad* en arrière; **~wärtsgang** *m* marche *f* arrière; **~weg** *m* retour *m;* **r~wirkend** *a* rétroactif(-ive); **~zahlung** *f* remboursement *m;* **~zug** *m* retraite *f.*
Rudel *nt* **-s, -** *(von Wölfen)* bande *f; (von Hirschen)* harde *f.*
Ruder *nt* **-s, -** rame *f; (Steuer)* gouvernail *m;* **~boot** *nt* bateau *m* à rames; **r~n** *vi (auch mit sein)* ramer; *(SPORT)* faire de l'aviron.
Ruf *m* **-(e)s, -e** cri *m,* appel *m; (Ansehen)* réputation *f;* **r~en** *irr vt* appeler // *vi* crier, appeler; **(nach) jdm ~** appeler qn; **~name** *m* prénom *m* usuel; **~nummer** *f* numéro *m* de téléphone.
Rüge *f* -, **-n** réprimande *f;* **r~n** *vt* réprimander.
Ruhe *f* - calme *m; (Ausruhen, Bewegungslosigkeit)* repos *m; (Ungestörtheit)* paix *f; (Schweigen)* silence *m;* **sich zur ~ setzen** prendre sa retraite; **~!** silence!; **r~los** *a*

agité(e); **r~n** *vi (Mensch)* se reposer; *(Tätigkeit)* être interrompu(e); *(liegen)* reposer; **~stand** *m* retraite *f;* **~tag** *m* jour *m* de repos.
ruhig *a* tranquille; *(gelassen, friedlich)* calme; **tu das** ~ ne te gêne pas.
Ruhm *m* **-(e)s** gloire *f.*
rühmen *vt* louer, vanter // *vr:* **sich** ~ *(+gen)* se vanter (de).
rühmlich *a* glorieux(-euse).
Ruhr *f* - dysenterie *f.*
Rühr-: **~ei** *nt* œufs *mpl* brouillés; **r~en** *vt* remuer; *(fig)* toucher // *vr:* **sich r~en** bouger // *vi:* **r~en von** provenir de; **r~en an** *(+akk)* toucher à; **r~end** *a* touchant(e); **r~selig** *a* sentimental(e); **~ung** *f* émotion *f.*
Ru'in *m* **-s, -e** ruine *f.*
Ru'ine *f* **-, -n** ruine *f.*
rui'nieren *vt (ohne ge-) (jdn)* ruiner; *(Stoff)* abîmer.
rülpsen *vi* roter.
Rumänien [ru'mɛːniən] *nt* **-s** (la) Roumanie.
Rum *m* **-s, -s** rhum *m.*
Rummel *m* **-s** *(fam)* agitation *f,* vacarme *m; (Jahrmarkt)* foire *f;* **~platz** *m* champ *m* de foire.
Rumpf *m* **-(e)s, ¨e** tronc *m; (AVIAT)* fuselage *m; (NAVIG)* coque *f.*
rümpfen *vt (Nase)* froncer.
rund *a* rond(e) // *ad (etwa)* environ; ~ **um etw** tout autour de qch; **R~bogen** *m* arc *m* en plein cintre; **R~e** *f* **-, -n** tour *m; (von Wächter)* ronde *f; (Gesellschaft)* cercle *m; (von Getränken)* tournée *f.*
Rundfunk *m* **-(e)s** radio *f;* **im** ~ à la radio; **~empfang** *m* réception *f;* **~gerät** *nt* (poste *m* de) radio *f;* **~sendung** *f* émission *f* de radio.
Rund-: **r~he'raus** *ad* carrément; **r~herum** *ad* tout autour; **r~lich** *a* rondelet(te); *(Gesicht)* rond(e); **~schreiben** *nt* circulaire *f;* **~ung** *f* *(von Gewölbe)* courbure *f; (von Wange)* rondeur *f.*
runter *(fam)* = **herunter, hinunter.**
Runzel *f* **-, -n** ride *f;* **r~ig** *a* ridé(e); **r~n** *vt* plisser; **die Stirn r~n** froncer les sourcils.
Rüpel *m* **-s, -** mufle *m;* **r~haft** *a* grossier(-ière).
rupfen *vt (Huhn)* plumer; *(Gras)* arracher; **R~** *m* **-s, -** (toile *f* de) jute *m.*
ruppig *a* grossier(-ière).
Rüsche *f* **-, -n** volant *m; (an Hemd)* jabot *m.*
Ruß *m* **-es** suie *f.*
Russe *m* **-n, -n, Russin** *f* Russe *m/f.*
Rüssel *m* **-s, -** trompe *f.*
rußig *a* couvert(e) de suie.
russisch *a* russe.
Rußland *nt* **-s** (la) Russie.
rüsten *vt* préparer; *(MIL)* armer // *vi (MIL)* se réarmer // *vr:* **sich** ~ se préparer.
rüstig *a* alerte; **R~keit** *f* vigueur *f.*
Rüstung *f (das Rüsten)* armement *m; (Ritter~)* armure *f; (Waffen)* armements *mpl.*
Rute *f* **-, -n** baguette *f.*
Rutsch *m* **-(e)s, -e** *(Erd~)* glissement *m* de terrain; **~bahn** *f* toboggan *m;* **r~en** *vi (mit sein)* glisser; *(Erde)* s'affaisser; **r~ig** *a* glissant(e).
rütteln *vt* secouer.

S

Saal *m* **-(e)s, Säle** salle *f.*
Saat *f* **-, -en** *(Pflanzen)* semence *f; (Säen)* semailles *fpl.*
sabbern *vi (fam)* baver.
Säbel *m* **-s, -** sabre *m.*
Sabotage [zabo'taːʒə] *f* **-, -n** sabotage *m.*
sabo'tieren *vt (ohne ge-)* saboter.
sachdienlich *a (Hinweis)* utile.
Sache *f* **-, -n** chose *f; (Angelegenheit)* affaire *f; (JUR)* cause *f; (Thema)* sujet *m; (Pflicht)* problème *m;* **zur** ~ au fait; **dumme ~n machen** faire des bêtises.
Sach-: **~lage** *f* circonstances *fpl,* situation *f;* **s~lich** *a* objectif(-ive).
sächlich *a* neutre.
Sachschaden *m* dommage *m* matériel.
sacht *ad* avec précaution; *(bewegen)*

doucement.
Sachverständige(r) *mf* expert *m.*
Sack *m* **-(e)s, ¨e** sac *m;* **~gasse** *f* impasse *f,* cul-de-sac *m.*
säen *vt, vi* semer.
Saft *m* **-(e)s, ¨e** jus *m;* (*BOT*) sève *f;* **s~ig** *a* juteux(-euse); *(Ohrfeige)* retentissant(e); *(Witz, Rechnung)* salé(e).
Sage *f* **-, -n** légende *f.*
Säge *f* **-, -n** scie *f;* **~mehl** *nt* sciure *f;* **s~n** *vt, vi* scier.
sagen *vt, vi* dire; **~haft** *a* légendaire; *(fam: Haus, Auto)* formidable.
Sägewerk *nt* scierie *f.*
sah *siehe* **sehen.**
Sahne *f* - crème *f.*
Saison [zɛ'zɔ̃ː, zɛ'zɔŋ] *f* **-, -s** (haute) saison *f;* **~arbeiter** *m* saisonnier *m.*
Saite *f* **-, -n** corde *f;* **~ninstrument** *nt* instrument *m* à cordes.
Sakri'stei *f* sacristie *f.*
Sa'lat *m* **-(e)s, -e** salade *f; (Kopfsalat)* laitue *f;* **~soße** *f* vinaigrette *f.*
Salbe *f* **-, -n** pommade *f,* crème *f.*
Salbei *m* **-s** sauge *f.*
salbungsvoll *a* onctueux(-euse).
Saldo *m* **-s, Salden** solde *m.*
Salmi'ak *m* **-s** chlorure *m* d'ammonium; **~geist** *m* ammoniaque *f.*
sa'lopp *a (Kleidung)* négligé(e); *(Ausdrucksweise)* relâché(e), vulgaire.
Sal'peter *m* **-s** salpêtre *m;* **~säure** *f* acide *m* nitrique.
Salz *nt* **-es, -e** sel *m;* **s~en** *vt* saler; **s~ig** *a* salé(e); **~kartoffeln** *pl* pommes *fpl* de terre bouillies; **~säure** *f* acide *m* chlorhydrique.
Samen *m* **-s, -** semence *f,* graine *f;* (*ANAT*) sperme *m.*
sammeln *vt (Beeren)* ramasser, cueillir; *(Unterschriften)* recueillir; *(Geld)* collecter; *(Truppen)* rassembler; *(als Hobby)* collectionner // *vr:* **sich** ~ se rassembler; *(sich konzentrieren)* se concentrer.
Sammel'surium *nt* **-s** salmigondis *m.*
Sammlung *f (das Sammeln)* collecte *f;* rassemblement *m; (das Gesammelte)* collection *f; (Konzentration)* concentration *f.*
Samstag *m* samedi *m;* **s~s** *ad* le samedi.
Samt *m* **-(e)s, -e** velours *m.*
samt *prep +dat* avec; ~ **und sonders** tous (toutes) sans exception.
sämtliche *a pl* tous(toutes) les.
Sand *m* **-(e)s, -e** sable *m.*
Sand-: s~ig *a (Boden)* sablonneux (-euse); **~kasten** *m* tas *m* de sable; **~papier** *nt* papier *m* de verre; **~stein** *m* grès *m.*
sandte *siehe* **senden.**
Sanduhr *f* sablier *m.*
sanft *a* doux(douce); **~mütig** *a* doux(douce), gentil(le).
sang *siehe* **singen.**
Sänger(in *f*) *m* **-s, -** chanteur(-euse).
sa'nieren *(ohne ge-) vt (Stadt)* assainir, rénover; *(Betrieb)* redresser financièrement // *vr:* **sich** ~ redresser sa situation.
Sa'nierung *f (von Stadt)* rénovation *f; (von Betrieb)* redressement *m* financier.
sani'tär *a* sanitaire, hygiénique; **~e Anlagen** installations *fpl* sanitaires.
Sani'täter *m* **-s, -** secouriste *m;* (*MIL*) sanitaire *m.*
sank *siehe* **sinken.**
sanktionieren [zaŋktio'niːrən] *vt (ohne ge-) (Maßnahmen)* approuver; *(Gesetz)* adopter.
sann *siehe* **sinnen.**
Sar'delle *f* anchois *m.*
Sarg *m* **-(e)s, ¨e** cercueil *m.*
saß *siehe* **sitzen.**
Sa'tire *f* **-, -n** satire *f.*
satirisch *a* satirique.
satt *a* rassasié(e); *(Farbe)* vif(vive), intense; **sich** ~ **essen** manger à sa faim; **jdn/etw** ~ **sein** *o* **haben** *(fam)* en avoir marre de qn/qch.
Sattel *m* **-s, ¨** selle *f;* **s~fest** *a (fig)* compétent(e); **s~n** *vt* seller.
sättigen *vt* rassasier; *(Verlangen)* satisfaire; (*CHEM*) saturer.
Satz *m* **-es, ¨e** phrase *f; (Lehr~)* théorème *m;* (*MUS*) mouvement *m; (von Töpfen etc)* jeu *m,* assortiment *m; (von Briefmarken)* série *f;* (*SPORT*) set *m; (von Kaffee)* marc *m; (Sprung)* bond

m, saut *m*; (*TYP*) composition *f*; ~'**gegenstand** *m* sujet *m*; ~**lehre** *f* syntaxe *f*.
Satzung *f* statuts *mpl*, règlement *m*.
Satzzeichen *nt* signe *m* de ponctuation.
Sau *f* -, **Säue** truie *f*; *(fam!)* cochon *m*.
sauber *a* propre; *(Charakter)* honnête; *(ironisch)* sacré(e) *(vor dem Substantiv)*; **S~keit** *f* propreté *f*.
säubern *vt* nettoyer; (*POL*) épurer, purger.
Sauce ['zo:sə] *f* -, **-n** *siehe* **Soße.**
sauer *a* acide; *(Wein)* aigre; *(Hering)* saur; *(Milch)* caillé(e); *(fam: Mensch, Gesicht)* fâché(e).
Saue'rei *f (fam)* cochonnerie *f*.
säuerlich *a (Geschmack)* aigrelet(te), acidulé(e); *(Gesicht)* revêche, acariâtre.
Sauer-: ~**milch** *f* (lait *m*) caillé *m*; ~**stoff** *m* oxygène *m*.
saufen *vt, vi irr (Tier)* boire; *(fam)* boire, picoler.
Säufer(in *f*) *m* **-s, -** ivrogne(sse), poivrot(e).
Saufe'rei *f (fam)* soûlerie *f*.
saugen *vt, vi (Flüssigkeit)* sucer; *(Staub)* aspirer; **an etw** *(dat)* ~ sucer qch.
säugen *vt* allaiter.
Sauger *m* **-s, -** *(auf Flasche)* tétine *f*.
Säugetier *nt* mammifère *m*.
Säugling *m* nourrisson *m*.
Säule *f* -, **-n** colonne *f*, pilier *m*.
Saum *m* **-(e)s, Säume** *(von Kleid)* ourlet *m*.
säumen *vt (Kleid)* ourler; *(fig)* border.
Säure *f* -, **-n** (*CHEM*) acide *m*; *(Geschmack)* acidité *f*, aigreur *f*.
säuseln *vt, vi (Wind)* murmurer; *(sprechen)* susurrer.
sausen *vi* siffler, mugir; *(Ohren)* bourdonner; *(fam, mit sein: eilen)* foncer.
Saustall *m (fam)* porcherie *f*.
Schabe *f* -, **-n** blatte *f*, cafard *m*; **s~n** *vt* gratter; (*CULIN*) râper.
Schabernack *m* **-(e)s, -e** farce *f*.
schäbig *a* miteux(-euse); *(gemein)* méprisable.
Schab'lone *f* -, **-n** pochoir *m*; *(fig)* cliché *m*.
Schach *nt* **-s, -s** échecs *mpl*; *(Stellung)* échec *m*; ~**brett** *nt* échiquier *m*; ~**figur** *f* pièce *f* (d'un jeu d'échecs); **s~matt** *a* échec et mat.
Schacht *m* **-(e)s, ¨e** puits *m*; *(Fahrstuhl~)* cage *f*.
Schachtel *f* -, **-n** boîte *f*.
schade *a*: **es ist** ~ c'est dommage; **für diese Arbeit ist der Anzug zu** ~ ce costume est trop bon pour ce travail; **sich** *(dat)* **zu ~ für etw sein** ne pas s'abaisser à qch.
Schädel *m* **-s, -** crâne *m*; ~**bruch** *m* fracture *f* du crâne.
Schaden *m* **-s, ¨** dommage *m*, dégât *m*; *(Verletzung)* lésion *f*; *(Nachteil)* perte *f*, désavantage *m*; **s~** *vi* +*dat* nuire (à); ~**ersatz** *m* dommages *mpl* et intérêts *mpl*, indemnité *f*; ~**freude** *f* joie *f* malveillante; **s~froh** *a* qui se réjouit du malheur des autres.
schadhaft *a* endommagé(e).
schädigen *vt* nuire à.
schädlich *a* nuisible; *(Stoffe, Einfluß)* nocif(-ive).
Schädling *m* animal *m* nuisible; *(Insekt)* insecte *m* nuisible.
schadlos *a*: **sich ~ halten an** (+*dat*) se rattraper sur.
Schaf *nt* **-(e)s, -e** mouton *m*; ~**bock** *m* bélier *m*.
Schäfer(in *f*) *m* **-s, -** berger(-ère); ~**hund** *m* berger *m*.
schaffen *vt irr (Werk)* créer; *(Ordnung)* rétablir; *(Platz)* faire // *vt (erledigen)* arriver à terminer, réussir à faire; *(fam: Zug)* réussir à attraper; *(transportieren)* transporter // *vi (fam: arbeiten)* travailler, bosser *(fam)*; **sich** *(dat)* **etw** ~ se faire qch.
Schaffner(in *f*) *m* **-s, -** contrôleur (-euse).
Schaft *m* **-(e)s, ¨e** *(von Werkzeug)* manche *m*; *(von Gewehr)* crosse *f*; *(von Blume, Stiefel)* tige *f*.
schäkern *vi* badiner.
schal *a* plat(e).
Schal *m* **-s, -e** *o* **-s** écharpe *f*.
Schälchen *nt* coupe *f*.

Schale *f* **-, -n** *(Kartoffel~, Obst~)* peau *f; (abgeschält)* pelure *f,* épluchure *f; (Orangen~)* écorce *f; (Nuß~, Muschel~, Ei~)* coquille *f; (Behälter)* coupe *f,* bol *m.*.
schälen *vt (Kartoffeln, Obst)* éplucher, peler; *(Eier)* enlever la coquille de // *vr:* **sich** ~ *(Haut)* peler.
Schall *m* **-(e)s, -e** son *m;* **~dämpfer** *m (AUT)* pot *m* d'échappement; **s~dicht** *a* insonorisé(e); **s~en** *vi* sonner, retentir; **s~end** *a (Ton)* sonore; *(Ohrfeige)* retentissant(e); **~mauer** *f* mur *m* du son; **~platte** *f* disque *m.*
schalt *siehe* **schelten.**
Schalt-: **~bild** *nt* schéma *m* de circuit; **~brett** *nt* tableau *m* de commande; **s~en** *vt:* **auf 'warm' s~en** mettre sur 'chaud' // *vi (AUT)* changer de vitesse; *(fam: begreifen)* piger; **in den 2. Gang s~en** passer la *o* en seconde; **s~en und walten** agir à sa guise; **~er** *m* **-s, -** guichet *m; (an Gerät)* interrupteur *m,* bouton *m;* **~hebel** *m* levier *m* de commande; *(AUT)* levier *m* de changement de vitesse; **~jahr** *nt* année *f* bissextile.
Scham *f* **-** pudeur *f; (Organe)* organes *mpl* génitaux.
schämen *vr:* **sich** ~ avoir honte *(vor +dat* vis à vis de).
Scham-: **~haare** *pl* poils *mpl* du pubis; **s~los** *a* éhonté(e).
Schande *f* **-** honte *f.*
schänden *vt (Frau, Kind)* violer; *(Grab)* profaner; *(Namen)* déshonorer.
schändlich *a (Benehmen)* scandaleux(-euse), honteux(-euse).
Schandtat *f* infamie *f; (fam)* folie *f.*
Schank-: **~erlaubnis** *f,* **~konzession** *f* licence *f* (de débit de boissons); **~tisch** *m* comptoir *m.*
Schanze *f* **-, -n** *(Sprung~)* tremplin *m.*
Schar *f* **-, -en** *(von Menschen)* foule *f; (Vögel)* volée *f;* **in ~en** en grand nombre; **s~en** *vr:* **sich s~en** s'assembler, se rassembler.
scharf *a* **(¨er, am ¨sten)** *(Klinge)* tranchant(e); *(Essen)* épicé(e); *(Senf)* fort(e); *(Auge)* perçant(e); *(Ohr)* fin(e); *(Verstand)* incisif(ive); *(Wind)* glacial(e); *(Kurve)* dangereux(-euse); *(Ton)* aigu(-uë); *(PHOT)* net(te); *(streng: Worte)* dur(e); *(Kritik)* mordant(e); *(Vorgesetzter)* sévère; *(Hund)* méchant(e); ~ **nachdenken** réfléchir; **auf etw** *(akk)* ~ **sein** *(fam)* être fou(folle) de qch; **S~blick** *m (fig)* pénétration *f.*
Schärfe *f* **-, -n** tranchant *m; (von Essen)* goût *m* épicé; *(von Wind)* âpreté *f; (PHOT)* netteté *f; (Strenge)* dureté *f; (von Kritik)* causticité *f;* **s~n** *vt* aiguiser.
Scharf-: **~schütze** *m* tireur *m* d'élite; **~sinn** *m* perspicacité *f;* **s~sinnig** *a (Mensch)* perspicace; *(Überlegung)* fin(e).
Schar'nier *nt* **-s, -e** charnière *f.*
Schärpe *f* **-, -n** écharpe *f.*
scharren *vt, vi* creuser, gratter.
Scharte *f* **-, -n** brèche *f.*
schartig *a (Klinge)* ébréché(e).
Schaschlik *m o nt* **-s, -s** brochette *f,* chiche-kebab *m.*
Schatten *m* **-s, -** ombre *f;* **~bild** *nt,* **~riß** *m* silhouette *f;* **~seite** *f (fig)* désavantage *m.*
Schat'tierung *f* ombres *fpl.*
schattig *a* ombragé(e).
Scha'tulle *f* **-, -n** coffret *m.*
Schatz *m* **-es, ¨e** trésor *m.*
schätzbar *a* évaluable.
Schätzchen *nt* chéri(e).
schätzen *vt* estimer; **~lernen** *vt (zvb) (jdn)* se mettre à apprécier.
Schätzung *f* estimation *f,* évaluation *f;* **s~sweise** *ad* à peu près.
Schau *f* **-, -en** spectacle *m; (Ausstellung)* exposition *f;* **etw zur ~ stellen** exposer qch; **~bild** *nt* diagramme *m.*
Schauder *m* **-s, -** frisson *m;* **s~haft** *a* horrible, épouvantable; **s~n** *vi* frissonner; **es schaudert mich bei dem Gedanken...** je frémis à la pensée... .
schauen *vi* regarder.
Schauer *m* **-s, -** *(Regen~)* averse *f; (Schreck)* frisson *m;* **s~lich** *a* horrible.

Schaufel *f* **-, -n** *(Gerät)* pelle *f*; **s~n** *vt (Sand)* pelleter, déplacer avec une pelle.
Schau-: ~fenster *nt* vitrine *f*; **~fensterauslage** *f* étalage *m*; **~fensterbummel** *m* lèche-vitrines *m*; **~geschäft** *nt* showbusiness *m*; **~kasten** *m* vitrine *f*.
Schaukel *f* **-, -n** balançoire *f*; **s~n** *vi* se balancer; **~pferd** *nt* cheval *m* à bascule; **~stuhl** *m* fauteuil *m* à bascule.
Schaulustige(r) *mf* badaud(e).
Schaum *m* **-(e)s, Schäume** écume *f*; *(Seifen~)* mousse *f*.
schäumen *vi (Bier, Seife)* mousser; *(vor Wut)* écumer.
Schaum-: ~gummi *m* caoutchouc *m* mousse; **~krone** *f* écume *f*; **~wein** *m* (vin *m*) mousseux *m*.
Schauplatz *m* scène *f*.
schaurig *a* horrible, épouvantable.
Schau-: ~spiel *nt* spectacle *m*; *(THEAT)* pièce *f*; **~spieler** *m* acteur *m*; **~spielerin** *f* actrice *f*; **s~spielern** *vi* jouer la comédie.
Scheck *m* **-s, -s** chèque *m*; **~buch** *nt* chéquier *m*, carnet *m* de chèques.
scheckig *a (Pferd)* moucheté(e); *(Muster)* bariolé(e).
scheffeln *vt (Geld)* amasser.
Scheibe *f* **-, -n** disque *m*; *(Brot, Braten)* tranche *f*; *(Glas~)* carreau *m*; *(Schieß~)* cible *f*; **~nwaschanlage** *f* lave-glace *m*; **~nwischer** *m* essuie-glace *m*.
Scheich *m* **-s, -e** *o* **-s** cheik *m*.
Scheide *f* **-, -n** *(von Waffe)* gaine *f*, fourreau *m*; *(Grenze)* frontière *f*; *(ANAT)* vagin *m*; **s~n** *irr vt* séparer; *(Ehe)* dissoudre // *vi (mit sein)* s'en aller; **sich s~n lassen** divorcer *(von* d'avec).
Scheidung *f (Ehe~)* divorce *m*; **die ~ einreichen** demander le divorce.
Schein *m* **-(e)s, -e** lumière *f*, éclat *m*; *(An~)* apparence *f*; *(Geld~)* billet *m*; *(Bescheinigung)* attestation *f*; **zum ~** pour la galerie; **s~bar** *a* apparent(e).
scheinen *vi irr* briller; *(Anschein haben)* sembler.
Schein-: s~heilig *a* hypocrite; **~tod** *m* mort *f* apparente; **~werfer** *m* projecteur *m*; *(AUT)* phare *m*.
Scheiße *f* **-, -n** *(fam!)* merde *f*.
Scheit *nt* **-(e)s, -e** *o* **-er** bûche *f*.
Scheitel *m* **-s, -** *(höchster Punkt)* sommet *m*; *(Haar~)* raie *f*.
scheitern *vi (mit sein)* échouer.
Schelte *f* **-, -n** réprimande *f*; **s~en** *vt, vi irr* gronder.
Schema *nt* **-s, -s** *o* **-ta** plan *m*; *(Darstellung)* schéma *m*; **nach ~ F** d'une manière routinière; **s~tisch** [ʃe'maːtɪʃ] *a* schématique; *(pej)* machinal(e).
Schemel *m* **-s, -** tabouret *m*.
Schenkel *m* **-s, -** cuisse *f*; *(MATH)* côté *m*; *(von Zirkel)* branche *f*.
schenken *vt* offrir, donner; *(Getränk)* verser; **sich** *(dat)* **etw ~** *(fam)* se dispenser de qch; **das ist geschenkt!** c'est donné; *(nichts wert)* ça ne vaut rien.
Schenkung *f* don *m*.
Scherbe *f* **-, -n** tesson *m*, débris *m*.
Schere *f* **-, -n** ciseaux *mpl*; *(groß)* cisailles *fpl*; *(von Hummer etc)* pince *f*; **s~n** *vt (kümmern)* intéresser, préoccuper; *(irr: Schaf)* tondre; **sich nicht s~n um** *(fam)* se ficher de.
Schere'rei *f (fam)* embêtement *m*.
Scherz *m* **-es, -e** plaisanterie *f*.
scheu *a* craintif(-ive); *(schüchtern)* timide; **S~** *f* **-** *(Angst)* crainte *f*; *(Ehrfurcht)* respect *m*.
scheuen *vt (Gefahr)* avoir peur de, craindre; *(Anstrengung)* épargner; *(Aufgabe)* se dérober à // *vi (Pferd)* s'emballer // *vr:* **sich ~ vor** *(+dat)* craindre.
scheuern *vt (putzen)* récurer; *(reiben)* frotter.
Scheuklappe *f* œillère *f*.
Scheune *f* **-, -n** grange *f*.
Scheusal *nt* **-s, -e** monstre *m*.
scheußlich *a* épouvantable; **S~keit** *f (von Anblick)* laideur *f*; *(von Verbrechen)* atrocité *f*.
Schi *m siehe* **Ski.**
Schicht *f* **-, -en** couche *f*; *(in Fabrik)* poste *m*; *(: Gruppe)* équipe *f*; **~arbeit** *f* travail *m* par roulement; **s~en** *vt*

empiler.
schicken *vt* envoyer // *vr:* **sich** ~ se résigner *(in +akk* à); **es schickt sich nicht** ça n'est pas convenable.
Schicksal *nt* **-s, -e** destin *m;* **S~sschlag** *m* coup *m* du destin.
Schiebedach *nt* toit *m* ouvrant.
schieben *vt irr* pousser; *(Schuld, Verantwortung):* **etw auf jdn** ~ rejeter qch sur qn; *(fam: Waren)* trafiquer avec, faire (le) trafic de.
Schieber *m* **-s, -** coulisseau *m; (von Gerät)* curseur *m; (Person)* trafiquant(e).
Schiebetür *f* porte *f* coulissante.
Schiebung *f (Betrug)* trafic *m.*
schied *siehe* **scheiden.**
Schieds-: ~**richter** *m* arbitre *m;* **s~richtern** *vt* arbitrer // *vi* faire l'arbitre; ~**spruch** *m* arbitrage *m.*
schief *a (Ebene)* en pente, incliné(e); *(Turm)* penché(e); *(falsch)* faussé(e), faux(fausse) // *ad* de travers.
Schiefer *m* **-s, -** ardoise *f;* ~**dach** *nt* toit *m* d'ardoises; ~**tafel** *f* ardoise *f.*
schief-: ~**gehen** *vi irr (zvb, mit sein) (fam)* ne pas marcher, louper; ~**lachen** *vr (zvb) (fam):* **sich** ~**lachen** se tordre de rire; ~**liegen** *vi irr (zvb) (fam)* se tromper.
schielen *vi* loucher; **nach etw** ~ *(fig)* loucher sur qch.
schien *siehe* **scheinen.**
Schienbein *nt* tibia *m.*
Schiene *f* **-, -n** rail *m; (MED)* attelle *f.*
schier *a (Fleisch)* maigre (et sans os); *(fig)* pur(e) // *ad* presque.
Schieß-: ~**bude** *f* (stand *m* de) tir *m;* **s~en** *irr vt, vi* tirer // *vi (mit sein) (Blut)* jaillir; *(Salat)* monter en graine; ~**e'rei** *f* coups *mpl* de feu, fusillade *f.*
Schiff *nt* **-(e)s, -e** bateau *m; (Kirchen~)* nef *f;* ~**(f)ahrt** *f* navigation *f; (Reise)* traversée *f;* ~**(f)ahrtslinie** *f* ligne *f* maritime; **s~bar** *a* navigable; ~**bau** *m* construction *f* navale; ~**bruch** *m* naufrage *m;* **s~brüchig** *a* naufragé(e); ~**chen** *nt (WEBEN)* navette *f;* ~**er** *m* **-s, -** batelier *m;* ~**sjunge** *m* mousse *m;* ~**sladung** *f* cargaison *f.*
Schi'kane *f* **-, -n** chicane *f,* tracasserie *f;* **mit allen** ~**en** *(fam)* avec tout ce qu'il faut.
schika'nieren *vt (ohne ge-)* brimer.
Schild *m* **-(e)s, -e** *(Schutz)* bouclier *m; (von Tier)* carapace *f; (Mützen~)* visière *f;* **etw im** ~ **führen** tramer qch // *nt* **-(e)s, -er** enseigne *f; (Verkehrs~)* panneau *m; (Etikett)* étiquette *f;* ~**drüse** *f* glande *f* thyroïde *f.*
schildern *vt* (dé)peindre, décrire.
Schilderung *f* description *f.*
Schildkröte *f* tortue *f.*
Schilf *nt* **-(e)s, -e,** ~**rohr** *nt* roseau *m.*
schillern *vi* chatoyer, miroiter; ~**d** *a* chatoyant(e); *(fig)* ambigu(-uë).
Schimmel *m* **-s, -** moisissure *f; (Pferd)* cheval *m* blanc; **s~ig** *a* moisi(e); **s~n** *vi* moisir.
Schimmer *m* **-s** lueur *f;* **s~n** *vi* luire.
Schim'panse *m* **-n, -n** chimpanzé *m.*
Schimpf *m* **-(e)s, -e** affront *m;* **s~en** *vt:* **jdn einen Idioten** ~ traiter qn d'idiot // *vi* jurer, pester, râler *(fam);* **mit jdm** ~ gronder qn; ~**wort** *nt* juron *m,* injure *f.*
schinden *irr vt* maltraiter; *(fam):* **Eindruck** ~ en mettre plein la vue // *vr:* **sich** ~ s'esquinter *(mit etw* à faire qch); *(fig)* se donner de la peine.
Schinde'rei *f* corvée *f.*
Schinken *m* **-s, -** jambon *m.*
Schippe *f* **-, -n** pelle *f;* **s~n** *vt (Sand, Schnee)* déplacer à la pelle, pelleter.
Schirm *m* **-(e)s, -e** *(Regen~)* parapluie *m; (Sonnen~)* parasol *m; (Wand~, Bild~)* écran *m; (Lampen~)* abat-jour *m; (Mützen~)* visière *f; (Pilz~)* chapeau *m;* ~**herr** *m* patron *m,* protecteur *m;* ~**mütze** *f* casquette *f.*
Schlacht *f* **-, -en** bataille *f;* **s~en** *vt* tuer; ~**er(in** *f***)** *m* **-s, -** boucher(-ère); ~**feld** *nt* champ *m* de bataille; ~**haus** *nt,* ~**hof** *m* abattoir *m;* ~**schiff** *nt* cuirassé *m;* ~**vieh** *nt* animal *m* de boucherie.
Schlacke *f* **-, -n** scorie *f.*
Schlaf *m* **-(e)s** sommeil *m;* ~**anzug**

m pyjama *m*.
Schläfchen *nt* sieste *f*.
Schläfe *f* **-, -n** tempe *f*.
schlafen *vi irr* dormir; ~ **gehen** (aller) se coucher; **mit jdm** ~ coucher avec qn.
Schläfer(in *f***)** *m* **-s, -** dormeur (-euse).
schlaff *a (Haut)* flasque; *(energielos)* mou(molle); *(erschöpft)* épuisé(e).
Schlaf-: ~**gelegenheit** *f* endroit *m* où dormir; ~**lied** *nt* berceuse *f*; **s**~**los** *a*: **eine s**~**lose Nacht** une nuit blanche; ~**losigkeit** *f* insomnie *f*; ~**mittel** *nt* somnifère *m*.
schläfrig *a (Mensch)* qui a sommeil; *(Stimmung)* endormant(e).
Schlaf-: ~**saal** *m* dortoir *m*; ~**sack** *m* sac *m* de couchage; ~**tablette** *f* somnifère *m*; **s**~**trunken** *a* somnolent(e), ensommeillé(e); ~**wagen** *m* wagon-lit *m*; **s**~**wandeln** *vi (zvb)* être somnanbule; ~**zimmer** *nt* chambre *f* à coucher.
Schlag *m* **-(e)s, ¨e** *(Hieb)* coup *m*; *(pl: Tracht Prügel)* raclée *f*; *(Herz~)* attaque *f*; *(Gehirn~)* (attaque *f* d')apoplexie *f*; *(ELEC)* secousse *f*; *(Blitz~)* coup *m* de foudre; *(Schicksals~)* coup *m* du destin; *(Puls~)* pouls *m*; *(Glocken~)* son *m*; *(fam: Portion)* portion *f*; *(Art)* race *f*, espèce *f*; **mit einem** ~ d'un seul coup; ~**ader** *f* artère *f*; ~**anfall** *m* apoplexie *f*; **s**~**artig** *a* brusque; ~**baum** *m* barrière *f*.
schlagen *irr vt* battre; *(Sahne)* fouetter; *(einschlagen)* enfoncer; *(Kreis, Bogen)* décrire; *(Schlacht)* livrer // *vi* battre; *(Uhr)* sonner; *(Blitz)* tomber; *(mit sein)*: **auf** *o* **an** *o* **gegen etw** *(akk)* ~ heurter qch // *vr*: **sich** ~ se battre; **um sich** ~ se débattre; **nach jdm** ~ ressembler à qn; **s**~**d** *a (Beweis)* convaincant(e).
Schlager *m* **-s, -** *(Lied)* tube *m*; *(Erfolg)* succès *m*.
Schläger *m* **-s, -** *(Mensch)* bagarreur *m*; *(Tennis~)* raquette *f*; *(Hockey~, Golf~)* crosse *f*.
Schläge'rei *f* bagarre *f*.
Schlagersänger(in *f***)** *m* chanteur (-euse) à succès.
Schlag-: s~**fertig** *a* qui a de la repartie; ~**loch** *nt* nid *m* de poule; ~**rahm** *m*, ~**sahne** *f* crème *f* fouettée; ~**seite** *f*: ~**seite haben** *(Schiff)* donner de la bande; *(fig: Mensch)* être bourré(e); ~**wort** *nt* slogan *m*; ~**zeile** *f* manchette *f*; ~**zeug** *nt* batterie *f*.
Schla'massel *m* **-s, -** *(fam)* merdier *m (fam!)*.
Schlamm *m* **-(e)s, -e** boue *f*; **s**~**ig** *a* boueux(-euse).
Schlampe *f* **-, -n** *(fam)* souillon *f*; *(fig)* salope *f*.
schlampen *vi (fam)*: **mit einer Arbeit** ~ bâcler un travail.
Schlampe'rei *f (fam)* bâclage *m*; *(Durcheinander)* pagaille *f*.
schlampig *a (fam) (Mensch)* négligé(e); *(Arbeit)* salopé(e), bâclé(e).
schlang *siehe* **schlingen.**
Schlange *f* **-, -n** serpent *m*; *(Menschen~, Auto~)* file *f*; ~ **stehen** faire la queue.
schlängeln *vr*: **sich** ~ se faufiler; *(Fluß, Weg)* serpenter.
Schlangen-: ~**gift** *nt* venin *m*.
schlank *a* mince, svelte; **S**~**heit** *f* minceur *f*; **S**~**heitskur** *f* régime *m* amaigrissant.
schlapp *a* mou(molle); *(erschöpft)* vidé(e); **S**~**e** *f* **-, -n** *(fam)* échec *m*; ~**machen** *vi (zvb) (fam)* flancher.
schlau *a (Mensch)* malin(e *o* -igne); *(Plan)* astucieux(-euse).
Schlauch *m* **-(e)s, Schläuche** tuyau *m*; *(in Reifen)* chambre *f* à air; *(fam: Anstrengung)* corvée *f*; ~**boot** *nt* canot *m* pneumatique; **s**~**en** *vt (fam)* pomper.
Schlauheit *f*, **Schläue** *f* **-** ruse *f*, malice *f*.
schlecht *a* mauvais(e); *(verdorben: Essen)* gâté(e), avarié(e); *(Mensch)* méchant(e) // *ad* mal; *(kaum)* difficilement; ~ **und recht** tant bien que mal; **mir ist (es)** ~ je me sens mal; ~**gehen** *vi irr (zvb, mit sein)*: **jdm geht es schlecht** qn est mal en point; ~'**hin** *ad* tout simplement; **der Dramatiker** ~'**hin** le vrai

dramaturge; **S~igkeit** *f* méchanceté *f*; **~machen** *vt (zvb)* dénigrer.
schlecken *vt* lécher // *vi (naschen)* manger des sucreries.
Schlegel *m* **-s, -** *(Trommel~)* baguette *f*; *(CULIN)* cuisse *f*.
schleichen *vi irr (mit sein)* ramper; *(fig: langsam)* traîner; **~d** *a (Krankheit)* insidieux(-euse).
Schleier *m* **-s, -** voile *m*; **s~haft** *a (fam)*: **jdm s~haft sein** échapper à qn.
Schleife *f* **-, -n** boucle *f*; *(Band)* nœud *m*; **s~n** *vt (ziehen)* traîner; *(niederreißen)* raser // *vt irr (Messer)* aiguiser; *(Edelstein)* tailler.
Schleim *m* **-(e)s, -e** substance *f* visqueuse; *(MED)* mucosité *f*; *(CULIN)* gruau *m*; **s~ig** *a* visqueux(-euse).
schlemmen *vi* festoyer.
Schlemme'rei *f* festin *m*, gueuleton *m (fam)*.
schlendern *vi (mit sein)* flâner; *(irgendwohin)* aller en flânant.
Schlendrian *m* **-(e)s** laisser-aller *m*.
schlenkern *vt* balancer.
schleppen *vt* traîner; *(AUT, Schiff)* remorquer // *vr*: **sich ~** se traîner.
Schlepper *m* **-s, -** *(Schiff)* remorqueur *m*.
Schleuder *f* **-, -n** *(Geschütz)* fronde *f*; *(Wäsche~)* essoreuse *f*; *(Honig~)* extracteur *m*; *(Butter~)* baratte *f*; **s~n** *vt* lancer; *(Wäsche)* essorer // *vi (AUT) (mit sein oder haben)* déraper; **~preis** *m* prix *m* écrasé; **~sitz** *m* siège *m* éjectable; **~ware** *f* marchandise *f* bradée.
schleunigst *ad* au plus vite.
Schleuse *f* **-, -n** écluse *f*.
schlich *siehe* **schleichen.**
schlicht *a* simple.
schlichten *vt (Streit)* régler, aplanir.
Schlick *m* **-(e)s, -e** vase *f*.
schlief *siehe* **schlafen.**
Schließe *f* **-, -n** fermeture *f*.
schließen *irr vt* fermer; *(Sitzung)* clore; *(einschließen)* enfermer; *(Lücke)* boucher; *(eingehen; folgern)* conclure // *vr*: **sich ~** se fermer // *vi (Tür, Deckel)* se fermer; *(enden)* se terminer; *(folgern)* conclure.
Schließ-: ~fach *nt (auf Bahnhöfen)* consigne *f* automatique; **s~lich** *ad* finalement; *(~ doch)* après tout.
schliff *siehe* **schleifen.**
Schliff *m* **-(e)s, -e** taille *f*; *(fig)* savoir-vivre *m*.
schlimm *a* grave; *(Nachricht, Bursche)* mauvais(e); *(Zeiten)* difficile; **~er** *a* pire; **~ste(r,s)** *a* le (la) pire; **~stenfalls** *ad* au pire.
Schlinge *f* **-, -n** boucle *f*; *(Falle)* collet *m*; *(MED)* écharpe *f*.
Schlingel *m* **-s, -** vaurien *m*.
schlingen *irr vt* mettre, enrouler // *vt, vi (essen)* engloutir.
schlingern *vi (Schiff)* tanguer.
Schlips *m* **-es, -e** cravate *f*.
Schlitten *m* **-s, -** luge *f*; *(Fahrzeug)* traîneau *m*.
schlittern *vi (auch mit sein)* glisser, patiner.
Schlittschuh *m* patin *m* (à glace); **~bahn** *f* patinoire *f*; **~laufen** *nt* patinage *m*.
Schlitz *m* **-es, -e** fente *f*; *(Hosen~)* braguette *f*; **s~äugig** *a* qui a les yeux bridés; **s~en** *vt* fendre.
schloß *siehe* **schließen.**
Schloß *nt* **-sses, Schlösser** *(an Tür)* serrure *f*; *(Bau)* château *m*.
Schlosser *m* **-s, -** serrurier *m*; *(Auto~)* mécanicien *m*.
Schlosse'rei *f (Werkstatt)* atelier *m*.
Schlot *m* **-(e)s, -e** cheminée *f*.
schlottern *vi* trembler *(vor* de); *(Kleidung)* flotter.
Schlucht *f* **-, -en** gorge *f*.
schluchzen *vi* sangloter.
Schluck *m* **-(e)s, -e** gorgée *f*; **~auf** *m* **-s, -s** hoquet *m*; **s~en** *vi, vt* avaler.
schludern *vi*: **bei** *o* **mit etw ~** bâcler qch.
schlug *siehe* **schlagen.**
Schlund *m* **-(e)s, ¨e** gosier *m*.
schlüpfen *vi (mit sein)* se glisser, se faufiler; **aus dem Ei ~** sortir de l'œuf; **in die Kleider ~** enfiler ses habits.
Schlüpfer *m* **-s, -** slip *m*.
Schlupfloch *nt* trou *m*, cachette *f*.
schlüpfrig *a* glissant(e); *(fig)*

équivoque, obscène.
schlurfen *vi (mit sein)* traîner les pieds, se traîner.
schlürfen *vt, vi* boire bruyamment.
Schluß *m* **~sses, Schlüsse** fin *f; (~folgerung)* conclusion *f;* **am ~** à la fin; **~ machen** s'arrêter; **mit jdm ~ machen** rompre avec qn.
Schlüssel *m* **-s, -** clé *f;* **~bein** *nt* clavicule *f;* **~blume** *f* primevère *f;* **~bund** *m* trousseau *m* de clés; **~loch** *nt* trou *m* de la serrure.
schlüssig *a (überzeugend)* concluant(e); **sich** *(dat)* **über etw ~ sein** être sûr(e) de qch.
Schluß-: ~licht *nt* feu *m* arrière; **~strich** *m (fig)* point *m* final; **~verkauf** *m* soldes *mpl.*
Schmach *f* **-** honte *f*, ignominie *f.*
schmachten *vi (vor Durst)* mourir *(vor* de); *(vor Sehnsucht)* languir *(nach* loin de).
schmächtig *a* chétif(-ive), frêle.
schmackhaft *a (Essen)* appétissant(e); **jdm etw ~ machen** peindre qch sous des couleurs flatteuses.
schmählich *a* honteux(-euse).
schmal *a* étroit(e); *(Mensch, Buch)* mince; *(karg)* maigre.
schmälern *vt* diminuer; *(fig)* rabaisser.
Schmal-: ~film *m* film *m* de format réduit; **~spur** *f* voie *f* étroite.
Schmalz *nt* **-es, -e** graisse *f* fondue; *(von Schwein)* saindoux *m;* **s~ig** *a* sentimental(e).
schma'rotzen *vt:* **bei** *o* **von jdm ~** vivre aux crochets de qn.
Schmarotzer(in *f***)** *m* **-s, -** parasite *m.*
schmatzen *vi* manger bruyamment.
Schmaus *m* **-es, Schmäuse** festin *m;* **s~en** *vi* se régaler.
schmecken *vt* sentir // *vi (Essen)* être bon; **nach etw ~** sentir qch, avoir le goût de qch; **es schmeckt ihm** il trouve cela bon.
Schmeiche'lei *f* flatterie *f.*
schmeichelhaft *a* flatteur(-euse).
schmeicheln *vi:* **jdm ~** flatter qn.
schmeißen *vt irr (fam)* jeter, balancer *(fam).*
Schmeißfliege *f* mouche *f* à viande.
schmelzen *irr vt* faire fondre // *vi (mit sein)* fondre.
Schmelz-: ~punkt *m* point *m* de fusion; **~wasser** *nt* neige *f* fondue.
Schmerz *m* **-es, -en** douleur *f; (Trauer)* chagrin *m;* **s~en** *vt* faire mal à; *(fig)* peiner; **~ensgeld** *nt* dommages *mpl* et intérêts *mpl;* **s~haft** *a* douloureux(-euse); **s~lich** *a* douloureux(-euse); **s~los** *a* indolore; **s~stillend** *a (Mittel)* analgésique.
Schmetterling *m* papillon *m.*
schmettern *vt (werfen)* lancer avec violence, projeter; *(singen)* chanter à tue-tête.
Schmied *m* **-(e)s, -e** forgeron *m;* **~e** *f* **-, -n** forge *f;* **~eeisen** *nt* fer *m* forgé; **s~en** *vt* forger.
schmiegen *vt (Kopf)* poser, appuyer *(an +akk* contre) // *vr:* **sich ~** *(Mensch)* se blottir; *(Stoff)* mouler.
Schmier-: ~e *f* **-, -n** graisse *f;* **s~en** *vt* étaler; *(Butterbrot)* tartiner; *(fetten)* graisser; *(bestechen)* graisser la patte à; *(auch vi: schreiben)* gribouiller // *vi (Kuli)* baver, couler; **~fett** *nt* graisse *f*, lubrifiant *m;* **~geld** *nt* pot-de-vin *m;* **~mittel** *nt* lubrifiant *m;* **~seife** *f* savon *m* mou.
Schminke *f* **-, -n** maquillage *m;* **s~n** *vt* farder, maquiller // *vr:* **sich s~n** se maquiller.
schmirgeln *vt (glätten)* polir à l'émeri.
schmiß *siehe* **schmeißen.**
Schmöker *m* **-s, -** *(fam)* bouquin *m;* **s~n** *vi (fam)* bouquiner.
schmollen *vi* bouder.
schmolz *siehe* **schmelzen.**
Schmor-: ~braten *m* viande *f* braisée; **s~en** *vt, vi* braiser.
Schmuck *m* **-(e)s** décoration *f; (~stücke)* bijoux *mpl.*
schmücken *vt* décorer.
Schmuggel *m* **-s** contrebande *f;* **s~n** *vt* passer en contrebande *o* en fraude // *vi* faire de la contrebande.
Schmuggler(in *f***)** *m* **-s, -** contrebandier(-ière).

schmunzeln *vi* sourire.
Schmutz *m* **-es** saleté *f*; **s~en** *vi* *(Stoff)* se salir; **s~ig** *a* sale; *(Witz)* cochon(ne); *(Geschäfte)* louche.
Schnabel *m* **-s,** **⸚** bec *m*.
Schnake *f* **-, -n** *(Stechmücke)* moustique *m*.
Schnalle *f* **-, -n** boucle *f*; **s~n** *vt* attacher.
schnalzen *vi* claquer *(mit* de), faire claquer *(mit etw* qch).
schnappen *vt* saisir // *vi* chercher à happer *(nach etw* qch); **Luft** ~ *(ins Freie gehen)* prendre l'air.
Schnapp-: ~**schloß** *nt* cadenas *m*; ~**schuß** *m* instantané *m*.
Schnaps *m* **-es, ⸚e** eau-de-vie *f*.
schnarchen *vi* ronfler.
schnattern *vi* *(Ente)* criailler; *(zittern)* frissonner.
schnauben *vi* *(Pferd)* s'ébrouer.
schnaufen *vi* haleter.
Schnauzbart *m* moustache *f*.
Schnauze *f* **-, -n** museau *m*; *(von Kanne)* bec *m*; *(fam)* gueule *f*.
Schnecke *f* **-, -n** escargot *m*; *(ohne Gehäuse)* limace *f*; ~**nhaus** *nt* coquille *f* (d'escargot).
Schnee *m* **-s** neige *f*; *(Ei~)* œufs *mpl* en neige; ~**ball** *m* boule *f* de neige; ~**gestöber** *nt* tempête *f* de neige; ~**glöckchen** *nt* perce-neige *m o f*; ~**kette** *f* chaîne *f*; ~**pflug** *m* chasse-neige *m inv*; ~**schmelze** *f* fonte *f* des neiges.
Schneid *m* **-(e)s** *(fam)* cran *m*.
Schneide *f* **-, -n** tranchant *m*.
schneiden *irr vt* couper // *vr*: **sich** ~ *(Mensch)* se couper; *(sich kreuzen)* se croiser; **Gesichter** ~ faire des grimaces.
Schneider(in *f***)** *m* **-s, -** tailleur *m*, couturière *f*.
Schneidezahn *m* incisive *f*.
schneien *vb impers*: **es schneit** il neige.
schnell *a* rapide // *ad* vite, rapidement; ~**en** *vi* *(mit sein)* bondir; *(Preise, Temperatur)* faire un bond; **S~igkeit** *f* rapidité *f*; **S~straße** *f* voie *f* rapide; **S~zug** *m* rapide *m*.
schneuzen *vr*: **sich** ~ se moucher.
schnippisch *a* impertinent(e).
schnitt *siehe* **schneiden.**
Schnitt *m* **-(e)s, -e** coupure *f*; *(Quer~)* coupe *f* (transversale); *(Durch~)* moyenne *f*; *(~muster)* patron *m*; *(von Gesicht)* forme *f*; *(fam: Gewinn)* bénéfice *m*; ~**e** *f* **-, -n** tranche *f*; ~**fläche** *f* coupe *f*; ~**lauch** *m* ciboulette *f*; ~**muster** *nt* patron *m*; ~**punkt** *m* intersection *f*.
Schnitzel *nt* **-s, -** *(Stückchen)* petit morceau *m*; (*CULIN*) escalope *f*.
schnitzen *vt, vi* tailler.
Schnitzer *m* **-s, -** sculpteur *m* (sur bois); *(fam: Fehler)* gaffe *f*.
schnodderig *a* *(fam)* impertinent(e), gonflé(e).
schnöde *a* *(Behandlung)* mesquin(e); *(Gewinn)* méprisable.
Schnörkel *m* **-s, -** fioriture *f*; (*ARCHIT*) volute *f*.
schnorren *vt* mendier // *vi* être un parasite.
schnüffeln *vi* renifler, flairer *(an etw* qch); *(fam: spionieren)* fouiner.
Schnuller *m* **-s, -** tétine *f*.
Schnupfen *m* **-s, -** rhume *m*.
schnuppern *vi* renifler.
Schnur *f* **-, ⸚e** ficelle *f*; (*ELEC*) fil *m*; **schnüren** *vt* *(Paket)* ficeler; *(Schuhe)* lacer.
Schnurr-: ~**bart** *m* moustache *f*; **s~en** *vi* *(Katze)* ronronner.
Schnür-: ~**schuh** *m* chaussure *f* à lacets; ~**senkel** *m* lacet *m*.
schnur'stracks *ad* (tout) droit.
schob *siehe* **schieben.**
Schock *m* **-(e)s, -s** choc *m*.
scho'ckieren *vt* *(ohne ge-)* choquer.
Schöffe *m* **-n, -n** juré *m*; ~**ngericht** *nt* tribunal *m* avec un jury.
Schöffin *f* jurée *f*.
Schoko'lade *f* chocolat *m*.
Scholle *f* **-, -n** motte *f* de terre; *(Eis~)* glace *f* flottante; *(Fisch)* plie *f*.
schon *ad* déjà; *(endlich)* enfin; *(zwar)* certes; **das ist ~ immer so** ça a toujours été le cas; **das wird ~ (noch) gut** tout ira bien; ~ **der Gedanke...** rien que de penser....
schön *a* beau *o* bel *(vor Vokal)* (belle); ~**e Grüße** bien le bonjour; ~**es**

Wochenende! bon week-end!; **~en Dank** merci beaucoup.
schonen *vt* épargner, ménager // *vr*: **sich ~** se ménager.
Schönheit *f* beauté *f*.
Schonung *f (Nachsicht)* égards *mpl*; *(von Gegenstand)* ménagement *m*; *(Forst)* pépinière *f*; **s~slos** *a (Vorgehen)* impitoyable.
Schonzeit *f période où la chasse est interdite*.
Schöpf-: **s~en** *vt (Flüssigkeit)* puiser; *(Mut)* rassembler; **frische Luft s~en** prendre l'air; **~er** *m* **-s, -** créateur(-trice); **s~erisch** *a (Begabung)* créateur(-trice); **~löffel** *m* louche *f*; **~ung** *f* création *f*.
schor *siehe* **scheren.**
Schorf *m* **-(e)s, -e** croûte *f*.
Schornstein *m* cheminée *f*; **~feger(in** *f*) *m* **-s, -** ramoneur *m*.
schoß *siehe* **schießen.**
Schoß *m* **-es, ¨-e**: **auf jds ~** sur les genoux de qn; *(von Rock)* basque *f*.
Schote *f* **-, -n** *(BOT)* cosse *f*.
Schottland *nt* **-s** l'Ecosse *f*.
schraf'fieren *vt (ohne ge-)* hachurer.
schräg *a (Wand)* incliné(e), penché(e); *(Linie)* oblique; **etw ~ stellen** mettre qch de biais; **S~e** *f* **-, -n** inclinaison *f*; **S~streifen** *m* biais *m*.
Schramme *f* **-, -n** éraflure *f*; **s~n** *vt* rayer, érafler.
Schrank *m* **-(e)s, ¨-e** placard *m*; *(Kleider~)* armoire *f*.
Schranke *f* **-, -n** barrière *f*; **s~nlos** *a (Bahnübergang)* non gardé(e); *(zügellos)* effréné(e).
Schraube *f* **-, -n** vis *f*; *(Schiffs~)* hélice *f*; **s~n** *vt* visser; **~nschlüssel** *m* clé *f* (à écrous); **~nzieher** *m* tournevis *m*.
Schraubstock *m* étau *m*.
Schreck *m* **-(e)s, -e, Schrecken** *m* **-s, -** effroi *m*, terreur *f*; **~gespenst** *nt* spectre *m*; **s~haft** *a* craintif(-ive); **s~lich** *a* terrible; *(fam)* épouvantable; **~schuß** *m* coup *m* en l'air.
Schrei *m* **-(e)s, -e** cri *m*.
Schreib-: **~block** *m* bloc-notes *m*; **s~en** *vt, vi irr* écrire; **~en** *nt* **-s, -** lettre *f*, écrit *m*; **s~faul** *a* qui n'aime pas écrire (des lettres); **~fehler** *m* faute *f* d'orthographe; **~maschine** *f* machine *f* à écrire; **~tisch** *m* bureau *m*; **~waren** *pl* articles *mpl* de papeterie.
schreien *vt, vi irr* crier; **~d** *a (Ungerechtigkeit)* criant(e); *(Farbe)* criard(e).
Schreiner(in *f*) *m* **-s, -** menuisier *m*; *(Zimmermann)* charpentier *m*; *(Möbel~)* ébéniste *m*.
Schreine'rei *f* menuiserie *f*.
schrie *siehe* **schreien.**
schrieb *siehe* **schreiben.**
Schrift *f* **-, -en** écriture *f*; *(Gedrucktes)* écrit *m*; **~deutsch** *nt* allemand *m* écrit; *(nicht Dialekt)* bon allemand; **s~lich** *a* écrit(e) // *ad* par écrit; **~setzer(in** *f*) *m* compositeur (-trice), typographe *m/f*; **~sprache** *f* langue *f* écrite; **~steller(in** *f*) *m* **-s, -** écrivain *m*.
schrill *a* perçant(e), aigu(-uë).
Schritt *m* **-(e)s, -e** pas *m*; *(Gangart)* démarche *f*; *(von Hose)* entrejambes *m*; **~macher** *m* stimulateur *m* cardiaque.
schroff *a (Felswand)* abrupt(e); *(fig)* brusque.
schröpfen *vt (fig)* plumer.
Schrot *m o nt* **-(e)s, -e** *(Blei)* plomb *m*; *(Getreide)* farine *f* brute; **~flinte** *f* fusil *m* de chasse.
Schrott *m* **-(e)s, -e** ferraille *f*; **s~reif** *a (Auto)* à mettre à la casse.
schrubben *vt (Boden)* frotter.
Schrubber *m* **-s, -** balai-brosse *m*.
Schrulle *f* **-, -n** lubie *f*.
schrumpfen *vi (mit sein)* rétrécir; *(Apfel)* se ratatiner; *(Kapital)* fondre.
Schub-: **~karren** *m* brouette *f*; **~lade** *f* tiroir *m*.
schüchtern *a* timide; **S~heit** *f* timidité *f*.
schuf *siehe* **schaffen.**
Schuft *m* **-(e)s, -e** fripouille *f*; **s~en** *vi (fam)* bosser (dur).
Schuh *m* **-(e)s, -e** chaussure *f*; **~band** *nt* lacet *m*; **~creme** *f* cirage *m*; **~macher(in** *f*) *m* cordonnier(-ière).

Schulaufgaben *pl* devoirs *mpl.*
Schuld *f* **-, -en** culpabilité *f;* (*FIN*) dette *f;* (*Verschulden*) faute *f.*
schuld *a:* ~ **sein** *o* **haben** être responsable (*an* +*dat* de); **er ist** *o* **hat** ~ c'est de sa faute.
schulden *vt:* **jdm etw** ~ devoir qch à qn.
schuldig *a* coupable (*an* +*dat* de); (*Respekt*) dû(due); **jdm etw** ~ **sein/bleiben** devoir qch à qn.
Schule *f* **-, -n** école *f;* **s~n** *vt* former; (*Ohr*) exercer.
Schüler(in *f*) *m* **-s, -** élève *m/f.*
Schul-: ~**ferien** *pl* vacances *fpl* scolaires; **s~frei** *a* (*Tag*) de congé; **s~frei haben** avoir congé; ~**hof** *m* préau *m,* cour *f* de l'école; **s~pflichtig** *a* (*Kind*) en *o* d'âge scolaire; (*Alter*) scolaire; ~**stunde** *f* heure *f* de classe; ~**tasche** *f* cartable *m.*
Schulter *f* **-, -n** épaule *f;* ~**blatt** *nt* omoplate *f.*
Schul-: ~**ung** *f* formation *f;* ~**wesen** *nt* système *m* scolaire *o* d'éducation; ~**zeugnis** *nt* bulletin *m* scolaire.
schund *siehe* **schinden.**
Schund *m* **-(e)s** camelote *f.*
Schuppe *f* **-, -n** écaille *f* // *pl* (*Haar~*) pellicules *fpl;* **s~n** *vt* (*Fisch*) écailler // *vr:* **sich s~n** (*Haut*) peler.
Schuppen *m* **-s, -** remise *f.*
schuppig *a* (*Haut*) sec(sèche), qui pèle; (*Haar*) pelliculeux(-euse).
Schur *f* **-, -en** (*Schaf~*) tonte *f.*
schüren *vt* attiser.
schürfen *vt* égratigner, écorcher; (*Gold*) chercher.
Schürhaken *m* tisonnier *m.*
Schurke *m* **-n, -n** vaurien *m.*
Schürze *f* **-, -n** tablier *m.*
Schuß *m* **-sses, Schüsse** (*Gewehr~*) coup *m* (de feu); (*Sport*) tir *m;* (*von Flüssigkeit; fig*) dose *f.*
Schüssel *f* **-, -n** saladier *m,* jatte *f.*
Schuß-: ~**linie** *f* ligne *f* de tir; ~**verletzung** *f* blessure *f* par balle; ~**waffe** *f* arme *f* à feu.
Schuster *m* **-s, -** cordonnier(-ère).
Schutt *m* **-(e)s** détritus *mpl;* (*Bau~*) décombres *mpl;* ~**abladeplatz** *m* décharge *f* publique.
Schüttelfrost *m* frissons *mpl.*
schütteln *vt* secouer // *vr:* **sich** ~ frissonner, trembler; (*Hund*) s'ébrouer.
schütten *vt* verser // *vb impers:* **es schüttet** il pleut à verse.
schütter *a* (*Haare*) clairsemé(e).
Schutz *m* **-es** protection *f;* (*Unterschlupf*) abri *m;* **jdn in** ~ **nehmen** prendre la défense de qn; ~**anzug** *m* combinaison *f* de protection; ~**blech** *nt* garde-boue *m.*
Schütze *m* **-n, -n** tireur *m;* (*Tor~*) marqueur *m;* (*ASTR*) Sagittaire *m.*
schützen *vt* protéger (*vor* +*dat, gegen* de, contre) // *vr:* **sich** ~ se protéger.
Schutz-: ~**gebiet** *nt* protectorat *m;* (*Natur~*) parc *m* naturel; ~**impfung** *f* vaccination *f* préventive; **s~los** *a* sans défense; ~**mann** *m* agent *m* de police; ~**umschlag** *m* jaquette *f.*
schwach *a* **(¨er, am ¨sten)** faible; (*Tee*) léger(-ère); (*Gedächtnis*) mauvais(e); (*Programm*) médiocre; **eine** ~**e Stunde** un moment de faiblesse.
Schwäche *f* **-, -n** faiblesse *f;* (*schwache Seite*) faible *m;* **s~n** *vt* affaiblir.
Schwäch-: **s~lich** *a* (*Mensch*) délicat(e); ~**ling** *m* gringalet *m;* (*charakterlich*) faible *m.*
Schwach-: ~**sinn** *m* imbécillité *f;* **s~sinnig** *a* imbécile; ~**strom** *m* courant *m* de faible intensité.
Schwächung *f* affaiblissement *m.*
Schwaden *m* **-s, -** nuage *m.*
schwafeln *vt, vi* radoter.
Schwager *m* **-s, ¨** beau-frère *m.*
Schwägerin *f* belle-sœur *f.*
Schwalbe *f* **-, -n** hirondelle *f.*
Schwall *m* **-(e)s, -e** flot *m.*
schwamm *siehe* **schwimmen.**
Schwamm *m* **-(e)s, ¨e** éponge *f;* **s~ig** *a* spongieux(-euse); (*Gesicht*) bouffi(e).
Schwan *m* **-(e)s, ¨e** cygne *m.*
schwand *siehe* **schwinden.**
schwang *siehe* **schwingen.**
schwanger *a* enceinte.
schwängern *vt* rendre enceinte.
Schwangerschaft *f* grossesse *f.*

schwanken *vi* se balancer, osciller; *(wackeln)* osciller, vaciller; *(mit sein: gehen)* tituber; *(Preise, Zahlen)* fluctuer; *(zögern)* hésiter, balancer.
Schwankung *f* fluctuation *f*, variation *f*.
Schwanz *m* **-es, ̈-e** queue *f*.
schwänzen *(fam) vt (Schule)* sécher // *vi* faire l'école buissonnière.
Schwarm *m* **-(e)s, ̈-e** essaim *m*; *(fam)* idole *f*, béguin *m*.
schwärmen *vi (fig)*: **~ für** être fou(folle) de.
schwarz *a* **(̈-er, am ̈-esten)** noir(e); **ins S~e treffen** tirer dans le mille; *(fig)* tomber juste; **S~arbeit** *f* travail *m* noir; **S~brot** *nt* pain *m* (au) noir.
Schwärze *f* **-, -n** noirceur *f*; *(Drucker~)* encre *f* (d'imprimerie); **s~n** *vt* noircir.
Schwarz-: **s~fahren** *vi irr (zvb, mit sein)* voyager sans billet; conduire sans permis; **~handel** *m*, **~markt** *m* marché *m* noir; **s~hören** *vi (zvb)* ne pas déclarer sa radio; **s~sehen** *vi irr (zvb) (Pessimist)* voir tout en noir; *(TV)* ne pas déclarer sa télévision; **~wald** *m*: **der ~wald** la Forêt-Noire; **s~'weiß** *a* noir et blanc *inv*.
schwatzen, schwätzen *vi* bavarder.
Schwätzer(in *f*) *m* **-s, -** bavard(e).
schwatzhaft *a* bavard(e).
Schwebe *f*: **in der ~** *(fig)* en suspens; **~bahn** *f* téléférique *m*; **s~n** *vi (mit sein)* planer, être suspendu(e).
Schwede *m* **-n, -n, Schwedin** *f* Suédois(e).
Schweden *nt* **-s** la Suède.
Schwefel *m* **-s** soufre *m*; **~säure** *f* acide *m* sulfurique.
schweigen *vi irr* se taire, ne pas parler; **S~** *nt* **-s** silence *f*.
schweigsam *a (Mensch)* taciturne, silencieux(-euse).
Schwein *nt* **-(e)s, -e** cochon *m*; (*CULIN*) porc *m*; *(fam: Glück)* bol *m*; **~e'rei** *f* cochonnerie *f*; *(Gemeinheit)*: **das ist eine ~** c'est dégoûtant!; **~estall** *m* porcherie *f*; **~sleder** *nt* peau *f* de porc.
Schweiß *m* **-es** sueur *f*, transpiration *f*; **s~en** *vt*, *vi* (*TECH*) souder; **~naht** *f* soudure *f*.
Schweiz *f* **-**: **die ~** la Suisse; **~er(in *f*)** *m* **-s, -** Suisse *m/f*.
schwelen *vi* couver.
Schwelle *f* **-, -n** seuil *m*; (*EISENBAHN*) traverse *f*.
schwellen *vi irr (mit sein)* grossir; (*MED*) enfler.
Schwellung *f* (*MED*) enflure *f*.
schwenken *vt* agiter; *(abspülen)* rincer // *vi (mit sein)* (*MIL*) changer de direction.
schwer *a* lourd(e); *(Gold)* massif(-ive); *(Wein)* capiteux(-euse); *(schwierig)* difficile; *(Sorgen, Gewitter)* gros(se); *(Schicksal)* cruel(le); *(Schmerzen)* insupportable; *(Krankheit, Verdacht)* grave // *ad (sehr)* très, beaucoup; **S~arbeiter** *m* travailleur *m* de force; **S~e** *f* **-** lourdeur *f*, poids *m*; (*PHYS*) pesanteur *f*; **~elos** *a (Zustand)* d'apesanteur; **~erziehbar** *a (Kind)* difficile; **~fallen** *vi irr (zvb, mit sein)*: **jdm ~fallen** être difficile pour qn; **~fällig** *a (Gang)* lourd(e); *(Mensch)* lourdaud(e); **S~gewicht** *nt (fig)* accent *m*; **~hörig** *a* dur(e) d'oreille; **S~industrie** *f* industrie *f* lourde; **S~kraft** *f* gravité *f*; **S~kranke(r)** *mf* grand(e) malade *mf*; **~machen** *vt (zvb)*: **jdm/sich etw ~machen** rendre qch (plus) difficile pour qn/se compliquer qch; **~mütig** *a* mélancolique; **~nehmen** *vt irr (zvb)* prendre au tragique; **S~punkt** *m* centre *m* de gravité; *(fig)* centre.
Schwert *nt* **-(e)s, -er** épée *f*.
schwer-: **~tun** *vr irr (zvb)*: **sich** *(dat o akk)* **(mit etw) ~tun** avoir des difficultés (avec qch); **S~verbrecher(in *f*)** *m* (grand) criminel *m*; **~verdaulich** *a* lourd(e), indigeste; **~verletzt** *a* grièvement blessé(e); **~wiegend** *a (Grund)* important(e); *(Fehler)* grave.
Schwester *f* **-, -n** sœur *f*; (*MED*) infirmière *f*.
schwieg *siehe* **schweigen.**
Schwieger-: **~eltern** *pl* beaux-

parents *mpl*; ~**mutter** *f* belle-mère *f*; ~**sohn** *m* gendre *m*; ~**tochter** *f* belle-fille *f*; ~**vater** *m* beau-père *m*.
Schwiele *f* **-, -n** cal *m*.
schwierig *a* difficile; **S~keit** *f* difficulté *f*.
Schwimm-: ~**bad** *nt* piscine *f*; ~**becken** *nt* bassin *m*; **s~en** *vi irr (mit sein)* nager; *(treiben, nicht sinken)* surnager, flotter; ~**weste** *f* gilet *m* de sauvetage.
Schwindel *m* **-s** vertige *m*; *(Betrug)* escroquerie *f*; **s~n** *vi (fam: lügen)* mentir; **mir schwindelt (es)** j'ai le vertige.
schwinden *vi irr (mit sein)* disparaître; *(sich verringern)* diminuer; *(Kräfte)* décliner.
schwindlig *a*: **mir ist/wird** ~ j'ai le vertige.
schwingen *irr vt* balancer; *(Waffe)* brandir // *vi (hin und her)* se balancer, osciller; *(vibrieren)* vibrer; *(klingen)* résonner.
Schwingtür *f* porte *f* battante.
Schwingung *f (eines Pendels)* oscillation *f*.
Schwips *m* **-es, -e: einen ~ haben** être éméché(e).
schwirren *vi (bei Bewegung: mit sein)* passer en bourdonnant.
schwitzen *vi* transpirer, suer.
schwoll *siehe* **schwellen.**
schwören *vt, vi irr* jurer.
schwul *a (fam)* pédé.
schwül *a (Wetter)* lourd(e).
schwülstig *a* pompeux(-euse).
Schwund *m* **-(e)s** perte *f*.
Schwung *m* **-(e)s, ⸗e** élan *m*; *(Energie)* énergie *f*; *(fam: Menge)* tapée *f*; **s~haft** *a (Handel)* florissant(e); **s~voll** *a* plein(e) d'élan.
schwur *siehe* **schwören.**
Schwur *m* **-(e)s, ⸗e** serment *m*; ~**gericht** *nt* cour *f* d'assises.
sechs *num* six; ~**hundert** *num* six cent(s); ~**te(r, s)** *a* sixième; **S~tel** *nt* **-s, -** sixième *m*.
sechzehn *num* seize.
sechzig *num* soixante.
See *f* **-, -n** ['ze:ən] mer *f* // *m* **-s, -n** lac *m*; ~**fahrt** *f* navigation *f* maritime; ~**gang** *m* (état *m* de la) mer; ~**hund** *m* phoque *m*; ~**igel** *m* oursin *m*; **s~krank** *a* qui a le mal de mer.
Seele *f* **-, -n** âme *f*; **s~nruhig** *a* calme, tranquille.
Seel-: s~isch *a* mental(e), psychologique; ~**sorge** *f* charge *f* d'âmes.
See-: ~**mann** *m, pl* **-leute** marin *m*; ~**meile** *f* mille *m* marin; ~**not** *f* détresse *f*; ~**räuber** *m* pirate *m*; ~**rose** *f* nénuphar *m*; **s~tüchtig** *a (Schiff)* en état de naviguer; ~**weg** *m* voie *f* maritime; **auf dem ~weg** par mer; ~**zunge** *f* sole *f*.
Segel *nt* **-s, -** voile *f*; ~**boot** *nt* voilier *m*; ~**fliegen** *nt* vol *m* à voile; ~**flieger(in** *f*) *m* vélivole *m/f*; ~**flugzeug** *nt* planeur *m*; **s~n** *vi (mit sein)* naviguer; *(SPORT)* faire de la voile; ~**schiff** *nt* voilier *m*; ~**tuch** *nt* toile *f*.
Segen *m* **-s, -** bénédiction *f*.
segnen *vt* bénir.
sehen *vt, vi irr* voir; *(in bestimmte Richtung)* regarder; **S~swürdigkeiten** *pl* curiosités *fpl*.
Sehne *f* **-, -n** tendon *m*; *(Bogen~)* corde *f*.
sehnen *vr*: **sich nach jdm/etw ~** s'ennuyer de qn/avoir envie de qch.
sehnig *a* nerveux(-euse).
Sehnsucht *f* désir *m*, envie *f*, nostalgie *f*.
sehnsüchtig *a* nostalgique, plein(e) d'envie // *ad* avec impatience.
sehr *ad (vor a, ad)* très; *(mit Verben)* beaucoup; **zu ~** trop.
seicht *a (Wasser)* peu profond(e); *(Gespräch)* superficiel(le).
seid *2. Person Plural von* **sein.**
Seide *f* **-, -n** soie *f*.
Seidel *nt o m* **-s, -** chope *f*.
seidig *a* soyeux(-euse).
Seife *f* **-, -n** savon *m*; ~**nlauge** *f* eau *f* savonneuse.
seihen *vt* passer, filtrer.
Seil *nt* **-(e)s, -e** corde *f*, câble *m*; ~**bahn** *f* téléférique *m*; ~**hüpfen** *nt* **-s,** ~**springen** *nt* **-s** saut *m* à la corde; ~**tänzer(in** *f*) *m* funambule *m/f*.

sein *vi irr (mit sein)* être; *(mit Partizip)* être *o* avoir; **der Meinung** ~ être d'avis; **laß das** ~! arrête!; **es ist an dir, zu...** c'est à toi de...; **ich bin 15 Jahre alt** j'ai 15 ans.

sein *pron* son (sa, *vor Vokal:* son), *pl* ses; **~e(r,s)** *pron* le (la) sien(ne); **~erseits** *ad* de son côté; **~erzeit** *ad* autrefois; **~esgleichen** *pron* son (sa) pareil(le), *pl* ses pareil(le)s; **~etwegen, um ~etwillen** *ad (für ihn)* pour lui; *(von ihm aus)* en ce qui le concerne.

seit *prep* depuis // *conj* depuis que; **er ist** ~ **einer Woche hier** ça fait une semaine qu'il est ici; ~ **langem** depuis longtemps; **~dem** *ad* depuis // *conj* depuis que.

Seite *f* **-, -n** côté *m; (von Angelegenheit)* aspect *m; (von Buch)* page *f;* **~nhieb** *m (fig)* coup *m* de griffe; **s~s** *prep +gen* du côté de; **~nschiff** *nt* nef *f* latérale; **~nsprung** *m* aventure *f,* liaison *f;* **~nstechen** *nt* point *m* de côté.

seit-: **~her** *ad* depuis; **~lich** *a (Ansicht)* de côté; *(Absperrung)* latéral(e).

Sekretär *m* secrétaire *m.*

Sekretariat *nt* secrétariat *m.*

Sekretärin *f* secrétaire *f.*

Sekt *m* **-(e)s, -e** (vin *m)* mousseux *m.*

Sekte *f* **-, -n** secte *f.*

Se'kunde *f* **-, -n** seconde *f.*

selber = **selbst.**

selbst *pron inv:* **er/sie/es** ~ lui-même/elle-même/cela même; **von** ~ tout seul // *ad* même; **S~** *nt* **-** moi *m;* **S~achtung** *f* respect *m* de soi-même, dignité *f.*

selbständig *a* indépendant(e); **S~keit** *f* indépendance *f.*

Selbst-: **~bedienung** *f* libre-service *m;* **~befriedigung** *f* masturbation *f;* **~beherrschung** *f* maîtrise *f* de soi; **s~bewußt** *a* sûr(e) de soi; **~bewußtsein** *nt* confiance *f* en soi; **~erhaltungstrieb** *m* instinct *m* de conservation; **s~gefällig** *a* suffisant(e); **s~gemacht** *a* fait(e) à la maison; **~gespräch** *nt* monologue *m;* **~kostenpreis** *m* prix *m* coûtant, prix de revient; **s~los** *a* désintéressé(e); **~mord** *m* suicide *m;* **~mörder(in** *f)* *m* suicidé(e); **s~sicher** *a* sûr(e) de soi, plein(e) d'assurance; **s~süchtig** *a* égoïste; **s~tätig** *a* automatique; **s~verständlich** *a* qui va de soi // *ad* bien entendu; **~vertrauen** *nt* confiance *f* en soi; **~zweck** *m* fin *f* en soi.

selig *a (glücklich)* heureux(-euse); *(REL)* bienheureux(-euse); *(tot)* défunt(e).

Sellerie *m* **-s, -(s),** *f* **-, -** célerie *m.*

selten *a* rare; *(Ereignis)* extraordinaire // *ad* rarement; **S~heit** *f* rareté *f.*

seltsam *a* bizarre, étrange; **S~keit** *f* étrangeté *f,* bizarrerie *f.*

Se'mester *nt* **-s, -** semestre *m.*

Semi'kolon *nt* **-s, -s** point-virgule *m.*

Semi'nar *nt* **-s, -e** séminaire *m; (Ort)* institut *m,* département *m.*

Semmel *f* **-, -n** petit pain *m.*

Sende-: **~bereich** *m* portée *f;* **~folge** *f* programme *m* (des émissions); *(Serie)* feuilleton *m.*

senden *vt irr (Brief)* envoyer, expédier // *vt, vi (RADIO, TV)* diffuser, transmettre.

Sender *m* **-s, -** *(RADIO, TV)* station *f; (Anlage)* émetteur *m.*

Sendung *f (Brief, Paket)* envoi *m,* expédition *f; (Aufgabe)* mission *f; (RADIO, TV)* diffusion *f; (Programm)* émission *f.*

Senf *m* **-(e)s, -e** moutarde *f.*

senken *vt* baisser; *(Steuern)* diminuer // *vr:* **sich** ~ s'affaisser; *(Nacht)* tomber.

Senk-: **~fuß** *m* pied *m* plat; **s~recht** *a* vertical(e), perpendiculaire; **~rechte** *f* verticale *f,* perpendiculaire *f.*

Sense *f* **-, -n** faux *f.*

sen'sibel *a* sensible.

sentimen'tal *a* sentimental(e); **S~i'tät** *f* sentimentalité *f.*

sepa'rat *a* séparé(e); *(Eingang)* indépendant(e).

Sep'tember *m* **-(s), -** septembre *m.*

septisch *a* septique; *(Wunde)* infecté(e).
Serie ['ze:riə] *f* série *f*; ~**nherstellung** *f* production *f* en série; **s~nweise** *a, ad* en série.
Serpen'tine *f (Kehre)* lacet *m*.
Serum *nt* **-s, Seren** sérum *m*.
servieren [zɛr'vi:rən] *vt, vi (ohne ge-)* servir.
Sessel *m* **-s, -** fauteuil *m*; ~**lift** *m* télésiège *m*.
setzen *vt* mettre; *(Gast)* placer, faire asseoir; *(Denkmal)* ériger; *(Ziel)* fixer; *(Baum)* planter; *(Segel)* déployer; (*TYP*) composer; *(Geld)* miser *(auf +akk* sur) // *vr*: **sich** ~ *(Mensch)* s'asseoir; *(Niederschlag)* se déposer // *vi (springen)* sauter *(über etw (akk)* qch); *(wetten)* miser *(auf +akk* sur).
Seuche *f* **-, -n** épidémie *f*; ~**ngebiet** *nt* région *f* contaminée.
seufzen *vt, vi* soupirer.
Seufzer *m* **-s, -** soupir *m*.
Sex *m* **-(es)** sexe *m*.
Se'xismus *m* sexisme *m*.
Sexuali'tät *f* sexualité *f*.
sexy ['zɛksi] *a inv* sexy *inv*.
se'zieren *vt (ohne ge-)* disséquer.
sich *pron* se.
Sichel *f* **-, -n** faucille *f*; *(Mond~)* croissant *m*.
sicher *a* sûr(e); *(nicht gefährdet: Mensch)* en sécurité; *(gewiß)* certain(e), sûr(e) (*+gen* de) // *ad* certainement; **vor jdm/etw ~ sein** être hors de portée de qn/qch; ~**gehen** *vi irr (zvb, mit sein)* être sûr(e).
Sicherheit *f* sécurité *f*; (*FIN*) garantie *f*, caution *f*; *(Gewißheit)* certitude *f*; *(Zuverlässigkeit)* sûreté *f*; *(Selbst~)* assurance *f*; **s~shalber** *ad* par mesure de sécurité; ~**snadel** *f* épingle *f* de sûreté; ~**sschloß** *nt* serrure *f* de sûreté; ~**svorkehrung** *f* mesure *f* de précaution.
sichern *vt (sicher machen)* fixer, attacher; *(schützen)* protéger *(gegen, vor +dat* contre, de); **sich** *(dat)* **etw** ~ se procurer qch.
sicherstellen *vt (zvb) (Beute)* mettre en sécurité.
Sicherung *f (das Sichern)* protection *f*; *(Vorrichtung)* sécurité *f*; *(an Waffen)* cran *m* de sûreté; (*ELEC*) fusible *m*.
Sicht *f* - vue *f*; **auf lange** ~ à long terme; **s~bar** *a* visible; **s~en** *vt* apercevoir; *(durchsehen)* examiner; **s~lich** *a* manifeste; ~**verhältnisse** *pl* visibilité *f*; ~**vermerk** *m* visa *m*.
sickern *vi (mit sein) (Flüssigkeit)* suinter; *(Nachricht)* filtrer.
Sie *pron sing, pl, nom, akk (Höflichkeitsform)* vous.
sie *pron sing nom* elle; *(bei männlichen französischen Substantiven)* il // *akk* la; le; *(vor Vokal o stummem h)* l' // *pl nom* ils *mpl*, elles *fpl* // *akk* les.
Sieb *nt* **-(e)s, -e** *(Mehl~)* tamis *m*; *(Getreide~)* crible *m*; *(Tee~)* passoire *f*; **s~en** *vt* tamiser; *(Flüssigkeit)* passer, filtrer.
sieben *num* sept; ~**'hundert** *num* sept cent(s); **S~sachen** *pl* affaires *fpl*.
siebte(r, s) *a* septième; **S~l** *nt* **-s, -** septième *m*.
siebzehn *num* dix-sept.
siebzig *num* soixante-dix.
sieden *vt, vi irr (Wasser)* bouillir; *(Eier)* (faire) cuire.
Siedler(in *f*) *m* **-s, -** colon *m*.
Siedlung *f (Häuser~)* cité *f*, lotissement *m*; agglomération *f*.
Sieg *m* **-(e)s, -e** victoire *f*.
Siegel *nt* **-s, -** sceau *m*.
siegen *vi* l'emporter *(über +akk* sur); être vainqueur (de); *(SPORT etc)* gagner.
Sieger(in *f*) *m* **-s, -** vainqueur *m*, gagnant(e).
siehe *Imperativ* voir.
siezen *vt* vouvoyer.
Silbe *f* **-, -n** syllabe *f*.
Silber *nt* **-s** argent *m*; ~**blick** *m*: **einen ~blick haben** loucher, avoir une léger strabisme; **s~n** *a* d'argent; *(Klang)* argentin(e).
Silvester(abend *m*) *nt* **-s, -** Saint-Sylvestre *f*.
Sims *nt o m* **-es, -e** *(Fenster~)* rebord *m*.
simul'tan *a* simultané(e).

sind *1. Person und 3. Person Plural von* **sein.**
Sinfo'nie *f* symphonie *f.*
singen *vt, vi irr* chanter.
Singular *m* singulier *m.*
Singvogel *m* oiseau *m* chanteur.
sinken *vi irr (mit sein) (Schiff)* couler; *(Sonne)* se coucher; *(Temperatur, Preise etc)* baisser; *(Hoffnung)* diminuer.
Sinn *m* **-(e)s, -e** sens *m;* ~ **für Humor haben** avoir le sens de l'humour; **von ~en sein** avoir perdu la tête; **~bild** *nt* symbole *m;* **s~en** *vi irr* réfléchir, être perdu dans ses pensées; **auf etw** *(akk)* **s~en** méditer qch; **~estäuschung** *f* illusion *f* des sens; **s~gemäß** *a (Übersetzung)* libre; **was er s~gemäß gesagt hat** ce qu'il a dit en substance; **s~ig** *a (praktisch)* ingénieux(-euse); *(treffend)* approprié(e); **s~lich** *a (Mensch)* sensuel(le); **~lichkeit** *f* sensualité *f;* **s~los** *a* vain(e), absurde; **~losigkeit** *f* absurdité *f;* **s~voll** *a* sensé(e).
Sintflut *f* déluge *m.*
Sippe *f* **-, -n** clan *m.*
Si'rene *f* **-, -n** sirène *f.*
Sirup *m* **-s, -e** sirop *m.*
Sitte *f* **-, -n** *(Brauch)* coutume *f;* **~n** *pl* (bonnes) mœurs *fpl.*
sittlich *a* moral(e); **S~keitsverbrechen** *nt* attentat *m* aux mœurs.
Situati'on *f* situation *f.*
Sitz *m* **-es, -e** siège *m;* **der Anzug hat einen guten** ~ le costume est (très) seyant.
sitzen *vi irr* être assis(e); *(Bemerkung)* être pertinent(e); *(Gelerntes)* être bien assimilé(e); *(Kleidung)* être seyant(e); ~ **bleiben** rester assis(e); **~bleiben** *vi irr (zvb, mit sein) (SCOL)* redoubler; **auf etw** *(dat)* **~bleiben** ne pas trouver preneur pour qch; **~lassen** *vt irr (zvb) (Mädchen)* laisser tomber, plaquer *(fam); (Wartenden)* poser un lapin à *(fam);* **etw auf sich** *(dat)* **~lassen** laisser passer qch.
Sitz-: **~gelegenheit** *f* place *f* (pour s'asseoir); **~platz** *m* place *f* (assise); **~ung** *f* réunion *f.*
Skala *f* **-, Skalen** échelle *f.*
Skan'dal *m* **-s, -e** scandale *m.*
Skandinavien [skandi'na:viən] *nt* **-s** la Scandinavie *f.*
Skelett *nt* **-(e)s, -e** squelette *f.*
Skepsis *f* **-** scepticisme *m.*
skeptisch *a* sceptique.
Ski, Schi [ʃi:] *m* **-s, -er** ['ʃi:ɐ] ski *m;* ~ **laufen** *o* **fahren** faire du ski; **~fahrer(in** *f*) *m,* **~läufer(in** *f*) *m* skieur(-euse); **~lehrer(in** *f*) *m* moniteur(-trice) de ski; **~lift** *m* remonte-pente *m.*
Skizze *f* **-, -n** esquisse *f.*
skiz'zieren *vt, vi (ohne ge-)* esquisser, faire une esquisse (de); *(Bericht)* faire un plan (de).
Skonto *m o nt* **-s, Skonti** escompte *m.*
Skorpi'on *m* **-s, -e** scorpion *m;* *(ASTR)* Scorpion *m.*
Skrupel *m* **-s, -** scrupule *m;* **s~los** *a* sans scrupules.
Sma'ragd *m* **-(e)s, -e** émeraude *f.*
so *ad (auf diese Weise)* ainsi, comme cela; *(etwa)* à peu près; *(fam: umsonst)* gratis; ~? ah oui?; ~ **ein Haus** une maison de ce genre *o* comme ceci; ~, **das ist fertig** bon, voilà qui est fait; *(vor a):* ~ **... wie...** aussi ... que...; ~ **daß** *conj* pour que *(+subj).*
Socke *f* **-, -n** chaussette *f.*
Sockel *m* **-s, -** socle *m.*
Sodbrennen *nt* brûlures *fpl* d'estomac.
so'eben *ad:* **das Buch ist** ~ **erschienen** le livre vient de paraître.
Sofa *nt* **-s, -s** canapé *m.*
so'fern *conj* si, à condition que *(+subj).*
soff *siehe* **saufen.**
so'fort *ad* sur le champ, immédiatement; **~ig** *a* immédiat(e).
Sog *m* **-(e)s, -e** tourbillon *m.*
so-: **~'gar** *ad* même; **~genannt** *a* soi-disant *inv.*
Sohle *f* **-, -n** *(Fuß~)* plante *f; (Schuh~)* semelle *f; (Tal~)* fond *m.*
Sohn *m* **-(e)s, ¨e** fils *m.*
so'lang(e) *conj* tant que.
solch *pron:* ~ **ein(e)...** un(e)

tel(le)...; **~e Häuser** de telles maisons; ~ **schöne Häuser** de si belles maisons.
Sol'dat *m* **-en, -en** soldat *m.*
Söldner *m* **-s, -** mercenaire *m.*
so'lid(e) *a (Material)* solide; *(Leben, Mensch)* respectable.
soli'darisch *a* solidaire.
Soll *nt* **-(s), -(s)** (*FIN*) doit *m; (Arbeitsmenge)* objectif *m.*
sollen *vi* devoir; **du hättest nicht gehen** ~ tu n'aurais pas dû t'en aller; **sie soll sehr schön sein** on dit qu'elle est très belle; **es soll 5 Tote gegeben haben** il y aurait eu 5 morts; **was soll das?** qu'est-ce que cela signifie?
so'mit *conj* ainsi.
Sommer *m* **-s, -** été *m;* **s~lich** *a (Wetter)* estival(e); *(Kleidung)* d'été; **~sprossen** *pl* taches *fpl* de rousseur.
Sonder-: ~angebot *nt* offre *f* spéciale; **s~bar** *a* étrange, bizarre; **s~'gleichen** *a inv* sans pareil(le); **s~lich** *a (eigenartig)* bizarre // *ad:* **nicht ~lich** pas spécialement; **s~n** *conj* mais.
son'dieren *vt, vi (ohne ge-)* sonder.
Sonnabend *m* samedi *m.*
Sonne *f* **-, -n** soleil *m;* **s~n** *vt* mettre au soleil // *vr:* **sich s~n** se bronzer; **~naufgang** *m* lever *m* du soleil; **~nbrand** *m* coup *m* de soleil; **~nfinsternis** *f* éclipse *f* de soleil; **bei ~nschein** quand le soleil brille; **~nschirm** *m* parasol *m;* **~nstich** *m* insolation *f;* **~nuhr** *f* cadran *m* solaire; **~nuntergang** *m* coucher *m* du soleil; **~nwende** *f* solstice *m.*
sonnig *a* ensoleillé(e); *(Gemüt)* épanoui(e), souriant(e).
Sonntag *m* dimanche *m;* **s~s** *ad* le dimanche.
sonst *ad (außerdem)* à part cela; *(zu anderer Zeit)* d'habitude; ~ **noch etwas?** quoi encore?; **wer/was ~?** qui/quoi d'autre?; ~ **nichts** rien d'autre // *conj* sinon; **~wo(hin)** *ad* autre part; **~woher** *ad* d'ailleurs.
so'oft *conj* chaque fois que; ~ **du willst** tant que tu voudras.
Sorge *f* **-, -n** souci *m; (Fürsorge)* soins *mpl;* **s~n** *vi:* **für jdn s~n** s'occuper de qn; **für etw s~n** *(Ruhe, Ordnung)* se charger d'obtenir qch; *(Aufregung)* causer qch // *vr:* **sich s~n** se faire du souci *(um* pour); **~nkind** *nt* enfant *m/f* difficile; **s~nvoll** *a (Blick)* soucieux(-euse); *(Worte)* inquiet(-ète); **~recht** *nt* (droit *m* de) garde *f.*
Sorg-: ~falt *f* - soin *m;* **s~fältig** *a (Arbeit)* soigneux (-euse), soigné(e); **s~los** *a (Leben)* sans soucis; *(Mensch)* insouciant(e); **s~sam** *a* soigneux(-euse).
Sorte *f* **-, -n** sorte *f,* genre *m; (Waren~)* marque *f,* variété *f;* **~n** *pl* (*FIN*) devises *fpl.*
sor'tieren *vt (ohne ge-)* trier.
Sorti'ment *nt* assortiment *m.*
so'sehr *conj* tant, tellement.
Soße *f* **-, -n** sauce *f; (zu Salat)* vinaigrette *f; (Braten~)* jus *m* (de viande); *(süß)* crème *f.*
sott *siehe* **sieden.**
soufflieren [zu'fli:rən] *vt, vi (ohne ge-)* souffler.
souverän [zuvə'rɛ:n] *a* souverain(e); *(Haltung)* supérieur(e).
so-: ~'viel *conj* autant que // *pron* tant; **~viel wie** autant que; **~weit** *conj* autant que // *a:* **~weit sein** être prêt(e); **~'weit wie** *o* **als möglich** autant que possible; **ich bin ~weit zufrieden** je suis assez content(e); **~'wenig** *conj:* **~wenig er auch weiß...** même s'il n'y connaît rien... // *pron:* **~wenig wie** aussi peu que; **~'wie** *conj (sobald)* dès que; *(ebenso)* ainsi que; **~wie'so** *ad* de toute façon; **~'wohl** *conj:* **~wohl... als auch** *o* **wie auch...** non seulement..., mais encore...; ... aussi bien que... .
sozi'al *a* social(e); **S~abgaben** *pl* cotisations *fpl* de Sécurité sociale; **S~demokrat(in** *f***)** *m* social(e)-démocrate.
Sozia'lismus *m* socialisme *m.*
Sozia'list(in *f***)** *m* socialiste *m/f;* **s~istisch** *a* socialiste.
Sozio-: ~lo'gie *f* sociologie *f;*

s~'logisch *a* sociologique.
Sozius *m* **-, -se** (*COMM*) associé(e); **~sitz** *m* siège *m* arrière, tan-sad *m*.
sozusagen *ad* pour ainsi dire.
Spachtel *m* **-s, -** spatule *f*.
Spa'lier *nt* **-s, -e** (*Gerüst*) espalier *m*; (*für Wein*) treille *f*; (*Leute*) haie *f*.
Spalt *m* **-(e)s, -e** fente *f*; (*Kluft*) division *f*; **~e** *f* **-, -n** fissure *f*; (*Gletscher~*) crevasse *f*; (*in Text*) colonne *f*; **s~en** *vt* fendre; (*fig*) diviser // *vr*: **sich s~en** se fendre; se diviser; **~ung** *f* division *f*; (*PHYS*) fission *f*.
Span *m* **-(e)s, ¨e** copeau *m*; **~ferkel** *nt* cochon *m* de lait.
Spange *f* **-, -n** (*Haar~*) barrette *f*; (*Schnalle*) boucle *f*; (*Armreif*) bracelet *m*.
Spanien ['ʃpa:niən] *nt* **-s** l'Espagne *f*.
Spanier(in *f*) ['ʃpa:niɐ, ərin] *m* **-s, -** Espagnol(e).
spann *siehe* **spinnen.**
Spann-: ~beton *m* béton *m* armé; **~e** *f* **-, -n** (*Zeit~*) espace *m* (de temps), moment *m*; (*Differenz*) écart *m*; **s~en** *vt* (*straffen*) tendre; (*Bogen, Muskeln*) bander; (*Werkstück*) serrer, fixer; (*Briefbogen*) mettre // *vi* (*Kleidung*) serrer, être trop juste; **s~end** *a* captivant(e); **~kraft** *f* (*von Mensch*) tonus *m*, ressort *m*; (*von Haar*) souplesse *f*; **~ung** *f* tension *f*.
Spar-: ~buch *nt* livret *m* de caisse d'épargne; **~büchse** *f* tirelire *f*; **s~en** *vt* économiser // *vi* faire des économies; **sich** (*dat*) **etw s~en** (*Arbeit*) se dispenser de qch; (*Bemerkung*) garder qch pour soi; **mit etw/an etw** (*dat*) **s~en** économiser qch.
Spargel *m* **-s, -** asperge *f*.
Spar-: ~kasse *f* caisse *f* d'épargne; **~konto** *nt* compte *m* d'épargne.
spärlich *a* maigre; (*Haar*) clairsemé(e).
Spar-: s~sam *a* (*Mensch*) économe; (*Gerät, Auto*) économique; **~samkeit** *f* parcimonie *f*; **~schwein** *nt* tirelire *f*.
Sparte *f* **-, -n** section *f*, catégorie *f*; (*in Zeitung*) rubrique *f*.
Spaß *m* **-es, ¨e** plaisanterie *f*; (*Freude*) plaisir; **jdm ~ machen** plaire à qn; **s~en** *vi* plaisanter; **mit ihm ist nicht zu s~en** on ne plaisante pas avec lui; **s~haft, s~ig** *a* drôle; **~verderber(in** *f*) rabat-joie *m inv*.
spät *a* (*Stunde*) tardif(-ive), avancé(e); (*Gast*) en retard // *ad* tard; **~er** *a* ultérieur(e) // *ad* plus tard.
Spaten *m* **-s, -** bêche *f*.
spätestens *ad* au plus tard.
Spatz *m* **-en, -en** moineau *m*.
spa'zieren *vi* (*ohne ge-, mit sein*) se promener; **~fahren** *vi irr* (*zvb, mit sein*) faire un tour (en voiture *etc*); **~gehen** *vi irr* (*zvb, mit sein*) se promener.
Spa'zier-: ~gang *m* promenade *f*; **~weg** *m* sentier *m*.
SPD *abk von* **Sozialdemokratische Partei.**
Specht *m* **-(e)s, -e** pic *m*.
Speck *m* **-(e)s, -e** lard *m*.
Spediteur [ʃpedi'tø:ɐ] *m* transporteur *m*; (*Möbel~*) entreprise *f* de déménagement.
Spedition [spedi'tsio:n] *f* expédition *f*.
Speer *m* **-(e)s, -e** lance *f*; (*SPORT*) javelot *m*.
Speiche *f* **-, -n** rayon *m*.
Speichel *m* **-s** salive *f*.
Speicher *m* **-s, -** grenier *m*; (*Wasser~*) citerne *f*, réservoir *m*; (*von Computer*) mémoire *f*; **s~n** *vt* stocker; (*Wasser*) conserver; (*Informationen*) enregistrer.
speien *vt, vi irr* cracher; (*erbrechen*) vomir.
Speise *f* **-, -n** nourriture *f*, aliment *m*; **~kammer** *f* garde-manger *m*; **~karte** *f* menu *m*; **s~n** *vt, vi* (*essen*) manger // *vt* (*versorgen*) alimenter; **~röhre** *f* œsophage *m*; **~saal** *m* réfectoire *m*; (*im Hotel*) salle *f* à manger; **~wagen** *m* wagon-restaurant *m*.
Spek'takel *m* **-s, -** (*fam*) tapage *m*, chahut *m* // *nt* -s, - spectacle *m*.
Speku'lant(in *f*) *m* spéculateur (-trice).
speku'lieren *vi* (*ohne ge-*) spéculer.

Spe'lunke *f* **-, -n** bouge *m.*
Spende *f* **-, -n** don *m;* **s~n** *vt* donner; *(Schatten)* faire; *(Seife, Wasser)* distribuer.
spen'dieren *vt (ohne ge-)* offrir.
Sperling *m* moineau *m.*
Sperre *f* **-, -n** barrière *f,* barrage *m;* *(Verbot)* interdiction *f.*
sperren *vt (Straße)* barrer; *(Grenze)* fermer; *(Hafen)* bloquer; *(SPORT)* suspendre; *(einschließen)* enfermer; *(verbieten)* interdire // *vr:* **sich (gegen etw)** ~ s'opposer (à qch).
Sperr-: **~gebiet** *nt* zone *f* interdite; **~holz** *nt* contre-plaqué *m;* **s~ig** *a* *(Paket)* volumineux(-euse); *(Möbel)* encombrant(e); **~sitz** *m (THEAT)* (fauteuil *m* d') orchestre *m;* **~stunde** *f,* **~zeit** *f* heure *f* de fermeture (obligatoire).
Spesen *pl* frais *mpl.*
speziali'sieren *vr (ohne ge-):* **sich ~ (auf** *+akk)* se spécialiser (dans, en).
Speziali'tät *f* spécialité *f.*
spezi'ell *a* spécial(e).
spicken *vt* entrelarder *(mit* de) // *vi (SCOL: fam)* copier.
spie *siehe* **speien.**
Spiegel *m* **-s, -** glace *f,* miroir *m;* *(Wasser~)* surface *f* de l'eau; niveau *m* de l'eau; **~bild** *nt* reflet *m;* **s~bildlich** *a (Abbildung)* renversé(e), à l'envers; **~ei** œuf *m* au plat; **~schrift** *f* écriture *f* spéculaire.
Spiel *nt* **-(e)s, -e** jeu *m;* *(SPORT)* partie *f,* match *m;* *(Schau~)* pièce *f;* **s~en** *vt, vi* jouer; **s~end** *ad* facilement; **~er(in** *f)* *m* **-s, -** joueur(-euse); **~feld** *nt* terrain *m;* **~film** *m* film *m* (de fiction), long métrage *m;* **~platz** *m* terrain *m* de jeu; **~raum** *m* marge *f,* jeu *m;* **~sachen** *pl* jouets *mpl;* **~verderber(in** *f)* *m* trouble-fête *m/f;* **~waren** *pl* jouets *mpl;* **~zeug** *nt* jouet *m;* jouets *mpl.*
Spieß *m* **-es, -e** lance *f;* *(Brat~)* broche *f;* **~bürger(in** *f)* *m,* **Spießer(in** *f)* *m* **-s, -** petit(e) bourgeois(e).
Spikes [ʃpaiks, sp-] *pl* chaussures *fpl* de course *(o* à crampons); *(AUT)* clous *mpl.*
Spi'nat *m* **-(e)s, -e** épinards *mpl.*
Spind *m o nt* **-(e)s, -e** placard *m.*
Spinne *f* **-, -n** araignée *f.*
spinnen *vt, vi irr* filer; *(Spinne)* tisser (sa toile); *(fam: verrückt sein)* avoir une araignée au plafond.
Spinne'rei *f* filature *f;* *(fam)* bêtise *f.*
Spinn-: **~rad** *nt* rouet *m;* **~webe** *f* **-, -n** toile *f* d'araignée.
Spi'on *m* **-s, -e, Spi'onin** *f* espion(ne); *(in Tür)* judas *m.*
Spi'onage [ʃpio'na:ʒə] *f* **-, -n** espionnage *m.*
spi'onieren *vi (ohne ge-)* espionner.
Spi'rale *f* **-, -n** spirale *f;* *(MED)* stérilet *m.*
Spiritu'osen *pl* spiritueux *mpl.*
Spiritus *m* **-, -se** alcool *m* à brûler.
spitz *a* pointu(e); *(Winkel)* aigu(-uë), *(Zunge)* bien affilé(e); *(Bemerkung)* mordant(e); **S~bogen** *m* arc *m* en ogive; **S~e** *f* **-, -n** pointe *f;* *(Berg~)* sommet *m,* pic *m;* *(von Bemerkung)* pique *f;* *(erster Platz)* tête *f;* *(gén pl: Textil~)* dentelle(s) *f(pl).*
spitzen *vt (Bleistift)* tailler; *(Ohren)* dresser.
Spitzen- *pref (erstklassig)* excellent(e); *(aus Spitze)* en dentelle.
spitzfindig *a* subtil(e).
Spitzname *m* surnom *m.*
Splitter *m* **-s, -** *(Holz~)* écharde *f;* *(Glas~, Metall~)* éclat *m;* **s~'nackt** *a* nu(e) comme un ver.
spon'tan *a* spontané(e).
Sport *m* **-(e)s** sport *m;* *(fig)* passe-temps *m;* **~lehrer(in** *f)* *m* professeur *m* d'éducation physique; **~ler(in** *f)* *m* **-s, -** sportif(-ive); **s~lich** *a* sportif(-ive); *(Kleidung)* de sport, sport *inv;* **~platz** *m* terrain *m* de sport; **~verein** *m* association *f* sportive, club *m* sportif.
Spott *m* **-(e)s** moquerie *f;* **s~'billig** *a (Ware)* d'un prix dérisoire; **s~en** *vi* se moquer *(über +akk* de).
spöttisch *a* moqueur(-euse), railleur(-euse).
sprach *siehe* **sprechen.**
Sprache *f* **-, -n** langage *m;* *(eines Volks)* langue *f;* *(Sprechfähigkeit)*

parole *f*.
Sprach-: ~**gebrauch** *m* langage *m* courant; **s~lich** *a* linguistique; **s~los** *a (Mensch)* muet(te), *(Gesicht)* interdit(e); ~**rohr** *nt* porte-voix *m*; *(fig)* porte-parole *m inv*.
sprang *siehe* **springen**.
sprechen *vt, vi irr* parler; **jdn** *o* **mit jdm** ~ parler à qn; **das spricht für ihn** cela parle en sa faveur.
Sprecher(in *f*) *m* **-s, -** orateur(-trice); *(für Gruppe)* porte-parole *m inv*; *(RADIO, TV)* speaker(speakerine), présentateur(-trice).
Sprech-: ~**stunde** *f* heures de consultation *f*; ~**stundenhilfe** *f* assistante *f* médicale; ~**zimmer** *nt* cabinet *m*.
spreizen *vt* écarter.
sprengen *vt (Rasen)* arroser; *(mit Sprengstoff)* dynamiter, faire sauter; *(Versammlung)* disperser.
Sprengstoff *m* explosif *m*.
Spreu *f* - balle *f*.
Sprich-: ~**wort** *nt* proverbe *m*.
Springbrunnen *m* jet *m* d'eau.
springen *vi irr (mit sein) (hüpfen)* sauter; *(Wasser)* jaillir, gicler; *(schnellen)* bondir; *(Glas, Metall)* se fendre, éclater.
Spritze *f* **-, -n** (*MED*) piqûre *f*.
spritzen *vt, vi* asperger, arroser; (*MED*) faire une piqûre *(jdn* à qn).
spröde *a (Material)* cassant(e); *(Haut)* sec(sèche); *(Stimme)* rauque; *(Mensch)* distant(e).
Sprosse *f* **-, -n** barreau *m*.
Sprößling *m* rejeton *m*.
Spruch *m* **-(e)s, ¨e** maxime *f*, dicton *m*; (*JUR*) sentence *f*, verdict *m*.
Sprudel *m* **-s, -** eau *f* (minérale) gazeuse; **s~n** *vi (mit sein: Wasser)* jaillir; *(Mensch)*: ~**vor** *+dat* déborder de.
Sprüh-: ~**dose** *f* vaporisateur *m*; **s~en** *vi, vt* gicler.
Sprung *m* **-(e)s, ¨e** saut *m*; ~**brett** *nt* tremplin *m*; **s~haft** *a (Denken)* incohérent(e); *(Aufstieg)* fulgurant(e); ~**schanze** *f* tremplin *m* (de ski).
Spucke *f* - salive *f*; **s~en** *vt, vi* cracher.
Spuk *m* **-(e)s, -e** fantôme *m*; **s~en** *vi (Geist)*: **in einem Schloß s~en** hanter un château; **hier spukt es** il y a des revenants ici.
Spule *f* **-, -n** bobine *f*.
Spüle *f* **-, -n** évier *m*.
spülen *vt, vi* rincer; *(Geschirr)* laver, faire la vaisselle; *(Toilette)* tirer la chasse d'eau.
Spül-: ~**maschine** *f* lave-vaisselle *m*; ~**ung** *f* rinçage *m*.
Spur *f* **-, -en** trace *f*; *(von Rad, Tonband)* sillon *m*; *(Fahr~)* voie *f*.
spür-: ~**bar** *a* sensible; ~**en** *vt* sentir; *(Schmerz)* éprouver, avoir; *(Wirkung)* ressentir.
spurlos *ad* sans laisser de traces.
Spurt *m* **-(e)s, -s** *o* **-e** sprint *m*.
sputen *vr*: **sich** ~ se dépêcher.
Staat *m* **-(e)s, -en** état *m* // *kein pl (Prunk)*: **mit etw ~ machen** se pavaner avec qch; **s~enlos** *a* apatride; **s~lich** *a* de l'état, étatique, national(e), publique.
Staats-: ~**angehörigkeit** *f* nationalité *f*; ~**anwalt** *m* procureur *m* de la République, procureur général; ~**dienst** *m* fonction *f* publique; **s~eigen** *a (Betrieb)* nationalisé(e); ~**examen** *nt* (*SCOL*) examen *m* d'Etat, *nécessaire pour devenir professeur dans l'enseignement public*; **s~feindlich** *a* antinational(e); ~**mann** *m* homme *m* d'Etat *o* politique.
Stab *m* **-(e)s, ¨e** bâton *m*; *(Gitter~)* barreau *m*; *(Menschen)* équipe *f*; ~**hochsprung** *m* saut *m* à la perche.
sta'bil *a (Bau)* solide; *(Möbel)* robuste; *(Lage, Währung)* stable; ~**i'sieren** *vt (ohne ge-) (Konstruktion)* consolider; *(fig)* stabiliser.
stach *siehe* **stechen**.
Stachel *m* **-s, -n** épine *f*; *(von Insekten)* dard *m*; ~**beere** *f* groseille *f* (à maquereau); ~**draht** *m* fil *m* de fer barbelé; **s~ig** *a (Tier)* recouvert(e) de piquants; *(Pflanze)* épineux (-euse).
Stadion *nt* **-s, Stadien** [-iən] stade *m*.

Stadium *nt* stade *m*.
Stadt *f* -, **⸚e** ville *f*.
Städtebau *m* urbanisme *m*.
Städter(in *f*) *m* **-s, -** citadin(e).
städtisch *a* *(Leben)* en ville, citadin(e); *(Anlagen)* municipal(e).
Stadt-: **~rand** *m* banlieue *f*; **~teil** *m* quartier *m*.
Staffel *f* **-, -n** (*SPORT*) équipe *f* (de course de relais); (*AVIAT*) escadrille *f*.
Staffe'lei *f* chevalet *m*.
staffeln *vt* échelonner; graduer.
stahl *siehe* **stehlen.**
Stahl *m* **-(e)s, ⸚e** acier *m*.
Stall *m* **-(e)s, ⸚e** étable *f*; *(Pferde~)* écurie *f*; *(Kaninchen~)* clapier *m*; *(Schweine~)* porcherie *f*; *(Hühner~)* poulailler *m*.
Stamm *m* **-(e)s, ⸚e** *(Baum~)* tronc *m*; *(Menschen~)* tribu *f*; (*LING*) radical *m*; **~baum** *m* arbre *m* généalogique.
stammeln *vt, vi* balbutier, bégayer.
stammen *vi (mit sein)*: **von** *o* **aus ~** venir de.
Stammgast *m* habitué(e).
stämmig *a* robuste, costaud.
stampfen *vt, vi* taper (du pied); *(mit sein: stapfen)* marcher d'un pas lourd; *(mit Werkzeug)* piler.
stand *siehe* **stehen.**
Stand *m* **-(e)s, ⸚e** *(Stehen)* position *f* (debout); *(Zustand)* état *m*; *(Spiel~)* score *m*; *(Messe~)* stand *m*; *(Klasse)* classe *f*; *(Beruf)* profession *f*.
Stan'dard *m* **-s, -s** norme *f*; *(erreichte Höhe)* niveau *m*.
Ständchen *nt* sérénade *f*.
Ständer *m* **-s, -** support *m*; *(Kerzen~)* chandelier *m*; *(Noten~)* pupitre *m*.
Standesamt *nt* état *m* civil; *(für Trauung)* mairie *f*.
stand-: **~haft** *a* ferme; **~halten** *vi irr (zvb)* résister.
ständig *a* permanent(e); *(Bedrohung)* continuel(le), incessant(e) // *ad* continuellement.
Stand-: **~licht** *nt* feux *mpl* de position; **~ort** *m* emplacement *m*; (*MIL*) garnison *f*; **~punkt** *m* point *m* de vue.
Stange *f* **-, -n** barre *f*; *(Zigaretten~)* cartouche *f*; **von der ~** (*COMM*) de confection, prêt-à-porter.
stank *siehe* **stinken.**
stanzen *vt* *(prägen)* estamper; *(pressen)* mouler, fabriquer; *(Löcher)* poinçonner.
Stapel *m* **-s, -** tas *m*, pile *f*; (*NAVIG*) cale *f* sèche; **~lauf** *m* lancement *m*; **s~n** *vt* empiler, entasser.
Star *m* **-(e)s, -e** *(Vogel)* étourneau *m*; (*MED*) cataracte *f* // *m* **-s, -s** star *f*, vedette *f*.
starb *siehe* **sterben.**
stark *a* **(⸚er, am ⸚sten)** fort(e); *(mächtig)* puissant(e); *(Schmerzen)* violent(e); *(bei Maßangabe)*: **2 cm ~** 2 cm d'épaisseur; **ein ~er Raucher** un grand fumeur.
Stärke *f* **-, -n** force *f*, puissance *f*, violence *f*; *(Wäsche~)* amidon *m*; (*CULIN*) fécule *f*; **s~n** *vt* *(Menschen)* fortifier; *(Mannschaft)* renforcer; *(Wäsche)* amidonner.
Starkstrom *m* courant *m* de forte intensité.
Stärkung *f* renforcement *m*; *(Essen)* encas *m*, collation *f*; *(seelisch)* réconfort *m*.
starr *a* *(Material)* rigide; *(Haltung)* inflexible; *(Blick)* fixe.
starren *vi* *(blicken)* regarder fixement; **in etw** *(akk)*/**auf jdn ~** fixer qch/qn; **~ vor** *o* **von** être couvert(e) de.
Starr-: **s~köpfig** *a (Mensch)* têtu(e); *(Haltung)* obstiné(e); **~sinn** *m* entêtement *m*, obstination *f*.
Start *m* **-(e)s, -e** départ *m*; (*AVIAT*) décollage *m*, envol *m*; *(Anfang)* début *m*; **~bahn** *f* piste *f* de décollage; **s~en** *vt, vi (vi: mit sein)* démarrer.
Stati'on *f* station *f*; *(in Krankenhaus)* service *m*; **~ machen in** faire halte à.
Sta'tist(in *f*) *m* figurant(e).
Sta'tistik *f* statistique *f*.
Sta'tiv *nt* trépied *m*.
statt *conj, prep +gen o dat* au lieu de.
Stätte *f* **-, -n** lieu *m*, endroit *m*.
statt-: **~finden** *vi irr (zvb)* avoir lieu; **~lich** *a (Figur)* imposant(e); *(Menge)* considérable.

Statue ['ʃtaːtuə, st-] *f*-, **-n** statue *f*.
Stau *m* **-(e)s, -e** blocage *m; (Verkehrs~)* embouteillage *m*.
Staub *m* **-(e)s** poussière *f*; **s~ig** *a (Straße)* poussiéreux(-euse); *(Kleidung)* couvert(e) de poussière; **~sauger** *m* **-s, -** aspirateur *m*.
Staudamm *m* barrage *m*.
Staude *f* **-, -n** arbrisseau *m*.
stauen *vt (Wasser)* endiguer; *(Blut)* arrêter la circulation de // *vr:* **sich ~** *(Wasser)* s'accumuler; *(Verkehr)* être paralysé(e); *(Menschen)* s'empiler.
staunen *vi* s'étonner, être étonné(e).
Stauung *f (von Wasser)* endiguement *m; (von Verkehr)* embouteillage *m*.
stechen *irr vt, vi* piquer; *(mit Messer verletzen)* poignarder; *(Sonne)* taper dur; *(Karte, Spargel)* couper; *(in Kupfer)* graver // *vi (mit sein):* **in See ~** appareiller; **~d** *a (Sonne)* brûlant(e); *(Geruch)* pénétrant(e); *(Bemerkung)* mordant(e).
Steck-: **~brief** *m* signalement *m*; **~dose** *f* prise *f* (électrique); **s~en** *vt* enfoncer, mettre *(in +akk* dans); *(Pflanzen)* planter; *(Nähen)* épingler // *vi (auch mit sein)* être enfoncé(e), être; *(fam: sein)* être fourré(e); **s~enbleiben** *vi irr (zvb, mit sein)* être immobilisé(e); *(in Rede)* avoir un blanc.
Stecker *m* **-s, -** fiche *f*.
Stecknadel *f* épingle *f*.
stehen *vi irr (auch mit sein) (sich befinden)* être, se trouver; *(nicht liegen)* être debout; *(in Zeitung)* être écrit(e); *(still~)* être arrêté(e); **zu etw ~** *(Versprechen)* tenir qch; **wie ~ Sie dazu?** quelle est votre point de vue?; **jdm ~** aller (bien) à qn; **wie steht's?** comment ça va?; **~bleiben** *vi irr (zvb, mit sein)* s'arrêter; **~lassen** *vt irr (zvb)* laisser (en place); *(Bart)* laisser pousser.
stehlen *vt irr* voler.
steif *a (Glieder)* engourdi(e); *(Stoff)* raide, empesé(e); *(förmlich)* guindé(e); **S~heit** *f* raideur *f*.
Steigbügel *m* étrier *m*.
steigen *vi irr (mit sein)* monter; *(klettern)* grimper; *(Flugzeug)* prendre de l'altitude.
steigern *vt (Leistung)* améliorer; *(LING)* mettre au comparatif et au superlatif; // *vr:* **sich ~** augmenter; *(Mensch)* s'améliorer.
Steigerung *f* augmentation *f*.
Steigung *f* montée *f*; *(Hang)* pente *f*, inclinaison *f*.
steil *a (Abhang)* raide; *(Fels)* escarpé(e).
Stein *m* **-(e)s, -e** pierre *f*; *(in Uhr)* rubis *m*; **~bock** *m (ASTR)* Capricorne *m*; **~bruch** *m* carrière *f*; **s~ern** *a* en pierre; *(Herz)* de pierre; *(Miene)* impassible; **~gut** *nt* poterie *f*; **s~ig** *a* rocailleux(-euse); **~kohle** *f* houille *f*; **~metz** *m* **-es, -e** tailleur *m* de pierres.
Steiß *m* **-es, -e** postérieur *m*, derrière *m*.
Stelle *f* **-, -n** place *f*, emplacement *m*; *(Position)* position *f*; *(in Buch)* passage *m*; *(Arbeit)* place *f* (de travail), emploi *m*; *(Amt)* office *m*.
stellen *vt* mettre, placer; *(Gerät)* régler; *(Bedingungen)* poser; *(Falle)* tendre; *(Diagnose)* établir; *(Dieb)* arrêter // *vr:* **sich ~** *(sich aufstellen)* se placer; *(bei Polizei)* se livrer; **jdm etw ~** mettre qch à la disposition de qn; **sich krank/tot ~** jouer les malades/faire le (la) mort(e).
Stellen-: **~angebot** *nt* offre *f* d'emploi; **~gesuch** *nt* demande *f* d'emploi.
Stellung *f* position *f*; *(Arbeit)* emploi *m*; **~ nehmen zu** prendre position au sujet de; **~nahme** *f* **-, -n** prise *f* de position.
Stell-: **~vertreter(in** *f*) *m* représentant(e), remplaçant(e), adjoint(e).
Stelze *f* **-, -n** échasse *f*.
stemmen *vt* (Gewicht) soulever // *vr:* **sich ~ gegen** s'appuyer contre; *(fig)* tenir tête à.
Stempel *m* **-s, -** timbre *m*; tampon *m*; *(BOT)* pistil *m*; **s~n** *vt* timbrer, tamponner; *(Briefmarke)* oblitérer.
Stengel *m* **-s, -** tige *f*.
Steno-: **~gra'phie** *f* sténographie *f*; **s~gra'phieren** *vt, vi (ohne ge-)*

sténographier; **~ty'pist(in** *f*) *m* sténodactylo *m/f*.
Steppdecke *f* édredon *m* piqué.
Steppe *f* **-, -n** steppe *f*.
steppen *vt, vi (Naht)* piquer.
sterben *vi irr (mit sein)* mourir.
Stereo-: ~anlage *f* chaîne *f* hi-fi; **s~'typ** *a (Antwort)* stéréotypé(e); *(Lächeln)* artificiel(le).
steril *a* stérile; **~i'sieren** *vt (ohne ge-)* stériliser.
Stern *m* **-s, -e** étoile *f*; **~bild** *nt* constellation *f*; **~chen** *nt* astérisque *m*; **~schnuppe** *f* **-, -n** étoile *f* filante.
stet *a* continu(e); *(Tropfen, Treue)* constant(e); **~ig** *a* continu(e); **~s** *ad* toujours.
Steuer *nt* **-s, -** *(NAVIG)* barre *f*; *(AUT)* volant *m*; *(fig)* direction *f*, contrôle *m* // *f* **-, -n** impôt *m*; **~bord** *nt* tribord *m*; **~erklärung** *f* déclaration *f* d'impôts; **~knüppel** *m* levier *m* de commande; **~mann** *m* pilote *m*; **s~n** *vt, vi (Auto)* conduire; *(Flugzeug)* piloter; *(Entwicklung)* contrôler; *(Tonstärke)* régler; **~rad** *nt* volant *m*; **~ung** *f* conduite *f*; *(Vorrichtung)* commandes *fpl*; **~zahler(in** *f*) *m* contribuable *m/f*.
Steward ['stju:ɐt, ʃt-] *m* **-s, -s** steward *m*; **~eß** ['stju:ɐdɛs, stju:ɐ'dɛs, ʃt-] *f* **-, -essen** hôtesse *f* de l'air.
Stich *m* **-(e)s, -e** *(Insekten~)* piqûre *f*; *(Messer~)* coup *m*; *(Nähen)* point *m*; *(Karte)* pli *m*, levée *f*; *(KUNST)* gravure *f*; **jdn im ~ lassen** laisser qn en plan; **s~eln** *vi (fig)* faire des remarques désobligeantes; **s~haltig** *a* concluant(e); **~probe** *f* échantillon *m*; **~wahl** *f* scrutin *m* de ballottage second tour *m*; **~wort** *nt* mot *m* clé; *(in Wörterbuch)* adresse *f*, entrée *f*; **~wortverzeichnis** *nt* index *m*.
sticken *vt, vi* broder.
Sticke'rei *f* broderie *f*.
stickig *a (Luft)* étouffant(e).
Stickstoff *m* azote *m*.
Stiefel *m* **-s, -** botte *f*.
Stief-: ~kind *nt* beau-fils *m*, belle-fille *f*; *(fig)* enfant *m* mal aimé; **~mutter** *f* belle-mère *f*; **~mütterchen** *nt* pensée *f*.
stieg *siehe* **steigen**.
Stiel *m* **-(e)s, -e** *(von Gerät)* manche *m*; *(von Glas)* pied *m*; *(BOT)* tige *f*.
stier *a (Blick)* fixe; **S~** *m* **-(e)s, -e** taureau *m*; *(ASTR)* Taureau *m*; **~en** *vi* regarder fixement.
stieß *siehe* **stoßen**.
Stift *m* **-(e)s, -e** cheville *f*; *(Nagel)* clou *m*; *(zum Zeichnen)* crayon *m* // *nt* **-(e)s, -e** fondation *f*, institution *f*; *(REL)* couvent *m*.
stiften *vt (Orden etc)* fonder; *(Unruhe etc)* provoquer, susciter; *(spenden)* donner; *(Preis)* instaurer.
Stiftung *f* fondation *f*; *(Spende)* donation *f*.
Stil *m* **-(e)s, -e** style *m*.
still *a* calme; *(heimlich)* secret(-ète); **S~e** *f* **-** calme *m*; **~(l)egen** *vt (zvb) (Betrieb)* fermer; **~en** *vt (Blut)* arrêter; *(Schmerzen)* apaiser, calmer; *(Sehnsucht)* apaiser; *(Säugling)* allaiter; **~halten** *vi irr (zvb)* rester immobile; **~schweigend** *a (Übereinkunft)* tacite; **etw zum S~stand bringen** arrêter qch; **~stehen** *vi irr (zvb)* être arrêté(e), s'arrêter; *(Verkehr)* être immobilisé(e).
Stimm-: ~abgabe *f* vote *m*; **~bänder** *pl* cordes *fpl* vocales; **s~berechtigt** *a* qui a le droit de vote.
Stimme *f* **-, -n** voix *f*; **s~n** *vt (MUS)* accorder // *vi (richtig sein)* être correct(e) *o* vrai(e); **für/gegen etw s~n** voter pour/contre qch; **das stimmte ihn traurig** ça l'a rendu triste.
Stimm-: ~enthaltung *f* abstention *f*; **~gabel** *f* diapason *m*; **s~haft** *a* sonore; **s~los** *a* sourd(e); **~ung** *f (Gemüts~)* état *m* d'âme; *(Atmosphäre)* ambiance *f*, atmosphère *f*; *(öffentlich)* climat *m*; **~zettel** *m* bulletin *m* de vote.
stinken *vi irr* puer.
Sti'pendium *nt* bourse *f* d'études.
Stirn *f* **-, -en** front *m*; **~höhlenentzündung** *f* sinusite *f*.
stöbern *vi (fig)* fouiller, fureter.

stochern *vi:* **im Feuer** ~ tisonner le feu; **in den Zähnen** ~ se curer les dents; **im Essen** ~ chipoter.
Stock *m* **-(e)s, ¨e** bâton *m* // *pl* ~**werke** étage *m*.
stocken *vi* s'arrêter, s'immobiliser; *(beim Sprechen)* hésiter; *(gerinnen)* se coaguler; ~**d** *a* hésitant(e).
Stockung *f (von Arbeit etc)* arrêt *m; (von Verkehr)* embouteillage *m*.
Stockwerk *nt* **-s, -e** étage *m*.
Stoff *m* **-(e)s, -e** tissu *m*, étoffe *f; (Materie)* matière *f; (von Buch)* sujet *m;* ~**wechsel** *m* métabolisme *m*.
stöhnen *vi* gémir, soupirer.
Stollen *m* **-s, -** (*BERGBAU*) galerie *f;* (*CULIN*) *sorte de gâteau de Noël aux fruits*.
stolpern *vi (mit sein)* trébucher.
Stolz *m* **-es** *(Hochmut)* orgueil *m; (große Befriedigung)* fierté *f;* **s**~ *a* fier(-ère) *(auf +akk* de).
stol'zieren *vi (ohne ge-, mit sein)* se pavaner.
stopfen *vt (hinein~)* enfoncer; *(Sack)* bourrer; *(Gans)* gaver; *(Nähen)* repriser // *vi* (*MED*) constiper.
Stoppel *f* **-, -n** chaume *m;* poils *mpl* ras.
stoppen *vt* arrêter; *(mit Uhr)* chronométrer // *vi* s'arrêter.
Stopp-: ~**schild** *nt* (signal *m* de) stop *m;* ~**uhr** *f* chronomètre *m*.
Stöpsel *m* **-s, -** *(von Wanne)* bonde *f; (Korken)* bouchon *m*.
Storch *m* **-(e)s, ¨e** cigogne *f*.
stören *vt* déranger; *(behindern)* empêcher; (*RADIO*) brouiller // *vr:* **sich an etw** *(dat)* ~ *(fam)* être gêné(e) *o* dérangé(e) par qch; ~**d** *a (Geräusch)* qui dérange; *(Umstand)* fâcheux(-euse).
Stoß *m* **-es, ¨e** coup *m; (Erd~)* secousse *f; (Haufen)* tas *m;* ~**dämpfer** *m* amortisseur *m*.
stoßen *irr vt (mit Druck)* pousser; *(mit Schlag)* frapper, cogner; *(mit Fuß)* donner un coup de pied à; *(mit Hörnern)* donner des coups de cornes à; *(Schwert etc)* enfoncer; *(Kopf etc)* cogner; *(zerkleinern)* broyer, concasser // *vr:* **sich** ~ **an** *+dat* se cogner à; *(fig)* se formaliser de // *vi (mit sein):* ~ **an** *o* **auf** *(+akk)* se heurter à *o* contre; *(finden)* tomber sur; *(angrenzen)* être attenant(e) à.
Stoßstange *f* pare-chocs *m inv*.
stottern *vt, vi* bégayer.
Straf-: ~**anstalt** *f* maison *f* de correction; ~**arbeit** *f* (*SCOL*) punition *f;* **s**~**bar** *a* punissable; répréhensible; ~**e** *f* **-, -n** punition *f;* (*JUR*) peine *f; (Geld~)* amende *f;* **s**~**en** *vt* punir.
straff *a* tendu(e), raide; *(streng)* sévère, strict(e); *(Stil)* concis(e); ~**en** *vt* tendre; *(Rede)* abréger.
Sträf-: s~**lich** *a (Leichtsinn)* impardonnable, inexcusable; ~**ling** *m* prisonnier *m*, détenu *m*.
Straf-: ~**porto** *nt* surtaxe *f;* ~**recht** *nt* droit *m* pénal; ~**stoß** *m* pénalty *m;* ~**tat** *f* délit *m;* ~**zettel** *m* contravention *f*, p.-v. *m*.
Strahl *m* **-s, -en** rayon *m; (Wasser~)* jet *m;* **s**~**en** *vi (Sonne)* briller; *(Mensch)* rayonner, être rayonnant(e); ~**enbehandlung,** ~**entherapie** *f* radiothérapie *f;* ~**ung** *f* (*PHYS*) radiation *f*.
Strähne *f* **-, -n** mèche *f*.
stramm *a* raide; *(Haltung)* rigide; ~**stehen** *vi irr (zvb)* se tenir au garde-à-vous.
strampeln *vi* gigoter.
Strand *m* **-(e)s, ¨e** rive *f*, rivage *m; (mit Sand)* plage *f;* **s**~**en** *vi (mit sein)* échouer, faire naufrage; *(fig)* échouer; ~**gut** *nt* épave *f*.
Stra'paze *f* **-, -n: etw ist eine** ~ qch est fatigant.
strapa'zieren *vt (ohne ge-)* user; *(jdn)* fatiguer.
strapazi'ös *a (Reise)* fatigant(e); *(Arbeit)* harassant(e), épuisant(e).
Straßburg *nt* **-s** Strasbourg *f*.
Straße *f* **-, -n** rue *f; (Land~)* route *f;* ~**nbahn** *f* tram(way) *m;* ~**nbeleuchtung** *f* éclairage *m* des rues; ~**nfeger,** ~**nkehrer** *m* **-s, -** balayeur *m;* ~**nsperre** *f* barrage *m* routier; ~**nverkehrsordnung** *f* code *m* de la route.
Strate'gie *f* stratégie *f*.
sträuben *vr:* **sich** ~ se dresser, se

hérisser; *(Mensch)* s'opposer *(gegen etw* à qch), regimber.
Strauch *m* **-(e)s, Sträucher** buisson *m*.
Strauß *m* **-es, Sträuße** bouquet *m* // *pl* **-e** *(Vogel)* autruche *f*.
streben *vi* aspirer *(nach* à); *(mit sein: sich bewegen)*: ~ **zu/nach** se diriger vers.
Streber(in *f*) *m* **-s, -** *(pej)* arriviste *m/f*, ambitieux(-euse); (*SCOL*) bûcheur(-euse).
strebsam *a (Mensch)* assidu(e), travailleur(-euse).
Strecke *f* **-, -n** trajet *m*; *(Entfernung)* distance *f*; (*EISENBAHN*) ligne *f*; (*MATH*) segment *m*.
strecken *vt* allonger; *(Metall)* laminer; *(Glieder)* étirer, tendre; *(Waffen)* rendre, déposer; (*CULIN*) allonger // *vr*: **sich** ~ s'étirer.
Streich *m* **-(e)s, -e** *(Hieb)* coup *m*; *(Schabernack)* (mauvais) tour *m*.
streicheln *vt* caresser.
streichen *irr vt (auftragen)* étaler; *(anmalen)* peindre; *(durch~)* barrer, rayer; *(nicht genehmigen)* annuler // *vi (berühren)* passer la main *(über +akk* sur); *(mit sein: Wind)* souffler; *(: schleichen)* rôder.
Streich-: ~**holz** *nt* allumette *f*; ~**instrument** *nt* instrument *m* à cordes.
Streife *f* **-, -n** patrouille *f*.
streifen *vt* effleurer; *(ab~)* faire tomber // *vi (mit sein) (gehen)* errer, vagabonder.
Streifen *m* **-s, -** *(Linie)* rayure *f*; *(Stück)* bande *f*; *(Film)* film *m*; ~**wagen** *m* voiture *f* de police.
Streik *m* **-(e)s, -s** grève *f*; ~**brecher(in** *f*) *m* briseur(-euse) de grève; **s**~**en** *vi* faire (la) grève; ~**posten** *m* piquet *m* de grève.
Streit *m* **-(e)s, -e** dispute *f*, querelle *f*; **s**~**en** *irr vi (kämpfen)* combattre, lutter *(für* pour); *(zanken)* se disputer // *vr*: **sich s**~**en** se disputer; ~**frage** *f* point *m* litigieux; **s**~**ig** *a*: **jdm etw s**~**ig machen** contester qch à qn; ~**igkeiten** *pl* disputes *fpl*; ~**kräfte** *pl* forces *fpl* armées; ~**sucht** *f* humeur *f* querelleuse.
streng *a* sévère; *(Vorschrift)* strict(e); *(Geruch)* fort(e); **S**~**e** *f* - sévérité *f*; ~**gläubig** *a* orthodoxe.
Streu *f* - litière *f*; **s**~**en** *vt* répandre; ~**ung** *f* (*PHYS*) dispersion *f*, diffusion *f*.
strich *siehe* **streichen.**
Strich *m* **-(e)s, -e** *(Linie)* trait *m*, ligne *f*; *(Pinsel~)* coup *m* de pinceau; *(von Geweben, Fell)* sens *m*; **gegen den** ~ **streicheln** caresser à rebrousse-poil; **auf den** ~ **gehen** *(fam)* faire le trottoir; **jdm gegen den** ~ **gehen** ne pas être du goût de qn; **einen** ~ **machen durch** rayer; *(fig)* empêcher; ~**mädchen** *nt (fam)* fille *f* des rues; ~**punkt** *m* point-virgule *m*.
Strick *m* **-(e)s, -e** corde *f*; **s**~**en** *vt, vi* tricoter; ~**leiter** *f* échelle *f* de corde; ~**nadel** *f* aiguille *f* à tricoter.
Strieme *f* **-, -n, Striemen** *m* **-s, -** meurtrissure *f*.
stritt *siehe* **streiten.**
strittig *a* controversé(e).
Stroh *nt* **-s** paille *f*; ~**dach** *nt* toit *m* de chaume; ~**halm** *m* brin *m* de paille; ~**witwe** *f* 'veuve' *f (dont le mari est absent)*.
Strolch *m* **-(e)s, -e** mauvais sujet *m*.
Strom *m* **-(e)s, ¨-e** fleuve *m*; (*ELEC*) courant *m*; **s**~**abwärts** *ad* en aval; **s**~**aufwärts** *ad* en amont.
strömen *vi (mit sein) (Wasser)* couler à flots; *(Menschen)* affluer.
Strom-: ~**kreis** *m* circuit *m* électrique; **s**~**linienförmig** *a* aérodynamique; ~**stärke** *f* intensité *f* du courant.
Strömung *f* courant *m*.
strotzen *vi*: ~ **vor** *o* **von** être débordant(e) de.
Strudel *m* **-s, -** tourbillon *m*; (*CULIN*) *sorte de pâtisserie aux pommes.*
Strumpf *m* **-(e)s, ¨-e** bas *m*; ~**band** *nt* jarretière *f*; ~**hose** *f* collants *mpl*.
struppig *a* hirsute.
Stube *f* **-, -n** pièce *f*, chambre *f*.
Stück *nt* **-(e)s, -e** morceau *m*; (*THEAT*) pièce *f*; **20 Pfennig pro** ~ 20 pfennig pièce; **s**~**weise** *ad*

(*COMM*) au détail; **~werk** *nt* ouvrage *m* incomplet.
Stu'dent(in *f*) *m* étudiant(e).
Studie ['ʃtuːdiə] *f* étude *f*.
stu'dieren *(ohne ge-)* *vt* étudier // *vi* faire des études.
Studium *nt* études *fpl*.
Stufe *f* **-, -n** marche *f*; *(Entwicklungs~)* stade *m*.
Stuhl *m* **-(e)s, ̈-e** chaise *f*; **~gang** *m* selles *fpl*.
stülpen *vt (umdrehen)* retourner; *(bedecken)* remettre.
stumm *a* muet(te); *(Gebärde, Spiel)* silencieux(-euse).
Stummel *m* **-s, -** *(Zigaretten~)* mégot; *(von Glied)* moignon *m*.
Stumm-: ~film *m* film *m* muet; **~heit** *f* mutisme *m*, silence *m*.
Stümper(in *f*) *m* **-s, -** incapable *m*; **s~haft** *a* mal fait(e); **s~n** *vi (fam)* bâcler.
stumpf *a (Messer etc)* émoussé(e); *(glanzlos)* terne, sans éclat; *(teilnahmslos)* morne, apathique; *(Winkel)* obtus(e); **S~** *m* **-(e)s, ̈-e** *(Baum~)* souche *f*; *(Bein~)* moignon *m*; **S~sinn** *m* abrutissement *m*, hébétude *f*.
Stunde *f* **-, -n** heure *f*; (*SCOL*) cours *m*, heure *f*; **s~n** *vt*: **jdm etw s~n** accorder un délai à qn pour qch; **~ngeschwindigkeit** *f* vitesse *f* horaire; **~nkilometer** *pl* kilomètres *mpl* à l'heure, kilomètres-heure *mpl*; **s~nlang** *a* qui dure des heures; **~nlohn** *m* salaire *m* horaire; **~nplan** *m* emploi *m* du temps, horaire *m* des cours; **s~nweise** *ad* à l'heure, temporairement.
stündlich *ad* toutes les heures.
Stupsnase *f* nez *m* retroussé.
stur *a (Mensch)* têtu(e), entêté(e); *(Arbeit)* abrutissant(e).
Sturm *m* **-(e)s, ̈-e** tempête *f*; (*MIL*) assaut *m*; (*SPORT*) attaque *f*.
stürmen *vi* attaquer; *(Wind)* faire rage // *vt* assaillir // *vi (mit sein: rennen)* se précipiter, s'élancer; **es stürmt** il y a de la tempête.
Stürmer(in *f*) *m* **-s, -** (*SPORT*) avant *m*.
stürmisch *a (Wetter)* de tempête; *(Empfang)* enthousiaste.
Sturz *m* **-es, ̈-e** chute *f*; (*POL*) renversement *m*.
stürzen *vt (werfen)* faire tomber; (*POL, CULIN*) renverser // *vr*: **sich ~** se jeter, se précipiter // *vi (mit sein) (fallen)* tomber, faire une chute; *(rennen)* s'élancer.
Sturzhelm *m* casque *m* (de protection).
Stute *f* **-, -n** jument *f*.
Stütze *f* **-, -n** support *m*; *(fig)* soutien *m*; **s~n** *vt* soutenir; *(Ellbogen etc)* appuyer *(auf +akk* sur).
stutzen *vt* tailler // *vi* avoir un geste de surprise.
stutzig *a*: **~ werden** (commencer à) se méfier.
Styro'por ® *nt* **-s** polystyrène *m* (expansé).
Sub'jekt *nt* **-(e)s, -e** *(Wesen)* personne *f*, individu *m*; (*LING*) sujet *m*.
subjektiv *a* subjectif(-ive); **S~i'tät** *f* subjectivité *f*.
Sub'stanz *f* substance *f*; *(Kapital)* capital *m*.
subtra'hieren *vt (ohne ge-)* soustraire.
subventio'nieren [zʊpvɛntsio'niːrən] *vt (ohne ge-)* subventionner.
Suche *f* **-, -n** recherche *f (nach* de); **s~n** *vt, vi* chercher.
Sucher *m* **-s, -** (*PHOT*) viseur *m*.
Sucht *f* **-, ̈-e** manie *f*; *(Drogen~)* toxicomanie *f*; *(Alkohol~)* alcoolisme *m*.
süchtig *a* toxicomane; **S~e(r)** *mf* toxicomane *m/f*, drogué(e).
Süd-: ~en *m* **-s, -** sud *m*; **~früchte** *pl* fruits *mpl* tropicaux; **s~lich** *a* méridional(e); **s~lich von** au sud de.
süffig *a* moelleux(-euse).
sugge'rieren *vf (ohne ge-)* suggérer.
Sühne *f* **-, -n** expiation *f*, punition *f*; **s~n** *vt* expier, réparer.
Sulta'nine *f* raisin *m* sec.
Sülze *f* **-, -n** aspic *m*.
Summe *f* **-, -n** somme *f*.
summen *vi* bourdonner // *vt*

fredonner.
sum'mieren *vt* additionner; *(zusammenfassen)* résumer // *vr:* **sich** ~ s'additionner.
Sumpf *m* **-(e)s, ¨e** marais *m*, marécage *m*; **s~ig** *a* marécageux(-euse).
Sünde *f* **-, -n** péché *m*; **~nbock** *m* *(fam)* bouc *m* émissaire; **~nfall** *m* péché *m* originel.
Super *nt* **-s** *(Benzin)* super *m*; **~lativ** *m* superlatif *m*; **~markt** *m* supermarché *m*.
Suppe *f* **-, -n** soupe *f*.
Surfbrett ['zø:ɐf-, 'zœrf-] *nt* planche *f* de surf.
surfen ['zø:ɐfn, zœrfn] *vi (mit sein)* faire du surf; **S~** *nt* **-s** surf *m*.
surren *vi* bourdonner.
süß *a* sucré(e); *(lieblich)* joli(e), ravissant(e); *(pej)* suave; **~en** *vt* sucrer; **S~igkeit** *f* douceur *f*; *(Bonbon etc)* sucrerie *f*; **~lich** *a (Geschmack)* douceâtre; *(fig)* doucereux (-euse); **S~speise** *f* entremet *m*; **S~stoff** *m* saccharine *f*; **S~wasser** *nt* eau *f* douce.
Sylvester [zyl'vɛstɐ] *nt* **-s, -** Saint-Sylvestre *f*.
Sym'bol *nt* **-s, -e** symbole *m*; **s~isch** *a* symbolique.
Symme'trie *f* symétrie *f*.
sym'metrisch *a* symétrique.
Sympa'thie *f* sympathie *f*.
sym'pathisch *a* sympathique.
sympathi'sieren *vi (ohne ge-)* sympathiser.
Symp'tom *nt* **-s, -e** symptôme *m*.
Syna'goge *f* **-, -n** synagogue *f*.
synchron [zyn'kro:n] *a* synchrone, synchronique; **S~getriebe** *nt* vitesses *fpl* synchronisées; **~i'sieren** *vt (ohne ge-)* synchroniser.
Syndi'kat *nt* syndicat *m*.
Syno'nym *nt* **-s, -e** synonyme *m*.
Syn'these *f* **-, -n** synthèse *f*.
syn'thetisch *a* synthétique.
Syphilis *f* **-** syphilis *f*.
Sy'stem *nt* **-s, -e** système *m*.
syste'matisch *a* systématique.
Szene *f* **-, -n** scène *f*.
Szene'rie *f* décor *m*.

T

Ta'bak *m* **-s, -e** tabac *m*.
tabel'larisch *a* sous forme de tableau.
Ta'belle *f* tableau *m*.
Tab'lette *f* comprimé *m*.
Ta'bu *nt* **-s, -s** tabou *m*.
Tacho'meter *nt* **-s, -** *(AUT)* compte-tours *m*.
Tadel *m* **-s, -** *(Rüge)* réprimande *f*, blâme *m*; *(Fehler)* faute *f*; **t~los** *a* *(Arbeit, Benehmen)* irréprochable; *(Kleidung etc)* parfait(e); **t~n** *vt* critiquer; **~nswert** *a (Benehmen)* répréhensible.
Tafel *f* **-, -n** tableau *m*; *(Anschlag~)* écriteau *m*; *(Schiefer~)* tableau noir; *(Gedenk~)* plaque *f* (commémorative); *(Illustration)* planche *f*; *(Tisch)* table *f*; *(Schokolade etc)* tablette *f*.
Täfelung *f* revêtement *m*, lambris *m*.
Taft *m* **-(e)s, -e** taffetas *m*.
Tag *m* **-(e)s, -e** jour *m*; **bei** ~ de jour; **es ist** ~ il fait jour; **an den ~ kommen** se faire jour, apparaître; **eines ~es** un beau jour; **guten ~!** bonjour!; ~ **für** ~ jour après jour; **von** ~ **zu** ~ de jour en jour; **t~'aus, t~'ein** *ad* jour après jour; **~ebuch** *nt* journal *m* (intime); **~egeld** *nt* indemnité *f* journalière; **t~elang** *ad* des jours et des jours, des journées entières.
Tages-: ~ablauf *m* cours *m* du jour; **~anbruch** *m* point *m* du jour; **~karte** *f (Eintrittskarte)* carte *f* journalière; *(Speisekarte)* menu *m* du jour; **~licht** *nt* lumière *f* du jour; **~ordnung** *f* ordre *m* du jour; **~schau** *f* journal *m* télévisé; **~zeit** *f* heure *f* (du jour); **~zeitung** *f* quotidien *m*.
täglich *a* quotidien(ne) // *ad* tous les jours, quotidiennement.
tagsüber *ad* de jour, pendant la journée.
Tagung *f* congrès *m*.
Taille ['taljə] *f* **-, -n** taille *f*.
tailliert [ta'ji:ɐt] *a* cintré(e).
Takt *m* **-(e)s, -e** *(MUS)* cadence *f*,

mesure *f*; *(Verhalten)* tact *m*; ~ **gefühl** *nt* tact *m*, discrétion *f*.
Taktik *f* tactique *f*.
taktisch *a* tactique.
taktlos *a (Mensch)* sans tact; *(Bemerkung)* blessant(e); **T~igkeit** *f* manque *m* de tact; *(Bemerkung)* insolence *f*.
Takt-: ~**stock** *m* bâton *m* de chef d'orchestre; ~**strich** *m* barre *f* de mesure; **t~voll** *a (Mensch)* plein(e) de tact; *(Benehmen)* discret(-ète).
Tal *nt* **-(e)s, ¨er** vallée *f*.
Ta'lent *nt* **-(e)s, -e** talent *m*; **t~iert** [talɛn'tiːɐt], **t~voll** *a* doué(e).
Talg *m* **-(e)s, -e** suif *m*; ~**drüse** *f* glande *f* sébacée.
Talsperre *f* barrage *m*.
Tampon *m* **-s, -s** tampon *m*.
Tang *m* **-(e)s, -e** varech *m*.
Tangente [taŋ'gɛntə] *f* **-, -n** tangente *f*.
tangieren [taŋ'giːrən] *vt (ohne ge-)* toucher.
Tank *m* **-s, -s** réservoir *m*, citerne *f*; *(von Öltanker)* tank *m*; **t~n** *vi* prendre de l'essence // *vt* prendre; ~**er** *m* **-s, -**, ~**schiff** *nt* (navire *m*) pétrolier *m*; ~**stelle** *f* station-service *f*, garage *m*; ~**wart** *m* garagiste *m*.
Tanne *f* **-, -n**, ~**nbaum** *m* sapin *m*; ~**nzapfen** *m* cône *m* de sapin, pomme *f* de pin.
Tante *f* **-, -n** tante *f*.
Tanz *m* **-es, ¨e** danse *f*.
tanzen *vt, vi* danser.
Ta'pete *f* **-, -n** papier *m* peint; ~**nwechsel** *m (fig)* changement *m* d'air.
tape'zieren *(ohne ge-) vt, vi* tapisser.
tapfer *a (Mensch, Tat)* courageux(-euse) // *ad* courageusement; **T~keit** *f* courage *m*.
Ta'rif *m* **-s, -e** tarif *m*; *(Steuer~)* montant *m*; ~**gehalt** *nt*, ~**lohn** *m* salaire *m* conventionnel; ~**verhandlungen** *pl* négociations *fpl* salariales; ~**vertrag** *m* convention *f* collective.
Tarn-: **t~en** *vt* camoufler; *(fig)* cacher; ~**ung** *f* camouflage *m*.
Tasche *f* **-, -n** *(an Kleidung)* poche *f*; *(Hand~)* sac *m* (à main); *(Einkaufs~)* cabas *m*; *(Akten~)* serviette *f*.
Taschen-: *(in Zusammensetzungen)* de poche; ~**buch** *nt* livre *m* de poche; ~**dieb** *m* pickpocket *m*; ~**geld** *nt* argent *m* de poche; ~**lampe** *f* lampe *f* de poche; ~**messer** *nt* canif *m*; ~**tuch** *nt* mouchoir *m*.
Tasse *f* **-, -n** tasse *f*.
Tasta'tur *f* clavier *m*.
Taste *f* **-, -n** touche *f*.
tasten *vi* tâtonner // *vt (MED)* palper; *(Funkspruch)* taper // *vr*: **sich** ~ se tâter; **nach etw** ~ tâtonner pour trouver qch.
Tastsinn *m* sens *m* du toucher.
tat *siehe* **tun**.
Tat *f* **-, -en** *(Handlung)* acte *m*, action *f*; *(Verbrechen)* méfait *m*; **in der** ~ en effet; **auf frischer** ~ **ertappen** prendre sur le fait; ~**bestand** *m* faits *mpl*; circonstances *fpl*; **t~enlos** *a*: **t~enlos zusehen** regarder sans rien faire.
Täter(in *f*) *m* **-s, -** coupable *m/f*.
tätig *a* actif(-ive); **in einer Firma** ~ **sein** travailler dans une entreprise; ~**en** *vt (Verkauf)* réaliser; *(Geschäfte)* conclure; *(Einkauf)* effectuer; **T~keit** *f* activité *f*; *(von Maschine)* fonctionnement *m*; *(Beruf)* métier *m*.
tätlich *a*: ~ **werden** devenir violent(e).
täto'wieren *vt (ohne ge-)* tatouer.
Tat-: ~**sache** *f* fait *m*; **t~sächlich** *a* réel(le) // *ad* vraiment.
Tatze *f* **-, -n** patte *f*, griffes *fpl*.
Tau *nt* **-(e)s, -e** cordage *m*, câble *m* // *m* **-(e)s** rosée *f*.
taub *a (Mensch)* sourd(e); *(Körperglied)* engourdi(e); **T~heit** *f* surdité *f*; ~**stumm** *a* sourd(e)-muet(te).
Taube *f* **-, -n** pigeon *m*; ~**nschlag** *m* pigeonnier *m*.
tauchen *vt, vi (mit sein)* plonger.
Taucher(in *f*) *m* **-s, -** plongeur(-euse), scaphandrier *m*.
Tauchsieder *m* **-s, -** thermoplongeur *m*.
tauen *vi (mit sein)* fondre // *vt* dégeler; **es taut** il dégèle.
Tauf-: ~**becken** *nt* fonts *mpl* baptis-

maux; ~e *f* -, -n baptême *m*; t~en *vt* baptiser; ~pate *m* parrain *m*; ~patin *f* marraine *f*; ~schein *m* extrait *m* de baptême.
taugen *vi (geeignet sein)*: ~ **für** *o* **zu** convenir pour; *(einen Wert haben)*: **etwas** ~ valoir quelque chose; **nichts** ~ ne rien valoir; *(Mensch)* n'être bon(ne) à rien.
Taugenichts *m* -, -e vaurien(ne).
tauglich *a* valable; (*MIL*) apte (au service militaire).
Taumel *m* -s vertige *m*; *(fig)* ivresse *f*; **t~n** *vi (mit sein)* tituber.
Tausch *m* -(e)s, -e échange *m*; **t~en** *vt* échanger // *vi* faire un échange.
täuschen *vt*, *vi* tromper // *vr*: **sich** ~ se tromper; ~**d** *a* trompeur(-euse).
Täuschung *f* tromperie *f*, fraude *f*; *(optisch)* illusion *f* (d'optique).
tausend *num* mille.
Tau-: ~**tropfen** *m* goutte *o* perle de rosée; ~**wetter** *nt* dégel *m*; ~**ziehen** *nt* -s lutte *f* à la corde; *(fig)* lutte *f*, tiraillements *mpl*.
Taxi *nt* -(s), -(s) taxi *m*.
Tcheche *m*, **Tchechin** *f* Tchèque *m/f*.
tchechisch *a* tchécoslovaque.
Tchekoslowa'kei *f*: **die** ~ la Tchécoslovaquie.
Teakholz ['ti:k-] *nt* (bois *m* de) teck *m*.
Technik *f* technique *f*.
Techniker(in *f*) *m* -s, - technicien(ne).
technisch *a* technique.
Technolo'gie *f* technologie *f*.
techno'logisch *a* technologique.
Tee *m* -s, -s *(Schwarz~)* thé *m*; *(aus anderen Pflanzen)* infusion *f*, tisane *f*; ~**kanne** *f* théière *f*; ~**löffel** *m* cuiller *f o* cuillère *f* à café.
Teer *m* -(e)s, -e goudron *m*; **t~en** *vt* goudronner.
Tee-: ~**sieb** *nt* passoire *f* (à thé), passe-thé *m inv*; ~**wagen** *m* table *f* roulante.
Teich *m* -(e)s, -e mare *f*.
Teig *m* -(e)s, -e pâte *f*; **t~ig** *a (Obst)* farineux(-euse); *(Kuchen)* mal cuit(e); ~**waren** *pl* pâtes *fpl* (alimentaires).
Teil *m o nt* -(e)s, -e partie *f*; *(An~)* part *f*; *(Ersatz~)* pièce *f* (détachée *o* de rechange); **zum** ~ en partie; ~**betrag** *m* montant *m* partiel; **t~en** *vt* partager, diviser; (*MATH*) diviser; *(Meinung, Los)* partager // *vi*: **(mit jdm) t~en** partager (avec qn) // *vr*: **sich t~en** *(Vorhang)* s'ouvrir; *(Weg)* bifurquer; *(Meinungen)* diverger; **sich etw t~en** se partager qch; **t~haben** *vi irr (zvb)* participer; ~**haber(in** *f*) *m* -s, - (*COMM*) associé(e); ~**kaskoversicherung** *f* assurance *f* partielle; ~**nahme** *f* -, -n participation *f (an +dat* à); *(Interesse)* intérêt *m*; *(Mitleid)* sympathie *f*; *(Beileid)* condoléances *fpl*; **t~nahmslos** *a* indifférent(e), apathique; **t~nehmen** *vi irr(zvb)* participer *(an +dat* à); ~**nehmer(in** *f*) *m* -s, - participant(e) *(an +dat* à); **t~s** *ad* en partie, partiellement; ~**ung** *f* partage *m*, division *f*; **t~weise** *ad* en partie, partiellement; ~**zahlung** *f* acompte *m*.
Telefon *nt* -s, -e téléphone *m*; ~**anruf** *m*, **Telefo'nat** *nt* -(e)s, -e coup *m* de téléphone *o* de fil, appel *m* téléphonique; ~**buch** *nt* annuaire *m* (du téléphone).
telefo'nieren *vi (ohne ge-)* téléphoner *(mit jdm* à qn).
tele'fonisch *a* téléphonique.
Tele'fon-: ~**nummer** *f* numéro *m* de téléphone; ~**verbindung** *f* communication *f* téléphonique; ~**zelle** *f* cabine *f* téléphonique; ~**zentrale** *f* central *o* standard *m* téléphonique.
telegra'fieren *(ohne ge-) vt*, *vi* télégraphier.
tele'grafisch *a* télégraphique // *ad* par télégramme.
Tele'gramm *nt* -s, -e télégramme *m*.
Tele-: ~**kolleg** *nt* télé-enseignement *m*; ~**objektiv** *nt* téléobjectif *m*.
Telephon = Telefon.
Tele'skop *nt* -s, -e téléscope *m*.
Teller *m* -s, - assiette *f*.

Tempel *m* **-s, -** temple *m*.
Temperafarbe *f* détrempe *f*.
Tempera'ment *nt* tempérament *m*; **t~voll** *a* fougueux(-euse), vif(vive).
Tempera'tur *f* température *f*.
Tempo *nt* **-s, -s** vitesse *f*, allure *f* // *pl* **Tempi** (*MUS*) mouvement *m*, rythme *m*; **~ taschentuch** ® *nt* mouchoir *m* en papier.
Ten'denz *f* tendance *f*.
ten'dieren *vi* (*ohne ge-*) tendre (*zu* à).
Tennis *nt* **-** tennis *m*; **~platz** *m* court *m*; **~schläger** *m* raquette *f* de tennis; **~spieler(in** *f*) *m* joueur(-euse) de tennis.
Te'nor *m* **-s, ¨e** ténor *m*.
Teppich *m* **-s, -e** tapis *m*; **~boden** *m* moquette *f*; **~kehrmaschine** *f* balai *m* mécanique; **~klopfer** *m* **-s, -** tapette *f* (à tapis).
Ter'min *m* **-s, -e** (*Zeitpunkt*) terme *m*, délai *m*, échéance *f*; (*Frist*) délai *m*; (*Arzt~ etc*) rendez-vous *m*; (*JUR*) assignation *f*; **~kalender** *m* agenda *m*.
Terpen'tin *nt* **-s, -e** térébenthine *f*.
Ter'rasse *f* **-, -n** terrasse *f*.
Terrier ['tɛriɐ] *m* **-s, -** terrier *m*.
Terri'torium *nt* territoire *m*.
Terror *m* **-s** terreur *f*; **t~i'sieren** *vt* (*ohne ge-*) terroriser.
Terro'rismus *m* terrorisme *m*.
Terro'rist(in *f*) *m* terroriste *m/f*.
Terz *f* **-, -en** tierce *f*.
Tesafilm ® *m* **-s, -e** papier *m* collant, scotch *m*.
Test *m* **-s, -s** test *m*.
Testa'ment *nt* testament *m*.
testamen'tarisch *a* testamentaire.
test *vt* tester, soumettre à un test.
Tetanus *m* **-** tétanos *m*; **~impfung** *f* vaccin *m* antitétanique.
teuer *a* cher(chère).
Teufel *m* **-s, -** diable *m*; **pfui ~!** pouah!; **der ~ ist los** c'est la pagaille; **~saustreibung** *f* exorcisme *m*.
teuflisch *a* diabolique.
Text *m* **-(e)s, -e** (*Geschriebenes*) texte *m*; (*zu Bildern*) légende *f*; (*Lieder~*) paroles *fpl*; (*Bibel~*) passage *m* de la Bible; **t~en** *vi* composer (les paroles d'une chanson); écrire (un texte publicitaire).
Textilien [-iən] *pl*, **Textilwaren** *pl* (produits *mpl*) textiles *mpl*.
The'ater *nt* **-s, -** théâtre *m*; (*Aufregung*): **so ein ~!** quel cinéma!; (*Umstände*): **~ machen** faire des histoires; **~ spielen** faire du théâtre; (*fig*) jouer la comédie; **~besucher(in** *f*) *m* spectateur(-trice); **~kasse** *f* caisse *f* o guichets *mpl* (d'un théâtre); **~stück** *nt* pièce *f* de théâtre.
Theke *f* **-, -n** (*Schanktisch*) bar *m*, comptoir *m*; (*Ladentisch*) comptoir.
Thema *nt* **-s, Themen** *o* **-ta** sujet *m*; (*MUS*) thème *m*.
Theo-: ~'loge *m* **-n, -n, ~'login** *f* théologien(ne); **~lo'gie** *f* théologie *f*; **t~'logisch** *a* théologique.
Theo'retiker(in *f*) *m* **-s, -** théoricien(ne).
theo'retisch *a* théorique.
Theo'rie *f* théorie *f*.
Thera-: t~'peutisch *a* thérapeutique; **~'pie** *f* thérapie *f*.
Ther'malbad *nt* station *f* thermale.
Thermo'meter *nt* **-s, -** thermomètre *m*.
Thermosflasche *f* thermos *m*.
Thermo'stat *m* **-(e)s** *o* **-en, -e(n)** thermostat *m*.
These *f* **-, -n** thèse *f*.
Thron *m* **-(e)s, -e** trône *m*; **t~en** *vi* trôner; **~folge** *f* succession *f* au trône.
Thunfisch *m* thon *m*.
Thymian *m* **-s, -e** thym *m*.
Tick *m* **-s, -s** (*nervöser*) tic *m*; (*Eigenart*) manie *f*; (*Fimmel*) marotte *f*, dada *m*; **t~en** *vi* (*Uhr*) faire tic tac; (*Fernschreiber*) cliqueter.
tief *a* profond(e); (*Temperaturen*) bas(se); (*Stimme, Ton*) grave; (*mit Maßangabe*) de profondeur; (*Vertrauen*) absolu(e), total(e); **im ~sten Winter** en plein hiver; **bis ~ in die Nacht hinein** jusque tard dans la nuit; **das läßt ~ blicken** cela révèle bien des choses; **T~** *nt* **-s, -s** (*METEO*) zone *f* de basse pression; **T~e** *f* **-, -n** profondeur *f*; **T~ebene** *f*

basse plaine *f*; **T~enschärfe** *f* profondeur *f* de champ *o* de foyer; **~ernst** *a* très sérieux(-euse); **T~gang** *m* (*NAVIG*) tirant *m* d'eau; *(geistig)* profondeur *f*; **~gekühlt** *a* surgelé(e); **~greifend** *a* profond(e); **T~kühlfach** *nt* congélateur *m*, freezer *m*; **T~kühltruhe** *f* congélateur *m*; **T~punkt** *m* creux *m* (de la vague); **~schürfend** *a* profond(e); **T~see** *f* grands fonds *mpl*; **~sinnig** *a* profond(e); **T~stand** *m* niveau *m* le plus bas *o* minimum; **T~stwert** *m* valeur *f* minimum.

Tiegel *m* **-s, -** casserole *f*, poêle *f*; (*CHEM*) creuset *m*.

Tier *nt* **-(e)s, -e** animal *m*; **~arzt** *m*, **~ärztin** *f* vétérinaire *m/f*; **~garten** *m* jardin *m* zoologique, zoo *m*; **t~isch** *a* animal(e); *(fig: roh)* bestial(e); *(Ernst etc)* trop grand(e); **~kreiszeichen** *nt* signe *m* du zodiaque; **t~liebend** *a* qui aime les animaux; **~quälerei** *f* cruauté *f* envers les animaux.

Tiger *m* **-s, -** tigre *m*; **~in** *f* tigresse *f*.

tilgen *vt* effacer; *(Schulden)* amortir, rembourser.

Tink'tur *f* teinture *f*.

Tinte *f* **-, -n** encre *f*; **~nfaß** *nt* encrier *m*; **~nfisch** *m* seiche *f*.

tippen *vt (Brief, Manuskript)* dactylographier, taper // *vi (schreiben)* taper à la machine; *(raten)* miser *(auf +akk* sur).

Tipp-: **~fehler** *m* faute *f* de frappe; **t~'topp** *a (fam)* parfait(e).

Tisch *m* **-(e)s, -e** table *f*; **bei ~** à table; **vor/nach ~** avant/après le repas; **zu ~!** à table!; **unter den ~ fallen lassen** *(fig)* laisser tomber; **~decke** *f* nappe *f*.

Tischler(in *f*) *m* **-s, -** menuisier *m*; *(Möbel~)* ébéniste *m*.

Tischle'rei *f* menuiserie *f*.

Tisch-: **~tennis** *nt* ping-pong *m*; **~tuch** *nt* nappe *f*.

Titel *m* **-s, -** titre *m*; **~bild** *nt (von Zeitschrift)* photo *f* de couverture; *(von Buch)* frontispice *m*; **~rolle** *f* rôle *m* principal; **~seite** *f (von Zeitschrift)* couverture *f*; *(Buch~)* page *f* de titre; **~verteidiger** *m* détenteur(-trice) du titre.

Toast [to:st] *m* **-(e)s, -s** *o* **-e** *(Brot)* toast *m*, pain *m* grillé; *(Trinkspruch)* toast *m*; **~er** *m* **-s, -** grille-pain *m*.

toben *vi (Meer, Wind, Kinder)* être déchaîné(e); *(Kampf)* faire rage; **vor Schmerz/Wut ~** être fou(folle) de douleur/de rage.

Tob-: **~sucht** *f* rage *f*; **t~süchtig** *a* fou(folle) furieux(-euse).

Tochter *f* **-, ⁼** fille *f*.

Tod *m* **-(e)s, -e** mort *f*; **jdn zum ~e verurteilen** condamner qn à mort; **jdn/etw auf den ~ nicht leiden können** *(fam)* haïr qn à mort; **t~ernst** *a* très sérieux(-euse) // *ad* très sérieusement.

Todes-: **~angst** *f (große Angst)* peur *f* panique; **~anzeige** *f* avis *m* mortuaire; **~fall** *m* décès *m*; **~kampf** *m* agonie *f*; **~stoß** *m* coup *m* de grâce; **~strafe** *f* peine *f* de mort; **~ ursache** *f* cause *f* de la mort; **~urteil** *nt* condamnation *f* à mort.

tod'krank *a* incurable, condamné(e).

tödlich *a* mortel(le).

tod-: **~'müde** *a* mort(e) de fatigue; **~'schick** *a (fam)* très chic *o* élégant(e); **~'sicher** *a (fam)* tout à fait sûr(e); **T~sünde** *f* péché *m* mortel.

Toilette [toa'lɛtə] *f* toilette *f*; *(Abort)* toilettes *fpl*, w.-c. *mpl*; **~nartikel** *pl* produits *mpl* de toilette; **~npapier** *nt* papier *m* hygiénique *o* (de) toilette.

toi, toi, toi *excl* touchons du bois!

tole'rant *a* tolérant(e).

Tole'ranz *f* tolérance *f*.

tole'rieren *vt (ohne ge-)* tolérer.

toll *a* audacieux(-euse), hardi(e); *(wahnsinnig)* fou (folle); *(fam: ausgezeichnet)* super, formidable; **T~kirsche** *f* belladone *f*; **~kühn** *a* téméraire; **T~wut** *f* rage *f*.

Tölpel *m* **-s, -** *(Mensch)* balourd(e).

To'mate *f* **-, -n** tomate *f*; **~nmark** *nt* purée *f* de tomates.

Ton *m* **-(e)s, -e** *(Erde)* argile *f*; (terre

f) glaise *f* // **-(e)s, ⸗e** *(Laut)* son *m;* *(MUS, Redeweise, Nuance)* ton *m;* *(Betonung)* accent *m* (tonique); **~abnehmer** *m* pick-up *m;* **~art** *f* tonalité *f;* **~band** *nt* bande *f* magnétique; **~bandgerät** *nt* magnétophone *m.*
tönen *vt (Haare)* teindre.
tönern *a* en terre.
Ton-: **~fall** *m* intonation *f;* **~film** *m* film *m* parlant; **~leiter** *f* gamme *f.*
Tonne *f* **-, -n** *(Faß)* tonneau *m; (Maß)* tonne *f.*
Ton-: **~spur** *f* bande *f* sonore; **~taubenschießen** *nt* tir *m* au pigeon; **~waren** *pl* objets *mpl* céramiques, poteries *fpl.*
To'pas *m* **-es, -e** topaze *f.*
Topf *m* **-(e)s, ⸗e** *(Koch~)* casserole *f,* marmite *f; (Blumen~)* pot *m* de fleurs; *(Nacht ~)* pot *m* de chambre.
Töpfer(in *f) m* **-s, -** potier(-ère).
Töpfe'rei *f* poterie *f.*
töpfern *vi* faire de la poterie // *vt* fabriquer.
Töpferscheibe *f* tour *m* de potier.
Tor *m* **-en, -en** sot(te) // *nt* **-(e)s, -e** *(Tür)* porte *f,* portail *m; (Stadt~)* porte; *(SPORT)* but *m.*
Torf *m* **-(e)s** tourbe *f.*
Tor-: **~heit** *f* sottise *f;* **~hüter** *m* gardien *m* de buts.
töricht *a* sot(te).
torkeln *vi (mit sein)* tituber.
torpe'dieren *vt (ohne ge-) (Boot)* torpiller; *(fig)* saboter.
Tor'pedo *m* **-s, -s** torpille *f.*
Torte *f* **-, -n** gâteau *m.*
Tor'tur *f (fig)* torture *f,* martyre *m.*
Tor-: **~verhältnis** *nt* score *m;* **~wart** *m* **-s, -e** gardien *m* de buts.
tosen *vi (Wasser, Wind, Meer)* être déchaîné(e); **ein ~der Beifall** une tempête d'applaudissements.
tot *a* mort(e); *(erschöpft)* mort(e) de fatigue; *(Kapital)* improductif(-ive), qui dort; *(Farben)* terne.
to'tal *a* total(e), complet(-ète) // *ad* très, complètement; **T~schaden** *m:* **mein Auto hat T~schaden** ma voiture est bonne pour la ferraille.
töten *vt, vi* tuer.
Toten-: **~kopf** *m* tête *f* de mort; **~schein** *m* acte *m* de décès; **~'stille** *f* silence *m* de mort.
Tote(r) *mf* mort(e).
tot-: **~fahren** *vt irr (zvb)* écraser, tuer; **~geboren** *a* mort-né(e); **~lachen** *vr (zvb) (fam):* **sich ~lachen** mourir de rire.
Toto *m o nt* **-s, -s** *pronostics sur les matchs de football.*
tot-: **T~schlag** *m* homicide *m* volontaire; **~schlagen** *vt irr (zvb) (jdn)* assommer, tuer; *(Zeit)* tuer; **~schweigen** *vt irr (zvb) (Sache)* passer sous silence; **~stellen** *vr (zvb):* **sich ~stellen** faire le mort.
Tötung *f (JUR)* homicide *m.*
Toupet [tu'pe:] *nt* **-s, -s** postiche *m.*
toupieren [tu'pi:rən] *vt (ohne ge-)* crêper.
Tour [tu:ɐ] *f* **-, -en** *(Ausflug)* excursion *f; (Umdrehung)* tour *m; (Verhaltensart)* manière *f;* **diese ~ kenne ich schon** je connais ce truc; **auf ~en kommen** *(sich aufregen)* s'énerver; **in einer ~** sans arrêt; **~enzähler** *m* compte-tours *m.*
Tourismus [tu'rɪsmʊs] *m* tourisme *m.*
Tourist [tu'rɪst] *m* touriste *m/f.*
Trab *m* **-(e)s** *(von Pferd)* trot *m;* **auf ~ sein** *(Mensch)* être très occupé(e).
Tra'bant *m (Satellit)* satellite *m;* **~enstadt** *f* cité *f* satellite.
traben *vi (mit sein)* aller au trot, trotter.
Tracht *f* **-, -en** *(Kleidung)* costume *m;* **eine ~ Prügel** une raclée.
trachten *vi:* **nach etw ~** aspirer à qch; **danach ~, etw zu tun** aspirer à faire qch; **jdm nach dem Leben ~** attenter aux jours de qn.
trächtig *a (Tier)* grosse, pleine.
Traditi'on *f* tradition *f;* **t~ell** [traditsio'nɛl] *a* traditionnel(le).
traf *siehe* **treffen.**
Trag-: **~bahre** *f* civière *f,* brancard *m;* **t~bar** *a (Gerät)* portatif(-ive), portable; *(Kleidung)* portable, mettable; *(erträglich)* supportable.
träge *a (Mensch)* indolent(e); *(Bewegung)* nonchalant(e); *(PHYS)*

inerte.
tragen *irr vt* porter; *(stützen: Brücke, Dach)* supporter, soutenir; *(financieren)* financer; *(: Kosten)* supporter; *(erdulden)* supporter // *vi (schwanger sein)* être grosse.
Träger (in *f*) *m* **-s, -** porteur(-euse) // *m (Eisenteil)* poutre *f; (Ordens~)* titulaire *m/f; (an Kleidung)* bretelles *fpl; (Körperschaft etc)* organisme *m* responsable; **~rakete** *f* fusée *f* porteuse.
Trag-: ~fähigkeit *f* capacité *f*, charge *f* limite; **~flügelboot** *nt* hydroglisseur *m*.
Trägheit *f (von Mensch)* indolence *f*, apathie *f*; *(von Bewegung)* nonchalance *f*; *(geistig)* paresse *f*; (*PHYS*) inertie *f*.
tragisch *a* tragique.
Tra'gödie [-iə] *f* tragédie *f*.
Tragweite *f* portée *f*.
Trainer(in *f*) *m* ['trɛːnɐ, 'treː-] **-s, -** entraîneur *m*.
trainieren [trɛ'niːrən, treː'n-] *vt (ohne ge-)* entraîner // *vi* s'entraîner.
Training ['trɛːnɪŋ, 'treːn-] *nt* **-s, -s** entraînement *m*; **~sanzug** *m* training *m*.
Traktor *m* tracteur *m*.
trällern *vt, vi* chantonner.
trampeln *vi* piétiner, trépigner; *(mit sein: schwerfällig gehen)* piétiner.
trampen ['trɛmpn, 'tram-] *vi* faire de l'auto-stop.
Tramper(in *f*) *m* ['trɛmpɐ, -ərɪn] **-s, -** auto-stoppeur(-euse).
Tran *m* **-(e)s, -e** *(Öl)* huile *f* (de poisson); **im ~** dans un état second.
tranchieren [trɑ̃'ʃiːrən] *vt (ohne ge-)* découper.
Träne *f* **-, -n** larme *f*; **t~n** *vi (Augen)* larmoyer; **~ngas** *nt* gaz *m* lacrimogène.
trank *siehe* **trinken.**
Tränke *f* **-, -n** abreuvoir *m*; **t~n** *vt (naß machen)* imbiber, tremper; *(Tiere)* donner à boire à.
Trans-: ~for'mator *m* transformateur *m*; **~fusi'on** *f* transfusion *f*; **~istor** [tran'zistɔr] *m* transistor *m*.
Tran'sit *m* **-s** transit *m*.
transitiv *a* transitif(-ive).
Trans-: t~pa'rent *a* transparent(e); **~pa'rent** *nt* **-(e)s, -e** *(Bild)* transparent *m*; *(Spruchband)* banderolle *f*; **t~pi'rieren** *vi (ohne ge-)* transpirer.
Trans'port *m* **-(e)s, -e** transport *m*.
transpor'tieren *vt (ohne ge-)* transporter.
Trans'port-: ~mittel *nt* moyen *m* de transport; **~unternehmen** *nt* entreprise *f* de transports.
Transvestit [transvɛs'tiːt] *m* **-en, -en** travesti *m*.
Tra'pez *nt* **-es, -e** trapèze *m*.
trat *siehe* **treten.**
Traube *f* **-, -n** *(Frucht)* raisin *m*; *(Beere)* (grain *m* de) raisin; *(Blütenstand)* grappe *f*; **~nzucker** *m* sucre *m* de raisin.
trauen *vi*: **jdm/etw ~** faire confiance à qn/qch, avoir confiance en qn/qch // *vt* marier // *vr*: **sich ~** oser; **jdm nicht über den Weg ~** se méfier de qn; **sich ~ lassen** se marier.
Trauer *f* **-** affliction *f*, tristesse *f*; *(für Verstorbenen)* deuil *m*; **~fall** *m* deuil *m*, décès *m*; **~(kleidung) tragen** porter le deuil; **~marsch** *m* marche *f* funèbre; **t~n** *vi* être en deuil *(um jdn* de qn); **~rand** *m*: **mit einem ~rand** bordé(e) de noir; **~spiel** *nt* tragédie *f*; **~weide** *f* saule *m* pleureur.
Traufe *f* **-, -n** *(Dach~)* gouttière *f*.
träufeln *vt* verser goutte à goutte.
Traum *m* **-(e)s, Träume** rêve *m*; **das fällt mir nicht im ~ ein** je n'y songe même pas.
Trauma *nt* **-s, -en** *o* **-ata** traumatisme *m*.
träumen *vt, vi* rêver; **das hätte ich mir nicht ~ lassen** je n'y aurais jamais songé.
Träume'rei *f* rêverie *f*.
träumerisch *a* rêveur(-euse).
traumhaft *a* de rêve.
traurig *a* triste; *(Zustände, Anblick, Ereignis)* triste *(vorgestellt)*; *(Rest, Leistung)* pitoyable; **T~keit** *f* tristesse *f*.
Trau-: ~schein *m* acte *m* de mariage; **~ung** *f* mariage *m*;

~**zeuge** *m*, ~**zeugin** *f* témoin *m* (d'un mariage).

treffen *irr vi (Geschoß, Hieb)* toucher qn *o* qch; *(Schütze)* toucher (la cible *o* le but); *(mit sein: begegnen):* **auf jdn** ~ rencontrer qn; *(mit sein: finden):* **auf etw** ~ trouver, rencontrer qch // *vt* toucher; *(begegnen)* rencontrer; *(Entscheidung, Maßnahmen)* prendre; *(Auswahl)* faire, effectuer // *vr:* **sich** ~ se rencontrer; *(sich ereignen)* se produire; **eine Vereinbarung** ~ se mettre d'accord, conclure un accord; **Vorbereitungen** ~ faire des préparatifs; **ich treffe dich also morgen** alors à demain!; **ihn trifft keine Schuld** ce n'est pas (de) sa faute; **es trifft sich gut** cela tombe bien; **wie es sich so trifft** comme cela se trouve; **T**~ *nt* **-s, -** rencontre *f;* ~**d** *a* pertinent(e); *(Ausdruck)* juste.

Treffer *m* **-s, -** *(Schuß etc)* tir *m* réussi; *(von Schütze)* coup *m* dans le mille; *(Fußball)* but *m; (Los)* billet *m* gagnant.

Treffpunkt *m* rendez-vous *m.*

Treibeis *nt* glace *f* flottante.

treiben *irr vt (bewegen: Tiere, Menschen)* mener; *(: Rad, Maschine)* faire tourner; *(drängen)* pousser *(zu etw* à qch); *(anspornen)* encourager; *(Studien, Handel etc)* faire; *(Blüten, Knospen)* pousser // *vi (mit sein: sich fortbewegen)* avancer; *(Pflanzen)* pousser; *(CULIN: aufgehen)* lever; *(Tee, Kaffee)* être diurétique; **Unsinn** ~ faire le (la) fou (folle); **es wild** ~ être déchaîné(e); **was treibst du so immer?** qu'est-ce-que tu deviens?; **T**~ *nt* **-s** *(Tätigkeit)* activité *f; (lebhafter Verkehr etc)* animation *f.*

Treib-: ~**haus** *nt* serre *f;* ~**jagd** *f* battue *f;* ~**stoff** *m* carburant *m,* combustible *m.*

trennen *vt (Menschen)* séparer; *(Verbindung)* mettre fin à; *(Begriffe)* distinguer; *(zerteilen)* diviser // *vr:* **sich** ~ se séparer; *(Ideen)* différer; **sich von jdm /etw** ~ se séparer de qn/qch.

Trenn-: ~**ung** *f* séparation *f;* distinction *f;* ~**wand** *f* paroi *f,* cloison *f.*

Treppe *f* **-, -n** escalier *m;* ~**ngeländer** *nt* rampe *f* (d'escalier); ~**nhaus** *nt* cage *f* d'escalier.

Tre'sor *m* **-s, -e** coffre-fort *m; (Kammer)* chambre *f* forte.

treten *irr vi (mit sein) (gehen)* marcher // *vt (mit Fußtritt)* donner un coup de pied à; *(nieder~)* écraser; **die Tränen traten ihm in die Augen** les larmes lui montèrent aux yeux; **nach jdm/gegen etw** ~ donner un coup de pied à qn/dans qch; **auf etw** *(akk)* ~ marcher sur qch, mettre le pied sur qch; **in etw** *(akk)* ~ mettre le pied dans qch; **in Verbindung** ~ entrer en contact; **in Erscheinung** ~ se manifester; **an jds Stelle** ~ remplacer qn.

treu *a* fidèle; *(Dienste)* loyal(e); **T**~**e** *f* **-** fidélité *f;* **T**~**händer(in** *f)* *m* **-s, -** fiduciaire *m;* **T**~**handgesellschaft** *f* société *f* fiduciaire; ~**los** *a* déloyal(e), infidèle.

Trichter *m* **-s, -** *(Gerät)* entonnoir *m.*

Trick *m* **-s, -s** truc *m.*

trieb *siehe* **treiben.**

Trieb *m* **-(e)s, -e** *(instinkthaft)* instinct *m,* pulsion *f; (geschlechtlich)* pulsion sexuelle, libido *f; (Neigung)* tendance *f; (an Baum etc)* pousse *f;* ~**feder** *f (fig)* instigateur(-trice); **t**~**haft** *a* instinctif(-ive), impulsif (-ive); ~**kraft** *f (fig)* moteur *m,* locomotive *f;* ~**täter(in** *f)* *m* délinquant(e) sexuel(e); ~**wagen** *m* autorail *m o* automotrice *f;* ~**werk** *nt* moteur *m.*

triefen *vi* tomber goutte à goutte, dégoutter, dégouliner; **von** *o* **vor etw** ~ être ruisselant(e) de; **vor Nässe** ~ être trempé(e).

Trier *nt* Trèves *f.*

triftig *a (Grund, Entschuldigung)* valable, convainquant(e); *(Beweis)* concluant(e).

Trikot [tri'ko:, 'trɪko] *nt* **-s, -s** maillot *m* // *m* **-s, -s** *(Gewebe)* jersey *m.*

Triller *m* **-s, -** *(MUS)* trille *m;* **t**~**n** *vi* triller; ~**pfeife** *f* sifflet *m* (à trilles).

trink-: ~**bar** *a* buvable; *(Wasser)*

potable; **~en** *vt, vi irr* boire; **T~er(in** *f*) *m* **-s, -** buveur(-euse), alcoolique *m/f*; **T~geld** *nt* pourboire *m*; **T~halm** *m* paille *f*; **T~spruch** *m* toast *m*; **T~wasser** *nt* eau *f* potable.
trippeln *vi (mit sein)* trottiner.
Tripper *m* **-s, -** blennoragie *f*.
Tritt *m* **-(e)s, -e** pas *m*; *(Fuß~)* coup *m* de pied; **~brett** *nt* marchepied *m*.
Tri'umph *m* **-(e)s, -e** triomphe *m*; **~bogen** *m* arc *m* de triomphe.
trium'phieren *vi (ohne ge-)* triompher *(über jdn/etw* de qn/qch).
trivial [tri'via:l] *a* trivial(e), plat(e); *(alltäglich)* simple.
trocken *a* sec(sèche); *(nüchtern)* sobre; *(Witz, Humor)* pince-sans-rire *inv*; **T~dock** *nt* cale *f* sèche; **T~haube** *f* casque *m* sèche-cheveux; **T~heit** *f* sécheresse *f*; **~legen** *vt (zvb) (Sumpf)* assécher; *(Kind)* changer.
trocknen *vt* sécher, essuyer // *vi (mit sein)* sécher.
Trödel *m* **-s** bric-à-brac *m*; **t~n** *vi (fam)* lambiner.
Trödler(in *f*) *m* **-s, -** *(Händler)* fripier(-ère), brocanteur(-euse); *(langsamer Mensch)* lambin(e).
trog *siehe* **trügen.**
Trog *m* **-(e)s, ¨e** auge *f*.
Trommel *f* **-, -n** tambour *m*; *(Revolver~)* barillet *m*; **~fell** *nt* tympan *m*; **t~n** *vt* tambouriner // *vi* jouer du tambour.
Trommler(in *f*) *m* **-s, -** tambour *m*.
Trom'pete *f* **-, -n** trompette *f*; **~r(in** *f*) *m* **-s, -** trompette *m*.
Tropen *pl* tropiques *mpl*, régions *fpl* tropicales.
tröpfeln *vi*: **es tröpfelt** il bruine.
Tropfen *m* **-s,-** goutte *f*; **t~** *vi (mit sein)* dégoutter, dégouliner // *vt* faire couler goutte à goutte; **eine Tinktur in die Augen ~** mettre des gouttes dans les yeux; **es tropft vom Dach** il y a une fuite dans le toit; **t~weise** *ad* goutte à goutte.
Tropfstein *m (herunterhängend)* stalagtite *f*; *(am Boden)* stalagmite *f*.
tropisch *a* tropical(e).
Trost *m* **-es** consolation *f*.
trösten *vt* consoler.
tröstlich *a* consolant(e).
trostlos *a* inconsolable; *(Verhältnisse)* désolant(e).
Trott *m* **-(e)s, -e** trot *m*; *(Routine)* train-train *m*.
Trottel *m* **-s, -** *(fam)* imbécile *m*.
trotten *vi (mit sein)* se traîner.
Trotz *m* **-es** obstination *f*; **aus ~** par dépit; **jdm zum ~** en dépit (des conseils) de qn; **t~** *prep +gen* malgré; **t~dem** *ad* malgré tout, quand même // *conj* bien que (+*subj*); **t~ig** *a* obstiné(e), récalcitrant(e); **~kopf** *m* tête *f* de mule; **~reaktion** *f* réaction *f* de dépit.
trüb *a (Augen)* terne; *(Metall)* dépoli(e); *(Flüssigkeit, Glas)* trouble; *(Tag, Wetter)* morne; *(Zeiten, Aussichten)* triste; *(Mensch, Gedanke, Stimmung)* morose.
Trubel *m* **-s** tumulte *m*.
trüben *vt (Flüßigkeit)* troubler; *(Glas, Metall)* ternir; *(Stimmung, Freude)* gâter // *vr*: **sich ~** *(Flüssigkeit)* devenir trouble; *(Glas, Metall)* se ternir; *(Himmel)* se couvrir; *(Stimmung)* se gâter.
Trübsal *f* **-** chagrin *m*; **~ blasen** se laisser aller à la déprime.
trübselig *a* chagrin(e), sombre.
Trübsinn *m* mélancolie *f*, morosité *f*; **t~ig** *a* morose.
trudeln *vi (AVIAT)* vriller.
Trüffel *f* **-, -n** truffe *f*.
trug *siehe* **tragen.**
trügen *vt, vi irr* tromper.
trügerisch *a* trompeur(-euse).
Truhe *f* **-, -n** bahut *m*.
Trümmer *pl* décombres *mpl*; *(Teile)* (mille) morceaux *mpl*; *(Bau~)* ruines *fpl*.
Trumpf *m* **-(e)s, ¨e** atout *m*.
Trunk *m* **-(e)s, ¨e** boisson *f*; **t~en** *a* ivre; **~enbold** *m* **-(e)s, -e** ivrogne *m*; **~enheit** *f* ivresse *f*; **~sucht** *f* alcoolisme *m*.
Trupp *m* **-s, -s** groupe *m*; **~e** *f* **-, -n** troupe *f*.
Truthahn *m* dindon *m*.
Tube *f* **-, -n** tube *m*.
Tuch *nt* **-(e)s, ¨er** *(Stoff)* étoffe *f*;

(Stück Stoff) pièce *f* d'étoffe; *(Lappen)* chiffon *m; (Hals~)* foulard *m; (Kopf~)* fichu *m; (Hand~)* serviette *f* de toilette, essuie-main(s) *m.*
tüchtig *a (fleißig)* travailleur(-euse); *(gut, hinreichend)* bon(ne) // *ad (fam: kräftig)* très, beaucoup; **T~keit** *f* application *f,* zèle *m;* aptitude *f.*
Tücke *f* **-, -n** perfidie *f.*
tückisch *a* perfide, sournois(e); *(Krankheit)* malin(-igne).
Tugend *f* **-, -en** vertu *f;* **t~haft** *a* vertueux(-euse).
Tulpe *f* **-, -n** tulipe *f.*
tummeln *vr:* **sich** ~ s'ébattre.
Tumor *m* **-s, en** *o* **-e** tumeur *f.*
Tümpel *m* **-s, -** mare *f.*
Tu'mult *m* **-(e)s, -e** tumulte *m.*
tun *irr vt (machen)* faire; *(legen etc)* mettre // *vi:* **freundlich** ~ se donner des airs aimables // *vr:* **sich schwer mit etw** ~ avoir de la peine à faire qch; **jdm etwas** ~ *(antun)* faire du mal à qn; *(erweisen)* rendre un service à qn; *(für jdn machen)* faire qch pour qn; **was soll ich** ~? que faire?; **das tut es auch** *(genügt)* cela suffit, cela convient aussi; **was tut's?** qu'importe?; **damit habe ich nichts zu** ~ je n'ai rien à faire avec cela; **das tut nichts zur Sache** cela n'apporte rien; **es mit jdm zu** ~ **bekommen** avoir à faire avec qn; **es ist mir darum zu** ~, **daß ...** ce qui m'importe, c'est que ...; **so** ~, **als ob ...** faire comme si ...; **sie täten gut daran, ...** ils feraient bien de ...; **ich habe zu** ~ *(bin beschäftigt)* j'ai à faire; **mit wem habe ich zu** ~? à qui ai-je l'honneur?; **es tut sich etwas/viel** il se passe quelque chose/beaucoup de choses; **T~** *nt* **-s** action *f,* activité *f.*
tünchen *vt* blanchir à la chaux.
Tu'nesien *nt* la Tunisie.
Tunke *f* **-, -n** sauce *f;* **t~n** *vt* tremper.
tunlichst *ad* si possible.
Tunnel *m* **-s, -s** *o* **-** tunnel *m.*
tupfen *vt* tapoter; *(mit Watte)* tamponner; **T~** *m* **-s, -** point *m,* pois *m.*
Tür *f* **-, -en** porte *f.*
Tur'bine *f* turbine *f.*
turbu'lent *a* tumultueux(-euse).
Türke *m,* **Türkin** *f* Turc *m,* Turque *f.*
Türkei *f:* **die** ~ la Turquie.
türkisch *a* turc (turque).
Tür'kis *m* **-es, -e** turquoise *f.*
Turm *m* **-(e)s, ¨e** tour *f; (Kirch~)* clocher *m; (Sprung~)* plongeoir *m.*
türmen *vr:* **sich** ~ *(Wolken)* s'amonceler; *(Bücher)* s'empiler; *(Arbeit)* s'accumuler.
Turn-: t~en *vi* faire de la gymnastique // *vt (Übung)* effectuer; **~en** *nt* **-s** gymnastique *f;* **~halle** *f* gymnase *m;* **~hose** *f* short *m.*
Tur'nier *nt* **-s, -e** tournoi *m.*
Turn-: ~lehrer(in *f)* *m* maître(sse) *o* professeur *m* de gymnastique; **~schuh** *m* chaussure *f* de gymnastique.
Turnus *m* **-, -se** roulement *m;* **im** ~ à tour de rôle.
Tür-: ~öffner *m* minuterie *f (pour déclencher l'ouverture d'une porte);* **~vorleger** *m* paillasson *m.*
Tusche *f* **-, -n** encre *f* de Chine; *(Wimpern~)* mascara *m.*
tuscheln *vi* chuchoter.
Tuschkasten *m* boîte *f* de couleurs.
Tüte *f* **-, -n** sac *m; (Eiswaffel)* cornet *m.*
tuten *vi (Auto)* corner, claxonner; *(Sirene)* mugir.
Typ *m* **-s, -en** type *m;* **~e** *f* **-, -n** *(auf Schreibmaschine)* touche *f.*
Typhus *m* **-** typhoïde *f.*
typisch *a* typique *(für* de).
Ty'rann *m* **-en, -en** tyran *m;* **t~isch** *a* tyrannique; **t~isieren** *vt (ohne ge-)* tyranniser.

U

u.a. *(abk von* **unter anderem)** en particulier.
u.A.w.g. *(abk von* **um Antwort wird gebeten)** R.S.V.P.
U-Bahn *f* métro *m.*
übel *a* mauvais(e); **jdm ist** ~ qn se sent mal, qn a mal au cœur; **Ü~** *nt* **-s, -** mal *m;* **~gelaunt** *a* de mauvaise humeur, mal disposé(e); **Ü~keit** *f*

nausée *f*, mal *m* au cœur; ~**nehmen** *vt irr (zvb):* **jdm eine Bemerkung ~nehmen** mal prendre l'observation de qn.
üben *vt (instrument)* étudier, s'exercer à; *(Kritik)* faire; *(Geduld)* montrer // *vi* s'exercer, s'entraîner.
über *prep +akk* sur; *(oberhalb von)* au-dessus de; *(wegen)* à cause de; *(bei Zahlen, Beträgen)* plus de; *(während)* pendant; ~ **die Kreuzung fahren** traverser le carrefour; **ich fahre ~ Stuttgart** je passe par Stuttgart; ~ **etw sprechen** parler de qch; ~ **das Wochenende** pendant le week-end; ~ **die Stadt fliegen** survoler la ville; **Fehler ~ Fehler** erreur sur erreur // *prep +dat* sur; *(räumlich, rangmäßig)* au-dessus de; **er ist ~ der Arbeit eingeschlafen** il s'est endormi en travaillant; **Kinder ~ 15 Jahren** les enfants de plus de 15 ans; **Kosten weit ~ eine Million** des frais dépassant largement le million; ~ **dem Durchschnitt** au-dessus de la moyenne // *ad (zeitlich):* **den Sommer ~** (pendant) tout l'été; **das Wochenende ~ bin ich hier** pendant le week-end, je suis ici; **jdn/etw ~ haben** *(fam)* en avoir par-dessus la tête de qn/qch; ~ **und ~** complètement.
über-: ~'**anstrengen** *(ohne ge-) vt* surmener, forcer // *vr:* **sich ~anstrengen** se surmener; ~**arbeiten** *(ohne ge-) vt (Text)* remanier // *vr:* **sich ~'arbeiten** se surmener.
überaus *ad* extrêmement.
überbelichten *vt (zvb, ohne ge-)* surexposer.
über'bieten *vt irr (ohne ge-) (Angebot)* enchérir sur; *(Leistung)* dépasser; *(Rekord)* battre.
Überbleibsel *nt* **-s, -** reste *m*, résidu *m*.
Überblick *m* vue *f* d'ensemble; *(Darstellung)* synthèse *f*, résumé *m*; **den ~ verlieren** ne plus savoir ce qui se passe.
über-: ~'**blicken** *vt (ohne ge-)* embrasser du regard; *(Sachverhalt)* avoir une vue d'ensemble de; ~'**bringen** *vt irr (ohne ge-)* remettre; ~'**brücken** *vt (ohne ge-) (Fluß)* construire un pont sur; *(Gegensatz)* concilier; *(Zeit)* passer; ~'**dauern** *vt (ohne ge-)* survivre à; ~'**denken** *vt irr (ohne ge-)* réfléchir à.
Überdruß *m* **-sses** ennui *m*, dégoût *m*; **bis zum ~** à satiété.
überdrüssig *a* dégoûté(e), las(se).
übereifrig *a* trop zélé(e) *o* empressé(e).
über'eilen *vt (ohne ge-)* précipiter, hâter; **über'eilt** *a* précipité(e), prématuré(e).
überein'ander *ad (liegen)* l'un(e) sur l'autre; *(sprechen)* l'un(e) de l'autre; ~**schlagen** *vt irr (zvb) (Beine)* croiser.
über'ein-: ~**kommen** *vi irr (zvb, mit sein)* convenir; **Ü~kunft** *f* **-, -künfte** accord *m*; ~**stimmen** *vi (zvb)* correspondre; *(Menschen)* être d'accord; **Ü~stimmung** *f* accord *m*.
überempfindlich *a* hypersensible.
über'fahren *vt irr (ohne ge-) (AUT)* écraser; *(fig: jdn)* prendre par surprise.
'**über-:** **Ü~fahrt** *f* traversée *f*; **Ü~fall** *m* attaque *f (auf +akk* de); *(Bank~)* attaque à main armée, hold-up *m (auf +akk* de).
über'fallen *vt irr (ohne ge-)* attaquer; *(besuchen)* rendre visite à l'improviste.
überfällig *a* en retard.
über'fliegen *vt irr (ohne ge-)* survoler.
Überfluß *m* surabondance *f (an +dat* de).
überflüssig *a (Sache)* superflu(e).
über'fordern *vt (ohne ge-) (jdn)* être trop exigeant(e) avec.
über'führen *vt (ohne ge-) (Leiche etc)* transporter, transférer; *(Täter)* convaincre *(+gen* de).
Über'führung *f (von Leiche)* transport *m*, transfert *m*; *(von Täter)* conviction *f*; *(Brücke)* passerelle *f*.
Übergabe *f* remise *f*; *(MIL)* capitulation *f*, reddition *f*.
Übergang *m* passage *m*; *(fig)* tran-

sition *f*; ~**serscheinung** *f* phénomène *m* transitoire; ~**slösung** *f* solution *f* de transition.
über'geben *irr (ohne ge-) vt (Geschenk)* remettre; *(Amt)* transmettre; *(MIL)* rendre // *vr:* **sich** ~ rendre, vomir.
'übergehen *vi irr (zvb, mit sein)* passer *(zu, in +akk* à).
über'gehen *vt irr (ohne ge-) (Menschen)* oublier; *(Fehler)* sauter.
Übergewicht *nt* excédent *m* de poids; *(fig)* prépondérance *f*.
überglücklich *a* comblé(e).
überhaben *vt irr (zvb) (fam)* en avoir assez de.
über'handnehmen *vi irr (zvb, pp:* **überhandgenommen)** s'accroître, augmenter.
über'haupt *ad (im allgemeinen)* en général; ~ **nicht** pas du tout.
über'heblich *a* présomptueux (-euse); **Ü~keit** *f* présomption *f*.
über'holen *vt (ohne ge-) (AUT)* dépasser, doubler; *(TECH)* réviser.
über'holt *a* dépassé(e), démodé(e).
über'hören *vt (ohne ge-)* ne pas entendre; *(absichtlich)* faire la sourde oreille à.
überirdisch *a* surnaturel(le).
über'laden *vt irr (ohne ge-)* surcharger.
über'lassen *vt irr (ohne ge-):* **jdm etw** ~ confier qch à qn.
über'lasten *vt (zvb)* surcharger.
'überlaufen *vi irr (zvb, mit sein) (Flüssigkeit)* déborder; **zum Feind** ~ passer à l'ennemi.
über'laufen *vt irr (ohne ge-) (Schauer etc)* traverser, parcourir; ~ **sein** être surchargé(e); *(Ort)* être grouillant(e) de monde.
Überläufer(in *f*) *m* **-s, -** déserteur *m*.
über'leben *vt, vi (ohne ge-)* survivre *(jdn* à qn); **Ü~de(r)** *mf* survivant(e).
über'legen *vt (ohne ge-)* réfléchir à // *a* supérieur(e); **Ü~heit** *f* supériorité *f*.
Über'legung *f* réflexion *f*.
über'liefern *vt (ohne ge-) (Sitte)* transmettre.
Über'lieferung *f* tradition *f*.
über'listen *vt (ohne ge-)* duper.
überm = über dem.
Übermacht *f* supériorité *f* numérique.
übermächtig *a* très puissant(e); *(Gefühl etc)* envahissant(e).
über'mannen *vt (ohne ge-)* vaincre, envahir.
Übermaß *nt* excès *m*.
übermäßig *a (Anstrengung)* excessif(-ive), démesuré(e).
über'mitteln *vt (ohne ge-)* transmettre.
übermorgen *ad* après-demain.
Über'müdung *f* épuisement *m*.
Übermut *m* exubérance *f*.
über'nachten *vi (ohne ge-)* passer la nuit, coucher *(bei jdm* chez qn).
über'nächtigt *a* ensommeillé(e), défait(e).
Übernahme *f* **-, -n** prise *f* en charge, réception *f*.
über'nehmen *irr (ohne ge-) vt (Geschäft)* reprendre; *(Amt)* prendre en charge // *vr:* **sich** ~ se surmener.
über-: ~**'prüfen** *vt (ohne ge-)* contrôler; **Ü~'prüfung** *f* examen *m*, contrôle *m*; ~**'queren** *vt (ohne ge-)* traverser; ~**'raschen** *vt (ohne ge-)* surprendre; **Ü~'raschung** *f* surprise *f*; ~**'reden** *vt (ohne ge-)* persuader; ~**'reichen** *vt (ohne ge-)* présenter, remettre; ~**'reizt** *a* à bout de nerfs, énervé(e).
Überreste *pl* restes *mpl*.
über-: ~**'rumpeln** *vt (ohne ge-)* surprendre, prendre au dépourvu; ~**'runden** *vt (ohne ge-)* dépasser.
übers = über das.
über'sättigen *vt (ohne ge-)* saturer.
Überschallgeschwindigkeit *f* vitesse *f* supersonique.
über'schätzen *(ohne ge-) vt* surestimer // *vr:* **sich** ~ se surestimer.
überschäumen *vi (zvb, mit sein)* déborder; *(fig):* **von etw** ~ être débordant(e) de qch.
über'schlagen *irr (ohne ge-) vt (berechnen)* estimer; *(Seite)* sauter // *vr:* **sich** ~ se renverser; *(Auto)* faire un tonneau; *(Stimme)* se casser; *(fam:*

Mensch): **sich vor etw** ~ déborder de qch.
überschnappen *vi (zvb, mit sein) (Stimme)* se casser; *(fam: Mensch)* devenir fou (folle).
über-: ~'**schneiden** *vr irr (ohne ge-)*: **sich** ~**schneiden** se chevaucher; ~'**schreiben** *vt irr (ohne ge-)*: **jdm etw** ~**schreiben** céder qch à qn; ~'**schreiten** *vt irr (ohne ge-)* traverser; *(fig)* dépasser; *(Gesetz)* transgresser; *(Vollmacht)* abuser de, outrepasser.
Überschrift *f* titre *m*.
Überschuß *m* excédent *m*.
überschüssig *a (Ware)* excédentaire; *(Kraft)* débordant(e).
über'schütten *vt (ohne ge-)*: **jdn mit etw** ~ *(fig)* combler *o* inonder qn de qch.
Überschwang *m* exubérance *f*.
über'schwemmen *vt (ohne ge-)* inonder *(mit* de).
Über'schwemmung *f* inondation *f*.
überschwenglich *a (Worte)* enthousiaste.
Übersee *f*: **aus** ~ d'outre-mer.
über-: ~'**sehen** *vt irr (ohne ge-) (Land)* embrasser du regard; *(Folgen)* évaluer, prévoir; *(nicht beachten)* négliger, omettre; ~'**senden** *vt irr (ohne ge-)* envoyer, expédier; ~'**setzen** *vt (ohne ge-) (Text)* traduire; **Ü**~'**setzer(in** *f*) *m* **-s, -** traducteur(-trice); **Ü**~'**setzung** *f* traduction *f*; (*TECH*) multiplication *f*.
Übersicht *f* vue *f* d'ensemble *(über +akk* de); *(Darstellung)* résumé *m*; **ü**~**lich** *a (Gelände)* dégagé(e); *(Darstellung)* clair(e).
über'spitzt *a* exagéré(e).
über'springen *vt irr (ohne ge-)* sauter.
'**übersprudeln** *vi (zvb, mit sein)* jaillir.
'**überstehen** *vi irr (zvb)* dépasser.
über'stehen *vt irr (ohne ge-)* surmonter.
über'steigen *vt irr (ohne ge-) (Zaun)* escalader; *(fig)* dépasser.
über'stimmen *vt (ohne ge-)* mettre en minorité.
Überstunden *pl* heures *fpl* supplémentaires.
über-: ~'**stürzen** *(ohne ge-) vt* précipiter, hâter // *vr*: **sich** ~**stürzen** *(Ereignisse)* se précipiter; ~'**stürzt** *a (Aufbruch)* précipité(e); *(Entschluß)* hâtif(-ive).
Übertrag *m* **-(e)s, -träge** (*COMM*) report *m*.
über'tragbar transmissible; (*MED*) contagieux(-euse).
über'tragen *irr (ohne ge-) vt (Aufgabe)* confier; *(Vollmacht)* déléguer *(auf +akk* à); (*RADIO, TV*) diffuser; *(übersetzen)* traduire; *(Krankheit)* transmettre // *vr*: **sich** ~ se transmettre *(auf +akk* à) // *a (Bedeutung)* figuré(e).
Über'tragung *f* transmission *f*.
über-: ~'**treffen** *vt irr (ohne ge-)* dépasser; ~'**treiben** *vt irr (ohne ge-)* exagérer; **Ü**~'**treibung** *f* exagération *f*.
über'treten *vt irr (ohne ge-) (Fuß)* fouler; *(Gebot etc)* enfreindre.
'**übertreten** *vi irr (zvb, mit sein)* dépasser; *(in andere Partei)* passer *(in +akk* à, chez); *(zu anderem Glauben)* se convertir.
Über'tretung *f (von Gebot)* transgression *f*, infraction *f*.
über'trieben *a* exagéré(e).
über'völkert *a* surpeuplé(e).
über-: ~'**vorteilen** *vt (ohne ge-)* duper; ~'**wachen** *vt (ohne ge-)* surveiller; ~'**wältigen** *vt (ohne ge-)* vaincre; *(fig)* envahir; ~'**wältigend** *a* grandiose; *(Eindruck)* très fort(e); ~'**weisen** *vt irr (ohne ge-) (Geld)* virer; *(Patienten)* envoyer; **Ü**~'**weisung** *f* (*FIN*) virement *m*; ~'**wiegen** *vi irr (ohne ge-)* prédominer; ~'**winden** *vt irr (ohne ge-) (Schwierigkeit)* surmonter; *(Abneigung)* dominer; **Ü**~'**windung** *f* effort *m* (sur soi-même).
Überzahl *f* grande majorité *f*; surnombre *m*.
überzählig *a* excédentaire.
über'zeugen *vt (ohne ge-)* convaincre, persuader.
Über'zeugung *f* conviction *f*.

'überziehen *vt irr (zvb) (Mantel)* mettre, enfiler.
über'ziehen *vt irr (ohne ge-)* recouvrir; **sein Konto ~** faire un découvert.
Überzug *m (Kissen~)* taie *f*.
üblich *a* habituel(le).
U-Boot *nt* sous-marin *m*.
übrig *a* restant(e); **für jdn etwas ~ haben** *(fam)* avoir un faible pour qn; **das Ü~e** le reste; **im ~en** au *o* du reste; **~bleiben** *vi irr (zvb, mit sein)* rester; **~ens** *ad* du reste, d'ailleurs.
Übung *f* exercice *m*.
UdSSR [u:de:ɛs:ɛs'ɛr] *f (abk von Union der Sozialistischen Sowjetrepubliken):* **die ~** l'URSS *f*.
Ufer *nt* **-s, -** rive *f*, bord *m*; *(Meeres~)* rivage *m*, bord *m*.
Uhr *f* **-, -en** horloge *f*; *(Armband~)* montre *f*; **wieviel ~ ist es?** quelle heure est-il?; **1 ~** une heure; **20 ~** vingt heures; **~macher(in** *f*) *m* **-s, -** horloger(-ère); **~werk** *nt* mécanisme *m*; **~zeiger** *m* aiguille *f*; **~zeigersinn** *m*: **im ~zeigersinn** dans le sens des aiguilles d'une montre; **entgegen dem ~zeigersinn** en sens inverse des aiguilles d'une montre; **~zeit** *f* heure *f*.
Uhu ['u:hu] *m* **-s, -s** grand duc *m*.
UKW [u:ka:'ve:] *abk von* **Ultrakurzwelle.**
ulkig *a* drôle, amusant(e).
Ulme *f* **-, -n** orme *m*.
Ultrakurzwellen *pl* ondes *fpl* ultracourtes.
um *prep +akk (räumlich)* autour de; **~ jdn (herum)stehen** se tenir autour de qn; **~ die Stadt (herum)fahren** contourner la ville; **er ging einmal ~ das Haus** il fit le tour de la maison; **die Erde kreist ~ die Sonne** la terre tourne autour du soleil; *(zeitlich):* **ich komme ~ 12 Uhr** je viendrai à midi; **~ Weihnachten** aux environs *o* autour de Noël; *(bei Maßangaben):* **~ 5 cm kürzer** plus court de 5 cm; *(in bezug auf)* au sujet de; **ich mache mir Sorgen ~ sie** je me fais du souci pour elle *o* à son sujet; **Kampf ~ bessere Löhne** lutte pour des salaires meilleurs; **~ sich schlagen** se débattre; **~ sich schauen** regarder autour de soi; **~ etw bitten/kämpfen** demander qch/se battre pour qch; **Woche ~ Woche** semaine après semaine; **Auge ~ Auge** œil pour œil; **~ vieles besser/billiger** bien mieux/moins cher(-ère); **~ so besser** d'autant mieux // *conj (damit)* afin que *(+subj)*; afin de *(+Infinitiv)*; **~ größer zu werden** pour grandir; **zu klug ~ zu ...** trop intelligent(e) pour ...; **~ so mehr** d'autant plus // *ad (ungefähr)* environ.
um'armen *vt (ohne ge-)* étreindre.
Umbau *m* reconstruction *f*, transformation *f* (d'un bâtiment); **u~en** *vt (zvb)* reconstruire, transformer.
umbiegen *vt irr (zvb)* plier, tordre.
umbilden *vt (zvb)* transformer; *(Kabinett)* remanier.
umblättern *vt (zvb)* feuilleter, tourner la *(o* les) page(s) (de).
umbringen *vt irr (zvb)* tuer.
Umbruch *m* bouleversement *m*; *(TYP)* mise *f* en pages.
umbuchen *vt, vi (zvb) (FIN)* transférer, virer.
umdenken *vi irr (zvb)* changer sa façon de penser.
umdrehen *(zvb) vt (Gegenstand)* (re)tourner // *vr*: **sich ~** se retourner.
Um'drehung *f* rotation *f*, tour *m*.
umeinander *ad* l'un(e) autour de l'autre; *(füreinander)* l'un(e) pour l'autre.
umfallen *vi irr (zvb, mit sein)* tomber; *(fam: Mensch)* changer d'avis, tourner casaque.
Umfang *m* étendue *f*; *(von Buch)* longueur *f*; *(Reichweite)* portée *f*; *(Fläche)* surface *f*; *(MATH)* circonférence *f*; **u~reich** *a (Änderungen)* vaste; *(Buch)* volumineux(-euse).
um'fassen *vt (ohne ge-) (umgeben)* entourer; *(enthalten)* comporter, comprendre; **~d** *a (Darstellung)* global(e), d'ensemble.
Umfrage *f* enquête *f*, sondage *m*.

umfüllen *vt (zvb)* transvaser.
umfunktionieren *vt (zvb, ohne ge-)* transformer.
Umgang *m* relation *f*, rapports *mpl*.
umgänglich *a (Mensch)* sociable, affable.
Umgangs-: ~formen *pl* manières *fpl*; **~sprache** *f* langue *f* familière.
um'geben *vt irr (ohne ge-)* entourer.
Um'gebung *f (Landschaft)* environs *mpl*; *(Milieu)* milieu *m*, ambiance *f*; *(Personen)* entourage *m*.
'umgehen *vi irr (zvb, mit sein)*: **mit jdm grob ~** traiter qn avec rudesse; **mit Geld sparsam ~** être économe.
um'gehen *vt irr (ohne ge-)* tourner autour de; *(Gesetz)* tourner; *(Antwort)* éluder; *(Zahlung)* escamoter.
'umgehend *a* immédiat(e).
Um'gehungsstraße *f* boulevard *m* périphérique.
umgekehrt *a* renversé(e); *(Reihenfolge)* inverse, contraire // *ad* au contraire, vice versa.
umgraben *vt irr (zvb)* bêcher.
Umhang *m* cape *f*, pélerine *f*.
umhängen *vt (zvb) (Bild)* déplacer; *(Jacke)* mettre sur ses épaules.
umhauen *vt irr (zvb) (Baum)* abattre; *(fig)* renverser.
um'her *ad* autour; *(hier und da)* ça et là; **~ziehen** *vi irr (zvb, mit sein)* errer.
umhören *vr (zvb)*: **sich ~** s'informer, se renseigner.
Umkehr *f* - retour *m*; *(Änderung)* revirement *m*; **u~en** *(zvb) vi (mit sein)* retourner // *vt* retourner; *(Reihenfolge)* intervertir.
umkippen *(zvb) vt* renverser // *vi (mit sein)* perdre l'équilibre; se renverser; *(fam: Meinung ändern)* changer d'idée; *(Mensch)* tomber dans les pommes.
Umkleideraum *m* vestiaire *m*.
umkommen *vi irr (zvb, mit sein)* mourir, périr.
Umkreis *m* voisinage *m*, environs *mpl*; **im ~ von** dans un rayon de.
Umlage *f* participation *f* aux frais.
Umlauf *m (Geld~)* circulation *f*; *(von Gestirn)* révolution *f*; **~bahn** *f* orbite *f*.
Umlaut *m* tréma *m*; voyelle *f* infléchie.
umlegen *vt (zvb) (verlegen)* déplacer; *(Kosten)* partager; *(fam: töten)* descendre.
umleiten *vt (zvb) (Fluß)* détourner; *(Verkehr)* dévier.
Umleitung *f* déviation *f*.
umliegend *a (Ortschaften)* environnant(e).
Um'nachtung *f* aliénation *f* mentale.
um'rahmen *vt (ohne ge-)* encadrer.
Umrechnung *f* change *m*, conversion *f*; **~skurs** *m* cours *m* du change.
Umriß *m* contour *m*.
umrühren *vt (zvb)* remuer.
ums = um das.
umsatteln *vi (zvb) (fam)* changer de métier *(auf +akk* pour devenir).
Umsatz *m* ventes *fpl*, chiffre *m* d'affaires.
Umschau *f*: **nach jdm/etw ~ halten** chercher qn/qch (du regard).
Umschlag *m (Buch~)* couverture *f*; *(MED)* compresse *f*; *(Brief~)* enveloppe *f*; *(von Wetter)* changement *m*; **u~en** *irr (zvb) vi (mit sein)* changer subitement // *vt (Ärmel)* retrousser; *(Seite)* tourner; *(Waren)* transborder.
'umschreiben *vt irr (zvb)* transcrire; *(neu)* réécrire; *(übertragen)* transférer *(auf +akk* à).
um'schreiben *vt irr (ohne ge-) (indirekt ausdrücken)* paraphraser.
umschulen *vt (zvb)* recycler.
um'schwärmen *vt (ohne ge-)* voltiger autour de; *(fig)* courtiser.
Umschweife *mpl*: **ohne ~** sans détours.
Umschwung *m* revirement *m*.
umsehen *vr irr (zvb)*: **sich ~** regarder autour de soi; *(suchen)* chercher *(nach etw* qch).
umseitig *ad* au verso.
Umsicht *f* circonspection *f*, précaution *f*.
um'sonst *ad* en vain, inutilement; *(gratis)* gratuitement.
Umstand *m* circonstance *f*; *(Faktor)* facteur *m*.
Umstände *pl (Schwierigkeiten)* dif-

ficultés *fpl*; **in anderen ~n sein** être enceinte; ~ **machen** faire des façons *o* des histoires; **mildernde** ~ circonstances *fpl* atténuantes.
umständlich *a (Mensch)* pédant(e); *(Methode)* compliqué(e); *(Ausdrucksweise)* prolixe.
Umstands-: **~kleid** *nt* robe *f* de grossesse; **~wort** *nt* adverbe *m*.
umsteigen *vi irr (zvb, mit sein)* (*EISENBAHN*) changer (de train).
'umstellen *(zvb) vt* changer de place; (*TECH*) régler // *vr*: **sich** ~ s'adapter *(auf +akk* à).
um'stellen *vt (ohne ge-) (Gebäude)* encercler.
Umstellung *f* changement *m*; *(Umgewöhnung)* adaptation *f*.
umstimmen *vt (zvb) (Menschen)* faire changer d'avis.
umstoßen *vt irr (zvb)* renverser.
um'stritten *a* controversé(e).
Umsturz *m* renversement *m* (politique).
umstürzen *(zvb) vt* renverser // *vi (mit sein)* s'effondrer, s'écrouler; *(Wagen)* se retourner.
Umtausch *m* échange *m*; *(von Geld)* conversion *f*, change *m*; **u~en** *vt (zvb)* échanger, changer.
umtun *vr irr (zvb)*: **sich nach jdm/etw** ~ être à la recherche de qn/qch.
umwandeln *vt (zvb)* transformer.
umwechseln *vt (zvb)* changer.
Umweg *m* détour *m*.
Umwelt *f* environnement *m*; **u~schädlich** *a* polluant(e); **~schutz** *m* protection *f* de l'environnement; **~verschmutzung** *f* pollution *f*.
umwenden *irr (zvb) vt* tourner // *vr*: **sich** ~ se retourner.
um'werben *vt irr (ohne ge-)* courtiser.
umwerfen *vt irr (zvb)* renverser; *(erschüttern)* bouleverser; *(Mantel)* jeter sur ses épaules.
umziehen *irr (zvb) vt (Kind)* changer // *vi (mit sein)* déménager // *vr*: **sich** ~ se changer.
um'zingeln *vt (ohne ge-)* encercler.
Umzug *m (Prozession)* procession *f*; *(Wohnungs~)* déménagement *m*.
unabhängig *a* indépendant(e); **U~keit** *f* indépendance *f*; (*POL*) autonomie *f*.
unab-: **~'lässig** *a* continuel(le), incessant(e); **~'sehbar** *a* imprévisible.
unabsichtlich *a* involontaire.
unab'wendbar *a* inéluctable.
unachtsam *a* distrait(e); **U~keit** *f* distraction *f*, inattention *f*.
unan-: **~gebracht** *a* déplacé(e), inopportun(e); **~gemessen** *a* inadéquat(e); **~genehm** *a* désagréable; **U~nehmlichkeit** *f* désagrément *m*, ennui *m*; **~sehnlich** *a (Sache)* insignifiant(e); *(Mensch)* disgracieux(-euse); **~ständig** *a* indécent(e).
Unart *f (Angewohnheit)* mauvaise habitude *f*; **u~ig** *a* désobéissant(e).
unauffällig *a* discret(-ète).
unauf'findbar *a* introuvable.
unaufgefordert *a (Hilfe)* spontané(e) // *ad* spontanément.
unauf-: **~'haltsam** *a* inéluctable; **~'hörlich** *a* incessant(e), continuel(le); **~merksam** *a* inattentif (-ive); **~richtig** *a* malhonnête.
unaus'bleiblich *a* inévitable.
unausgeglichen *a (Mensch)* peu équilibré(e).
unaus'sprechlich *a (Name)* imprononçable; *(Kummer)* indicible; **~'stehlich** *a* insupportable.
unbändig *a (Kind)* indocile; *(Freude)* extrême.
unbarmherzig *a* impitoyable.
unbeabsichtigt *a* involontaire.
unbeachtet *a* inaperçu(e).
unbedenklich *a* qui n'offre aucune difficulté.
unbedeutend *a (Summe)* insignifiant(e); *(Fehler)* futile.
unbedingt *a* absolu(e) // *ad* absolument; **mußt du ~ gehen?** dois-tu vraiment partir?
unbefangen *a* spontané(e); *(Zeuge)* impartial(e).
unbefriedigend *a* insuffisant(e), peu satisfaisant(e).

unbefugt *a* non autorisé(e).
unbegabt *a* peu doué(e).
unbe'greiflich *a* incompréhensible.
unbegrenzt *a* illimité(e).
unbegründet *a* sans fondement.
Unbehagen *nt* malaise *m*, gêne *f*.
unbehaglich *a (Wohnung)* inconfortable; *(Gefühl)* désagréable.
unbeholfen *a* maladroit(e).
unbekannt *a* inconnu(e).
unbekümmert *a* insouciant(e).
unbeliebt *a* mal vu(e), peu aimé(e); *(Maßnahmen)* impopulaire.
unbequem *a (Stuhl)* inconfortable; *(Mensch)* gênant(e).
unbe'rechenbar *a (Mensch, Verhalten)* imprévisible.
unberechtigt *a* injuste; *(nicht erlaubt)* non autorisé(e).
unberührt *a* intact(e).
unbescheiden *a* présomptueux (-euse); *(Forderung)* exagéré(e).
unbe'schreiblich *a* indescriptible.
unbesonnen *a* irréfléchi(e).
unbeständig *a (Mensch)* inconstant(e); *(Wetter, Lage)* instable.
unbestechlich *a* incorruptible.
unbestimmt *a* indéfini(e), vague; *(Zukunft)* incertain(e).
unbeteiligt *a (uninteressiert)* neutre; ~ **an** étranger(-ère) à.
unbeugsam *a* inébranlable.
unbewacht *a* non gardé(e), sans surveillance.
unbeweglich *a (Gerät)* fixe; *(Gelenk)* immobile.
unbewußt *a* involontaire, inconscient(e).
un 'brauchbar *a* inutile.
und *conj* et; ~ **so weiter (usw.)** et cetera (etc).
undankbar *a* ingrat(e).
un'denkbar *a* inconcevable.
undeutlich *a (Schrift)* illisible; *(Erinnerung)* vague, imprécis(e); *(Sprache)* incompréhensible.
undicht *a* qui fuit; ~ **sein** fuir.
Unding *nt* absurdité *f*, non-sens *m*.
undurch-: ~ **'führbar** *a* irréalisable; ~**lässig** *a* imperméable, étanche; ~**sichtig** *a (Material)* opaque; *(fig)* louche.
uneben *a* accidenté(e).
unehelich *a (Kind)* naturel(le), illégitime.
uneigennützig *a* désintéressé(e).
uneinig *a* désuni(e), en désaccord.
uneins *a* en désaccord.
unempfindlich *a* insensible; *(Stoff)* résistant(e).
un'endlich *a* infini(e); **U~keit** *f* infinité *f*.
unent-: ~**behrlich** *a* indispensable; ~**geltlich** *a* gratuit(e); ~**schieden** *a*: ~**schieden enden** *(SPORT)* se terminer sur un match nul; ~**schlossen** *a* irrésolu(e), indécis(e).
uner-: ~**bittlich** *a* inflexible; ~**fahren** *a* inexpérimenté(e); ~**freulich** *a* désagréable; ~**gründlich** *a (Tiefe)* insondable; *(Wesen)* impénétrable; ~**'hört** *a (Frechheit)* inouï(e); *(Bitte)* qui n'est pas exaucé(e); ~**'läßlich** *a (Bedingung)* indispensable; ~**laubt** *a* défendu(e), illicite; ~**'meßlich** *a* immense; ~**'müdlich** *a* infatigable; ~**'sättlich** *a* insatiable; ~**'schöpflich** *a (Vorräte)* inépuisable; *(Geduld)* immense, sans limites; ~**'schütterlich** *a (Ruhe)* imperturbable; *(Vertrauen)* inébranlable; ~**'schwinglich** *a* inabordable; ~**'träglich** *a* insupportable; ~**wartet** *a* inattendu(e), imprévu(e); ~**wünscht** *a (Besuch)* inopportun(e); *(in Gruppe)* indésirable; ~**zogen** *a (Kind)* mal élevé(e).
unfähig *a* incapable *(zu* de); **U~keit** *f* incapacité *f*, inaptitude *f*.
unfair ['unfɛːɐ] *a* injuste.
Unfall *m* accident *m*; ~**flucht** *f* délit *m* de fuite.
un'faßbar *a* inconcevable.
un'fehlbar *a* infaillible // *ad* à coup sûr, certainement.
unfolgsam *a* désobéissant(e).
unfreiwillig *a* involontaire.
unfreundlich *a (Mensch)* peu aimable, désagréable; *(Wetter)* maussade; **U~keit** *f* manque *m*

d'amabilité.
unfruchtbar *a* stérile; *(Boden)* inculte; *(Gespräche)* infructueux(-euse).
Unfug *m (Benehmen)* bêtises *fpl; (Unsinn)* non-sens *m*.
Ungarn ['uŋgarn] *nt* **-s** la Hongrie.
ungeachtet *prep +gen* malgré, en dépit de.
ungeahnt *a (Möglichkeiten)* inespéré; *(Talente)* insoupçonné(e).
ungebeten *a (Gast)* intrus(e); *(Einmischung)* importun(e).
ungebildet *a* inculte.
ungebräuchlich *a* inusité(e).
ungedeckt *a (Scheck)* sans provision.
Ungeduld *f* impatience *f;* **u~ig** *a* impatient(e).
ungeeignet *a* peu approprié(e); *(Mensch)* incompétent(e).
ungefähr *a* approximatif(-ive) // *ad* environ, à peu près.
ungefährlich *a* sans danger.
ungehalten *a* irrité(e), mécontent(e).
ungeheuer *a* énorme // *ad (fam)* énormément; **U~** *nt* **-s, -** monstre *m*.
ungehobelt *a (fig)* grossier(-ère).
ungehörig *a* inconvenant(e).
ungehorsam *a* désobéissant(e), indocile; **U~** *m* désobéissance *f*.
ungeklärt *a (Frage)* non éclairci(e); *(Rätsel)* non résolu(e).
ungeladen *a* non chargé(e); *(Gast)* pas invité(e).
ungelegen *a (Besuch)* inopportun(e); **das kommt mir sehr ~** cela me dérange beaucoup.
ungelernt *a* non qualifié(e).
ungelogen *ad* sans mentir.
ungemein *a* extrêmement.
ungemütlich *a* désagréable; *(Haus, Stuhl)* inconfortable; **hier ist es ~** on n'est pas bien ici.
ungenau *a (Angabe)* inexact(e); *(Bezeichnung)* imprécis(e).
ungeniert ['unʒeni:ɐt] *a* sans gêne // *ad* sans se gêner.
unge'nießbar *a (Essen)* immangeable; *(fam: Mensch)* insupportable.
ungenügend *a* insuffisant(e).
ungepflegt *a* négligé(e).
ungerade *a (Zahl)* impair(e).
ungerecht *a* injuste; **~fertigt** *a* injustifié(e); **U~igkeit** *f* injustice *f*.
ungern *ad* de mauvaise grâce.
ungeschehen *a:* **das kann man nicht mehr ~ machen** c'est irréparable.
ungeschickt *a* maladroit(e).
ungeschminkt *a* sans fard.
ungesetzlich *a* illégal(e).
ungestört *a* en paix.
ungestraft *ad* impuni(e).
ungestüm *a* passionné(e), impétueux(-euse).
ungesund *a* malsain(e); *(Aussehen)* maladif(-ive).
ungetrübt *a* serein(e), sans nuage.
ungewiß *a* incertain(e); **U~heit** *f* incertitude *f*.
ungewöhnlich *a* exceptionnel(le).
ungewohnt *a* inhabituel(le); *(nicht vertraut)* inaccoutumé(e).
Ungeziefer *nt* **-s** vermine *f*.
ungezogen *a (Kind)* désobéissant(e); **U~heit** *f* impertinence *f*, désobéissance *f*.
ungezwungen *a* sans contrainte, décontracté(e), relax(e) *(fam)*.
ungläubig *a (Gesicht)* incrédule.
un'glaublich *a* incroyable.
ungleich *a* inégal(e) // *ad* infiniment; **U~heit** *f* inégalité *f*.
Unglück *nt* **-(e)s, -e** malheur *m; (Pech)* malchance *f; (Verkehrs~)* accident *m;* **u~lich** *a* malheureux (-euse); **u~licher'weise** *ad* malheureusement; **u~selig** *a* catastrophique, désastreux(-euse); *(Mensch)* malheureux(-euse).
ungültig *a* non valide; *(Paß)* périmé(e).
ungünstig *a* défavorable, peu propice.
unhaltbar *a (Stellung)* intenable; *(Behauptung)* insoutenable.
Unheil *nt* désastre *m*, calamité *f; (Unglück)* malheur *m;* **~ anrichten** provoquer un malheur.
unheimlich *a* inquiétant(e) // *ad (fam)* énormément.
unhöflich *a* impoli(e); **U~keit** *f*

impolitesse *f*.
Uniform *f* uniforme *m*.
uninteressant *a* inintéressant(e).
Universität [univɛrzi'tɛːt] *f* université *f*.
unkenntlich *a* méconnaissable.
Unkenntnis *f* ignorance *f*.
unklar *a (Bild)* trouble, flou(e); *(Text, Rede)* confus(e); **im ~en sein über** *(+akk)* ne pas être sûr(e) de.
unklug *a* imprudent(e).
Unkosten *pl* frais *mpl*.
Unkraut *nt* mauvaises herbes *fpl*.
unlängst *ad* récemment.
unlauter *a (Wettbewerb)* déloyal(e).
unleserlich *a* illisible.
unlogisch *a* illogique.
Unlust *f* manque *m* d'enthousiasme; **u~ig** *a* maussade, morose.
unmäßig *a* démesuré(e), excessif (-ive).
Unmenge *f* quantité *f* énorme.
Unmensch *a* brute *f*, monstre *m*; **u~lich** *a* inhumain(e).
un'merklich *a* imperceptible.
unmißverständlich *a (Antwort)* catégorique; *(Verhalten)* sans équivoque.
unmittelbar *a (Nähe)* immédiat(e); *(Kontakt)* direct(e).
unmöbliert *a* non meublé(e).
unmöglich *a* impossible; **U~keit** *f* impossibilité *f*.
unmoralisch *a* immoral(e).
unnachgiebig *a (Material)* rigide; *(fig)* intransigeant(e).
unnahbar *a* inabordable, inaccessible.
unnötig *a* inutile.
unnütz *a* inutile.
UNO ['uːnoː] *f* - *(abk von Organisation der Vereinten Nationen)* ONU *f*.
unordentlich *a (Mensch)* désordonné(e); *(Arbeit)* négligé(e); *(Zimmer)* en désordre.
Unordnung *f* désordre *m*.
unparteiisch *a* impartial(e).
unpassend *a (Äußerung)* mal à propos; *(Zeit)* mal choisi(e).
unpäßlich *a* peu bien.
unpersönlich *a* impersonnel(le).
unpolitisch *a* apolitique.
unpraktisch *a* maladroit(e); *(Gerät)* peu pratique.
unpünktlich *a* qui n'est pas ponctuel(le).
unrationell *a (Betrieb)* peu productif(-ive).
unrecht *a (Gedanken)* mauvais(e); **U~** *nt* injustice *f*; **zu U~** à tort; **im U~ sein** avoir tort; **~mäßig** *a (Besitz)* illégitime, illégal(e).
unregelmäßig *a* irrégulier(-ère); *(Leben)* déréglé(e).
unreif *a* pas mûr(e).
unrentabel *a* non rentable.
unrichtig *a* incorrect(e).
Unruh *f* **-, -en** *(von Uhr)* balancier *m*; **~e** *f* agitation *f*, inquiétude *f*; **~estifter(in** *f*) *m* agitateur(-trice); **u~ig** *a* inquiet(-ète), agité(e); *(Gegend)* bruyant(e); *(Meer)* agité(e), houleux(-euse).
uns *pron* nous.
unsachlich *a* subjectif(-ive); *(persönlich)* personnel(le).
un'sagbar *a* indicible.
unsanft *a* brutal(e), rude; *(Erwachen)* brusque.
unsauber *a* malpropre, sale; *(fig)* malhonnête.
unschädlich *a* inoffensif(-ive); **jdn ~ machen** mettre qn hors d'état de nuire.
unscharf *a (Konturen)* indistinct(e); *(Bild)* flou(e).
unscheinbar *a (Mensch)* modeste; *(Pflanze)* simple.
unschlagbar *a* imbattable.
unschlüssig *a* indécis(e).
Unschuld *f* innocence *f*; *(von Mädchen)* virginité *f*; **u~ig** *a* innocent(e).
unselbständig *a* dépendant(e).
unser *pron (gen von* **uns)** de nous; *(possessiv)* notre, *pl* nos; **~e(r,s)** *pron* le(la) nôtre, *pl* les nôtres; **~einer, ~eins** *pron* nous autres; **~esgleichen** *pron* nos semblables.
unsicher *a (Ausgang)* incertain(e); *(Mensch)* qui manque d'assurance; **U~heit** *f* incertitude *f*; manque *m* d'assurance.
unsichtbar *a* invisible.

Unsinn *m* bêtises *fpl; (Nonsens)* absurdité *f;* ~ **sein** être absurde.
Unsitte *f* mauvaise habitude *f.*
unsittlich *a* immoral(e).
unsportlich *a* peu sportif(-ive).
unsre = unsere.
un'sterblich *a* immortel(le); **U~keit** *f* immortalité *f.*
Unstimmigkeit *f* discordance *f; (Streit)* discorde *f,* désaccord *m.*
unsympathisch *a* antipathique.
untätig *a* inactif(-ive).
untauglich *a* incapable; *(MIL)* inapte.
unten *ad* (en) dessous; *(im Haus, an Leiter, Treppe)* en bas; **nach** ~ vers le bas, en bas; **ich bin bei ihm ~ durch** *(fam)* je ne suis plus rien pour lui.
unter *prep +akk* sous; *(zwischen, bei)* parmi // *prep +dat* sous; *(bei Zahlen, Beträgen)* en dessous de; *(zwischen, bei)* parmi, au milieu de; **sie wohnen ~ mir** ils habitent en dessous de chez moi; ~ **dem heutigen Datum** en date d'aujourd'hui; ~ **jds Leitung/Herrschaft** sous la direction /la domination de qn; ~ **Willy Brandt** lorsque Willy Brandt était au gouvernement; ~ **Schwierigkeiten/Protest** avec difficulté/des protestations; ~ **Lachen** en riant; ~ **anderem** entre autres; ~ **uns gesagt** soit dit entre nous.
Unter-: ~**arm** *m* avant-bras *m;* **u~belichten** *vt (zvb, ohne ge-) (PHOT)* sous-exposer; ~**bewußtsein** *nt* subconscient *m.*
unter'bieten *vt irr (ohne ge-) (COMM)* vendre moins cher.
unter'binden *vt irr (ohne ge-) (fig)* empêcher.
unter'brechen *vt irr (ohne ge-)* interrompre; *(Kontakt)* cesser.
Unter'brechung *f* interruption *f.*
unterbringen *vt irr (zvb)* trouver de la place pour; *(in Koffer)* ranger; *(in Zeitung)* publier; *(in Hotel)* loger; *(beruflich)* trouver une place pour, placer.
unter'dessen *ad* pendant ce temps, entre temps.
unter 'drücken *vt (ohne ge-) (Gefühle)* réprimer, étouffer; *(Leute)* opprimer.
untere(r, s) *a* inférieur(e).
untereinander *ad (unter uns)* entre nous; *(unter euch)* entre vous; *(unter sich)* entre eux (elles).
unterentwickelt *a* sous-développé(e).
Unterernährung *f* sous-alimentation *f.*
Unter'führung *f* passage *m* souterrain.
Untergang *m (NAVIG)* naufrage *m; (von Staat)* fin *f,* chute *f; (von Kultur)* déclin *m; (von Gestirn)* coucher *m.*
untergehen *vi irr (zvb, mit sein) (NAVIG)* couler; *(Sonne)* se coucher; *(Staat)* s'effondrer; *(Volk)* périr; *(im Lärm)* se perdre.
Untergeschoß *nt* sous-sol *m.*
unter'gliedern *vt (ohne ge-)* subdiviser.
Untergrund *m* sous-sol *m; (POL)* clandestinité *f;* ~**bahn** *f* métro *m;* ~**bewegung** *f* mouvement *m* clandestin.
unterhalb *prep +gen, ad:* ~ **(von)** en dessous (de).
Unterhalt *m* entretien *m.*
unter'halten *irr (ohne ge-) vt* entretenir; *(belustigen)* divertir // *vr:* **sich** ~ s'entretenir; se divertir; ~**d** *a* divertissant(e).
Unter'haltung *f* entretien *m; (Belustigung)* distraction *f.*
Unterhändler(in *f) m* négociateur(-trice), médiateur (-trice).
Unterhemd *nt* tricot *m* (de corps), sous-vêtement *m.*
Unterhose *f* slip *m.*
unterirdisch *a* souterrain(e).
Unterkunft f **-, -künfte** logement *m.*
Unterlage *f (Beleg)* document *m; (Schreibtisch~)* sous-main *m.*
unter'lassen *vt irr (ohne ge-) (versäumen)* manquer, laisser; *(sich enthalten)* s'abstenir de.
unter'legen *a* inférieur(e); *(besiegt)*

vaincu(e).
Unterleib *m* bas-ventre *m*.
unter'liegen *vi irr (ohne ge-, mit sein)*: **jdm ~** être vaincu(e) par qn; *(unterworfen)* être soumis(e) à qn.
Untermiete *f*: **zur ~ wohnen** être sous-locataire; **~r(in** *f*) *m* sous-locataire *m/f*.
unter'nehmen *vt irr (ohne ge-)* entreprendre; **U~** *nt* **-s, -** entreprise *f*.
Unter'nehmer(in *f*) *m* entrepreneur(-euse).
unter'nehmungslustig *a* entreprenant(e).
Unter'redung *f* entrevue *f*, entretien *m*.
Unterricht *m* **-(e)s** cours *m*, enseignement *m*.
unter'richten *(ohne ge-) vt* instruire; *(SCOL)* enseigner // *vr*: **sich ~** se renseigner *(über +akk* sur).
Unterrock *m* jupon *m*.
unter-: **~'sagen** *vt (ohne ge-)*: **jdm etw ~sagen** interdire qch à qn; **~'schätzen** *vt (ohne ge-)* sous-estimer; **~'scheiden** *irr (ohne ge-) vt* distinguer // *vr*: **sich ~scheiden** différer *(von* de).
Unterschied *m* **-(e)s, -e** différence *f*; **im ~ zu** à la différence de, contrairement à; **u~lich** *a* différent(e); *(diskriminierend)* discriminatoire; **u~slos** *ad* indifféremment, sans distinction.
unter'schlagen *vt irr (ohne ge-) (Geld)* détourner; *(verheimlichen)* cacher.
Unter'schlagung *f* détournement *m*.
Unterschlupf *m* **-(e)s, -schlüpfe** abri *m*, refuge *m*; *(Versteck)* cachette *f*.
unter'schreiben *vt irr (ohne ge-)* signer.
Unterschrift *f* signature *f*.
Unterseeboot *nt* sous-marin *m*.
Untersetzer *m* **-s, -** dessous-de-plat *m*; *(für Gläser)* sous-verre *m*.
unter'setzt *a (Gestalt)* râblé(e).
unterste(r, s) *a* inférieur(e), le (la) plus bas(se).
unter'stehen *irr (ohne ge-) vi*: **jdm ~** être sous les ordres de qn // *vr*: **sich ~, etw zu tun** ne pas oser faire qch.
'unterstehen *vi irr (zvb)* être à l'abri.
unter'stellen *vt (ohne ge-)*: **jdm etw ~** *(von ihm behaupten)* imputer qch à qn.
'unterstellen *(zvb) vt (Fahrzeug)* mettre à l'abri *o* au garage // *vr*: **sich ~** se mettre à l'abri.
unter'streichen *vt irr (ohne ge-)* souligner.
Unterstufe *f* degré *m* inférieur.
unter'stützen *vt (ohne ge-) (moralisch)* soutenir; *(finanziell)* aider, subventionner.
Unter'stützung *f* soutien *m*, aide *f*; *(Zuschuß)* aide financière.
unter'suchen *vt (ohne ge-)* examiner; *(Polizei)* enquêter sur.
Unter'suchung *f* examen *m*, enquête *f*; **~shaft** *f* détention *f* préventive.
Untertan *m* **-s, -en** sujet *m*.
untertänig *a* soumis(e).
Untertasse *f* soucoupe *f*.
untertauchen *vi (zvb, mit sein)* plonger; *(fig)* disparaître.
Unterteil *nt o m* partie *f* inférieure, bas *m*.
Unterwäsche *f* sous-vêtements *mpl*.
unter'wegs *ad* en route.
unter'weisen *vt irr (ohne ge-)*: **jdn in etw** *(dat)* **~** enseigner qch à qn.
unter'werfen *irr (ohne ge-) vt (Volk)* soumettre // *vr*: **sich ~** se soumettre.
unter'zeichnen *vt (ohne ge-)* signer.
unter'ziehen *irr (ohne ge-) vt*: **jdn einer Sache** *(dat)* **~** soumettre qn à qch // *vr*: **sich einer Untersuchung ~** se soumettre à un examen; **sich einer Prüfung ~** subir un examen.
untreu *a* infidèle; **U~e** *f* infidélité *f*.
un'tröstlich *a* inconsolable.
unüberlegt *a* irréfléchi(e).
unüber'sehbar *a* immense.
unum'gänglich *a* inévitable.
unumwunden *a* direct(e).
ununterbrochen *a (Folge)* continu(e); *(Regen)* ininterrompu(e).

unveränderlich *a* immuable.
unver'antwortlich *a* irresponsable.
unver'besserlich *a* incorrigible.
unverbindlich *ad* (*COMM*) sans engagement *o* obligation.
unverblümt *a* évident(e) // *ad* crûment, directement.
unver'einbar *a* incompatible.
unverfänglich *a* anodin(e).
unverfroren *a* effronté(e).
unver'kennbar *a* indubitable, évident(e).
unver'meidlich *a* inévitable.
unvermutet *a* imprévu(e).
unvernünftig *a* (*Mensch*) peu raisonnable; (*Entscheidung*) insensé(e).
unverschämt *a* (*Mensch*) impertinent(e), insolent(e); (*Preise*) exorbitant(e); **U~heit** *f* insolence *f*.
unversehrt *a* sain(e) et sauf (sauve), intact(e).
unversöhnlich *a* irréconciliable, implacable.
unverständlich *a* incompréhensible.
unverträglich *a* (*Stoffe*) qui ne vont pas ensemble; (*Meinungen*) incompatible, inconciliable.
unver'wüstlich *a* très résistant(e); (*Humor*) imperturbable.
unver'zeihlich *a* impardonnable.
unver'züglich *a* immédiat(e).
unvor-: **~bereitet** *a* non préparé(e), improvisé(e); **~eingenommen** *a* non prévenu(e); **~hergesehen** *a* imprévu(e); **~sichtig** *a* imprudent(e).
unvor'stellbar *a* inimaginable, inconcevable.
unvorteilhaft *a* peu avantageux (-euse).
unwahr *a* faux(fausse); **~scheinlich** *a* invraisemblable // *ad* (*fam*) très; **U~scheinlichkeit** *f* invraisemblance *f*.
unweigerlich *a* inéluctable // *ad* immanquablement, à coup sûr.
Unwesen *nt* (*Unfug*) méfaits *mpl*; **an einem Ort sein ~ treiben** faire des dégâts quelque part; **u~tlich** *a* peu important(e).
Unwetter *nt* mauvais temps *m*, tempête *f*.
unwichtig *a* sans importance.
unwider-: **~'legbar** *a* (*Beweis*) irréfutable; **~'ruflich** *a* irrévocable; **~'stehlich** *a* irrésistible.
unwillig *a* indigné(e), mécontent(e); (*widerwillig*) rétif(-ive), récalcitrant(e).
unwillkürlich *a* (*Reaktion*) spontané(e), involontaire // *ad* involontairement.
unwirklich *a* irréel(le).
unwirsch *a* brusque, impoli(e).
unwirtlich *a* (*Land*) inhospitalier (-ère), peu accueillant(e).
unwirtschaftlich *a* (*Verfahren*) non rentable.
Unwissenheit *f* ignorance *f*.
unwohl *a* peu bien; **U~sein** *nt* indisposition *f*.
unwürdig *a* indigne (*jds* de qn).
unzählig *a* innombrable.
unzer-: **~brechlich** *a* incassable; **~störbar** *a* indestructible; **~trennlich** *a* inséparable.
Unzucht *f* impudicité *f*, luxure *f*.
unzüchtig *a* impudique, luxurieux (-euse).
unzu-: **~frieden** *a* mécontent(e), insatisfait(e); **U~friedenheit** *f* mécontentement *m*, insatisfaction *f*; **~länglich** *a* insuffisant(e); **~lässig** *a* inadmissible; **~rechnungsfähig** *a* irresponsable; **~sammenhängend** *a* incohérent(e); **~treffend** *a* inexact(e); **~verlässig** *a* peu sûr(e).
unzweideutig *a* sans équivoque.
üppig *a* (*Frau, Busen*) plantureux(-euse); (*Essen*) copieux (-euse); (*Vegetation*) abondant(e).
uralt *a* très vieux(vieille).
Ur-: **~aufführung** *f* première *f*; **~einwohner** *m* aborigène *m*; **~enkel(in** *f*) *m* arrière-petit-fils (arrière-petite-fille); **~großmutter** *f* arrière-grand-mère *f*; **~großvater** *m* arrière-grand-père *m*; **~heber(in** *f*) *m* instigateur(-trice); (*Verfasser*) auteur *m*.
U'rin *m* **-s, -e** urine *f*.

Urkunde *f* **-, -n** document *m*.
Urlaub *m* **-(e)s, -e** vacances *fpl*, congé *m*; (*MIL*) permission *f*; **~er(in** *f*) *m* **-s, -** vacancier(-ère).
Urmensch *m* homme *m* primitif.
Ursache *f* cause *f*.
Ursprung *m* origine *f*; (*von Fluß*) source *f*.
ursprünglich *a* (*Form*) originel(le); (*Plan*) initial(e).
Urteil *nt* **-s, -e** jugement *m*; (*JUR*) sentence *f*, verdict *m*; **u~en** *vi* juger.
Ur-: **~wald** *m* forêt *f* vierge; **~zeit** *f* ère *f* préhistorique.
usw. (*abk von und so weiter*) etc.
Utensilien *pl* ustensiles *mpl*.
Uto'pie *f* utopie *f*.

V

Vagina [va'gi:na] *f* **-, Vaginen** vagin *m*.
Vakuum ['va:kuum] *nt* **-s, Vakuen** ['va:kuən] vide *m*; **v~verpackt** *a* emballé(e) sous vide.
Vanille [va'nɪlje, va'nɪlə] *f* **-** vanille *f*; **~stange** *f* gousse *f* de vanille.
Vase ['va:zə] *f* **-, -n** vase *m*.
Vater *m* **-s, ¨** père *m*; **~land** *nt* patrie *f*.
väterlich *a* paternel(le); **~erseits** *ad* du côté paternel.
Vater-: **~schaft** *f* paternité *f*; **~unser** *nt* **-s, -** Notre Père *m*.
v. Chr. (*abk von* **vor Christus**) av. J.-C.
Vegetarier(in *f*) [vege'ta:riɐ, -iərɪn] *m* **-s, -** végétarien(ne).
vegetieren [vege'ti:rən] *vi* (*ohne ge-*) végéter.
Veilchen *nt* violette *f*.
Vene ['ve:nə] *f* **-, -n** veine *f*.
Ventil [vɛn'ti:l] *nt* **-s, -e** soupape *f*, valve *f*.
Ventilator [vɛnti'la:tɔr] *m* ventilateur *m*.
ver'ab-: **~reden** (*ohne ge-*) *vt* fixer, convenir de // *vr*: **sich ~reden** prendre un rendez-vous (*mit jdm* avec qn); **V~redung** *f* accord *m*; (*Treffen*) rendez-vous *m*; **~scheuen** *vt* (*ohne ge-*) détester; **~schieden** (*ohne ge-*) *vt* (*Gäste*) prendre congé de; (*entlassen*) congédier, licencier; (*Gesetz*) adopter, voter // *vr*: **sich ~schieden** prendre congé (*von* de).
ver'achten *vt* (*ohne ge-*) mépriser; **das ist nicht zu ~** ce n'est pas négligeable.
ver'ächtlich *a* dédaigneux(-euse), méprisant(e).
Ver'achtung *f* mépris *m*, dédain *m*.
verallge'meinern *vt* (*ohne ge-*) généraliser.
Verallge'meinerung *f* généralisation *f*.
ver'alten *vi* (*ohne ge-, mit sein*) vieillir, tomber en désuétude.
ver'altet *a* vieilli(e), démodé(e).
ver'änderlich *a* variable, changeant(e).
ver'ändern (*ohne ge-*) *vt* transformer // *vr*: **sich ~** changer.
Ver'änderung *f* changement *m*.
ver'ängstigt *a* intimidé(e).
ver'ankern *vt* (*ohne ge-*) (*Schiff*) amarrer; (*fig*) ancrer.
ver'anlagt *a*: **künstlerisch ~ sein** être doué(e) pour les arts.
Ver'anlagung *f* don *m*, disposition *f*.
ver'anlassen *vt* (*ohne ge-*) occasionner, causer; **sich veranlaßt sehen, etw zu tun** être obligé(e) de faire qch; **was veranlaßte ihn dazu?** qu'est-ce qui l'a poussé à faire cela?
Ver'anlassung *f* cause *f*, motif *m*; **auf jds ~ (hin)** à l'instigation de qn.
ver'anschaulichen *vt* (*ohne ge-*) illustrer.
ver'anschlagen *vt* (*ohne ge-*) (*Kosten*) estimer.
ver'anstalten *vt* (*ohne ge-*) organiser; (*fam: Krach*) faire.
Ver'anstalter(in *f*) *m* **-s, -** organisateur(-trice).
Veranstaltung *f* (*kulturelle, sportliche*) manifestation *f*.
ver'antworten (*ohne ge-*) *vt* répondre de, être responsable de // *vr*: **sich für etw ~** répondre de qch.
ver'antwortlich *a* responsable.
Ver'antwortung *f* responsabilité *f*;

die ~ für etw tragen être responsable de qch; **v~sbewußt** *a* responsable; **v~slos** *a* irresponsable.
ver'arbeiten *vt (ohne ge-)* travailler; *(geistig)* assimiler; **etw zu etw ~** travailler qch pour en faire qch.
ver'ärgern *vt (ohne ge-)* fâcher.
ver'arzten *vt (ohne ge-)* soigner.
ver'ausgaben *vr (ohne ge-):* **sich ~** *(finanziell)* trop dépenser; *(fig)* se donner à fond.
Ver'band *m (MED)* pansement *m*, bandage *m*; *(Bund)* association *f*; **~(s)kasten** *m* boîte *f* à pansements; **~stoff** *m* gaze *f*.
ver'bannen *vt (ohne ge-)* bannir, proscrire.
verbarrika'dieren *(ohne ge-) vt* barricader // *vr:* **sich ~** se barricader.
ver'bergen *irr (ohne ge-) vt* dissimuler // *vr:* **sich ~** se cacher.
ver'bessern *(ohne ge-) vt (besser machen)* améliorer; *(berichtigen)* corriger, rectifier // *vr:* **sich ~** s'améliorer.
Ver'besserung *f* amélioration *f*; correction *f*.
ver'beugen *vr (ohne ge-):* **sich ~** s'incliner.
Ver'beugung *f* révérence *f*.
ver'biegen *vt irr (ohne ge-)* plier, tordre.
ver'bieten *vt irr (ohne ge-)* défendre, interdire; **jdm den Mund ~** faire taire qn.
ver'billigt *a* au rabais, à prix réduit.
ver'binden *irr (ohne ge-) vt* relier; *(Menschen)* lier; *(kombinieren)* combiner; *(MED)* panser; *(TEL)* donner // *vr:* **sich ~** s'unir; *(CHEM)* se combiner; **etw mit etw ~** associer qch à qch; **ich bin falsch verbunden** *(TEL)* je me suis trompé(e) de numéro.
ver'bindlich *a (bindend)* obligatoire; *(freundlich)* obligeant(e); **V~keit** *f* obligation *f*; *(Höflichkeit)* obligeance *f*; *(pl: Schulden)* obligations *fpl*.
Ver'bindung *f (von Orten)* liaison *f*; *(Beziehung)* relation *f*, rapport *m*; *(Zug~ etc)* communication *f*; *(CHEM)* composé *m*; *(Studenten~)* corporation *f*.
ver'blassen *vi (ohne ge-, mit sein)* pâlir; *(Farbe)* passer.
Ver'bleib *m* **-(e)s** demeure *f*; **v~en** *vi irr (ohne ge-, mit sein) (bleiben)* rester, demeurer; **wir v~en dabei** nous en restons là.
ver'blenden *vt (ohne ge-)* aveugler, éblouir.
Ver'blendung *f (fig)* aveuglement *m*.
ver'blöden *vi (ohne ge-, mit sein)* s'abêtir, s'abrutir.
ver'blüffen *vt (ohne ge-)* stupéfier, ébahir.
Ver'blüffung *f* stupeur *f*, ébahissement *m*.
ver'blühen *vi (ohne ge-, mit sein)* se faner.
verbluten *vi (ohne ge-, mit sein)* mourir d'hémorragie.
ver'bohrt *a* obstiné(e), têtu(e).
ver'borgen *a* caché(e).
Ver'bot *nt* **-(e)s, -e** interdiction *f*, défense *f*; **v~en** *a* interdit(e), défendu(e); **Rauchen v~en!** interdiction *o* défense de fumer.
Ver'brauch *m* **-(e)s** consommation *f*; **v~en** *vt (ohne ge-)* consommer; *(Geld, Kraft)* dépenser; **~er (in *f*)** *m* **-s, -** consommateur(-trice).
Ver'brechen *nt* **-s, -** crime *m*.
Ver'brecher(in *f*) *m* **-s, -** criminel(le); **v~isch** *a* criminel(le).
ver'breiten *(ohne ge-) vt* répandre, propager // *vr:* **sich ~** se répandre; **sich über etw** *(akk)* **~** s'étendre sur qch.
ver'breitern *vt (ohne ge-)* élargir.
ver'brennen *irr (ohne ge-) vt* brûler; *(Leiche)* incinérer // *vi (mit sein)* brûler.
Ver'brennung *f (von Papier)* combustion *f*; *(von Leiche)* incinération *f*; *(MED)* brûlure *f*; **~smotor** *m* moteur *m* à explosion.
ver'bringen *vt irr (ohne ge-)* passer.
ver'brüdern *vr (ohne ge-):* **sich ~** fraterniser.

ver'brühen *(ohne ge-) vr:* **sich ~** s'ébouillanter.
ver'buchen *vt (ohne ge-)* enregistrer; *(Erfolg)* avoir à son actif.
ver'bunden *a* lié(e); **jdm ~ sein** *(dankbar)* être obligé(e) à qn; **falsch ~!** *(TEL)* vous avez composé un faux numéro.
ver'bünden *vr (ohne ge-):* **sich ~ (mit)** s'allier (à).
Verbundenheit *f* attachement *m*.
Ver'bündete(r) *mf* allié (e), confédéré(e).
ver'bürgen *vr (ohne ge-):* **sich ~ für** se porter garant *o* répondre de.
ver'büßen *vt (ohne ge-):* **eine Strafe ~** purger une peine.
Ver'dacht *m* **-(e)s** soupçon *m*.
ver'dächtig *a* suspect(e); **~en** *vt (ohne ge-)* soupçonner; **jdn des Mordes ~en** soupçonner qn de meurtre.
ver'dammen *vt (ohne ge-)* condamner.
ver'dampfen *vi (ohne ge-, mit sein)* s'évaporer.
ver'danken *vt (ohne ge-):* **jdm etw ~** devoir qch à qn.
ver'darb *siehe* **verderben.**
ver'dauen *vt (ohne ge-)* digérer.
ver'daulich *a:* **schwer/leicht ~** indigeste/digestible.
Ver'dauung *f* digestion *f*.
Ver'deck *nt* **-(e)s, -e** *(AUT)* capote *f*; *(NAVIG)* pont *m*; **v~en** *vt (ohne ge-)* cacher, masquer.
ver'denken *vt irr (ohne ge-):* **jdm etw nicht ~ können** ne pas pouvoir tenir rigueur de qch à qn.
ver'derben *irr vt (ruinieren)* détruire; *(Augen)* abîmer; *(Vergnügen, Tag, Spaß)* gâcher; *(moralisch)* corrompre, pervertir // *vi (mit sein) (Essen)* pourrir, être avarié(e); **sich** *(dat)* **den Magen ~** se donner une indigestion; **es sich** *(dat)* **mit jdm ~** perdre les bonnes grâces de qn; **V~** *nt* **-s** *(moralisch)* perte *f*.
ver'derblich *a (Einfluß)* nocif(-ive), destructeur(-trice); *(Lebensmittel)* périssable.
ver'deutlichen *vt (ohne ge-)* rendre clair(e), élucider.
ver'dichten *(ohne ge-) vt* condenser; *(CHEM)* concentrer // *vr:* **sich ~** se condenser.
ver'dienen *vt (ohne ge-)* mériter; *(Geld)* gagner.
Ver'dienst *m* **-(e)s, -e** revenus *mpl*; *(Gewinn)* bénéfice *m*, profit *m* // *nt* **-(e)s, -e** mérite(s) *m(pl)*.
ver'doppeln *vt (ohne ge-)* doubler.
ver'dorben *siehe* **verderben** // *a (Essen)* avarié(e); *(ruiniert)* gâché(e); *(moralisch)* dépravé(e).
ver'dorren *vi (ohne ge-, mit sein)* se dessécher.
ver'drängen *vt (ohne ge-) (Gedanken)* refouler; *(jdn)* éclipser.
Ver'drängung *f* refoulement *m*.
ver'drehen *vt (ohne ge-) (Augen)* rouler; *(Tatsachen)* fausser, dénaturer; **jdm den Kopf ~** tourner la tête à qn.
ver'dreifachen *vt (ohne ge-)* tripler.
ver'drießen *vt irr* contrarier.
ver'drießlich *a* renfrogné(e).
ver'droß *siehe* **verdrießen.**
ver'drossen *siehe* **verdrießen** // *a* dépité(e).
ver'drücken *(ohne ge-) (fam) vt (Kleidung)* chiffonner, froisser; *(Essen)* avaler // *vr:* **sich ~** s'esquiver.
Ver'druß *m* **-sses, -sse** contrariété *f*.
ver'duften *vi (ohne ge-, mit sein) (Aroma)* s'évaporer; *(fam: abhauen)* se volatiliser, ficher le camp.
ver'dummen *(ohne ge-) vt* abêtir // *vi (mit sein)* s'abêtir.
Ver'dunk(e)lung *f* obscurcissement *m*.
ver'dünnen *vt (ohne ge-)* diluer.
ver'dunsten *vi (ohne ge-, mit sein)* s'évaporer.
ver'dursten *vi (ohne ge-, mit sein)* mourir de soif.
ver'dutzt *a* perplexe, ahuri(e).
ver'ehren *vt (ohne ge-)* vénérer; **jdm etw ~** *(fam)* faire cadeau de qch à qn.
Ver'ehrer(in *f***)** *m* **-s, -** admirateur (-trice); *(Liebhaber)* soupirant *m*.

ver'ehrt *a* honoré(e), vénéré(e); **sehr ~es Publikum!** Mesdames et Messieurs!
Ver'ehrung *f* admiration *f; (REL)* vénération *f*.
ver'eidigen *vt (ohne ge-)* assermenter, faire prêter serment à.
Ver'eidigung *f* prestation *f* de serment.
Ver'ein *m* **-(e)s, -e** société *f*, association *f*; **v~bar** *a* compatible; **v~baren** *vt (ohne ge-)* convenir de; **~barung** *f* accord *m*; **v~en** *vt (ohne ge-)* unir; *(Prinzipien)* concilier; **die ~ten Nationen** les Nations Unies; **v~fachen** *vt (ohne ge-)* simplifier; **v~igen** *(ohne ge-) vt* unir // *vr:* **sich v~igen** s'unir; **die ~igten Staaten** *pl* les Etats-Unis; **~igung** *f* union *f; (Verein)* association *f*.
ver'einzelt *a* isolé(e).
ver'eisen *(ohne ge-) vi (mit sein)* geler // *vt (MED)* anesthésier.
ver'eiteln *vt (ohne ge-) (Plan)* faire échouer, déjouer.
ver'eitert *a* purulent(e).
ver'enden *vi (ohne ge-, mit sein)* mourir.
ver'engen *vr (ohne ge-):* **sich ~** se retrécir.
ver'erben *(ohne ge-) vt* léguer; *(BIOL)* transmettre // *vr:* **sich ~** être héréditaire; se transmettre *(auf jdn* à qn).
ver'erblich *a* héréditaire.
Ver'erbung *f* hérédité *f*, transmission *f*.
ver'ewigen *(ohne ge-) vt* immortaliser.
ver'fahren *irr (ohne ge-) vi (mit sein) (vorgehen)* procéder; **mit jdm/etw ~** traiter qn/qch // *vt (Geld)* dépenser (en transports); *(Benzin, Fahrkarte)* utiliser // *vr:* **sich ~** se tromper de route // *a (Situation)* sans issue; **V~** *nt* **-s, -** méthode *f; (JUR)* procédure *f*.
Ver'fall *m* **-(e)s** déclin *m; (von Haus)* délabrement *m; (von Epoche)* décadence *f; (FIN)* échéance *f*; **v~en** *vi irr (ohne ge-, mit sein)* dépérir; *(Haus)* tomber en ruine; *(ungültig werden)* être périmé(e); *(FIN)* venir à échéance; **v~en in** *(+akk)* tomber dans; **v~en auf** *(+akk)* avoir l'idée (saugrenue) de; **einem Laster v~en sein** être adonné(e) à un vice.
ver'fänglich *a* difficile, gênant(e).
ver'färben *vr (ohne ge-):* **sich ~** changer de couleur.
ver'fassen *vt (ohne ge-)* rédiger, écrire.
Ver'fasser(in *f*) *m* **-s, -** auteur *m*.
Ver'fassung *f (von Drama)* composition *f; (Zustand)* état *m; (POL)* constitution *f*.
ver'faulen *vi (ohne ge-, mit sein)* pourrir.
ver'fehlen *(ohne ge-) vt* manquer, rater *(fam)* // *vr:* **sich ~** se manquer; **etw für verfehlt halten** considérer qch comme mal à propos.
ver'feinern *vt (ohne ge-)* améliorer.
verfilmen *vt (ohne ge-)* filmer.
ver'fliegen *vi irr (ohne ge-, mit sein) (Duft, Ärger)* se dissiper; *(Zeit)* passer très vite.
ver'flossen *a (Zeit)* passé(e); *(fam: Liebhaber)* ex-.
ver'fluchen *vt (ohne ge-)* maudire.
ver'flüchtigen *vr (ohne ge-):* **sich ~** se volatiliser.
ver'flüssigen *vr (ohne ge-):* **sich ~** se liquéfier.
ver'folgen *vt (ohne ge-)* poursuivre; *(POL)* persécuter; *(Entwicklung)* suivre.
Ver'folger(in *f*) *m* **-s, -** poursuivant(e).
Ver'folgung *f* poursuite *f; (POL)* persécution *f*; **~swahn** *m* folie *f* de la persécution.
ver'frachten *vt (ohne ge-)* affréter; **jdn wohin ~** *(fam)* expédier qn quelque part.
ver'fremden *vt (ohne ge-)* rendre méconnaissable.
ver'früht *a* prématuré(e).
ver'fügbar *a* disponible.
ver'fügen *(ohne ge-) vt (anordnen)* ordonner // *vi:* **~ über** *(+akk)* disposer de.
Ver'fügung *f (Anordnung)* ordre *m*; **jdm zur ~ stehen** être à la disposition de qn.

ver'führen *vt (ohne ge-)* tenter; *(sexuell)* séduire.
ver'führerisch *a (Mensch, Aussehen)* séduisant(e); *(Duft, Anblick, Angebot)* attrayant(e), tentant(e).
Ver'führung *f* tentation *f*; *(sexuell)* séduction *f*.
ver'gammeln *vi (ohne ge-, mit sein) (fam)* se laisser aller; *(Nahrung)* moisir.
ver'gangen *a* passé(e) *(nachgestellt)*, dernier(-ère); **V~heit** *f* passé *m*.
Vergänglichkeit *f* caractère *m* passager.
ver'gasen *vt (ohne ge-)* gazéifier; *(töten)* gazer.
Ver'gaser *m* **-s, -** carburateur *m*.
ver'gaß *siehe* **vergessen.**
ver'geben *vt irr (ohne ge-) (verzeihen)* pardonner; *(Stelle, Tanz)* accorder; *(Preis)* attribuer; **sie ist schon ~** elle n'est plus libre; **du vergibst dir nichts, wenn du...** tu ne te compromettrais pas en... .
ver'gebens *ad* en vain.
ver'geblich *a* vain(e), inutile.
Ver'gebung *f (Verzeihen)* pardon *m*; *(von Preis)* attribution *f*; **um ~ bitten** demander pardon.
ver'gehen *irr (ohne ge-) vi (mit sein) (Zeit)* passer; *(Schmerz)* disparaître; **jdm vergeht etw** qn perd qch; **vor Liebe/Angst ~** mourir d'amour/de peur // *vr:* **sich gegen etw ~** transgresser qch; **sich an jdm ~** violer qn; **V~** *nt* **-s, -** délit *m*.
ver'gelten *vt irr (ohne ge-)* rendre; **jdm etw ~** récompenser qn de qch; *(pej)* rendre la pareille à qn.
Ver'geltung *f* vengeance *f*.
ver'gessen *vt irr (pp:* **vergessen**) oublier; **sich ~** s'oublier; **das werde ich ihm nie ~** je n'oublierai jamais ce qu'il a fait; **in V~heit geraten** tomber dans l'oubli.
ver'geßlich *a* étourdi(e), distrait(e); **V~keit** *f* étourderie *f*.
ver'geuden *vt (ohne ge-)* gaspiller.
verge'waltigen *vt (ohne ge-)* violer; *(fig)* faire violence à.
Verge'waltigung *f* viol *m*; *(fig)* violation *f*.
ver'gewissern *vr (ohne ge-):* **sich ~** s'assurer.
ver'gießen *vt irr (ohne ge-)* verser.
ver'giften *(ohne ge-) vt* empoisonner // *vr:* **sich ~** s'intoxiquer; *(Gift nehmen)* s'empoisonner.
Ver'giftung *f* empoisonnement *m*, intoxication *f*.
ver'gilben *vi (ohne ge-, mit sein)* jaunir.
Ver'gißmeinnicht *nt* **-(e)s, -e** myosotis *m*.
ver'glasen *vt (ohne ge-)* vitrer.
Ver 'gleich *m* **-(e)s, -e** comparaison *f*; *(JUR)* accommodement *m*, compromis *m*; **im ~ mit** *o* **zu** en comparaison de, par comparaison à; **v~bar** *a* comparable; **v~en** *irr (ohne ge-) vt* comparer // *vr: (JUR)* **sich v~en** s'arranger, s'accorder.
ver'gnügen *vr (ohne ge-):* **sich ~** s'amuser; **V~** *nt* **-s, -** plaisir *m*; **V~ an etw** *(dat)* **haben** trouver plaisir à qch; **viel V~!** amusez-vous *o* amuse-toi bien!; **zum V~** pour le plaisir.
ver'gnügt *a* joyeux(-euse), gai(e).
Ver'gnügung *f* divertissement *m*, amusement *m*.
ver'golden *vt (ohne ge-)* dorer.
ver'göttern *vt (ohne ge-)* adorer.
ver'graben *vt irr (ohne ge-) (in Erde)* ensevelir; *(in Kleidung etc)* enfouir // *vr:* **sich in etw** *(akk)* **~** se plonger dans qch.
ver'grämt *a* affligé(e).
ver'greifen *vr irr (ohne ge-):* **sich an jdm ~** porter la main sur qn; **sich an etw** *(dat)* **~** détourner qch.
ver'griffen *a* épuisé(e).
ver'größern *(ohne ge-) vt* agrandir; *(Anzahl)* augmenter; *(mit Lupe)* grossir // *vr:* **sich ~** s'agrandir, augmenter.
Ver'größerung *f* agrandissement *m*; *(mit Lupe)* grossissement *m*; **~sglas** *nt* loupe *f*.
Ver'günstigung *f* avantage *m*; *(Preisnachlaß)* réduction *f*.
ver'güten *vt (ohne ge-)* rembourser; **jdm etw ~** dédommager qn de qch.

ver'haften *vt (ohne ge-)* arrêter.
Ver'haftung *f* arrestation *f.*
ver'hallen *vi (ohne ge-, mit sein)* s'évanouir, se perdre au loin.
ver'halten *vr irr (ohne ge-):* **sich ~** se comporter; **V~** *nt* **-s** comportement *m;* **V~sforschung** *f* étude *f* du comportement, éthologie *f.*
Ver'hältnis *nt (proportionales)* rapport *m; (persönliches)* rapport *m,* relation *f,* liaison *f; (pl: Umstände)* conditions *fpl,* circonstances *fpl; (:Lage)* situation *f;* **über seine ~se leben** vivre au-dessus de ses moyens; **im ~ zu** par rapport à; **v~mäßig** // *ad* relativement.
ver'handeln *(ohne ge-) vi* négocier *(über etw (akk)* qch); *(JUR)* délibérer *(über etw* de) // *vt (JUR)* délibérer de.
Ver'handlung *f* négociation *f; (JUR)* délibération *f.*
ver'hängen *vt (ohne ge-)* suspendre.
Ver'hängnis *nt* fatalité *f,* sort *m;* **jdm zum ~ werden** être fatal(e) à qn; **v~voll** *a* fatal(e).
ver'harmlosen *vt (ohne ge-)* minimiser.
ver'härten *vr (ohne ge-):* **sich ~** *(Fronten, Gegner)* se durcir.
ver'haßt *a* détesté(e), haï(e).
ver'heerend *a* catastrophique.
ver'heilen *vi (ohne ge-, mit sein)* guérir.
ver'heimlichen *vt (ohne ge-)* cacher.
ver'heiratet *a* marié(e).
ver'herrlichen *vt (ohne ge-)* glorifier, exalter.
ver'hexen *vt (ohne ge-)* ensorceler.
ver'hindern *vt (ohne ge-)* empêcher.
Ver'hinderung *f* empêchement *m.*
Ver'hör *nt* **-(e)s, -e** interrogatoire *m;* **v~en** *(ohne ge-) vt* interroger // *vr:* **sich v~en** entendre de travers.
ver'hungern *vi (ohne ge-, mit sein)* mourir de faim.
ver'hüten *vt (ohne ge-)* prévenir, empêcher.
Ver'hütung *f* prévention *f;* **zur ~** préventivement; **~smittel** *nt* contraceptif *m.*
ver'irren *vr (ohne ge-):* **sich ~** s'égarer.
ver'jagen *vt (ohne ge-)* chasser.
ver'jüngen *(ohne ge-) vt* rajeunir // *vr:* **sich ~** rajeunir; *(enger werden)* rétrécir.
ver'kalken *vi (ohne ge-, mit sein) (Rohre)* s'entartrer; *(fam: Mensch)* devenir gaga.
verkalku'lieren *vr (ohne ge-):* **sich ~** se tromper dans ses calculs.
ver'kannt *a (Genie)* méconnu(e).
Ver'kauf *m* vente *f;* **v~en** *vt (ohne ge-)* vendre; **jdn für dumm v~en** prendre qn pour un(e) idiot(e).
Ver'käufer(in *f*) *m* **-s, -** vendeur (-euse).
ver'käuflich *a* vendable, à vendre.
Ver'kehr *m* **-s, -e** *(Straßen~)* circulation *f,* trafic *m; (Umgang)* relations *fpl,* fréquentation *f; (Geschlechts~)* rapports *mpl;* **etw aus dem ~ ziehen** retirer qch de la circulation; **v~en** *(ohne ge-) vi* circuler; **in einem Lokal v~en** fréquenter un café; **bei/mit jdm v~en** fréquenter qn // *vt* renverser; **sich ins Gegenteil v~en** se transformer complètement.
Ver'kehrs-: ~ampel *f* feux *mpl;* **~delikt** *nt* infraction *f* au code de la route; **~insel** *f* refuge *m* (pour piétons); **~mittel** *nt* moyen *m* de transport; **öffentliche ~mittel** transports *mpl* publics *o* en commun; **~stockung** *f* embouteillage *m;* **~sünder** *m* contrevenant *m* au code de la route; **~teilnehmer** *m* usager(-ère) de la route; **~unfall** *m* accident *m* de la circulation; **v~widrig** *a (Verhalten)* contraire au code de la route; **~zeichen** *nt* panneau *m* de signalisation.
ver'kehrt *a (falsch)* faux(fausse); *(umgekehrt)* à l'envers.
ver'kennen *vt irr (ohne ge-)* méconnaître, se méprendre sur.
ver'klagen *vt (ohne ge-)* porter plainte contre.
ver'kleiden *(ohne ge-) (jdn)* déguiser; *(Gegenstand)* revêtir, recouvrir // *vr:* **sich ~** se déguiser.
Ver'kleidung *f* déguisement *m;*

(Haus~ etc) revêtement *m*.
ver'kleinern *vt (ohne ge-)* réduire; *(Platz, Bild)* rapetisser.
ver'klemmt *a* complexé(e), bloqué(e).
ver'klingen *vi irr (ohne ge-, mit sein)* s'éteindre.
ver'kneifen *vt irr (ohne ge-)*: **sich** *(dat)* **etw** ~ retenir qch.
ver'kniffen *a (Miene)* aigri(e).
ver'knoten *vt (ohne ge-)* nouer.
ver'knüpfen *vt (ohne ge-) (Faden)* attacher; *(fig: Pläne etc)* associer, joindre, lier.
ver'kommen *vi irr (ohne ge-, mit sein) (Garten, Haus)* être à l'abandon; *(Mensch)* se laisser aller // *a (Haus)* délabré(e); *(Mensch)* dépravé(e).
ver'krachen *vr (ohne ge-) (fam)*: **sich** ~ se brouiller.
ver'kraften *vt (ohne ge-)* supporter.
ver'krümmt *a* déformé(e).
Ver'krümmung *f* déformation *f*.
ver'krüppelt *a* estropié(e).
ver'kühlen *vr (ohne ge-)*: **sich** ~ prendre froid.
ver'kümmern *vi (ohne ge-, mit sein) (Pflanze)* s'étioler; *(Mensch, Tier)* dépérir; *(Gliedmaß, Muskel)* s'atrophier; *(Talent)* diminuer, disparaître.
ver'künden *vt (ohne ge-)* annoncer; *(Urteil)* prononcer.
ver'kürzen *vt (ohne ge-)* raccourcir, diminuer; *(Arbeitszeit)* réduire.
Ver'kürzung *f* diminution *f*, réduction *f*.
ver'laden *vt irr (ohne ge-)* embarquer; *(Waren)* charger.
Ver'lag *m* **-(e)s, -e** maison *f* d'édition.
ver'langen *(ohne ge-) vt* demander, exiger // *vi*: **nach etw** ~ réclamer qch; **das ist zuviel verlangt** c'est trop demander; **V~** *nt* **-s, -** désir *m* *(nach* de); **auf jds V~ (hin)** à la demande de qn.
ver'längern *vt (ohne ge-) (Strecke, Frist)* prolonger; *(Kleid)* rallonger.
Ver'längerung *f* prolongation *f*; *(von Strecke)* prolongement *m*; **~sschnur** *f* rallonge *f*.
ver'langsamen *vt (ohne ge-)* ralentir.
Ver'laß *m*: **auf ihn/das ist kein** ~ on ne peut pas se fier à lui/s'y fier.
ver'lassen *irr (ohne ge-) vt* abandonner // *vr*: **sich auf jdn** ~ compter sur qn; **sich auf etw** ~ se fier à qch // *a (Mensch)* abandonné(e).
ver'läßlich *a (Mensch)* sérieux(-euse), de confiance.
Ver'lauf *m (Ablauf)* déroulement *m*; *(von Kurve)* tracé *m*; **im** ~ **von** au cours de; **v~en** *irr (ohne ge-) vi (mit sein) (Grenze, Linie)* s'étendre; *(Feier, Abend, Urlaub)* se dérouler; *(Farbe)* se mélanger // *vr*: **sich v~en** *(sich verirren)* se perdre, s'égarer; *(sich auflösen)* se disperser.
ver'lauten *vi (ohne ge-, mit sein)*: **etw** ~ **lassen** révéler qch; **wie verlautet** à ce qu'il paraît.
ver'leben *vt (ohne ge-)* passer.
ver'lebt *a* marqué(e) par une vie dissolue.
ver'legen *(ohne ge-) vt* déplacer; *(verlieren)* égarer; *(Wohnsitz)* transférer; *(Termin)* remettre, reporter; *(Rohre, Leitungen)* installer, poser; *(Buch)* éditer, publier // *vr*: **sich auf etw** *(akk)* ~ avoir recours à qch, recourir à qch; *(sich beschäftigen mit)* se spécialiser dans qch // *a* embarrassé(e), gêné(e); **um etw nicht** ~ **sein** ne pas être à court de qch; **V~heit** *f* embarras *m*, gêne *f*; **jdn in V~heit bringen** mettre qn dans l'embarras.
Ver'leih *m* **-(e)s, -e** location *f*; **v~en** *vt irr (ohne ge-) (leihweise geben)* prêter; *(Kraft, Anschein)* conférer, donner; *(Medaille, Preis)* décerner.
ver'leiten *vt (ohne ge-)*: **jdn zu etw** ~ entraîner qn à qch.
ver'lernen *vt (ohne ge-)* oublier, désapprendre.
ver'letzen *(ohne ge-) vt* blesser *(Gesetz)* violer // *vr*: **sich** ~ se blesser; **~d** *a (Worte)* blessant(e).
ver'letzlich *a* vulnérable.
Ver'letzte(r) *mf* blessé(e).
Ver'letzung *f* blessure *f*; *(Verstoß)* violation *f*.

ver'leugnen *vt (ohne ge-)* renier.
ver'leumden *vt (ohne ge-)* calomnier.
Ver'leumdung *f* calomnie *f*, diffamation *f*.
ver'lieben *vr (ohne ge-):* **sich ~** tomber amoureux(-euse) *(in +akk* de).
ver'liebt *a* amoureux(-euse).
ver'lieren *irr vi, vt* perdre // *vr:* **sich ~** se perdre, s'égarer; *(Angst, Pfad)* disparaître; **an Wert ~** se déprécier; **du hast hier nichts verloren** tu n'as rien à faire ici.
ver'loben *vr (ohne ge-):* **sich ~** se fiancer.
Ver'lobte(r) *mf* fiancé(e).
Ver'lobung *f* fiançailles *fpl*.
Ver'lockung *f* tentation *f*.
ver'logen *a* mensonger(-ère); *(Mensch)* menteur(-euse); **V~heit** *f* fausseté *f*.
ver'lor *siehe* **verlieren.**
ver'loren *siehe* **verlieren** // *a (Mensch)* perdu(e); **~ sein** *(fig)* être perdu(e); **jdn/etw ~ geben** considérer qn/qch comme perdu(e); **~gehen** *vi irr (zvb, mit sein)* être perdu(e), se perdre.
ver'losen *vt (ohne ge-)* mettre en loterie; *(auslosen)* tirer.
Ver'losung *f* loterie *f*; tirage *m*.
Ver'lust *m* **-(e)s, -e** perte *f*; *(finanziell)* déficit *m*.
ver'machen *vt (ohne ge-)* léguer.
Ver'mächtnis *nt* legs *m*.
Ver'mählung *f* mariage *m*.
ver'masseln *vt (ohne ge-) (fam)* gâcher.
ver'mehren *(ohne ge-) vt* augmenter; *(Menge)* accroître; *(Anstrengung)* multiplier; *(fortpflanzen)* propager, multiplier // *vr:* **sich ~** se multiplier.
Ver'mehrung *f* augmentation *f*; accroissement *m*; *(Fortpflanzung)* multiplication *f*, propagation *f*.
ver'meiden *vt irr (ohne ge-)* éviter.
ver'meintlich *a* présumé(e).
Ver'merk *m* **-(e)s, -e** note *f*, remarque *f*; *(in Urkunde)* mention *f*; **v~en** *vt (ohne ge-)* noter, remarquer.
ver'messen *vt irr (ohne ge-) (Land)* arpenter, mesurer // *a (Mensch)* présomptueux(-euse); *(Wunsch)* excessif(-ive); **V~heit** *f* présomption *f*, excès *m*.
ver'mieten *vt (ohne ge-)* louer; **Zimmer zu ~** chambre(s) à louer.
Ver'mieter(in *f*) *m* propriétaire *m/f*, logeur(-euse).
Ver'mietung *f* location *f*.
ver'mindern *(ohne ge-) vt* réduire // *vr:* **sich ~** se réduire, diminuer.
Ver'minderung *f* réduction *f*, diminution *f*.
ver'mischen *(ohne ge-) vt (Zutaten)* mélanger // *vr:* **sich ~** se mêler.
ver'missen *vt (ohne ge-):* **jd vermißt etw** qch manque à qn; **ich vermisse dich** tu me manques.
ver'mißt *a* disparu(e); **als ~ gemeldet** porté(e) disparu(e).
ver'mitteln *(ohne ge-) vi (in Streit)* servir de médiateur(-trice) // *vt:* **jdm etw ~** *(Kenntnisse, Einblick)* apporter qch à qn; *(Wohnung, Stelle)* procurer qch à qn.
Ver'mittlung *f (Stelle)* office *m o* bureau *m* de placement; *(TEL)* central *m* téléphonique; *(Schlichtung)* médiation *f*.
ver'modern *vi (ohne ge-, mit sein)* pourrir, se décomposer.
Ver'mögen *nt* **-s, -** *(Reichtum)* fortune *f*; *(Fähigkeit)* faculté *f*, capacité *f*; **ein ~ kosten** coûter une fortune; **~d** *a* fortuné(e).
ver'muten *vt (ohne ge-)* supposer, présumer; **wir ~ ihn dort** nous pensons *o* supposons qu'il est là-bas.
ver'mutlich *a* présumé(e), vraisemblable // *ad* probablement, vraisemblablement.
Ver'mutung *f* supposition *f*.
ver'nachlässigen *vt (ohne ge-)* négliger.
ver'narben *vi (ohne ge-, mit sein)* se cicatriser.
ver'nehmen *vt irr (ohne ge-) (Stimme, Ton)* entendre, percevoir; *(erfahren)* apprendre; *(JUR)* interroger; **dem V~ nach** à ce qu'on dit.
Ver'nehmung *f (von Angeklagten)*

interrogatoire *m; (von Zeugen)* audition *f;* **v~sfähig** *a* en état de témoigner *o* d'être interrogé(e).
ver'neigen *vr (ohne ge-):* **sich ~** s'incliner.
ver'nichten *vt (ohne ge-) (zerstören)* détruire; *(Feind)* anéantir; **~d** *a (Niederlage)* écrasant(e); *(Kritik)* cinglant(e), acerbe.
Ver'nichtung *f* destruction *f;* anéantissement *m.*
ver'niedlichen *vt (ohne ge-)* minimiser.
Ver'nunft *f* raison *f;* **zur ~ kommen** (re)devenir raisonnable, revenir à la raison.
ver'nünftig *a* raisonnable; *(fam: Essen, Arbeit)* sensé(e), bon(ne).
ver'öden *(ohne ge-) vi (mit sein)* se dépeupler // *vt (Krampfadern)* enlever, opérer.
ver'öffentlichen *vt (ohne ge-)* publier.
Ver'öffentlichung *f* publication *f.*
ver'ordnen *vt (ohne ge-) (MED)* prescrire.
Ver'ordnung *f* décret *m; (MED)* prescription *f.*
ver'packen *vt (ohne ge-)* emballer.
Ver'packung *f* emballage *m.*
ver'passen *vt (ohne ge-)* manquer, rater; **jdm eine Ohrfeige ~** *(fam)* donner une gifle à qn.
ver'pesten *vt (ohne ge-)* empester, empoisonner.
ver'pflanzen *vt (ohne ge-)* transplanter.
ver'pflegen *(ohne ge-) vt* nourrir // *vr:* **sich ~** se nourrir.
Ver'pflegung *f* sustentation *f; (Kost)* nourriture *f;* **volle ~** pension complète.
ver'pflichten *(ohne ge-) vt* obliger; *(anstellen)* engager // *vr:* **sich ~** s'engager; *(MIL)* s'enrôler // *vi:* **~ zu** engager à, obliger à; **jdm zu Dank verpflichtet sein** être obligé(e) à qn.
Ver'pflichtung *f (Einstellung)* engagement *m; (soziale)* obligation *f;* **~en haben** avoir des obligations.
ver'pfuschen *vt (ohne ge-) (fam)* bâcler.
ver'plempern *vt (ohne ge-) (fam)* gaspiller.
ver'pönt *a* mal vu(e).
ver'prassen *vt (ohne ge-)* dilapider, gaspiller.
ver'prügeln *vt (ohne ge-)* rosser, tabasser *(fam).*
Ver'putz *m* crépi *m;* **v~en** *vt (ohne ge-) (Haus)* crépir; *(fam: essen)* dévorer, engloutir.
ver'quollen *a* gonflé(e), enflé(e).
Ver'rat *m* **-(e)s** traîtrise *f; (POL)* trahison *f;* **v~en** *irr (ohne ge-) vt* trahir // *vr:* **sich v~en** se trahir.
Ver'räter(in *f) m* **-s, -** traître (traîtresse); **v~isch** *a (Absicht, Mensch)* traître; *(Miene, Lächeln, Blick)* révélateur(-trice).
ver'rechnen *(ohne ge-) vt:* **etw mit etw ~** décompter qch sur qch // *vr:* **sich ~** se tromper dans ses calculs; *(fig)* se tromper.
Ver'rechnungsscheck *m* chèque *m* barré.
ver'regnet *a* pluvieux(-euse).
ver'reisen *vi (ohne ge-, mit sein)* partir en voyage.
ver'renken *vt (ohne ge-)* tordre; **sich** *(dat)* **etw ~** se tordre qch.
Ver'renkung *f (Bewegung)* torsion *f; (Verletzung)* entorse *f.*
ver'riegeln *vt (ohne ge-)* verrouiller.
ver'ringern *(ohne ge-) vt* diminuer, réduire // *vr:* **sich ~** diminuer.
ver'rosten *vi (ohne ge-, mit sein)* rouiller.
ver'rotten *vi (ohne ge-, mit sein)* pourrir, se décomposer.
ver'rücken *vt (ohne ge-)* déplacer.
ver'rückt *a* fou(folle); **wie ~** comme un(e) fou(folle); **jdn ~ machen** rendre qn fou(folle); **du bist wohl ~!** tu es complètement fou(folle)!; **V~e(r)** *mf* fou(folle); **V~heit** *f* folie *f.*
Ver'ruf *m:* **in ~ kommen/bringen** être discrédité(e)/discréditer; **v~en** *a* mal famé(e).
Vers *m* **-es, -e** vers *m; (in Bibel)* verset *m.*
ver'sagen *vi (ohne ge-)* échouer;

(Motor, Maschine) tomber en panne; *(Stimme)* défaillir; **V~** *nt* **-s, -** défaillance *f*; **menschliches V~** défaillance humaine.

Ver'sager(in *f***)** *m* **-s, -** raté(e).

ver'salzen *vt (ohne ge-)* trop saler; *(fig)*: **jdm etw ~** gâcher qch à qn.

ver'sammeln *(ohne ge-) vt* réunir, rassembler // *vr*: **sich ~** se réunir.

Ver'sammlung *f* réunion *f*, assemblée *f*.

Ver'sand *m* **-(e)s** expédition *f*; *(~abteilung)* service *m* d'expédition; **~haus** *nt* maison *f* de vente par correspondance.

ver'sauern *vi (ohne ge-, mit sein) (fam: Mensch)* s'encroûter.

ver'säumen *vt (ohne ge-)* manquer, rater; *(unterlassen)* omettre, négliger.

ver'schaffen *vt (ohne ge-)* procurer.

ver'schämt *a* timide, gêné(e).

ver'schandeln *vt (ohne ge-)* gâcher, abîmer.

ver'schanzen *vr (ohne ge-)*: **sich hinter etw** *(dat)* **~** se retrancher derrière qch.

ver'schärfen *(ohne ge-) vt (Strafe, Zensur)* rendre plus dur(e); *(Spannung)* intensifier; *(Lage)* aggraver // *vr*: **sich ~** s'aggraver.

ver'schätzen *vr (ohne ge-)*: **sich ~** se tromper dans une estimation.

ver'schenken *vt (ohne ge-)* donner (en cadeau).

ver'scherzen *vt (ohne ge-)*: **sich** *(dat)* **etw ~** perdre qch (par sa faute); **es sich** *(dat)* **bei jdm ~** perdre la sympathie de qn.

ver'scheuchen *vt (ohne ge-)* chasser.

ver'schicken *vt (ohne ge-)* envoyer.

ver'schieben *irr (ohne ge-) vt (Möbel etc)* déplacer; *(illegal)* faire le trafic de; *(zeitlich)* remettre, différer // *vr*: **sich ~** se déplacer.

Ver'schiebung *f* déplacement *m*; trafic *m*; ajournement *m*.

ver'schieden *a (unterschiedlich)* différent(e); **sie sind ~ groß** ils sont de tailles différentes; **~e** *pl* plusieurs; **~es** *pron* divers; **V~heit** *f* différence *f*, diversité *f*; **~tlich** *ad* à maintes reprises.

ver'schimmeln *vi (ohne ge-, mit sein)* moisir.

ver'schlafen *irr (ohne ge-) vt (Zeit)* passer à dormir; *(fig)* oublier // *vi* se réveiller trop tard // *a (Mensch)* mal réveillé(e); *(fig)* endormi(e).

ver'schlagen *vt irr (ohne ge-)*: **jdm den Atem ~** couper le souffle à qn; **an einen Ort ~ werden** se retrouver dans un endroit // *a* roué(e).

ver'schlechtern *(ohne ge-) vt (Leistung, Chancen)* diminuer; *(Lage)* rendre pire; *(Gesundheit)* aggraver // *vr*: **sich ~** empirer.

Ver'schlechterung *f* aggravation *f*, dégradation *f*.

Ver'schleiß *m* **-es, -e** usure *f*; **v~en** *irr vt* user // *vi (mit sein)* s'user // *vr*: **sich v~en** s'user.

ver'schleppen *vt (ohne ge-) (Menschen)* déporter, emmener de force; *(zeitlich)* faire traîner en longueur.

ver'schleudern *vt (ohne ge-)* dissiper, gaspiller.

ver'schließen *irr (ohne ge-) vt (Haus)* fermer à clé // *vr*: **sich einer Sache ~** se fermer à qch.

ver'schlimmern *(ohne ge-) vt* aggraver // *vr*: **sich ~** s'aggraver, empirer.

Ver'schlimmerung *f* aggravation *f*.

ver'schlingen *irr (ohne ge-) vt* engloutir; *(Fäden)* entrelacer // *vr*: **sich ~** s'entrelacer.

ver'schliß, ver'schlissen *siehe* **verschleißen.**

ver'schlossen *a* fermé(e) à clé; *(fig)* renfermé(e); **V~heit** *f (von Mensch)* caractère *m* renfermé(e).

ver'schlucken *(ohne ge-) vt* avaler // *vr*: **sich ~** avaler de travers.

Ver'schluß *m* fermeture *f*; *(Stöpsel)* bouchon *m*; **unter ~ halten** garder sous clé.

ver'schlüsseln *vt (ohne ge-) (Nachricht)* coder, chiffrer.

ver'schmähen *vt (ohne ge-)* dédaigner.

ver'schmitzt *a* malicieux(-euse).

ver'schmutzen *vt (ohne ge-)* salir; *(Umwelt)* polluer.
ver'schneit *a* enneigé(e).
ver'schnupft *a* enrhumé(e); *(beleidigt)* vexé(e).
ver'schollen *a* disparu(e).
ver'schonen *vt (ohne ge-)* épargner, ménager; **jdn mit etw** ~ épargner qch à qn; **von etw verschont bleiben** être épargné(e) par qch.
ver'schreiben *irr (ohne ge-) vt (MED)* prescrire // *vr:* **sich** ~ *(Fehler machen)* se tromper en écrivant; **sich einer Sache** ~ se vouer à qch.
ver'schrien [fɛɐ'ʃriː(ə)n] *a* qui a mauvaise réputation.
ver'schroben *a* bizarre.
ver'schrotten *vt (ohne ge-)* mettre à la ferraille.
ver'schüchtert *a* intimidé(e).
ver'schuldet *a* endetté(e).
ver'schütten *vt (ohne ge-) (Lawine etc)* ensevelir; *(zuschütten)* combler; *(ausschütten)* renverser.
ver'schweigen *vt irr (ohne ge-)* taire, garder sous silence; **jdm etw** ~ cacher qch à qn.
ver'schwenden *vt (ohne ge-)* gaspiller.
Ver'schwender(in *f)* *m* **-s, -** gaspilleur(-euse); **v~isch** *a (Mensch)* dépensier(-ère); *(Leben)* dissipé(e); *(Aufwand)* extravagant(e).
Ver'schwendung *f* gaspillage *m*.
ver'schwiegen *a (Mensch)* discret (-ète); *(Ort)* isolé(e), tranquille; **V~heit** *f* discrétion *f*.
ver'schwimmen *vi irr (ohne ge-, mit sein)* se brouiller.
ver'schwinden *vi irr (ohne ge-, mit sein)* disparaître; **V~** *nt* **~s** disparition *f*.
ver'schwitzen *vt (ohne ge-) (Kleidung)* tremper de sueur; *(fam: vergessen)* oublier.
ver'schwommen *a (Farbe)* brouillé(e); *(Bild)* flou(e).
ver'schwören *vr irr (ohne ge-):* **sich** ~ **(gegen)** conspirer (contre).
Ver'schwörung *f* conspiration *f*, complot *m*.
ver'sehen *vt irr (ohne ge-) (Dienst)* faire; *(Haushalt)* tenir; **jdn/etw mit etw** ~ munir qn/qch de qch; **ehe er (es) sich** ~ **hatte** sans qu'il s'en rende compte; **V~** *nt* **-s, -** erreur *f*, méprise *f*; **aus V~** par mégarde; **~tlich** *ad* par inadvertance.
Ver'sehrte(r) *mf* mutilé(e), invalide *m/f*.
ver'senden *vt irr (ohne ge-)* expédier, envoyer.
ver'sengen *vt (ohne ge-)* brûler, roussir.
ver'senken *(ohne ge-) vt (Hände)* enfoncer; *(Schiff)* couler // *vr:* **sich** ~ se plonger.
ver'sessen *a:* ~ **auf** *(+akk)* fou(folle) de.
ver'setzen *(ohne ge-) vt (an andere Stelle)* déplacer; *(dienstlich)* muter; *(verpfänden)* mettre en gage; *(in Schule)* faire passer dans la classe supérieure; *(fam: Menschen)* poser un lapin à // *vr:* **sich in jdn** *o* **in jds Lage** ~ se mettre à la place de qn; **jdm einen Tritt** ~ donner un coup de pied à qn; **jdn in gute Laune** ~ mettre qn de bonne humeur.
Ver'setzung *f (dienstlich)* mutation *f*; *(Verpfändung)* mise *f* en gage; *(in Schule)* passage *m* (dans la classe supérieure).
ver'seuchen *vt (ohne ge-)* contaminer; *(Umwelt)* polluer.
ver'sichern *(ohne ge-) vt* assurer // *vr:* **sich** ~ *(+gen)* s'assurer (de); **sich gegen etw** ~ s'assurer contre qch.
Ver'sicherung *f* assurance *f*; **~snehmer(in** *f)* *m* assuré(e); **~spolice** *f* police *f* d'assurance; **~sprämie** *f* prime *f* d'assurance.
ver'sinken *vi irr (ohne ge-, mit sein)* s'enfoncer; *(Schiff)* couler; **in etw** *(akk)* **versunken sein** *(fig)* être plongé(e) dans qch.
ver'söhnen *(ohne ge-) vt* réconcilier // *vr:* **sich** ~ se réconcilier.
Ver'söhnung *f* réconciliation *f*.
ver'sorgen *(ohne ge-) vt:* ~ **mit** pourvoir de, fournir en; *(Familie)* entretenir; *(Haushalt)* s'occuper de // *vr:* **sich** ~ **mit** se pourvoir de, s'ap-

provisionner en.
Ver'sorgung *f* approvisionnement *m; (Unterhalt)* entretien *m.*
ver'späten *vr (ohne ge-):* **sich ~** être en retard.
Ver'spätung *f* retard *m.*
ver'sperren *vt (ohne ge-) (Weg)* barrer; *(Tür)* barricader; *(Sicht)* boucher.
ver'spielen *vt (ohne ge-) (Geld)* perdre au jeu; **bei jdm verspielt haben** avoir perdu la sympathie de qn.
ver'sprechen *irr (ohne ge-) vt* promettre // *vr:* **sich ~** faire un lapsus; **sich** *(dat)* **etw von etw ~** attendre qch de qch; **V~** *nt* **-s, -** promesse *f.*
ver'staatlichen *vt (ohne ge-)* nationaliser.
Ver'stand *m* intelligence *f; (Vernunft)* raison *f; (gesunder Menschen~)* bon sens *m;* **über jds** *(akk)* **~ gehen** dépasser qn.
ver'ständig *a* sensé(e), raisonnable; **~en** *(ohne ge-) vt* informer, prévenir // *vr:* **sich v~en** communiquer; *(sich einigen)* se mettre d'accord, s'entendre; **V~ung** *f (Kommunikation)* communication *f; (Benachrichtigung)* information *f; (Einigung)* accord *m.*
ver'ständ-: ~lich *a* compréhensible; **sich ~lich machen** se faire comprendre; **V~lichkeit** *f* compréhension *f,* intelligibilité *f;* **V~nis** *nt* compréhension *f;* **auf V~nis stoßen** être compris(e); **~nisvoll** *a* compréhensif(-ive).
ver'stärken *(ohne ge-) vt* fortifier, renforcer; *(Ton; ELEC)* amplifier; *(Anzahl)* augmenter // *vr:* **sich ~** augmenter, s'accroître.
Ver'stärker *m* **-s, -** *(RADIO)* amplificateur *m.*
Ver'stärkung *f* renforcement *m;* amplification *f;* augmentation *f; (Hilfe)* renfort *m.*
ver'stauchen *vt (ohne ge-):* **sich** *(dat)* **etw ~** se fouler qch.
ver'stauen *vt (ohne ge-)* caser.
ver'stehen *irr (ohne ge-) vt* comprendre // *vr:* **sich gut/schlecht ~** s'entendre bien/mal; **etw von Kunst ~** s'y connaître en art; **~ Sie mich nicht falsch...** comprenez-moi bien; **jdm etw zu ~ geben** faire comprendre qch à qn.
ver'steigern *vt (ohne ge-)* vendre aux enchères.
Ver'steigerung *f* vente *f* aux enchères.
verstellen *(ohne ge-) vt* déplacer; *(Gerät)* régler; *(Gerät: falsch)* dérégler; *(versperren)* bloquer; *(einstellen)* régler; *(Miene, Stimme)* déguiser // *vr:* **sich ~** *(Mensch)* jouer la comédie.
ver'stimmen *vt (ohne ge-) (Instrument)* désaccorder; *(jdn)* mettre de mauvaise humeur.
ver'stohlen *a* furtif(-ive).
ver'stopfen *vt (ohne ge-)* boucher, obstruer; *(Straße)* embouteiller.
Ver'stopfung *f* obstruction *f; (von Straße)* embouteillage *m; (MED)* constipation *f.*
ver'stört *a* troublé(e), bouleversé(e).
Ver'stoß *m* **-es, ¨e** infraction *f (gegen* à); **v~en** *irr (ohne ge-) vt (Menschen)* chasser, repousser; *(Frau)* répudier // *vi:* **v~en gegen** contrevenir à.
ver'streichen *irr (ohne ge-) vt* répandre; *(Ritzen)* boucher // *vi (mit sein) (Zeit)* passer, s'écouler.
ver'streuen *vt (ohne ge-) (verschütten)* renverser; *(verbreiten)* répandre.
ver'stümmeln *vt (ohne ge-)* mutiler, estropier; *(fig)* tronquer.
ver'stummen *vi (ohne ge-, mit sein)* rester muet(te); *(Lärm)* cesser.
Ver'such *m* **-(e)s, -e** tentative *f,* essai *m; (wissenschaftlich)* expérience *f;* **v~en** *(ohne ge-) vt (Essen)* goûter; *(ausprobieren)* essayer; *(verführen)* tenter // *vr:* **sich an etw** *(dat)* **v~en** s'essayer à qch; **~skaninchen** *nt* cobaye *m;* **~ung** *f* tentation *f;* **in ~ung geraten** être tenté(e).
ver'sunken *a:* **~ sein in** *(+akk)* être plongé(e) dans.
ver'süßen *vt (ohne ge-):* **jdm etw ~**

rendre qch plus doux(douce) *o* agréable à qn.

ver'tagen *(ohne ge-) vt* ajourner, remettre // *vr:* **sich** ~ ajourner la séance.

ver'tauschen *vt (ohne ge-)* échanger; *(versehentlich)* confondre.

ver'teidigen *(ohne ge-) vt* défendre // *vr:* **sich** ~ se défendre.

Ver'teidiger *m* **-s, -** défenseur *m;* (*JUR*) avocat *m* (de la défense); (*SPORT*) arrière *m.*

Ver'teidigung *f* défense *f.*

ver'teilen *(ohne ge-) vt* distribuer; *(Salbe etc)* répandre // *vr:* **sich** ~ se répartir.

Ver'teilung *f* distribution *f.*

ver'tiefen *(ohne ge-) vt* approfondir // *vr:* **sich in etw** *(akk)* ~ se plonger dans qch.

ver'tilgen *vt (ohne ge-) (Unkraut, Ungeziefer)* détruire; *(fam: essen)* dévorer, engloutir.

ver'tonen *vt (ohne ge-) (Text)* mettre en musique.

Ver'trag *m* **-(e)s, ¨e** contrat *m;* (*POL*) traité *m,* convention *f;* **v~en** *irr (ohne ge-) vt* supporter // *vr:* **sich (mit jdm) v~en** s'accorder *o* bien s'entendre (avec qn); **v~lich** *a* contractuel(le), conventionnel(le).

ver'träglich *a* conciliant(e), sociable; *(Speisen)* digeste; (*MED*) bien toléré(e).

ver'trauen *vi (ohne ge-)* avoir confiance *(jdm* en qn); ~ **auf** *(+akk)* faire confiance à; **V~** *nt* **-s** confiance *f (in +akk* en); **im V~** confidentiellement; **~erweckend** *a* qui inspire confiance; **~sselig** *a* trop confiant(e); **~svoll** *a* confiant(e); **~swürdig** *a* digne de confiance.

ver'traulich *a* confidentiel(le).

ver'träumt *a* rêveur(-euse); *(Ort)* paisible.

ver'traut *a* familier(-ère).

ver'treiben *vt irr (ohne ge-)* chasser; *(aus Land)* expulser; (*COMM*) vendre; *(Zeit)* passer.

ver'tretbar *a* soutenable, justifiable.

ver'treten *vt irr (ohne ge-) (jdn)* remplacer; *(Interessen)* défendre; *(Ansicht)* soutenir; *(Staat, Firma)* représenter; **sich** *(dat)* **die Beine** ~ se dégourdir les jambes.

Ver'treter(in *f*) *m* **-s, -** représentant(e); *(Stell~)* remplaçant(e); *(Verfechter)* défenseur *m.*

Ver'tretung *f (von Staat, Firma)* représentation *f; (von Ansicht, Interessen)* défense *f; (beruflich)* remplacement *m.*

Ver'trieb *m* **-(e)s, -e** (*COMM*) écoulement *m,* vente *f.*

ver'trocknen *vi (ohne ge-, mit sein)* se dessécher.

ver'trödeln *vt (ohne ge-) (fam)* gaspiller.

ver'trösten *vt (ohne ge-)* faire prendre patience.

ver'tun *irr (ohne ge-) vt (fam)* gaspiller // *vr:* **sich** ~ se tromper.

ver'tuschen *vt (ohne ge-)* camoufler, dissimuler.

ver'übeln *vt (ohne ge-):* **jdm etw** ~ en vouloir à qn de qch.

ver'üben *vt (ohne ge-)* commettre.

ver'un-: ~glimpfen *vt (ohne ge-)* insulter, injurier; **~glücken** *vi (ohne ge-, mit sein)* avoir un accident; **tödlich ~glücken** mourir dans un accident; **~sichern** *vt (ohne ge-)* rendre incertain(e), mettre dans l'incertitude; **~stalten** *vt (ohne ge-)* défigurer; **~treuen** *vt (ohne ge-)* détourner.

ver'ur-: ~sachen *vt (ohne ge-)* causer, provoquer; **~teilen** *vt (ohne ge-)* condamner *(zu* à); **zum Scheitern verurteilt sein** être voué(e) à l'échec; **V~teilung** *f* condamnation *f;* (*JUR*) sentence *f.*

ver'viel-: ~fachen *vt (ohne ge-) (Zahl)* multiplier; **~fältigen** *vt (ohne ge-) (kopieren)* polycopier.

ver'voll-: ~kommnen *(ohne ge-) vt* perfectionner // *vr:* **sich ~kommnen (in** *+dat***)** se perfectionner (en); **~ständigen** *vt (ohne ge-)* compléter.

ver'wackeln *vt (ohne ge-)* (*PHOT*) rendre flou(e).

ver'wählen *vr (ohne ge-)* (*TEL*): **sich**

~ se tromper de numéro.
ver'wahren *(ohne ge-) vt (aufbewahren)* garder, conserver // *vr:* **sich ~ (gegen)** protester (contre).
ver'wahrlosen *vi (ohne ge-, mit sein)* être à l'abandon.
ver'waist *a (Kind)* orphelin(e).
ver'walten *vt (ohne ge-)* administrer, gérer.
Ver'walter(in *f*) *m* **-s, -** administrateur(-trice); *(Haus~)* intendant(e).
Ver'waltung *f* administration *f.*
ver'wandeln *(ohne ge-) vt* changer *o* transformer *(in +akk* en) // *vr:* **sich ~** se transformer *(in +akk* en).
Ver'wandlung *f* transformation *f.*
ver'wandt *a* apparenté(e); **V~e(r)** *mf* parent(e); **V~schaft** *f* parenté *f.*
ver'warnen *vt (ohne ge-)* avertir.
Ver'warnung *f* avertissement *m.*
ver'wechseln *vt (ohne ge-)* confondre.
Ver'wechslung *f* confusion *f,* méprise *f.*
ver'wegen *a* téméraire.
ver'weichlicht *a* mou(molle), efféminé(e).
ver'weigern *vt (ohne ge-)* refuser; **den Gehorsam/die Aussage ~** refuser d'obéir/de témoigner.
Ver'weigerung *f* refus *m.*
Ver'weis *m* **-es, -e** *(Tadel)* réprimande *f,* remontrance *f; (Hinweis)* renvoi *m;* **v~en** *irr (ohne ge-) vt* renvoyer *(auf +akk* à) // *vi* se référer *(auf +akk* à); **jdn des Landes v~en** expulser qn du pays; **jdn an jdn v~en** (r)envoyer qn à qn.
ver'welken *vi (ohne ge-, mit sein)* se faner.
ver'wenden *vt (ohne ge-)* employer; *(Mühe, Zeit)* consacrer.
Ver'wendung *f* emploi *m,* utilisation *f.*
ver'werfen *vt irr (ohne ge-) (Plan)* repousser, rejeter.
ver'werflich *a (Tat)* condamnable, répréhensible.
ver'werten *vt (ohne ge-)* utiliser.
ver'wesen *vi (ohne ge-, mit sein)* se putréfier, se décomposer.
Ver'wesung *f* décomposition *f.*
ver'wickeln *(ohne ge-) vt:* **jdn in etw ~** *(fig)* impliquer qn dans qch // *vr:* **sich ~** *(Faden)* s'emmêler; **sich ~ in** *(+akk) (fig)* s'embrouiller dans.
ver'wildern *vi (ohne ge, mit sein) (Garten)* être à l'abandon; *(Tier, Kind)* devenir sauvage.
ver'wirklichen *vt (ohne ge-)* réaliser.
Ver'wirklichung *f* réalisation *f.*
ver'wirren *vt (ohne ge-)* emmêler; *(fig)* déconcerter.
Ver'wirrung *f* confusion *f.*
ver'wischen *vt (ohne ge-)* estomper, effacer.
ver'wittern *vi (ohne ge-, mit sein) (Stein, Gebäude)* être érodé(e).
ver'witwet *a* veuf(veuve).
ver'wöhnen *vt (ohne ge-)* gâter.
ver'worren *a* confus(e), embrouillé(e).
ver'wundbar *a* vulnérable.
ver'wunden *vt (ohne ge-)* blesser.
ver'wunderlich *a* étonnant(e), surprenant(e).
Ver'wunderung *f* étonnement *m,* surprise *f.*
Ver'wundete(r) *mf* blessé(e).
Ver'wundung *f* blessure *f.*
ver'wünschen *vt (ohne ge-)* maudire.
ver'wüsten *vt (ohne ge-)* dévaster, ravager.
Ver'wüstung *f* dévastation *f,* ravage *m.*
ver'zagt *a* découragé(e).
ver'zählen *vr (ohne ge-):* **sich ~** se tromper (dans ses calculs).
ver'zaubern *vt (ohne ge-)* ensorceler, enchanter; *(fig)* charmer.
ver'zehren *vt (ohne ge-) (essen)* manger; *(aufbrauchen)* consommer.
ver'zeichnen *vt (ohne ge-) (Niederlage, Verlust)* enregistrer; *(Preise, Werke)* inscrire.
Ver'zeichnis *nt* liste *f,* catalogue *m; (in Buch)* index *m.*
ver'zeihen *vt, vi irr* pardonner.
Ver'zeihung *f* pardon *m;* **~!** pardon!; **um ~ bitten** demander pardon.

ver'zerren *vt (ohne ge-)* tordre, déformer.
Ver'zicht *m* **-(e)s, -e** renoncement *m (auf +akk* à); **~en** *vi (ohne ge-)* renoncer *(auf +akk* à).
ver'zieh *siehe* **verzeihen.**
ver'ziehen *siehe* **verzeihen** // *irr (ohne ge-) vt (Kind)* gâter, mal élever; **das Gesicht** ~ faire la grimace // *vr:* **sich** ~ *(Gesicht)* se crisper, grimacer; *(Holz)* travailler; *(verschwinden)* disparaître // *vi (mit sein) (umziehen)* déménager.
ver'zieren *vt (ohne ge-)* décorer.
ver'zögern *(ohne ge-) vt* retarder, différer // *vr:* **sich** ~ être retardé(e).
Ver'zögerung *f* retard *m*, délai *m*; **~staktik** *f* méthodes *fpl* dilatoires.
ver'zollen *vt (ohne ge-)* dédouaner; **nichts zu** ~ **haben** n'avoir rien à déclarer.
ver'zweifeln *vi (ohne ge-, mit sein)* désespérer *(an +akk* de); **es ist zum V~!** c'est à désespérer.
ver'zweifelt *a* désespéré(e).
Ver'zweiflung *f* désespoir *m*; **jdn zur** ~ **bringen** désespérer qn.
ver'zweigen *vr (ohne ge-):* **sich** ~ *(Ast)* se ramifier; *(Straße)* bifurquer.
ver'zwickt *a (fam)* embrouillé(e), compliqué(e).
Veto ['ve:to] *nt* **-s, -s** véto *m*; ~ **einlegen** mettre son véto.
Vetter *m* **-s, -n** cousin *m*.
Video ['vi:deo] *nt* **-s** vidéo *f*; **~gerät** *nt* appareil *m* vidéo, magnétoscope *m*; **~kassette** *f* vidéocassette *f*.
Vieh *nt* **-(e)s** bétail *m*, bestiaux *mpl*.
viel *a inv* beaucoup de // *ad* beaucoup; ~ **zuwenig** beaucoup trop peu; **~e** *pl (attributiv)* beaucoup de; *(substantivisch)* beaucoup de gens/choses *etc*; **~erlei** *a inv* divers(e), de toutes sortes; **~es** *a (substantivisch)* beaucoup de choses; **~fach** *a:* **auf ~fachen Wunsch** à la demande générale; **V~falt** *f* - multiplicité *f*; **~fältig** *a* multiple, divers(e).
viel'leicht *ad* peut-être; **du bist** ~ **dumm!** que tu es bête!
viel-: **~mal(s)** *ad* souvent, bien des fois; **danke ~mals** merci infiniment; **~mehr** *ad* plutôt, au contraire; **~sagend** *a* éloquent(e), significatif(-ive); **~seitig** *a* varié(e), multiple; *(Mensch)* aux talents multiples; **~versprechend** *a* prometteur(-euse).
vier *num* quatre; **unter** ~ **Augen** entre quatre yeux; **auf allen ~en** à quatre pattes; **V~eck** *nt* quadrilatère *m*; **~eckig** *a* quadrangulaire, rectangulaire; **~te(r,s)** *a* quatrième; **V~tel** ['fɪrtl] *nt* **-s, -** quart *m*; *(von Stadt)* quartier *m*; **V~teljahr** *nt* trimestre *m*; **V~telnote** *f* noire *f*; **V~telstunde** *f* quart *m* d'heure; **~zehn** ['fɪrtse:n] *num* quatorze; **~zehntägig** *a* de quinze jours // *ad* tous les quinze jours; **~zig** ['fɪrtsɪç] *num* quarante.
violett [vio'lɛt] *a* violet(te).
Violin- [vio'li:n-]: **~bogen** *m* archet *m* (de violon); **~e** *f* **-, -n** violon *m*; **~schlüssel** *m* clé *f* de sol.
Virus ['vi:rʊs] *m o nt* **-, Viren** ['vi:rən] virus *m*.
Visier [vi'zi:ɐ] *nt* **-s, -e** *(an Waffe)* hausse *f*; *(am Helm)* visière *f*.
Visite [vi'zi:tə] *f* **-, -n** *(MED)* visite *f*, consultation *f*.
Visum ['vi:zʊm] *nt* **-s, Visa** *o* **Visen** ['vi:zen] visa *m*.
Vitamin [vita'mi:n] *nt* **-s, -e** vitamine *f*; **~mangel** *m* carence *f* en vitamines, avitaminose *f*.
Vize-: **~kanzler** *m* vice-chancelier *m*; **~präsident(in** *f) m* vice-président(e).
Vogel *m* **-s, ⸚** oiseau *m*; **einen** ~ **haben** *(fam)* avoir une araignée au plafond; **jdm den** ~ **zeigen** *(fam)* se frapper le front; **~bauer** *nt* cage *f*, volière *f*; **~scheuche** *f* épouvantail *m*.
Vo'gesen *pl:* **die** ~ les Vosges *fpl*.
Vokabel [vo'ka:bl] *f* **-, -n** mot *m*, vocable *m*.
Vokabular [vokabu'la:ɐ] *nt* **-s, -e** vocabulaire *m*.
Vokal [vo'ka:l] *m* **-s, -e** voyelle *f*.
Volk *nt* **-(e)s, ⸚er** *(Nation)* peuple *m*, nation *f*; *(Masse, Menge)* foule *f*, masse *f*.

Völker-: ~bund *m* société *f* des Nations; **~recht** *nt* droit *m* international; **v~rechtlich** *a* de droit international; **~verständigung** *f* entente *f* entre les peuples; **~wanderung** *f* migration *f*.

Volks-: ~begehren *nt* initiative *f* populaire; **v~eigen** *a* nationalisé(e); **~fest** *nt* fête *f* populaire; **~hochschule** *f* université *f* populaire; **~tanz** *m* danse *f* folklorique; **v~tümlich** *a* populaire; **~wirtschaft** *f* économie *f* politique.

voll *a* plein(e); *(ganz)* entier(-ère); *(Farbe, Ton)* intense; **eine Hand~ Geld** une poignée d'argent; **~ sein** *(fam: betrunken)* être plein(e) *o* bourré(e); **jdn für ~ nehmen** prendre qn au sérieux // *ad (ganz)* entièrement; **~ und ganz** *(genügen)* pleinement; *(zustimmen)* entièrement; **~'auf** *ad* largement, amplement; **V~bart** *m* barbe *f* (et moustache *f*); **~'bringen** *vt irr (ohne ge-)* accomplir; **~'enden** *vt (ohne ge-)* terminer, accomplir; **die vollendete Dame** une vraie dame; **~ends** *ad* entièrement, complètement; **V~'endung** *f* accomplissement *m*, achèvement *m*.

voller *a (+gen)* plein(e) de.

Vollgas *nt*: **mit ~** à plein gaz *o* régime; **~ geben** rouler à plein gaz.

völlig *a* total(e), complet(-ète) // *ad* complètement.

voll-: ~jährig *a* majeur(e); **V~kaskoversicherung** *f* assurance *f* tous risques; **~kommen** *a (fehlerlos)* parfait(e) // *ad (fam)* complètement; **V~'kommenheit** *f* perfection *f*; **V~kornbrot** *nt* pain *m* complet; **~machen** *vt (zvb)* remplir; **V~macht** *f* **-, -en** procuration *f*; **V~macht haben** avoir plein(s) pouvoir(s); **jdm V~macht geben** donner procuration à qn; **V~milch** *f* lait *m* entier; **V~mond** *m* pleine lune *f*; **V~pension** *f* pension *f* complète; **~schlank** *a* rondelet(te); **~ständig** *a* complet(-ète), intégral(e) // *ad (fam)* complètement; **~'strecken** *vt (ohne ge-)* exécuter; **~tanken** *vi irr (zvb)* faire le plein; **V~versammlung** *f* assemblée *f* plénière; **~zählig** *a* complet(-ète), au complet; **~'ziehen** *irr (ohne ge-) vt* exécuter, accomplir // *vr*: **sich ~ziehen** s'accomplir; **V~'zug** *m (von Urteil)* exécution *f*.

Volumen [vo'luːmən] *nt* **-s, -** volume *m*.

vom = von dem; das kommt ~ Rauchen cela vient de ce qu'il/elle fume; **sie ist ~ Land** elle vient de la campagne.

von *prep +dat* de; *(im Passiv)* par; *(bestehend aus)* en; *(über Thema)* sur, de; **von ... an** *(räumlich)* dès...; *(zeitlich)* depuis...; **von ... bis** de ... à; depuis ... jusqu'à...; **ein Freund ~ mir** un de mes amis; **~ mir aus** *(fam)* en ce qui me concerne; soit; **~ wegen!** mon œil!; **~einander** *ad* l'un(e) de l'autre; **~'statten** *ad*: **~statten gehen** se dérouler, avoir lieu.

vor *prep +akk/dat* devant; *(zeitlich)* avant; *(bei Zeitangaben)*: **fünf/Viertel ~ sieben** sept heures moins cinq/le quart; *(Grund angebend)* de; **~ der Stadt** en dehors de la ville; **~ nächstem Jahr/dem Winter** *(in Zukunft)* avant l'année prochaine/l'hiver; **~ einem Monat hat er noch gelebt** il y a un mois, il vivait encore; **~ Jahren** il y a des années; **vor allem** surtout, avant tout; **etw ~ sich** *(dat)* **haben** avoir qch devant soi; **V~abend** *m* veille *f*.

vor'an *ad* en avant; **~gehen** *vi irr (zvb, mit sein) (vorn gehen)* marcher devant; *(zeitlich)* avancer, progresser; **einer Sache** *(dat)* **~gehen** précéder qch; **~kommen** *vi irr (zvb, mit sein)* avancer.

vor'aus *ad* devant, en avant; *(zeitlich)* en avance; **jdm ~ sein** être en avance sur qn; **im ~** à l'avance; **~gehen** *vi irr (zvb, mit sein) (vorgehen)* aller devant; *(zeitlich)* précéder; **~haben** *vi irr (zvb)*: **jdm etw ~haben** avoir qch de plus que qn; **~sagen** *vt (zvb)* prédire; **~sehen** *vt*

irr (zvb) prévoir; **~setzen** *vt (zvb)* présumer, supposer; **vorausgesetzt, daß...** à condition que...; **V~setzung** *f (Bedingungen)* condition *f; (Annahme)* supposition *f;* **unter der V~setzung, daß...** à condition que...; **V~sicht** *f* prudence *f,* prévoyance *f;* **aller V~sicht nach** très probablement; **~sichtlich** *ad* probablement.
vorbauen *vi (zvb)* prévenir *(einer Sache* qch).
Vorbehalt *m* **-(e)s, -e** réserve *f,* restriction *f;* **v~en** *vt irr (zvb, ohne ge-):* **jdm/sich** *(dat)* **etw v~en** réserver/se réserver qch; **Änderungen v~en** sous réserve de modification(s); **v~los** *ad* sans réserve *o* restriction.
vor'bei *ad (zeitlich)* passé(e); *(zu Ende)* fini(e), terminé(e); **2 Uhr ~** deux heures passées; **~gehen** *vi irr (zvb, mit sein)* passer *(an +dat* devant); *(fig: nicht beachten)* ne pas faire attention *(an +dat* à); **bei jdm ~gehen** *(fam)* passer voir qn.
vor-: ~belastet *a* handicapé(e); *(voreingenommen)* influencé(e); **~bereiten** *(zvb, ohne ge-) vt* préparer // *vr:* **sich auf etw** *(akk)* **~bereiten** se préparer à qch; **V~bereitung** *f* préparation *f,* préparatif *m;* **~bestraft** *a* qui a un casier judiciaire.
vorbeugen *(zvb) vr:* **sich ~** se pencher (en avant) // *vi* prévenir *(einer Sache* qch); **~d** *a (Maßnahme)* préventif(-ive).
Vorbeugung *f* prévention *f.*
Vorbild *nt* modèle *m;* **sich** *(dat)* **jdn zum ~ nehmen** prendre qn pour modèle, prendre exemple sur qn; **v~lich** *a* exemplaire.
vorbringen *vt irr (zvb) (vortragen)* formuler; *(fam: nach vorne)* apporter.
Vorder-: ~achse *f* essieu *m* avant; **~ansicht** *f* vue *f* de face; **v~e(r, s)** *a* antérieur(e), de devant; **~grund** *m* premier plan *m;* **im ~grund** au premier plan; **~mann** *m* personne *f* qui est devant qn; **jdn auf ~mann bringen** *(fam)* mettre qn au pas; **v~ste(r, s)** *a* le (la) premier(-ère), le (la) plus en avant.
vordrängen *vr (zvb):* **sich ~** se mettre en avant *o* en évidence.
vorehelich *a* avant le mariage, prénuptial(e).
voreilig *a* prématuré(e).
vorein'ander *ad* l'un(e) devant l'autre; l'un(e) pour l'autre.
voreingenommen *a* prévenu(e); **V~heit** *f* préjugé *m,* parti *m* pris.
vorenthalten *vt irr (zvb, ohne ge-):* **jdm etw ~** priver qn de qch; *(verheimlichen)* cacher qch à qn.
vorerst *ad* pour le moment.
Vorfahr *m* **-en, -en** ancêtre *m.*
vorfahren *vi irr (zvb, mit sein)* avancer; *(vors Haus etc)* arriver.
Vorfahrt *f* priorité *f;* **~ achten!** respectez la priorité; **~sschild** *nt* panneau *m* de priorité; **~straße** *f* route *f* prioritaire.
Vorfall *m* incident *m;* **v~en** *vi irr (zvb, mit sein)* se passer, arriver.
vorführen *vt* présenter.
Vorgang *m* cours *m* (des événements); *(TECH, BIO)* processus *m.*
Vorgänger(in *f*) *m* **-s, -** prédécesseur *m.*
vorgeben *vt irr (zvb) (vortäuschen)* prétexter, prétendre; *(SPORT)* donner un avantage de.
vorge-: ~faßt *a* préconçu(e), préétabli(e); **~fertigt** *a* préfabriqué(e); **V~gefühl** *nt* pressentiment *m.*
vorgehen *vi irr (zvb, mit sein) (voraus)* aller devant; *(Uhr)* avancer; *(handeln)* procéder; *(Vorrang haben)* avoir la priorité; **gegen jdn ~** prendre des mesures contre qn; **V~** *nt* **-s** action *f.*
Vorgesetzte(r) *mf* supérieur(e).
vorgestern *ad* avant-hier.
vorhaben *vt irr (zvb)* avoir l'intention de; **ich habe heute schon etwas vor** je suis déjà pris(e) aujourd'hui; **V~** *nt* **-s, -** intention *f,* projet *m.*
vorhalten *irr (zvb) vt (Hand, Taschentuch)* tenir (devant), tendre; *(vorwerfen):* **jdm etw ~** reprocher

qch à qn // *vi (Vorräte)* suffire.
Vorhaltung *f* reproche *m*, remontrance *f*.
vor'handen *a* présent(e), existant(e); *(erhältlich)* disponible.
Vorhang *m* rideau *m*.
Vorhängeschloß *nt* cadenas *m*.
Vorhaut *f* prépuce *m*.
vor'her *ad* auparavant; **~ig** *a* précédent(e), antérieur(e).
vorherrschen *vi (zvb)* prédominer.
vor'her-: V~sage *f* **-, -n** prédiction *f*; *(Wetter~)* prévisions *fpl* météorologiques; **~sagen** *vt (zvb)* prédire, prévoir; **~sehbar** *a* prévisible; **~sehen** *vt irr (zvb)* prévoir.
vorhin *ad* tout à l'heure; **~ein** *ad*: **im ~ein** au préalable, à l'avance.
vorig *a (Woche)* dernier(-ère); *(Direktor)* précédent(e).
Vorkehrung *f* mesure *f*, disposition *f*; **~en treffen** prendre des dispositions *o* mesures.
vorkommen *vi irr (zvb, mit sein) (nach vorn)* avancer; *(geschehen)* arriver; *(vorhandensein)* se trouver, exister; **das kommt mir merkwürdig vor** ça me semble bizarre; **sich** *(dat)* **dumm ~** se sentir *o* se trouver bête; **V~** *nt* **-s, -** *(von Erdöl etc)* gisement *m*.
Vorkommnis *nt* évènement *m*.
Vorkriegs- *(in Zusammensetzungen)* d'avant-guerre.
Vorladung *f* citation *f* en justice.
Vorlage *f (Muster)* modèle *m*; *(Gesetzes~)* projet *m* de loi; *(Fußball)* passe *f*.
vorläufig *a* provisoire.
vorlaut *a* impertinent(e).
vorlegen *vt (zvb) (zur Ansicht, Prüfung)* soumettre.
Vorleger *m* **-s, -** essuie-pieds *m*; *(Bett~)* descente *f* de lit.
Vorlesung *f (SCOL)* cours *m* (magistral).
vorletzte(r,s) *a* avant-dernier (-ère).
Vorliebe *f* préférence *f*, prédilection *f*.
vor'liebnehmen *vi irr (zvb, pp: vorliebgenommen)*: **~ mit** se contenter de.
vorliegen *vi irr (zvb)*: **jdm ~** être devant qn; **gegen ihn liegt nichts vor** son casier judiciaire est vierge; **~d** *a* présent(e).
vormachen *vt (zvb)*: **jdm etw ~** *(zeigen)* montrer qch à qn; *(fig)* feindre qch devant qn.
Vormachtstellung *f* position *f* de suprématie, prédominance *f*.
Vormarsch *m* marche *f* en avant, avance *f*.
vormerken *vt (zvb)* prendre note de, noter.
Vormittag *m* matinée *f*; **v~** *ad*. **heute/morgen v~** ce/demain matin; **v~s** *ad* le matin.
Vormund *m* tuteur(-trice).
vorn(e) *ad* devant; **nach ~** en avant; **von ~** par devant, de face; **von ~ anfangen** commencer au début, recommencer à zéro.
Vorname *m* prénom *m*.
vornehm *a* distingué(e).
vornehmen *vt irr (zvb)* faire; **sich** *(dat)* **etw ~** projeter qch; **sich** *(dat)* **jdn ~** faire la leçon à qn.
vornherein *ad*: **von ~** de prime abord, tout de suite.
Vorort *m* faubourg *m*.
Vorrang *m* priorité *f*, préséance *f*.
Vorrat *m* **-s, Vorräte** provisions *fpl*, réserves *fpl*; **auf ~** en réserve.
vorrätig *a* en magasin, en stock.
Vorrecht *nt* privilège *m*.
Vorrichtung *f* dispositif *m*.
vorrücken *(zvb) vi (mit sein)* avancer // *vt* mettre en avant, avancer.
Vorsatz *m* intention *f*, projet *m*; **einen ~ fassen** prendre une résolution.
vorsätzlich *a* intentionnel(le); *(JUR)* prémédité(e) // *ad* intentionnellement, avec préméditation.
vorschieben *vt irr (zvb)* mettre *o* pousser en avant; *(fig)* prétexter; **jdn ~** employer qn comme homme de paille.
Vorschlag *m* proposition *f*; **v~en** *vt irr (zvb)* proposer.
vorschnell *ad* précipité(e), inconsidéré(e).

vorschreiben *vt irr (zvb)* prescrire.
Vorschrift *f* règle *f; (Anweisung)* instruction *f;* **Dienst nach ~** grève *f* du zèle, **jdm ~en machen** donner des ordres à qn; **v~smäßig** *a* réglementaire.
Vorschuß *m* avance *f.*
vorsehen *irr (zvb) vt (planen)* prévoir // *vr:* **sich vor jdm/etw ~** prendre garde à *o* se garder de qn/qch; **das ist dafür nicht vorgesehen** cela n'a pas été prévu pour cela.
Vorsehung *f* providence *f.*
vorsetzen *(zvb) vt (Essen)* servir, présenter // *vr:* **sich ~** avancer.
Vorsicht *f* prudence *f;* **~!** attention!; **~, Stufe!** attention à la marche!; **v~ig** *a* prudent(e); **v~shalber** *ad* par précaution, par mesure de prudence; **~smaßnahme** *f* précaution *f.*
Vorsilbe *f* préfixe *m.*
Vorsitz *m* présidence *f;* **~ende(r)** *mf* président(e).
Vorsorge *f* précaution *f;* **(für etw) ~ treffen** prendre les dispositions nécessaires (pour qch); **v~n** *vi (zvb)* pourvoir *(für* à).
vorsorglich *ad* par précaution.
Vorspeise *f* entrée *f,* hors-d'œuvre *m.*
Vorspiel *nt (THEAT)* prologue *m; (MUS)* prélude *m; (sexuell)* préliminaires *mpl.*
Vorsprung *m* rebord *m,* saillie *f; (fig)* avance *f,* avantage *m.*
Vorstadt *f* faubourg *m.*
Vorstand *m* conseil *m* d'administration; *(Mensch)* président(e).
vorstehen *vi irr (zvb)* être proéminent(e); *(als Vorstand):* **etw** *(dat)* **~** diriger qch.
vorstell-: ~bar *a* imaginable, concevable; **~en** *(zvb) vt (vor etwas)* mettre *o* placer devant; *(bekanntmachen)* présenter; *(darstellen)* représenter; *(bedeuten)* signifier // *vr:* **sich ~en** se présenter; **sich** *(dat)* **etw ~en** se représenter *o* s'imaginer qch; **V~ung** *f (Bekanntmachen)* présentations *fpl; (THEAT etc)* représentation *f; (Gedanke)* idée *f; (in Firma):* **kommen Sie morgen zur V~ung** venez vous présenter demain.
Vorstrafe *f* condamnation *f* antérieure.
vorstrecken *vt (zvb)* avancer.
vortäuschen *vt (zvb)* feindre, simuler.
Vorteil *m* **-s, -e** avantage *m (gegenüber* par rapport à); **im ~ sein** être avantagé(e); **den ~ haben, daß...** avoir l'avantage de; **v~haft** *a* avantageux(-euse).
Vortrag *m* **-(e)s, Vorträge** conférence *f;* **einen ~ halten** faire une conférence; **v~en** *vt irr (zvb) (Bitte, Plan)* présenter; *(Gedicht)* réciter; *(Lied)* chanter; *(Rede)* tenir.
vortrefflich *a* excellent(e).
vo'rüber *ad (räumlich)* devant; *(zeitlich)* passé(e); **~gehen** *vi irr (zvb, mit sein) (vergehen)* passer; **~ an** *(+dat)* passer (devant); *(fig: nicht beachten)* négliger; **~gehend** *a* temporaire, momentané(e).
Vorurteil *nt* préjugé *m.*
Vorverkauf *m* location *f* (à l'avance).
Vorwahl *f (TEL)* indicatif *m.*
Vorwand *m* **-(e)s, Vorwände** prétexte *m,* excuse *f.*
vorwärts *ad* en avant; **V~gang** *m (AUT)* marche *f* avant; **~gehen** *vi irr (zvb, mit sein)* avancer, progresser; **~kommen** *vi irr (zvb, mit sein)* avancer, progresser.
vor'weg *ad* d'avance, auparavant; **~nehmen** *vt irr (zvb)* anticiper.
vorweisen *vt irr (zvb)* montrer, présenter.
vorwerfen *vt irr (zvb):* **jdm etw ~** reprocher qch à qn; **sich** *(dat)* **nichts vorzuwerfen haben** n'avoir rien à se reprocher.
vorwiegend *a* prédominant(e) // *ad* en majeure partie, surtout.
vorwitzig *a* impertinent(e), effronté(e).
Vorwort *nt* **-(e)s, -e** avant- propos *m,* préface *f.*
Vorwurf *m* reproche *m;* **v~svoll** *a* plein(e) de reproche(s).

Vorzeichen *nt* signe *m* (avant-coureur).
vorzeigen *vt (zvb)* montrer, produire.
vorzeitig *a* prématuré(e).
vorziehen *vt irr (zvb)* tirer (en avant); *(Gardinen)* tirer, fermer; *(lieber haben)* préférer.
Vorzug *m* préférence *f; (gute Eigenschaft)* qualité *f; (Vorteil)* avantage *m.*
vor'züglich *a* excellent(e).
Vulkan [vʊl'ka:n] *m* **-s, -e** volcan *m.*

W

Waage *f* **-, -n** balance *f;* (*ASTR*): **ich bin ~** je suis de la Balance.
waagrecht *a* horizontal(e).
Wabe *f* **-, -n** rayons *mpl.*
wach *a* (r)éveillé(e); *(fig)* éveillé(e); **W~e** *f* **-, -n** garde *f;* **W~e halten** monter la garde; **~en** *vi* veiller.
Wa'cholder *m* **-s, -** genièvre *m.*
Wachs [vaks] *nt* **-es, -e** cire *f; (Ski~)* fart *m.*
wachsam *a* vigilant(e).
wachsen [vaksn] *vi irr (mit sein)* croître; *(Pflanze, Haare)* pousser; *(Kind)* grandir; *(Kraft)* augmenter // *vt (Skier)* farter; *(Boden)* cirer.
Wachs-: ~tuch *nt* toile *f* cirée; **~tum** *nt* croissance *f.*
Wächter(in *f)* *m* **-s, -** garde *m; (Museums~, Parkplatz~)* gardien(ne).
wackelig *a* boîteux(-euse).
Wackelkontakt *m* mauvais *o* faux contact.
wackeln *vi* branler; *(fig: Position)* être précaire.
wacker *a (Kämpfer)* vaillant(e); *(Arbeiter)* honnête // *ad* bravement.
Wade *f* **-, -n** mollet *m.*
Waffe *f* **-, -n** arme *f.*
Waffel *f* **-, -n** gauffre *f.*
Waffen-: ~schein *m* permis *m* de port d'armes; **~stillstand** *m* cessez-le-feu *m.*
Wagemut *m* goût *m* du risque.
wagen *vt* oser; *(Widerspruch)* oser émettre; *(sein Leben)* risquer.
Wagen *m* **-s, -** voiture *f;* (*EISENBAHN*) wagon *m;* **~heber** *m* **-s, -** cric *m.*
Waggon [va'gõ:, va'gɔŋ] *m* **-s, -s** wagon *m,* fourgon *m.*
waghalsig *a* téméraire.
Wagnis *nt* risque *m; (Vorhaben)* entreprise *f* risquée.
Wahl *f* **-, -en** choix *m;* (*POL*) élection *f;* **w~berechtigt** *a* qui a le droit de vote.
wählen *vt* choisir; (*POL*) élire; (*TEL*) composer; **W~er(in** *f)* *m* **-s, -** électeur(-trice); **~erisch** *a* exigeant(e); **W~erschaft** *f* électorat *m.*
Wahl-: ~fach *nt* (*SCOL*) matière *f* à option; **~kabine** *f* isoloir *m;* **~kampf** *m* campagne *f* électorale; **~kreis** *m* circonscription *f* électorale; **~lokal** *nt* bureau *m* de vote; **w~los** *ad* sans discernement, au hasard; **~recht** *nt* droit *m* de vote; **~spruch** *m* devise *f.*
Wahn *m* **-(e)s** aberration *f,* égarement *m;* **~sinn** *m* folie *f;* **w~sinnig** *a* fou(folle); *(Blick, Lächeln)* égaré(e); *(fam)* énorme // *ad (fam)* très, vachement.
wahr *a* vrai(e); *(Begeisterung)* véritable *(vorgestellt);* **~en** *vt* préserver; *(Rechte)* défendre.
während *prep +gen* pendant // *conj* pendant que; *(wohingegen)* alors que.
wahr-: ~haben *vt:* **etw nicht ~haben wollen** refuser de croire qch; **~haft** *ad (tatsächlich)* vraiment; **~'haftig** *a (Mensch)* sincère // *ad* vraiment; **W~heit** *f* vérité *f;* **~nehmen** *vt irr (zvb)* remarquer; *(Gelegenheit)* profiter de; **W~nehmung** *f (Sinnes~)* perception *f;* **W~sager(in** *f)* *m* **-s, -** voyante *f,* diseur(-euse) de bonne aventure; **~'scheinlich** *a (Grund)* vraisemblable; *(Täter)* présumé(e) // *ad* probablement; **W~'scheinlichkeit** *f* vraisemblance *f;* **W~zeichen** *nt* emblème *m.*
Währung *f* monnaie *f.*
Waise *f* **-, -n** orphelin(e); **~nhaus** *nt* orphelinat *m;* **~nkind** *nt*

orphelin(e).
Wald *m* **-(e)s, ¨er** forêt *f;* **w~ig** *a* *(Gebiet)* boisé(e).
Wal(fisch) *m* **-(e)s, -e** baleine *f.*
Wall *m* **-(e)s, ¨e** rempart *m;* **~fahrer(in** *f)* *m* pèlerin *m;* **~fahrt** *f* pèlerinage *m.*
Wal-: **~nuß** *f* noix *f;* **~nußbaum** *m* noyer *m;* **~roß** *nt* morse *m.*
Walze *f* **-, -n** cylindre *m;* *(Schreibmaschinen~)* rouleau *m;* *(Straßen~)* rouleau compresseur; **w~n** *vt* *(Boden)* cylindrer; *(Blech)* laminer.
wälzen *vt* rouler, pousser en roulant; (*CULIN*): **in etw ~** rouler *o* passer dans qch; *(Bücher)* compulser; *(Probleme)* ruminer // *vr:* **sich ~** se rouler; *(vor Schmerzen)* se tordre; *(im Bett)* se retourner.
Walzer *m* **-s, -** valse *f.*
Wälzer *m* **-s, -** *(fam)* gros bouquin *m.*
wand *siehe* **winden.**
Wand *f* **-, ¨e** mur *m;* *(Trenn~)* paroi *f,* cloison *f;* *(Berg~)* paroi.
Wandel *m* **-s** transformation *f;* **w~n** *vt* changer de // *vr:* **sich w~n** changer // *vi (mit sein) (gehen)* déambuler, se promener.
Wander-: **~er** *m* **-s, -, Wandrerin** *f* marcheur(-euse); **w~n** *vi (mit sein)* marcher, faire une excursion *o* une randonnée; *(Blick, Gedanken)* errer; **~ung** *f* randonnée *f.*
Wandlung *f* transformation *f.*
wandte *siehe* **wenden.**
Wange *f* **-, -n** (*ANAT*) joue *f.*
wankelmütig *a* inconstant(e), versatile.
wanken *vi* chanceller; *(mit sein: sich bewegen)* tituber.
wann *ad* quand.
Wanne *f* **-, -n** cuve *f;* *(Bade~)* baignoire *f.*
Wanze *f* **-, -n** (*ZOOL*) punaise *f.*
Wappen *nt* **-s, -** blason *m.*
war *siehe* **sein.**
warb *siehe* **werben.**
Ware *f* **-, -n** marchandise *f;* **~nhaus** *nt* grand magasin *m;* **~nlager** *nt* entrepôt *m;* **~nprobe** *f* échantillon *m;* **~nzeichen** *nt* marque *f* déposée.
warf *siehe* **werfen.**
warm *a* **(¨er, am ¨sten)** chaud(e); **es ist ~** il fait chaud.
Wärme *f* **-, -n** chaleur *f;* **w~n** *vt* chauffer; *(Essen)* réchauffer // *vr:* **sich w~n** se réchauffer.
Wärmflasche *f* bouillotte *f.*
warm-: **~herzig** *a* chaleureux(-euse); **~laufen** *irr (zvb) vi (mit sein)* (*AUT*): **den Motor ~laufen lassen** faire tourner son moteur (pour le réchauffer) // *vr:* **sich ~laufen** (*SPORT*) s'échauffer; **W~'wassertank** *m* chauffe-eau *m.*
warnen *vt:* **vor etw** *(dat)* **~** avertir *o* prévenir de qch, mettre en garde contre qch.
Warnung *f* avertissement *m,* mise *f* en garde.
warten *vi:* **auf jdn/etw ~** attendre qn/qch // *vt (Maschine)* réviser.
Wärter(in *f)* *m* **-s, -** gardien(ne); *(Kranken~)* garde-malade *m/f.*
Warte-: **~saal** *m,* **~zimmer** *nt* salle *f* d'attente.
Wartung *f (von Maschine)* révision *f.*
warum *ad* pourquoi.
Warze *f* **-, -n** verrue *f.*
was *pron (interrogativ)* qu'est-ce qui?; *(akk)* que; *(relativ)* ce qui; *(akk)* ce que; *(nach prep)* quoi; *(fam: etwas)* quelque chose.
Wasch-: **w~bar** *a* lavable; **~becken** *nt* lavabo *m;* **w~echt** *a* résistant au lavage; *(fig)* vrai(e).
Wäsche *f* **-, -n** linge *m;* *(das Waschen)* lessive *f;* *(Bett~)* draps *mpl;* *(Unter~)* linge (de corps); **~klammer** *f* pince *f* à linge.
waschen *irr vt* laver // *vi* faire la lessive // *vr:* **sich ~** se laver; **sich** *(dat)* **die Hände ~** se laver les mains.
Wäsche'rei *f* blanchisserie *f.*
Wäscheschleuder *f* essoreuse *f.*
Wasch-: **~küche** *f* buanderie *f;* **~lappen** *m* gant *m* de toilette; *(fam)* lavette *f;* **~maschine** *f* machine *f* à laver; **~mittel** *nt,* **~pulver** *nt* lessive *f.*
Wasser *nt* **-s, -** eau *f;* **w~dicht** *a* *(Kleidung etc)* imperméable; *(Dach, Schiff, Uhr)* étanche; **~fall** *m* chute *f*

d'eau; ~**farbe** *f* couleur *f* à l'eau.
Wasser-: ~**kraftwerk** *nt* centrale *f* hydro-électrique; ~**leitung** *f* conduite *f* d'eau; ~**mann** *m* (*ASTR*) Verseau *m*; **w~n** *vi* amerrir.
wässern *vt* (*CULIN*) dessaler.
Wasser-: ~**ski** *m* ski *m* nautique; ~**ski fahren** faire du ski nautique; ~**stand** *m* niveau *m* de l'eau; ~**stoff** *m* hydrogène *m*; ~**stoffbombe** *f* bombe *f* H; ~**welle** *f* mise *f* en plis; ~**zeichen** *nt* filigrane *m*.
waten *vi* (*mit sein*) patauger.
watscheln *vi* (*mit sein*) se dandiner.
Watt *nt* **-(e)s, -e** (*Küstenstreifen*) laisse *f* // *nt* **-s, -** (*ELEC*) watt *m*.
Watte *f* **-, -n** ouate *f*.
wat'tieren *vt* (*ohne ge-*) ouater.
weben *vt irr* tisser.
Weber(in *f*) *m* **-s, -** tisserand(e).
Webstuhl *m* métier *m* à tisser.
Wechsel ['vɛksl] *m* **-s, -** changement *m*; (*FIN*) lettre *f* de change, traite *f*; (*Geld~*) change *m*; ~**geld** *nt* monnaie *f*; **w~haft** *a* changeant(e); ~**jahre** *pl* ménopause *f*; ~**kurs** *m* cours *m* du change; **w~n** *vt* changer de; (*Geld*) changer; (*Blicke*) échanger // *vi* (*sich verändern*) changer; ~**strom** *m* courant *m* alternatif.
wecken *vt* réveiller; (*Interesse*) éveiller.
Wecker *m* **-s, -** réveil *m*, réveille-matin *m inv*.
wedeln *vi* (*mit Schwanz*) remuer la queue; (*mit Fächer*) s'éventer; (*SKI*) godiller.
weder *conj*: ~ **... noch ...** ni ..., ni... .
weg [vɛk] *ad* loin, pas là; **über etw** (*akk*) ~ **sein** avoir surmonté qch; **er war schon** ~ il était déjà parti.
Weg [veːk] *m* **-(e)s, -e** chemin *m*; (*Mittel*) moyen *m*; **sich auf den** ~ **machen** se mettre en route; **jdm aus dem** ~ **gehen** éviter qn.
wegen *prep +gen o* (*fam*) *dat* à cause de.
weg-: ~**fahren** *vi irr* (*zvb, mit sein*) partir (*en voiture etc*); ~**gehen** *vi irr* (*zvb, mit sein*) s'en aller; (*aufhören*): **geh mir weg damit!** arrête!; ~**jagen** *vt* (*zvb*) chasser; ~**lassen** *vt irr* (*zvb*) omettre; (*Mensch*) laisser partir; ~**laufen** *vi irr* (*zvb, mit sein*) s'enfuir; ~**legen** *vt* (*zvb*) poser; (*Kleidung*) ranger; ~**machen** *vt* (*zvb*) (*fam*) (*Flecken*) enlever; ~**müssen** *vi irr* (*zvb*) (*fam*) devoir partir; ~**nehmen** *vt irr* (*zvb*) enlever; (*Eigentum*) voler; ~**räumen** *vt* (*zvb*) (*Sachen*) ranger; (*Schnee*) déblayer; ~**tun** *vt irr* (*zvb*) (*aufräumen*) ranger; (*wegwerfen*) jeter; (*sparen*) mettre de côté.
Wegweiser *m* **-s, -** poteau *m* indicateur.
weg-: ~**werfen** *vt irr* (*zvb*) jeter; ~**werfend** *a* méprisant(e), dédaigneux(-euse); ~**ziehen** *irr* (*zvb*) *vt* enlever (en tirant) // *vi* (*mit sein*) déménager.
weh *a* (*Finger*) douloureux(-euse), qui fait mal; ~ **tun** faire mal; **mein Bauch tut mir** ~ j'ai mal au ventre; **sich** (*dat*) ~ **tun** se blesser; ~**(e), wenn du ...** gare à toi, si tu ... .
wehen *vi* (*Wind*) souffler; (*Fahnen*) flotter.
Wehen *pl* (*MED*) contractions *fpl*.
weh-: ~**leidig** *a* douillet(te); ~**mütig** *a* mélancolique.
Wehr *nt* **-(e)s, -e** digue *f* // *f*: **sich zur** ~ **setzen** se défendre; ~**dienst** *m* service *m* militaire; **w~en** *vr*: **sich w~en** se défendre (*gegen* contre); **w~los** *a* sans défense; ~**macht** *f* forces *fpl* armées, armée *f*; ~**pflicht** *f* service *m* militaire obligatoire; **w~pflichtig** *a* astreint aux obligations militaires.
Weib *nt* **-(e)s, -er** femme *f*; ~**chen** *nt* (*Tier*) femelle *f*; **w~isch** *a* efféminé(e); **w~lich** *a* féminin(e).
weich *a* (*Material, Sessel*) moelleux (-euse); (*Haut*) doux(douce); (*Mensch*) sensible; (*Herz*) tendre.
Weiche *f* **-, -n** aiguillage *m*.
weichen *vi irr* (*mit sein*): **jdm/etw** ~ céder devant qn/qch; (*Platz machen*) céder la place à qn/qch.
Weichheit *f* moelleux *m*; douceur *f*; mollesse *f*.
weichlich *a* (*Kerl*) mou.
Weide *f* **-, -n** (*Baum*) saule *m*; (*Gras-*

land) pâturage *m;* **w~n** *vi* paître // *vr:* **sich an etw** *(dat)* **w~n** se repaître de qch.
weidlich *ad* copieusement, beaucoup.
weigern *vr:* **sich** ~ refuser.
Weigerung *f* refus *m.*
Weihe *f* **-, -n** consécration *f; (Priester~)* ordination *f.*
Weiher *m* **-s, -** étang *m.*
Weihnacht *f* **-, Weihnachten** *nt* **-s, -** Noël *m.*
Weihnachts-: ~**abend** *m* veillée *f* o réveillon *m* de Noël; ~**baum** *m* sapin *m* de Noël; ~**lied** *nt* noël *m;* ~**mann** *m* Père *m* Noël.
Weih-: ~**rauch** *m* encens *m;* ~ **wasser** *nt* eau *f* bénite.
weil *conj* parce que.
Weile *f* **-** moment *m.*
Wein *m* **-(e)s, -e** vin *m; (Pflanze)* vigne *f;* ~**bau** *m* viticulture *f;* ~**beere** *f* (grain *m* de) raisin *m;* ~**berg** *m* vignoble *m;* ~**brand** *m* eau-de-vie *f.*
weinen *vt, vi* pleurer.
Wein-: ~**geist** *m* esprit-de-vin *m;* ~**lese** *f* vendange *f;* ~**rebe** *f* vigne *f;* ~**stock** *m* pied *m* de vigne, cep *m;* ~**traube** *f* raisin *m.*
weise *a* sage; **W~(r)** *mf* sage *m.*
Weise *f* **-, -n** manière *f,* façon *f; (MUS)* air *m.*
weisen *vt irr* montrer.
Weisheit *f* sagesse *f;* ~**szahn** *m* dent *f* de sagesse.
weiß *a* blanc(blanche); **W~brot** *nt* pain *m* blanc; **W~glut** *f (TECH)* incandescence *f;* **jdn (bis) zur W~glut bringen** *(fig)* faire voir rouge qn; **W~wein** *m* vin *m* blanc.
Weisung *f* directives *fpl.*
weit *a* large; *(Entfernung)* éloigné(e); **das geht zu** ~ cela dépasse les bornes; ~**aus** *ad* de loin; **W~e** *f* **-, -n** largeur *f; (Raum)* étendue *f.*
weiter *a (breiter)* plus large; *(in Entfernung)* plus éloigné(e); *(zusätzlich)* supplémentaire // *ad* en outre; **ohne** ~**es** sans façon, simplement; ~ **nichts** rien de plus; ~ **niemand** personne d'autre; ~**arbeiten** *vi (zvb)* continuer de travailler; ~**bilden** *vr (zvb):* **sich** ~**bilden** se recycler; ~**empfehlen** *vt irr (zvb, ohne ge-)* recommander (à d'autres); ~**gehen** *vi irr (zvb, mit sein)* aller plus loin; *(Leben)* continuer; ~**hin** *ad:* **etw** ~**hin tun** continuer de faire qch; ~**machen** *vt, vi (zvb)* continuer; ~ **reisen** *vi (zvb, mit sein)* continuer son voyage.
weit-: ~**gehend** *a* grand(e), considérable // *ad* largement; ~**läufig** *a (Gebäude)* grand(e), vaste; *(Erklärung)* détaillé(e); *(Verwandter)* éloigné(e); ~**sichtig** *a (MED)* presbyte; *(Entscheidung)* à long terme; *(Mensch)* qui voit loin; **W~sprung** *m* saut *m* en longueur; ~**verbreitet** *a* répandu(e).
Weizen *m* **-s, -** blé *m.*
welch *pron:* ~ **ein(e) ...** quel(le) ... ; ~**e** *pron (fam: einige)* certains; ~**e(r, s)** *pron (relativ)* qui; *(akk)* (ce) que // *interrogativ (adjektivisch)* quel(le); *(substantivisch)* lequel (laquelle), *pl* lesquel(le)s.
welk *a* fané(e); ~**en** *vi (mit sein)* se faner.
Wellblech *nt* tôle *f* ondulée.
Welle *f* **-, -n** vague *f; (PHYS)* onde *f;* ~**nbereich** *m* fréquence *f;* ~**nbrecher** *m* **-s, -** brise-lames *m;* ~**nlänge** *f* longueur *f* d'ondes; ~**nlinie** *f* ligne *f* ondulée, ondulation *f;* ~**nsittich** *m* perruche *f.*
Wellpappe *f* carton *m* ondulé.
welsch *a* suisse romand(e).
Welt *f* **-, -en** monde *m;* ~**all** *nt* univers *m;* ~**anschauung** *f* vision *f* du monde, philosophie *f;* **w~berühmt** *a* très célèbre *o* connu(e); **w~fremd** *a* sans contact avec la réalité; ~**krieg** *m* guerre *f* mondiale; ~**meister(in** *f) m* champion(ne) du monde; ~**raum** *m* espace *m;* ~**stadt** *f* ville *f* cosmopolite; **w~weit** *a (Verbindungen)* international(e); *(Erscheinung)* universel(le); ~**wunder** *nt* merveille *f* du monde.
wem *pron (dat)* à qui.
wen *pron (akk)* qui.

Wende *f* **-, -n** tournant *m*.
Wendeltreppe *f* escalier *m* en colimaçon.
wenden *(auch irr) vt* tourner, retourner; *(Boot)* faire virer // *vi* tourner // *vr:* **sich an jdn ~** s'adresser à qn.
Wendung *f* tournure *f*.
wenig *a, ad* peu de; *(Lust)* pas le (la) moindre // *ad* peu; **~e** *pl* peu de gens; **~ste(r, s)** *a* moindre; **~stens** *ad* au moins.
wenn *conj* si; *(zeitlich)* quand, lorsque; **~ auch ...** même si ... ; **~ ich doch wüßte/aufgepaßt hätte** si seulement je savais/ j'avais fait attention; **na ~schon** ça ne fait rien.
wer *pron* qui.
Werbe-: ~fernsehen *nt* publicité *f* télévisée; **~kampagne** *f* campagne *f* publicitaire; **w~n** *irr vt* tenter d'attirer, recruter // *vi* faire de la publicité *(für* pour); **um jdn w~n** tenter de s'attirer les bonnes grâces de qn; **um etw w~n** tenter de se concilier qch, rechercher qch.
Werbung *f* publicité *f*; *(von Mitgliedern)* recrutement *m*; *(um jdn/etw)* sollicitation *f*.
Werdegang *m* développement *m*; *(beruflich)* carrière *f*.
werden *irr (mit sein) vi* devenir // *(Hilfsverb) (Futur)* aller; *(Passiv)* être; **Lehrer ~** devenir professeur; **was ist aus ihm geworden?** qu'est-il devenu?; **es ist nichts geworden** ça n'a rien donné; **mir wird kalt** je commence à avoir froid; **das muß anders ~** il faut que cela change; **zu Eis ~** geler.
werfen *vt irr* lancer; *(Junge)* mettre bas.
Werft *f* **-, -en** chantier *m* naval.
Werk *nt* **-(e)s, -e** *(Buch etc)* œuvre *f*; *(Tätigkeit)* action *f*, acte *m*; *(Fabrik)* usine *f*, entreprise *f*; *(Mechanismus)* mécanisme *m*; *(Uhr~)* mouvement *m*; **ans ~ gehen** se mettre à l'œuvre; **~statt** *f* atelier *m*; **~tag** *m* jour *m* ouvrable; **w~tags** *ad* les jours ouvrables; **w~tätig** *a (Bevölkerung)* actif(-ive); **~zeug** *nt* outils *mpl*; **~zeugkasten** *m* caisse *f* à outils.
Wermut *m* **-(e)s** *(Wein)* vermout(h) *m*.
Wert *m* **-(e)s, -e** valeur *f*; **~ legen auf** *(+akk)* attacher de l'importance à; **es hat doch keinen ~** cela ne sert à rien; **w~** *a (geschätzt)* cher(chère); **es ist drei Mark w~** cela vaut trois marks; **das ist es/er mir w~** qch/il vaut bien cela; **~angabe** *f* indication *f* de la valeur; **w~en** *vt (Sache)* estimer; *(Leistung)* évaluer; **~gegenstand** *m* objet *m* de valeur; **w~los** *a (Sache)* sans valeur; *(Information)* inutile; **~papier** *nt* titre *m*; **w~voll** *a* précieux(-euse); **~zuwachs** *m* augmentation *f* de valeur.
Wesen *nt* **-s, -** *(Geschöpf)* être *m*; *(Natur, Charakter)* nature *f*, naturel *m*, caractère *m*.
wesentlich *a (Unterschied)* essentiel(le), fondamental(e); *(beträchtlich)* notable, considérable.
wes'halb *ad* pourquoi.
Wespe *f* **-, -n** guêpe *f*.
wessen *pron (gen)* de qui; **~ Buch ist das?** à qui est ce livre?
Westdeutschland *nt* l'Allemagne *f* de l'Ouest.
Weste *f* **-, -n** gilet *m*; *(Woll~)* veste *f*.
Westen *m* **-s** ouest *m*.
westlich *a* de l'ouest, occidental(e) // *ad* à l'ouest.
wes'wegen *ad* pourquoi.
wett *a:* **~ sein** être quitte; **W~bewerb** *m* concours *m*; **W~e** *f* **-, -n** pari *m*; **~en** *vt, vi* parier.
Wetter *nt* **-s** temps *m*; **~bericht** *m* bulletin *m* météorologique; **~lage** *f* conditions *fpl* atmosphériques; **~vorhersage** *f* prévisions *fpl* météorologiques, météo *f*; **w~wendisch** *a* lunatique.
Wett-: ~kampf *m (SPORT)* compétition *f*; **~lauf** *m* course *f*; **w~machen** *vt (zvb)* compenser, réparer.
wetzen *vt (Messer)* aiguiser.
wich *siehe* **weichen.**
wichtig *a* important(e); **W~keit** *f* importance *f*.

wickeln *vt* enrouler; *(Wolle)* pelotonner; *(Kind)* langer.
Widder *m* **-s, -** bélier *m;* *(ASTR)*: **ich bin ~** je suis du Bélier.
wider *prep +akk* contre; **~'fahren** *vi irr (ohne ge-, mit sein)*: **jdm ~'fahren** advenir *o* arriver à qn; **~'legen** *vt (ohne ge-)* réfuter.
widerlich *a* repoussant(e).
wider-: ~rechtlich *a* illégal(e); **W~rede** *f* contradiction *f.*
Widerruf *m*: **bis auf ~** jusqu'à nouvel ordre.
wider'rufen *vt irr (ohne ge-) (Bericht)* démentir, rétracter; *(Anordnung)* révoquer.
wider'setzen *vr (ohne ge-)*: **sich jdm/etw ~** s'opposer à qn/qch.
widerspenstig *a* récalcitrant(e), rebelle; **W~keit** *f* indocilité *f.*
widerspiegeln *vt (zvb)* refléter.
wider'sprechen *vi irr (ohne ge-)*: **jdm/etw ~** contredire qn/qch.
Widerspruch *m* contradiction *f.*
Widerstand *m* résistance *f;* **w~sfähig** *a* résistant(e).
wider'stehen *vi irr (ohne ge-)* résister *(dat* à).
Wider-: ~streit *m* conflit *m;* **w~wärtig** *a* repoussant(e); **~wille** *m* dégoût *m; (gegen jdn)* aversion *f (gegen* pour *o* contre); **w~willig** *ad* à contrecœur.
widmen *vt (Buch)* dédier; *(Zeit)* consacrer // *vr*: **sich jdm/etw ~** se consacrer à qn/qch.
Widmung *f (in Buch etc)* dédicace *f.*
widrig *a (Umstände)* adverse.
wie *ad* comment // *conj* comme.
wieder *ad* de nouveau; **~ dasein** être de retour; **gehst du schon ~?** tu repars déjà?; **~ ein(e) ...** encore un(e) ... .
wieder-: ~bekommen *vt irr (zvb, ohne ge-) (Sache)* récupérer; **~bringen** *vt irr (zvb) (Sache)* rapporter; **~erkennen** *vt irr (zvb, ohne ge-)* reconnaître; **W~erstattung** *f* remboursement *m;* **W~gabe** *f* reproduction *f; (von Erzählung)* narration *f;* **~geben** *vt irr (zvb)* rendre; *(Gefühle etc)* exprimer.
wieder-: ~'gutmachen *vt (zvb, pp* **wiedergutgemacht)** réparer; **W~'gutmachung** *f* réparation *f;* **~'herstellen** *vt (zvb, pp* **wiederhergestellt)** rétablir; **~'holen** *vt (ohne ge-)* répéter; **W~'holung** *f* répétition *f.*
wieder-: W~hören *nt*: **auf W~hören!** au revoir!; **~sehen** *vt irr (zvb)* revoir; **auf W~sehen!** au revoir!; **~um** *ad* de nouveau, *(andererseits)* d'autre part; **W~wahl** *f* réélection *f.*
Wiege *f* **-, -n** berceau *m.*
wiegen *vt irr* peser.
wiehern *vi (Pferd)* hennir.
Wien *nt* Vienne *f.*
wies *siehe* **weisen.**
Wiese *f* **-, -n** pré *m.*
Wiesel *nt* **-s, -** belette *f.*
wie'so *ad* pourquoi.
wie'viel *a* combien de; **~ Menschen?** combien de personnes?; **~mal** *ad* combien de fois?
wievielte(r, s) *a*: **zum ~n Mal?** pour la quantième *o* combientième fois?; **den W~n haben wir?** quel jour sommes-nous?; **an ~r Stelle?** en quelle position?
wie'weit *ad* jusqu'où?
wild *a* sauvage; *(Volk)* primitif(-ive); *(wütend)* furieux (-euse); *(Kampf)* acharné(e); **W~** *nt* **-(e)s** gibier *m;* **~ern** *vi* braconner; **ein ~ernder Hund** un chien errant; **~'fremd** *a (fam)* (complètement) inconnu(e); **W~leder** *nt* daim *m;* **W~schwein** *nt* sanglier *m.*
Wille *m* **-ns, -n** volonté *f;* **w~n** *prep +gen*: **um ... w~n** pour (l'amour de) ... ; **w~nlos** *a* sans volonté; **w~nsstark** *a* qui a de la volonté.
will'kommen *a* bienvenu(e); **herzlich ~!** soyez le(la) bienvenu(e)!
willkürlich *a (Entscheidung)* arbitraire; *(Bewegung)* calculé(e).
wimmeln *vi* fourmiller.
wimmern *vi* geindre.
Wimper *f* **-, -n** cil *m;* **~ntusche** *f* mascara *m.*
Wind *m* **-(e)s, -e** vent *m;* **~beutel** *m* chou *m* à la crème.

Winde *f* **-, -n** (*TECH*) treuil *m;* (*BOT*) volubilis *m*, liseron *m.*
Windel *f* **-, -n** lange *m.*
winden *vi:* **es windet** il vente.
winden *irr vt (Kranz)* tresser; **etw um etw** ~ enrouler qch autour de qch // *vr:* **sich** ~ *(Weg)* serpenter; *(Pflanze)* enlacer *(um etw* qch); *(Mensch)* se tordre *(vor +dat* de).
Wind-: ~**hose** *f* tourbillon *m*, tornade *f*, cyclone *m;* ~**hund** *m* lévrier *m; (Mann)* coureur *m;* **w**~**ig** *a (Stelle)* éventé(e); *(fig)* qui n'inspire pas confiance; ~**mühle** *f* moulin *m* à vent; ~**pocken** *pl* varicelle *f;* ~**schutzscheibe** *f* (*AUT*) pare-brise *m;* ~**stille** *f* calme *m* plat; ~**stoß** *m* coup *m* de vent, bourrasque *f;* ~**surfbrett** *nt* planche *f* à voile; **w**~**surfen** *vi (zvb)* faire de la planche à voile.
Wink *m* **-(e)s, -e** signe *m; (mit Kopf)* signe *m* de tête; *(mit Hand)* geste *m* de la main; *(fig)* tuyau *m.*
Winkel *m* **-s, -** (*MATH*) angle *m; (Gerät)* équerre *f; (Raum)* coin *m.*
winken *vi* faire signe *(dat* à); *(fig)* attendre *(jdm* qn) // *vt:* **jdn zu sich** ~ faire signe à qn d'approcher.
winseln *vi* geindre.
Winter *m* **-s, -** hiver *m;* **w**~**lich** *a* hivernal(e); ~**sport** *m* sport *m* d'hiver.
Winzer(in *f*) *m* **-s, -** vigneron(ne).
winzig *a* minuscule.
Wipfel *m* **-s, -** cime *f.*
wir *pron* nous; ~ **alle** nous tous.
Wirbel *m* **-s, -** tourbillon *m; (Trommel~)* roulement *m* de tambour; *(Aufsehen)* remous *m;* (*ANAT*) vertèbre *f;* ~**säule** *f* colonne *f* vertébrale; ~**wind** *m* tourbillon *m.*
wirken *vi (arbeiten):* **als Arzt** ~ être médecin; *(erfolgreich sein)* être efficace, agir; *(scheinen)* avoir l'air, sembler // *vt (Wunder)* faire.
wirklich *a* réel(le), vrai(e); *(Künstler)* véritable *(vorgestellt);* **W**~**keit** *f* réalité *f.*
wirksam *a* efficace; (*JUR*) valide; **W**~**keit** *f* efficacité *f.*
Wirkung *f* effet *m;* **w**~**slos** *a* inefficace; **w**~**svoll** *a* efficace.
wirr *a (Haar)* emmêlé(e), hirsute; *(Verhältnisse)* confus(e); **W**~**en** *pl* troubles *mpl*, désordres *mpl;* **W**~**warr** *m* **-s** confusion *f.*
Wirsing(kohl) *m* **-s** chou *m* frisé.
Wirt(in *f*) *m* **-(e)s, -e** *(Gastwirt)* patron(ne); *(Gastgeber)* hôte(sse); ~**schaft** *f (Gaststätte)* auberge *f; (Haushalt)* ménage *m*, tenue *f* de la maison; *(eines Landes)* économie *f; (fam: Durcheinander)* remue-ménage *m;* **w**~**schaftlich** *a* économique; ~**schaftskrise** *f* crise *f* économique; ~**schaftsprüfer(in** *f*) *m* expert-comptable *m.*
wischen *vt* essuyer; *(Boden)* nettoyer, frotter; *(Augen)* s'essuyer.
wispern *vt, vi* chuchoter.
wißbegierig *a* curieux(-euse).
wissen *vt irr* savoir; **ich weiß keinen Rat** je ne sais que faire; **W**~ *nt* **-s** savoir *m;* **W**~**schaft** *f* science *f;* **W**~**schaftler(in** *f*) *m* **-s, -** scientifique *m/f;* ~**schaftlich** *a* scientifique; ~**swert** *a* intéressant(e); ~**tlich** *a* voulu(e) // *ad* sciemment.
wittern *vt* sentir; *(fig)* pressentir.
Witterung *f (Wetter)* temps *m; (Geruch)* odorat *m.*
Witwe *f* **-, -n** veuve *f;* ~**r** *m* **-s, -** veuf *m.*
Witz *m* **-es, -e** plaisanterie *f*, histoire *f* drôle; ~**bold** *m* **-(e)s, -e** plaisantin *m;* **w**~**eln** *vi* plaisanter; **w**~**ig** *a (Mensch)* drôle; *(Ereignis, Rede)* amusant(e).
wo *ad* où; *(fam: irgendwo)* quelque part // *conj (wenn)* si; **im Augenblick,** ~ **...** au moment où ... ; **die Zeit,** ~ **...** l'époque où ... ; ~'**anders** *ad* ailleurs.
wob *siehe* **weben.**
wo'bei *ad (siehe auch* **bei**) *(relativ):* **sie gab mir das Buch,** ~**sie mich nicht ansah** elle me donna le livre sans me regarder.
Woche *f* **-, -n** semaine *f;* ~**nende** *nt* fin *f* de semaine, week-end *m.*
wöchentlich *a, ad* hebdomadaire.
wo-: ~'**durch** *(siehe auch* **durch**) *ad (relativ)* par quoi; *(interrogativ)*

comment?; par où?; ~'**für** *(siehe auch* **für**) *ad* *(relativ)* pour lequel(laquelle); *(interrogativ)* pourquoi?

wog *siehe* **wiegen.**

Woge *f* **-, -n** vague *f;* **w~n** *vi (Meer, Weizen)* onduler.

wo-: ~'**gegen** *ad (siehe auch* **gegen**) *(relativ)* contre lequel(laquelle); *(interrogativ)* contre quoi? // *conj* par contre; ~'**her** *ad* d'où; ~'**hin** *ad* où.

wohl *ad* bien; *(vermutlich)* probablement; *(gewiß)* sans doute; **er weiß das** ~ il le sait bien; **W~** *nt* **-(e)s** bien-être *m;* **zum W~!** santé!; ~**behalten** *ad* sain(e) et sauf(sauve); *(von Sachen)* intact(e); **W~fahrt** *f (Fürsorge)* assistance *f* sociale; ~**habend** *a* aisé(e); ~**ig** *a* *(Gefühl)* agréable; ~**schmeckend** *a* savoureux(-euse); **W~stand** *m* prospérité *f;* **W~tat** *f* bienfait *m;* **W~täter(in** *f) m* bienfaiteur(-trice); ~**tätig** *a (Verein)* de bienfaisance; ~**verdient** *a* bien mérité(e); ~**weislich** *ad* sciemment; ~**wollend** *a* bienveillant(e).

wohnen *vi* habiter.

wohn-: ~**haft** *a* domicilié(e) *(in +dat* à); ~**lich** *a (Einrichtung)* confortable; **W~ort** *m* domicile *m;* **W~ung** *f* appartement *m; (Unterkunft)* logement *m;* **W~ungsnot** *f* crise *f* du logement; **W~wagen** *m* caravane *f;* **W~zimmer** *nt* salle *f* de séjour, salon *m.*

wölben *vt:* **gewölbt** *(ARCHIT)* voûté(e), en voûte // *vr:* **sich** ~ former une voûte.

Wölbung *f* voûte *f,* arc *m.*

Wolf *m* **-(e)s, ⸚e** loup *m.*

Wölfin *f* louve *f.*

Wolke *f* **-, -n** nuage *m.*

wolkig *a (Himmel)* nuageux(-euse).

Wolle *f* **-, -n** laine *f;* **w~n** *a* en laine.

wollen *vt* vouloir.

wollüstig *a* voluptueux(-euse).

wo-: ~'**mit** *(siehe auch* **mit**) *ad* *(relativ)* avec lequel(laquelle); *(interrogativ)* avec quoi, comment; ~'**möglich** *ad* peut-être; ~'**nach** *(siehe auch* **nach**) *ad (relativ)* après quoi, après lequel(laquelle).

Wonne *f* **-, -n** plaisir *m.*

wo-: ~'**ran** *(siehe auch* **an**) *ad (relativ)* sur lequel(laquelle), auquel(à laquelle); *(interrogativ)* où; ~'**rauf** *(siehe auch* **auf**) *ad (relativ)* sur lequel(laquelle); *(interrogativ)* sur quoi; ~'**raus** *(siehe auch* **aus**) *ad* *(relativ)* de quoi; *(interrogativ)* de quoi, d'où; ~'**rin** *(siehe auch* **in**) *ad* en quoi, où.

Wort *nt* **-(e)s, ⸚er** mot *m;* ~**e** *pl* *(Äußerung)* parole *f;* **w~brüchig** *a* qui manque à sa parole.

Wörterbuch *nt* dictionnaire *m.*

wörtlich *a (Übersetzung)* mot à mot, littéral(e), textuel(le).

Wort-: **w~los** *a (Abschied)* muet(te); ~**schatz** *m* vocabulaire *m;* ~**spiel** *nt* jeu *m* de mots; ~**wechsel** *m* altercation *f.*

wo-: ~'**rüber** *(siehe auch* **über**) *ad* *(relativ)* sur lequel(laquelle); *(interrogativ)* sur quoi; ~'**rum** *(siehe auch* **um**) *ad (relativ)* autour duquel(de laquelle); *(interrogativ)* autour de quoi; ~'**von** *(siehe auch* **von**) *ad* *(relativ)* duquel(de laquelle); *(interrogativ)* de quoi; ~'**vor** *(siehe auch* **vor**) *ad* *(relativ)* devant lequel(laquelle); *(interrogativ)* devant quoi, où; ~**zu** *(siehe auch* **zu**) *ad (relativ)* ce pourquoi; *(interrogativ)* pourquoi.

Wrack *nt* **-(e)s, -s** épave *f.*

Wucher *m* **-s** usure *f;* ~**er** *m* **-s, -** usurier *m;* **w~isch** *a* exorbitant(e); **w~n** *vi (Pflanzen)* proliférer.

wuchs *siehe* **wachsen.**

Wuchs [vu:ks] *m* **-es** *(Wachstum)* croissance *f; (Statur)* stature *f.*

Wucht *f* **-** force *f;* **w~ig** *a (Gestalt)* massif(-ive); *(Schlag)* énergique.

wühlen *vi (Tier)* fouir.

Wulst *m* **-es, ⸚e** renflement *m; (von Körper)* bourrelet *m; (an Wunde)* boursouflure *f.*

wund *a* blessé(e); *(fig)* meurtri(e); **W~e** *f* **-, -n** blessure *f.*

Wunder *nt* **-s, -** miracle *m;* **es ist kein** ~ ce n'est pas étonnant; **w~bar** *a* miraculeux(-euse); *(herr-*

lich) merveilleux(-euse); **~kind** *nt* enfant *m* prodige; **w~lich** *a* bizarre; **w~n** *vt* étonner // *vr:* **sich w~n** s'étonner *(über +akk* de); **w~schön** *a* merveilleux(-euse).
Wundstarrkrampf *m* tétanos *m*.
Wunsch *m* **-(e)s, ⸚e** souhait *m*, vœu *m*.
wünschen *vt* souhaiter; **sich** *(dat)* **etw** ~ souhaiter qch; **~swert** *a* souhaitable.
wurde *siehe* **werden.**
Würde *f* **-, -n** dignité *f*; **~nträger(in** *f) m* dignitaire *m*.
würdig *a* digne; **jds/einer Sache ~ sein** être digne de qn/qch; **~en** *vt* reconnaître (la valeur de); **jdn keines Blickes ~en** ne pas accorder un regard à qn.
Wurf *m* **-s, ⸚e** jet *m*; *(SPORT)* lancer *m*, lancement *m*; *(Junge)* portée *f*.
Würfel *m* **-s, -** dé *m*; *(MATH)* cube *m*; **w~n** *vi* jeter les dés; **~spiel** *nt* jeu *m* de hasard; **~zucker** *m* sucre *m* en morceaux.
würgen *vt* étrangler // *vi:* **an etw ~** faire des efforts pour avaler qch.
Wurm *m* **-(e)s, ⸚er** ver *m*; **~fortsatz** *m* appendice *m*; **w~ig** *a* véreux(-euse); **~stichig** *a* vermoulu(e).
Wurst *f* **-, ⸚e** saucisse *f*; **das ist mir ~** *(fam)* ça m'est égal.
Würze *f* **-, -n** épice *f*.
Wurzel *f* **-, -n** racine *f*.
würzen *vt* épicer; *(fig)* pimenter.
würzig *a* épicé(e).
wusch *siehe* **waschen.**
wußte *siehe* **wissen.**
wüst *a (roh)* sauvage; *(ausschweifend)* déchaîné(e); *(öde)* désert(e); *(fam: heftig)* fort(e); **W~e** *f* **-, -n** désert *m*; **W~ling** *m* débauché *m*.
Wut *f* **-** colère *f*, rage *f*.
wüten *vi* causer des ravages; *(Wind)* être déchaîné(e); *(See)* être démonté(e); **~d** *a* furieux(-euse).

X

X-Beine *pl* jambes *fpl* cagneuses.
x-beliebig *a* quelconque, n'importe quel(le).
xeroko'pieren *vt (ohne ge-)* photocopier.
Xylophon [ksylofoːn] *nt* **-s, -e** xylophone *m*.

Y

Ypsilon *nt* **-(s), -s** i *m* grec.

Z

Zacke *f* **-, -n** pointe *f*; *(Berg~, Gabel~, Kamm~)* dent *f*.
zackig *a* dentelé(e); *(fam: Bursche)* fringant(e); *(Musik)* allègre.
zaghaft *a* hésitant(e), craintif(-ive).
zäh *a (Mensch)* robuste; *(Fleisch)* coriace; *(zähflüssig)* épais(se); *(schleppend)* qui traîne.
Zahl *f* **-, -en** chiffre *m*; *(Menge)* nombre *m*; **z~bar** *a* payable; **z~en** *vt, vi* payer; **z~en bitte!** l'addition s'il vous plaît!
zählen *vt, vi* compter **~ zu** compter parmi; **~ auf** *(+akk)* compter sur.
zahlenmäßig *a* numérique.
Zähler *m* **-s, -** *(TECH)* compteur *m*; *(MATH)* numérateur *m*.
Zahl-: z~los *a* innombrable; **z~reich** *a* nombreux(-euse); **~tag** *m* jour *m* de paie; **~ung** *f* paiement *m*; **z~ungsunfähig** *a* insolvable; **~wort** *nt* numéral *m*.
zahm *a (Tier)* apprivoisé(e); *(fig)* docile.
zähmen *vt* apprivoiser, dompter.
Zahn *m* **-(e)s, ⸚e** dent *f*; **~arzt** *m*, **~ärztin** *f* dentiste *m/f*; **~bürste** *f* brosse *f* à dents; **~creme** *f* dentifrice *m*; **z~en** *vi* faire ses dents; **~ersatz** *m* prothèse *f* dentaire; **~fäule** *f* carie *f* (dentaire); **~fleisch** *nt* gencives *fpl*; **~pasta, ~paste** *f* dentifrice *m*; **~rad** *nt* roue *f* dentée; **~radbahn** *f* chemin *m* de fer à crémaillère; **~schmelz** *m* émail *m* (des dents); **~stein** *m* tartre *m*; **~stocher** *m* **-s, -** cure-dent *m*.
Zange *f* **-, -n** pince *f*; *(Beiß~)* tenailles

fpl; (*MED*) forceps *m.*
zanken *vi (auch vr:* **sich ~)** se quereller.
zänkisch *a* querelleur(-euse).
Zäpfchen *nt* (*ANAT*) luette *f;* (*MED*) suppositoire *m.*
Zapfen *m* **-s, -** bouchon *m;* (*BOT*) pomme *f* de pin, cône *m; (Eis~)* glaçon *m;* **z~** *vt* tirer; **~streich** *m* (*MIL*) retraite *f.*
zappeln *vi* frétiller.
Zar *m* **-s, -en** tsar *m.*
zart *a* délicat(e); *(Farben, Töne)* doux (douce); *(Berührung)* léger(-ère); *(Braten etc)* tendre; **Z~gefühl** *nt* délicatesse *f.*
zärtlich *a* tendre; **Z~keit** *f* tendresse *f; pl* caresses *fpl.*
Zauber *m* **-s, -** *(Magie)* magie *f; (fig)* charme *m;* **fauler ~** fumisterie *f.*
Zauberer *m* **-s, -** magicien *m.*
Zauber-: z~haft *a* merveilleux(-euse); **~künstler(in** *f*) *m* prestidigitateur(-trice); **z~n** *vi* faire de la magie; **~spruch** *m* formule *f* magique.
Zaum *m* **-(e)s, Zäume** bride *f;* **jdn/etw im ~ halten** tenir qn/qch en bride.
Zaun *m* **-(e)s, Zäune** clôture *f;* **~könig** *m* roitelet *m.*
z.B. (*abk von* **zum Beispiel**) par exemple.
Zebra *nt* **-s, -s** zèbre *m;* **~streifen** *m* lignes *fpl* jaunes.
Zeche *f* **-, -n** addition *f;* (*BERGBAU*) mine *f.*
Zecke *f* **-, -n** tique *f.*
Zehe *f* **-, -n** doigt *m* de pied, orteil *m; (Knoblauch~)* gousse *f.*
zehn *num* dix; **~te(r, s)** *a* dixième; **Z~tel** *nt* **-s, -** dixième *m.*
Zeichen *nt* **-s, -** signe *m; (Schild)* panneau *m;* **~trickfilm** *m* dessin *m* animé.
zeichnen *vt, vi (malen)* dessiner; *(kenn~)* marquer; *(unter~)* signer.
Zeichner(in *f*) *m* **-s, -** dessinateur (-trice); **technischer ~** dessinateur *m* industriel.
Zeichnung *f* dessin *m.*
Zeigefinger *m* index *m.*
zeigen *vt* montrer // *vi:* **auf** *o* **nach etw ~** indiquer qch // *vr:* **sich ~** se montrer; **es wird sich ~, ob ...** l'avenir dira si ...; **es zeigte sich, daß ...** il s'est avéré que ... .
Zeiger *m* **-s, -** aiguille *f.*
Zeile *f* **-, -n** ligne *f.*
Zeit *f* **-, -en** temps *m; (Uhr~)* heure *f; (Augenblick)* moment *m;* **sich** *(dat)* **~ lassen** prendre son temps; **sich** *(dat)* **~ nehmen** prendre du temps; **von ~ zu ~** de temps en temps; **mit der ~** avec le temps; **zur ~** en ce moment; **zur rechten ~** au bon moment; **die ganze ~** tout le temps; **in letzter ~** ces derniers temps; **~alter** *nt* époque *f;* **z~gemäß** *a* moderne; **~genosse** *m,* **~genossin** *f* contemporain(e); **z~ig** *a* précoce; **z~'lebens** *ad* toute sa (ma, ta *etc)* vie; **z~lich** *a* temporel(le); **~lupe** *f* ralenti *m;* **~punkt** *m* moment *m;* **~raum** *m* période *f,* durée *f;* **~rechnung** *f:* **nach/vor unserer ~rechnung** après/avant notre ère; **~schrift** *f* revue *f.*
Zeitung *f* journal *m.*
Zeit-: ~verschwendung *f* perte *f* de temps; **~vertreib** *m* passe-temps *m;* **z~weilig** *a* temporaire; **z~weise** *ad* de temps en temps, parfois; **~wort** *nt* verbe *m;* **~zünder** *m:* **eine Bombe mit ~zünder** une bombe à retardement.
Zelle *f* **-, -n** cellule *f; (Telefon~)* cabine *f* téléphonique.
Zellstoff *m* cellulose *f.*
Zelt *nt* **-(e)s, -e** tente *f;* **z~en** *vi* camper.
Ze'ment *m* ciment *m.*
zen'sieren *vt (ohne ge-)* censurer; (*SCOL*) noter.
Zen'sur *f* censure *f;* (*SCOL*) note *f.*
Zentner *m* **-s, -** demi-quintal *m,* 50 kilos *mpl.*
zen'tral *a* central(e); **Z~e** *f* **-, -n** agence *f* principale; (*TEL*) central *m* téléphonique; **Z~heizung** *f* chauffage *m* central.
Zentri'fuge *f* **-, -n** centrifugeuse *f.*
Zentrum *nt* **-s, Zentren** centre *m.*
zer'brechen *irr (ohne ge-) vt* casser //

vi (mit sein) se casser.
zer'brechlich *a* fragile.
zer'drücken *vt (ohne ge-)* écraser.
Zer'fall *m* **-(e)s** désagrégation *f; (Untergang)* déclin *m;* **z~en** *vi irr (ohne ge-, mit sein)* se délabrer, se désintégrer; *(sich gliedern):* **z~en in** *(+akk)* se diviser en.
zer'fetzen *vt (ohne ge-)* déchiqueter.
zer'fließen *vi irr (ohne ge-, mit sein)* fondre.
zer'gehen *vi irr (ohne ge-, mit sein)* fondre.
zer'kleinern *vt (ohne ge-)* réduire en morceaux.
zerknittern *vt (ohne ge-)* froisser.
zer'legen *vt (ohne ge-)* démonter; *(Fleisch, Geflügel etc)* découper; *(Satz)* analyser.
zer'mürben *vt (ohne ge-)* user.
zer'quetschen *vt (ohne ge-)* écraser.
Zerrbild *nt* caricature *f.*
zer'reißen *irr (ohne ge-) vt* déchirer // *vi (mit sein)* se déchirer.
zerren *vt* traîner, tirer // *vi* tirer *(an +dat* sur).
zerrinnen *vi irr (ohne ge-, mit sein)* fondre; *(Traum)* s'en aller en fumée.
zer'rütten *vt (ohne ge-)* ruiner; *(Ehe)* briser.
zer'rüttet *a* ébranlé(e); *(Ehe)* en crise.
zer'schlagen *irr (ohne ge-) vt* fracasser, briser // *vr:* **sich ~** *(Pläne etc)* tomber à l'eau; **sich ~ fühlen** être moulu(e) de fatigue.
zer'schneiden *vt irr (ohne ge-)* couper en morceaux.
zer'setzen *(ohne ge) vt* décomposer, désagréger // *vr:* **sich ~** se décomposer, se désagréger.
zer'splittern *vi (ohne ge-, mit sein)* voler en éclats.
zer'springen *vi irr (ohne ge-, mit sein)* se briser.
zer'stören *vt (ohne ge-)* détruire.
Zer'störung *f* destruction *f.*
zer'streiten *vr irr (ohne ge-):* **sich ~** se brouiller.
zer'streuen *(ohne ge-) vt* disperser // *vr:* **sich ~** se disperser; *(sich unterhalten)* se distraire.
zer'streut *a* dispersé(e); *(Mensch)* distrait(e).
Zer'streuung *f* dispersion *f; (Ablenkung)* distraction *f.*
zer'treten *vt irr (ohne ge-)* écraser.
zer'trümmern *vt (ohne ge-)* fracasser; *(Gebäude etc)* démolir.
Zer'würfnis *nt* brouille *f.*
zer'zausen *vt (ohne ge-)* ébouriffer.
zetern *vi* criailler.
Zettel *m* **-s, -** *(Notiz~)* bout *m* de papier, billet *m.*
Zeug *nt* **-(e)s, -e** *(fam) (Dinge)* truc(s) *m(pl),* chose(s) *f(pl); (Kleidung)* vêtements *mpl; (Ausrüstung)* attirail *m;* **dummes ~** bêtises *fpl;* **das ~ zu etw haben** avoir l'étoffe de qch; **sich ins ~ legen** s'y mettre.
Zeuge *m* **-n, -n, Zeugin** *f* témoin *m;* **z~en** *vi* témoigner // *vt (Kind)* procréer; **es zeugt von ...** cela révèle ...; **~naussage** *f* déposition *f;* **~nstand** *m* barre *f* (des témoins).
Zeugnis *nt* certificat *m; (SCOL)* bulletin *m; (Abgangs~)* diplôme *m; (Referenz)* références *fpl; (Aussage)* témoignage *m.*
Zeugung *f* procréation *f.*
z. H. *(abk von* **zu Händen (von)**) à l'attention de.
Ziege *f* **-, -n** chèvre *f; (fam: Frau)* bécasse *f.*
Ziegel *m* **-s, -** brique *f; (Dach~)* tuile *f.*
Ziegenleder *nt* chevreau *m.*
ziehen *irr vt* tirer; *(hervor~)* sortir; *(Tier)* élever; *(Pflanzen)* cultiver; *(Graben)* creuser; *(Miene)* faire // *vi* tirer; *(mit sein: um~, wandern)* aller; *(:Rauch, Wolke etc)* passer // *vb impers:* **es zieht** il y a un courant d'air // *vr:* **sich ~** *(Gummi etc)* s'étirer; *(Grenze etc)* passer; **sich in die Länge ~** traîner en longueur; **ein Gesicht ~** faire la grimace; **nach Paris/Frankreich ~** aller habiter à Paris/en France; **etw nach sich ~** entraîner qch; **Aufmerksamkeit auf sich** *(akk)* **~** attirer l'attention sur soi.
Ziehhar'monika *f* **-, -s** accordéon *m.*
Ziehung *f (Los~)* tirage *m.*

Ziel *nt* **-(e)s, -e** *(einer Reise)* destination *f;* *(SPORT)* arrivée *f;* *(MIL)* objectif *m;* *(Absicht)* but *m;* **z~en** *vi* viser *(auf jdn/etw* qn/qch); **z~los** *a* sans but; **~scheibe** *f* cible *f;* **z~strebig** *a* déterminé(e).
ziemlich *a* considérable // *ad* assez.
Zierde *f* **-, -n** ornement *m,* parure *f;* **zur ~** pour la décoration.
zieren *vr:* **sich ~** faire des chichis.
Zierlichkeit *f* grâce *f,* délicatesse *f.*
Ziffer *f* **-, -n** chiffre *m;* **~blatt** *nt* cadran *m.*
zig *a (fam)* un grand nombre de.
Ziga'rette *f* cigarette *f;* **~nautomat** *m* distributeur *m* de cigarettes; **~nschachtel** *f* paquet *m* de cigarettes; **~nspitze** *f* fume-cigarette *m inv.*
Zi'geuner(in *f***)** *m* **-s, -** gitan(e), bohémien(ne).
Zimmer *nt* **-s, -** pièce *f;* *(Schlafraum)* chambre *f;* *(großes ~)* salle *f;* **~ frei** chambres à louer; **~decke** *f* plafond *m;* **~mädchen** *nt* femme *f* de chambre; **~mann** *m* charpentier *m;* **z~n** *vt* faire.
zimperlich *a* hypersensible, délicat(e).
Zimt *m* **-(e)s, -e** cannelle *f;* **~stange** *f* bâton *m* de cannelle.
Zinke *f* **-, -n** dent *f.*
Zinn *nt* **-(e)s** étain *m;* **~waren** *pl* étains *mpl.*
Zins *m* **-es, -en** intérêt *m;* **~fuß** *m,* **~satz** *m* taux *m* d'intérêt; **z~los** *a* sans intérêt.
Zipfel *m* **-s, -** bout *m;* **~mütze** *f* bonnet *m* (pointu).
zirka *ad* environ.
Zirkel *m* **-s, -** *(von Menschen)* cercle *m;* *(Gerät)* compas *m.*
Zirkus *m* **-, -se** cirque *m.*
zischen *vi* siffler.
Zi'tat *nt* citation *f.*
zi'tieren *vt, vi (ohne ge-)* citer; **aus einem Buch ~** citer (un passage d')un livre; **ich wurde zum Chef zitiert** le directeur m'a convoqué(e).
Zitronat *nt* citron *m* confit.
Zi'trone *f* **-, -n** citron *m;* **~nlimonade** *f* citronnade *f;* **~nsaft** *m* jus *m* de citron.
zittern *vi* trembler; **vor Wut/Angst ~** trembler de colère/peur; **vor einer Prüfung/seinem Vater ~** appréhender un examen/trembler devant son père.
Zitze *f* **-, -n** tétine *f.*
zivil [tsi'vi:l] *a* civil(e); *(Preis)* modéré(e); **Z~** *nt:* **in Z~** en civil; **Z~bevölkerung** *f* population *f* civile; **Z~courage** [tsi'vi:lkura:ʒə] *f* courage *m* de ses opinions.
Zivilisation [tsiviliza'tsio:n] *f* civilisation *f;* **~serscheinung** *f* phénomène *m* de civilisation.
Zivilist [tsivi'list] *m* civil *m.*
Zi'vilrecht *nt* code *m* civil.
zog *siehe* **ziehen.**
zögern *vi* hésiter.
Zöli'bat *nt o m* **-(e)s** célibat *m.*
Zoll *m* **-(e)s, ¨e** *(Behörde)* douane *f;* *(Abgabe)* (droits *mpl* de) douane; *(Maß)* pouce *m;* **~abfertigung** *f* dédouanement *m;* **~amt** *nt* douane *f;* **~beamte(r)** *m,* **~beamtin** *f* douanier(-ère); **~erklärung** *f* déclaration *f* en douane; **z~frei** *a* exempté(e) de douane, hors taxes; **z~pflichtig** *a* soumis(e) à des droits de douane.
Zoo *m* **-s, -s** zoo *m.*
Zoologe [tsoo'lo:gə] *m* **-n, -n, Zoologin** *f* zoologiste *m/f.*
Zoologie [tsoolo'gi:] *f* zoologie *f.*
Zopf *m* **-(e)s, ¨e** *(Haar~)* natte *f,* tresse *f;* *(Kuchen)* tresse *f;* **alter ~** chose *f* démodée.
Zorn *m* **-(e)s** colère *f;* **im ~** sous l'effet de la colère; **z~ig** *a* en colère.
Zote *f* **-, -n** obscénité *f.*
zottig *a (Fell)* épais(se).
z.T. *(abk von* **zum Teil***)* en partie.
zu *(mit Infinitiv) meist nicht übersetzt;* de // *prep +dat (in bestimmte Richtung)* vers, à; *(als Besuch)* chez; **er rückte ~ mir/~m Feuer** il se rapprocha de moi/du feu; **~ Boden fallen** tomber par terre; *(zeitlich)* à, en, de; **~ Ostern** à Pâques; **~ Anfang** au commencement; **~ Mittag** à midi; *(Preisangabe)* au prix de, à; *(Zweck*

angebend) pour; *(in bezug auf Thema, Frage)* au sujet de, sur; **ein Bericht ~r Lage im Iran** un reportage sur la situation en Iran; *(zusammen mit)* avec; **Sahne ~m Kuchen** de la crème avec le gâteau; **von ... ~ ...** *(Entfernung)* de ... à ...; **von Hand ~ Hand** de main en main; **von Tag ~ Tag** de jour en jour; **bis ~** jusqu'à; **~ Wasser und ~ Lande** par eau et par terre; **~ beiden Seiten** des deux côtés; **~ Fuß** à pied; **~m Fenster herein** par la fenêtre; **~ einem Drittel** pour un tiers; **~ meiner Zeit** de mon temps; **~ sich kommen** revenir à soi; **2 ~ 1** (*SPORT*) 2 à 1 // *ad (übermäßig)* trop; **Tür ~!** la porte!; **~ sein** être fermé(e); **auf jdn/etw ~** vers qn/qch.

zu'aller-: ~erst *ad* en premier lieu, en tout premier; **~letzt** *ad* en dernier lieu, en tout dernier.

Zubehör *nt* **-(e)s, -e** accessoires *mpl.*

zubekommen *vt irr (zvb, ohne ge-) (Tür, Verschluß)* arriver à fermer.

zubereiten *vt (zvb, ohne ge-)* préparer.

zubilligen *vt (zvb):* **jdm etw ~** accorder qch à qn.

zubinden *vt irr (zvb) (Sack)* fermer (en nouant); *(Schuh)* lacer.

zubleiben *vt irr (zvb, mit sein) (fam)* rester fermé(e).

zubringen *vt irr (zvb) (Zeit)* passer; *(fam: zubekommen)* arriver à fermer.

Zubringer *m* **-s, -** *(Straße)* bretelle *f* de raccordement.

Zucht *f* **-, -en** *(von Tieren)* élevage *m; (von Pflanzen)* culture *f; (Disziplin)* discipline *f.*

züchten *vt (Tiere)* élever; *(Pflanzen)* cultiver.

Züchter(in *f*) *m* **-s, -** éleveur *m;* producteur *m.*

Zuchthaus *nt* pénitencier *m.*

züchtig *a* sage; **~en** *vt* corriger; **Z~ung** *f* correction *f.*

zucken *vi (Mensch, Tier, Muskel)* tressaillir; *(Auge)* ciller // *vt:* **die Schultern ~** hausser les épaules.

zücken *vt (Schwert)* tirer; *(Geldbeutel)* sortir.

Zucker *m* **-s, -** sucre *m;* (*MED*) diabète *m;* **~dose** *f* sucrier *m;* **~guß** *m* glace *f;* **z~krank** *a* diabétique; **z~n** *vt* sucrer; **~rohr** *nt* canne *f* à sucre; **~rübe** *f* betterave *f* sucrière.

Zuckung *f* convulsion *f; (leicht)* tressaillement *m.*

zudecken *vt (zvb)* couvrir.

zu'dem *ad* de plus.

zudrehen *vt (zvb) (fam)* fermer.

zudringlich *a* importun(e).

zudrücken *vt (zvb) (fam)* fermer; **ein Auge ~** fermer les yeux.

zuei'nander *ad* l'un(e) envers l'autre; **sie passen ~** ils vont bien ensemble.

zu'erst *ad (als erste(r)/erstes)* le (la) premier(-ière); *(zu Anfang)* d'abord; **~ einmal** tout d'abord.

Zufahrt *f* accès *m;* **~sstraße** *f* voie *f* d'accès; *(von Autobahn etc)* bretelle *f* de raccordement.

Zufall *m* hasard *m;* **durch ~** par hasard.

zufallen *vi irr (zvb, mit sein) (Tür, Buch, Fenster etc)* se fermer; *(Anteil, Aufgabe)* incomber; **die Augen fallen ihm zu** il tombe de sommeil.

zufällig *a* fortuit(e) // *ad* par hasard.

Zuflucht *f* refuge *m.*

zu'folge *prep +dat o gen* conformément à; *(laut)* d'après, selon.

zu'frieden *a* content(e), satisfait(e); **er ist nie ~** il n'est jamais content; **mit etw ~ sein** être satisfait(e) de qch; **Z~heit** *f* satisfaction *f;* **~geben** *vi irr (zvb):* **sich (mit etw) ~geben** se contenter (de qch); **~stellen** *vt (zvb)* satisfaire.

zufügen *vt (zvb) (dazutun)* ajouter; *(Leid etc)* causer.

Zug *m* **-(e)s, ¨e** train *m; (Luft~)* courant *m* d'air; *(Gesichts~, Charakter~)* trait *m; (Schach etc)* coup *m; (an Zigarette)* bouffée *f;* **etw in vollen ¨~en genießen** profiter pleinement de qch; **in den letzten ¨~en liegen** être à l'agonie.

Zugabe *f* **-, -n** prime *f; (in Konzert etc)* morceau *m* supplémentaire.

Zugabteil *nt* compartiment *m* (de chemin de fer).
Zugang *m* accès *m*; ~ **zu etw haben** avoir accès à qch; **zugänglich** *a* accessible.
Zugbrücke *f* pont-levis *m*.
zugeben *vt irr (zvb) (beifügen)* ajouter; *(gestehen)* admettre.
zugehen *irr (zvb, mit sein) vi (fam: schließen)* fermer; **auf jdn/etw** ~ se diriger vers qn/qch; **aufs Ende** ~ toucher à sa fin // *vb impers (sich ereignen)* se passer.
Zugehörigkeit *f* appartenance *f (zu* à).
zugeknöpft *a (fam)* fermé(e).
Zügel *m* **-s, -** rêne *f*; *(fig)* bride *f*; **z~los** *a (Benehmen)* effréné(e), débridé(e); **z~n** *vt* tenir en bride.
zuge-: Z~ständnis *nt* concession *f*; **~stehen** *vt irr (zvb, ohne ge-)* concéder; *(zugeben)* admettre.
Zug-: ~führer *m (EISENBAHN)* chef *m* de train; **z~ig** *a (Raum)* exposé(e) aux courants d'air.
zügig *a* rapide.
zu'gleich *ad* en même temps.
Zug-: ~luft *f* courant *m* d'air; **~maschine** *f* tracteur *m*.
zugreifen *vi irr (zvb) (bei Angebot, Waren)* saisir une occasion; *(zupacken)* bien tenir; *(Polizei etc)* intervenir; *(helfend ~)* aider; *(beim Essen)* se servir.
zu'grunde *ad:* ~ **gehen** sombrer; *(Mensch)* périr; **etw einer Sache** *(dat)* ~ **legen** prendre qch comme point de départ pour quelque chose; **einer Sache** *(dat)* ~ **liegen** être à la base de qch; ~ **richten** ruiner.
zu'gunsten *prep +gen o dat* en faveur de.
zu'gute *ad:* **jdm etw** ~ **halten** prendre en considération qch de qn; **jdm** ~ **kommen** servir à qn.
Zug-: ~verbindung *f* correspondance *f*; **~vogel** *m* oiseau *m* migrateur.
Zuhälter *m* **-s, -** souteneur *m*, maquereau *m*.
Zu'hause *nt* **-s** chez-soi *m*.
zuhören *vi (zvb)* écouter *(jdm* qn).
Zuhörer(in *f*) *m* **-s, -** auditeur(-trice).
zujubeln *vi (zvb):* **jdm** ~ acclamer qn.
zuknöpfen *vt (zvb)* boutonner.
zukommen *vi irr (zvb, mit sein) (näherkommen)* s'approcher *(auf +akk* de); *(Titel, Ehre)* revenir; **auf jdn** ~ *(Arbeit, Zeit etc)* attendre qn; **jdm etw** ~ **lassen** faire parvenir qch à qn; **etw auf sich** *(akk)* ~ **lassen** laisser venir qch; **wir werden in dieser Sache auf Sie** ~ nous prendrons contact avec vous à ce sujet.
Zukunft *f* **-** avenir *m*; *(LING)* futur *m*.
zukünftig *a* futur(e).
Zukunftsaussichten *pl* perspectives *fpl* d'avenir.
Zulage *f* **-, -n** *(Gehalts~)* prime *f*.
zulassen *vt irr (zvb)* admettre; *(erlauben)* permettre; *(AUT)* immatriculer; **die Tür** ~ laisser la porte fermée.
zulässig *a* permis(e).
zulaufen *vi irr (zvb, mit sein) (Mensch)* courir *(auf +akk* vers); **uns ist ein Hund zugelaufen** nous avons recueilli un chien; **spitz** ~ se terminer en pointe.
zulegen *vt (zvb) (dazugeben)* ajouter; *(Tempo)* accélérer; **sich** *(dat)* **etw** ~ *(fam)* acquérir qch.
zu'letzt *ad (in Reihenfolge)* le (la) dernier(-ière); *(zum letzten Mal)* pour la dernière fois; *(schließlich)* finalement.
zu'liebe *ad:* **jdm** ~ pour faire plaisir à qn.
zum = **zu dem;** ~ **dritten Mal** pour la troisième fois; **das ist** ~ **Weinen** c'est bien triste; ~ **Vergnügen** pour le plaisir.
zumachen *vt, vi (zvb)* fermer.
zu'mindest *ad* au moins.
zumutbar *a* acceptable.
zu'mute *ad:* **jdm ist wohl** ~ qn se sent bien.
zumuten *vt (zvb):* **jdm etw** ~ exiger qch de qn.
Zumutung *f* prétention *f*; **so eine** ~! c'est une demande exagérée!; quel

culot!
zu'nächst *ad (in Reihenfolge)* tout d'abord; *(vorerst)* pour l'instant.
zunähen *vt (zvb)* (re)coudre.
Zunahme *f* **-, -n** augmentation *f.*
Zuname *m* nom *m* de famille.
Zünd-: z~en *vi* s'allumer; *(begeistern)* provoquer l'enthousiasme; **z~end** *a (Musik, Rede)* passionné(e), fougueux(-euse); **~flamme** *f* veilleuse *f;* **~kerze** *f (AUT)* bougie *f;* **~schlüssel** *m* clé *f* de contact; **~stoff** *m (fig)* sujet *m* explosif; **~ung** *f (AUT)* allumage *m.*
zunehmen *vi irr (zvb)* augmenter; *(Mensch)* grossir.
Zuneigung *f* affection *f.*
Zunft *f* **-, ⸚e** corporation *f.*
zünftig *a* comme il faut.
Zunge *f* **-, -n** langue *f.*
zu'nichte *ad:* ~ **machen** réduire à néant; ~ **werden** être réduit(e) à néant.
zu'nutze *ad:* **sich** *(dat)* **etw** ~ **machen** se servir de qch.
zu'oberst *ad* tout en haut.
zupacken *vi (zvb) (bei Arbeit)* mettre la main à la pâte.
zupfen *vt (Fäden)* effiler; *(Augenbrauen)* épiler; *(Gitarre)* pincer; **jdn an etw** *(dat)* ~ tirer qn par qch.
zur = zu der.
zurechnungsfähig *a* responsable (de ses actes); **Z~keit** *f* responsabilité *f.*
zurecht-: ~finden *vr irr (zvb):* **sich ~finden** se débrouiller, se retrouver; **~kommen** *vi irr (zvb, mit sein) (rechtzeitig)* arriver à temps; **mit etw ~kommen** venir à bout de qch; **~legen** *vt (zvb)* préparer; **~machen** *(zvb) vt* préparer // *vr:* **sich ~machen** s'apprêter; **~weisen** *vt irr (zvb):* **jdn ~weisen** faire des remontrances à qn.
zureden *vi (zvb):* **jdm** ~ chercher à persuader qn.
zurichten *vt (zvb)* maltraiter, arranger *(fam).*
zurück *ad (an Ort)* de retour; *(im Rückstand)* en retard; **~bekommen** *vt irr (zvb, ohne ge-)* récupérer; **ich bekomme noch 1 DM zurück** vous me devez encore 1 DM; **~bezahlen** *vt (zvb, ohne ge-)* rembourser; **~bleiben** *vi irr (zvb, mit sein)* rester; *(geistig)* être en retard; **~bringen** *vt irr (zvb)* rapporter; *(jdn)* ramener; **~fahren** *irr (zvb) vi (mit sein)* retourner; *(vor Schreck)* reculer brusquement // *vt* ramener; **~fallen** *vi irr (zvb, mit sein)* retomber; *(in Wettkampf)* rétrograder; **das fällt auf uns zurück** cela retombe sur nous; **~fordern** *vt (zvb)* réclamer; **~führen** *vt (zvb)* reconduire; **etw auf etw** *(akk)* **~führen** mettre qch au compte de qch; **~geben** *vt irr (zvb)* rendre; *(antworten)* répliquer; **~geblieben** *a (geistig)* retardé(e); **~gehen** *vi irr (zvb, mit sein) (an Ort)* revenir, retourner; *(nachlassen)* diminuer; *(zeitlich):* **~gehen auf** *(+akk)* remonter à; **~gezogen** *a* retiré(e); **~halten** *irr (zvb) vt* retenir; *(Fortkommen)* freiner; *(hindern)* empêcher // *vr:* **sich ~halten** se retenir; *(im Essen)* se modérer; *(in Gruppe)* ne pas se faire remarquer; **~haltend** *a* réservé(e); **~kommen** *vi irr (zvb, mit sein)* revenir; **auf etw** *(akk)* **~kommen** revenir à qch; **auf jdn ~kommen** faire appel à qn; **~legen** *vt (zvb) (an Platz)* remettre; *(nach hinten legen)* mettre en arrière; *(Geld)* mettre de côté; *(reservieren)* réserver; *(Strecke)* parcourir; **~nehmen** *vt irr (zvb)* reprendre; *(Bemerkung)* retirer; **~rufen** *vi irr (zvb) (TEL)* rappeler; **sich** *(dat)* **etw ins Gedächtnis ~rufen** se rappeler qch; **~schrecken** *vi (zvb, mit sein)* reculer *(vor +dat* devant); **~stellen** *vt (zvb)* remettre; *(Uhr)* retarder; *(Interessen)* négliger; *(Ware)* mettre de côté; **~treten** *vi irr (zvb, mit sein) (nach hinten)* reculer; *(von Amt)* démissionner; *(von Kauf)* renoncer *(von* à); **~weisen** *vt irr (zvb) (Vorwurf)* rejeter; *(Menschen)* repousser; **~zahlen** *vt (zvb)* rembourser; *(heimzahlen):* **es jdm ~zahlen** faire payer qn; **~ziehen** *irr (zvb) vt* retirer; *(Vorhang)* ouvrir // *vr:* **sich**

~**ziehen** se retirer.
Zusage *f* **-, -n** promesse *f*; *(Annahme)* acceptation *f*; **z~n** *(zvb)* *vt* promettre // *vi (bei Einladung, Stelle)* accepter; *(gefallen)*: **jdm ~sagen** plaire à qn.
zu'sammen *ad* ensemble; *(insgesamt)* en tout; ~ **mit** avec; **Z~arbeit** *f* collaboration *f*; ~**arbeiten** *vi (zvb)* coopérer; ~**brechen** *vi irr (zvb, mit sein)* s'écrouler; *(Mensch)* s'effondrer; *(Verkehr)* être complètement bloqué(e); ~**bringen** *vt irr (zvb) (ansammeln)* amasser; *(Lösung, Geld)* trouver; *(Gedicht etc)* retrouver; **Z~bruch** *m (Nerven~)* crise *f* de nerfs; *(von Firma)* faillite *f*; *(von Verhandlungen)* échec *m*; ~**fahren** *vi irr (zvb, mit sein) (Fahrzeug)* entrer en collision; *(erschrecken)* sursauter; ~**fassen** *vt (zvb) (vereinigen)* réunir; *(Rede etc)* résumer; **Z~fassung** *f (von Rede)* résumé *m*; ~**halten** *vi irr (zvb) (Teile)* tenir ensemble; *(Menschen)* se serrer les coudes; **Z~hang** *m* relation *f*, lien *m*; **aus dem Z~hang** hors du contexte; ~**hängen** *vi irr (zvb) (Ursachen)* être lié(e)s; **mit etw ~hängen** être en rapport avec qch; ~**hang(s)los** *a* incohérent(e); ~**klappbar** *a* pliant(e); ~**kommen** *vi irr (zvb, mit sein) (Gruppe)* se réunir; *(Geld)* être recueilli(e); ~**legen** *vt (zvb) (falten)* plier; *(verbinden)* regrouper; **Geld ~legen** se cotiser; ~**nehmen** *irr (zvb) vt* rassembler // *vr*: **sich ~nehmen** se ressaisir; ~**passen** *vi (zvb)* aller bien ensemble; ~**prallen** *vi (zvb, mit sein) (Fahrzeuge)* entrer en collision; *(Menschen)* se heurter; ~**reißen** *vr irr (zvb)*: **sich ~ reißen** se ressaisir; ~**schlagen** *vt irr (zvb) (jdn)* tabasser *(fam)*; *(Dinge)* casser; ~**schließen** *vr irr (zvb)*: **sich ~schließen** s'associer; **Z~schluß** *m* association *f*, fusion *f*; **Z~sein** *nt* réunion *f*; *(Zusammenleben)* vie *f* commune; ~**setzen** *(zvb) vt (Teile)* assembler // *vr*: **sich aus etw ~setzen** être composé(e) de qch; ~**stellen** *vt (zvb) (Rede etc)* composer; *(Ausstellung)* monter; **Z~stoß** *m* collision *f*, heurt *m*; ~**treffen** *vi irr (zvb, mit sein)* coïncider; *(Menschen)* se rencontrer; **mit jdm ~treffen** rencontrer qn; **Z~treffen** *nt* rencontre *f*; *(von Ereignissen)* coïncidence *f*; ~**zählen** *vt (zvb)* additionner; ~**ziehen** *irr (zvb) vt (verengen)* contracter; *(addieren)* additionner; *(Truppen)* concentrer; *(in Wohnung)* aller habiter (ensemble) // *vr*: **sich ~ziehen** se contracter; *(sich bilden)* se former.
Zusatz *m* addition *f*; *(Bade~)* produit *m* pour le bain.
zusätzlich *a* supplémentaire.
Zuschauer(in *f***)** *m* **-s, -** spectateur (-trice).
Zuschlag *m* (*EISENBAHN*) supplément *m*; **z~en** *irr (zvb) vt* fermer bruyamment; *(Tür)* claquer // *vi (Fenster, Tür)* claquer; *(Mensch)* frapper; **z~spflichtig** *a (Zug)* à *o* avec supplément.
zuschließen *vt irr (zvb)* fermer à clé.
zuschneiden *vt irr (zvb)* couper (sur mesure).
zuschreiben *vt irr (zvb)*: **jdm etw ~** attribuer qch à qn.
Zuschrift *f* lettre *f*.
Zuschuß *m* subvention *f*, subsides *mpl*.
zusehen *vi irr (zvb) (zuschauen)* regarder; *(dafür sorgen)* veiller; **ich sehe zu, daß das gemacht wird** je veillerai à ce que cela se fasse; ~**ds** *ad* à vue d'œil.
zusenden *vt irr (zvb)*: **jdm etw ~** envoyer qch à qn.
zusetzen *(zvb) vt (beifügen)* ajouter // *vi*: **jdm ~** *(belästigen)* harceler qn; *(Krankheit)* affaiblir qn; **Geld ~** en être de sa poche.
zusichern *vt (zvb)*: **jdm etw ~** assurer qn de qch.
zuspitzen *(zvb) vt* tailler en pointe // *vr*: **sich ~** *(Lage)* devenir explosif(-ive) *o* critique.
Zustand *m* état *m*; *(pl: Verhältnisse)* conditions *fpl*.
zu'stande *ad*: **~ bringen** réaliser; **~ kommen** se réaliser.
zuständig *a* compétent(e),

responsable; **Z~keit** *f* responsabilité *f*.
zustehen *vi irr (zvb)*: **jdm ~** être dû (due) à qn; *(Titel, Lohn)* revenir à qn; **ein Urteil steht mir nicht zu** ce n'est pas à moi de juger.
zustellen *vt (zvb)* barricader; *(Post)* distribuer.
zustimmen *vi (zvb)* être d'accord *(dat* avec).
Zustimmung *f* approbation *f*, consentement *m*; **seine ~ geben** donner son accord.
zustoßen *vi irr (zvb, mit sein)*: **jdm ~** arriver à qn.
zu'tage *ad*: **~ bringen** mettre au jour, révéler.
Zutaten *pl* ingrédients *mpl*.
zuteilen *vt (zvb)* donner; *(als Anteil)* distribuer.
zutrauen *vt (zvb)*: **jdm etw ~** *(Mord, Fähigkeit)* croire qn capable de qch; **sich** *(dat)* **etw ~** se croire capable de qch; **Z~** *nt* **-s** confiance *f (zu* en).
zutraulich *a* confiant(e).
zutreffen *vi irr (zvb)* être exact(e), être juste; **~ auf** (*+akk*) *o* **für** s'appliquer à.
Zutritt *m* accès *m*, entrée *f*; **~ zu etw haben** avoir accès à qch.
Zutun *nt* **-s** aide *f*; **ohne mein ~** sans que j'y sois pour rien.
zuverlässig *a* *(Mensch)* sérieux(-euse), fiable; *(Nachrichtenquelle)* sûr(e); *(Auto)* solide; **Z~keit** *f* sérieux *m*; fiabilité *f*.
Zuversicht *f* confiance *f*, assurance *f*; **z~lich** *a* optimiste.
zu'viel *ad* trop.
zu'vor *ad* auparavant; **~kommen** *vi irr (zvb, mit sein)*: **jdm ~kommen** devancer qn; **~kommend** *a* prévenant(e).
Zuwachs *m* **-es** *(von Verein)* accroissement *m*; *(fam: Familien~)* rejeton *m*; **z~en** *vi irr (zvb, mit sein)* être bouché(e); *(Wunde)* se cicatriser.
zu'wege *ad*: **etw ~ bringen** accomplir qch.
zuweisen *vt irr (zvb) (Arbeit)* donner; *(Platz)* indiquer.
zuwenden *vt irr (zvb) (Gesicht, Blicke)* tourner *(dat* vers); **jdm den Rücken ~** tourner le dos à qn; **sich jdm/etw ~** se tourner vers qn/qch; *(fig)* s'occuper de qn/qch.
Zuwendung *f (finanziell)* aide *f*, allocation *f*.
zu'wenig *ad* trop peu, pas assez.
zu'wider *ad*: **jdm ~ sein** dégoûter qn; **Z~handlung** *f* infraction *f*, contravention *f*.
zuziehen *vt irr (zvb) (Vorhang)* fermer, tirer; *(Knoten etc)* serrer; *(Arzt)* faire appel à; **sich** *(dat)* **etw ~** *(Krankheit)* attraper qch; *(Zorn)* s'attirer qch.
zuzüglich *prep +gen* plus.
zwang *siehe* **zwingen.**
Zwang *m* **-(e)s, ¨e** contrainte *f*, pression *f*; **sich** *(dat)* **keinen ~ antun** ne pas se gêner.
zwängen *vt*: **etw in etw** *(akk)* **~** faire rentrer qch dans qch // *vr*: **sich in ein Auto ~** s'entasser dans une voiture.
zwanglos *a* décontracté(e), informel(le).
Zwangs-: **~jacke** *f* camisole *f* de force; **~lage** *f* situation *f* difficile; **z~läufig** *a* forcé(e), inévitable.
zwanzig *num* vingt.
zwar *ad* en effet, il est vrai; **das ist ~ traurig, aber nicht zu ändern** c'est peut-être triste, mais on ne peut rien y changer; **und ~ am Sonntag** dimanche, pour être tout à fait précis(e); **... und ~ so schnell, daß ...** et cela si rapidement que ... .
Zweck *m* **-(e)s, -e** but *m*, intention *f*; **zu welchem ~?** dans quel but?.
Zwecke *f* **-, -n** clou *m*; *(Heft~)* punaise *f*.
zweck-: **~los** *a* inutile; **~mäßig** *a* approprié(e).
zwecks *prep +gen* en vue de.
zwei *num* deux; **~deutig** *a* ambigu(ë); *(unanständig)* scabreux (-euse); **~erlei** *a inv*: **~erlei Stoff** deux tissus différents; **~fach** *a* double.
Zweifel *m* **-s, -** doute *m*; **z~haft** *a* douteux(-euse); **z~los** *a* indubitable; **z~n** *vi* douter *(an +dat* de);

~sfall *m:* **im ~sfall** en cas de doute.
Zweig *m* **-(e)s, -e** branche *f;* **~stelle** *f* succursale *f.*
zweihundert *num* deux cent(s).
zwei-: ~mal *ad* deux fois; **Z~sitzer** *m* **-s, -** voiture *f* à deux places; (*AVIAT*) biplace *m;* **~sprachig** *a* bilingue; **~spurig** *a (Straße)* à deux voies; **Z~taktmotor** *m* moteur *m* à deux temps.
zweit *num:* **zu ~** à deux; **~beste(r,s)** *a* second(e); **~e(r, s)** *a* second(e), deuxième.
zweiteilig *a* en deux parties; *(Kleidung)* deux pièces.
zweitens *ad* deuxièmement.
zweit-: ~'größte(r, s) *a* deuxième *(en taille);* **~klassig** *a* de deuxième catégorie; **~'letzte(r, s)** *a* avant-dernier(-ière); **~rangig** *a* de qualité inférieure; **Z~wagen** *m* deuxième voiture *f.*
Zwerchfell *nt* diaphragme *m.*
Zwerg *m* **-(e)s, -e** nain *m.*
Zwetsche *f* **-, -n** prune *f.*
zwicken *vt, vi* pincer.
Zwieback *m* **-(e)s, -e** biscotte *f.*
Zwiebel *f* **-, -n** oignon *m.*
Zwie-: z~lichtig *a* louche; **~spalt** *m* conflit *m;* **z~spältig** *a* contradictoire; **~tracht** *f* **-** discorde *f,* zizanie *f.*
Zwilling *m* **-s, -e** jumeau (jumelle); (*ASTR*) Gémeaux *mpl.*
zwingen *vt irr* forcer; **jdn zu einem Geständnis ~** forcer qn à avouer.
zwinkern *vi* cligner des yeux; *(absichtlich)* faire un clin d'œil.
Zwirn *m* **-(e)s, -e** fil *m.*
zwischen *prep +akk/+dat* entre; **er legte es ~ die beiden Bücher** il le mit entre les deux livres; **er stand ~ uns** *(dat)* il se tenait entre nous; **~durch** *ad (zeitlich)* entretemps; *(nebenbei)* en passant; **Z~fall** *m* incident *m;* **~landen** *vi (zvb, mit sein)* faire escale; **Z~landung** *f* escale *f;* **Z~raum** *m* espace *m;* **Z~ruf** *m* interruption *f;* **Z~station** *f:* **Z~station machen** faire halte; **Z~zeit** *f:* **in der Z~zeit** entretemps, pendant ce temps.
Zwist *m* **-es, -e** dispute *f,* différend *m.*
zwitschern *vt, vi (Vögel)* gazouiller.
Zwitter *m* **-s, -** hermaphrodite *m.*
zwölf *num* douze.
Zylinder *m* **-s, -** cylindre *m; (Hut)* haut-de-forme *m.*
Zyniker(in *f) m* **-s, -** cynique *m/f.*
Zy'nismus *m* cynisme *m.*
Zyste *f* **-, -n** kyste *m.*
z. Zt. *(abk von* **zur Zeit**) actuellement.

FRANZÖSISCHE VERBEN

1 Participe présent *2* Participe passé *3* Présent *4* Imparfait *5* Futur *6* Conditionnel *7* Subjonctif présent

acquérir *1* acquérant *2* acquis *3* acquiers, acquérons, acquièrent *4* acquérais *5* acquerrai *7* acquière

ALLER *1* allant *2* allé *3* vais, vas, va, allons, allez, vont *4* allais *5* irai *6* irais *7* aille

asseoir *1* asseyant *2* assis *3* assieds, asseyons, asseyez, asseyent *4* asseyais *5* assiérai *7* asseye

atteindre *1* atteignant *2* atteint *3* atteins, atteignons *4* atteignais *7* atteigne

AVOIR *1* ayant *2* eu *3* ai, as, a, avons, avez, ont *4* avais *5* aurai *6* aurais *7* aie, aies, ait, ayons, ayez, aient

battre *1* battant *2* battu *3* bats, bat, battons *4* battais *7* batte

boire *1* buvant *2* bu *3* bois, buvons, boivent *4* buvais *7* boive

bouillir *1* bouillant *2* bouilli *3* bous, bouillons *4* bouillais *7* bouille

conclure *1* concluant *2* conclu *3* conclus, concluons *4* concluais *7* conclue

conduire *1* conduisant *2* conduit *3* conduis, conduisons *4* conduisais *7* conduise

connaître *1* connaissant *2* connu *3* connais, connaît, connaissons *4* connaissais *7* connaisse

coudre *1* cousant *2* cousu *3* couds, cousons, cousez, cousent *4* cousais *7* couse

courir *1* courant *2* couru *3* cours, courons *4* courais *5* courrai *7* coure

couvrir *1* couvrant *2* couvert *3* couvre, couvrons *4* couvrais *7* couvre

craindre *1* craignant *2* craint *3* crains, craignons *4* craignais *7* craigne

croire *1* croyant *2* cru *3* crois, croyons, croient *4* croyais *7* croie

croître *1* croissant *2* crû, crue, crus, crues *3* croîs, croissons *4* croissais *7* croisse

cueillir *1* cueillant *2* cueilli *3* cueille, cueillons *4* cueillais *5* cueillerai *7* cueille

devoir *1* devant *2* dû, due, dus, dues *3* dois, devons, doivent *4* devais *5* devrai *7* doive

dire *1* disant *2* dit *3* dis, disons, dites, disent *4* disais *7* dise

dormir *1* dormant *2* dormi *3* dors, dormons *4* dormais *7* dorme

écrire *1* écrivant *2* écrit *3* écris, écrivons *4* écrivais *7* écrive

ÊTRE *1* étant *2* été *3* suis, es, est, sommes, êtes, sont *4* étais *5* serai *6* serais *7* sois, sois, soit, soyons, soyez, soient

FAIRE *1* faisant *2* fait *3* fais, fais, fait, faisons, faites, font *4* faisais *5* ferai *6* ferais *7* fasse

falloir *2* fallu *3* faut *4* fallait *5* faudra *7* faille

FINIR *1* finissant *2* fini *3* finis, finis, finit, finissons, finissez, finissent *4* finissais *5* finirai *6* finirais *7* finisse

fuir *1* fuyant *2* fui *3* fuis, fuyons, fuient *4* fuyais *7* fuie

joindre *1* joignant *2* joint *3* joins, joignons *4* joignais *7* joigne

lire *1* lisant *2* lu *3* lis, lisons *4* lisais *7* lise

luire *1* luisant *2* lui *3* luis, luisons *4* luisais *7* luise

maudire *1* maudissant *2* maudit *3* maudis, maudissons *4* maudissait *7* maudisse

mentir *1* mentant *2* menti *3* mens, mentons *4* mentais *7* mente

mettre *1* mettant *2* mis *3* mets, mettons *4* mettais *7* mette

mourir *1* mourant *2* mort *3* meurs, mourons, meurent *4* mourais *5* mourrai *7* meure

naître *1* naissant *2* né *3* nais, naît,

naissons 4 naissais 7 naisse
offrir *1* offrant *2* offert *3* offre, offrons 4 offrais 7 offre
PARLER *1* **parlant** *2* **parlé** *3* **parle, parles, parle, parlons, parlez, parlent** *4* **parlais, parlais, parlait, parlions, parliez, parlaient** *5* **parlerai, parleras, parlera, parlerons, parlerez, parleront** *6* **parlerais, parlerais, parlerait, parlerions, parleriez, parleraient** *7* **parle, parles, parle, parlions, parliez, parlent** *impératif* **parle!, parlez!**
partir *1* partant *2* parti *3* pars, partons *4* partais *7* parte
plaire *1* plaisant *2* plu *3* plais, plaît, plaisons *4* plaisais *7* plaise
pleuvoir *1* pleuvant *2* plu *3* pleut, pleuvent *4* pleuvait *5* pleuvra *7* pleuve
pourvoir *1* pourvoyant *2* pourvu *3* pourvois, pourvoyons, pourvoient *4* pourvoyais *7* pourvoie
pouvoir *1* pouvant *2* pu *3* peux, peut, pouvons, peuvent *4* pouvais *5* pourrai *7* puisse
prendre *1* prenant *2* pris *3* prends, prenons, prennent *4* prenais *7* prenne
prévoir *siehe* **voir** *5* prévoirai
RECEVOIR *1* recevant *2* reçu *3* reçois, reçois, reçoit, recevons, recevez, reçoivent *4* recevais *5* recevrai *6* recevrais *7* reçoive
RENDRE *1* rendant *2* rendu *3* rends, rends, rend, rendons, rendez, rendent *4* rendais *5* rendrai *6* rendrais *7* rende
résoudre *1* résolvant *2* résolu *3* résous, résolvons *4* résolvais *7* résolve
rire *1* riant *2* ri *3* ris, rions *4* riais *7* rie
savoir *1* sachant *2* su *3* sais, savons, savent *4* savais *5* saurai *7* sache *impératif* sache, sachons, sachez
servir *1* servant *2* servi *3* sers, servons *4* servais *7* serve
sortir *1* sortant *2* sorti *3* sors, sortons *4* sortais *7* sorte
souffrir *1* souffrant *2* souffert *3* souffre, souffrons *4* souffrais *7* souffre
suffire *1* suffisant *2* suffi *3* suffis, suffisons *4* suffisais *7* suffise
suivre *1* suivant *2* suivi *3* suis, suivons *4* suivais *7* suive
taire *1* taisant *2* tu *3* tais, taisons *4* taisais *7* taise
tenir *1* tenant *2* tenu *3* tiens, tenons, tiennent *4* tenais *5* tiendrai *7* tienne
vaincre *1* vainquant *2* vaincu *3* vaincs, vainc, vainquons *4* vainquais *7* vainque
valoir *1* valant *2* valu *3* vaux, vaut, valons *4* valais *5* vaudrai *7* vaille
venir *1* venant *2* venu *3* viens, venons, viennent *4* venais *5* viendrai *7* vienne
vivre *1* vivant *2* vécu *3* vis, vivons *4* vivais *7* vive
voir *1* voyant *2* vu *3* vois, voyons, voient *4* voyais *5* verrai *7* voie
vouloir *1* voulant *2* voulu *3* veux, veut, voulons, veulent *4* voulais *5* voudrai *7* veuille *impératif* veuillez.

VERBES ALLEMANDS

*mit 'sein'

Infinitiv	Präsens 2., 3. sg.	Imperfekt	Partizip Perfekt
aufschrecken*	schrickst auf, schrickt auf	schrak *o* schreckte auf	aufgeschreckt
ausbedingen	bedingst aus, bedingt aus	bedang *o* bedingte aus	ausbedungen
backen	bäckst, bäckt	backte *o* buk	gebacken
befehlen	befiehlst, befiehlt	befahl	befohlen
beginnen	beginnst, beginnt	begann	begonnen
beißen	beißt, beißt	biß	gebissen
bergen	birgst, birgt	barg	geborgen
bersten*	birst, birst	barst	geborsten
bewegen	bewegst, bewegt	bewog	bewogen
biegen	biegst, biegt	bog	gebogen
bieten	bietest, bietet	bot	geboten
binden	bindest, bindet	band	gebunden
bitten	bittest, bittet	bat	gebeten
blasen	bläst, bläst	blies	geblasen
bleiben*	bleibst, bleibt	blieb	geblieben
braten	brätst, brät	briet	gebraten
brechen*	brichst, bricht	brach	gebrochen
brennen	brennst, brennt	brannte	gebrannt
bringen	bringst, bringt	brachte	gebracht
denken	denkst, denkt	dachte	gedacht
dringen*	dringst, dringt	drang	gedrungen
dürfen	darfst, darf	durfte	gedurft
empfehlen	empfiehlst, empfiehlt	empfahl	empfohlen
erbleichen*	erbleichst, erbleicht	erbleichte	erblichen
erschrecken*	erschrickst, erschrickt	erschrak	erschrocken
essen	ißt, ißt	aß	gegessen
fahren*	fährst, fährt	fuhr	gefahren
fallen*	fällst, fällt	fiel	gefallen
fangen	fängst, fängt	fing	gefangen
fechten	fichtst, ficht	focht	gefochten
finden	findest, findet	fand	gefunden
flechten	flichst, flicht	flocht	geflochten
fliegen*	fliegst, fliegt	flog	geflogen
fliehen*	fliehst, flieht	floh	geflohen
fließen*	fließt, fließt	floß	geflossen
fressen	frißt, frißt	fraß	gefressen
frieren	frierst, friert	fror	gefroren
gären*	gärst, gärt	gor	gegoren
gebären	gebierst, gebiert	gebar	geboren
geben	gibst, gibt	gab	gegeben
gedeihen*	gedeihst, gedeiht	gedieh	gediehen
gehen*	gehst, geht	ging	gegangen
gelingen*	——, gelingt	gelang	gelungen

Infinitiv	Präsens (2., 3. sg)	Imperfekt	Partizip Perfekt
gelten	giltst, gilt	galt	gegolten
genießen	genießt, genießt	genoß	genossen
geraten*	gerätst, gerät	geriet	geraten
geschehen*	——, geschieht	geschah	geschehen
gewinnen	gewinnst, gewinnt	gewann	gewonnen
gießen	gießt, gießt	goß	gegossen
gleichen	gleichst, gleicht	glich	geglichen
gleiten*	gleitest, gleitet	glitt	geglitten
glimmen	glimmst, glimmt	glomm	geglommen
graben	gräbst, gräbt	grub	gegraben
greifen	greifst, greift	griff	gegriffen
haben	hast, hat	hatte	gehabt
halten	hältst, hält	hielt	gehalten
hängen	hängst, hängt	hing	gehangen
hauen	haust, haut	hieb	gehauen
heben	hebst, hebt	hob	gehoben
heißen	heißt, heißt	hieß	geheißen
helfen	hilfst, hilft	half	geholfen
kennen	kennst, kennt	kannte	gekannt
klingen	klingst, klingt	klang	geklungen
kneifen	kneifst, kneift	kniff	gekniffen
kommen*	kommst, kommt	kam	gekommen
können	kannst, kann	konnte	gekonnt
kriechen*	kriechst, kriecht	kroch	gekrochen
laden	lädst, lädt	lud	geladen
lassen	läßt	ließ	gelassen
laufen*	läufst, läuft	lief	gelaufen
leiden	leidest, leidet	litt	gelitten
leihen	leihst, leiht	lieh	geliehen
lesen	liest, liest	las	gelesen
liegen*	liegst, liegt	lag	gelegen
lügen	lügst, lügt	log	gelogen
mahlen	mahlst, mahlt	mahlte	gemahlen
meiden	meidest, meidet	mied	gemieden
melken	milkst, milkt	molk	gemolken
messen	mißt, mißt	maß	gemessen
mißlingen*	——, mißlingt	mißlang	mißlungen
mögen	magst, mag	mochte	gemocht
müssen	mußt, muß	mußte	gemußt
nehmen	nimmst, nimmt	nahm	genommen
nennen	nennst, nennt	nannte	genannt
pfeifen	pfeifst, pfeift	pfiff	gepfiffen
preisen	preist, preist	pries	gepriesen
quellen*	quillst, quillt	quoll	gequollen
raten	rätst, rät	riet	geraten
reiben	reibst, reibt	rieb	gerieben
reißen*	reißt, reißt	riß	gerissen
reiten*	reitest, reitet	ritt	geritten

Infinitiv	Präsens (2., 3. sg)	Imperfekt	Partizip Perfekt
rennen*	rennst, rennt	rannte	gerannt
riechen	riechst, riecht	roch	gerochen
ringen	ringst, ringt	rang	gerungen
rinnen*	rinnst, rinnt	rann	geronnen
rufen	rufst, ruft	rief	gerufen
salzen	salzt, salzt	salzte	gesalzen
saufen	säufst, säuft	soff	gesoffen
saugen	saugst, saugt	sog	gesogen
schaffen	schaffst, schafft	schuf	geschaffen
schallen	schallst, schallt	scholl	geschollen
scheiden*	scheidest, scheidet	schied	geschieden
scheinen	scheinst, scheint	schien	geschienen
schelten	schiltst, schilt	schalt	gescholten
scheren	scherst, schert	schor	geschoren
schieben	schiebst, schiebt	schob	geschoben
schießen	schießt, schießt	schoß	geschossen
schinden	schindest, schindet	schund	geschunden
schlafen	schläfst, schläft	schlief	geschlafen
schlagen	schlägst, schlägt	schlug	geschlagen
schleichen*	schleichst, schleicht	schlich	geschlichen
schleifen	schleifst, schleift	schliff	geschliffen
schließen	schließt, schließt	schloß	geschlossen
schlingen	schlingst, schlingt	schlang	geschlungen
schmeißen	schmeißt, schmeißt	schmiß	geschmissen
schmelzen*	schmilzt, schmilzt	schmolz	geschmolzen
schneiden	schneidest, schneidet	schnitt	geschnitten
schreiben	schreibst, schreibt	schrieb	geschrieben
schreien	schreist, schreit	schrie	geschrie(e)n
schweigen	schweigst, schweigt	schwieg	geschwiegen
schwellen*	schwillst, schwillt	schwoll	geschwollen
schwimmen*	schwimmst, schwimmt	schwamm	geschwommen
schwinden*	schwindest, schwindet	schwand	geschwunden
schwingen	schwingst, schwingt	schwang	geschwungen
schwören	schwörst, schwört	schwur	geschworen
sehen	siehst, sieht	sah	gesehen
sein*	bist, ist	war	gewesen
senden	sendest, sendet	sandte	gesandt
singen	singst, singt	sang	gesungen
sinken*	sinkst, sinkt	sank	gesunken
sinnen	sinnst, sinnt	sann	gesonnen
sitzen*	sitzt, sitzt	saß	gesessen
sollen	sollst, soll	sollte	gesollt
speien	speist, speit	spie	gespie(e)n
spinnen	spinnst, spinnt	spann	gesponnen
sprechen	sprichst, spricht	sprach	gesprochen
springen*	springst, springt	sprang	gesprungen
stechen	stichst, sticht	stach	gestochen
stecken	steckst, steckt	steckte *o* stak	gesteckt

Infinitiv	Präsens (2., 3. sg)	Imperfekt	Partizip Perfekt
stehen	stehst, steht	stand	gestanden
stehlen	stiehlst, stiehlt	stahl	gestohlen
steigen*	steigst, steigt	stieg	gestiegen
sterben*	stirbst, stirbt	starb	gestorben
stinken	stinkst, stinkt	stank	gestunken
stoßen	stößt, stößt	stieß	gestoßen
streichen	streichst, streicht	strich	gestrichen
streiten	streitest, streitet	stritt	gestritten
tragen	trägst, trägt	trug	getragen
treffen	triffst, trifft	traf	getroffen
treiben*	treibst, treibt	trieb	getrieben
treten*	trittst, tritt	trat	getreten
trinken	trinkst, trinkt	trank	getrunken
trügen	trügst, trügt	trog	getrogen
tun	tust, tut	tat	getan
verderben	verdirbst, verdirbt	verdarb	verdorben
vergessen	vergißt, vergißt	vergaß	vergessen
verlieren	verlierst, verliert	verlor	verloren
verschleißen	verschleißt, verschleißt	verschliß	verschlissen
wachsen*	wächst, wächst	wuchs	gewachsen
waschen	wäschst, wäscht	wusch	gewaschen
weben	webst, webt	wob	gewoben
weisen	weist, weist	wies	gewiesen
wenden	wendest, wendet	wandte	gewandt
werben	wirbst, wirbt	warb	geworben
werden*	wirst, wird	wurde	geworden
werfen	wirfst, wirft	warf	geworfen
wiegen	wiegst, wiegt	wog	gewogen
winden	windest, windet	wand	gewunden
wissen	weißt, weiß	wußte	gewußt
wollen	willst, will	wollte	gewollt
wringen	wringst, wringt	wrangt	gewrungen
ziehen*	ziehst, zieht	zog	gezogen
zwingen	zwingst, zwingt	zwang	gezwungen

LES NOMBRES	DIE ZAHLEN
un (une)/premier(ère)	eins/erste(r,s)
deux/deuxième	zwei/zweite(r,s)
trois/troisième	drei/dritte(r,s)
quatre/quatrième	vier/vierte(r,s)
cinq/cinquième	fünf/fünfte(r,s)
six/sixième	sechs/sechste(r,s)
sept/septième	sieben/siebte(r,s)
huit/huitième	acht/achte(r,s)
neuf/neuvième	neun/neunte(r,s)
dix/dixième	zehn/zehnte(r,s)
onze/onzième	elf/elfte(r,s)
douze/douzième	zwölf/zwölfte(r,s)
treize/treizième	dreizehn/dreizehnte(r,s)
quatorze/quatorzième	vierzehn/vierzehnte(r,s)
quinze/quinzième	fünfzehn/fünfzehnte(r,s)
seize/seizième	sechzehn/sechzehnte(r,s)
dix-sept/dix-septième	siebzehn/siebzehnte(r,s)
dix-huit	achtzehn
dix-neuf	neunzehn
vingt/vingtième	zwanzig/zwanzigste(r,s)
vingt et un/vingt-et-unième	einundzwanzig/ einundzwanzigste(r,s)
vingt-deux	zweiundzwanzig
trente/trentième	dreißig/dreißigste(r,s)
quarante	vierzig
cinquante	fünfzig
soixante	sechzig
soixante-dix	siebzig
soixante et onze	einundsiebzig
soixante-douze	zweiundsiebzig
quatre-vingts	achtzig
quatre-vingt-un	einundachtzig
quatre-vingt-dix	neunzig
quatre-vingt-onze	einundneunzig
cent/centième	(ein)hundert/(ein)hundertste(r,s)
cent un/cent-unième	(ein)hundert(und)eins/ (ein)hundertste(r,s)
trois cents	dreihundert
trois cent un	dreihundert(und)eins
mille/millième	(ein)tausend/(ein)tausendste(r,s)
cinq mille	fünftausend
un million/millionième	eine Million/millionste(r,s)